Reisepraktisches

London

Südostengland

Südengland

Südwestengland

Westengland

Ostengland

Mittelengland

Nordwestengland

Yorkshire
Nordostengland

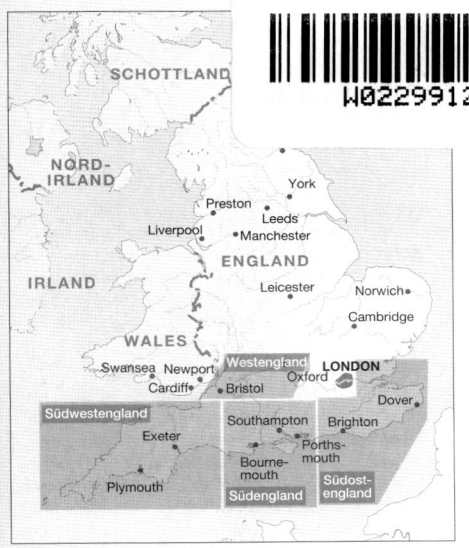

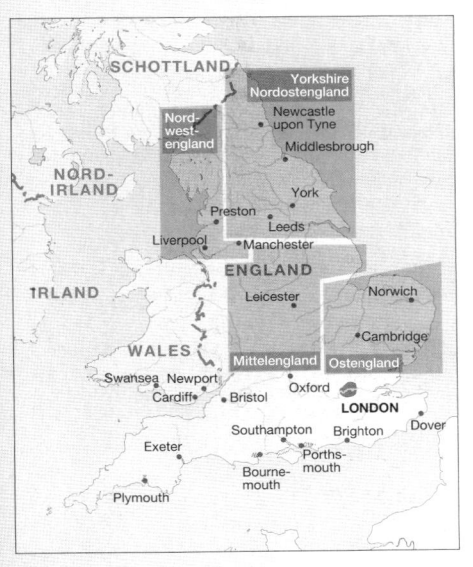

Text:	Ralf Nestmeyer (Reisepraktisches, London u. Südengland) und Dorothea Martin (ab S. 374) mit Beiträgen von Michael Zeutschner
Recherche:	Ralf Nestmeyer (Reisepraktisches, London u. Südengland) und Dorothea Martin (West-, Ost-, Mittel- und Nordengland)
Lektorat:	Claudia Martins, Steffen Fietze (Überarbeitung)
Redaktion und Layout:	Steffen Fietze, Christiane Schütz
Fotos:	siehe Fotonachweis S. 816
Titelfotos:	Lindisfarne (oben, Martin Brent); Christ Church College, Oxford (unten, Ralf Nestmeyer); Stadtmauer von Chester (Innentitel, www.britainonview.com)
Karten:	Judit Ladik, Michaela Nitzsche
Cover:	Karl Serwotka

Über die Autoren: *Ralf Nestmeyer*, Jahrgang 1964, ist Historiker und Reisejournalist. Er lebt in Nürnberg und ist Autor mehrerer Reiseführer; zudem hat er die Texte zu Bildbänden über verschiedene europäische Regionen geschrieben. Im Michael Müller Verlag sind von ihm auch Reiseführer über London, Cornwall, Südengland, Paris, die Provence und Côte d'Azur, Languedoc-Roussillon, Normandie, Nürnberg sowie über Franken erschienen. Weitere Informationen zum Autor: www.nestmeyer.de.

Dorothea Martin, Jahrgang 1966 ist Theaterwissenschaftlerin und Historikerin. In ihrem Geburtsort Berlin war sie als Radio- und Fernsehreporterin (u. a. für ZDF und n-tv) tätig, hat Reiseführer bearbeitet und Webseiten geschrieben. Seit 1999 lebt sie als freie Autorin und staatlich geprüfte Fremdenführerin in Bristol und in Berlin. Im Michael Müller Verlag ist von ihr auch der MM-City-Guide New York erschienen.

Danksagung: Für ihre sachkundige Unterstützung möchten wir folgenden Personen danken: Nina Robb von The Mersey Partnership, Mark Coleman von Marketing Manchester, Lisa Hadwin von der NewcastleGateshead Initiative, Wendy Denman und Amanda Warburton von VisitLeeds und Kay Hyde vom York Tourism Bureau.

ISBN 978-3-89953-607-2

© Copyright Michael Müller Verlag GmbH, Erlangen 2011. Alle Rechte vorbehalten. Alle Angaben ohne Gewähr. Druck: Wilhelm & Adam, Heusenstamm.

7. aktualisierte und erweiterte Auflage 2011

ENGLAND

Ralf Nestmeyer
Dorothea Martin

INHALT

Wandertipps

Kartenverzeichnis

Zeichenerklärung für die Karten und Pläne

═══	mehrspurige Straße	⌒	Höhle	M	Museum
────	Asphaltstraße	⚓	Badestrand	i	Information
────	Piste	Δ	Campingplatz	♻	Post
- - - -	Wanderweg	🕯	Leuchtturm	☎	Telefon
–·–·–	Bahnlinie	🏰	Turm	✚	Krankenhaus
░░░	Strand	★	Sehenswürdigkeit	P	Parkplatz
▒▒▒	Gewässer	✝	Kirche/Kapelle	BUS	Bushaltestelle
▦▦▦	Grünanlage	⚜	Kloster	TAXI	Taxistandplatz
▲	Berggipfel	⌂	Burg/Schloss	✈	Flughafen
⚘	Aussicht	⛩	Antike Sehenswürdigkeit		

Alles im Kasten

Was haben Sie entdeckt?

Welches Pub haben Sie in besonders guter Erinnerung, wo haben Sie die schönsten Wanderungen gemacht, welches Hotel oder B&B hat Ihnen am besten gefallen, welchen Campingplatz würden Sie wieder besuchen?

Bitte schreiben Sie uns, wenn Sie Kritik, Verbesserungen, Anregungen oder Empfehlungen haben.

Ralf Nestmeyer
Stichwort „England"
c/o Michael Müller Verlag
Gerberei 19
91054 Erlangen
E-Mail: ralf.nestmeyer@michael-mueller-verlag.de

Die Tower Bridge – das Wahrzeichen von London

Routen durch England

Wer seinen Urlaub in London verbringen will, kann von dort aus bequem Tagesausflüge unternehmen. Autofahrern und Besuchern, die Bus und Bahn benutzen, wollen wir hier zusätzlich zwei Rundreisen vorschlagen, die man nach Bedarf kürzen, verlängern oder kombinieren kann. Dabei handelt es sich um eine Route durch Südengland und eine durch den Norden Englands.

Ausflüge von London

London ist nicht nur die Hauptstadt Großbritanniens, sondern auch Verkehrsknotenpunkt der gesamten Insel. Hier laufen die Autobahnen sternförmig zusammen. Mit Bus und Bahn kann man innerhalb weniger Stunden die attraktivsten englischen Städte anfahren. Die schönsten Kathedralen finden Sie in *Canterbury, Chichester, Winchester, Salisbury* sowie in den nördlich gelegenen Städten *York, Lincoln* und *Ely.* Auf historische Stadtkerne mit viel Atmosphäre trifft man im Dörfchen *Rye* (bei Hastings) sowie in den traditionellen Universitätsstädten *Oxford* und *Cambridge.* Ausflüge in diese beiden Wissenshochburgen sind besonders zu empfehlen. Aber auch das mondäne Seebad *Brighton* mit seinem weit ins Meer ragenden Pier und dem exotischen Palast ist einen Ausflug wert. Außerordentlich beliebt sind auch Busreisen nach *Stratford-upon-Avon,* der Shakespeare-Stadt, und zu den sagenumwobenen Steinzirkeln von *Stonehenge.* Einige Busunternehmen haben sich auf diese Ziele spezialisiert. In den Londoner Tourist Offices liegen zahlreiche Handzettel mit entsprechenden Angeboten aus.

Porthcurno: kilometerlange zerklüftete Küsten

Route durch Südengland

Die Route führt von den grellen Kreidefelsen *Dovers* im Osten bis zu den grauen Granitklippen im äußersten Westen, treffend „Land's End" genannt. Rund 600 Straßenkilometer liegen zwischen diesen beiden Eckpunkten. Zwei Wochen sollte man mindestens einplanen, sonst kann es anstrengend werden.

In Kent werden die Straßen von Obstplantagen und Hopfenfeldern gesäumt. Hier ist *Canterbury* einen Abstecher wert, ehe man in Richtung Westen weiterreist. Wer romantische Wasserschlösser liebt, kann bei Maidstone ein ganz besonders schönes besichtigen: *Leeds Castle*, ein Märchen aus Tausendundeiner Nacht.

Weiter geht es die Küste von Sussex entlang, die von ebener Marschlandschaft geprägt wird. Mittendrin erhebt sich ein Hügel, auf dem das Städtchen *Rye* thront: ein Meer von roten Ziegeldächern, nur von der normannische Kirche überragt. Hier scheint die Sanduhr im 15. Jahrhundert stehen geblieben zu sein. Viktorianisches Ambiente herrscht dagegen im traditionsreichen Seebad *Brighton*. Hier ließ der exzentrische *Prince Regent* (der spätere König Georg IV.) Mitte des 19. Jahrhunderts einen hindu-gotischen Palast erbauen.

Je weiter man nun in den Westen Südenglands vordringt, desto mythischer wird es. Hier irgendwo – niemand kennt die genaue Stätte – herrschte einst der sagenumwobene König Artus. Und tatsächlich kann man in *Winchester* den Tisch seiner Tafelrunde besichtigen. Die Kathedrale von Winchester und die von *Salisbury* sind bei Kirchenkennern sehr beliebt. Nicht allzu weit entfernt liegt *Stonehenge*, der berühmte Steinzirkel, dessen Herkunft noch heute ein Rätsel ist.

Dartmoor – nur ein paar Schafe stören die Einsamkeit

Schaurig – zumindest an regenverhangenen Tagen – wird es dann im Süden der Grafschaft Devon: Man befindet sich im beinahe 800 Quadratkilometer großen Naturpark *Dartmoor*, wo spärlich bewachsene Hügel und schroffe Bergspitzen, deren nackter Fels sich in den Himmel bohrt, eine eher unwirtliche Atmosphäre erzeugen. Ein Sonnentag offenbart allerdings ein ganz anderes Gesicht dieser Region: Von den Höhen herab verliert sich dann der Blick in der Weite der Moorlandschaft, und man sieht munter plätschernde Bäche, grüne Flusstäler und von hohen Bruchsteinmauern umgebene Weiden, auf denen friedlich Ponys grasen.

Badespaß verspricht die „Englische Riviera". So nennt sich der Küstenstreifen südöstlich des Naturparks Dartmoor. *Torquay* ist eine immergrüne Gartenstadt: Subtropische Gewächse, ja sogar Schatten spendende Palmen wachsen am Wegesrand und in den weitläufigen Parkanlagen.

In Cornwall dann ist fast jeder Ort ein Höhepunkt. Die atemberaubende Küste mit ihren scharfen Granitfelsen kann auf dem über 400 Kilometer langen Klippenweg (*Cornwall Coast Path*) auch zu Fuß erwandert werden. Auf der Rückreise Richtung Osten locken das *Exmoor* sowie die hübschen Städte *Wells, Bath* und natürlich auch *Oxford* zu mehr als nur einem Zwischenstopp.

Route durch Nordengland

Der geeignete Fährhafen für einen Urlaub in Nordengland ist *Hull*. Mit dem Flugzeug fliegt man entweder nach London und benutzt dann die öffentlichen Verkehrsmittel Richtung Norden, oder man fliegt gleich nach *Manchester*.

Lake District – ideal zum Wandern

Wer letztere Alternative wählt, kann sich ein Bild von der Jugendkulturmetropole machen. Interessante Museen erinnern an die Industrielle Revolution, die hier ihren Anfang nahm. Gleich westlich von Manchester liegt der *Peak District*, ein Paradies für Wanderer. Auch Ausflüge nach *Liverpool* oder in das mittelalterliche Städtchen *Chester* sind empfehlenswert.

Die eigentlichen Schönheiten Nordenglands sind jedoch die drei Nationalparks *Lake District*, *Yorkshire Dales* und *North York Moors*. Zentral liegt *York*, die heimliche Hauptstadt des Nordens. Das monumentale Münster wird von engen Gassen umgeben. Von hier aus ist es nicht mehr weit bis zur farbenprächtigen Moorlandschaft der *North York Moors*, die im Osten in einer schroffen Steilküste zur Nordsee hin abfällt. Dort liegt in einem engen Tal zwischen felsigen Klippen der kleine Ort *Robin Hood's Bay*. Beliebte Badeorte der Region sind *Scarborough* und *Whitby*.

Wanderer können entlang der Küste die Ausblicke vom *Cleveland Way* genießen. Mitten im Park lockt *Rievaulx Abbey*, die Ruine einer Zisterzienserabtei, zu einem Besuch. Nordwestlich von York breiten sich die *Yorkshire Dales* aus. Die wildromantische Landschaft mit Burgen und verfallenen Klöstern lädt zu ausgedehnten Wanderungen ein. Am spektakulärsten ist jedoch der *Lake District*: kahle Berge, tiefblaue Seen und (zu bestimmten Zeiten) wohltuende Einsamkeit. Doch ist dieser Nationalpark so beliebt, dass er im Hochsommer völlig überlaufen ist. Frühling und Herbst sind die geeigneten Reisezeiten für diese Region. Nordöstlich der gemütlichen Marktstadt *Carlisle* treffen Sie schließlich auf die Überreste des *Hadrian's Wall*, den die Römer als Bollwerk gegen die Pikten und Skoten erbauten.

Derbyshire im Winter

Klima und Reisezeit

Das sprichwörtliche englische Klima kann einem den Urlaub verdrießen. Man nimmt sich eine herrliche Wanderung vor und erkennt dann bei strömendem Regen gerade noch die Wipfel der Bäume, während der Rest der Landschaft im grauen Nichts verschwindet. Doch gibt es dann wieder Wochen, in denen man die Tage nur noch an einem schattigen Plätzchen am Strand verbringen will.

Selbst im **Frühjahr** können in Nordengland noch Schneestürme toben, während an der Südküste bereits die ersten sonnenhungrigen Briten die Strandbäder bevölkern. Auf einer unserer letzten Reisen wurden wir im März in den Yorkshire Dales eingeschneit – zwei Wochen später konnten wir bei Sonnenschein Eis schleckend am Strand entlangpromenieren und den ersten Mutigen beim Baden zusehen.

Durch den Golfstrom sind die **Winter** in England (vor allem an der Westküste) mild, die Durchschnittstemperaturen liegen im Januar bei über 5 °C. Zum letzten Mal waren Cornwalls Küsten im Winter 1978/79 schneebedeckt. Andererseits wird es im **Sommer** nicht so heiß wie bei uns, die Durchschnittstemperaturen im Juli betragen etwa 15 °C. Solange man wetterfeste Kleidung oder einen Regenschirm dabeihat, kann England bei jedem Wetter und zu jeder Jahreszeit entdeckt werden.

Im Juli und August scheint ganz England auf den Beinen zu sein. Dazu kommen noch zahlreiche ausländische Besucher, so dass B & Bs und Hotels in den Urlaubsgebieten und in London überfüllt sind. Regelmäßig werden dann auch die Preise erhöht.

Klimadaten von Eastbourne

	Ø Höchst-temperaturen	Ø Tiefst-temperaturen	Sonnen-stunden pro Monat	Tage mit Niederschl. >= 1 mm	Wasser-temperaturen
Januar	7,8 °C	3,6 °C	65	13	9 °C
Februar	7,6 °C	3,2 °C	83	10	9 °C
März	9,7 °C	4,5 °C	127	10	9 °C
April	11,9 °C	5,9 °C	188	8	10 °C
Mai	15,3 °C	9,1 °C	235	8	11 °C
Juni	17,8 °C	11,8 °C	234	8	13 °C
Juli	20,1 °C	14,2 °C	244	7	15 °C
August	20,5 °C	14,4 °C	240	7	16,5 °C
September	18,2 °C	12,4 °C	169	10	15 °C
Oktober	14,9 °C	9,7 °C	126	11	14 °C
November	11,1 °C	6,3 °C	84	11	12 °C
Dezember	9,0 °C	4,7 °C	55	12	11 °C

Geschichte

Stonehenge und Caesar

Die ältesten Spuren menschlichen Lebens lassen sich auf den Britischen Inseln rund 250.000 Jahre zurückverfolgen. Es waren zumeist Jäger und Sammler, die während der letzten Eiszeit über eine Landbrücke vom europäischen Kontinent nach Nordwesten vorstießen. Aus klimatischen Gründen fand eine systematische Besiedlung Englands erst nach Ende der letzten Eiszeit vor knapp 10.000 Jahren statt. Noch einmal 5.000 Jahre mussten vergehen, bevor die Jäger und Sammler sesshaft wurden und sich auf die Viehwirtschaft und den Ackerbau konzentrierten. An diesem Wandel maßgeblich beteiligt waren Einwanderer aus Frankreich und von der Iberischen Halbinsel; Letztere brachten die Technik der Bronzeherstellung mit und werden in der wissenschaftlichen Literatur als „Glockenbecherleute" bezeichnet, da man bei ihren Toten häufig Grabbeigaben in Form eines glockenförmigen Bechers fand.

England ist reich an prähistorischen Hinterlassenschaften. Das sicherlich herausragendste Monument ist das vermutliche Sonnenheiligtum **Stonehenge**, das auf den Salisbury Plains liegt. Dieses am besten erhaltene vorgeschichtliche Steindenkmal Europas entstand in zwei Bauphasen, wobei die tonnenschweren Steine aus Wales herbeigeschafft wurden – eine unglaubliche technische Leistung! In der südenglischen Grafschaft Wiltshire steht bei Avebury noch ein weiterer, allerdings weniger beeindruckender Steinkreis. Rätselhaft ist auch die Entstehung des nahen Silbury Hill, ein künstlich aufgeschütteter Hügel von beeindruckenden Ausmaßen, dessen Sinn bis heute ungeklärt ist.

Stonehenge – mystisches Steindenkmal

Vor rund 2.500 Jahren erfolgte die Einwanderung keltischer Stämme in mehreren Wellen. Auf einer höheren kulturellen Stufe stehend, gelang es den **Kelten**, die Urbevölkerung entweder zu unterwerfen oder nach Wales zurückzudrängen. Die Kelten konnten Eisen herstellen, führten neue Getreidesorten ein (z. B. Hafer) und steigerten den Ertrag durch bessere Pflugtechniken. Von den Kelten zeugen nicht nur materielle Hinterlassenschaften; Teile der Bevölkerung von Wales, Westschottland und Irland sprechen noch heute keltisch.

Ein Brite ist blau und hat einen Schnurrbart

„Das Innere Britanniens wird von Ureinwohnern bewohnt, die Küste aber von denen, die in kriegerischer Absicht der Beute wegen landeten und nach der Eroberung dort blieben und Ackerbau betrieben. Die Bevölkerungsdichte ist sehr groß. Die sehr zahlreichen Häuser stimmen fast völlig mit den gallischen überein. Der Viehbestand ist bedeutend. Als Geld benutzten sie Kupfer- oder Goldmünzen oder Eisenbarren von bestimmtem Gewicht. Im Binnenland wird Zinn gewonnen, im Küstengebiet Eisen; aber seine Ausbeute ist gering [...] Die meisten Binnenlandbewohner bauen kein Getreide an, sondern leben von Milch und Fleisch und sind mit Fellen bekleidet. Alle Britannier bemalen sich mit Waid, der eine blaue Farbe erzeugt und ihren Anblick im Kampf umso schrecklicher macht. Sie tragen langes Haupthaar, sind sonst rasiert, außer eben am Kopf und an der Oberlippe."

Julius Caesar, *Der Gallische Krieg*

Ins Licht der europäischen Geschichtsschreibung trat England erst relativ spät. Noch gegen Ende des fünften Jahrhunderts v. u. Z. gestand Herodot: „Ich weiß auch von den Zinn-Inseln nichts.". Griechische Seefahrer aus Marseille hatten zwar schon hundert Jahre zuvor die *Insel der Albionen* „entdeckt" und von den dortigen Zinnvorkommen berichtet, doch erst mit **Caesar** fand die *Splendid Isolation* ein Ende. Als Caesar Gallien eroberte, gerieten auch die Kelten jenseits des Kanals in seinen Aktionsradius. Zweimal, in den Jahren 55 und 54 v. u. Z., landete der geniale Feldherr mit seinen Truppen auf der Insel; in gewohnter Weise kam, sah und siegte er, brach aber dann die Invasion ab, da sein Hauptaugenmerk der politischen Entwicklung in Rom galt.

Vom römischen Britannia zum angelsächsischen Königreich

Die römische Invasion Britanniens erfolgte im Jahre 43 u. Z. mit drei Legionen vom Rhein und einer von der Donau, die unter dem Kommando von Aulus Plautius standen; nur unterbrochen vom blutigen Aufstand der *Boudicca* wurde innerhalb weniger Jahre zuerst Süd- und dann Mittelengland unterworfen. Der militärische Höhepunkt war die Einnahme von *Camulodunum* (Colchester), der Hauptstadt des mächtigsten Stammes der *Trinovantes*. Der Sieger konnte sich der Gunst des herbeigeeilten Kaisers Claudius erfreuen, zu dessen Begleittross sogar Elefanten gehörten. Benachbarte Stämme, die die Herrschaft der Trinovantes nicht geschätzt hatten, nämlich die Iceni (im heutigen Norfolk) und die Bewohner des heutigen Sussex, ergaben sich den Römern, ihre Häuptlinge wurden zu römischen Vasallen. Der Senat ehrte Claudius mit einem Triumphbogen, „da er der erste war, der barbarische Stämme jenseits des Ozeans der Herrschaft des römischen Volkes unterworfen hat". Claudius erhielt außerdem den Beinamen *Britannicus*, den er selbst aber nicht annahm, sondern seinem Sohn übertrug.

An jener Stelle, wo sich das Tal der Themse verengte und zwei kleine Hügel den Sumpf des Nordufers überragten, gründeten die Römer *Londinium*. Zwar begehrten die Kelten 17 Jahre später noch einmal gegen die römische Fremdherrschaft auf und zerstörten Londinium, doch wurde die Stadt umgehend wiederaufgebaut und durch Mauern und ein mächtiges Kastell, das in der Nähe des heutigen Barbican Centre stand, abgesichert. Mit einer Ausdehnung von rund 140 Hektar war London wesentlich größer als die Römerstädte Mailand, Turin und Verona, und der römische Historiker Cassiodorus stellte lobend fest: „Londinium war für seinen Handel berühmt und wimmelte nur so von Händlern."

Einzig nach Norden und Westen hin mussten die Römer in ihrem Expansionsdrang zurückstecken. Um die Gefahr der immer wieder aus dem heutigen Schottland einfallenden Pikten zu bannen, wurden in Nordengland von Meer zu Meer zwei mächtige Befestigungsanlagen, der Hadrians- und der Antoniuswall, errichtet. Nach bewährtem Muster schufen die **Römer** in kürzester Zeit eine neue Provinz, die den Namen *Britannia* erhielt. Innerhalb weniger Jahrzehnte sprach fast die gesamte Bevölkerung Latein und hatte sich der römischen Lebensweise angepasst (u. a. entstanden prachtvolle Bäder wie z. B. in Bath). Die Römer waren vor allem an den Rohstoffen Britanniens interessiert – sie bauten Zinn ab und schürften Gold –, doch modernisierten sie auch den Ackerbau und führten aus Kleinasien eine langwollige Schafrasse ein, welche die Landschaft bis heute prägt.

Als im Zeitalter der Völkerwanderung die römische Vorherrschaft über Europa zu bröckeln begann, zogen sich die römischen Truppen aus Britannien zurück; die zivilisatorischen Errungenschaften verkümmerten, das städtische und kulturelle Leben erlahmte, einzig London behielt noch eine gewisse Zeit seine führende Stellung.

Der Hadrian's Wall sollte die Römer vor den Pikten und Skoten schützen

Doch das Machtvakuum auf der Insel lockte potentielle Eroberer an; die aus der Nordseeregion zwischen Weser und Niederelbe stammenden Sachsen, Angeln und Jüten überfielen England mehrfach, bis sie sich schließlich auf der Insel ansiedelten. Rasch dehnten sie ihren Machtbereich aus, die keltischen Briten wurden unterworfen oder nach Cornwall, Wales oder Schottland zurückgedrängt. Die Einwanderer teilten England untereinander auf, wobei die Grenzen anfangs noch fließend waren. Neben vielen kleinen Fürstentümern entstanden zu Beginn des 6. Jahrhunderts die drei großen Königreiche Wessex, Mercia und Northumbria, die bereits damals das Gebiet des heutigen Englands absteckten. Gebietsbezeichnungen wie Sussex (Südsachsen), Wessex (Westsachsen), Essex (Ostsachsen) und Northumberland erinnern noch heute an diese Einwanderungswelle. Im Gegensatz zu den Römern lebten die **Angelsachsen** bevorzugt in dörflichen Gemeinschaften, das römische Städtewesen verfiel weitgehend. Viele Orte, deren Namen auf *-ham* oder *-ing* enden, wie beispielsweise Chilham, Worthing oder Hastings, dürften in jener Epoche entstanden sein.

Nachdem die Angelsachsen um das Jahr 600 zum christlichen Glauben übergetreten waren, vollzog sich die **Christianisierung** der Britischen Inseln innerhalb weniger Jahrzehnte. Richtungsweisend waren die Hochzeit von König Ethelbert von Kent, der im Jahre 597 die katholische Prinzessin Berta aus dem fränkischen Königshaus ehelichte, sowie die Konversion der Könige von Essex, Northumbria und East Anglia: England wuchs dauerhaft mit dem abendländisch-christlichen Kulturkreis zusammen. Der Klerus etablierte sich als neue geistige Führungsschicht und förderte den Aufbau eines prosperierenden Städtewesens. Zudem stärkte das Christentum die Stellung des Königs, dessen Amt durch die kirchliche Weihe und Salbung einen sakralen Charakter erhielt. Die Könige, so wurde verkündet, regierten von Gottes Gnaden. Sehr bedeutend war die Klosterkultur, die sich vor allem in

Northumbria entfaltete. Am berühmtesten war das von Abt Breda gegründete Jarrow. Zu den ältesten Sakralbauten Englands gehören die Kirche des Klosters Monkwearmouth bei Durham und die ebenfalls aus dem 7. Jahrhundert stammende Klosterkirche Saint Mary in Reculver in der Grafschaft Kent. Von den anderen frühmittelalterlichen Kirchen sind oft nur wenige Überreste erhalten, da sie der nordischen Tradition folgend in Holz errichtet wurden.

Gegen Ende des 8. Jahrhunderts wurde England dann wiederholt von den Wikingern heimgesucht, die mit ihren wendigen Schiffen überraschend an der Küste auftauchten oder die Themse hinauffuhren. Als wohlhabende Handelsstadt war vor allem London ein begehrtes Ziel. Ähnlich wie in der Normandie beschränkten sich die **Wikinger** seit der Mitte des 9. Jahrhunderts nicht mehr auf schnelle Beutezüge; sie versuchten vielmehr, die Angelsachsen zu unterwerfen und sich dauerhaft in England anzusiedeln. Die Königreiche Northumbrien und Mercia waren bereits im Besitz der dänischen Wikinger, als der König von Wessex, *Alfred der Große*, die nordischen Eroberer 878 bei Chippenham besiegte. Nachdem Alfred acht Jahre später London zurückerobern konnte, gelang es ihm, die angelsächsische Herrschaft zu konsolidieren. Das Haus Wessex wurde zum englischen Königshaus und das in der heutigen Grafschaft Hampshire gelegene Winchester zur Hauptstadt des Landes.

Das Londoner Zollverzeichnis, das unter *König Aethelred* erstellt wurde, zeigt anschaulich, dass bereits im Jahre 1000 deutsche, französische und flandrische Kaufleute Wolle, Öle und Fette aus England ankauften, während die Angelsachsen braunes und graues Tuch, Gewürze, Wein und Fisch vom Kontinent impor-

Alfred der Große

tierten. Wenig später konnte der Däne *Knut der Große* die angelsächsische Vormachtstellung durchbrechen und von 1018 bis 1035 die Insel als englischer König regieren. Die dänische Episode währte aber nicht lange: Unter *Eduard dem Bekenner* kehrten zwar die Angelsachsen auf den Thron zurück, allerdings brachte Eduard, der lange Zeit in der normannischen Heimat seiner Mutter als Flüchtling gelebt hatte, die dortigen Sitten und Bräuche mit auf die Insel. Der Bau der von ihm betriebenen Westminster Abbey zeigte deutlich den Einfluss der normannischen Sakralarchitektur.

1066 und die Folgen

Die normannische Eroberung Englands im Jahre 1066 war nicht etwa ein willkürlicher machtpolitischer Angriff eines äußeren Feindes, wie beispielsweise die geplanten Invasionen von Napoleon. Vielmehr begab sich **Wilhelm der Eroberer**, so jedenfalls sahen es auch viele seiner Zeitgenossen, als legitimer Erbe des englischen Throns nach England, da ihn König Eduard der Bekenner schon zu Lebzeiten zu seinem Nachfolger bestimmt hatte. Als der Erbfall im Januar 1066 eintrat und sich *Harold Godwinson*, ein entfernter Verwandter von Eduard, der Wilhelm den Vasalleneid geleistet hatte, bereits einen Tag später selbst zum König krönte, „musste" Wilhelm handeln, wenn er seinen Machtanspruch aufrechterhalten wollte. Der berühmte Bildteppich von Bayeux schildert anschaulich die nun folgende Eroberung Englands: Wilhelm ließ eine ganze Schiffsflotte bauen und begab sich mit 300 Schiffen sowie rund 7.000 Mann über den Ärmelkanal. Am 28. September erreichten die hochbordigen normannischen Drachenschiffe bei Pevensey englischen Boden und stellten sich den aus Norden herbeieilenden Truppen Harolds zum Kampf. Trotz der taktisch besseren Stellung erlitten die Angelsachsen am 14. Oktober in der als *Battle of Hastings* berühmt gewordenen Schlacht eine vernichtende Niederlage. Der entscheidende Vorteil der Normannen lag in der besseren Ausrüstung: Die Reiterei konnte aus dem Sattel kämpfen, da die Normannen bereits über Steigbügel verfügten; zudem trugen die normannischen Ritter Kettenhemden, während sich das englische Heer zu einem Großteil aus schlecht bewaffneten Landarbeitern rekrutierte. Am Weihnachtstag des Jahres 1066 wurde Wilhelm in Westminster vom Erzbischof von York zum englischen König gekrönt, doch dauerte es noch weitere fünf Jahre, bis er auch de facto über ganz England herrschte.

Die **Normannen** waren der einheimischen Bevölkerung zahlenmäßig hoffnungslos unterlegen. Um seinen Machtanspruch militärisch abzusichern, ließ Wilhelm zahlreiche Burgen als Herrschaftszentren errichten. Mit verhältnismäßig geringem Aufwand konnten so große Territorien militärisch kontrolliert werden. Der Tower von London, der in dieser Zeit entstand, diente somit weniger der Verteidigung Londons, als vielmehr der Kontrolle der wankelmütigen Londoner Bevölkerung. Ein Ergebnis der normannischen Eroberung war außerdem die fast vollständige Eliminierung der altenglischen Aristokratie, deren Angehörige entweder getötet oder ins Exil geschickt wurden. An ihre Stelle traten die treuen Gefolgsleute Wilhelms und das System des Feudalismus. Unter den neuen Landesherren gab es keine freien Bauern mehr, da alles Land in Lehensland verwandelt worden war. Wilhelm ließ als eine seiner ersten Amtshandlungen das *Domesday Book* anlegen, eine Art Besitzkatalog, der die Grundlage für das neue Besteuerungsverfahren werden sollte. Am Hof sprach man fortan Französisch; das Angelsächsische wurde zur Volkssprache degradiert. Spuren davon finden sich noch im heutigen Englisch: Während die Tiere auf der Weide angelsächsische Namen *(cow)* tragen, wird ihr Fleisch auf der Tafel noch immer in der gallischen Form (*beef*) bezeichnet. Auch die Rechtsprechung, die Mode, das Heer und der Klerus wurden normannisiert. Ebenso bedeutend war aber sicherlich, dass England durch die Vermittlung der normannischen Prälaten kulturell und intellektuell vom breiten Strom der neuen, von Nordfrankreich ausgehenden Gelehrsamkeit erfasst wurde. Auch in architektonischer Hinsicht erlebte England durch die normannische Eroberung eine Revolution. Die Normannen führten nicht nur den Burgenbau ein, sie bauten in den Jahrzehnten nach Hastings fast jede größere Kirche aus.

Der Tower sollte die Macht der Normannen festigen

London selbst spielte in der normannischen Epoche noch nicht die führende Rolle im Königreich. Der Grundriss der Stadt war von den schachbrettartig verlaufenden Römerstraßen geprägt und noch nicht über die antiken Grenzen hinausgewachsen. Die Vorstadtsiedlungen *Bishopsgate* und *Southwark* lagen an der von Süden nach Norden verlaufenden Verbindungsstraße, die die Themse auf der bislang einzigen vorhandenen Brücke überquerte. Nach Osten schloss sich das Areal des königlichen Tower an, im Westen in einiger Entfernung das Kloster Westminster mit der Krönungskirche. Dazwischen entfaltete sich die kleinteilige mittelalterliche Stadt in der bis heute gültigen Unterteilung in *boroughs*. Erst im Jahre 1176 wurde die alte London Bridge durch eine steinerne Brücke ersetzt.

Gegen Ende des 11. Jahrhunderts erlebte England eine außerordentliche Blütephase. Der in finanziellen Dingen recht geschickte König *Richard Löwenherz* erkannte die Vorteile einer florierenden Wirtschaft, richtete neue Märkte ein und verzichtete auf die Steuereinnahmen der deutschen Kaufleute in ihrer Londoner Niederlassung. England stellte für Richard Löwenherz in erster Linie eine Einnahmequelle dar, die sein Vater, Heinrich II., mit Gewalt und neuen Steuern der Krone erschlossen hatte. Richards Bruder und Nachfolger *Johann Ohneland*, ein rachsüchtiger und unfähiger Herrscher, musste im Jahre 1215 die 61 Artikel der **Magna Carta Libertatum** anerkennen, die die königliche Autorität zugunsten von Freiheiten und Privilegien für die Kirche, den Adel sowie das Bürgertum beschnitt und allen späteren konstitutionellen und demokratischen Entwicklungen Tür und Tor öffnete. Auch wirtschaftlich profitierte England von der neuen politischen Situation. Händler und Gilden erhielten Privilegien und Monopole, fremde Kaufleute ließen sich nieder. So richtete die Hanse, deren Kaufleuten zahlreiche Vorrechte eingeräumt wurden, gegen Ende des 13. Jahrhunderts ein Kontor in der Themsestadt ein.

Schwarzer Tod und Rosenkriege

Das 14. und das 15. Jahrhundert waren von Kriegen und schweren Katastrophen gekennzeichnet. Im August 1348 erreichte die Pest England; fast jeder dritte Einwohner Londons starb in den darauf folgenden Monaten am Schwarzen Tod. Eine zweite Pestepidemie breitete sich im Winter 1361 aus und forderte erneut Tausende von Opfern. Doch der Schrecken hatte noch kein Ende: 1369 und 1375 flackerte die Pest abermals auf. Modernen Schätzungen zufolge hat sich die englische Bevölkerung innerhalb weniger Jahrzehnte halbiert.

When Adam delved and Eve span – Who was then a gentleman?

Die englische Gesellschaft war – sieht man einmal vom Klerus und von der Stadtbevölkerung ab – im Mittelalter in zwei Stände gegliedert: in Edelmänner und leibeigene Bauern. Durch den pestbedingten Rückgang der Bevölkerung verknappte sich die menschliche Arbeitskraft, so dass es zahlreichen Leibeigenen gelang, sich durch Freikauf und Landerwerb zu emanzipieren. Innerhalb kürzester Zeit bildeten sich zwei neue Stände: der freie Bauer mit eigenem Landbesitz und der einfache Landarbeiter, der sich als Knecht verdingte. Die verschiedenen gesellschaftlichen Rechte, die sich von dem Grundbesitz ableiteten, führten im letzten Viertel des 14. Jahrhunderts wiederholt zu örtlichen Unruhen. Zu den entschiedenen Gegnern des Feudalsystems gehörte der durch die Grafschaft Kent ziehende Wanderprediger *John Ball*, der offen für die gesellschaftliche Gleichheit und persönliche Freiheit eines Christen eintrat. Berühmt geworden ist er durch die provokante Frage: „When Adam delved and Eve span – Who was then a gentleman?" Als Ball wegen seiner aufrührerischen Predigten 1381 in Maidstone in Ketten lag, wurde er von ein paar Aufständischen unter Führung des Gerbers *Wat Tyler* aus dem Kerker geholt. Die Nachricht von Balls Befreiung verbreitete sich in Windeseile, aus den unzufriedenen Landarbeitern formierte Tyler ein Heer, mit dem er erst den Palast des Erzbischofs von Canterbury stürmte und dann nach London zog. Die Tore der Themsestadt öffneten sich ohne Widerstand, König Richard II. verhandelte mit Tyler und befahl die Aufhebung der Leibeigenschaft. Tyler war am Ziel, doch stieg ihm sein Erfolg zu Kopf: Mit ein paar Getreuen drang er in den Tower ein, um den verhassten Erzbischof von Canterbury hinrichten zu lassen. Die Stimmung schlug um, als die Aufständischen die Stadt plünderten. Der Londoner Lord Mayor erschlug Wat Tyler eigenhändig, woraufhin seine verwirrten Anhänger in kürzester Zeit aufgerieben wurden. Trotz des unrühmlichen Endes gebührt Tyler das Verdienst, den Niedergang des Feudalismus eingeleitet zu haben.

Zur gleichen Zeit bekriegten sich England und Frankreich auf dem Kontinent. Nach anfänglichen Erfolgen der Engländer trugen aber letztlich die Franzosen den Sieg im sog. **Hundertjährigen Krieg** (1338–1453) davon. Da sich das Kriegsgeschehen ausschließlich auf dem Kontinent abspielte, bekam die Bevölkerung Englands den Krieg nur durch höhere Steuerlasten zu spüren. Kaum herrschte Frieden, entbrannte zwischen den Häusern York und Lancaster ein gnadenloser Kampf um die Krone. Da beide mit den Plantagenets verwandten Adelsgeschlechter eine Rose im

Wappen führten, gingen die von 1455 bis 1485 während den Konflikte als **Rosenkriege** in die Geschichte ein. Im Laufe dieser langen und erbitterten Kämpfe wurde die Hocharistokratie durch Attentate und Kriegshandlungen dezimiert, während der niedere Adel und die freien Bürger um die volle Anerkennung der mittelalterlichen Rechte des Parlaments kämpften. Den unrühmlichen Höhepunkt der Rosenkriege bildete der von *Richard III.* in Auftrag gegebene Mord an den unmündigen Söhnen seines 1483 verstorbenen Bruders Eduard IV.; Heinrich Tudor, der Earl of Richmond, stellte sich daraufhin am 22. August 1485 mit Unterstützung des französischen Königs den Truppen Richard III. auf dem Schlachtfeld entgegen. Obwohl die Armee Richards zahlenmäßig überlegen war, trug Heinrich in Bosworth den Sieg davon. Dass Richard bei einer persönlichen Attacke auf seinen Herausforderer ums Leben kam, wurde von den Zeitgenossen als eine Art Gottesurteil interpretiert.

Die Häuser Tudor und Stuart

Mit Heinrich VII. saß erstmals ein Tudor auf dem Thron. Durch seine Heirat mit Elizabeth von York führte der geschickte Diplomat die verfeindeten Häuser York und Lancaster zusammen. Sein bleibendes Verdienst war es, die Stellung der Monarchie gefestigt zu haben. Als **Heinrich VIII.** 1509 den englischen Thron bestieg, konnte er auf eine gut gefüllte Staatskasse zurückgreifen. Obwohl höfische Manieren, körperliche Fähigkeiten und Bildung des 18-Jährigen von den Zeitgenossen hoch gerühmt wurden, sollte er als Despot in die Geschichte eingehen. Seine Geltungssucht, verbunden mit einem überzogenen Imponiergehabe, steigerte sich ins Unerträgliche. Letztlich waren es aber die Ehe- bzw. Nachfolgeprobleme Heinrichs VIII., die zu einer entscheidenden Wendung im Geschick des Landes führten: Da der Papst ihm die Scheidung von Katharina von Aragón verweigert hatte, sagte sich Heinrich VIII. 1534 von Rom los und machte die englische Kirche zu einer Nationalkirche, der anglikanischen Staatskirche mit dem König selbst als *Supreme Head.*

Sechs Frauen und ein Mann

Mit seinen Frauen hatte Heinrich VIII. – oder besser: sie mit ihm – nur wenig Glück. Britische Schüler lernen einen Reim, um sich das Schicksal der Frauen Heinrich VIII. leichter einzuprägen: „Divorced, beheaded, died / divorced, beheaded, survived". Geschieden wurde der englische König von Katharina von Aragón, Anne Boleyn verlor ihren Kopf, Jane Seymour starb, Anna von Kleve wurde ebenfalls geschieden, Katherine Howard starb wiederum durch den Henker, und nur Katherine Parr überlebte ihren Gatten.

Besonders bedeutend war Heinrichs Entscheidung, die Klöster aufzuheben und deren Güter an treue Gefolgsleute zu verteilen. Auf diese Weise etablierte er einen neuen, patriotischen Adel, der entschieden für den Protestantismus eintrat, um die Klostergüter nicht wieder herausgeben zu müssen. Teilweise wurden Ländereien zu Spottpreisen an vermögende Kaufleute veräußert, da Heinrich dringend Geld benötigte, um den Krieg gegen Frankreich zu finanzieren. Gleichzeitig mangelte es nun aber im ganzen Land an einer wirksamen Armenfürsorge; an die Stelle der Klöster und religiösen Stiftungen traten Armengesetze sowie eine Zwangsabgabe zur Unterstützung der Notleidenden.

1588 – die gescheiterte Invasion

Nicht nur die Hinrichtung von Maria Stuart, auch die steten Angriffe der englischen Freibeuter vom Schlage eines Hawkins und eines Drake waren dem spanischen König Philipp II. ein Dorn im Auge. Indem die englischen Freibeuter die spanischen Galeonen kaperten, die mit Silber und Gold beladen aus der Karibik kamen, fügten sie den Spaniern einen beträchtlichen materiellen Schaden zu und forderten den mächtigsten König des 16. Jahrhunderts damit heraus. Philipp II. reagierte: Er wollte England erobern und das verhasste protestantische Königreich ein für alle Mal vernichten. Für dieses Unterfangen stellte er eine gigantische Flotte zusammen; die spanische Armada bestand aus 130 Schiffen, bestückt mit 2.000 Kanonen und 20.000 Soldaten. An Bord befanden sich Nahrungsmittel und Munition, die ausreichend waren, um ohne Nachschub sechs Monate auf der Insel ausharren zu können. Die gewaltige Flotte unter dem Kommando von Admiral Sidonia galt als unbesiegbar. Francis Drake erkannte jedoch, dass die Armada aufgrund ihrer Größe schwerfällig und daher verwundbar war. Nachdem sich die beiden Flotten mehrere Tage lang ohne nennenswerte Erfolge bekämpft hatten, fiel die Entscheidung in der Nacht des 28. Juni 1588. Die Engländer verfügten über die beweglicheren Schiffe, die erfahreneren Besatzungen und die bessere Artillerie. Entscheidend wirkte sich der strategische Nachteil für die Spanier aus, sich fern der Heimat in keinen gesicherten Hafen zurückziehen zu können. So sahen sie sich gezwungen, vor Calais im offenen Gewässer zu ankern und boten damit den Brandschiffen der Engländer ein lohnendes Ziel. Als diese deren sechs in den spanischen Flottenverband hineinmanövrierten, kappten die Spanier überstürzt die Ankertaue; die zerstreuten Schiffe waren dem englischen Angriff fast schutzlos ausgeliefert. Vier Schiffe sanken, Tausende von Soldaten und Matrosen fanden den Tod. Den Rest besorgten die Stürme, denen die Armada bei ihrer Flucht um die Britischen Inseln an der Westküste ausgesetzt war: Die hochbordigen Galeonen zerschellten an den Felsküsten Schottlands, Irlands und Cornwalls. Nur die Hälfte der Schiffe kehrte Ende September wieder in einen spanischen Hafen zurück. Die Invasion war kläglich gescheitert.

Diese Entwicklung setzte sich auch unter **Elizabeth I.** fort; die zweitälteste Tochter Heinrichs VIII. vollendete während ihrer langen Regierungszeit (1558–1603) die Politik ihres Vaters. War bei ihrem Regierungsantritt – bedingt durch die Rekatholisierungsmaßnahmen ihrer Halbschwester Maria – die überwiegende Mehrzahl der Engländer wieder in den Schoß der alten Kirche zurückgekehrt, so dürfte die Zahl der Katholiken gegen Ende ihrer Herrschaft unter zwei Prozent gelegen haben. Angetrieben vom puritanischen Geist prosperierte die Wirtschaft: An der 1571 eröffneten Londoner Börse konnte erstmals ein ständiger Handel stattfinden. Nachdem Elizabeth 1587 die katholische Königin von Schottland, *Maria Stuart*, hatte köpfen lassen, weil sie Maria verdächtigte, einen Mordanschlag auf sie veranlasst zu haben, schickte Philipp II. seine Armada, um England wieder für den rechten Glauben zu gewinnen. Doch trotz der vermeintlichen militärischen Überlegenheit der spanischen Flotte glückte den Engländern vor Gravelingen ein historischer Sieg, der eine jahrhundertelange Vormachtstellung Englands auf allen Weltmeeren zur Folge hatte.

Shakespeares wiederaufgebautes Globe Theatre in London

Auch in kultureller Hinsicht sollte das elisabethanische Zeitalter als *Golden Age* in die Geschichte eingehen. *Christopher Marlowe* und vor allem *William Shakespeare* prägten die Epoche mit ihrer Literatur; am Südufer der Themse entstanden erstmals eigene Theatergebäude, die bis zu 3.000 Zuschauer fassen konnten, darunter das unlängst wieder rekonstruierte *Globe.*

Erst auf dem Sterbebett liegend, bestimmte Elizabeth I. den Sohn von Maria Stuart als *Jakob I.* zu ihrem Nachfolger. Der für seine liberale Einstellung bekannte Mann war zu diesem Zeitpunkt bereits König von Schottland und sollte bis zu seinem Tod (1625) in Personalunion als König von Schottland und England herrschen. Beinahe wäre Jakob I. einem Anschlag zum Opfer gefallen. Der Katholik Guy Fawkes plante 1605 zusammen mit zwei Jesuiten, den König samt Parlament in die Luft zu sprengen. Der sog. *Gunpowder Plot* war die Antwort auf einen königlichen Erlass, mit dem die Jesuiten ins Exil gezwungen werden sollten. Die „Schießpulver-Verschwörung" flog jedoch auf, weil einer der Anführer einem Freund die Warnung zukommen ließ, dem Parlament am Tag des Anschlags fernzubleiben. Der Brief gelangte in die Hände königstreuer Beamter, woraufhin unter dem Parlamentsgebäude 36 Pulverfässer entdeckt wurden. Fawkes und seine Mitverschwörer wurden gefangen genommen, gefoltert und hingerichtet.

Die Erinnerung an das Haus Stuart, das bis 1714 über England herrschen sollte, bleibt von zwei dramatischen Ereignissen überschattet: Dem Bürgerkrieg, der 1649 in der Exekution Karls I. und der Abschaffung der Monarchie gipfelte – *Oliver Cromwell* stand als Lordprotektor an der Spitze des Staates – sowie dem „Großen Brand" von 1666, dem große Teile Londons zum Opfer fielen. Bereits unter Jakob I. war es mehrfach zu Konflikten zwischen dem König und dem Parlament gekommen, die 1621 in der erzwungenen Entlassung des Lordkanzlers endete. Als das Parlament Karl I. 1628 in der *Petition of Rights* zu Zugeständnissen zwang, löste dieser kurzerhand das Parlament auf und versuchte elf Jahre lang allein zu regieren. Die Auseinandersetzung mündete in zwei Bürgerkriege, der König wurde gefangen genommen und am 30. Januar 1649 hingerichtet. Cromwell, der erfolgreiche Anführer der parlamentarischen Armee, wollte zwar ein demokratisch legitimiertes Regime etablieren, stand aber de facto an der Spitze einer Militärdiktatur. Nach Cromwells Tod (1658) versuchte sich sein Sohn Richard als Nachfolger, doch wandte sich die Armee von ihm ab und holte den Sohn des geköpften Königs als Karl II. auf den Thron zurück. Dessen katholischer Bruder und Nachfolger Jakob II. geriet erneut mit dem Parlament in Streit und wurde in einer unblutigen – und daher „glorreichen" – Revolution ins Exil getrieben und durch den Protestanten Wilhelm von Oranien „ersetzt". Dieser erkannte die *Bills of Rights* an, und England mutierte zur konstitutionellen Monarchie.

Nach der „Glorreichen Revolution" von 1689 stieg England innerhalb kürzester Zeit zur stärksten Wirtschaftsmacht Europas auf. London löste Amsterdam als weltweit bedeutendstes Handels- und Finanzzentrum ab und dehnte sich ständig weiter aus. 1694 wurde die Bank of England gegründet. Einen wichtigen Anteil am Aufschwung hatten die Hugenotten; Ende des 17. Jahrhunderts siedelten sich mehr als 50.000 aus Frankreich vertriebene Glaubensflüchtlinge in England an. Die Ursache für die Flucht der Hugenotten war das Edikt von Fontainebleau vom 18. Oktober 1685, mit dem der französische König *Ludwig XIV.* das Toleranzedikt von Nantes (1598) widerrief. Der englische König Jakob II. nahm die Flüchtlinge auf, freilich auch, weil er sich davon wirtschaftliche Vorteile sowie die Erschließung neuer Gewerbezweige erhoffte.

Da weder Wilhelm III. noch Königin Anna ihre Linie durch einen Thronfolger weiterführen konnten, fiel gemäß der Erbfolge die englische Krone an das **Haus Hannover**. Mit *Georg I.* bestieg 1714 erstmals ein deutscher Fürst den englischen Thron. Das gesamte 18. Jahrhundert war eine Epoche, die sich vor allem im Londoner West End und in Marylebone durch eine rege Bautätigkeit auszeichnete. London wuchs weit über seine Stadtgrenzen hinaus. *Daniel Defoe* bezeichnete das aufstrebende London 1726 als „eine monströse Stadt" und stellte die Frage: „Wo kann hier eine Grenzlinie gezogen oder ein Umgrenzungswall angelegt werden?" Im Gegensatz zu anderen europäischen Städten fehlte in London ein umfassender Bebauungsplan. Niemand gab Richtlinien vor, vielmehr war die Stadtentwicklung das Ergebnis einer Vielzahl begrenzter privater Initiativen.

Da zwischen 1714 und 1830 alle englischen Könige den Namen Georg trugen, werden die damals entstandenen Bauten dem sog. „georgianischen Stil" zugeordnet. Hierzu zählen die zahlreichen Backstein-Reihenhäuser, die weiträumigen, rechteckigen *Squares* und die abgerundeten *Crescents*. Das südenglische Bath, das zweifellos das schönste georgianische Stadtbild des Landes besitzt, war in städtebaulicher Hinsicht wegweisend. Die von Vater und Sohn Wood zwischen 1727 und 1767 realisierten Straßenzüge wurden mustergültig für die englische Städtebaukunst des 18. Jahrhunderts. In London und anderen Städten wurde das lockere Zusammenspiel von *Crescent*, Square, *Circus* und *Terrace* kopiert. In London ragt unter den damals errichteten Stadtpalästen vor allem das Somerset House am Strand heraus. Eine Sonderform ist der Regency-Stil von *John Nash* (1752–1835). Nash entwarf im Auftrag des Prinzregenten unter anderem den Regent's Park sowie zahlreiche Stadtvillen, zudem führte er um 1780 die weißen Stuckfassaden und Säulenarkaden ein, die noch heute viele Londoner Straßenzüge kennzeichnen.

Royal Crescent – Baths Prachtbau im georgianischen Stil

Sieht man einmal von den Städten ab, so stellen vor allem die Landsitze des Adels und nicht etwa die königlichen Schlösser die architektonischen Hinterlassenschaften aus dieser Epoche dar. Doch nicht nur der Adel, sondern auch der große Teil der Bevölkerung partizipierte am Vorabend des industriellen Zeitalters am allgemeinen Wohlstand. Wer auf dem Land keine Zukunftschancen sah, suchte sein Glück in London, das inzwischen in vielerlei Hinsicht eine Ausnahmestellung einnahm. Um 1750 lebte jeder zehnte Engländer in der Themsemetropole, die im Gegensatz zu den ländlichen Regionen ein deutliches Missverhältnis von Todes- und Geburtenrate aufzuweisen hatte. London wirkte nicht nur als demographisches Korrektiv, sondern bewirkte mit seiner wachsenden Nahrungsnachfrage das Entstehen eines nationalen Marktes, der eine Spezialisierung der landwirtschaftlichen Produktion nach sich zog. Der wachsame Chronist Daniel Defoe registrierte 1724 auf seiner *Tour through the whole Island of Great Britain*, dass alle Teile des Königreichs dazu beitrügen, die Versorgung der Hauptstadt zu gewährleisten.

Industrielle Revolution

England ist fraglos das Mutterland der Industrialisierung, wobei die „Industrielle Revolution" als ein komplexer Prozess technischen Fortschritts, gepaart mit einem durchgreifenden wirtschaftlichen und sozialen Wandel, verstanden werden muss. In vielerlei Hinsicht waren die Voraussetzungen günstig: Landwirtschaft und Handel florierten, und zwischen Bevölkerung und Ressourcen bestand ein ausgezeichnetes Gleichgewicht. Mit anderen Worten: Arbeitskräfte und Nahrungsmittel standen ausreichend zur Verfügung. Hinzu kamen bahnbrechende Erfindungen wie Arkwrights Wasserspinnmaschine, Hargreaves „Spinning Jenny", Cartwrights mechanischer Webstuhl, Watts Dampfmaschine und Corts Puddelprozess, auf denen der Erfolg von Englands Textil- und Eisenindustrie maßgeblich fußte. Selbst der amerikanische Unabhängigkeitskrieg und die langwierigen Auseinandersetzungen mit Frankreich konnten den wirtschaftlichen Aufschwung nicht brechen. Am größten war die Bewunderung der Zeitgenossen für George Stephensons Dampflokomotive *Rocket*. Die Eisenbahn wurde zu einem Vorzeigeprodukt der Industrialisierung: Schon 1850 umfasste das englische Schienennetz mehr als 10.000 Kilometer, Menschen und Güter konnten in einer bis dato unvorstellbaren Anzahl und Geschwindigkeit befördert werden. Dass die rasante industrielle Entwicklung mit der Kinderarbeit und anderen frühkapitalistischen Methoden der Ausbeutung ihre Schattenseiten hatte, sollte dabei nicht vergessen werden. Die neben London bedeutendsten Industriezentren entwickelten sich in Mittelengland rund um die später so krisengeschüttelten Regionen Manchester, Birmingham und Liverpool. Nach etwas mehr als einem Jahrhundert war der Wandel Englands hin zu einem kapitalistischen Industriestaat modernen Zuschnitts abgeschlossen.

Im 19. Jahrhundert, als Dampfschiffe eine zügigere Überquerung des Ärmelkanals ermöglichten, wurde England auch zunehmend als Reiseziel entdeckt. In erster Linie wollten die Reisenden die ungeheuren sozialen und politischen Dimensionen der „Weltstadt" London kennenlernen. Als *Heinrich Heine* 1828 in London eintraf, bot sich ihm folgendes Bild: „Ich habe das Merkwürdigste gesehen, was die Welt dem staunenden Geiste zeigen kann, ich habe es gesehen und staune noch immer – noch immer starrt in meinem Gedächtnisse dieser steinerne Wald von Häusern und dazwischen der drängende Strom lebendiger Menschengesichter mit all ihren bunten Leidenschaften, mit all ihrer grauenhaften Hast der Liebe, des Hungers und des Hasses […] Dieser bare Ernst aller Dinge, diese kolossale Einförmigkeit, diese maschinenhafte Bewegung, diese Verdrießlichkeit der Freude selbst, dieses übertriebene London erdrückt die Phantasie und zerreißt das Herz […] Ich erwartete große Paläste und sah nichts als lauter kleine Häuser. Aber eben die Gleichförmigkeit derselben und ihre unabsehbare Menge imponiert so gewaltig."

Heines Enttäuschung war bedingt durch die Auswirkungen der Industriellen Revolution, die England und vor allem London damals voll erfasst hatte. Aus allen Teilen des Königreichs strömten die Menschen nach London, um in den dortigen Fabriken Arbeit zu finden. Die Einwohnerzahl begann in bis dato unbekanntem Ausmaß zuzunehmen; Ende des 18. Jahrhunderts überschritt London als erste europäische Stadt die Millionengrenze. Heine erlebte London als eine Stadt des Liberalismus, die infolge der Befreiungskriege von einer fortschreitenden wirtschaftlichen Depression geprägt war. Große Teile der Bevölkerung, vor allem die irische Minderheit, lebten unterhalb der Armutsgrenze. Dies führte zu sozialen Missständen, die Charles Dickens in seinen Werken so eindrucksvoll geschildert hat. Auch die Schriften von Marx und Engels sind ohne die englische Erfahrung der beiden Begründer der kommunistischen Bewegung nicht denkbar. Friedrich Engels charakterisierte 1845 die Lage der arbeitenden Klasse in England wie folgt: „Die brutale Gleichgültigkeit, die gefühllose Isolierung jedes einzelnen auf seine Privatinteressen tritt umso widerwärtiger und verletzender hervor, je mehr diese einzelnen auf den kleinen Raum zusammengedrängt sind; und wenn wir auch wissen, dass diese Isolierung des einzelnen, diese bornierte Selbstsucht überall das Grundprinzip unserer heutigen Gesellschaft ist, so tritt sie doch nirgends so schamlos unverhüllt, so selbstbewusst auf als gerade hier in dem Gewühl der großen Stadt."

Die Weltausstellung von 1851

Fast alle Anwesenden waren zu Tränen gerührt, als am 1. Mai 1851 Hunderte von Chorsängern das „Halleluja" aus Händels „Messias" anstimmten, nachdem Königin Victoria in Anwesenheit des Erzbischofs von Canterbury die „Great Exhibition of the Works of Industry of All Nations" im Londoner Kristallpalast feierlich eröffnet hatte. Dabei war der Anlass der Feierlichkeiten eigentlich ganz profaner Natur: Fast 14.000 Aussteller aus der ganzen Welt waren zusammengekommen, um ihre Produkte und technischen Errungenschaften auf der ersten Weltausstellung zu präsentieren. Die Vorreiterrolle spielte zweifellos Großbritannien, das sich als Vorbild für andere Nationen verstand. Konzipiert wurde die Ausstellung von Prinz Albert, dem eine Symbiose aus Wissenschaft, Industrie und Kunst vorschwebte. Das Leitmotiv der Ausstellung war allerdings nicht der Fortschritt, sondern der „Frieden" zwischen den Völkern, weswegen der gläserne Kristallpalast auch als „Friedenstempel" bezeichnet wurde. Thomas Carlyle rümpfte allerdings die Nase angesichts dieses „Tempels zur Anbetung des Kommerzes". Auch in sozialintegrativer Hinsicht war die Wirkung der Ausstellung begrenzt: In erster Linie feierte sich die bürgerliche Industriegesellschaft; für die Arbeiterschaft war noch kein gleichrangiger Platz vorgesehen.

Viktorianisches Zeitalter

Während der langen Herrschaft von Königin **Viktoria** (1837–1901), die einem ganzen Zeitalter den Namen gab, nahm die englische Bevölkerung deutlich zu. Jeder fünfte Engländer wohnte in London. Die Stadt umfasste beinahe das gesamte 30.000 Hektar große Gebiet der 1888 geschaffenen Grafschaft gleichen Namens. In Europa gab es keinen vergleichbaren städtischen Ballungsraum.

In den ersten Jahrzehnten des *Victorian Age* blühten die Wirtschaft und der technische Fortschritt. England wurde zur Werkstatt der Welt, da es über die leistungsfähigste Produktionsgüterindustrie verfügte. Innenpolitisch erfolgten Verbesserungen im Bereich des Sozialwesens, der Arbeitsbedingungen und des Wahlrechts. In der zweiten Hälfte des 19. Jahrhunderts waren erstmals auch die Arbeitnehmer im Parlament vertreten. Dort etablierte sich ein Zweiparteiensystem aus Konservativen und Liberalen. In den Siebzigerjahren

Resolut: Queen Victoria

wendete sich das Blatt. Die Wirtschaft begann zu stagnieren, innere Unruhen erschütterten das Land, die Frauenbewegung entstand, und die Arbeiter machten ihrer Unzufriedenheit durch Streiks Luft und gründeten zu Anfang des 20. Jahrhunderts die Labour Party.

In der Außenpolitik regierte der Imperialismus. 1876 wurde Viktoria zur Kaiserin von Indien ernannt. England übernahm Zypern, besetzte Ägypten und versuchte, Afrika in einer Linie von Kairo bis zum Kap zu kolonialisieren.

20. Jahrhundert

Zu Beginn des 20. Jahrhunderts erstarkte die Frauenbewegung, getragen von den sogenannten *Suffragetten* (suffrage = Wahlrecht). Ihr erklärtes Ziel bestand im Wesentlichen in der Erlangung des Wahlrechts für Frauen. Zur Propagierung und Durchsetzung ihrer Forderung wurden Demonstrationen veranstaltet, die den Einfluss der Frauen nach und nach verstärkten.

Am 14. August 1914 trat England in den Ersten Weltkrieg ein, nachdem deutsche Truppen die Souveränität des neutralen Belgien verletzt hatten. Der Staat griff nun

Ein Mann wie ein Denkmal:
Winston Churchill

sehr stark in das wirtschaftliche und gesellschaftliche Gefüge des Landes ein, und es wurde eine Koalitionsregierung mit Beteiligung der Labour Party gebildet. Mit dem *Osteraufstand* von 1916 versuchten die Iren, aus der schwierigen Lage des Empire Nutzen zu ziehen und die politische Unabhängigkeit zu erzwingen. Dieser Aufstand wurde jedoch blutig niedergeschlagen.

Nach Beendigung des Ersten Weltkriegs beschleunigte sich der Niedergang des Britischen Empire. Arbeitslosigkeit, Streiks und die Überalterung der Industrie schwächten den Staat. In den Kolonien kam es zu immer massiveren Unabhängigkeitsbestrebungen. Man entließ viele Gebiete in die Autonomie und verlieh ihnen einen *Dominion Status* – der *British Commonwealth of Nations* entstand. 1921 erhielt auch Irland den Status eines *Dominion*, Nordirland blieb jedoch ein Teil Großbritanniens.

Angesichts der deutschen nationalsozialistischen Bedrohung rüstete England ab 1937 stark auf. Die Regierung versuchte jedoch weiterhin, mit einer Beschwichtigungspolitik den Krieg zu verhindern, da das Land mit der Wahrung seiner weltweiten Interessen schon über Gebühr belastet war. Nach

Reisepraktisches

Die Immigranten tragen erheblich zum multikulturellen Touch Londons bei

dem deutschen Überfall auf Polen im September 1939 erklärte England Deutschland den Krieg, aus dem Großbritannien 1945 zusammen mit den Alliierten als Sieger hervorging.

Nach dem Ende des *Zweiten Weltkriegs* verlor England seinen Großmachtstatus. Die Folgen des Krieges waren für die englische Wirtschaft verheerend, und es dauerte einige Jahre, bis es im Land wieder aufwärts ging. Bei den Parlamentswahlen des Jahres 1945 wurden die *Tories* unter *Winston Churchill* schwer geschlagen, die

The Blitz und Baedeker Raids

Die Kriegserfahrungen spielen bis heute im Nationalbewusstsein der Engländer eine wichtige, häufig verklärte Rolle, wie man im Londoner *Britain at War Museum* anschaulich verfolgen kann. Besonders in Erinnerung geblieben ist „The Blitz": Vom 7. September 1940 bis zum 10. Mai 1941 flog die deutsche Luftwaffe 58 nächtliche Angriffe auf die englische Hauptstadt. Besonders verheerend wirkte sich der letzte Angriff vom 10. Mai aus, an dem 550 Flugzeuge beteiligt waren. Insgesamt kamen zwischen 20.000 und 30.000 Menschen ums Leben, mehr als 250.000 Häuser wurden zerstört. Die einfachste und sicherste Möglichkeit, sich vor den Bombenangriffen zu schützen, war, die Nacht in den Tunneln und Schächten der Untergrundbahn zu verbringen. Neben London mussten auch Bath, Canterbury und Dover schwere Schäden hinnehmen, weshalb die Angriffe auch als „Baedeker Raids" bezeichnet wurden. Die Intention der Nazis war deutlich: Sie planten, die bekanntesten historischen Sehenswürdigkeiten Englands zu zerstören, und orientierten sich dabei offensichtlich an der alphabetischen Ordnung des Baedeker-Reiseführers.

Wo ist Elizabeth? Zaungäste am Buckingham Palace

Labour Party mit dem Premierminister *Clement Attlee* übernahm die Regierungs-
verantwortung. Labour verstaatlichte wichtige Wirtschaftszweige und versuchte,
das Land in einen modernen Sozialstaat umzugestalten.

In den Fünfzigerjahren ließen sich zahlreiche Immigranten aus Indien und der Karibik in England nieder. London erhielt dadurch zwar seinen bis heute so faszinierenden multikulturellen Touch, doch gleichzeitig wuchs die Ablehnung der weißen
Bevölkerung gegenüber der farbigen Minderheit. Die Konflikte entluden sich im
Sommer 1958, als die ersten Rassenunruhen in London ausbrachen, geschürt von
einem Steine werfenden Mob, der durch die Straßen von Notting Hill zog.

1968 brach in Nordirland der offene Bürgerkrieg zwischen katholischen und protestantischen Extremisten aus. Die englische Regierung entsandte Truppen in das
Krisengebiet; gelöst ist der Konflikt trotz der zunächst ermutigenden Entwicklung
in der zweiten Hälfte der Neunzigerjahre bis heute nicht.

1970 übernahm wiederum die Konservative Partei unter *Edward Heath* die Führung im Unterhaus. Sie betrieb den englischen Beitritt zur EG, der 1973 vollzogen
wurde. Die umstrittene Mitgliedschaft in der Europäischen Gemeinschaft wurde
1975 Gegenstand einer Volksabstimmung. Gegen den Widerstand der Labour Party
und der Gewerkschaften entschieden sich die Bürger mit großer Mehrheit für eine
Mitgliedschaft.

1979 begann die Ära der *Eisernen Lady* Margaret Thatcher. Sie wurde die erste
Premierministerin in der Geschichte Großbritanniens. Margaret Thatchers Regierung steuerte einen harten Sparkurs, der die sozialen Gegensätze in der Gesellschaft verschärfte. Im November 1990 trat Margaret Thatcher auf Drängen der eigenen Partei von ihrem Amt zurück. Die Tories versprachen sich dadurch mehr

Chancen bei den nächsten Unterhauswahlen. Nachfolger von Frau Thatcher wurde *John Major*. Doch der neue Premierminister konnte den Abwärtstrend der Konservativen nur noch kurz aufhalten; am 1. Mai 1997 triumphierte New Labour unter *Tony Blair*, dessen Regierungsauftrag bei den jüngsten Unterhauswahlen im Mai 2005 erneut bestätigt wurde. Blairs Amtszeit war die längste aller regierenden Premierminister der Labour-Partei. Im Herbst 2006 kündigte Blair seinen Rücktritt an. Nach einem kurzen, aber erfolglosen Zwischenspiel seines langjährigen politischen Weggefährten *Gordon Brown* hat seit Mai 2010 der Konservative *David Cameron* das Amt des Regierungschefs inne.

Parteien und Wahlen

England gilt als das traditionelle Zwei-Parteien-Land, obwohl natürlich auch hierzulande mehr Parteien politisch tätig sind. Der Eindruck entsteht durch das englische Wahlsystem. Als gewählt gilt in jedem Wahlbezirk nur derjenige, der die meisten Stimmen auf sich vereint. Alle anderen abgegebenen Stimmen für den zweit-, dritt- oder viertstärksten Kandidaten sind ohne jede Bedeutung.

Die Ergebnisse der Parlamentswahlen 2010
(in Klammern zum Vergleich die Zahlen von 2005)

Conservatives	307 Sitze (197)
Labour Party	258 Sitze (356)
SDP/Lib	57 Sitze (62)
Sonstige*	28 Sitze (29)

*Scottish National Party, Plaid Cymru, Ulster Unionist, Democratic Unionist, Sinn Féin usw.

Bei diesem Wahlsystem kommt es besonders auf die Wahlkreiseinteilung an. Trotz mehrerer Korrekturen seit 1948 gibt es nach wie vor in einigen Wahlkreisen erhebliche Abweichungen von der durchschnittlichen Zahl der Wahlberechtigten pro Wahlkreis. Die Wahlkreiskommissionen haben diese Abweichungen aber bewusst einkalkuliert. Sie gehen davon aus, dass die Wahlkreise besonders in Schottland und Wales zu groß werden, wenn man an sie den gleichen Bevölkerungsmaßstab wie in Ballungsgebieten anlegen würde. Außerdem meinen sie, dass diese abgelegenen Wahlkreise immer noch unterrepräsentiert sind. Im Verhältnis zur Anzahl ihrer Wähler schneiden die nationalen Parteien in Wales und Schottland im Hinblick auf ihre Unterhaussitze jedenfalls äußerst günstig ab.

Parteien des Unterhauses

Conservative Party: Bürgerliche Partei, deren Wählerpotential vorrangig in den oberen und mittleren Einkommensschichten zu suchen ist. Unangefochtener Kopf der sog. *Tories* war bis 1990 Margaret Thatcher. Doch sie stieß wegen ihrer harten Steuerpolitik, insbesondere der „Poll Tax", auf den Widerstand der Bevölkerung und zog auch den Zorn ihrer eigenen Partei auf sich. Massendemonstrationen in London (1990) verschärften die Lage. Um ihre Chancen bei der Unterhauswahl von 1992 zu wahren, setzten die Tories Thatcher ab, John Major wurde ihr Nachfolger. Allerdings hat auch er die abnehmende Popularität seiner Partei nicht mehr bremsen können. In den Regionalwahlen 1993/94 verloren die Tories selbst in den

„New Britain" in action

konservativen Hochburgen ihre Mehrheit, und bei den Unterhauswahlen von 1997, 2001 und 2005 mussten sie sich der Labour Party mit Tony Blair an der Spitze mit deutlichem Abstand beugen, dann folgte der Triumph von 2010, durch den David Cameron Premierminister wurde.

Labour Party (Arbeiterpartei): Sozialdemokratische Partei, in der die Gewerkschaften bedeutenden Einfluss ausüben. Sie stellen den Großteil der Parteifinanzen und vereinigen auf Parteitagen die größten Stimmenblöcke hinter sich. Bis zur Wahl von 1992 war Neil Kinnock Chef der Partei. Sein Nachfolger John Smith verstarb im Frühling 1994. Danach stand Tony Blair an der Spitze der Partei. Dank seiner Ambitionen, Labour-Sozialpolitik und konsequente Wirtschaftspolitik in Einklang zu bringen (Stichwort „New Labour"), konnte er mit seiner Partei einen überwältigenden Sieg bei den Parlamentswahlen von 1997 erringen, den er 2001 und 2005 (allerdings mit starken Verlusten) bestätigte. Im Sommer 2007 wurde Blair von Gordon Brown als Parteivorsitzender und Ministerpräsident abgelöst. Nach der Wahlschlappe von 2010 wurde Ed Miliband auf einem Sonderparteitag zum Vorsitzenden gewählt.

Social Democratic Party (Sozialdemokratische Partei): Von Angehörigen des rechten Labour-Flügels im Unterhaus 1981 gegründet, hat diese Partei inzwischen Wählerstimmen aus dem gesamten Spektrum der Bevölkerung auf sich vereinen können. Ihre Ausstrahlung auf den rechten Labour-Block ist beachtlich. In einem Wahlbündnis mit den Liberalen (SDP/Liberal Alliance) soll die traditionelle Zwei-Parteien-Landschaft aufgebrochen werden.

Liberal Democrats Party (Liberaldemokratische Partei): Kleine bürgerliche Partei, die in den vergangenen Jahren etwas linksliberaler geworden ist. Früher, als die Labour Party noch nicht existierte, waren die Liberalen der große Gegenspieler der Konservativen. Seit Mai 2010 ist der Parteivorsitzende Nick Clegg zugleich stellvertretender Premierminister der konservativ-liberalen Koalition.

Scottish National Party (Schottische Nationalpartei): Schottische Regionalpartei mit Wählern aus allen Schichten. In ländlichen Gebieten stärker vertreten als in den Städten. Innerhalb der Partei werden Forderungen bis hin zur Loslösung vom Vereinigten Königreich erhoben. Alle sind sich darin einig, dass das Nordseeöl Schottland gehört und für dessen wirtschaftliche Entwicklung eingesetzt werden sollte. Der bekannteste Fürsprecher der Partei ist der Schauspieler Sean Connery.

Plaid Cymru: Mitte-Links orientierte walisische Nationalpartei, Pendant zur Scottish National Party.

Irische Abgeordnete: Zwanzig Abgeordnete des Unterhauses sind verschiedenen politischen Gruppierungen Nordirlands (in erster Linie der Ulster Unionist Party) zuzurechnen. Selbst der politische Arm der IRA, die *Sinn Féin*, hat 2010 fünf Sitze im Unterhaus gewonnen.

Green Party of England and Wales: Die Grünen sind seit 2010 erstmals mit einem Sitz im Unterhaus vertreten und zwar durch die Parteivorsitzende Caroline Lucas, die in ihrem Wahlkreis Brighton siegte.

Die englischen Herrscher auf einen Blick

Angelsächsische Könige

Edwin	955–959
Edgar	959–975
Eduard der Märtyrer	975–978
Sven Gabelbart	1013–1014
Knut der Große	1016–1035
Edmund Ironside (mit Knut)	1016
Harold I.	1035–1040
Hardknut	1040–1042
Eduard der Bekenner	1042–1066
Harold II.	1066

Normannische Könige

Wilhelm I. der Eroberer	1066–1087
Wilhelm II. Rufus	1087–1100
Heinrich I.	1100–1135
Stephan I.	1135–1154

Haus Plantagenet

Heinrich II.	1154–1189
Richard I. Löwenherz	1189–1199
Johann I. Ohneland	1199–1216
Heinrich III.	1216–1272
Eduard I.	1272–1307
Eduard II.	1307–1327
Eduard III.	1327–1377
Richard II.	1377–1399

Haus Lancaster

Heinrich IV.	1399–1413
Heinrich V.	1413–1422
Heinrich VI.	1422–1461

Haus York

Eduard IV.	1461–1483
Eduard V.	1483
Richard III.	1483–1485

Haus Tudor

Heinrich VII.	1485–1509
Heinrich VIII.	1509–1547
Eduard VI.	1547–1553
Maria I.	1553–1558
Elisabeth I.	1558–1603

Haus Stuart

Jakob I.	1603–1625
Karl I.	1625–1649

Commonwealth/Protektorat

Oliver Cromwell (Lordprotektor)	1653–1658
Richard Cromwell (Lordprotektor)	1658–1659

Haus Stuart

Karl II.	1660–1685
Jakob II.	1685–1688
Maria II. u. Wilhelm III.	1688–1702
Anna	1702–1714

Haus Hannover

Georg I.	1714–1727
Georg II.	1727–1760
Georg III.	1760–1820
Georg IV.	1820–1830
Wilhelm IV.	1830–1837
Viktoria	1837–1901

Haus Sachsen-Coburg

Eduard VII.	1901–1910

Haus Windsor

Georg V.	1910–1936
Eduard VIII.	1936
Georg VI.	1936–1952
Elisabeth II.	seit 1952

Typisches Bild – Fachwerk im Südosten Englands

Architektur

Bauwerke aus fast allen Phasen der Menschheitsgeschichte sind in England anzutreffen. Das gilt für neolithische Steinzirkel genauso wie für die hässliche Nachkriegsarchitektur, die u. a. in London zu finden ist. Die einzelnen architektonischen Stile veränderten sich stetig, wobei die vorhergehenden Epochen die nachfolgenden erkennbar beeinflussen. Die Jahresangaben sollen eine grobe Orientierung ermöglichen. Neogotische Bauten wurden beispielsweise noch bis ins 18. Jahrhundert hinein errichtet.

Prähistorisch

Prähistorisch nennt sich alles, was vor der Ankunft der Römer gebaut wird. Tempel, Steinkreise und Gräber sind Überbleibsel aus dieser Zeit. Berühmtestes Beispiel ist wohl *Stonehenge*, das nordwestlich von Salisbury gelegen ist. Die monumentalen Gebilde aus massivem Stein entstanden in einem Zeitraum von mehreren Jahrhunderten, wahrscheinlich um damit die Stellung von Sonne und Mond zu messen.

Römisch (43–423)

Die Römer besetzten fast ganz Britannien für vier Jahrhunderte und hinterließen einige architektonische Relikte, die noch heute zu besichtigen sind. Wichtige Zeugnisse römischer Bauweise sind Stadtmauern (Chester, London), Bäder, schachbrettartige Straßenführungen und natürlich der *Hadrian's Wall*, ein über 100 Kilometer langer Schutzwall gegen die Schotten. Gebäude aus dieser Zeit sind leider nur recht rudimentär erhalten.

Angelsächsisch (423–1066)

Nur sehr wenige angelsächsische Bauten aus der Zeit vor 700 existieren heute noch. Ursprünglich handelte es sich hierbei um kleine Holzhütten, die in der Regel keine Fenster hatten. Das Dach wurde mit Stroh bedeckt. Gebäude aus Stein gab es nur wenige. Ausnahmen sind einige Kirchen und Krypten, wie man sie z. B. in *Canterbury* oder *Ripon* antrifft. Deren architektonische Merkmale sind beispielsweise Rundbögen und schlanke, rechteckige Türme.

Normannisch (1066–1200)

Schon bevor Wilhelm der Eroberer die Insel mit seinen Truppen eingenommen hatte, gab es normannische Einflüsse auf die englische Baukunst. Die Normannen taten sich als geübte Steinmetze hervor. Zahlreiche ihrer Kathedralen, Burgen und Abteien überlebten die Jahrhunderte. Normannische Kathedralen finden sich in *Norwich*, *Oxford*, *Peterborough* usw. Auch der älteste Teil (White Tower) des *Londoner Tower* stammt aus dieser Periode. Typisch normannisch sind massive Mauern aus bearbeitetem Stein (dazwischen loses Geröll), gerundete Tor- und Fensterbögen sowie einfache Verzierungen. Die Pfeiler sind gänzlich unverziert.

Gotik (1200–1480)

Die Gotik wird in der englischen Kunstgeschichte in drei Perioden unterteilt: Early English (Frühgotik), Decorated (Hochgotik) und Perpendicular (Spätgotik). Gekennzeichnet ist die gesamte Epoche vom wirtschaftlichen Wachstum in Britannien.

Early English (1200–1300): Frühgotische Architektur ist an ihrer Schlichtheit erkennbar. Die Fenster sind größer und die Wände dünner als in normannischen Gebäuden. Auffällig ist auch, dass ein großer Vierungsturm das Äußere der Kathedralen bestimmt. Innen fallen die typischen Rippengewölbe ins Auge. Beispiele für den *Early English Style* sind die Kathedralen in Lincoln, Wells und Salisbury.

Decorated (1300–1380): Der Decorated-Stil ist die Verfeinerung des Early-English-Stils. Wände und Fenster sind jetzt mit Ornamenten versehen. Besonders realistisch sind die Abbildungen von Blättern und Zweigen. Außerdem befinden sich in den Fenstern vertikale Mittelbalken. Ein Bau dieser Epoche ist z. B. die *Exeter Cathedral*.

Perpendicular (1380–1480): Die englische Spätgotik führt zum Höhepunkt der dekorativen Formen. Die Kirchen und Kathedralen sind dank ihrer großen Fenster lichtdurchflutet und von fächerförmigen Netzgewölben überdacht. Die Torbögen werden im Laufe der Zeit flacher, bis sie beinahe rechtwinklig sind. Das Langhaus der Kathedrale von *Winchester* wurde z. B. im Perpendicular-Stil errichtet.

Tudor (1480–1600)

In der Tudor-Ära entstehen weit mehr Land- und Bürgerhäuser sowie Paläste als zuvor. Dafür werden weit weniger Burgen und Kirchen gebaut. Mehr und mehr werden Ziegelsteine (meist mit Verzierungen) eingesetzt. Zunächst jedoch findet man nur Ziegel um die Fenster und an den Ecken der Häuser. Auch die windschiefen Fachwerkhäuser mit dem schwarzen Fachwerk und der weißen Füllung stammen aus dieser Zeit. Schornsteine werden üblich, und in die Häuser der Adeligen und reichen Kaufleute werden bereits Glasfenster eingesetzt.

Elisabethanisch (1558–1603)

Die elisabethanische Ära ist eine Blütezeit des britischen Handels. Es entwickelt sich eine Schicht reicher Kaufleute, die sich repräsentative Stadthäuser oder Landsitze bauen lässt. Erste Versuche werden unternommen, die Renaissance-Architektur auch in England einzuführen. Charakteristisch sind runde Torbögen, Stützpfeiler und klassische Ornamentierung. Allerdings bleiben die Formen der Gebäude dem Tudor-Stil verhaftet.

Renaissance (1603–1714)

Ganze zwei Jahrhunderte nachdem die Italiener römische Architektur- und Kunstformen für sich wiederentdeckt hatten, schwappte die Renaissance auch nach England über. Berühmte Architekten und Baumeister wie *Inigo Jones* und *Sir Christopher Wren* übertrugen die italienische Renaissance und den *Barock* auf englische Verhältnisse. Das erste komplett im Renaissance-Stil errichtete Gebäude war *Queen's House* in Greenwich (Inigo Jones, 1616). Jones baut auch von 1619 bis 1622 die *Whitehall* in London. Als 1666 große Teile Londons in Schutt und Asche lagen, war Christopher Wren für den Bau von über fünfzig Kirchen verantwortlich, darunter auch *St Paul's Cathedral*, die er nach dem Vorbild der Peterskirche in Rom erbaute.

Georgianisch (1714–1810)

Die Gebäude dieser Epoche sind weniger klobig als noch zur Renaissance-Zeit, ihr Inneres ist lichtdurchflutet. Prächtige Stadthäuser werden recht funktional nebeneinander gestellt. Bemerkenswerte Beispiele für georgianische Stadtarchitektur finden sich vor allem in *Bath*, wobei besonders *The Royal Crescent*, *The Circle* und die *Pultney Bridge* erwähnenswert sind. Dort finden sich auch die eleganten Eingangstore mit den charakteristischen Oberlichtern. Vorgärten werden angelegt, und das Erdgeschoss wird mit Arkaden versehen. Charakteristisch sind außerdem die symmetrischen Treppen links und rechts vom Eingangsportal.

Regency (1810–1830)

Als ein Regent (später Georg IV.) eingesetzt wurde, um den geistesgestörten und blinden König Georg III. zu vertreten, erfuhr die Architektur einige Veränderungen. Der Regency-Stil ist nicht unbedingt durch Abwechslungsreichtum geprägt. Fast identische Reihenhäuser mit Säulengängen waren zu dieser Zeit modern. Zum ersten Mal wurde Eisen eingesetzt, beispielsweise bei Zäunen, Fensterriegeln und Fußmatten. Ebenso häufig finden sich Stuckarbeiten. Aber auch die Industrielle Revolution beeinflusste den Architekturstil. Erste Fabrikanlagen, riesige Lagerhallen und Eisenbrücken wurden errichtet.

Viktorianisch (1830–1901)

Was sich im Regency-Stil schon angedeutet hatte, zeigte sich in der viktorianischen Periode in noch stärkerem Maß: Der technische Fortschritt hielt Einzug in die Architektur. Bahnhöfe wurden zuhauf erbaut. Konstruktionen aus Gusseisen und Glas im Treibhaus-Stil herrschten vor. Ein weiteres Produkt dieser Zeit sind die typischen Reihenhäuser aus rotem Ziegelstein, in denen die Arbeiter der Industrie-

Historismus meets Postmoderne

zentren wohnten. Wer einmal nach *Manchester* kommt, kann sich vor allem in den Vororten von dieser recht monotonen Architektur ein Bild machen. Das 19. Jahrhundert ist aber auch die Zeit des *Gothic Revivals*. Nach einem Feuer in den *Houses of Parliament* werden diese neugotisch wiedererrichtet. Auch die *Tower Bridge* entspricht diesem Stil.

20. Jahrhundert

Die größten Veränderungen in der Architektur sind wohl im 20. Jahrhundert zu verzeichnen. Beton wird zum bevorzugten Baumaterial und löst den Ziegelstein ab. Der Zweite Weltkrieg bringt große Zerstörungen durch die Deutsche Luftwaffe. Die so entstandenen Lücken versucht man durch moderne Hochhäuser und Blockbauten zu schließen. Glas- und Stahlkonstruktionen beherrschen noch heute zahlreiche Stadtbilder. Diese Art von Architektur wird **New Brutalism** genannt. Sie wird am auffälligsten vom *National Theatre* in London repräsentiert.

Reiselektüre

Die Zahl der Bücher und Romane, deren Handlung in England spielt, ist immens, so dass die folgende Auflistung nicht den Anspruch der Vollständigkeit erheben kann.

Austen, Jane: *Sanditon.* dtv Taschenbuch, München.

Baddiel, David: *Was man so Liebe nennt.* Rowohlt Taschenbuch, Reinbek 2001. Eine leidenschaftliche Liebesgeschichte, wobei Baddiel scheinbar schwerelos mit den Themen Sexualität und Tod umzugehen weiß. Schauplatz: London.

Barnes, Julian: *England, England.* Kiepenheuer & Witsch, Köln 1999. Barnes entwirft auf der Isle of Wight ein groteskes Tourismus-Bild der Zukunft. Auch als BTB Taschenbuch erhältlich.

Brontë, Emily: *Sturmhöhe (Wuthering Heights).* dtv Taschenbuch. Emiliy Brontës einziger und weltberühmter Roman spielt auf einer sturmumtosten Anhöhe in der Moorlandschaft Yorkshires. Einer der Klassiker der englischen Literatur.

Bryson, Bill: *Reif für die Insel*. Goldmann Taschenbuch, München 2001. Die witzige Reise eines Amerikaners durch Großbritannien und seine Begegnung mit den skurrilen Vorlieben und Marotten der Inselbewohner.

Chaucer, Geoffry: *Canterbury Tales*. Zweisprachige Ausgabe im Reclam Verlag, Stuttgart.

Dickens, Charles: *Oliver Twist* oder *David Copperfield*. Es gibt nur wenige Städte, die so eng mit dem Werk eines Schriftstellers verbunden sind wie London mit dem von Charles Dickens. Dickens Romane lassen sich als eine illustre Sozialgeschichte des 19. Jahrhunderts lesen.

Doyle, Arthur Conan: *Der Hund von Baskerville*. Ullstein Taschenbuch 2001. Der wohl bekannteste Fall des Meisterdetektivs Sherlock Holmes spielt in der schaurigen Atmosphäre des Dartmoors.

Fontane, Theodor: *Glückliche Fahrt*. Aufbau Verlag, Berlin 2003. Fontane war ein großer Liebhaber von England. Vor allem die Weltstadt London faszinierte ihn auf mehreren Reisen.

Greene, Graham: *Am Abgrund des Lebens*. dtv Taschenbuch, München 2011. Greene schildert in seinem Roman – Originaltitel „Brighton Rock" – die Geschichte von Pinkie Brown, dem 17-jährigen Anführer einer Jugendbande, die im Seebad Brighton ihr Unwesen treibt.

Hardy, Thomas: *Der Bürgermeister von Casterbridge*. Insel Verlag, Frankfurt 2001. Die eindrucksvolle Schilderung des Aufstiegs und Falls eines mächtigen Mannes gehört zu den großen Prosatragödien des ausgehenden 19. Jahrhunderts. Wie unschwer zu erkennen ist, verbirgt sich hinter Casterbridge Dorchester in Dorset.

Hildesheimer, Wolfgang: *Zeiten in Cornwall*. Insel Taschenbuch, Frankfurt 1998. Sehr persönliche Reiseprosa, die Cornwall zu einer fast geisterhaften Märchenwelt werden lässt.

Hornby, Nick: *Fever Pitch*. Kiepenheuer & Witsch 1994. Faszinierende Hommage an den Fußball; beschreibt auf witzige und hintergründige Weise die Freuden und Leiden im Leben eines Arsenal-London-Fans. Wer an Hornby Gefallen gefunden hat, kann es auch mit seinem zweiten Bestseller *High Fidelity* versuchen (Knaur Taschenbuch). Erzählt das Leben eines 35-jährigen Londoners, der in Camden einen Plattenladen betreibt und ewig auf der Suche nach der richtigen Frau ist.

Johnson, Uwe: *Insel-Geschichten*. Suhrkamp Verlag, Frankfurt 1995.

Kureishi, Hanif: *Der Buddha aus der Vorstadt*. Kindler Verlag 1990. Witziger Entwicklungsroman über Karim, Sohn einer Engländerin und eines Inders, der in London seinen Durchbruch als Schauspieler feiert. Kureishi versteht es, das London der Hippies und Punks in ein zynisch-skurriles Licht zu tauchen. Wie alle Bücher von Kureishi auch als englisches Taschenbuch erhältlich (Faber & Faber).

Lawrence, D. H.: *Lady Chatterley*. Rororo Taschenbuch. Einst skandalumwitterter Roman, der in den Midlands spielt. Die Offenheit, mit der Lawrence 1928 die Affäre zwischen der Adeligen und ihrem Liebhaber, dem Wildhüter Mellors, schilderte, führte dazu, dass das Buch erst 1960 offiziell in England erscheinen durfte.

Marías, Javier: *Alle Seelen*. dtv Taschenbuch, München 1998. Ein faszinierender Roman über Oxford, komisch und melancholisch, von einem der talentiertesten zeitgenössischen Romanciers geschrieben.

Maurier, Daphne de: *Mein Cornwall*. Schönheit und Geheimnis. Schöffling & Co, Frankfurt 2001. Die 1989 verstorbene Schriftstellerin stellt in diesem Reisebuch Sagen und Mythen ihrer "verschwindenden" cornischen Wahlheimat vor (Originaltitel: *Vanishing Cornwall*).

McEwan, Ian: *Am Strand*. Diogenes Verlag, Zürich 2007. Im Zentrum des Romans steht die Hochzeitsnacht in einer Flitterwochensuite am Strand von Chesil Beach bei Weymouth, eingebettet in die Moral- und Gesellschaftsvorstellungen der frühen 1960er-Jahre.

Mitford, Nancy: *Englische Liebschaften*. Rororo Taschenbuch. Gesellschaftsroman, der Einblicke in das Leben der englischen Oberschicht in den 1930er-Jahren gewährt.

Naipaul, V.S.: *Das Rätsel der Ankunft*. Kiepenheuer & Witsch, Köln 1993. Derzeit nicht lieferbar. Der aus Trinidad stammende Nobelpreisträger schildert die Erfahrungen, die er als junger Mann in England gemacht hat. Von einem geradezu ethnographischen Spürsinn zeugen seine Beobachtungen der englischen Mentalität, die er auf einem alten Landgut in der Grafschaft Wiltshire anstellt.

Nur noch antiquarisch zu haben: viktorianische Romane

Pepys, Samuel: *Tagebuch aus dem London des 17. Jahrhunderts*. Das Tagebuch des großen Chronisten zeichnet ein eindrucksvolles Bild vom damaligen London. Reclam Verlag 1999.

Powys, John Cowper: *Weymouth Sands*. Powys, einer der großen, aber wenig bekannten englischen Dichter, erinnert sich an die mythischen Orte seiner Kindheit. Ähnlich auch der Roman *Maiden Castle*. Beide sind nur in Englisch erhältlich.

Rutherfurd, Edward: *London*. Knaur Verlag 2000. Fast 900-seitiges Mammutwerk zur Geschichte Londons, die Rutherford am Schicksal seiner Bewohner erzählt.

Satterthwait, Walter: *Eskapaden*. DTV Taschenbuch, München 2000. Der typisch englische Landhauskrimi spielt im Jahre 1921 und nutzt das Schloss Maplewhite in Devon als stimmungsvollen Hintergrund.

Sebald, W.G.: *Die Ringe des Saturn. Eine englische Wallfahrt*. Fischer Taschenbuch, Frankfurt 2004. Poetische Spurensuche in der Grafschaft Suffolk. Der Leser folgt Sebalds hochsommerlicher Wanderung durch alte Ortschaften und Landsitze im Nordosten Englands.

Wilde, Oscar: *Das Bildnis des Dorian Gray*. Suhrkamp Taschenbuch 1998. Wildes berühmtester Roman spiegelt auch Londons Fin-de-Siècle-Atmosphäre wider.

Woolf, Virginia: *Mrs. Dalloway*. Fischer Taschenbuch 1997. Souverän erzählter Roman über das Leben der Londoner Upper Class in den 1920er-Jahren.

Reiseliteratur

Görner, Rüdiger: *Londoner Fragmente*. Patmos Verlag, Düsseldorf 2003. Amüsante und kurzweilige Streifzüge durch das literarische London.

König, Johann-Günther: *Von Pub zu Pub*. Insel Verlag, Frankfurt 2003. Eine literarische Kneipentour durch London und Südengland.

Merian: *Englands Süden*. Eine Zeitreise mit dem Klassiker unter den Reisemagazinen. Hamburg 1977. Nur noch antiquarisch erhältlich.

Moritz, Karl Philipp: *Reisen eines Deutschen in Südengland*. Insel Verlag 2000. Authentische Schilderung einer Wanderung durch Mittelengland und London im Jahre 1782.

Nestmeyer, Ralf: *Cornwall und Devon*. Michael Müller Verlag, Erlangen 2011.

Nestmeyer, Ralf: *London*. Stadtführer mit ausführlich kommentierten Rundgängen. Michael Müller Verlag, Erlangen 2011.

Nestmeyer, Ralf: *Südengland*. Michael Müller Verlag, Erlangen 2011.

Raykowski, Harald: *London – Elf Spaziergänge.* Insel Verlag 2000. Elf informative Spaziergänge durch das literarische London von Shakespeare bis zur Gegenwart.

Sager, Peter: *England, mein England.* Insel Verlag, Frankfurt 2006. Mehr als ein Dutzend gut geschriebene Reiseessays, die für das Magazin der ZEIT geschrieben wurden.

Geschichte und andere Sachbücher

Ackroyd, Peter: *London. Die Biographie.* Knaus Verlag, München 2006. Absolut gelungener Versuch die Londoner Stadtgeschichte „biographisch" zu erkunden.

Barley, Nigel: *Traurige Insulaner.* dtv 1999. Der bekannte Ethnologe Barley unterzieht die Engländer einer amüsanten Feldstudie, die zu einer gänzlich anderen Sichtweise anregt.

Brüggemeier, Franz-Josef: *Geschichte Großbritanniens im 20. Jahrhundert.* C. H. Beck Verlag, München 2010. Umfassende und kompetente Darstellung der jüngeren Geschichte Englands.

Bryson, Bill: *Reif für die Insel.* Goldmann Taschenbuch, München 1999. Liebevoll-kritischer Streifzug durch England.

Corbin, Alain: *Meereslust.* Fischer Taschenbuch, Frankfurt 1994. Ausgezeichnetes kulturgeschichtliches Werk über die europäische Sehnsucht zum Meer und die Anfänge des Küstentourismus.

Travel Bookshop in Notting Hill

Defoe, Daniel: *Die Pest zu London.* Ullstein 1990. Vergriffen.

Gelfert, Hans Dieter: *Kleine Kulturgeschichte Großbritanniens.* C. H. Beck Verlag 1999. Informative Überblicksdarstellung der wichtigsten Strömungen in der britischen Kulturgeschichte (Taschenbuch).

Hagemann, Gerald: *London: Von Scotland Yard bis Jack the Ripper.* Eulen Verlag 2000. Ein Führer zu über 400 Kriminalschauplätzen.

Macheiner, Judith: *Englische Grüße.* Eichborn Verlag, Frankfurt 2001. „Über die Leichtigkeit, eine fremde Sprache zu erlernen", lautet der Untertitel dieser angenehm zu lesenden Studie der Berliner Linguistin.

Maurer, Michael: *Kleine Geschichte Englands.* Reclam Verlag 1998. Viele historische Fakten auf über 500 Seiten.

Ohff, Heinz: *Gebrauchsanweisung für England.* Piper Verlag 1997. Humorvolle, verständnisvolle Annäherung an die Mentalität der Inselbewohner.

Pross, Steffen: *In London treffen wir uns wieder.* Eichborn Verlag 2000. Die Geschichte der deutschsprachigen Emigranten, die in den 1930er-Jahren in England lebten.

Sackville-West, Vita und Nicolson, Harold: *Sissinghurst.* Schöffling & Co, Frankfurt 1998. Anregende Beschreibung des wohl berühmtesten Gartens von Südengland.

Sager, Peter: *Oxford & Cambridge.* Schöffling & Co, Frankfurt 2003. Eine überaus interessante und gutgeschriebene Darstellung von „Oxbridge". Weder Mentalitätsgeschichte noch Kunst, Wissenschaft und Literatur kommen zu kurz. Absolut Lesenswert!

Semsek, Hans-Günter: *Häuser englischer Dichter.* Insel Verlag 2001. „Hausbesuch" bei 13 großen englischen Schriftstellern (Virginia Woolf, Lawrence von Arabien, Dylan Thomas etc.).

Sobel, Dava: *Längengrad.* BTB Taschenbuch 1998. Sobel erzählt die spannende Geschichte des schottischen Uhrmachers John Harrison, der mit dem Bau eines exakten Chronometers das Problem der Längengradbestimmung löste. Fundierter Hintergrundbericht für alle Greenwich-Besucher.

Anreise

Wer auf der Insel Urlaub machen will, muss zunächst über den „kleinen Teich". Seit September 1994 können Besucher England durch den Euro-tunnel erreichen. Auch Pkws werden auf den Shuttle-Zügen transportiert. Die Fährgesellschaften haben endlich Konkurrenz bekommen, was bereits nach wenigen Jahren Wirkung zeigt: Die Preise sind in den letzten Jahren nicht mehr gestiegen, bei den meisten Reedereien sind sie sogar gesenkt worden.

Von zahlreichen Städten an der Nordseeküste, wie z. B. Hoek van Holland, Vlissin-gen, Oostende und Calais, kann man mit Fähren zu den englischen Häfen übersetzen. Schnell und nicht zu teuer sind die Flüge nach London, Manchester und Birmingham. Das preiswerteste Transportmittel ist der Bus: Von vielen deutschen Städten bestehen regelmäßige Busverbindungen nach London.

Mit dem Auto

Für Reisende aus West- und Norddeutschland ist die An- und Abreise nach England bequem in einem Tag zu bewältigen. Wer jedoch in Ostdeutsch-land, Süddeutschland, Österreich oder der Schweiz wohnt, sollte eventuell eine Übernachtung einplanen.

Welchen Hafen man für seine Überfahrt auf die Insel wählt, ist von mehreren Faktoren abhängig. Liegt das Reiseziel im Norden Englands (z. B. Yorkshire), ist eine Verbindung nach Hull (von Rotterdam oder Zeebrügge) zu empfehlen. Besucher Ostenglands legen am günstigsten in Harwich an (von Hamburg, Zeebrügge und Hoek van Holland). Nach London kommt man am besten über Folkestone, Dover, Newhaven oder Harwich (von Boulogne, Calais, Dieppe und Hoek van Holland). Die schnellste Fährverbindung besteht zwischen Calais und Dover (ca. 75 Minuten). Auf der Reise von Hamburg nach Harwich dagegen kann man sich getrost einige Stunden aufs Ohr legen (Dauer: ca. 20 Stunden).

Fährverbindungen

Man kann bei der Wahl der richtigen Fähre eine Menge Geld sparen. Interessant sind aber auch die Spezialtarife, die von den verschiedenen Unternehmen angeboten werden. Die **Fährpreise** schwanken je nach Saison stark; zumeist ist es aber unerheblich, wie viele Personen mitfahren. Günstiger ist es fast immer, wenn Hin- und Rückfahrt innerhalb von fünf Tagen stattfinden oder die Fähre spätabends bzw. in den frühen Morgenstunden ablegt. Häufig gewähren die Fährgesellschaften bei rechtzeitiger Reservierung einen Frühbuchertarif. Wer in der Nebensaison reist, kann leicht die Hälfte sparen. In der Hauptsaison empfiehlt es sich, rechtzeitig einen Platz auf der Fähre zu reservieren. Manche Fährgesellschaften, so beispielsweise P & O Ferries, bieten auch Gesamtarrangements mit Unterkünften an. Teilweise gibt es sogar Rabatte für Onlinebuchungen. Über den Daumen gepeilt, darf man mit mindestens 200 € rechnen (Hin- und Rückfahrt), allerdings gibt es auch Schnäppchenangebote für zwei Personen und ein Auto ab 30 € (einfach). Je weiter die Route, desto teurer wird es in der Regel. Rabatte gibt es auf „LateNight"-Abfahrten zwischen 21 Uhr und 6.30 Uhr.

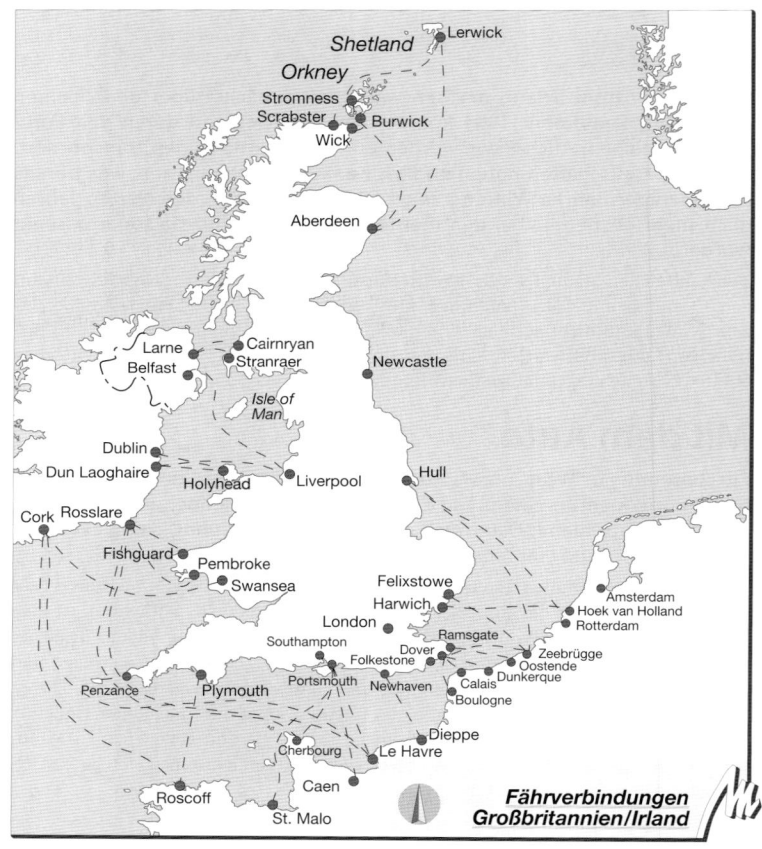

Fährverbindungen
Großbritannien/Irland

Aktuelle Preise findet man im Internet unter der Homepage der jeweiligen Fährgesellschaft oder im Reisebüro. Der **Britische Fremdenverkehrsverein** (BTA) informiert in seiner Broschüre *Großbritannien* auch über die aktuellen Fährverbindungen.

● *Fähren* **P & O Ferries**, Calais–Dover, Fahrzeit: 1:15 Std., tgl. bis zu 30 Verbindungen. ✆ 0180/5009437. www.poferries.com.

Seafrance, Calais–Dover, Fahrzeit: 1:30 Std., tgl. bis zu 15 Verbindungen. ✆ 06196/ 940911. www.seafrance.com.

Stena Line, Hoek van Holland–Harwich, Fahrzeit: 3:42 Std., tgl. drei Verbindungen. ✆ 01805/916666. www.stenaline.de.

Speed Ferries, Boulogne–Dover, Fahrzeit: 55 Min., tgl. bis zu zwölf Verbindungen. ✆ 0044/870/2200570. www.speedferries.com.

Norfolkline, tgl. zwölf Verbindungen von Dunkerque nach Dover, Fahrzeit: 1:45 Std. ✆ 0044/870/8701020. www.norfolkline.com.

Brittany Ferries, Verbindungen von Caen nach Portsmouth (4-mal tgl., 5:45 Std.), Cherbourg nach Poole (3-mal tgl., 4:30 Std.) sowie von Roscoff nach Plymouth (3-mal tgl. 6 Std.). ✆ 0044/870/3665333. www.brittany-ferries.co.uk.

LD Lines, Verbindungen von Boulogne nach Dover (4-mal tgl., 1:45 Std.), Dieppe nach Newhaven (2-mal tgl., 4 Std.) sowie von Le Havre nach Portsmouth (1-mal tgl., 3:15 Std. oder 5:30 Std.). ☎ 0033/232145209. www.ldlines.co.uk.

DFDS Seaways, Eine Verbindung tgl. von Amsterdam nach Newcastle (15:30 Std.) sowie vom süddänischen Esbjerg nach Harwich. ☎ 040/389030. www.dfdsseaways.de.

Eurotunnel

Der *Chunnel* ist die direkte Verbindung von der französischen Autobahn A 16 zur englischen Autobahn M 20 (folgen Sie in Calais den Hinweisschildern „Tunnel sous la Manche"). In hochmodernen Pendelzügen, *Le Shuttle* genannt, kann man in 35 Minuten den Ärmelkanal unterqueren. Sowohl Fußpassagiere als auch Pkws und Lastwagen werden befördert. Da die Züge alle 15 Minuten fahren, sind Reservierungen nicht erforderlich. Das Ticket kauft man vom Auto aus an einem Schalter und fährt dann in die doppelstöckigen Waggons. Passkontrolle und Zollformalitäten für beide Länder erfolgen vor der Auffahrt auf den Pendelzug. Mit dem Pkw oder Kleinbus mit bis zu neun Personen zahlt man je nach Tageszeit, Saison und Flexibilität bis zu 460 €.

Aktuelle Informationen Infos zu Preisen und Verbindungen erteilt: **Eurotunnel Passagierservice**, Giradetstr. 2, 45131 Essen, ☎ 0180/5000248. www.eurotunnel.com.

Mit der Bahn

Eine einfache Methode, nach England zu reisen – aber auf keinen Fall die billigste. Nur die ermäßigten Jugendpreise der Deutschen Bahn sind etwas günstiger als die Flugangebote.

Generell fahren die Züge aus Deutschland und Österreich über *Oostende* oder *Hoek van Holland*. Dort steigt man auf eine Fähre und nach der Ankunft in England wieder in den Zug – eine umständliche und recht teure Möglichkeit zu reisen. Schneller und auch nicht teurer ist die Fahrt durch den Tunnel mit dem *Thalys*- bzw. weiter mit dem *Eurostar* ab Köln (s. o. „Eurotunnel"). Eine Rückfahrkarte ohne Ermäßigungen nach London/Waterloo kostet je nach Angebot aber ebenso viel wie ein Flug. Die Fahrzeit nach London St Pancras Station beträgt 5 Stunden und 25 Minuten. Achtung: Die direkte Mitnahme eines Fahrrads bis zum Urlaubsort in England ist leider nicht möglich. Radfahrer müssen selbst Sorge tragen, wie sie ihren Drahtesel zum Fährhafen transportieren. Genaue Infos erteilt der VCD (Verkehrsclub Deutschland, www.vcd.org).

Der Kauf von Platzkarten ist bei einer so langen Fahrt in jedem Fall zu empfehlen. Wenn das Reiseziel in Nordengland liegt, ist die Anreise mit einer DFDS-Seaways-Fähre von Ijmuiden nach Newcastle ein echte Alternative (www.dfdsseaways.de).

Tarife und Vergünstigungen

Seitdem das neue Tarifsystem der Deutschen Bahn gilt, lohnt es sich, rechtzeitig zu buchen und die Vorteile der BahnCard zu nutzen. Leider lassen sich die Preise für Auslandsfahrten nicht im Internet ersehen, so dass man sich erst bei der Reiseauskunft erkundigen und dann den nächsten Schalter aufsuchen muss. Doch selbst der größte Bahnfan steigt irgendwann auf das Flugzeug um, wenn er die Erfahrung machen durfte, dass die Preisauskünfte erheblich divergieren. Die günstigsten Preise haben oft nur einen Werbeeffekt, da die Bahn auf den Thalys-Verbindungen zwischen Köln und Brüssel sowie auf dem Eurostar zwischen Brüssel und London nur

Bahnhof Liverpool Street in London

über sehr geringe Kontingente zu diesen Lockangeboten verfügt. Das derzeitige System erscheint daher als umständlich, intransparent und wenig konkurrenzfähig.

Der Kauf eines **InterRail Global Pass** kostet für 5 in 10 Tagen 159 €, wer älter als 25 ist, zahlt 249 €, für 10 in 22 Tagen 239 € bzw. 359 €. Mit diesem Ticket können Sie für den gewählten Zeitraum das komplette Schienennetz Großbritanniens und Irlands nutzen. Für alle Strecken im Heimatland gibt es 25 Prozent Ermäßigung auf den regulären Fahrpreis. Mit dem InterRail Global zahlt man außerdem auf den meisten Fähren nur den halben Preis. Der Kauf eines *InterRail Ein-Land-Pass* für Großbritannien rechnet sich nicht, da der *BritRail Euro England Flexi Pass* (siehe Kapitel „Unterwegs in England") vergleichsweise wesentlich günstiger ist.

● *Auskunft* Weitere Informationen zu Verbindungen und Vergünstigungen erteilt die **Reiseauskunft der Deutschen Bahn** (bundeseinheitliche Rufnummer, ☏ 11861).

Thalys-Hotline ☏ 0180/5996633 (0,12 € pro Minute). **VCD**, Eifelstraße 2, 53119 Bonn, ☏ 02 28/985850, ✆ 0228/9858550.

Mit dem Flugzeug

Die schnellste Variante, nach England zu kommen, und in vielen Fällen auch eine erstaunlich billige. Nach nur etwa 90 Minuten Flug quietschen die Reifen der Passagiermaschine auf dem Rollfeld eines englischen Flughafens.

Die häufigste und günstigste Verbindung ist ein Flug nach **London**. Die Fluggesellschaften *Air Berlin, Lufthansa, British Airways, Swiss, Austrian Airlines* sowie *KLM* fliegen London mehrmals täglich von verschiedenen Städten aus an. Die Lufthansa fliegt beispielsweise von Düsseldorf, Frankfurt, München, Stuttgart, Köln und Zürich nach Heathrow (Terminal 2). Chartermaschinen landen in der Regel in Gatwick. Sehr preisgünstig sind die Angebote von *Air Berlin*. Die Fluglinie bedient

Stansted von Hamburg, Stuttgart, München, Münster, Paderborn, Berlin-Tegel sowie von Salzburg, Wien und Zürich; Gatwick wird von Nürnberg und Hannover aus angeflogen. Zudem bestehen mehrmals wöchentlich Flugverbindungen von Paderborn nach Manchester.

Auskunft www.airberlin.de.

Wer gleich im Süden, Westen oder Norden Englands landen will, kann mit British Airways von Frankfurt/Main direkt nach **Plymouth** sowie nach **Newquay** fliegen (täglich zwei Verbindungen); von Düsseldorf aus bestehen mit Lufthansa auch Verbindungen nach Newquay; über London kann man zudem einmal täglich nach Bristol und Newquay (Ryanair) fliegen. Auch ab Zürich geht es direkt nach **London**, **Manchester** oder Birmingham. Weitere Verbindungen nach **Birmingham** bestehen von Berlin, Düsseldorf, Frankfurt, Hamburg, München und Stuttgart. **Manchester** wird direkt von Berlin, Düsseldorf, Frankfurt, München und Wien angeflogen.

Eine Reihe neuer Flugverbindungen macht die Anreise auf die Insel noch einfacher. Für Preise ab 5 € (einfach) landen die zumeist ohne Service auskommenden Flieger in London, vorzugsweise auf dem Flughafen Stansted. Derzeit fliegt *Ryanair* von Hahn/Hunsrück, Berlin, Düsseldorf, Friedrichshafen, Linz, Klagenfurt und Salzburg (von Salzburg auch nach Liverpool); *Germanwings* von Köln, Stuttgart und Hamburg; *Easy Jet* von Berlin, Basel, Hamburg, München und Dortmund in die englische Metropole sowie von Berlin nach Bristol und von Basel nach Liverpool. *Austrian Airlines* fliegt von Salzburg nach Manchester; *Tuifly* von Köln und Paderborn ebenfalls nach Manchester. Gebucht wird im Internet.

Information ℡ 0033/144552000 oder 0033/803857857 (Buchung und Reservierung).

Fluggesellschaften im Internet: Air Berlin, www.airberlin.de; **Eurowings**, www.eurowings.de; **Lufthansa**, www.lufthansa.de; **Ryanair**, www.ryanair. com; **Tuifly**, www.tuifly.com; **Austrian Airlines**, www.austrian.com; **KLM**, www.klm.de; **Flybe**, www.flybe.com.

Londoner Flughäfen

London besitzt fünf Flughäfen, von denen Heathrow der mit Abstand größte ist. Ein weiterer Vorteil von Heathrow besteht darin, dass er sich am leichtesten und günstigsten vom Zentrum aus erreichen lässt.

Heathrow: 24 Kilometer westlich der City gelegen, besitzt Heathrow die besten Verkehrsanbindungen. Der *Heathrow Express* düst in nur 15 Minuten für £ 16.50 zur Paddington Station. Wer will, kann beim Rückflug bereits am Bahnhof Paddington einchecken. Günstiger ist der *Heathrow Connect*, der in 32 Minuten zur Paddington Station fährt (£ 7.90, Hin- und Rückfahrt £ 15.80). Mit der *Piccadilly Line* gelangt man für £ 4 in 50 Minuten zum Piccadilly Circus. Tipp: Direkt an der Tube Station Heathrow befindet sich ein Schalter der städtischen Verkehrsbetriebe (London Transport), wo man sich bei Bedarf gleich eine Tages- bzw. Wochenkarte für die Untergrundbahn kaufen kann.

Information www.heathrowexpress.com; www.heathrowconnect.com.

Gatwick: Der Charterflughafen liegt 45 Kilometer südlich von London. Passagiere können am Bahnhof Victoria einchecken. Der *Gatwick Express* fährt in einer halben Stunde zur Victoria Station (£ 16.90); 45 Minuten benötigen die Züge der

Southern Railway (£ 9). Günstiger ist nur noch der stündlich verkehrende *National Express Bus*, der in 80 Minuten zur Victoria Station fährt (£ 7.50).
Information www.gatwickexpress.com; www.southernrailway.com; www.nationalexpress.com.

Stansted: Der Flughafen mit seiner neuen, von Sir Norman Foster entworfenen Abfertigungshalle liegt 50 Kilometer nordöstlich des Zentrums. Mit dem *Stansted Express* gelangt man für £ 18 in 42 Minuten in das Zentrum. Als Alternative empfiehlt sich der *Airbus A 6*, der für £ 10 in 90 Minuten zur Victoria Station fährt. Eine Taxifahrt von Stansted in die City kann £ 90 betragen.
Information www.stanstedexpress.co.uk; www.lowcostcoach.com.

Luton: Der relativ kleine Flughafen Luton befindet sich 53 Kilometer nordwestlich von London; von München aus wird Luton täglich (außer Samstag) angeflogen (European Air Express). Die Züge via Luton Station nach King's Cross schlagen mit £ 10.90 für die 45-minütige Fahrt zu Buche. Die Busse der *Green Line 757* benötigen doppelt so lange, kosten zudem £ 11.
Information www.london-luton.co.uk.

City Airport: 14 Kilometer östlich der City gelegener, aber wenig frequentierter Flughafen. Mit der Docklands *Light Railway* gelangt man alle zehn Minuten für £ 1.80 (Oyster Card) in 22 Minuten zur Bank Station.
Information www.londoncityairport.com.

Mit dem Bus

Das preisgünstigste Verkehrsmittel für die Anreise ist der Bus! Die Eurolines verkehren regelmäßig zwischen Deutschland und England.

Eurolines ist ein Konsortium verschiedener Busgesellschaften (Deutsche Touring, Continentbus etc.) und verfügt so über ein weit verzweigtes Netz. Deshalb kann

man aus vielen Städten (München, Stuttgart, Mannheim, Dresden, Leipzig, Jena, Frankfurt/Main, Mainz, Koblenz, Kassel, Remagen, Bonn, Köln, Aachen) auch über Zubringerbusse auf die Englandstrecke umsteigen. In den komfortablen Bussen ist das Reisen relativ angenehm. Die Anreisezeiten variieren je nach Abfahrtsort zwischen 8 und 20 Stunden. Eine Fahrt von Frankfurt/Main nach London kostet 150 €. Es ist ratsam, Buchungen rechtzeitig vorzunehmen. Anschlussfahrten sind ab London in alle Zielgebiete möglich.

Information Deutsche Touring, Am Römerhof 17, 60486 Frankfurt, ✆ 069/7903501. www.touring.de

Pauschalreisen: Zahlreiche Reisebusunternehmen bieten Pauschalreisen nach England an. Die meisten Angebote beziehen sich auf die Weltstadt London. Höchst unterschiedliche Preise und Unterkünfte lassen es ratsam erscheinen, die Offerten sorgfältig zu vergleichen. Informationen über die Reiseveranstalter Ihrer Region erhalten Sie in den Reisebüros.

Mitfahrzentralen/Trampen

Die goldenen Tramperzeiten sind – wenn es sie jemals gegeben hat – schon lange vorbei. Das Warten kann zur harten Geduldsprobe werden. Abhilfe schaffen die preiswerten Mitfahrzentralen.

Wer die Ungewissheit und Risiken des Trampens scheut, sollte sich an die Mitfahrzentralen (MFZ) wenden. Sie sind für Fahrer und Mitfahrer gleichermaßen eine feine Sache. Ersterer bekommt einen Fahrtkostenzuschuss, Letzterer gelangt zuverlässig und günstig an das gewünschte Ziel; die Kosten liegen erheblich unter denen eines Bahntickets. Genauere Informationen zu Mitfahrgelegenheiten und Preisen können in den größeren deutschen Städten unter der **bundeseinheitlichen Rufnummer 19440** erfragt werden. Frauen haben die Möglichkeit, nur Frauen mitzunehmen bzw. nur bei ihnen mitzufahren.

Die Preise errechnen sich aus einer *Benzinkostenbeteiligung* und einer *Vermittlungsgebühr*. Hinzu kommen noch die Kosten für die Fähre. Um spätere Schwierigkeiten zu vermeiden, sollte man unbedingt den von der MFZ ausgestellten Beleg mitführen. Für einen Euro kann jeder Mitfahrer bei der MFZ eine *Zusatzversicherung* abschließen.

Stilvoll unterwegs …

Unterwegs in England

Mit dem Auto

Gleich nach der Ankunft auf englischem Boden wird man mit dem Schild „Keep Left" konfrontiert. **Linksfahren** ist die schwierigste Hürde, die für den kontinentalen Autofahrer in England zu nehmen ist. Probleme treten häufig beim Abbiegen auf. Wer nach rechts abbiegt, muss ungewohnterweise eine große Kurve fahren und die Gegenfahrbahn kreuzen. Wichtig und hilfreich ist ein Rückspiegel auf der rechten Seite, um den nachfolgenden oder überholenden Verkehr beobachten zu können.

Das englische Straßennetz ist ausgezeichnet. Einzig das Autobahnnetz ist nicht so gut ausgebaut wie in Deutschland. Die großen *A Roads*, die unseren Bundesstraßen entsprechen, sind dafür zumeist zweispurig ausgebaut (*dual carriageway*) und ermöglichen ein zügiges Vorwärtskommen. Auch auf den *B* und *C Roads* macht das Autofahren Spaß. Selbst auf den kleinsten Seitenstraßen trifft man auf Asphaltbelag, wenig Verkehr und richtig ländliches England. Allerdings sind besonders diese kleinen Straßen (*country lanes*) oft sehr schmal und unübersichtlich, so dass man vorsichtig fahren sollte; die Nebenstraßen scheinen kaum für Gegenverkehr ausgelegt zu sein. Der Linksverkehr wird fast zur Nebensache, da zwei Autos einander nur an den Haltebuchten passieren können. Wer dem anderen großzügig den Vortritt gewährt, wird mit einem freundlichen Gruß des Entgegenkommenden belohnt. Eine Erkundungsfahrt kann manchmal aber auch leicht in eine kleine Odyssee ausarten, da die Straßenbeschilderung nicht immer verlässlich ist. Zudem erschweren endlose, oft mehrere Meter hohe Hecken die Orientierung.

Benzin: Benzin und vor allem Diesel ist erheblich teurer als in Deutschland oder Österreich. Durchschnittliche Benzinpreise im Januar 2011:

Normal bleifrei (Unleaded, 95 Octane): ca. £ 1.25

Super bleifrei (Unleaded, 98 Octane): ca. £ 1.35

Diesel (Diesel): ca. £ 1.30

Fahrzeugpapiere: Der nationale *Führerschein* und der *Fahrzeugschein* genügen vollkommen; die internationale *Grüne Versicherungskarte* ist zwar nicht mehr Pflicht, sie kann aber bei Unfällen sehr hilfreich sein.

Gurtpflicht: Sie besteht für Fahrzeuglenker und alle Insassen. Es droht eine Strafe von £ 50!

Karten: Für die Anreise nach England genügt in der Regel ein normaler Straßenatlas oder eine Karte mit kleinem Maßstab.

Kreisverkehr: Der im deutschsprachigen Verkehrsraum eher seltene Kreisverkehr erfreut sich in England als Alternative zur ampelgesteuerten Kreuzung großer Beliebtheit. Das sich bereits im Kreisverkehr (*roundabout*) befindliche Fahrzeug hat fast immer Vorfahrt. Beim Herausfahren aus dem Kreisverkehr sollte man das Blinken nicht vergessen. Bei zweispurigen Kreisverkehren wird vom einbiegenden und außen fahrenden Fahrzeug erwartet, dass es den Kreisverkehr bei der nächsten Gelegenheit wieder verlässt.

Linksverkehr: Nach einer gewissen Eingewöhnungsphase kommt der Kontinentaleuropäer erstaunlicherweise recht schnell mit dem englischen Linksverkehr zurecht. Bei vielen Fahrzeugen kann man übrigens die Scheinwerfer von Rechts- auf Linksverkehr umstellen.

Promillegrenze: Sie liegt derzeit bei 0,8.

Tempolimit: Innerhalb geschlossener Ortschaften 30 mph (48 km/h), auf zweispurigen Landstraßen 60 mph (96 km/h), auf vierspurigen Landstraßen und auf der Autobahn sind 70 mph (112 km/h) erlaubt.

Pannenhilfe: Die beiden englischen Pannendienste *The Automobile Association (AA)* und *The Royal Automobile Club (RAC)* sind Partnerclubs des ADAC. Sie können von ADAC-Mitgliedern kostenlos in Anspruch genommen werden. Neben der ADAC-Mitgliedschaft ist auch ein ADAC-Euro-Schutzbrief zu empfehlen, der zusätzlichen Service bietet. Tag und Nacht erreicht man beide Pannendienste gebührenfrei unter ✆ 0800/887766 (AA) bzw. ✆ 0800/828282 (RAC).

Parken: Gelbe Linien am Straßenrand signalisieren Halteverbot, bei doppelt gezogenen gelben Linien herrscht absolutes Halteverbot. Bei Missachtung drohen Strafzettel oder Radsperren (*wheel-clamps*). Kostenlose Parkplätze sind sehr selten. In den meisten Städten und Badeorten muss man sich ein Ticket am „Pay & Display"-Automaten holen.

Vorfahrt: Sie wird anders als auf dem Kontinent gehandhabt. Straßenkreuzungen und Einmündungen sind mit Linien gekennzeichnet, die die Vorfahrt regeln (durchgezogene Linie heißt Vorfahrt achten). Kreuzungen mit einem *gelben diagonalen Raster* (box) dürfen nur befahren werden, wenn sich kein anderer Wagen in der Box befindet – „Do not enter box unless clear".Gibt es keinerlei Markierungen, so gilt überraschenderweise „rechts vor links", was als „give-right-way" bezeichnet wird.

Zusatzversicherung: Für wertvolle oder neuwertige Fahrzeuge, die nur teilkaskoversichert sind, empfiehlt sich der kurzfristige Abschluss einer Vollkaskoversicherung.

Autoverleih

Wer sich bei seinem Englandaufenthalt ein Auto oder Wohnmobil mieten will, kann dies ohne Probleme bei den zahlreichen großen Firmen tun. Es besteht die Möglichkeit, schon in Ihrem Reisebüro die Buchung vorzunehmen. Einige Autoverleihfirmen und Fluggesellschaften bieten einen *Fly-&-Drive-Service* an. Dabei wird einem sofort nach der Ankunft auf einem englischen Flughafen ein Auto zur Verfügung gestellt. Bei den größeren Firmen wie *Hertz, Avis, Budget, British Car Rental, Nationwide Vehicle Rentals*, die in ganz England Filialen besitzen, kann man den Wagen bei der einen Niederlassung abholen und bei einer anderen abstellen.

Will man für zwei- bis dreitägige Ausflüge ein Auto mieten, sollte man sich an die lokalen und oft preiswerteren Autoverleihfirmen wenden. Die Tourist Offices halten ein Verzeichnis bereit. Ein Vergleich der Unternehmen ist ratsam, da auch hier starke Preisunterschiede bestehen. Die günstigsten Angebote beginnen bei £ 30 pro Tag für die kleinste Fahrzeugklasse (inkl. Versicherung und „free mileage", also kein Kilometergeld). Bei den größeren Anbietern beginnen die Preise bei £ 35. Wochen- und Monatspreise sind reduziert. Bei Vorlage einer Kreditkarte muss man keine Kaution hinterlegen. Die meisten Firmen verleihen Autos sogar nur an Kreditkartenbesitzer. Zudem sollte man das Auto bei der Rückgabe immer vollgetankt abgeben, da die Vermieter oft überhöhte Benzinpreise in Rechnung stellen.

Tipp: Zumeist ist es am günstigsten, schon vorab in Deutschland ein Auto über das Reisebüro zu mieten. Einen guten Überblick über das günstigste Angebot findet man im Internet unter: www.billiger-mietwagen.de.

● *Bedingungen* Bei den meisten Autovermietungen muss der Vertragspartner, also der Kunde, mindestens 21 Jahre alt sein und seit mindestens einem Jahr einen Führerschein besitzen. Gelegentlich gibt es einen Aufpreis für Fahrer unter 25 Jahren. Bei Senioren wird gelegentlich ein Aufschlag berechnet, einige Firmen verleihen generell keine Autos an über 78-jährige Fahrer.

Achtung: Der englische Linksverkehr an sich ist für die meisten Autofahrer gewöhnungsbedürftig. Diese Unsicherheit erhöht sich mit einem gemieteten Fahrzeug: Vor allem, dass der Schalthebel links statt rechts ist, erschwert das Fahrvergnügen (die billigsten Autos besitzen keine Automatik). Hinzu kommt, dass der Fahrer, den Rückspiegel vergeblich suchend, häufig aus dem rechten Seitenfenster blickt ...

Mit der Bahn (British Rail)

England ist bekanntlich das Mutterland der Eisenbahn. Mit ihrem dichten Schienennetz stellt die Bahn eine Alternative dar, um das Land zu erkunden. Infolge der Privatisierung des Bahnwesens existiert allerdings keine durchgehende Verbindung entlang der Südküste.

Das Reisen mit der *British Rail* (BritRail) ist grundsätzlich teurer als mit dem Bus. Beim Lösen von Fahrkarten ist zu beachten: *Single-Tickets* gelten für einfache Bahnfahrten, und *Return-Tickets* entsprechen Rückfahrkarten. Daneben gibt es häufig noch die sogenannten *Cheap-Day-Return-Tickets (CDR)*, die manchmal sogar billiger als ein Single-Ticket sind. CDR bedeutet, dass man noch am selben Tag wieder die Rückfahrt antreten muss. Da die CDR-Fahrkarte häufig das billigste Ticket ist, kann man die Rückfahrt aber auch ohne schlechtes Gewissen sausen lassen. Ähnlich wie in Deutschland gibt es noch zahlreiche Angebote, die dem Reisenden unter den Namen *Bargain-Return*, Apex-Return, *Super-Advance-Return*,

Mit dem Zug gelangt man bis nach St Ives

Super-Saver-Return begegnen. Als Faustregel gilt, je früher man sich auf einen Zug festlegt, der nicht zur Hauptverkehrszeit fährt, desto billiger ist man unterwegs. Achtung: Nicht eingelöste Tickets verfallen zumeist und werden nicht erstattet. Günstige Angebote auch über: www.firstminutefares.co.uk.

Hinweise: In den Zügen ist es außerhalb der Stoßzeiten erlaubt, **Fahrräder** mitzuführen. Da oft nur eine bestimmte Anzahl von Rädern geduldet wird, ist es ratsam, sich vorab zu informieren. Dieser Service ist zwar häufig kostenlos, in IC-Zügen zahlt man jedoch £ 9. Aus Angst vor Anschlägen gibt es nur noch auf den großen britischen Bahnhöfen die Möglichkeit der **Gepäckaufbewahrung**. Auf den kleinen und mittleren Bahnhöfen findet man nicht einmal mehr Schließfächer vor. Wenn man als Zugreisender Zwischenstopps einlegen möchte, um Sehenswürdigkeiten entlang der Strecke zu besichtigen, muss man sein gesamtes Gepäck dorthin mitnehmen – und kann nur hoffen, dass es bei der Sehenswürdigkeit eine Möglichkeit gibt, sein Gepäck loszuwerden. Aussteigen: Britische Züge muss man von außen öffnen, das bedeutet, man muss das Fenster herunterkurbeln und den Hebel herunterdrücken.

BritRail Euro England Flexi Pass: Wer England mit dem Zug bereisen will, dem empfiehlt sich der Kauf eines BritRail Euro England Flexi Passes. Mit diesem Pass kann man sich an bestimmten, vorher festgelegten Tagen auf dem gesamten Schienennetz von England bewegen. Beispiel: Man ist vier Wochen in England, will aber länger an einem oder mehreren Orten bleiben. Mit dem Flexi Pass – er besitzt eine Gültigkeit von einem Monat – kann man nun zwei, vier, acht oder 15 Tage bestimmen, an denen dieser gültig sein soll. Man muss nur am jeweiligen Reisetag das Datum handschriftlich eintragen. Zudem erhält jeder Erwachsene einen kostenlosen Kinderpass! Weitere Kinder unter 16 zahlen den halben Preis. Achtung: Der

BritRail Flexi Pass muss vor Reiseantritt in Deutschland, Österreich oder der Schweiz gekauft werden (in den Bahnhöfen und Reisebüros)!

BritRail Euro England Flexi Pass 2 Tage: 95 € (Erwachsene) und 75 € (Jugendliche bis einschließlich 25 Jahre); 4 Tage: 155 €/125 €; 8 Tage: 225 €/179 €; 15 Tage: 339 €/275 €. Diese Preise gelten für die 2. Klasse. Tarife für die 1. Klasse liegen entsprechend höher. www. visitbritaindirect.com.

Jugend-/Studententicket: Studenten mit einem internationalen Studentenausweis und Jugendliche (16–25 Jahre) können eine *Young Persons Railcard* erstehen, mit der man auf den meisten Strecken in England (2. Klasse) ein Drittel billiger fahren kann. Der Pass kostet £ 26 und gilt ein Jahr. Dieselbe Vergünstigung gilt für Senioren *(Senior Railcard)* und Familien (Family *Railcard*). Kinder zwischen 5 und 15 Jahren fahren generell zum halben Preis.

Internet www.youngpersons-railcard.co.uk; www.senior-railcard.co.uk.

Mit dem Bus

In England wird zwischen *Coaches* und *Buses* unterschieden. *Coaches* sind komfortable Fernbusse, die Ziele auf der gesamten Insel ansteuern. *Buses* sind nur für den Nahverkehr zuständig. Allerdings verbinden die *County Buses* auch zahlreiche Städte innerhalb einer Grafschaft miteinander. Das Reisen mit den *Coaches* ist immer etwas preisgünstiger als mit der Bahn. *National Express* unterhält das größte Netz an Fernbuslinien. Über Tarife und Fahrpläne kann man sich im Internet informieren: www.nationalexpress.com.

NX2 Card: Diese Karte kann man sich als Jugendlicher zwischen 16 und 25 Jahren oder nach Vorlage eines internationalen Studentenausweises für £ 10 besorgen. Sie gilt ein ganzes Jahr und macht das Benutzen von *National Express Coaches* um 30 Prozent billiger.

Brit Explorer Pass: Mit diesem Pass kann man 7, 14 oder 28 Tage lang alle National Express und Caledonian Express Coaches in England, Schottland und Wales benutzen.

Preise 7 Tage = £ 79; 14 Tage = £ 139; 28 Tage = £ 219. Erhältlich an den National-Express-Schaltern der Busbahnhöfe in größeren Städten (z. B. London, Dover, Bournemouth, Chester, Cambridge, Oxford, Portsmouth, Southampton usw.) sowie im Internet: www.national express.com.

Regionale Busunternehmen bieten oft auch preisgünstige Explorer-, *Rover*- oder *Rambler-Tickets* an. Bevor man sich eine Einzelkarte kauft, sollte man nach diesen Tickets fragen. Mit ihnen kann man einen Tag, manchmal auch mehrere Tage lang eine Busgesellschaft kostenlos in Anspruch nehmen. Die Tourist Offices geben Auskunft.

Radwandern

Eine der schönsten Arten, England zu bereisen, ist die mit dem Fahrrad. Die zahlreichen schmalen Landstraßen abseits der Autoschlangen sind ideal für Radwanderungen. Mithilfe staatlicher Lotteriegelder ist in den letzten Jahren das Fahrradnetz für 400 Millionen Pfund erheblich ausgebaut worden. Entlang stillgelegter Bahntrassen, auf alten Treidelpfaden und wenig befahrenen Landstraßen (*lanes*) ist ein richtiges Fernradwanderwegnetz (national *cycle routes*) entstanden, das auf mehr als 10.000 Kilometer ausgebaut werden soll. Das *National Cycle Network* gibt Streckenkarten und Infopakete heraus.

Adresse **National Cycle Network Information Department Sustrans**, 35 King Street, Bristol BS1 4DZ, ✆ 0044/0117/9290888, www.sustrans.org.uk.

Besonders beliebt sind die Küstenwanderwege

Falls Sie nicht mit dem eigenen Drahtesel unterwegs sind, finden Sie in diesem Reisehandbuch Adressen von Unternehmen, die Fahrräder verleihen. Es empfiehlt sich, zu der entsprechenden Region eine gute Karte zu kaufen. Praktisch sind z. B. die *Outdoor Leisure Maps von Ordnance Survey* (gibt es allerdings nur für einige Gegenden) oder eine andere Karte, die mindestens den Maßstab 1:100.000 haben sollte. In den lokalen Tourist Offices liegen meistens auch Tourenvorschläge aus, welche die schönsten Routen der Umgebung beschreiben. Weitere Informationen sind über die größte britische Radorganisation, den *Cyclists' Touring Club*, erhältlich. Der *CTC* bietet auch geführte Radtouren von 3 bis 21 Tagen an.

Adresse CTC National Office, Parklands, Railton Road, Guildford, Surrey GU2 9JX, ☎ 0044/870/8730060, 📠 0044/870/8730064. www.ctc.org.uk.

Wandern

Wanderwege findet man überall, und zu jeder Jahreszeit sind unermüdliche Wanderfreunde unterwegs. Besonders beliebt sind Langstrecken wie der *Pennine Way* (400 km) von der schottischen Grenze durch den Lake District bis in die Midlands oder der *Cornwall* und der *Devon Coast Path*, auf denen man die südwestlichste Ecke Englands umrunden kann. Sind Sie zu Fuß in Englands Bergen, Mooren und Küstenregionen unterwegs, finden Sie häufig gut ausgeschilderte Wanderwege. Trotzdem sollten Sie bei mehrtägigen Touren nicht auf eine Karte verzichten, insbesondere die *Ordnance Survey Maps* erweisen sich als nützlich. Die Landranger-Serie im Maßstab 1 : 50.000 leistet gute Dienste, in schwierigem Gelände erweist sich jedoch eine Karte der *Explorer* oder *Outdoor-Leisure*-Serie (Maßstab jeweils 1 : 25.000) als praktischer.

Informationen **Rambler's Association**, Camelford House, Albert Embankment, London SE1 7TW, ☎ 020/73398500, 📠 020/733 98501, www.ramblers.org.uk; **South West** **Coast Path Association**, Windlestraw, Penquit, Ermington, Devon PL21 0LU, ☎ 01752/896237, www.swcp.org.uk.

Das Falcon Hotel in Stratford-upon-Avon stammt aus dem 16. Jahrhundert

Übernachten

In England ist die Zimmersuche kein großes Problem. Fast jeder Ort verfügt über eine Touristen-Information, zu erkennen an dem blauen Schild. Hier kann man sich über alle B & Bs, Hotels und andere Möglichkeiten informieren. Meist gibt es auch eine Adressenliste mit Preisen. Über den hier angebotenen **Accomodation Service** wird einem ein Zimmer nach Wahl vermittelt. Die zu entrichtende Gebühr wird dann häufig vom Übernachtungspreis abgezogen. Außerdem können Sie über das Tourist Office ein Zimmer in einer anderen Stadt vorbestellen. Dies nennt sich *Book-A-Bed-Ahead* und ist gebührenpflichtig (ab £ 1.50). Kommt man in einen kleineren Ort oder ist die Informationsstelle geschlossen, geht man einfach in ein Hotel oder ein B & B, auch wenn alles belegt ist. Meist sind die Leute recht freundlich und suchen telefonisch ein passendes Quartier. That's English! Wer auf eigene Faust auf Quartiersuche geht, muss auf das Hinweisschild *Vacancies* achten. Während der englischen Sommerferien sowie rund um die englischen Feiertage (Ostern bzw. Bank Holiday) ist es sehr ratsam, rechtzeitig zu buchen. Die Auswahl ist größer und man erspart sich eine enervierende Suche vor Ort.

Bei den **Übernachtungspreisen** trifft der Englandbesucher auf ein breites, vor allem nach oben offenes Spektrum. Neben persönlichen Vorlieben setzt nur der eigene Geldbeutel Grenzen: Manch einer gibt für eine Nacht im Luxushotel mehr Geld aus als andere für ihre ganze Reise. Die stetig wachsende Nachfrage der letzten Jahre hat leider dazu geführt, dass einige Hoteliers in der Hochsaison auch ihre „Besenkammer" vermieten. Da bei den Hotelpreisen in der gehobenen Kategorie häufig noch 20 Prozent Mehrwertsteuer (VAT = Value Added Tax) hinzugerechnet werden, sollte man sich bei der Buchung erkundigen, ob diese bei dem angegebenen Preis enthalten ist. Gleiches gilt für das Frühstück, das ebenfalls häufig extra berechnet wird. Reisende mit niedrigen Ansprüchen finden in Gemeinschaftsunterkünften für rund £ 15 ein Bett mit Frühstück, in *Guest Houses* werden rund £ 30 für B & B verlangt, wobei es auch luxuriöse Unterkünfte gibt, die pro Person auch mehr als £ 50 kosten können.

Hotels

Die Preise für ein Doppelzimmer (DZ) in einem günstigen Hotel liegen bei £ 60, in der gehobenen Mittelklasse bei £ 120 und in der Luxuskategorie beginnen sie bei £ 180. Nach oben hin ist preislich so gut wie alles offen. Als *Double Room* wird ein Doppelzimmer mit Doppelbett (double *beds*) bezeichnet, ein *Twin Room* weist auf zwei Einzelbetten (*twin beds*) hin; wer mit Kindern unterwegs ist, sollte nach einem *Family Room* fragen. Achtung: *Double Beds* bestehen aus einem großen französischen Bett mit gemeinsamen Laken und gemeinsamer Decke. Die ungeliebten Gäste des englischen Hotelwesens sind die Alleinreisenden. Wer sich höflich nach einem freien Zimmer erkundigt, wird mit einem skeptischen *It's only for you, then* begrüßt. Der offerierte *Single Room* hat oft nur die Größe einer Abstellkammer, wird aber dadurch aufgewertet, dass er preislich auf einer Stufe mit einem Doppelzimmer steht …

Hinweis: Die englischen Hotelzimmer sind fast immer eine rauchfreie Zone. Wer sich unbedingt seiner Nikotinsucht hingeben will, muss sich vorher erkundigen oder vor die Tür gehen.

Aufgrund des hohen Preisniveaus der englischen Hotels kann es mitunter günstiger sein, das Hotel im heimischen Reisebüro pauschal samt Flug zu buchen. Kurzfristig entschlossene Reisende mit einem Internetzugang können unter den Adressen www.hrs.de oder www.hotel.de freie Zimmerkapazitäten der angeschlossenen englischen Hotels abfragen und bei Interesse gleich ein Zimmer online buchen.

Bed & Breakfast (B & B)

Das Kürzel B & B steht für die Übernachtung bei einer Familie, die ein oder mehrere Zimmer an Gäste vermietet und morgens ein Frühstück serviert. Ganz ungezwungen ergeben sich so Kontakte zu den Gastgebern und Einblicke in den britischen Alltag. B & B ist eine typisch englische Einrichtung, die mittlerweile auch in anderen europäischen Ländern angeboten wird. Wann es das erste B & B gegeben hat, liegt im Dunkeln, doch nimmt man an, dass sofort nachdem das erste Fachwerkhaus eines Angelsachsen fertig war, das Gästezimmer von seiner Frau an einen vorbeiziehenden normannischen Eindringling vermietet wurde. Gerade in den ländlichen Gebieten kann man mit den Gastgebern schnell Kontakt schließen und allerhand über die Gegend erfahren. Von diesem herzlichen Umgang schwärmen viele Englandreisende.

Die Zimmer sind oft einfach, haben einen Fernseher, ein Waschbecken, Schrank, Nachttisch und manchmal eine Dusche. Je nach Ausstattung müssen pro Person zwischen £ 25 und £ 45 einkalkuliert werden. Darin ist nicht nur das reichliche Frühstück enthalten, sondern meist auch die Benutzung des Familienbads, Fernsehzimmers oder anderer Räume. In den meisten B & Bs befinden sich auch die unvermeidlichen Teekocher (*teaboiler*). Mit ihnen kann man sich auf die Schnelle einen Tee oder Kaffee zubereiten. Teebeutel und lösliches Kaffeepulver liegen

Pompös: Aufgang zum Ballroom im Royal Seven Stars Hotel in Totnes

daneben. Wer keine Dusche im Zimmer hat, findet das Bad auf dem Flur. Morgens wird zur verabredeten Zeit das herzhafte Frühstück aufgetischt. Auf Wunsch kann man häufig auch ein *vegetarisches Frühstück* oder ein *Diätfrühstück* bestellen. Die meisten Zimmer besitzen ein eigenes Bad, was die Engländer als *„en suite"* bezeichnen. Das Übernachten in diesen Räumen ist häufig etwas teurer. Ein sehr schönes Angebot an landestypischen Unterkünften vermittelt die deutschsprachige Agentur **Bed & Breakfast**: ✆ 06251/702822. www.bed-breakfast.de.

> **Achtung**: Einige Besitzer von B & Bs vermieten nicht an Reisende mit Kindern unter 12 Jahren. Wer mit seinem Nachwuchs unterwegs ist, sollte dies bei der Buchung stets erwähnen.

Die englische Variante von „Urlaub auf dem Bauernhof" heißt *Stay on a farm* und bietet zahlreiche Unterkünfte vorzugsweise in ländlichen Regionen. Meist handelt es sich um schöne Landhäuser, die in der gehobenen Kategorie sogar einen Swimmingpool besitzen können. Häufig werden auch Ferienwohnungen mit der Möglichkeit zum *Self-Catering* angeboten.
www.farmstayuk.co.uk bzw. www.farmstaydirect.com.

Ferienhäuser und -wohnungen

Ferienhäuser und Ferienwohnungen ermöglichen einen freien Tagesablauf, den nicht nur Familien mit Kindern zu schätzen wissen. Hinzu kommt, dass man nicht gezwungen ist, jeden Tag in ein Restaurant zu gehen und somit die Reisekasse schonen kann. Alle Tourist Information Centres führen in ihren Unterkunftsnachweisen auch die Möglichkeiten zum *Self Catering* auf. Die Vermietung erfolgt fast ausschließlich wochenweise. Faustregel: Ein *Apartment* kostet je nach Größe, Ausstattung und Saison zwischen £ 250 und £ 500 pro Woche.

Information **Country Holidays**, Spring Mill, Earby, Barnoldswick, Lancashire BB94 0AA, ✆ 08700/781200. www.country-holidays.co.uk. **English Country Cottages**, Stoney Bank, Earby, Barnoldswick, Lancashire BB94 0EF, ✆ 08700/781100. www.english-country-cottages. co.uk.

Wer seine Ferien gerne in einem historischen Gebäude mit viel Flair verbringen möchte, findet selbst alte Leuchttürme im Angebot dieser Vereinigungen:

Landmarktrust, Shottesbroke, Maidenhead, Berkshire SL6 3SW, ✆ 01628/825925, ✆ 01628/825417, www.landmarktrust.org.uk.

National Trust, Holiday Booking Office, P.O. Box 536, Melksham, Wiltshire SN12 8SX, ✆ 0870/4584422, ✆ 0870/4584400, www.nationaltrustcottages.org.uk.

Classic Cottages, sehr schmucke, landestypische Cottages in Cornwall, Devon, Somerset und Dorset. www.classic.co.uk.

English Country Cottages, landesweites Angebot. www.english-country-cottages. co.uk.

Wohnungstausch

Wie wäre es mit einem Wohnungstausch mit einer englischen Familie? Auf diese Weise kann man seine Ferien mietfrei im jeweils anderen Land verbringen. Abgesehen von der Vermittlungsgebühr an eine Agentur entstehen keinerlei Kosten (www.homelink.de).

Jugendherbergen (Youth Hostels)

Ein Häuschen, daneben ein Tannenbaum – dieses Symbol zeigt den Weg zur nächsten Jugendherberge. Insgesamt gibt es rund 250 Jugendherbergen in England und Wales. Die Jugendherbergen in *London* sind häufig schon Monate im Voraus ausgebucht. Ähnlich kann es auch zur Hauptreisezeit (Juli/August) bei landschaftlich schön gelegenen Häusern sein. In einigen Herbergen besteht die Möglichkeit, ein Bett in einer anderen Herberge im Voraus zu reservieren. Am besten fragt man an der Rezeption nach. Nur mit einem Jugendherbergsschlafsack oder Bettbezug ist das Übernachten in einer Jugendherberge gestattet. Wer beides nicht besitzt, bekommt die *Sheets* in jeder Herberge (im Preis enthalten).

Stilvolle Jugendherberge in Canterbury

In vielen Einrichtungen ist eine Gemeinschaftsküche vorhanden. Hier bereitet man sich seine Mahlzeiten am preisgünstigsten zu. In den Kantinen wird Frühstück ausgegeben, das man am Tag zuvor bestellt und bezahlt. Auch Abendessen wird manchmal angeboten.

Einige Hostels erlauben (meist für den halben Preis) das Zelten auf ihrem Grundstück. Die Einrichtungen des Hauses (Duschen, Küche usw.) dürfen dann mitbenutzt werden.

● *Informationen* **Deutsches Jugendherbergswerk**, Bismarckstr. 8, Postfach 1455, 32756 Detmold, ✆ 05321/99360. **Youth Hostel Association**, Trevelyan House, Dimple Road, Matlock, Derbyshire DE4 3YH, ✆ 0044/1629/592700, ✉ 0044/1629/592627. www.yha.org.uk.

● *Preise* Es gibt in England die Alterskategorien **Under 18** (Jugendliche und Kinder bis 18 Jahre) und **Adult** (Erwachsene ab 18 Jahren). „Under 18" bezahlen pro Übernachtung ca. £ 6–15, „Adults" £ 14–20. Die Jugendherbergen in touristisch interessanten Städten sind jedoch oft wesentlich teurer (London ca. £ 25).

● *Reservierungen* Es ist ratsam, rechtzeitig zu reservieren. Dies lässt sich entweder telefonisch oder im Internet erledigen, wenn man über eine Kreditkarte verfügt. Andernfalls empfiehlt sich eine schriftliche Buchung. Bei kurzfristigen Vorbestellungen (weniger als eine Woche) sollte man bis spätestens 18 Uhr anreisen. Denn bei großem Andrang wird um diese Zeit auch das freigehaltene Bett vergeben.

● *Jugendherbergsausweis* Wer plant, seinen Urlaub in Jugendherbergen zu verbringen, benötigt einen **Internationalen Jugendherbergsausweis**, den man sich schon zu Hause besorgen sollte (in Jugendherbergen oder Fremdenverkehrsämtern).

Eine preisgünstige Alternative zur Jugendherberge sind die sogenannten **Backpackers Hostels**, die man in vielen Städten (Brighton, Glastonbury, Manchester etc.) vorfindet. Zum einen gibt es dort auch gemischt geschlechtliche Schlafräume (ab £ 8), zudem ist das Flair of wesentlich lockerer. Auch die Universitäten bieten in den Sommermonaten preiswerte Übernachtungsmöglichkeiten an.

Information **British Universities Accommodation Consortium**, Box No 1562E, University Park, Nottingham NG7 2RD, ✆ 0115/8466444, www.buac.co.uk.

Camping

Über 3.000 Campingplätze gibt es in Großbritannien. Seit dem Jahr 2000 lässt der *English Tourism Council* die Campingplätze von neutralen Prüfern besuchen, die je nach Sauberkeit, Service und Lage zwischen einem und fünf Sternen vergeben. Prinzipiell gilt: Ausstattung und Preise nehmen mit der Zahl der Sterne zu. Zumeist berechnet sich der Übernachtungspreis pro Stellplatz, unabhängig ob man in einem Zelt oder Wohnwagen schläft. Je nach Ausstattungsstandard müssen für eine Übernachtung zwischen £ 8 und £ 25 einkalkuliert werden.

Viele Campingplätze sehen leider aus wie eine Wohnwagen-Reihenhaussiedlung, oft ist Zelten nicht einmal erlaubt („tents not admitted"). Wer einen Platz sucht, kann sich an den braunen Schildern mit dem Campingsymbol orientieren. Grundsätzlich ist es empfehlenswert, vorher beim Campingplatz anzurufen.

Günstiger als die kommerziellen Campingplätze, auf denen man manchmal zwischen Wohnwagen in der Masse versinkt, sind private Plätze auf *Bauernhöfen* oder Ähnlichem. Einige Farmer weisen per Schild auf diese Möglichkeiten hin. Oder Sie fragen einfach einen Bauern, ob Sie auf seiner Wiese ein Zelt aufschlagen dürfen. Tut man dies jedoch, ohne zuvor um Erlaubnis zu fragen, begeht man Landfriedensbruch, der mit einer empfindlichen Geldstrafe geahndet werden kann.

English Breakfast für Hungrige

Essen und Trinken

Der Gemeinplatz, ein Franzose lebe, um zu essen, und ein Engländer esse, um zu leben, lässt sich heute nicht mehr ohne weiteres aufrechterhalten. Vor allem London hat sich auf dem kulinarischen Sektor in den letzten beiden Jahrzehnten vom Entwicklungsland zum gastronomischen Trendsetter gemausert. Und nicht etwa Fish'n'Chips ist das Lieblingsgericht der Engländer, sondern Chicken Tikka Massala.

Für viele Engländer ist der Morgen die kulinarische Glanzstunde des Tages, die sie am liebsten mit einem opulenten Mahl zelebrieren. Zu jedem guten **Frühstück** gehören Orangen- oder Grapefruitsaft, Müsli (*cereals*), Haferbrei (*porridge*), wahlweise Spiegel- oder Rührei und zwei Scheiben knusprig gebratener Bacon. In besonders traditionellen Herbergen besteht ein *English Breakfast* zudem noch aus Würstchen (auf die man wegen ihres dubiosen Fleischgehalts besser verzichten sollte), Grilltomaten und gegrillten Champignons sowie weißen Bohnen, manchmal auch noch aus Blutwurst, Bratfisch oder Bückling (*kippers*). Auf alle Fälle werden zudem Toast, gesalzene Butter und die obligatorische bittere Orangenmarmelade (*marmalade*) gereicht. *Jam* heißen übrigens alle anderen Marmeladensorten. Je nach Wunsch bekommt man noch Tee oder Kaffee serviert. Kaffesahne ist unbekannt.

Im Gegensatz zum *English Breakfast* besteht das sogenannte *Continental Breakfast* in der Regel nur aus Brötchen, Butter und Marmelade. Da in den meisten B & Bs beide Arten von Frühstück gleich viel kosten (im Übernachtungspreis enthalten), sollte man sich die gebratenen Leckereien nicht entgehen lassen.

Nach einem derart üppigen Frühstück dauert es mehrere Stunden, bis sich wieder ein Hungergefühl einstellt. Für ein preiswertes Mittagessen (*lunch*) bieten sich die zahlreichen **Fish-'n'-Chips-Restaurants** oder Imbissbuden an, die in nahezu jedem Ort zu finden sind. Besonders gut schmecken die in einem Teigmantel gebackenen Fischfilets natürlich an der Küste – leider ist es um die Qualität der fetttriefenden Chips fast immer schlecht bestellt. Die Engländer salzen ihre Chips übrigens nicht, sondern würzen sie mit Essig (*vinegar*). Wer seine in eine offene Papiertüte verpackten Fish'n'Chips in der richtigen Atmosphäre essen will, setzt sich an den Hafenkai, um gedankenverloren die Möwen zu beobachten und auf das Meer zu blicken.

> „Die Butterscheiben, welche zum Tee gegeben werden, sind so dünne wie Mohnblätter. Aber es gibt eine Art, Butterscheiben am Kamin zu rösten, welche unvergleichlich ist. Es wird nehmlich eine Scheibe nach der anderen so lange mit einer Gabel ans Feuer gesteckt, bis die Butter eingezogen ist, alsdann wird immer die folgende drauf gelegt, so daß die Butter eine ganze Lage solcher Scheiben allmählich durchzieht: man nennt dies einen *Toast.*"
> *Karl Philipp Moritz (1782)*

Wer gerne günstig und bodenständig isst, sollte es einmal mit **Pub Food**, auch **Pub Grub** genannt, versuchen. Je nach der Gegend, in der man sich gerade aufhält, hat auch das Pub seinen individuellen Stil. Im Londoner Bankenviertel drängen sich beispielsweise die Gentlemen im Nadelstreifenanzug, aber auch einige Arbeiter im Overall stehen in der Ecke und schlürfen ihr Bier. Einige Pubs, vor allem an den großen Straßen, bieten mittags auch ein kaltes *Büfett* an, bei dem man sich von allen Köstlichkeiten etwas nehmen kann. Auch die mittäglichen *Lunch Specials* sind sehr zu empfehlen und relativ preiswert (ab £ 4). Wie die Getränke, so bestellt und bezahlt man im Pub auch die Speisen direkt an der Theke.

Ein traditionelles Gericht ist der *Ploughman's Lunch*: Frisches, Weißbrot mit sauer eingelegten Zwiebeln, Butter und einem handfesten Stück Cheddar Cheese oder Ham and Egg Pie. Klassiker wie *Steak and Kidney Pie*, eine mit Nieren gefüllte Rindfleischpastete, sind sicherlich nicht jedermanns Sache. Leckerer sind die traditionelle *Shepherd's Pie* (Fleisch mit Zwiebeln und Kartoffelbrei) oder der *Devonshire Squab Pie*, eine delikate Lammfleischpastete. Gekochter Schinken wird oft als *Wiltshire Ham* angepriesen. Beim Salat ist Vorsicht angebracht, denn allzu oft wird er von einer dicken Schicht Mayonnaise erdrückt. England ist ein multikulturelles Land, so verwundert es auch nicht, dass selbst in den urigsten Pubs ein *Chicken Korma* und andere indische *Currys* auf der großen schwarzen Wandtafel stehen.

Eine weitere Spezialität sind die *Cornish Pasties*, welche auch in Bäckereien zum Mitnehmen verkauft werden. Die sowohl mit Gemüse und Fleisch als auch mit Süßem gefüllten Teigtaschen besitzen einen knusprigen Rand, so dass sich die Fischer und Minenarbeiter stärken konnten, ohne sich die Hände waschen zu müssen: Der Rand des praktischen „Eintopfs" wurde nämlich nicht mitgegessen.

Wer nur einen kleinen Happen essen will, kann sich mit einem Sandwich begnügen. Als Alternative empfehlen sich die Lebensmittelabteilung eines Kaufhauses (Marks & Spencer) oder ein Supermarkt (Tesco), die Salate, leckere Sandwiches oder belegte Baguettes sowie exotische Spezialitäten in appetitlich zurechtgemachten Portionen feilbieten. Wer Wert auf biologische Kost legt, sollte auf den Hinweis *Organic Food* achten.

Modern British

„The same procedure as every year, James", instruiert die greise Miss Sophie ihren Butler zum x-ten Mal in „Dinner for one". Getreu diesem Motto wurde in britischen Restaurants jahraus, jahrein aufgetischt, was sich schon seit langer Zeit bewährt hatte. Wer einmal die Vokabeln „kidney pie", „sausage", „cod", „chips", „cabbage" und „peas" gelernt hatte, stieß bei der Lektüre der Speisekarte vor Ort auf keinerlei Schwierigkeiten. Doch seit einiger Zeit wird vor allem in London die altehrwürdige englische Küche mehr und mehr von der sogenannten „Modern British Cuisine" verdrängt. Was aber verbirgt sich hinter diesem Schlemmertrend?

Erfrischende Obstsalate, zartes Fleisch und knackige Gemüse hatten in der englischen Küche nichts zu suchen. „Fish'n'Chips" waren der Ausdruck britischer Esskultur. Seit den späten 1960er-Jahren entwickelte sich jedoch eine Konkurrenz zu fettigem Heilbutt und Pommes mit Essig, denn zahlreiche Commonwealth-Mitbürger ließen sich im Mutterland nieder und führten dort ihre Traditionen und Kochkünste weiter. Afrikanische, fern- und nahöstliche Restaurants öffneten überall in der Hauptstadt ihre Pforten. Tandooris und Taj Mahals boomten, was dazu führte, dass London sich in dem Ruf sonnen durfte, die beste und authentischste indische Küche außerhalb Indiens zu besitzen. Pikante Currygerichte mit Geflügel, Hack- und Rindfleisch sowie eine riesige Auswahl an feurigen Saucen, bunten Salaten und milden Joghurt-Dressings lockten Gäste aus nah und fern. Gewohnt gelassen reagierten alteingesessene Londoner Gastronomen auf diese Herausforderung mit Plumpudding, gekochten Erbsen und fetttriefenden Gammon Steaks. Die erhoffte Kundschaft aber blieb nun aus.

Innerhalb weniger Jahre verwandelte sich die gesamte Gastroszene und auch in den traditionellen Lokalen wird seither Neues ausprobiert. Damit auch Laien auf diese Entwicklung aufmerksam werden, nennt man den jüngsten Gourmet-Trend „Modern British". Haute Cuisine und die abwechslungsreiche Küche der entlegensten Länder werden dabei zu einem „multikulinarischen" Gaumenschmaus vermengt. Oberstes Gebot ist die hohe Qualität der Zutaten. Möhren, Tomaten, Bohnen, Paprika, Auberginen und Spargel werden deshalb täglich frisch geliefert. Vitamine sind mittlerweile auch auf der Insel begehrt. Wo die Zutaten früher geduldig zerkocht wurden, wird heute blanchiert, mariniert und gedünstet. Ebenso bekommen die Gewürze plötzlich einen ungewohnt hohen Stellenwert. In den Gewürzregalen, wo jahrzehntelang Salz- und Pfefferstreuer vereinsamten, stehen nun Dutzende von Gläsern mit Aufschriften wie Kurkuma, Nelken, Koriander und Safran. Ende des 20. Jahrhunderts feierte die britische Kochbegeisterung ihren Siegeszug durch sämtliche Medien. Und *Jamie Oliver*, Englands bekanntester Fernsehkoch, hat sich auch bei uns als Markenzeichen für einfallsreiche Küchenfreuden etabliert.

Tee ist nicht nur das obligatorische Frühstücksgetränk; der Genuss einer „cuppa tea" ist kaum noch aus irgendeiner Situation wegzudenken. Die Verbundenheit, die zwischen den Menschen und ihrem milchig verdünnten, süßen Getränk besteht, brachte der viktorianische Premierminister Gladstone so zum Ausdruck: „Wenn

Dir kalt ist, wird Dich Tee wärmen, wenn Du erhitzt bist, wird er Dich abkühlen; bist Du deprimiert, wird er Dich aufrichten, bist Du aufgeregt, wird er Dich beruhigen!" Wegen dieser Allround-Medizin wurden Kriege ausgefochten und parlamentarische Debatten geführt. Für die Teepause stehen in allen Fabriken die Maschinen still. Seit 1960 hat jeder englische Arbeiter das Recht auf zwei Teepausen pro Tag. Getrunken werden zumeist Earl Grey oder Darjeeling.

Zur nachmittäglichen *Tea Time* gehören Unmengen an Süßigkeiten, Kuchen, eingelegten Früchten und Sahne (Cream) – sehr empfehlenswert ist die Devonshire *Clotted Cream.* Überall im Südwesten wird am Nachmittag *Cream Tea* serviert – ein Kännchen Tee mit süßen, noch warmen Brötchen (Scones), Clotted Cream und Erdbeermarmelade. Während man in Devon erst die Cream und dann die Marmelade auf die Scones streicht, handhaben es die Einwohner Cornwalls genau umgekehrt. Außerdem ist Devon berühmt für seinen *Fudge*, Zuckerwerk, das es in verschiedenen Geschmacksrichtungen gibt. Wenn es frisch ist, zergeht es auf der Zunge und ersetzt vom Nährwert her ein ganzes Mittagessen!

Das Abendessen (Dinner) wird in der Regel zwischen 19 und 19.30 Uhr eingenommen und besteht in einem Restaurant zumeist aus drei oder vier Gängen. Manchmal wird man zunächst in die *Lounge* oder an die *Bar* gebeten, um einen Aperitif zu sich zu nehmen und die Speisekarte (Menu) zu studieren. Erst kurz bevor das Essen serviert wird, wird man dann zu Tisch gebeten. Der Unterschied zwischen einem guten und einem schlechten Restaurant zeigt sich nicht zuletzt beim Gemüse. Findet man auf seinem Teller eine Ansammlung von Erbsen oder Karotten vor, die weder Geschmack noch Biss aufweisen und samt ihren Farbstoffen den direkten Weg aus der Kühltruhe genommen haben, so ist man im falschen Restaurant gelandet. Wer die Reisekasse schonen will, geht am besten in ein Pub, das für seine gute Küche bekannt ist. Klassiker der englischen Küche sind Lammbraten (*roast lamb*) mit Pfefferminzsauce (*mint sauce*) und – trotz BSE – das sonntägliche *Roast Beef.* Die Restaurants legen längst Wert auf eine ambitionierte Küche. Statt *Gammon Steak* (Schinkensteak) mit Pommes frites werden Köstlichkeiten wie *Somerset Hare with Walnuts* (in Cider gegarter Hase mit Walnüssen) aufgetischt. Apropos Somerset: Dort sollte man zum Nachtisch eine delikate *Somerset Apple Cake* ordern. Positiv zu vermerken ist die wachsende Zahl vegetarischer Restaurants, die mittlerweile in allen größeren Städten vorzufinden sind. Zumeist finden **Vegetarier** auch in den indischen Restaurants mehrere fleischlose Gerichte auf der Speisekarte.

Das **Preisniveau** der englischen Restaurants ist ausgesprochen hoch. Für ein dreigängiges Menü muss man mindestens £ 15 bezahlen, besitzt das Restaurant ein gewisses Renommee, so sollte man ohne Getränke zwischen £ 20 und £ 40 pro Person veranschlagen. Lohnend ist es daher, in einem guten Restaurant nach einem *Set-Price-Menu* Ausschau zu halten, das oft nur halb so teuer ist wie das abendliche Dinner. In vornehmen Restaurants wird zumeist Wert auf eine entsprechende Kleidung gelegt.

Abschließend noch einige Anmerkungen: An der Eingangstür jedes Restaurants hängt eine Speisekarte. Darauf sind die aktuellen Preise inklusive Mehrwertsteuer (VAT) verzeichnet. In manchen Lokalen wird automatisch zu den angegebenen Preisen eine *Service Charge* von 10 bis 15 Prozent hinzugerechnet. Ist dies nicht der Fall, erwartet das Personal ein **Trinkgeld** (*tip*) in gleicher Höhe. Andere wiederum berechnen eine *Cover Charge* von £ 1 oder £ 2, man bezahlt also für Tischdecke, Brot, Butter usw. Wichtig zu wissen ist, dass es Restaurants gibt, die keine

Lizenz für alkoholische Getränke besitzen. Für Kontinentaleuropäer kurios sind die BYO-Gaststätten (BYO für *Bring Your Own*), in die man seine Getränke selbst mitbringen darf. In beliebten Restaurants ist es ratsam, sich rechtzeitig einen Tisch reservieren zu lassen.

Im Pub Lord Nelson kann man auf den britischen Seehelden anstoßen

Pubs

Die Public Houses (Pubs) sind Treffpunkte für Jung und Alt. Nachdem die Öffnungszeiten jahrzehntelang generell bis 23 Uhr begrenzt waren, erlaubt ein neues Gesetz der Labour-Regierung, dass Gaststätten außerhalb von Wohngebieten rund um die Uhr ausschenken dürfen.

In manchen Pubs sind die Klassenunterschiede bis heute zu erkennen – an der rustikalen Public Bar trinken die einfacheren Leute ihr Bier, die „bessere" bis vornehme Kundschaft sitzt in der Saloon Bar auf Plüschsofas. Pubs sind eine Lebenseinstellung und mit kontinentalen Kneipen, Bistros oder italienischen Bars keinesfalls vergleichbar. Viele Engländer betrachten das Pub um die Ecke als ihr erweitertes Wohnzimmer, in dem sie zwanglos mit ihren Nachbarn und Freunden ins Gespräch kommen können. Und auch der Kontinentaleuropäer merkt schnell: Wenn an kalten Wintertagen das Kaminfeuer prasselt, gibt es keinen schöneren Ort als ein Pub. Achtung: Kindern und Jugendlichen unter 18 Jahren wird in vielen Pubs der Zugang verwehrt.

Normalerweise bestellt man sein Bier an der Bar, bekommt sein ½ Pint (ausgesprochen: Paint) oder 1 Pint (0,568 Liter) gezapftes Bier und muss gleich bezahlen; eine Bedienung am Tisch ist nicht vorgesehen, Trinkgeld wird nicht erwartet. Das gezapfte Bier ist weniger kalt als auf dem Kontinent und hat fast keinen Schaum. Die

Die gängigsten Biersorten	
Bitter	dunkles Fassbier (draught), bitterer Geschmack
Lager	helles Bier
Stout	Starkbier – Guinness (bitter), Mackeson (süß)
Barley Wine	extra starkes Bier
Brown Ale	kräftig, dunkel und süß
Light Ale	hell, schäumend
Mild	dunkel, geschmackvoll
Real Ale	Fassbier ohne Kohlensäure, bis 8 % Alkoholgehalt
Newcastle Brown	Starkbier

starren Öffnungszeiten, die durch uralte Gesetze geregelt waren – einst sollten sie im Ersten Weltkrieg die Arbeiter davon abhalten, betrunken in die Fabriken zu kommen –, sind erst unlängst etwas gelockert worden.

In Szene gesetzter Meat Pie

Die meisten Pubs sind werktags in der Regel von 11 bis 23 Uhr sowie sonntags von 12 bis 15 und von 19 bis 22.30 Uhr geöffnet. Pünktlich zehn Minuten vor Feierabend wird eine Glocke geläutet: *„Last orders, please!"* Eine Viertelstunde später wird man mit einem trockenen *„Drink up"* zum Austrinken gedrängt. Außerhalb von Wohngebieten ist die Sperrstunde für Gaststätten – wie oben schon erwähnt – ganz aufgehoben worden. In größeren Städten wie London, Leeds oder Birmingham finden sich problemlos Pubs und Bars, die bis weit nach Mitternacht geöffnet haben. Weitere Informationen zum Thema britisches Bier finden sich im Internet unter www.greatbritishbeer.co.uk.

Man muss im Pub natürlich nicht zwangsweise Bier trinken. Diejenigen, die keinen Gerstensaft mögen, können *Cider* probieren. Cider ist ein moussierender Apfelwein, der je nach Region anders schmeckt. Bevor man zu tief ins Glas schaut, sollte man bedenken, dass der englische Cider einen höheren Alkoholgehalt als der deutsche Apfelmost aufweist. Die meisten Pubs bieten auch mehrere gute *Weine* an (französische, italienische und spanische). Zwar wird auch in England Wein angebaut, aber um ihn zu lieben, ist ein gehöriges Maß Lokalpatriotismus notwendig. Außerdem gibt es natürlich alle gängigen Marken von *Softdrinks.* Besonders beliebt sind Ginger Ale und Tonic Water.

Beachvolleyball in Brighton

Freizeit, Sport und Strände

Die Möglichkeiten, sich sportlich zu betätigen, sind beinahe grenzenlos. Geradezu klassisch ist ein Tennismatch auf Rasen oder eine Runde Golf, um die eigenen Leistungen zu verbessern. Wassersport genießt an der Küste selbstverständlich einen besonders hohen Stellenwert.

Angeln und Fischen

Südengland mit seinen zahlreichen Flüssen und Seen ist ideal zum Fischen. Wer seine Angel nach Brassen, Forellen, Flussbarschen, Hechten oder Plötzen auswerfen will, muss aber unbedingt einen Angelschein besitzen und über die Schonzeiten informiert sein. *National Rod Fishing Licences* (Angelscheine) sind in den örtlichen Postämtern erhältlich. Das Fischen im Meer erfreut sich großer Beliebtheit, zudem steht an der Küste das Hochseeangeln nach Haien, Dorschen, Meerbarsch, Seehecht etc. hoch im Kurs.

Information www.gethooked.co.uk; www.sharkanglingclubofgreatbritain.org.uk; www.swlakestrust.org.

Badminton

In Deutschland lange als „Federball" gering geschätzt, erfreut sich Badminton inzwischen auch auf dem Kontinent großer Beliebtheit. Seinen Namen erhielt das Spiel von dem in Gloucestershire gelegenen Landsitz des Duke of Beaufort, wo 1887 erstmals ein Turnier nach festen Regeln ausgetragen worden sein soll.

Birdwatching

Birdwatching ist eines der beliebtesten Freizeitvergnügen der Engländer. Bei nahe zu jeder Witterung sitzen die Vogelfreunde mit Khakihosen, Ferngläsern und Teleobjektiven zwischen den Hecken und richten ihr Teleskop auf seltene Arten, nebenbei blättern sie in Vogelkundebüchern, Technikfreaks haben sogar einen iPod dabei und gleichen den Ruf der Wildnis mit der Tonkonserve ab. Vor allem in Cornwall und auf den Scilly-Inseln ist Birdwatching sehr beliebt. Die Begeisterung geht dabei quer durch alle Gesellschaftsschichten und reicht vom Briefträger bis zum Adeligen: Die Royal Society for the Protection of Birds (RSPB) hat mehr als eine Million Mitglieder. Insgesamt 573 Vogelarten soll es in Großbritannien geben, angefangen bei Rotkehlchen und Eisvogel über Papageientaucher und Wanderfalke bis hin zu seltenen Exemplaren wie dem Goldflügelwaldsänger.
Information www.rspb.org.uk.

Cricket

Der englische Nationalsport, der im gesamten Commonwealth verbreitet ist, lässt sich bis ins 13. Jahrhundert zurückverfolgen. Das Schlagballspiel wird von zwei Mannschaften mit jeweils elf Spielern auf einem mindestens 80 x 60 Meter großen Rasenplatz ausgetragen. Die Spielregeln sind sehr komplex und mit dem amerikanischen Baseball vergleichbar. Allerdings kann sich das Spiel wesentlich länger hinziehen: Ein Vergleichskampf zwischen zwei Grafschaften erstreckt sich manchmal sogar über fünf Tage.

Fußball

England ist bekanntlich das Mutterland des Fußballs. So verwundert es auch nicht, dass für so manchen überzeugten Fußballfan der Besuch eines Spiels der Premier League den Höhepunkt eines Englandbesuchs darstellt. Die Eintrittskarten der Spitzenclubs sind begehrt, daher sollte man sich rechtzeitig um einen Platz bemühen. Hilfreich ist folgende Homepage: www.fussballinlondon.de.

> „Ich verliebte mich in den Fußball, wie ich mich später in Frauen verlieben sollte: plötzlich, unerklärlich, unkritisch und ohne einen Gedanken an die Schmerzen und die Zerrissenheit zu verschwenden, die damit verbunden sein würden."
>
> *Nick Hornby, Fever Pitch*

FC Chelsea, Stamford Bridge, Fulham Road, SW6, ☎ 020/73867799. www.chelsea fc.co.uk. Ⓤ Fulham Broadway.

Arsenal London, Emirates Stadium, Drayton Park, N5, ☎ 020/77044000. www.arsenal. co.uk. Ⓤ Arsenal.

West Ham United, Boleyn Ground, Green Street, E13, ☎ 020/85482748. www.whufc. co.uk. Ⓤ Upton Park.

Tottenham Hotspur, White Hart Lane, High Road, N17, ☎ 020/83655000. www.spurs.co.

uk. Anfahrt: Mit dem Zug zur Station White Hart Lane.

FC Fulham, Craven Cottage, Stevenage Road, SW6, ☎ 020/77366561. Ⓤ Putney Bridge.

Wimbledon, Selhurst Park, Park Road, SE25, ☎ 020/87712231. Mit dem Zug bis Norwood Junction oder Selhurst.

Manchester United, Old Trafford, www. manutd.com.

FC Liverpool, Stanley Park Stadium, www. liverpoolfc.tv.

Golf

Der in deutschsprachigen Ländern als elitär geltende Golfsport hat in England den Charakter eines Volkssports. Auf mehr als 1500 Plätzen können auch Urlauber versuchen, das eigene Handicap zu verbessern. Als besonders schöne Anlagen gelten die Golfplätze von Moretonhampstead und Burnham. Relativ günstig sind die öffentlichen Golfplätze mit rund £ 10 pro Runde, auf den privaten Golfplätzen ist der Preis zwei- bis fünfmal so hoch.

Information Im Internet kann man sich unter folgender Adresse über sämtliche Golfplätze der Region informieren: www. golfeurope.com/clubs/england.htm.

Bowling: Englands Nationalsport

Greyhoundracing

In einer Rangliste der beliebtesten Freizeitvergnügen der Engländer steht der Besuch eines Windhunderennens nach dem Fußball an zweiter Stelle. Seit 1926 in Birmingham die erste Rennbahn eröffnet wurde, kennt die Begeisterung für die durchtrainierten Greyhounds, die mit bis zu 70 Stundenkilometern über die Rennbahn fegen, keine Grenzen mehr. Derzeit gibt es in ganz England mehr als 90 lizenzierte Windhunderennbahnen, die alljährlich rund 8 Millionen Besucher zählen. Die größte Hunderennbahn ist in Walthamstone im Londoner Norden. Spannend wird das Greyhoundracing natürlich erst durch die Wetten auf den jeweiligen Favoriten. Als eine Art Roulette mit lebendigen Kugeln soll Churchill dieses Wettvergnügen einst bezeichnet haben.

Reiten

Südengland hoch zu Ross zu erkunden, ist eine überaus reizvolle Alternative zum Wandern und Fahrradfahren. Vor allem in den Nationalparks und im New Forest werden Reiterferien für Anfänger und Fortgeschrittene angeboten. Beliebt ist auch das Pony Trekking.

Information Bei der British Horse Society, ☏ 0044/01936/707795. www.bhs.org.uk.

Sauna

Wer in einem Hotel mit Sauna übernachtet, sollte von den heimischen Gewohnheiten Abstand nehmen, alle Hüllen fallen zu lassen: Die Engländer schwitzen in öffentlichen Saunen fast ausschließlich in Badehose respektive Badeanzug oder Bikini.

Segeln und Surfen

Der Segelsport an der englischen Küste kann auf eine lange Tradition zurückblicken: Bereits 1812 wurde auf der Isle of Wight der *Royal Yacht Club* gegründet, und 1826 fanden die ersten Rennen vor *Cowes* statt. Attraktive Segelhäfen finden sich beispielsweise in Brighton, Falmouth und St Ives. Häufig werden Segeltörns entlang der Küste und zu den vorgelagerten Inseln angeboten; Jachten in allen Größen kann man übrigens mit und ohne Skipper chartern. Zahlreiche Segelschulen bilden Anfänger zu standfesten Seglern aus.

Als südenglisches Surferparadies gelten die Strände an der Nordküste Cornwalls, da sich dort bei Flut die höchsten Wellen auftürmen. Vor allem Newquay gibt sich als die Surf City im UK. Wichtigstes Ausrüstungsstück ist ein Neoprenanzug. Wer seine Surfutensilien zu Hause gelassen hat, wird ohne größere Probleme ein Brett oder einen Neoprenanzug ausleihen können.

Information www.britsurf.co.uk, ✆ 01736/360250 bzw. www.rya.org.uk, ✆ 02380/604100.

Strände und Baden

Um es gleich vorwegzunehmen: Um die Wasserqualität ist es an Englands Küsten alles andere als gut bestellt. Wer sich von den niedrigen Wassertemperaturen nicht abschrecken lässt, kämpft weniger mit der Brandung als mit den in der Gischt lauernden Kolibakterien. Die britische Organisation *Surfers Against Sewage* (SAS) analysierte 800 dokumentierte Krankheitsfälle in den Badeorten und kam zu dem traurigen Ergebnis, dass 72 Prozent auf das Baden in verschmutztem Meerwasser zurückzuführen sind! Auch wer die inzwischen vollkommen veralteten Badewasser-Richtlinien der Europäischen Union von 1975 zum Maßstab nimmt, kommt zu dem Ergebnis: Nirgendwo ist das Wasser stärker verschmutzt als an Großbritanniens Stränden. Aktuelle Informationen über die Qualität und Sauberkeit der Strände bietet der *Good Beach Guide* von der *Marine Conservation Society:* www.goodbeachguide.co.uk.

Erfrischung verspricht das Meer im wahrsten Sinne des Wortes, selbst im Hochsommer klettern die Wassertemperaturen kaum über 17 Grad Celsius hinaus. Wer sich nicht überwinden kann, muss mit einem Schwimmbad vorlieb nehmen. Wegen der stellenweise starken Strömungen sowie dem durch die Gezeiten bedingten unterschiedlich hohen Wasserstand sollte man sich nur mit Vorsicht in die Fluten stürzen. Hinweisschilder und Warnungen sind unbedingt zu beachten. Bei einer roten Flagge sollte man unter keinen Umständen baden. Für glasklares, türkisfarbenes Wasser und einen goldgelben Sandstrand muss man nicht in die Karibik fahren: Die englische Südküste hat mehrere Traumstrände zu bieten. Zu den schönsten zählen Porthcurno Beach und Kynance Cove in Cornwall. Allgemein lässt sich behaupten, dass die Strände attraktiver werden und die Wasserqualität besser ist, je weiter man nach Westen fährt, doch auch die Kieselsteinstrände *(pebble beaches)* haben ihren Reiz. Wer in einer abgeschiedenen Bucht baden will, sollte sich vorab über die Gezeiten informieren, denn viele Strände werden bei Flut überschwemmt. Fast alle populären Strände werden in den Sommermonaten von Lifeguards überwacht. Übrigens: Engländer bauen keine Strandburgen.

Tennis

Die Freunde des „weißen Sports" finden in jedem größeren Küstenort Tennisplätze vor. Nicht nur in Wimbledon, dem Mekka der Tennisfans, bietet sich die Möglichkeit, auf einem Rasenplatz zu spielen. Zahlreiche Hotels der gehobenen Mittelklasse sowie komfortable Campingplätze halten ebenfalls Spielmöglichkeiten für Urlauber bereit.

Wissenswertes von A bis Z

Arbeiten in England

Trotz New Labour ist es auch in England nicht leicht, Arbeit zu finden! Immerhin braucht man als Angehöriger eines EU-Mitgliedsstaates keine Arbeitsgenehmigung. Wer länger als ein paar Wochen arbeitet, sollte nach Rücksprache mit dem Arbeitgeber eine *National Insurance Card* (gesetzliche Krankenversicherung) anfordern. Diese erhält man beim *Department of Health and Social Security (DHSS)*. Fragen zur Krankenversicherung, zu Steuern usw. sollte man mit seinem Arbeitgeber klären. Wer steuerpflichtig wird, kann die Abgaben teilweise beim Lohnsteuerjahresausgleich rückerstattet bekommen (Formular in England rechtzeitig anfordern).

Die Engländer sind im Übrigen recht unbürokratisch, und ähnlich gelassen und „casual" geht es meist auf der Arbeitsstelle zu. Solange man nicht eine hoch qualifizierte Tätigkeit ausübt, ist allerdings nicht mit einem allzu hohen Einkommen zu rechnen. Generell ist der Lohn hier niedriger als in Deutschland, Österreich und der Schweiz. Außerdem kann man bei längerfristigen Jobs damit rechnen, früher oder später auf den noch ausstehenden Eintritt in die Gewerkschaft angesprochen zu werden. Weitere Informationen bietet das *Central Bureau for Educational Visits and Exchanges.* www.centralbureau.org.uk.

Kurzfristige Jobs: In London sind kurzfristige Jobs (*casual work*) in Hotels und Gaststätten zu finden – hingehen und fragen. Oder man erkundigt sich bei der *Cathy Coyne Employment Agency* (vermittelt Arbeit in Lokalen und Restaurants für mindestens drei Monate) bzw. beim *Lawrence Marshall Recruitment* (vermittelt Stellen in Hotels, Restaurants und Lokalen). In beiden Fällen sind sehr gute Englischkenntnisse unbedingt erforderlich. Manchmal gibt es auch Jobs in einer Jugendherberge oder beim YMCA/YWCA. Im Londoner Stadtmagazin *Time Out* bietet die Rubrik „Domestic Work" im Anzeigenteil manchmal ebenfalls Jobs (putzen, einkaufen, babysitten usw.).

Langzeitjobs: Wer einen langfristigen Job sucht, kann in den Tageszeitungen (Evening Standard) die Annoncen durchkämmen oder sich an eine *Employment Agency* (in jeder High Street gibt's welche) bzw. ein *Job Centre* (ebenfalls in fast jeder High Street oder beim Citizens Advice Bureau nachfragen) wenden.

Diplomatische Vertretungen

• *Ausländische Vertretungen in England* (ohne Landesvorwahl)

Deutschland: German Embassy, 23 Belgrave Square, London SW 1, ✆ 020/78241300, 📠 020/78241435.　　www.london.diplo.de. Ⓤ Hyde Park Corner.

Österreich: Austrian Embassy, 18 Belgrave Mews West, London SW 1X 8HU, ✆ 020/73443250, 📠 020/73440292. www.austria.org.uk; www.bmaa.gv.at/london. Ⓤ Hyde Park Corner.

Schweiz: Swiss Embassy, 16–18 Montague Place, London W1 H2BQ, ✆ 020/76166000,

📠 020/77247001.　　www.swissembassy.org.uk. Ⓤ Baker Street.

• *Britische Vertretungen im Ausland*

Bundesrepublik Deutschland: Britische Botschaft, Wilhelmstr. 70–71, 10117 Berlin, ✆ 030/204570. www.britischebotschaft.de.

Schweiz: Britische Botschaft, Thunstr. 50, 3005 Bern, ✆ 031/3597700, 📠 031/3597701. www.britain-in-switzerland.ch.

Österreich: Britische Botschaft, Jauresgasse 10, 1030 Wien, ✆ 01/716130, 📠 01/716135900. www.britishembassy.at.

Dokumente

Für Bürger aus der Bundesrepublik Deutschland und Österreich genügt ein gültiger Personalausweis, Schweizer benötigen einen Reisepass beziehungsweise eine gültige Identitätskarte. In der Praxis hat sich die zusätzliche Mitnahme des Reisepasses bewährt: Der Ausweis bleibt an der Rezeption, mit dem Reisepass wechselt man Geld oder mietet ein Auto. Für Kinder unter 16 Jahren ist ein Kinderpass beziehungsweise der Eintrag im elterlichen Pass ausreichend. Mit dem internationalen Studentenausweis erhalten Berechtigte diverse Vergünstigungen.

Vivienne Westwood: eine von Londons Nobeladressen

Einkaufen

Lohnenswert ist ein Bummel durch die großen Kaufhäuser oder die kleinen, oft sehr individuell gestalteten Läden. Die modische Vielfalt in den Boutiquen und größeren Textilhäusern entschädigt für den finanziellen Aufwand. Und so teuer ist England nun auch wieder nicht. Gerade in abgelegenen Gegenden kann man recht preisgünstig heimische Produkte erwerben (z. B. Schafwollpullover im Lake District). In London locken auch die Secondhand-Shops und Straßenmärkte zum durchaus preisgünstigen Einkaufsvergnügen.

Umrechnungstabelle für Kleidergrößen			
	Kleider	Schuhe	Kragen
England	10 12 14 16	6 7 8	15 16
Kontinent	36 38 40 42	39 40 41	39 40

Feiertage

Banken, Büros und Geschäfte, aber auch die meisten Museen und Sehenswürdigkeiten haben an den beweglichen Feiertagen wie beispielsweise **Karfreitag** (*Good Friday*) und **Ostermontag** (*Easter Monday*) sowie an folgenden Tagen geschlossen:

1. Januar	New Year's Day	**Letzter Montag im August**	Summer Bank Holiday
1. Montag im Mai	May Day	**25. Dezember**	Christmas Day
Letzter Montag im Mai	Spring Bank Holiday	**26. Dezember**	Boxing Day

Geld

Da Großbritannien bis dato nicht der Europäischen Währungsreform beigetreten ist, bleibt das **Pfund** (£) das einzige akzeptierte Zahlungsmittel im Königreich; ein **Pound Sterling** ist in 100 Pence (p) unterteilt. Es gibt Münzen zu 1 p, 2 p, 5 p, 10 p, 20 p und 50 p sowie zu £ 1 und £ 2, Scheine sind im Wert von £ 5, £ 10, £ 20 und £ 50 im Umlauf.

In den letzten Jahren blieb der **Wechselkurs** des Britischen Pfunds relativ konstant. Obgleich günstiger als in früheren Jahren, muss man sich darauf einstellen, dass die Lebenshaltungskosten in England etwa zwanzig Prozent höher liegen als in Deutschland. Bei Hotels und Restaurants kann man leider mit bis zu fünfzig Prozent höheren Preisen als in Deutschland rechnen. Im Januar 2011 musste man für £ 1 umgerechnet 1,14 € bezahlen. Wegen der relativ hohen Umtauschgebühren für Bargeld lohnt ein Vergleich zwischen den verschiedenen Banken. Am sinnvollsten ist es, sich schon zu Hause mit den für die ersten Tage nötigen Pfund einzudecken und nur eine kleine Barreserve mitzuführen; in England helfen dann Reiseschecks sowie ec- oder Kreditkarten weiter. Pfundbanknoten, ausländische Banknoten und Reiseschecks dürfen übrigens in beliebiger Höhe ein- und ausgeführt werden. Über den aktuellen Stand des Britischen Pfundes kann man sich im Internet informieren unter www.knowledgepoint.de/rechner.htm.

Kreditkarten sind weit verbreitet; sie werden von den meisten, jedoch nicht von allen Tankstellen, Hotels und Restaurants akzeptiert. Wegen der umständlichen Prozeduren am Bankschalter erweist sich eine **ec-Karte mit Geheimzahl** oder eine

Kreditkarte als sehr hilfreich, denn Geldautomaten sind mittlerweile weit verbreitet. Von der heimischen Bank werden pro Abhebung mit ec-Karte 2,50 € berechnet, unabhängig von der Höhe des Betrags. Wer Geld mit seiner Kreditkarte abhebt, dessen Konto wird in der Regel mit 2 % des Betrags bzw. mindestens 5 € belastet. Inhaber von Postsparbüchern können mit der Postbank SparCard 3000plus zehnmal jährlich kostenlos im Ausland Geld abheben. Die Banken haben in der Regel von Mo–Fr von 9.30–15.30 Uhr, gelegentlich auch bis 17.30 Uhr geöffnet. Beim Bargeldumtausch wird je nach Höhe eine Gebühr von £ 1 bis £ 4 erhoben. **Reiseschecks** werden immer seltener; die Tauschgebühr beträgt zumeist 1 Prozent.

Sperrnummer für Bank- und Kreditkarten ✆ 0049/116116. Diese einheitliche Sperrnummer gilt mittlerweile für eine Reihe deutscher Banken, ausgenommen der HypoVereinsbank, der Postbank und der Deutschen Bank. www.sperr-notruf.de.

Gesundheit

Für Besucher aus den EU-Mitgliedsländern ist die *Notfallbehandlung* in den Ambulanz-Abteilungen der Krankenhäuser, die dem staatlichen Gesundheitswesen *(National Health Service)* unterstellt sind, kostenlos. Die Adressen entnehmen Sie bitte unseren Serviceabschnitten (Krankenhaus) oder den Yellow Pages. Wer die Sucherei umgehen will, wendet sich an eines der *Health Centres*, von denen es in fast jedem Stadtteil eines gibt. Ebenso verhält es sich mit einer Notbehandlung beim Zahnarzt. Bei Folgebehandlungen muss man oft das Geld vorstrecken, bekommt dieses aber gegen Vorlage der Quittung von seiner Versicherung zurückerstattet. Da ein Rücktransport von keiner Krankenversicherung finanziert wird, ist eine Auslandskrankenversicherung sehr ratsam. Sie garantiert freie Arzt- und Krankenhauswahl und übernimmt die Kosten für Behandlung, Medikamente, einen ärztlich verordneten Rücktransport und die Überführung im Todesfall. Die Versicherungen bieten Jahrespolicen für Einzelpersonen (ab 5 €) und Familien (ab 15 €).

In **Notfällen** wählt man die 999 (kostenlos von allen Telefonzellen) und lässt einen Krankenwagen kommen.

Goethe-Institute

In England gibt es zwei Goethe-Institute: in London und in Manchester. Hier liegen deutsche Zeitungen und Zeitschriften aus.

• *London* 50 Princes Gate-Exhibition Road, SW7 2PH, ✆ 020/75964000, 🖷 020/75940240. Ⓤ South Kensington. www.goethe.de/london.

• *Manchester* Fourth Floor, Churchgate House, 56 Oxford Street, Manchester M1 6EU, ✆ 0161/2371077. www.goethe.de/manchester.

Hausboote

Ein beliebtes Fortbewegungsmittel ist das Kanalboot. An die 2.500 Kilometer Wasserwege verbinden zahlreiche Städte in England und Wales miteinander. Über Kanäle und Flüsse geht die Fahrt mit einem Hausboot in die entlegensten Ecken der Insel. Zum Führen der Boote sind keine speziellen Vorkenntnisse erforderlich. Alles, was man wissen sollte, wird einem vor dem Fahrtantritt mitgeteilt. Die Kosten pro Boot und Woche beginnen bei etwa £ 400, für komfortable Boote zahlt man auch schon einmal über £ 1000.

Hausboot-Route: der Leeds-Liverpool-Kanal

Haustiere

Seit dem 28. Februar 2000 sind die neuen Quarantäne-Bestimmungen für Haustiere in Kraft. Tiere dürfen nun mit einer tierärztlichen Bescheinigung über Impfung und Entwurmung einreisen, zudem muss ihr Blut mindestens sechs Monate zuvor von einem Tierarzt untersucht worden sein. Achtung: Jedem illegal eingeführten Tier droht die Todesstrafe!

Das Pet Travel Scheme (PETS) ist ein System von Bestimmungen, nach denen Sie mit Ihrem Haustier – Hund oder Katze – aus bestimmten Ländern nach Großbritannien einreisen dürfen, ohne Ihr Haustier in Quarantäne geben zu müssen, wenn bestimmte Bedingungen erfüllt sind. Gleichzeitig lässt PETS zu, dass Haustierhalter aus Großbritannien, die mit ihrem Haustier in eines der für PETS zugelassenen Länder gereist sind, ihre Haustiere ohne Quarantäne wieder nach Großbritannien zurückbringen dürfen.

Die Haustier-Reiseverkehrsregelung (PETS) erstreckt sich nur auf Hunde und Katzen. Andere tollwutgefährdete Säugetiere, u. a. Chinchillas, Rennmäuse, Meerschweinchen, Hamster, Mäuse und Ratten, müssen auch weiterhin einer sechsmonatigen Quarantäne unterstellt werden. Weitere Informationen über die Quarantänebestimmungen in Großbritannien erhalten Sie bei der Botschaft (www.britische botschaft.de).

Information

Die **Britischen Fremdenverkehrsämter** (Visit Britain) im europäischen Ausland erteilen keine persönlichen Auskünfte mehr. Alle Informationen gibt es seit 2009 nur noch im Internet unter den Adressen:

www.vistibritain.de,   www.visitbritain.at,   88469000, ✆ 0044/20/85630302. bzw. London
www.visitbritain.ch/de.   Tourist Board, Glen House, Stag Place,
In **London**: Visit Britain, Thames Tower,   London SW1E 5LT, ✆ 0044/20/79322000,
Black's Road, London W6 9EL, ✆ 0044/20/   ✆ 0044/20/79320222. www.visitlondon.com.

Internet

Inzwischen verfügen die meisten Hotels in Südengland über einen drahtlosen, doch leider nicht immer kostenlosen Zugang zum Internet. In England spricht man dabei nicht von WLAN, sondern von Wi-Fi (*Wireless Fidelity*). Einige Cafés locken inzwischen ihre Gäste mit einem kostenlosen Zugang ins World Wide Web.

Wer sich bereits vorab beim Surfen im Internet über England informieren möchte, kann dies unter folgenden Adressen tun:

---

www.londontown.com
www.visitbritain.com, die attraktive Site des Vereinigten Königreiches umfasst mehr als 40.000 Seiten; die Sprache ist frei wählbar. Auf der interaktiven Karte kann man sich bis in das kleinste Dorf hinunterklicken und nach Unterkünften und Veranstaltungen suchen. Nützlich ist die Suche nach Sehenswürdigkeiten per Datenbank. Ganz England lässt sich so nach Schlössern durchforsten.
www.enjoyengland.de, erleichtert die Planung eines England-Urlaubs mit vielen Informationen.
www.londonnet.co.uk
www.royal.gov.uk, das ultimative Angebot für überzeugte Monarchisten.

www.fussballinlondon.de, Reiseführer für Fußballfans
www.timeout.com, aktuelle Infos aus dem bekannten Londoner Stadtmagazin.
www.streetmap.co.uk
www.artsfestivals.co.uk, Hinweise zu aktuellen Ausstellungen und Konzerten.
www.visitbritain.de
www.nationaltrust.org.uk
www.english-heritage.org.uk
www.londontown.com
www.londonnet.co.uk
www.londonfreelist.com, Sehenswürdigkeiten mit einem Eintritt unter £ 3.
www.streetmap.co.uk, Detailstadtpläne zur ersten Orientierung.

Maße und Gewichte

Obwohl in Großbritannien offiziell im metrischen und dezimalen System gemessen wird, begegnet man im Alltag noch oft den sogenannten „Imperial Standards":

Längenmaße: 1 Inch (in) = 2,54 cm; 1 Foot (ft) = 30,48 cm; 1 Yard (yd) = 91,44 cm; 1 Mile = 1,609 km.

Hohlmaße: 1 Pint (pt) = 0,5683 l; 1 Gallon (gall) = 4,5459 l.

Gewichte: 1 Stone = 6,36 kg; 1 Pound (lb) = 453,59 g; 1 Ounce (oz) = 28,35 g.

Temperaturen: Einen Taschenrechner braucht man, um eine Temperaturansage aus dem Wetterbericht von Fahrenheit in Celsius umzurechnen. Wer weiß schon, ob man bei 40 Grad Fahrenheit den Wollpullover oder das T-Shirt aus dem Koffer packen soll? Mit einer kleinen Formel kann man Grad Celsius in Grad Fahrenheit umrechnen. Und zwar muss man von der Gradzahl Fahrenheit 32 abziehen, die Differenz dann mit 5 multiplizieren und dann durch 9 dividieren. Genau umgekehrt funktioniert das mit der Umwandlung von Celsius nach Fahrenheit. Celsius mal 9, dann durch 5 teilen und zu dem Ergebnis 32 dazuzählen. Alles klar?

Museen und Sehenswürdigkeiten (Vergünstigungen)

England besitzt zahlreiche attraktive Museen und historische Monumente. Um das Reisebudget trotzdem zu schonen, gibt es diverse Sparmöglichkeiten. Besonders empfiehlt sich der Kauf des **Great British Heritage Pass**, der freien Eintritt zu rund 600 Sehenswürdigkeiten in ganz Großbritannien bietet, die dem National Trust oder English Heritage gehören. Im Text ist hinter den Eintrittspreisen der Sehenswürdigkeiten angegeben, wenn sie zum Verbund von English Heritage (EH) oder National Trust (NT) gehören. Kosten: Für vier Tage 52 €, für sieben Tage 75 €, für 15 Tage 99 € und für einen Monat 133 €. Erhältlich ist der Great British Heritage Pass beim Britain Visitor Center oder in Deutschland bei der Britain Direct GmbH:

- *In Deutschland* **Visit Britain Direct**, Dorotheenstr. 54, 10117 Berlin, ✆ 030/31571974 (Ortstarif), ✆ 030/31571910, gb-info@visit britain.org. www.visitbritaindirect.com.

- *In Österreich* ✆ 0800/150170 (kostenfrei), ✆ 0049/30/31571910, a-info@visitbritain.org. www.visitbritaindirect.com.

- *In der Schweiz* ✆ 0844/007007 (Ortstarif), ✆ 0049/30/31571910, ch-info@visitbritain.org. www.visitbritaindirect.com.

Da die meisten Sehenswürdigkeiten entweder dem *National Trust (NT)* oder *English Heritage (EH)* gehören, empfiehlt es sich auch, einer oder beiden Gesellschaften beizutreten. Die Mitgliedschaft berechtigt zum kostenlosen oder stark reduzierten Eintritt.

- *English Heritage Membership* Kostenloser Eintritt zu über 350 Sehenswürdigkeiten (Stonehenge, Dover Castle, Rievaulx Abbey, Hadrian's Wall usw.) für ein Jahr. Erwachsene bezahlen £ 44, Paare £ 77, Senioren ab 60 Jahre £ 32, Jugendliche unter 19 Jahre und Studenten £ 33. Zu erstehen in den Eintrittshäuschen der English-Heritage-Besitztümer oder bei English Heritage, Freepost WD 214, PO Box 570, Swindon, SN2 2UR. www.english-heritage.org.uk.

- *National Trust Membership* Kostenloser oder ermäßigter Eintritt zu den Einrichtungen des NT (z. T. auch für English Heritage) für ein Jahr. Die Mitgliedschaft kostet für einen Erwachsenen £ 48.50, für Jugendliche unter 25 Jahren £ 22, für Familien £ 84.50. Erhältlich beim National Trust Membership Department, PO Box 39, Warrington WA5 7WD, ✆ 0870/4584000, ✆ 020/84666824. www.nationaltrust.org.uk. Alternativ empfiehlt sich der *National Trust Touring Pass*, der für 7 Tage £ 21, für 14 Tage £ 26 und für eine Familie £ 42 bzw. £ 52 kostet. Die Pässe sind auch erhältlich über: www.visitbritaindirect.com.

Eine interessante Alternative für Londonbesucher ist der London-Pass; er gewährt freien Eintritt zu mehr als 50 Sehenswürdigkeiten und Museen (Windsor, London Zoo, Kew Gardens etc.). Im Preis inbegriffen ist außerdem ein Reiseführer. Der London Pass ist für Kinder und Erwachsene erhältlich, die Preise sind tageweise (1, 2, 3 oder 6) gestaffelt. Kosten: 46 €, 62,50 €, 73,50 € oder 98 € für Erwachsene bzw. 29 €, 43 €, 51,50 € oder 68,50 € für Kinder von 5 bis 15 Jahren. Der Pass kann in Deutschland bei Britain Direct (Ruhbergstr. 8, 69242 Mühlhausen, ✆ 06222/678050, ✆ 06222/6780519, www.britaindirect.com) bestellt werden. Studenten sollten ihren **Internationalen Studentenausweis** nicht vergessen, da sie damit fast alle Sehenswürdigkeiten zu einem ermäßigten Eintrittspreis besichtigen können.

Notruf

Polizei, Feuerwehr und Rettungsdienst erreicht man unter der Rufnummer 999. Der Anruf ist kostenlos, auch von allen Telefonzellen aus.

Öffnungszeiten

In England gibt es keine gesetzlichen Ladenöffnungszeiten. In der Regel sind die Geschäfte werktags von 9 bis 17.30 Uhr geöffnet, aber wie bei anderen Dingen macht man auch hier Ausnahmen. So gibt es in den Randbezirken einmal in der Woche einen *Early Closing Day*, an dem die Geschäfte bereits um 13 Uhr schließen. Im Großraum London wurden in den letzten Jahren viele riesige „Superstores" gebaut, die während der Woche mindestens bis 20 Uhr (oft bis 22 Uhr) und sonntags sogar bis 16 Uhr geöffnet haben. Zahlreiche Filialen der Supermarktkette Tesco haben werktags einen 24-Stunden-Betrieb. Der Donnerstag gilt gemeinhin als Late-Night-Shopping-Day, alle Läden sind bis 20 Uhr geöffnet. Mehrere Straßen Londons sind Nachtschwärmerparadiese – hier findet man Läden und Supermärkte, die zum Teil bis 1 Uhr nachts geöffnet haben.

Achtung: Bei den angegebenen Öffnungszeiten der Museen und Sehenswürdigkeiten gilt es zu beachten, dass der letzte Einlass zumeist 30 oder 45 Minuten vor Ende der Öffnungszeiten ist.

Parken

Wer in England parken will, benötigt immer das entsprechende Kleingeld und muss bei der üblichen Vorauszahlung genau abschätzen können, wie lange man vor Ort bleiben will. Die öffentlichen wie auch die privaten Strafgebühren sind hoch, wegen weniger Minuten kann man schon mit 80 Pfund zur Kasse gebeten werden; teilweise wird mit Radkrallen „gearbeitet". Mit einem Leihwagen kommt man um die Strafgebühren sowieso nicht herum, die sich auf 40 Pfund reduzieren, wenn man innerhalb von 14 Tagen bezahlt …

Post

Ähnlich wie in Deutschland sind die englischen Postämter Mo–Fr zwischen 9 und 17 Uhr sowie Sa von 9 bis 12.30 Uhr geöffnet. Das Porto für Postkarten sowie Briefe bis 20 Gramm beträgt innerhalb Europas 60 p. Innerhalb des Vereinten Königreiches kosten Briefe bis 100 Gramm 41 p – die als „First Class Mail" innerhalb von 24 Stunden ausgeliefert werden – und als „Second Class Mail" 32 p (Auslieferung innerhalb von 72 Stunden). www.royalmail.com.

Radio und Fernsehen

Radio und Fernsehen müssen innerhalb eines gesetzlich festgelegten Rahmens senden. Zunächst gibt es die in der ganzen Welt bekannte *British Broadcasting Corporation* (BBC), die zwei Fernseh- und vier Radioprogramme sowie 20 lokale Rundfunksender betreibt. Außerdem sendet BBC in 36 verschiedenen Sprachen nach Übersee (www.bbc.co.uk). Daneben existieren private Fernsehstationen (z. B. ITV oder Channel 5) und Radiosender, die von der *Independent Broadcasting Authority* kontrolliert werden. Das britische Innenministerium bestellt die Mitglieder dieser Kommission, die selbst keine Sendungen ausstrahlt, sondern nur Lizenzen an private Gesellschaften vergibt. Finanziert werden diese privaten Sender durch Werbeeinnahmen, die BBC vorwiegend aus Gebühren. Nur mit viel Glück wird man ein Hotelzimmer finden, dessen Fernseher auf den Empfang deutschsprachiger Sender eingestellt ist. Großbritannien hat die größte Hörfunknutzung in Europa, wobei die meisten Engländer einen der fünf BBC-Sender hören. *BBC Radio 1* (Popmusik), *BBC Radio 2* (leichte Unterhaltung) und *BBC Radio 4* (Nachrichten, Hörspiele und allgemeine Informationen) haben den größten Höreranteil, während *BBC Radio 3* (Klassik) und *BBC Radio 5* (Sport und Nachrichten) über eine deutlich geringere Reichweite verfügen. Hinzu kommen die landesweit zu empfangenden, stark werbefinanzierten Privatradios *Classic FM* und *Virgin Radio* sowie mehr als 200 Lokalsender.

Rauchen

In den englischen Pubs gilt seit dem 1. Juli 2007 ein weitgehendes Rauchverbot. Auch Behörden, öffentliche Verkehrsmittel, Kinos und Theater sind rauchfreie Zonen. Bei Verstößen droht eine Geldstrafe von mindestens £ 50. Aber daran ist der Englandreisende gewöhnt, schließlich ist es schon seit Jahren in fast allen B & Bs und in den meisten Hotels verboten, im Zimmer zu rauchen.

Schwule und Lesben

London besitzt eine überaus lebendige und bunte Gay-Szene, deren ganze Vielfalt zu schildern, einen eigenen Reiseführer füllen würde. Über aktuelle Veranstaltungen informiert man sich entweder im *Time Out Magazin* oder in den in einschlägigen Bars kostenlos ausliegenden Publikationen *Pink Paper*, *Boyz* und *qx*.

Als das Mekka der Londoner Gay-Szene gilt nach wie vor Soho (bspw. rund um die Old Compton Street), attraktive Viertel sind aber auch Earl's Court und Camden.

● *Nützliche Adressen* **Lesbian and Gay Switchboard**, Informationen rund um die Uhr, ✆ 020/78377324. www.llgs.org.uk.

Lesbian & Gay Accommodation Outlet, Zimmervermittlung für Schwule und Lesben. 32 Old Crompton Street, W1, ✆ 020/72874244, ✆ 020/77342249, www.outlet.co.uk.

Eine weitere Hochburg der Schwulenszene ist das Seebad Brighton. Zahlreiche Hotels und Clubs haben sich dort auf ihre Klientel eingestellt. Spezielle Treffs für andere englische Städte findet man im Internet unter www.gayguide.co.uk.

Sprachkurse

Eltern, die es sich leisten können, schicken ihre vom Englischunterricht geplagten Kinder für einen längeren Zeitraum auf eine private Sprachschule in Großbritannien. Oft hilft es da nicht viel, denn viele Orte sind in den Sommerferien von Englisch lernenden deutschen Schülergruppen bevölkert – und außerhalb des Unterrichts wird eben Deutsch gesprochen. Weitaus empfehlenswerter ist es, als *Paying Guest* in einer englischen Familie zu wohnen. Oft behält man hier durch Hören und Sprechen mehr als im täglichen Unterricht an der Sprachschule. Schließlich kann man die Alltagssprache mit ein paar Jahren Schulenglisch als Hintergrund relativ schnell in den Griff bekommen.

Private Sprachschulen: Privatschulen zu empfehlen ist eine heikle Angelegenheit. Schwarze Schafe gibt es auch hier. Als Orientierungshilfe: Sämtliche Institute, deren Kurse vom Erziehungs- und Wissenschaftsministerium anerkannt sind, haben sich in der *English UK* zusammengeschlossen. *English UK* gibt jährlich einen umfangreichen Katalog heraus (den man anfordern kann), in dem die verschiedenen Schulen aufgelistet und kommentiert sind. Viele dieser Schulen haben sich auf besondere Kurse spezialisiert, etwa für Techniker oder Manager, aber alle bieten Sprachkurse der verschiedenen Lernstufen an. Sie reichen von „complete beginners" bis „very advanced students". Es ist nicht gerade billig, einen solchen Sprachkurs zu belegen. Daher sollte man sich zuvor umfassend informieren.

English UK: 56 Buckingham Gate, London SW1E 6AG, ✆ 0044/20/78029200. www.englishuk.com.

British Council: www.britcoun.org.

Sehr informativ ist auch die Homepage **www.sprachkurse-weltweit.de/englisch/ sued.htm**, auf der kommentierte Links zu zahlreichen Sprachschulen in Südengland ausführlich vorgestellt werden.

Strom

Normalerweise 230 Volt Wechselstrom. Da die englischen Steckdosen einer anderen Norm unterliegen – sie sind dreipolig und flach –, wird für die kontinentalen Zweistiftstecker ein Adapter benötigt, der vor Ort in Supermärkten oder im Fachhandel erhältlich ist. Elektrische Rasierer lassen sich in den Hotels zumeist problemlos ohne Adapter verwenden. Achtung: Wenn die Nachttischlampe oder andere elektrische Geräte nicht funktionieren, sollte man zuerst einen Blick auf die Steckdose werfen. Dort befindet sich ein kleiner Schalter, der so gestellt sein muss, dass ein winziger roter Punkt erscheint.

Telefon

Die öffentlichen Fernsprecher, die berühmten, fotogenen roten Häuschen, sind mittlerweile alle frisch gestrichen und mit modernen Münzapparaten ausgestattet worden, die wie auf dem Kontinent benutzt werden. Es werden 10-p-, 20-p-, 50-p- und 1-£-Münzen angenommen. Ertönt während des Gesprächs ein Signal, müssen neue Münzen eingeworfen werden, sonst wird man schnell unterbrochen.

Wichtige Telefonnummern	
Auskunft für Großbritannien	192
Auslandsauskunft	153
Vermittlung	100
Durchwahlnummer für Deutschland	0049
Durchwahlnummer für Österreich	0043
Durchwahlnummer für die Schweiz	0041
Polizei, Feuerwehr und Rettungsdienst. Dieser Anruf ist immer kostenlos, auch von allen Telefonzellen aus!	999

Von den neuen Telefonhäuschen stehen meist zwei nebeneinander. Eines mit der Aufschrift *Telephone*, in dem man mit Münzen telefonieren kann, und ein anderes mit der Aufschrift *Phonecard* oder *Coins & Cards*, das (auch) mit Telefonkarten funktioniert. Telefonkarten zu verschiedenen Werten sind bei Postämtern und Geschäften, die das BT-Symbol tragen, erhältlich. Die Phonecards kosten zwischen £ 2 und £ 20. Vor allem das Telefonieren ins Ausland ist mit diesen Phonecards viel einfacher. Einige Apparate können zusätzlich mit Kreditkarten (z. B. Mastercard) mit Magnetstreifen benutzt werden, dabei gibt es allerdings eine Mindestgebühr von 50 p.

Wer sein Handy mit nach England nimmt, sollte beachten, dass das heimische Telefonkonto für einen eingehenden Anruf von nur wenigen Sekunden mit – je nach Tageszeit – mehr als einem Euro belastet wird, da viele englische Telefongesellschaften nur im Minutentakt abrechnen.

Trinkgeld

Obwohl fast alle Hotelrechnungen ein Bedienungsgeld (*service charge*) beinhalten, freuen sich das Servicepersonal und die Zimmermädchen über ein Trinkgeld (*tip*). In den meisten Restaurants ist das Bedienungsgeld ebenfalls bereits in der Rechnung enthalten; dennoch sollten auf den Rechnungsbetrag noch einmal rund zehn Prozent hinzugeschlagen werden – je nachdem, ob und wie sehr man zufrieden war. Ein ähnlicher prozentualer Betrag gilt auch bei einer Taxifahrt als angemessen.

Bei Kurzfahrten bis zu £ 3 erwartet der Fahrer ein Trinkgeld von mindestens 30 p. In den Pubs wird hingegen an der Theke ohne Trinkgeld bezahlt.

Uhrzeit

Die Uhren orientieren sich an der GMT (*Greenwich Mean Time*), die eine Stunde hinter der MEZ (Mitteleuropäischen Zeit) zurückliegt. Die Uhrzeiten sind immer mit den Zusätzen „am" (0–12 Uhr) bzw. „pm" (12–24 Uhr) angegeben. Wer also um 9 pm verabredet ist, muss sich um 21 Uhr am Treffpunkt einfinden.

Zeitungen/Zeitschriften

Die überregionalen deutschsprachigen Tages- und Wochenzeitungen (Süddeutsche *Zeitung, Frankfurter Allgemeine Zeitung, Spiegel, ZEIT,* selten auch die *Welt*) sind in London noch am Erscheinungstag in den gut sortierten Zeitungsgeschäften erhältlich. In der Provinz ist es am aussichtsreichsten in einer Filiale von W.H. Smith oder einem gut sortierten News Agent nach deutschen Zeitungen zu suchen. Doch je weiter man sich von London entfernt, desto schwieriger wird es; fast immer stammen die Zeitungen allerdings vom Vortag. Wer sich jenseits der Boulevardpresse mit der englischen Politik und Kultur beschäftigen möchte, hat die Wahl zwischen der traditionsreichen und auflagenstarken *Times,* dem liberalen *Independent,* dem links angesiedelten *Guardian* oder dem konservativen, ebenfalls auflagenstarken *Daily Telegraph.* Am Sonntag kann man zusätzlich den linken *Observer* oder die seriöse *Sunday Times* lesen. In London informieren die Stadtmagazine *Time Out* (jeden Mittwoch für £ 2.50) und *What's On* umfassend über das Kulturleben. Wer sich schon einmal vorab im Internet über die englische Presselandschaft informieren will, kann dies unter folgenden Adressen tun:

www.thetimes.co.uk, www.independent.co.uk, www.dailytelegraph.co.uk, www.guardian unlimited.co.uk, www.sunday-times.co.uk.

Zollbestimmungen

Seit dem 1. Januar 1993 existieren an den Binnengrenzen der Europäischen Union keine mengenmäßigen Ein- und Ausfuhrbeschränkungen mehr. Tabak, Alkohol und andere Waren können problemlos eingeführt werden, soweit erkennbar ist, dass sie ausschließlich für den Privatgebrauch bestimmt sind. Als Richtmenge gelten 800 Zigaretten bzw. 400 Zigarillos, 200 Zigarren oder 1 Kilo Tabak, 10 Liter Spirituosen sowie 90 Liter Wein und 110 Liter Bier. Für Schweizer gelten die üblichen Mengenbeschränkungen: 50 ml Parfüm oder 0,25 Liter Eau de Toilette, 1 Liter Spirituosen oder 2 Liter Wein, 200 Zigaretten oder 100 Zigarillos oder 50 Zigarren oder 250 Gramm Tabak.

News, news, news …

Trafalgar Square mit Blick auf Big Ben

London

London ist die weltoffenste Metropole Europas, eine Metropole, die geradezu von Lebenslust sprüht. Ständig erobern neue Trends von hier aus die Welt – egal, ob in der Mode, im Design oder in der Musik. London ist der Trendsetter schlechthin, eine Stadt, die geradezu süchtig macht und bei einem Südengland-Trip nicht ausgespart werden darf.

Sicherlich gibt es auch noch jene Ecken, die nach wie vor vom Glanz vergangener Zeiten zeugen, als das British Empire tonangebend war. Doch das wahre London erschließt sich einem jenseits von Westminster und St Paul's Cathedral. London, das ist ein gigantischer Moloch, der sich weit in das Umland gefressen hat. Groß-London weist einen Durchmesser von rund 50 Kilometern auf und erstreckt sich von Barnet im Norden bis in das südliche Bexley, in westöstlicher Richtung von Heathrow bis nach Upminster. Ein Grund für die gewaltige Ausdehnung der Stadt ist auch, dass auf der Wunschliste fast aller Briten ein eigenes Haus mit Garten steht. „My home is my castle", lautet die Devise. Gleichwohl bietet die immense Größe Londons auch die einmalige Gelegenheit, bei jedem Besuch ein neues Stadtviertel zu entdecken. Wer kennt schon Primrose Hill? Neugierige sollten sich vielleicht von dem Schriftsteller Hanif Kureishi inspirieren lassen: „London kam mir vor wie ein Haus mit fünftausend verschiedenen Zimmern; der ganze Reiz lag darin, zu entdecken, wie die Zimmer untereinander verbunden waren, und sie allmählich alle zu durchlaufen."

Information/Diverses

● *Information* **London Tourist Board**, in London angekommen, erhält man an den Zweigstellen des London Tourist Board zahlreiche nützliche Informationen, so bspw. am Flughafen Heathrow, in Southwark, am St Paul's Churchyard, am Waterloo International Terminal und am Piccadilly Circus in der 1 Regent Street (Mo–Fr 9.30–18.30 Uhr sowie am Wochenende 10–16 Uhr). Die längsten Öffnungszeiten hat das London Information Centre am Leicester Square, das tgl. von 8–23 Uhr geöffnet ist. Glen House, Stag Place, London SW1E 5LT, ✆ 0044/20/79322000, 🖷 0044/20/79320222. www.visitlondon.com.

Wer sich bereits vorab beim Surfen im Internet über London informieren möchte, kann dies unter folgenden Adressen tun:

www.visitlondon.com (die offizielle Seite des Londoner Tourismusamtes);

www.londontown.com (sehr informativ mit Möglichkeit zum Hotelbuchen);

www.london.de (informative Seite rund um einen London-Aufenthalt);

www.visitbritain.de (die offizielle Seite des britischen Tourismus);

www.londontoolkit.com sehr praktische englische Homepage für eine Londonreise;

www.visitbritain.de;

www.thisislondon.co.uk;

www.londonfreelist.com (Sehenswürdigkeiten mit einem Eintritt unter £ 3);

www.londonnet.co.uk (thematische Rundgänge und viele Links);

www.royal.gov.uk (das ultimative Angebot für überzeugte Monarchisten);

www.timeout.com (aktuelle Infos aus dem bekannten Londoner Stadtmagazin);

www.latenightlondon.co.uk (interessante Ausgehtipps);

www.pubs.com;

www.easyEverything.com (betreibt mehrere Internetcafés in London);

www.londontransport.co.uk (alles über Fahrpläne und -preise im öffentlichen Nahverkehr);

www.streetmap.co.uk (Detailstadtpläne zur ersten Orientierung);

www.virtual-london.com (englischer Online- Reiseführer mit allgemeinen Infos, Veranstaltungen, Hinweisen, Sehenswürdigkeiten u. a.).

● *Fundbüro* Wer sein Handgepäck in der U-Bahn oder im Bus verloren hat, erhält es mit viel Glück im Fundbüro von London Transport zurück: **Lost Property Office**, 200 Baker Street, NW 1. Mo–Fr 9.30–16 Uhr. ✆ 020/79182000.

● *Goethe Institut* Informationen über das aktuelle politische Geschehen in Deutschland sowie eine große Auswahl an Zeitungen und Zeitschriften in der Bibliothek. 50 Princes Gate – Exhibition Road, SW7 2PH, ✆ 020/75964000, 🖷 020/75940240. www.goethe.de/london.
Ⓤ South Kensington.

● *Stadtführungen* In London gibt es weit mehr als ein Dutzend Veranstalter, die Stadtführungen zu den unterschiedlichsten Themen anbieten:

The Original London Walks, ✆ 020/76243978. www.walks.com.

Mystery Walks, ✆ 020/85589446.

Architectural Tours, ✆ 020/83411371.

Black Taxi Tours of London, individuelle Stadtführung mit speziell geschulten Taxifahrern. ✆ 020/72894371. www.blacktaxitours.co.uk.

Londontoursaufdeutsch, fünf verschiedene deutschsprachige Rundgänge (£ 15), ✆ 020/74874736.
www.londontoursaufdeutsch.com.

● *Schwule und Lesben* Infos gibt es beim 24 Stunden besetzten Lesbian and Gay Switchboard, ✆ 020/78377324. www.ligs.org.uk.

● *Stadtplan* Sehr hilfreich und übersichtlich ist *London AZ*, den es als Stadtplan oder in Taschenbuchform gibt. Wer patent gefaltete Stadtpläne vorzieht, kann sich im heimischen Buchhandel einen Falkplan besorgen.

● *Stadtmagazine* Die Stadtmagazine *Time Out* (jeden Mi für £ 2.99, www.timeout.com) und *What's On* informieren umfassend über das Londoner Kulturleben von aktuellen Ausstellungen bis zu den neuesten Restauranttipps.

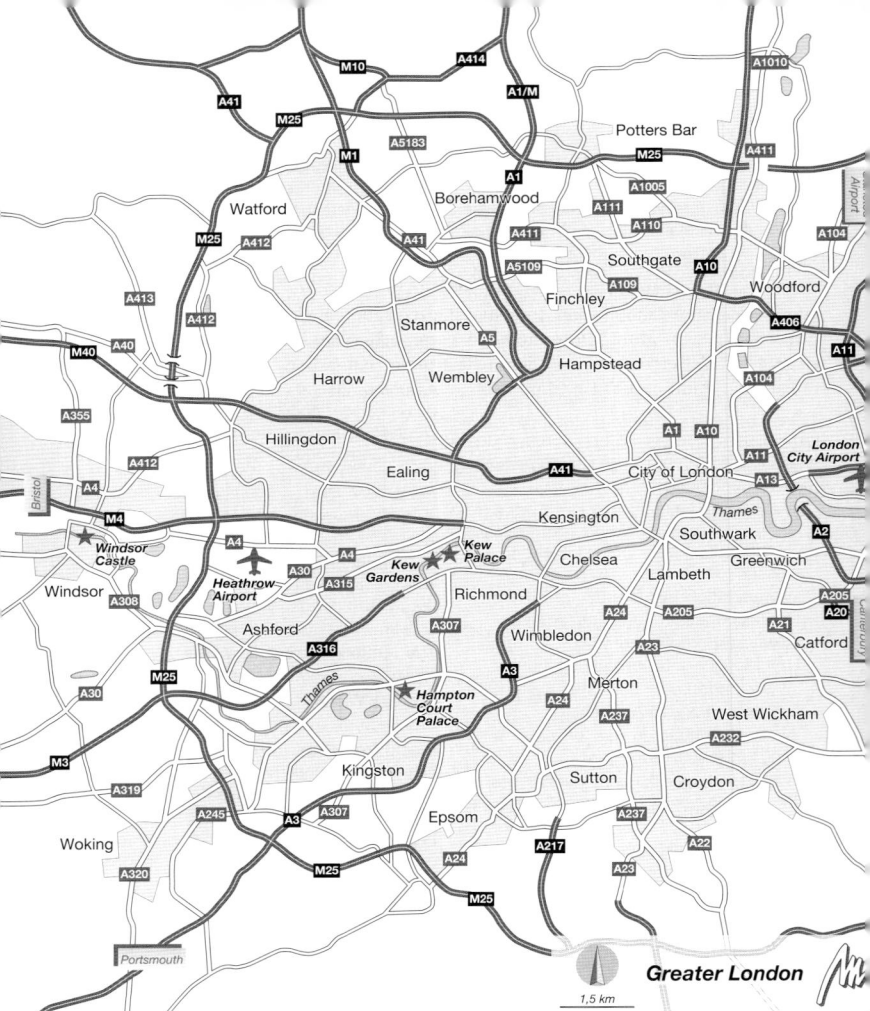

Verbindungen

London ist der englische Verkehrsknotenpunkt schlechthin. Von hier fahren Busse und Bahnen in (fast) jeden Winkel Englands.

Bus: Die *Victoria Coach Station* ist das Zentrum des Busnetzes der gesamten Insel. Von hier aus fahren die vielen Busunternehmen in die entlegensten Ecken Englands, aber genauso nach Schottland oder Wales. Dabei unterscheiden sich ihre Tarife kaum. *National Express* steuert von der Victoria Coach Station aus (in der Buckingham Palace Road, 5 Minuten Fußweg vom Victoria Bahnhof für Züge) Ziele in ganz England und Wales an. *Green Line Coaches* verbinden den Stadtkern mit den Orten der Umgebung. Die Reise dieser Busse beginnt an der Eccleston Bridge (hinter der Victoria Station). Hier gibt es auch ein Büro, in dem man sich genauer informieren kann (Mo–Fr 9–17 Uhr, Sa/So 8.30–16.30 Uhr). Die Fahrkarten werden beim Busfahrer gekauft; die Preise sind übrigens wochentags vor neun Uhr (Rush-hour!) höher.

Information **NatEx**, 52 Grosvenor Gardens und 13 Lower Regent Street, ℡ 0990/808080. **Green Line Coaches**, ℡ 081/6687261.

Bahn: Das Reisen auf den Schienen kann richtig erholsam sein. Schnell lässt man die endlosen Verkehrsschlangen hinter sich. In den *Intercity-Zügen*, die London mit den wichtigsten Hafen- und Industriestädten, aber auch mit Urlaubsorten wie Bournemouth, Brighton, Penzance und York verbinden, kann man direkt sein gewünschtes Ziel erreichen. Von den acht großen Bahnhöfen, King's Cross, Euston, St Pancras, Paddington, Charing Cross, Waterloo, Victoria und Liverpool Street, werden jeweils verschiedene Regionen angefahren. Die Bahnhöfe sind mit der *Tube* einfach und schnell zu erreichen. Die jeweilige Tube-Station hat immer denselben Namen wie der Bahnhof. *Fahrkarten* bekommt man in den Bahnhöfen oder in einem der zahlreichen *British Rail Travel Centres* (z. B. 12–16 Regent Street oder 14 Kingsgate Parade oder in den Flughäfen). Züge verlassen London nur in eine bestimmte Richtung.

- *King's Cross* Euston Road: Intercity-Züge in den Norden und Nordosten, nach West Yorkshire und Schottland; Informationen unter ℡ 0345/484950 (gilt auch für alle anderen Bahnhöfe).
- *Charing Cross* Strand: Nahverkehrszüge nach Südostengland.
- *Euston* Euston Road: Intercity-Züge in den Norden und Nordwesten, aber auch einige Nahverkehrszüge nach Watford.
- *Liverpool Street* Liverpool Street: Schnellzüge nach Ostengland, Stansted Airport

und Nahverkehrszüge in den Osten und Nordosten.
- *Paddington* Praed Street: Schnellzüge nach Bristol sowie in den Südwesten, Westen und Nordwesten.
- *Victoria* Terminus Place: Schnellzüge zu den Kanalhäfen, nach Brighton, Canterbury und Gatwick.
- *Waterloo* York Road: Schnellzüge nach Portsmouth, Southampton, Salisbury sowie Dorset und Nahverkehrszüge in den Südwesten von London.

Unterwegs in London

Auto: London mit dem eigenen Auto zu erkunden, empfiehlt sich nicht. Nicht nur während der Hauptverkehrszeiten erfordert eine Autofahrt ein strapazierfähiges Nervenkostüm. Wenn irgendwie möglich, sollte man die öffentlichen Verkehrsmittel benutzen; sie sind dem Auto in vielerlei Hinsicht überlegen, und man muss sich weder über Parkplätze, Strafzettel noch über Autoaufbrüche Gedanken machen.

Innenstadt-Maut

Seit dem Jahr 2003 wird in der Londoner Innenstadt eine Mautgebühr *(Congestion Charge)* erhoben, die auch für Mietwagen gilt. Die Zufahrtsstraßen werden elektronisch registriert. Die Gebühr beträgt bis 22 Uhr £ 8, bis 24 Uhr £ 10 und muss bis spätestens 22 Uhr bezahlt werden, indem man sie unter der Rufnummer 0845/9001234 von seiner Kreditkarte abbuchen lässt oder einem Kiosk bezahlt. Ansonsten droht eine Strafe von mindestens £ 50. www.cclondon.com.

Parken: Diejenigen, die im Rahmen eines längeren Englandurlaubs auch London für ein paar Tage besuchen möchten, sollten das Auto für die Zeit ihres Aufenthaltes am besten auf dem Hotelparkplatz oder in einem der öffentlichen Parkhäuser abstellen. *National Car Parks (NCP)* gibt die kostenlose Broschüre „London Parking Guide" heraus, in der alle Parkplätze aufgeführt sind. Sie ist im NCP Office erhältlich.

NCP Office, 12 Bryanston Street, W1A 4NH London, ✆ 020/74997050. www.ncp.co.uk. Ⓤ Marble Arch.

Underground: Die Londoner U-Bahn ist die älteste der Welt: 1863 verkehrte die erste Untergrundbahn, „Tube" genannt. Bis heute wurde das System auf zwölf Linien ausgebaut und ist immer noch unschlagbar, was Schnelligkeit und Effizienz betrifft. In London gibt es mehr als 280 U-Bahnhöfe sowie zwölf Linien (Bakerloo, Central, Circle, District, East London, Hammersmith & City, Jubilee, Metropolitan, Northern, Piccadilly, Victoria und Waterloo & City), die bis zu 50 Meilen ins Umland fahren. Die ersten Züge nehmen am Morgen um 5.30 Uhr (sonntags später) den Betrieb auf, und kurz nach Mitternacht (0.30 Uhr) ertönt zum letzten Mal das obligatorische „Mind the gap".

Tickets werden vor Fahrtantritt am Automaten oder am Schalter gelöst. Dabei gibt man seinen Zielbahnhof an, denn die U-Bahn-Tarife sind nach Zonen gestaffelt. Umsteigen, falls für die Strecke erforderlich, ist inbegriffen, nicht jedoch das Umsteigen von Tube auf Bus oder umgekehrt und nicht von einem Bus zum anderen. Wohnt man weit außerhalb, summiert sich das Fahrgeld schnell. Das sollte man besonders bei der Hotelsuche berücksichtigen. Am Ende der Fahrt wird das Ticket eingezogen (nicht aber die Travelcard) – man muss es also bis zum Zielbahnhof aufbewahren. Um Schlangen vor den automatischen Sperren zu vermeiden, empfiehlt es sich, den Fahrschein rechtzeitig bereit zu halten. War der Fahrschein nur für eine Fahrt gültig, so verbleibt er beim Verlassen in der Sperre. Wer größeres Gepäck mitführt, wendet sich an einen Mitarbeiter der Verkehrsbetriebe; sie sind an ihren orangefarbenen Westen zu erkennen und öffnen spezielle Schwenktüren.

Hinweis: Um die Orientierung zu erleichtern, ist in diesem Reiseführer bei allen Londoner Sehenswürdigkeiten, Hotels oder Restaurants die nächstgelegene Underground-Station angegeben.

• *Informationsbroschüren und Pläne* Empfehlenswert ist es, sich nach der Ankunft in London bei einem der London Transport Information Centres die verschiedenen Pläne und Informationsbroschüren zu holen. Offices gibt es beispielsweise in den folgenden U-Bahnhöfen: Heathrow Central, St James's Park, Euston Station, King's Cross, Victoria Station, Oxford Circus, Waterloo, Piccadilly Circus.

• *Tarife* Die „Tube" ist in sechs verschiedene Zonen eingeteilt. In der Regel reicht ein Ticket für zwei Zonen vollkommen aus. Nur wer einen Ausflug nach Kew Gardens, Richmond oder Wimbledon unternimmt, muss einen geringfügigen Aufschlag bezahlen. Ähnliches gilt für Windsor Castle, das nur mit dem Zug zu erreichen ist. Einfache Tickets sind an den jeweiligen Fahrkartenautomaten erhältlich, Travelcards an

den Schaltern der U-Bahnhöfe. Am besten kauft man sich sofort eine **Oyster Card** oder **Travelcard**, mit der man sich ohne das lästige Ticketkaufen mit der Tube, aber auch mit Bussen fortbewegen kann (siehe unten).

One Day Travelcard: Gültig von Mo–Fr ab 9.30 Uhr sowie am Wochenende; für 2 Zonen £ 5.60, für bis zu 4 Zonen £ 6.30 (Off-Peak). Wer werktags ohne Ausschlusszeiten fahren will, wählt eine Peak Day Travelcard für £ 7.20 bzw. £ 10.

Weekly Travelcard: Gültig an sieben aufeinanderfolgenden Tagen ohne Ausschlusszeiten. Für 2 Zonen £ 25.80, für bis zu 6 Zonen £ 47.60. Nur in Kombination mit der Oyster Card.

Single Fare: Wer nur gelegentlich in der Zone 1–4 die U-Bahn benutzt, kann für £ 4 einen Einzelfahrschein erwerben (Kinder £ 2).

Oyster Card: Seit 2006 gibt es in London die Oyster Card, ein aufladbarer elektronischer Verkehrsspass, der einen schnelleren Zugang zu den öffentlichen Verkehrsmitteln ermöglicht und übertragbar ist. Lohnend bei längeren Aufenthalten. Automatisch wird der niedrigste Preis für eine Fahrt abgebucht, wobei der maximale Abbuchungsbetrag pro Tag für Fahrten innerhalb der Zone 1–2 in der Hauptzeit £ 7.20 und in der Nebenzeit £ 5.60 beträgt.

Achtung: Kinder bis zu 5 Jahren fahren kostenlos; Jugendliche im Alter von 14 und 15 Jahren benötigen für die verbilligten Tickets eine Photocard; sie ist kostenlos an jeder Tube-Station erhältlich, daher sollte man rechtzeitig an das Passbild denken. www.tfl.gov.uk.

Bus: Nachdem die berühmten *Routemaster*, wie die knallroten historischen Doppeldecker genannt werden, im Dezember 2005 endgültig aus dem Verkehr gezogen wurden, muss man bei Stadterkundungen auf die modernen und behindertengerechten Niederflurbusse – *Hoppa* –, oder auf die als *Bendies* bezeichneten, 18 Meter langen Gelenkbusse zurückgreifen, die den Standards der Europäischen Union entsprechen. Ein Trostpflaster ist den Nostalgikern geblieben: Nach wie vor verkehren insgesamt 16 dieser *Routemaster* auf zwei Touristenstrecken, den sogenannten „Heritage-Routemaster-Linien". Auf den Routen zwischen Aldwych und der Royal Albert Hall (Linie 9) sowie zwischen Trafalgar Square und Tower Hill (Linie 15) fahren nun altmodische und moderne Doppeldecker im Wechsel. Wer will, kann auf diesen Linien weiterhin in bewährter Weise zwischen den Haltestellen auf das offene Heck auf- bzw. abspringen. In den letzten Jahren wurden zudem einige Strecken (meist in die Vororte) privatisiert und jetzt von *Grey, Green, Yellow* und *Blue Buses* befahren. Die 17.000 Londoner Bushaltestellen sind immer an dem Zeichen „Bus Stop" zu erkennen. Einige sind Bedarfshaltestellen *(on request)*, an denen man einen Bus heranwinken muss, da er sonst vorbeifährt. In der Regel fahren die Stadtbusse von 6 Uhr morgens bis 0.30 Uhr. Danach steigt man auf Nachtbusse um, die bis in die frühen Morgenstunden verkehren. Diese Linien sind mit einem „N" vor der entsprechenden Nummer gekennzeichnet. *One Day Travelcards* haben nachts keine Gültigkeit (im Gegensatz zu Wochen- oder Monatskarten). Ansonsten sind auch die Busfahrpreise nach Zonen gestaffelt und man muss dem Fahrer oder Schaffner *(Conductor)* sagen, wo man aussteigen möchte (z. B. Oxford Street, Ecke New Bond Street). Je nach

Praktisch: Mit dem Bus durch London

Tageszeit kostet eine Busfahrt bis zu £ 2, Kinder unter 14 Jahren fahren kostenlos (15- und 16-jährige benötigen hierfür eine *Photocard*). Eine Fahrt mit dem Nachtbus kostet £ 1.50, eine Bustageskarte £ 3.90 (4 Zonen). Achtung: Seit 2003 können die Fahrkarten an einer Ticket-Maschine neben der Haltestelle erworben werden; Bustickets darf man nicht für die Tube benutzen.

● *Information*   London Transport gibt den kostenlosen und recht praktisch zu handhabenden Plan **Central Bus Guide** heraus, auf dem die Buslinien im Citybereich eingezeichnet sind. Er ist in allen Tube-Stations und LT-Informationsbüros erhältlich. Zudem liegen auch die Buspläne für vier weitere Stadtbereiche (South West, North West, North East und South East) aus. www.londontransport.co.uk.

Schiff: Bootstouren auf der Themse, die einst die wichtigste Verkehrsader Londons war, sind eine nette Abwechslung zum U-Bahn- und Busfahren. Wenn man vorne im Boot Platz nimmt, hat man die beste Aussicht auf die Sehenswürdigkeiten der Stadt. Die Themse kann man bis nach Greenwich oder flussaufwärts zum Hampton Court Palace entlangschippern. Die meisten Boote sind auch für *Rollstuhlfahrer* geeignet, dennoch sollte man sich vorher informieren (✆ 0839/123432, nur in England wählbar). Boote zum *Hampton Court* sowie nach *Kew* und *Richmond* fahren nur in den Sommermonaten. Weitere Informationen gibt es über die *Westminster Passenger Service Association* (✆ 020/79302062). An folgenden Piers legen die Boote ab:

Embankment Pier, gegenüber der Tube-Station Embankment. Boote nach Greenwich (alle 30 Min.) und zum Tower of London (alle 30 Min.).

Westminster Pier, die Treppen an der Westminster Bridge hinuntersteigen (Tube Westminster). Boote nach Greenwich (alle 30 Min.), zum Hampton Court (dreimal tgl.), nach Kew Gardens (fünfmal tgl.), zur Thames Barrier (zwei- bis dreimal tgl.) und zum Tower of London (alle 40 Min.).

Tower Pier, Tower Hill, gegenüber dem Haupteingang zum Tower (Tube Tower Hill). Boote zur Thames Barrier (dreimal tgl., umsteigen in Greenwich), nach Greenwich (alle 30 Min.) und Westminster (alle 30 Min.).

Greenwich Pier, Cutty Sark Gardens (mit British Rail bis Greenwich oder Docklands Light Railway bis Cutty Sark). Boote nach Charing Cross (alle 30 Min.), Thames Barrier (drei- bis viermal tgl.) und Westminster (alle 30 Min.).

Taxi: Eine Fahrt mit einem der 20.000 Black Cabs gehört schon fast zum Pflichtprogramm eines Londonbesuchs. Taxistände finden sich an Bahnhöfen und zahlreichen öffentlichen Plätzen. Es ist aber jederzeit möglich, einen Wagen an der Straße anzuhalten, falls das gelbe Taxizeichen leuchtet („Taxi" oder „For Hire"). Zu Stoßzeiten und bei Regen sind die Taxis allerdings genauso rar wie in den Abendstunden.

Übernachten von edel bis preiswert

Aufgrund der starken Nachfrage verfügt der Großraum London derzeit über mehr als 100.000 Nachtquartiere. Was die Preise betrifft, so erwartet den Londonbesucher ein breites, vor allem nach oben offenes Spektrum. Neben persönlichen Vorlieben setzt nur der eigene Geldbeutel Grenzen.

The Hempel, wenige Fußminuten nördlich des Hyde Park gelegen, verbirgt sich hinter der viktorianischen Fassade ein anspruchsvolles Designerhotel mit nur 36 Zimmern und 12 Suiten. Die Zimmer sind nicht nur hinsichtlich der Ästhetik, sondern auch in Bezug auf den Komfort vorbildlich. So gehört beispielsweise auch ein CD-Player zur Ausstattung. Der mit geometrischen Formen und fernöstlichen Traditionen spielende Zen-Garten ist eine wahre Oase der Sinnlichkeit (Hier wurde übrigens die Hochzeitsszene aus dem Film „Notting Hill" gedreht). Das Restaurant hat sich auf die thailändische und italienische Küche spezialisiert. WLAN. DZ ab £ 160, Suiten ab £ 280, günstigste Preise im Internet. Jeweils plus VAT. 31–35 Craven Hill Gardens, W2 3 EA,

Blick von der Tate Modern auf die City of London

📞 020/72989000, 📠 020/74024666, www.the-hempel.co.uk. Ⓤ Bayswater und Lancaster Gate.

One Aldwych (→ Karte S. 122/123, **17**) bereits die stimmungsvoll klassisch-nüchterne Hotel-Lobby mit ihrer sakralen Atmosphäre hebt sich von anderen Hotels ab. Zeitgemäßer britischer Minimalismus ist angesagt. Und im 18-Meter-Pool ist die Musik auch nur zu hören, wenn man den Kopf unter Wasser hält. Glücklicherweise enttäuschen auch die Zimmer und der Service des Design-Hotels nicht. WLAN. Lohnend ist auch ein Besuch des Restaurants Axis, das sich im Untergeschoss befindet. DZ ab £ 270 (inkl. Frühstück), im Sommer ab £ 205 ohne Frühstück, jeweils zzgl. VAT. 1 Aldwych, WC2B 4RH, 📞 020/73001000, 📠 020/73001001. www.onealdwych.co.uk. Ⓤ Charing Cross bzw. Temple.

No. 11 Cadogan Gardens, sehr schönes, im typisch englischen Stil mit viel Holz eingerichtetes Hotel in unmittelbarer Nähe des Sloane Square. Zur Tea Time lodert das Kaminfeuer. Die teureren Zimmer haben einen Blick auf den Park. Fitnessstudio, Spa und WLAN vorhanden. EZ ab £ 165, DZ ab £ 250, jeweils plus 17,5 % VAT (günstigere Wochenendtarife). 11 Cadogan Gardens, SW3 2RJ, 📞 020/77307000, 📠 020/77305217. www.number-eleven.co.uk. Ⓤ Sloane Square.

Myhotel Bloomsbury, am Rande von Bloomsbury gelegen, wird dieses geschmackvolle Designerhotel auch höchsten Ansprüchen gerecht. Wer Lust hat, kann mit seiner Lieblingsmusik in der Mini-Stereo-Anlage einschlafen. Der Architekt orientierte sich übrigens an der Feng-Shui-Lehre, damit die Energie schön fließen kann. Kostenloses WLAN. EZ ohne Frühstück ab £ 112, DZ ohne Frühstück ab £ 142 (jeweils plus VAT), günstige Wochenend- und Sommerangebote im Internet buchbar. 11–13 Bayley Street, WC1B 3HD, 📞 020/76676000, 📠 020/76676001. www.myhotels.co.uk. Ⓤ Goodge Street.

The Zetter, jüngst eröffnetes Designhotel in einem ehemaligen viktorianischen Lagerhaus im „In-Stadtteil" Clerkenwell. Die hellen Zimmer sind geschmackvoll eingerichtet und mit Internetanschluss, CD-/DVD-Player, Flat-Screen sowie weiteren Extras ausgestattet. Billig ist das Vergnügen nicht, aber im Vergleich zu anderen Londoner Hotels keineswegs überteuert. Ganz oben gibt es sogar Zimmer mit Dachterrasse. Cooles Restaurant im Erdgeschoss. Zimmer je nach Ausstattung ab £ 180 (am Wochenende ab £ 153), jeweils zzgl. VAT. Großzügige Studios im Dachgeschoss ab £ 250. 86–88 Clerkenwell Road, EC1M 5RJ, 📞 020/73244455. www.thezetter.com. Ⓤ Farringdon.

London
Karte S. 86

B+B Belgravia, wunderschönes, modernes B & B im Stadtteil Belgravia. Die Zimmer sind zeitlos modern eingerichtet und lassen keinen Komfort vermissen. Kostenloses WLAN vorhanden. B & B im EZ £ 97, DZ £ 125–135. 64–66 Ebury Street, ✆ 020/72598570. www.bb-belgravia.com. Ⓤ Sloane Square.

Twenty Nevern Square, dieses Hotel gefällt ebenfalls durch seine ausgesuchten exotischen Holzmöbel aus Indonesien.

Vom Komfort und Ambiente muss es in ganz London keinen Vergleich in dieser Preisklasse scheuen. Zum Zimmer 16 gehört eine wunderschöne Terrasse zum Innenhof, die Pasha Suite verfügt über einen Balkon zum Nevern Square. Einladender Frühstücksraum. EZ ab £ 79, DZ ab £ 89. 20 Nevern Square, SW5 9PD, ✆ 020/75659555, ✉ 020/75659444, www.twentynevernsquare. co.uk. Ⓤ Earl's Court.

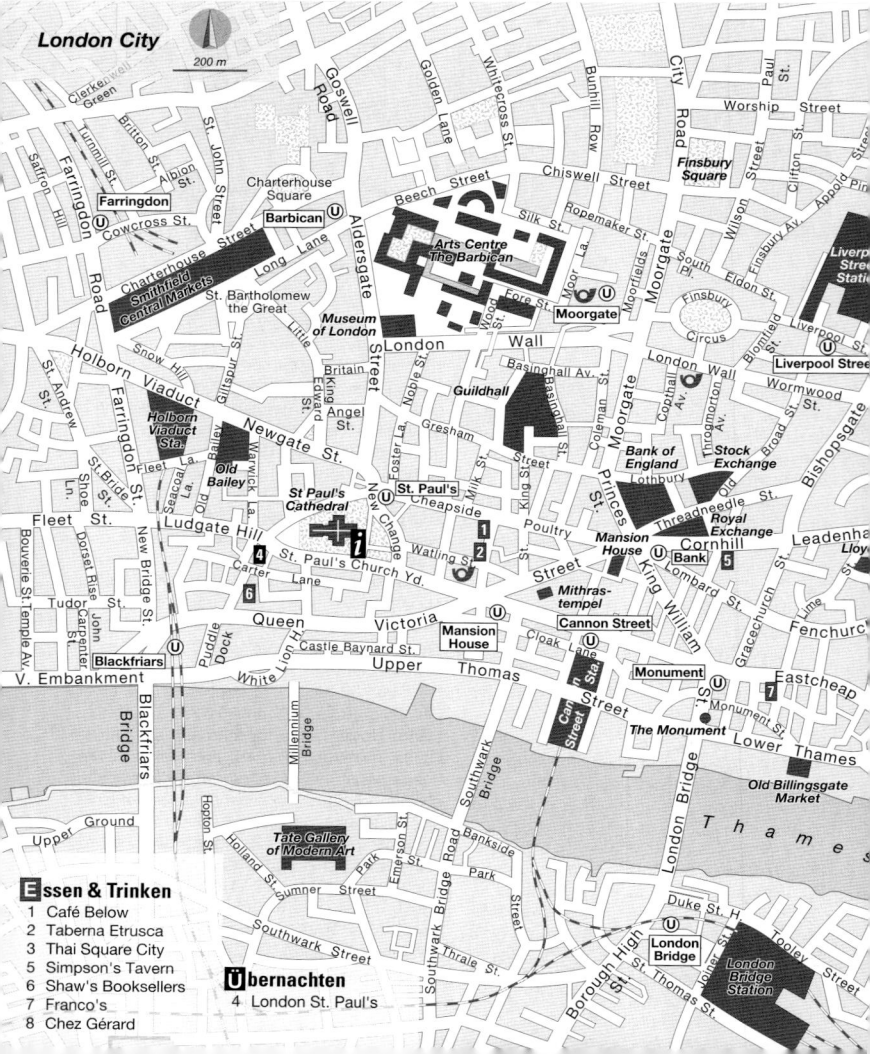

London City

200 m

E ssen & Trinken

1 Café Below
2 Taberna Etrusca
3 Thai Square City
5 Simpson's Tavern
6 Shaw's Booksellers
7 Franco's
8 Chez Gérard

Ü bernachten

4 London St. Paul's

Fielding Hotel (→ Karte S. 122/123, **11**), in einer verkehrsberuhigten Zone gelegen, findet man im historischen Gebäude aus dem 18. Jahrhundert geruhsam in den Schlaf. Zuvor tragen die umliegenden Opern- und Musicalhäuser zum Amüsement bei, tagsüber geht es in ein paar Minuten zu Fuß zum Einkaufen in den Covent Garden. WLAN. EZ £ 90, DZ £ 125–135. 4 Broad Court, Bow Street, WC2B 5QZ, ✆ 020/

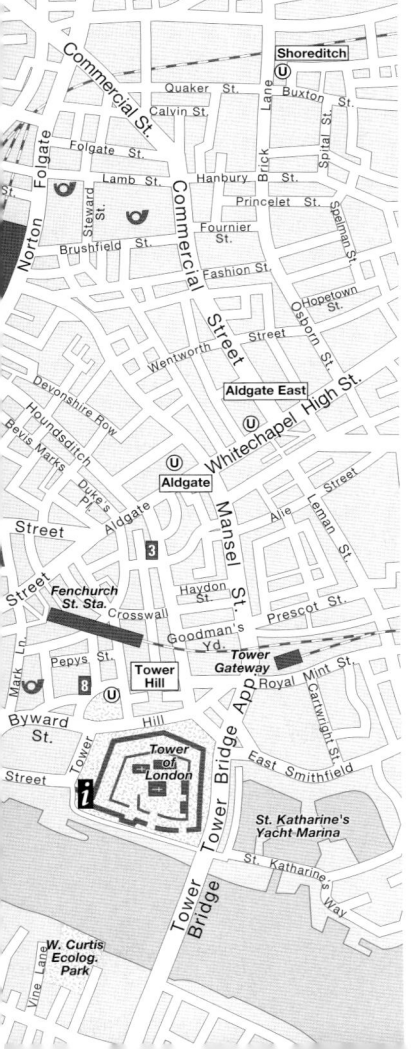

78368305, ✉ 020/74970064. www.the-fielding-hotel.co.uk. ⓤ Covent Garden.

Windermere Hotel (→ Karte S. 129, **4**), einladendes Hotel mit Restaurant und gepflegter viktorianischer Architektur. Saubere Zimmer, WLAN vorhanden. EZ £ 110, DZ £ 130–165 (inkl. Frühstück). 142–144 Warwick Way, SW1V 4JE, ✆ 020/78345163, ✉ 020/76308831. www.windermere-hotel.co.uk. ⓤ Victoria.

Morgan Hotel, das Hotel in einem Gebäude aus dem 18. Jh. ist eine ideale Adresse für den wahren Kunstfreund: Das British Museum ist nicht einmal zwei Fußminuten entfernt. EZ ab £ 95, DZ ab £ 115 (Preise inkl. English Breakfast). 24 Bloomsbury Street, WC1 3QJ, ✆ 020/76363735. www.morganhotel.co.uk. ⓤ Tottenham Court Road.

Ibis Euston, sicherlich kein kleines charmantes Hotel, dafür ist angesichts der mehr als 300 Zimmer die Wahrscheinlichkeit hoch, auch an Ostern oder Pfingsten kurzfristig eine Unterkunft zu bekommen. Die Einrichtung ist modern und funktional, und es ist schwer, in London mehr Komfort zu einem günstigeren Preis zu finden. Das Frühstücksbuffet (kontinental) mit Kantinenflair bietet eine vergleichsweise große Auswahl für £ 6.95, und zur Tubestation Euston sind es nur zwei Fußminuten. DZ ab £ 80 (je nach Wochentag). Ein großes Plus ist die hoteleigene Tiefgarage (kostenpflichtig, £ 28). Sehr praktisch, da Parkplätze in London mehr als knapp sind. 3 Cardington Street, NW1 2LW, ✆ 020/73887777, ✉ 020/73880001. ⓤ Euston.

Hampstead Village Guesthouse, liebevoll exzentrisch eingerichtete Herberge mit nur sechs Zimmern in einem viktorianischen Stadthaus. EZ £ 55–75, DZ £ 80–95, wobei man bei den günstigen Preisen kein eigenes Bad/WC hat. Nur Nichtraucherzimmer, familienfreundlich (Babysitterservice). 2 Kemplay Road, NW3 1SY, ✆ 020/74358679, ✉ 020/77940254. www.hampsteadguesthouse.com. ⓤ Hampstead.

Gate Hotel, kleine, geschmackvolle Unterkunft in Notting Hill. Ein Tipp für all jene, die der mittlerweile berühmten Portobello Road mit ihren zahlreichen Trödlern und Antiquitätengeschäften ganz nahe sein wollen. EZ £ 60–67, DZ £ 85–105 (inkl. Continental Breakfast). Preise je nach Wochentag und Reisezeit). 6 Portobello Road, W11 3DG, ✆ 020/72210707, ✉ 020/72219128. www.gatehotel.com. ⓤ Notting Hill Gate.

Harlingford Hotel, schmuckes georgianisches Haus (kein Aufzug) mit 43 Zimmern im Herzen von Bloomsbury. Ein Hotel in ruhiger Lage, mit Flair und familiärer Atmosphäre, die Zimmer gefallen mit ihren modernen renovierten Bädern bzw. Duschen. Wunderschöner Frühstücksraum. EZ £ 86–95, DZ £ 112–120 (inkl. English Breakfast). 61–63 Cartwright Gardens, WC1 9EL, ✆ 020/73871551, 🖅 020/73874616, www.harlingford hotel.com. Ⓤ Russel Square.

Lord Jim Hotel, sehr günstiges Hotel. Die Zimmer sind allerdings so klein, dass sogar der Platz fehlt, um am Morgen ein paar Liegestütze zu machen. Gelegentlich von Schulklassen besucht. In der gleichen Straße finden sich fünf weitere Hotels mit ähnlichen Preisen. EZ je nach Ausstattung ab £ 75, DZ ab £ 85 (jeweils inkl. Continental Breakfast). 23–25 Penywern Road, SW5 9TT, ✆ 020/73706071, 🖅 020/73708919. www.lgh-hotels.com. Ⓤ Earl's Court.

Oxford Hotel, dieses kleine, aber sehr zentral gelegene Hotel ist ein Lesertipp von Michael Reiner: „Urgemütlich und gleichzeitig nett, freundlich und mit £ 66 für das Doppelzimmer mit Frühstück für Londoner Verhältnisse recht günstig." **EZ ab £ 65, DZ ab £ 78**. 13 Craven Terrace, W2 3QD, ✆ 020/74026860, 🖅 020/72627574. www.oxfordhotel london.co.uk. Ⓤ Lancaster Gate.

Luna-Simone Hotel, das kleine, seit zwei Generationen von einer Familie geführte Hotel (von Lesern gelobt) gefällt nicht nur durch seinen modernen, in hellblauen Tönen gehaltenen Frühstücksraum. Ein Internetanschluss steht auch zur Verfügung. Sehr freundlicher Empfang, die Zimmer sind meist klein, aber sehr ordentlich. Bushaltestelle direkt vor der Haustür. Je nach Saison EZ ab £ 65, DZ ab £ 90 (inkl. English Breakfast). 47–49 Belgrave Road, SW1V 2BB, ✆ 020/78345897, 🖅 020/78282474. www.lunasimonehotel.com. Ⓤ Victoria.

easyHotel, in London herrscht ein großer Bedarf an billigen, aber guten Übernachtungsmöglichkeiten. Dieses Mitte 2005 eröffnete Hotel beschreitet dabei eine Vorreiterrolle. Die im minimalistischen Design eingerichteten Zimmerboxen (3 x 3,5 Meter) bestehen aus Fiberglas und präsentieren sich in orangenen Farbtönen. Dusche und WC sind vorhanden, TV, Frühstück oder Bettenmachen während des Aufenthaltes kosten extra. Frühentschlossene können ein Zimmer ab £ 30 im Internet buchen, später steigert sich der Preis auf £ 45, die letzte Zimmer gehen dann für £ 75 weg. 14 Lexham Gardens, W8 5JE. www.easyHotel.com. Ⓤ Earl's Court.

The Generator, eine trendige Alternative zur Jugendherberge in absolut zentraler Lage. In dem versteckt in einem Hinterhof gelegenen Jugendhotel trifft sich ein internationales Publikum zwischen 18 und 35. Insgesamt 837 (!) Betten stehen in Schlafräumen sowie in DZ zur Verfügung. WLAN. Die Übernachtungspreise beginnen ab £ 15 pro Person, im DZ £ 30 pro Person, jeweils inkl. Continental Breakfast. Es gibt mehrere Gemeinschaftsräume, eine Bar sowie einen Internet Room. 37 Tavistock Place, WC1H 9SE, ✆ 020/73887666, 🖅 020/73887644. www. generatorhostels.com. Ⓤ Russel Square.

● *B & B* Zimmer in Privathäusern, die je nach Lage und Ausstattung zwischen £ 25 und £ 50 pro Nacht und Person kosten, vermittelt London Homestead Services, ✆/🖅 020/72865115, www.lhslondon.co.uk. Ein anderer Anbieter ist www.privatehomes. co.uk bzw. die deutsche Agentur www. bed-breakfast.de.

● *Jugendherbergen* In London gibt es mittlerweile sieben Jugendherbergen *(Youth Hostel Association)*, die aber im Sommer schon Monate im Voraus ausgebucht sind. Dennoch werden oft ein paar Betten für Kurzentschlossene freigehalten:

Holland Park, Holland Park ist vielleicht die am schönsten gelegene Herberge Londons. Sie befindet sich im Holland Park, umgeben von viel Grün. Das jakobinische Haus mit seiner eigenartig geschwungenen Giebelfront ist schon einen Besuch wert. 200 Betten; eine Gemeinschaftsküche steht zur Verfügung. WLAN. Erwachsene ab £ 18, Jugendliche ab £ 13.50 (jeweils inkl. Frühstück). Holland Walk, Kensington, W8 7QN, ✆ 0845/3719122. hollandhouse@yha.org.uk. Ⓤ Holland Park oder High Street Kensington.

Earl's Court, altes Stadthaus in einem Wohngebiet, erst 2006 vollkommen renoviert. Große Gemeinschaftsküche, 186 Betten, von denen meistens zehn in einem Zimmer stehen. WLAN. Erwachsene ab £ 18, Jugendliche ab £ 13.50. 38 Bolton Gardens, SW5 0AQ, ✆ 0845/3719114. earls court@yha.org.uk. Ⓤ Earl's Court (von der U-Bahnhaltestelle – Ausgang Earl's Court – rechts, dann die fünfte Straße links).

London St Paul's (→ Karte S. 92/93, **4**), Carter Lane, der alte Schlafsaal der Sängerknaben von St Paul's, wurde in den letzten Jahren von Grund auf renoviert. Extras: Kantine, Geldwechsel und Theater-Ticket-Verkauf. WLAN. Erwachsene ab £ 16, Jugendliche ab £ 12. 36 Carter Lane, EC4V 5AB,

📞 0870/7705764, 📠 0845/3719012. city@yha. org.uk. Ⓤ Blackfriars oder St Paul's.

Thameside, eine der neueren Jugendherbergen von London im modernen Design (Glas-Stahl-Konstruktion). Zwei bis sechs Betten pro Zimmer. Restaurant und Bar im Haus. WLAN. Erwachsene ab £ 16, Jugendliche ab £ 12 (inkl. Frühstück). Island Yard, 20 Salter Road, SE16 5PR, 📞 0845/3719756, rotherhithe@yha.org.uk. Ⓤ Rotherhithe (ca. 15 Min. von der U-Bahnstation die Brunel Road hinunter, bis sie zur Salter Road wird, dann auf der linken Seite).

Oxford Street (→ Karte S. 122/123, **3**), verkehrstechnisch günstig mitten in London gelegen. Knapp 90 Betten in Zwei- bis Vierbettzimmern. Keine Küche. WLAN. Erwachsene ab £ 18, Jugendliche ab £ 13.50. 14–18 Noel Street, W1F 8GJ, 📞 0845/3719133, oxfordst@yha.org.uk. Ⓤ Oxford Circus (von der U-Bahnstation in östliche Richtung auf die Oxford Street, dann rechts in die Poland Street).

St Pancras, St Pancras ist eine der teuersten und zentralsten Jugendherbergen mit 153 Beten (in 2- bis 6-Bettzimmern). Dafür sind alle Zimmer mit Bad oder Dusche ausgestattet. Direkt gegenüber der neuen British Library. WLAN. Erwachsene ab £ 20, Jugendliche ab £ 15. 79–81 Euston Road, NW1 2QS, 📞 0845/3719344, stpancras@yha. org.uk Ⓤ King's Cross.

• *Camping* **Lee Valley Campsite**, ein großer Zeltplatz rund 20 km nördlich der City, aber dafür auch sehr preiswert. Insgesamt 200 Stellplätze, Shop- und Duschmöglichkeiten sind vorhanden, geöffnet April bis Oktober. Ein Zelt inkl. zwei Personen ab

Preislich kaum mehr zu unterbieten …

£ 15, Einzelreisende ohne Auto zahlen die Hälfte. Sewardstone Road, Chingford, E4 7RA, 📞 020/85295689. www.leevalleypark. org.uk. Ⓤ Walthamstow, dann Bus 215.

Crystal Palace, ganzjährig geöffneter Campingplatz südlich der City. Crystal Palace Parade, London SE19 1UF, 📞 020/87787155. British Rail ab Victoria Station nach Crystal Palace oder Bus 3 ab Piccadilly. www. caravanclub.co.uk.

Essen/Trinken/Nachtleben

City of London (siehe Karte S. 92/93)

Franco's (7), mitten in der City gelegen, begeistert das Tapa-Restaurant durch seine freundliche Atmosphäre und die Qualität der kleinen „Deckel". Ausgezeichnet sind die *calamares a la plancha* (gegrillte Tintenfische). Am Wochenende geschlossen. 1a Pudding Lane, EC3, 📞 020/79293366. Ⓤ Bank oder Monument.

Chez Gérard (8), ansprechende französische Küche vom *Salade de chèvre chaud* bis zum *Boeuf Bourguignon* zu angemessenen Preisen. Das zweigängige Menü kostet £ 16.95, das dreigängige schlägt mit £ 20.95

zu Buche. Am Wochenende geschlossen. 64 Bishopsgate, EC2, 📞 020/75881200. www. chezgerard.com. Ⓤ Tower Hill.

Café Below (1), in der Krypta der Kirche von St-Mary-le-Bow befindet sich eines der besten vegetarischen Restaurants von London. Hervorragende Suppen und Salate sowie Hauptgerichte zwischen £ 6 und £ 10. Mo–Fr 7.30–21 Uhr. Cheapside, EC2, 📞 020/ 73290789. www.cafebelow.co.uk. Ⓤ Bank.

Taberna Etrusca (2), ansprechendes italienisches Restaurant mit langgestrecktem Gastraum. Lecker ist der *Baby squid with* *chilli, olives & tomatoes.* Nudelgerichte ab £ 8, Hauptgerichte £ 15. 12,5 % *service charge.* Straßenterrasse. 9–11 Bow Church-yard, EC4, ℡ 020/72485552. www.etruscarestaurants.com. Ⓤ Bank.

Thai Square City (3), der derzeit beliebteste Thailänder in der City. Auf zwei Etagen werden im modernen Ambiente fernöstliche Köstlichkeiten zu angemessenen Preisen serviert. Hauptgerichte £ 7, Menüs ab £ 18. Am Wochenende geschlossen. 136–138 The Minories, EC3, ℡ 020/76801111. Ⓤ Aldgate.

Shaw's Booksellers (6), der Name verwirrt; es handelt sich hier keineswegs um eine Buchhandlung, sondern um eines der angenehmsten Pubs in der Londoner City, mit schönen großen Fenstern. Gute Küche. Am Wochenende geschlossen. 31–34 St Andrews Hill, EC4, ℡ 020/74897999. Ⓤ Blackfriars.

Simpson's Tavern (5), kleiner, alteingesessener Pub in einem 300 Jahre alten Haus, etwas versteckt in einem Hinterhof. Restaurant im ersten Stock. Nur werktags von 8–15.30 Uhr geöffnet. Off Ball Court, 38 Cornhill, EC3, ℡ 020/76269985. Ⓤ Bank oder Monument.

Strand/Holborn/Clerkenwell

Fifteen, wenn der englische Kultkoch Jamie Oliver („The Naked Chef") ein Restaurant betreibt, dann stellen sich die Gäste quasi von alleine ein, zudem unterstützt man eine soziale Idee: Denn Jamie Oliver beschäftigt arbeitslose Jugendliche und bildet sie hier aus, außerdem kommen alle Gewinne einer Stiftung zugute. Jetzt zum Essen: Die Trattoria im Erdgeschoss bietet ausgezeichnete italienische Küche, leckere Nudelgerichte (£ 10) oder Hauptgerichte wie einen Seeteufel auf Linsen (£ 17). Auf die Rechnung kommen allerdings noch 12,5 % *service charge.* Wer will, kann ab 8.30 Uhr auch frühstücken. Etwas anspruchsvoller ist das im Untergeschoss gelegene Restaurant (Mittagsmenüs ab £ 22.50), für das man allerdings telefonisch reservieren muss (℡ 0871/3301515). 15 Westland Place, N1, ℡ 020/72513909. www.fifteen restaurant.com. Ⓤ Old Street.

Smiths of Smithfield, auf drei Etagen verteilt, findet sich in dem ehemaligen Lagerhaus am Smithfield Market für jeden Geschmack etwas. Im Erdgeschoss isst man bequem in einem Tagescafé im Stil eines Industrielofts unter gusseisernen Stützen, weiter oben relaxt man in der Cocktailbar oder diniert in einem ansprechenden Restaurant mit toller Terrasse samt Blick auf die Londoner City. Gekocht wird *Modern European.* Das Restaurant hat sonntags geschlossen. 67–77 Charterhouse Street, EC1, ℡ 020/72517950. Ⓤ Farringdon.

St John, eine der empfehlenswertesten Adressen in London, um sich intensiv mit der traditionellen englischen Küche zu beschäftigen. Das St John mit seinem wohltuend unterkühlten Ambiente gilt als eines der einflussreichsten englischen Restaurants der letzten Jahre und hat einen neuen Kochstil geprägt. Es gibt zwar auch vegetarische Gerichte, doch genau genommen geht es hier recht herzhaft zur Sache, schließlich befindet sich das Restaurant in Sichtweite vom Londoner Fleischgroßmarkt. Allerdings werden hier nicht nur Lende und Steaks serviert, sondern auch viele Innereien und andere, auf den ersten Blick gewöhnungsbedürftige Kreationen, so bspw. gebratenes Knochenmark auf Vollkornbrot mit Petersiliensalat, Lammherzen mit Kohlrüben oder ein lauwarmer Schweinskopfsalat. Der Besitzer Fergus Henderson hat Kochbücher mit so vielsagenden Titeln wie *Nose to Tail Eating* oder *The Whole Beast* geschrieben, die für den Verzehr des ganzen Tieres plädieren und im Restaurant erworben werden können. Gehobenes Preisniveau, Hauptgerichte £ 15–20. Samstagmittag und Sonntag geschlossen. 26 St John Street, EC1, ℡ 020/72510848. www.stjohnrestaurant.co.uk. Ⓤ Farringdon.

Medcalf, dieses in der ehemaligen Medcalf-Metzgerei untergebrachte Restaurant mit seinen einfachen Holztischen bietet eine moderne englische Küche, die sich stark am saisonalen Angebot orientiert. Exzellente Fischgerichte! Hauptgerichte £ 11–13.50. Freitag- und Sonntagabend geschlossen. 40 Exmouth Market, EC1, ℡ 020/78333533. www.medcalfbar.co.uk. Ⓤ Farringdon oder Angel.

Moro, inmitten des beliebten Exmouth Market gelegen, ist das Speiseangebot des recht spartanisch eingerichteten Restaurants deutlich von der Küche Spaniens und Nordafrikas beeinflusst. So geschlossen. 36 Exmouth Market, EC1, ℡ 020/78338336. Ⓤ Farringdon oder Angel.

Punch Tavern, stilvolles viktorianisches Pub mit vielen alten Karikaturen, verblichenen Zeitungen und einer Messingfigur von Mr. Punch. Noch immer treffen sich hier Journalisten, Reporter und andere Zeitungsleute. Am Wochenende abends geschlossen. 99 Fleet Street, EC4, ✆ 020/73536658. Ⓤ Blackfriars.

Ye Olde Cheshire Cheese Pub, eine Alternative zur Punch Tavern ist das 1667 erbaute Pub auf der Fleet Street gleich neben der Nummer 143, die man leicht an der *Statue der Queen Mary of Scotland* erkennen kann. Früher verkehrten hier Berühmtheiten wie Pope, Dickens, Voltaire und Doyle. Wer ein Jurastudium erfolgreich absolviert hat, wird sich unter seinen Standesgenossen sichtlich wohl fühlen. Serviert wird recht gutes englisches Essen. 145 Fleet Street, EC4. Ⓤ Blackfriars.

Fabric, die Riesendisco befindet sich in einer unterirdischen Fabrikhalle. Aufgelegt wird viel Hip-Hop und Drum & Bass. Ungewöhnlich ist die 24-Stunden-Lizenz für Alkoholausschank. 77a Charterhouse Street, WC1. www.fabric-london.com. Ⓤ Farringdon.

Camden

Jazz Café, derzeit eine der angesagtesten Adressen für anspruchsvolle Jazz-Livemusik, auch Courtney Pine und Gil Scott Heron standen hier schon auf der Bühne. Den besten Blick hat man vom Balkonrestaurant aus (3-Gang-Menü £ 26.50, Mindestkonsum £ 16.50). Achtung: Das musikalische Angebot beschränkt sich nicht auf Jazz, es wird auch Reggae oder Irish gespielt. Tgl. 19–24 Uhr, am Wochenende bis 2 Uhr, So auch 12–16 Uhr geöffnet. Eintritt: £ 4–7. 5 Parkway, NW1, ✆ 020/73440044. www.jazzcafe.co.uk. Ⓤ Camden Town.

Szenestadtteil Camden

Camden Lock, die beliebteste Disco in Camden. Bis 2 Uhr nachts kann man sich hier bei Soul, Funk oder House amüsieren. 18 Kentish Town Road, NW1, ✆ 020/72842131. Ⓤ Camden Town.

Marylebone

Paul Rothe & Son, ein herrliches Feinkostgeschäft mit altertümlichem 1970er-Jahre-Flair. Gegründet wurde es im Jahre 1900 von einem deutschen Einwanderer und wird jetzt in der vierten Generation als Familienbetrieb geführt. Wer will, kann nur einen Kaffee trinken oder sich ein Sandwich bestellen. Lecker und günstig sind die beiden täglich frisch zubereiteten Suppen, darunter eine vegetarische. Eine Hausspezialität ist der Thunfischsalat, der nur mit Rotweinessig und Pfeffer gewürzt auf Roggenbrot serviert wird. Mo–Fr 8–18 Uhr, Sa 11.30–17.30 Uhr. 35 Marylebone Lane, W1, ✆ 020/79356783. Ⓤ Bond Street.

Giraffe, interessant designtes „Ethno-Restaurant". Passend zur musikalischen Berieselung mit World Music werden an den lang gestreckten Tischen Delikatessen aus der ganzen Welt serviert. Auf der kleinen netten Straßenterrasse kann man aber auch nur einen Cappuccino genießen. Zu loben sind das ausgezeichnete Brunchangebot (bis 16 Uhr), der zuvorkommende Service und die nicht überteuerten Preise. 6–8 Blandford Street, W1, ✆ 020/779352333. ⓤ Bond Street oder Baker Street.

L'Autre Pied, gehobene Küche, Modern European in einem stilvollen Ambiente. Was will man mehr? Mittagsmenü £ 20.95, abends £ 55 für das 7-Gang-Menü. Samstagmittag und Sonntag geschlossen. 5–7 Blandford Street, W1, ✆ 020/74869696. www.lautrepied.co.uk. ⓤ Bond Street oder Baker Street.

Fairuz, wer lieber arabische Spezialitäten tafeln möchte, sollte das libanesische Restaurant nebenan aufsuchen. Es gehört zu den besten Londons. Vorspeisen ab £ 4.50,

Hauptgerichte ab £ 13, *Mezza-Menu* für £ 19.95. 3 Blandford Street, W1, ✆ 020/74868108. ⓤ Bond Street oder Baker Street.

The Providores, im Erdgeschoss präsentiert sich eine wunderbare Tapa-Bar, in der es am Wochenende auch Brunch gibt. Im ersten Stock befindet sich ein Restaurant (Hauptgerichte £ 18–25 plus 12,5 % *service charge*), das sich der anspruchsvollen internationalen Küche verschrieben hat. Phantastisch mundete die Entenbrust auf einem Beet von Chorizo und Linsen. 109 Marylebone High Street, W1, ✆ 020/79356175. www.theprovidores.co.uk. ⓤ Baker Street oder Great Portland Street.

Soho (siehe Karte S. 122/123)

L'Atelier de Joel Robuchon (14), der als „Koch des Jahrhunderts" gerühmte Joel Robuchon eröffnet seit ein paar Jahren weltweit Filialen, die er „Ateliers" nennt, da man den Köchen beim Zubereiten der Speisen weitgehend zusehen kann. In den dunkel gehaltenen Räumlichkeiten wird französische Küche mit italienischen und spanischen Einflüssen geboten, wobei die meisten Gerichte in Tapasgröße serviert werden. Selbstverständlich gibt es als Beilage auch Robuchons famosen Kartoffelbrei. Zweigängiges Mittagsmenü £ 22, dreigängiges Mittagsmenü £ 27, abends £ 125 für ein 10-Gang-Menü bzw. £ 165 inkl. korrespondierenden Weinen. 12,5 % *service charge*. 13–15 West Street, W1, ✆ 020/70108600. www.joel-robuchon.com. ⓤ Piccadilly Circus.

busaba eathai (5), in einem trendigen, in dunklem Holz gehaltenen Ambiente wird eine hervorragende moderne Thaiküche serviert. Man sitzt in lockerer Atmosphäre auf Bänken an großen, quadratischen Tischen zusammen mit anderen Gästen, so dass sich oft eine spontane Konversation mit den Tischnachbarn ergibt. Störend ist einzig der daraus resultierende hohe Geräuschpegel. Hervorragend munden die rote Lammcurry oder die gerillten Tintenfische, Hauptgerichte (ohne Reis) zwischen £ 6 und £ 10. Übrigens: In Thailand isst man eigentlich ohne Stäbchen ... Durchgehend ab 12 Uhr geöffnet. 106 Wardour Street, W1, ✆ 020/72558686. www.busaba.com. ⓤ Piccadilly Circus.

Imli (6), der neue Trend in London sind moderne indische Restaurants mit tollem Design und perfektem Service. Das Imli gehört dazu und ist alles andere als eine teure

oder gar schlechte Wahl. Early Evening Dinner für nur £ 9.95! Die meisten Gerichte werden als Tapas (£ 3–8) angeboten, wobei man je nach Hunger zwei oder drei ordern sollte. Mittags gibt es auch hier ein spezielles Kombi-Angebot (£ 8.50). Tgl. 12–23 Uhr. 167 Wardour Street, W1, ✆ 020/72874243. ⓤ Piccadilly Circus.

Bar Italia (9), die rund um die Uhr geöffnete Coffeebar ist längst eine Institution in Soho. Angeblich wird hier der beste Cappuccino vor London zubereitet, nachts trifft sich ein zumeist recht buntes Publikum. 22 Frith Street, W1, ✆ 020/74374520. ⓤ Leicester Square, Tottenham Court Road oder Piccadilly.

Axis (18), nur ein paar Häuser weiter trifft man auf den nächsten gelungenen Design-Tempel. Zudem ist die Küche des im Untergeschoss des One Aldwych Hotels gelegenen Restaurants exzellent. Lecker ist beispielsweise die gegrillte Seebrasse mit Brokkoli. Lunchmenü mit zwei Gängen £ 16.75, mit drei Gängen £ 19.75. Sonntag geschlossen. 1 Aldwych, WC2, ✆ 020/73000400. ⓤ Covent Garden.

Wagamama (1), die derzeit populärste Noodle Bar Londons hat auch am Covent Garden eine Filiale eröffnet. Die japanischen Köstlichkeiten werden absolut frisch zubereitet. Kühl designtes Flair. Hauptgerichte £ 6–10. Das Restaurant befindet sich im Untergeschoss. Southampton Street, WC2, ✆ 020/78364545. ⓤ Covent Garden.

Punjab (2), das 1951 gegründete Restaurant rühmt sich, eines der ältesten Londoner Curry-Restaurants zu sein. Der 1962 installierte Tandoor-Ofen soll zu den ersten in Großbritannien gehört haben. Wie dem auch sei, die Küche verdient noch immer ein Lob, vor allem, weil man bemüht ist, den Gast jenseits der klassischen Gerichte für die indische Küche zu begeistern. Zu empfehlen ist das mit Lamm zubereitete *acharri gosht* für £ 8.95. 80/82 Neal Street, WC2, ℡ 020/78369787. ⓤ Leicester Square.

Belgo Centraal (8), hinter der rot angestrichenen Ziegelsteinfassade werden belgische Spezialitäten serviert. Das Ambiente ist zeitlos modern. Wer will, kann sich mit einem Blick durch den gläsernen Boden davon überzeugen, dass die Köche im Untergeschoss mit viel Geschick zu Werke gehen. Das Mittagsmenü zu £ 7.95 ist zwar günstig, aber wenig einfallsreich. Ein *maes lager* ist auch inklusive. 50 Earlham Street, WC2, ℡ 020/78132233. ⓤ Covent Garden.

The Rock and the Sole Plaice (4), bereits 1871 eröffnet, behauptet das Restaurant, der älteste Fish'n'Chips Shop in London zu sein. Positiv: Die günstigen Preise und die große Straßenterrasse. 47 Endell Street, WC2, ℡ 020/78363785. ⓤ Covent Garden.

Mr Kong (19), eine der empfehlenswertesten Adressen in Chinatown. Die Einrichtung ist eher langweilig, was die gute chinesische Küche aber schnell vergessen lässt. Mehrere Hauptgerichte zwischen £ 6 und £ 12 stehen zur Auswahl, Menüs ab £ 9.30. Tgl. von 12 bis 3 Uhr nachts geöffnet. 21 Lisle Street, WC2, ℡ 020/74377341. ⓤ Leicester Square.

Rosa's (15), ein kleines, modernes Thairestaurant mit innovativer Küche. Ausgesprochen große Salatauswahl. Hauptgerichte £ 6.50–10.50. Kein Ruhetag, So erst ab 17 Uhr. 40 Dean Street, W1D, ℡ 020/74941638. www.rosaslondon.com. ⓤ Piccadilly Circus.

Princi (10), was auf den ersten Blick wie ein cooler Designerladen aussieht, entpuppt sich als eine Art Brasserie mit italienischer Küche, von Pizza bis zu erlesenen Süßwaren. Ideal nicht nur für einen kleinen Imbiss. Tgl. 7–24 Uhr, So 9–22 Uhr. 135 Wardour Street, W1, ℡ 020/724788888. www.princi.co. uk. ⓤ Piccadilly Circus.

Masala Zone (13), keine Frage: dieses indisches Restaurant liegt voll im Trend. Erstklassige Küche zu passablen Preisen (Hauptgerichte ab £ 7.95) serviert in einem tollen Designambiente, im Hintergrund läuft Loungemusik, während man die Köche werkeln sieht. Wer sich mit der indischen Küche nicht auskennt, bestellt am besten ein aus verschiedenen kleinen Gerichten bestehendes *thali*, das es mit Lamm, Hühnchen oder Prawns genauso gibt wie für Vegetarier (ab £ 8.15). Serviert werden die Köstlichkeiten mit *rice* und *dhal* auf einem großen Tablett. Bis 18 Uhr günstige Menüs. 10 % *service charge*. 9 Marshall Street, W1, ℡ 020/72879966. ⓤ Oxford Circus.

Freedom (16), trendige Bar mit viel Gay-Publikum. Tgl. 17–3 Uhr, So nur bis 23.30 Uhr geöffnet. 60–66 Wardour Street, W1. ⓤ Piccadilly Circus oder Leicester Square.

Dog & Duck (7), das 1734 eröffnete Pub besitzt viel Flair und Atmosphäre. 18 Bateman Street, W1, ℡ 020/74940697. ⓤ Leicester Square oder Tottenham Court Road.

Lamb & Flag (20), in dem traditionsreichen Pub wurden früher Boxkämpfe veranstaltet. Sonntags gibt es Jazzmusik. 33 Rose Street, WC2, ℡ 020/74979504. ⓤ Covent Garden oder Leicester Square.

Ronnie Scott's (12), im ältesten und wohl renommiertesten Jazz-Club Londons treten immer wieder absolute Topstars auf. Eine Vorausbuchung ist ratsam. 47 Frith Street, W1, ℡ 020/74390747. ⓤ Leicester Square.

Bar Rumba (21), die derzeit beliebteste Party-Bar in Soho, im Untergeschoss eines Kinokomplexes. Eintritt ab £ 5, vor 21 Uhr Eintritt frei! Tgl. bis 3 Uhr morgens geöffnet. 36 Shaftesbury Avenue, W1, ℡ 020/74343820. www.barrumba.co.uk. ⓤ Piccadilly Circus.

Mayfair/St. James's (siehe Karte S. 127)

Umu (1), japanische Küche auf höchstem Niveau (ein Michelin-Stern) bietet Londons einziges Restaurant im Kyoto Style. Ein siebengängiges Kaiseki-Menü kostet £ 65 bzw. £ 95 mit Sake oder Wein (beide auch als Sushi-Variante). Samstagmittag und Sonntag geschlossen. 14–16 Bruton Place, W1, ℡ 020/74998881. www.umurestaurant.com. ⓤ Green Park.

Chor Bizarre (4), hinter dem etwas seltsam anmutenden Namen verbirgt sich ein indisches Restaurant mit Anspruch und Stil. Hauptgerichte zwischen £ 10 und £ 18. Sonntagmittag geschlossen. 16 Albemarle Street, W1, ℡ 020/76299802. ⓤ Green Park.

Sumosan (3), das Restaurant, das sich der japanischen Küche verschrieben hat, trägt eindeutig die Handschrift eines Designers.

Nobelkaufhaus Harrods

Gehobenes Preisniveau, das Mittagsmenü für stolze £ 22.50 zzgl. *service charge*. Am Wochenende nur abends geöffnet. 26B Albemarle Street, W1, ✆ 020/74955999. ⓤ Green Park.

Momo (2), zwei Häuser weiter öffnet sich das Tor zum Orient. Gehobene marokkanische Küche in feinstem Dekor. Menüs ab £ 15. P. S.: Den Gang auf die Toilette sollte man nicht versäumen … Sonntagmittag geschlossen. 25 Heddon Street, W1, ✆ 020/74344040. ⓤ Piccadilly Circus oder Oxford Circus.

The Hard Rock Café (6), in den 1970er-Jahren eröffnet, ist das Original Hard Rock Café längst zum Klassiker avanciert. Die Schlange am Eingang reicht manchmal sogar bis um die Ecke. Ein Rätsel bleibt allerdings, warum das Hard Rock Café im noblen Mayfair eröffnet wurde. Das Speisenangebot lässt sich auf die Kurzformel Tex-Mex und Burgers bringen. P. S: Es gibt auch vegetarische Burger. Reservierungen werden nicht angenommen. 150 Old Park Lane, W1, ✆ 020/76290382. ⓤ Hyde Park Corner.

Inn the Park (5), eine wundervolle Adresse inmitten des St James's Park. Wer will, kann hier entweder frühstücken, zu Mittag essen oder für ein anspruchsvolles Dinner reservieren – und zwischendrin ist für Snacks und Tee geöffnet. Nur ganz billig ist es nicht … Tgl. 8–23 Uhr. St James's Park, SW1, ✆ 020/74519999. ⓤ Charing Cross.

Westminster (siehe Karte S. 129)

Jenny Lo's Teahouse (3), das ansprechend nüchtern gestylte Ambiente ist ein lobenswerter Kontrast zu dem kitschigen Stil der meisten chinesischen Restaurants. Glücklicherweise enttäuscht auch die Küche nicht, denn schließlich gehört das Restaurant der Tochter von Englands bekanntestem Autor über chinesische Kochkunst. Hauptgerichte £ 7–9.50. So Ruhetag. 14 Ecclestone Street, SW1, ✆ 020/72590399. ⓤ Victoria.

Boisdale (2), von Geschäftsleuten gerne besuchtes schottisches Restaurant mit Clubatmosphäre. Selbstverständlich gibt es auch Lachs und Malt Whiskey. 2-Gang-Menü zu £ 19.50. Samstagmittag und So geschlossen. 15 Ecclestone Street, SW1, ✆ 020/77306922. www.boisdale.co.uk. ⓤ Victoria.

Red Lion (1), das Pub in unmittelbarer Nähe des Parlaments wird seit jeher gern von Politikern aller Fraktionen besucht. Charles Dickens hat es in „David Copperfield" verewigt. 48 Parliament Street, SW1, ✆ 020/79305826. ⓤ Westminster.

Chelsea

Bluebird, Terence Conrans „Filiale" in Chelsea trägt den Namen eines legendären Rennautos, schließlich befindet sich das Bluebird in einer Autowerkstatt aus den 1930er-Jahren. Neben einem anspruchsvollen Restaurant gehören auch eine Bar, ein Café und ein Delikatessen-Geschäft zu diesem Designertempel. Große Straßenterrasse. Hauptgerichte ab £ 15 im Restaurant (Mittagsmenü £ 17 bzw. £ 21) sowie ab £ 10 im Café, wo man auch nur kurz etwas trinken kann. Im Restaurant zzgl. 12,5 % *service charge*. 350 King's Road, SW3, ℰ 020/75591000. Ⓤ Sloane Square.

The Pheasantry (Pizza Express), das stattliche Haus mit seinem von einer Quadriga gekrönten Portikus beherbergte einst einen bekannten Nachtclub, zu dessen Stammgästen Eric Clapton und Dylan Thomas gehörten. Heute bietet ein Restaurant mit Café – eine Filiale der Pizza-Express-Kette – seinen Gästen vergleichsweise günstige Preise. Pizza ab £ 7. Schöne Straßenterrasse. 152 King's Road, SW3. Ⓤ Sloane Square.

New Culture Revolution, *Noodle Bar* mit zeitlos minimalistischem Interieur. Die leckeren Nudelsuppen kosten zwischen £ 5.40 und £ 7.90, aber auch die anderen Gerichte, wie beispielsweise die gegrillten Scampis mit Chilli und Knoblauch, enttäuschen nicht. Schneller Service, zur Mittagszeit muss man wegen des großen Andrangs dennoch Schlange stehen. 305 King's Road, SW3, ℰ 020/73529281. Ⓤ Sloane Square.

Chelsea Potter, das Pub ist ein beliebter Treffpunkt in Chelsea. Durch die großen Fenster lässt sich das Treiben auf der King's Road gut beobachten, während man sich mit *Ham & Eggs* oder *Barbecue Chicken* für £ 7.95 stärkt. 119 King's Road, SW3, ℰ 020/734529479. Ⓤ Sloane Square.

Kensington

Victoria & Albert Café and Restaurant, das im Innenhof des Museums gelegene Café und Restaurant ist eine traumhafte Adresse für eine Pause. Tgl. 10–17.45 Uhr, Mi und letzter Fr des Monats bis 22 Uhr. SW3. Ⓤ South Kensington.

The Bunch of Grapes, urkundlich bereits 1770 erwähnt, besitzt der Pub viel Patina. Traditionelle Fish'n'Chips für £ 9.95. 207 Brompton Road, SW3, ℰ 020/75894944. Ⓤ Knightsbridge oder South Kensington.

The Collection, imposant ist schon allein der Eingang. Ein beleuchteter Laufsteg führt in den riesigen Gastraum, der von einer langen Theke dominiert wird. Das Restaurant befindet sich auf einer Empore über einer lauten Bar mit Clubatmosphäre. Die Küche zeigt sich Modern British, Menüs beim Early Dinner Menu £ 16 und £ 20 (18–20 Uhr). Nur abends geöffnet. 264 Brompton Road, SW3, ℰ 020/72251212. Ⓤ South Kensington.

Bibendum Oyster Bar, im phantastischen Michelin House, Sir Terence Conrans Lieblingslocation, warten ein Café im Foyer und ein anspruchsvolles Restaurant auf Gäste, die das in London einmalige Dekor und die Qualität der Speisen zu würdigen wissen. Meeresfrüchteteller £ 29.50, zzgl. 12,5 % *service charge*. 81 Fulham Road, SW3, ℰ 020/75891480.   www.bibendum.co.uk. Ⓤ South Kensington.

The Orangerie, das in der Orangerie des Kensington Palace untergebrachte Café ist ein angenehmer Ort, um bei Kaffee und Kuchen einige Mußestunden zu verbringen. Mittags werden auch warme Speisen serviert. Tgl. 10–18 Uhr, im Winter nur bis 16 Uhr geöffnet. Kensington Garden, W8. Ⓤ High Street Kensington oder Queensway.

Kulu Kulu, originelles japanisches Restaurant. Man sitzt entlang eines Förderbandes, schnappt sich diverse Sushi-Köstlichkeiten (£ 1.20–3.60), anschließend geht man mit den verschieden farbigen Untersetzern zur Kasse und bezahlt. 39 Thurloe Place, SW7, ℰ 020/75892225. Ⓤ South Kensington.

Notting Hill

Books for Cooks, eigentlich eine gut sortierte, auf Kochbücher spezialisierte Buchhandlung (angeblich gibt es mehr als 8.000 Exemplare). Im hinteren Teil des Geschäfts, dem „Kochstudio", werden die besten Rezepte gleich vor Ort ausprobiert und von den lesenden Feinschmeckern mit Begeisterung „verkostet". Serviert werden täglich wechselnde Mittagsgerichte zu günstigen Preisen, aber auch Kaffee und leckere Kuchen. 4 Blenheim Crescent, W11. www.booksforcooks.com. Ⓤ Ladbroke Grove oder Notting Hill Gate.

Taqueria, preisgünstiger Mexikaner in einem modernen Ambiente. Keine fade Einheitskost, sondern chilli-würzige Gerichte wie *jicama sticks*. Tacos ab £ 4. Kein Ruhetag. 139 Westbourne Grove, W11, ℰ 020/72294734. Ⓤ Notting Hill Gate.

Ground Floor Bar, freundliche Eckkneipe

mit Patina und schlichtem Interieur. Die leicht zerschlissenen Sofas und die Straßenterrasse laden ein, sich durch den Tag treiben (ab 12 Uhr geöffnet) zu lassen und das illustre Publikum zu beobachten. Gegen Abend wird die Stimmung relaxter und das Publikum immer hipper. Do bis Sa legen abends DJs auf. Im ersten Stock befindet sich zudem ein ansprechendes Restaurant namens **First Floor** mit intimer Atmosphäre, das Zwei-Gang-Mittagsmenü kostet £ 12, abends ab £ 15. 186 Portobello Road, W11, ✆ 020/72438701. www.firstfloor portobello.co.uk. Ⓤ Ladbroke Grove oder Notting Hill Gate.

202, eine der besten Brunchadressen in London, integriert in einer Boutique. Kein Wunder, dass sich die coolsten Typen von Notting Hill hier versammeln und sich an leckeren *Blueberry Pancakes* laben. Tgl. 8.30–22.30 Uhr, So und Mo 10–17 Uhr geöffnet. 202 Westbourne Grove, W11, ✆ 020/77272722. Ⓤ Notting Hill Gate.

Osteria Basilico, die preisgünstige italienische Variante mitten in Notting Hill, und dies trotz des tollen Ambientes mit den blank gescheuerten Holztischen. An der Küche gibt es ebenfalls nichts auszusetzen. Lecker ist das Lamm mit Tomaten und Auberginen. Nudelgerichte und Pizzen ab £ 10, Hauptgerichte ab £ 17.50. 12,5 % *service charge*. 29 Kensington Park Road, ✆ 020/77279372. Ⓤ Notting Hill Gate.

The Churchill Arms, das Churchill sieht von außen aus wie ein ganz gewöhnlicher Pub, doch wird im grün bepflanzten Hinterzimmer (wie auch im Pub) überraschenderweise eine hervorragende Thaiküche serviert. Und der Clou: Jedes der üppig bemessenen Hauptgerichte – stets frisch zubereitet – kostet nur £ 6.50. Die Getränke muss man sich mittags selbst am Tresen holen. Schneller Service, das einzige Manko: Es gibt weder Salate noch Suppen – stattdessen Currys, gebratenen Reis und Nudelgerichte in verschiedenen Variationen. Und selbst wer nur Pub-Atmosphäre schnuppern will, wird nicht enttäuscht sein, der Laden ist abends immer voll. Kinder willkommen. Bis 23 Uhr geöffnet, Fr und Sa bis 24 Uhr. 119 Kensington Church Street, W8, ✆ 020/77921246. Ⓤ Notting Hill Gate.

Notting Hill Arts Club, die beste Adresse im Nachtleben: Gute Bands oder DJs und viel Szenepublikum. Vor 20 Uhr Eintritt frei, danach ab £ 5. 21 Notting Hill Gate, W11, www.nottinghillartsclub.com. Ⓤ Notting Hill Gate.

*L*ambeth und *S*outhwalk

Ministry of Sound, zählt unter Insidern zu den besten Londoner Discos. An den Plattentellern stehen die bekanntesten DJs aus Großbritannien und Amerika. Ab Mitternacht geöffnet. 103 Gaunt Street, SE1, ✆ 0171/3786528. www.ministryofsound.com. Ⓤ Elephant & Castle.

Blueprint Café, im ersten Stock des Design Museum gelegen, bietet das Blueprint Café viel für das Auge. Wundervoll ist die offene Terrasse mit Blick auf die Tower Bridge! Glücklicherweise enttäuschen auch die Leistungen des Küchenchefs nicht, der seine Gäste in Modern-British-Manier verwöhnt. Zwei-Gang-Menü zu £ 15, drei Gänge zu £ 20, abends £ 20 und £ 25 (*service charge*). Sonntagabend geschlossen. Butlers Wharf, ✆ 020/73787031. www.blue printcafe.co.uk. Ⓤ Tower Hill.

Butlers Wharf Chop House, ebenfalls ein durchgestyltes Conran-Restaurant, gekocht wird allerdings ziemlich traditionell. Wie wäre es einmal mit *Steak Kidney Pudding*? Schön sitzt man auf der Straßenterrasse direkt über der Themse. Recht preisgünstig ist das Bar Set Menu zu £ 12 und £ 14, im Restaurant kostet ein zweigängiges Menü beachtliche £ 22, ein dreigängiges Menü £ 26. 12,5 % *service charge*. Butlers Wharf, SE1, ✆ 020/74033403. Ⓤ Tower Hill.

Cantina del Ponte, nur ein paar Meter weiter werden anspruchsvolle italienische Gerichte mit einem orientalischen Einschlag serviert. Pizzen und Pasta zwischen £ 9.50 und £ 13, günstig sind die Mittagsmenüs für £ 15.95 (2 Gänge) bzw. £ 18.95 (3 Gänge), hinzu kommen noch jeweils 12,5 % *service charge*. Schöne Straßenterrasse mit Blick auf die Themse. Butlers Wharf, SE1, ✆ 020/74035403. www.cantina.co.uk. Ⓤ Tower Hill.

Wagamama, japanische Nudelvariationen in zahlreichen Variationen, beispielsweise als Suppe zu annehmbaren Preisen (Hauptgerichte £ 6–10). Modernes, unterkühltes Ambiente, im Sommer sitzt man auf der Straßenterrasse. Riverside, SE1, ✆ 020/70210877. www.wagamama.com. Ⓤ London Bridge.

Fish!, der Name ist Programm! Das in einem Glaspavillon untergebrachte Restaurant hat sich ganz dem Fisch verschrieben. Wer will, darf sich zwischen 17 verschiedenen Fischarten entscheiden, die nach Wunsch entweder gedünstet oder gegrillt und mit einer Sauce nach Wahl serviert werden (£ 10–20). Straßenterrasse mit Blick auf die Kathedrale. Cathedral Street, SE1, ✆ 020/74073803.

www.fishdiner.co.uk. Ⓤ London Bridge.
The George Inn, das ehrwürdige Pub mit seinen doppelstöckigen hölzernen Galerien ist eine Londoner Institution. Bereits Chaucer, Johnson und Dickens haben hier gezecht. 77 Borough High Street, SE1, ✆ 020/74072056. Ⓤ Borough oder London Bridge.

Kultur

In kultureller Hinsicht wartet London mit einem geradezu überwältigenden Angebot auf. Abend für Abend kann man allein im West End zwischen 50 verschiedenen Aufführungen auswählen. Das Spektrum reicht von modernen Musicals wie „Chicago" über klassische Konzerte bis hin zu Agatha Christie's „The Mousetrap", einem Klassiker, der seit 1953 ununterbrochen auf dem Spielplan des *St Martin Theatre* steht. Die etablierten Theater befinden sich fast alle im West End. Das erst 1976 eröffnete *Royal National Theatre* liegt am südlichen Ufer der Themse in einem großen Kulturkomplex, dem South Bank Centre. *Fringe* nennt man die Avantgardebühnen am Rande des etablierten Geschehens. Das Programm dieser Theater ist oft interessanter und spannender. In den letzten Jahren sind jedoch viele erfolgreiche Fringe-Stücke von West-End-Theatern übernommen worden.

Über das aktuelle Kino-, Konzert und Theaterprogramm informiert das Stadtmagazin *Time Out*, Theaterfreude sollten das Magazin *Hot Tickets* intensiver studieren, das jeden Donnerstag dem *Evening Standard* beiliegt.

*T*heater, *O*per und *T*anz

Royal National Theatre, Londons renommiertestes Theater verfügt über drei Säle: das große Olivier, das Lyttelton und die Studiobühne Cottesloe. South Bank, SE1, ✆ 020/74523000. www.nationaltheatre.org.uk. Ⓤ Waterloo.
Shakespeare's Globe Theatre, seit ein paar Jahren besitzt London eine Rekonstruktion von Shakespeares berühmtem, 1644 abgerissenen Theater. Gespielt wird nur bei Tageslicht, 500 Zuschauerplätze auf den Rängen und 1.000 Stehplätze im Hof.

Tickets ab £ 5. Bankside, Southwark, ✆ 020/74019919. www.shakespeares-globe.org. Vorverkauf in Deutschland: West End Theatre Tickets, ✆ 0228/361569. www.westendtickets.de. Ⓤ Blackfriars oder London Bridge.
The Royal Shakespeare Company, das renommierte Ensemble bespielt Bühnen im Barbican Centre: das größere *Barbican Theatre* sowie das intimere *The Spit*. Tickets ab £ 8. Barbican Centre, Silk Street, EC2, ✆ 020/76384141. www.rsc.org.uk. Ⓤ Barbican oder Moorgate.

Kunsttempel: Tate Modern

Donmar Warehouse, experimentelles Theater, das gelegentlich auch große Stars ins Rampenlicht lockt. Als Nicole Kidman 1998 in „The Blue Room" mitspielte, löste sie einen nicht enden wollenden Besucheransturm aus. Thomas Neal's, 41 Earlham Street, WC2, ✆ 0870/0606624. www.donmarwarehouse.com. Ⓤ Covent Garden.

Almeida, kleines, sehr ambitioniertes Theater. Tickets ab £ 8. Almeida Street, N1, ✆ 020/73594404. www.almeida.co.uk. Ⓤ Angel oder Highbury & Islington.

King's Head Theatre, anspruchsvolle Kleinkunstbühne im Hinterzimmer eines Pub. Vor der Aufführung wird ein dreigängiges Menü serviert. 115 Upper Street, N1, ✆ 020/72261916. Ⓤ Angel oder Highbury & Islington.

Royal Opera House, nach seiner Renovierung für 80 Millionen Pfund bietet das Opernhaus seit seiner Wiedereröffnung im Dezember 1999 hervorragende Inszenierungen. Bow Street, WC2, ✆ 020/73044000. www.royaloperahouse.org. Ⓤ Covent Garden oder Charing Cross.

*M*usicals

Chicago, eines der derzeit begehrtesten Londoner Musicals über eine Tänzerin, die ihren Liebhaber ermordet hat. Im Cabaretstil geht es durch das Chicago von Al Capone. Cambridge Theatre, Earlham Street, WC2, ✆ 020/74945081. www.chicagolondon.com. Ⓤ Charing Cross.

Les Miserables, freie Interpretation des berühmten Romans von Victor Hugo. Spielt im Paris des Jahres 1832. Queen's Theatre, Shaftesbury Avenue, W1, ✆ 020/78127434. www.lesmis.com. Ⓤ Leicester Square.

Mamma Mia, ein Must für alle Abba- und Siebzigerjahre-Fans. Prince of Whales Theatre, Coventry Street Street, W1, 020/74475400. Ⓤ Leicester Square.

The Phantom of the Opera, Andrew Lloyd Webbers beliebtestes Musical. Her Majesty's Theatre, Haymarket, SW1, ✆ 020/74945400. www.thephantomoftheopera.com. Ⓤ Piccadilly Circus.

The Lion King, ideal, nicht nur für Kinder: Disneys großer Zeichentrickfilm in einer ansprechenden Bühnenshow. Lyceum Theatre, Wellington Street, WC 2, ✆ 0870/2439000. www.thelionking.co.uk. Ⓤ Covent Garden.

Half Price Ticket Booth

Kurzentschlossene können am Half Price Ticket Booth auf dem Leicester Square noch Karten zum halben Preis für nicht ausverkaufte Vorstellungen des jeweiligen Abends erstehen. Der Schalter ist Mo–Sa 12–19 Uhr und So 12–15 Uhr geöffnet. Pro Karte wird zusätzlich eine Gebühr von £ 2 erhoben. www.officiallondontheatre.co.uk.

---

*M*usik

Astoria, unterschiedliche Konzerte, von Hip-Hop bis Hardrock sowie Crossover. Schwerpunkt Independent. 157 Charing Cross Road, W1, ✆ 020/74349592. Ⓤ Tottenham Court Road.

Brixton Academy, viele Hip-Hop- und Reggae-Konzerte vor größerem Publikum. Auch die Rolling Stones waren schon da. 211 Stockwell Road, SW9, ✆ 0870/7712000. www.brixton-academy.org.uk. Ⓤ Brixton.

Forum, hier finden zahlreiche Konzerte von Rock- und Pop-Größen statt. 1999 gab beispielsweise Natalie Imbruglia ein Konzert. 9–17 Highgate Road, NW5, ✆ 0870/5344444. Ⓤ Kentish Town.

Ronnie Scott's, im ältesten und wohl renommiertesten Jazz-Club Londons treten immer wieder absolute Topstars auf. Eine Vorausbuchung ist ratsam. 47 Frith Street, W1, ✆ 020/74390747. www.ronniescotts.co.uk. Ⓤ Leicester Square.

Hammersmith Apollo, beliebter Treff, Mainstream-Musik. Queen Caroline Street, W6, ✆ 020/87488660. Ⓤ Hammersmith.

Jazz Café, momentan eine der angesagtesten Adressen für anspruchsvolle Livemusik, auch Courtney Pine und Gil Scott Heron standen hier auf der Bühne. Stilrichtung: Jazz und World Music. 5 Parkway, NW1, ✆ 020/779166060. www.jazzcafe.co.uk. Ⓤ Camden Town.

Royal Albert Hall, in dem weltberühmten Konzertsaal treten neben Klassik- und Jazzinterpreten auch immer mehr Popmusiker auf. Kensington Gore, SW7, ✆ 020/75898212. www.royalalberthall.com. Ⓤ Knightsbridge oder South Kensington.

Wembley Arena, riesige Musikhalle für Mammutkonzerte. Hier spielen fast ausnahmslos nur die absoluten Musikgrößen. Empire Way, Wembley, Middlesex, ✆ 020/89020902. Ⓤ Wembley Park oder Wembley Central.

Kinos

Everyman, Londons ältestes und ambitioniertestes Programmkino. Viele Schwarz-Weiß-Klassiker. 5 Hollybush Vale, NW3, ✆ 0870/0664777. Ⓤ Hampstead.

ICA Cinema, abwechslungsreiche Kinokost für Cineasten. Nash House, The Mall, SW1, ✆ 020/79303647. www.ica.org.uk. Ⓤ Charing Cross oder Piccadilly Circus.

National Film Theatre, alljährlich im November findet hier das renommierte London Film Festival statt, sonst gibt es aber viele Hollywood-Produktionen. South Bank, SE1, ✆ 020/79283232. Ⓤ Waterloo oder Embankment.

Barbican Cinema, modernes Kino im Barbican Centre. Silk Street, EC2, ✆ 020/73827000. www.barbican.org.uk. Ⓤ Moorgate oder Barbican.

Notting Hill Coronet, günstiges, älteres Kino. 11 Rupert Street, W11, ✆ 020/77276705.

Ⓤ Notting Hill Gate.

IMAX, für 20 Millionen Pfund wurde 1999 das neue IMAX-Kino mit 500 Sitzplätzen eröffnet. Waterloo Bullring, SE1, ✆ 020/79283535. www.bfi.co.uk. Ⓤ Waterloo.

Odeon Leicester Square, mit 1943 Sitzplätzen der größte Kinosaal Londons. Anspruchsvolle Kinokost darf man bei abendlichen Preisen von mindestens £ 9 allerdings nicht erwarten. Leicester Square, WC2, ✆ 0870/5050007. Ⓤ Leicester Square.

Empire Leicester Square, der zweitgrößte Londoner Kinopalast. Leicester Square, WC2, ✆ 0870/0102030. Ⓤ Piccadilly Circus.

Prince Charles Cinema, hier laufen zwar nicht die aktuellsten Filme (meist ein paar Wochen alt), aber dafür kosten die Vorstellungen nur £ 6. Leicester Place, ✆ 020/74377003. www.princecharlescinema.com. Ⓤ Leicester Square.

Einkaufen

Kaufhäuser

Harrods, das berühmteste Kaufhaus von London, wenn nicht gar das der ganzen Welt. Hier gibt es nichts, was es nicht gibt. Und auch die Queen geht bei Harrods einkaufen, allerdings zu besonderen Öffnungszeiten. Eindrucksvoll sind die Food Halls und die Egyptian Hall. P. S.: Wer nur einmal schnell auf die Toilette möchte, sollte sich hierfür £ 1 einstecken … Auch So 12–18 Uhr geöffnet. Knightsbridge, SW1X. Ⓤ Knightsbridge.

Harvey Nichols, unweit von Harrods entfernt, ist das Kaufhaus vor allem für seine ausgefallene Schaufensterdekorationen bekannt. Modebewusste Kundlnnen finden bei „Harvey Nicks" eine breite Auswahl an bekannten Namen wie Gaultier, YSL, John Smedley, Tommy Hilfiger, Hugo Boss und Ralph Loren. Anschließend trifft man sich im fünften Stock zum Lunch. Auch So 12–18 Uhr geöffnet. 109–125 Knightsbridge, SW1X. Ⓤ Knightsbridge.

Selfridges, eines der großen, alteingesessenen Kaufhäuser von London. Umfassendes Warenangebot mit verlockenden Food Halls. Es gibt (fast) keinen Wunsch, der unerfüllt bleibt. Die Parfümabteilung ist angeblich die größte der Welt. Auch So 12–18 Uhr geöffnet. 400 Oxford Street, W1A. Ⓤ Bond Street.

Fortnum & Mason, F & M ist weniger ein Kaufhaus, denn eine Londoner Institution. Schon vor der Schlacht von Waterloo labten sich die englischen Offiziere an den Köstlichkeiten des Delikatessenhändlers. Sehenswert ist vor allem die Lebensmittelabteilung im Erdgeschoss, Antiquitäten und erlesene Möbel gibt es im 4. Stock. Auch wenn man nur ein kleines Glas Orangenmarmelade erstanden hat, eine Tüte von Fortnum & Mason macht sich einfach gut. 181 Piccadilly, W1. Ⓤ Green Park oder Piccadilly Circus.

Auf dem Portobello Market lässt sich so manches Schnäppchen machen

Marks & Spencer, die Filiale in der Oxford Street ist das Flaggschiff der größten britischen Warenhauskette. Textilien wie Pullover, Socken und Kinderkleidung sind hier immer noch günstig. Bekannt ist M & S für seine Wäscheabteilung. Das umgangssprachlich „Marks 'n' Sparks" genannte Kaufhaus ist das Harrods des kleinen Mannes. Ebenfalls So von 12–18 Uhr geöffnet. 458 Oxford Street, W1. ⓤ Marble Arch.

Liberty, das mit Pseudofachwerk verkleidete Kaufhaus wurde 1924 als Reminiszenz an die Tudor-Epoche konzipiert. Im holzgetäfelten Interieur wird anspruchsvoller Kommerz bis hin zu Haushaltswaren feilgeboten. Berühmt ist das Liberty für seine hochwertigen Baumwoll- und Seidenstoffe. 210–220 Regent Street, W1R. ⓤ Oxford Circus.

Peter Jones, nach Harrods und Selfridges gilt Peter Jones als die Nummer drei unter den Londoner Kaufhäusern. Die Präsentation der Waren wirkt aber ziemlich antiquiert. Sloane Square, SW1. ⓤ Sloane Square.

*K*lamotten & *S*chuhe

Dr Martens Department Store, ein El Dorado für alle Liebhaber von Dr-Martens-Schuhen, die auch in Deutschland längst ein Klassiker sind. In der Nähe des Covent Garden wird allerhand Schuhwerk in den Farben schwarz, braun, burgund und pastell verkauft. 21 Neal Street, WC2. ⓤ Covent Garden.

Nike Town, der ultimative Shop für alle Nike-Fans. Zahlreiche Animationen lassen einen Besuch in der weltweit größten Filiale des Sportartikelherstellers zum Einkaufserlebnis werden. 236 Oxford Street, W1. ⓤ Oxford Circus.

Topman, große Bekleidungsboutique mit Friseurabteilung. Vergleichsweise günstiges Angebot an hochmodischen Klamotten, die nicht nur bei jungen Londonern beliebt sind. Auch So 12–18 Uhr geöffnet. 214 Oxford Street, WR1. ⓤ Oxford Circus.

Agent Provocateur, phantasievoll-erotische Dessous von namhaften Modemachern. Die beeindruckende Wirkung sollte frau schon mindestens £ 35 wert sein, schließlich gehört auch Kate Moss zu den Kundinnen. 6 Broadwick Street, W1. ⓤ Oxford Circus oder Tottenham Court Road.

Burlington Arcade, vornehme, 1819 eröffnete Einkaufspassage für den „Verkauf von Kurzwaren, Kleidungsstücken und Gegenständen, die weder durch ihr Aussehen noch ihren Geruch Anstoß erregen". W1. ⓤ Piccadilly Circus.

Vivienne Westwood, die Queen unter den englischen Modemachern bietet in ihrer Boutique ausgefallene Kreationen feil. So geschlossen. 6 Davies Street, W1Y. ⓤ Bond Street.

John Lobb, wer bei Londons berühmtestem Schuhmacher ein Paar Schuhe kaufen möchte, muss mindestens ein halbes Jahr warten. Schließlich wird exakt Maß genommen und ein Holzmodell des Fußes gefertigt, bevor der Schuh nach den Wünschen des Kunden in reiner Handarbeit hergestellt wird. Das Endprodukt kostet dann ab £ 1.200 aufwärts und hält ein Leben lang. P. S.: Das zweite Paar ist billiger … 9 St James's Street, SW1. ⓤ Green Park.

World's End, die Stammboutique von Vivienne Westwood, die in den Siebzigerjahren den Punk-Look salonfähig gemacht hat,

ist an ihrer großen Uhr mit den rückwärtslaufenden Zeigern leicht zu erkennen. 430 King's Road, SW3. ⓤ Sloane Square.

Steinberg & Tolkien, riesige Auswahl an Secondhand-Klamotten, darunter auch so manches edle Designerstück. 193 King's Road, SW3. ⓤ Sloane Square.

Muji, die japanische Muji-Kette unterhält in London mehrere Shops. Das Konzept setzt auf minimalistisches funktionales Design (schlichter ist schöner), gute Qualität und günstige Preise. Von der Klobürste bis zum Fahrrad ist hier alles zu haben. Der Schwerpunkt liegt allerdings auf Kleidung und Wohnaccessoires. Das Londoner *Time Out Magazin* verlieh Muji kürzlich das Adjektiv „über-cool" (sic!). Auch So 12–18 Uhr geöffnet. 157 Kensington High Street, W8. ⓤ High Street Kensington.

*M*usik

HMV, sowohl von den Ausmaßen als von dem Angebot mit dem Virgin Megastore zu vergleichen. Ebenfalls So 12–18 Uhr geöff-

net. 150 Oxford Street, W1N. ⓤ Oxford Circus oder Tottenham Court Road.

*B*ücher

Hatchard's, zurückhaltend vornehm präsentiert sich die älteste, noch bestehende Buchhandlung Londons. Genau genommen, gehört Hatchard's allerdings schon längst zum Waterstone-Imperium. Auch So 12–18 Uhr geöffnet. 187 Piccadilly, W1V. ⓤ Piccadilly Circus.

Daunt Bookshop, die Buchhandlung aus eduardinischer Zeit mit ihrem großen Glasdach gilt als die schönste Londons. Der Schwerpunkt liegt auf der Reiseliteratur, wobei die Reiseführer zusammen mit der entsprechenden Literatur und Sachbüchern nach Ländern sortiert sind. Auf den Holzgalerien findet man auch eine gute Auswahl gebrauchter Bücher. Tgl. 9–19.30 Uhr, So 11–18 Uhr geöffnet. 83 Marylebone High Street. W1U. ⓤ Baker Street.
www.dauntbooks.co.uk.

Foyles, im Vergleich zu den zahllosen modernen Buchketten ist ein Besuch bei Foyles wie eine Zeitreise. Über mehrere Stockwerke verteilt, präsentiert sich Foyles als wahre Bücherfundgrube, selbst Titel, die schon lange vergriffen sind, stehen hier noch in den Regalen. Falls man sie findet … 113–119 Charing Cross Road, WC2H. ⓤ Leicester Square.

Stanfords, laut Eigenwerbung „das weltgrößte Karten- und Reisebuchgeschäft". Und das stimmt: Allein mehr als 500 französische Wanderkarten gibt es hier zur Auswahl, kein Land der Welt bleibt unberücksichtigt! 12 Long Acre, WC2.
www.stanfords.co.uk. ⓤ Leicester Square.

Silver Moon, der größte Frauenbuchladen Europas bietet alles von und über Frauen. Große Auswahl an lesbischer Literatur. Seit 2002 in der 3. Etage von Foyles. 113–119 Charing Cross Road, WC2H. ⓤ Leicester Square.

European Bookstore, hervorragende Auswahl an fremdsprachiger Literatur (vor allem in französischer und deutscher Sprache). Wer noch eine anspruchsvolle Urlaubslektüre sucht, wird hier garantiert fündig. 5 Warwick Street, W1. ⓤ Piccadilly Circus.

Travel Bookshop, der zu Filmehren gekommene Reisebuchladen besitzt ein umfassendes Sortiment an englischsprachigen Reiseführern, Bildbänden, Reiseliteratur und Landkarten. 13 Blenheim Crescent, W11. ⓤ Ladbroke Grove oder Notting Hill Gate.

London
Karte S. 86

Märkte

Spitalfields Market, nicht so bekannt wie der Camden Market und daher noch mit ursprünglicherem Flair. Tgl. außer Sa geöffnet; besonders gut besucht ist der Markt am So. Großes Angebot an Biokost. Commercial Street (zwischen Lamb und Brushfield Street), E1. Ⓤ Liverpool Street.

Petticoat Lane Market, auch wenn man es sich bei den von modernen Glas- und Betonbauten eingerahmten Marktständen kaum vorstellen kann, besitzt der Petticoat Lane Market eine mehr als 250-jährige Geschichte. Jeden So werden in der Middlesex Street und ihren Nebenstraßen vor allem Klamotten verkauft. Das Secondhand-Angebot ist stark rückläufig, die Preise sind dennoch günstig. Ⓤ Aldgate oder Aldgate East oder Liverpool Street.

Brick Lane Market, der sonntägliche Brick Lane Market wird nie wie der Camden Market zum touristischen Kanon Londons gehören. Dieser Markt, der zwischen der Eisenbahnunterführung und der Bethnal Green Road sowie auf der Scalter Street und der Cheshire Street stattfindet, ist ein authentischer Straßenmarkt der einfachen Leute. Zwischen schäbigen Häusern werden ab 6 Uhr morgens Gemüse, billige Kleidung, Fahrräder sowie allerlei Ramsch und Schrott an den Mann bzw. die Frau gebracht, mittags ist bereits alles vorbei. Ⓤ Aldgate East oder Liverpool Street.

Columbia Road Market, der schönste Blumenmarkt Londons. Jeden So werden in der Columbia Road Sonnenblumen, Anemonen und Gummibäume palettenweise verhökert. Ⓤ Shoreditch.

Leadenhall Market, eigentlich eine viktorianische Einkaufsarkade und daher schon von der Architektur her interessant. Unter den gusseisernen Bögen werden Gemüse, Fisch, Wild und Geflügel sowie zahlreiche andere Köstlichkeiten angeboten (besonders geschäftig geht es in den Mittagsstunden zu). Wer will, kann sich auch vor dem Restaurantbesuch meisterlich die Schuhe putzen lassen. Werktags von 7–16 Uhr geöffnet. Whittington Avenue, EC3. Ⓤ Bank oder Monument.

Camden Market, in der Camden High Street und der Chalk Farm Road wird am Wochenende ab 10 Uhr einer der buntesten Londoner Straßenmärkte abgehalten. Das vielfältige Angebot reicht von Klamotten über diversen Nippes bis hin zu exotischen Schrumpfköpfen. Mehrere Imbissbuden sorgen für das leibliche Wohl. Die Geschäfte im überdachten, auf Kunsthandwerk spezialisierten Camden Lock haben täglich außer Mo geöffnet. Ⓤ Camden Town.

Portobello Market, der samstägliche Markt auf der Portobello Road wird als der schönste der Stadt gerühmt. Mehr als 1.000 Händler säumen den sich über eine Meile hinziehenden Markt. Neben viel Ramsch lässt sich dennoch das eine oder andere Schnäppchen machen. Unter der Woche werden hingegen vor allem Obst und Gemüse feilgeboten. W11. Ⓤ Notting Hill Gate.

Berwick Street Market, mitten in Soho gelegen bietet der kleine Obst- und Gemüsemarkt in der Berwick Street erstaunlich günstige Preise. Die Musikgeschäfte direkt neben dem Markt führen eine gute Auswahl an Schallplatten und CD's. Ⓤ Leicester Square oder Piccadilly.

Brixton Market, großer Markt mit echt karibischem Einschlag: Reggae-Musik, Gewürze, exotisches Essen und viel westindisches Publikum. Oben auf der Brixton Station Road konzentrieren sich die Secondhand-Stände. Die beste Atmosphäre herrscht hier am Samstagvormittag. Brixton Station Road und Electric Avenue. Ⓤ Brixton.

Kult: Camden Market

Auf der Millenium Bridge übder die Themse

Stadterkundung

City of London

Die City of London erstreckt sich nur über wenig mehr als eine Quadratmeile. Sie wird von der *Temple Bar* im Westen begrenzt, im Norden von der *Smithfield Long* und der *Chiswell Street* (bis zur Liverpool Station), östlich von der *Middlesex Street* (bis zum Tower Hill) und im Süden von der *Themse.* Vermutlich befand sich hier schon vor Ankunft der Römer eine Ansiedlung mit einem kleinen Hafen. Die Eroberer nannten sie *Londinium* und befestigten sie mit einer Mauer. In der Folgezeit entwickelte sich daraus ein blühendes Handelszentrum, dessen Zeugnisse heute in den hiesigen Museen zu besichtigen sind. Seit dem Jahr 1215 ist die City durch die *Magna Carta* in rechtlicher Hinsicht weitgehend unabhängig; der Bürgermeister genießt seither zahlreiche Privilegien und hat einen direkten Zugang zum Königlichen Hof. Zweimal wurde das Gesicht der City of London entscheidend verändert: 1666 zerstörte ein Großfeuer zwei Drittel der überwiegend aus Holz errichteten Stadt; ähnlich verheerend waren die Verwüstungen durch die deutschen Luftangriffe im Zweiten Weltkrieg.

Das jetzige Stadtbild wurde in der zweiten Hälfte des 20. Jahrhunderts geprägt. Sofort fallen dem Besucher die Gebäudekomplexe der Banken und Versicherungsgesellschaften ins Auge. Wohnraum ist eine Seltenheit. In der City wird nicht gewohnt, sondern gearbeitet. Nur noch rund 6.000 Menschen – fast zwei Drittel in den begehrten Eigentumswohnungen des Barbican Centre – leben im historischen Zentrum Londons; den City-Bewohnern stehen mehr als 300.000 Pendler *(commuters)* gegenüber, die Tag für Tag aus den Vorstädten hereinfahren. Nachts und am

Wochenende ist das Viertel vollkommen ausgestorben, doch nach Feierabend und während der Mittagspause, wenn die Angestellten in die umliegenden Cafés und Sandwich-Bars strömen, geht es richtig hektisch zu.

Sehenswertes

The Monument: Eine 62,15 Meter hohe dorische Säule erinnert an die Verwüstungen durch das Große Feuer im Jahre 1666. Die Höhe des Denkmals entspricht exakt der Entfernung zu jener Bäckerei in der Pudding Lane, wo der schreckliche Brand ausbrach. Das eindrucksvolle Monument stammt von Sir Christopher Wren, der maßgeblich am Wiederaufbau der City beteiligt war. Der kurze, aber anstrengende Aufstieg – für die 311 Stufen bekommt man hinterher sogar eine Urkunde – wird mit einem schönen Panoramarundblick über die Dachlandschaft der City belohnt.

Monument Street, EC3. ⓊMonument. Tgl. 9.30–17.30 Uhr. Eintritt: £ 3, erm. £ 2 (Kombiticket mit Tower Bridge £ 8, erm. £ 5.50). www.themonument.info.

Der Große Brand

Innerhalb weniger Jahrzehnte hatte sich die Londoner Bevölkerung im 17. Jahrhundert auf über 200.000 verdoppelt, als in den frühen Morgenstunden des 2. September 1666 in einer Bäckerei an der Pudding Lane ein kleiner Brand ausbrach, der als ungefährlich eingestuft wurde. Der damalige Lord Mayor Sir Thomas Bloodworth murmelte etwas von „Kinderkram, den sogar eine Frau auspinkeln könnte" und legte sich wieder in sein Bett. Eine fatale Fehleinschätzung – denn wegen ungünstiger Winde breitete sich der „Kinderkram" zu einer fünf Tage währenden Feuersbrunst aus: „Und der mächtig starke Wind trieb das Feuer in die Stadt, und alles erwies sich nach so langer Trockenheit als brennbar, selbst die steinernen Kirchenmauern", notierte der Augenzeuge Samuel Pepys in seinem Tagebuch. Der Schaden war verheerend: Vier Fünftel der Londoner City und die Hälfte der westlichen Peripherie waren vernichtet. Rund 13.000 Häuser sowie 87 Kirchen, darunter die alte St Paul's Cathedral, wurden ein Opfer der Flammen. Das einzig Positive an der Feuersbrunst war, dass auch die Pest aus London verschwand.

Tower of London: Der Tower of London ist die am besten erhaltene mittelalterliche Festung Großbritanniens. Gleich nach der Schlacht von Hastings (1066) befahl Wilhelm der Eroberer den Bau einer Bastion außerhalb der Stadtmauern, um die Bevölkerung besser unter Kontrolle zu haben und seine Macht zu demonstrieren. Diese später als *White Tower* bezeichnete Burganlage – Baumeister war der Bischof Gundulf von Rochester – diente zunächst als Wohnsitz und Beobachtungsposten. Die Mauern sind mehr als drei Meter dick! Im Laufe des 12. und 13. Jahrhunderts wurde die Anlage wesentlich erweitert, unter anderem durch den *Bell Tower*, einen äußeren Befestigungsring und einen Wassergraben. Eine Besichtigung des Towers beginnt am *Middle Tower*, wo sich einst eine Zugbrücke befand. Danach gibt es keine vorgeschriebene Route, doch empfiehlt es sich, zuerst die interessanteste Dauerausstellung zu besuchen: Im *White Tower* wird man nämlich umfassend über die Baugeschichte des Towers informiert. Für die meisten Besucher ist es überraschend, dass bis 1835 zum Tower auch eine Menagerie mit Löwen und Elefanten gehörte, die später im Londoner Zoo aufging. Kinder sind besonders für die ausge-

Horse Guards Parade House

stellten mittelalterlichen Waffen und Rüstungen zu begeistern. Die *St John's Chapel* im zweiten Stockwerk, ein schlichter romanischer Sakralbau, ist das älteste erhaltene Gotteshaus Londons.

Empfehlenswert ist eine eingehende Betrachtung der Kronjuwelen im *Jewel House*, die sich trotz langer Warteschlangen lohnt. Die meisten Kroninsignien sind während der kurzlebigen Republik eingeschmolzen worden. Die älteste Krone stammt deshalb aus der Zeit der Restauration (der Zeit nach der Republik), sie wiegt fünf Pfund und wird noch heute für Krönungen benutzt. Schön ist Königin Viktorias *Imperial State Crown*, die mit mehr als 3.000 Diamanten aufwarten kann. Die Krone der Queen Mother aus dem Jahre 1937 wird u. a. vom berühmten Diamanten *Kohinoor* mit 108 Karat (1 Karat entspricht 0,2 Gramm) geschmückt. Er ist einer der größten Diamanten der Welt; überreicht wurde er Königin Viktoria 1850 von der britischen Indienarmee. Außerdem sind natürlich viele Kronen, Zepter, Reichsäpfel und Staatsschwerter zu besichtigen. Auf einem Rollband wird man an den Kronjuwelen vorbeigefahren, damit es nicht zu Staus kommt (die sich trotzdem bilden).

Nicht versäumen sollte man eine Besichtigung des zur Themse zeigenden *Traitor's Gate* und des angrenzenden *Medieval Palace,* in dem einst Eduard I. residierte. Im *Beauchamp Tower* haben bedeutende Staatsgefangene ihre Mauerkritzeleien hinterlassen, im *Bloody Tower* verbrachte *Sir Walter Raleigh,* der Gründer der englischen Kolonie Virginia, zusammen mit seiner Frau und seinen beiden Kindern zwölf lange Jahre und schrieb dabei seine „History of the World". Der *Wall Walk* führt entlang der östlichen Befestigungsmauer. Von einem Besuch des Infanteriemuseums *(Fusiliers' Museum),* für den ein zusätzlicher Obolus berechnet wird, kann man getrost Abstand nehmen. Wer im Tower die Orientierung verloren hat, sollte sich mit seinen Fragen an die *Yeomen Warders* wenden. Die uniformierte königliche Garde – im Volksmund werden sie *Beefeaters* genannt – gibt gerne Auskunft.

Hinter der Tower Bridge ragen die Wolkenkratzer in den Himmel

Ein Beleg für das ausgeprägte Traditionsbewusstsein der Engländer ist die nächtliche Zeremonie der Schlüsselübergabe. Seit etwa 700 Jahren wird immer um Punkt 21.53 Uhr das Haupttor des Towers abgeschlossen. Eine Teilnahmeerlaubnis dafür ist mindestens vier, besser noch acht Wochen vorher bei *Ceremony of the Keys* zu beantragen. Achtung: Legen Sie dem Brief einen internationalen Antwortschein bei. Die schriftliche Genehmigung muss man um 21.30 Uhr dem diensthabenden Offizier am Haupttor vorlegen.

SE1. ⓊTower Hill. Tgl. 9–17.30 Uhr, So und Mo erst ab 10 Uhr, im Winter nur bis 16.30 Uhr. Eintritt: £ 17, erm. £ 14.50 bzw. £ 9.50, Familienticket £ 47. Wer online bucht, spart £ 1 pro Erwachsenen. www.hrp.org.uk/ TowerOfLondon. Empfehlenswert ist der Audioguide. Ceremony of the Keys, 2nd Floor, Waterloo Block, HM Tower of London, EC3N 4AB.

Tower Bridge: Obwohl gerade erst ein gutes Jahrhundert alt, ist die Tower Bridge das am meisten fotografierte Wahrzeichen Londons. Die 1894 in der Nähe des Towers errichtete Hängebrücke wurde als technisches Wunderwerk bestaunt, da ihr bewegliches Mittelteil hochgezogen werden kann, um so auch größeren Schiffen die Durchfahrt zu ermöglichen. Die Zugbrücke – Architekt war *Sir Horace Jones* – gilt als technische Meisterleistung: Innerhalb von 90 Sekunden ist es möglich, die beiden Flügel hochzuziehen. Obwohl die Brücke damals mit modernster Hydrauliktechnik betrieben wurde, hüllte man den Mechanismus in ein mittelalterliches Gewand, damit Brücke und Tower ein harmonisches Ensemble bildeten.

SE1. ⓊTower Hill. Tower Bridge Experience. Tgl. 10–17.30 Uhr, im Winter bis 17 Uhr. Eintritt: £ 7, erm. £ 5 oder £ 3 (Kombiticket mit The Monument £ 8, erm. £ 5.50). www. towerbridge.co.uk.

Lloyd's Building: Lloyd's, die wohl berühmteste Versicherungsgesellschaft der Welt, ließ sich von 1978 bis 1986 für 169 Millionen Pfund den wohl architektonisch an-

spruchsvollsten Bau in der Londoner City errichten. Die Pläne stammen von Richard Rogers, der zuvor mit seinem Pariser Centre Pompidou für Furore gesorgt hatte.
Lime Street, EC3. Ⓤ Monument.

Museum of London: Zugegeben, der weiß gekachelte Bau wirkt nicht gerade anziehend, doch sollte man keinesfalls einen Besuch des 1976 eröffneten Londoner Stadtmuseums versäumen. Direkt neben einem Teilstück der römischen Stadtmauer gelegen, lädt das Museum zu einer didaktisch sehr ansprechenden Erkundung der Stadtgeschichte ein. Im Vordergrund stehen – abgesehen vom großen Feuer des Jahres 1666 – weniger die bedeutenden Ereignisse, sondern in erster Linie die Sozial- und Kulturgeschichte der englischen Hauptstadt. Von der Frühgeschichte über die römische Epoche bis zum multikulturellen London der 1990er-Jahre wird nichts ausgelassen. Besonders prachtvolle Exponate sind die reich verzierte Kutsche des Lord Mayor – die 1757 gefertigte Staatskarosse bringt mit ihren drei Tonnen mehr Gewicht auf die Waage als ein moderner Mercedes-Benz – und ein Artdéco-Aufzug, der aus dem an der Oxford Street gelegenen Kaufhaus Selfridges stammt. Die Lower Galleries, die sich mit der Geschichte Londons von 1666 bis in die Gegenwart beschäftigen, präsentieren sich nach umfangreichen, zwanzig Millionen Pfund teueren Renovierungsarbeiten seit dem Sommer 2010 mit einer vollkommen neuen Dauerausstellung.

Ein Tipp: Da sich das Museum stets um ansprechende Sonderausstellungen bemüht, lohnt sich ein Besuch bei jedem Londonaufenthalt.
London Wall, EC2. Ⓤ St Paul's. Tgl. 10–17.50, So ab 12 Uhr. Eintritt frei! www.museumof london.org.uk.

Barbican Centre: Der riesige, zwischen 1959 und 1981 errichtete Komplex des Barbican Centre – der Name erinnert an einen mittelalterlichen Wachtturm – wird von manchen Leuten als das englische Gegenstück zum New Yorker Lincoln Centre bezeichnet. Unter „einem Dach" sind hier die *Concert Hall,* das *Royal Shakespeare Company Theatre,* das *Pit Theatre,* die Kunstgalerie *Barbican Art Gallery,* die *Exhibition Hall,* eine *Bibliothek* und mehrere Kinos vereint. Im Konservatorium spielt auch das berühmte *London Symphony Orchestra.* Innenhöfe, Cafés, Bars und Restaurants sorgen für einen gemütlichen Rahmen.
Silk Street, EC2. Ⓤ Barbican oder Moorgate.

St Paul's Cathedral: Der Sitz des anglikanischen Bischofs von London ist nach dem Petersdom zu Rom das zweitgrößte Gotteshaus Europas: Das Kirchenschiff misst 152 Meter in der Länge! Ähnlich wie in der Westminster Abbey ruhen in der Krypta von St Paul viele Persönlichkeiten der englischen Geschichte, wie beispielsweise der Duke of Wellington, Lord Horatio Nelson sowie der Architekt der Kirche, Sir Christopher Wren (der von außen zugängliche Eingang befindet sich beim nördlichen Kirchturm). Die Kirche selbst zeigt sich trotz ihrer Dimensionen als ein harmonischer, von der italienischen Renaissance beeinflusster Bau mit zwei Barocktürmen. Verglichen mit der Formenfülle deutscher Barockkirchen strahlt die Kathedrale eine geradezu unterkühlte Atmosphäre aus. St Paul ist gewissermaßen das Meisterwerk von Christopher Wren (1632–1723), dem wohl bekanntesten Baumeister im nachrepublikanischen London. Wer die Kirche besucht, sollte trotz des zusätzlichen Entgeltes nicht versäumen, die 530 Stufen zur 111 Meter hohen Kuppel und der Flüstergalerie *(Whispering Gallery)* emporzusteigen. Die Aussicht ist phantastisch!
St Paul's Churchyard, EC4. Ⓤ St Paul's. Mo–Sa 8.30–16 Uhr, Galleries ab 9.30 Uhr. Eintritt: £ 12.50, erm. £ 11.50 bzw. £ 9.50, bis 16 Jahre £ 4.50. Führungen: £ 3 zusätzlich. www.stpauls.co.uk.

London
Karte S. 86

Old Bailey: Das oberste Gerichtsgebäude der Stadt *(Central Criminal Court)* wird überragt von einer 165 Meter hohen Kuppel. Auf dieser befindet sich die vier Meter hohe Statue der *Justitia* (Lady of Justice). Alle fünf Jahre wird sie neu vergoldet und jedes Jahr im August gründlich gereinigt.

Newgate Street, EC2. ⓤ St Paul's. Hinweis: Die Gerichtssitzungen sind generell öffentlich, man kann Mo–Fr von 10.30 bis 13 Uhr sowie zwischen 14 und 16 Uhr daran teilnehmen. Das Mindestalter für Zuschauer liegt bei 14 Jahren.

Strand, Fleet Street, Holborn und Clerkenwell

Da London ursprünglich aus zwei Städten, der City of London und der City of Westminster, bestand, kann man die Law Courts guten Gewissens als Nahtstelle bezeichnen. Die Gerichtshöfe liegen direkt an der Fleet Street, die als „Straße der Tinte" weltberühmt geworden ist. Die Geburtsstunde der Inns of Court schlug gegen Ende des 13. Jahrhunderts, als König *Eduard I.* einen großen Teil der Rechtsprechung auf einige vom Gericht bestimmte Personen übertrug, um den Kirchenfürsten die Gerichtsbarkeit zu entziehen. Um diesen Einstieg in das *English Common Law* zu ermöglichen, wurden auf einem Areal, das einst dem Orden der Tempelritter gehört hatte, die ersten Rechtsschulen gegründet. Im Laufe des 15. und 16. Jahrhunderts entstand dann eine beschauliche Anlage mit Höfen, Gärten und Kirchen. In unmittelbarer Nachbarschaft, in der Fleet Street, eröffnete *Wynkyn de Worde* im Jahre 1491 eine Druckerwerkstatt. Mit einiger Verzögerung zogen auch die Zeitungsverleger in die Fleet Street. Den Anfang machte der *Daily Courant,* der am 11. März 1702 erstmals erschien. Zahllose weitere renommierte Tageszeitungen, darunter die *Times* sollten folgen. Ein Standortvorteil war die Nähe zu den Gerichten und zur Börse, so dass die Journalisten noch kurz vor Redaktionsschluss die neuesten Urteile kommentieren konnten. Bis in die Achtzigerjahre war die „Straße der Tinte", wie die Fleet Street liebevoll genannt wurde, das Zentrum der britischen Zeitungsindustrie. In den Untergeschossen der Bürohäuser wurden alle großen Zeitungen, wie der *Daily Telegraph,* die *Financial Times* und der *Daily Express,* gedruckt. Da es durch die Entwicklung neuer Redaktions- und Produktionstechnologien nicht mehr länger notwendig war, dass Journalisten, Setzer und Drucker gemeinsam unter einem Dach arbeiten, lagerten viele Zeitungen ihr Druckhaus in die Docklands aus.

Nordöstlich der Fleet Street liegt Clerkenwell, einer jener Stadtteile, die derzeit voll im Trend liegen. Nach dem Ende des Zweiten Weltkriegs verkam Clerkenwell zunehmend, bis das durch verlassene Industriebauten geprägte Viertel zu Beginn der 1990er-Jahre unerwartet vom Schmuddelkind zum Geheimtipp mutierte. Leer stehende Fabrikgebäude wurden zu schicken Lofts umgebaut, Architekturbüros und Werbeagenturen gegründet. Aufgrund der günstigen Mieten und der vorteilhaften Nähe zur City und nach Soho richteten sich Künstler ihre Ateliers ein, Galerien und Szenekneipen folgten nach. Quasi über Nacht war Clerkenwell en vogue. Der urbane Charakter, gepaart mit verwinkelten Gassen und kleinen Plätzen, gefiel auch den Fotografen, Grafikern und Architekten. Es wird nicht mehr lange dauern, bis sich die Künstler die Mieten für ihre Ateliers nicht mehr leisten können, da es in Yuppiekreisen als chic gilt, ein Loft in Clerkenwell zu besitzen.

Sehenswertes

Courtauld Gallery: Obwohl die Courtald Gallery nur über eine bescheidene Ausstellungsfläche verfügt, besitzt sie eine der hochkarätigsten Sammlungen von ganz

Ein Hauch von Nostalgie: Holborn Viaduct

England. Zu ihrem Fundus gehören Werke von Rubens, Tiepolo, Botticelli, Pieter Brueghel, Lucas Cranach bis hin zu Manet, Degas, Cézanne, Monet, Pissarro, Gauguin, Renoir, Seurat, Toulouse-Lautrec und Vincent van Gogh.

Somerset House, Strand, WC2R. ⓤ Temple. Tgl. 10–18 Uhr. Eintritt: £ 5, erm. £ 4. Mo 10–14 Uhr: Eintritt frei. www.courtauld.ac.uk.

Royal Courts of Justice: Seit Ende des 19. Jahrhunderts hat der oberste Gerichtshof von England hier seinen Sitz. 1874 begannen die Arbeiten unter Anleitung des Architekten G. E. Street, doch es dauerte acht Jahre, bis Queen Viktoria den neogotischen Bau einweihen konnte. Über tausend Räume und mehr als 5,5 Kilometer lange Korridore findet man im Inneren. Von der riesigen Eingangshalle mit ihrem eindrucksvollen Mosaikfußboden kommt man in einen kleineren Nebenraum, in dem einige Roben ausgestellt sind. Während der Öffnungszeiten darf man auf allen *Public Galleries* den Verhandlungen beiwohnen.

Strand, WC2. ⓤ Temple. Mo–Fr 9.30–16.30 Uhr.

Inns of Court: In der unmittelbaren Umgebung der Royal Courts of Justice befinden sich die vier *Inns of Court* (Lincoln's Inn, Inner Temple, Middle Temple und Gray's Inn). Hier werden die *barristers*, jene Rechtsanwälte, die vor Gericht plädieren dürfen, ausgebildet. Ihr besonderer Status – im Vergleich zu den übrigen Advokaten – ist allein an ihrer kleinen Zahl zu erkennen, denn in England und Wales gibt es gerade einmal 6.000 *barristers* (alle anderen Juristen heißen *solicitors*). Und nur ein *barrister* kann in den Richterstand erhoben werden. Wer allerdings ein solcher Elitejurist werden will, muss zunächst den mühevollen Weg durch die altehrwürdigen Rechtsschulen gehen.

Strand, WC2. ⓤ Temple (für die beiden Temple Inns), Holborn oder Chancery (für Lincoln's Inn) und Chancery (für Gray's Inn).

Dr Johnson's House: Der Kritiker *Samuel Johnson* (1709–1784) gilt als der herausragende Gelehrte der englischen Spätaufklärung. Außer Shakespeare wird kein englischer Schriftsteller so häufig zitiert wie Samuel Johnson. Von 1748 bis 1759 lebte Johnson in diesem Haus und arbeitete zusammen mit sechs Sekretären an seinem berühmten „Dictionary of the English Language".

17 Gough Square, EC4. ⓤ Chancery Lane. Tgl. außer So 11–17.30 Uhr, im Winter bis 17 Uhr. Eintritt: £ 4.50, erm. £ 3.50 bzw. £ 1.50. www.drjohnsonshouse.org.

Sir John Soane's Museum: Das Sir John Soane's Museum ist das wahrscheinlich ungewöhnlichste Museum in ganz London. Mit seinen verwinkelten, ineinander verschachtelten Räumlichkeiten erinnert es stark an ein frühneuzeitliches Kuriositätenkabinett. Der Architekt *Sir John Soane* (1753–1837) hat hier 24 Jahre seines Lebens verbracht und das Haus sukzessive in ein Museum umgewandelt. Seither steht das im nahezu unveränderten Zustand erhaltene Museum allen interessierten Besuchern offen. Zu den wertvollsten Exponaten zählt ein ägyptischer Sarkophag des Herrschers Seti I.; im Picture Room und anderen Zimmern hängen Bilder von Hogarth, Turner und Watteau.

13 Lincoln's Inn Fields, WC2. ⓤ Holborn. Di–Sa 10–17 Uhr sowie am 1. Di des Monats 18–21 Uhr bei Kerzenlicht. Eintritt frei! Sonderausstellungen: £ 3. www.soane.org.

Bloomsbury

Bloomsbury ist traditionell das Viertel der Dichter und Intellektuellen, der Universitäten und Bibliotheken. Mit dem British Museum besitzt Bloomsbury zudem einen der größten Londoner Publikumsmagneten, der im Jahre 2003 sein 250. Jubiläum feiern konnte. Die vielen Studenten machen auf die 1836 am Gordon Square, im Herzen von Bloomsbury, eröffnete *University of London* aufmerksam. Nach einem Campus sucht man allerdings vergeblich, denn die Universität ist auf mehr als hundert Gebäude von Bloomsbury verteilt. Obwohl in der imaginären Rangfolge der englischen Universitäten hinter Oxford und Cambridge nur an dritter Stelle stehend, genießt das „Cockney College" einen fortschrittlichen Ruf. Dies gründet sich auf dem Umstand, dass hier auch Studenten aufgenommen wurden, die nicht der anglikanischen Kirche angehörten, zudem beschritt man mit der Einrichtung von naturwissenschaftlichen und neusprachlichen Lehrstühlen akademisches Neuland.

Sehenswertes

British Museum: Den Grundstock für das 1759 gegründete British Museum bildete die Sammlung des irischen Arztes Hans Sloane, die der englische Staat wenige Jahre zuvor erworben hatte. In der Anfangsphase fungierte diese nationale Institution nur als Bibliothek und naturwissenschaftliche Sammlung, die von den Zeitgenossen als „the old curiosity shop" verspottet wurde; Fürst Pückler-Muskau stufte die Sammlung gar als „Mischmasch" ein. Erst infolge der napoleonischen Kriege und Beutezüge stieg das British Museum im frühen 19. Jahrhundert, dem Vorbild des Pariser Louvre nacheifernd, zur ersten Adresse unter den Antikensammlungen auf. Hatte das Museum bis dato im alten Montague House Platz gefunden, legte John Smirke 1823 einen Entwurf für einen Neubau vor, den sein Bruder Robert 1857 vollendete: Der mächtige Bau des Greek Revival mit ionischem Portikus wies demonstrativ auf die Kostbarkeiten der Sammlung hin. Ganz im Geiste der Aufklärung war man darum bemüht, alle Ausdrucksformen der menschlichen Kultur wie eine lebendige Enzyklopädie unter einem Dach zu versammeln.

Um sich einen ersten Überblick über die einzelnen Sammlungen zu verschaffen, empfiehlt es sich, am Eingang des „BM" einen der kostenlosen Übersichtspläne sowie aktuelles Informationsmaterial mitzunehmen. In vielen Sälen enttäuscht jedoch die antiquierte Darbietung der Kunstschätze; mithilfe einer modernen museumsdidaktischen Präsentation würde das British Museum sicher an Attraktivität gewinnen. Nichtsdestotrotz können Kunstliebhaber problemlos mehrere Tage in diesem musealen Labyrinth verbringen. Von herausragender Bedeutung ist fraglos die im Westflügel untergebrachte Sammlung griechischer und römischer Altertümer mit den *Elgin Marbles* in Raum 18. Die kostbaren Marmorreliefe gehörten zu einem Fries, der die Cella des Parthenons umgab und den Festzug der Panathenäen zu Ehren der Athena darstellt. Großer Beliebtheit erfreut sich die ägyptische Abteilung mit ihren Mumien (Raum 61 bis 66) und der in Raum 4 stehende *Rosetta Stone*, mit dessen Hilfe Jean-François Champollion 1822 die Entzifferung der ägyptischen Hieroglyphen glückte. Ebenfalls im Westflügel befinden sich die Altertümer aus dem Nahen Osten mit vielen sehenswerten assyrischen Skulpturen. Einblicke in die prähistorische und römische Vergangenheit Großbritanniens bieten die Exponate in den Räumen 41, 49 und50; hier ist auch der *Mildenhall Treasure* – ein reich verziertes römisches Tafelsilber aus dem vierten Jahrhundert unserer Zeitrechnung – zu bewundern. Die orientalischen Sammlungen umfassen seltene Keramiken aus Japan, China und Persien (Räume 33a, 33b, 35 sowie 56 bis 94). Für Kinder ist sicherlich die ethnographische Abteilung (Räume 26 und 27) mit ihren Exponaten zur Geschichte und Kultur der Indianer in Nordamerika und Mexiko besonders interessant.

London
Karte S. 86

Raub oder Kauf?

Die berühmtesten Exponate aus der Sammlung griechischer und römischer Altertümer sind die vom Athener Pantheon stammenden *Elgin Marbles*. Als Athen im frühen 19. Jahrhundert von den Türken besetzt war, kaufte der namensgebende Lord Thomas Elgin die Reliefs und rettete sie vor dem Verfall – so die englische Version; für die Griechen stellt der „Kauf" einen klassischen Kunstraub dar, weshalb sie nicht müde werden, die *Elgin Marbles* zurückzufordern. Und sie haben Recht: Lord Elgin hat nämlich nicht nur eine der Koren des Erechtheion abtransportiert, sondern auch fast die Hälfte des Frieses vom Pantheon sowie die Giebelfiguren und Metropen abreißen lassen, weshalb ihn schon ein Zeitgenosse, der bayerische König Ludwig I., der „Barbarei" bezichtigte. Die Bemühungen um die Rückgabe der *Elgin Marbles* sind aber fast zwangsläufig vergeblich, denn ein großer Teil der Exponate des British Museum ist das Ergebnis eines einzigartigen Kunstimperialismus. Wo auch immer in der Welt Vertreter des Empires auftauchten, klauten – respektive kauften – sie, soviel sie nur konnten. Würde man nun die griechischen Forderungen als rechtmäßig anerkennen, müssten die Engländer sich von einem beachtlichen Teil der im British Museum ausgestellten Exponate trennen …

An die ursprünglich dem British Museum angeschlossene British Library erinnert nur noch der kreisrunde Lesesaal, die kostbaren Bücher und Handschriften sind vor einigen Jahren in einen Neubau an der Euston Road gebracht worden. Dieser weltberühmte *Reading Room*, in dem bereits Marx an seinem „Kapital" gearbeitet hat, bildet auch das Herz des von *Lord Norman Foster* geplanten Umbaus des British Museum (Gesamtkosten: £ 100 Millionen). Im Rahmen der im Dezember 2000 abgeschlossenen Arbeiten wurde der gesamte Innenhof mit einem grazilen Glasdach mit 3312 einzelnen Fensterscheiben überzogen, um so neue Ausstellungsflächen für die ethnographischen Sammlungen sowie Platz für Seminarräume, Shops und Restaurants zu schaffen. Der *Reading Room* beherbergt das kultursoziologische Annenberg Centre mit der Paul Hamlyn Library und ist seither erstmals auch Besuchern zugänglich.

Tipp: Wegen des stets großen Andrangs empfiehlt es sich, das Museum in den Vormittagsstunden zu besuchen; Sonntage gilt es, wenn möglich, zu meiden. Wer will, kann sich für £ 3 einen Audioguide leihen, der die *Elgin Marbles* ausführlich kommentiert.

Great Russell Street, WC1, Ⓤ Tottenham Court Road (ein zweiter Eingang befindet sich am Montague Place). Tgl. 10–17.30 Uhr, Do bis 20.30 Uhr, Fr 12–20.30 Uhr (nur Teile des Museums sind abends geöffnet). Der Great Court ist tgl. 9–18 Uhr sowie Do–Sa bis 23 Uhr geöffnet. Eintritt frei! www.the britishmuseum.ac.uk.

Dickens House: Nach der auch in finanzieller Hinsicht sehr erfolgreichen Veröffentlichung der „Pickwick Papers" bezog Charles Dickens (1812–1870) ein Haus in der Doughty Street. Zwischen 1837 und 1839 lebte er in dem georgianischen Reihenhaus und schrieb große Teile von „Oliver Twist" und „Nicholas Nickelby". Da das Haus als einziges von Dickens zahlreichen Wohnsitzen erhalten geblieben ist, lag es nahe, hier ein Museum einzurichten. Die Räume des *Dickens House* wurden weitgehend in den damaligen Zustand versetzt. Neben einer umfangreichen Dickens-Bibliothek sind vor allem Portraits, Fotos, Manuskripte, Briefe und weitere Gegenstände aus Dickens persönlichem Besitz zu sehen. Ein Raum ist seiner Schwägerin und heimlichen Liebe Mary Hogarth gewidmet, die hier im zarten Alter von 16 Jahren verstarb. Im Keller ist die Küche von Digley Dell, die in den „Pickwick Papers" beschrieben wird, nachgebildet.

48 Dougthy Street, WC1, Ⓤ Chancery Lane oder Russell Square. Mo–Sa 10–17 Uhr, So 11–17 Uhr. Eintritt: £ 5, erm. £ 4 oder £ 3. www.dickensmuseum.com.

Marylebone

Zwischen Hyde Park und Regent's Park gelegen, gefällt Marylebone mit seinen beschaulichen Straßenzügen. Madame Tussaud's und das London Planetarium sind die Hauptattraktionen des Viertels; im Vergleich dazu führt die hochkarätig bestückte Wallace Collection ein regelrechtes Schattendasein. Noch vor weniger als 300 Jahren war Marylebone ein unbedeutendes Dorf am nördlichen Rand von London, dem die Kirche *St Mary by the bourne* ihren Namen gab; der nördliche Teil – der heutige Regent's Park – diente als königliches Jagdgebiet. Mit anderen Worten: Eine ländliche Idylle, in der die Londoner wie beispielsweise Samuel Pepys gerne spazieren gingen. Im Laufe des 18. Jahrhunderts erfolgte dann durch Edward Harley, den 2. Earl of Oxford, eine planmäßige Bebauung im georgianischen Stil. Das Viertel wuchs schnell zu einem Stadtteil heran, in dem sich vor allem Prostituierte niederließen. Nichtsdestotrotz gehörte Marylebone, sieht man einmal von den 1970er-Jahren ab, als die Gegend erneut in dem Ruf stand, dass sich hier reiche Geschäftsleute von jungen Frauen in gepflegtem Ambiente verwöhnen lassen konnten, stets zu den beliebtesten Wohnadressen des Londoner Großbürgertums. Besonders die Luxuswohnungen in den sogenannten Nash Terraces am Regent's Park sind schier unerschwinglich. Positiv zu vermerken ist, dass sich Marylebone trotz seiner Nähe zur Oxford Street bis heute ein kleinstädtisches Flair bewahren konnte.

Little Venice

Mit der *Bakerloo Line* sind es von Marylebone nur ein paar Stationen zur Warwick Avenue. In unmittelbarer Nähe der Tubestation eröffnet sich dem Besucher eine andere Welt: Little Venice. Dort, wo der Grand Union Canal, der Paddington Zweig und der Regent's Canal zusammentreffen und ein kleines Hafenbecken bilden, liegen bunte Hausboote vor Anker, einige wurden zum Café oder Restaurant umfunktioniert. Eine absolut malerische Kulisse! Vor allem in den 1960er- und 1970er-Jahren war es in Hippiekreisen sehr beliebt, auf einem Hausboot in Little Venice zu wohnen. *Richard Branson*, der Gründer des Virgin Imperiums, gehörte in seinen jungen Jahren zur eingeschworenen Gemeinde der Hausbootbesitzer. Wer will, kann mit dem Boot einen Ausflug bis zum Camden Lock unternehmen oder am Kanal entlang bis zum London Zoo wandern.

Sehenswertes

Madame Tussaud's: Madame Tussaud's Wachsfigurenkabinett ging aus einer 1770 in Paris begründeten Wanderausstellung hervor, die im Jahre 1802, als die Einnahmen aufgrund der napoleonischen Kriege zurückgingen, erstmals nach England kam. Die anfangs 36 Figuren umfassende Ausstellung wuchs so schnell an, dass sich Marie Tussaud 1835 dauerhaft in London niederließ. Seit 1884 ist die Sammlung am Nordrand von Marylebone untergebracht. Um stets auf der Höhe der Zeit zu sein, werden beständig berühmte Persönlichkeiten in den erlesenen Wachsfigurenzirkel aufgenommen. Wer also schon immer einmal der Royal Family tief in die Augen blicken wollte, dem bietet sich bei Madame Tussaud's die einmalige Gelegenheit. Glaubensfeste Katholiken können sich vor Papst Johannes Paul II. verbeugen, und auch die Fans von Mel Gibson und Pierce Brosnan kommen selbstverständlich nicht zu kurz; egal, ob man nun Elvis oder John Lennon verehrt, jeder Besucher wird hier sein Idol finden. Ausführlichere Informationen zu den dargestellten Personen werden leider nicht gegeben.

Geradezu geschmacklos und politisch borniert ist die Abteilung mit den *World Leaders*. Da stehen Mahatma Gandhi und Nelson Mandela einträchtig in einem Raum mit Fidel Castro, Saddam Hussein und Adolf Hitler. Und wenn man nur fünf Minuten wartet, stellt sich irgendein dämlich grinsender Besucher neben den „Führer" und lässt sich mit einem zum Hitlergruß erhobenen Arm fotografieren. Die Wachsfigur von Adolf Hitler stammt übrigens aus den 1930er-Jahren und „überlebte" im Jahre 1940 ironischerweise einen deutschen Bombenangriff, durch den damals ein Großteil der Sammlung zerstört wurde. Kritische Anmerkungen oder weitere Informationen zu den dargestellten Personen fehlen vollkommen, stattdessen wird man aufgefordert, sich für einen Tag als „King of the World" zu fühlen. Ein wahrlich erhabenes Gefühl. Die erst unlängst eröffnete Abteilung *Spirit of London* lädt zu einer effekthaschenden Zeitreise in einem Pseudotaxi durch die Londoner Geschichte ein. Insgesamt erinnert das Spektakel mit Great Fire und Swinging London eher an eine langweilige Kinderkarussellfahrt, einzig das Pseudosteuer fehlt, denn dann könnten sich wenigstens die kleinsten Besucher vorstellen, sie würden das Taxi selber lenken. Und wenn sich die Türen von Madame Tussaud's hinter einem geschlossen haben, dann zweifelt man daran, ob man den Eintrittspreis nicht vielleicht in ein leckeres Menü hätte investieren sollen …

Ein Tipp: Wer keine Lust hat, sich in die schier endlose Schlange vor der Kasse einzureihen und eine Kreditkarte besitzt, kann sich vorab telefonisch ein Ticket bestellen: ☎ 0870/4003000.

Marylebone Road, NW1. ⓊBaker Street. Tgl. 9.30–19 Uhr, am Wochenende und in den britischen Schulferien ab 9 Uhr. Eintritt: Bis 15 Jahre £ 21.60–24, Erwachsene £ 25.20–28. www.madame-tussauds.co.uk.

Sherlock Holmes Museum: Bereits an der Tube-Station Baker Street betreibt ein als Sherlock Holmes kostümierter Mann Werbung für das Museum. Diese verheißungsvolle Werbeaktion hat das dem berühmten Detektiv gewidmete Museum gewiss nötig: Das kleine Haus mit Kaminzimmer und diversem viktorianischen Nippes besitzt zwar fraglos eine gewisse Atmosphäre, ob diese allerdings den happigen Eintrittspreis rechtfertigt, ist zu bezweifeln. Hintergründiges, beispielsweise über den Schriftsteller *Sir Arthur Conan Doyle*, erfährt der Besucher jedenfalls nicht. Und der fiktive Meisterdetektiv lebte sowieso in der Baker Street 221b …

239 Baker Street, NW1. ⓊBaker Street. Tgl. 9.30–18 Uhr. Eintritt: £ 6, erm. £ 4. www.sherlock-holmes.co.uk.

Regent's Park: Der Regent's Park ist eine der größten und schönsten Londoner Grünanlagen. Sein besonderes Flair verdankt der Park vor allem den ihn umrahmenden Wohnpalästen, die im frühen 19. Jahrhundert nach Plänen von *John Nash* (1752–1835) errichtet wurden. Die Grundidee für die Anlage des Regent's Park war, ein aristokratisches Wohnquartier zu schaffen, in dem anspruchsvolle Baukunst und gepflegte Natur zu einer harmonischen Einheit finden. Nash war der Lieblingsarchitekt von *Georg IV.*, der bereits als *Prince Regent* bemüht war, London von seinem provinziellen Touch zu befreien.

Es gibt zwei Möglichkeiten, den Regent's Park zu erkunden. Entweder folgt man dem rund 3,2 Kilometer langen *Outer Circle*, der das gesamte Areal samt des *London Zoo* einschließt oder man strebt direkt dem kreisrunden *Inner Circle* zu. Letzterer beherbergt die *Queen Mary's Gardens*, deren größter Teil von einem traumhaften Rosengarten eingenommen wird, sowie das *Open Air Theatre*. Wasserfreunde können am künstlichen, ypsilonförmigen *Boating Lake* zu einer Bootsfahrt aufbrechen

Grüne Lunge: Regent's Park

oder am *Regent's Canal* entlangspazieren. Am Westrand des Parks befindet sich auch die Londoner Zentralmoschee mit ihrem auffälligen Kuppelmosaik.

London Zoo: Im Jahre 1828 gegründet, ist der Londoner Zoo der älteste zoologische Garten Europas, der sich seither um den Erhalt bedrohter Tierarten verdient gemacht hat. Es gibt auf dem Areal des Tiergartens auch anspruchsvolle moderne Architektur zu bewundern, so das Elefantenhaus von Hugh Casson oder das Pinguinbecken aus den 1930er-Jahren. Die jüngsten Besucher können in dem attraktiven Children's Zoo herumtollen.

Regent's Park, NW1. Ⓤ Baker Street oder Camden Town. Tgl. 10–17.30 Uhr, im Winter nur bis 16 Uhr. Eintritt: £ 18, erm. £ 14.20. www.londonzoo.co.uk.

The Wallace Collection: Die Familie des Marquess of Hertford hat über mehrere Generationen eine außergewöhnliche Kunstsammlung zusammengetragen. Besonders *Sir Richard Wallace*, der Sohn des vierten Marquess, hat sich um die Gemäldesammlung verdient gemacht und diese durch gezielte Zukäufe erweitert. Seine Witwe überließ die Kunstwerke 1897 dem Staat mit der Auflage, dass diese für immer in London verbleiben müssen. Die Wallace Collection ist seither im ehemaligen Stadtpalast der Hertfords untergebracht und bietet einen guten Einblick in die europäische Malerei. Ausgestellt sind Werke von Rembrandt, Rubens, Tizian, Fragonard, Boucher, Watteau, Delacroix, Velázquez, Murillo und Turner. Abgerundet wird die Sammlung durch wertvolle Möbel, Porzellan, Keramik, Medaillen und Uhren. Für Kinder ist sicherlich die Waffensammlung mit zahlreichen Rüstungen aus dem Orient und Okzident am interessantesten. Erst vor einigen Jahren wurde das Museum für 10,5 Millionen Pfund umgebaut. Die Ausstellungsfläche wurde vergrößert, der Innenhof mit einem Glasdach geschlossen, wodurch Platz für einen Skulpturengarten, ein Restaurant, eine Buchhandlung und einen Vortragssaal entstand.

Manchester Square, NW1. Ⓤ Bond Street. Tgl. 10–17 Uhr. Eintritt frei! www.wallace collection.org.

Speaker's Corner: Speaker's Corner ist in der ganzen Welt bekannt. Bei einem Brainstorming zum Thema London denkt wahrscheinlich jeder Zweite innerhalb von einer Minute an Speaker's Corner. Wie so oft, ist aber der Ruf besser als die Realität. Seit 1872 hat zwar jeder Bürger das Recht, hier öffentlich seine Meinung vorzutragen, doch gehören hitzige Debatten und kontroverse politische Diskussion der Vergangenheit an; schon seit langem beherrschen religiöse Fanatiker die Szenerie. Statt Gedankenfreiheit wird heute oft Intoleranz gepredigt. „Hochbetrieb" herrscht besonders an den Sonntagen. Wer des Englischen ein bisschen mächtig ist, wird an den teilweise sehr schlagfertigen Zwischenrufen, mit denen die Zuhörer die dargebotenen Heilsbotschaften kommentieren, seinen Spaß haben.

Soho und Covent Garden

Soho und Covent Garden – das ist Nachtleben pur. Auf einer Quadratmeile drängen sich Kinos, Kneipen, Theater und Restaurants. Bis spät in der Nacht stehen Menschentrauben auf der Straße; es wird gelacht, getrunken und musiziert, gerade so, als befände man sich in Florenz oder Siena. Angeblich leitet sich der Name Soho von einem Jagdruf ab. Mit *so ho!* soll man ehedem in den königlichen Waidgründen, die hier lagen, die Hunde angetrieben haben. Nachdem Karl II. 1675 Soho zur Bebauung freigegeben hatte, entwickelte sich das Areal schnell zu einer beliebten, nicht allzu vornehmen Wohngegend, in der sich auch viele Hugenotten niederließen. In der Mitte des 19. Jahrhunderts war Soho der am dichtesten besiedelte Stadtteil Londons. Prostitution und Kleinkriminalität hielten ihren Einzug und schufen ein Klima, das Literaten und Bohemiens magisch anzog. Rimbaud und Verlain lebten und amüsierten sich genauso in Soho wie Francis Bacon. In den 1970er-Jahren drohte Soho zu einer wahren Lasterhöhle zu verkommen, doch konnte die Prostitution glücklicherweise eingedämmt werden. Der *Red Light District* beschränkt sich heute nur noch auf wenige Straßen mit ein paar Stripteaselokalen, Peepshows und Sexshops, die ihren

Essen & Trinken
1 Wagamama
2 Punjab
4 The Rock and the Sole Plaice
5 busaba eathai
6 Imli
7 Dog & Duck
8 Belgo Centraal
9 Bar Italia
10 Princi
12 Ronnie Scott's
13 Masala Zone
14 L'Atelier de Joel Robuchon
15 Rosa's
16 Freedom
18 Axis
19 Mr Kong
20 Lamb & Flag
21 Bar Rumba

Übernachten
3 JH Oxford Street
11 Fielding Hotel
17 One Aldwych

Umsatz mit Softpornomagazinen und diversen „Spielgeräten" bestreiten. Während der Thatcher-Jahre entwickelte sich Soho zu einem Brennpunkt der Medien-, Film- und Modewelt. Viele Yuppies sind der *Sohoitis* verfallen, einer Art Krankheit, bei der sich der Infizierte regelmäßig in dem Gewirr von Sohos Straßen und Kneipen verliert. Sich zu infizieren ist nicht schwer: Manche Coffeebars haben rund um die Uhr geöffnet. Angesichts der pulsierenden Glitzerwelt übersieht man allzu leicht, dass neben den Musicalpalästen die Obdachlosen unter Pappkartons liegen.

Chinatown

Londons Chinatown ist eine eigene Welt, die man durch drei, mit viel Gold und Rot dekorierte Torbögen betritt. In den Schaufenstern der Restaurants glänzen lackierte Enten, zweisprachige Straßenschilder und Telefonzellen mit asiatischen Plastikdächern lassen keinen Zweifel daran, dass man sich auf chinesischem „Territorium" befindet. Bereits im 19. Jahrhundert gab es in London eine kleine chinesische Gemeinde. Chinatown entstand jedoch erst in den Fünfzigerjahren des 20. Jahrhunderts, als sich zahlreiche Hong-Kong-Chinesen in der Lisle Street und der Gerrard Street niederließen. Die Neuankömmlinge eröffneten Restaurants, Einzelhandelsgeschäfte, kleine Supermärkte und – so wird jedenfalls behauptet – mehrere illegale Spielhöllen in dunklen Kellergewölben. Selbstverständlich wohnt in Chinatown nur ein Bruchteil der 60.000 Londoner Chinesen, doch sind die Straßenzüge am Südrand von London der Mittelpunkt der *chinese community*. Die meisten Besucher kommen aus kulinarischen Gründen nach Chinatown. Allerdings ist Vorsicht geboten: Die *All-you-can-eat*-Angebote der Restaurants sind für Londoner Verhältnisse mit £ 5 oder £ 6 zwar erstaunlich günstig, doch lässt die Qualität der Selbstbedienungsbüfetts meist sehr zu wünschen übrig. Wer chinesisch essen möchte, sollte daher besser nicht an der falschen Stelle sparen.

Sehenswertes

Covent Garden: Bis in das 16. Jahrhundert hinein wurde diese Gegend als Convent Garden („Klostergarten") von den Mönchen der Westminster Abbey genutzt. Nach der Auflösung der Klöster durch Heinrich VIII. gelangte der Besitz in die Hände der Earls of Bedford. Im 17. Jahrhundert verwandelte der Architekt *Inigo Jones* den Garten in eine Piazza nach italienischem Vorbild. Es entstand der berühmte Covent Garden Market, ein Obst-, Gemüse- und Blumenmarkt. Im frühen 19. Jahrhundert wurde dann ein klassizistisches Gebäude errichtet, um die einzelnen Marktstände unterzubringen. Das *Central Market Building* erhielt 1889 eine Dachkonstruktion aus Glas und Eisen. Sorgfältig erneuert und in eine obere und untere Passage unterteilt, erstrahlt das Herzstück des Covent Garden Market heute wieder in seinem alten Glanz. Draußen sorgen Clowns, Akrobaten und Artisten für Abwechslung. Der Gemüsemarkt zog 1974 in die Nine Elms Lane (Battersea) und erhielt den Namen *New Covent Garden Market.*

London Transport Museum: Ein Lob vorweg: Das London Transport Museum setzt sich in geradezu mustergültiger Weise mit der Geschichte des öffentlichen Nahverkehrs auseinander. Von den ersten Pferdebahnen bis zu den roten Doppeldeckerbussen verschiedener Modellreihen und der unterirdischen Tube ist alles vertreten. Interessant sind auch die Werbeplakate, anhand derer sich die Weiterentwicklung und Veränderung der Plakatkunst anschaulich nachvollziehen lässt. Für Kinder wurden nicht nur spezielle „Kid Zones" eingerichtet, sie können das Museum auch mit einer Laufkarte erkunden und diese abstempeln lassen.

Covent Garden Piazza, WC2. Ⓤ Covent Garden. Tgl. 10–18 Uhr, Fr erst ab 11 Uhr. Eintritt: £ 10, erm. £ 8 oder £ 6, Kinder unter 16 Jahren frei! www.ltmuseum.co.uk.

Photographer's Gallery: Seit Jahrzehnten ist Photographer's Gallery die allererste Londoner Adresse für Freunde anspruchsvoller Fotokunst und sozialkritischer

Fotoreportagen. Im Jahre 2009 erfolgte der Umzug in ein neues Gebäude nahe des Oxford Circus. Gezeigt werden absolut hochkarätige Wechselausstellungen, in den letzten Jahren beispielsweise von Robert Capa, Jürgen Teller, Andreas Gursky oder Martin Parr. Zur Galerie gehören noch ein gut sortierter Bookshop und ein sehr ansprechendes Café.

16–18 Ramilies Street, W1. Ⓞ Oxford Circus. Tgl. 11–18 Uhr, Do und Fr bis 20 Uhr, So erst ab 12 Uhr. Eintritt frei! www.photonet.org.uk.

Mayfair und St James's

In Mayfair und St James's zeigt sich London von seiner vornehmsten Seite. Die Herren der Londoner „High Society" treffen sich in den distinguierten Clubs, während sich ihre Ehefrauen in den edlen Geschäften der Bond Street wie im Paradies fühlen. Mayfair verdankt seinen Namen einer Frühjahrsmesse, die über Jahrhunderte hinweg stets im Mai abgehalten wurde. Als das Stadtviertel aber im 17. Jahrhundert zu einem adeligen Wohnquartier aufstieg, mehrten sich die Klagen über die Lärmbelästigung während der Messe; 1764 fand dann letztmals eine Mayfair statt. Seit mehr als drei Jahrhunderten gehören Mayfair und das benachbarte St James's zu den exklusivsten Wohngegenden Londons. Hier findet man die teuersten und luxuriösesten Hotels der Stadt, darunter die Hotellegende Ritz, die Auktionshäuser Sotheby's und Christie's sowie mehrere Botschaften, zahlreiche Bürohäuser und verschiedene Vertretungen der großen Fluggesellschaften. Während Erholungssuchende nur einen Katzensprung vom St James's Park sowie vom Hyde Park entfernt sind, reihen sich links und rechts der Old Bond Street und der New Bond Street, die die Oxford Street mit Piccadilly verbindet, teure Antiquitäten-, Möbel- und Modegeschäfte aneinander.

Sehenswertes

Trafalgar Square: Unzählige Tauben werden am Trafalgar Square von Touristen gefüttert, und dies alles inmitten des chaotischen Londoner Verkehrs. Auf einer 56 Meter hohen Granitsäule thront die Bronzestatue von *Lord Horatio Nelson*, der am 21. Oktober 1805 in der Schlacht von Trafalgar Napoleons Flotte vernichtend geschlagen und dabei sein Leben verloren hatte. Wenige Jahrzehnte nach Nelsons Tod dankten die Engländer ihrem Nationalhelden mit dem Denkmal für seine glorreiche Tat, die eine drohende Invasion der Franzosen verhinderte. Flankiert wird die Säule von vier überdimensionalen Bronzelöwen, die scheinbar den Kletterinstinkt aller Kinder und Jugendlichen dieser Welt herausfordern. Interessant ist die Geschichte der vier Reliefs am Sockel der Statue. Aus dem Metall der eroberten französischen Kanonen wurden hier vier bedeutende Seeschlachten verewigt. Das Denkmal zieht den Betrachter so sehr in den Bann, dass die mit Tritonen verzierten Brunnen von *Sir Edwin Lutyen* fast übersehen werden.

National Gallery: Gewissermaßen als Ergänzung zum British Museum planten kunstinteressierte Kreise an der Wende zum 19. Jahrhundert die Einrichtung einer nationalen Gemäldegalerie. Der Architekt *William Wilkens* entwarf direkt am Trafalger Square einen lang gestreckten klassizistischen Bau, der seither mehrere Erweiterungen erfuhr. Architektonisch besonders gelungen ist der sog. „Sainsbury Wing", ein Anbau, der von 1989 bis 1991 errichtet wurde und seither die Gemälde der italienischen Frührenaissance sowie ein Restaurant und einen Vortragssaal beherbergt; zudem finden hier Wechselausstellungen statt.

London
Karte S. 86

Blick vom Trafalgar Square auf Big Ben

Zum Fundus der National Gallery gehören mehr als 2000 Gemälde aus der Zeit von 1260 bis 1900, darunter Werke von Leonardo da Vinci, van Eyck, Bellini, Botticelli, Raffael, Holbein, Cranach, Brueghel, El Greco, Tintoretto, Tizian, Veronese, Rembrandt, Vermeer, Rubens, Bosch, Memling, Dürer, Poussin, Claude, Velázquez, Caravaggio, Lorrain, Turner, Caspar David Friedrich, Tiepolo, Hogarth, Goya, Renoir, Monet, Manet, Seurat, Degas, van Gogh, Cézanne und Picasso. Mit anderen Worten: Es gibt kaum einen bedeutenden westeuropäischen Maler, der hier nicht mit mindestens einem Bild vertreten wäre.

Trafalgar Square, WC2. Ⓤ Charing Cross. Tgl. 10–18 Uhr, So erst ab 12 Uhr und Mi bis 21 Uhr. Eintritt: normale Sammlung frei! Sonderausstellungen £ 9, erm. £ 4.50. www. nationalgallery.org.uk. Hinweis: Es empfiehlt sich, einen Audioguide auszuleihen, der für £ 4 die Kunstwerke sehr ausführlich kommentiert. Wer des Englischen mächtig ist, sollte unbedingt die englischsprachige Version wählen, da diese – im Gegensatz zur deutschen Version – alle Kunstwerke vorstellt. Ein genauer Lageplan ist am Eingang erhältlich.

National Portrait Gallery: In unmittelbarer Nähe der National Gallery gelegen, spiegelt sich in der 1856 gegründeten Galerie die englische Geschichte in bedeutenden Porträtstudien wider. Von den Tudors – sehenswert ist Hans Holbeins Porträt Heinrich VIII. – über Elizabeth I. und Shakespeare bis hin zu Oliver Cromwell und Horatio Nelson sind hier die wichtigsten Persönlichkeiten des Königreichs vereint. Besonders wertvoll ist das Porträt von Shakespeare, da es als das einzige authentische Bildzeugnis des großen Schriftstellers gilt. Was das 20. Jahrhundert betrifft, dürfen Elizabeth II., Margaret Thatcher und Lady Diana selbstverständlich auch nicht fehlen. Ende der 1960er-Jahre wurden auch Fotografien bekannter zeitgenössischer Persönlichkeiten aufgenommen.

St Martin's Place, Trafalgar Square, WC2. Ⓤ Charing Cross oder Leicester Square. Tgl. 10–18 Uhr, So erst ab 12 Uhr. Eintritt frei! www.npg.org.uk.

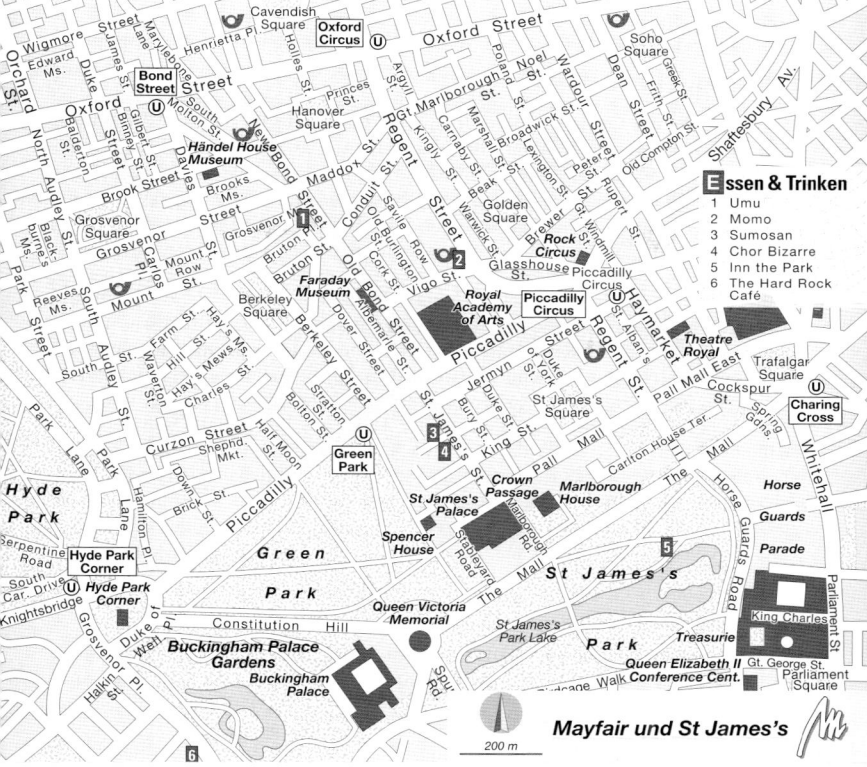

Mayfair und St James's

200 m

Essen & Trinken

1 Umu
2 Momo
3 Sumosan
4 Chor Bizarre
5 Inn the Park
6 The Hard Rock Café

St James's Palace: Im Mittelalter stand hier noch ein Spital für Leprakranke, das Heinrich VIII. abreißen ließ, um sich stattdessen eine neue prachtvolle Residenz errichten zu lassen. Der Ziegelbau im Tudor-Stil wurde 1698 zur offiziellen Hauptresidenz, nachdem der Whitehall Palace einem Brand zum Opfer gefallen war. Dies änderte sich erst, als es Königin Victoria 1837 vorzog, im nahen Buckingham Palace zu residieren. Der St James's Palace wurde aber dennoch weiterhin von Mitgliedern der Königsfamilie bewohnt, derzeit beispielsweise von Prince Charles, der sich nach seiner Trennung von Diana hier häuslich eingerichtet hat.
 W1, Ⓤ Piccadilly Circus.

St James's Park: Der St James's Park ist der älteste und zugleich kleinste der königlichen Parks in London. Heinrich VIII. veranlasste die Trockenlegung des einstigen Sumpfgebietes sowie die Umgestaltung zu einem Park, den Jakob I. um eine Menagerie und Vogelvolieren erweiterte. Da die Downing Street No. 10 gleich ums Eck liegt, versammeln sich hier auch gelegentlich hochrangige Staatsgäste zum Fototermin. Zusammen mit dem angrenzenden Green Park ist der St James's Park für die Angestellten aus den umliegenden Büros im Sommer ein beliebtes Ziel, um die Mittagspause zu verbringen.

Westminster

So wie sich in der City of London alles um das Geld dreht, so steht in Westminster die hohe Politik im Mittelpunkt des Geschehens: Die Ministerien haben an der Whitehall ihren Sitz, der Premierminister wohnt in der Downing Street No. 10, die Queen im Buckingham Palace und das Ober- sowie das Unterhaus tagen in den Houses of Parliament. Die Keimzelle von Westminster ist die gleichnamige Abtei, die Benediktinermönche auf einer ehemals sumpfigen Insel im Westen von London errichteten. Eduard der Bekenner, der große Förderer des Benediktinerklosters, verlegte im 11. Jahrhundert seine Hauptresidenz aus der City in die Nähe des „westlichen Münsters" direkt an die Themse, um den Baufortschritt besser mitverfolgen zu können. Als Residenz ließ er sich einen Palast erbauen, der Ende des 12. Jahrhunderts unter Wilhelm II. erweitert wurde und heute als Westminster Hall bekannt ist. Sie gehört heute zu den Houses of Parliament, also zum Sitz des englischen Ober- und Unterhauses. Westminster Abbey, Big Ben und die Houses of Parliament bilden ein Dreieck, das Besucher geradezu magisch anzuziehen scheint. Nördlich von Westminster erstreckt sich entlang der Whitehall das Londoner Regierungsviertel. Verwaltungstechnisch umfasst der Stadtteil Westminster einen großen Teil des West End. Die Grenzen der City of Westminster bilden die Themse und die Chelsea Bridge im Süden, Kensington im Westen, Regent's Park im Norden und Soho beziehungsweise Covent Garden im Nordosten.

Sehenswertes

Downing Street No. 10: Downing Street No. 10 – wer kennt die Dienstwohnung des englischen Premierministers *(Prime Minister)*, ein von außen unscheinbares Häuschen, nicht. Die Straße selbst wurde von *Sir Georg Downing* im späten 17. Jahrhundert entworfen. Im Jahre 1732 schenkte König Georg II. das Haus mit der Nummer 10 dem damaligen Premierminister *Sir Robert Walpole*, der es wiederum an seinen Nachfolger abtrat. *Gordon Brown* kommt man allerdings nicht nahe, da die Straße nur von dem 1989 angebrachten Eisengatter eingesehen werden kann.
Downing Street, SW1. Ⓤ Westminster.

Churchill Museum and Cabinet War Rooms: Die „Kabinettsräume", von denen aus Winston Churchills Regierung im Zweiten Weltkrieg den Kampf gegen Deutschland aufnahm, sind im Originalzustand erhalten und ein Besuch dank einer informativen Audio Tour sehr zu empfehlen. Wer jetzt an üppig ausgestattete Konferenzräume denkt, wird sich verwundert die Augen reiben, denn die Cabinet War Rooms sind nichts anderes als eine zur Kommandozentrale ausgebaute Bunkeranlage. Die unterirdischen Räume vermitteln einen hervorragenden Eindruck von der Zeit des Zweiten Weltkriegs, auch wenn man sich den Lärm, die Enge und die Hektik, die damals geherrscht haben müssen, nur schwer vorstellen kann. Die beiden wichtigsten Räume waren das Sitzungszimmer des Kabinetts und der Kartenraum, in dem die exakten Truppenbewegungen vermerkt wurden, obwohl sich die meisten Besucher für Churchills Schlafzimmer inklusive Nachttopf interessieren.
King Charles Street, SW1. Ⓤ Westminster. Tgl. 9.30–18 Uhr. Eintritt: £ 14.95, erm. £ 12, Kinder unter 16 Jahren frei! www.iwm.org.uk.

Houses of Parliament: Am Anfang der Baugeschichte stand die *Westminster Hall*, ursprünglich von Eduard dem Bekenner errichtet und von Wilhelm II. erweitert. Hier residierten bis zur Ära Heinrichs VIII. die Könige von England. Ab 1550 tagte

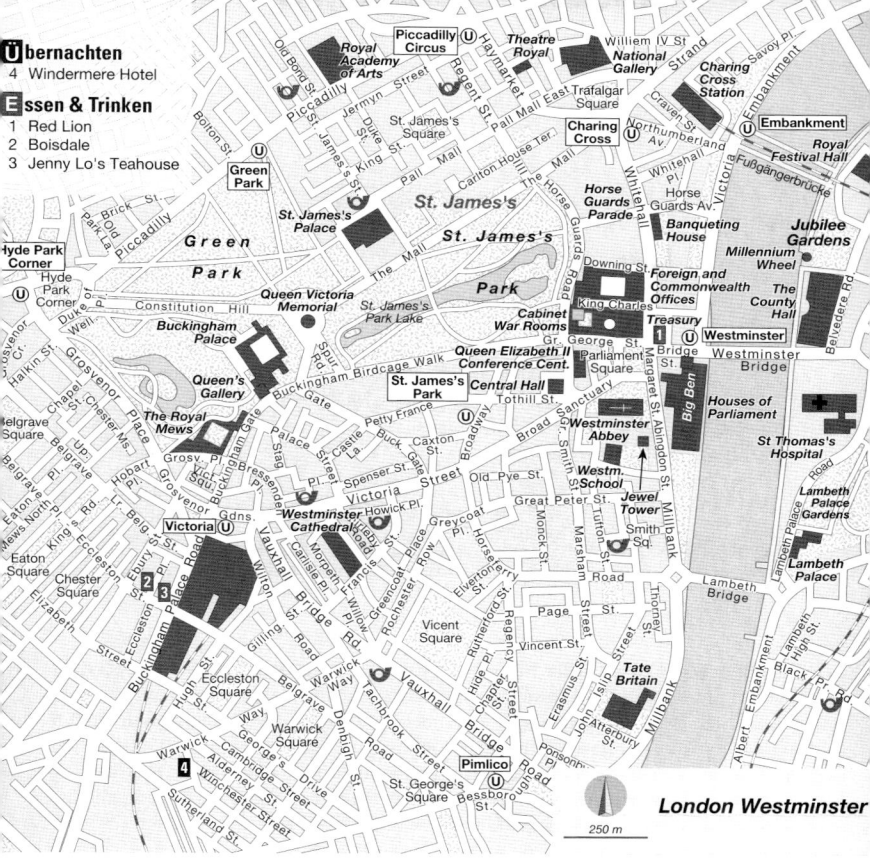

London Westminster

250 m

das *House of Commons* in der *St Stephen's Chapel* und das *House of Lords* in einem heute nicht mehr vorhandenen Gebäudeteil, der den *Old Palace Yard* umgab. Im Jahre 1605 planten der konvertierte Katholik *Guy Fawkes* und seine Komplizen den *Gunpowder Plot*. Dabei sollte das Parlament samt König Jakob I. in die Luft gesprengt werden. Der Plan wurde jedoch vereitelt und die Übeltäter zum Tode verurteilt. Seither werden vor jeder neuen Sitzungsperiode die Kellerräume nach Sprengstoff durchsucht. Ein großes Feuer zerstörte am 16. Oktober 1834 fast den gesamten Palace of Westminster. Den Brand überstanden nur die *Westminster Hall* und die Kellergewölbe der *St Stephen's Chapel*. Ein Wettbewerb für den Wiederaufbau wurde ausgeschrieben, der sich zu einem heftigen Ringen zwischen den Vertretern der neugotischen und der neoklassizistischen Stilrichtung entwickelte. Aus rund 1400 Entwürfen von 97 Architekten fiel die Wahl auf *Charles Barry,* dessen Houses of Parliament dem neugotischen Stil in ganz England zum Durchbruch verhalfen.

Westminster, SW1. Ⓤ Westminster. Nur im Sommer (ca. Ende Juli bis Ende Sept.) gibt es Führungen (auch auf Deutsch) für £ 12, erm. £ 8, die im Voraus unter der Rufnummer ☎ 0870/9063773 oder im Internet unter www.parliament.uk gebucht werden können. Zudem gibt es bei Verfügbarkeit Tickets für die nächsten freien Führungen beim Juwel Tower zu kaufen.

Houses of Parliament

Big Ben: Die Silhouette der Houses of Parliament (auch Palace of Westminster genannt) mit ihrem Clock Tower ist das Wahrzeichen Londons. In diesem Turm befindet sich die 13,5 Tonnen schwere Glocke *Big Ben*, die jede volle Stunde mit 16 Schlägen einläutet. Das berühmte Läuten, das eine Arie aus Händels „Messias" interpretiert, wird übrigens von der BBC in die ganze Welt übertragen. Der Glockenturm ist für die Öffentlichkeit leider nicht zugänglich, dabei wäre es wirklich eine Herausforderung, die 344 Stufen hinaufzusteigen. Der Minutenzeiger hat übrigens eine Länge von 4,27 Metern!
Westminster, SW1. Ⓤ Westminster.

Westminster Abbey: Gleich neben den Houses of Parliament steht die Westminster Abbey, eines der bedeutendsten Zeugnisse der englischen Geschichte. Wie kein anderes Bauwerk erinnert das altehrwürdige Gotteshaus an die Königshäuser und den Glanz der englischen Nation. Westminster Abbey ist mehr als ein Gotteshaus, Westminster Abbey ist ein steinernes Monument der englischen Geschichte und ein Symbol für die anglikanische Kirche. Eduard der Bekenner ließ hier in der Mitte des 11. Jahrhunderts eine Abtei und eine Kirche nach normannischen Vorbildern erbauen. Die Abtei erhielt den Namen „West Minster", da sie westlich des alten Stadtkerns lag. Nur wenige Reste dieser Bauten sind heute noch zu sehen. Als Eduard am 28. Dezember 1065 starb, wurde er direkt vor dem Hochaltar beigesetzt. Seither haben sich – mit wenigen Ausnahmen – die englischen Könige hier krönen lassen. Den Anfang machte Harold I., und wenige Monate später folgte Wilhelm der Eroberer seinem Beispiel. Heinrich III. entschied sich im Jahre 1145, dem Gotteshaus ein neues, imposanteres Aussehen zu verleihen. Nachdem Heinrich VIII. alle englischen Klöster aufgelöst hatte, verstärkte sich der Einfluss der Krone auf Westminster Abbey: Da bereits Heinrich VII. seine letzte Ruhestätte in Westminster gefunden hatte – seine prachtvolle Grabkapelle wird von einem wunderschön gearbeiteten Fächergewölbe gekrönt

–, wurde die Kirche zur königlichen Begräbnisstätte erklärt. Insgesamt befinden sich die Gräber von 16 Königen, darunter auch das von Elizabeth I., in dem Gotteshaus; der letzte König, der in Westminster beigesetzt wurde, war Georg II. (gestorben 1760).

Bei einer Besichtigung sollte man auf keinen Fall die *Poets' Corner* versäumen. Hier liegen die führenden britischen Dichter begraben. *Geoffrey Chaucer* war der erste seiner Zunft, der seine letzte Ruhe im südlichen Querschiff fand (1400). Ihm folgten literarische Größen wie *Spenser, Ben Jonson, Dryden, Samuel Johnson, Browning* und *Tennyson.* Anderen wiederum wurde eine Gedenktafel gewidmet (z. B. Shakespeare, Epstein, Shelley, Coleridge, Wordsworth, Dickens, T. C. Eliot und D. H. Lawrence), obwohl sie hier nicht begraben liegen. Die Gräber von *Newton, Rutherford, Kelvin, Stephenson, Telford* und *Darwin* sind ebenfalls in der Kirche zu finden. Alle auf den Schlachtfeldern Gefallenen werden stellvertretend durch das Grab des Unbekannten Soldaten geehrt.

Broad Sanctuary, SW1. Ⓤ St James's Park. Mo–Fr 9.30–16.30 Uhr, Sa 9.30–14.30 Uhr, Mi bis 19 Uhr (letzter Zugang jeweils eine Stunde vor Schließung). Eintritt: £ 15, erm. £ 12 bzw. £ 6, Familie ab £ 30. Der Eintritt ins Kloster und zum College Garden ist frei! Führung durch die Abbey zusätzlich £ 3. www.westminster-abbey.org.

Tate Gallery of British Art: Die direkt an der Themse gelegene Tate Gallery gibt einen Gesamtüberblick über die britische Malerei der letzten fünf Jahrhunderte, mit Ausnahme der Kunst des 20. Jahrhunderts, die seit dem Mai 2000 in der Tate Gallery of Modern Art im Stadtteil Southwark präsentiert wird. In den angestammten Räumen an der Millbank sind Werke der bekanntesten englischen Maler wie William Turner, Joshua Reynolds, Thomas Gainsborough, William Blake, George Stubbs, John Constable, William Hogarth und Lawrence sowie von renommierten internationalen Künstlern ausgestellt. Durch die 2001 eröffnete Tate Gallery of Modern Art konnten sechs weitere Galerien eingerichtet, andere neu konzipiert werden. Begründet wurde die Tate Gallery 1897 von dem namensgebenden *Sir Henry Tate,* der es im Zuckerhandel zum mehrfachen Millionär gebracht hatte. Tate übereignete seine Kunstsammlung der Öffentlichkeit und versprach, ein Museum zu stiften, falls die britische Regierung hierfür ein Grundstück zur Verfügung stellen sollte.

Millbank, SW1. Ⓤ Pimlico. Tgl. 10–18 Uhr. Eintritt frei! Es empfiehlt sich aber, einen Audioguide für £ 3 auszuleihen. Eintritt bei Sonderausstellungen: £ 9, erm. £ 8 bzw. £ 7. www.tate.org.uk.

Fast 100 Meter hoch: Big Ben

Buckingham Palace: Für überzeugte Royalisten gehört ein Besuch zum Pflichtprogramm. Der Palast hatte in der ersten Hälfte des 18. Jahrhunderts dem Duke of Buckingham gehört, ehe er 1762 an Georg III. verkauft wurde. Queen Victoria war schließlich die Erste, die hier residierte. Ihr Denkmal steht direkt vor dem Eingangstor, wo sich heute die Touristenmassen versammeln, in der Hoffnung, ein Mitglied der königlichen Familie zu sehen. Doch das passiert höchst selten. Ragt die königliche Standarte nicht über dem Gebäude, ist die Queen erst gar nicht zu Hause. Insgesamt zählt der Buckingham Palace über 600 Räume, aber nur zwölf werden von der Queen und ihrem Gemahl genutzt. Nach dem Feuer im Windsor Castle hatte die Queen entschieden, die teuren Reparaturen durch die Öffnung des Buckingham Palace für die Allgemeinheit zu finanzieren – allerdings nur für zwei Monate im Jahr. Nach mehr als zwei Stunden Schlangestehen können die Besucher allerdings nur 18 Zimmer besichtigen, die aber interessante Einblicke in die königlichen Repräsentationsformen vermitteln. Der kostenlose Audioguide beschreibt die Vorgänge im Palast. Die meisten Besucher warten auf die königliche Zeremonie der Wachablösung; sie beginnt um 11.30 Uhr vor dem Buckingham Palace und endet nach rund 45 Minuten. Von April bis Juli findet die Wachablösung täglich statt, im Herbst und Winter jeden zweiten Tag, doch kann sie bei Regen ausfallen.

Buckingham Palace Road, SW1. ⓊVictoria. Ende Juli/Anfang Aug. bis Ende Sept. (jedes Jahr um ein paar Tage leicht schwankend) tgl. 9.45–16 Uhr. Eintritt: £ 17, erm. £ 15.50 bzw. £ 9.75. www.royalcollection.org.uk.

Chelsea

Die Swinging Sixties und die punkigen Achtziger sind längst Geschichte, doch Chelsea und die King's Road haben noch immer einen klangvollen Namen. Chelsea ist ein uraltes Fischerdorf, dessen Bewohner trotz unmittelbarer Nähe zur Londoner City von der hohen Politik unbeeindruckt in den Tag hinein lebten, bis der Humanist *Thomas Morus* im Jahre 1520 hier ein Landhaus bezog. Sowohl der Hochadel als auch König Heinrich VIII. ließen sich, seinem Beispiel folgend, prächtige Herrenhäuser errichten, und Chelsea stieg somit zum „Village of Palaces" auf. Die berühmte King's Road ging beispielsweise aus einer dem König und seinem Gefolge vorbehaltenen Privatstraße hervor, die erst 1820 für die Öffentlichkeit freigegeben wurde. Im 18. Jahrhundert trafen sich berühmte Schriftsteller wie Jonathan Swift und John Gay sowie William Congreve und Alexander Pope regelmäßig zum gemeinsamen Gedankenaustausch in Chelsea. Aber auch die Maler William Turner, Joseph Mallord, Dante Gabriel Rossetti, John Singer Sargent und Steer nannten Chelsea ihre Heimat. Langsam entwickelte sich Chelsea zu einem Künstlerviertel. Eine Vorreiterrolle kam dem Dichter Percy Bysshe Shelley zu; auch George Eliot, Oscar Wilde, Henry James und Jack London wohnten – zumindest zeitweise – in der Nähe des Cheyne Walk. Wer mit offenen Augen durch Chelsea schlendert, wird zahlreiche blaue Gedenktafeln entdecken, die an die berühmten Bewohner des Stadtteils erinnern.

Saatchi Gallery: Charles Saatchi ist wohl der bekannteste Sammler zeitgenössischer Kunst in England. Seit dem Frühjahr 2009 präsentiert er seine Kollektion in Chelsea. Auf 6.500 Quadratmetern werden in 15 Räumen Installationen, Skulpturen und Bilder in ständig wechselnden Ausstellungen präsentiert. Mit anderen Worten: Ein Muss für Freunde von zeitgenössischer Kunst.

Sloane Square. ⓊSloane Square. Tgl. 10–18 Uhr. Eintritt frei! www.saatchi-gallery.co.uk.

King's Road – Laufsteg modischer Provokationen

In den letzten vier Jahrzehnten konnte man in den Geschäften und Boutiquen der *King's Road* den letzten modischen Schrei erwerben. In Mary Quants „Bazaar" wurde der Minirock erfunden, während Mick Jagger, David Bailey und George Best sowie der Rest vom „Chelsea Set" wüste Partys feierten. Spätestens in den 1970er-Jahren waren die letzten Metzgereien, Gemüsehändler und Bäcker von modernen Designerläden und Galerien verdrängt worden. *Vivienne Westwood*, die damals mit Malcolm McLaren, dem Manager der Sex Pistols zusammenlebte, eröffnete eine Boutique mit ihren avantgardistischen Kreationen. Punks aus Nah und Fern kauften in Chelsea ihre zerfetzten Klamotten, Ketten, Nieten und Nägel ein, um anschließend auf irgendeiner Treppenstufe von einer Freiheit jenseits aller bürgerlichen Konventionen zu träumen. Heute ist nur noch wenig von diesem Flair zu spüren. Ein Schaufensterbummel durch die King's Road macht zwar nach wie vor viel Spaß, die Trends von Morgen wird man hier allerdings nicht mehr entdecken können.

Kensington

Kensington – das sind Nobelkaufhäuser, attraktive Museen und gepflegte viktorianische Häuserzeilen. Naturliebhaber lockt Londons „grüne Lunge": der Hyde Park und die angrenzenden Kensington Gardens.

Kensington, das bereits 1068 im *Domesday Book* erwähnt wurde, hat dem Pioniergeist von Prinz Albert von Sachsen-Coburg-Gotha (1819–1861) viel zu verdanken. Der deutschstämmige Gemahl von Königin Victoria initiierte nicht nur die Weltausstellung von 1851, die in einem riesigen Kristallpalast im Hyde Park stattfand, sondern finanzierte mit den dadurch erwirtschafteten Gewinnen zudem den Kauf eines 35 Hektar großen Grundstücks südlich der Kensington Road. Der Prinzgemahl, der übrigens zugleich auch Victorias Cousin war, plante nämlich dort den Bau eines der weltweit größten Museenkomplexe, der auch scherzhaft-ehrfürchtig als „Albertopolis" bezeichnet wurde. Eineinhalb Jahrhunderte später lässt sich das Resümee ziehen, dass sich mit dem auf Kunstgewerbe spezialisierten *Victoria and Albert Museum,* dem *Natural History Museum* und dem *Science Museum* die hehren Vorstellungen des Prinzgemahls mehr als erfüllt haben.

Sehenswertes

Apsley House: Der am Rande des Hyde Park gelegene Stadtpalast widmet sich vor allem dem Gedenken seines berühmtesten Bewohners, des Herzogs von Wellington. Da das Haus ursprünglich zwischen 1771 und 1778 für den Grafen Bathurst, der auch den Titel eines Baron Apsley führte, errichtet worden war, führt es allerdings noch immer den Namen Apsley House. Wellington erwarb das Anwesen aus rotem Backstein im Jahre 1817, als er nach der Schlacht von Waterloo den Zenit seiner Karriere erreicht hatte.

Die vornehmen, reich verzierten Räumlichkeiten beherbergen heute das *Wellington Museum* mit einer kostbaren Gemäldegalerie, darunter Werke von Velázquez, Goya, Rubens, van Dyck, Brueghel und Correggio. Neben dem Treppenaufgang steht eine von Antonio Canova geschaffene überlebensgroße Statue Napoleons, die den Imperator im Adamskostüm zeigt. Wellington erhielt die Skulptur 1816 vom Prinzregenten als Geschenk für seine Verdienste.

Hyde Park Corner, W1V. ⓊHyde Park Corner. Tgl. 10–17 Uhr, im Winter bis 16 Uhr. Eintritt: £ 6, erm. £ 5.10 bzw. £ 3. Am Waterloo Tag (18. Juni) ist der Eintritt für alle Besucher kostenlos!

Victoria and Albert Museum: Das V & A, wie die Londoner das größte Kunstgewerbemuseum der Welt nennen, besitzt ein geradezu erschlagendes Spektrum an Kunstschätzen. Daher empfiehlt es sich, ausgerüstet mit einem der kostenlosen Übersichtspläne, das Museum je nach persönlicher Interessenlage zu erkunden. Präsentiert werden Bilder, Miniaturen, Zeichnungen, Textilien, Glas, Musikinstrumente, Juwelen, edle Gold-, Silber- und Töpferarbeiten sowie Porzellan und Wandschmuck aus nahezu allen Ecken unseres Kontinents.

Ein kurzer Überblick über die bedeutendsten Sammlungen erleichtert die Orientierung: Die meisten Besucher zieht es zu den *Raphael Cartoons* (Level A, Raum 48a), die der Renaissancekünstler 1516 im Auftrag von Papst Leo X. als Vorlage für die Wandteppiche der Sixtinischen Kapelle angefertigt hat. Besonders spektakulär sind die beiden Räume mit den *Plaster Casts* (Level A, Raum 46a und 46b), maßstabsgetreue Abgüsse weltberühmter Kulturgüter, darunter Michelangelos „David", die römische Trajanssäule – aus Platzgründen in zwei Teile „gesägt"– sowie das Hauptportal der Kathedrale von Santiago de Compostela. Wer die europäischen Grenzen in künstlerischer Hinsicht überschreiten will, dem empfiehlt sich eine Besichtigung der *Nehru Gallery of Indian Art* (Level A, Raum 41) sowie der benachbarten Räume, die der islamischen (Raum 42), chinesischen (Raum 44) und japanischen Kunst (Raum 45) gewidmet sind. In der *Canon Photography Gallery* (Level A, Raum 38) sind historische Fotografien ausgestellt, einen Besuch lohnt die Gallery aber insbesondere wegen der anspruchsvollen Wechselausstellungen berühmter Fotografen (Cartier-Bresson etc.). Modernes Wohndesign von Bauhaus bis Alvar Aalto zeigen die

Victoria and Albert Museum

Twentieth-Century Galleries (Level B, Räume 70–74). Die *Frank Lloyd Wright Gallery* im Henry Cole Wing besticht durch ein in den 1930er-Jahren nach den Plänen des Avantgardearchitekten gefertigtes Bürointerieur (Level 2, Raum 202) sowie mehrere Skulpturen von August Rodin, die der Künstler dem Museum 1914 geschenkt hat (Level 6, Raum 603a). Besonders attraktiv ist der 2005 vollkommen neu gestaltete John Madejski Garden im Innenhof: eine grüne Oase mit Wasserbecken und Mini-Bäumen, ideal zum Ausspannen. Im zugehörigen Café und Restaurant kann man diverse Köstlichkeiten und Snacks probieren.

Cromwell Road (Haupteingang), SW7 2 RL. Ⓤ South Kensington. Tgl. 10–17.45 Uhr, Mi und letzter Fr des Monats bis 22 Uhr. Eintritt nur bei Sonderausstellungen! www. vam.ac.uk.

Natural History Museum: Das Natural History Museum gehört zu den interessantesten naturhistorischen Museen der Welt. Aufgeteilt in die *Earth Galleries* und *Life Galleries*, wartet das Museum mit einem faszinierenden Einblick in die Geschichte der Erde und ihrer Bewohner auf. Faszinierend sind die erst kürzlich neu konzeptionierten *Earth Galleries.*

National History Museum

Wer in der Exhibition Road das Museum *(Earth Galleries)* betritt, dringt auf einer lang gestreckten Rolltreppe gewissermaßen in das Innere eines langsam rotierenden Globus vor. Die Entstehungsgeschichte unseres Planeten wird mithilfe von Videofilmen, bedienbare Maschinen und interaktiven Displays auch für Kinder interessant dargestellt. Neu sind die Abteilungen „The Power Within", in der auf recht spektakuläre Weise Erdbeben und Vulkanausbrüche nachgebildet werden, und „The Restless Surface" zu den Themen Erosion und Erwärmung der Erdatmosphäre. Im Erdgeschoss mahnt die Abteilung „The Earth Today and Tomorrow" einen bewussteren Umgang mit den natürlichen Ressourcen unseres Planeten an und warnt vor den Folgen der globalen Umweltverschmutzung. Die meisten Besucher widmen sich dennoch den *Life Galleries,* deren große Attraktionen ein 30 Meter langes Modell eines Blauwals und mehrere Dinosaurierskelette sind. Einige Modelle dieser Urviecher sind automatisiert und können bewegt werden. Aber auch kleinere Tierarten wie Amphibien, Reptilien und Vögel werden eingehend behandelt. Von Experten hoch geschätzt wird die Paläontologische Abteilung. Beeindruckend ist eine riesige Baumscheibe eines 1300 Jahre alten Sequoia-Baumes.

Exhibition Road/Cromwell Road, SW7. Ⓤ South Kensington. Tgl. 10–17.50 Uhr, So erst ab 11 Uhr. Eintritt nur bei Sonderausstellungen! www.nhm.ac.uk.

Science Museum: Auf sieben Ebenen zeigt sich das Science Museum als wahres El Dorado für Technikfreunde; es bietet einen umfassenden Einblick in die Wissenschafts- und Technikgeschichte von ihren Anfängen bis ins 21. Jahrhundert. Zu den Exponaten gehören viele, für die industrielle Entwicklung Englands wegbereitende Erfindungen, beispielsweise Dampfmaschinen von James Watt, der erste Dieselmotor und die älteste Lokomotive der Welt („Puffing Billy"); ein alter Benz von 1888, ein Rolls Royce von 1904 sowie viele Flugzeugmodelle und ein originalgetreuer Nachbau der Apollo-11-Landekapsel fehlen ebenfalls nicht. Egal ob man sich für das Thema „Optik", „Medizin", „Fotografie", „Computer", „Telekommunikation", „Mathematik", „Chemie", „Wetter", „Papier und Druck", „Landwirtschaft", „Luftfahrt", „Schifffahrt" oder „Weltraumfahrt" interessiert, in jeweils einer eigenen Abteilung wird man darüber umfassend informiert. Nicht nur Kinder und Jugendliche sind von den zahlreichen Simulatoren und interaktiven Displays begeistert. Das Experimentieren ist ausdrücklich erwünscht! Im Rahmen des im Sommer 2000 abgeschlossenen Erweiterungsbaus erhielt das Museum einen neuen Eingangsflügel mit einer Ausstellung zum Thema „Making the Modern World" und ein IMAX-Kino mit 450 Sitzplätzen.

Exhibition Road, SW7. Ⓤ South Kensington. Tgl. 10–18 Uhr. Eintritt nur bei Sonderausstellungen! www.nmsi.ac.uk oder www.sciencemuseum.org.uk.

Royal Albert Hall: Die mit schönen Mosaikarbeiten und einem Terrakottafries verzierte Konzerthalle, ein mächtiger Ziegelrundbau, ist eine wahre Augenfreude. Um die immensen Baukosten zu finanzieren, verfiel Sir Henry Cole, der Vorsitzende der *Society of Arts*, auf die Idee, Sitzplätze für einen Preis von £ 100 für die Dauer von 999 Jahren zu „vermieten". Insgesamt 1.300 der 8.000 Sitzplätze wurden so verkauft und seither von einer Generation auf die nächste vererbt, die sich über kostenlose Konzertbesuche freuen darf. Am 29. März 1871 war es soweit: Der Prince of Wales eröffnete den Prachtbau am Hyde Park. Die erwartungsvoll gestimmten Zuschauer erlebten allerdings eine herbe Enttäuschung: Um die Akustik der „Suppenschüssel" war es alles andere als gut bestellt, ein lästiger Echoeffekt störte das Konzertvergnügen. Erst 1960 konnten die unangenehmen Störungen endgültig beseitigt werden.

Kensington Road, SW7. Ⓤ Knightsbridge oder High Street Kensington. www.royalalbert hall.com.

Hyde Park: Der Hyde Park, der nach Westen in die Kensington Gardens übergeht, ist Londons größte Grünfläche. Von West nach Ost misst der Park mehr als drei Kilometer! Berühmt ist der Hyde Park aber vor allem für die *Speakers' Corner* (siehe Marylebone) an seiner nordöstlichen Ecke. Der ehemalige königliche Park wurde 1640 für die Öffentlichkeit zugänglich gemacht und 1830 durch die *Serpentine*, einen künstlichen See, der sich zum Rudern und Schwimmen eignet, bereichert. Der *Lido* ist eines der wenigen Londoner Freibäder. In unmittelbarer Nähe des Lido befindet sich der *Princess Diana Memorial Fountain*, ein überdimensionaler Brunnen, in dem man sich herrlich die Füße abkühlen kann.

Hyde Park. Ⓤ Knightsbridge, Marble Arch, Hyde Park Corner oder Lancaster Gate. Tgl. 5–24 Uhr.

Kensington Palace: Tag für Tag pilgern noch immer zahllose Verehrer und Verehrerinnen zum letzten offiziellen Wohnsitz der im Sommer 1997 bei einem Verkehrsunfall tragisch ums Leben gekommenen Prinzessin Diana. Diana wohnte nicht zufällig im Kensington Palace: Seit 1689 ist der Landsitz, der von Christopher Wren zu einem Palast umgebaut wurde, im Besitz der Königsfamilie. Allerdings ist der größte Teil des Palastes nicht zugänglich, da hier Prinzessin Margret, die Schwester der Königin, der Herzog und die Herzogin von Kent sowie der Herzog und die Herzogin von Gloucester wohnen; Besucher – der Eingang befindet sich an der Nordseite – haben nur Zutritt zu den *State Apartments*. Hierzu gehören die einst dem König und der Königin vorbehaltenen Räumlichkeiten. Ebenfalls besich-

Der Kensington Palace ist eine Pilgerstätte für Fans von Prinzessin Diana

tigt werden kann die *Royal Ceremonial Dress Collection,* eine Ausstellung zur Kleidung, die in den letzten 250 Jahren am englischen Hof getragen wurde.

Hyde Park. Ⓤ High Street Kensington oder Queensway. Tgl. 10–18 Uhr, im Winter bis 17 Uhr. Eintritt: £ 12.50, erm. £ 10 oder £ 6.25. www.hrp.org.uk.

Notting Hill

Notting Hill ist seit dem gleichnamigen Film mit Julia Roberts und Hugh Grant quasi über Nacht zu einem der weltweit bekanntesten Londoner Stadtteile aufgestiegen. Zuvor war Notting Hill allerdings schon für seinen lebendigen Samstagsmarkt und den farbenprächtigen Notting Hill Carnival berühmt.

Notting Hill Carnival

Der Notting Hill Carnival war gewissermaßen die friedliche Antwort auf die Unruhen von 1958. Sieben Jahre später fand Ende August am *August Bank Holiday* erstmals ein Straßenfest statt, das sich seither zum weltweit zweitgrößten Karneval nach Rio de Janeiro entwickelt hat. Drei Tage dauert das Spektakel, bei dem mehr als eine Million Menschen tanzend und feiernd auf den Straßen zusammenkommen. Der sonntäglichen Kostümparade der Kinder folgen am Montag die Umzüge der Erwachsenen, begleitet von prächtig geschmückten Wagen und Livemusik. Der rund fünf Kilometer lange Rundkurs beginnt am Ladbroke Grove und führt durch die Westbourne Grove, die Chepstow Road und die Great Western Road.

In den späten 1980er-Jahren entwickelte sich Notting Hill zu einem Szeneviertel mit Werbeagenturen, Bars, Secondhand-Shops und Boutiquen. Die Mieten zogen schnell an, so dass die alteingesessene schwarze Bevölkerung langsam wieder zur Minderheit wurde. Quadratmeterpreise von umgerechnet 8.000 Euro sind keine Seltenheit. Besonderer Beliebtheit erfreuen sich die Häuser, die einen *communal garden* umschließen, der nur von den angrenzenden Anwesen aus zugänglich ist. Zu den berühmtesten Bewohnern gehören beispielsweise Richard Branson, der Gründer des Virgin-Imperiums, Madonna und das Supermodel Kate Moss.

Lambeth und Southwalk

Das schlecht beleumundete Südufer der Themse, die South Bank, wurde jahrhundertelang auch in städtebaulicher Hinsicht vollkommen vernachlässigt. Eine Aufwertung des Viertels erfolgte erst in den letzten Jahrzehnten. Mehrere ansprechende Museen, darunter das *Design Museum* und die *Tate Gallery of Modern Art*, machen das Südufer für viele Reisende und Kulturfreunde interessant. Durch die Verlängerung der Jubilee Line bis nach North Greenwich und den Bau einer Fußgängerbrücke über die Themse verbesserte sich die Infrastruktur des Südufers erheblich. Verwaiste Dockanlagen wurden in moderne Büros und Einkaufszentren verwandelt, citynahe Luxuswohnungen mit Themseblick erzielen auf dem Immobilienmarkt ausgezeichnete Preise. Bei einem gemütlichen Spaziergang entlang der Uferpromenade kann man das faszinierende Panorama der britischen Metropole genießen.

Sehenswertes

Design Museum: Seit 1989 befindet sich das weltweit erste Design Museum in einem einstigen Lagerhaus mit einer hell leuchtenden Fassade. In der Dauerausstellung wird die Bedeutung des Designs für die industrielle Massenfertigung vom Kinderstuhl über Rollstühle bis hin zur Waschmaschine und Kaffeekanne veranschaulicht. Wechselausstellungen ergänzen das Konzept. Manche Entwürfe können im Museumsshop, dem ein Café angegliedert ist, erworben werden. Im gleichen Gebäude befindet sich zudem das Blueprint Café – designed by Museumsgründer Sir Terence Conran –, das einen tollen Blick auf die Tower Bridge bietet.
Butler's Wharf, Shad Thames, SE1 2 YD. ⓤ Tower Hill. Tgl. 10–17.45 Uhr. Eintritt: £ 8.50, erm. £ 6.50 bzw. £ 5. www.designmuseum.org.

HMS Belfast: Direkt neben der Tower Bridge liegt Europas einziger noch existierender Zerstörer aus dem Zweiten Weltkrieg vor Anker. Die 1938 gebaute *HMS Belfast* war beim Kampf um das deutsche Schlachtschiff *Scharnhorst* beteiligt und bis zum Ende des Korea Krieges aktiv im Einsatz. Das 187 Meter lange schwimmende Museum mit neun Decks kann von der Admiralsbrücke bis hinunter in den Maschinenraum erkundet werden und vermittelt einen authentischen Eindruck vom Leben auf einem Kriegsschiff, der durch Filmvorführungen und Tondokumente ergänzt wird.
Morgan's Lane, Tooley Street, SE1. ⓤ Tower Hill. Tgl. 10–18 Uhr, im Winter nur bis 17 Uhr. Eintritt: £ 12.95, erm. £ 10.40, Kinder unter 16 frei! www.iwm.org.uk.

Winston Churchill's Britain at War Museum: Die Nächte, als Hitlers Flugzeuge ihre Bombenteppiche über der englischen Hauptstadt abwarfen, sind vielen Londonern als traumatisches Erlebnis in Erinnerung geblieben. In Winston Churchill's Britain at War Museum wird die düstere Atmosphäre der Kriegsjahre anschaulich zum Leben erweckt. Eingestimmt von zeitgenössischer Musik und Radioshows reist der

Einst Kriegsschiff, heute Museum: HMS Belfast

Besucher mit dem „Aufzug" in die 1940er-Jahre, wo er sich durch Gasmasken, Notunterkünfte und Bombenangriffe den Weg in die rettende Freiheit bahnen muss.

Tooley Street, SE1. Ⓤ London Bridge. Tgl. 10–17 Uhr, im Winter bis 16.30 Uhr. Eintritt: £ 12.95, erm. £ 6.50 bzw. £ 5.50. www.britainatwar.co.uk

London Dungeon: Unter dem Bogen einer Eisenbahnbrücke hat sich der London Dungeon, ein modernes Horrorkabinett, als beliebte Touristenattraktion etabliert. Die Glorifizierung von Folter, Schmerz und Tod mutet allerdings recht seltsam an: Die mittelalterliche Geschichte Englands wird mit all ihren schlimmen Ereignissen in Lebensgröße dargestellt: Thomas Becket liegt in einer Blutlache vor dem Altar, eine Familie wird von der Pest dahingerafft, auf Lanzen gespießte Köpfe „grüßen" die Besucher. Dass auch Jack the Ripper nicht fehlen darf, versteht sich fast von selbst. Für Kinder unter zehn Jahren ist von einem Besuch abzuraten, auch wenn sie in Begleitung eines Erwachsenen Zutritt hätten.

28–34 Tooley Street, SE1. Ⓤ London Bridge. Tgl. 10–18.30 Uhr, im Winter nur bis 17.30 Uhr. Eintritt: £ 22.50, erm. £ 20.50 oder £ 16.50. www.thedungeons.com

Golden Hinde: Sieht man die *Golden Hinde* auf ihrem Trockendock liegen, so kann man sich schwer vorstellen, dass *Sir Francis Drake* mit einem Schiff von solch bescheidenen Ausmaßen von 1577 bis 1580 die Welt umsegelt hat und als erfolgreichster Freibeuter der englischen Geschichte zurückkehrte. Die ursprüngliche Golden Hinde ist zwar längst verrottet, doch haben sich ein paar Enthusiasten zusammengefunden, um Drakes Flaggschiff originalgetreu nachzubauen.

Cathedral Street, SE1. Ⓤ London Bridge. Tgl. 10–18 Uhr. Eintritt: £ 6, erm. £ 4.50. www.goldenhinde.com.

Shakespeare's Globe Theatre: Das erste, 1599 errichtete *Globe Theatre* brannte schon 1613 während einer Aufführung des Dramas „Heinrich VIII." bis auf die Grundmauern nieder. Innerhalb von nur einem Jahr wiederaufgebaut, fiel das

Theater 1642 der puritanischen Sittenstrenge zum Opfer. Erst durch die unermüdliche Initiative des amerikanischen Schauspielers und Regisseurs Sam Wanamaker kamen in den Neunzigerjahren des 20. Jahrhunderts so viele Spendengelder zusammen, dass heute nur wenige Meter vom ursprünglichen Standort entfernt, wieder eine weiß verputzte Rekonstruktion von Shakespeares berühmtem *Globe Theatre* auf Besucher wartet. Die drei Ränge und der Innenhof bieten Platz für rund 1.500 Zuschauer; Theateraufführungen finden wie zu Shakespeares Zeiten von Mitte Mai bis Mitte September bei Tageslicht unter freiem Himmel statt, die Schauspieler agieren vor einem minimalistischen Bühnenbild, der Schauplatz eines Dramas wird einzig durch die Magie der Worte beschworen. Übrigens: Essen und Trinken ist ausdrücklich erlaubt.

Die dem Theater angegliederte *Shakespeare's Globe Exhibition* bietet eine Einführung in die Geschichte des elisabethanischen Theaters. Ein Café und ein Restaurant sorgen für das leibliche Wohl.

New Globe Walk, Bankside, SE1. Ⓤ Mansion House. Von Mai bis Sept. tgl. außer So 9–12.30 Uhr, im Winter tgl. 10–17 Uhr. Eintritt: £ 10.50, erm. £ 8.50 bzw. £ 6.50. www.shakespeares-globe.org.

Tate Gallery of Modern Art: Keine Frage: Die Tate Gallery of Modern Art ist eine „Kathedrale der Modernen Kunst", atemberaubend und faszinierend zugleich. Dies liegt – abgesehen von den faszinierenden Kunstwerken – an dem wuchtigen Backsteingebäude, in dem das Museum residiert. Es handelt sich um das ehemalige Kraftwerk der Bankside Power Station, das von *Sir Giles Gilbert Scott* – dem Erfinder der roten Telefonhäuschen – errichtet wurde. Rund 134 Millionen Pfund kostete der von den Schweizer Architekten Herzog & de Meuron entworfene Umbau, durch den nicht nur die moderne Kunst der Tate Gallery endlich den ihr zustehenden Platz erhielt, sondern der es nun auch London ermöglicht, endlich in der gleichen Liga zu spielen wie New York mit seinem Museum of Modern Art und Paris mit dem Centre Pompidou. Bis auf einen zweistöckigen Glasaufbau, der die Proportionen des Gebäudes positiv beeinflusste, ist das einstige Kraftwerk äußerlich unverändert. Die Dimensionen sind wahrhaft gewaltig: Allein die Haupthalle der Tate Gallery of Modern Art ist 160 Meter lang und 30 Meter hoch. Hinzu kommen weitere Ausstellungsräume mit einer Raumhöhe von bis zu zwölf Metern. Somit können moderne, überdimensionale Kunstwerke, die in ehemaligen Industriehallen oder Lofts entstanden sind, angemessen präsentiert werden. Über eine Rampe werden die Besucher in den Bauch des Museums geleitet. Zu besichtigen sind Kunstwerke aus dem 20. Jahrhundert, beispielsweise von Picasso, Matisse, Duchamp, Dalí, Moore, Bacon, Giacometti, Beuys und Warhol. Hinzu kommen wechselnde zeitgenössische Installationen sowie ein Skulpturengarten.

Bank Side, SE1. Ⓤ Mansion House. Tgl. 10–18 Uhr, Fr und Sa bis 22 Uhr. Eintritt frei! Sonderausstellungen £ 11, erm. £ 9. www.tate.org.uk.

Hayward Gallery: Die 1968 eröffnete Galerie bietet der modernen Kunst ein respektables Forum. Einen festen Fundus gibt es nicht, dafür finden mehrmals im Jahr anspruchsvolle Wanderausstellungen statt.

SE1. Ⓤ Queen Walk, Waterloo oder Embankment. Tgl. 10–18 Uhr, Fr 10–22 Uhr. Eintritt: £ 11, erm. £ 10 bzw. £ 8. www.hayward-gallery.org.uk.

London Eye: Auf der Suche nach neuen Attraktionen für die Millenniumsfeierlichkeiten durfte anscheinend auch ein Riesenrad nicht fehlen. Dass es sich bei dem 135 Meter hohen Riesenrad um das größte der Welt handelt, versteht sich dabei

Panoramablick pur: London Eye

London
Karte S. 86

fast schon von selbst. Auf der rund 30-minütigen Fahrt mit dem „London Eye" erheben sich die gläsernen Gondeln im Zeitlupentempo über die britische Metropole. Ein phantastischer Panoramablick ist garantiert! Pro Jahr werden mit dem Riesenrad 3,5 Millionen Fahrgäste transportiert. Achtung: Tickets vorab per Telefon oder im Internet bestellen.

Jubilee Gardens, SE1. ⓤWestminster oder Waterloo. Tgl. 10–20 Uhr, im Sommer bis 21.30 Uhr. Fahrtkosten: ab £ 17.95, erm. ab £ 14.30 bzw. ab £ 9.50. www.londoneye.com.

London Aquarium: Das London Aquarium bietet einen faszinierenden Einblick in die Unterwasserwelt. In den verschiedenen Sektionen des Aquariums werden die für die jeweiligen Meere (Atlantik, Pazifik und Indischer Ozean) typische Flora und Fauna vorgestellt. Ein Korallenriff, Mangrovensümpfe und ein Becken mit tropischem Süßwasser dürfen selbstverständlich nicht fehlen. Die größte Attraktion sind natürlich die Haifische im Pazifikbecken, bei Kindern besonders beliebt ist ein Bassin mit Rochen, die sich bereitwillig streicheln lassen.

County Hall, Riverside Building, SE1. ⓤWestminster oder Waterloo. Tgl. 10–18 Uhr, im Sommer bis 19 Uhr. Eintritt: £ 18 erm. £ 16.50 bzw. £ 12.50. www.londonaquarium.co.uk.

Florence Nightingale Museum: Es gibt wohl kaum jemanden, der in den 1960er-Jahren geboren und im Englischunterricht nicht mit der Lebensgeschichte von Florence Nightingale (1820–1910) konfrontiert wurde. Das St Thomas's Hospital ist der richtige Ort für ein Florence-Nightingale-Museum, denn hier gründete Florence 1860 die weltweit erste professionelle Schule zur Ausbildung von Krankenschwestern (noch heute werden die Schwestern des St Thomas's Hospital *Nightingales* genannt).

2 Lambeth Palace Road, SE1. ⓤWestminster oder Waterloo. Tgl. 10–17 Uhr. Eintritt: £ 5.80, erm. £ 4.80. www.florence-nightingale.co.uk.

Imperial War Museum: Man sollte sich von den vielen Kampfflugzeugen, Raketen und Kanonen im Erdgeschoss nicht abschrecken lassen, denn das Imperial War

Museum ist sicherlich das anspruchsvollste Kriegsmuseum in London. Untergebracht in einer ehemaligen Nervenheilanstalt, wird hier die Geschichte des britischen Militärs seit dem Ersten Weltkrieg festgehalten. U-Boote, Panzer, Flugzeuge,
Kanonen, Uniformen, Schlachtendarstellungen usw. können besichtigt werden.
Filmvorführungen zeigen das Kriegsmaterial im Einsatz. Didaktisch sehr gut konzipiert sind die Ausstellungen zu den beiden Weltkriegen, dem Holocaust und „The
Age of the Total War". Eine technische Meisterleistung ist „The Blitz Experience",
ein simulierter Bomben- bzw. Raketenangriff auf London, bei dem sogar der Boden
bebt. Ebenfalls sehr eindrucksvoll ist die Szenerie „The Trench Experience", die
eine authentische Vorstellung vom Leben und Sterben in den Schützengräben des
Ersten Weltkriegs vermittelt.

Lambeth Road, SE1. ⓊWaterloo oder Elephant & Castle. Tgl. 10–18 Uhr. Eintritt frei! www.
iwm.org.uk.

Ein Mann namens Jack the Ripper

Die fünf Morde, die sich 1888 im Londoner East End ereigneten, gehören zu
den mysteriösesten und grausamsten Fällen der englischen Kriminalge-
schichte. Der erste Mord geschah am 31. August, als eine Prostituierte in einer nebeligen Nacht verstümmelt aufgefunden wurde. Im East End standen
damals Mord und Totschlag auf der Tagesordnung, so dass diese Tat noch
kein großes Aufsehen erregte. Erst als am 8. September erneut eine Prostituierte unter den gleichen Umständen ums Leben kam, breiteten sich Angst
und Schrecken aus, die dadurch noch gesteigert wurden, dass der Mörder in
einem mit „Jack the Ripper" unterschriebenen Brief an eine Londoner Zeitung weitere Morde ankündigte. In der Nacht vom 30. September ereigneten
sich die nächsten beiden Morde. Ihren Höhepunkt erreichte die schreckliche
Serie am 9. November: Die junge, hübsche Prostituierte Mary Jane Kelly
wurde in ihrem Zimmer in der Hanbury Street vollkommen zerstückelt aufgefunden, ihre Eingeweide waren über den Fußboden verteilt. Danach brach
die Mordserie unvermittelt ab. Wer „Jack the Ripper" war, konnte nie aufgeklärt werden.

Es gab zwar einen großen Kreis von Verdächtigen, zu denen auch der Duke
of Clarence gezählt wurde, da sich der homosexuelle Sohn von Eduard VII.
bekanntlich in den einschlägigen Lokalitäten des East End herumtrieb. Zwei
der Hauptverdächtigen kamen kurze Zeit nach dem letzten Mord unter tragischen Umständen ums Leben, was das abrupte Ende der Serie erklären
könnte.

East End

Das East End ist die Heimat der Cockneys. Aber auch die Hugenotten und Juden
haben hier ihre erste Heimstätte gefunden. Heute wird das Armenviertel im Londoner Osten vor allem von Pakistanis und Bengalen geprägt. Große Sehenswürdigkeiten gibt es abgesehen von den vier bekannten Märkten (Spitalfield Market, Petticoat Lane Market, Brick Lane Market, Columbia Road Market) nicht. Einen
schlechten Ruf hatte das East End schon immer: Bereits aus dem Mittelalter gibt es

Berichte über Elendsquartiere, die sich dicht an dicht in den Sümpfen außerhalb von Aldgate drängten. Im Zeitalter der industriellen Revolution waren es vor allem irische Immigranten, Fabrikarbeiter und Hafenarbeiter, die in den Slums des East End eine billige Unterkunft fanden. Im Jahre 1870 wurden im Londoner Osten 600.000 Menschen gezählt. Zumeist lebten ganze Familien in einem einzigen Zimmer ohne Wasseranschluss, von sanitären Einrichtungen ganz zu schweigen. In der Hochphase der Industrialisierung lag im East End die durchschnittliche Lebenserwartung bei 16 Jahren; 55 Prozent aller Kinder starben, bevor sie das fünfte Lebensjahr erreicht hatten! Angesichts dieser Zustände verwundert es nicht, dass die von *William Booth* gegründete Heilsarmee 1878 in Whitechapel mit ihrer Missionsarbeit begann und 1888 dort das erste Nachtasyl für Obdachlose eröffnet wurde.

London Karte S. 86

Docklands

Der einstmals größte Dockhafenkomplex der Welt mit seinen gigantischen Lagerhäusern und Hafenbecken wurde in den letzten Jahrzehnten in ein hypermodernes Büroviertel verwandelt. Im Jahre 1981 begann die London Docklands Development Corporation das brachliegende, 2.200 Hektar große Areal einer neuen Nutzung zuzuführen. Doch anstatt den großen städteplanerischen Wurf zu wagen, entstand auf der sogenannten *Isle of Dogs,* die eigentlich eine Halbinsel ist, ein architektonisches Potpourri aus Glas, Stahl, Marmor und Granit. Das Ergebnis ist ein seelenloses Terrain mit riesigen Häuserklötzen und postmodernem Schnickschnack. Abends und am Wochenende sind die Docklands fast menschenleer, grundlegende Versorgungseinrichtungen fehlen weitgehend. Auch Prince Charles rümpfte die Nase angesichts der „mittelmäßigen Bauten" mit ihrer unterkühlten Eleganz. Zum Wahrzeichen der Docklands wurde der einer Rakete oder einem überdimensionalen Obelisk ähnelnde *Canary Wharf Tower* von Cesar Pelli. Seit seiner Fertigstel-

Im Schatten des Canary Wharf Towers – Docklands

lung 1991 ist das 244 Meter hohe Bürohochhaus zwar das höchste Gebäude in Großbritannien, doch konnten bis dato noch immer einige Etagen nicht vermietet werden. Zum Teil liegt es auch an der schlechten Infrastruktur. Architektonisch ausgefallen wirkt *Cascades*, ein zwanzigstöckiges Gebäude von Piers Gough, das direkt an der Themse emporwächst. Mit seinen Türmchen, Bullaugen und seinem abgeschrägten Anbau erinnert es an einen steinernen Wasserfall.

Greenwich

Greenwich ist ein traditionsreicher Ort am Südufer der Themse. Durch seine Königliche Sternwarte und den Nullmeridian ist Greenwich gewissermaßen zum Nabel der Welt geworden. Einen Besuch lohnt aber auch das National Maritime Museum. Ursprünglich war Greenwich ein kleines Fischerdorf an der Themse. Dies änderte sich erst, als der Herzog von Gloucester 1428 ein Schloss errichten ließ. Letztlich war es aber Karl II., der die „Schuld" am Aufstieg von Greenwich trug; der englische König beschloss 1685, „auf dem höchsten Punkt in unserem Park in Greenwich eine kleine Sternwarte zu bauen."

Sehenswertes

Royal Naval College: Das Royal Naval College zählt zu den vier weltlichen Bauten von *Christopher Wren*. Allerdings war Wren hier nicht allein am Werk, Teile des klassizistischen Ensembles wurden von seinem Schüler *Nicholas Hawksmoor* entworfen. Auftraggeberin war Königin Maria II., die sich Greenwich als Standort für ein Marinehospital wünschte, das als Pendant zum Chelsea Hospital alten Seeleuten einen geruhsamen Lebensabend gewährleisten sollte. Die architektonische Vorgabe war, dass das dahinterliegende *Queen's House* von *Inigo Jones* von der Themse aus weiterhin sichtbar bleiben müsse und daher nicht verdeckt werden durfte.
Greenwich, SE 10. DLR: Island Gardens. Tgl. 10–17 Uhr, So erst ab 12.30 Uhr. Eintritt frei! www.oldroyalnavalcollege.org.

National Maritime Museum: Großbritannien war einst die größte Seefahrernation der Welt. An diese hehre Vergangenheit erinnert das Museum zur Geschichte der Seefahrt in mustergültiger Form. Rund um einen überdachten Innenhof sind die verschiedenen Sektionen des Museums gruppiert, die beispielsweise sehr anschaulich die großen Entdecker und ihre Expeditionen, allen voran *James Cook* (1728–1779), vorstellen; aber auch Fragen nach der Zukunft der Ozeane bleiben nicht ausgeklammert. Wer sich für Seeschlachten interessiert, kommt auch nicht zu kurz.
Greenwich, Romney Road, SE 10. DLR: Island Gardens. Tgl. 10–17 Uhr. Eintritt frei! www.nmm.ac.uk.

Royal Observatory: Sir Christopher Wren entwarf die königliche Sternwarte nebst einem Haus für den Hofastronomen John Flamsteed. Bis 1945 blickten Flamsteeds Nachfolger von hier aus in den nächtlichen Himmel, dann musste die Sternwarte aufgrund der zunehmenden Luftverschmutzung nach Herstmonceux in East Sussex verlegt werden. Das Royal Observatory wurde daraufhin in ein Museum umgewandelt.
Greenwich, SE 10. DLR: Island Gardens. Tgl. 10–17 Uhr. Eintritt frei! www.rog.nmm.ac.uk.

Millennium Dome

Wie eine riesige Schildkröte ruht der Millennium Dome auf dem Areal eines aufgelassenen Gaswerks im Norden von Greenwich. Der Dome war ein Prestigeobjekt

Der Teufel lacht, doch Sherlock Holmes ist ihm auf der Spur (rn) ▲▲
Big Ben & Houses of Parliament (rn) ▲

▲▲ Der Nabel Londons: Piccadilly Circus (rn)
▲ Blick von der Westminster Bridge (rn)

London: Ruhen im Schatten der ▲▲
römischen Stadtmauern (rn)

Haltung bewahren (rn) ▲▲
Fit for fun (rn) ▲

▲▲ Wer sein Boot liebt, muss es pflegen (rn)
▲ Die weißen Klippen von Dover (rn)
▲▲ Canterbury Cathedral (rn)

von Tony Blair, das den Geist von „Cool Britannia" mit dem Vertrauen auf die zukünftige Welt vereinen sollte. Für diese hehren Pläne scheute die britische Regierung weder Kosten noch Mühen. Der britische Staat stellte knapp 800 Millionen Pfund für den Bau und die Vermarktung des Millennium Dome bereit. Hierbei sind die 140 Millionen Pfund, die aufgewendet wurden, das verseuchte Areal zu dekontaminieren sowie die Kosten für die Verlängerung der Jubilee Line, gar nicht eingerechnet. Stararchitekt Richard Rogers wurde ausgewählt, um den größten Kuppelbau der Welt mit einer Grundfläche von 80.000 Quadratmetern zu errichten. Ironischerweise wusste zu diesem Zeitpunkt noch niemand, welche Attraktionen unter dem lichtdurchlässigen Zeltdach Platz finden sollten. Allein die Dimensionen des Bauwerks sind gewaltig: Der Dome ist nach Flächengröße hinter dem Kennedy Space Center in Florida und der Montagehalle von Boeing in Seattle der drittgrößte Bau der Welt. Die Kuppel könnte bequem den Trafalgar Square samt der 50 Meter hohen Säule Nelsons überspannen; ihr Fassungsvermögen entspricht 18.000 Doppeldeckerbussen. Hielte man den Millennium Dome unter die Niagara Fälle, so würde es rund zehn Minuten dauern, bis er mit Wasser gefüllt wäre. Die zwölf gelben, knapp 90 Meter hohen Stahlmasten, die die Konstruktion tragen, sind schnell zum Erkennungszeichen des Domes geworden. Publicitywirksam rutschte James Bond in seinem Film „007 – Die Welt ist nicht genug" das Dach hinunter. Trotz aufwändiger Werbemaßnahmen geriet der Millennium Dome zum gigantischen (Jahrtausend-?) Flop. Bei Eintrittspreisen von 20 Pfund blieben die erhofften Besuchermassen aus, so dass die Regierung auf einem riesigen Verlust sitzen blieb. Derzeit wird der Millennium Dome unter dem Namen „The O2" als Veranstaltungsort für Konzerte und Ausstellungen genutzt.

Millennium Dome. ⓊNorth Greenwich (Tarifzone 3). www.theo2.co.uk.

London Karte S. 86

Millionengrab: Millennium Dome

Das Marktkreuz in Chichester

Südostengland

Kent – Sussex – Surrey

Südöstlich der britischen Hauptstadt liegen die Grafschaften Kent, East und West Sussex sowie Surrey. Schon lange ist diese Region das Naherholungsgebiet der Londoner. An Wochenenden und in den Ferien herrscht reger Verkehr auf den Hauptverkehrsrouten, die Züge von und nach London sind häufig überfüllt.

Für Urlauber vom europäischen Festland ist insbesondere Kent erste Anlaufstation. Die wichtigsten Fährhäfen (auch für Hovercrafts) sind Dover, Folkestone, Ramsgate und Sheerness. Seit Mai 1994 besteht nun auch eine „Landverbindung" zwischen Folkestone und Calais: der Eurotunnel.

Den Beinamen „Gateway to Britain" hat sich Südostengland vor über 2000 Jahren verdient. Im Jahre 55 v. u. Z. betrat Julius Cäsar bei Deal englischen Boden. Die römische Herrschaft (erst beim dritten Versuch im Jahre 50 u. Z. war die Invasion erfolgreich) dauerte beinahe vier Jahrhunderte und hinterließ besonders in diesem Teil Englands ihre Spuren. Besterhaltene Relikte sind Teile eines römischen Palastes in *Fishbourne* bei Chichester. Im 6. Jahrhundert wählte Augustinus *Canterbury* zum Ausgangspunkt der Christianisierung Britanniens und gründete dort ein Kloster. Eine mächtige Kathedrale und die historische Altstadt sind heute die Hauptattraktionen von Kent.

Etwas weiter westlich nahm die letzte erfolgreiche Invasion der Insel im Jahre 1066 ihren folgenschweren Lauf. In einer blutigen Schlacht besiegten die Normannen bei

Hastings die angelsächsischen Verteidiger. In *Battle* – wie die historische Stätte treffender kaum heißen kann – ließ Wilhelm der Eroberer eine Abtei errichten, deren Ruinen heute nur einen kleinen Teil der normannischen Hinterlassenschaften bilden. *Dover Castle*, die *Docks von Chatham* und *Chichester Cathedral* sind weitere Sehenswürdigkeiten aus dieser Zeit.

Grafschaft Kent

„Kent, Sir, everybody knows Kent – apples, cherries, hops and women", schrieb Charles Dickens 1837 in seinem Roman „Pickwick Papers". Für Touristen trifft das allerdings nicht zu. Denn wer direkt von Dover oder Folkestone Richtung London fährt, verschwendet kaum einen Blick an die mannigfaltigen Schönheiten des ehemaligen jütischen Königreiches.

In West-Ost-Richtung durchziehen zwei Bergkämme den ansonsten flachen Landstrich: die North Downs, die bis zu 270 Meter ansteigen und ihr südlicher Nachbar, das Ragstone Ridge. Das Wandern über den North Downs Way, der bis an die Grenzen von Hampshire reicht, ist ein landschaftliches Erlebnis. Hopfenfelder, Obstplantagen und saftig grüne Wiesen voll bunter Blumen verleihen Kent das Prädikat „Garden of England". Steil und schroff wird es erst wieder an den grellen Kreidefelsen der Kanalküste. Die White Cliffs von *Dover* sind das Wahrzeichen der gesamten Insel. Entlang der stets von Angriffen bedrohten Küstenlinie gründete Edward the Confessor im 11. Jahrhundert die „Cinque Ports": Die fünf Hafenstädte Hastings, Romney, Hythe, Dover und Sandwich stellten die erste organisierte Flotte Englands; am Ende des 12. Jahrhunderts wurde das Bündnis um Winchelsea und Rye erweitert.

Man könnte Tage verbringen, um die unzähligen Burgen und Schlösser zu besichtigen. Das hübscheste ist sicherlich Leeds Castle bei *Maidstone*, ein märchenhaftes Wasserschloss in einem kleinen See, umgeben von einer ausgedehnten Parklandschaft. Aber auch die Burgen in *Dover*, *Deal* und *Walmer* sind nicht weniger bewundernswert. Und dann wären da noch die beiden Kathedralenstädte *Canterbury* und *Rochester* mit ihrem einzigartigen historischen Gepräge. Canterbury – das bedeutet gleichzeitig eine Reise ins Mittelalter. Hier, wo im 12. Jahrhundert die Ermor-

Sissinghurst Garden

Südostengland
Karte S. 148/149

dung des Erzbischofs Becket in der gigantischen Kathedrale einen wahren Pilgeransturm auslöste, sind noch heute die abgewetzten Stufen des damaligen Menschenstroms zu bestaunen. Das Lebensgefühl jener Epoche schildert Geoffrey Chaucer in seinen „Canterbury Tales". Ein anderer Schriftsteller, nämlich Charles Dickens, scheint in *Broadstairs* und *Rochester* zum Anfassen nahe. Der Badespaß kommt ebenfalls nicht zu kurz. Auf der *Isle of Thanet* reihen sich drei traditionelle Badeorte aneinander: *Ramsgate, Broadstairs* und *Margate* sind nur in den Monaten Juli und August von Touristen überfüllt.

Information   **Kent Tourism Alliance**, CT1 2EE9, 3 The Precincts, Canterbury, Kent, ✆ 01271/336020, ✉ 01227/455987. www.visitkent.co.uk.

Folkestone

Das viktorianische Seebad Folkestone ist heute vor allem durch den Eurotunnel bekannt geworden. Wenige Kilometer nordwestlich der Stadt taucht das Jahrhundertbauwerk unvermutet aus dem Untergrund auf.

Die Stadt profitiert davon allerdings nur in geringem Maße, denn für viele ist Folkestone eine reine Durchgangsstation, die allenfalls zum Übernachten genutzt wird. Zu Unrecht, denn auch in Folkestone gibt es einiges zu entdecken: So trifft man bei einem Hafenspaziergang auf *The Stade*, das alte Fischerviertel, das sich mit seinen gedrungenen roten Steinhäusern einiges an Flair erhalten hat. Einen eindrucksvollen Kontrast hierzu bilden die in Sichtweite ankernden Passagierschiffe. Eine angenehme Überraschung ist der etwas oberhalb liegende alte Stadtkern *The Bayle* mit seinen engen Gassen, den dicht aneinander gereihten Häusern und den urigen Pubs. Von der erhöhten Promenade *The Leas* hat man einen schönen Ausblick, der bei entsprechendem Wetter bis zur französischen Küste reicht. Die Promenade selbst ist nicht weniger sehenswert: Wie ein Bollwerk stemmen sich viktorianische Hotels und Gasthöfe aus dem 19. Jahrhundert zusammen mit modernen Hotelkomplexen gegen Wind und Wetter.

● *Information*   **Tourist Office**, Harbour Street, Folkestone, Kent CT20 1QN, ✆ 01303/258594, ✉ 01303/259754. www.disco verfolkestone.co.uk. Untergebracht in einem kleinen „Holzbungalow" in der Ortsmitte (ausgeschildert).

● *Einwohner* 45.000 Einwohner.

● *Verbindungen* **Bus** – Busbahnhof am Middelburg Square. Ashford (Bus 10), Hastings (Bus 11, 12, 711), Canterbury (Bus 16, 17), Dover (Bus 90, 93, 94, 711) sowie London sind direkt und regelmäßig zu erreichen. Fahrkarten im Travel Office oder im Bus. www.nationalexpress.com.

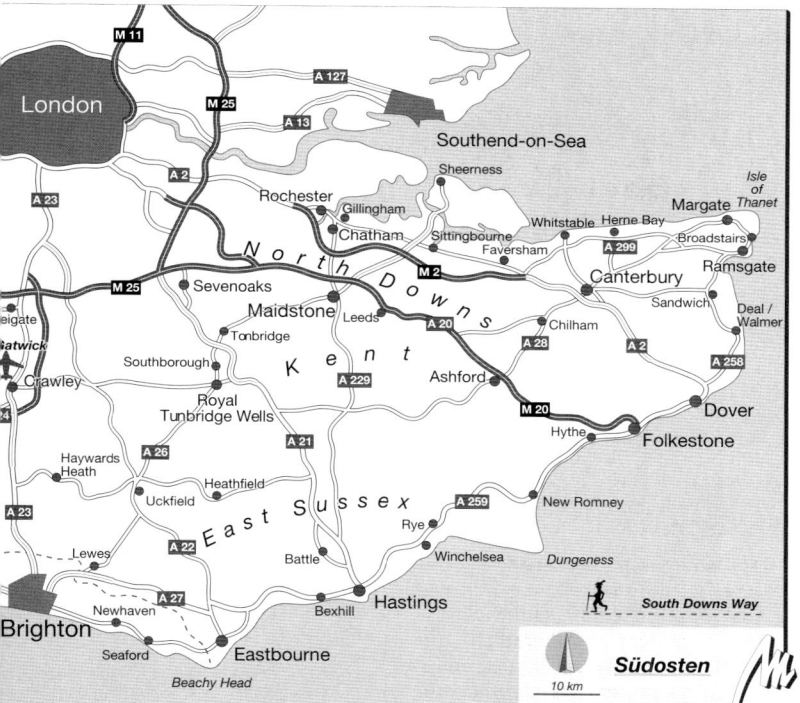

Zug – drei Bahnhöfe in Folkestone: *Central Station* (Cheriton Road), *Harbour Station* (am Ferry Terminal), *West Station* (Station Road). Regelmäßiger Zugverkehr nach London; nach Canterbury in Ashford oder Dover umsteigen. www.nationalrail.co.uk.

● *Fahrräder* Eine schöne Gegend zum Radfahren ist das Gebiet zwischen der A 20 und der A 2. Schmale Straßen führen durch eine hügelige Parklandschaft und kleine Dörfer – England, wie man es sich vorstellt. Fahrräder mietet man bei Activ Shop, 145 Sandgate Road, ✆ 01303/240110.
www.activfolkestone.com.

● *Kino* **The Silver Screen**, Old Town Hall. Guildhall Street, ✆ 01303/221230.
www.silverscreencinemas.co.uk.

● *Markt* Donnerstags und samstags in der Guildhall Street. Der Sonntagsmarkt an der Uferpromenade gilt als einer der größten im Südosten Englands.

● *Wandern* Hier kann man eine Tour durch die **North Downs** starten. Der ausgeschilderte Wanderweg führt von Canterbury über Dover und Folkestone durch die waldreiche, hügelige Landschaft der Downs (der erste Teil ist ein Rundweg), dann nach Westen bis Rochester oder weiter. Detaillierte Karten für etwa £ 5 beim Tourist Office; einfache Beschreibungen gibt es kostenlos.

● *Übernachten* **Zimmervermittlung** durch das Tourist Office. **B & Bs** befinden sich in der Cheriton Road.

Sunny Lodge (3), das Eckhaus mit den hellen großen Räumen genießt einen sehr guten Ruf. TV und Wasserkocher auf jedem Zimmer, Etagendusche, Parkplätze vor dem Haus vorhanden. Kostenloses WLAN. B & B ab £ 25 pro Person. Unweit des Bahnhofs. 85 Cheriton Road, ✆ 01303/251498, ✉ 01303/258267, www.sunnylodge.co.uk.

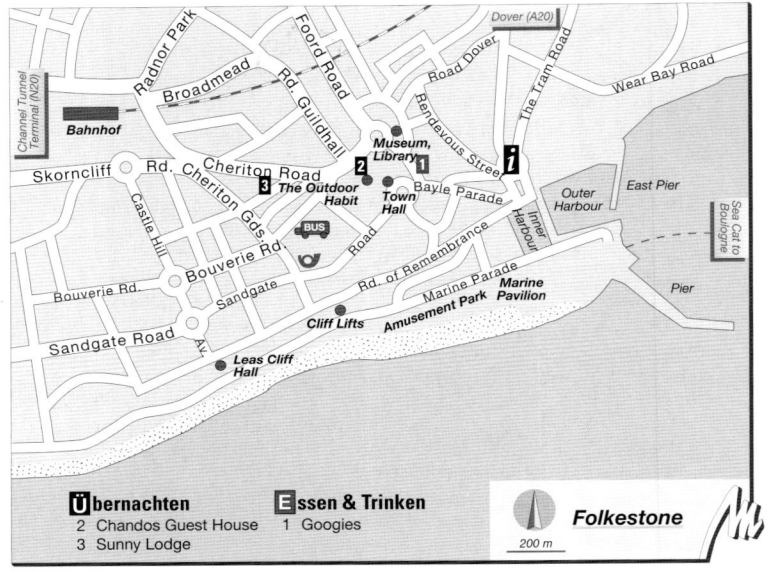

Übernachten
2 Chandos Guest House
3 Sunny Lodge

Essen & Trinken
1 Googies

Folkestone

200 m

Chandos Guest House (2), familiär geführtes kleines Haus mit sieben ordentlichen Zimmern; kostenloses WLAN. B & B ab £ 25 pro Person, nur Übernachtung ab £ 22.50. 77 Cheriton Road, ℡ 01303/851202, www.chandosguesthouse.com.

● *Camping* **Black Horse Farm**, ein Campingplatz mit sehr guter Sanitärausstattung befindet sich nördlich von Folkestone in dem Ort Densole. Zelt und Caravan (inkl. zwei Personen) ab £ 10. In der Hochsaison unbedingt vorher buchen (ganzjährig geöff-

net). 385 Canterbury Road, ℡ 01303/892665.

● *Essen/Trinken* **Googies (1)**, schönes Tagescafé mit einladender Atmosphäre und alternativem Künstler-Flair. Kostenloses WLAN. 15 Rendevouz Street ℡ 01303/246188. www.googies.co.uk.

Cliff Top Café, wie der Name schon andeutet, besticht das Café vor allem durch seine Lage auf den Klippen mit Blick auf den Ärmelkanal. Zwei Kilometer östlich von Folkestone, an der Straße nach Dover.

Umgebung von Folkestone

Einen Ausflug nach Hythe, einen der „Cinque Ports", sollte man mit einem Abstecher zur **Burg Saltwood** (Ruine einer normannischen Festung; nicht zugänglich) und zum fünf Kilometer westlich liegenden **Castle of Lympne** verbinden (Port Lympne Wild Animal Park). Busse nach Hythe fahren ab Busbahnhof (Bouverie Square).

Ostern bis Sept. tgl. 10–18 Uhr, im Winter 10–17 Uhr (letzter Einlass 90 Minuten vor Schließung). Eintritt: £ 16.95, erm. £ 12.95. www.aspinallfoundation.org/portlympne.

Kent Battle of Britain Museum: In Hawkinge (an der A 260, ca. vier Kilometer nordwestlich von Folkestone) befindet sich ein ehemaliger Militärflughafen der Royal Airforce. In den Hangars sind zahlreiche Flugzeuge (Spitfires, Messerschmitts usw.) und Zeppeline zu besichtigen.

Aerodrome Road, Hawkinge Airfield. Ostern bis Okt. tgl. außer Mo 10–16 Uhr, von Juni bis Sept. bis 17 Uhr. Eintritt: £ 5, erm. £ 4.50. www.kbobm.org.

Eurotunnel: ein Jahrhundertprojekt mit Hindernissen

Fast zwei Jahrhunderte verstrichen, ehe die Idee von einem Tunnel zwischen Frankreich und England verwirklicht wurde. Im Jahre 1802 legte Albert Mathieu Pläne für eine Kutschenstrecke unter dem Ärmelkanal vor. 1851 war es Hector Horeaus, der mit einer wasserdichten Eisenröhre auf dem Meeresboden eine „Landverbindung" zwischen Kontinent und Insel schaffen wollte. Beide Vorschläge fanden keinen Anklang. Erst der französische Ingenieur Aimée Thome de Gamond lieferte überzeugende geologische Befunde, die eine Untertunnelung des Kanals möglich erscheinen ließen. So trieb man 1882 einen Stollen in die Shakespeare Cliffs. Doch plötzlich war sie wieder da, die Angst vor einer Invasion. Nach fast zwei Kilometern stellte man die Arbeit auf Anweisung Königin Viktorias wieder ein. 1974 scheiterte ein französisch-britisches Vorhaben an finanziellen Schwierigkeiten. Erst in den Achtzigerjahren wurde die Idee erneut aufgegriffen. Der Bau (ab 1987) gestaltete sich jedoch sehr problematisch, so dass die Eröffnung mit über einem Jahr Verspätung erfolgte. Außerdem machte Ende 1996 ein brennender Lkw den Tunnel für einige Zeit unpassierbar. Eigentlich logisch, dass die veranschlagten Kosten dramatisch überschritten wurden.

Südostengland · Karte S. 148/149

Dover

Wie eine gigantische Stufe heben sich die hellen Kreidefelsen vom dunklen Meer ab. Auf einer Anhöhe die Umrisse der Burg, im Vordergrund die modernen Dockanlagen.

Wenn von der Fähre aus die weißen Klippen von Dover zu sehen sind, werden die Kaffee, Tee und vor allem Bier trinkenden Passagiere unruhig. Bei Wind und Wetter stürzen sie mit der Kamera hinaus oder drücken ihre Nasen an den zahlreichen Fenstern platt, um den ersten Anblick Englands zu genießen. Wer hier anlandet oder abfährt, ist meist nicht so berühmt wie einige Vorgänger, die den Kanal in der Luft oder im Wasser überquerten. So wurde beispielsweise Captain *Methew Webb* zu einer Legende, weil er 1875 in 21 Stunden und 45 Minuten von Calais nach Dover schwamm.

Dover ist vor allem eine Hafenstadt mit immensem Durchreiseverkehr. Statistiken zufolge halten sich Ankömmlinge hier durchschnittlich zwanzig Minuten auf, ehe sie weiterreisen. Außerdem hat man viele Passagiere an den Kanaltunnel verloren, so dass man sich mit Deal und Sandwich zusammentat, um mit einem Etat von umgerechnet einer Million Euro für diese Region zu werben (die gemeinsame Urlaubsbroschüre „White Cliffs Country" liegt in allen Tourist Offices von Kent aus). Wer sich entschlossen hat, in Dover etwas länger zu bleiben, sollte auf jeden Fall zwei bis drei Stunden für eine Burgbesichtigung einplanen. Außerdem können von hier aus Tagesausflüge nach Deal, Walmer und Sandwich unternommen werden.

• *Information* **Tourist Information Centre**, The Old Town Goal, Biggin Street, Dover, Kent CT16 1JR, ℰ 01304/205108, ℰ 01304/245 409, www.dover.gov.uk oder www.white cliffscountry.org.uk.

• *Einwohner* 38.000 Einwohner.

• *Verbindungen* **Zug** – Hauptbahnhof in der Folkestone Road westlich des Zentrums. Verbindungen nach Canterbury, Sandwich, Deal und London. ℰ 0845/7484950 www.nationalrail.co.uk.

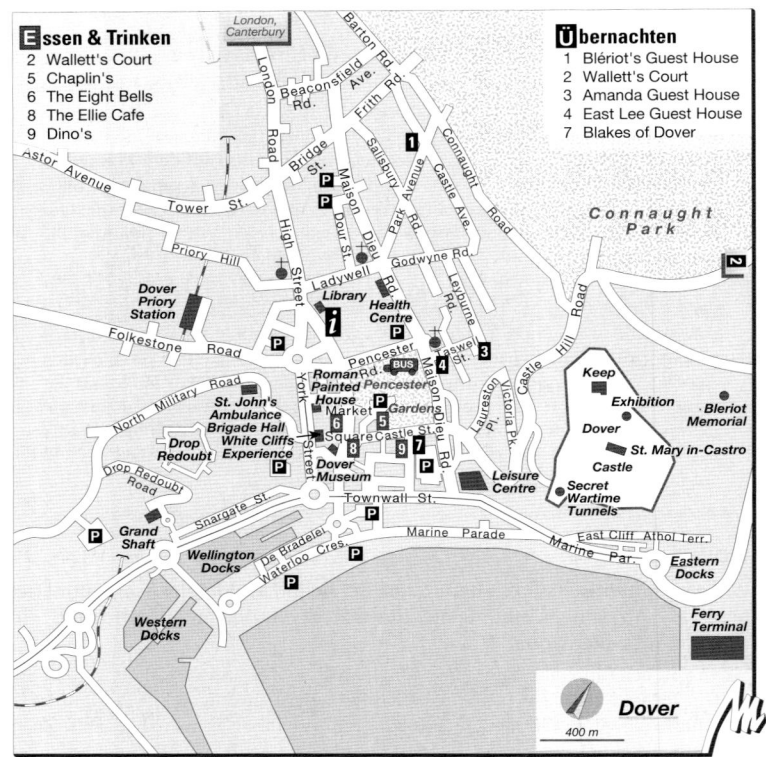

Essen & Trinken
2 Wallett's Court
5 Chaplin's
6 The Eight Bells
8 The Ellie Cafe
9 Dino's

Übernachten
1 Blériot's Guest House
2 Wallett's Court
3 Amanda Guest House
4 East Lee Guest House
7 Blakes of Dover

Dover

400 m

Bus – Busbahnhof in der Pencester Road (ausgeschildert), ✆ 01304/240024; regelmäßige Busverbindungen nach London Victoria, Canterbury, Folkestone, Deal und Sandwich. Fahrkarten im National Office oder im Bus. www.nationalexpress.com.

● *Schwimmen* **Dover Leisure Centre,** tgl. 8–18 Uhr, werktags 6.30–22 Uhr. www.vistaleisure.com.

● *White Cliffs Boat Trips* Mit dem Ausflugsboot zu den weißen Klippen von Dover. Abfahrt stündlich von Dover Marina. Kosten: £ 8, erm. £ 4. www.doverwhiteclifftours.com.

● *Übernachten* Dover ist mit unzählig vielen B & Bs bestückt. Dennoch ist es in der Hochsaison problematisch, eine Unterkunft aufzutreiben. Die meisten B & Bs liegen an der *Folkestone Road*. Am besten versucht man, ein Zimmer nach hinten zu bekommen, damit man nicht von den Lkws geweckt wird. Für Frühaufsteher, die die erste

Fähre zum Festland nehmen, wird in einigen B & Bs schon um 5 Uhr morgens Frühstück zubereitet. Wer auf das Frühstück verzichtet, zahlt oft ein bis zwei Pfund weniger.

Wallett's Court (2), das Hotel liegt etwas außerhalb, gut zwei Kilometer östlich von Dover, in einem historischen Gebäude in St-Margaret's-at-Cliffe. Einladende Zimmer, Hallenbad und Sauna sorgen für die nötige Entspannung nach der Anreise. Das Restaurant gilt als eines der besten in der Region, die richtige Adresse, um die bekannte *Dover Sole* zu versuchen. Drei-Gang-Menü £ 25 (mittags) oder £ 40 (abends). Kostenloses WLAN. B & B je nach Saison und Zimmer £ 65–95 pro Person. ✆ 01304/852424, ✆ 01304/853430,

www.wallettscourthotel.com.

East Lee Guest House (4), das elegante Gästehaus in der Stadtmitte ist ein Lesertipp von Bärbel Lach und Konrad Hahn. WLAN vorhanden. B & B im DZ £ 30–32.50. 108 Maison Dieu Road, ✆ 01304/210176, 🖂 01304/206705. www.eastlee.co.uk.

Blakes of Dover (7), nettes B & B mit Restaurant mitten im Zentrum. Ordentliche Zimmer. B & B ab £ 25 pro Person. 52 Castle Street, ✆ 01304/202194, www.blakesofdover.com.

Amanda Guest House (3), das gemütliche viktorianische Haus abseits vom Straßenlärm wurde von Lesern gelobt; drei Zimmer mit riesigen Bädern, gemütlich und stilvoll. £ 28–32.50 pro Person. 4 Harold Street, ✆ 01304/201711, www.amandaguesthouse. homestead.com.

Blériot's Guest House (1), der freundliche Besitzer Mr Casey führt gerne ein Gespräch mit seinen Gästen und informiert über Dover. Die acht Zimmer mit Dusche/WC sind in einem ordentlichen Zustand, das Frühstück ist reichhaltig. Schallschutzfenster. Freundliche Atmosphäre, ein paar Parkplätze stehen vor dem Haus zur Verfügung. B & B im DZ £ 27–32 pro Person, Wochenendrabatte! 47 Park Avenue, ✆ 01304/211394, www.bleriots.net.

● *Camping* **Hawthorn Farm**, über 100 Zeltplätze in schöner ländlicher Lage, jedoch nahe der Bahnlinie. Die Parzellen sind durch Hecken abgegrenzt. Von Dover die A 258 Richtung Deal, in Martin Mill links ab (ausgeschildert). Nov.–Febr. geschlossen. Caravan/Zelt ab £ 15. ✆ 01304/852658, www.keatfarm.co.uk.

● *Essen/Trinken* **The Ellie Cafe (8)**, mit seiner großen sonnigen Terrasse erinnert das Café schon (oder noch) an das nahe Frankreich. Market Place, ✆ 01304/215685.

Dino's (9), italienisches Restaurant mit vielen Zweiertischen. Gedämpftes Licht und jede Menge italienischer Weine sorgen für eine angenehme Atmosphäre. Nudelgerichte um £ 7, Pizza £ 7–8 und Fisch ab £ 10. 58 Castle Street, ✆ 01304/204678.

Chaplin's (5), ein beliebter Treff ist dieses Restaurant mit Bar; Sandwiches ab £ 3.50, ein Frühstück bis £ 4.95. Mo–Sa 8.30–21 Uhr, So 10.30–21 Uhr. 2 Church Street, ✆ 01304/204870.

The Eight Bells (6), ansehnliches Pub in der Fußgängerzone, preiswerte Gerichte und viel einheimisches Publikum. WLAN. 19 Cannon Street, ✆ 01304/205030.

Südostengland
Karte S. 148/149

Sehenswertes

Dover Castle: Dover Castle ist nicht nur eine der imposantesten mittelalterlichen Wehranlagen an der englischen Küste, sondern von ganz Europa. Unter Heinrich II. begonnen, steht der normannische Bergfried (*keep*) mit seinen sechs Meter dicken

Die „weißen" Klippen von Dover

Mauern im Zentrum der Burganlage. Er beherbergt verschiedene Ausstellungen zur englischen Geschichte, beispielsweise „Siege of 1216" oder „Preparations for the visit of Henry VIII.". Auf dem Areal steht zudem ein Leuchtturm (Pharos) aus römischer Zeit, der den benachbarten angelsächsischen Kirche *St-Mary-in-Castro* lange Zeit als Glockenturm diente.

Eine weitere Attraktion des Burgbergs sind die *Secret Wartime Tunnels*, die nur im Rahmen einer Führung besichtigt werden können. Die Kasematten und unterirdischen Gänge wurden größtenteils während der napoleonischen Kriege angelegt und im Zweiten Weltkrieg reaktiviert. Winston Churchill und Admiral Ramsay planten hier 1940 die legendäre Evakuierung der alliierten Truppen aus Dünkirchen („Operation Dynamo").

April–Sept. tgl. 10–18 Uhr, im Aug. ab 9.30 Uhr, Okt.–März tgl. 10–16 Uhr. Nov.–Jan. Di und Mi geschlossen. Eintritt: £ 13.40, erm. £ 11.40 oder £ 6.70. Family Ticket: £ 33.50 (EH).

Roman Painted House: Aus derselben Epoche wie der Leuchtturm stammt dieses 1970 bei Ausgrabungen entdeckte römische Wohnhaus. Die außerordentlich gut erhaltenen Wandmalereien sind auf jeden Fall einen Besuch wert.

New Street. April bis Okt. tgl. außer Mo 10–17 Uhr. Eintritt: £ 2, erm. £ 1.

Nackte Tatsachen!

1909 gelang dem Franzosen Louis Blériot die erste Kanalüberquerung mit einem Motorflugzeug. Bei diesem prämierten Wettkampf waren zuvor schon einige Flugzeuge „abgesoffen". Noch heute erinnert ein Gedenkstein nahe der Burg an den tollkühnen Flieger.

Doch schon über hundert Jahre zuvor, nämlich 1785, fand die erste Kanalüberquerung (fliegenderweise!) statt. In einem Heißluftballon nahmen der Franzose Jean-Pierre Blanchard und der Amerikaner John Jeffries das Wagnis in Angriff. Als vor der Küste Dovers der Ballon drastisch an Höhe verlor, entschieden sich die beiden Fahrer, Ballast abzuwerfen. Ihr Ziel schon vor Augen, mussten sie feststellen, dass der Ballon immer weiter sank, das Meer bedrohlich nahe kam. Mehr Ballast musste von Bord, doch die einzigen Gewichte, die noch zu entbehren waren, trugen sie an ihren Körpern ... Etwas fröstelnd, aber wohlbehalten landeten beide am Strand von Dover und wurden dort von verdutzten Einwohnern in Empfang genommen.

Dover Museum: Wer den klassischen Museumsbesuch vorzieht, dem bietet das Stadtmuseum auf drei Etagen einen umfassenden Einblick in die Geschichte von Dover. Anhand von Stadtmodellen lässt sich die 2000-jährige Entwicklung zu einem modernen Fährhafen anschaulich nachvollziehen. Die neueste Attraktion ist „The Bronze Age Boat Gallery", in deren Zentrum ein 1992 bei Straßenarbeiten entdecktes, 4000 Jahre altes Boot steht, welches aufschlussreiche Erkenntnisse über die Bronzezeit geliefert hat.

Market Place. Tgl. 10–17.30 Uhr, So ab 12 Uhr. Eintritt: £ 3, erm. £ 2. www.dovermuseum.co.uk.

Umgebung/White Cliffs

Geht man etwa eine halbe Stunde die Snargate Street entlang in westliche Richtung, kommt man zum **Shakespeare Cliff** (Wegweiser), dem weißesten, steilsten und imponierendsten Kliff Englands. Es wird vermutet, dass es Shakespeare als Vorbild für die Kliffszene in „King Lear" diente.

Reizvoll ist außerdem ein Spaziergang über die Kreidefelsen in östliche Richtung. Nach etwa sieben Kilometern erreicht man *St-Margaret's-at-Cliffe*, von wo man den Bus zurück nehmen kann.

Deal

Deal ist ein ruhiges, friedliches Städtchen. In hellen Farben leuchten die Häuser an der Promenade. Nur wenige Meter entfernt liegen bunte Fischerboote aneinander gereiht auf dem lang gestreckten Kiesstrand.

An Sonntagen scheint der ganze Ort auf den Beinen zu sein. In einer frischen Brise spazieren Familien samt ihren Hunden am Kiesstrand entlang. Zum Einkaufen geht man in die parallel zur Promenade verlaufende High Street. Am (weniger schönen) Betonpier, der weit ins Meer reicht, treffen sich die Angler, um Tee trinkend ihrem Hobby nachzugehen. Sie haben sich die Stelle ausgesucht, von der man den besten Blick auf Deal hat.

Im Jahre 55 vor unserer Zeitrechnung soll an diesem Kiesstrand Julius Caesar gelandet sein, um von hier aus Britannien zu erobern. 1600 Jahre später ließ Heinrich VIII. diese Küstenlinie befestigen und in Deal und im angrenzenden *Walmer* Verteidigungsanlagen erbauen. Beide Burgen können besichtigt werden, wobei *Walmer Castle* noch heute Residenz des *Lord Warden* (Gouverneur der Cinque Ports) ist.

- *Information* **Town Hall**, High Street, Deal, Kent CT14 6BB, ✆ 01304/369576, ✉ 01304/380641, www.whitecliffscountry.org.uk.
- *Einwohner* 28.500 Einwohner.
- *Verbindungen* **Zug** – Der Bahnhof liegt in der Queen Street (westlich), ausgeschildert. Deal liegt an der Strecke Dover–Isle of Thanet (Ramsgate) mit Verbindungen nach Sandwich.

Bus – Busbahnhof in der South Street am Anfang der High Street (Fußgängerzone). Regelmäßiger Busverkehr nach Dover, Folkestone, Sandwich und Canterbury. Ticket Office: Mo–Sa 9.30–16.45 Uhr, Do geschlossen.

- *Veranstaltungen* **Deal Summer Music Festival**, Ende Juli. www.dealfestival.co.uk.
- *Übernachten* Die Hotels entlang der Beach Road sind relativ teuer. Billigere B & Bs findet man in den Nebenstraßen wie der Gilford Road (am Castle) und der Raneleigh Road.

Channel View, Unterkunft im Zentrum, nur einen Katzensprung vom Hafen. B & B ab £ 30 pro Person. 9 Beach Street, ✆ 01304/368194, ✉ 01304/364182. www.kingsheaddeal.co.uk.

Number One, modernes B & B in einer viktorianischen Villa unweit des Meeres.

Die komfortablen Zimmer mit ihren schönen Bädern haben Stil und Atmosphäre. Extras: Kostenloses WLAN und Ipod-Docking-Stations. B & B £ 37.50–45 pro Person. 1 Ranelagh Road, ✆ 01304/364459. www.numberonebandb.co.uk.

Cannongate Guest House, alle drei Zimmer des Guest House haben eine Waschgelegenheit, einen Teeboiler und TV. Übernachtung mit Frühstück ab £ 25. 26 Gilford Road, ✆ 01304/375238.

- *Essen/Trinken* **Dunkerley's**, ausgezeichnetes Restaurant (englische Küche, Menü mittags ab £ 11.95, abends ab £ 17.95) mit Hotelbetrieb. Geschmackvolle Gästezimmer, B & B ab £ 50 pro Person, günstig ist die Halbpension ab £ 70. 19 Beach Street, ✆ 01304/375016, ✉ 01304/380187. www.dunkerleys.co.uk.

The King's Head, maritim-gemütliches Pub – seit dem 18. Jahrhundert in Familienbesitz! – mit großer Terrasse, von der man einen schönen Blick auf den Ärmelkanal hat. Zu loben ist auch das Seafood. Zimmervermietung, B & B ab £ 30 pro Person. 9 Beach Street, ✆ 01304/368194. www.kingsheaddeal.co.uk.

The Bohemien, das sich auf zwei Etagen erstreckende Pub und Restaurant (unten trinkt, oben isst man) ist ein Lesertipp von

Deal: Ein Pier muss sein!

Peter Ritter: „Das Pub glänzt mit einer Fülle unterschiedlicher Biere und Snacks, das Restaurant mit einer begrenzten Zahl ambitionierter Gerichte, die täglich um ein paar Specials ergänzt werden. Geboten wird Modern English Kitchen mit erkenn- und schmeckbar frischen Zutaten, alles sehr hübsch angerichtet und von netten Menschen serviert. Fisch, Fleisch, Pasta, Gemüse – von allem ist etwas dabei. Wenn man einen Fensterplatz hat, schaut man aufs Meer. Der Raum ist allerdings nicht sonderlich groß und das Restaurant begehrt, deswegen ist eine Reservierung zumindest in der Saison ratsam." 47 Beach Street, ✆ 01304/374843.

Sehenswertes

Deal Castle: Während der Regierungszeit Heinrichs VIII. wurden in Deal und Walmer Burgen errichtet, die der Küstenverteidigung und Sicherung der „Cinque Ports" dienten. Um Deal Castle angriffssicher zu machen, wurde es konzentrisch in Form einer Tudorrose angelegt. Innen kann man die kühlen und dunklen Gewölbe erforschen, dabei wird man immer wieder auf interessante Ausstellungen stoßen.
April bis Sept. tgl. 10–18 Uhr, Okt. tgl. 10–17 Uhr, Nov. bis März tgl. 10–16 Uhr. £ 4.50, erm. £ 3.80 oder £ 2.30 (EH).

Walmer Castle: Eine Besichtigung von Walmer Castle lässt sich gut mit einem Spaziergang von Deal über den Kiesstrand verbinden (ca. 2 km). Auf der rechten Seite, vom Strand etwas zurückgesetzt, erblickt man die Burg, die den Grundriss eines vierblättrigen Kleeblatts hat. Walmer Castle ist seit dem 18. Jahrhundert die offizielle Residenz des *Lord Warden*. Diese Position bekleideten so berühmte Leute wie Wellington und Churchill. Von 1968 bis zu ihrem Tod 2002 wurde das symbolische Amt von Queen Mum ausgeübt. Innen befindet sich eine kleine Ausstellung mit Wellingtons Stiefeln, seinem Rasierspiegel, seiner Lieblingsteekanne usw.
Kingsdown Road. April bis Sept. tgl. 10–18 Uhr, Okt. Mi–So 10–17 Uhr, März Mi–So 10–16 Uhr, Jan. und Febr. nur Sa und So 10–16 Uhr. Eintritt: £ 7, erm. £ 6 oder £ 3.50 (EH).

Timeball Tower: Jahrhundertelang war das größte Problem der Schifffahrt die korrekte Bestimmung des richtigen Längengrads, der für eine exakte Navigation unerlässlich ist. Vor dem Bau des Chronometers von Harrison war das wichtigste Hilfsmittel die genaue Uhrzeit. Der Time Ball Tower von Deal, in dem sich heute ein Kommunikations- und Telegraphiemuseum befindet, signalisierte den Segelschiffen die korrekte Zeit. Jeden Tag um 13 Uhr fiel der Ball am Mast hinunter.

Mai–Sept. Sa und So 10–16 Uhr, Juni–Sept. auch Mi–Fr 11–16 Uhr. Eintritt: £ 2, erm. £ 1.

Sandwich

Kaum zu glauben, dass dieser verschlafene Ort einst der bedeutendste Hafen der „Cinque Ports" und eine der größten Städte Englands war. Doch seitdem sich das Meer immer weiter zurückgezogen hat und der Fluss Stour zu einem kleinen Bach versandet ist, scheint in Sandwich die Uhr stillzustehen.

Innerhalb der alten Stadtmauer drängen sich zwei- und dreistöckige verwinkelte Ziegelhäuser, die häufig uraltes Fachwerk aufweisen. Den Balken sieht man ihr Alter an, ohne dass die Gebäude baufällig wirken. In den mittelalterlichen Gassen stößt der Besucher ohne großes Suchen auf traditionelle Pubs, die neben ihrem köstlichen Ale einen deftigen Lunch anbieten (z. B. *The Crispin Inn*, High Street nahe The Quay und nach Aussage einiger Einheimischen „der beste Pub am Platz"). Nahe der schmalen, alten Brücke, die dem modernen Verkehr kaum noch gerecht wird, steht das einzige erhaltene Stadttor (*Fisher Gate*), das aus dem 14. Jahrhundert stammt.

Die Ruinen von *Richborough Castle*, einer römischen Befestigungsanlage aus dem 1. Jh. u. Z., befinden sich zwei Kilometer nördlich der Stadt. Etwa drei Kilometer nordöstlich von Sandwich erstreckt sich eine Dünenlandschaft bis zum Meer, die als Naturschutzgebiet ausgewiesen ist.

Südostengland Karte S. 148/149

Sandwich: Fachwerk und Flair

Ein Sandwich in Sandwich?

Bei dem Ortsnamen Sandwich haben die meisten Menschen eine bestimmte Assoziation, und die ist gar nicht mal falsch: Als Erfinder des Sandwiches gilt John Montagu, seines Zeichens der vierte Earl of Sandwich. Montagu war ein begeisterter Kartenspieler und nichts war ihm mehr verhasst, als eine spannende Partie wegen einer Mahlzeit unterbrechen zu müssen. Irgendwann im Jahre 1762 ließ er sich ein zwischen zwei Brotscheiben eingeklemmtes Stück Fleisch reichen, und das Sandwich war geboren! Die Idee machte Schule und die einfach zuzubereitende Zwischenmahlzeit war fortan nicht mehr vom englischen Speisezettel wegzudenken. Bekannt für besonders leckere Sandwiches sind die Lebensmittelabteilungen von Marks & Spencer sowie die Londoner Kette Prêt à Manger.

• *Information* **The Guildhall**, Cattle Market, Sandwich, Kent CT13 9AH, ℡ 01304/613565. Nur von April bis Sept. tgl. 11–16 Uhr. www.whitecliffscountry.org.uk.
• *Einwohner* 5.000 Einwohner.
• *Verbindungen* **Bus** – am Cattle Market (bei Guildhall); regelmäßig von Deal nach Canterbury über Sandwich. Informationen über Fahrplan und Tarife unter ℡ 0345/696996. **Zug** – Bahnhof an der Delfside Street; Verbindungen nach Deal, Dover, London, Ashford, Ramsgate und Margate.
• *Markt* Donnerstags.
• *Veranstaltungen* **The Sandwich Festival** am August Bank Holiday.
• *Schwimmen* **Sandwich Leisure Centre**, Deal Road. Tgl. 9–22 Uhr. www.freedomleisure.co.uk.

• *Übernachten/Essen/Trinken* **Bell Hotel**, keine Frage, das erste Haus am Platz, hier trifft sich auch der örtliche Rotary-Club. Das Restaurant hat sich auf Fisch spezialisiert. Hauptgerichte £ 13. Auch als Hotel ist das Anwesen eine gute Wahl, die Zimmer sind großzügig und gepflegt. Dezentes Understatement ist angesagt. Kostenloses WLAN. Übernachtung inkl. Frühstück je nach Ausstattung £ 55–107.50 pro Person, günstigere Wochenendtarife. Barbican, ℡ 01304/613388, www.bellhotelsandwich.co.uk.
Solley Farm House, das zwischen Sandwich und Deal in der Ortschaft Worth gelegene Gehöft bietet luxuriöse B & Bs mit Landhausflair. Ab £ 35. ℡ 01304/613701, www.solleyfarmhouse.co.uk.

Sehenswertes

Wer mit dem Auto anreist, kann dieses auf dem Parkplatz hinter der Guildhall abstellen und zu Fuß eine Erkundungstour durch das historische Städtchen machen.

Guildhall: Ein Wappen mit drei halben Löwen und drei halben Schiffen erinnert an der Guildhall noch an die Cinque Ports, zu denen auch Sandwich gehörte. Bei einer Führung durch das Gebäude aus dem 16. Jahrhundert werden der historische Gerichtssaal und Fotos aus viktorianischer Zeit gezeigt.
New Street. April bis Sept. Di, Mi, Fr, Sa 10.30–12.30 Uhr und 14–16 Uhr, Do und So 14–16 Uhr, im Winter tgl. außer Mo 14–16 Uhr. Eintritt: £ 1, erm. £ 0.50.

Richborough Roman Fort: Fährt man auf der Canterbury Road etwa zwei Kilometer in nördliche Richtung, weisen Schilder am Straßenrand auf das Fort hin. Ausgrabungen förderten hier eine römische Befestigungsanlage aus dem 1. Jh. u. Z. zutage, die zur Verteidigung der Küste diente. Von der auf einer Anhöhe strategisch günstig errichteten Festung reicht der Blick weit in das flache Land. Ein mächtiges Windrad und zwei weiße Kühltürme eines Kraftwerks sind die modernen Nachbarn der Burg. Im Tickethäuschen sind örtliche Ausgrabungsfunde ausgestellt.
Richborough Road. April–Sept. tgl. 10–18 Uhr. Eintritt: £ 4.50, erm. £ 3.80 oder £ 2.30 (EH).

Ramsgate

Ramsgate ist ein typisch englischer Badeort am südlichen Zipfel der Isle of Thanet. Weiße, beigefarbene, rotbraune und hellblaue Häuser aus viktorianischer Zeit reihen sich entlang der Promenade zu einem beachtenswerten Blickfang auf.

In den für die Besucher hübsch aufgemachten Pubs und Restaurants lässt es sich bei Tee, einem Snack oder Eis gut aushalten. Während der Sommermonate drängen sich die sonnenhungrigen Urlauber nordöstlich des Hafens an den lokalen Sandstrand (*Ramsgate Sands*), der sich etwa zwei Kilometer weit in Richtung Broadstairs erstreckt. Außer den üblichen sportlichen Aktivitäten eines Badeortes hat Ramsgate nicht allzu viel zu bieten. Recht interessant ist das bunte Treiben am Hafen (von hier aus kann man Boote für Küstentouren und zum Fischen mieten) Verregnete Tage lassen sich auch im **Maritime Museum** (Pier Yard) verschönern. Neben einer Dokumentation über die Isle of Thanet werden allerlei Gerätschaften von Schiffen, die vor Ramsgate kenterten, präsentiert.

Südostengland
Karte S. 148/149

Goodwin Sands – des einen Freud, des anderen Leid!

Der Schrecken aller Seefahrer waren einst die heimtückischen Goodwin Sands. Hierbei handelt es sich um Sandbänke, die sich aufgrund der Strömungsverhältnisse vor der Pegwell Bay gebildet haben. Weil diese sich ständig verlagern, waren sie in der Vergangenheit Ursache für zahlreiche Schiffskatastrophen. An klaren Tagen und bei Ebbe sind noch heute die Masten einiger Wracks zu erkennen (am besten von der Edwards-Promenade aus).
„Typically English" – die gefährlichen Sandbänke dienten auch dem Vergnügen. Bis 1968 fuhren bei Ebbe regelmäßig einige sportliche Herren mit dem Boot auf die Sandbänke. Dort trugen sie dann mehrere Kricketspiele aus, ehe die Flut den „Spielplatz" wieder überschwemmte. Seit einigen Jahren wird diese Tradition jedes Jahr im Mai wiederholt.

• *Information* **Tourist Information Centre,** neben Zimmervermittlung und Prospektmaterial auch Theaterkartenverkauf. Hat als einzige Informationsstelle auf der Isle of Thanet auch So geöffnet. 17 Albert Court, Ramsgate, Kent CT11 9DN, ✆ 01843/583333, ✆ 01843/585353. www.tourism.thanet.gov.uk.

• *Einwohner* 38.000 Einwohner.

• *Verbindungen* **Bus** – National Express, Harbour Street (am Jachthafen) gegenüber dem Ticket Office. Busse Richtung Dover, Canterbury und London.

Zug – Bahnhof in der Wilfred Road (vom Tourist Office die Queen Street in östliche Richtung, links in die High Street, dann rechts in die Chatham Street und direkt nach der Kreuzung links in die Station Approach Road); Verbindungen nach Margate, Broadstairs, Canterbury, Dover.

• *Markt* Freitags.

• *Museum* **Maritime Museum,** direkt am Hafen. Ostern bis Sept. tgl. außer Mo 10–17 Uhr. Eintritt: £ 1.50, erm. £ 0.75. www. ramsgatemaritimemuseum.org.uk.

• *Veranstaltungen* **Heineken Race of the Classics,** Mitte Mai versammeln sich zahlreiche große Segelschiffe zu dem traditionsreichen Rennen.

• *Übernachten* **Oak Hotel,** unlängst renoviert, bietet dieses direkt am Hafen gelegene Hotel viel Komfort in einem zeitlosen Ambiente. WLAN. B & B im EZ £ 49.50, für das DZ £ 57.50–115 (beim teuersten mit Whirlpoolbadewanne). Harbour Parade, ✆ 01843/583686, ✆ 01843/581606, www.oakhotel.co.uk.

• *Camping* **Nethercourt Touring Park,** kleiner Platz mit nur 52 Stellplätzen drei Kilometer südwestlich des Zentrums. Von April bis Okt. geöffnet. Übernachtung mit Zelt und Auto ab £ 14. ℡ 01843/595485, http://barrow cliffe.net/nethercourt/index.htm.

● *Essen/Trinken* **Surin Thai**, eines der besten südostasiatischen Restaurants in Kent, auch laotische und kambodschanische Spezialitäten werden serviert. Mittagsmenüs für £ 5.95 bzw. £ 8.95. 30 Harbour Street,

℡ 01843/5920001. www.surinrestaurant.co.uk.

Alexandra, mit Blick auf das Meer lassen sich hier Pizza und Pasta genießen. Straßenterrasse. 70 Harbour Parade, ℡ 01843/590595. www.alexandraristorante.co.uk.

Jazz Room, angenehmes Barambiente direkt am Hafen. 68 Harbour Parade, ℡ 01843/595459.

Broadstairs

„The healthiest and freshest of all places" – so nannte Charles Dickens den Ort, an dem er zwischen 1837 und 1850 seinen alljährlichen Urlaub verbrachte. Obwohl sich das Stadtbild verändert hat, konnte Broadstairs noch einiges von seiner ursprünglichen Atmosphäre bewahren.

Enge Gassen mit zweistöckigen Häusern erlauben es gerade einmal einem Auto, sich vorwärts zu bewegen. Der Gegenverkehr muss warten. Einige Gebäude erzählen lebhaft von Broadstairs berühmtestem Gast. Da sind z. B. das *Dickens House*, ein kleines, aber feines Museum, und das *Bleak House*, in dem der Schriftsteller mit seiner Familie wohnte. Hier schrieb er große Teile des Romans „David Copperfield". Das im Juni stattfindende *Dickens Festival*, bei dem die Bewohner des Ortes in historischen Kostümen durch die Straßen ziehen, lockt eine große Fan-Gemeinde an. Ebenfalls einmal im Jahr (im August) wird das *Folk Music Festival* veranstaltet, das von Musikern in Folklorekostümen bestritten wird. Gut besucht ist es auf jeden Fall, denn es ist gratis und findet in den Straßen von Broadstairs statt.

● *Information* **Tourist Information Centre**, 6B High Street, Broadstairs, Kent CT10 1LH, ℡ 01843/583333, ☏ 01843/868373, www.tourism.thanet.gov.uk.

● *Einwohner* 25.000 Einwohner.

● *Verbindungen* **Bus** – Verbindungen nach Margate oder Ramsgate.

Zug – Bahnhof an der Kreuzung High Street/Lloyd Road (ausgeschildert, 750 Meter westlich des Strandes); Verbindungen nach Margate, Ramsgate, Canterbury und Dover.

● *Kino* **Palace Cinema**, Harbour Street, ℡ 01843/865726. www.palacebroadstairs.co.uk.

● *Veranstaltungen* **Dickens Festival** in der zweiten Junihälfte. www.broadstairsdickensfestival.co.uk.

● *Übernachten* **Royal Albion Hotel**, vornehmes Hotel mit Meerblick beim Dickens House Museum. Kostenloses WLAN. B & B im EZ ab £ 70, im DZ ab £ 100. Extrabett sowie Meerblick kosten £ 10 Aufpreis. Albion Street, ℡ 01843/868071, ☏ 01843/861509, www.albionbroadstairs.co.uk.

Hanson Hotel, alteingesessenes, aber unspektakuläres Hotel. B & B £ 30–33. 41 Belvedere Road, ℡ 01843/868936, www.hansonhotel.co.uk.

● *Essen/Trinken* **Tamarind**, indische Küche in einem modernen Rahmen. *Lamb Tikka* für £ 6.95. 1–3 Albion Street, ℡ 01843/860100.

Osteria Posillipo, italienisches Restaurant mit gutem Preis-Leistungs-Verhältnis und schönem Ambiente. Gartenterrasse mit Meerblick. Pasta £ 6–8. Guter Kaffee! Albion Street. ℡ 01843/862559. www.posillipo.co.uk.

Aqua, zumeist ältere Liebhaber der englischen Küche (steak and kidney pie etc.) treffen sich in dem kleinen Restaurant. 43 Albion Street.

Neptune's Hall, einladendes Pub aus dem 19. Jahrhundert (die Fassade steht unter Denkmalschutz), nicht nur für den Abend. Vielleicht hat ja Dickens hier schon ein Pint geordert. Harbour Street.

Sehenswertes

Dickens House Museum: Ein hübsches Häuschen direkt am Strand. Einst wohnte hier Mary Strong, Dickens „Vorbild" für den berühmten Charakter der Miss Betsey

Auf des Dichters Spuren: Dickens House

Trotwood aus „David Copperfield". Innen sind persönliche Gegenstände des Schriftstellers (u. a. Briefe) ausgestellt. Zu erreichen ist das Museum (2 Viktoria Parade) über die High Street in Richtung Meer.

April bis Mitte Okt. tgl. 14–17 Uhr. Eintritt: £ 23.25, erm. £ 1.80. www.dickenshouse.co.uk.

Charles Dickens – Mr Popular Sentiment

1812 in Portsmouth geboren, verbrachte Dickens seine Kindheit im ländlichen Chatham. Als Zehnjährigen verschlug es ihn nach London, wo sein Vater eine Anstellung im dortigen Navy Pay Office angenommen hatte. Dieser gönnte sich ein großspuriges Leben, was ihn schließlich ins Schuldgefängnis brachte. Charles wurde von seiner Familie getrennt und musste drei Monate in einer Schuhcremefabrik arbeiten – seine erste Begegnung mit der Armut. Diese traumatische Erfahrung verarbeitete er später in seinen Werken (z. B. in „Klein Dorrit").

Nach einem abgebrochenen Jurastudium war er schon als Zwanzigjähriger hoch dotierter Reporter. Mit seinen Romanen, die in wöchentlichen Fortsetzungen veröffentlicht wurden, brachte er fast ganz England zum Lachen und Weinen. „Mr Popular Sentiment" („Herr Volksempfinden"), wie er deshalb genannt wurde, zeichnete ein sehr einfühlsames Porträt der viktorianischen Gesellschaft, insbesondere des unteren sozialen Milieus. Durch Romane wie „Pickwick Papers", „Oliver Twist", „David Copperfield", „Bleak House", „Hard Times „ und „Great Expectations" kam er zu Weltruhm und Reichtum. 1870 starb er an einem Herzschlag, während er noch am „Geheimnis des Edwin Drood" schrieb.

Bleak House (Dickens & Maritime Museum): In eindrucksvoller Lage auf einem schroffen Kliff erhebt sich das Bleak House. Das eher an eine Festung erinnernde Gebäude war 1850 und 1851 Dickens' Unterkunft bei seinen Besuchen in Broadstairs. Das frühere Ford House verdankt seinen heutigen Namen dem Dickens-Roman „Bleak House". Die Räume, die der Schriftsteller bewohnte, sind gut erhalten und beherbergen eine interessante Ausstellung. Besonders beeindruckend ist das „luftige" Zimmer mit Seeblick, in dem „David Copperfield" geschrieben wurde. Ein Schmuggelmuseum und eine „Maritime Section" ergänzen die Sammlung.
März bis Nov. tgl. 10–18 Uhr. Eintritt £ 3, erm. £ 2.50. www.bleakhouse.info.

Margate

Margate ist einer der ersten und größten Badeorte Englands. Von der Westbrook Bay bis nach Cliftonville erstreckt sich über drei Kilometer eine Kette mehr oder weniger prunkvoller alter Hotelbauten. In der Nebensaison liegt hingegen eine nicht zu übersehende Tristesse über dem Ort.

Den kilometerlangen Sandstrand bevölkern vor allem Kinder. Auf den Bänken sitzen Senioren in der Sonne, angelockt durch die besonders attraktiven Preise außerhalb der Hauptsaison. Entlang der Marine Terrace reihen sich die bunt aufflackernden Spielhallen mit dem dazugehörigen Getöse auf. Hier trifft man sich nicht nur an lauen Sommerabenden und vergnügt sich nach Leibeskräften und Budget. Mit anderen Worten: Margate ist ein Klassiker unter den englischen Seebädern, leicht erreichbar für die badefreudigen Arbeiter aus dem Londoner Eastend. Bewusst begann auch der Reiseschriftsteller *Paul Theroux* seine Erkundung Großbritanniens

Verblichener Glanz früherer Tage

an einem Feiertag in Margate. Ein breiter Sandstrand, Vergnügungsarkaden, Rummelplätze, Fish-'n'-Chips-Buden und dazwischen ein paar Tearooms – mehr Erwartungen stellt der typische John Smith nicht an seinen Urlaubsort. Eine architektonische Perle ist die von dem Architekten *David Chipperfield* errichtete Turner Contemporary, eine Galerie für zeitgenössische Kunst an der Promenade. Die Stadtväter erhoffen sich davon eine Signalwirkung, um Margate ein zukunftsfähiges Image zu verschaffen.

• *Information* **Tourist Information Centre**, 12–13 Parade, Margate, Kent CT9 1EY, ✆ 01843/583333, ✉ 01843/292019, www.tourism.thanet.gov.uk.

• *Einwohner* 55.000 Einwohner.

• *Verbindungen* **Zug** – Bahnhof an der Stichstraße zur Marine Terrace (nahe Tourist Office); stündlich Züge Richtung Dover und London. www.nationalrail.co.uk.
Busse ab Cecil Square nach Ramsgate und Canterbury sowie London Victoria. www.nationalexpress.co.uk.

• *Übernachten* **The Walpole Hotel & Museum**, das stattliche Hotel in Cliftonville strahlt noch den Charme der 1920er-Jahre aus. Es wurde seit dem Jahr 1995 liebevoll renoviert, besitzt durchaus Museumscharakter und kann samt Gitterlift auch besichtigt werden. Herrlich sind der alte Speisesaal sowie der Ballsaal und die Bar mit ihren alten, tiefen Clubsesseln. Mit Glück begegnet man sogar Tracey Emin, die sich hier häufig mit ihrer Mutter zum Tee trifft. Gutes Restaurant, serviert wird beispielsweise ein *Braised English Shank of Lamb* für £ 11.50. Fast alle umsichtig renovierten Zimmer haben einen Balkon und WLAN gibt es auch! B & B ab £ 35 pro Person in der Nebensaison. Fifth Avenue, ✆ 01843/221703, ✉ 01843/297399. www.walpolebayhotel.co.uk.

The **Reading Rooms**, dieses herrliche Designer-B & B liegt nur fünf Fußminuten vom Strand entfernt in einem schmucken georgianischen Haus. Jedes der drei herrlichen Zimmer erstreckt sich über ein gesamtes Stockwerk. B & B £ 67.50–80. 31 Hawley Square, ✆ 01843/225166. www. thereadingroomsmargate.co.uk.

● *Jugendherberge* **Beachcomber Hotel**, unlängst eröffnete Herberge an der Westbrook Bay mit 60 Betten, ganzjährig geöffnet, Self Catering. Erwachsene ab £ 14, Jugendliche ab £ 11.50. 3–4 Royal Esplanade, ✆ 0845/3719130, ✉ 01843/229539, margate@ yha.org.uk.

Sehenswertes

Turner Contemporary: Die im Frühjahr 2011 eröffnete Galerie für zeitgenössische Kunst liegt direkt an der Promenade. Die 17,5 Millionen Pfund teure Gallery wurde von dem Architekten David Chipperfield errichtet und ist nach dem berühmten Landschaftsmaler William Turner benannt, der in Margate zur Schule ging und das Städtchen zeitlebens gerne besuchte.

17–18 The Parade. Tgl. außer Mo 10–19 Uhr. Eintritt frei! www.turnercontemporary.com.

Canterbury

Canterbury profitiert von seinem imposanten mittelalterlichen Flair. Eine massive Steinmauer umrahmt die Stadt wie ein kostbares Gemälde. Enge Gassen werden von kunstvollen Straßenlaternen erleuchtet. Zu beiden Seiten schmiegen sich ansehnliche Häuser aneinander.

Das „Rom der Anglikaner" wird von den lichten Türmen seiner Kathedrale überragt. Mauerbewehrt und von den Flussarmen des Stour durchzogen präsentiert sich Canterbury als ein mittelalterliches Traumstädtchen mit Brücken und Stegen, viel Fachwerk und romantischen Butzenscheiben. Der kulturhistorischen Bedeutung des Bischofssitzes hat man auch offiziell Rechnung getragen: 1988 ernannte die UNESCO Canterbury mit der Kathedrale, der ehemaligen Abtei St Augustin und der St Martin's Church zum Weltkulturerbe. Glücklicherweise ist Canterbury nicht zum Freilichtmuseum erstarrt. Die Stadt besitzt Flair und Atmosphäre, denn Canterbury ist seit 1965 Sitz der University of Kent. Das rege studentische Leben spielt sich in den Gassen und Kneipen der Altstadt ab. Ein modernes Einkaufszentrum im nördlichen Teil der Altstadt verhindert, dass die Kaufkraft ins Umland abwandert. Hinzu kommen alljährlich mehr als fünf Millionen Touristen, die aber zumeist nur einen Tagesausflug unternehmen.

Information/Verbindungen/Diverses

● *Information* **Tourist Information Centre**, 12/13 Sun Street, Canterbury, Kent CT1 2HX, ✆ 01227/378100, ✉ 01227/378101, www.canterbury.co.uk.

● *Einwohner* 39.000 Einwohner.

● *Verbindungen* **Zug** – In Canterbury gibt es zwei Bahnhöfe, von denen unterschiedliche Ziele angefahren werden. East Station ist der Hauptbahnhof, während West Station eher Nahverkehrsverbindungen anbietet. *East Station*, Station Road East; ein bis zwei Züge stündlich nach London Victoria Station (ca. 80 Min.) über Chatham; Verbindungen nach Dover mit Anschluss an Folkestone. ☎ 0845/7484950, www.nationalrail. co.uk. *West Station*, Station Road West; Züge nach Londons Charing Cross (ca. 100 Min.) über Ashford; Nahverkehrslinie zur Isle of Thanet mit Anschluss an Rye, Maidstone und Hastings.

Bus – Busbahnhof in der St George's Lane; Ticket Office, ☎ 01227/766567. Mit *National Express* zu den Fährhäfen (Dover, Folkestone, Ramsgate) sowie nach London und an die Südostküste. www.nationalexpress. com. Wer mit dem Bus die Gegend um Canterbury erkunden will, sollte nach einem Explorer Ticket fragen.

● *Parken* Rund um die Stadtmauer gibt es zahlreiche Langzeitparkplätze.

● *Fahrradverleih* **Downland Cycles**, Canterbury West Station, ☎ 01227/479643. www. downlandcycles.co.uk.

● *Internet* **Dot Café**, 21 St Dunstan's Street. www.ukdotcafe.com.

● *Kino* **Odeon Cinema**, 43–45 St George's Place, ☎ 0871/2244007. www.odeon.co.uk.

● *Bootsfahrt* Für £ 6.50 kann man bei der King's Bridge den River Stour mit Boot erkunden. Tgl. 10–17 Uhr. www.canterburyrivertours.co.uk.

● *Stadtführungen* Von April bis Okt. tgl. um 14 Uhr, im Juli und Aug. auch um 11.30 Uhr. Treffpunkt: Visitor Information Centre. Teilnahmegebühr: £ 5, erm. £ 4. Dauer: 90 Min. www.canterbury-walks.co.uk. Eine „The Canterbury Ghost Tour" startet jeden Fr, Sa und So um 20 Uhr vor Alberrys Wine Bar in der Saint Margaret's Street. Kosten: £ 8, erm. £ 6. www.canterburyghosttour.com.

● *Markt* Canterbury Street Market: Jeden Mi und Fr von 8–17 Uhr.

● *Theater* Nicht versäumen sollte man eine Vorstellung im renommierten **New Marlowe Theatre**, das seit 2011 in einem ansprechenden Neubau zu Hause ist. Das Programm reicht von Tragödien über Komödien bis zu Konzerten mit bekannten Künstlern. Kartenreservierungen sind direkt am Theater (The Friars, ☎ 01227/787787) oder über das Tourist Office möglich. www. newmarlowetheatre.com.

● *Veranstaltungen* Auskünfte über aktuelle Veranstaltungen sind im Tourist Office zu erhalten. Am schwarzen Brett in der Bücherei (High Street) hängen Hinweise über Theaterveranstaltungen, Ausstellungen und Konzerte aus.

Alljährlich Mitte Oktober findet das **Canterbury Festival** statt. Zwei Wochen lang werden in der großzügig geschmückten Stadt eine Vielzahl von Konzerten, Theateraufführungen, Tanz sowie Ausstellungen geboten. www.canterburyfestival.co.uk.

Übernachten

Zahlreiche B & Bs in der London Road und Whitstable Road (A 2 und A 290) wie auch in der South Canterbury Road – leider alle etwas außerhalb. Traditionelle (und teure) Hotels in der Innenstadt (St Peter's Street, High Street, St George's Street).

Sun Hotel (7), mehr als zwei Jahre lange Renovierungsarbeiten waren nötig, um 2007 dieses wohl schönste Hotel von Canterbury eröffnen zu können. Direkt neben der Kathedrale in einem mittelalterlichen Haus untergebracht, genießt man hier höchsten Komfort (LCD-Fernseher etc.) gepaart mit dem Charme eines alten Fachwerkbaus. Die sieben individuell eingerichteten Zimmer besitzen herrliche Bäder, die geschickt zwischen die alten Mauern eingefügt wurden, die größeren zudem ein Sofa. Das Frühstück wird im Erdgeschoss serviert, wo der Tearoom tagsüber auch für andere Gäste offen steht. WLAN vorhanden. B & B für zwei Personen je nach Zimmer £ 95 bis

£ 165. 7–8 Sun Street, ☎/✆ 01227/769700, www.sunhotelandtearooms.co.uk.

ABode Canterbury (10), die Nobelherberge von Canterbury ist dieses von der feinen ABode-Kette übernommene Hotel. Zeitgenössisches Hoteldesign auf hohem Niveau. Und das Ganze in erstklassiger Lage, mitten in der Altstadt nur drei Fußminuten von der Kathedrale entfernt. Kostenloses WLAN. DZ ab £ 150 (für 2 Pers. inkl. Frühstück). High Street, ☎ 01227/766266, ✆ 784874. www.abodehotels.co.uk.

Falstaff Hotel (3), nur ein paar Schritte vom West Gate entfernt, befindet sich dieses Hotel in einer historischen Postkutschenstation und Pilgerherberge aus dem

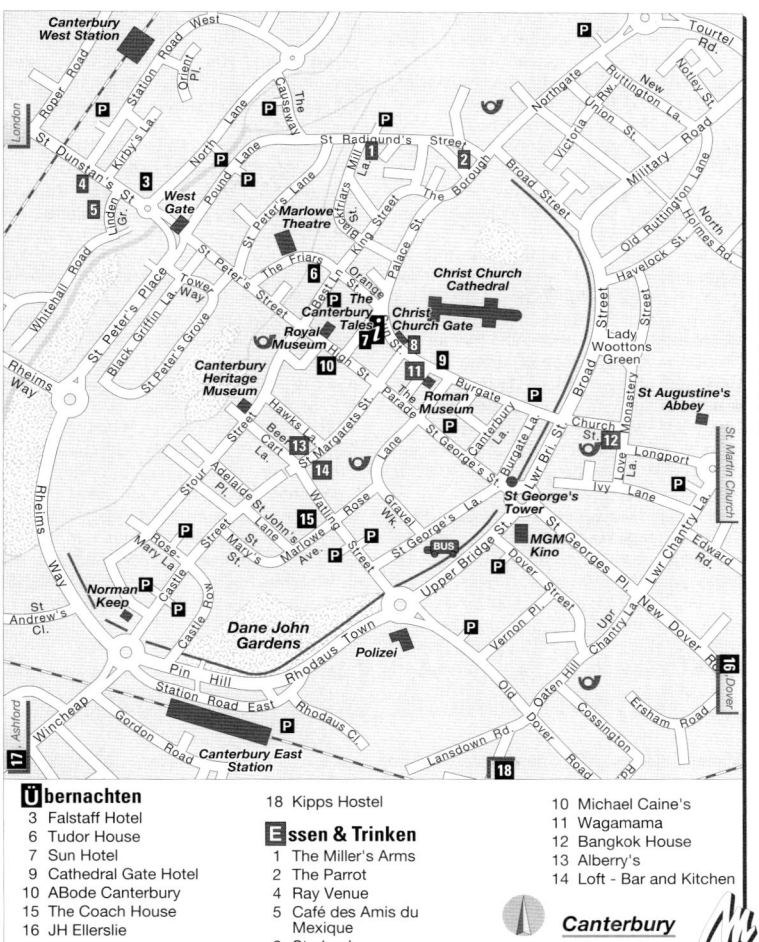

Übernachten

3 Falstaff Hotel
6 Tudor House
7 Sun Hotel
9 Cathedral Gate Hotel
10 ABode Canterbury
15 The Coach House
16 JH Ellerslie
17 Wincheap Guest House

18 Kipps Hostel

Essen & Trinken

1 The Miller's Arms
2 The Parrot
4 Ray Venue
5 Café des Amis du Mexique
8 Starbucks

10 Michael Caine's
11 Wagamama
12 Bangkok House
13 Alberry's
14 Loft - Bar and Kitchen

Canterbury

150 m

---

15. Jahrhundert, das auf wohltuend moderne Art renoviert wurde. Weitere, weniger attraktive Zimmer befinden sich in den angrenzenden Gebäudetrakten. Anspruchsvolles Restaurant. WLAN. Kostenloser Parkplatz hinter dem Haus. B & B ab £ 50 pro Person, EZ £ 80. 8–10 St Dunstan's Street, ☎ 01227/462138, ✆ 01227/463525, www.thefalstaffincanterbury.com.

Cathedral Gate Hotel (9), komfortables Hotel in einem Gebäude aus dem frühen 15. Jahrhundert (über dem Starbucks-Café). Die Lage könnte nicht zentraler sein: direkt am Christ Church Gate neben der Kathedrale. Pro Person bezahlt man für das B & B je nach Zimmer (teilweise ohne Bad und WC) £ 37.50–52.50. 36 Burgate, ☎ 01227/464381, ✉ 01227/462800, www.cathgate.co.uk.

The Coach House (15), sechs große, helle Zimmer mit TV. Zu jedem Zimmer gehört ein eigenes Bad, das allerdings teilweise über den Gang zu erreichen ist. Zu loben ist das ausgezeichnete Continental Breakfast. Kleiner Garten im Hinterhof. Vier Parkplätze direkt vor dem Haus. Kostenloses WLAN. B & B ab £ 35. Zentrale Lage. 34 Watling Street, ✆ 01227/784324, ✉ 450586, www.coachhouse-canterbury.co.uk.

Tudor House (6), ein 450 Jahre altes, stimmungsvolles Tudor-Haus, direkt im Zentrum in einer der engen Gassen. TV und Teekocher auf jedem der neun hellen Zimmer, einige davon mit Bad und Toilette. Wegen seiner optimalen Lage und der freundlichen Besitzer im Sommer oft auf Wochen hinaus ausgebucht. Mehrfach von Lesern gelobt! B & B ab £ 29.50 pro Person, en suite £ 34.50. 6 Best Lane, ✆/✉ 01227/765650, www.tudorhousecanterbury.co.uk.

Wincheap Guest House (17), viktorianisches Gebäude an der A 28 Richtung Ashford, nahe der East Station. Privater Parkplatz. Sieben Zimmer ab £ 32.50 pro Person, EZ ab £ 40. 94 Wincheap, ✆ 01227/762309, www.wincheapguesthouse.com.

Canterbury University, Unterbringung im Studentenwohnheim nur während der Semesterferien Anfang April und von Juli bis Mitte Sept. 1600 Zimmer, zumeist EZ mit Bad und Küche. B & B ab £ 30 pro Person. 20 Fußminuten vom Zentrum entfernt,

✆ 01227/828000, ✉ 01227/828019, www.kent.ac.uk/hospitality.

Kipps Hostel (18), einfaches Backpacker-Hostel ein paar hundert Meter außerhalb der Altstadt. Übernachtung £ 16 im Schlafsaal, £ 18 im DZ. Continental Breakfast £ 1.95. 40 Nunnery Fields, ✆ 01227/786121, ✉ 01227/766992. www.kipps-hostel.com.

• *Jugendherberge* Youth Hostel Ellerslie **(16)**, die schlichte Herberge befindet sich in einer viktorianischen Villa im Südosten der Stadt (östlich der Eastern Railway Station und 800 Meter vom Busbahnhof). Im Sommer empfiehlt es sich, vorher anzurufen, ob noch ein Bett frei ist! Wenn die Jugendherberge voll ist, besteht die Möglichkeit hinter dem Haus zu zelten (halber Normalpreis). Erwachsene ab £ 12, Jugendliche ab £ 9. 54 New Dover Road, ✆ 0845/3719010, ✉ 01227/470752, canterbury@yha.org.uk.

• *Camping* ****** Camping and Caravaning Club**, etwa zwei Kilometer östlich der Stadtmauer in Bekesbourne an der A 257 (Richtung Sandwich), gut ausgeschildert. Stadtbusse fahren alle 30 Minuten hierher. Ganzjährig geöffnet. WLAN. Stellplatz ab £ 15. Bekesbourne Lane, ✆ 01227/463216, www.campingandcaravanningclub.co.uk.

*E*ssen/*T*rinken/*N*achtleben (siehe *K*arte *S.* 165)

In den Straßen der Innenstadt wimmelt es nur so von Bäckereien, Tearooms und „Sweet Shops".

Michael Caine's (10), das Restaurant im ABode Hotel ist das mit Abstand beste in Canterbury. Serviert wird eine leichte Küche mit deutlichen europäischen Einflüssen, wobei der Chefkoch auf regionale Zutaten viel Wert legt. Zu empfehlen ist beispielsweise das *Romney Marsh Lamb*, das butterweich serviert wird. Zwei-Gang-Menü bis 19 Uhr £ 15.95, sonst ab £ 20. High Street, ✆ 01227/826684.

Wagamama (11), Englands beliebteste japanische Noodle Bar hat jetzt auch eine Filiale in Canterbury eröffnet. Wie üblich sitzt man im unterkühlten Design an langen Holztischen. Egal, ob als Suppe oder als Currygericht – alles wird mit marktfrischen Zutaten zubereitet. Leckere Säfte, schneller Service. Günstige Preise (ab £ 7 für die Hauptgerichte). Longmarket, ✆ 01227/454307.

Café des Amis du Mexique (5), das bei den Studenten beliebte Lokal liegt direkt neben dem West Gate. Authentische mexikani-

sche Küche, angenehme Atmosphäre. *Pollo Verde* £ 10.95. 95 St Dunstan's Street, ✆ 01227/464390.

Ray Venue (4), gleich daneben werden im modernen Ambiente indische und nepalesische Gerichte serviert. *Lamb gurka* zu £ 8.50. 92 St Dunstan's Street, ✆ 01227/462653.

Bangkok House (12), wer eher thailändische Gaumenfreuden bevorzugt, sollte es in der Nähe der St Augustine's Abbey versuchen. Nach einer würzigen Tom Yum Suppe für £ 3.95 folgt ein delikates Gai Pad Khing für £ 7.50. 13 Church Street St Paul, ✆ 01227/471141.

Alberry's (13), *die* Adresse für ein Pint oder ein Glas Wein nach der Sperrstunde (geöffnet bis 24 Uhr, Fr/Sa bis 2 Uhr). An manchen Donnerstagen gibt es Dancefloor, von einem DJ aufgelegt. 38 St Margaret's Street, ✆ 01227/452378.

Fachwerkhäuser in Canterburys Altstadt

Loft – Bar and Kitchen (14), schräg gegenüber treffen sich hier Freunde von unter-
kühlter Atmosphäre zu lockeren Down-
beats. Serviert werden kleine Gerichte.
Abends legen DJs auf. 5 St Margaret's
Street.

The Parrot (2), beliebtes Pubrestaurant am
Rande der Altstadt in einem denkmalgeschützten Gebäude aus dem 13. Jahrhundert Im Sommer sitzt man im schön möb-
lierten Garten. 9 Church/St Radigund's
Street (Nähe Kreuzung mit The Borough),
✆ 01227/762355. www.theparrotcanterbury.
com.

The Miller's Arms (1), abends treffen sich
Einheimische und Reisende bei einer Pint.
Auch Zimmervermietung. Mill Lane,
✆ 01227/456057.

Starbucks (8), eine bekannte Kette, aber
der Kaffee ist ausgezeichnet und die Lage
neben dem Cathedral Gate phantastisch. 36
Burgate.

Sehenswertes

> **Hinweis**: Mit dem *Attractions Passport* spart man beim Eintritt in die Kathed-
> rale, in St Augustine's Abbey, in Canterbury Tales und in ein Museum. Kos-
> ten: £ 20, erm. £ 15.50. Weitere Infos in der Tourist Info.

Lohnenswert ist ein Spaziergang über die *Stadtmauer* (Hinweisschilder). Gerade
während der Dämmerung oder bei Dunkelheit bietet sich dem Betrachter eine eindrucksvolle Aussicht auf die historische Stadt. Fotografen sollten das Stativ nicht
vergessen.

Canterbury Cathedral: Im Jahre 597 wurde der hl. Augustinus von Papst Gregor
nach Canterbury geschickt, um die Einheimischen zum Christentum zu bekehren.
Als Ausgangspunkt für die Missionierung der Insel entstand hier die *Christ
Church*. Auf ihren Ruinen wurde ab dem 11. Jahrhundert eine Kathedrale errichtet.
Die Bauarbeiten zogen sich ganze 600 Jahre hin (ein Brand vernichtete im 12. Jahrhundert einen großen Teil des Bauwerks), ehe das mächtige Gotteshaus in seiner
heutigen Form vollendet wurde.

Das Innere der Kathedrale überwältigt. Die Farbenpracht der zum Teil mittelalterlichen Glasfenster bestimmt die Atmosphäre, die gewaltigen Säulen und Rundbögen lassen das Auge nicht zur Ruhe kommen.

Mord in der Kathedrale und die „Canterbury Tales"

Thomas Becket und Heinrich II. waren in ihrer Jugend enge Freunde. Das gute Verhältnis setzte sich fort, als Becket Kanzler des Königs wurde und diesen uneingeschränkt unterstützte. 1162 ernannte Heinrich II. seinen Schützling zum Erzbischof von Canterbury, in der Hoffnung, so größeren Einfluss auf die Kirche zu erlangen. Doch es sollte anders kommen: Becket vertrat von nun an gewissenhaft die Belange der Kirche. Klar, dass sich der König schwarz ärgerte. Am späten Nachmittag des 29. Dezember 1170 trafen vier königstreue Ritter in Canterbury ein, um den Adrenalinfluss des Monarchen einzudämmen. Schwertschwingend jagten sie den armen Thomas durch seine Kathedrale. Im Nordwest-Querschiff (Gedenktafel) grub sich schließlich eine der Klingen tief in die Schädeldecke des Flüchtenden. Thomas starb für seinen Glauben und wurde deshalb heilig gesprochen. Beim Thron des Erzbischofs im Altarraum wurde der goldene Schrein St Thomas errichtet.

Der Einfluss der katholischen Kirche, namentlich des Papstes, wuchs in der Folgezeit in England so stark an, dass sich der König im Jahre 1174 auf einen „politischen" Bußgang zur Grabstätte des Märtyrers begeben musste. Im 13. und 14. Jahrhundert strömten schließlich gewaltige Pilgermassen nach Canterbury. Darauf basieren die „Canterbury Tales". Das unvollendete Werk stammt aus der Feder des wohl meistgelesenen englischen Autors seiner Zeit – des Londoners Geoffrey Chaucer (1343–1400). Darin pilgert eine Gruppe unterschiedlichster Charaktere von London zum Schrein des heiligen Thomas. Die Reise geht aber keineswegs zurückhaltend-fromm vonstatten, sondern lustig, frivol und derb. Jeder Reisende muss eine Geschichte – die Canterbury Tales – erzählen, von denen die beste prämiert werden soll. Aber entscheiden Sie doch einfach selbst (Geoffrey Chaucers „Canterbury Tales" sind als zweisprachige Version bei Reclam erschienen).

Übrigens – noch heute ist die Stelle zu erkennen, an der einst der goldene Schrein stand; er wurde von Heinrich VIII. im Zuge der Reformation eingeheimst. Die Treppen, die zu diesem Ort hinaufführen, sind von zigtausend Pilgerfüßen völlig abgewetzt.

Impressionen der englischen Geschichte, die in den Details der riesigen Hallen verborgen liegen, werden einem während des abendlichen Gottesdienstes mit liturgischem Chorgesang am eindrucksvollsten zugänglich.

Nahe dem Schrein des heiligen Thomas wurde 1376 der *Schwarze Prinz* (Black Prince), der Sohn Eduards III., beigesetzt. Eine Ironie des Schicksals: Ihm gegenüber liegt *Heinrich IV.*, der den Thron von *Richard II.*, dem Sohn des Schwarzen Prinzen, gewaltsam an sich riss. Dennoch ein einträchtiges Bild.

Man benötigt schon Zeit, um die zahlreichen Einzelheiten der Kathedrale kennenzulernen. Am besten versucht man, dem Ansturm der Touristenmassen aus dem Weg zu gehen und seine Besichtigungstour am frühen Morgen zu starten.

Hilfreich für einen Rundgang ist der Führer *Guide Yourself Round Canterbury Cathedral* (ca. £ 1), den man an der Kathedrale oder im Tourist Office erhält.

Im Sommer Mo–Sa 9–18.30 Uhr, im Winter Mo–Sa 9–16.30 Uhr, So 12.30–14 Uhr. Eintritt: £ 8, erm. £ 7 (So Eintritt frei!). Gottesdienste mit liturgischem Chorgesang (Evensong): Mo–Fr 17.30 Uhr, Sa/So 15.15 Uhr; Dauer ca. 45 Minuten. www.canterburycathedral.org.

Roman Museum: Das im Untergeschoss eines Stadthauses untergebrachte Museum vermittelt einen Einblick in die römische Vergangenheit der Stadt. Mithilfe einer Computeranimation wird gezeigt, wie es vor zweitausend Jahren in *Durovernum Cantiacorum* ausgesehen haben könnte. Das Prunkstück des Museums ist aber fraglos der antike Mosaikboden, der nach den deutschen Bombenangriffen entdeckt worden ist. Sehenswert sind zudem die Ausstellungen über das Alltagsleben in einer römischen Provinzstadt.

Butchery Lane. Tgl. außer So 10–16 Uhr, von Juni bis Okt. auch So 13.30–16 Uhr. Eintritt: £ 3.10, erm. £ 2.10. www.canterburymuseums.co.uk.

Museum of Canterbury und Rupert Bear Museum: In einem hübsch renovierten ehemaligen Armenhaus für

Beeindruckend: die Kathedrale von Canterbury

Priester (Poor Priests' Almhouse, Stour Street) ist heute ein Museum untergebracht. Die mehrfach ausgezeichnete Ausstellung beschreibt die Stadtgeschichte Canterburys von der Römerzeit bis zum Zweiten Weltkrieg.

Stour Street. Tgl. außer So 10.30–16 Uhr, von Juni bis Okt. auch So 13.30–16 Uhr. Eintritt: £ 3.60, erm. £ 2.30. www.canterbury-museums.co.uk.

St Augustine's Abbey: Nur einige hundert Meter östlich der Kathedrale, aber außerhalb der Stadtmauer befindet sich die Ruine der St Augustine's Abbey. Umgeben von einer Mauer liegt sie heute auf dem Anwesen des St Augustine's College, das im vorigen Jahrhundert entstand. Der heilige Augustinus errichtete hier im Jahre 598 eine Abtei, die auch als Begräbnisstätte für Erzbischöfe und Könige diente. Friedhöfe mussten nach einem damaligen Gesetz außerhalb der Stadt liegen. Der angelsächsische Gebäudekomplex, der in etwa so groß wie die heutige Kathedrale war, wurde im Laufe der Zeit durch eine normannische Kirche ergänzt. Im Zuge der englischen Reformation wurde St Augustine's Abbey 1538 zerstört.

Juli u. Aug. tgl. 10–18 Uhr, April–Juni Mi–So 10–17 Uhr, Sept.–März Sa und So 10–16 Uhr. Eintritt: £ 4.50, erm. £ 3.80 oder £ 2.30. www.english-heritage.org.uk/staugustinesabbey.

St Martin's Church: Die zierliche Kirche am St Martin's Hill östlich der befestigten Stadt gab es bereits, bevor Augustinus kam. Sie ist die älteste Kirche Englands. Wahrscheinlich stammt ein Teil des Mauerwerks am Chor noch aus der Römerzeit. Im Jahre 597 war die St Martin's Church der Schauplatz eines für die weitere Geschichte Englands bedeutenden Ereignisses: Der König Ethelbert von Kent ließ sich vom heiligen Augustinus taufen, wodurch die Christianisierung Englands einen entscheidenden Anschub erhielt.

North Holmes Road. April bis Sept. Di, Do und Sa 11–16 Uhr, im Winter Di, Do und Sa 11–15 Uhr. Eintritt frei! www.martinpaul.org.

The Canterbury Tales: Eingeladen wird zu einem beeindruckenden Zeitsprung zurück ins düstere Mittelalter. Hier begibt man sich selbst auf eine den Canterbury Tales nachempfundene Pilgerschaft von Southwark nach Canterbury. Dabei werden nicht nur Augen und Ohren angesprochen, sondern auch der Geruchssinn. Der etwa 45-minütige Weg führt durch verschiedene Räume, die jeweils eine Station der Pilger behandeln. Ein per Sensor gesteuertes Tonbandgerät liefert dazu Erklärungen (auch in Deutsch).

St Margaret's Street. Tgl. 11–16.30 Uhr. Eintritt: £ 7.75, erm. £ 6.75 oder £ 5.75. www.canterburytales.org.uk.

Ausflüge

Die gesamte Grafschaft Kent lässt sich bequem von Canterbury aus erkunden; man kann z. B. Ausflüge zum Leeds Castle (bei Maidstone), zur Isle of Thanet (Margate, Ramsgate, Broadstairs) oder nach Rochester unternehmen. Informationen über diese Orte sind den entsprechenden Abschnitten dieses Buches zu entnehmen.

Chilham: Ein altes Dorf auf einem Hügel, das am früheren Pilgerpfad zwischen London und Canterbury liegt. Noch heute stehen in Chilham schmucke Fachwerkhäuser. Mehrere traditionsreiche Restaurants (z. B. The White Horse) und Tea Shops sorgen für das leibliche Wohl.

Verbindungen Busse verkehren regelmäßig von Canterburys Busbahnhof nach Chilham (8 km südwestlich von Canterbury).

Faversham: Fährt man von Canterbury weiter durch die Gartenlandschaft Kents in Richtung Westen, erreicht man nach 15 Kilometern die kleine Hafenstadt Faversham. Ihr historisches Zentrum (Abbey Street) wurde im 19. Jahrhundert restauriert. Die alte Abtei ist heute Teil des *Arden House* und kann besichtigt werden, allerdings nur an einigen Samstagen im Juli. Im Ort gibt es vierzig Pubs, die zum größten Teil in historischen Gebäuden untergebracht sind. Diese beeindruckende Zahl kommt nicht von ungefähr, denn in der Gegend wird überwiegend Hopfen angebaut. Vor lauter Bierfreude haben schon manche den letzten Anschluss nach Canterbury verpasst.

Rochester

Auf dem Weg von Canterbury Richtung London durchquert man eine Industrieregion voller rußiger Fabriken und schier endloser Reihenhaussiedlungen. Orte wie Rainham, Gillingham, Chatham und Strood, das auf der anderen Seite des River Medway liegt, lassen nicht erahnen, dass sich hier auch eine reizvolle mittelalterliche Stadt befindet.

Der Weg nach Rochester lohnt sich, denn im Zentrum zeigt die Stadt ihre angenehme Seite. *High Street* und *Eastgate* (schmuckes elisabethanisches Haus) sind

Das Castle überragt den Hafen von Rochester

Zeugen des historischen Handelsweges von London nach Dover. Hier ging es in der Vergangenheit äußerst geschäftig zu. Glanz und Gloria der einstigen Prachtstraße sind auch heute noch augenfällig. Häuser aus vielen Jahrhunderten, zumeist geschichtsträchtige Hotels, Pubs, Trödel- und Antiquitätenläden säumen die verkehrsberuhigte Einkaufsstraße. Etwas erhöht liegen – nur wenige hundert Meter voneinander entfernt – *Burgruine* und *Kathedrale,* die Wahrzeichen der Stadt.

Heute ist Rochester völlig auf seinen berühmten Literaten eingestellt. Beim *Dickens Festival* verwandelt sich die Fußgängerzone in ein Meer von Menschen, gekleidet im Stil des 19. Jahrhunderts. Umzüge und zahlreiche historische Aufführungen stehen auf dem Programm. Während der vier Dickens-Tage besuchen etwa eine Viertelmillion Menschen die Stadt.

• *Information* **Visitor Information Centre**, 95 High Street, Rochester, Kent ME1 1LX, ☎ 01634/843666, 🖂 01634/847891, www.medway.gov.uk.

• *Einwohner* 50.500 Einwohner.

• *Verbindungen* **Bus** – Lokale Buslinien nach Chatham, Strood und Gillingham von den Bushaltestellen in Rochester (z. B. auf der Corporation Street am Information Centre). **Zug** – Bahnhof an der High Street (und in den benachbarten Orten Strood und Chatham), regelmäßige Verbindungen nach London Charing Cross und Victoria Station (Dauer: 45 Min.) sowie nach Canterbury, Dover und zur Isle of Thanet. Von der Strood Station auch direkte Verbindung nach Maidstone. www.nationalrail.co.uk.

• *Bootstouren* In den Sommermonaten fahren Dampfboote auf dem River Medway. Touren ab Historic Dockyard in Chatham, Rochester Pier und Esplanade. Auskünfte über Abfahrtszeiten und Preise gibt es im Tourist Office.

• *Markt* Di und Sa auf der Gillingham High Street, freitags auf der Corporation Street, wo samstags auch ein Flohmarkt abgehalten wird.

• *Veranstaltungen* Ein besonderes Bonbon für Dickens-Fans dürfte das Anfang Juni stattfindende **Dickens Festival** sein. Die gesamte Stadt und dazu noch etwa 250.000 Besucher sind während der vier Tage auf

den Beinen.
www.rochesterdickensfestival.org.uk.

• *Übernachten* **The Royal Victoria & Bull Hotel**, das traditionelle Hotel mitten in der Altstadt. Queen Victoria stieg 1836 im „Bull" ab, und auch in der Literatur, nämlich in Dickens „Pickwick Papers", findet es Erwähnung. Allerdings hat das Treiben in der „Silent High Street" hörbar zugenommen. Die Zimmer sind ein wenig altertümlich ohne großen Reiz. EZ ab £ 52.50, DZ ab £ 57.50. 16–18 High Street, ☎ 01634/846266, ✆ 01634/832312, www.rvandb.co.uk.
The Gordon House Hotel, eine Alternative in der gleichen Preisklasse. EZ £ 60, DZ ab £ 70. Jeweils inkl. English Breakfast. 91 High Street, ☎ 01634/831000, ✆ 01634/814769, www.gordonhousehotel.net.

• *Jugendherberge* **Capstone Farm**, die nächste Herberge (40 Betten) befindet sich in einer schönen Farm bei Gillingham. Kosten: Erwachsene ab £ 14, unter 18 Jahren ab £ 10.50. Capstone Road, ☎ 0845/3719649, ✆ 01634/400794, medway@yha.org.uk.

• *Essen/Trinken* **City Wall Wine Bar**, in der angenehmen zeitlos-modernen Kneipenatmosphäre werden auf den einfachen Tischen leckere Snacks wie ein *chicken tikka masala* für £ 6.95 serviert. 120 High Street, ☎ 01634/832366.
www.citywallrochester.co.uk.

Dickens' Rochester

Die mittelalterliche Kathedrale, die halbverfallene Burgruine und die schmalen Gassen mit den verwinkelten Häusern tauchen mehrfach in Charles Dickens Romanen („Pickwick Papers", „Great Expectations", „The Mystery of Edwin Drood") auf und sind eng mit seinem Leben verbunden. Der englische Schriftsteller verbrachte nämlich seine Jugend im benachbarten Chatham und besaß später in Rochester ein Haus, in dem er an seinem letzten Buch „The Mystery of Edwin Drood" arbeitete, ohne es jemals fertigzustellen. Dickens starb am 9. Juli 1870 im Alter von 58 Jahren.
Information Beim Tourist Office sind mehrere Broschüren zu Dickens und den seinen Romanen erwähnten Gebäuden bzw. Personen erhältlich.

Sehenswertes

Kathedrale: Die eindrucksvolle Kathedrale geht zurück auf einen angelsächsischen Kirchenbau, der vom ersten Bischof Rochesters im Jahre 604 erbaut wurde. Dieser war in Gefährte von St Augustinus, der in Canterbury wirkte und von hier aus die christliche Missionierung vorantrieb. Ganze 476 Jahre später errichtete *Bischof Gundulf* (→ Castle) an derselben Stelle ein normannisches Kirchenschiff, dessen Vollendung fast sechzig Jahre in Anspruch nahm. Im Lauf des 13. Jahrhunderts erfolgten dann Ergänzungen im frühenglischen Stil. Beachtenswert sind die Figuren am Westportal. Einer der ältesten Gebäudeteile ist der *Gundulf-Turm* (links vom Haupteingang). Nach Süden hin schließt sich ein nur noch teilweise erhaltener Kreuzgang an. Wem das stündliche Glockengeläut, das einen Ausschnitt der Tonleiter wiederzugeben scheint, zu monoton ist, sollte sich beim Bischof beschweren: Die zehn Glocken werden nämlich von Hand betätigt.
70 a High Street. Eintritt: „freiwillige Spende" von £ 3.

Castle: Wo heute die Burgruine steht, befand sich einst ein römisches Gebäude, das zur Bewachung des hier vorbeiführenden Handelsweges zwischen Dover und London („Watling Street") diente. Die Außenmauern der späteren Burg wurden 1088 vom Bischof Gundulf, selbst Baumeister des normannischen Eroberers Wilhelm, errichtet. Übrigens war der architektonisch bewanderte Kleriker auch maßgeblich am Bau des *Tower of London* beteiligt. Der mächtige Burgfried ist mit über 30 Metern der höchste im Land. Von oben hat man einen eindrucksvollen Rundblick über das Medway-Gebiet.

Tgl. 10–18 Uhr, im Winter nur bis 16 Uhr. Eintritt: £ 5, erm. £ 4 (EH).

Wo Arme einen Armenpass benötigt hätten!

Richard Watts, Abgeordneter des Londoner Parlaments für Rochester, verfügte 1579 testamentarisch, dass das elisabethanische Haus in der High Street als Unterkunft für sechs arme Reisende („six poor travellers") dienen sollte. Dieses edle Vorhaben war nicht so einfach in die Tat umzusetzen. Häufig musste aus einer großen Anzahl von Kandidaten ausgewählt werden. Die Bewerber mussten zunächst ihre Armut beweisen – welch undankbare Aufgabe. Wie das Auswahlverfahren ablief, bleibt ein Rätsel. Inspiriert von der wohltätigen Einrichtung schrieb Dickens 1854 die Weihnachtsgeschichte „Seven Poor Travellers".

Bis zum Zweiten Weltkrieg diente die Herberge als Armenhaus. Interessantestes Ausstellungsstück ist das (an diese Stelle transportierte) romantische Sommerhäuschen, das Dickens vom französischen Schauspieler Charles Fechter bekam. Hier arbeitete der Schriftsteller noch unmittelbar vor seinem Tod an dem Roman „The Mystery of Edwin Drood".

Adresse/Öffnungszeiten **Watts' Charity**, High Street. März bis Okt. Di–Sa 14–17 Uhr. Eintritt frei.

Südostengland Karte S. 148/149

Umgebung

World Naval Base

Um gegen eine befürchtete spanische Invasion besser gewappnet zu sein, begründete Heinrich VIII. 1547 den Schiffsbau an der Medway-Mündung. Bis die in Chatham gelegene Werft 1984 stillgelegt wurde, sind hier mehr als vierhundert englische Kriegsschiffe vom Stapel gelaufen, darunter auch die HMS Victory, das Flaggschiff, auf dem Lord Nelson in der Schlacht von Trafalgar sein Leben ließ. Den Holländern war der rege englische Schiffsbau ein steter Dorn im Auge, weshalb sie die Werften 1667 mit einem Überraschungsangriff attackierten. Die erhaltenen Dockanlagen wurden nach 1984 in ein ausgedehntes Freilichtmuseum umgewandelt. Mithilfe von Videos, Modellen und Illustrationen wird die Geschichte der ortsansässigen Werft anschaulich dargestellt. Für eine Besichtigung sollte man sich mindestens drei Stunden Zeit nehmen. Besonders eindrucksvoll sind in erster Linie die Schiffe, zu denen ein Zerstörer aus dem Zweiten Weltkrieg, das Aufklärungs-U-Boot Ocelot sowie Rettungsboote gehören. Interessant ist auch ein Besuch der Seilerei oder der „Wooden Walls", in denen man anschaulich den Schiffsbau im 18. Jahrhundert erklärt bekommt.

Historic Dockyard. Ende März bis Okt. tgl. 10–18 Uhr, im Nov. nur Sa und So 10–16 Uhr, von Mitte Febr. bis Ende März tgl. 10–16 Uhr. Eintritt: £ 15, erm. £ 12.50 oder £ 10.50, Familienticket £ 42.50. www.chdt.org.uk.

Dickens World

Ebenfalls in Chatham wurde im Mai 2007 ein neuer Dickens-Themenpark für 62 Millionen Pfund eröffnet. Dickens verbrachte den größten Teil seiner Kindheit in

Chatham, wo sein Vater als Marinezahlmeister lebte. Die glücklichen Erinnerungen an diese Zeit spiegeln sich in vielen seiner Bücher wider. Dickens World ist eine authentische Nachbildung der damaligen Lebensverhältnisse samt Kopfsteinpflaster und viktorianischem Klassenzimmer. Der Besucher unternimmt eine Zeitreise durch das frühe 19. Jahrhundert mit den typischen Geschäften, auch das „verwunschene Haus der Ebenezer Scrooge" fehlt nicht.

Historic Dockyard. Tgl. 10–19 Uhr. Eintritt: £ 12.50, erm. £ 10.50 oder £ 7.50. www. dickensworld.co.uk.

Maidstone

Die Stadt liegt am Fuß der North Downs an den Ufern des Medway. Handel und Landwirtschaft, vor allem der Hopfenanbau, haben der Stadt über die Jahrhunderte hinweg einen gewissen Wohlstand verschafft und sie zum Verwaltungs- und Agrarzentrum Südostenglands gemacht. Im Mittelalter residierte zeitweise sogar der Erzbischof von Canterbury in Maidstone. Aufstände und Rebellionen warfen die aufblühende Stadt aber immer wieder in ihrer Entwicklung zurück. Ihr heutiges Gesicht wird durch die sehr lebendigen Geschäftsstraßen des Stadtzentrums geprägt. Zu Recht rühmt sich Maidstone seiner guten Einkaufsmöglichkeiten, doch das damit verbundene starke Verkehrsaufkommen verstellt den Blick auf manch hübsches Gebäude.

• *Information* **Maidstone Town Centre Tourist Information Centre**, Town Hall, High Street, Maidstone, Kent ME15 6 YE. ✆ 01622/602169, 📠 01622/673581, www.tour-maidstone.com.

• *Einwohner* 121.000 Einwohner.

• *Verbindungen* **Busse** fahren regelmäßig vom Chequers Shopping Centre nach London, Canterbury sowie Brighton. www. nationalexpress.com.
Zug – *East Station* (Hbf.) an der Sandling Road; Züge nach London Victoria Station (zweimal stündlich), Canterbury, Folkestone, Dover (stündlich). *West Station* (Haltestelle), Zugang über Tonbridge Road; Linie Paddock Wood–Strood (Nahverkehr). www.nationalrail.co.uk.

• *Übernachten* **Marriott Tudor Park Hotel**, in Bearstead wenige Kilometer östlich von Maidstone. Unlängst renoviert mit großräumigen Zimmern. Modernes Ambiente mit einem großzügigen Hallenbad. WLAN. DZ ab £ 125. Ashford Road, ✆ 01622/734334, 📠 01622/735360. www.marriott.com/tdmgs.

Rock House Hotel, angenehmes Hotel in einem viktorianischen Haus, einen knappen Kilometer vom Zentrum entfernt (Richtung Tonbridge). B & B ab £ 28 pro Person im DZ. 102 Tonbridge Road, ✆ 01622/751616, 📠 01622/756119. www.rockhousebandb.co.uk.

Langley Oast, vier sehr gut ausgestattete Gästezimmer in einem alten Hopfenhaus. B & B im EZ ab £ 35, im DZ £ 55–85. Langley Park, ✆/📠 01622/863523. margaret@langleyoast.freeserve.co.uk.

Wilderness, das erst 2007 eröffnete B & B ist ein Lesertipp von Julia Hartwig, die von der zu einem alten Farmhaus gehörenden Unterkunft begeistert war. Sehr gastfreundliche Besitzer. Im Sommer frühstückt man im Innenhof. B & B £ 37.50–40. 12 km südöstlich von Maidstone nahe der Ortschaft Headcorn, ✆ 01622/891757, www.wildernessbandb.co.uk.

• *Essen/Trinken* **Ye Old Thirsty Pig!**, urgemütliches Pub mit niedriger Decke (Vorsicht!) und schwarzen Holzbalken, die aus den Wänden ragen. Makkaroni mit Käse oder Gemüse-Lasagne (lecker!) £ 5.50, preisgünstige Specials. Livemusik in unregelmäßigen Abständen. 4a Knightrider Street, ✆ 01622/755655.

Lockmeadow Leisure Complex, in dem unweit des Bischofspalastes gelegenen Freizeitkomplex mit Multiplex-Kino, Nachtclub, Restaurants, Cafés und Bars findet man leicht Zerstreuung. Hart Street.

The George and Dragon, in Headcorn findet man dieses gemütliche englische Restaurant, das uns Julia Hartwig empfahl. 29 High Street, ✆ 01622 890239.

Sehenswertes

All Saints Church: Die Kirche nahe dem östlichen Flussufer stammt aus dem 14. Jahrhundert. Beachtenswert ist innen eine Gedenktafel, die zu Ehren von *Lawrence Washington,* eines Großonkels des amerikanischen Präsidenten, angebracht wurde. Das Familienwappen weist u. a. auch das Motiv der „Stars'n'Stripes" auf. Die Kirche ist nur im Sommer geöffnet.

Palace Gardens. Mai bis Sept. Mo–Do 10–16 Uhr, Sa 10.30–12.30 Uhr.

Archbishop's Palace: Am Fluss (nördlich der Kirche) liegt der Palast des Erzbischofs aus dem 14. Jahrhundert. Als hier der Erzbischof von Canterbury residierte, schlug selbst Heinrich VIII. sein Lager im bischöflichen Palast auf.

Mai bis Aug. Mi 13–17 Uhr. Eintritt frei!

Cobtree Museum of Kent Life: 1984 öffnete etwas außerhalb das Museum of Kent Life seine Pforten. Die Ausstellung auf dem 27 Hektar großen Gelände über Landleben und Landwirtschaft wird ständig erweitert.

Loch Lane, Sandling. März bis Okt. 10–17 Uhr. Letzter Einlass: 16 Uhr. Eintritt: £ 8.50, erm. £ 7.50 bzw. £ 6.50. www.museum-kentlife.co.uk.

Leeds Castle

Wer wollte hier nicht wach geküsst werden? Eines der wundervollsten und berühmtesten Castles liegt sechs Kilometer südöstlich von Maidstone an der A 20. Jährlich wird es von über einer halben Million Touristen besucht – man stellt sich am besten darauf ein. Umgeben von einer herrlichen Landschaft, wurde das Castle inmitten eines kleinen Sees auf zwei Inseln erbaut. Seit dem 12. Jahrhundert diente das Gebäude als Wohnsitz verschiedener Königinnen. Über das Jahr verteilt finden Open-Air-Konzerte, Ballon-Wettbewerbe und Blumenfeste statt, die für den Besucher schon wegen des einzigartigen Schauplatzes ein Erlebnis sind. Neu im Programm sind regelmäßige Jazz-Paraden.

Märchenschloss: Leeds Castle

● *Öffnungszeiten* April bis Sept. tgl. 10.30–17.30 Uhr, Okt. bis März tgl. 10.30–17 Uhr (Garten ab 10 Uhr). Eintritt: £ 17.50, erm. £ 15 oder £ 10 (EH). www.leeds-castle.com.

● *Anfahrt* von Maidstone (Queen's Monument) mit Bus 10.

Sevenoaks

Auf dem Weg nach London ist Sevenoaks eine Reiseunterbrechung wert. Die Stadt ist zwar bis auf die ansehnliche High Street von geringem touristischem Interesse, doch lockt das **Knole House** zahlreiche Besucher in diese Gegend. Hierbei handelt es sich um eines der

Karte S. 148/149

Südostengland

Knole House: 365 Zimmer und 52 Treppen

hübschesten und mit über 360 Zimmern größten Anwesen Englands. Die Geschichte dieses Herrenhauses reicht bis in das 15. Jahrhundert zurück. Thomas Bourchier, Erzbischof von Canterbury, lebte hier bis zu seinem Tod im Jahre 1486. Mitte des 16. Jahrhunderts kam Heinrich VIII. in den Besitz von Knole. Heute ist das Innere mit kostbaren Möbeln des 17. und 18. Jahrhunderts ausgestattet. An den Wänden hängen Porträts von so berühmten britischen Malern wie Gainsborough und Reynolds.

• *Information* Buckhurst Lane, Sevenoaks, Kent TN13 1LQ, ✆ 01732/450305, ✉ 01732/461959.

• *Öffnungszeiten* **Knole House**: Ende März bis Okt. Mi–So 12–16 Uhr. Eintritt: £ 9.50, erm. £ 4.75, Familien £ 23.75 (NT).

Royal Tunbridge Wells

Mit den Worten „those people who have nothing to do any where else, seem to be the only people who have any thing to do at Tunbridge" beschrieb Daniel Defoe die Gäste des exklusiven Kurortes des 17. und 18. Jahrhunderts. Mitglieder des englischen Adels und des Königshauses trafen sich hier zum Bad in den eisenhaltigen Heilquellen („Wells") und verliehen der Stadt damit das Prädikat „Royal". Glanzstück sind die *Pantiles*, eine von Kolonnaden gesäumte Einkaufspromenade aus dem späten 17. Jahrhundert. Hier hat sich der Ort etwas vom einstigen Flair erhalten können.

• *Information* The Old Fishmarket, The Pantiles, Royal Tunbridge Wells, Kent TN2 5TN, ✆ 01892/515675, ✉ 01892/534660, www.visittunbridgewells.com.

• *Einwohner* 59.000 Einwohner.

• *Verbindungen* **Zug** – Von der Central Station (Mount Pleasant Road) verkehren regelmäßig Züge nach Maidstone (umsteigen in Paddock Wood), nach London (Charing Cross) sowie zu den Kanalhäfen. ✆ 0845/7484950, www.nationalrail.co.uk.

• *Markt* Mi und Sa auf dem Market Square.

• *Stadtführungen* Do und Sa um 11.30 Uhr am Tourist Information Centre, Kosten: £ 3.50.

• *Übernachten/Essen/Trinken* **Hotel du Vin & Bistro**, elegantes Hotel in einem georgianischen Stadthaus, individuell gestaltete Zimmer mit CD-Player, Ausgezeichnetes Bistro, das nicht nur Weintrinker begeistern wird. DZ ab £ 99. Frühstück £ 9.95. Crescent Road, ✆ 01892/526455, ✉ 01892/512044, www.hotelduvin.com.

The Swan Hotel, alteingesessenes Hotel direkt an den Pantiles im historischen Zentrum. Die großen Zimmer sind individuell eingerichtet. Kostenlose Parkplätze, kostenloses WLAN. EZ £ 55, DZ ab £ 75 (zzgl. Frühstück). The Pantiles, ✆ 01892/7500110, ✉ 01892/7504888, www.theswanonthepantiles.co.uk.

Wagamama, etwas außerhalb des historischen Zentrums unweit des Bahnhofs bietet dieses japanische Nudelrestaurant fernöstliche Küche zu günstigen Preisen. Es wird besonders auf frische Zutaten geachtet, das Design ist minimalistisch. Kein Ruhetag. 54–58 Mont Pleasant Road, ✆ 01892/616514.

Woods, schöne Kreuzung aus Produce Store, Café und Restaurant. Besonders nett ist es auf der sonnigen Terrasse. 62 The Pantiles, ✆ 01892/614411.
www.woodsrestaurant.co.uk.

Scotney Castle

In unmittelbarer Nähe des freundlichen Lamberhurst liegt das romantische Scotney Castle. Umgeben von einem Park mit Rhododendrongarten – hier lohnt vor allem ein Besuch im Mai – und einem Wassergraben, ist das Castle ein Gothic-Revival-Produkt. *Edward Hussey* ließ sich 1837 sein stattliches Wohnhaus direkt neben den Ruinen einer mittelalterlichen Wasserburg errichten, wobei er die pittoresken Gemäuer samt einem Rundturm zu einem märchenhaften Landschaftsszenario zusammenfügte. Heute gehört das Areal, neben so vielen anderen historischen Stätten Englands, dem *National Trust,* der sich vorbildlich um den Erhalt der alten Gemäuer kümmert. Sehenswert ist auch der von William Sawrey Gilpin gestaltete Garten. Gilpin fühlte sich dem ästhetischen Programm des pittoresken Landschaftsgartens verpflichtet und orientierte sich an den Gemälden von Claude Lorrain und Nicolas Poussin.

Garten von Mitte März bis Okt. Mi–So 11–17.30 Uhr, Castle von Anfang Juni bis Okt. Mi–So 11–17 Uhr geöffnet. Eintritt: £ 9, erm. £ 4.50, nur Garten £ 7, erm. £ 3.75 (NT).

Sissinghurst

Sissinghurst ist ein Mekka für Gartenliebhaber. Die vielfach als „schönster Garten Englands" gerühmte Anlage wurde von der Schriftstellerin *Vita Sackville-West* und ihrem Mann, dem Historiker und Diplomaten *Sir Harold Nicolson* (1886–1968), in jahrzehntelanger Arbeit geschaffen. Um ihre Gartenträume zu verwirklichen, kaufte das Ehepaar 1930 das aus dem 16. Jahrhundert stammende Herrenhaus. Das Familienleben war auf verschiedene Gebäude verteilt, Vita Sackville-West richtete sich ihr Arbeitszimmer im Turm ein, Harold arbeitete im South Cottage, während die Zimmer der Kinder Nigel und Ben im Priest House untergebracht waren, wo man sich auch zu den gemeinsamen Mahlzeiten zusammenfand. Im Mittelpunkt ihres Lebens stand die Pflege des 2,5 Hektar großen Gartens mit seinen zehn verschiedenen „Zimmern", die über das Jahr verteilt in ihrer faszinierenden Blütenpracht leuchten.

Mitte März bis Okt. tgl. außer Mi und Do 11–18 Uhr. Eintritt: £ 9.50, erm. £ 4.70, Familienticket £ 23.50 (NT). Achtung: Es wird nur eine begrenzte Zahl von Besuchern in den Garten gelassen, so dass im Hochsommer Wartezeiten einzuplanen sind.

Südostengland
Karte S. 148/149

Die schwarzen „Net Shops" sind das Wahrzeichen von Hastings

Grafschaft Sussex

Sussex ist der altenglische Begriff für das Territorium der South Saxons, also der südlichen Sachsen. Heute zerfällt dieses Gebiet in die beiden Grafschaften East und West Sussex. Touristische Höhepunkte sind das hippe Seebad Brighton sowie Städtchen wie Rye und Chichester.

Die Landschaft wird vorwiegend durch die flache Küstenlinie mit ihren zahlreichen Sandstränden geprägt. Einzig westlich von *Eastbourne* fallen Steilklippen fast senkrecht ins Meer: *Beachy Head* und die *Seven Sisters Cliffs* leuchten in hellen Farben und sind eine ernst zu nehmende Konkurrenz zu den Weißen Klippen von Dover.

Fährt man weiter ins Landesinnere, geht es nur allmählich bergauf. Erst die *South Downs* bilden einen Gegensatz zum sonst flachen Land. Die sanft geschwungene Hügelkette verläuft parallel zur Küste. Hunderttausende von Schafen grasen in der schönen Weidelandschaft.

Nördlich davon erstreckt sich dann wieder eine weite Ebene, die zum Teil mit Lärchen-, Birken- und Kiefernwald bewachsen ist. Eine Wanderung im *Ashdown Forest* ist schon deshalb eine angenehme Abwechslung.

Sussex ist hauptsächlich Naherholungsgebiet. Wenn Londons Geschäfte, Fabriken und Verwaltungsgebäude ihre Pforten geschlossen haben, wälzt sich schon am frühen Morgen eine endlose Schlange Richtung Süden. Man bummelt durch *Brighton* mit seinem hindu-gotischen *Pavilion* und den berühmten *Piers*, oder man genießt bei einer kühlen Meeresbrise das Leben in Caravan-Reihensiedlungen. Daneben lohnen Ausflüge in historische Orte wie *Arundel* mit seiner *normannischen Burg* oder das ehemals römische *Chichester*.

Rye: Städtchen mit Aussicht

Sussex hat auch Stätten großer historischer Ereignisse aufzuweisen, wie beispielsweise *Hastings*. Im Jahre 1066 kam es hier zur normannischen Eroberung Englands. *Wilhelm der Eroberer* machte seine Ansprüche auf den Thron geltend und verdrängte den damaligen König *Harold I.* gewaltsam. In *Battle* bei Hastings kam es zur sicherlich folgenschwersten Schlacht in der Geschichte Englands. Die Normannen unter Wilhelm siegten und nahmen in kurzer Zeit ganz England ein. Sie bildeten den Adel, stellten den König und führten sogar die französische Sprache als Amtssprache ein. Der Schauplatz der Schlacht von Hastings kann in Battle besichtigt werden.

Information **Visit Sussex Ltd**, 4 The Chambers, 28 Chapel Street, Chichester West Sussex PO19 1DL, ☎ 01243/382244, ✆ 01243/382248. www.visitsussex.org.

Rye

Rye ist eine der schönsten und besterhaltenen Kleinstädte Englands. Von der Kirchturmspitze schweift der Blick über die engen gepflasterten Straßen, den Markt und die roten Dächer der kleinen, überhängenden Häuser. Hier scheint die Sanduhr im 16. Jahrhundert stehen geblieben zu sein.

Wer vor einem Stadtrundgang das *Rye Town Model* (im Tourist Office), eine maßstabsgetreue Nachbildung des mittelalterlichen Ortes mit Licht- und Tonpräsentation, besichtigt hat, dem klingt noch das Donnern feindlicher Kanonen und das tosende Meer in den Ohren. Tatsächlich aber ist das Meer nicht zu hören, denn in den vergangenen Jahrhunderten ist der Hafen nach und nach versandet. Mittlerweile muss man etwa drei Kilometer zurücklegen, um seine Füße in der Gischt zu kühlen. So war er denn hin, der Wohlstand, den die einstige Cinque-Ports-Stadt ihren Bewohnern bescherte. Heute sorgt der Tourismus für die nötigen Einnahmen.

Rye: verträumtes Museumsdorf

Ein gemütlicher Bummel entlang der perfekt erhaltenen historischen Bauten führt zu schnuckeligen *Antiquitätenläden* und *Teestuben*. Hobbyfotografen verschießen dabei nicht selten einen ganzen Film. In der pittoresken *Mermaid Street*, die sich steil zum Ortskern hochzieht, befindet sich auf der linken Seite unübersehbar das schmucke *Mermaid Inn*. Längst sind es nicht mehr Schmuggler, die sich in dem beeindruckenden Fachwerkhaus aus der Zeit um 1500 treffen. Heute genießt man hier ein frisch gezapftes Bier oder eine deftige Mahlzeit.

● *Information* **Rye Tourist Information Centre**, 5 Lion Street, Rye, East Sussex TN31 7 EY, ✆ 01797/29049, ✉ 01797/223460, www.rye-tourism.co.uk.

● *Einwohner* 4.200 Einwohner.

● *Verbindungen* **Bus** – Busse mit zahlreichen Fernzielen halten am Bahnhof (dort hängen auch Fahrpläne aus); Information: Stagecoach (nach Dover und Brighton), ✆ 0870/484950; Local Rider (nach Hastings und Tunbridge Wells), ✆ 01273/474747.

Zug – Bahnhof in der Cinque Ports Street, nördlich des Zentrums; Rye liegt an der Linie Ashford – Hastings, Züge verkehren stündlich in beide Richtungen. www.nationalrail.co.uk.

● *Markt* Mittwochvormittag am Strand Quay.

● *Übernachten* Klar, dass die B & Bs und Hotels in der Altstadt ziemlich teuer sind. Etwas vorgelagert gibt es jedoch einige bezahlbare Alternativen. Ein Unterkunftsverzeichnis ist im Tourist Office erhältlich.

Mermaid Inn, das stattliche Fachwerkhaus aus dem 15. Jahrhundert beherbergt das traditionsreichste Gasthaus von Rye. Angeblich haben sich hier einst die Schmuggler getroffen. Antik ist auch die Einrichtung. Mehr zünftige Atmosphäre findet man in Rye nicht. Das Restaurant genießt einen guten Ruf, das viergängige Dinnermenü schlägt allerdings mit stolzen £ 35 zu Buche. Auch in den Gästezimmern dominiert rustikales Fachwerk. B & B ab £ 80 pro Person, Samstagabend £ 100 pro Person. Mermaid Street, ✆ 01797/223065, ✉ 01797/225069. www.mermaidinn.com.

The George Inn, mitten im Zentrum der Altstadt bietet dieses Hotel gehobenen Komfort im zeitlosen Ambiente zu entsprechenden Preisen. Allerdings hat bei den Renovierungsarbeiten die historische Atmosphäre etwas gelitten, manche Zimmer wie das mit der Nr. 7 sind auch nicht gerade großzügig bemessen. Trotzdem eine tolle

Adresse mit gut geschultem Personal und einem empfehlenswerten Restaurant. Terrasse hinter dem Haus sowie kostenloses WLAN vorhanden. Ausgezeichnetes Frühstück mit Croissants und Pain au Chocolat. B & B ab £ 67.50 pro Person, EZ ab £ 100. 98 High Street, ℡ 01797/222114, ℡ 01797/224065. www.thegeorgeinrye.com.

Rye Windmill, die Windmühle (wenige Fußminuten nordwestlich der Altstadt) ist sicherlich eine der ungewöhnlichsten Übernachtungsmöglichkeiten in der Region. Sehr modernes Ambiente, geschmackvolle Bäder mit Designerwaschbecken sowie frei stehender Badewanne in der Suite. Insgesamt gibt es zwei Zimmer in der Mühle sowie acht weitere im angrenzenden Gebäude. B & B je nach Zimmer und Reisetag £ 32.50–67.50 pro Person. ℡ 01797/224027. www.ryewindmill.co.uk.

Iden Coach House, das ehemalige Kutschenhaus liegt drei Kilometer nördlich von Rye und ist ein Lesertipp von Thomas Sauer, der die geschmackvoll und zweck-

mäßig eingerichteten Zimmer (mit Bad und TV) lobt, die Paul und Branda Abrams an Gäste vermieten. Paul, ein ehemaliger Ingenieur, ist begeisterter Modelleisenbahner und hat seine Anlage in den Garten integriert. B & B pro Zimmer £ 65 (£ 55 ab zwei Nächten, EZ ab £ 50). Wittersham Road, Iden, ℡ 01797/7280118. www.idencoachhouse.co.uk.

● *Essen/Trinken* **The Flushing Inn**, ansehnliches Fachwerkhaus neben dem Rathaus. Erlesene Küche mit wechselnden Menüs (ab £ 26), bekannt für seine Fischgerichte, doch auch die *Romney Marsh Lamb Cutlets* zu £ 11.90 mundeten vorzüglich. 4 Market Street, ℡ 01797/223292. www.theflushinginn. com.

Simon the Pieman, gemütlicher Tearoom nahe der Kirche, bereits 1920 gegründet. An kühlen Tagen wärmt ein Kamin; leckere Lunch-Angebote zu moderaten Preisen, köstlich sind die selbst gemachten Kuchen. Lion Street.

Sehenswertes

Rye Heritage Centre and The Story of Rye: Wer sich einen schnellen Überblick über die Ortsgeschichte verschaffen will, sollte die multimediale Show „The Story of Rye" besuchen. In rund 20 Minuten erfährt man (auch in deutscher Sprache) allerlei Wissenswertes über die Stadt. Zur besseren Veranschaulichung dient ein maßstabsgetreues Modell der mittelalterlichen Hafenstadt. Interessanter ist es sicherlich, im Heritage Centre einen Audioguide auszuleihen (£ 4) und durch Rye zu streifen.
Strand Quay. Tgl. 10–17 Uhr, im Winter bis 16 Uhr. Eintritt: £ 3.50, erm. £ 2.50 oder £ 1.50. www.ryeheritage.co.uk.

Lamb House: Einen Rundgang durch Rye kann man am Rathaus (erbaut 1742) beginnen. Über den Church Square spaziert man zum Lamb House (National Trust), wo sich der Romancier *Henry James* Ende des 19. Jahrhunderts für 18 Jahre niederließ. Das Innere und der Garten sind zu besichtigen.
West Street. April bis Okt. Do u. Sa 14–18 Uhr. Eintritt: £ 4, erm. £ 2.10 (NT).

St Mary Church: In unmittelbarer Nähe erblickt man schon die Kirche St Mary. Der grandiose Ausblick vom Glockenturm lohnt sich. Auf dem Weg zur Spitze über die ungemein schmale und fast senkrechte Holztreppe kommt man an der ältesten funktionstüchtigen Turmuhr Englands vorbei.
Tgl. von 10 Uhr bis zum Einbruch der Dämmerung. Eintritt: £ 2.50, erm. £ 1.

Rye Castle Museum: Der Ypres Tower, der in der Mitte des 13. Jahrhunderts errichtet wurde, um die Stadt gegen drohende Übergriffe aus Frankreich zu schützen, bildet zusammen mit dem einstigen Gefängnis in der East Street das Rye Castle Museum. Im Mittelpunkt der Dauerausstellung stehen Exponate zur Lokalgeschichte, darunter ein mit Holzfeuer betriebener Motor.
3 East Street. Sa und So 10.30–17 Uhr, im Winter nur bis 15.30 Uhr. Ypres Tower tgl. 10.30–17 Uhr. Eintritt: £ 5, erm. £ 4, Kinder unter 16 Jahren frei! www.ryemuseum.co.uk.

Südostengland

Karte S. 148/149

Umgebung von Rye: Winchelsea

Der fünf Kilometer südwestlich von Rye liegende Ort steht im Schatten seines berühmten Nachbarn. Auch er zählte zu den Cinque Ports und erlangte Reichtum durch den Wollhandel. Weil sich die Bewohner Winchelseas im 13. Jahrhundert vor drohenden Überschwemmungen schützen wollten, baten sie Eduard I., eine neue Stadt weiter landeinwärts zu errichten. Der König willigte ein und begann drei Kilometer entfernt mit dem Bau einer Siedlung. Schwere Stürme sollten den Bürgern Recht geben, denn das alte Winchelsea wurde dabei völlig zerstört. Ergebnis dieses gigantischen „Umzugs" ist die großzügige Anlage der Straßen und deren rechtwinklige Anordnung. Auch die drei Stadttore und die dreischiffige St-Thomas-Kirche stammen aus dieser Zeit.

Hastings

Bekannter als die Stadt selbst ist ihr Name, den der geschichtskundige Reisende mit der Schlacht von Hastings und damit mit dem Beginn der normannischen Vorherrschaft in England verbindet. Der eigentliche Schauplatz heißt Battle und ist ein kleinerer Ort neun Kilometer nordwestlich von Hastings.

Hastings besteht eigentlich aus drei Stadtteilen: Altstadt, Neustadt und St Leonards. Nachdem die alte Hafenstadt schon im 12. Jahrhundert zu den „Cinque Ports" zählte, entstand gegen Ende des 18. Jahrhunderts etwas westlich eine Art Seaside Resort für Londoner Badegäste. Im Laufe des 19. Jahrhunderts wuchs der Urlaubsort um das „feinere" St Leonards. Übrigens verbrachte der Duke of Wellington 1806 hier seine Flitterwochen. Am meisten Atmosphäre herrscht jedoch in der Altstadt von Hastings zwischen West Hill und East Hill. Dort befindet sich auch der pittoreske Fischerhafen mit den schwarzen Holzhütten (für die Fischernetze) und der *Fishermen's Church*. Das historische Hastings wird vom Kopfsteinpflaster der High Street und der All Saints Street geprägt, die wiederum eindrucksvoll von Tudor-Häusern flankiert werden. Hier steht auch das älteste Haus von Hastings: das *Shovell's* aus dem 16. Jahrhundert. Derzeit versuchen die Stadtväter, Hastings für das dritte Jahrtausend fit zu machen. Mehrere Prachtbauten an der Promenade wurden renoviert. Leider ist der 300 Meter lange historische Pier aus dem Jahr 1872 mit seinen Cafés, Bars und Geschäften im Oktober 2010 vollkommen abgebrannt. Zurück blieb nur ein verkohltes Gerüst.

• *Information*　**Tourist Information Centre**, Queens Road, Priory Meadow, Hastings, East Sussex TN34 ITL, ✆ 01424/781111, ✆ 01424/781186, www.hastings.gov.uk bzw. www.visit1066country.com.

• *Einwohner*　85.000 Einwohner.

• *Verbindungen*　**Bus** – Von der Queens Road am Shopping Centre regelmäßiger Busverkehr über Royal Tunbridge Wells nach London sowie nach Folkestone, Eastbourne, Rye, Battle und Bexhill. www. nationalexpress.com.

Zug – Bahnhof an der Upperton Road. Verbindungen nach London Victoria Station und Ashford; Hastings liegt an der Bahnli-

nie, die die gesamte Südküste entlangführt (Eastbourne, Brighton usw.). www.nationalrail.co.uk.

• *Bluereef Aquarium*　Rock-a-Nore Road. Tgl. 10–17 Uhr, im Winter 11–16 Uhr. Eintritt: £ 10.95, erm. £ 6.95.

• *East Hill und West Hill Railway*　Mit den beiden Zahnradbahnen kann man hinauf auf die Cliffs fahren. Die West Hill Cliff Railway führt zum Castle hinauf. Kosten: £ 2.20, erm. £ 1.30.

• *Übernachten*　In Hastings und St Leonards gibt es einige B & Bs, die im Juli und August of ausgebucht sind. Daher sollte man rechtzeitig vorbestellen.

Hotel Lindum, sauberes, ordentlich geführtes Nichtraucherhotel an der Promenade, drei Minuten vom Pier entfernt. Wie Leser schrieben, gibt es kein englisches Frühstück, sondern nur abgepackte Lebensmittel in einer Tüte an der Tür. B & B ab £ 20 in den einfachen Zimmern. 1a Carlisle Parade, ℡ 01424/434070, ✆ 01424/718833, www.hotellindum.co.uk.

Grand Hotel, familiäres Hotel an der Promenade mit 20 etwas altertümlichen Zimmern. B & B von £ 25–55 pro Person. St Leonards, Grand Parade, ℡ 01424/428510, ✆ 257025. www.grandhotelhastings.co.uk.

• *Essen/Trinken* **Black Pearl**, das kulinarisch ansprechendste Restaurant in der Altstadt. Unser Tipp: *Romney Marsh Leg of Lamb Steak with White Bean Parmigiana & Samphire* für £ 14. Kleine Straßenterrasse. 9 George Street, ℡ 01424/719919. www.blackpearlrestaurant.co.uk.

Harris, nette Kneipe, serviert werden Tapas zwischen £ 4 und 6. Lecker sind die Gambas à la Plancha. Mo Ruhetag. 58 High Street, ℡ 01424/437221.

Mermaid, in den Farben weiß und blau gehaltenes Imbiss-Restaurant mit Blick auf die Net Shops, ist bekannt für die besten Fish and Chips der Stadt. 2 Rock-a-Nore.

Hastings und die „Cinque Ports"

Hastings beansprucht für sich, der erste Hafen der „Cinque Ports" zu sein. Die fünf Städte Hastings, Romney, Hythe, Dover und Sandwich stellten die erste organisierte Flotte Englands. Schon vor dem ersten schriftlichen Vertrag zwischen Heinrich II. und Hastings/Hythe (1155) gab es zwischen den Hafenstädten und dem König Absprachen. 57 bemannte Schiffe wurden dem König für 15 Tage im Jahr zur Verfügung gestellt. Dafür erhielten die Städte weit reichende Rechte, so das auf eigene Gerichtsbarkeit und das Münzrecht. All dies war den Orten durchaus einträglich – was schnell am zunehmenden Wachstum und großen Reichtum abzulesen war. Andere Häfen bemühten sich um Aufnahme in diesen exklusiven Klub zur Verteidigung der nationalen Küsten und die damit verbundenen Privilegien. Doch schon im 14. Jahrhundert änderte sich die politische Lage. Der Hundertjährige Krieg mit Frankreich hatte zur Folge, dass die königliche Flotte selbst besser organisiert wurde. Zudem versandeten einige der Häfen, weshalb bald nur noch dem Hafen von Dover überregionale Bedeutung zukam.

Sehenswertes

Hastings Castle: Auf dem West Hill, den man im Sommer auch bequem mit dem Lift erreichen kann, befindet sich das älteste normannische Castle Englands, das Wilhelm der Eroberer bauen ließ. Von den Ruinen der Burg aus hat man eine schöne Aussicht über die Stadt. Mithilfe einer audiovisuellen Show werden in einem Zelt die Ereignisse des Jahres 1066 noch einmal zum Leben erweckt.
April bis Sept. tgl. 10–17 Uhr, im Winter 11–15 Uhr. Eintritt: £ 4.25, erm. £ 3.95 oder £ 3.50. Anfahrt: mit der West Hill Cliff Railway; £ 2.20, erm. £ 1.30.

Smuggler's Adventure: Auf dem Weg zur High Street im Osten kommt man an den St Clement's Caves vorbei, Höhlen, die zum Teil während des Zweiten Weltkriegs zu Luftschutzbunkern ausgebaut wurden. Innen befindet sich das Smuggler's Adventure. Das Leben der Schmuggler, die hier ebenfalls Unterschlupf fanden, wird mithilfe von Wachsfiguren nachgestellt.
Ostern bis Sept. tgl. 10–17.30 Uhr, im Winter 11–16.30 Uhr. Eintritt: £ 7.20, erm. £ 6.20 bzw. £ 5.20.

Hastings: Straßen und Pubs mit Patina

Fisherman's Museum: Am Fuß des East Hill liegt das alte Fischerviertel. Zwischen hohen Holzbauten, die schon im Mittelalter als Speicher für Fischernetze dienten, ist in einer ehemaligen Kirche das Fischermuseum untergebracht.
April–Okt. tgl. 10–17 Uhr, im Winter 11–16 Uhr. Eintritt frei! www.hastingsfish.co.uk.

Shipwreck Heritage Centre: In der Rock-a-Nore Road liegt dieses audiovisuelle Theater. Auf einer großen Leinwand wird von dramatischen Schiffskatastrophen berichtet. Die Stimme des Erzählers ist übrigens die des berühmten englischen Schauspielers Christopher Lee, auch bekannt als Graf Dracula. Dazu gibt es noch eine Ausstellung zu besichtigen.
April bis Okt. tgl. 10–17 Uhr, im Winter tgl. außer Mo und Fr 11–16 Uhr. Eintritt frei! www. shipwreck-heritage.org.uk.

Battle

Das zehn Kilometer nordwestlich von Hastings in einem lieblichen Tal gelegene Battle ist – wie der Name andeutet – der Ort, an dem sich die normannischen und angelsächsischen Ritter jene denkwürdige Schlacht lieferten, die König Harold Reich und Leben kostete. Zur Erinnerung an seinen Sieg und zur Buße für das Blutvergießen gründete Wilhelm der Eroberer ein Benediktinerkloster, das während der englischen Reformation zum größten Teil abgerissen wurde. Rund um das Kloster entstand später ein kleines Dorf, das sein mittelalterliches Flair bis heute bewahren konnte.

● *Information* **Tourist Office,** Battle Abbey Gatehouse, Battle, East Sussex TN33 0AQ, ✆ 01424/773721, ✉ 01424/773436. Zimmervermittlung, reichlich Informationen zur „Battle of Hastings". www.visit1066country.com.

● *Einwohner* 5.000 Einwohner.

● *Verbindung* **Bus** – Lokale Busse regelmäßig ab Hastings. **Zug** – Battle Station liegt an der Hauptstrecke zwischen Hastings und London (Züge alle 30 Min.). www. nationalrail.co.uk.

The Battle of Hastings

Die Schlacht von Hastings gehört zu den großen Ereignissen, durch deren Ausgang die Weltgeschichte einen anderen Verlauf genommen hat. Es soll hier einmal dahingestellt bleiben, wessen Herrschaftsanspruch berechtigter war – beide Thronanwärter konnten plausible Gründe ins Feld führen, so dass die Entscheidung im Kampf fallen musste. Obwohl Wilhelm, seines Zeichens Herzog der Normandie, über eine besser ausgerüstete Streitmacht verfügte (seine Reiterei besaß schon Steigbügel und konnte daher vom Pferd aus kämpfen), war er Harold in taktischer Hinsicht unterlegen, da er sich mit einem relativ kleinen Heer in einem feindlichen Land befand und daher gezwungen war, mit seiner Flotte in Verbindung zu bleiben und baldmöglichst eine Entscheidung auf dem Schlachtfeld zu suchen. Wilhelm reizte seinen Gegner, indem er die Südküste systematisch verwüstete. Anstatt die Ruhe zu bewahren und die Zeit für sich arbeiten zu lassen, eilte Harold mit seinen Truppen in Gewaltmärschen aus Nordengland herbei, wo er soeben den norwegischen König Harald Hardrada besiegt hatte. Am Morgen des 14. Oktober 1066 trafen die beiden gleich starken Heere – jeweils rund 7000 Mann – in Battle aufeinander. Haralds Truppen hatten sich auf einem strategisch günstig gelegenen Hügel verschanzt, den die normannischen Reiter mehrmals vergeblich zu stürmen versuchten. Immer wieder brachen ihre Attacken unter den Hieben der angelsächsischen Streitäxte zusammen – einmal musste Wilhelm sogar seine ganze Autorität aufbieten, um seine Ritter an der Flucht zu hindern. Schließlich gelang es den Normannen, ihren Gegner mithilfe einer taktischen Finte aus der Defensive zu locken: Sie täuschten eine Flucht vor und rieben die disziplinlos hinterher stürmenden Angelsachsen auf. Von einem Pfeil ins Auge getroffen, fand Harold mit einem großen Teil des einheimischen Adels auf dem Schlachtfeld den Tod.

Battlefield & Battle Abbey: Da von der eigentlichen Schlacht keine Spuren erhalten sind, werden die Besucher in der für England typischen Weise auf eine multimediale Reise in die Vergangenheit eingeladen. Es gibt zwei Rundgänge rund um die Abtei, wobei die Schlacht aus angelsächsischer und aus normannischer Perspektive dargestellt wird.

High Street. April bis Sept. tgl. 10–18 Uhr, Okt. bis März 10–16 Uhr. Eintritt: £ 7, erm. £ 6 bzw. £ 3.50 (EH).

Bateman's

Der Literaturnobelpreisträger *Rudyard Kipling* (1865–1936) ließ sich 1902 am Rande von Burwash nieder. Bis zu seinem Tode bewohnte der weltberühmte Autor des „Dschungelbuchs" einen aus dem 17. Jahrhundert stammenden Landsitz. Kipling, der in seinen Kinderbüchern „Puck of Pook's Hill" die Hügellandschaft des Weald anschaulich beschrieben hat, gestaltete den vier Hektar großen Garten von Bateman's nach seinen Vorstellungen, wobei er sich an den Idealen des englischen Gartenbaus orientierte. Die Innenräume des Anwesens wurden im Zustand von 1936 belassen, so dass sie eine recht authentische Atmosphäre ausstrahlen.

Mitte März bis Okt. Sa–Mi 11–17 Uhr. Eintritt: £ 7.45, erm. £ 3.70 (NT).

Battle Abbey wurde von Wilhelm dem Eroberer gegründet

Bexhill-on-Sea

Bexhill, ein wenig aufregendes Seebad, liegt auf halbem Weg zwischen Hastings und Eastbourne. Auf der Promenade begegnet man zumeist Langzeiturlaubern älteren Semesters. Einen Besuch wert sind die *St Peter's Church*, mit deren Bau im Jahre 1070 begonnen wurde, sowie der *De La Warr Pavilion*, ein großer Unterhaltungskomplex aus den Dreißigerjahren, der durch seine ungewöhnlich moderne Formensprache gefällt.

Eastbourne

Die schroff abfallenden Kreidefelsen und schier endlose Grünflächen versetzen so manchen Naturfreund in Begeisterung. Bis heute hat sich besonders die ländliche Region westlich der Stadt ihre Schönheit bewahrt.

Eastbourne selbst ist eine beliebte Badestadt und daher im Sommer überaus geschäftig. Ähnlich wie in Brighton ragt ein großer Pier ins Meer hinaus. Die breite Promenade war ursprünglich an den Seiten mit Bäumen bepflanzt, doch ein Sturm stürzte 1987 nicht nur Autos um und deckte zahlreiche Dächer ab, sondern zerstörte auch die Allee. Geblieben ist der Blick auf die prächtigen Hotelbauten mit ihren riesigen Speisesälen. Der windgeschützte, fünf Kilometer lange Strand, der Pier und die Promenade bieten Möglichkeiten zum Sport, Spazierengehen und Spielen (vor allem an den verschiedensten Automaten).

Der größte Reiz aber liegt in Eastbournes einzigartiger Umgebung. Ein phantastischer Ausflug führt nach *Beachy Head* – ein grellweißer Felsenvorsprung, darunter ein rot-weißer Leuchtturm. Auf dem Weg dorthin (über die steil ansteigende Beachy Head Road) hat man einen überwältigenden Panoramablick auf Eastbourne und die Pevensey Bay.

Nordwestlich von hier wartet ein Geheimnis aus vergangenen Jahrtausenden darauf, enträtselt zu werden: *The Long Man of Wilmington*, angeblich die älteste Darstellung eines Menschen in Europa.

Information/Verbindungen/Diverses

• *Information* **Tourist Information Centre**,
Cornfield Road (in Nähe des Arndale Centres), Eastbourne, East Sussex BN21 4NZ,
✆ 01323/411400, ✆ 01323/649574. www.east
bourne.org oder www.eastbourne.gov.uk.

• *Einwohner* 88.000 Einwohner.

• *Verbindungen* **Bus** – Informationen beim
Bus Stop Shop im Arndale Centre; ✆ 01323/
416416. Busse fahren regelmäßig ab Terminus Road (Arndale Centre nahe dem Bahnhof) nach Lewes, Hastings, Rye und Brighton.
Zug – Bahnhof an der Terminus Road, Informationen über ✆ 08457/484950. Züge stdl.

nach London über Lewes oder St Leonards
Warrior Square (bei Hastings).
www.nationalrail.co.uk.

• *Fahrradverleih* **Cuckmere Cycle Company**, ✆ 01323/870310.
www.cuckmere-cycle.co.uk.

• *Markt* **Eastbourne Enterprise Centre
Open Market**, jeweils Fr und Sa in der
Nähe des Bahnhofs.

• *Schwimmen* **Sovereign Centre**, Wellen-
bad mit Riesenrutsche, Royal Parade,
✆ 01323/738822, www.sovereigncentre.org;
Motcombe Swimming Pool, Motcombe
Road, ✆ 01323/410748.

Übernachten (siehe Karte S. 188/189)

Eastbourne ist geradezu gespickt mit Übernachtungsmöglichkeiten. Die folgenden B & Bs befinden sich allesamt einen Katzensprung vom Meer entfernt und
sind in ca. 5 bis 10 Minuten zu Fuß vom Bahnhof zu erreichen.

Grand Hotel (12), traditionell das erste
Haus am Platz. Musikliebhaber erinnern
sich an Claude Debussy, der bei einem Auf-

enthalt „La Mer" komponierte. Das Haus
wurde unlängst renoviert und bietet Hotel-
komfort auf hohem Niveau, schöner Garten

Südostengland Karte S. 148/149

Nicht nur für alte Damen: der Pier von Eastbourne

mit großzügigem Swimmingpool. DZ ab £ 195. King Edward's Parade, ✆ 01323/412345, 📠 01323/412233, www.grandeastbourne.com.

The Royal (10), in zentraler Lage direkt an der Seefront, daher lohnt es auch, ein Zimmer mit Meerblick zu buchen. Kostenloses WLAN. B & B im EZ ab £ 42, im DZ ab £ 35. 8–9 Marine Palace, ✆ 01323/649222, www.eastbourneroyal.co.uk.

Travelodge (9), zuerst das Negative: Travelodge ist ein Kettenhotel. Doch jetzt zum Positiven: Im Sommer 2007 direkt an der Hafenpromenade eröffnet, bietet das Hotel viel Komfort zu einem günstigen Preis. Ein wenig anonym, aber dafür kosten die Zimmer rund £ 65 (teilweise mit tollem Meerblick). Wer rechtzeitig im Internet bucht, kann sogar ein Zimmer ab £ 29 reservieren. Marine Parade, ✆ 08700/850950, www.travelodge.co.uk.

Albert & Victoria (3), das nur eine Minute vom Meer entfernte Hotel mit den großzügigen Zimmern samt Himmelbetten ist ein Lesertipp von Johann Baumer, der das romantische Flair lobte. B & B ab £ 35. 19 St Aubyns Road, ✆ 01323/730948, www.albertandvictoria.com.

Loriston Guest House (2), gemütliche Zimmer (zwei EZ, zwei DZ sowie ein großes Mehrbettzimmer), die von den neuen Besitzern Harry und Pam Pope unlängst renoviert wurden. B & B mit TV, Dusche und WC en suite £ 30–48. 17 St Aubyns Road, ✆ 01323/726193, www.loriston.co.uk.

Gyves Guest House (4), ein Lesertipp von Lars Rehl, den das „eher unbritisch eingerichtete" Haus und die Atmosphäre begeisterten: „Es gibt echtes Parkett und nicht so viel kitschigen Schnickschnack und versinktiefe Teppiche." B & B ab £ 30 pro Person. 20 St Aubyns Road, ✆ 01323/721709, www.gyveshouse.com.

Sea Breeze Guest House (5), sechs saubere Zimmer ohne großen Schnickschnack,

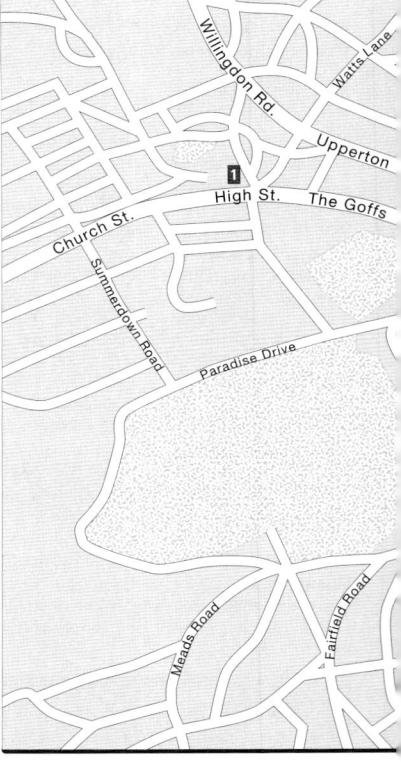

dafür gibt es im ganzen Haus kostenloses WLAN. B & B ab £ 32. 6 Marine Road, ✆ 01323/725440, www.seabreezeguesthouseeastbourne.co.uk.

● *Camping* *** **Fairfields Farm**, fünf Kilometer östlich der Stadt. Übernachtung ab £ 15. Von April bis Okt. geöffnet. Eastbourne Road, Westham, ✆ 01323/763165, 📠 01323/499175, www.fairfieldsfarm.com.

Essen/Trinken

Viele Fish-'n'-Chips-Läden, Schnellimbisse (Whimpy's) und Coffee/Tea Shops in der Innenstadt bzw. Einkaufsstraße.

Harry Ramsden's (11), beliebtes Fish and Chips an der Promenade, Cod, Haddock & Co im frittierten Bierteigmantel zu günstigen Preisen, auch zum Mitnehmen. Kein Ruhetag. 258 Terminus Road, ✆ 01323/417454, www.harryramsdens.co.uk.

Mediterraneo (8), das wohl beste italienische Restaurant der Stadt bietet wohlfeile Kost. Mittagsmenü £ 12.50, ein Klassiker wie Saltimbocca alla Romana kostet £ 12.95. Sonntag geschlossen. 72 Seaside Road, ✆ 01323/736964.

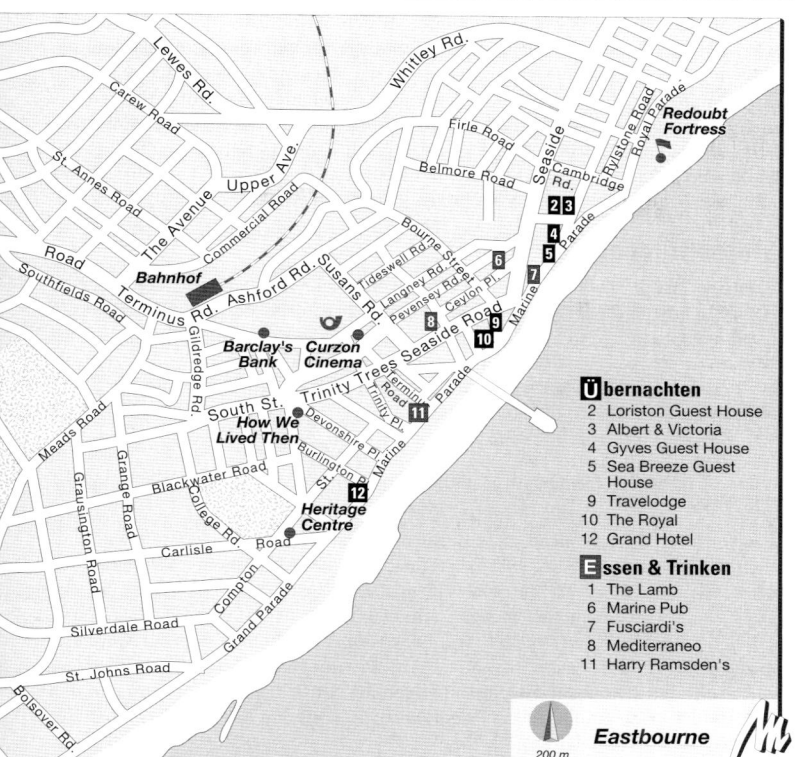

Ü bernachten

2 Loriston Guest House
3 Albert & Victoria
4 Gyves Guest House
5 Sea Breeze Guest House
9 Travelodge
10 The Royal
12 Grand Hotel

E ssen & Trinken

1 The Lamb
6 Marine Pub
7 Fusciardi's
8 Mediterraneo
11 Harry Ramsden's

Eastbourne

200 m

Marine Pub (6), ausgezeichnetes Pub Food mit „Biergarten". Internationale Küche (*Cajun Chicken* etc.). 61 Seaside Road, ✆ 01323/720464.

The Lamb (1), direkt neben der Church of St Mary, mit Abstand das älteste Public House in Eastbourne: Seit mehr als 750 Jahren wird hier der Durst der Gäste gelöscht. High Street.

Fusciardi's (7), geräumiger Coffee-/Tearoom mit gutem Kaffee; auch der entkoffeinierte ist sehr stark und wird in Riesentassen serviert. Stadtbekannt sind die Eisspezialitäten. Straßenterrasse mit Blick auf das Meer. Carlisle Road.

Tiger Inn, „ein Pub, so schön, dass man es gar nicht weiter verraten sollte", meinte Leser Johann Baumer und verriet es uns dennoch. Das Pub liegt in East Dean an der A 259 (in Richtung Seaford). Bei gutem Wetter kann man im Freien auf einer Grünanlage sitzen. Es werden abwechslungsreiche Gerichte serviert. Gute Weine. Auch Zimmervermietung. ✆ 01323/423209, www.beachyhead.org.uk.

Wanderung auf dem South Downs Way

Ab Eastbourne erstreckt sich über fast 130 Kilometer der South Downs Way in westlicher Richtung. Dieser Wanderweg führt entlang der Hügelkette South Downs, einer Landschaft, die das Prädikat „outstanding natural beauty" verdient hat. Zunächst geht es zum *Beachy Head* (s. u.), dann nach *Burling Gap* (kleiner Ort direkt an den Klippen), schließlich vorbei an den *Seven Sisters* (Steilklippen) und durch den gleichnamigen Country Park. Jetzt biegt der Wanderweg ins Landesinnere. Bis nordwestlich von Brighton liegen auf der Strecke in regelmäßigen Abständen Jugendherbergen (jeweils eine Tagesetappe voneinander entfernt). Als Wanderausrüstung empfehlen wir festes Schuhwerk, Regenjacke und gutes Kartenmaterial (Ordnance *Survey*, 1:50.000, Nr. 197–199, je nach Wanderabschnitt im Tourist Office Eastbourne erhältlich). Der Schwierigkeitsgrad des Weges ist mäßig, Mountainbike-Fahrer sollten aber mit Geröll rechnen.

Umgebung von Eastbourne

Pevensey Castle: Die größte Sehenswürdigkeit des kleinen Seebades Pevensey an der gleichnamigen Bucht sind die Ruinen einer Burganlage, deren Ursprünge bis in die Römerzeit zurückreichen. Wilhelm der Eroberer, der der Überlieferung zufolge in Pevensey erstmals englischen Boden betreten haben soll, erteilte den Auftrag, Teile der von den Sachsen zerstörten römischen Festung zum Bau einer Burg normannischen Musters zu verwenden.

● *Öffnungszeiten* April bis Sept. tgl. 10–18 Uhr, Okt. tgl. 10–16 Uhr, Nov. bis März nur Sa und So 10–16 Uhr. Eintritt: £ 4.50, erm. £ 3.80 oder £ 2.30 (EH).

● *Verbindungen* Zweimal pro Stunde fahren **Busse** von der Terminus Road in Eastbourne nach Pevensey.

Beachy Head: Beachy Head ist ein Küstengebiet von außergewöhnlicher landschaftlicher Schönheit. Senkrecht fallen die bis zu 175 Meter hohen schneeweißen Kreidefelsen ins Meer ab; der rot-weiß gestreifte Leuchtturm zu Füßen Beachy Heads scheint ein Geschenk aus dem Lande Liliput zu sein. (Busse von Eastbourne Mai–September mehrmals täglich, von Oktober bis April nur sonntags.) Von Eastbourne geht man die Beachy Head Road hinauf (dann ausgeschildert). In dieser Gegend kann man schöne Spaziergänge entlang der Kliffs machen (vorsichtig an den Rand treten!), z. B. zu den etwas weiter westlich liegenden *Seven Sisters* (ebenfalls beeindruckende Kreidefelsen).

The Long Man of Wilmington: Da liegt er nun, der lange Mann, der imposante 75 Meter misst. Aus einem sanft ansteigenden Hügel leuchten die weißen Konturen einer menschlichen Figur hervor, die in den Kalk geritzt wurden. Scheinbar stützt sie sich auf zwei Stöcke. Man nimmt an, dass diese Figur die älteste Darstellung eines Menschen im westlichen Europa ist. Woher sie stammt und wer sie schuf, weiß niemand, auch die Wissenschaft steht vor einem Rätsel.

Anfahrt Von Eastbourne über die A 27 Richtung Lewes, dann links nach Wilmington oder mit dem Bus nach Polegate.

Lewes

Auf einem Ausläufer der South Downs, hoch über dem Flüsschen Ouse, liegt Lewes, ein betriebsames Marktstädtchen mit Fachwerkhäusern, Kieselsteinmauern und einer alten normannischen Burg. Nordwestlich der Stadt fand 1264 eine bedeutende Schlacht statt, in der Truppen von König Heinrich III. gegen aufbegehrende Adelige unter Simon de Montfort kämpften, die größeren politischen Einfluss zu erringen suchten. Die Niederlage der königlichen Truppen war ein erster Schritt zum Parlamentarismus.

● *Information* **Tourist Information Centre**, 187 High Street, Lewes, East Sussex BN7 2DE, ✆ 01273/483449, ✆ 01273/484003, www.enjoysussex.info.

• *Einwohner* 16.000 Einwohner.

• *Verbindungen* **Bus** – Busbahnhof an der Eastgate Street, ✆ 01273/474747 (Country Busline), ✆ 0990/808080 (National Express).

Zug – Nach London Victoria (Southern Railway), Brighton, Gatwick Airport, Eastbourne und entlang der Südküste; Bahnhof in der Station Road, südlich der High Street. ✆ 0345/484950. www.nationalrail.co.uk.

• *Markt* Farmer's Market immer am ersten Sa des Monats.

• *Veranstaltungen* **Lewes Festival** mit Musik, Tanz und Theater, Ende April. **Guy Fawkes' Night** mit riesigem Feuerwerk (5. Nov.). www.waveleisure.co.uk.

• *Übernachten/Essen/Trinken* B & Bs in der Stadtmitte sind nicht gerade preisgünstig; beim Tourist Office gibt es ein Unterkunftsverzeichnis. Wer in Lewes keine Unterkunft bekommt, kann auf die Nachbardörfer ausweichen.

White Hart Hotel, ehemalige Postkutschenstation mitten im Zentrum von Lewes. Thomas Paine war auch schon zu Gast. Durch einen Anbau wurde die Hotelkapazität auf 52 Zimmer erweitert und besitzt seither ein tropisches Hallenbad. Feines Restaurant mit Hauptgerichten um die £ 12, beispielsweise bei einem *Trio of lamb cutlets* auf einem Kartoffel-Spinat-Beet. B & B ab £ 54.50, im EZ £ 75. 55 High Street, ✆ 01273/476694, ✉ 01273/476695, www.whitehartlewes.co.uk.

Bill's Pruduce Store, gegenüber der Harveys Brewery werden Café, Tee und einfache Gerichte sowie Snacks in der Atmosphäre eines Gemüse- und Feinkostladens an langen Tischen serviert. Straßenterrasse. Nur tagsüber geöffnet. 56 Cliff High Street, www.billsproducestore.co.uk.

Famiglia Lazzati's, ein weiterer sehr preiswerter Italiener. Kleiner und gemütlich. Pizza ab £ 6. So Ruhetag. 17 Market Street, ✆ 01273/479539. www.lazzatis.co.uk.

Sehenswertes

Lewes Castle: Eindrucksvoll überragen die Ruinen der normannischen Burg den Ort. Ein wuchtiger wie schlichter Bau: Lewes Castle gehörte zu den ersten Festungen, die die Normannen errichteten, um ihren Herrschaftsanspruch zu unterstreichen und gleichzeitig den Zugang zum Meer abzusichern. Oben angekommen, kann man sich über das phantastische Panorama freuen, die welligen Hügel der South Downs rollen hinunter bis zum Meer; schon Daniel Defoe lobte die „Aussicht, wie ich sie in keinem anderen Teil von England je gehabt habe".

Tgl. außer Mo 10–17.30 Uhr, So erst ab 11 Uhr. Eintritt: £ 6, erm. £ 4.40 oder £ 3. Kombiticket mit Anne of Cleves House: £ 8.80, erm. £ 7.60 oder £ 4.85. www.sussexpast.co.uk.

Anne of Cleves House: Anna von Kleve, die vierte Frau Heinrichs VIII., erhielt das kleine, verspielte Anwesen nach der Scheidung (1541) als Abfindung übereignet. Obwohl sie dort nie gewohnt hat, gewährt das hübsche, als Heimatmuseum genutzte Fachwerkhaus einen guten Einblick in die Wohnkultur des 16. Jahrhunderts.

52 Southover High Street. Di–Do 10–17 Uhr, So und Mo erst ab 11 Uhr. Eintritt: £ 4.20, erm. £ 3.70 oder £ 2.10. Kombiticket mit Lewes Castle: £ 8.80, erm. £ 7.60 oder £ 4.40.

Brighton

Brighton ist der Klassiker unter den englischen Seebädern, Fontane nannte es gar „das Neapel des Nordens". Der exotische Royal Pavilion, der weit ins Meer hineinragende Brighton Pier und die kilometerlange Uferpromenade sind auch heute noch beliebte Ziele. Doch keine Angst vor Langeweile: Brighton ist fraglos die toleranteste und lebendigste Stadt an der Südküste.

Brighton, das de facto mit seiner Nachbarstadt Hove zusammengewachsen ist, präsentiert sich rund 250 Jahre nach seiner Entdeckung immer noch als illustres Seebad mit vielen Möglichkeiten zur Zerstreuung. Früher wählten Liebespaare Brighton als Ziel für ein *Dirty Weekend* – gemeint war ein Wochenendausflug in ein plüschiges Hotel, wobei man sich vorzugsweise als Mr und Mrs Smith ins Gästebuch

Südostengland Karte S. 148/149

eintrug, um alle kompromittierenden Spuren zu verwischen. Heute kommen neben Sprachschülern vor allem viele Kongress- und Tagungsteilnehmer, darunter auch die Abgeordneten der Konservativen, die in dem Seebad gerne ihre Parteitage abhalten. Der seit 1961 in dem Vorort Falmer beheimatete Campus der University of Sussex hat viel studentisches Flair in die Stadt gebracht: So verwundert es auch nicht, dass in Brighton als einziger Stadt Englands bei den Parlamentswahlen im Mai 2010 mit Caroline Lucas eine Direktkandidatin der Grünen ins Unterhaus einzog. Zudem besitzt Brighton eine besonders lebendige Gay Community mit rund 35.000 Mitgliedern, von denen sich im Sommer viele am Nacktbadestrand tummeln. Nicht nur für die Journalistin und bekennende Lesbierin Julie Burchill ist Brighton „the sexiest place in England". Brighton gilt als *London-by-the-Sea*. 93 Prozent der Einwohner Brightons bezeichnen sich laut einer Umfrage der National Lottery als glücklich, keine andere Stadt im Königreich weist eine solche Quote auf! Vielleicht liegt es auch daran, dass es nirgendwo in England mehr Dancing Clubs pro Einwohner gibt. Nicht nur unterhalb der Promenade befinden sich interessante Szenebars und Diskos. Historische Atmosphäre strahlt hingegen das Fischerviertel *The Lanes* aus, das sich rund um den Brighton Square erstreckt. Schmale Gassen, gesäumt von Boutiquen, Restaurants, Cafés, Antiquitäten- und Schmuckgeschäften laden zu einem ausgedehnten Bummel ein. Ein Stückchen weiter nördlich lässt sich die Einkaufstour durch die *North Laine* fortsetzen (hier wurde 1976 übrigens der erste „Body Shop" der Welt eröffnet). Die besten der rund 300 Läden findet man entlang der Gardener Street, die weiter nördlich in die Kensington Gardens und die Sydney Street übergeht. Das Angebot ist sehr vielfältig, selbst ein „vegetarisches Schuhgeschäft" hat sich niedergelassen, ein paar Häuser weiter befindet sich das Büro der lokalen Alzheimer-Gesellschaft neben einem Tattoo-Shop und einem Sex-Shop namens „Lust", zudem zahlreiche Cafés und Secondhand-Läden. Wer will, kann auch mit der elektrischen „Volks Railway" entlang der Küste bis Brighton Marina fahren. Der Jachthafen zählt zu den größten in Europa; rund 2000 Boote schaukeln im Wasser des Hafenbeckens. Interessant ist auch ein Spaziergang durch Kemp Town, ein trendiges Stadtviertel zwischen Brighton Pier (Palace Pier) und Brighton Marina mit kleinen Geschäften, darunter mehrere Secondhand-Bookshops.

*I*nformation/*V*erbindungen/*D*iverses

● *Information* **Visitor Information Centre**, Royal Pavilion Shop, 4–5 Pavilion Buildings, Brighton, East Sussex BN1 1JS, ✆ 01273/292590 (national 0906/7112255), ✆ 01273/292594, www.visitbrighton.com oder www.brigthon.co.uk. Informationsbroschüre über Brighton und Hove auch in deutscher Sprache; Zimmervermittlung. Detaillierte Informationen zu Veranstaltungen, Übernachtungsmöglichkeiten, Sporteinrichtungen sowie Nachtleben. Informationen zur Gay-Szene: www.gscene.com.

● *Einwohner* 255.000 Einwohner (zusammen mit Hove).

● *Verbindungen* **Zug** – Von der Central Station (Queen's Road) benötigt der zweimal pro Stunde verkehrende Zug nur 51 Minuten nach London Victoria (auch über Gat-

wick), gute Anbindung an alle Südküstenstädte. ✆ 08457/484950. www.nationalrail.co.uk.

Bus – National Express und Southdown ab Old Steine (St James Street); Verbindungen nach Worthing, Bognor Regis, Chichester, Portsmouth, Arundel; häufige Busverbindungen nach London (Expressbus nach Victoria Busstation). Information über Nahverkehrsbusse ebenfalls bei One Stop Travel. www.nationalexpress.com.

● *Parken* Park & Ride am Withdean Stadium (Nähe A 23). Kostenpflichtige Parkplätze an der Trafalgar Street, London Road und an der Brighton Station.

● *Baden* Brighton hat eine über elf Kilometer lange Küste, die zur Hochsaison mit Ba-

Brightons Schokoladenseite

defreunden voll belegt ist. Etwa eine Meile östlich des Brighton Piers befindet sich der örtliche Nacktbadestrand. Alternativen zu Brighton sind die kleineren Badeorte Little-hampton, ca. 32 Kilometer westlich an der A 25, und Newhaven, ca. 16 Kilometer östlich (Busverbindungen).

● *Fahrradverleih* **M's Cycle Hire**, ✆ 07852/986165, www.m-cyclehire.co.uk; **Bike for Life**, 5 Titan Road, ✆ 01273/676278, www.bikeforlife.org.uk; **Planet Cycle Hire**, Madeira Drive, ✆ 01273/74888. Tourenräder und Mountainbikes; Kaution und Ausweisvorlage werden gefordert.

● *Golf* Hollingbury, ✆ 01273/500086; Waterhall, ✆ 01273/508658.

● *Greyhound Racing* Nevill Road, Hove, ✆ 01273/204601.

● *Literaturtipp* Ein Klassiker ist **Graham Greenes** „Brighton Rock" (dt. „Am Abgrund des Lebens"), lesenswert ist auch **Nigel Richardsons** „Breakfast in Brighton – Adventures on the Edge of Britain".

● *Märkte* Mindestens sechs verschiedene Märkte, z. B. **Upper Gardener Street Market** mit vielen Antiquitäten (So 7–13 Uhr) oder **London Road Market**, ein Lebensmittelmarkt (Mo 7–13 Uhr, Di–Do 7–17 Uhr, Fr/Sa 6–18 Uhr). Der Sonntagsmarkt auf dem **Brighton Station Car Park** (9–14 Uhr) bietet ein buntes Sammelsurium von Antiquitäten, Lebensmitteln und Kleidung.

Kultur/Veranstaltungen/Sport

● *Theater* Für Bühnen-Enthusiasten ist das viktorianische **Theatre Royal** (New Road, ✆ 01273/328488) die erste Adresse. Viele Ensembles reisen aus ganz England an, um hier spielen zu können. Die leichteren Seiten des Lebens werden im **Komedia** (Gardner Street, ✆ 01273/647100, www.komedia.co.uk) aufgeführt. Und schließlich gibt es noch das **Gardner Arts Centre**, ein Theater auf dem Uni-Gelände (✆ 01273/685861). Hier führen vor allem Studenten experimentelle Stücke auf. Allgemeine Infos unter:

www.gardnerarts.co.uk.

● *Konzerte* Rock- und Pop-Konzerte finden regelmäßig in den beiden großen Hallen von Brighton statt: **The Brighton Dome** (29 New Road, ✆ 01273/709709, www.brightondome.org.uk) und **Brighton Centre** (King's Road, ✆ 0870/79009100). Aktuelle Infos auch im wöchentlichen Stadtmagazin *The Latest* (www.thelatest.co.uk) oder im kostenlosen *The Brighton Source* (liegt in Bars und Kneipen aus).

Übernachten

West Pier	
	10 Grapevine Seafront
	14 Grapevine North Laine
	15 Hotel du Vin
	24 Motel Schmotel
	25 Pelirocco
	27 Four Seasons
	29 Brighton Wave
	30 Colson House
	31 The Kelvin
	32 Sea Spray
	34 Grey's Hotel
	36 Paskins Town House
	37 White House
	38 Seattle

Essen & Trinken

1 Havana	9 Jamie's Italian	
2 E-Kagen (Yum Yum's)	11 Wagamama	
3 Riddle and Finns	12 Cricketers	23 Ohso
4 The Chilli Pickle	13 Bill's Produce Store	33 Metro Deco
5 Donatello	16 Indian Summer	Tea Shop
6 Piccolo	17 Terre à Terre	35 The Sidewind
7 Food for Friends	20 Yo!	
8 The Coach House	21 Carluccio's	

• *Veranstaltungen* Drei Wochen lang findet alljährlich im Mai das **Brighton Festival** statt. Mehr als 900 Veranstaltungen vom klassischen Konzert über Theater, Tanz und Ausstellungen bis hin zu Kinderumzügen und Straßentheater locken zahlreiche Besucher nach Brighton (www.brightonfestival. org). Schrill geht es auf der **Summer Pride** zu, die alljährlich von einem großen Publikum gefeiert wird. Homosexuelle aus ganz Europa treffen sich Ende Juli/Anfang August in Brighton (www.brightonpride.org). Ein Überblick über die Ereignisse findet sich im Internet: www.brighton-festival. org.uk. Ende Oktober wird bei der White Night die Nacht zum Tag: www.whitenight nuitblanche.com/brighton.

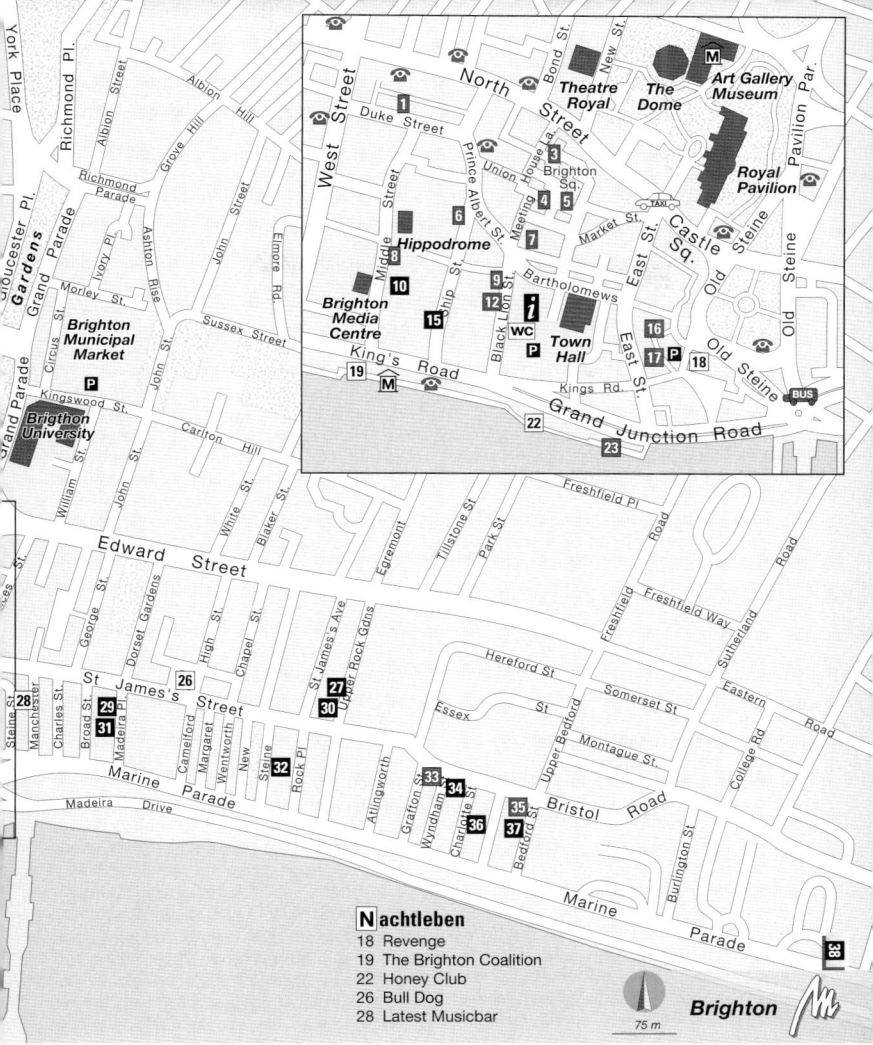

N achtleben

18 Revenge
19 The Brighton Coalition
22 Honey Club
26 Bull Dog
28 Latest Musicbar

75 m

Brighton

---

*Ü*bernachten

Keine andere Stadt in Südengland hat in den letzten Jahren einen größeren Wandel im Hotelgewerbe erlebt als Brighton. Jedes Jahr eröffnen neue Trend- bzw. Designerhotels. Ein Hinweis: Am Wochenende sind die Hotelpreise etwa 50 Prozent höher.

Pelirocco (25), ein junges Londoner Pärchen, das in Brighton stets vergeblich nach einem trendigen Hotel Ausschau gehalten hatte, eröffnete im Mai 2000 sein eigenes Traumhotel. Das Pelirocco (19 Zimmer) kann mit einer besonderen Attraktion aufwarten: Alle individuell gestylten Räume zitieren Themen aus der Rock- und Popgeschichte und verfügen über eine Playstation. Wer schon immer einmal mit Graffiti an den Wänden und einem Modell des Raumschiffs Enterprise als Telefon einschlafen wollte, ohne deshalb auf Komfort zu verzichten, ist hier genau richtig. Und dann gibt es auch noch den Durex Play Room (ab £ 240) für alle, die ein richtiges Dirty Weekend samt Spiegel über dem Bett verbringen wollen. Die Hotellounge besitzt Clubatmosphäre. Zentrale, aber ruhige Lage, nur unweit vom Meer entfernt. Auch am Frühstück gibt es nichts auszusetzen. Nichtraucherhotel! je nach Wochentag £ 50–160. Regency Square, ℡ 01273/327055, ✉ 01273/733845, www.hotelpelirocco.co.uk.

Seattle (38), erst im Februar 2003 eröffnetes Design-Hotel mit schönen, hellen Zimmern und einem tollen Blick aufs Meer. Abends geht man ins zugehörige Restaurant und am Morgen lässt man sich die Frühstücks-Bento-Box ins Zimmer bringen. Inmitten des Einkaufszentrums Brighton Marina gelegen. Die Rezeption ist über einen Aufzug zu erreichen. DZ £ 125–190. ℡ 01273/679799, ✉ 01273/679899, www.hotelseattlebrighton.com.

Brighton Wave (29), klein, aber fein könnte das Motto dieses Hotels in Kemp Town sein. Die acht Zimmer sind liebevoll in einem modernen Stil mit Sisalteppich eingerichtet und verfügen meist über ein schönes großes Bad sowie über einen großen LCD-Fernseher sowie DVD- und CD-Player. Tolle Matratzen! Selbst WLAN ist für Internetfreunde (kostenlos!) verfügbar. Besonders schön ist das Zimmer Nr. 2, denn es besitzt einen kleinen Balkon mit schrägem Blick zum Meer. Das kleine Zimmer Nr. 5 mit Blick über die Dächer von Brighton hat aber auch seinen Reiz. Zum tollen Frühstück (Unser Tipp: Zur Abwechslung einmal die herrlichen Pfannkuchen probieren!) trifft man sich in dem Aufenthaltsraum im Erdgeschoss, der für Ausstellungen lokaler Künstler genutzt wird. Die Besitzer Richard und Simon helfen gerne wie Restaurant- und Nightlifetipps weiter. Ein weiteres Plus: Die Nähe zum Meer und zu den Lanes. Viel Gay-Publikum, keine Dreibettzimmer. Achtung: Nichtraucherhotel! DZ inkl. Frühstück je nach Wochentag und Ausstattung £ 80–190. 10 Madeira Place, ℡ 01273/676794, www.brightonwave.com.

Hotel du Vin (15), nur einen Steinwurf vom Meer entfernt, befindet sich dieses ansprechende, erst 2003 eröffnete Hotel mit einem schönen Innenhof und Restaurant. Thematisch dreht sich alles um den edlen Rebensaft. Jedes Zimmer wurde von einem Weingut gesponsert. DZ ab £ 170, Frühstück exklusive. Ship Street, ℡ 01273/718588, ✉ 718599, www.hotelduvin.com.

Sea Spray (32), modernes Themenhotel, dessen Zimmer alle in einem anderen Stil eingerichtet sind. Wer will, kann im marokkanischen oder im Renaissance-Ambiente schlafen, Kunstfreaks bevorzugen den Warhol Room. Je nach Zimmer und Reisezeit £ 49–150 pro Nacht. 25 New Steine, ℡ 01273/680332, www.seaspraybrighton.co.uk.

Paskins Town House (36), ein weiteres Hotel (20 Zimmer) in Kemp Town, besonders für Ökofreaks und Vegetarier zu empfehlen. Es gibt Recyclingpapier auf der Toilette und Eier von glücklichen Hühnern. Keine Sorge: Wer will, bekommt auch seinen Schinken. Die Zimmer sind teilweise im asiatischen Stil, teilweise traditionell eingerichtet. In der Rezeption und im Frühstücksraum grüßen Art-déco-Elemente. Kostenloses WLAN. Gayfriendly. B & B je nach Zimmer ab £ 45 pro Person. 18/19 Charlotte Street, ℡ 01273/601203, ✉ 621973, www.paskins.co.uk.

Colson House (30), das ideale Hotel für Cineasten. Jedes Zimmer ist einem anderen Filmstar gewidmet (James Dean, Humphrey Bogart, Marylin Monroe). Alle Zimmer sind mit Bad, TV und WLAN ausgestattet. Achtung: Nichtraucherhotel, keine Kinder unter 12 Jahren! Gayfriendly. DZ mit Frühstück je nach Ausstattung £ 59–99 (werktags gilt der günstigere Tarif). Die teuersten Zimmer verfügen über einen Balkon zur Straße. 17 Upper Rock Gardens, ℡/✉ 01273/694922, www.colsonhouse.co.uk.

Four Seasons (27), zeitlos modern eingerichtetes B & B im Kemp Town. Sechs Doppelzimmer (£ 70–120) und ein kleines Einzelzimmer (£ 50 oder £ 65). Die höheren Preise gelten am Wochenende. 3 Upper Rock Gardes, ℡ 01273/673574, www.fourseasonsbrighton.com.

Grey's Hotel (34), das im Frühjahr 2007 komplett renovierte Hotel besitzt viel Komfort und Stil. Zudem ist es nur ein Katzensprung bis zum Meer. B & B im DZ £ 90–98, EZ ab £ 50. 11 Charlotte Street, ℡ 01273/603197, www.greyshotel.co.uk.

The Kelvin (31), sechs ansprechende Zimmer in zentraler Lage, nur eine Minute vom Meer entfernt. EZ ab £ 28, DZ je nach Ausstattung und Reisezeit £ 60–150. 9 Madeira Place, ℡ 01273/603735, www.thekelvin.co.uk.

White House (37), das Boutiquehotel in Kemp Town reiht sich nahtlos in die schmucken kleinen Hotels der Stadt ein. Kostenloses WLAN. EZ £ 50–65, DZ £ 60–200 (jeweils inkl. B & B). 6 Bedford Street, ✆ 01273/626266, www.whitehousebrighton.com.

Motel Schmotel (24), hinter dem eigenartigen Namen verbirgt sich ein ansprechendes Hotel, das im Jahr 2008 komplett renoviert und aufgepeppt wurde, wobei uns das Zimmer Nr. 4 mit seinem Balkon besonders gut gefallen hat. EZ £ 50–70, DZ £ 60–150 (jeweils inkl. B & B). 37 Russell Square, ✆ 01273/326129, www.motelschmotel.co.uk.

Grapevine Seafront (10), das alte Backpackerhostel hat seinen Besitzer gewechselt, doch dafür wurde das Haus vollkommen renoviert und bietet besseren Komfort zu einem immer noch günstigen Preis. Kostenloses WLAN. Saubere Mehrbett-Zimmer

ab £ 15 pro Person und Nacht, am Wochenende ab £ 37.50 bei einem Mindestaufenthalt von zwei Nächten. 75–76 Middle Street, ✆ 01273/777717, www.grapevinewebsite.co.uk.

Grapevine North Laine (14), der Low-Budget-Tipp für Brighton: Mitten in der umtriebigen North Laine, allerdings mit wenig Charme und Stockbetten. Kostenloses WLAN. Keine Reservierungen. Saubere Mehrbett-Zimmer ab £ 15 pro Person und Nacht. 29/30 North Road, ✆ 01273/703985, www.grapevinewebsite.co.uk.

• *Jugendherberge* Die Jugendherberge in Brighton wurde 2007 geschlossen. Die nächste Herberge liegt nördlich der A 27:

Tottington Barn, Erwachsene ab £ 18, Jugendliche ab £ 13.50. Truleigh Hill, Shoreham-by-Sea, nahe des South Downs National Park gelegen, ✆ 0845/3719047, ✆ 01903/812016, trugleigh@yha.org.uk.

Essen/Trinken/Nachtleben (siehe Karte S. 194/195)

In Brighton herrscht ein ausgeprägtes Nachtleben. Für Interessierte gibt es viele Discos und Clubs mit Live-Musik. Einige Londoner DJs jetten auch mal auf ein Wochenende hierher und zeigen, was sie können. Aktuelle Ereignisse sind der Tageszeitung oder einer Liste des Tourist Office zu entnehmen.

Jamie's Italian (9), als Hansdampf in allen kulinarischen Gassen hat Fernsehkoch Jamie Oliver inzwischen auch in Brighton ein Restaurant seiner Italian-Kette eröffnet. In bester italienischer Tradition werden einfache, frische Zutaten verwendet, um traditionelle und trotzdem phantasievolle Gerichte zu zaubern, die den Geldbeutel nicht überfordern. Das moderne Gebäude hat ein geschickter Innenarchitekt in ein Restaurant mit Marktatmosphäre verwandelt, hinter den Glasfenstern sieht man ein Dutzend Köche vor sich hin werkeln. Unaufgefordert bekommt man eine Karaffe Wasser auf den Tisch gestellt, dann wird aus der reichen Auswahl an Vorspeisen, Nudeln und Hauptgerichten geordert. Ein Tipp sind die würzigen *Monachelle Putanesca* für £ 9.25, dazu trinkt man den Öko-Hauswein. Kein Ruhetag. 11 Black Lion Street, ✆ 01273/273915480, www.jamieoliver.com/italian/brighton.

Riddle and Finns (3), eine ausgezeichnete Adresse in den Lanes, um Fisch und Meeresfrüchte zu essen. Im lockeren Ambiente sitzt man auf Barhockern an hohen Tischen und erfreut sich am fangfrischen Angebot (Austern!). Ausgezeichnet ist das Preis-Leistungs-Verhältnis beim Zwei-Gang-Menü für

£ 9.95 (nur zwischen 12 und 19.30 Uhr), bei dem auf die ausgezeichneten Muscheln in Knoblauchsoße eine gebratene Seebrasse mit florentinischen Kartoffeln folgte. Hinzu kommen allerdings noch *cover charge* (£ 1) und *service charge* (10 %). Große Weinkarte, auf der auch englische Tropfen (!) zu finden sind. 12 Meeting House Lane, ✆ 01273/323008, www.riddleandfinns.co.uk.

E-Kagen (Yum Yum's) (2), die Noodle Bar in der North Laine ist bekannt für frische asiatische Kost zu günstigen Preisen (ab £ 6.50). Im ersten Stock über dem asiatischen Supermarket Yum Yum's. Di und Mi 11.30–18 Uhr, Do–Sa 11.30–15.30 und 18.30–22 Uhr, So 12–16 Uhr. 22–23 Sydney Street, ✆ 01273/606777.

Wagamama (11), japanische Noodle Bar im modernen zeitlosen Ambiente. Auch wer noch nie etwas von *Ramen* oder *Teppan* gehört hat, wird schnell in die Geheimnisse der Nudelküche eingeweiht. Wer es scharf liebt, sollte das *Chicken Chilli Men* ordern. Tolle frisch gepresste Fruchtsäfte! Hauptgerichte £ 7–10. Kein Ruhetag. Kensington Street, ✆ 01273/688892.

Terre à Terre (17), das zentral gelegene, in wohligen Erdfarben gehaltene Restaurant genießt den Ruf eines vegetarischen Gourmettempels, allein die Präsentation der Speisen ist ein Augenschmaus, egal ob Salate oder die Hauptgerichte. Zweigängiges Mittagsmenü £ 10, drei Gänge £ 15. Mittags keine Tischreservierung möglich! Mo Ruhetag. 71 East Street, ✆ 01273/729051, www.terreaterre.co.uk.

Indian Summer (16), direkt nebenan wird hier indische Küche auf hohem Niveau zelebriert. Nicht gerade billig, dafür in einem durchgestylten Ambiente. 69 East Street, ✆ 01273/711001, www-indian-summer.org.uk.

Donatello (5), der wohl beliebteste Italiener von Brighton, mitten in den Lanes. Trotz der großen Räumlichkeiten samt Straßenterrasse fällt es manchmal schwer, einen freien Platz zu ergattern. Geboten wird die ganze Bandbreite der italienischen Küche einschließlich Pizza. Lecker sind die Fischgerichte, wobei man am günstigsten mit einem der Menüs fährt: Menü mit zwei Gängen £ 6.95, mit drei Gängen £ 8.95. Bei den Preisen verständlich, trifft man auf auch auf viele Jugendgruppen. 1–3 Brighton Place, ✆ 01273/775477.

Piccolo (6), empfehlenswertes italienisches Restaurant. Leckere Pizzen und Pasta ab £ 5. 56 Ship Street, ✆ 01273/203701.

Food for Friends (7), günstiges vegetarisches Restaurant in einem Eckhaus in den Lanes. Internationale Küche von Thaisalat bis zu orientalischen Gerichten (Hauptgerichte £ 10). Kleine Straßenterrasse. 17 Prince Albert Street, ✆ 01273/202310, www.foodforfriends. com.

Bill's Produce Store (13), ein Lesertipp von Karin Oppolzer, die dieses in einer alten Lagerhalle untergebrachte Geschäft lobte: „Es handelt sich um eine Art Marktraum, in dem Blumen, Gemüse und Obst gekauft werden können, aber auch ein Bistro eröffnet wurde, in dem man essen, herrliche dekorierte Torten kaufen und Kaffee (Fair Trade!) trinken kann – tolle Atmosphäre!" Keine Reservierung möglich. Tgl. 8–22 Uhr, So 9–22 Uhr. 100 North Road, ✆ 01273/692894, www.billsproducestore.co.uk.

Carluccio's (21), italienisches Feinkostgeschäft mit angegliedertem Restaurant. Helle moderne Räume mit langen Tischen und bunten Stühlen. Leckere Pasta zu zivilen Preisen. Jubilee Street, ✆ 01273/690493, www.carluccios.com.

Yo! (20), die derzeit angesagteste Sushi-Bar in Brighton. Die kalorienarmen japanischen „Fischröllchen" (£ 1.50–5) verführen Augen und Gaumen gleichermaßen. Gefällig ist auch das minimalistische Design. 6–7 Jubilee Street, ✆ 0871/7040931.

The Coach House (8), in einem ansprechenden Ambiente wird eine preiswerte internationale Küche von Gazpacho über Thailändisch bis hin zu *Local Sussex Sausage* serviert. Netter Garten neben dem Haus. Hauptgerichte um die £ 10. 59 Middle Street, ✆ 01273/719000, www.coachhousebrighton.com.

The Chilli Pickle (4), ein beliebtes zeitgenössisches indisches Restaurant in den Lanes. Auf der Karte finden sich Klassiker wie ein Thali ebenso wie ein aus der Himalaya-Region stammendes *Sagarmatha Lamb Curry* für £ 13.95. Sonntagsbrunch, Mo und Di Ruhetage. 42 Meeting Lane, ✆ 01273/323824, www.thechillipicklebistro.co.uk.

Havana (1), Bar und Restaurant in wohltuend puristischem Outfit. Die Küche zeigt sich Modern British, einfallsreiche und leichte Kost dominiert die Speisekarte. Von Restaurantführern gelobt. 32 Duke Street, ✆ 01273/773388.

Ohso (23), in unmittelbarer Nähe zum Brighton Pier werden hier auch kleine Gerichte und leckere Salate serviert (ca. £ 9). Nett sitzt man auf der Terrasse direkt am Strand. Abends gleitet man dann locker ins Nachtleben und freut sich auf die Dirty Sunset Disco. King's Road Arches (unterhalb der Grand Junction Road), www.ohsosocial.co.uk.

The Sidewinder (35), Szenekneipe mit einfachen Holztischen und einer Terrasse im Hinterhof. Lockere Atmosphäre, viele Anwohner aus Kemp Town. Kostenloses WLAN. 65 Upper St James's Street, ✆ 01273/679927.

Metro Deco Tea Shop (33), eine ungewöhnliche Kombination von einem Tea Shop und Antiquitätengeschäft. Zwischen Art-deco-Mobiliar aus den 1930er-Jahren werden leckere Tees und Kuchen serviert. Kleine Straßenterrasse. Mo–Fr 9.30–18 Uhr, Sa 11–19 Uhr, So 11–17 Uhr. 38 Upper St James Street, www.metro-deco.com.

Cricketers (12), das älteste Pub von Brighton ist immer für einen Abstecher gut. Schon Graham Greene gehörte zu den Stammgästen. 15 Black Lion Street, ✆ 01273/329472.

Latest Musicbar (28), Stand-up Comedy mit Barbetrieb nach Vorstellungsende. Auch Restaurant. 14–17 Manchester Street, ✆ 01273/687171, www.thelatest.co.uk/musicbar.

Bill's Produce Store: alternativ und sehr beliebt

Honey Club (22), kaum vorstellbar, dass bis Anfang der 1990er-Jahre die Bars und Restaurants unterhalb der Promenade fehlten. Heute tummeln sich allabendlich zahllose Freaks am Strand und in den dortigen Clubs. Besonders beliebt ist der Honey Club, eine Lounge und Beach Bar mit vielen Sitzplätzen im Freien. Am späteren Abend verlagert sich das Geschehen ins Innere, wo dann bekannte DJs auflegen und an sechs Bars ausgeschenkt wird. 214 King's Road Arches (unterhalb der Grand Junction Road), ✆ 01273/202807, www.thehoneyclub.co.uk.

The Brighton Coalition (19), ein paar Schritte weiter dröhnt aus den Boxen House Musik bis an den Strand. Diskobetrieb. 171 King's Road Arches (unterhalb der Grand Junction Road), ✆ 01273/726858, www.brightoncoalition.co.uk.

Revenge (18), der größte Gayclub Südenglands erstreckt sich über zwei Stockwerke. Tgl. ab 22.30 Uhr geöffnet, Sonntagnachmittag gibt es Cabareteinlagen. 32 Old Steine, ✆ 01273/606064. www.revenge.co.uk.

Bull Dog (26), eine beliebte Schwulenbar in Kemp Town. 31 St James's Street.

Sehenswertes

Royal Pavilion: Schon von außen ist das eigenartige architektonische Geschöpf, das gar nicht so richtig nach England passt, ein Blickfang. Zahlreiche Zwiebelkuppeln, gesäumt von Zinnen und zierlichen Minaretten, verleihen dem Komplex einen orientalisch-asiatischen Charakter. Der ursprüngliche Pavillon aus der zweiten Hälfte des 18. Jahrhunderts wurde von John Nash in der Zeit von 1815 bis 1822 um- und ausgebaut. Der exzentrische Prince Regent und spätere König Georg IV. verbrachte hier zusammen mit seinen Liebschaften angenehme Urlaubstage. Queen Victoria hingegen hat Georgs Urlaubsdomizil nicht zugesagt. Sie verkaufte das Gebäude und ließ große Teile des Inventars nach Windsor schaffen; allerdings sind die Einrichtungsgegenstände heute wieder an ihrem ursprünglichen Platz.

Die Innenausstattung des Palastes ist nach verschiedenen chinesischen Epochen gestaltet. Ganz besonders beeindrucken drei Zimmer: Im *Banqueting Room* ertönen von allen Seiten „Ohs" und „Ahs" – ein großer Saal mit einem langen, königlich gedeckten Tisch. Auf zwei gegenüberliegenden Seiten befinden sich Kamine. Die

Royal Pavilion: exotisch und verspielt

exotisch anmutenden Kronleuchter lassen so manchen ins Staunen geraten. Hier hielt der Prinz seine Gelage ab, die oft aus über hundert Gängen bestanden.

Old Steine. April bis Sept. tgl. 9.30–17.45 Uhr, von Okt. bis März tgl. 10–17.15 Uhr. Eintritt: £ 9.50, erm. £ 7.50 oder £ 5.40 (inkl. Audioguide). www.royalpavilion.org.uk.

Brighton Pier (Palace Pier): Dieser Pier ist der Nachfolger des *Chain Pier*, der 1833 durch einen Brand vernichtet wurde. 1899 eröffnet und im folgenden Jahrzehnt um ein Theater und einen Pavillon erweitert, ist er Symbol der Badestadt Brighton. Nachdem er im Zweiten Weltkrieg arg in Mitleidenschaft gezogen wurde, erstrahlt er seit seiner Renovierung 1946 im alten Glanz. Noch heute ist der berühmte Steg ein Vergnügungstreff. Zwei riesige Spielhallen, Geschäfte, Fish-'n'-Chips-Buden, Eisdielen und ein Spielautomaten-Museum locken zum Besuch. Vom Ende des Brighton Pier hat man eine gute Aussicht über die Stadt.

Brighton Museum and Art Gallery: Das städtische Museum – es befindet sich in der einstigen, ebenfalls im indischen Stil errichteten Hofreitschule – beherbergt eine große Sammlung erlesener Kunstgegenstände und Möbel im Art Nouveau und Art-déco-Stil, Porzellan, eine Modegalerie mit den Trend-Outfits Jugendlicher von den frühen Rockern bis zu den Punks sowie eine ethnographische und eine archäologische Abteilung. Im Erdgeschoss wird anschaulich die abwechslungsreiche Geschichte des Seebads von seinen Anfängen bis zur Gegenwart inklusive der „Dirty Weekends" erläutert. Im Rahmen der umfangreichen Renovierungsarbeiten hat das Museum unlängst einen neuen Eingang sowie ein Café im Obergeschoss erhalten.

Church Street. Tgl. außer Mo 10–17 Uhr, Di bis 19 Uhr, So erst ab 14 Uhr. Eintritt frei!

Jachthafen: 1978 öffnete der größte Jachthafen Englands zwei Kilometer östlich vom Palace Pier (Kemp Town). Viele Interessierte spazieren hier entlang und begutachten die bis zu 2000 vor Anker liegenden Boote. Auch historische Klipper gibt es hier manchmal zu sehen. Vom Aquarium fährt regelmäßig die erste elektrische Eisenbahn Englands, die sog. *Volks Railway,* bis zum Jachthafen.

Prince Regent alias King George IV.

Nach ihm wurde sogar ein Baustil benannt: der „Regency Style" (typisch: gebogene Fensterfronten, schmiedeeiserne Gitter). Weil sein Vater, König Georg III., an einer Geisteskrankheit litt, übernahm der Prince of Wales 1811 die Regentschaft (so kam er zu dem Titel Prince Regent). Nach dem Tod des Vaters wurde er 1820 gekrönt.

Als Zwanzigjähriger suchte der Prinz 1783 wegen einer Drüsenkrankheit samt Hofstaat Heilung in Brighton, damals noch ein völlig unbekannter Ort. Er kaufte sich eine Sommerresidenz und ließ sie später so herrichten, wie wir sie heute kennen. Alles, was auf sich hielt, folgte ihm – Brighton wurde schick. Bei der Bevölkerung war George als Dandy verschrien, galt als Gönner der Künste, als Freund des Glücksspiels und als Vielfraß. Tatsache ist jedenfalls, dass seine ausschweifende Lebensart nicht unerhebliche Löcher in die Staatskasse riss. So wurde eine Geldheirat unumgänglich. Pech nur, dass die dafür vom Parlament ausgesuchte Braut laut zeitgenössischen Beschreibungen eine ziemlich unförmige Deutsche namens Caroline von Braunschweig war. Schon ein Jahr nach der Hochzeit versuchte der Lebemann, sich scheiden zu lassen, doch sein Vorhaben misslang. Georges Ansehen nahm ab, je mehr seine Leibesfülle zunahm. Höhepunkt des Hasses auf den König war ein misslungener Attentatsversuch. Frustriert zog er sich wieder in die Hauptstadt zurück und starb 1830 in Windsor.

„The Prince of Pleasure"

Arundel

Ein Ort, um den viel Werberummel in der Touristikbranche gemacht wird. Nicht ganz unverständlich, sieht man einmal vom störenden Durchgangsverkehr im Zentrum ab. Arundel ist übersichtlich und lässt sich gemütlich zu Fuß erkunden.

Lässt man den Blick nach oben schweifen, erblickt man unweigerlich die mächtige Kirche. Sie wurde im letzten Drittel des 19. Jahrhunderts oberhalb des Stadtkerns errichtet, nicht nur um ihr einen würdigen Platz zu sichern, sondern weil für den pompösen Sakralbau im Zentrum nicht genügend Raum vorhanden war. Etwas unterhalb erhebt sich die zwischen 1890 und 1903 neu gebaute Burg (ursprünglich aus dem 11. Jahrhundert) mit einem schönen Park. Die beiden Bauwerke bilden einen imposanten Rahmen für den im Jahre 1086 erstmals urkundlich erwähnten Ort. Nach dem Sightseeing locken in den historischen Straßen und Gassen einige Pubs und Teestuben zu einer Rast. Im August und September hallen die Verse Shakespeares durch die Gemäuer der hiesigen Burg, in Pubs und auf Plätzen wird Amüsantes geboten. Beim *Arundel Festival* gibt es neben Theater auch Musik, es wird um sportliche Ehren gewetteifert, ein großer Rummel veranstaltet, und außerdem finden zahlreiche Ausstellungen statt (Informationen im Tourist Office).

● *Information* **Tourist Information Centre**, 61 High Street, Arundel, West Sussex BN18 9AJ, ☏ 01903/882268, ✆01903/882419, www. arundel.org.uk bzw. www.sussex-by-the-sea.co.uk.

● *Einwohner* 2.700 Einwohner.

● *Verbindungen* **Bus** – Nahverkehrsbusse halten auf der High Street und fahren nach Littlehampton und Worthing. Am Town Quay (unteres Ende der High Street) fahren die Busse nach Chichester und Bognor Regis ab.

Zug – Arundel liegt an der Eisenbahnlinie zum Gatwick Airport und Londons Victoria Station (1,5 Std. Fahrzeit); außerdem besteht eine Anbindung zur Bahnlinie nach Portsmouth und Brighton (über Ford, dort umsteigen). Der Bahnhof befindet sich einen knappen Kilometer südlich des Zentrums. ☏ 0870/6082608, www.nationalrail.co.uk.

● *Markt* **Farmers Market**, jeden 3. Samstagvormittag des Monats.

● *Veranstaltungen* Beim **Arundel Festival** (zehn Tage Ende Aug./Anfang Sept.) dreht sich alles um Shakespeare. www.arundelfestival.co.uk.

● *Übernachten* **Town House**, gemütliches Restaurant mit einem Mini-Hotel in einem Gebäude aus dem 18. Jahrhundert. Schöner Speiseraum mit einer goldverzierten Stuckdecke. Hauptgerichte um die £ 15, Menüs ab £ 14 (mittags), abends ab £ 22. Es werden vier schmucke Zimmer vermietet. Im Restaurant bleibt die Küche Mo, Di und Sonntagabend geschlossen. B & B £ 42.50–60 pro Person, lohnenswert ist Halbpension ab £ 60. 65 High Street, ☏ 01903/883847, www.thetownhouse.co.uk.

Arden Guest House, liegt etwas südlich der Altstadt auf der anderen Flussseite, die Zimmer besitzen teilweise eine schöne Holzdecke. Ein DZ kostet ab £ 60 (mit Bad und WC) pro Nacht. 4 Queens Lane, ☏ 01903/882544, www.ardenguesthouse.net.

Norfolk Arms, die historische Postkutschenstation ist ein typischer englischer Landgasthof mit viel Holz und knarrenden Dielen, weshalb sich hier auch die Herren des örtlichen Rotary Clubs treffen. Geboten wird eine zuweilen bodenständige Küche, so bei einer in Brand zubereiteten Hühnerleber. In den komfortablen Hotelzimmern gibt es B & B ab £ 35. Kostenloses WLAN, eigener Parkplatz im Hof. 22 High Street, ☏ 01903/882101, ✆ 01903/884275, www.norfolkarmshotel.com.

● *Jugendherberge* **Youth Hostel Warningcamp**, kleine Jugendherberge in einer georgianischen Villa, östlich des Flusses Arun, ca. zwei Kilometer nördlich des Bahnhofs; Anfahrt vom Bahnhof auf der A 27 rechts (in östlicher Richtung), nach wenigen Metern links ausgeschildert; erste links, dann zweimal rechts. Im Sommer ist auch das Zelten auf dem Grundstück der Jugendherberge möglich. Von Nov. bis Febr. nur an Wochenenden geöffnet. Erwachsene ab £ 16, Jugendliche ab £ 12. ☏ 0845/3719002, ✆ 01903/882776, arundel@yha.org.uk.

● *Camping* ***** Ship & Anchor Marina**, drei Kilometer südlich von Arundel, in Ford (Bahnverbindung). Zelt und zwei Personen kosten ab £ 15, von März bis Okt. geöffnet. ☏ 01243/551262.

● *Essen/Trinken* **The Swan Hotel**, Pub/Restaurant mit Kaminzimmer als Speiseraum. In angenehmer Atmosphäre werden hier Mahlzeiten der mittleren Preisklasse serviert, an der Bar tummelt sich überwiegend junges Publikum. Hauptgerichte £ 8–11. B & B je nach Zimmer £ 35–62.50. 27 High Street, ☏ 01903/882314.

Pappardelle, einladend eingerichtet, im Erdgeschoss befindet sich die Osteria mit großen Tischen vor der Fensterfront. Hier werden günstige, einfache Gerichte (*Focaccia*, *Bruschette* etc.) serviert, im Restaurant darüber geht es anspruchsvoller

Arundels High Street

zu, lecker ist die *Salsiccia Cinghiale*, eine Art Bratwurstgehäck in einer Chianti-Zwiebel-Soße für £ 11.95. Montagmittag und Sonntag geschlossen. 14a High Street, ☎ 01903/882025, www.pappardelle.co.uk.

Sehenswertes

Arundel Castle: Die überwältigende Burg stammt ursprünglich aus dem 11. Jahrhundert und war lange Zeit Sitz der Herzöge von Norfolk (Geschlecht der Howards). Das größtenteils neu gebaute Schloss wie auch die wertvollen Sammlungen der Herzöge (Gemälde, Möbel, Uhren, Roben, Uniformen u. a.) können bestaunt werden. Die riesige Baron's Hall ist mit prunkvollen Möbeln des 16. Jahrhunderts ausgestattet. Das Deckengewölbe ist aus Eichenholz. Ein Rundgang durch das Schloss führt außerdem durch eine Bibliothek, die Ahnengalerie und eine Waffenkammer.

April bis Okt. tgl. außer Mo 10–17 Uhr. Eintritt: £ 16, erm. £ 13.50 oder £ 7.50, Familienticket £ 39. www.arundelcastle.org.

Cathedral of Our Lady & St Philip Howard: Die Kirche ist neben dem Castle das auffälligste Gebäude in Arundel. 1868 wurde sie in Anlehnung an französische Kathedralen der Gotik unter Leitung von Joseph Hansom erbaut. Hier fand ein Mitglied des Howard-Geschlechts (St Philip) seine letzte Ruhestätte, nachdem er 1588 hingerichtet worden war, weil er in der englisch-spanischen Auseinandersetzung für die Spanier Partei ergriffen hatte.

Tgl. 9–18 Uhr, im Winter bis zur Dunkelheit. www.arundelcathedral.org.

Umgebung von Arundel

Amberley: Liebhaber schöner Dörfer sollten einen Zwischenstopp in Amberley einlegen (etwa sieben Kilometer nördlich von Arundel). Als Belohnung warten zahlreiche denkmalgeschützte Häuser, die normannische Pfarrkirche St Michael und ein nettes Schloss mit wuchtigem Torhaus, das einst den Bischöfen von Chichester gehörte und heute ein luxuriöses Landhotel birgt.

● *Übernachten* **Amberley Castle**, die ideale Herberge für Freizeitburggrafen. Das rund 900 Jahre alte Schloss beherbergt zwanzig individuell eingerichtete Hotelzimmer. Billig ist das Vergnügen nicht gerade, dafür besitzt aber auch jedes Bad einen Whirlpool. Zimmer ab £ 190 pro Nacht. ✆ 01798/831992, www.amberleycastle.co.uk.

Parham House: Zwei Kilometer nordöstlich von Amberley erhebt sich das Parham House, ein stattliches elisabethanisches Herrenhaus. Sehenswert sind die holzgetäfelte, 54 Meter lange *Long Gallery* mit ihrer reich verzierten Tonnendecke, die *Great Hall* sowie zahlreiche Porträts aus der Tudor- und Stuartepoche.

April bis Sept. jeweils Mi, Do und So 12–17 Uhr (Parham Garden), Parham House ab 14 Uhr. Eintritt: £ 8, erm. £ 7.50 oder £ 3.50, Familien £ 22. www.parhaminsussex.co.uk.

Bignor Roman Villa: Anfang des 19. Jahrhunderts von einem Bauern zufällig beim Pflügen entdeckt, zählt die aus dem 2. Jahrhundert stammende römische Villa einige Kilometer westlich von Amberley mit einer Grundfläche von 50 mal 80 Metern zu den größten des Landes. Der Komfort, den die Villa ihren Bewohnern bot, wurde erst im georgianischen England wieder erreicht. Neben prachtvollen Bodenmosaiken lassen sich in einem kleinen Museum die bei den Grabungen gefundenen Münzen sowie Schmuck und Keramiken bewundern.

Juni bis Sept. tgl. 10–18 Uhr, März bis Mai sowie Okt. tgl. außer Mo 10–17 Uhr. Eintritt: £ 5.50, erm. £ 4 oder £ 2.50. www.bignorromanvilla.co.uk.

Petworth House: Direkt am Marktplatz des altertümlichen Städtchens Petworth gelegen (gut 20 Kilometer nördlich von Arundel), beeindruckt das Petworth House allein schon durch seine Dimensionen: Die Gartenfront erstreckt sich über 100 Meter! Bereits im Mittelalter erwähnt, erhielt der Landsitz sein heutiges Aussehen vor mehr als 300 Jahren unter Charles Seymour, dem 6. Herzog von Somerset. Seine überregionale Bedeutung verdankt das Petworth House einem späteren Be-

Petworth House: über 100 Meter Gartenfront

sitzer, dem Kunstmäzen *Sir George O'Brien Wyndham* (1758–1837). Wyndham, seines Zeichens 3. Earl of Egremont, unterhielt rege Kontakte zu den angesehensten englischen Malern. John Constable und vor allem William Turner lebten und arbeiteten längere Zeit in Petworth House – Turner richtete sich sogar ein eigenes Atelier ein. Es verwundert daher nicht, dass Wyndham nach und nach eine überaus respektable Kunstsammlung anhäufte; die mehr als 300 Gemälde, darunter Werke von William Turner, van Dyck, Tizian, Lorrain, Bosch, Roger van der Weyden, Gainsborough, Reynolds und Blake, sind noch heute an ihrem ursprünglichen Ort zu bewundern. Unter den prunkvollen Räumen des Herrenhauses sticht der getäfelte Carved Room hervor, der von Grinling Gibbons meisterhaft aus Lindenholz gefertigt wurde.

Keineswegs versäumen sollte man einen Spaziergang durch den Park von Petworth. Von dem späteren königlichen Hofgärtner *Lancelot „Capability" Brown* angelegt, gilt er als ein Musterbeispiel vollendeter englischer Gartenbaukunst. Petworth Park erstarrt nicht zu einem künstlichen Gebilde wie die französischen Barockgärten, vielmehr erweckt er den Eindruck eines fließenden Übergangs zur sich öffnenden Landschaft. Hierzu gehören der serpentinenförmige See in der Nähe des Herrenhauses sowie gewundene Wege und lose verstreute Baumgruppen.

April bis Okt. Sa–Mi 11–17 Uhr. Eintritt: £ 9.90, erm. £ 5 (NT). Die Gartenanlage ist ganzjährig von 8 Uhr bis Sonnenuntergang geöffnet und kostet keinen Eintritt.

Chichester

Die lebendige Kleinstadt besitzt zwei große Attraktionen: Eine normannische Kathedrale und das Chichester Festival Theatre, in dem alljährlich eines der renommiertesten englischen Theaterfestivals stattfindet.

Wie die Endung „chester" bereits andeutet, geht Chichester auf eine römische Gründung zurück. Der rechteckige Grundriss der Römerstadt *Noviomagus Regnensium* bestimmt noch immer den Straßenverlauf. Den Schnittpunkt von *Decumanus* (Längsachse) und *Cardo* (Querachse) markiert seit 1501 das Market Cross. In angelsächsischer Zeit als „Cissecaestre" urkundlich erwähnt, wurde Chichester wenige Jahre nach der normannischen Eroberung zum Bischofssitz erhoben. Schon von weitem sieht man den Glockenturm der Kathedrale, der eindrucksvoll aus der Dächerlandschaft herausragt. Im Spätmittelalter durch einen regen Woll-, Tuch- und Weizenhandel zu Reichtum gekommen, hat sich die Kleinstadt ihr altertümliches Erscheinungsbild bis heute bewahren können. Das Auto lässt man am besten zeitig stehen, da die Stadtverwaltung von Chichester das halbe Zentrum lobenswerterweise in eine Fußgängerzone verwandelt hat. Leider ist noch keinem der verantwortlichen Herren und Damen aufgefallen, dass es dem Flair der Stadt gut ins Gesicht stehen würde, dürften die zahlreichen Cafés und Restaurants ein paar Tische im Freien aufstellen. Nachtleben? Nicht erwünscht, stattdessen herrscht nach Geschäftsschluss provinzielle Ruhe …

- *Information* **Tourist Information Centre**, 29a South Street, Chichester, West Sussex, PO19 1AH, ✆ 01243/775888, 📠 01243/539449, www.visitingchichester.org.
- *Einwohner* 28.000 Einwohner.
- *Verbindungen* **Bus** – Chichester Bus Station, Southgate, ✆ 01243/536000; Busse fahren von hier aus halbstündlich nach Selsey und Witterings; stündlich nach Brighton, Portsmouth, Bognor Regis, Pagham und Emsworth; seltener nach Barsham. Coach Services auch nach London, Exeter, Southampton und Brighton.

Zug – Chichester Station, Southgate, Information unter ✆ 0345/959099; halbstündlich nach Portsmouth und Brighton; stündlich

Züge nach London (Victoria Station) über Arundel und direkt nach London (Waterloo Station). www.nationalrail.co.uk.

● *Stadtführungen* Sa um 14.30 Uhr, von Mai bis Sept. auch Di um 11 Uhr. Treffpunkt: Tourist Office.

● *Veranstaltungen* Das **Chichester Festival Theatre** gilt als das beste Theater Englands – abgesehen von den Londoner Bühnen. Über 350.000 Zuschauer werden hier in der von März bis Oktober dauernden Saison gezählt. Wer sich diesen kulturellen Leckerbissen nicht entgehen lassen will, sollte sich rechtzeitig um ein Ticket bemühen. Die Preise liegen zwischen £ 10 und £ 40; wenn man am Spieltag ab 18 Uhr an der Kasse ansteht, gibt es eventuell noch günstigere Restkarten. Reservierungen unter: ☎ 01243/781312. www.cft.org.uk.

In Erinnerung an die Einweihung der Kathedrale wird alljährlich das **Chichester Festivities** (zwei Wochen im Juli) zelebriert. Auf dem Programm stehen Jazz, Film, Tanz, Oper und anderes mehr. Viele Veranstaltungen finden dann auch in der Kathedrale statt. www.chifest.org.uk.

● *Übernachten* **The Ship Hotel**, sehr zentral gelegenes, komfortables Hotel aus dem 18. Jahrhundert. Herrliches Treppenhaus! Insgesamt 36 moderne Zimmer mit hohen Decken und sehr gut ausgestatteten Bädern. Ein Lob verdient auch das Frühstück, wo zur Abwechslung frische Croissants und Pain au Chocolat aufgetischt werden. Kostenloses WLAN sowie Parkplätze hinter dem Haus. Übernachtung und Frühstück kosten hier ab £ 49.50 pro Person im DZ, £ 75 im EZ (in der Nebensaison Angebote erfragen). North Street, ☎ 01243/778000, 📠 01243/788000, www.shiphotel.com.

Suffolk House Hotel, stilvolles georgianisches Hotel mit nicht gerade überwältigenden Zimmern ab £ 95 (B & B), EZ ab £ 60. 3 East Row, ☎ 01243/778899, 📠 01243/787282, www.suffolkhousehotel.co.uk.

Trents, modernes Restaurant mit Bar (Hauptgerichte £ 10), in dem auch fünf geschmackvolle, aber nüchterne Zimmer für Puristen vermietet werden (Flat Screen, Powerdusche etc.). Netter bewirtschafteter Garten hinter dem Haus (eine Seltenheit in Chichester!). WLAN. EZ £ 65, DZ £ 85 (Sa £ 109). 50 South Street, ☎ 01243/773714, www.trentschichester.co.uk.

The Nags Head, hinter der Fachwerkfassade des Pubs werden elf Zimmer ab £ 35 pro Person vermietet. 3 St Pancras, ☎ 01243/785823. www.thenagshotel.com.

Old Orchard Guesthouse, drei komfortable Gästezimmer außerhalb des Stadtzentrums. B & B £ 35–50. 8 Lyndhurst Road, ☎ 01243/536547. www.oldorchardguesthouse.co.uk.

Mrs Campbell-White, Privathaus im Zentrum. Die Besitzerin vermietet ein EZ ausschließlich an Frauen; B & B ab £ 35. Rechtzeitig anmelden. 5a Little London, ☎ 01243/788405.

● *Camping* ** **Southern Leisure Lakeside Village**, riesiges Campingareal mit 1500 Stellplätzen am südlichen Stadtrand. Mit beheiztem Freibad. Von März bis Okt. geöffnet. Übernachtung ab £ 15. Vinnetrow Road, ☎ 01442/787715, 📠 01442/533643.

● *Essen/Trinken* **The Buttery at the Crypt**, stilvoll sitzt man in einem rund 800 Jahre alten Gewölbe und kann sich an günstigen kleinen Gerichten erfreuen. 12a South Street, ☎ 01243/537033.

The George & Dragon Inn, das Lokal wurde von den Lesern der örtlichen Presse 2005 zum „Pub of the Year" gewählt. Kostenloses WLAN. Es werden auch zehn ansprechende Zimmer für £ 75–85 vermietet. North Street, ☎ 01243/785660, www.georgeanddragoninn.co.uk.

Cloisters Café, das im Kreuzgang der Kathedrale gelegene Café begeistert vor allem mit seinem herrlichen Garten. Kleine Snacks und Getränke zu günstigen Preisen. Tgl. 9–17, So 10–16 Uhr, ☎ 01243/782595.

Ask, italienisches Restaurant, besticht durch seine breite Auswahl an frischer Pasta und Pizza, jeweils zwischen £ 6 und £ 8. 38 East Street, ☎ 01243/775040.

Costa Coffee, direkt gegenüber der Kathedrale gibt es ausgezeichneten Kaffee. West Street. Starbucks und Cafè Nero betreiben ebenfalls eine Filiale in Chichester.

Sehenswertes

Chichester Cathedral: Die 1075 erfolgte Erhebung zum Bischofssitz – noch heute der einzige in Sussex – machte den Bau einer Kathedrale erforderlich. Gut drei Jahrzehnte später wurde das Gotteshaus geweiht. Während das Langhaus noch die typischen normannischen Arkaden und Triforien aufweist, ist vor allem das Äußere der Kathedrale aufgrund zahlreicher Brände sowie mehrerer Um- und Anbauten im gotischen Stil verändert worden. Ungewöhnlich ist der spätmittelalterliche Campanile, handelt es sich doch um den einzigen frei stehenden Glockenturm Englands. Südlich der Kathedrale schließt sich ein trapezförmiger Kreuzgang an, der allerdings meistens verschlossen ist.

Dem langjährigen Dekan *Walter Hussey* ist es zu verdanken, dass die Kathedrale mit mehreren modernen Kunstwerken verschönert wurde. Von John Piper stammt ein abstrakter Gobelin hinter dem Hochaltar, Marc Chagall hat ein in hellem Rot leuchtendes Glasfenster im nördlichen Chorseitenschiff geschaffen, und Graham Sutherland malte das Altarbild „Noli me tangere", das in der Südostkapelle zu bewundern ist. Eine Plastik von Henry Moore sorgt auf dem Rasen neben der Kirche für einen optischen Akzent.

Chichester Cathedral

West Street. 7.15–19 Uhr, im Winter bis 18 Uhr. Spende: £ 5, erm. £ 3. Führungen: von Ostern bis Okt. tgl. außer So um 11 und 14.15 Uhr. www.chichestercathedral.co.uk.

Market Cross: Das Marktkreuz im Zentrum der Altstadt wurde im Jahre 1501 von Bischof Storey gestiftet. An dieser Stelle durften die armen Bürger Chichesters ihre Waren verkaufen, ohne dafür Abgaben leisten zu müssen.

Pallant House Gallery: Geht man vom Market Cross die South Street hinunter und biegt dann links ab, so kommt man in ein Viertel, das *The Pallant* genannt wird. Eng aneinander gedrängt stehen hier Bürgerhäuser aus dem 18. und 19. Jahrhundert. Eines davon ist das 1712 erbaute Pallant House. Heute ist in diesem Gebäude eine Kunstgalerie untergebracht. Ausgestellt sind moderne Gemälde (Sutherland, Nash, Moore, Derain, Klee u. a.), aber auch Möbelstücke aus dem 18. und 19. Jahrhundert. Architektonisch sehr gelungen ist der moderne Erweiterungsanbau, der 2007 mit dem 150.000 Euro dotierten Gulbenkian-Preis für Museen und Galerien ausgezeichnet wurde. Dadurch verfügt das Museum jetzt auch über ein ansprechendes Café und einen schönen Bookshop.

9 North Pallant. Di–Sa 10–17 Uhr, Do bis 20 Uhr, So 12.30–17 Uhr. Eintritt: £ 7.50, erm. £ 4 oder £ 2.30. www.pallant.org.uk.

Umgebung von Chichester

Fishbourne Roman Palace: Als eindrucksvolles Zeugnis der römischen Zivilisation gelten die herrschaftlichen Villen, die im gesamten Imperium Romanum zu finden waren. Auch in dem drei Kilometer östlich von Chichester gelegenen Dorf Fishbourne ließ sich wahrscheinlich der keltische Stammesfürst Cogidubnus einen palastartigen Landsitz samt Badehaus errichten, wobei er den Stil der römischen

Fishbourne Palace: prachtvolle römische Mosaike

Besatzer übernahm. In der zweiten Hälfte des 3. Jahrhunderts bei einem Brand zerstört, fiel der Palast der Vergessenheit anheim. Nachdem man das Anwesen durch Zufall bei Kanalisationsarbeiten entdeckt hatte, wurde ab 1960 damit begonnen, den Palast auszugraben. Ein Unterfangen, das bis heute noch nicht abgeschlossen ist, da zu dem Palast mehr als 100 Räume gehören, die sich über eine Fläche von 1500 Quadratmetern rund um einen Innenhof erstrecken. Faszinierend sind die freigelegten Bodenmosaike im Nordflügel, darunter die Darstellung des auf einem Delphin reitenden Gottes der Liebe. Um den Gesamteindruck des Palastes wiederzugeben, hat man versucht, einen Teil der Gartenanlagen in ihrem ursprünglichen Zustand zu rekonstruieren. Wie weitere Grabungen ergeben haben, befanden sich neben dem Palast auch militärische Vorratshäuser und eine kleine Hafensiedlung (Fishbourne lag vor 2000 Jahren noch am Meer). Ein kleines Museum und eine Videoshow geben zusätzliche Erläuterungen.

Salthill Road. Febr. bis Mitte Dez. tgl. 10–17 Uhr, im August bis 18 Uhr, von Mitte Dez. bis Anfang Febr. nur Sa und So 10–16 Uhr. Eintritt: £ 7.60, erm. £ 6.80 oder £ 4. www.sussexpast.co.uk.

Goodwood House: In einem 5.000 Hektar großen Park liegt das Ende des 18. Jahrhunderts erbaute Goodwood House, das nach der Renovierung 1997 in neuem Glanz erstrahlt. Ein Rundgang führt durch die Staatsgemächer mit alten Möbeln, Porzellan und einer ansehnlichen Gemäldesammlung (van Dyck, Hogarth, Reynolds usw.). Anfahrt über die A 27 Richtung Westen (kurz hinter Chichester links ausgeschildert). Gleich nebenan befindet sich eine renommierte *Pferderennbahn,* die zusammen mit Ascot und Epsom zu den bedeutendsten in England zählt. Kunstliebhaber erfreuen sich an einem zeitgenössischen Skulpturenpark (Sculpture at Goodwood), den das Sammlerehepaar Jeanette und Wilfred Cass angelegt hat. Da die Kunstwerke jedes Jahr neu arrangiert und durch Zukäufe ersetzt werden, stellt der Park stets eine neue Herausforderung dar.

Goodwood House: Ostern bis Sept. So u. Mo 13–17 Uhr, im Aug. So–Do 13–17 Uhr. Eintritt: £ 9, erm. £ 7.50. www.goodwood.co.uk.

Weald & Downland Open Air Museum: Das in der Nähe von Singleton (einige Kilometer nördlich von Chichester) liegende Freilichtmuseum vermittelt einen hervorragenden Eindruck von der ländlichen Architektur Südenglands vom Spätmittelalter bis ins 19. Jh. In einem parkähnlichen Areal wurden rund 40 historische Gebäude originalgetreu wiederaufgebaut und mit dem entsprechenden Mobiliar eingerichtet, darunter eine Mühle, ein viktorianisches Schulhaus und ein Bauernhof mit Kühen, Schweinen, Schafen, Hühnern und allem, was sonst noch dazugehört.
April bis Okt. tgl. 10.30–18 Uhr, Nov. bis März. nur Mi, Sa und So 10.30–16 Uhr. Eintritt: £ 9, erm. £ 8.15 und £ 4.80, www.wealddown.co.uk.

Midhurst: 23 Kilometer nördlich von Chichester liegt Midhurst, eine kleine Stadt mit vielen alten Pubs und guten kleinen Restaurants in der North Street. In einem Park sind die Ruinen von *Cowdray House* (im Tudor-Stil) zu besichtigen. In der hiesigen Grammar School drückte *Herbert George Wells* (1866–1946) die Schulbank. Er gilt zusammen mit Jules Verne als Begründer des modernen Sciencefiction-Romans. Sein bekanntestes Werk ist „The Time Machine", das auch aus verschiedenen Filmfassungen bekannt ist.
April bis Okt. Mi–So 10.30–16.30 Uhr. Eintritt: £ 6, erm. £ 5 und £ 3. www.cowdray.org.uk.

Bognor Regis: Bognor Regis ist eines der zahlreichen Seebäder an der englischen Südküste mit dem üblichen Pier, diversen Bingo Halls, einem Sport- und Freizeitzentrum und einer Promenade. Bis 1929 hieß der Ort schlicht Bognor; erst nachdem König Georg V. hier erfolgreich eine Kur absolviert hatte, mutierte das Seebad zu „Bognor Regis". Tausende von Engländern verbringen alljährlich ihren Urlaub in den örtlichen Holiday Centres und Caravan Parks. Einen guten Eindruck von der hiesigen Atmosphäre bekommt man im Butlin's Holiday Centre. Während der Hochsaison sind hier mehr als 6000 Urlauber untergebracht! Ein Höhepunkt ist die im März stattfindende *International Clown Convention*, zu der sich Hunderte von Spaßmachern in Bognor Regis versammeln.

Bognor Regis – Urlaub mit Sonnengarantie

Die Engländer wissen genau, weshalb sie Bognor Regis als Urlaubsort wählen: Sieht man einmal vom Jahr 1997 ab, so ist Bognor Regis seit 1990 stets der Ort in Großbritannien gewesen, der die meisten Sonnenstunden verzeichnen konnte. Mit durchschnittlich 1903 Sonnenstunden pro Jahr – das sind mehr als 5 Stunden pro Tag – bietet Bognor Regis beste Voraussetzungen für warme Ferientage.

● *Information* **Tourist Information Centre**, Belmont Street (hinter der Esplanade im Zentrum), Bognor Regis, West Sussex PO21 1BJ, ☎ 01234/823140, ✆ 01234/820435. www.bognor-regis.org.
● *Einwohner* 22.500 Einwohner.
● *Verbindungen* **Bus** – Southdown Busse nach Brighton, Portsmouth, Chichester; Informationen unter ☎ 01903/237661.
Zug – Bahnhof an der Station Road; Züge nach Chichester, Brighton und London Victoria Station.

● *Fahrräder* Das Tourist Office hält eine Liste mit Verleihern bereit.
● *Übernachten* In Bognor Regis gibt es relativ günstige Hotels, z. B. **Selwood Lodge**, kleines, ansprechendes Guest House. B & B ab £ 27.50 pro Person. 93 Victoria Drive, ☎/✆ 01234/865071, www.selwoodlodge.com. Hotels und B & Bs vermieten nur ungern für eine Nacht. Wer seine Ferien gerne in **Butlin's Resort** verbringen möchte, kann sich unter der Rufnummer 0870/2425678 oder im Internet unter www.butlinsonline.co.uk informieren.

Blumen statt Ritter: Guildford Castle

Grafschaft Surrey

Fragt man einen Engländer, der in der Grafschaft Surrey wohnt, nach seiner Herkunft, so wird er „London" antworten. Tatsächlich scheint die ganze Region Vorgarten der Hauptstadt zu sein.

„Grüngürtel der Börsenmakler" wird Surrey genannt. Schon im 17. Jahrhundert pendelten die Bewohner von hier nach London. An Wochenenden versuchen dann die Londoner, der Großstadthektik zu entfliehen, quälen sich über verstopfte Autobahnen und genießen schließlich in Surrey einen Tag im Grünen, beispielsweise beim Pferderennen im *Sandown Park* nahe Esher oder in *Epsom.* Landschaftlich wird Surrey von den North Downs bestimmt; der hügelige Gebirgszug steigt westlich von Guildford an und kann auch entlang eines Fernwanderweges (*North Downs Way*) erkundet werden.

Am Fuße der North Downs, wo der Fluss Mole eine Schneise durch die Hügelkette schlägt, liegt die Kleinstadt **Dorking**, Ausgangspunkt für Erkundungen dieser Gegend (regelmäßige Zugverbindung nach London Victoria Station, 40 Kilometer). Am nördlichen Rand von Dorking erhebt sich der *Box Hill*, ein Berg auf dem schon Generationen von Londonern picknickten. Hier riecht es nach gegrillten Würstchen und Wacholder. Berühmte Literaten wie John Keats ließen sich von einem Spaziergang auf dem Box Hill inspirieren. Nachahmer genießen bei einem Tee oben im Café die herrliche Aussicht auf die Umgebung. Viele Leute meinen, dass der North Downs Way, der von Dover bis in die Grafschaft Hampshire führt, hier am schönsten sei.

Höchste Erhebung Südostenglands ist der *Leith Hill* mit 295 Metern. Von oben kann man den Ärmelkanal im Süden und im Norden London ausmachen. Von der

Jugendherberge in Holmbury St Mary wandert man ungefähr eine Stunde hierher. Von der Herberge in Tanners Hatch (vier Kilometer nordwestlich von Dorking) bis nach *Polesden Lacey* sind es ungefähr 1,5 Kilometer. In einem hübschen Park mit Allee liegt eine Regency-Villa. Das Herrenhaus wurde Anfang des 19. Jahrhunderts erbaut und 1906 grundlegend renoviert und erweitert. Innen sind französische Möbel und Malereien zu bestaunen. 1923 verbrachte der spätere König Georg VI., Vater der heutigen Königin Elizabeth, seine Flitterwochen hier.

Information   **Surrey Tourism,** County Hall, Kingston upon Thames, Surrey KT1 2DY, ✆ 020/85419081, ✉ 020/85419172. www.visitsurrey.com.

Guildford

Die Hauptstadt der Grafschaft Surrey ist das am River Wey gelegene Guildford. Eine Universität, eine Kathedrale, eine Burgruine und eine wunderschöne Altstadt prägen den Ort, der sich auch gut als Ausgangspunkt für einen Abstecher nach London eignet.

Aufgrund der guten Verkehrsanbindungen und der räumlichen Nähe zu London erfreut sich Guildford als Wohnsitz für gestresste Großstädter einer steigenden Beliebtheit. Durchaus verständlich: Das historische Zentrum – Guildfords Wurzeln reichen bis in die angelsächsische Zeit zurück – vermittelt die Geborgenheit einer Kleinstadt, so dass Guildford nicht Gefahr läuft, zur reinen Schlafstadt zu mutieren. Zudem ist Guildford seit 1966 Sitz der University of Surrey, wodurch sich die alten Gassen ein wenig im studentischen Flair sonnen können. Die steile, kopfsteingepflasterte High Street mit ihren feinen Boutiquen lädt zum Einkaufsbummel ein. Dominiert wird die Hauptstraße von der Guildhall im Tudor-Stil mit ihrer markanten Uhr sowie dem Archbishop Abbot's Hospital, einem stattlichen Armenhaus aus dem Jahre 1619.

• *Information*   **Tourist Information Centre,** 14 Tunsgate, Guildford, Surrey GU1 3QT, ✆ 01483/444333, ✉ 01483/302046, www.visitguildford.com.

• *Einwohner* 63.000 Einwohner.

• *Verbindungen* **Zug** – Guildfords Bahnhof liegt ungefähr eine halbe Meile nordwestlich des Zentrums. Es bestehen regelmäßige Verbindungen nach Portsmouth und London Waterloo. www.nationalrail.co.uk.

Bus – Zwischen dem Bahnhof und der Altstadt befindet sich der Busbahnhof am westlichen Ende der North Street (Verbindungen nach Winchester, Portsmouth und London). www.nationalexpress.com.

• *Markt*   Großer Straßenmarkt (**Farmer's Market**) von 10.30–15.30 Uhr am ersten Di des Monats auf der High Street; **North Street Market** jeden Fr und Sa.

• *Stadtführungen* Kostenlose Stadtführungen von Mai bis Sept. Mo um 11 Uhr, Mi und So um 14.30 Uhr, Do um 19 Uhr (bis Aug.). Treffpunkt: Tunsgate Arch in der High Street.

• *Theater* **Yvonne Arnaud Theatre,** Opern, Ballett und West End Shows; gilt als eines der besten Regionaltheater Englands. Millbrock, ✆ 01483/440000. www.yvonne-arnaud. co.uk. **The Electric Theatre,** Onslow Street, ambitioniertes Amateurtheater, ✆ 01483/444789. www.electrictheatre.co.uk.

• *Übernachten* **The Angel Hotel,** das altehrwürdige Hotel gilt seit mehr als sieben Jahrhunderten als das erste Haus am Platz und lässt sich diesen Ruf auch gut bezahlen. Verspielte Zimmer für Liebhaber von Himmelbetten. B & B im DZ £ 155. 91 High Street, ✆ 01483/64555, ✉ 01483/33770, www. angelpostinghouse.com.

Asperion, für alle, die mit dem englischen Plüschstil nichts am Hut haben. Das kleine Hotel (15 Zimmer) gefällt durch sein modernes zeitgenössisches Design, gut ausgestattet mit Flat-Screen und kostenlosem WLAN. Zum Frühstück werden nur Bioprodukte serviert. B & B ab £ 50 im EZ, ab £ 85 pro DZ. 73 Farnham Road, ✆ 01483/579299, ✉ 01483/457977, www.asperion-hotel.co.uk.

Blanes Court Hotel, ruhiges familiäres Hotel in einem edwardianischen Haus, etwa zehn Fußminuten vom Zentrum. Zum Frühstück gibt es hausgemachte Marmelade. B & B ab £ 86 pro DZ, £ 64 im EZ. 4 Albury Road, ✆ 01483/573171, 🖰 01483/532780, www.blanes.demon.co.uk.

● *Essen/Trinken* **Cambio**, vorzüglicher und nicht teurer Italiener unweit des Castle. Bei einem zweigängigen Menü für £ 13.50 (nur mittags, abends ab £ 25.50, jeweils zzgl. Service Charge) folgten auf ein leckeres Erbsenrisotto ebenso vorzügliche Schweinemedaillons. Sonntagabend geschlossen. 10 Chapel Street, ✆ 01483/577702, www.cambiorestaurant.co.uk.

Olivio, ein weiterer sehr sympathischer Italiener, den uns eine Leserin empfahl, die hier „die besten Gnocchi ihres Lebens" gegessen hat. Mittagsmenü für £ 9.90. Pizzas ab £ 8.50, Nudelgerichte ab £ 8. So geschlossen. 53 Quarry Street, ✆ 01483/303535, www.olivo.co.uk.

Wagamama, eine Filiale der in London sehr beliebten japanischen Noodle Bar (Motto: *postive eating is positive living*). Nüchternes

modernes Design und keineswegs überteuert (Hauptgerichte £ 7–11). 29 High Street, ✆ 01483/457779, www.wagamama.com.

Zinfandel, der Name der Weinrebe lässt es schon erahnen: In dem hellen Ambiente wird die internationale Küche von thailändisch bis zu einem *Voodoo Steak* (mit einer kreolischen Soße für £ 15.50) gepflegt. Hauptgerichte ab £ 10. Es gibt aber auch Pizza ab £ 8. So Ruhetag. 4–5 Chapel Street, ✆ 01483/455155, www.zinfandel.org.uk.

Café de Paris, Freunde der französischen Küche finden drei Häuser weiter eine verspielte Brasserie, die ein zweigängiges Mittagsmenü für £ 12.50 anbietet. An der Seebrasse in Safransoße gab es nichts zu bemängeln. 35 Castle Street, ✆ 01483/534896.

The Kings Head, einladendes, rund 400 Jahre altes Pub in der Nähe der Burg. Im Sommer sitzt man im Hof, im Winter vor dem warmen Kaminfeuer. Hauptgerichte ab £ 6. Quarry Street, ✆ 01483/575004, www.thekingsheadpub.co.uk.

Sehenswertes

Castle: Die von einer schönen Gartenanlage eingerahmte Ruine der normannischen Burg diente im Hochmittelalter als königliche Residenz. Wahrscheinlich ist *Johana Ohneland* von hier aus nach Runnymede aufgebrochen, um die Magna Carta zu unterzeichnen. Nach dem Abschluss umfangreicher Restaurierungsarbeiten ist der Tower jetzt wieder begehbar. Ein Modell zeigt den Zustand der Burg im Jahre 1300, vom Dach hat man einen herrlichen Panoramablick auf die Stadt. In einem Teil der ehemaligen Befestigungsanlage befindet sich das Guildford Museum. April bis Sept. tgl. 10–17 Uhr, Okt. bis März Sa und So 11–16 Uhr. Eintritt: £ 2.60, erm. £ 1.30.

Guildford Museum: Ausgestellt sind Zeugnisse zur Lokal- und Frühgeschichte, daneben widmet sich das Museum vor allem Charles Lutwidge Dodgson, besser bekannt unter seinem Pseudonym *Lewis Carroll*. Der Autor von „Alice im Wunderland" erwarb im Jahre 1868 für seine sechs unverheirateten Schwestern das Haus *The Chestnuts* in der Quarry Street (Gedenktafel). Während seiner Semesterferien kam er oft nach Guildford, wo er am 14. Januar 1898 auch gestorben ist. Sein Grab befindet sich auf der anderen Seite des River Wey auf dem Friedhof The Mount. Castle Arch, Quarry Street. Tgl. außer So 11–17 Uhr. Eintritt frei! www.guildfordmuseum.co.uk.

Umgebung von Guildford

Clandon Park: Clandon Park ist der Familiensitz der Onslows. Der 2. Lord Onslow beauftragte den venezianischen Architekten *Giacomo Leoni*, östlich von Guildford ein Herrenhaus im palladianischen Stil zu errichten. Während das Äußere eher schlicht gehalten ist, überraschen die opulent ausgestatteten Innenräume; Aufmerksamkeit verdient eine Sammlung chinesischer Porzellanvögel. Die Parkanlagen gehen auf keinen Geringeren als den königlichen Hofgärtner *Capability Brown* zurück. Neuseelandfans können dort übrigens ein „Maori Meeting House" bewundern, das der 4. Lord Onslow, der einst Gouverneur von Neuseeland war, als Andenken mitbrachte.

Mitte März bis Okt. Di–Do sowie So 11–17 Uhr. Eintritt: £ 7.70, erm. £ 3.80, Familienticket £ 20. Kombiticket mit Hatchlands Park: £ 11, erm. £ 5.50 (NT). www.clandonpark.co.uk.

Hatchlands Park: Nur drei Kilometer von Clandon Park entfernt ließ sich Admiral *Edward Boscawen* 1758 von *Thomas Ripley* einen repräsentativen Landsitz errichten. Für die Innenausstattung des Ziegelsteinbaus zeichnete *Robert Adam* verantwortlich. Besonders sehenswert sind die Bibliothek und der Salon mit den kunstvollen Stuckarbeiten. Ausgestellt ist dort die *Cobbe Collection*, die weltweit wohl größte Sammlung alter Tasteninstrumente. Ein Teil des Gartens wurde von der Gartenbaukünstlerin *Gertrude Jekyll* gestaltet.

April bis Okt. Di–Do sowie So 14–17.30 Uhr, im Aug. auch Fr 14–17.30 Uhr, der Park ist tgl. von 11–18 Uhr zugänglich. Eintritt: £ 6.30 oder £ 3.60 (nur Park). Kombiticket mit Clandon Park: £ 11, erm. £ 5.50 (NT).

Farnham

Das beschauliche Farnham liegt am Rande des Londoner Speckgürtels. Mehrere Kunstgalerien und das *Surrey Institute of Art and Design* weisen positiv auf den ästhetischen Dunstkreis von London hin. Der Ortsname leitet sich aus dem sächsischen *Fearnhamme* ab, den „Flusswiesen, an denen Farnkraut wächst". Einen großen Einfluss auf das prosperierende Wirtschaftsleben von Farnham nahmen die Bischöfe von Winchester, die hier auf halbem Weg zwischen ihrer Diözese und London eine Nebenresidenz unterhielten. Im Mittelalter war Farnham ein bedeutendes Zentrum der Wollindustrie, später stieg die Stadt zu einem der größten Weizenmärkte Englands auf. Optisch wird das Stadtbild weitgehend von Bauten aus dem 18. Jahrhundert geprägt, jener Epoche, in welcher die Bürger Farnhams durch den Hopfenanbau und -handel zu Wohlstand kamen. Nach dem Zweiten Weltkrieg rückte Farnham immer stärker in den Einzugsbereich von London, so dass sich die Bevölkerung seither verdoppelt hat. Die Eröffnung des *Surrey Institute of Art and Design* hat sich belebend auf das Flair von Farnham ausgewirkt. Kunststudenten sind nach Farnham gezogen, Galerien wurden eröffnet.

- *Information* **Farnham Town Council**, South Street, Farnham, Surrey GU9 7RN, ☎ 01252/715109, 🖷 01252/725083. www.farnham.gov.uk.
- *Einwohner* 38.000 Einwohner.
- *Verbindungen* **Zug** – Verbindungen nach London (Waterloo), Alton Aldershot und Woking. Der Bahnhof liegt einen halben Kilometer südlich der Altstadt.

www.nationalrail.co.uk.

Bus – Nach Guildford, Aldershot, Midhurst und Winchester. www.nationalexpress. com.

- *Stadtführungen* Von April bis Okt. jeden ersten So des Monats um 15 Uhr. Treffpunkt: Wagon Yard Car Park/Ecke Downing Street. Kosten £ 3. www.farnhamtownwalks.org.uk.

Sehenswertes

Farnham Castle: Farnham Castle ist die am besten erhaltene Burg in der Grafschaft Surrey. Sie wurde 1138 auf Anordnung von *Henry de Blois*, dem Bischof von Winchester, errichtet und diente seinen Amtsnachfolgern noch bis ins Jahr 1927 als Residenz. Vom mächtigen normannischen Bergfried bietet sich ein schöner Blick auf die Dächer von Farnham. Die ehemalige Bischofsresidenz ist nur im Rahmen einer Führung zugänglich.

April bis Sept. tgl. 9–17 Uhr, am Wochenende bis 16 Uhr. Eintritt frei (EH)!

Südostengland
Karte S. 148/149

Museum of Farnham: Das in einem georgianischen Gebäude untergebrachte Museum bietet einen Überblick über die Stadtgeschichte, wobei auch *William Cobbett*, ein aus Farnham stammender sozial engagierter Journalist des 18. Jahrhunderts gewürdigt wird. Zudem finden regelmäßig Wechselausstellungen statt.
38 West Street. Tgl. außer So und Mo 11–17 Uhr. Eintritt frei.

Waverley Abbey: Nur noch ein paar pittoreske Ruinen erinnern heute daran, dass die drei Kilometer südöstlich von Farnham gelegene Waverley Abbey 1128 die erste Abtei war, die der aufstrebende Zisterzienserorden in England gründet hat. Bis ins späte 15. Jahrhundert hinein stand das klösterliche Leben in voller Blüte. Im Rahmen der 1536 von Heinrich VIII. verfügten Klosterauflösungen wurde Waverley zerstört. Die Ruinen liegen 3 Kilometer südöstlich von Farnham. Eintritt frei.

Hampton Court Palace

Zu Recht wird Hampton Court Palace als die schönste königliche Residenz gerühmt. Umgeben von ausgedehnten Gartenanlagen, leuchtet der Palast noch immer im Glanz der Tudor-Zeit. Ursprünglich wurde Hampton Court zu Beginn des 16. Jahrhunderts im Auftrag von *Thomas Wolsey* (1475–1530), seines Zeichens Lordkanzler und Erzbischof von York, errichtet, doch *Heinrich VIII.* hatte nicht nur ein Faible für das weibliche Geschlecht, sondern auch für schöne Schlösser und forderte von seinem kirchlichen Gegenspieler, ihm Hampton Court zu „überlassen". Nachdem die Zwangsenteignung vollzogen war, wurde Hampton Court systematisch zu einem der größten englischen Königspaläste ausgebaut.

Kaum dem Zug entstiegen, strömen die meisten Besucher über die Themsebrücke dem Haupteingang des Hampton Court Palace entgegen. Mit seinen roten Backsteinen, weißen Zinnen sowie den zahlreichen kleinen Türmchen und Kaminen ist der Hampton Court Palace ein Musterbeispiel für die Tudorarchitektur. Farbig gekennzeichnete Rundgänge führen vom *Clock Court* durch die verschiedenen Bereiche des Palastes. Der Hof erhielt seinen Namen, als Heinrich VIII. 1540 eine astronomische Uhr anbringen ließ, die nicht nur die Zeit anzeigt, sondern auch Tag, Monat, Mondphase und die Gezeiten der Themse! Besonders eindrucksvoll sind die *Henry VIII's State Apartments* mit der Great Hall und der königlichen Kapelle. Ebenfalls sehr repräsentativ wirken die im Barockzeitalter entstandenen Gemächer des Königs (*The King's Apartments)* und der Königin (*The Queen's State Apartments). The Georgian Rooms* waren ein privates Refugium für das Herrscherpaar. Vom Alltagsleben im Hampton Court erzählen die *Tudor Kitchens;* in der wohl größten noch erhaltenen Küche des 16. Jahrhunderts mussten täglich über 500 Personen versorgt werden. Die ausgestellten Gerätschaften und Lebensmittel geben einen authentischen Einblick in die Essgewohnheiten dieser Epoche am englischen Hof. Kunstgenuss versprechen *The Wolsey Rooms & Renaissance Picture Gallery;* sie beherbergen eine wertvolle Gemäldesammlung mit Werken von Tintoretto, Tizian, Lucas Cranach, Peter Brueghel d. Ä. und Holbein.

Umgeben ist Hampton Court von ausgedehnten barocken Gartenanlagen, die *Wilhelm III.* anlegen ließ, um seinen Rivalen, den französischen König Ludwig XIV., zu übertrumpfen. In der *Lower Orangery* ist eine Gemäldeserie (*„Die Triumphe des Cäsar")* von *Andrea Mantegna* ausgestellt, im Norden des Areals grenzen die Tudor Tennis Courts an, in denen bereits der übergewichtige Heinrich VIII. dem Ball hinterherjagte. Bei Kindern steht vor allem der kleine, durch Eibenhecken abgetrennte

Irrgarten (*The Maze*) hoch im Kurs. Er wurde bereits 1691 angelegt und gilt somit als das älteste Heckenlabyrinth Englands.

Mit dem Zug von London Waterloo Station oder Ⓤ Richmond + Bus R 68. Tgl. 10–18 Uhr, im Winter bis 16.30 Uhr. Eintritt: £ 14, erm. £ 11.50 oder £ 7, Familienticket £ 38 (inklusive Führung und Irrgarten). www.hrp.org.uk.

Grafschaft Berkshire

Neben Wiltshire und Surrey ist Berkshire – sprich „Barkscher"– die einzige südenglische Grafschaft ohne Zugang zum Meer. Abgesehen von Windsor und Ascot ist die Region touristisch gesehen eher von geringem Interesse.

Reading

Reading, die Hauptstadt von Berkshire, ist ein aufstrebendes Städtchen im Themsetal, das auf eine mehr als 1500-jährige Geschichte zurückblicken kann. Dank seiner Universität und einem zukunftsorientierten Gewerbe (Microsoft, Compaq, Racal Telecom etc.) muss Reading nicht fürchten, zum Londoner Vorort herabzusinken.

Das am Südufer der Themse gelegene Reading wurde von den Sachsen gegründet und erhielt im 9. Jahrhundert das königliche Privileg, Münzen prägen zu dürfen. Heinrich I. legte 1121 in Reading den Grundstein für eine Benediktinerabtei, die von Thomas Beckett geweiht wurde. Heinrich VIII. löste das Kloster auf, um sich an den Schätzen bereichern zu können; seit dem Bürgerkrieg erinnern nur noch Ruinen an die einst so reiche Abtei.

Vielfältige Einkaufsmöglichkeiten (Oracle Centre) und eine lebendige Kulturszene sorgen in Reading für Abwechslung. Wer Lust hat, kann einen Bootsausflug auf der Themse unternehmen. Über den Fluss Kennet und den Kennet-Avon-Kanal kann man mit einem schmalem Hausboot sogar bis nach Bath oder Bristol schippern. Interessant ist es, im Juli zum WOMAD (World of Music, Art and Dance) nach Reading zu kommen. Das 1982 von *Peter Gabriel* ins Leben gerufene Festival ist bekannt für sein anspruchsvolles Programm. Apropos Musiker: Der Klangvirtuose *Mike Oldfield*, der mit „Tubular Bells" einen weltweiten Erfolg hatte, wurde am 15. Mai 1953 in Reading geboren.

„Oh beautiful world"

In die Literaturgeschichte fand Reading Eingang durch Oscar Wildes „Ballade vom Zuchthaus zu Reading", die der skandalumwitterte Schriftsteller 1898 schrieb, nachdem er aus dem Gefängnis von Reading entlassen worden war. Zur Erinnerung an den berühmten Häftling, der zu zwei Jahren Zuchthaus wegen Homosexualität verurteilt worden war, hat die Stadt im Jahre 2000 einen „Oscar-Wilde-Gedenkweg" anlegen lassen. Auf einem Tor stehen die ersten Worte, die Wilde sprach, als er freigelassen wurde: „Oh beautiful world".

● *Information* **Reading Tourist Information Centre**, Church House, Chain Street, Reading RG1 1QH, ✆ 0118/9566226, ✇ 0118/9399885. www.readingtourism.org.uk.

● *Einwohner* 144.000 Einwohner.

● *Verbindungen* **Zug** – Verbindungen nach Oxford und London Paddington Station (25 Min.). Über Slough auch Zugverbindungen nach Windsor und Eton. www.nationalrail.co.uk.

Bus – Verbindungen nach London. Abfahrt Station Hill, ☎ 0118/9594000. www.nationalexpress.com.

● *Veranstaltungen* **WOMAD** (Juli), ☎ 01225/744494. Ticket-Line: ☎ 0118/9390930. www.womad.org. **Reading Festival** im August.

● *Museum of Reading* Blagrave Street, ☎ 0118/93998000. Geöffnet tgl. außer Mo 10–16 Uhr, So ab 11 Uhr. www.readingmuseum.org.uk.

● *Bootsfahrten* **Thames Rivercruise**, ☎ 0118/9481088. www.thamesrivercruise.co.uk.

● *Übernachten* **The George Hotel**, seit mehr als 500 Jahren dient die einstige Postkutschenstation als Herberge, seit ein paar Jahren allerdings zur Mercure-Gruppe gehörend. EZ £ 50–95, DZ £ 58–120 (die billigen Preise gelten für das Wochenende). 10/12 King Street, Reading, ☎ 0118/9573445, ✉ 0118/9508614. www.georgehotelreading.com.

The Old Forge, familiäres B & B in zentraler Lage. WLAN vorhanden. EZ £ 30–37.50, DZ £ 45–55 (die günstigen mit Etagendusche). 109 Grovelands Road Reading, ☎ 0118/9582928, www.readingbedbreakfast.co.uk.

Windsor und Windsor Castle

Wilhelm der Eroberer erbaute hier schon eine Burg, die Teil eines London umspannenden Befestigungssystems war. Heinrich I. heiratete im Windsor Castle Adeliza of Louvain, Karl I. wurde hier gefangen gehalten, bis sein Kopf rollte, und Königin Victoria trauerte hier um ihren toten Albert – kurzum, ein Schloss, das auf das Engste mit der Geschichte Englands verbunden ist.

Windsor selbst ist eine typische englische Kleinstadt mit vielen Backsteinbauten und zwei kopfsteingepflasterten Straßen, der *Church Street* und der *Market Street*, einer Menge Antiquitätenläden sowie vielen Pubs und Restaurants. Über die Themse führt eine Brücke hinüber nach *Eton*, der wohl berühmtesten Public School in England. Ganze Generationen britischer Premierminister sind im Eton College zur Schule gegangen. Das von Heinrich VI. gegründete Eton weiß sich seinen exklusiven Ruf zu bewahren: Wer nicht zu den Stipendiaten gehört, muss jährlich rund £ 30.000 Schulgeld aufbringen. Die derzeit bekanntesten Schüler sind fraglos William und Harry, die Söhne von Prince Charles und Lady Diana. Die größte Sehenswürdigkeit des Städtchens ist das auf einer kleinen Anhöhe liegende Schloss, das dem englischen Königshaus seinen Namen gab. Bis 1918 hießen die Windsors übrigens noch Sachsen-Coburg-Gotha, doch da sich Großbritannien und Deutschland im Ersten Weltkrieg bekriegten, beschloss Georg V., seine Linie nach dem Sommersitz der Königsfamilie zu benennen. Noch heute residiert ab und an Königin Elizabeth II. hier; dann weht das königliche Banner über dem Round Tower und zeigt an, dass die königlichen Gemächer nicht besichtigt werden können. Besucher erhalten dann Tickets zu einem ermäßigten Preis.

Der älteste Teil von Windsor Castle, der *Round Tower,* ist nicht öffentlich zugänglich. Als mächtiger Bergfried ruht der in der Regierungszeit von Heinrich II. errichtete Turm inmitten der Burganlage. Um ihn herum führt der Weg zum Eingang der *State Apartments.* In den Sommermonaten und am Wochenende bilden sich hier lange Warteschlangen, daher empfiehlt es sich, frühzeitig nach Windsor Castle aufzubrechen. Von dem verheerenden Brand im November 1992 ist heute kaum mehr etwas zu sehen. Die Brandschäden der *State Apartments* und der *St George's Hall* wurden in den letzten Jahren für 60 Millionen Pfund behoben, die Kosten musste die Queen aus eigener Tasche aufbringen, da sie es versäumt hatte, das Schloss zu versichern. Die unersetzlichen Gemälde von Rubens, Holbein, Dürer und Rembrandt konnten glücklicherweise rechtzeitig in Sicherheit gebracht werden. Ein kostbares Puppenensemble ist im *Queen Mary's Dolls' House* zu bewundern, mit dessen Einrichtung in den Zwanzigerjahren 1500 Handwerker drei Jahre lang beschäftigt waren! Im unteren Teil des Schlosses, dem sogenannten Lower Ward, lohnt eine Besichtigung der spätgotischen *St George's Chapel*. Die Kapelle ist nach der Westminster Abbey die bedeutendste Grablege der englischen Könige. Auch der berühmt-berüchtigte Heinrich VIII. fand hier seine letzte Ruhestätte.

Hinweis: Für Familien mit Kindern bietet sich abschließend noch ein Abstecher zum Freizeitpark *Legoland* an, der von Windsor Castle aus mit einem Shuttlebus in wenigen Minuten zu erreichen ist.

● *Anreise* Windsor Castle: Zug von der Waterloo Station bis Windsor & Eton Riverside oder von Paddington Station bis Windsor & Eton Central. Über Slough auch Zugverbindungen nach Reading.

● *Öffnungszeiten* **Windsor Castle:** tgl. 9.45–17.15 Uhr, im Winter nur bis 16.15 Uhr (Achtung: Sonntags ist die St George's Chapel geschlossen, last admisson jeweils eine Stunde vor Schließung.). Eintritt: £ 16, erm. £ 14.50 oder £ 9.50, Familientickets £ 42. www.royalcollection.org.uk. **Legoland:** geöffnet Ostern bis Anf. Nov. 10–18 Uhr, im Hochsommer bis 20 Uhr. Eintritt: £ 38, erm. £ 28 (günstiger im Internet). www.legoland.co.uk.

Ascot

Ascot ist nicht nur das renommierteste Pferderennen der Welt, es ist zugleich ein High-Society-Ereignis ersten Ranges. Wer in der englischen Gesellschaft Rang und Namen hat, trifft sich alljährlich in Ascot.

Seit dem Jahre 1711 wird in Ascot alljährlich in der zweiten Junihälfte das Royal Gold Cup Meeting ausgetragen. Queen Anne lud damals die Aristokratie zu einem Pferderennen ein, das schnell zu einem der beliebtesten Ereignisse im englischen Gesellschaftsleben aufstieg. Der absolute Höhepunkt ist das Eintreffen der königlichen Familie, die mit der Kutsche aus dem nahen Windsor „anreist". Wer richtig „dazugehören" will, muss allerdings eines der 8.000 Tickets für die königliche Loge vorweisen können. Selbstverständlich muss auch die strenge Kleideretikette gewahrt werden: Exzentrische Hüte auf den Köpfen feiner Ladys, standesgemäße Zylinder auf dem noblen Haupt des Mannes. Vorbei sind allerdings die Zeiten, als Geschiedenen der Zutritt zur königlichen Tribüne verwehrt blieb. Heute genügen Geld und ein paar gute Beziehungen, um sich Zugang zum Royal Enclosure zu verschaffen. Wer sich in Ascot gezeigt hat, ist in den Gesellschaftsspalten der Londoner Zeitungen am nächsten Tag nachzulesen.

Information ✆ 01344/22211, ✆ 01344/28299. www.ascot.co.uk.

Promiereignis: Pferderennen in Ascot

Südostengland Karte S. 148/149

Portsmouth: traditionsreiche Hafenstadt

Südengland

Hampshire – Isle of Wight – Wiltshire – Dorset

Südenglands touristische Pfunde sind die Isle of Wight, das Seebad Bournemouth, die Kathedralenstädte Winchester und Salisbury und natürlich Stonehenge, der zum Weltkulturerbe erklärte prähistorische Steinzirkel.

Südengland mit seinen Grafschaften Hampshire und Wiltshire gehört noch zum Londoner Speckgürtel. Aufgrund der guten Verkehrsanbindungen gibt es hier viele Pendler, die täglich in die englische Metropole fahren. Die Hafenstädte *Southampton* und *Portsmouth* bilden zusammen einen eigenen urbanen Ballungsraum mit vielen Industrie- und Bürovierteln. Von beiden Städten verkehren regelmäßig Fähren zur *Isle of Wight*, die mit ihren Kreideklippen, Sandstränden und reetgedeckten Bauernhäusern an ein England en miniature erinnert. Naturliebhaber sollten unbedingt durch den *New Forest* streifen, der zu den letzten großen Waldgebieten Englands gehört. Die weiter westlich gelegene Grafschaft Dorset ist landschaftlich sehr abwechslungsreich und besitzt noch mehrere altehrwürdige Seebäder wie *Bournemouth* und *Weymouth*.

Grafschaft Hampshire

Mit Portsmouth und Southampton liegen zwei der bedeutendsten englischen Seehäfen in der Grafschaft Hampshire. Die beiden anderen Attraktionen sind der New Forest und die altehrwürdige Bischofsstadt Winchester.

Der Name der Grafschaft Hampshire stammt aus dem Altenglischen und bedeutet so viel wie „wasserreiche Wiesenlandschaft". Southampton hieß ursprünglich

Hamptun, also „die Farm in der Flusslandschaft". Leider trifft diese liebliche Beschreibung nicht mehr auf die moderne Hafenstadt zu. Ähnlich wie in Portsmouth wurde der historische Stadtkern durch deutsche Bombenangriffe im Zweiten Weltkrieg fast völlig zerstört. In beiden Städten dominieren heute verkehrsreiche Schnellstraßen sowie moderne Wohn-, Büro- und Einkaufsblöcke das Stadtbild. Die ruhmreiche Vergangenheit lebt nur in den Museen und einigen gut erhaltenen oder restaurierten Gebäuden fort. Doch Portsmouth und Southampton schrieben Seefahrtsgeschichte, die es in jedem Fall zu erkunden lohnt.

Wer dem städtischen Trubel aus dem Weg gehen will, der kann im New Forest, einem ehemaligen königlichen Jagdrevier im Südwesten von Southampton, die Natur auf ausgedehnten Wanderungen und Radtouren genießen. Der unter Naturschutz stehende New Forest ist das größte zusammenhängende Waldgebiet Südenglands. Die Eichenforste und Buchenhaine wechseln einander mit Lichtungen und Heiden ab, die von den „Commoners", den Bewohnern des Forest, traditionell als Weiden genutzt werden. Ihnen gehören auch die frei umherziehenden New Forest Ponys, die auf allen Straßen des Waldes Vorfahrt genießen. Seit den Zeiten Wilhelm des Eroberers haben die *Commoners* das sich weiter vererbende Recht, im New Forest Brennholz und Baumaterial für ihre Cottages zu sammeln und ihre Tiere weiden zu lassen. Allerdings kann heute fast niemand mehr seinen Unterhalt allein durch Pferde- und Schafzucht bestreiten, so dass die *Commoners* gezwungen sind, noch einen Hauptberuf auszuüben. Auch Hampshires Hinterland ist landschaftlich recht abwechslungsreich mit seinen fruchtbaren Tälern, die die Kreidehügel der North und South Downs durchziehen. Am Ufer des River Itchen, 30 Kilometer von der Küste entfernt, liegt Winchester, die einstige Hauptstadt des Königreichs Wessex. Die längste mittelalterliche Kathedrale Europas und andere bedeutende historische Bauten erinnern noch an die Zeit, als die englischen Könige in Winchester Hof hielten.

Portsmouth

Wo sich heute die Docks mit ihren zahlreichen Lagerhallen, Kränen und Masten befinden, stachen vor Jahrhunderten Abenteurer und Admirale in See, um Geschichte zu schreiben.

Die 200.000-Einwohner-Stadt ragt in Form einer Spitze (Portsea Island) nordöstlich der Isle of Wight in den Ärmelkanal hinein. Flankiert von zwei weiteren Landzungen ist dieser Küstenabschnitt seit jeher ein optimaler Naturhafen.

Schon die Römer legten mit ihren Galeeren hier an. Als Heinrich VII. Ende des 15. Jahrhunderts Portsmouth zum „Royal Dockyard" machte und hier das erste Trockendock der Welt anlegte, begann der ruhmreiche Aufstieg der Hafenstadt. Einen Einblick in diese Zeit bringt der Besuch in den *Royal Dockyards*, wo drei Schiffe und ein Museum besichtigt werden können. Vom heutigen Hafen aus verkehren Fähren zur Isle of Wight. Ansonsten bietet Portsmouth wenig Historisches. Die moderne Hafenstadt wird heute von Industrieanlagen, Bürohäusern und viel Verkehr dominiert. Im Rahmen eines Millenniumsprojektes wurden 86 Millionen Pfund bereitgestellt, um das alte Hafengebiet mit Promenaden, einem Einkaufszentrum (*Gunwharf Quays*), mit Bars und Restaurants sowie Wohnungen und einem Multiplex-Kino für das neue Jahrtausend aufzupeppen. Der optische Fixpunkt des Areals ist der 170 Meter hohe futuristische *Spinnaker Tower*. Und schon jetzt steht fest: Ein gelungener Versuch, wieder Leben in die Hafenregion zu bringen.

Südengland
Karte S. 220/221

Information/Verbindungen/Diverses

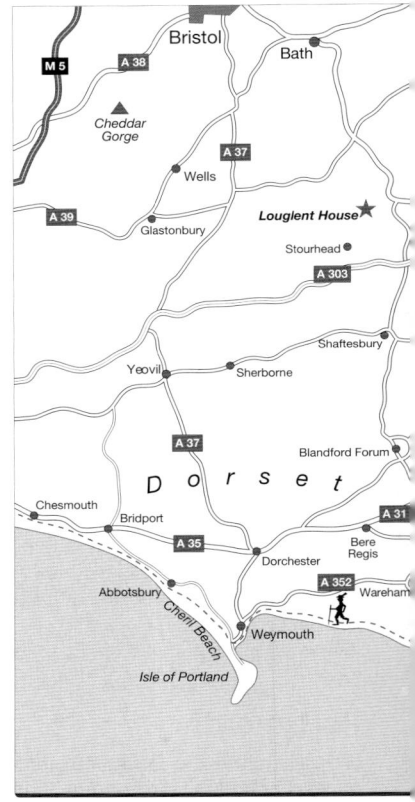

- *Information* **Tourist Information Centre**, The Hard, Portsmouth, Hampshire PO5 3PB, ☎ 023/92826722, 📠 023/92827519, www. visitportsmouth.co.uk. Zimmervermittlung, Prospektmaterial über die Sehenswürdigkeiten von Portsmouth. Weitere Informationsbüros: Beim Blue Reef Aquarium in Southsea an der Seafront, Clarence Esplanade.
- *Einwohner* 210.000 Einwohner.
- *Verbindungen* **Bus** – National Express fährt von der Haltestelle Hard (neben dem Bahnhof am Hafen) regelmäßig alle größeren Städte an. Im 90-Minuten-Takt nach London. Tickets gibt es im Sealink Office. www.nationailexpress.com.

Zug – In Portsmouth gibt es zwei Bahnhöfe, in der Stadtmitte (ausgeschildert) und am Hafen. Von beiden fahren Züge die Südküste entlang. Regelmäßige Anbindung an London (Waterloo Station). www. nationalrail.co.uk.

Fähren – Jede Stunde legen vom Hafen Passagier- bzw. Autofähren zur **Isle of Wight** ab (Dauer ca. 35 Min., Preise siehe Isle of Wight). Von Southsea fahren die schnellen Hovercraft-Boote innerhalb von 9 Min. zur Isle of Wight (£ 11.80, nur für Fußgänger). www.hovertravel.co.uk.
- *Hafenrundfahrt* Von Ostern bis Okt. finden tgl. mehrere 45-minütige Hafenrundfahrten statt. Abfahrt: The Hard. Kosten: £ 5, erm. £ 3.50.
- *Markt* Do, Fr und Sa, Charlotte Street.

Übernachten (siehe Karte S. 222)

Relativ preiswerte Unterkünfte findet man im etwa drei Kilometer östlich gelegenen Vorort Southsea (Busse dorthin ab The Hard, Stand M). Whitwell Road, St Roman's Road und Malvern Road sind die dortigen B & B-Straßen.

Ibis (3), günstiges Kettenhotel mitten im Zentrum von Portsmouth, unlängst renoviert. Leider ist das Frühstück recht lieblos. DZ ab £ 79. Winston Churchill Avenue, ☎ 023/92640000, 📠 023/92641000, www.ibishotel.com.

Keppel's Head Hotel (1), altertümliches Hotel direkt beim Eingang zum Royal Navy Historic Dockyard. Einige Zimmer haben einen schönen Blick auf die Schiffe und das Meer. DZ ab £ 79, EZ £ 65 (inkl. Frühstück). 24–26 The Hard, ☎ 023/92833231, 📠 023/ 838688, www.keppelsheadhotel.co.uk.

Fortitude Cottage (6), nettes B & B direkt am Hafen auf Spice Island, modern und geschmackvoll eingerichtet. Das Zimmer im 3. Stock verfügt sogar über eine Terrasse. Übernachtung je nach Reisezeit pro Person £ 30–60, EZ ab £ 45. 51 Broad Street, ☎/📠 023/92823748, www.fortitudecottage.co.uk.

Portsmouth and Southsea Backpackers (7), ungezwungenes, sympathisches Backpackers Hostel in zentraler Lage nicht weit vom Strand in Southsea. 50 Betten, urgemütlicher Aufenthaltsraum, große Küche.

Südengland
Karte S. 220/221

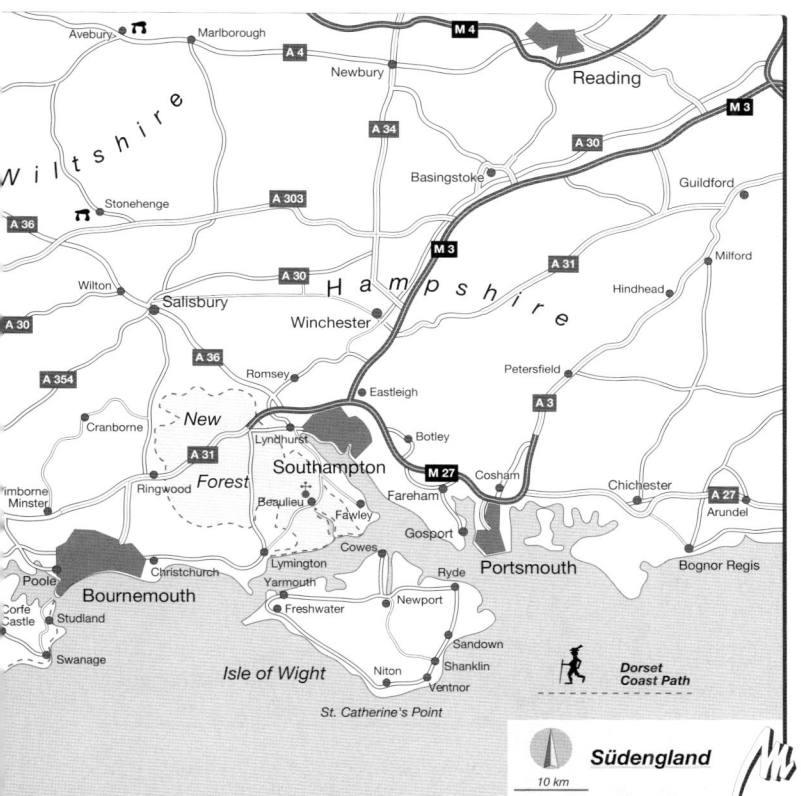

Keine Sperrstunde, WLAN. Übernachtung ab £ 17 im Mehrbettzimmer bis £ 40 für das DZ. 4 Florence Road, ✆/✉ 023/92832495, www.portsmouthbackpackers.co.uk.

● *Camping* **Southsea Caravan Park (10)**, in Southsea die Küstenstraße (A 288) in östlicher Richtung entlang; Ganzjährig geöffnet. Zelt, zwei Personen ab £ 16. Melville Road, ✆ 023/92735070, www.southsealeisurepark.com.

Essen/Trinken (siehe Karte S. 222)

Viele Restaurants findet man in der Osborne Road, der Palmerston Road und der Claredon Road in Southsea. Schilder preisen die Lunch-Angebote der zahlreichen Pubs an (The Hard).

Spice Island Inn (4), einladendes Gasthaus am alten Hafen, von den großen Fenstern oder von der Terrasse kann man die Schiffe in den Hafen einfahren sehen. Gutes Fischangebot, und wie der Name schon andeutet, liebt es der Koch, die Gerichte kräftig zu würzen. Bath Square, ✆ 023/92870543.

The Still & West Country House (5), ein Pub direkt an der Seafront mit herrlicher Terrasse. Serviert werden einfache Gerichte, günstiges Preisniveau. Bath Square, ✆ 023/821567.

Wagamama, Pizza Express, Slug and Lettuce & Co (2), zahlreiche englische Restau-

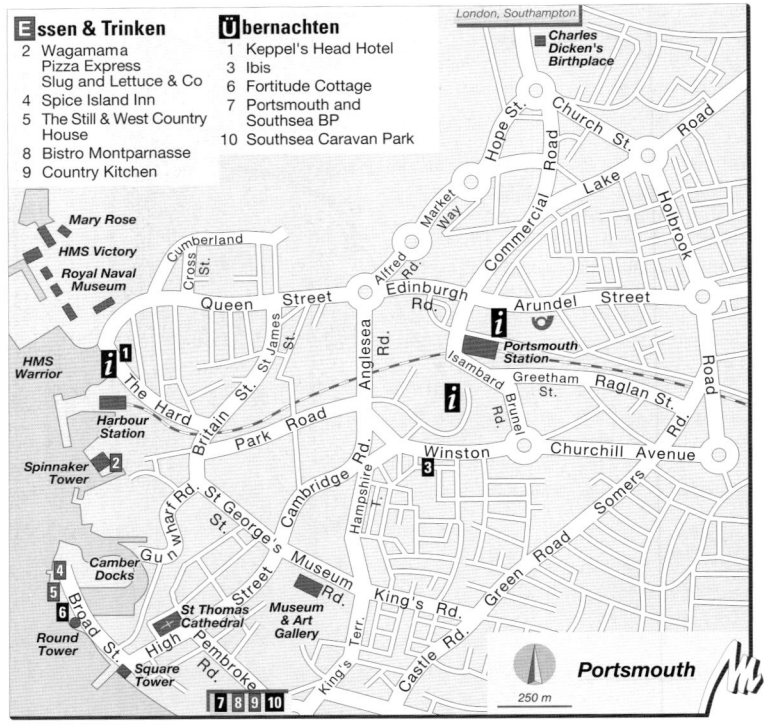

E ssen & Trinken

2 Wagamama
  Pizza Express
  Slug and Lettuce & Co
4 Spice Island Inn
5 The Still & West Country
  House
8 Bistro Montparnasse
9 Country Kitchen

Ü bernachten

1 Keppel's Head Hotel
3 Ibis
6 Fortitude Cottage
7 Portsmouth and
  Southsea BP
10 Southsea Caravan Park

rantketten befinden sich beim Einkaufszentrum am Spinaker Tower.

Bistro Montparnasse (8), gute französische Küche zu angemessenen Preisen, lobenswert sind die Fischgerichte. Hauptgerichte ab £ 15, 3-Gang-Menü £ 34.50. So und Mo Ruhetage. 103 Palmeston Road, Southsea,

✆ 023/92816754,
www.bistromontparnasse.co.uk.

Country Kitchen (9), die Adresse für Vegetarier und Teespezialisten. Viele preiswerte Gerichte, Selbstbedienung. Abends geschlossen, So Ruhetag. 59 Marmion Road, Southsea, ✆ 023/92811425.

Sehenswertes

Den besten Blick auf die Flotte der Königin und die Hafenanlage bekommt man bei einer *Harbour Tour* mit einem Boot. Los geht es ab *The Hard*, wo auch die Passagierfähren ablegen. Fahrpläne und Tarife hält das Tourist Office bereit.

Flagship (Royal Navy Historic Dockyard): Dieses Gelände teilt sich die Navy mit einer Ausstellung zur historischen Hafenstadt. Wo heute moderne Kriegsschiffe gewartet werden, wurden im Mittelalter Segelschoner für Seeschlachten ausgerüstet. Einblick in vergangene (und ruhmreichere) Epochen gewähren das Museum und drei Schiffe.

Im Juli 1545 setzte die *Mary Rose*, das Flaggschiff Heinrichs VIII., die Segel, um gegen die französische Flotte zu kämpfen. Doch noch in der Nähe der Küste versank der Viermaster vor den Augen der Bürger und des Königs in den Fluten. 1982 wurde das Wrack äußerst aufwendig geborgen und restauriert. Jetzt wird es in der Ship Hall gehegt und gepflegt. Eine Besichtigung dieses Relikts aus der Tudor-Zeit gibt Aufschluss über das Leben an Bord eines Kriegsschiffes im 16. Jahrhundert. Achtung: Bis Ende 2012 ist das Schiff nicht zu besichtigen, da ein Museumsneubau in Planung ist.

Nicht weit von hier liegt ein zweites Schiff, das zum Ruhm Englands als Seefahrernation beigetragen hat. Die *HMS Victory* ist ein Kriegsschiff aus der Zeit der britischen Vorherrschaft auf See. Lord Nelson besiegte mit diesem Flaggschiff im Jahre 1805 die spanisch-französische Flotte vor Trafalgar. Bei dieser berühmten Schlacht wurde Nelson an Bord der Victory von einer Kugel getroffen. Eine Gedenktafel markiert die Stelle, an der er starb.

Eine dritte Generation von Schiffen wird von der *HMS Warrior* repräsentiert, dem ersten mit Eisen verkleideten Kriegsschiff der Welt. Es gehörte zur

Lord Nelsons HMS Victory

Südengland
Karte S. 220/221

viktorianischen Kriegsflotte, war aber nie in Gefechte verwickelt. Wer die geschichtlichen Hintergründe dieser drei Schiffe und der gesamten englischen Navy kennenlernen möchte, ist im *Royal Naval Museum* gut aufgehoben.

Queen Street. Tgl. 10–17.30, im Winter nur bis 17 Uhr (HMS Victory nur bis 16.30 bzw. 15.45 Uhr). Eintritt: £ 19.50, erm. £ 16.50, Familienticket £ 55. www.flagship.org.uk; www.hms-victory.com.

Spinnaker Tower: Anlässlich des 200. Jahrestags der Seeschlacht von Trafalgar am 27. Juni 2005 wurde das neue Wahrzeichen von Portsmouth am Hafen eröffnet. Sein Name und seine Form „Spinnaker" sollen an die maritime Tradition der Hafenstadt erinnern. Der Entwurf – er stammt vom Design-Büro Scott Wilson – wurde mit zahlreichen Architekturpreisen ausgezeichnet. Der Turm besitzt drei übereinander liegende Aussichtsplattformen in 100, 105 und 110 Metern Höhe und ist damit das höchste öffentlich begehbare Bauwerk Großbritanniens. Der Zugang zu den Plattformen erfolgt entweder über einen im Turm befindlichen Fahrstuhl oder einen gläsernen Außenfahrstuhl. Der Besucher hat von den Plattformen aus einen Panoramablick über den Hafen von Portsmouth und die umliegende Gegend bis hin zur Isle of Wight.

Tgl. 10–18 Uhr. Eintritt: £ 7.25, erm. £ 6.50 oder £ 5.75. www.spinnakertower.co.uk.

Dickens Museum: Das Geburtshaus des Schriftstellers, dessen Vater in den Dockyards beschäftigt war, ist renoviert und mit Möbeln aus dem frühen 19. Jahrhundert ausgestattet. Allerdings gibt es nur ein Möbelstück, das wirklich Dickens gehörte: das Sofa, auf dem er starb.

395 Old Commercial Road. April bis Sept. tgl. 10–17.30 Uhr, Okt. bis März tgl. bis 17 Uhr. Eintritt: £ 3.50, erm. £ 3 oder £ 2. www.charlesdickensbirthplace.co.uk.

Submarine World: Eine äußerst interessante Ausstellung zur Geschichte der U-Boote – vom ersten (1902) bis zu modernen atomgetriebenen U-Booten. Erst wenn man in die Submarines hineinsteigt, sieht man, wie eng und beklemmend es innen ist. Das Museum liegt in Gosport und ist mit dem Auto über die M 275 und die A 32 oder per Fähre (ab The Hard) zu erreichen.

Tgl. 10–17.30 Uhr, Nov. bis März bis 16.30 Uhr. Eintritt: £ 6.50, erm. £ 5.

D-Day Museum: Gleich daneben liegt dieses Museum mit einer ausführlichen Dokumentation zur Invasion der Amerikaner und Engländer im von Hitler besetzten Frankreich. Unter dem Codewort „D-Day", das als Abkürzung für *Deliverance Day* („Tag der Erlösung") steht, bereiteten die Alliierten an der Südküste Englands das größte Landungsunternehmen der Kriegsgeschichte vor. Eine audiovisuelle Vorführung und zahlreiches Kriegsgerät (Panzer, Gewehre usw.) sind zu sehen.

Clarence Esplanade, Southsea. April bis Okt. tgl. 10–17.30 Uhr, Nov. bis März tgl. außer Mo 10–16 Uhr. Eintritt: £ 6, erm. £ 5 oder £ 4.20. www.portsmouthmuseums.co.uk.

Portchester Castle: Zehn Kilometer nordwestlich von Portsmouth (M 27) liegt ein Kastell, das man sich nicht entgehen lassen sollte. Im 3. Jahrhundert von den Römern errichtet, ist diese Anlage so massiv konstruiert, dass die Normannen es nicht für nötig hielten, sie zu erweitern. Das Bauwerk zählt zu den am besten erhaltenen römischen Forts des nördlichen Europa. Heinrich II. baute später innerhalb der Mauern eine Burg.

April–Sept. tgl. 10–18 Uhr, im Winter tgl. bis 16 Uhr. Eintritt: £ 4.50, erm. £ 3.80 oder £ 2.30 (EH).

Southampton

Nähert man sich Southampton von Westen, fallen einem sofort die riesigen, modernen Dockanlagen auf. Schon immer lebte die Stadt mit und von ihrem Hafen. Hier begann die Fahrt der Pilgerväter über den Ozean in Richtung Amerika, und bereits im Mittelalter verließen die Kreuzritter (unter ihnen Richard Löwenherz) von diesem Hafen aus ihre Heimat.

Später spielte der Handel mit fernen Ländern eine bedeutende Rolle für die Wirtschaft. Moderne Dampfschiffe ermöglichten zudem einen regen Passagierverkehr. Trotz der schrecklichen Verwüstungen während des Zweiten Weltkriegs „findet" man in Southampton Geschichte. Die teilweise erhaltene Stadtmauer und einige schöne Fachwerkhäuser lassen noch das ehemalige Stadtbild erahnen, das in den letzten Jahrzehnten fast verschwunden ist. Southampton war auch der Hafen, von dem aus die *Titanic* am 10. April 1912 ihre Jungfernfahrt startete, die bekanntlich nicht sehr lang dauerte. 1936 stach auch das Passagierschiff *Queen Mary* von hier aus zum ersten Mal in See; seit 1967 ist sie als Touristenattraktion in Long Beach (Kalifornien) „auf Rente". Bemerkenswert in Southampton ist darüber hinaus das Kultur- und Nachtleben. Discos, Bars und Kneipen mit viel Live-Musik gibt es überall in der Stadt.

Information/Verbindungen/Diverses

● *Information* **Tourist Information Centre**, 9 Civic Centre Road, Southampton, Hampshire SO14 7FJ, ☏ 023/80833333, ✆ 023/80833 381, www.visit-southampton.co.uk.

● *Einwohner* 215.000 Einwohner.

● *Verbindungen* **Bus** – National Express Coach Station (Informationen über ☏ 0871/7818181, www.nationalexpress.com), Western Esplanade, fährt in 2,5 Std. nach London_Victoria sowie nach Bournemouth und weiter die Südküste entlang. Auch Verbindungen nach Salisbury, Oxford, Liverpool,

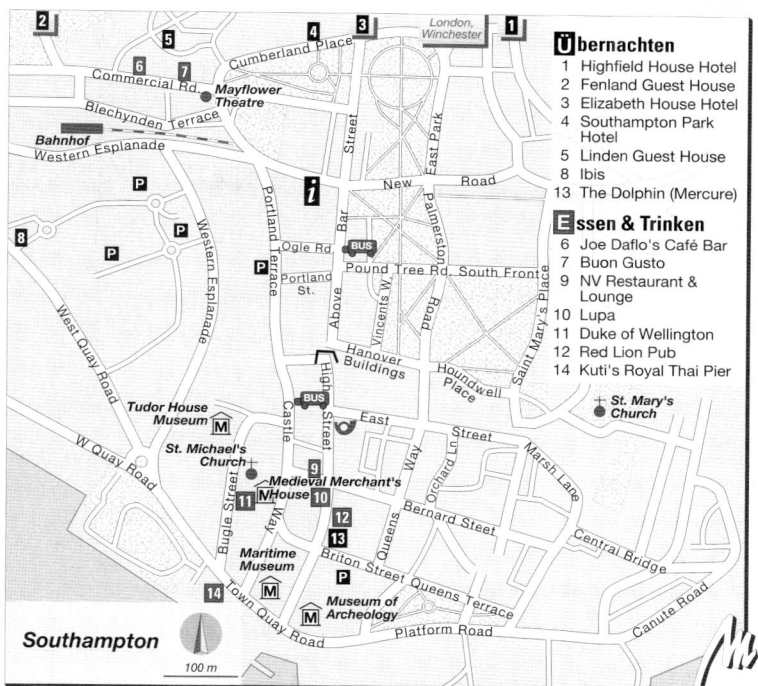

Within the map:

Übernachten
1 Highfield House Hotel
2 Fenland Guest House
3 Elizabeth House Hotel
4 Southampton Park Hotel
5 Linden Guest House
8 Ibis
13 The Dolphin (Mercure)

Essen & Trinken
6 Joe Daflo's Café Bar
7 Buon Gusto
9 NV Restaurant & Lounge
10 Lupa
11 Duke of Wellington
12 Red Lion Pub
14 Kuti's Royal Thai Pier

Southampton
100 m

Plymouth, Exeter, Bristol und Bath.

Zug – Hauptbahnhof an der Blechynden Terrace, Information unter ℡ 0345/484950. Verbindungen nach Bournemouth, Portsmouth, Bristol, Exeter, Winchester, Salisbury und London Waterloo Station (1 Std.). www.nationalrail.co.uk.

Fähre – Zur **Isle of Wight** fahren regelmäßig die Red Funnel Ferries, ℡ 023/80334010. Ein Day-Return-Ticket kostet £ 19.10 (www.redfunnel.co.uk). Für £ 5.50 kann man mit der Fähre nach **Hythe** und zurück fahren (www.hytheferry.co.uk).

Flugzeug – Etwa 6 km nördlich befindet sich der Southampton International Airport (Eastleigh). Anfahrt mit Airlink (Zug) vom Bahnhof. Inlandsflüge nach Manchester,

Birmingham, Glasgow und zu den Kanalinseln, ℡ 023/80620021.

• *Markt* Do, Fr und Sa auf dem Kingsway.

• *Schwimmen* **The Quays Eddie Read**, 27 Harbour Parade, ℡ 023/80720900. www.turnersims.co.uk.

• *Stadtführungen* Die informativen Stadtführungen durch Southampton starten von The Bargate und sind kostenlos! Termine: Juli, Aug., Sept. tgl. 10.30 Uhr, im Aug. auch tgl. 14.30 Uhr, sonst jeden So um 10.30 Uhr.

• *Theater* Oper, Ballett, Musical und Theater bietet das **Mayflower Theatre** (Commercial Road, ℡ 023/80711811, www.the-mayflower.com). Gute Theateraufführungen auch im **Nuffield Theatre** an der Universität (℡ 023/80671771, www.nuffieldtheatre.co.uk).

*K*ultur/*V*eranstaltungen/*S*port

• *Kino* **Harbour Lights**, Ocean Village (am Jachthafen), Information unter ℡ 023/80234234, Kartenbestellung unter ℡ 023/80335533 (www.picturehouses.co.uk);

Odeon, Ocean Village, ℡ 0870/5050007; **Cineworld**, Ocean Village, ℡ 0870/1555132 (www.cineworld.co.uk).

• *Theater* Oper, Ballett, Musical und Theater bietet das **Mayflower Theatre** (Commercial Road, ☎ 023/80711811, www.themayflower.com). Gute Theateraufführungen auch im **Nuffield Theatre** an der Universität (☎ 023/80671771, www.nuffieldtheatre.co.uk).

• *Veranstaltungen* Anfang Juni findet für etwa zwei Wochen das **Southampton Film Festival** statt. Im Kino „Harbour Lights"

(siehe Kinos) werden dann Filme der Extraklasse gezeigt.

• *Fußball* Fußballfreunde kommen im Stadion „The Dell" auf ihre Kosten. Der Spielort der rotweißen *Saints*, wie die Kicker des **Southampton Football Clubs** von ihren Anhängern genannt werden, liegt an der Milton Road. Anstoß ist samstags um 15 Uhr oder bei Abendspielen um 17.30 Uhr. ☎ 023/80220505. www.saintsfc.co.uk.

Übernachten (siehe Karte S. 225)

Nahe dem Hauptbahnhof (Richtung West Park) mehrere B & Bs, davon viele in der Straße The Polygon. Zimmervermittlung beim Tourist Office. Ruhigere Übernachtungsmöglichkeiten in Winchester, Salisbury, New Forest oder auf der Isle of Wight (siehe jeweils dort).

*** **The Dolphin (Mercure) (13)**, nur 200 Meter vom Meer entfernt, ist dieses 2003 eröffnete Hotel die erste Wahl für all jene, die Wert auf Komfort und Design legen. Das Haus hat Charakter und die jeweils individuell eingerichteten DZ sind keineswegs überteuert. Restaurant- und Barbetrieb. WLAN. DZ ab £ 100. 33 High Street, ☎ 023/386460, ✆ 023/386740, www.mercuce.com.

*** **Southampton Park Hotel (4)**, zentral gelegenes Hotel, zu dessen Gästen auch viele Geschäftsreisende zählen. Geräumige Zimmer, guter Service. Hallenbad, Sauna und Fitnessstudio vorhanden. WLAN. B & B ab £ 60. Cumberland Place, ☎ 023/80343343, ✆ 023/80332538, www.southamptonparkhotel.com.

*** **Highfield House Hotel (1)**, angenehmes Hotel in einem ruhigen Vorort von Southampton, allerdings drei Kilometer vom Zentrum entfernt. B & B ab £ 35 (im Internet, sonst 30 Prozent teurer). Highfield Lane, Portswood, ☎ 023/80359955, ✆ 023/80581914, www.highfieldlanehotel.co.uk.

** **Elizabeth House Hotel (3)**, stilvolles Hotel mit komfortablen Zimmern, etwa einen Kilometer vom Zentrum entfernt. Kostenloses WLAN. DZ £ 65–77.50 (inkl. Frühstück). 43–44 The Avenue, ✆/✆ 023/80224327, www.elizabethhousehotel.com.

* **Ibis (8)**, funktionales Kettenhotel mit 93 Zimmern, das aber auch in der Hochsaison noch ein paar freie Betten hat, Zentrale Lage. Zimmer ab £ 77. West Quay Road, ☎ 023/80634463, ✆ 023/80223273, www.ibishotel.com.

Banister House Hotel, preiswertes, familiär geführtes Hotel mit 23 Zimmern, etwas außerhalb des Stadtzentrums. B & B ab etwa £ 27 pro Person. Banister Road, ☎ 023/80221279, ✆ 023/80226551, www.banisterhotel.co.uk.

Landguard Lodge, zehn gemütliche und saubere Zimmer mit eigenem Bad (auch EZ). B & B ab £ 30 pro Person. Nordwestlich des Zentrums. 21 Landguard Road, ☎ 023/80636904, ✆ 023/80632258, www.landguardlodge.co.uk.

Fenland Guest House (2), Haus in zentraler Lage. Sieben Zimmer mit Waschgelegenheit. Nur für Nichtraucher. B & B ab £ 30 pro Person. 79 Hill Lane, ☎ 023/80220360, ✆ 023/80226574, www.fenlandguesthouse.co.uk.

Linden Guest House (5), 13 einfache Zimmern mit TV, Waschgelegenheit und Teekocher für Reisende ohne große Ansprüche. B & B ab £ 20 pro Person. Weitere B & Bs in der gleichen Straße. 51–53 Polygon Street, ☎ 023/80225653, ✆ 80630808, www.lindenguesthouse.net.

Essen/Trinken/Nachtleben (siehe Karte S. 225)

NV Restaurant & Lounge (9), das größte Restaurant der Stadt begeistert mit seiner Ballroom-Atmosphäre. Englische Küche, viel Fischgerichte, günstig sind die Lunch- und Early-Dinner-Angebote. 129 High Street, ☎ 023/80332255, www.nvsouthampton.com.

Lupa (10), modernes italienisches Restaurant in guter Lage. Lichtdurchflutetes Ambiente. Auf der Karte stehen auch Klassiker wie *Spaghetti alla Carbonara* für £ 8.95. Mittags kostet jede Pizza und jedes Pastagericht nur £ 5.95. 123–124 High Street, ☎ 023/

80331849, www.luparestaurant.co.uk.

Kuti's Royal Thai Pier (14), in einem weißen herrschaftlichen Pavillon am Meer wird eine ansprechende Thaiküche serviert. Schöne Terrasse mit Meerblick. Kein Ruhetag. Royal Pier, ✆ 023/80339211, www.kutis.co.uk.

Duke of Wellington (11), eines der wenigen historischen Bauwerke im Zentrum, sehenswertes Fachwerk. Für Traditionalisten gibt es u. a. *Ploughman's Lunch* für £ 5.95, Lasagne und Spaghetti für etwa £ 7–8. Buggle Street, ✆ 023/80339222.

Buon Gusto (7), empfehlenswerter Italiener in der Nähe des Theaters. So geschlossen.

Pizza und Pasta ab £ 7.50. 1 Commercial Road, ✆ 023/780331543.

Red Lion (12), noch aus dem 12. Jahrhundert stammen Bauteile des ältesten Pubs von Southampton. Hunderte von Möglichkeiten, den Durst zu stillen! In der stilvollen Bar soll Heinrich V. Gericht gehalten haben. *Whole Rack of Rips with Jacket Potatoe* für £ 9.95. 55 High Street, ✆ 023/80339860.

Joe Daflo's Café Bar (6), die Bar besitzt ein ungewöhnliches Ambiente, befindet sie sich doch in einer mittelalterlichen Kirche. Breites Angebot an englischer Küche, Hauptgerichte ab £ 10. 61 Commercial Road, ✆ 023/80231101, www.joedaflos.com.

Sehenswertes

Museum of Archaeology: Ganz im Süden der Altstadt in der Winkle Street, erhebt sich der God's House Tower, ein Wehrturm aus dem 15. Jahrhundert. In seinem Inneren ist das archäologische Museum untergebracht: Interessierte finden hier überwiegend Exponate aus der römischen Vergangenheit; daneben gewinnt man mithilfe von Modellen einen Eindruck vom Aussehen der Stadt in mittelalterlicher Zeit.

Winkle Street. Di–Fr 10–16 Uhr, Sa 10–12 Uhr und 13–16 Uhr, So 13–16 Uhr. Eintritt frei!

Südengland Karte S. 220/221

Letztes Zeugnis der Stadtmauer von Southampton

Tudor House Museum: Das im typischen Tudorstil gehaltene Fachwerkhaus mit seinem senkrecht verlaufenden Balken wurde 1495 errichtet; es beherbergt ein Museum, dessen Räume im Stile des 16. bis 19. Jahrhunderts eingerichtet sind. Mithilfe originaler Gegenstände wird das Leben einer Familie im Viktorianischen Zeitalter nachgestellt. Neben den Ausstellungen zur Lokalgeschichte lohnt noch ein Blick auf den nach historischen Vorbildern angelegten Kräutergarten. Im Jahre 2011, nach Ende der Restaurierungsarbeiten, ist die Wiedereröffnung mit einem Café geplant.
St Michael's Square.

Medieval Merchants House: In England wie in ganz Europa gibt es nur noch wenige spätmittelalterliche Fachwerkhäuser. Aus diesem Grund ist das im Jahre 1290 erbaute Kaufmannshaus eine Rarität, die trotz mehrfacher Beschädigung (zuletzt im Zweiten Weltkrieg) bis in unsere Zeit erhalten geblieben ist. Das Haus wurde aufwendig renoviert und ist im Stil des 13. Jahrhunderts mit bunten Möbeln und Wandbespannungen eingerichtet. Im Rahmen einer Audioführung erhält man interessante Einblicke in das Alltagsleben einer wohlhabenden Kaufmannsfamilie im Spätmittelalter.
58 French Street. April–Okt. So 12–17 Uhr. Eintritt: £ 4, erm. £ 3.40 oder £ 2 (EH).

Maritime Museum: Weiter südlich findet man das *Wool House*. In diesem Lagerhaus aus dem 14. Jahrhundert wurden schon napoleonische Gefangene inhaftiert. Heute kommen die Besucher freiwillig hierher und erkunden das kleine und sehr interessante Seefahrtsmuseum. Ein Modell verschafft einen Überblick über die modernen Dockanlagen. In einer anderen Abteilung sind die Antriebsmaschinen einiger alter Dampfboote ausgestellt. Merkwürdig faszinierend sind die alten Zeitungsberichte von 1912 zum Titanic-Unglück.
Bugle Street. Mo–Fr 10–18 Uhr, Sa und So 11–18 Uhr. Eintritt: £ 2.50, erm. £ 1.50.

City Art Gallery: Höhepunkt für Kunst-Enthusiasten ist ein Besuch der städtischen Galerie im Civic Centre, das zwischen der Commercial Road und der Civic Centre Road liegt. Sie gilt als eine der bedeutendsten von ganz Südengland. Werke moderner Maler wie Graham Sutherland und Paul Nash, aber auch Gemälde englischer Klassiker wie Gainsborough und Reynolds nennt dieses Kunsthaus sein Eigen.
North Guild Arts Complex, Commercial Road. Tgl. außer Mo 10–17 Uhr, So 13–16 Uhr. Eintritt frei!

Umgebung von Southampton

Netley Abbey: Netley ist ein Vorort von Southampton und liegt etwa fünf Kilometer südöstlich am Southampton Water. Seine größte Attraktion ist die 1239 gegründete Zisterzienserabtei. Angeblich lastet auf den Gemäuern ein Fluch, der jeden trifft, der Steine von hier wegschleppt ... Im *Royal Victorian Country Park* picknicken viele Einwohner Southamptons. Anfahrt per Bus oder Zug möglich.
Täglich bis zum Einbruch der Dämmerung geöffnet. Eintritt frei.

Romsey: Über die A 3057 gelangt man in nordwestlicher Richtung nach etwa 14 Kilometern zum historischen Marktflecken Romsey. Neben einer normannischen Kirche (12. Jh.), die als eine der schönsten ihrer Art im ganzen Land gilt, begeistert noch ein Herrenhaus die Besucher: *Broadlands*. Prinz Charles und Lady Di verbrachten hier ihre Flitterwochen.
Bis 2012 wegen Renovierung geschlossen. Mitte Juni bis Anfang Sept. Mo–Fr 13–17.30 Uhr. Eintritt: £ 8, erm. £ 7 oder £ 4. www.broadlands.net.

Winchester

Auf einem massiven Sockel posiert die ehrwürdige Bronzestatue Alfreds des Großen. Seinen durchdringenden Blick ins Unendliche gerichtet, grüßt er mit dem gen Himmel gereckten Schwert den Reisenden aufs freundlichste. Im 9. Jahrhundert errang er den entscheidenden Sieg über die eingefallenen Dänen. Alfred sicherte die Grenzen des angelsächsischen Königreichs Wessex und hat somit seinen Ehrenplatz auf dem Broadway verdient.

Winchester ist ein beschauliches Landstädtchen am River Itchen, das wegen seiner Kathedrale einen festen Platz im Besichtigungsprogramm aller kunstinteressierten Englandreisenden hat. Zu Ehren Alfreds des Großen, dem Winchester seinen Aufstieg zur englischen Hauptstadt zu verdanken hat, ließ die Stadt am östlichen Ende des Broadways eine Bronzestatue errichten. Der Broadway und seine Verlängerung, die bis zum Westgate führende High Street, markieren noch den Verlauf der einstigen römischen Hauptstraße *(Decumanus)*. Gesäumt wird die High Street von mehreren stattlichen Fachwerkhäusern. Beim Einkaufsbummel kommt man auch am *Buttercross* vorbei, einem imposanten Marktkreuz aus dem 14. Jahrhundert. Durch die Ansiedlung mehrerer Betriebe aus der High-Tech-Industrie befindet sich Winchester seit einem Jahrzehnt im Aufwind – dies spiegelt sich auch in den Auslagen der Geschäfte und dem kulinarischen Angebot wider. Selbst Bulthaup und Bang & Olufsen haben ihren Weg nach Winchester gefunden.

Südengland Karte S. 220/221

Die Artuslegende

Gehen wir zurück in die Zeit der blutigen Überfälle der Sachsen, Pikten und Jüten auf die einheimischen Briten, zurück ins „finsterste" Mittelalter. Die römischen Legionäre hatten sich in ihr zerfallendes Reich zurückgezogen. Hilflos waren die Bewohner Britanniens den brutalen Angriffen ausgeliefert. Eine Gruppe von mehreren tausend Männern unter Ambrosius Aurelianus, selbst „Überbleibsel" der römischen Herrschaft, begann sich standhaft zu wehren. In einer Schlacht am Badon Hill (etwa um 516, wahrscheinlich in der Nähe des heutigen Bath) fiel Ambrosius. Die Führung übernahm von nun an der junge Artus – und hier beginnt auch die Legende: In geradezu heroischer Manier konnte er die Eindringlinge verjagen und den Bauern der Gegend eine friedliche Existenz sichern. Zahlreiche Siege folgten. Artus scharte 24 Ritter um sich, die das Volk höchst ehrenhaft leiteten und beschützten. Zentrum seiner Macht war das rätselhafte Camelot, der bis heute unentdeckte legendäre Königshof.

Information/Verbindungen/Diverses

● *Information* **The Guildhall**, The Broadway, Winchester, Hampshire SO23 9LJ, ℡ 01962/840500, 🖷 01962/850348, www.visitwinchester.uk.

● *Einwohner* 35.000 Einwohner.

● *Verbindungen* **Bus** – Busbahnhof am Broadway; sieben Busse täglich nach London-Victoria über Heathrow Airport, nach Bournemouth über Southampton sowie Busse nach Oxford, Portsmouth, Romsey und Salisbury. www.nationalexpress.com.

Zug – Bahnhof an der Stockbridge Road (1,5 km nordwestlich der Kathedrale); regelmäßige Verbindungen nach London Waterloo Station, Bournemouth, Poole, Portsmouth und Southampton. www.nationailrail.co.uk.

- *Kino* **Screen Cinema**, Southgate Street, 01962/877007. www.everymancinema.com.
- *Markt* Mi, Fr und Sa auf der Middlebrook Street. Sehenswert ist der Famers' Market am zweiten und letzten Sonntag des Monats. www.hampshirefarmermarkets.co.uk.
- *Parken* Für £ 5 kann man den ganzen Tag am Chesil Multi-Storey parken (5 Min. zum Zentrum).
- *Stadtführungen* Alle Führungen beginnen am Tourist Office. Mai bis Sept. Mo–Sa um 11 und 14.30 Uhr, So nur 14.30 Uhr; Apr. und Okt. Mo–Sa um 11 und 14.30 Uhr; Nov. bis März nur Sa um 11 Uhr (£ 4).

- *Veranstaltungen* Nach Ostern findet in Winchester das beliebte **Folk Festival** statt. Zwei Monate später, nämlich Ende Juli, sind die Straßen von Gauklern und Artisten bevölkert: **„It's Hat Fair"**. Ein Wochenende lang werden dann Theateraufführungen angeboten, und überall in der Stadt sind die merkwürdigsten Kopfbedeckungen zu begutachten.

Der 5. November ist wie in ganz England **Guy Fawkes Day**. Doch die hier abgehaltene Prozession und das anschließende Feuerwerk sind über die Grenzen Hampshires hinaus bekannt.

Übernachten

Verschiedene B & Bs in der St Cross Road, die aber alle nur über wenige Zimmer verfügen.

The Winchester Royal (3), angenehmes Hotel in einem Haus aus dem 16. Jahrhundert mit prächtigem Garten. Zentrale Lage. 75 gemütliche Zimmer mit allem Komfort, wobei die Zimmer im Haupthaus vorzuziehen sind; in den schönsten schläft man in einem Himmelbett. Kostenloses WLAN. B & B ab £ 85.50 für 2 Personen im DZ. St Peter Street, 01962/840840, 01962/841582, www.thewinchesterroyalhotel.co.uk.

Wykeham Arms (15), das beste Pub in der Nähe des Winchester College ist nicht nur für ein Bier gut. Ausgezeichnete Lunches (12–14.30 Uhr) ab £ 7, exzellente Bedienung und gute Weine. Abendessen ab £ 15, herrlich der Lammrücken mit Kartoffelgratin und mediterranem Gemüse! Dazu flackert das Feuer im Kamin! Im Sommer sitzt man im Garten hinter dem Haus. Wer zu tief ins Glas geschaut hat, kann in einem der 14 DZ ab £ 115 nächtigen (B & B); EZ ab £ 85. Die Zimmer sind nicht allzu groß, aber haben Charme und ein tolles Bad. Hunde und Kinder unter 14 Jahren sind nicht erwünscht! Achtung: Anfahrt nur über die Southgate Street möglich, kleiner Parkplatz im Hof. 75 Kingsgate Street, 01962/853834, 01962/854411, www.accommodating-inns.co.uk/wykeham.

Hotel du Vin & Bistro (10), wunderschönes unlängst eröffnetes Designhotel in einem historischen Gebäude unweit des Zentrums. Nicht nur Weintrinker werden von dem Flair begeistert sein. Toller Garten hinter dem Haus. Empfehlenswertes Restaurant, dessen Einrichtung einen glauben macht, man sitze mitten in Frankreich. Mittagsmenü für zwei Personen £ 20, Hauptgerichte ab £ 15.50. Alle Zimmer sind mit einem CD-Player ausgestattet, kostenloses WLAN sowie Parkplätze vorhanden. DZ ab £ 99 (am günstigsten im Internet), meist ab £ 140. 14 Southgate Street, 01962/841414, 01962/842458, www.hotelduvin.com.

Winchester Hotel (1), komfortables Kettenhotel am Stadtrand mit beheiztem Hallenbad, Fitnesscenter, Sauna und Whirlpool. Einen Kilometer vom Zentrum entfernt. EZ ab £ 99, DZ ab £ 99. Worthy Lane, 01962/709988, 01962/840862, www.pedersenhotels.com.

B & B, Winchesters Unterkünfte sind fast ausschließlich in der gehobenen Preisklasse zu finden. Selbst die Jugendherberge in der Water Mill wurde 2005 geschlossen.

- *Camping* ****** Morn Hill Caravan Club Site (5)**, fünf Kilometer östlich des Stadtzentrums, auf einem zweigeteilten Wiesengelände, durch Bäume und Hecken geschützt. 2 Pers. im Zelt zahlen £ 8.50. Von April bis Okt. geöffnet. Morn Hill, 01962/869877.

Essen/Trinken

Viele preisgünstige Restaurants in der Jewry Street und der City Road. Mittagessen in einem der zahlreichen Pubs, z. B. im Royal Oak (in einer Seitenstraße der

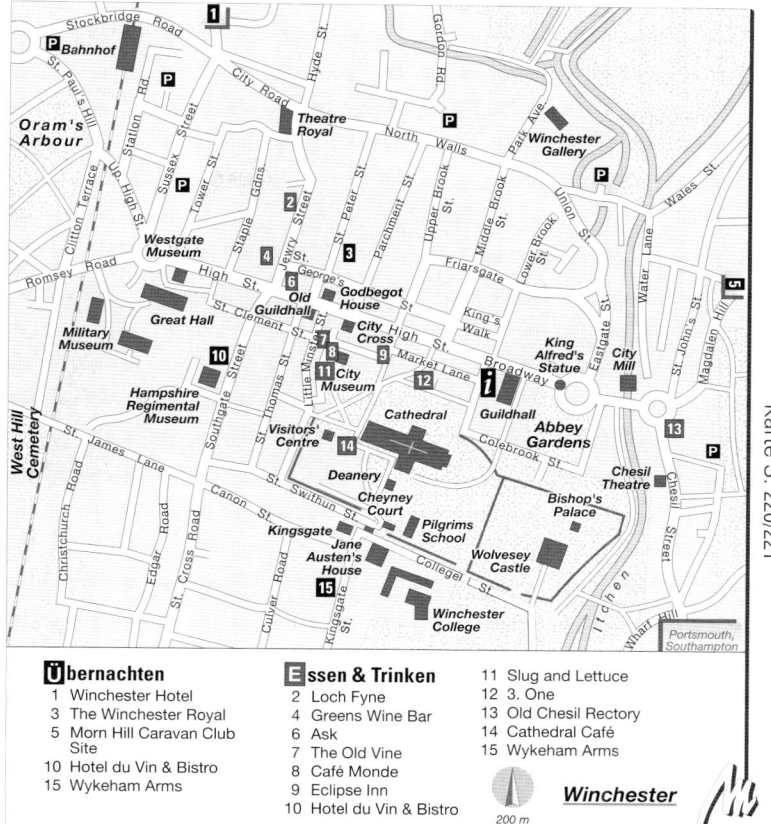

Ü bernachten

1 Winchester Hotel
3 The Winchester Royal
5 Morn Hill Caravan Club Site
10 Hotel du Vin & Bistro
15 Wykeham Arms

E ssen & Trinken

2 Loch Fyne
4 Greens Wine Bar
6 Ask
7 The Old Vine
8 Café Monde
9 Eclipse Inn
10 Hotel du Vin & Bistro

11 Slug and Lettuce
12 3. One
13 Old Chesil Rectory
14 Cathedral Café
15 Wykeham Arms

Winchester

200 m

High Street, stammt aus der Zeit um die vorige Jahrtausendwende und ist das älteste Pub Winchesters) oder im Eclipse Inn (The Square), wo man auch draußen sitzen kann.

Wykeham Arms (15), → Übernachten.

Old Chesil Rectory (13), dieses Restaurant in einem zünftigen, altertümlichen Steinhaus bietet französische Küche auf höchstem Niveau und wird von einigen Gourmets sogar als das beste in der Grafschaft Hampshire bezeichnet. Ein Gedicht war das *Rump of Hampshire Lamb, Peas & Lettuce, Potato Fondant and Mint Emulsion.* Sehr günstig ist das zweigängige Mittagsmenü für £ 14.95. Sonntagabend geschlossen. 1 Chesil Street, ☎ 01962/851555. www. chesilrectory.co.uk.

Café Monde (8), sehr nettes Café unweit der Kathedrale, ideal für einen Kaffee oder einen kleinen Snack. 22 The Square, ☎ 01962/877177.

Slug and Lettuce (11), schräg gegenüber trifft man vorzugsweise jüngeres Publikum, das seinen Hunger an leckeren Snacks stillt. Salate, Wraps und Hauptgerichte ab £ 7. 5 Great Minster Street.

Ask (6), in einem alten Fachwerkhaus in der Fußgängerzone werden annehmbare Pizzen und Pasta zu angemessen Preisen serviert (ab £ 7.50). Straßenterrasse. High Street.

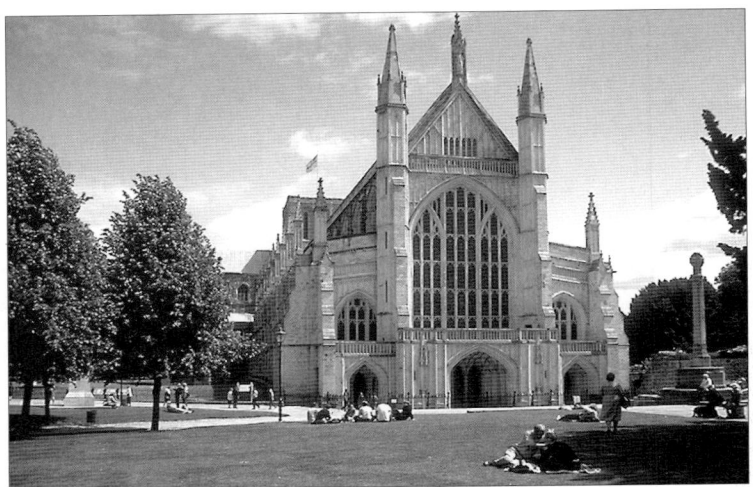

Das zweitlängste Kirchenschiff in Europa

Cathedral Café (14), unweit der Kathedrale, mit schönem, sonnigem Garten. Preisgünstige und leckere Lunches (£ 8), Kuchen und Tee. Mo–Sa 9.30–17 Uhr, So ab 10 Uhr. ☎ 01962/857258.

Loch Fyne (2), das Restaurant in einem mehr als 500 Jahre alten Fachwerkhaus hat sich auf Seafood spezialisiert, das teilweise direkt aus Schottland eingeflogen wird. *Seafood Selection* mit Lachs, Seebrasse und King Prawns für £ 16.50. Tgl. außer Fr und Sa gibt es für zwei Personen ein Menü für £ 30 inkl. einer Flasche Wein. 5 Jewry Street, ☎ 01962/872930, www.lochfyne.com.

Greens Wine Bar (4), eine Weinbar im Stil eines französischen Bistros. Nette Straßenterrasse. 4 Jewry Street, ☎ 01962/860006.

Eclipse Inn (9), kleines Pub mit Straßenterrasse, die Küche hat sich auf deftige Kost wie *Steak and Kidney Pie* spezialisiert (£ 7.75). The Square, ☎ 01962/865676.

The Old Vine (7), beliebtes Restaurant unweit der Kathedrale. Die Gäste loben das gute Bier und Essen gleichermaßen. Risotto mit Lammschulter für £ 11.95. Es werden auch ein paar geschmackvolle großzügige Zimmer vermietet. DZ inkl. Frühstück £ 100–170. 8 Great Minster Street, ☎ 01962/854616, www.oldvinewinchester.com.

3.One (12), die trendige Bar mit Loungeatmosphäre ist vor allem bei der Jugend beliebt. The Square.

Sehenswertes

Winchester Cathedral: Im Zentrum der Stadt erhebt sich, umgeben von einem kleinen Park, die mächtige Kathedrale. Das Kirchenschiff ist mit 170 Metern Länge nach der Peterskirche in Rom das zweitlängste in Europa! Trotz der verschiedenen Baustile (von der Romanik bis zur Spätgotik) präsentiert sich das Gotteshaus als eine harmonische, aber prunklose Einheit. Im Inneren liegen zahlreiche sächsische und normannische Könige begraben. Eine schlichte, in den Boden eingelassene Gedenktafel erinnert an Jane Austen, die hier ebenfalls ihre letzte Ruhestätte fand. Wenn der Kirchenchor probt, verbreitet sich eine geradezu mystische Stimmung.

Die *normannische Krypta* gilt als die schönste ihrer Art in ganz England. Leider steht sie die meiste Zeit des Jahres unter Wasser. Führungen finden im Sommer statt (im Winter nur, wenn es der Wasserspiegel zulässt). Wer die Gelegenheit hat, sich die Krypta anzuschauen, der beachte zwei Statuen aus dem 14. Jahrhundert: Die eine stellt William of Wykeham dar (vgl. College), die andere den *heiligen Swithun*. Letzterer soll gegen seinen Willen in der Kathedrale begraben worden sein. Aus Verärgerung ließ er es vierzig Tage lang in Winchester regnen ...

The Close. Tgl. 8.30–18 Uhr. Eintritt: prinzipiell frei, aber ohne eine Spende von £ 6 (erm. £ 4.80 oder £ 3) kommt man nicht rein. www.winchester-cathedral.org.uk.

Triforium Gallery & Library: Im südlichen Querschiff befinden sich Skulpturen, Metall- und Holzarbeiten, die die über tausendjährige Geschichte der Kathedrale dokumentieren. Wertvollstes Exponat der Bibliothek ist die berühmte Winchester-Bibel (um 1160), ein eindrucksvolles Beispiel mittelalterlicher Buchkunst.

Ostern bis Sept. tgl. außer So 10.30–16.30 Uhr. Im Winter Termine unter ✆ 01962/857209.

Winchester College: Der Gebäudekomplex ist großzügig angelegt, ohne Zweifel eine Eliteschule von Anfang an. Ende des 14. Jahrhunderts von *William of Wykeham*, Bischof von Winchester, gegründet, ist sie eine der ältesten Privatschulen Englands. Bewundernswert, dass die meisten Fassaden aus jener Zeit heute noch in einem guten Zustand sind. Die gepflegten Grünanlagen und die schuleigene Kirche imponieren. Immer noch trifft man hier junge Männer in schwarzen Talaren und klassisch geschnittenen Sakkos – ganz wie in dem Film „Der Club der toten Dichter". Am besten lernt man das College bei einer Führung kennen.

College Street. Führungen: Mo, Mi, Fr und Sa um 10.45, 12, 14.15 und 15.30 Uhr, Di und Do 10.45 und 12 Uhr, So 14.15 und 15.30 Uhr. Eintritt: £ 4, erm. £ 3.50. www.winchester college.org.

Great Hall & King Arthur's Round Table: An der Stelle, wo einstmals die Burg von Wilhelm des Eroberers stand, ließ im Mittelalter Heinrich III. einen Nachfolgebau errichten, von dem noch die *Great Hall* erhalten ist. An einer Wand hängt der sagenumwobene runde Tisch („Round Table"), an dem sich König Artus' Tafelrunde versammelte. Der „Artusmanie" tut es keinen Abbruch, dass der Tisch aus einer ganz anderen Zeit stammt. Höchstwahrscheinlich ließ ihn Eduard III. in der ersten Hälfte des 14. Jahrhunderts anfertigen.

Castle Avenue. Tgl. 10–17 Uhr, im Winter bis 16 Uhr. Eintritt frei!

City Museum: Das stadtgeschichtliche Museum bietet einen interessanten Einblick in die lokale Historie von der Römerzeit bis in die Gegenwart (inklusive zweier rekonstruierter Geschäfte aus dem 19. Jahrhundert). Ein Besuch lohnt sich, zudem ist der Eintritt frei.

The Square. Mo–Sa 10–17 Uhr, So nur 12–17 Uhr. Im Winter nur bis 16 Uhr.

Südengland Karte S. 220/221

Der berühmte „runde Tisch"

City Mill: Die 1744 an Stelle eines mittelalterlichen Vorgängerbaus errichtete Wassermühle liegt direkt am River Itchen. Ausführlich wird die Funktionsweise einer wieder in Betrieb genommenen historischen Getreidemühle erklärt.

Bridge Street. Mitte März bis Nov. tgl. 10.30–17 Uhr. Eintritt: £ 3.60, erm. £ 1.80 (NT).

Westgate Museum: Das aus dem Spätmittelalter stammende Stadttor – es wurde im 17. Jahrhundert zum Schuldturm umfunktioniert – beherbergt eine umfassende Sammlung alter Maße und Gewichte. Was nicht verwundert, waren doch Winchesters Eichmaße im Mittelalter neben denen von London in ganz England bindend. Das Museum bietet zudem einen netten Blick über die High Street.

High Street. April–Okt. Mo–Sa 10–17 Uhr, So 12–17 Uhr, im Winter nur bis 16 Uhr. Eintritt frei!

Hospital of St Cross: Das mittelalterliche Armenhaus wurde von Henry de Blois im Jahre 1136 gegründet und nahm seinen Statuten gemäß 13 Bürger als Brüder auf. Im 14. Jahrhundert kam noch der Orden „of noble poverty" hinzu, der sich aus 25 verarmten Adeligen zusammensetzte. Bekannt ist die älteste Wohlfahrtseinrichtung Englands, die noch heute existiert (als Seniorenheim), wegen des noch immer gepflegten Brauchs, jedem Bedürftigen auf dessen Wunsch hin „a horn of beer and a crust of bread" zu reichen. Das Hospital of St Cross liegt eineinhalb Kilometer südlich des College in der Nähe des River Itchen.

Tgl. 9.30–17 Uhr, So 13–17 Uhr (Sommer), im Winter tgl. außer So 10.30–15.30 Uhr. Eintritt: £ 2.50, erm. £ 2 oder £ 0.50. www.stcrosshospital.co.uk.

Ausflug zu Jane Austen's House

Etwa 25 Kilometer östlich von Winchester liegt der kleine Ort **Chawton**. Hier wohnte und arbeitete Jane Austen in einem roten Ziegelhaus aus dem 17. Jahrhundert. In der Zeit zwischen 1809 und 1817 schrieb sie Romane wie „Pride and Prejudice" und „Emma". Innen ist ein kleines Museum untergebracht, das Gegenstände aus dem Besitz der Dichterin zeigt. Wer mit dem Auto unterwegs ist, erreicht den Ort von Winchester aus über die A 31. Ansonsten fahren auch Busse (Richtung Alton) nach Chawton.

März bis Dez. tgl. 10.30–16.30 Uhr, von Juni bis Aug. tgl. 10–17 Uhr. Eintritt: £ 7, erm. £ 6. www.jane-austens-house-museum.org.uk.

New Forest

Mit einer Fläche von etwa 375 Quadratkilometern ist der zwischen dem River Avon und Southampton gelegene New Forest eines der letzten großen Waldgebiete Englands. Vor mehr als 900 Jahren machte Wilhelm der Eroberer aus dem „Nova Foresta" sein königliches Jagdrevier. Noch heute gelten hier seine Gesetze zum Schutz des Rotwilds.

Seinerzeit waren die Strafen für Wilderer drakonisch: Man hackte ihnen die Hände ab und stach ihnen die Augen aus. Allerdings waren die Beutezüge der Wilderer nicht die eigentliche Bedrohung für den Bestand des Waldgebietes. Im 18. Jahrhundert benötigte England eine Kriegsflotte, um der drohenden Invasion der Franzosen begegnen zu können. So entstanden aus dem Holz des New Forest unter anderem die Schiffe, mit denen Lord Nelson die spanisch-französische Flotte vor Trafalgar vernichtend schlug. Und wäre man nicht in der Mitte des 19. Jahrhunderts dazu übergegangen, Dampfschiffe aus Eisen zu bauen, wäre der New Forest heute wohl längst abgeholzt. Gegenwärtig besitzen noch etwa zwei Drittel des Naturschutzgebietes eine ursprüngliche Flora und Fauna. Seit 2006 gilt der New Forest als Natio-

nalpark; ein insgesamt 571 Quadratkilometer großes Gebiet steht unter Naturschutz.

Das kräftige Grün der Eichen, Birken, Kiefern, Eiben und Buchen sowie die eigenwilligen Erdfarben der Heide prägen die Szenerie. Bei einer Wanderung trifft man oft auf die wilden New-Forest-Ponys, seltener auf Rotwild. Des Öfteren kommen die Tiere bis an die Straße (A 35) heran, weshalb Autofahrer sehr umsichtig fahren sollten. Jährlich verzeichnet das Erholungsgebiet bis zu acht Millionen Besucher, die auf der Suche nach Natureinsamkeit sind. An den Wochenenden, in den Ferien und besonders im Hochsommer ist diese Suche allerdings nicht allzu Erfolg versprechend. Den Menschenmassen kann man jedoch vor allem im Frühjahr und Spätherbst entgehen. In dieser Zeit lädt der New Forest zu ausgedehnten Wanderungen ein (Wanderkarte von Ordnance Survey, Maßstab 1:25.000). Ein beliebtes Ziel ist z. B. die 600 Jahre alte *Knightwood Oak*, eine Eiche, deren Umfang rund sieben Meter beträgt. Sie steht im *Mark Ash Wood*, knappe fünf Kilometer westlich von Lyndhurst, wo der Wald am dichtesten ist. Angeblich ist sie die älteste und größte Eiche Englands.

- *Information* **New Forest Visitor Information Centre**, Lyndhurst, The Main Car Park, Hampshire SO43 7NY, ✆ 023/80282269, ✆023/80284404, www.thenewforest.com oder www.newforest-nationalpark.com.
- *Verbindungen* **Zug** – Durch den New Forest führen die Bahnstrecke Southampton–Bournemouth und die Stichbahn nach Lymington. Bahnhöfe befinden sich in Totton, zwischen Beaulieu und Totton sowie zwischen Lyndhurst und Beaulieu, in Brockenhurst, Sway, Lymington, New Milton und Hinton. www.nationalrail.co.uk.

Bus – Die **Wiltshire-Dorset-Busse** fahren von Bournemouth nach Southampton durch den New Forest. Der County-Bus bedient von Lyndhurst und Brockenhurst fast jede Ecke des Waldgebietes. www.nationalexpress.com.

- *Fahrradverleih* **New Forest Cycle Experience**, 2–4 Brookley Road, Brockenhurst, ✆ 01590/624204, www.cyclex.co.uk, Fahrräder ab £ 10 pro Tag, auch Tandem- und Mountainbike-Verleih sowie Helme und Kindersitze. **Bike Hire New Forest**, vergleichbares Angebot in Lyndhurst (✆ 023/80283349, www.aabikehirenewforest.co.uk).

Zum Ausleihen von Fahrrädern ist in jedem Fall ein Ausweis vonnöten, außerdem muss eine Kaution hinterlegt werden! **Fern Geln**, Gosport Lane, Lyndhurst, ✆ 023/ 80283349. Weitere Leihmöglichkeiten auch in Beaulieu (✆ 01590/611029) bzw. Burley (✆ 01425/403584), beide www.forestleisurecycling.co.uk.

● *Reiten* Eine schöne Art, den Wald kennenzulernen. Das Tourist Office in Lyndhurst hält eine Broschüre bereit, in der die Reitställe der Umgebung verzeichnet sind.

● *Baden* Entlang der Küste gibt es Sandstrände in **Calshot** und **Lepe**. In **Milford-on-Sea** und **Barton-on-Sea** tummeln sich die meisten Badeurlauber.

● *Jugendherberge* **Burley Youth Hostel**, die einzige Jugendherberge im New Forest (Okt. bis März geschlossen). Im Sommer empfiehlt es sich, vorher anzurufen oder zu reservieren. Hübsches Anwesen aus Viktorianischer Zeit. Anfahrt: A 35 von Lyndhurst nach Burley Dorfmitte, dann die Brockenhurst Road hinauffahren, an der Gabelung links vorbei am Golfplatz. Mit dem Bus X34/5 (Bournemouth–Southampton) an der Durmast Corner aussteigen, von dort noch etwa einen halben Kilometer. Erwachsene ab £ 18, Jugendliche ab £ 13.50. Cottesmore House, Cott Lane, Ringwood, ✆ 0845/ 3719303, burley@yha.org.uk.

● *Camping* Es gibt insgesamt zehn Campingplätze im New Forest. Eine Broschüre verschickt **Forest Holidays**, Forest Commission, ✆ 0131/3340066.

Lyndhurst

In Lyndhurst, dem zentralen Ort, wo auch heute noch die Forstverwaltung im Queen's House ihren Sitz hat, bieten viele Geschäfte entlang der Hauptstraße Wild in jeder Form an. Die viktorianische Gemeindekirche mit den Buntglasfenstern von Edward Burne-Jones ist einen Besuch wert. Außerdem liegt hier Mrs Reginald Hargreaves begraben. Sie diente Lewis Carroll als Vorlage für die Figur der Alice Liddell in „Alice im Wunderland". In Lyndhurst befindet sich auch das Informationsbüro des New Forest (hier gibt es auch Wanderkarten).

● *Information* **New Forest Museum & Visitor Centre**, Main Car Park, Lyndhurst, Hampshire SO43 7NY, ✆ 023/80282269. www.thenewforest.co.uk.

● *Museum* Das **New Forest Museum** in der High Street informiert über die Geschichte des Waldes und seiner Bewohner. Tgl. 10–17 Uhr. Eintritt: £ 3, erm. £ 2.50.

www.newforestmuseum.org.uk.

● *Übernachten* **Knightwood Lodge Hotel**, komfortables Hotel mit 15 Zimmern; zum Relaxen stehen ein beheiztes Schwimmbad, Sauna und Whirlpool zur Verfügung. B & B ab £ 35 pro Person. Southampton Road, ✆ 023/80282502, ✍ 023/80283730. www. knightwoodlodge.co.uk.

Über die A 31 (etwa fünf Kilometer nordwestlich von Lyndhurst) kommt man zu einem viel besuchten Denkmal, dem *Rufus Stone*. Im Jahre 1745 wurde der Stein zum Gedenken an Wilhelm II., genannt William Rufus, errichtet. Er markiert die Stelle, an dieser im Jahre 1100 von einem Armbrust-Pfeil getroffen niedersank und starb. Niemals wurde geklärt, ob es sich um einen Jagdunfall oder einen politischen Mord handelte. Tatsache ist jedenfalls, dass ein Mitglied der königlichen Jagdgesellschaft die Flucht nach Frankreich ergriff. Sein Bruder Henry griff ohne Zögern nach der Krone Williams und wurde noch im selben Jahr zum König gekrönt.

Beaulieu

Die an einem Fjord gelegene Ortschaft Beaulieu (ausgesprochen wie „Bjulie") bildet den südöstlichsten Rand des New Forest. Mitten in einem schönen Waldgebiet erheben sich die Ruinen von *Beaulieu Abbey*, einem Zisterzienserkloster, das 1204 im Auftrag von King John erbaut und im 16. Jahrhundert weitgehend zerstört wurde. Das ehemalige Torhaus der Anlage, das heute *Palace House* genannt wird, kann besichtigt werden.

Seit dem 16. Jahrhundert residiert in dem „schönen Ort" (frz. *beau lieu*) die geschäftstüchtige Familie Montagu. In den Fünfzigerjahren des vergangenen Jahrhunderts richtete Lord Montagu eine weitere Sehenswürdigkeit ein, deretwegen zahlreiche Autoliebhaber aus ganz England hierher reisen: das *National Motor Museum*. Mit derselben Eintrittskarte wie für das Palace House kann man rund ein Jahrhundert Automobilgeschichte und 250 Fahrzeuge bewundern.

Tgl. 10–18 Uhr, Okt. bis April bis 17 Uhr. Eintritt: £ 17, erm. £ 10 oder £ 8.75, Familienticket £ 46.50. www.beaulieu.co.uk.

Buckler's Hard

Der Ort liegt vier Kilometer südöstlich von Beaulieu. Im 18. Jahrhundert ließ ihn der 2. Duke of Montagu gewissermaßen als vorindustrielle Mustersiedlung errichten, und ein Jahrhundert später baute man hier riesige Segelschiffe. Nelsons' „HMS Agamemnon" wurde hier zu Wasser gelassen. Die Geschichte dieser Zeit wird im **Maritime Museum** wieder lebendig.

Tgl. 10.30–17 Uhr, im Winter 11–16 Uhr. Eintritt: £ 5.95, erm. £ 5.60 oder £ 4.30. Parken: £ 3 (anschließend ermäßigter Eintritt). www.bucklershard.co.uk.

Lymington

Lymington ist ein beliebtes Seebad mit viel Flair. Vom Hafen führen Kopfsteinpflastergassen vorbei an georgianischen Häusern durch die Altstadt. Ältestes Gebäude der Stadt ist die Kirche *St Thomas the Apostle*, die zum Teil aus dem 13. Jahrhundert stammt. Von Lymington setzen alle halbe Stunde Auto- und Passagierfähren nach Yarmouth über. Die Fahrt zur Isle of Wight dauert etwa eine halbe Stunde.

Information **St Barb Museum and Visitor Centre**, New Street, ℘ 01590/689000.

Südengland Karte S. 220/221

Kurze Pause am Hafen von Lymington

Calbourne: England wie aus dem Bilderbuch

Isle of Wight

Südlich der beiden Hafenstädte Plymouth und Southampton liegt etwas vorgelagert die Isle of Wight. Ihre abwechslungsreiche Landschaft und das milde Klima machen sie zu einem sehr beliebten Urlaubsziel. In der Hochsaison sind oft alle Betten ausgebucht.

Wenn einmal im Jahr die *Regatta von Cowes* stattfindet, wird die Insel von einer zweiten starken Besucherwelle überschwemmt. Zahllose Segelfans lassen sich dieses Ereignis nicht entgehen. Auch der deutsche Kaiser Wilhelm II. war ein großer Anhänger dieses Wettkampfes, den er selbst einmal gewinnen konnte. Er kopierte die Segelveranstaltung zu Hause vor der Küste Kiels (Kieler Woche).

Früher gehörte die Insel zur Grafschaft Hampshire; mittlerweile ist sie selbstständig. Von Ost nach West erstreckt sie sich über rund 35 Kilometer, die Nord-Süd-Ausdehnung beträgt etwa 20 Kilometer. 130.000 Einwohner, darunter viele Rentner, leben hier. Dazu kommen weit über eine Million Besucher pro Jahr, die die Strände bevölkern. Wegen des milden Klimas gedeihen hier sogar subtropische Pflanzen. Die sommerlichen Temperaturen waren es auch, die Queen Victoria so schätzte. Kurzerhand verlegte sie ihre Sommerresidenz von Brighton nach Cowes. In ihrem Insel-Domizil *Osborne House* starb sie 1901. Der Königin folgten viele Berühmtheiten auf die Isle of Wight. Karl Marx suchte hier Genesung, Charles Dickens schrieb hier Teile seines Romans „David Copperfield", Charles Darwin zerbrach sich hier den Kopf über die Evolution. Nur der viktorianische Dichter Alfred Lord Tennyson zog sich schweren Herzens von hier zurück, weil ihn ständig Autogrammjäger belästigten.

Noch heute lebt die Insel vom Flair des 19. Jahrhunderts. Badeurlauber zieht es zu den Sonnenstränden von *Sandown, Shanklin* und *Ventnor*, die während der Saison ziemlich überfüllt sind. Wanderer dagegen erkunden die Insel auf dem fast 100 Kilometer langen Küstenwanderweg. Wälder, Wiesen und Berge laden zum Spazieren oder Radeln ein. Zumindest ein Tagesausflug auf die Insel (von Portsmouth oder Southampton) ist immer lohnenswert. Wer zum Baden hierher kommt, der sei darauf hingewiesen, dass widrige Strömungen das Schwimmen an vielen Stellen lebensgefährlich machen. Auskünfte über sichere Strände geben die lokalen Tourist Offices.

• *Information* **Isle of Wight Tourism**, Westridge Centre, Brading Road, Ryde, Isle of Wight PO33 1QS, ☎ 01983/813813, ✆ 01983/823031, www.islandbreaks.co.uk.

• *Fähre/Hovercraft* Es gibt drei Verbindungen vom Festland. Am schnellsten sind das Luftkissenboot und die Fußgängerfähre von Portsmouth nach Ryde.
Wightlink Ferries: Bedient die Strecken Portsmouth–Ryde (alle 30–60 Min., 15 Min. Überfahrt; ab £ 14.50, nur für Fußgänger) sowie Portsmouth–Fishbourne und Lymington–Yarmouth (jeweils alle 30–60 Min., 30 Min. Überfahrt; ab £ 11.70 für Fußgänger (day return), Auto je nach Abfahrtszeit ab £ 40). ☎ 0870/5827744. www.wightlink.co.uk.
Red Funnel: Bedient die Strecken von Southampton nach East Cowes (alle 1 bis 2 Std., 55 Min. Überfahrt; ab £ 13.40 für Fußgänger, Auto je nach Abfahrtszeit und Aufenthaltsdauer ab £ 30) und von Southampton nach West Cowes (alle 30–60 Min., 22 Min. Überfahrt; ab £ 13.40, nur für Fußgänger). ☎ 0870/4448889. www.redfunnel.co.uk.
Hovertravel: Von Southsea nach Ryde (alle 15–30 Min., 9 Min. Überfahrt; £ 17 nur für Fußgänger). Achtung: Letzte Fähre um 20.30 Uhr! ☎ 01983/811000. www.hovertravel.co.uk.

• *Fahrräder* Das **Isle of Wight Tourist Board** gibt eine Broschüre (Bicycle *Island*) heraus, in der drei Rundtouren beschrieben werden. Zudem erhält man in den Informationsbüros Adressen von Fahrradverleihern.

• *Veranstaltungen* **Cowes Week**, Segelregatta im August. www.cowesweek.co.uk.

• *Übernachten* Über die Informationsbüros kann man sich **Zimmer** vermitteln lassen. Vor allem in den Sommermonaten sollte man reservieren. Mittlerweile gibt es auf der Insel nur noch eine **Jugendherberge**: **Totland Bay**, an der gleichnamigen Bucht im Südwesten von Yarmouth am Hurst Hill gelegen. Erwachsene ab £ 15.95, Jugendliche ab £ 11.95. Hurst Hill, Summers Lane, ☎ 0845/3719348, ✆ 01983/756443, totland@yha.org.uk.
Camping: Es gibt zahlreiche gut ausgerüstete Campingplätze; Adressen und aktuelle Preise halten die Tourist Offices bereit.

Südöstliche Küste

Der von Fähren und Luftkissenbooten am meisten angefahrene Hafen auf der Isle of Wight ist **Ryde**. Schon zu Anfang des 19. Jahrhunderts war der Erholungsort bei Besuchern sehr beliebt. Aus dieser Zeit stammen auch einige Gebäude der Stadt und der Anlegepier, der etwa 800 Meter ins Meer hineinragt. Der hiesige Sandstrand ist in den Sommermonaten überfüllt. Ähnlich sind die Verhältnisse in den südlicher gelegenen Dörfern **Sandown** und **Shanklin**, die mittlerweile fast zu einem Ort verschmolzen sind: gut besuchte Sandstrände, viele Kneipen und Restaurants, Wassersport sowie andere Freizeitmöglichkeiten (Museum, Spielhallen usw.). Ein hübscher Spaziergang beginnt an der südlichen Esplanade von Shanklin und führt landeinwärts durch eine kleine Schlucht ("Chine"). Ein Bach mit Wasserfällen bahnt sich seinen Weg durch das Gestein, gesäumt von Farnen, Moosen und Sträuchern.

Wer sich hauptsächlich im Südosten der Insel aufhalten will, kann getrost **Ventnor** als Ausgangspunkt wählen. Dieser Ort erhält seinen Reiz durch seine beeindruckende Lage. Im Norden schützen die Kalkhügel vor kaltem Wind. Ventnor selbst liegt auf einem Plateau oberhalb der Badebucht. Kein Wunder, dass hier das mildeste Klima der ganzen Insel herrscht. Subtropische Pflanzen am Wegesrand

Südengland Karte S. 220/221

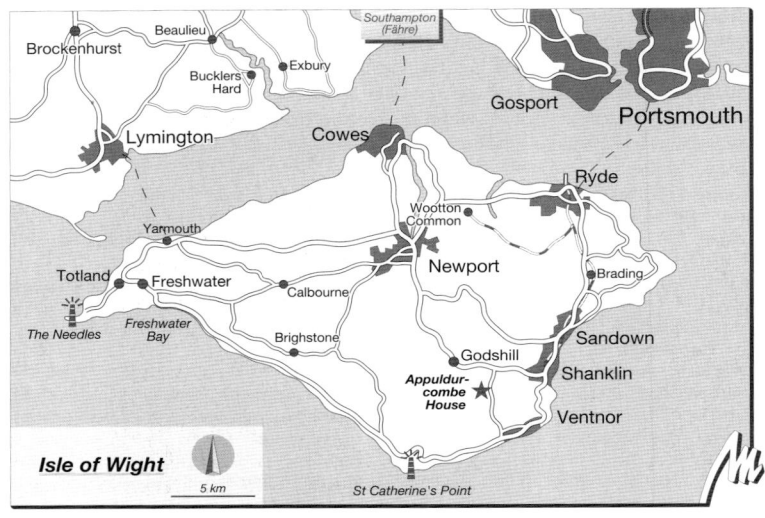

machen die mediterrane Atmosphäre perfekt. Von hier aus oder von den Vororten **St Lawrence** und **Bonchurch** lässt sich die Südküste mit ihren senkrecht abfallenden Kreidefelsen, ihren Schluchten und Stränden erwandern. Gleich hinter Bonchurch erhebt sich der höchste Berg der Insel. *Boniface Down* ist zwar nur 240 Meter hoch, doch sorgt die äußerst steil abfallende Küste für einen aufregenden Anblick. Über den *Coast Path* erreicht man schließlich den südlichsten Punkt der Insel: *St Catherine's Point*, markiert durch einen modernen Leuchtturmkomplex. Etwas zurückversetzt steht noch ein weiterer, aus dem 14. Jahrhundert stammender Leuchtturm, der von den Einheimischen „Pepper Pot" genannt wird.

Nordwestliche Küste

Westlichster und zugleich auch beeindruckendster Punkt der Insel ist eine Reihe von drei etwa 30 Meter hohen Kalknadeln, die treffend als *The Needles* bezeichnet werden. Ein Leuchtturm schmückt die äußerste Erhebung. Den besten Blick hat man bei einer Bootstour (Information in den Tourist Offices) oder vom Aussichtspunkt auf dem Festland (die Needles selbst kann man nicht begehen). Der Aussichtspunkt lässt sich nur mit einem ständig verkehrenden Minibus erreichen, da der Weg für Privatfahrzeuge gesperrt ist.

Nordöstlich an die Needles angrenzend liegt die *Alum Bay*. Diese Gegend ist von großem geologischem Interesse, da hier die verschiedenen Gesteinsschichten nicht horizontal, sondern vertikal und damit für jedermann sichtbar verlaufen. Jede Schicht hat eine andere Farbe, so dass diese Bucht sehr bunt erscheint.

Stützpunkt für den Tourismus im Westen der Insel sind die beiden Seebäder **Totland** und **Freshwater**. In Freshwater hatte der Dichter *Alfred Lord Tennyson* (1809–1892) für über drei Jahrzehnte sein Zuhause. Sein Lieblingswanderweg (der heutige „Tennyson Walk") führte von Freshwater entlang der atemberaubenden Steilküste zu den Needles (etwa 6 km).

Etwas nordöstlich liegt ein weiterer Hafen. Eine Autofähre verbindet **Yarmouth** mit Lymington im New Forest. Attraktionen wie die Überreste von *Yarmouth Castle* (16. Jh.) und *Fort Victoria* (19. Jh.; heute mit Aquarium), aber auch einige nette Pubs im Zentrum machen den Ort zu einem schöneren Ankunfts- oder Abfahrtshafen als Ryde.

Segelfreunden in der ganzen Welt ist **Cowes** ein Begriff. Hier inszeniert der exklusivste Segelverein des Commonwealth, die *Royal Yacht Squadron*, die *Cowes Week* (erste Augustwoche). Während der Regatta wimmelt der Hafen nur so von bunten Jachten. Übrigens wird hier auch alle zwei Jahre der *Admirals Cup* ausgetragen, *das Segelereignis schlechthin*. Cowes hatte für Heinrich VIII. eine wichtige strategische Bedeutung. Er ließ eine Burg zur Sicherung der Meerenge Solent bauen. Heute hat hier der erlesene Segelverein sein Clubhaus, und niemand außer den Mitgliedern darf das Grundstück betreten. Der deutsche Kaiser Wilhelm II. war in den frühen Neunzigern des 19. Jahrhunderts in den königlichen Jachtclub aufgenommen worden. Während seiner Besuche wohnte er in *Norris Castle*.

In East Cowes erhebt sich die Sommerresidenz Königin Viktorias – *Osborne House*. Thomas Cubitt setzte hier den Geschmack des Prinzenpaares Viktoria und Albert in den Vierzigerjahren des 19. Jahrhunderts um. Bei einer Besichtigung geht man durch Räume, die mit Vasen, Deckchen und verschnörkeltem Inventar vollgestopft sind.

Tgl. 10–17 Uhr, im Winter Mi–So 10–16 Uhr. Eintritt: £ 10.90, erm. £ 9.30 oder £ 5.50 (EH).

Newport

Die einzige größere Stadt im Inselinneren ist zugleich auch die Hauptstadt der heutigen Grafschaft Isle of Wight. Newport ist der Mittelpunkt der Insel. Alle Straßen laufen hier zusammen, der Fluss Medina ist bis hierher schiffbar. Attraktion des Ortes ist *Carisbrooke Castle*, das am südwestlichen Stadtrand gelegen ist. Große Teile der Burg stammen aus dem 13. Jahrhundert. Im Burgfried wurde während des Bürgerkriegs (1642–48) König Karl I. von den Parlamentariern gefangen gehalten, ehe man ihn dann in London hinrichtete. Einer seiner Fluchtversuche endete zwischen den Gitterstäben eines Fensters, wo er stecken blieb.

April bis Sept. tgl. 10–17 Uhr, im Winter bis 16 Uhr. Eintritt: £ 6.70, erm. £ 5.70 oder £ 3.40 (EH). www.carisbrookecastlemuseum.org.uk.

Grafschaft Wiltshire

Mit dem rätselhaften Megalith-Denkmal Stonehenge besitzt Wiltshire eines der bedeutendsten Kulturdenkmäler Europas. Doch sollte man die Grafschaft nicht verlassen, ohne auch die Kathedralenstadt Salisbury besucht zu haben.

Mit knapp einer halben Million Einwohner gehört Wiltshire zu den am dünnsten besiedelten Grafschaften Südenglands. Das geographische Zentrum der Region ist die von schier endlosen Getreidefeldern geprägte Salisbury Plain; die sich nördlich der Bischofsstadt Salisbury erstreckende, baumlose Hochebene aus Kalkstein war eine beliebte Siedlungsstätte prähistorischer Kulturen. Ihre Spuren sind noch heute in Form von Megalithgräbern und Steinzirkeln auszumachen. Die bekanntesten Zeugnisse dieser Zeit sind Stonehenge, Avebury und Silbury Hill. Doch Wiltshire hat mehr zu bieten als eindrucksvolle prähistorische Denkmäler. Naturfreunde

Weltkulturerbe: Stonehenge

spazieren durch den Savernake Forest, ein ehemals königliches Jagdrevier südöstlich von Marlborough mit alten Buchen- und Eichenbeständen. Der südwestliche Zipfel der Grafschaft beherbergt den wohl eindrucksvollsten englischen Landschaftsgarten: Stourhead. Rund 250.000 Besucher kommen jedes Jahr nach Stourhead, über dessen einzigartigem Szenario ein Hauch Italien weht. Gleich doppelt so viele Menschen unternehmen alljährlich einen Kurztrip durch die afrikanische Savanne: Longleat Safari Park lockt mit Löwen und Giraffen sowie zahlreichen anderen Attraktionen. Wer lieber auf klassischen kunsthistorischen Pfaden wandelt, dem empfiehlt sich ein Besuch der Bischofsstadt Salisbury: Die Kathedrale ist ein Meisterwerk der Frühgotik. Als schönster Landsitz der Grafschaft gilt Wilton House, dessen prächtige Innenausstattung von Inigo Jones entworfen wurde.
Information www.visitwiltshire.co.uk.

Salisbury

Salisbury ist ein „Ableger" der alten Römersiedlung Sarum, die heute drei Kilometer weiter nördlich ihr Ruinendasein fristet. Weil das später von den Sachsen ausgebaute Sarum nicht genügend Raum und Wasser für seine Bewohner bereithielt, wurde im 13. Jahrhundert eine neue Kathedrale am Zusammenfluss von Nadder, Avon und Bourne errichtet.

So schnell wie „New Sarum" an Bedeutung gewann, so zügig ging es mit „Old Sarum" bergab. Endgültig vorbei war es mit der Mutterstadt, als man begann, die Steine der alten Kirche für den Bau einer Mauer um die neue Kathedrale zu verwenden. Aber es hat sich gelohnt. Dem Besucher eröffnet sich eine lebendige Stadt voll mittelalterlicher Atmosphäre, überragt vom höchsten Kirchturm Englands

(123 Meter). Um die Kathedrale reihen sich hübsche alte Häuser, die gut erhalten sind und zum Teil Ausstellungen beherbergen.

Dienstags und samstags findet auf dem *Market Place* der traditionelle Markt statt, der Salisburys Charme entscheidend prägt. Auch der Viehmarkt (jeden Dienstag) nördlich der Bahnlinie ist einen Besuch wert.

Ein Ausflug, den sich kein Besucher entgehen lassen wird, führt nach **Stonehenge** (17 Kilometer nördlich), einem rätselhaftes Zeugnis der Megalith-Kultur, dessen Ursprung bis heute noch nicht völlig geklärt ist.

Information/Verbindungen/Diverses

• *Information* **Tourist Information Centre**, Fish Row, Salisbury, Wiltshire SP1 1EJ, ✆ 01722/334956, ✉ 01722/422059, www.visitsalisburyuk.com.

• *Einwohner* 39.200 Einwohner.

• *Verbindungen* **Bus** – Busbahnhof in der Endless Street. Infos über ✆ 08457/090899. Fahrkarten im Travel Office. Für den Raum Wiltshire, Dorset, Hampshire wird das *Freedom Ticket* angeboten, es ist eine Woche gültig, Busse auch nach Stonehenge, Stourhead und Avebury. Mit National Express nach London Victoria sowie nach Portsmouth, Bath und Bristol, ✆ 01722/334957. www.nationalexpress.com.

Zug – Bahnhof in der South Western Road. Verbindungen über Andover nach Londons Waterloo Station in knapp 90 Minuten (nahezu stdl.) sowie nach Brighton, Exeter, Paignton, Winchester, Southampton, Portsmouth, Bath und Bristol. Hier gibt es auch Schließfächer für das Gepäck. Auskunft: ✆ 0845/7484950. www.nationalrail.co.uk.

Parken – Beehive Park and Ride im Norden der Stadt.

• *Kino* **The Odeon**, New Canal, ✆ 0871/2244007. www.odeon.co.uk.

• *Markt* Di und Sa auf dem Market Square.

• *Stadtführungen* Von April bis Okt. tgl. um 11 Uhr sowie im Juli und Aug. Fr um 20 Uhr. Im Winter nur Sa und So um 11 Uhr. Treffpunkt: Tourist Information (dort sind auch die Tickets erhältlich). Teilnahmegebühr: £ 4, erm. £ 2. www.salisburycityguides.co.uk.

• *Theater* Bekannt für renommierte Theatervorstellungen ist das **Playhouse** in der Malthouse Lane, ✆ 01722/320333 (rechtzeitig reservieren). www.salisburyplayhouse.com. Moderne Inszenierungen kommen im **Salisbury Arts Centre** auf die Bühne, Bedwin Street, ✆ 01722/321744.

• *Veranstaltungen* Ende Mai/Anfang Juni findet das **Salisbury Festival** statt. Die ganze Stadt ist auf den Beinen. Musik, Tanz, Theater und Weinproben sorgen für Abwechslung. Informationen: ✆ 01722/320333 oder www.salisburyfestival.co.uk. Hinweise auf andere Veranstaltungen finden sich in dem zweimonatlich erscheinenden Magazin *What's On in Salisbury* (kostenlos).

Übernachten (siehe Karte S. 245)

Grasmere House Hotel (14), komfortables Hotel in einem viktorianischen Ziegelsteinbau (von Lesern gelobt). Von einigen Zimmern hat man einen tollen Blick auf die Kathedrale. Restaurant vorhanden. B & B im DZ ab £ 53. 70 Harnham Road, ✆ 01722/338388, ✉ 01722/333710, www.grasmerehotel.com.

The Red Lion (9), der bereits 1230 urkundlich erwähnte Gasthof (Best Western) mit seinem schönen Innenhof liegt mitten im Zentrum von Salisbury. Wer Fachwerk, Antiquitäten und diversen Nippes schätzt und dennoch komfortabel wohnen will, ist hier genau richtig. Abends trifft man sich vor dem lodernden Kaminfeuer, im Sommer

sitzt man im lauschigen Innenhof. Gutes Restaurant mit englischer Küche. Hier trifft sich auch der örtliche Rotary Club. Kostenloses WLAN. B & B ab £ 57,50 pro Person im DZ, im EZ ab £ 105. 4 Milford Street, ✆ 01722/323334, ✉ 01722/325756, www.the-redlion.co.uk.

Cathedral View (12), das zentral an einer viel befahrenen Straße gelegene B & B mit der blauen Tür wird von vielen Lesern empfohlen, die die vier schönen sauberen Zimmer, die freundlichen Gastgeber und die familiäre Atmosphäre lobten. Kostenloses WLAN. Die Zimmer (B & B £ 75 für 2 Personen) zum Garten sind sehr ruhig (dann allerdings ohne Blick auf die Kathedrale …). 83

Südengland Karte S. 220/221

Exete· Street, ☏ 01722/502254 oder 07710/297053 (mobil), www.cathedral-viewbandb.co.uk.

Spire House (13), direkt nebenan werden hinter einer roten Haustür auf vergleichbar hohem Niveau ebenfalls vier Zimmer vermietet. Liebevolle Ausstattung, so beim großen Erkerzimmer im ersten Stock, wenngleich auch das intime Gartenzimmer im zweiten Stock seinen Reiz hat. Fazit: Ein B & B wie aus dem Bilderbuch. Kostenloses WLAN. B & B ebenfalls £ 75 für das DZ (leider auch bei alleiniger Nutzung), Dreibettzimmer für £ 85. 84 Exeter Street, ☏ 01722/339213, www.salisbury-bedandbreakfast.com.

Sedgehill House (1), dieses „absolut stilvolle viktorianische B & B mit einem ausgesprochen gutem Preis-Leistungs-Verhältnis." ist ein Lesertipp von Elke Gawlich und Jörg Heinsohn: „Der Besitzer Richard ist sehr bemüht um seine Gäste und gibt auch gerne weitergehende Empfehlungen für Stadt, Ausflüge und das Dinner!" B & B im DZ £ 40, im EZ £ 45–50, Ermäßigung bei längerem Aufenthalt. 9 Wyndham Road, ☏ 01722/415241._http://sedgehillhouse.co.uk.

Byways House (10), mittelgroße Herberge (23 Zimmer) mit Garten östlich des Zentrums. Zeitlos modern, nicht ohne Stil. Kostenloses WLAN. B & B £ 27.50–40. 31 Fowlers Road, ☏ 01722/328364. www.bywayshouse.co.uk.

● *Jugendherberge* **Milford Hill House (6)**, nur einige Fußminuten östlich der Kathedrale. Vom Busbahnhof links in die Endless Street, über die Winchester Street hinweg, dann links in die Milford Street, die zum Milford Hill führt. Mit dem Auto sollte man allerdings den Stadtring benutzen und auf die Beschilderung achten. WLAN. Erwachsene ab £ 16, Jugendliche ab £ 12. Nebenan kann man auch zelten (zum halben Normalpreis). Milford Hill, ☏ 0845/3719537, ☏ 0172/330446, salisbury@yha.org.uk.

● *Camping* Eine Liste mit Zeltplätzen der Umgebung gibt es im Tourist Office.

★★★★ Coombe Nurseries Caravan Park, etwa fünf Kilometer südwestlich von Salisbury liegt der Coombe Nurseries Caravan Park (Raceplain, Netherhampton). Von Netherhampton fährt man die A 3094 auf die Stratford Tony Road, dann die zweite links. Saubere Toiletten und Duschen. zwei Personen mit Zelt ab £ 14. Strom extra (ganzjährig geöffnet)., ☏ 01722/328451. www.coombetouringpark.co.uk.

Essen/Trinken/Nachtleben

Lunchen im Pub, z. B. The Cloisters, Catherine Street. Bei besonderen Anlässen lässt man sich mit einem saftigen Stück Hirschkeule bei Haunch of Venison, Minster Street, verwöhnen.

The Mill (5), große Taverne mit überwiegend jugendlichem Publikum. Vorne befindet sich das Restaurant/Café, hinten die Bar. Auf zwei Etagen Sitzmöglichkeiten mit günstigem Überblick; neun Biersorten vom Fass, 50 Flaschenbiere. Großer Garten zum River Avon. Am Wochenende abends gut besucht, Popmusik. Bridge Street, The Maltings, ☏ 01722/412127.

Wagamama (7), die expandierende japanische Noodle-Bar-Kette ist jetzt auch in Salisbury vertreten. Healthy Food zu angemessenen Preisen, leckere, frisch gepresste Fruchtsäfte. Hauptgerichte £ 7–11. Kleine Straßenterrasse. 8–10 Bridge Street, ☏ 01722/412165.

Prezzo (11), nettes italienisches Restaurant in einem uralten Fachwerkhaus in unmittelbarer Nähe zur Kathedrale. Pizza und Pasta ab £ 7. 52 High Street, ☏ 01722/341333.

The Pheasant Inn (2), das zünftige Pub aus dem 15. Jahrhundert wurde in ein modernes Bistro mit mediterraner Küche verwandelt; junges Publikum, Lunch ab £ 6, auch vegetarische Angebote. Dreigängiges Abendmenü für £ 17.95 inkl. einem Glas Wein, beispielsweise mit marinierten Muscheln als Hauptgang. Ecke Salt Lane und Rollestone Street, ☏ 01722/414926.

Charter 1227 (4), im ersten Stock eines direkt am Marktplatz gelegenen Hauses. Bodenständige Küche. Gegrillte Scholle oder eine Roulade vom Huhn. Mittagsmenü für £ 12.50 (Zwei Gänge). Montagmittag und Sonntag geschlossen. Ox Row/Market Square, ☏ 01722/333118. www.charter1227.co.uk.

Haunch of Venision (3), gut besuchtes Pub gegenüber dem Marktkreuz. Bodenständige englische Küche; Menü für £ 11. 5 Minster Street, ☏ 01722/411313.

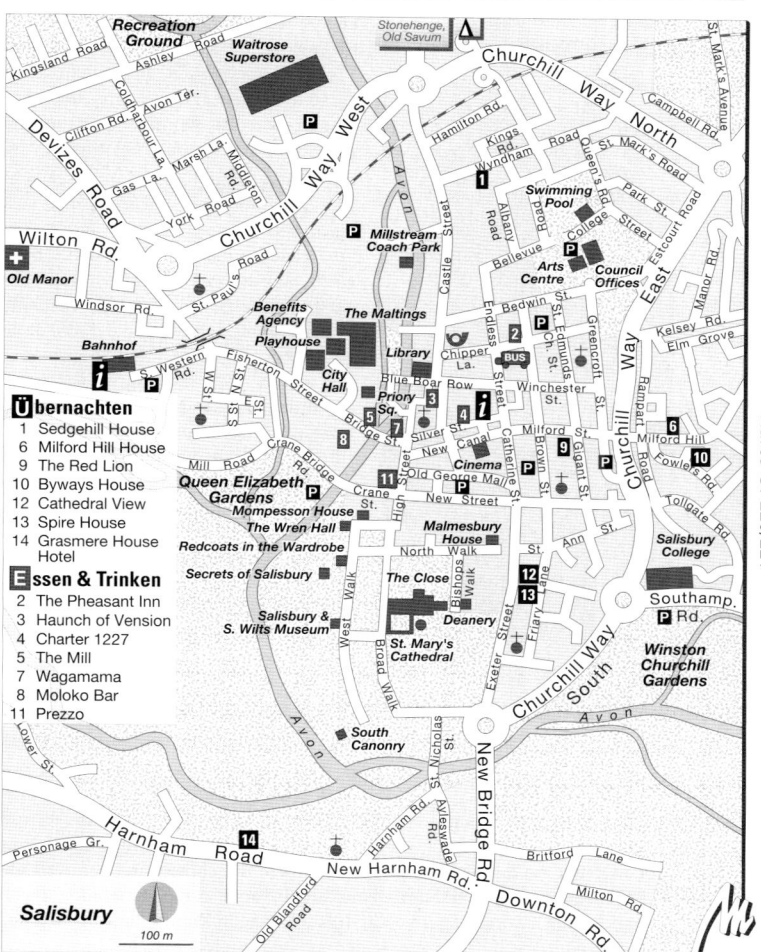

Übernachten

1 Sedgehill House
6 Milford Hill House
9 The Red Lion
10 Byways House
12 Cathedral View
13 Spire House
14 Grasmere House Hotel

Essen & Trinken

2 The Pheasant Inn
3 Haunch of Vension
4 Charter 1227
5 The Mill
7 Wagamama
8 Moloko Bar
11 Prezzo

Salisbury

100 m

Moloko Bar (8), Loungeatmosphäre für den abendlichen Chill-out auf drei Etagen. Für Stimmung ist gesorgt: Es werden 50 verschiedene Wodka-Sorten ausgeschenkt. Montag Ruhetag, sonst ab 19 Uhr geöffnet, am Wochenende bis 4 Uhr morgens. Bridge Street. www.themolokobar.co.uk.

Starbucks, Costa Coffee und Café Nero, das Dreigestirn der Coffeshops ist im Zentrum der Stadt gut vertreten.

Sehenswertes

Cathedral: Die Kathedrale von Salisbury steht in gewohnter Weise isoliert auf dem Rasen, dem *Cathedral Close*. Die geräumige Domfreiheit – die größte Englands –, die teilweise noch ummauert ist, wird von am Rande stehenden Kanonikerhäusern gesäumt. Kunsthistoriker heben die Kathedrale als Musterbeispiel des sog. früh-

Typisch „Early English"

englischen (*Early English*) Stils der Gotik hervor, da sie zwischen 1220 und 1260 gewissermaßen aus einem Guss entstanden ist; spätere Ein- und Anbauten wurden bei der Restauration Ende des 18. Jahrhunderts entfernt.

Der frühgotische Kalksteinbau zeichnet sich durch eine nüchterne Strenge aus, die durch die regelmäßige Wiederholung gleicher Bauelemente noch erhöht wird. Fünfundzwanzig Meter ragt das aufstrebende Gewölbe des Hauptschiffs empor. Dominiert wird die Kathedrale von ihrem filigranen Vierungsturm, der mit seinen 123 Metern als höchster Kirchturm Englands gilt. Den Konservatoren gibt der Turm seit jeher Anlass zur Sorge, da er auf einem sumpfigen Gelände errichtet wurde und die in den Untergrund gerammten Pfeiler seinem enormen Gewicht von 6.400 Tonnen kaum gewachsen sind. Mit Strebepfeilern und Stahlbändern hat man sich gegen einen Einsturz gewappnet.

Die Westfassade der Kathedrale ist mit Skulpturen geschmückt, der wohlproportionierte Innenraum aus hellem, gelbgrauem Kalkstein wird von schlanken Säulen aus schwarzem Purbeck-Marmor geziert. Der Grundriss mit zwei Querschiffen und einem quadratischen Chorabschluss ähnelt dem der im gleichen Jahr errichteten Kathedrale von Amiens. Allerdings begnügten sich die Bauherren von Salisbury mit einem dreischiffigen Langhaus. An der Südwestseite der Kathedrale schließt sich der um 1300 vollendete Kreuzgang mit dem Kapitelhaus an. In dem auf einem oktogonalen Grundriss errichteten *Chapter House* (Kapitelhaus) zeigen Wandreliefs Szenen aus dem Alten Testament, doch das Interesse der meisten Besucher ist auf die hier ausgestellte *Magna Charta* gerichtet. Die dem ungeliebten König Johann Ohneland abgetrotzten 61 Artikel der Magna Carta (1215) beschnitten die königliche Autorität zugunsten von Freiheiten und Privilegien für die Kirche, den Adel sowie das Bürgertum: eine Grundlage für die späteren konstitutionellen und demokratischen Entwicklungen in England.

Tgl. 7.15–18.15 Uhr, im Juli und Aug. bis 19.15 Uhr. Chapter House 9.30–17.30 Uhr. Choral Evensong um 17.30 Uhr. Die Türme können Mo–Sa um 11.15, 14.15, 14.45 und 15.15 Uhr besichtigt werden. Zwangsspende: £ 5.50, erm. £ 4.50 oder £ 3.50, Familienticket £ 13. www.salisburycathedral.org.uk.

Mompesson House: Direkt an die Domfreiheit grenzt das 1701 für Charles Mompesson errichtete Haus an. Sehenswert sind die stuckverzierten Innenräume mit wertvollen zeitgenössischen Möbeln und einer Sammlung von Trinkgläsern aus dem 18. Jahrhundert. Im Garten samt Tearoom findet die Besichtigung einen netten Ausklang.

The Close. Mitte März bis Okt. Sa–Mi 11–17 Uhr. Eintritt: £ 5, erm. £ 2.50; nur Garten: £ 1 (NT).

Salisbury and South Wiltshire Museum: Die äußerst informative Ausstellung vermittelt einen Überblick über die stadtgeschichtliche Entwicklung von Salisbury. Wer einen Ausflug nach Stonehenge machen will, kann sich hier mit den neuesten Theorien über den Sinn und Unsinn der Megalithen-Anordnung befassen. Wertvolle Glas-, Keramik- und Porzellanarbeiten sowie Aquarelle von William Turner gehören ebenfalls zum Museumsfundus.

65 The Close. Mo–Sa 10–17 Uhr, So nur im Juli und Aug. 12–17 Uhr. Eintritt: £ 6, erm. £ 4 oder £ 2. www.salisburymuseum.org.uk.

Old Sarum: Rund drei Kilometer nördlich von Salisbury liegt Old Sarum. Schon in der Eisenzeit gab es hier eine Fliehburg, deren Wall- und Grabensystem erhalten geblieben ist. Römer und Sachsen siedelten hier, bevor die Normannen Old Sarum zum Bischofssitz machten. Neben einer Kathedrale wurde noch ein wehrhaftes Castle im Inneren der Befestigung errichtet. Doch die wachsende Siedlung bot nicht genügend Raum und Trinkwasser für ihre Bewohner. So entschloss man sich 1220 zu einem Umzug in die unterhalb des Hügels gelegene fruchtbarere Gegend. Die alte Kathedrale wurde abgebaut, aus ihren Steinen die neue Stadtmauer errichtet. Auch die Bevölkerung wanderte nach New Sarum, dem heutigen Salisbury, ab. Gänzlich ausgestorben war Old Sarum dann im 19. Jahrhundert.

April bis Sept. tgl. 10–17 Uhr, Juli und Aug. bis 18 Uhr, Nov. bis März Mi–So 11–15 Uhr. Eintritt: £ 3.50, erm. £ 3 oder £ 1.80 (EH). Anfahrt: über die A 345 Richtung Stonehenge oder mit den Bussen 3 und 5–9 (viertelstündlich ab Salisbury Busbahnhof).

Auf den Wällen von Old Sarum

Südengland
Karte S. 220/221

Old Sarum – ein „rotten borough"

Für Jahrhunderte war Old Sarum ein Wahlbezirk, der zwei Parlamentsabgeordnete nach London entsenden durfte. Das änderte sich auch nicht, als der Ort verwaiste und im 19. Jahrhundert kein einziger Mensch mehr dort lebte. Die Landeigentümer durften immer noch einen Kandidaten bestimmen und ins Londoner Parlament entsenden. Solche menschenleeren Wahlbezirke, die der Bevölkerungsverteilung nicht mehr entsprachen, nannte man „rotten boroughs" („verrottete Flecken"). Berühmtester Abgeordneter von Old Sarum war *William Pitt d. Ä.* (1708–1778), später auch Premierminister. Erst die Wahlreform von 1832 (Reform Act) teilte die Wahlbezirke in Großbritannien neu auf und berücksichtigte dabei neu entstandene Zentren wie Manchester, Liverpool und Birmingham, die zuvor keinen Vertreter stellen durften. Die „rotten boroughs" verschwanden.

Wilton House: Das ansehnliche Landhaus mit weitläufigem Park liegt fünf Kilometer westlich von Salisbury an der A 30. Das bemerkenswerteste Zimmer ist der *Double Cube Room* mit reich verzierten Wänden, prachtvoll bemalter Decke und riesigen Ölgemälden (van Dyck).

Mai bis Aug. tgl. außer Fr und Sa 11.30–16.30 Uhr, Ausnahme: 24. bis 31.5. geschlossen. Eintritt: £ 12, erm. £ 9.75 oder £ 6.50, Familienticket £ 29.50, nur Garten £ 5. Anfahrt: Regelmäßig fahren Busse von Salisbury nach Wilton (Nr. 25–27, 60, 61 oder X4). www.wilton house.com.

Stonehenge, Silbury Hill, West Kennet, Avebury

Die Hochebene aus Kalkstein nördlich von Salisbury (Salisbury Plain) war beliebte Siedlungsstätte prähistorischer Kulturen. Ihre Spuren sind noch heute in Form von Megalithgräbern und Steinzirkeln nachzuvollziehen. Das bekannteste Zeugnis dieser Zeit ist Stonehenge, ein riesiger Steinzirkel. Kein anderes Relikt löste unter Wissenschaftlern eine so hitzige Diskussion um Herkunft und Zweck aus. Legenden ranken sich um Stonehenge. Der Zauberer Merlin habe die Steinblöcke von Irland hierher gebracht, besagt die eine. Andere schreiben den Ursprung der Steinkreise den Druiden, Römern oder Dänen zu. Es gibt sogar einige Spezialisten, die Stonehenge als Beweis für die Existenz einer außerirdischen Intelligenz interpretieren. Jeder darf seinen Senf dazugeben – das macht Stonehenge ja auch so interessant. Bei so viel Wirbel wundert es nicht, dass rund eine Million Besucher jährlich hierher pilgern. Ein besonderer Tag ist der 21. Juni eines jeden Jahres. Dann wird an dieser Stelle die Sommersonnenwende von Neo-Druiden und „Sonnenanbetern" gebührend zelebriert, was immer wieder zu Streitereien mit der Polizei führt.

Viele Besucher sind von Stonehenge enttäuscht. Das liegt nicht zuletzt an der Atmosphäre, die hier herrscht. Auf dem benachbarten Parkplatz reiht sich ein Touristenbus an den anderen. Es bilden sich Schlangen an den Kassen, und wer die vorher angekündigte mysteriöse Stimmung fotografisch festhalten will, kommt lediglich zu einem Gruppenbild mit Steinen. Wegen der ständigen Absperrung kann man das Denkmal nicht näher begutachten, geschweige denn Anfassen – aber das ist im Hinblick auf seinen Erhalt auch gut so. Erscheint man schon zur Öffnung um 9.30 Uhr, hat man gute Chancen, den Touristenströmen zu entgehen. Den besten Überblick über die Anlage hat man vom Amesbury Hill (2 Kilometer über die A 303).

• *Öffnungszeiten* Tgl. 9.30–18 Uhr, Juni bis Aug. 9–19 Uhr, im Winter nur bis 16 Uhr. Eintritt: £ 6.90, erm. £ 5.90 oder £ 3.50, Familienticket £ 17.30, inklusive Audiotour (EH & NT). www.english-heritage.org.uk/stonehenge.

• *Anfahrt* Wer nicht mit einem Touristenbus fährt, kommt auch mit dem Fahrrad oder Auto über die schöne, jedoch schmale Straße entlang dem Avon (18 km) von Salisbury nach Stonehenge. **Bus** – Busse fahren regelmäßig ab Salisbury-Zentrum und Bahnhof; Informationen über ☎ 01722/336855; ebenfalls Busverbindungen von Devizes. Außerdem werden für ca. £ 15 (inkl. Eintritt) in Salisbury Bustouren angeboten. Doch die Anfahrt mit Linienbussen (s. o.) ist preisgünstiger, und man hat wenigstens die theoretische Chance, in Stonehenge „allein" zu sein. **Taxi** – Eine Taxifahrt von Salisbury nach Stonehenge kostet etwa £ 50.

„Hängende Steine"

Auch wenn es auf den ersten Blick nicht so erscheint, Stonehenge ist das prähistorische Highlight Englands, wenn nicht sogar Europas. Der Name bedeutet „hanging stones", also „hängende Steine", womit wohl die aufliegenden Steine gemeint sind. Ähnlich wie mittelalterliche Kirchen ist Stonehenge ein Produkt mehrerer Epochen. Schon vor fünf Jahrtausenden wurde der äußere kreisförmige Graben ausgehoben und der sog. *Heel Stone* platziert. Innerhalb des Grabens legte man einen Kreis aus 56 Löchern an, die später mit einem Gemisch aus Erde und menschlicher Asche gefüllt wurden. Man geht davon aus, dass der älteste Steinzirkel um 2100 v. u. Z. errichtet wurde. Ursprünglich waren es sechzig aufrecht stehende Blöcke aus Blaustein, von denen heute noch sechs stehen. Geologen fanden heraus, dass diese ursprünglich aus Südwestwales (über 300 Kilometer Entfernung) stammten. Wie aber kamen sie hierher? Nach Meinung einiger Archäologen wurden sie von Wales hierher geschleift oder auf Flößen transportiert. Eventuell wurden die Monolithen auch in der letzten Eiszeit von einem Gletscher auf die Hochebene geschoben, so dass sie „nur noch" aufgestellt werden mussten. In der Zeitspanne von 2000 bis 1500 v. u. Z. wurde ein Kreis von 25 Trilithen (zwei aufrechte Steine, auf denen ein Stein liegt) errichtet, darin waren hufeisenförmig fünf weitere Trilithen angeordnet. Die dazu benutzten Sandsteine wurden aus der 30 Kilometer entfernten Hügelkette, den Marlborough Downs, hierher transportiert. Wiederum aus Blaustein formte man schließlich innerhalb der Trilithenanordnung einen kleinen Kreis und ein Hufeisen.

Ist Stonehenge ein prähistorisches Grabmal oder ein Sonnentempel? Belege gibt es für beide Theorien. Die 56 Löcher mit menschlicher Asche und über 350 Hügelgräbern (teilweise mit kostbaren Grabbeigaben) in der Umgebung deuten auf eine Stätte des Totenkults. Stonehenge könnte aber auch als Observatorium genutzt worden sein. Die Anlage ist nämlich so in nordöstliche Richtung ausgerichtet, dass die Sonne am Tag der Sommersonnenwende – vom Altarstein gesehen – genau über dem Heel Stone aufgeht. Doch wird man wohl nie einwandfrei feststellen können, wozu das rätselhafte Megalith-Denkmal einst errichtet wurde. Oder ist Stonehenge am Ende doch eine Landeplatzmarkierung für Ufos?

Neben Stonehenge gibt es auf der nahezu kahlen Hochebene einige weniger bekannte frühzeitliche Stätten. An der A 4, etwa acht Kilometer westlich von Marlborough, erhebt sich **Silbury Hill**, der höchste von Menschenhand geschaffene prähistorische Hügel Europas. Mit einfachen Schaufeln häuften 2600 Jahre v. u. Z. Siedler

Südengland Karte S. 220/221

Der Steinkreis von Avebury

eine fast 40 Meter hohe Erdschicht auf. Ihr Zweck ist nicht geklärt. Der Hügel ist nicht zu begehen, man muss sich mit einem Blick von einem Parkplatz zufrieden geben. Gleich gegenüber führt ein Fußweg zum knapp einen Kilometer entfernt liegenden *West Kennet Long Barrow*, einem Grab aus dem dritten Jahrtausend v. u. Z.

Die A 4 führt weiter westlich nach **Avebury**, einer Ortschaft, die ebenfalls wegen eines Megalith-Denkmals bekannt ist (ständig geöffnet, Eintritt frei). Die Steine sind etwas kleiner als in Stonehenge, doch ist der Kreis größer. Schätzungen datieren die Anlage auf etwa 2500 v. u. Z. Das *Alexander-Keiller-Museum* am Eingang zum Steinkreis zeigt Ausgrabungsfunde und informiert über Sinn und Zweck der Anlage.

● *Öffnungszeiten* Der Zugang zum Steinkreis von Avebury ist unbeschränkt möglich. **Museum:** April bis Okt. tgl. 10–18 Uhr, Nov. bis März tgl. 10–16.30 Uhr. Eintritt: £ 4.40, erm. £ 2.20 (NT & EH). **Avebury Manor:** April bis Okt. tgl. außer Mi und Do 12–17 Uhr. Eintritt: £ 4.40, erm. £ 2.20 (NT). Parken in Avebury: £ 5, erm. ab 14.30 Uhr £ 3.

● *Verbindungen* Sechs Busverbindungen tgl. nach Salisbury. Fahrtzeit: 90 Min. Weitere Busverbindungen mit Devizes und Marlborough.

Stourhead

Stourhead gilt für viele Kenner als die Krönung der englischen Gartenbaukunst: „Einer der malerischsten Schauplätze der Welt", urteilte schon der Schriftsteller Horace Walpole Ende des 18. Jahrhunderts. Dem Erfinder der Gothic Novel ist nicht zu widersprechen: Hier wurde Gartenkunst als Landschaftsmalerei verstanden.

Genau genommen ist Stourhead die Schöpfung eines einzigen Mannes: *Henry Hoare d. J.* Der kunstliebende Bankier Hoare, der längere Zeit in Italien gelebt hatte, begann ab 1743 den von seiner Familie im Jahre 1718 erworbenen Landsitz umzugestalten. Inspiriert von den Gemälden von Claude Lorrain, der antiken Mythologie und geblendet von den Monumenten Roms – die er auf seiner Grand Tour durch Italien gesehen hatte – entwarf Hoare einen Landschaftspark, der seinen Vorstellungen von moralisierter Natur entsprach. Das halbe Dorf Stourhead musste weichen, damit Hoare einen See mit tief eingeschnittenen Buchten und Landzungen aufstauen konnte, um anschließend die Ufer zu befestigen und mit Buchen zu bepflanzen; die Rhododendren sind eine Beigabe des 19. Jahrhunderts. Im Jahre 1765 krönte Hoare sein einzigartiges Unterfangen, indem er Alfred dem Großen (849–899) zu Ehren einen 49 Meter hohen Turm errichten ließ. Ein dreieinhalb Kilometer langer Rundweg *(belt walk)* führt entgegen dem Uhrzeigersinn durch den Park, vorbei an Tempeln, Eremitagen, Druidensitzen, Grotten und künstlichen Wasserfällen, die allesamt mit der altenglischen Landschaft korrespondieren und somit einen Brückenschlag zwischen Antike, den keltischen Ursprüngen und der idealisierten englischen Geschichte versuchen.

● *Öffnungszeiten* **Garden**: tgl. 9–18 Uhr bzw. bis Sonnenuntergang. **House und King Alfred's Tower**: Mitte März bis Okt. Fr–Di 11–17 Uhr. Eintritt: House & Garden: £ 11.60, erm. £ 5.80; nur Garden: £ 7, erm. £ 3.80. Familienticket: £ 27.60 (NT). www. nationaltrust.org.uk/stourhead.

● *Anreise* Stourhead ist mit öffentlichen Verkehrsmitteln schwer zu erreichen. Die nächste Eisenbahnstation befindet sich im zehn Kilometer entfernten Gillingham.

Longleat

Longleat kann gleich mit zwei Attraktionen aufwarten: Neben einem stattlichen Herrensitz streifen Löwen und Giraffen durch die englische „Savanne". Dank seines Safariparks ist Longleat das ideale Ziel für einen Familienausflug.

Auch Adelige bleiben von Geldsorgen nicht verschont, vor allem wenn sie einen kostspieligen Landsitz unterhalten und zudem noch hohe Erbschaftssteuern begleichen müssen. Nach vielen schlaflosen Nächten verfiel der 6. Marquess of Bath, seines Zeichens Herr über Longleat, zum Entsetzen der englischen Hocharistokratie auf eine spektakuläre Idee: Statt sich von seinem Besitz zu trennen, öffnete er nicht nur Longleat als erstes *Stately Home* für das zahlende Publikum, nein, er überließ den 1757 von Capability Brown angelegten Landschaftsgarten einer Löwenherde! Eine brillante Geschäftsidee. Der 1966 eröffnete erste Safaripark Europas zog die Besucher in Scharen an, und der Marquess war von seinen Geldsorgen befreit und konnte in aller Ruhe seinem Hobby nachgehen: dem Sammeln von Churchill- und Hitlermemorabilien. Im Safaripark, den man im PKW durchquert, tummeln sich neben Löwen auch Tiger, Giraffen, Elefanten, Zebras, Kamele und Antilopen. Weitere Attraktionen sind das aus 16.000 Eiben bestehende, größte Heckenlabyrinth der Welt, ein abwechslungsreicher Abenteuerspielplatz für Kinder sowie ein Streichelzoo.

● *Öffnungszeiten* **Safaripark**: Ostern bis Okt. tgl. 10–16 Uhr, am Wochenende bis 17 Uhr. **House**: Ostern bis Okt. tgl. 10–18 Uhr, Nov. bis Ostern nur Sa und So 10–16 Uhr. Eintritt: Safari Park £ 12, erm. £ 8; House und Garten £ 12, erm. £ 8; Kombiticket mit weiteren Attraktionen (Irrgarten, Adventure Castle etc.) £ 24, erm. £ 19 bzw. £ 17. www. longleat.co.uk.

● *Anreise* Die nächsten Bahnhöfe sind in Warminster und Frome, jeweils sieben Kilometer entfernt. Der Lion-Link-Bus bringt Besucher von Warminster (11.10 Uhr) nach Longleat (Rückfahrt von Longleat um 17.15 Uhr). Der Service ist für Zugreisende kostenlos. Allerdings müssen Besucher ein eigenes Auto mit dem Safari-Bus durch den Park fahren (£ 1).

Grafschaft Dorset

Dorset ist eine der kleinsten, dafür aber umso abwechslungsreicheren südenglischen Grafschaften. Das landschaftliche Spektrum reicht von eher altmodischen Seebädern mit schönen Sandstränden über schroffe Kalksteinklippen bis hin zu einem sanft gewellten Hinterland. Aber auch kulturelle Highlights fehlen nicht.

Eine Bergkette aus Kalkstein bildet die Küste der Grafschaft Dorset. Besonders eindrucksvoll ist die Steilküste auf der *Isle of Purbeck*, einer Halbinsel westlich von Bournemouth. Auf der anderen Seite der Isle of Purbeck findet man beschauliche Dörfer inmitten üppig grüner Wiesen. Hier besticht die ursprüngliche Landschaft. Majestätisch erhebt sich das *Corfe Castle* auf einem Hügel, ein Motiv, das sich auf zahlreichen Postkarten wiederfinden lässt.

Die Küstenstädte Bournemouth, Weymouth und Lyme Regis sind Badeorte mit unterschiedlichem Charakter. *Bournemouth* war bis ins 19. Jahrhundert ein unberührter Ort, ehe am Ende des gleichen Jahrhunderts der Tourismus Einzug hielt. Die Stadt stellte sich auf die Bedürfnisse der Erholungssuchenden ein und ist heute ein moderner Badeort mit einem langen Sandstrand. Das überwiegend junge Publikum vergnügt sich mit Wassersport und genießt das kulturelle Angebot, um sich dann am Abend ins Nachtleben zu stürzen.

Von einem anderen Schlag ist da *Lyme Regis*, ein eher ruhiges Fischerdorf, dessen Badestände bei weitem nicht so lang sind wie die von Bournemouth. Viele Fossiliensammler versuchen hier ihr Glück, nachdem in dieser Region zu Anfang des 19. Jahrhunderts ein versteinertes Skelett eines Ichthyosaurus gefunden wurde. Aufgrund der zahllosen Fossilienfunde wurde die Küste von Dorset und dem benachbarten East Devon im Jahre 2001 von der UNESCO als „Jurassic Coast" sogar zum Weltkulturerbe erklärt. *Weymouth* wiederum überzeugt durch seine schöne Altstadt. Der Ort erfreute sich schon früh höchster Aufmerksamkeit, König Georg II. badete hier am liebsten. Im Landesinneren liegt *Dorchester*, die Hauptstadt der Grafschaft. In ihrer unmittelbaren Umgebung findet man eine Befestigungsanlage namens *Maiden Castle*, mit deren Errichtung wahrscheinlich vor 5000 Jahren begonnen wurde.

Information **Dorset Tourism**, County Hall, Collinton Park, Dorchester, Dorset DT1 1XJ, ℡ 01305/221001 und 01305/267992. www.visit-dorset.com.

Bournemouth

Das touristische Kapital von Bournemouth ist ein zehn Kilometer langer, goldgelber Sandstrand. Keine Industrie, kein Hafen – dafür besitzt die Stadt zahlreiche Parks und Gärten, die das Auge mit ihrem satten Grün erfreuen.

Es ist nur schwer vorstellbar, dass dort, wo heute 160.000 Menschen leben und mehr als doppelt so viele ihre Ferien verbringen, noch vor 200 Jahren nur eine unbewohnte Heidelandschaft existierte. Im Jahre 1811 verliebte sich *Henrietta Tregonwell* in den einsamen Küstenabschnitt und überredete ihren Mann *Captain Lewis Tregonwell*, an der Mündung des River Bourne ein Sommerhaus zu errichten. Das Beispiel machte Schule und schon nach ein paar Jahrzehnten galt Bournemouth als kleine, vornehme Sommerfrische, die von ein paar hundert Menschen bevölkert wurde. Doch dann kam die Eisenbahn und ein schier grenzenloser Bau-

Mit der Bimmelbahn am Strand von Bournemouth entlang

boom setzte ein, der Bournemouth – laut Thomas Hardy – zu einem „fashionablen Bad, einem mediterranen Ort des Müßiggangs und der Erholung" werden ließ. Der englische Dichter *John Betjeman* charakterisierte Bournemouth einst als „eine der wenigen englischen Städte, die man getrost als weiblich bezeichnen kann." Weniger gute Erfahrungen machte sein an Tuberkulose erkrankter Schriftstellerkollege *D. H. Lawrence*; bitter von Bournemouth enttäuscht, wandte er sich 1912 an einen Freund: „Ich rate Dir, niemals hierher zu kommen. ... Dieser Platz existiert nur für die Kranken. ... Er ist wie ein riesiges Hospital. ... An jeder Ecke kreuzt man den Weg von Invaliden, die gerade vorbeigeschoben oder -gezogen werden."

Aus der ersten Epoche des Seebads stammen die viktorianischen Bauten in den Straßen *Old Christchurch Road*, *Lower Richmond Hill*, *Poole Hill* und *Commercial Road*, in denen es heute gar nicht mehr so streng viktorianisch zugeht. Das Programm der Theater ist mehr auf gesetztes Publikum zugeschnitten. Musicals, Konzerte und Shows finden im Pavilion, Pier Theatre, Playhouse Theatre und in den Winter Gardens statt. Wer lieber selbst aktiv werden möchte, kann sich in vielfältiger Weise sportlich betätigen: Was beim Minigolf beginnt, kann vielleicht auf einem der großen öffentlichen Golfplätze enden.

Information/Verbindungen/Diverses

• *Information* **Bournemouth Visitor Information Bureau**, hilfreiches Informationsmaterial zu Sportmöglichkeiten, Veranstaltungen usw., Stadtplan £ 1.50. Westover Road, Bournemouth, Dorset BH1 2BU, ☎ 0845/ 0511701, ✆ 01202/451799, www.bournemouth.co.uk.

• *Einwohner* 160.000 Einwohner.

• *Verbindungen* **Bus** – Stadtbusse sind die Yellow Buses (www.yellowbuses.co.uk). Nahverkehrsbusse ab The Square; an der Travel Interchange beim Bahnhof (Holdenhurst Road) fahren die Regionalbusse und die National Express-Fernbusse (u. a. nach London) ab. Günstig ist ein Explorer Ticket (£ 7.50, erm. £ 50), mit dem man alle Wiltshire-&-Dorset-Busse (☎ 01202/673555, www.wdbus.co.uk) nach Lyndhurst und Poole einen Tag lang benutzen kann. Ein Open Top Bus (Nr. 140) fährt von Sandbanks zur Purbeck Halbinsel nach Swanage. Bus Nr. 50 geht von Bournemouth nach Swanage.

Zug – Der Hauptbahnhof liegt in der Holdenhurst Road eineinhalb Kilometer östlich des Zentrums (Busse vor dem Bahnhof). Stündlich Verbindungen nach Southampton, Portsmouth (in Farnham umsteigen), Bristol; zwei Züge stündlich nach London Waterloo Station (ca. 2 Std.). South West Train Zugauskunft: ☎ 0845/6000/650, www.southwesttrains.co.uk.

Flughafen – Bournemouth International Airport, fünf Kilometer nördlich der Stadt, wird u. a. von Ryanair, easyJet, flybe und bmi angeflogen. Mit dem neuen Terminal kamen auch neue Routen in beliebte Urlaubsdestinationen, etwa nach Ägypten und in die Türkei. ☎ 01202/364000, www.bournemouthairport.com.

● *Bootsfahrten* **Speed-boat-Fahrten** und **Cruise-Fahrten** mit der Dorset Belles nach Brownsea Island vom Pier. www.dorsetcruises.co.uk.

● *Fahrradverleih* **Front Bike Hire**, Bournemouth Pier. Tgl. 10–17 Uhr; ab £ 5/Std. und £ 15/Tag. ☎ 01202/557007. Auch Hotelservice. www.front-bike-hire.co.uk.

● *Golfen* Dorset ist ein Paradies für Golfer, es gibt 46 Golfplätze für alle Handicaps. Tipps geben die Touristeninformation oder der Golf Superstore in der Nähe des Bahnhof, **American Golf Discount** in der Holdenhurst Road 130–138.

● *Internet* **The Cyber Place**, tgl. 10–22 Uhr, Tagesrate 30 Min. £ 1.50, 25 St Peter's Road, ☎ 01202/290099.

● *Markt* Do und Sa.

● *Schwimmen* **Littledown Sports Centre**, zwei Pools, Rutschen und Wellness. Chaseside, ☎ 01202/417600; www.littledowncentre.co.uk.

● *Surfen* **Bournemouth Surfing Centre**, ☎ 01202/433544. www.bournemouth-surfing.co.uk. Oder **Surfsteps**, ☎ 0800/0437873, mobil 07733/895538; www.bournemouthsurfschool.co.uk. Anfängerkurs im Sommer tgl. 10 und 14 Uhr.

● *Veranstaltungen* **Powerboat Racing** an verschiedenen Wochenenden im Sommer; jeden Freitag im August gibt es **Feuerwerk** am Pier, und mittwochs wird der Park mit Kerzen beleuchtet. Mitte Juni oder im Juli findet auch ein **Schwimmwettkampf** von Pier zu Pier statt und zum **Bournemouth Air Festival** fliegen Düsenjets Formationen während das Volk am Boden 4 Tage lang Rummel genießt.

Übernachten

Außerhalb der Sommersaison lässt sich problemlos ein Plätzchen in einem der zahlreichen Hotels und B & Bs von Bournemouth finden. Während der Saison ist eine Reservierung ratsam, ansonsten wendet man sich am besten gleich an die Tourist Offices, die gegen eine geringe Gebühr Zimmer vermitteln.

Langtry Manor (7), das einstige Domizil Eduards VII. und seiner Mätresse Lillie Langtry wurde in ein komfortables Hotel verwandelt. Die Zimmer in dem von einem großzügigen Garten umgebenen Fachwerkhaus sind in üppiges Dekor gehüllt. Im King's Room schlief Eduard, die Lillie Langtry Suite gehörte seiner Mätresse und die Princess Alexandria Suite seiner Frau. Sehr gutes Restaurant, 3 Gänge £ 35. B & B £ 100–230. 26 Derby Road, East Cliff, ☎ 01202/553887, ✆ 01202/290115, www.langtrymanor.com.

Cumberland Hotel (9), direkt am Eastcliff gelegen, wurden das Haus und seine 102 Zimmer kürzlich im Art-déco-Stil eingerichtet: Der Aufenthalt ist eine Zeitreise. Blickfang ist der Außenpool mit Deck und toller Lounge, es gibt Parkplätze, ein gutes Bistro

und eine Cocktailbar. Zimmer £ 30–70 pro Person. East Overcliff Drive, ☎ 01202/290722; ✆ 01202/311394; www.cumberlandbournemouth.co.uk.

Riviera Hotel (19), etwas in die Jahre gekommenes Hotel in exzellenter Lage am Alum Chine. Indoor- und Outdoor-Pool, viele Zimmer gegen kleinen Aufpreis mit Meeresblick und Balkon, es lohnt sich! Kostenloses WLAN. B & B ab £ 47.50, je nach Saison (Hochsaison £ 70), unbedingt nach Specials erkundigen. 14 Burnaby Road, Alum Chine, ☎ 01202/763653, ✆ 01202/768422, www.rivierabournemouth.co.uk.

The Bondi (10), eine der preisgünstigeren Unterkünfte im Zentrum von Bournemouth mit fünf Zimmern, vor allem schwules Publikum. EZ ab £ 25, DZ ab £ 65. 43

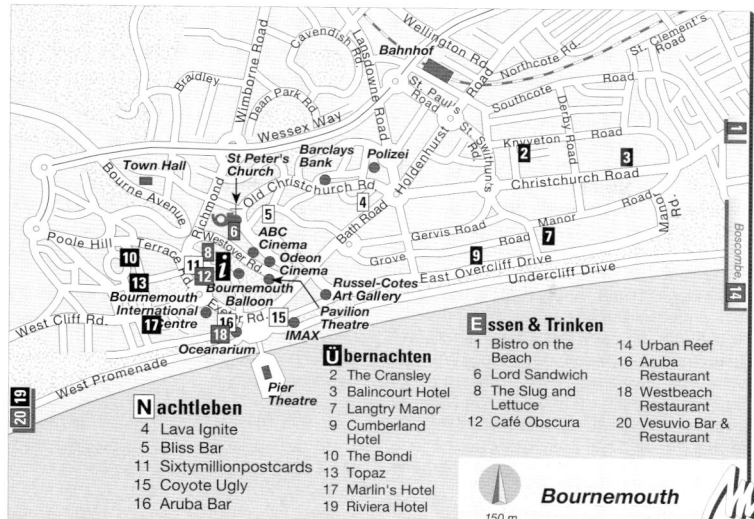

St Michael's Road, ✆ 01202/554893, www.thebondi.co.uk.

Marlin's Hotel (17), kleines, familiengeführtes Hotel eine Minute vom westlichen Strand entfernt. Auch Nichthotelgäste schätzen das tolle Frühstück (eigenes Café). Die Zimmer sind picobello in freundlichen grünen und beigen Tönen. B & B £ 30–45 pro Person. 2 Westcliff Road, West Cliff, ✆ 01202/299645; www.marlinshotel.co.uk.

Balincourt (3), dieses kleine B & B-Hotel in englischem Landhausstil wurde von unseren Lesern Josef Loibl und Barbara Karling entdeckt. Das 5-Sterne-Haus verdient diese auch. Wirtin Alisons Frühstück ist ebenfalls preisgekrönt. Nur 5 Minuten bis zum Strand, gegenüber liegt ein gemütliches Pub. B & B ab £ 37 pro Person. 58 Christchurch Road, ✆ 01202/552962; www.ballincourt.co.

Topaz (13), liebevoll gepflegte viktorianische Stadtvilla mit 12 modernen, hellen Zimmern, Parkplatz und Fahrradverleih. Kostenloses WLAN. £ 20–35 pro Person. 79

St Michael's Road, West Cliff, ✆ 01202/553714; www.tapazhotel.co.uk.

The Cransley (2), Arts-&-Crafts-Villa der 1930er-Jahre, Lounge und Frühstücksraum mit Zugang zum hübschen Garten. 11 mit Liebe fürs Detail eingerichtete Zimmer. Wer länger bleibt, bekommt das größte Sonnenzimmer. Etwa 5 Minuten bis zum Strand. B & B ab £ 35 pro Person. 6 Knyveton Road, ✆ 01202/290067; info@cransley.com.

• *Camping* Eine Liste mit Zeltplätzen der Umgebung ist im Tourist Office erhältlich. Es gibt zwar in Bournemouth einen Campingplatz, doch dort sind nur Wohnmobile und Wohnwagen erlaubt. Ausweichen kann man in den östlich gelegenen Vorort Christchurch oder auf die Isle of Purbeck:

**** Mount Pleasant Touring Park, März bis Okt. geöffnet, 95 Zeltplätze. £ 8–16 pro Zelt und zwei Personen. Matchams Lane, Hurn, Christchurch, ✆ 01202/475474, ✆ 0870/4601701, www.mount-pleasant-cc.co.uk.

*E*ssen/*T*rinken/*N*achtleben

Viele Restaurants befinden sich am Square und in der Westover Road. Die Palette an Lokalen ist breit gefächert, für jedes Budget und jeden Geschmack ist etwas dabei, einige liegen direkt am Strand.

Vesuvio Bar & Ristorante (20), moderner Italiener in einem Glaspavillon direkt am Strand, klasse Atmosphäre und immer viel los. Von Fisch bis Pizza, besonders lecker sind die *Farfalle Vesuvio* mit geräuchertem Lachs für £ 9.95 oder die *Linguine al Aragosta* – Spaghetti mit Hummer in einer Knoblauchweinsoße – für £ 13.50. Alum Chine, ✆ 01202/759100. www.vesuvio.co.uk.

Westbeach Restaurant (18), nur etwa 100 m vom Pier entfernt wird Seafood aufgetischt (Austern: £ 2/pro Stück). Hauptgerichte £ 11–19.90 (Sea Bass), man kann auch draußen auf einer Beachveranda sitzen. Do ab 20 Uhr Live-Jazz. Pier Approach, ✆ 01202/587785. www.west-beach.co.uk.

Bistro on the Beach (1), moderne englische Küche mit viel Fisch, Panoramablick über Bournemouth Bay bis zu den Needles der Isle of Wight. Café tagsüber, nur Fr–Sa Dinner von 18.30–21 Uhr. Drei-Gänge-Menü ab £ 28.50. Solent Promenade, Southbourne Coast Road, ✆ 01202/431473. www.bistroonthebeach.com.

Urban Reef (14), Bar, Café, Feinkostgeschäft und Restaurant im neuen Viertel am Beach von Boscombe. Informell und funky mit Blick vom Sonnendeck über Bournemouth Bay. Die Saison und das lokale Angebot bestimmt die Speisekarte, viel Fisch. Undercliff Drive, ✆ 01202/443960; www.urbanreef.com.

Aruba Bar and Restaurant (16), englische (Sunday Roast £ 9.95, englisches Frühstück £ 10) und internationale Küche (extrem scharfe karibische Muscheln für £ 6.50, Pizzen, Currys und Stir Fries), Blick über Strand und Pier. Alle Cocktails £ 6–7. Pier Approach, ✆ 01202–554211; www.aruba-bournemouth.co.uk.

The Slug and Lettuce (8), Mischung aus Bar, Café und Lounge. Auf der Balkonterrasse lässt sich das Treiben im Zentrum gut beobachten. Sandwiches und eine große Salatauswahl zwischen £ 5 und £ 9. Auch Brunch. The Square, 4–15 Bourne Avenue/11 Richmond Hill. www.slugandlettuce.co.uk.

Café Obscura (12), der Pavillon mit der sonnigen Straßenterrasse ist ideal für eine kurze Pause. Die Camera Obscura im ersten Stock ist auch ganz witzig (wenn sie denn funktioniert). The Square.

Lord Sandwich (6), in der Nähe des Hauptpostamts befindet sich das wirklich winzige Take-Away, in dem gerade einmal zwei Kunden Platz haben. Hier gibt es preiswerte und herzhafte Stullen für fast jeden Geschmack: Fleisch, Fisch oder vegetarisch. 9–17.30 Uhr. 7 Post Office Road.

• *Nachtleben* Am besten besorgt man sich das Listed Magazin (www.listedmagazine.com) mit dem vollständigen und sehr hilfreichen Programm für Bournemouth und Poole. Eine gute Webseite ist www.bournemouthbynight.com. Viele **Discos** und **Clubs** in der Firvale Road (**Lava Ignite (4)**, Di Ruhetag) sowie Glen Fern Road zwischen Old Christchurch und St Peter's Road (**Bliss Bar (5)**). Hen- und Stagparties (Junggesellenabschied) u. a. bei: **FYEO**, For Your Eyes Only, Tabledance-Bar, 136 Old Christchurch Road, geöffnet bis 4 Uhr, Fr–Sa bis 6 Uhr, So geschlossen (www.fyeo.co.uk). Ebenfalls ein riesiger, kommerzieller Club in Bournemouth ist: **Coyote Ugly (15)**, The Waterfront, Pier Approach (wwww.coyotebournemouth.co.uk). Wer weniger Mainstream bevorzugt, gehe ins **Sixtymillionpostcards (11)**, 19–21 Exeter Road.

Poole

Die Bucht von Poole gilt mit ihren sage und schreibe achtzig Kilometern verschlungener Küste nach Sydney als zweitgrößter Naturhafen der Welt. Poole selbst ist ein ehemaliges Seeräubernest, eine Hafenstadt mit langer Tradition, netten Kneipen und einem gut erhaltenen historischen Zentrum.

Obwohl Poole bereits im 12. Jahrhundert gegründet wurde, steht die Stadt heute zu Unrecht im Schatten von Bournemouth, denn mit seinen alten Lagerhäusern und urigen Pubs – in der Altstadt stehen mehr als hundert denkmalgeschützte Häuser – besitzt Poole mehr Flair als Bournemouth. Doch auch an Poole sind die Jahrhunderte nicht spurlos vorübergegangen: Heute sind es nicht mehr die Handelsschiffe, sondern in erster Linie die Freizeitkapitäne, die den Naturhafen okkupieren: Der Jachthafen von Poole ist einer der beliebtesten an der englischen Südküste! Die sandigen Buchten laden zum Sonnenbaden und Picknicken ein. Ein Besuch der Compton Acres Gardens gehört zum Pflichtprogramm aller Gartenliebhaber. Wer von Poole nach Swanage fahren will, kann von Sandbanks mit einer Fähre über den Poole Harbour übersetzen.

• *Information*   **Poole Welcome Centre**, Enefco House, Poole Quay, Poole, Dorset BH15 1 HJ, ✆ 01202/253253. www.pooletourism.com.

• *Einwohner* 140.000 Einwohner.

• *Verbindungen* **Zug** – Verbindungen nach Weymouth (37 Min.) oder London Waterloo (1 Std. 55 Min. von Poole Station in der Serpentine Road, Southwest Trains, ✆ 0845/6000650.

Bus – Zahlreiche Busverbindungen von der 2–8 Parkstone Road nach Bournemouth, Wimborne und Wareham, ✆ 01202/673555.

Fähren – Condors bedienen St Malo und die Channel Islands (www.condorferries.co.uk), Britanny fahren nach Cherbourg (www.britanny-ferries.com).

• *Markt*   Farmers Market im Falkland Square, Do 9–13 Uhr.

• *Bootsfahrten* **Blue Line Cruises**, Poole Quay, ✆ 07802/435654. www.bluelinecruises.co.uk. Jurassic Coast Cruises, Fahrten zu den Old Harry Rocks und nach Swanage. **Greenslade Pleasure Boats**, Poole Quay, www.greensladepleasureboats.co.uk. Ähnliches Programm, das Unternehmen fährt auch nach Brown Sea Island.

• *Hochseefischen*   **Sea Fishing Poole**, Fisherman's Dock, Halbtages- und Ganztagestrips für Anfänger und erfahrene Angler. ✆ 01202/679666. www.seafishingpoole.co.uk.

• *Übernachten* **Antelope Hotel**, eine der ältesten Unterkünfte in Poole, im historischen Zentrum gelegen und frisch renoviert. B & B ab £ 45. High Street, ✆ 01202/672029, www.antelopeinn.com.

• *Essen/Trinken* **Storm**, die beste Adresse für delikate Fischgerichte in verschiedenen Variationen. Der Besitzer ist Fischer und fängt das Menü selbst!! Auch das Gemüse kommt aus dem eigenen Garten und der Honig von den eigenen Bienen. Hauptgerichte ab £ 17. Nettes, rustikales Ambiente mit wuchtigen Holztischen. Auch Kochschule. Sonntagmittag geschlossen. 16 High Street, ✆ 01202/674970. www.stormfish.co.uk.

King Charles, historisches Pub in unmittelbarer Hafennähe, serviert werden leckere Currys. Thames Street.

Bar Custom und Maison Custom House, nette Café-Bar (Hauptgerichte £ 8–10), deren großes Plus die Straßenterrasse mit Blick auf den Hafen ist. Wer will, kann sich an einer *Bouillabaisse* versuchen. Das Zwei-Gänge-Menü im Restaurant im 1. Stock kostet um die £ 28.50, als Lunch wochentags nur £ 13.95. Poole Quay, ✆ 01202/676767. www.customhouse.co.uk.

Cafe Shore, das minimalistische Restaurant bietet moderne Küche mit mediterranem Einschlag, gut zum „sehen und gesehen werden". 10–14 Banks Road, Sandbanks, ✆ 01202/707271. www.cafeshore.co.uk.

Sehenswertes

Poole (Waterfront) Museum: Das in einem Lagerhaus aus dem 18. Jahrhundert und in mehreren mittelalterlichen Kellergewölben untergebrachte Museum wurde kürzlich modernisiert und bietet einen umfangreichen Überblick über die maritime Vergangenheit der Stadt. Viel bestaunt ist ein unlängst entdecktes Boot aus der Eisenzeit. Im Foyer steht ein beeindruckendes neues Modell des Hafens von Poole, den man auch von der neuen Aussichtsterrasse im Blick hat.

April bis Okt. tgl. 10–17 Uhr, So erst ab 12 Uhr, Nov. bis März Di–Sa 10–16 Uhr, So ab 14 Uhr. Eintritt frei !

Umgebung von Poole

Compton Acres Gardens: Die etwa fünf Kilometer südöstlich von Poole gelegene Gartenlage wird als eine der schönsten von Südengland bezeichnet. Genau genommen handelt es sich um mehrere verschiedene Gärten, die unterschiedliche Stile (italienisch, englisch, japanisch etc.) aufweisen und einen weiten Blick auf die Bucht

Die Klosterkirche von Wimborne Minster

bis zur Halbinsel von Portland freigeben. Mit ihren Skulpturen, einem Seerosenteich und vielen anderen liebevoll arrangierten Details strahlen die Compton Acres Gardens eine zauberhafte Atmosphäre aus. Angelegt wurde der Garten von Thomas William Simpson, der das Areal im Jahre 1918 erwarb, um seinen persönlichen Gartentraum zu verwirklichen.

164 Canford Cliffs Road, von Poole Bus Station mit den Bussen 150 und 151. April bis Okt. tgl. 9–18 Uhr, im Winter 10–16 Uhr. Eintritt: £ 6.95, erm. £ 6.45, Kinder £ 3.95. ✆ 01202/700778. www.comptonacres.co.uk.

Wimborne Minster: Nur sieben Kilometer nördlich von Poole liegt am Ufer der Stour die alte Marktstadt Wimborne Minster mit ihren hübschen georgianischen Häusern und dem *Minster of St Cuthberga*. Schon im 8. Jahrhundert stand an dieser Stelle eine Abtei. Ein Turm stammt aus der normannischen Epoche, während der Westturm spätgotisch ist. In diesem befindet sich eine Uhr aus dem späten 16. Jahrhundert, auf der eine Sonne die Stunden und ein Mond die Tage anzeigt. Die *Chained Library* stammt aus dem Jahr 1686 und ist eine der ältesten öffentlichen Bibliotheken Englands. Ein weiterer Höhepunkt der Stadt ist das *Priest's House* an der High Street. Alle Zimmer sind im Stil vergangener Epochen eingerichtet.

Chained Library: Ostern bis Ende Oktober Mo–Fr 10.30–12.30 und 14–16 Uhr. **Minster:** Mo–Sa 9.30–17.30 Uhr, So ab 14.30 Uhr. www.wimborneminster.org.uk.

Kingston Lacy: Weitere vier Kilometer nordwestlich von Wimborne Minster liegt an der B 3082 Kingston Lacy, eines der stattlichsten Herrenhäuser Englands. Nachdem Cromwell Corfe Castle in Schutt und Asche gelegt hatte, ließ sich die Familie Bankes im 17. Jh. hier ihre neue Bleibe erbauen. Ein riesiger Park umgibt den Gebäudekomplex. Die Besichtigung der Räume (mit wertvollen Gemälden) wird erschwert, wenn an Wochenenden Hunderte von Besuchern die Anlage überfluten. Um dieser Massen Herr zu werden, hat man zeitlich begrenzte Tickets eingeführt.

• *Öffnungszeiten* Mitte März bis Ende Okt. Mi–So 11–17 Uhr. Gärten: März bis Okt. tgl. 10.30–18 Uhr, Nov. bis Dez. tgl. 10.30–16 Uhr, Febr./März Fr bis So 10.30–16 Uhr. Eintritt: £ 10.50, erm. £ 5.25, Familienkarte £ 26.25, nur Garten und Park £ 5.25, erm. £ 2.70, Familien £ 13 (NT). Achtung: An Sommerwochenenden werden teilweise zeitlich begrenzte Tickets ausgegeben. ✆ 01202/883402; www.nationaltrust.org.uk/main/w-kingstonlacy.

Isle of Purbeck

Sanft geschwungene Hügel und üppige Wiesen, auf denen Schafe weiden, charakterisieren die landschaftlich reizvolle Isle of Purbeck. Über enge, kurvige Straßen, die von mannshohen Hecken gesäumt sind, erreicht man kleinere Ansiedlungen. Oft bilden nur wenige Natursteinhäuser, zum Teil mit Reet gedeckt, und eine gedrungene Kirche ein Dörflein.

Die Isle of Purbeck ist eine Halbinsel südwestlich von Poole. Wer mit der Fähre von Sandbanks übersetzt, gelangt zunächst in das Naturschutzgebiet Studland Heath, eine beschauliche Heidelandschaft. Swanage ist ein erholsamer Küstenort, ideale Basis für Erkundungstouren auf der Halbinsel. Ein Abstecher zum Corfe Castle lohnt sich, eine im Bürgerkrieg zerstörte Burg, deren Ruine malerisch auf einem grünen Hügel thront.

Südengland
Karte S. 220/221

Reisen in einer Dampflok

Schon von weitem sind die weißen Dampfschwaden am blauen Himmel zu beobachten. Ohne sein Ohr in altbewährter Indianertradition auf die Gleise legen zu müssen, erkennt ein jeder, dass der „Steam Train" im Anmarsch ist. Die Reise in den gemütlichen Waggons durch das grüne Hinterland der Halbinsel Purbeck wird zu einem hübschen Ausflug. Außerdem kann man an bestimmten Tagen ein komplettes Mahl mitbuchen. Der historische Zug fährt auf einer etwa 10 Kilometer langen Strecke von Swanage unter anderem über Corfe Castle nach Norden.
Betriebszeiten April bis Okt. tgl., im Winter nur am Wochenende. Hin- und Rückfahrt £ 9, erm. £ 7. Booking Line: ✆ 01929/425800. www.swanagerailway.co.uk.

Swanage: Ein Familienbad, dessen geschützte Lage den ehemaligen Fischerort schon früh zum Schlupfwinkel von Piraten werden ließ. Swanage bietet nur wenig historisch Interessantes, dafür in seiner unmittelbaren Umgebung eine herrliche Küstenlandschaft, die man über den *Dorset Coast Path* erwandern kann. Die Fassade des örtlichen Rathauses ist von Christopher Wren entworfen worden und gehörte ursprünglich zur Londoner Mercer's Hall.

• *Information* **The White House**, Shore Road, Swanage, Dorset, BH19 1LB, ✆ 0870/4420680, 🖅 01929/423423; Zimmervermittlung, Wanderkarten. www.swanage.gov.uk.
• *Verbindungen* **Bus** – Busbahnhof in der King's Road bei der Swanage Railway Dampfeisenbahn. **Zug** – Verbindungen ab Wareham, dorthin etwa stündlich mit den Wiltshire & Dorset Bussen 142 und 143 (✆ 01202/673555), zudem regelmäßige Busverbindungen nach Bournemouth (Bus 150) und Poole (Bus 40); www.wdbus.co.uk).
• *Markt* Di 8–15 Uhr auf dem Strandparkplatz.
• *Übernachten* Das Tourist Office gibt ein monatlich neu erscheinendes Unterkunftsverzeichnis heraus, in dem Hotels und B & Bs (Übernachtung £ 22–50) aufgeführt sind. Viele B & Bs in der Ulwell Road (Hauptstraße nach Norden) und der King's Road (im Zentrum).

Buddies B & B, super Unterkunft für aktive Besucher, 3 schlichte Zimmer, teilweise mit Doppelstockbetten; extrem sauber, kinderfreundlich und herzlich. B & B ab £ 25 pro Person. Frühstück in der Woche kontinental (mit selbstgebackenem Brot), am Wochenende englisch. 75 King's Road West, ✆ 01929/423319, mobil: 07788/597567; www.buddies-b-and-b.co.uk.

Swanage Haven Guest House, Designerunterkunft mit Spa zu fairen Preisen, B & B DZ ab £ 60. 3 Victoria Road, ✆ 01929/423088; www.swanagehaven.com.

● *Jugendherberge* **Cluny**, eine der attraktivsten Jugendherbergen Englands. Der Gemeinschaftsraum gleicht einem Clubzimmer mit Holzvertäfelung und Ledergarnituren. Aus einigen Zimmern hat man einen tollen Blick aufs Meer (z. B. Zimmer Nr. 5), die Betten sind abenteuerlich ineinander geschachtelt (Vorsicht Kopf!). 100 Betten in 2–8-Bett-Zimmern. Erwachsene ab £ 16, Jugendliche ab £ 12. Cluny Crescent, ✆ 0845/3719346, ✆ 01929/426327, swanage@yha.org.uk.

● *Camping* Beim Tourist Office ist ebenfalls eine Liste mit Campingplätzen der gesamten Halbinsel erhältlich. Sehr gut ausgestattet ist:

**** Ulwell Cottage Caravan Park, schicke Anlage mit Indoor-Pool, außen Spielplatz; im Febr. geschlossen. Standplatz ab £ 23 Zelt ab £ 7 pro Person. Ulwell, ✆ 01929/422823, ✆ 421500, www.ulwellcottagepark.co.uk.

Studland Heath: Wem die Zeit fehlt von Swanage oder Poole aus einen Ausflug in die Heide- und Dünenlandschaft der Studland Heath zu unternehmen, sollte auf alle Fälle wenigstens die Straße durch das *Naturschutzgebiet* benutzen. Einige Wiltshire-&-Dorset-Busse fahren durch das reizvolle Gebiet, so dass man einen kleinen Eindruck von dieser eigenartigen Landschaft aus Seen und Sümpfen, Sandstränden und Heide bekommt. Zu Fuß geht es weiter über den *Dorset Coast Path* die Küste entlang oder mit dem Auto über die Straße nach *Studland*, einem Dorf mit normannischer Kirche. Von hier aus führt ein ausgeschilderter Weg zu den *Old Harry Rocks*, einer grellen Kalksteinformation, die vom tiefblauen Meer umspült wird.

Lulworth: Der Ort existiert genau genommen nicht. Es gibt nur die beiden Dörfer East und West Lulworth sowie Lulworth Cove, eine fast kreisrunde Bucht, die für ihren *Fossil Forest* bekannt ist. Versierte Geologen können den versteinerten Wald rund um die Bucht wie ein offenes Buch lesen. Allen anderen ist ein Besuch des am gebührenpflichtigen Parkplatz (£ 5) gelegenen Heritage Centre (Eintritt frei) zu empfehlen. Die informative Dauerausstellung widmet sich den geologischen Besonderheiten der Region. Lohnenswert ist noch ein knapp einstündiger Spaziergang entlang der Küste nach Westen zum Durdle Door, einem malerisch verwitterten Felstor, das in das Meer ragt. Die Ruine des ein Stück landeinwärts bei East Lulworth gelegenen Lulworth Castle (17. Jh.) ist nur von marginalem Interesse.

Jugendherberge **Lulworth Cove**, kleine Herberge (eher eine Holzhütte) in West Lulworth mit nur 34 Betten, die auf sieben Zimmer verteilt sind. Für Kinder ist das Tower Park Leisure Centre in der Nähe. Erw. ab £ 16, Jugendliche ab £ 12. School Lane, ✆ 0845/3719331, ✆ 01929/400640, lulworth@yha.org.uk.

Corfe Castle: Mittelpunkt der Isle of Purbeck ist Corfe Castle, eine pittoreske Burgruine, gut sichtbar auf einer Anhöhe gelegen. Zu ihren Füßen liegt das nicht minder attraktive Örtchen Corfe, das häufig Ziel ganzer Besucherscharen ist. Schon vor der vorigen Jahrtausendwende befand sich hier eine bedeutende angelsächsische Festung, in der im Jahre 978 König Eduard im Auftrag seiner Stiefmutter ermordet wurde, da sie ihren leiblichen Sohn auf dem Thron sehen wollte. Im Jahre 1646 von den Republikanern im Bürgerkrieg zerstört, stehen heute nur noch die Ruinen der einstmals weitläufigen Anlage.

April bis Sept. 10–18 Uhr, März und Okt. 10–17 Uhr, Nov. bis Febr. 10–16 Uhr. Eintritt: £ 5.90, erm. £ 2.95, Familienticket £ 14.77 (NT). Führungen tgl. 11 und 14.15 Uhr.

Wareham: Der hübsche 5000-Seelen-Ort ist umgeben von einem Erdwall aus sächsischer Zeit. Der Fluss Frome bahnt sich seinen Weg durch die Siedlung. In der *St Mary's Church* befindet sich der steinerne Sarg von Eduard dem Märtyrer (s. o.). Ein Bildnis erinnert an einen anderen berühmten Toten: Thomas Edward Lawrence, besser bekannt als Lawrence von Arabien. Elf Kilometer nordwestlich befindet sich sein spartanisch eingerichtetes Landhaus *Clouds Hill*.
April bis Okt. jeweils Do–So 12–17 Uhr. Eintritt: £ 4.50, Kinder £ 2 (NT).

Lawrence von Arabien – eine britische Legende

Wer hat nicht schon einmal vom tollkühnen „Lawrence von Arabien", dem glorreichen Wüstenhelden, gehört? Thomas Edward Lawrence starb 1935 bei einem Motorradunfall in Dorset, und zwar auf der Strecke zwischen Bovington Camp und seinem Landsitz *Clouds Hill*.
Am 15. August 1888 in Wales geboren, studierte Lawrence Archäologie und Orientalistik in Oxford. Später nahm er an Ausgrabungen im Nahen Osten teil und lernte Arabisch. Da er nun mit Land und Leuten vertraut war, warb ihn der britische Geheimdienst bei Ausbruch des Ersten Weltkriegs an. Lawrence wurde als Agent im Orient eingesetzt. Zusammen mit seinem engen Vertrauten, dem Emir Feisal (1918–20 König von Syrien, 1921–33 König des Irak), organisierte er 1916–18 den erfolgreichen Aufstand arabischer Beduinenstämme gegen die türkisch-deutsche Orientarmee. Die arabische Autonomie schien zum Greifen nahe, doch plötzlich und gegen vorherige Absprachen stand ihr die englische Orientpolitik ablehnend gegenüber. Lawrence fühlte sich von Großbritannien verraten und zog sich in sein Heimatland zurück. Auf der Halbinsel Purbeck lebte er als einfacher Soldat der Royal Air Force. Sein damaliger Wohnsitz war *Clouds Hill*, ein abgelegenes Landhaus, in dem er seine Memoiren „Die sieben Säulen der Weisheit" (1926) schrieb. Nach dieser Vorlage drehte man später den bekannten Monumentalfilm „Lawrence von Arabien" mit Peter O'Toole in der Hauptrolle. Als der große Freiheitskämpfer schließlich verunglückte, schickte König Georg V. seinen Leibarzt. Vergeblich. Lawrence starb am 13. Mai 1935. Bei seiner Beisetzung auf dem Dorffriedhof von *Moreton* nahm auch ein Weggefährte aus alten Tagen von ihm Abschied. Sein Name war Feisal, König des Irak.

Südengland Karte S. 220/221

Dorchester

Dorchester ist Verwaltungssitz und gleichzeitig landwirtschaftliches Zentrum von Dorset. Mittwochs werden auf dem lebhaften Wochenmarkt die Produkte der Region feilgeboten. Hier geht es beschaulich zu, so wie es in Thomas Hardys Romanen nachzulesen ist.

Vom römischen *Durnovaria* zeugen nur noch wenige Spuren. Neben den als Amphitheater genutzten Maumbury Rings ist der einzige erhaltene Teil der römischen Stadtmauer an der Albert Road zu finden. Hinter der County Hall wurden das komplette Fundament sowie der Mosaikboden eines römischen Stadthauses freigelegt, Reste eines römischen Aquädukts finden sich im Nordosten der Stadt. An drei Seiten wird Dorchester von Kastanien- und Ahornalleen gesäumt, den „walks", die anzeigen, wo einst die Mauer der Römerstadt verlief. Doch zurück zum berühmtesten

Bürger der Stadt: Geboren wurde Thomas Hardy, einer der bekanntesten englischen Schriftsteller, 1840 einige Kilometer östlich von hier in Bockhampton. Beigesetzt hat man ihn 1928 in Stinsford. Einen großen Teil seines Lebens verbrachte er in Dorchester, das er in seinen Romanen *Casterbridge* nannte. Zahlreiche andere Städte und Stätten dieser ländlichen Gegend dienten als Handlungsorte für seine Werke. Will man auf Hardys Spuren wandeln, ist der Prospekt „Discover the Hardy Country", erhältlich im Tourist Office, zu empfehlen. Ein Denkmal auf der High West Street erinnert an den berühmten Autor. Sein Leben und Wirken ist im *Dorset County Museum* dokumentiert. Sehenswürdigkeiten ganz anderer Epochen sind *Maumbury Rings*, ein römisches Amphitheater, und *Maiden Castle*, eine prähistorische Festungsanlage.

• *Information* **Tourist Information Centre**, Unit 11, Antelope Walk, Dorchester, Dorset DT1 1BE, ✆ 01305/267992, ✆ 01305/266079. Zimmervermittlung, Wanderkarten und Wegbeschreibungen, Stadtführer *All about Dorchester* mit Beschreibung der Sehenswürdigkeiten. www.westdorset.com.

• *Einwohner* 20.000 Einwohner.

• *Verbindungen* **Bus** – Dorset ist leicht mit dem Bus zu erreichen. Verbindungen nach London (NatEx, ✆ 08717/818178; www.nationalexpress.com) sowie Exeter, Truro, Oxford, Southampton, Poole oder Weymouth. Die meisten Busse starten vom Parkplatz an der Acland Road oder vom Südbahnhof.

Zug – Südbahnhof, Weymouth Avenue, regelmäßige Verbindung nach London Waterloo Station (2 Std. 15 Min.) und nach Exeter. Westbahnhof nahe der Maumbury Road, Züge nach Bristol, Bath und Weymouth (15 Min.).

• *Fahrradverleih* **Dorchester Cycles**, 31a Great Western Road, ✆ 01305/268787. Mountainbike oder Hybridbike £ 12 pro Tag. Dazu gibt es eine kopierte Karte und Routenvorschläge. www.corchestercycles.co.uk. **Cycloan**, 49 London Road, März–Okt. tgl. von 9 Uhr bis Sonnenuntergang, Bikes £ 13/Tag, auch guided tours und Wegevorschläge. ✆ 01305/251521, mobil: 07876/378453; info@cycloan.co.uk. www.cyclone.co.uk.

• *Markt* Mi an der South Railway Station.

• *Wandern* **Hardy Way**, eine Pilgerroute aus dem 19. Jahrhundert auf den Spuren des Dichters Thomas Hardy. Beginnt an seinem Geburtshaus in Higher Bockhampton und endet 320 Kilometer später an seinem Grab in Stinsford, wo sein Herz bestattet liegt. Hardy selbst liegt in der Abtei von Westminster in der Poet's Corner.

• *Übernachten* **Yalbury Cottage Hotel**, sehr angenehmes, kleines Landhotel (acht Zimmer) im Südosten von Dorchester. Das Restaurant (nur abends geöffnet) gilt als das beste der Region. Das dreigängige Menü belastet die Reisekasse allerdings mit £ 34, eine Reservierung ist ratsam. Achtung: Der kleine Weiler Lower Bockhampton ist nicht einfach zu finden. EZ £ 82.50, DZ ab £ 115. ✆ 01305/262382, mobil: 0791/8760537, ✆ 01305/266412; www.yalburycottage.com.

The Casterbridge Hotel, zentral gelegenes georgianisches Haus mit 15 Zimmern. EZ £ 60–70, DZ £ 99–120. 49 High East Street, ✆ 01305/264043, ✆ 01305/260884, www.casterbridgehotel.co.uk.

The White House, gepflegtes Haus im Art-déco-Stil (grüner Flur) mit Vorstadt-Charme (ruhig) und drei großzügigen Zimmern mit Blick ins Grüne. B & B £ 25 pro Person. 9 Queens Avenue, Dorchester DT1 2EW; ✆ 01305/266714; www.whbandb.co.uk.

Lower Rew Farmhouse, das 200 Jahre alte Farmhaus mit schönem Garten (fünf Kilometer von Dorchester) wurde von unseren Lesern Alice und Axel Pater entdeckt. Zwei Zimmer, besonders gemütlich ist die Lounge mit Kamin. B & B EZ £ 40–45, DZ £ 65. Martinstown, Dorchester, ✆ 01305/889291, www.bandbmartinstown.co.uk.

• *Jugendherberge* → Weymouth.

• *Camping* **Giant's Head Zeltplatz**, etwa elf Kilometer nördlich liegt dieser sehr einfache Zeltplatz, März bis Okt. geöffnet. Zelt und zwei Personen £ 8–13, mit Elektrik £ 11–16. Old Sherbourne Road, Cerne Abbas, ✆/✆ 01300/341242, www.giantshead.co.uk.

• *Essen/Trinken* **Yalbury Cottage Hotel**, → Übernachten.

Prezzo, in dem restaurierten Haus von Judge Jeffrey's (Blutrichter nach der Monmouth Rebellion) verkauft eine italienische Restaurantkette ihre Pizzen und Pasta.

Hauptgerichte kosten zwischen £ 7.95 und £ 15. 6 High West Street, ✆ 01305/259678. www.prezzorestaurants.co.uk.

Nappers Mite, in dem einstigen Armenhaus (almshouse) aus dem 17. Jahrhundert wohnten nach dem Brand von Dorchester im Jahre 1613 zehn obdachlose Senioren. Heute wird in den historischen Gemäuern morning coffee, lunch und afternoon tea (Cream Tea £ 4.60) serviert, in der Weinbar wird auch Kräftigeres ausgeschenkt.

The Townmill Bakery, in dieser rustikalen Bäckerei mit Restaurant gibt es das beste Brot und Gebäck der Stadt, alles bio. Frühstück 8.30–11.30 Uhr, englisches oder hausgemachtes Müsli. Später Pizzen. Tgl. 8.30–17 Uhr. 7a Tudor Arcade, www.townmillbakery.com.

Old Ship Inn, ältestes Pub der Stadt. Nur Lunch. High West Street.

Sehenswertes

Maumbury Rings: Die Römer gründeten „Durnovaria" im Jahre 70 u. Z. Doch weisen Ausgrabungsfunde in und um Dorchester darauf hin, dass hier schon zur Steinzeit Menschen siedelten. Auch

Dorchesters Pfarrkirche

Maumbury Rings in der Nähe des Südbahnhofs stammt aus dieser Epoche. Die Römer nutzten die prähistorische Kultstätte als Amphitheater. Als solches ist es heute auch noch zu erkennen. Im Mittelalter diente das Areal als Gerichtsort und als Hinrichtungsstätte (www.maumburyrings.co.uk).

Dorset County Museum: Die kunterbunte und zum Teil interaktive Ausstellung in der High West Street reicht vom Arbeitszimmer Thomas Hardys über archäologische Funde der Region bis zu Darstellungen der Geschichte von Maiden Castle.

High West Street. April–Okt. Mo–Sa 10–17 Uhr, im Winter nur bis 16 Uhr. Eintritt: £ 6.50, erm. £ 5, Kinder frei. www.dorsetcountymuseum.org.

Dinosaur Museum: Ein Besuch des Dinosaurier-Museums ist nicht nur bei schlechtem Wetter eine Alternative. Vor allem Kinder haben ihren Spaß an den Nachbildungen der Urviecher, die neben Skeletten und Fossilien die Hauptattraktion des Museums sind.

Icen Way. April–Okt. tgl. 9.30–17.30 Uhr, Nov. bis März nur bis 16.30 Uhr. Eintritt: £ 6.95, erm. £ 5.95, Kinder £ 5.50, Familienticket £ 22.50. www.thedinosaurmuseum.com.

Tutankhamun – the Exhibition: Eine Ausstellung ganz anderer Art (nicht von der Schreibweise ablenken lassen, er ist es!). Detailgetreu ist das Grab im Tal der Könige nachgebildet, in dem der Engländer Sir Howard Carter 1922 den goldenen Sarkophag des Pharaos fand. Angesichts der kleinen und insgesamt dürftig präsentierten Ausstellung kommen allerdings Zweifel auf, ob der Eintrittspreis nicht doch etwas überteuert ist …

High West Street. Tgl. 9.30–17.30 Uhr, Nov. bis März Mo–Fr 9.30–17 Uhr, Sa/So 10–17 Uhr. Eintritt: £ 6.95, erm. £ 5.95, Kinder £ 5.50, Familienticket £ 22.50. www.tutankhamun-exhibition.co.uk.

Südengland
Karte S. 220/221

Umgebung von Dorchester

Maiden Castle: Bis zu einer Höhe von 27 Metern erheben sich die gewaltigen Erdwälle der größten und bedeutendsten keltischen Hügelfestung in Großbritannien (drei Kilometer südlich von Dorchester). Das zwanzig Hektar große Hügelplateau, das von den Wällen umschlossen wird, war wahrscheinlich schon in der frühen Bronzezeit besiedelt und diente im Kriegsfall als Rückzugsgebiet. Errichtet wurden die terrassenförmigen Erdwälle von den Kelten, die von hier aus das Umland kontrollierten. Dem Ansturm der römischen Legionäre war Maiden Castle allerdings nicht gewachsen. Im Jahre 44 u. Z. eroberten die Römer Maiden Castle und massakrierten die keltische Bevölkerung; die Überlebenden wurden im neu gegründeten *Durnovaria* (Dorchester) angesiedelt. Auf dem Plateau errichteten die Römer später einen kleinen Tempel, dessen Grundriss noch heute zu erkennen ist.

Maiden Castle ist jederzeit frei zugänglich, Eintritt wird nicht erhoben.

Keulenschwingender Riese

Cerne Abbas: Rund zehn Kilometer nördlich von Dorchester an der A 352 trifft man auf den zauberhaften Ort Cerne Abbas. Die sehenswerten Tudor-Häuser, die Abteiruinen und die zahlreichen gemütlichen Pubs sind die Gründe für die hohen Besucherzahlen, die der Ort verbuchen kann. Doch die eigentliche Attraktion ist der in Kalk geritzte *Cerne Giant*, ein keulenschwingender Riese von sechzig Metern Größe, der schon von weitem an einem Hang der North Downs auszumachen ist. Manche sehen in der Gestalt mit dem erigierten Phallus ein keltisches Fruchtbarkeitssymbol aus dem zweiten Jahrhundert v. u. Z., andere halten die Zeichnung für eine Herkulesfigur und datieren sie auf das 2. Jahrhundert u. Z., als der römische Kaiser Commodus einen Herkuleskult einführte und sich selbst als einen Nachfahren des griechischen Helden ausgab. Überliefert ist, dass Frauen, die sich Nachwuchs wünschten, jahrhundertelang den Riesen aufsuchten, um sein Fruchtbarkeit verheißendes Glied zu berühren.

Shaftesbury

Der kopfsteingepflasterte Gold Hill von Shaftesbury entspricht dem Klischee vom ländlichen England bis aufs i-Tüpfelchen und ist auf den Reklameplakaten einiger Immobilienmakler wiederzufinden. Über reetgedeckte Häuser hinweg schweift der Blick bis zu den grünen Hügeln des Blackmore Vale.

Die Keimzelle von Shaftesbury ist ein im Jahre 888 von König Alfred gegründetes Kloster der Benediktinerinnen, dem Alfreds Tochter Ethelgiva als Äbtissin vor-

Salt Cellar in Shaftesbury

stand. Als in der Abtei 980 die sterblichen Überreste von Edward dem Märtyrer ihre letzte Ruhestätte fanden, wurde Shaftesbury zu einem beliebten Pilgerort. Zwölf Kirchen, von denen nur noch die St Peter's Chuch übrig geblieben ist, soll das Marktstädtchen im Mittelalter gezählt haben. Der immense Landbesitz des Klosters begründete die geflügelte Redensart: Wenn die Äbtissin von Shaston (Shaftesbury) den Abt von Glaston (Glastonbury) heiraten würde, wäre sie reicher als jedes Königshaus. Doch dann kam das Ende der klösterlichen Pracht: Heinrich VIII. löste 1539 die über 100 Nonnen zählende Abtei auf, und Shaftesbury sank zum unbedeutenden Marktflecken herab.

Die meisten Reisenden streben heute dem Gold Hill zu, der genau genommen kein Hügel, sondern eine kopfsteingepflasterte Gasse ist, die sich einen Steilhang hinunter windet. Die reetgedeckten Häuser mit ihren markanten Schornsteinen heben sich malerisch von der hügeligen Weidelandschaft im Hintergrund ab. Der Name „Gold Hill" hat übrigens nichts mit verborgenen Goldschätzen zu tun, sondern ist nur eine Abwandlung von „Guildhall Hill".

● *Information* **Tourist Information Centre**, hier findet man auch einen Link zur Hovis Brotwerbung von 1973, die den Gold Hill berühmt gemacht hat. 8 Bell Street, Shaftesbury, Dorset SP7 8AE, ✆ 01747/853514. ✆ 850593; www.shaftesburydorset.com.

● *Einwohner* 4.900 Einwohner.

● *Verbindungen* Shaftesbury ist nicht besonders gut mit öffentlichen Verkehrsmitteln zu erreichen. Busverbindungen nach Salisbury, Dorchester und Gillingham.

● *Markt* Donnerstags, Farmers Market am 1. Samstag des Monats.

● *Übernachten* **Grosvenor Hotel**, seit 400 Jahren werden in dem stattlichen Haus Gäste bewirtet, mit dem einzigen Unterschied, dass diese heute nicht mehr mit der Postkutsche vorfahren. 16 superschicke Boutique-Zimmer. Schöner Innenhof, gute englische Küche, Bar mit Terrasse. EZ ab £ 75, DZ ab £ 125. The Commons, ✆ 01747/850580, www.hotelgrosvenor.com.

3 Ivy Cross, viktorianische Villa 5 Minuten vom Zentrum, 3 Zimmer (pink, gelb und blau), B & B £ 30 pro Person. 3 Ivy Cross, ✆ 01747/853837, mobil: 07855/773904, ✆ 01747/858807; www.3ivycross.co.uk.

• *Camping* **Blackmore Vale Caravan & Camping Park**, kleiner, intimer Campingplatz, drei Kilometer westlich des Ortszentrums. Ab £ 10 pro Zelt (je nach Größe). Sherbourne Causeway, ✆ 01747/851523, 🖂 851671, www.bmvcaravans.co.uk.

• *Essen/Trinken* **La Fleur de Lys**, ansprechendes Hotel und Restaurant in einem alten Mädcheninternat mit Kerzenbeleuchtung, gekocht wird Modern British zu gehobenen, aber angemessenen Preisen. Zwei-Gänge-Menüs £ 25, drei Gänge £ 30. Sonntagabend geschlossen, Lunch nur mit Bu-

chung Mi–So 12–14.30 Uhr. Zimmer ab £ 125. 25 Salisbury Road, ✆ 01747/853717. www.lafleurdelys.co.uk.

Salt Cellar, mit seiner wunderbaren Aussicht auf den Gold Hill gehört eine Einkehr in den Salt Cellar zum Pflichtprogramm eines Shaftesbury-Besuchs. Glücklicherweise ist das Restaurant keine Touristenfalle und zudem günstig. Auch wer nur einen Kaffee und Kuchen wünscht, ist willkommen. Mo–Sa 9.30–17 Uhr, So ab 10 Uhr. Gold Hill Parade, ✆ 01747/851838.

Sehenswertes

Shaftesbury Abbey Museum & Garden: Das lokalhistorische Museum widmet sich der Benediktinerinnenabtei von Shaftesbury, die einst zu den bedeutendsten Klöstern des Landes gehörte. Mithilfe eines Modells kann man sich einen guten Eindruck von der Größe des Klosters verschaffen.
April–Okt. tgl. 10–17 Uhr. Eintritt: £ 2.50, erm. £ 2 oder £ 1. www.shaftesburyabbey.co.uk.

Sherborne

Im Gegensatz zu vielen anderen Städten hat Sherborne gleich zwei prächtige Herrensitze aufzuweisen. Wer lieber nach kleineren Kulturschätzen sucht, wird vielleicht in einem der Antiquitätengeschäfte entlang der Cheap Street fündig.

Sherborne ist eine verträumte Kleinstadt in den warmen Farbtönen des Ham-Hill-Steins am nordwestlichen Rand von Dorset, die bis 1077 Sitz des Bischofs von Wessex war. Von Neubauten kaum verschandelt, eignet sich das am River Yeo gelegene Sherborne auch als Ausgangspunkt für Streifzüge durch die Umgebung. Die Pfarrkirche diente einst als Kathedrale, das Old Castle und das Sherborne Castle erinnern noch an Sir Walter Raleigh, den erklärten Liebling von Elizabeth I.

• *Information* **Tourist Information Centre**, Digby Road, Sherborne DT9 3NL, ✆ 01935/815341. www.sherbornetown.com.

• *Einwohner* 7.500 Einwohner.

• *Verbindungen* **Bus**verbindungen nach Dorchester und Yeovil.

• *Markt* Do und Sa in der Cheap Street (9–16 Uhr).

• *Übernachten* **Eastbury Hotel**, traditionelles georgianisches Stadthaus mit stilvoll eingerichteten Zimmern. EZ ab £ 70, DZ ab £ 95 (So–Do), sonst ab £ 125. Long Street, ✆ 01935/813131, 🖂 01935/817296, www.theeastburyhotel.co.uk.

The Pheasants, in diesem 300 Jahre alten Steinhaus im Stadtzentrum gibt es 2 Zim-

mer für £ 35 pro Person (am Wochenende £ 40). Elegant und gemütlich mit Kamin. 24 Greenhill, ✆ 01935/815252, 🖂 01935/812938; www.thepheasants.com.

• *Essen/Trinken* **Oliver's**, das Coffee House ist ein beliebter Treff, um delikate selbst gemachte Kuchen zu genießen. Alle Gäste finden sich an einer einzigen langen Tafel zusammen. 19 Cheap Street.

The Green, in dem hochgelobten, eleganten Restaurant werden einfache Gerichte aus lokalen Zutaten (Fisch aus West Bay) mit europäischem Einschlag serviert. So Ruhetag. Dinner um £ 43. 2 The Green, ✆ 01935/813821.

Sehenswertes

Abbey Church: Die Abteikirche St Mary The Virgin wurde bereits im Jahre 705 gegründet und diente zeitweise als Kathedrale, bevor der Bischof nach Salisbury umzog. Das heutige Gotteshaus, ein ansehnlicher Bau aus gelbbraunem Stein, stammt größtenteils aus dem 15. Jahrhundert und besitzt ein außergewöhnlich feingliedriges Fächergewölbe.

Führungen Di 10.30 Uhr und Fr 14.30 Uhr; im Mai steigt das Abbey Festival. www.sherborneabbey.com.

Old Castle: Das Old Castle wurde im 12. Jahrhundert für den Bischof Roger von Salisbury errichtet. Später verliebte sich *Sir Walter Raleigh*, der Günstling von Queen Elizabeth I., in die Burg. Raleigh muss seiner Königin damit so sehr in den Ohren gelegen haben, dass diese den Besitz 1593 konfiszieren ließ und ihrem galanten Favoriten zum Geschenk machte. Wie das Schicksal so will, verlor Raleigh die Burg wenige Jahre später ebenfalls durch Konfiskation. Seine Renovierungsarbeiten hatte Raleigh schon vorher eingestellt, da er ins komfortablere Sherborne Castle übersiedeln wollte. Die Mühe wäre auch umsonst gewesen: Im Bürgerkrieg 1645 schossen die Truppen Oliver Cromwells das Old Castle sturmreif, so dass heute nur noch eine Ruine übrig geblieben ist.

Tgl. außer Mo und Fr April bis Juni und Sept. 10–17 Uhr, Juli/Aug. 10–18 Uhr, Okt. 10–16 Uhr. Eintritt: £ 3.20, erm. £ 2.70, Kinder £ 1.60 (EH).

Sherborne Castle: Da das Old Castle den Ansprüchen von Sir Walter Raleigh nicht genügte, erteilte er 1594 den Auftrag, auf den zugehörigen Ländereien ein neues Schloss zu errichten. Nachdem Raleigh am Hof noch während der Herrschaft Elizabeth I. in Ungnade gefallen war, wurde der charmante Abenteurer von König Jakob I. enteignet; der König verkaufte Sherborne Castle an einen Getreuen, bevor es 1617 schließlich von John Digby, dem Earl of Bristol, erworben wurde. Keinem Geringeren als Lancelot „Capability" Brown ist die im 18. Jahrhundert erfolgte Neugestaltung des Landschaftsgartens zu verdanken, wobei die Ruine des Old Castle als Staffage geschickt integriert wurde.

April bis Okt. Di, Do, Sa und So 11–16.30 Uhr (letzter Einlass). Eintritt: £ 9.50, erm. £ 9, Kinder bis 15 Jahre frei. Nur Garten £ 5. www.sherbornecastle.com.

Weymouth

Eine Küstenstadt mit einem geschäftigen Hafen, gleichzeitig bedeutender Marinestützpunkt und beliebter Badeort mit Uferpromenade und Sandstrand. Ende des 18. Jahrhunderts war Weymouth das Lieblingsbad von König Georg III. Aus dieser Zeit stammen auch viele typische Gebäude der Altstadt.

Der im Sommer dicht bevölkerte Badestrand erstreckt sich östlich der Stadt bis nach Overcombe. Die Dünenlandschaft im Westen mit einer 25 Kilometer langen Nehrung wie auch die vorgelagerte Halbinsel *Isle of Portland* dienen der Marine als Stützpunkt und Übungsgelände. Fahren Sie einmal über die *Chesil Bank* hierher (vorher sollte man sich beim Tourist Office das Info-Heftchen Nr. 2 über die Insel Portland besorgen). Eine schmale Straße windet sich den Berg hinauf. Von oben hat man eine gute Sicht auf die Stadt und den Hafen. An der Mole liegt stets eine Reihe von Kriegsschiffen. Daneben ankern Fähren zu den Kanalinseln und nach Frankreich, dazwischen liegen wie bunte Tupfer Fischer- und Segelboote. 2012 werden die Weymouth Bay und Portland Harbour Austragungsorte für die Segelolympiade sein.

• *Information* **Tourist Information Centre**, Pavilion Theatre, The Esplanade, Weymouth, Dorset DT4 8ED, ✆ 01305/785747, ✆ 01305/788092. TIC@weymouth.gov.uk; www.visitweymouth.co.uk.
• *Einwohner* 61.000 Einwohner.

Südengland Karte S. 220/221

Noch heute das Kernstück von Weymouth: der Hafen

• *Verbindungen* **Bus** − National Express fährt von der Kings Statue, The Esplanade, regelmäßig nach Bournemouth, Bristol, Bath und nach London; Southern National fährt die nähere Umgebung an. Tickets im Southern National Büro.
Zug − Bahnhof in der Ranelagh Road, regelmäßige Verbindungen nach London Waterloo, Bournemouth und Poole, seltener nach Bristol.

• *Fahrradverleih* **Tilley's**, pro Tag £ 15, £ 50 Pfand. 9 Frederick Place, ☎ 01305/785762.

• *Markt* Donnerstags, nur Ostern bis Okt.

• *Baden* Weymouth besitzt einen schönen Sandstrand, der sehr flach und daher kinderfreundlich ist. Wer bis zum Hals im Wasser stehen will, muss einen längeren Marsch in Kauf nehmen. Vom Baden am Chesil Beach sollte man wegen der gefährlichen Strömungen lieber Abstand nehmen.

• *Übernachten* Der Strand zieht vor allem in der warmen Jahreszeit viele Familien nach Weymouth, die für einen längeren Zeitraum ein Apartment mieten. Außerdem gibt es viele Hotels (£ 25–50) und B & Bs, deren Preise stark saisonabhängig sind. Im Sommer sollte man sich rechtzeitig um eine Unterkunft bemühen: „Book-A-Bed-Ahead" im Tourist Office.
Glenthorne Castle Cove, das viktorianische Anwesen der alten Rektorei verfügt über Außenpool, Privatstrand und herrlichen Meeresblick. Viel Charme! 15 Min. bis zum Stadtzentrum entlang des Coastal Path's.

B & B £ 35–60 pro Person, auch Self-Catering-Apartments. Castle Cove, 15 Old Castle Road. ☎ 01305/777281; mobil: 07831/751526; www.glenthorne-holidays.co.uk.
Beach View Guest House, perfekte Lage mit Meeresblick, sauber und freundlich, Eleanor und Glenn sind bei der Urlaubsgestaltung behilflich. 3 The Esplanade, DT4 8EA, ☎ 01305/786528; www.beachviewguesthouse.com.
Chandlers Hotel, Fünf-Sterne-B-&-B im modernen Kolonialstil nur wenige Meter vom Strand entfernt. Zimmer recht klein, aber sehr elegant und komfortabel mit Jetduschen. Super Frühstück (mit Obstsalat). EZ £ 60–95, DZ £ 95–155. 4 Westerhall Road, ☎ 01305/771341, ☏ 830122; www.chandlershotel.com.

• *Jugendherberge* **Litton Cheney**, weiter nach Westen in Richtung Lyme Regis gelegen. Das in einer ehemaligen Käsefabrik untergebrachte Youth Hostel nahe dem Chesil Beach ist eine preiswerte Alternative. Meistens von Okt. bis Dez. geschlossen. Zwischen der A 35 und der Küstenstraße. Erwachsene ab £ 16, Jugendliche ab £ 12. ☎ 0845/3719329.

• *Camping* **Sea Barn Farm**, rund um Weymouth gibt es mehrere Campingplätze (Infos beim Tourist Office). Dieser hier ist besonders nett, da er auf dem Gelände eines Bauernhofes bei Fleet über selbiger Lagune liegt. £ 11–20 pro Zelt. ☎ 01305/782218, ☏ 775396, www.seabarnfarm.co.uk.

• *Essen/Trinken* **Crab House Café und Oyster Farm**, Seafood Bar mit eigener Austernzucht. Christian Lohez aus der Normandie serviert gigantische Portionen, vom TV-Koch der Nation und Times-Kolumnisten Rick Stein gepriesen. Ein halbes Dutzend Austern als Take-Away £ 6.50, im Restaurant £ 8.50. Ferryman's Way, Portland Road, Wyke Regis. ℘ 01305/788867. www.crabhousecafe.co.uk.

Perry's, das am Hafen gelegene Restaurant ist bekannt für seine exzellenten Fischgerichte. Das Lokal wurde auch vom Reisebuch-Entertainer Bill Bryson empfohlen. Hauptgericht £ 11.95–21.95, Mittagstisch preiswerter. 4 Trinity Road, ℘ 01305/785799. www.perrysrestaurant.co.uk.

Mallam's, ein Haus weiter wird ebenfalls gute Fischküche serviert (nur abends). Zweigängiges Menü £ 24.50. So geschl. Auch Wohnung zu mieten für £ 99 pro Nacht (2 Gäste) oder für £ 150 mit bis zu 4 Gästen (inkl. Parkerlaubnis). 5 Trinity Road, ℘ 01305/776757. www.mallamsrestaurant.co.uk.

Sehenswertes

Tudor House: Das ehemalige Kaufmannshaus aus dem 17. Jahrhundert erstrahlt noch heute in altem Glanz. Bei einer Besichtigung fallen die elisabethanischen Kostüme der Führer auf.

3 Trinity Street. Besichtigung nur mit Führung. Juni bis Sept. Di–Fr 13–15.45 Uhr, Okt. bis Mai nur jeden ersten So des Monats 14–16 Uhr. Eintritt: £ 3.50, erm. £ 1.50 oder Kinder £ 1.

The Timewalk: Die beliebteste Touristenattraktion von Weymouth befindet sich ebenfalls im Brewers Quay und bietet einen illustren Rundgang durch die Stadtgeschichte. Puppen und Modelle erinnern an Pest, Schmuggel und höfische Bälle.

Hope Square. Tgl. 10–16.30 Uhr. Eintritt: £ 4.75, erm. £ 4.25 oder £ 3.50, Familienticket £ 15. www.brewers-quay.com.

Sea Life Park: Der Meerespark steht vor allem bei Kindern und Jugendlichen hoch im Kurs. Zu den größten Attraktionen der riesigen Anlage zählen neben der tropischen Hailagune und den Seepferdchen die Pinguine, Seerobben und Krokodile. Interessant sind aber auch die Quallen und allerlei skurriles Meeresgetier. Es gibt auch ein Becken mit Wasserschildkröten von den Kaimaninseln. Kein anderes Meerestier kommt natürlich gegen die Haie an, die neuerdings hier im Shark Breeding Centre gezüchtet werden. Zu den regelmäßigen Fütterungen drängeln sich die Besucher. Auf dem Spielplatz Adventure Island können sich die Kleinen danach richtig austoben.

Lodmoor Country Park. Tgl. 10–18 Uhr, letzter Einlass 17 Uhr. Eintritt: £ 17.50 (online £ 12.50), erm. £ 17 (online £ 12), Kinder £ 14.95 (online £ 9.95). www.sealifeeurope.com.

Umgebung von Weymouth

Isle of Portland: Südlich von Weymouth liegt die Halbinsel Isle of Portland. Bekannt ist diese Gegend weniger für ihre Schönheit (zahlreiche Steinbrüche und Baustellen verhindern das) als vielmehr für den hier abgebauten weißen Sandstein. Seit Generationen werden aus diesem Material Gebäude in der ganzen Welt errichtet. Bekannte Beispiele dafür sind die St Paul's Cathedral in London oder das UNO-Gebäude in New York (Fassaden). In Fortunswell befindet sich *Portland Castle*, eine Burg, die Heinrich VIII. 1520 erbauen ließ.

April bis Okt. tgl. 10–18 Uhr. Eintritt inkl. Audioguide: £ 4.20, erm. £ 3.60, Kinder £ 2.10 (EH). www.english-heritage.org.uk/portlandcastle.

Im Nordwesten der Halbinsel schließt sich ein einmaliger Küstenabschnitt an. *Chesil Beach* ist eine 150 Meter breite und rund 25 Kilometer lange Landzunge, die vor der eigentlichen Küste bis fast nach Abbotsbury führt. Spaziergänge auf dem Kiesweg sind lohnenswert.

Südengland
Karte S. 220/221

Abbotsbury: Der Ort liegt 14 Kilometer nordwestlich von Weymouth. Wenn man auf der steilen Straße herunterkommt, erblickt man ein relativ intaktes Dorset-Dörfchen. Die alten steinernen Häuser sind alle noch nach traditioneller Art mit Stroh gedeckt. Neben der schönen kleinen Dorfkirche erkennt man die Ruinen einer *Benediktinerabtei* aus dem 11. Jahrhundert. Die Mönche legten zur Aufbesserung ihres Speisezettels einen *Schwanenteich* (Swannery) an. Wer sich mehr für wärmere Breiten interessiert, kann dem *subtropischen Garten* westlich des Ortes einen Besuch abstatten.

• *Öffnungszeiten* **Garten:** April bis Okt. tgl. 10–18 Uhr, im Winter tgl. von 10 Uhr bis zur Dämmerung. Eintritt: £ 9.50, erm. £ 9, Kinder £ 6.50. ✆ 01305/871858. www.abbotsbury-tourism.co.uk/gardens.html.

Swannery: April bis 3. Okt. tgl. 10–18 Uhr, Okt. 10–17 Uhr. Eintritt: £ 9.50, erm. £ 9, Kinder £ 6.50. www.abbotsbury-tourism.co.uk/swannery.html.

Bridport: Eine hübscher Ortschaft, an der man auf dem Weg nach Lyme Regis vorbeikommt. Hier wurden früher Seile für die Schifffahrt hergestellt. Aus diesem Grund sind die Straßen auch so breit, denn die Seile wurden zwischen den Häusern aufgespannt. Sehenswert sind die mittelalterliche Kirche, zahlreiche georgianische Häuser und das Stadtmuseum, das sich in einem Tudor-Haus befindet. Der Hafen der Stadt ist *West Bay*.

Stadtmuseum: April–Okt. tgl. außer So 10–17 Uhr. Eintritt frei! www.bridportmuseum.co.uk.

Lyme Regis

Eine übersichtliche alte Stadt direkt an der Grenze zur Grafschaft Devon. Steile, schmale Straßen, die zum alten Ortskern hinabführen. Stolz ist man auf berühmte Besucher wie Jane Austen und den Duke of Monmouth.

Am Ende der *Broad Street* beginnt die Uferpromenade, die den Strand entlang zur steinernen Mole *The Cobb* führt. An dieser Stelle stürzte Louisa Musgrove in Jane Austens Liebesgeschichte „Persuasion" ins Meer. Links und rechts der Hafenanlage liegen gleich zwei der fünf Sandstrände von Lyme Regis. Hier tummeln sich die Badegäste, während Fossiliensammler an der Steilküste ihrem Hobby nachgehen. Seitdem Mary Anning zu Anfang des 19. Jahrhunderts das erste versteinerte Skelett eines Ichthyosaurus fand, kommen jährlich viele Hobby-Paläontologen, um ähnlich erfolgreich zu sein. Aber auch die Stadt selbst bietet mit ihren drei Museen einiges an Sehenswertem. Einen detaillierten Stadtplan, in dem alles Interessante verzeichnet ist, bekommt man im Tourist Office.

• *Information* **Tourist Information Centre**, hier gibt es Tickets, Hilfe bei der Suche nach einer Unterkunft und Souvenirs. Guildhall Cottage, Church Street, Lyme Regis, Dorset DT7 3BS, ✆ 01297/442138. www.lymeregis.org, www.westdorset.co.uk.

• *Einwohner* 4.600 Einwohner.

• *Verbindungen* **Bus** – Bushaltestelle an der Broad Street; Bus 31 kommt von Axminster und fährt nach Weymouth, Nr. 899 nach Sidmouth (nur im Sommer). Der Doppeldecker-Bus X53, genannt „Giraffic Coast Bus" kommt von Exeter und fährt im Winter bis nach Weymouth, im Sommer bis Poole. National Express fährt nach London,

Plymouth und Bristol; Infos über ✆ 0871/2002233 (Travelline). **Zug** – Nächster Bahnhof in Axminster (Bus 31/631 fährt dorthin). Auskunft unter ✆ 08457/484950.

• *Baden* Entlang der Küste in östlicher Richtung befinden sich weitere Badestrände, zum Beispiel in Charmouth. Danach windet sich die Straße steil nach oben, unten am Fuß der Klippen liegt der kleine Ort Seatown.

• *Übernachten* **Old Lyme Guest House**, B & B in gepflegtem Cityhaus (ehem. Post) aus dem 18. Jahrhundert in der Old Town nahe der Kornmühle, etwa 3 Minuten vom Strand. Fünf Zimmer en suite, DZ £ 75,

Familienzimmer £ 100. 29 Coombe Street, DT7 3PP. ☏ 01297/442929, www.oldlymeguesthouse.co.uk.

Clovelly, zwei Doppelzimmer mit Seeblick und ein Twinzimmer werden ab £ 25 pro Person in diesem hübschen Haus aus den 1920er-Jahren oberhalb der Altstadt vermietet (5 Min. zum Wasser). View Road, ☏ 01297/444052 oder 07815/495492, www.lymeregisbnb.com.

Clappentail House, zu dem alten Farmhaus von 1638 gehören Deckenbalken, King-size-Betten, eine Gästelounge, ein hübsch angelegter Garten und ein Vier-Gänge-Frühstück. Warme, urige Atmosphäre. £ 35–42.50 pro Person. Uplyme Road, ☏ 01297/445739, www.clappentailhouse.com.

Springfield, sechs Zimmer mit en suite oder privaten Bädern in modernisiertem, georgianischem Stadthaus mit Blick über die Küste. £ 34–36 pro Person. Woodmead Road, ☏ 01297/443409, www.springfield.vu.

● *Jugendherberge* **Bovey Combe**, die nächste Jugendherberge befindet sich in einem Landhaus westlich des Fischerdorfes Beer. Erwachsene ab £ 12, Jugendliche ab £ 9. Townsend, Beer, Seaton. 15 km westlich von Lyme Regis, ☏ 0845/3719502.

● *Camping* **Hook Farm**, das Zelten ist zweieinhalb Kilometer westlich von Lyme Regis (Richtung Axminster) möglich. Ab £ 10. Gore Lane, Uplyme, ☏ 01297/442801, www.

hookfarm-uplyme.co.uk.

● *Essen/Trinken* Im Tourist Office ist eine Liste mit Restaurants und Tea Shops erhältlich. Neben den üblichen Fish-'n'-Chips-Restaurants nahe der Flussbrücke ist ein schöner alter Pub in der Broad Street zu empfehlen.

Hix Oyster and Fish House, angesagtestes Fischrestaurant vor Ort mit Blick über den Cobb. Mark Hix gründet derzeit so etwas wie ein Restaurant-Imperium. Brownsea Island Austern für £ 1.75 das Stück, Portland Pearls kosten £ 1.95. Ein 2-Gänge-Fischmenü ist für £ 17 zu haben. Cobb Road, DT7 3JP, ☏ 01297/446910; www.hixoysterandfishhouse.co.uk.

The Bell Cliff Restaurant, urgemütlicher Tearoom mit alten Erkerfenstern. Im Hintergrund läuft sanfte Musik. Von der einfachen Tea Time (Tea & Tea Cake) bis zum zünftigen englischen Frühstück (Cornflakes, dann Spiegelei, Toast, Marmelade, Speck, Würstchen, Tomaten, Champignons und natürlich eine Kanne Tee); für £ 5–6.50 durchweg leckere Hauptgerichte. 5–6 Broad Street, ☏ 01297/442459.

Royal Lion, ein Tipp unserer Leserin Christine Golawski, die ihr Steak mit karamellisierten Kirschtomaten und Zwiebelringen in diesem Coaching Inn von 1601 nur empfehlen kann. Auch B & B, Broad Street, ☏ 01297/445622. www.royallionhotel.com.

(Randnotiz:) **Südengland** Karte S. 220/221

Sehenswertes

The Town Mill: Diese idyllische, voll funktionstüchtige Wassermühle von 1340 beherbergt heute Kunstgalerien, Studios, eine Töpferwerkstatt, ein Café-Restaurant (Clemence), eine Bäckerei (kontinentale Brote und Brötchen!), einen kleinen Shop und den Mills Garden. Es werden auch Führungen durch die Mühle angeboten.
Mill Lane (geht von der Coombe Street ab). Di–So 11–16 Uhr, Nov. bis Ostern nur an den Wochenenden. Öffnungszeiten für Galerien und Studios variieren. Eintritt inkl. Führung: £ 2.50, Kinder £ 1, Familien £ 6. ☏ 01297/443579. www.townmill.org.uk.

Lyme Regis Museum: Das kleine stadtgeschichtliche Museum befindet sich neben dem Rathaus. Gezeigt werden eine Ausstellung zur Ortsgeschichte sowie in Lyme Regis gefundene Fossilien. Selbstverständlich darf auch die Geschichte von Mary Anning nicht fehlen, die am Strand das erste versteinerte Skelett eines Ichthyosaurus (Fischsaurier) fand und später eine der renommiertesten Paläontologinnen Englands wurde. Literaturfreunde können sich mit Jane Austen und John Fowles beschäftigen.
Bridge Street. April bis Okt. Mo–Sa 10–17 Uhr, So 11–17 Uhr, Nov. bis März nur Mi–So 11–16 Uhr. Eintritt: £ 3.50, erm. £ 3, Kinder frei. ☏ 01297/443370. www.lymeregismuseum.co.uk.

Dinosaurland Fossil Museum: Eine bunte Ausstellung zum Leben der Dinosaurier. Hobby-Fossiliensammler können hier bestaunen, was an der Küste gefunden wurde.
Coombe Street. Tgl. 10–17 Uhr. Eintritt: £ 5, erm. £ 4. ☏ 01297/443541. www.dinosaurland.co.uk.

Mit dem „Aufzug" nach Lynton

Südwestengland

Devon – Cornwall – Somerset

Der Südwesten mit den Grafschaften Devon, Cornwall und Somerset ist die meistbesuchte Region Englands. Die Landschaft bietet viel Abwechslung, und wegen des
Golfstroms ist es hier so warm wie nirgends sonst auf der Insel. In den Badestädten
St Ives, *Newquay* oder *Torquay* findet man am Wegesrand sogar Palmen. *Dartmoor*
und *Exmoor* sind die beiden großen Nationalparks, in denen man wunderbar wandern kann. Dramatische Steilküsten mit steifer Brise und hohen Wellen findet man
beispielsweise auf der Lizard Peninsula. Und zwischendurch trifft man immer mal
wieder auf ein verträumtes Fischernest mit einem Restaurant, in dem die leckeren
Früchte aus Neptuns Reich frisch zubereitet serviert werden.

Grafschaft Devon

**Der private Radiosender wiederholt zum es x-ten Mal: „beautiful Devon".
Doch es ist wohl kaum noch nötig, den englischen Urlaubern dieses Gebiet
zu empfehlen. Regelmäßig im Sommer rollt die Urlaubswelle in Richtung
Westen. Die schmalen Straßen können die Blechlawinen kaum noch fassen,
und die Hotels von Cornwall und Devon sind ausgebucht. Wer es sich leisten kann, hat hier ein Ferienhaus, wer weniger Geld hat, verbringt die Ferien im Wohnwagen.**

Wind und Wetter meinen es gut mit Devon – so steht es jedenfalls in den Reisepro-
spekten. Aber wer einen verregneten Sommer in den Mooren verbracht hat oder

gar im Winter dort eingeschneit wurde, weiß es besser. Denn wenn an der Südküste strahlender Sonnenschein herrscht, kann es im *Dartmoor* völlig anders aussehen. Hier ist das Wetter launisch, schnell braut sich eine dicke Wolkendecke zusammen, und alles verschwindet im Nebel. Die Badeorte der Südküste hingegen
sind wegen ihres für englische Verhältnisse überdurchschnittlich milden Klimas gerade bei älteren Leuten beliebte Orte zum Überwintern. Im Gegensatz zur Küste
am *British Channel* ist die am *Bristol Channel* nicht ganz so sonnenverwöhnt. Man
sollte sich jedoch dadurch nicht den Norden verleiden lassen, scheint doch gerade
das wechselnde Wetter viel besser zu der rauen Landschaft der Steilküste und der
Moore zu passen.

Devon ist eine Urlaubsregion für Aktive, ganz gleich, ob Wandern, Fahrradfahren,
Reiten oder Schwimmen auf dem Programm steht. Gut ausgebaute Wanderwege
führen sowohl an der Nord- wie auch an der Südküste entlang. In den weiten Gebieten von *Dartmoor* und *Exmoor* kann man unbehindert von Hecken und Zäunen
einfach querfeldein wandern (dabei sollte man allerdings an die raschen Wetter-
wechsel denken).

Auch eine Fahrradfahrt über die schmalen Landstraßen von Dorf zu Dorf kann viel
Spaß machen, denn nur wenige Autos sind hier unterwegs. Radfahrer sollten bei
der Planung ihrer Route das ständige Auf und Ab der Straßen und Wege berücksichtigen. Weil viele Nebenstraßen kaum breiter als ein Lastwagen sind, sollte man
dementsprechend vorsichtig sein. Pferde kann man vor allem in den Dörfern rings
um das Dartmoor mieten. Wer ungeübt ist, kann sich einige Reitstunden gönnen,
bevor er allein mit seinem Pony loszieht. Auch auf einigen Farmen kann man an
Reitkursen teilnehmen.

Überall locken alte Pubs zu einer deftigen Mahlzeit oder einem Pint of Beer bzw.
einem Glas Cider, dem regionstypischen Getränk. Wer Süßes bevorzugt, sollte unbedingt die *Devonshire Clotted Cream* probieren. Überall in den Cafés wird zum
Frühstück und am Nachmittag *Cream Tea* serviert – ein Kännchen Tee mit süßen
Brötchen (*scones*), *Clotted Cream* und Erdbeermarmelade. Außerdem ist Devon berühmt für seinen *Fudge*, eine Süßigkeit, die es in verschiedenen Geschmacksrichtungen gibt. Wenn er frisch ist, zergeht er auf der Zunge und ersetzt vom Nährwert
her ein ganzes Mittagessen!

• *Information* Informationen über das gesamte West Country (Cornwall bis Wiltshire) erhält man beim **South West Tourism
Ltd**, Woodwater Park, Exeter, EX2. www.
westcountrynow.com oder www.swtou

rism.co.uk. Infos über das nördliche Devon
erteilt: **The North Devon Marketing Bureau**, Rolle Quay House, Rolle Quay Barnstaple, North Devon EX31 1JE, ✆ 0845/
2412043. www.northdevon.co.uk.

Die Südküste Devons

**Der lange Küstenabschnitt zwischen Lyme Regis und Plymouth ist mit sei-
nem Hinterland eines der wichtigsten Urlaubsgebiete Englands. Auch außerhalb der Ferienzeiten lohnt es sich, interessante Dörfer und abgelegene
Strände auf eigene Faust zu erkunden.**

Unbestrittene Zentren sind *Plymouth*, die alte Hafenstadt an der Grenze zu Cornwall, und *Torquay*. Hier findet man eine Vielzahl von Restaurants, und selbst am
späten Abend ist in den zahlreichen Pubs noch was los. Aufgrund der vielen
Sprachschulen trifft man junge Leute aus allen Ländern der Welt.

Südwestengland Karte S. 274/275

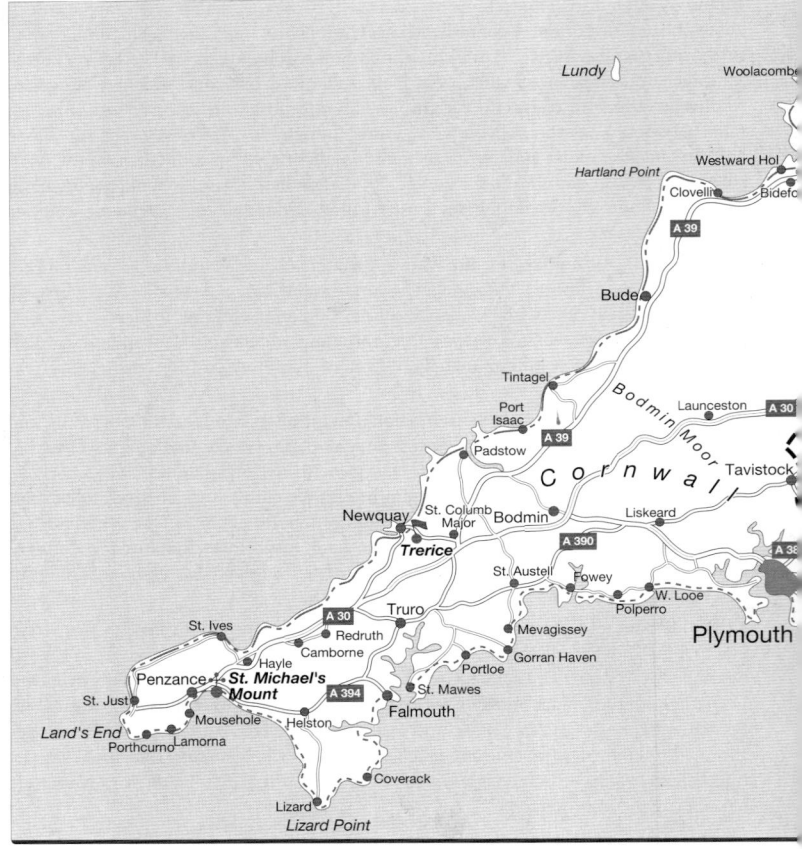

Zwischen Lyme Regis und Plymouth liegen die recht ländlichen *South Hams*, das südlichste Gebiet Devons. Die etwas größeren Orte *Kingsbridge* und *Dartmouth* findet man an den Mündungen der Flüsse *Avon* und *Dart*. Die kleinen Dörfer an der Küste lassen sich meist nur über schmale Stichstraßen anfahren, einige Strände sind nur nach langen Klettertouren zu erreichen (dafür sind sie aber umso einsamer). Obwohl der Tourismus längst Einzug gehalten hat, sind die traditionellen Erwerbsquellen Fischerei und Landwirtschaft keineswegs verdrängt worden. Überall gibt es kleine Badebuchten, und solange Sie sich nicht im Bereich von Flussmündungen befinden, ist das Baden hier ungefährlich.

Lohnenswert, auch für ein, zwei Tage, ist z. B. eine Wanderung auf dem *South Devon Coast Path*, der bergauf, bergab die gesamte Südküste entlangführt. Wer von Lyme Regis die Inlandsroute wählt und über die A 35 und A 30 nach Exeter fährt, kommt dabei an den Orten *Honiton* und *Gittisham* vorbei.

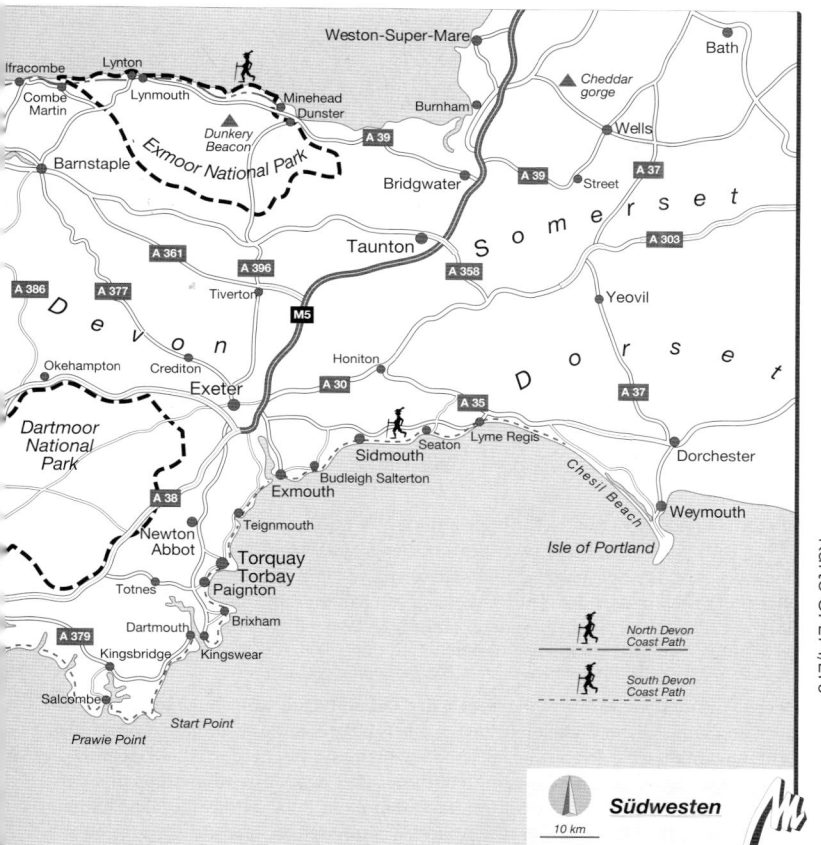

South Devon Coast Path: von Lyme Regis bis Newton Abbot

Ist man erst einmal auf dem South Devon Coast Path in Richtung Westen unterwegs, wird einem schon bald der Unterschied zwischen der Südküste West-Devons und der Südküste Ost-Devons auffallen. Die Hügelkette der recht ländlichen *South Hams* prägt den Westen. Während hier breite Flussmündungen und eine unzugängliche Steilküste die Entwicklung von Städten und Verkehrswegen eingeschränkt haben, sind die natürlichen Bedingungen der Südküste Ost-Devons günstiger. Vor allem der Eisenbahnbau im 19. Jahrhundert gab in den Küstenorten zwischen Exmouth, Torbay und Paignton den Anstoß zum Aufbau einer Tourismusindustrie. Überall finden sich hier kleine Buchten mit Sandstränden, eingerahmt von roten Felsen. Diese roten Sandsteinfelsen sind typisch für diesen Teil der Südküste.

Beer – nicht nur bei den Jüngeren beliebt ...

Seaton: Direkt über eine steile Klippe am Meer – *The Landslip* genannt – führt der Coast Path von Lyme Regis nach Seaton. Der 5000-Seelen-Ort liegt an der Mündung der Axe. Bei Spaziergängen am Kieselstrand kann man mit viel Glück Halbedelsteine finden. Mit der Tramway, einer alten Zahnradbahn, kann man in den Sommermonaten die sechs Kilometer lange Strecke nach *Colyton* zurücklegen.

Information **Tourist Information Centre**, The Underfleet, Seaton, Devon EX12 2TB, ☎ 01297/21660, 📠 01297/21689. www.eastdevon.net/tourism/seaton.

Beer: Kurz hinter Seaton schließt sich der Ort mit dem wohlklingenden Namen Beer an. Seine kleine Badebucht liegt gut geschützt. In dieser Gegend hatten die Schmuggler keinerlei Probleme, einsame Buchten und Fischerdörfer zu finden, wo sie ihr Schmuggelgut entladen konnten. In der Zeit des Massentourismus und der EU erinnern nur noch einige Souvenirs in den alten Pubs an das illegale Treiben der früheren Bevölkerung. Bei den hohen Weinpreisen in England wäre es allerdings nicht verwunderlich, wenn es eine moderne Variante der alten Schmuggler gäbe – wo doch Frankreich vor der Tür liegt. Der Ort selbst scheint sich seit Jahrhunderten nicht verändert zu haben.

Jugendherberge In Beer befindet sich das einzige **Youth Hostel** auf der Strecke zwischen Lyme Regis und Torbay. Ansprechende Lage, gutes Flair. Erwachsene ab £ 12, Jugendliche ab £ 9. Bovey Combe, Townsend, Beer, ☎ 0845/3719502, 📠 01297/23690. beer@yha.org.uk.

Sidmouth: Weiter geht es nun entlang den weißen Klippen über *Beer Head* und *Branscombe* nach Sidmouth. Der Ort erstreckt sich von der A 3052 bis zur Küste. Die Strände hier sind besser als die der umliegenden Orte. Das trifft insbesondere auf *Jacob's Ladder* zu, ein von der Steilküste eingerahmter Sandstrand westlich des Ortes. Im Stadtinneren prägen Gebäude im Regency-Stil das Ambiente. Kein Wunder, denn Sidmouth war im 19. Jahrhundert Modebad. Die Umgebung ist bestens geeignet für kurze Wanderungen und kleine Klettertouren.

● *Information* **Tourist Information Centre,** ☎ 01395/516441, 📠 01395/519333, Ham Lane, Sidmouth, Devon EX10 8XR,   www.visitsidmouth.co.uk.

• *Einwohner* 11.000 Einwohner.

• *Donkey Sanctuary* Vier Kilometer östlich von Sidmouth kümmert sich eine gemeinnützige Stiftung um das Wohl alter und kranker Esel. Tgl. von 9 Uhr bis zum Einbruch der Dämmerung geöffnet. Eintritt frei! www.thedonkeysanctuary.org.uk.

Budleigh Salterton: Hier geht es ausgesprochen ruhig zu. Der kleine Ort, der im Westen von über 150 Meter hoch aufragenden roten Klippen begrenzt wird, nennt noch einige Häuser aus dem frühen 19. Jahrhundert (Fore Street) sein Eigen. Bei klarem Wetter empfiehlt es sich, den Berg *West Down Beacon* hinaufzusteigen.

Information **Tourist Information Centre**, Fore Street, Budleigh Salterton, Devon EX9 6NG, ✆ 01395/445275, www.visitbudleigh.com.

Exmouth: Seit der Badeurlaub im 18. Jahrhundert in Mode kam, ist Exmouth ein Erholungszentrum, vor allem für die Einwohner von Exeter. An sommerlichen Wochenenden strömen die Familien mit Kind und Kegel hierher, entsprechend viele Vergnügungseinrichtungen wurden für Kinder die Esplanade entlang aufgebaut. Am Ortsausgang Richtung Exeter erhebt sich *A La Ronde*, ein sechzehneckiges Haus aus dem späten 18. Jahrhundert.

• *Öffnungszeiten* **A La Ronde**: Mitte März bis Okt. Sa–Mi 11–17 Uhr, Juli und Aug. auch Fr 11–17 Uhr. Eintritt: £ 6.70, erm. £ 3.40 (NT).

• *Einwohner* 33.000 Einwohner.

• *Information* **Tourist Information Centre**, Alexandra Terrace, Exmouth, Devon EX8 1NZ, ✆ 01395/222299 (ganzjährig geöffnet, im Winter nur vormittags), www.exmouthguide.co.uk.

Dawlish: Weiter geht es Richtung Süden nach Dawlish, das an der Haupteisenbahnlinie London–Penzance liegt. Hier führt die Strecke – teilweise durch Tunnel – direkt an der Küste entlang. Isambard Brunel, einer der berühmtesten britischen Ingenieure, war am Bau beteiligt. Er entwickelte ein hydraulisches System, das es den Zügen erlaubte, schon 1848 auf dieser Strecke bis auf 110 km/h zu beschleunigen. Eisenbahnfans können sich in der Dawlish Warren Station das *Eisenbahnmuseum* ansehen (im Sommer täglich, ansonsten nur sonntags geöffnet). Am Pier von *Starcross* befindet sich eines der letzten Maschinenhäuser, das für die alte Bahnlinie Brunels errichtet wurde (5 km nördlich von Dawlish).

Weitaus mehr Urlauber ziehen die Badebuchten entlang der Küste an. Am *Boat Cove* (Boote zu mieten), *Coryton Cove* und *Shell Cove* südlich der Stadt tummeln sich an sonnigen Tagen vor allem englische Familien. Nördlich davon stehen die Chalets und Caravans wie Reihenhaussiedlungen am Meer.

• *Information* **Tourist Information Centre**, The Lawn, Dawlish, Devon EX7 9PW, ✆ 016 26-863589. www.dawlish.gov.uk.

• *Camping* In Starcross: ****** Cofton Holiday Park**, Luxus-Campingplatz mit Swimmingpool. 450 Stellplätze für Zelte; Zweimannzelt und Caravan ab £ 14. Es werden auch zahlreiche Cottages vermietet. März bis Okt. geöffnet. ✆ 0800/0858649. www.coftonholidays.co.uk.

Teignmouth: Ein typisch englischer Badeort an der Mündung des Flusses Teign. Früher war der Hafen nicht nur für die Fischerei, sondern auch für die Verbindung nach Frankreich von Bedeutung. Waren die Beziehungen zwischen den beiden Ländern – wie so oft – nicht die besten, bekam es die Hafenstadt manches Mal zu spüren: 1340 und 1690 wurde sie von den Franzosen niedergebrannt. Die Außenbezirke wirken nicht gerade einladend, aber das historische Zentrum ist allemal einen Abstecher wert. Wer will, kann mit der Fähre zum historischen Fischerdorf *Shaldon* oder zum Strand von Ness Cove fahren.

• *Information* **Tourist Information Centre**, Sea Front, Teignmouth, Devon TQ14 8BE, ✆ 01626/779769. www.teignmouth-town.co.uk bzw. www.southdevon.org.uk.

Südwestengland Karte S. 274/275

• *Übernachten* **Teign Crest**, ein Lesertipp von Carmen Fellner: „Diese Unterkunft befindet sich in einem antiken Strandhaus in Shaldon nur 20 Meter vom Strand entfernt. Die geschmackvoll eingerichteten Zimmer besitzen einen Blick aufs Meer sowie auf Teignmouth." Diesem Urteil kann man nur beipflichten: Eines der schönsten B & B's in Devon mit einer herrlichen Aussicht! Obwohl sich die Vermieter schon im Ruhestand befinden, lässt sich nur hoffen, dass sie ihr Guesthouse noch lange betreiben. B & B £ 37.50 pro Person. ✆ 01626/873212. www.teigncrest.co.uk.

Newton Abbot

Der South Devon Coast Path führt weiter die Küste entlang nach Torbay. Alternativ dazu kann man mit dem Zug landeinwärts nach Newton Abbot fahren. Dieser Ort liegt verkehrsgünstig zwischen Torbay, Exeter und dem Dartmoor und ist Standort für Industriebetriebe, die landwirtschaftliche Produkte weiterverarbeiten. Gleichzeitig ist die Stadt Marktzentrum für das Umland (mittwochs und samstags Markt neben dem großen Parkhaus). Wer sehen bzw. probieren will, was in der Region hergestellt wird, kann die Töpferei (Abbot Pottery, Hopkins Lane), die Mälzerei (Teign Road) oder die Cider-Bar (East Street) besuchen.

Exeter

Exeter ist die Hauptstadt von Devonshire und gleichzeitig Einkaufs-, Verwaltungs-, Industrie- und Kulturzentrum der Grafschaft. Eine Universität sorgt für viel Jugend in den zahlreichen Pubs, in denen oft Live-Musik gespielt wird.

Rund 100.000 Menschen leben hier, und noch weitaus mehr kommen Tag für Tag aus den umliegenden Dörfern. Eingeklemmt zwischen Autos und Bussen fährt man während der Hauptverkehrszeit im Schritttempo nach Exeter hinein. Immer mal wieder taucht zwischen den Häusern im Nachkriegsstil eine Mauer oder Ruine aus vergangenen Jahrhunderten auf. Deutsche Bombenangriffe während des Zweiten Weltkrieges sorgten dafür, dass die historische Altstadt in Schutt und Asche gelegt wurde. Moderne Geschäfte entlang der Fußgängerzone, große Einkaufskomplexe und Bürogebäude prägen die Innenstadt. Da fällt die Kathedrale aus dem Spätmittelalter schon ins Auge. In den letzten Jahren ist es durch das Einkaufszentrum Princesshay gelungen, die Innenstadt mit ansprechender, moderner Architektur wieder zu beleben.

Ähnlich geschäftig wie heute war es schon zur Zeit der Römer, die im Jahre 50 u. Z. Exeter als Verwaltungszentrum für den Westen der eroberten Insel gründeten. Damals war die Stadt von einer Mauer umgeben, deren Reste u. a. in der Bartholomew Street und nahe der Paris Street zu sehen sind. Das römische *Isca Dumnoniorum* wurde dann zum sächsischen *Escancestre*. Im Jahre 876 erstürmten die Dänen die Stadt, und knapp zweihundert Jahre später zog Wilhelm der Eroberer nach einer langen Belagerung ein. Am Ende der Castle Street stand einst die normannische Burg. Auch die unterirdische Wasserleitung aus dem Mittelalter ist noch in Teilen erhalten, man findet sie nahe dem Eastgate in der Princesshay. Princesshay und Castle Street kann man jeweils von der High Street aus erreichen.

Information/Verbindungen/Diverses

• *Information* **Tourist Information Centre**, Civic Centre, Dix's Field, Exeter, Devon EX1 1DF, ✆ 01392/665700, ✆ 01392/265260. www. exeter.gov.uk/visiting.

• *Einwohner* 110.000 Einwohner.

• *Verbindungen* **Bus** – Der Busbahnhof befindet sich in der Paris Street, ℡ 01392/427711. Verbindungen in alle Richtungen. Express-Busse nach Plymouth über die A 38. Täglich etwa acht Busse nach London Victoria (4 Std. 30 Min.), weitere Busse nach Bath, Bristol, Dorchester und Portsmouth. www.nationalexpress.com. Weitere Busse in die Umgebung nach Teignmouth, Exmouth oder Sidmouth.

Zug – Der Hauptbahnhof, Exeter St David's Station, liegt am St David's Hill im Norden der Stadt; CDR Tickets u. a. nach Torquay, Exmouth, Plymouth, Penzance, Salisbury und London (stdl. nach Waterloo oder Paddington). Züge nach Barnstaple, Exmouth und Paignton halten außerdem an der zentrumsnahen Central Station (Queen Street). ℡ 08457/7000125. www.firstgreatwestern.co. uk.

Flugzeug – Flüge vom Exeter Airport (zwölf Kilometer östlich, ℡ 01392/367433) nach Hannover, Salzburg, Irland, Birmingham und auf die Isles of Scilly. www.exeter-airport. co.uk.

• *Fahrradverleih* **Saddles & Paddles**, 4 Kings Wharf, The Quay, ℡ 01392/424241. www.sadpad.com. Mountainbike- und Kanuvermietung.

• *Stadtführungen* Ganzjährig werden von den Red Coat Guides mehrere (meist um 10.30, 11, 14 und 14.30 Uhr) kostenlose Stadtführungen angeboten. www.exeter.gov.uk/guidedtours. Weitere Infos unter ℡ 01392/265203. Treffpunkt ist vor dem Abode Royal Clarence Hotel im Cathedral Yard.

• *Theater* Regelmäßige Theatervorstellungen präsentiert das **Northcott Theatre** (an der Universität). Box Office, Northcott Theatre, Stocker Road, ℡ 01392/493493. www.exeternorthcott.co.uk.

• *Veranstaltungen* Im Juli wird drei Wochen lang das **Exeter Festival** veranstaltet.

Exeter ist eine junge Stadt

Hauptschauplatz ist dabei die Kathedrale, in der Konzerte stattfinden. Im Cathedral Close wird getanzt und gefeiert, während gleichzeitig Trödelmärkte abgehalten und verschiedene Ausstellungen präsentiert werden. Nähere Hinweise hält das Tourist Office bereit. www.exeter.gov.uk/summer festival. Ein weiteres Volksfest ist die **Devon County Show** im Mai (in Westpoint, 15 Min. von Exeter, Busverbindung). Geboten werden Theater, Paraden, Hunde-/Pferdeshows und allerlei Gerät für den Bauernhof.

• *Zeitschriften* Deutsche Zeitungen gibt es beim Newsagent in der Queen Street, Hausnummer 85.

Südwestengland *Karte S. 274/275*

Übernachten (siehe Karte S. 281)

Wer zentral wohnen möchte, findet B & Bs am St David's Hill. Weitere Unterkünfte in der Alphington Road (Süden) und der Blackall Road (nördlich des Bahnhofs).

Abode Exeter (Royal Clarence Hotel) (17), das traditionsreichste Hotel von Exeter, in unmittelbarer Nachbarschaft zur Kathedrale. Es ist im Jahre 1769 eröffnet worden, galt es als die erste Herberge Englands, die als „Hotel" beschrieben wurde. Die unlängst vollkommen renovierten Zimmer sind sicherlich ihr Geld wert. Fitness-Raum vorhanden. B & B ab £ 64.50 pro Person im DZ (im EZ ab £ 99), die Zimmer mit Blick auf die Kathedrale sind etwas teurer. Sonderangebote im Internet, ℡ 01392/319955, ℡ 01392/439423. www.abodehotels.co.uk/exeter.

St Olaves Hotel (19), das in einem georgianischen Stadthaus untergebrachte Hotel befindet sich direkt im historischen Zentrum von Exeter. Die 15 Zimmer lassen weder Geschmack noch Komfort vermissen und besitzen eine angenehme Größe. Das zugehörige Treasury Restaurant bietet ein zweigängiges Mittagsmenü für ansprechende £ 14.95 (Parken bis 16 Uhr inkl.), abends kostet das kulinarische Abenteuer schon £ 27.50 bzw. £ 31.95 für drei Gänge. Apropos Preise: Die Doppelzimmer inkl. Frühstück kosten je nach Ausstattung £ 115–155. Mary Arches Street, ✆ 01392/217736, ✉ 01392/413054, www.olaves.co.uk.

Queens Court Hotel (4), sehr geschmackvoll eingerichtetes Hotel, in den individuellen Zimmern mit den einladenden Bädern fühlt man sich schnell wohl. Gutes Restaurant (The Olive Tree). WLAN. B & B £ 55–60. Bystock Terrace, ✆ 01392/272709, ✉ 01392/491390. www.queenscourt-hotel.co.uk.

Bendene Hotel (9), unweit des Bahnhofs gelegen, begeistert dieses B & B nicht nur durch seinen beheizten Swimmingpool im Garten hinter dem Haus. Der Flur macht bereits deutlich, dass die Zimmer alle sehr gepflegt sind. Von den nach hinten gehenden Räumen blickt man auf die abends erleuchteten Türme der Kathedrale. Extras: Fernseher, kostenloses WLAN. B & B ab £ 25 (ohne WC), sonst ab £ 32.50. 15–16 Richmond Road, ✆ 01392/213526, ✉ 01392/254162, www.bendene.co.uk.

Silver Springs (6), ein Haus daneben befindet sich ein weiteres ebenfalls sehr gepflegtes Guest House mit Stil. Kein Pool, dafür komfortablere Zimmer und Bäder. WLAN. B & B im EZ ab £ 57.50, im DZ ab £ 37.50. 12 Richmond Road, ✆/✉ 01392/494040, www.silversprings.co.uk.

White Hart Hotel (21), alte Postkutschenstation mit Flair, angeblich hat hier schon Oliver Cromwell sein Pferd „abgestellt". Verwinkelte Räume mit Bibliothek und einem wunderschönen Kamin. Besonders hübsch sind die Tab Bar und der Innenhof im Sommer. Stilvolle Zimmer, im modernen Anbau haben die Zimmer leider nicht so viel Flair. Parkplätze im Hof. 66 South Street. Zimmer ab £ 60 (Wochenende, 2 Pers. inkl. Frühstück). ✆ 01392/279897, ✉ 01392/250159, www.whitehartpubexeter.co.uk.

Town House (7), zeitgenössisches B & B in einem edwardinischen Haus unweit des Zentrums. Die farbenfrohen Zimmer sind nach literarischen Figuren benannt. Zum Frühstück gibt es Fair-Trade-Kaffee. WLAN. B & B £ 35. 54 St David's Hill, ✆ 01392/494994. www.townhouseexeter.co.uk.

Clock Tower Hotel (2), unlängst teilrenoviertes B & B mit toller Terrasse vor dem Haus. Hervorragendes Preis-Leistungs-Verhältnis. Die 16 komfortablen Zimmer sind alle mit TV und Teekocher sowie WLAN ausgerüstet. Übernachtung mit Frühstück ab £ 35, im EZ £ 50. 16 New North Road, ✆ 01392/424545, ✉ 01392/218445, www.clocktowerhotel.co.uk.

The Georgian Lodge (5), ein weiteres angenehmes B & B, zudem zentral gelegen. Nichtraucherhotel, WLAN. B & B ab £ 35, £ 50 im EZ. 5 Bystock Terrace, ✆ 01392/213079, ✉ 01392/218445, www.georgianlodge.com.

Park View Hotel (1), hübsches georgianisches Gebäude, nur wenige Fußminuten von der St David's Station entfernt. Der namensgebende Park liegt gleich schräg gegenüber. 15 Zimmer mit Telefon, TV und Teekocher, die von einem Leser als zu klein und unpersönlich beschrieben wurden und sich nicht mehr auf dem neuesten Stand befinden. Gutes Frühstück. B & B ab £ 29. 8 Howell Road, ✆ 01392/271772, ✉ 01392/253047, www.parkviewexeter.co.uk.

Telstar Hotel (3), nettes kleines B & B in der Nähe von Bahnhof und Innenstadt. Übernachtung und Frühstück ab £ 30, mit Bad/WC ab £ 35. 77 St David's Hill, ✆/✉ 01392/272466, www.telstar-hotel.co.uk.

Globe Backpackers Hostel (22), gut geführte, viel besuchte Unterkunft für Rucksackreisende aus aller Welt. Zentrale Lage, fünf Fußminuten südlich der Kathedrale. Kostenloses WLAN. Im Schlafraum nächtigt man ab £ 16.50, aber das DZ ist mit £ 42 sicher auch noch erschwinglich. 71 Halloway Street, ✆ 01392/215521, ✉ 01392/215531, www.exeterbackpackers.co.uk.

Jugendherberge (24), etwa drei Kilometer südöstlich der Stadt, fast am Fluss, befindet sich die Jugendherberge in einem Haus aus dem 17. Jh. Mit Bus (K oder T) Richtung Topsham, beim Postamt Countess Wear aussteigen; von dort noch 400 Meter zu Fuß. Erwachsene ab £ 16, Jugendliche ab £ 12 (Zelten möglich). 47–49 Countess Wear Road, Topsham, ✆ 0845/3719516, ✉ 01392/876939, Exeter@yha.org.uk.

● *Camping* Mehrere Campingplätze in der Umgebung von Exeter; Liste im Tourist Office.

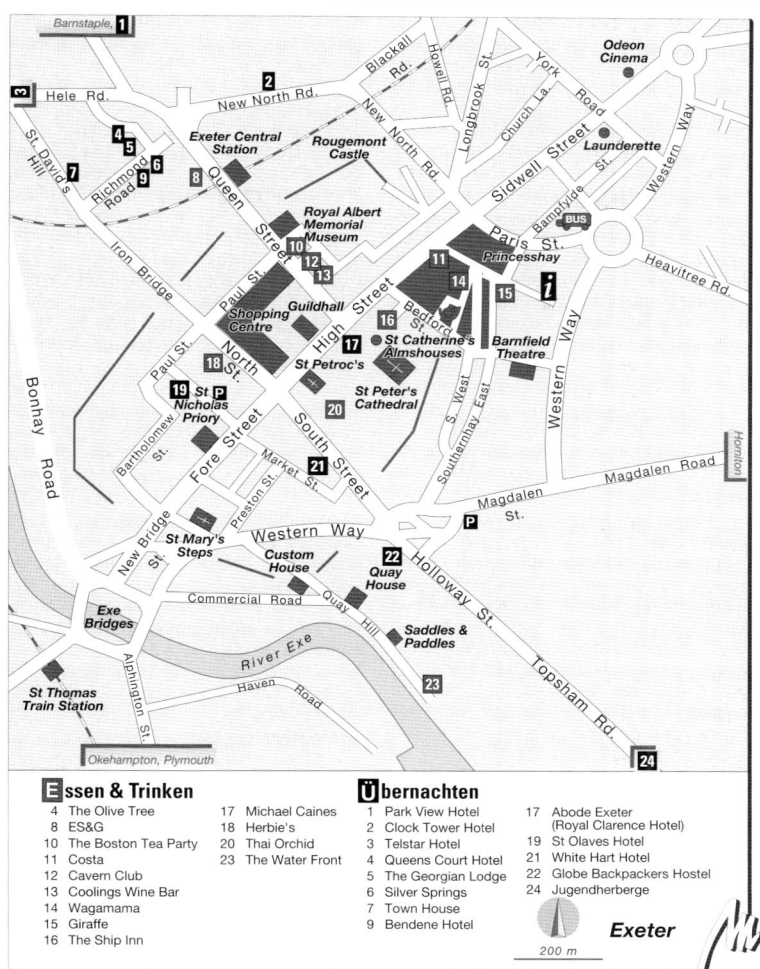

Essen & Trinken

4	The Olive Tree	
8	ES&G	
10	The Boston Tea Party	17	Michael Caines
11	Costa	18	Herbie's
12	Cavern Club	20	Thai Orchid
13	Coolings Wine Bar	23	The Water Front
14	Wagamama		
15	Giraffe		
16	The Ship Inn		

Übernachten

1	Park View Hotel	17	Abode Exeter (Royal Clarence Hotel)
2	Clock Tower Hotel	19	St Olaves Hotel
3	Telstar Hotel	21	White Hart Hotel
4	Queens Court Hotel	22	Globe Backpackers Hostel
5	The Georgian Lodge	24	Jugendherberge
6	Silver Springs		
7	Town House		
9	Bendene Hotel		

Exeter

200 m

Südwestengland
Karte S. 274/275

Essen/Trinken/Nachtleben

In den Fußgängerzonen erhält man überall einen kleinen Imbiss, sei es ein Sandwich oder einen Hamburger. Am River Exe kann man gemütlich vor zwei Pubs draußen sitzen und sein Bier trinken. Im Tourist Office gibt es verschiedene Pub Guides für Exeter und Umgebung.

Michael Caines (17), das zum Abode Exeter Hotel gehörende Restaurant (im ersten Stock) ist der unbestrittene Gourmettempel von Exeter. Serviert wird anspruchsvolle europäische Küche zu angemessenen, wenngleich nicht gerade niedrigen Preisen

(Hauptgerichte £ 20). Vergleichsweise günstig sind die Mittagsmenüs und das Early Evening Dining (2 Gänge £ 14.95), ☎ 01392/223638. Im gleichen Gebäude an der Ecke ist auch die preisgünstige Café-Bar untergebracht. Mittagsmenü mit beispielsweise einem *Coq au vin* als Hauptgericht zu £ 9.95. Sonntag Ruhetag. Cathedral Yard, ☎ 01392/223626. www.michaelcaines.com.

Wagamama (14), auch in Exeter gibt es seit 2007 eine Filiale der derzeit populärsten englischen Noodle-Bar-Kette. Im kühl designten Ambiente sitzt man an langgestreckten Holztischen und erfreut sich an absolut frisch zubereiteten japanischen Nudelgerichten. Egal, ob als Suppe *(Ramen)* oder in anderen Variationen zubereitet. Mit anderen Worten: unsere Lieblingsadresse in Exeter! Hauptgerichte etwa £ 8–10. Leckere Fruchtsäfte. Von der Terrasse hat man im Sommer einen Blick auf die Türme der Kathedrale. Kein Ruhetag, durchgehend warme Küche. Princesshay, ☎ 01392/274810. www.wagamama.com.

Giraffe (15), interessant designtes „Ethno-Restaurant" mit vielen Orangetönen am Rande des Einkaufszentrums neben der Stadtmauer. Passend zur musikalischen Berieselung mit World Music werden an den lang gestreckten Tischen Delikatessen aus der ganzen Welt serviert. Zu loben sind die Salate, das ausgezeichnete Brunchangebot (bis 16 Uhr), der zuvorkommende Service und die nicht überteuerten Preise. 1–2 Princesshay, ☎ 01392/494222. www.giraffe.net.

Thai Orchid (20), anspruchsvolle thailändische Küche mit Blick auf die Kathedrale. Was will man mehr? Hauptgerichte ab £ 9. Samstagmittag und Sonntag geschlossen. 5 Cathedral Yard, ☎ 01392/214215.

Herbie's (18), seit mehr als 20 Jahren der Treffpunkt für Vegetarier mit alternativem, leicht schummeligem Flair. Hauptgerichte zwischen £ 7 und £ 9. Lecker schmeckt die Lasagne mit Champignons und Spinat. Ausgeschenkt werden Ökoweine. So und Montagabend geschlossen. 14 North Street, ☎ 01392/258473.

The Ship Inn (16), zwischen Kathedrale und High Street, uriges Pub mit Fachwerkfassade; Sir Francis Drakes Lieblingspub in Exeter, über das er schrieb: „Next to mine own shippe, I do must love that old ‚Shippe' in Exon, a tavern in Fyssh Street, as the people call it, or as the clergie will have it,

St Martin's Lane." Hauptmahlzeiten (meist große Portionen) ab £ 4. Restaurant im ersten Stock. 1–3 St Martin's Lane, ☎ 01392/272040.

Olive Tree (4), das im Queens Court Hotel untergebrachte Restaurant gefällt durch sein nüchternes, modernes Ambiente und die Leistungen von Küchenchef Darren Knockton, der seine Gäste mit einer modernen britischen Küche mit mediterranem Einschlag verwöhnt, so bei einer Seebrasse auf mediterranem Gemüse für £ 18.25. Bystock Terrace, ☎ 01392/272709. www.queenscourt-hotel.co.uk.

ES&G (Exeter Sausage & Grill) (8), keine Würstchengrillbude, sondern ein zeitgenössisches Restaurant, das sich der gegrillten Wurst auf hohem Niveau verpflichtet fühlt. Das Fleisch stammt nur aus regionalen Betrieben mit Freilandhaltung. An blanken Holztischen werden aber auch gegrillte Steaks serviert. Dreigängiges Mittagsmenü £ 7.95. 44 Queen Street, ☎ 01392/4042299. www.exetersausageandgrill.com.

Coolings Wine Bar (13), in einer kleinen Gasse in der Innenstadt befindet sich diese nette Weinbar. Es werden Fassbier und mehr als 20 Weine glasweise ausgeschenkt. Zu essen gibt es Pasta wie auch englische Küche: *Cumberland Sausage Swirl* in Weißweinsoße. Kostenloses WLAN. 11 Gandy Street, ☎ 01392/434184. www.coolingsbar.co.uk.

The Water Front (23), direkt am alten Hafen von Exeter. Serviert werden Grillgerichte und leckere Pizzen (ab £ 6.90). Schöne sonnige Terrasse, kostenloses WLAN. Tgl. 11–23 Uhr geöffnet. The Quay, ☎ 01392/210590. www.waterfrontexeter.co.uk.

Costa (11), hier wird definitiv der beste Kaffee der Stadt ausgeschenkt. Zu essen gibt es italienisches Gebäck und Sandwiches. Zwei Filialen in der High Street.

The Boston Tea Party (10), kurz vor dem Royal Albert Museum, modernes Bistro-Café mit erlesenen Tee- und Kaffeesorten (Fair Trade). Außerdem gibt es auch leckere Salate und Sandwiches. 84 Queen Street.

Cavern Club (12), in dem beliebten Kellerclub treten fast jeden Abend Bands auf. Geringe Eintrittsgebühr. 83–84 Queen Street, ☎ 01392/495370. www.cavernclub.callo.uk. Weitere Nachtclubs finden sich in der Fore Street (**X$** und **Eden Lounge**) sowie an der Old Quayside am River Exe.

Vor der Exeter Cathedral

Sehenswertes

St Peter's Cathedral: Schon um 1100 entstand die erste Kirche auf diesem Platz, doch die heutige St Peter's Cathedral wurde weitgehend im 13. und 14. Jahrhundert erbaut. Nur die Türme stammen noch aus normannischer Zeit. Im linken Teil der Kirche befindet sich eine astronomische Uhr aus dem 15. Jahrhundert. Im *Chor* beeindrucken die *Miserikordien* (um 1260), die mit mythologischen Figuren verziert sind (Miserikordien nennt man die meist aus Holz geschnitzten Vorsprünge an den Sitzen des Chorgestühls, die beim Stehen als Stütze dienen). Gleich daneben steht der 18 Meter hohe *Bischofsthron*, ebenfalls mit beeindruckenden Schnitzereien. Er ist ganz ohne Nägel gearbeitet; Zapfen und Nuten halten ihn zusammen. Im Zweiten Weltkrieg wurde der Thron aus Angst vor Bombenangriffen abgebaut und später wieder hier zusammengesetzt. Ein weiteres Prunkstück ist die nicht öffentlich zugängliche Dombibliothek im *Bishop's Palace*. Sie beherbergt unter anderem das *Exeter Book* aus dem Jahr 950, eine der wenigen großen Sammlungen altenglischer Versdichtung.

Tgl. 7–18.30 Uhr, Sa nur bis 17 Uhr. „Spende": £ 5, erm. £ 3. Chorprobe: Mo–Fr 18.30 Uhr, Sa und So 15 Uhr. www.exeter-cathedral.org.uk.

Rougemont Castle: Über die Castle Street gelangt man zu den Ruinen des Rougemont Castle. Nach der Eroberung Exeters ließ William the Conqueror hier ab 1068 eine Festung bauen. Erhalten sind die Burgmauer und ein Torhaus (1170). Links an das Burggelände grenzen die *Rougemont Gardens* an, ein hübscher Park mit bunten Blumenbeeten. Ein weiterer Park, die *Northernhay Gardens*, breitet sich gleich dahinter aus. Hier kann man auch Teile der römischen Stadtmauer bewundern.

Underground Passages: Wo Castle Street und High Street aufeinander stoßen (Princesshay Street), befindet sich der unauffällige Eingang zu den Underground Passages. Um Exeter mit Trinkwasser zu versorgen, legte man im Mittelalter

mühsam ein unterirdisches Gangsystem an. Dieses kann während einer zwanzigminütigen Führung erkundet werden. Klaustrophob Veranlagten ist der Rundgang nicht zu empfehlen, denn an und zu wird es ganz schön eng.
Romangate Passage, Off High Street. Juni bis Sept. tgl. 9.30–17.30 Uhr, So 10.30–16 Uhr, Okt. bis Mai Di–Fr 11.30–17.30 Uhr, Sa 9.30–17.30 Uhr, So 10.30–16 Uhr. Eintritt: £ 5, erm. £ 3.50.

Royal Albert Memorial Museum: Das Museum widmet sich der Geschichte von Exeter und Devon und ist unbedingt einen Besuch wert – nicht nur weil es keinen Eintritt kostet. Das Spektrum der Dauerausstellung reicht von archäologischen Funden über Kunsthandwerk und Aquarelle bis hin zu einer Sammlung exotischer Schmetterlinge. Vor allem die römische Geschichte wird sehr ausführlich dargestellt. Bei Grabungen gefundene Mosaike sowie eine Rekonstruktion eines antiken Badehauses geben einen plastischen Eindruck von dieser Epoche. Selbstverständlich wird auch das mittelalterliche Exeter ausführlich vorgestellt. Angegliedert ist noch eine naturhistorische Galerie, in der zahlreiche heimische Tiere im ausgestopften Zustand sowie exotische in einer maßstabsgetreuen Nachbildung (Tiger, Elefant, Giraffe, Eisbär etc.) zu bewundern sind.
Queen Street. Tgl. außer So 10–17 Uhr. Eintritt frei! www.rammuseum.org.uk.

Umgebung von Exeter

Tiverton: Dieses traditionelle Zentrum der Wollverarbeitung liegt 23 Kilometer nördlich von Exeter. Von der normannischen Burganlage, die über Jahrhunderte Sitz der Earls of Devon war, stehen nur noch zwei Türme. Das *Tiverton Museum* in der St Andrew Street besitzt eine gute Sammlung von Werkzeugen vergangener Jahrhunderte, die einen Eindruck von den damaligen Arbeitsbedingungen vermitteln. Wochentags ist in der Newport Street eine aus dem 17. Jahrhundert stammende Bäckerei geöffnet.

Bickleigh: Der Ort liegt an der A 376 zwischen Tiverton und Exeter am Fluss Exe. Hier spürt man noch etwas von der Atmosphäre vergangener Jahrhunderte. Am Fluss findet man eine restaurierte Mühle, in der verschiedene Handwerker bei der Herstellung von kunstgewerblichen Gegenständen beobachtet werden können (*Mill Craft Centre*), außerdem eine Farm, die noch nach alten Methoden ohne Maschinen arbeitet.

Crediton: Zwölf Kilometer nordwestlich von Exeter liegt das durchschnittliche südenglische Landstädtchen, das sich eines großen Sohnes rühmen kann: Auf großen Tafeln wird auf den berühmten Missionar *Bonifatius* hingewiesen, der hier im Jahr 680 zur Welt kam und 719 von Papst Gregor II. mit der Germanenmission beauftragt wurde. Während der sächsischen Zeit war die Stadt Bischofssitz und religiöses Zentrum von Südwestengland, wovon inzwischen nicht mehr viel zu sehen ist. Zeugen dieser Zeit sind lediglich die Bonifatius-Statue im hiesigen Park und die spätmittelalterliche *Holy Cross Church*, die von ihren Dimensionen fast an eine Kathedrale heranreicht.

Honiton: Verlässt man Exeter auf der A 30 in Richtung Nordosten, kommt man nach Honiton, einem der größten Marktorte Ost-Devons mit einer Vielzahl von teuren Antiquitäten- und Kunstgewerbeläden (Spitzenklöppelei). Überregional bekannt sind die Produkte der *Honiton Pottery* in der High Street. Schon seit über 200 Jahren wird hier getöpfert und gebrannt. Im Sommer ist auch das *Allhallows Museum* neben der St-Paul's-Kirche geöffnet.

Torbay

Torbay, so heißt die Großgemeinde, zu der sich die Städte Torquay, Paignton und Brixham zusammengeschlossen haben. Tor Bay heißt aber auch die Bucht, in der die drei Orte liegen. Die Namensgebung für diese Verwaltungseinheit stellte die zuständigen Stellen also vor keine allzu großen Probleme.

Die Orte an der Tor Bay sind nach Osten, Westen und Norden durch Hügel geschützt, nur von Süden her weht ab und zu ein laues Lüftchen. Wegen des Golfstroms herrscht in der Bucht ein sehr mildes Klima, eine mediterran anmutende Flora konnte sich ausbreiten. „Englische Riviera" wird sie deshalb liebevoll von den Engländern genannt. Im Sommer wimmelt es hier von sonnenhungrigen Badeurlaubern und Sprachschülern aus ganz Europa.

Torquay, der Geburtsort der berühmten Krimiautorin *Agatha Christie*, ist der mondäne Teil, die Königin in diesem Dreigestirn. Eine eher untergeordnete Rolle spielen das volkstümlichere **Paignton** sowie **Brixham**, ein Fischerort, der seinen ursprünglichen Charme im endlosen Touristenstrom behaupten konnte. In Torquay genießen hauptsächlich die jüngeren Besucher einen typischen Badeurlaub: schwimmen, sonnenbaden, sehen und gesehen werden und am Abend mit Schwung ins Nachtleben.

*I*nformation/*V*erbindungen/*D*iverses

Südwestengland
Karte S. 274/275

- *Information* **Tourist Board**, English Riviera, Guide Research, Vaughan Parade, Torquay, Devon TQ2 5JG, ✆ 01803/2112111, ✆ 01803/214885, www.TheEnglishRiviera.co.uk.
- *Verbindungen* **Zug** – Bahnhof an der Rathmore Road, zumeist ist das Umsteigen in Newton Abbot erforderlich, um einen Anschluss nach Bristol, Cardiff, Exeter oder London Paddington zu erhalten. www.nationalrail.co.uk.

Bus – Vom Pavilion häufige lokale Busverbindungen nach Paignton und Brixham sowie nach Totnes und Plymouth sowie mehrmals tgl. nach London Victoria, ✆ 0871/7818181. www.nationalexpress.com.
- *Babbacombe Cliff Railway* Historische Zahnradbahn, die auf die 73 Meter hohen Klippen von Babbacombe führt. Return-Ticket £ 1.80. www.cliffrailway.com.

*Ü*bernachten *(siehe* **K**arte **S***. 286/287)*

In allen Preisklassen herrscht ein Überangebot, dennoch ist in den Sommermonaten fast alles belegt. Deswegen sollte man in dieser Zeit auf jeden Fall telefonisch ein Zimmer vorbestellen. Die Mitarbeiter des Tourist Office helfen, eine Bleibe zu finden.

- *Torquay* Hier befinden sich viele B & Bs in der Bampfylde Road.

Osborne Hotel (13), ein nahezu feudales Anwesen mit einem parkähnlichen Garten samt Palmen im Osten der Stadt. Selbstverständlich fehlen auch ein Hallen- sowie ein Freibad nicht. DZ ab £ 110 inkl. Frühstück. Hesketh Cresent, ✆ 01803/213311. www.osborne-torquay.co.uk.

Livermead Cliff Hotel (14), das einzige Hotel (Best Western) von Torquay, das nicht durch eine Straße vom Meer getrennt ist

(direkter Zugang zum Strand). Schöne geräumige Zimmer (plüschig), einige mit direktem Zugang zur Terrasse. Wem das Meer zu kalt ist, der kann sich im beheizten Swimmingpool tummeln. Je nach Saison und Aufenthaltsdauer B & B ab £ 65 pro Person, die Zimmer mit Meerblick sind naturgemäß teurer. Sea Front, an der Straße nach Paignton, ✆ 01803/299666, ✆ 01803/294496, www.livermeadcliff.co.uk.

Chesterfield Hotel (7), in Bahnhofs- und Jachthafennähe. Eines der zahlreichen

Hotels an der Belgrave Road. Zwölf moderne ansprechende Nichtraucher-Zimmer, alle mit eigenem Bad. Gutes Preis-Leistungs-Verhältnis! B & B £ 25–28. 62 Belgrave Road. ☎ 01803/292318, 🖷 01803/293676, www.chesterfieldhoteltorquay.co.uk.

Hotel Cimon (6), geschmackvolles Hotel mit ansprechenden Zimmern, die in verschiedenen Farbtönen gehalten sind. Im Sommer locken die schöne Terrasse und der beheizte Swimmingpool. WLAN vorhanden. B & B je nach Ausstattung und Reisezeit £ 35–49. 82 Abbey Road, ☎/🖷 01803/294454, www.hotelcimon.co.uk.

Ascot House (2), schmucke viktorianische Villa, die viel Geschmack und Liebe ins Detail verrät. Die Zimmer im ersten Stock haben einen kleinen Balkon. B & B je nach Saison £ 30–65, EZ ab £ 45, günstiger bei längeren Aufenthalten. The Church Road, ☎ 01803/295142, www.ascothousetorquay. co.uk.

Mulberry House (5), angenehmes Guest House in einem Eckhaus, die Zimmer gefallen mit ihren Tapeten an der Stirnseite des Bettes. B & B £ 28–30. 1 Scarborough Road, ☎ 01803/213639. www.mulberryguesthouse torquay.co.uk.

Red House Hotel (8), angenehmes Hotel mit Garten und beheiztem Pool. Hallenbad, Sauna und Fitnessraum ebenfalls vorhanden. B & B je nach Reisezeit und Aufenthaltsdauer £ 36–45. Rousdown Road, ☎ 01803/607811, 🖷 01803/200592, www.redhouse-hotel.co.uk.

The Garlieston Hotel (3), drei nett eingerichtete DZ mit Dusche, ein EZ und ein Mehrbettzimmer; Kostenloses WLAN. B & B £ 23–27, im Winter und bei längerem Aufenthalt günstiger. 5 Bridge Road, ☎/🖷 01803/294050, www.thegarlieston.com.

Torquay Backpackers (4), eine gute Alternative, wenn die Jugendherberge einmal voll ist. Unterbringung in Mehrbettzimmern, legere Atmosphäre und Selbstverpflegung; keine Sperrstunde, Terrasse vor dem Haus. WLAN. Preise: ab £ 15 pro Nacht im Mehrbettzimmer, im Winter und

bei längeren Aufenthalten günstiger. Doppelzimmer £ 16 pro Person. Zehn Fußminuten vom Bahnhof entfernt. 119 Abbey Road, Torquay, ☎ 01803/299924, 🖷 213479, www. torquaybackpackers.co.uk.

● *Jugendherberge* **Maypool House (15)**, Herberge in einem viktorianischen Anwesen, Nov. bis Febr. meistens geschlossen. Erwachsene zahlen ab £ 14, Jugendliche ab £ 10.50. Sie findet man in Galmpton, östlich von Brixham, ☎ 0845/3719531, 🖷 01803/845939.

Ü̈bernachten

2 Ascot House
3 The Garlieston Hotel
4 Torquay Backpackers
5 Mulberry House
6 Hotel Cimon
7 Chesterfield Hotel
8 Red House Hotel
13 Osborne Hotel
14 Livermead Cliff Hotel
15 JH Maypool House

*E*ssen/*T*rinken/*N*achtleben

Elephant (12), jahrzehntelang war Torquay ein kulinarisches Niemandsland, doch das unlängst von Chefkoch Simon Hulstone eröffnete Restaurant war sogar den Michelin-Testessern einen Stern wert! Lecker ist das Risotto mit Blumenkohl und Haselnüssen

oder ein in Zitronengrassoße gerösteter Heilbutt. Während in der Brasserie im Erdgeschoss eine ansprechende, aber erschwingliche Küche geboten wird (Menüs ab £ 25), öffnet sich im The Room der Gourmethimmel bei Menüpreisen von £ 45 und

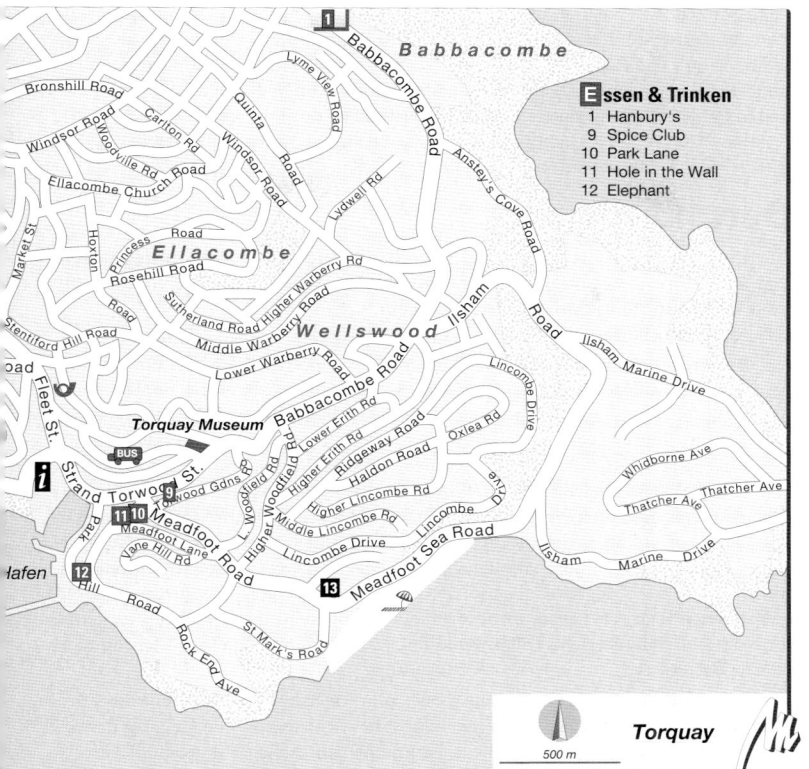

Torquay

500 m

Essen & Trinken
1 Hanbury's
9 Spice Club
10 Park Lane
11 Hole in the Wall
12 Elephant

£ 55. So und Mo Ruhetage. 3–4 Beacon Terrace, ✆ 01803/200044.
www.elephantrestaurant.co.uk.

Spice Club (9), günstiges indisches Restaurant im modernen Ambiente. Wo gibt es schon ein *Chicken Korma* für £ 5.95? 39 Torwood Street, ✆ 01803/295556.
www.spiceclubdevon.com.

Hole in the Wall (11), das älteste Pub der

Stadt serviert auch ein akzeptables Pub Grub Menu (auch für Vegetarier). 6 Park Lane, ✆ 01803/200755.

Park Lane (10), beliebter abendlicher Treffpunkt unweit des Meers. Torwood Street.

Hanbury's (1), das mehrfach preisgekrönte Fish'n'Chips ist ein Lesertipp von Christian Allgöwer. So geschlossen Babbacombe, Princes Street, ✆ 01803/314616.

Sehenswertes

Torre Abbey: Die Ursprünge Torquays gehen auf eine Prämonstratenserabtei aus dem Jahre 1196 zurück. Nachdem unter Heinrich VIII. die Klöster aufgelöst worden waren, zerfiel auch dieses Gebäude. Heute ist es zum Teil wieder aufgebaut und wird von einer Kunstgalerie samt Agatha Christie Memorial Room genutzt. Die Abtei befindet sich direkt hinter den Tennisplätzen des Abbey Parks.

März bis Okt. tgl. 10–18 Uhr, im Febr., Nov. und Dez. tgl. außer Mo 10–17 Uhr. Eintritt: £ 5.90, erm. £ 4.90 bzw. £ 2.50. www.torre-abbey.org.uk.

Paignton Zoo: Der erst unlängst für mehr als sechs Millionen Pfund renovierte Zoo (30 Hektar) besitzt einen ausgezeichneten Ruf. Die BBC drehte hier die erfolgreiche Serie „The Zookeepers".Im Zoo leben neben Elefanten, Nashörnern, Löwen und Tigern auch zahlreiche Menschenaffen (Gorillas etc.), die zu klimatischen Einheiten (Wüste, Regenwald etc.) zusammengefasst sind.

Tgl. 10–18 Uhr, im Winter nur bis zum Einbruch der Dämmerung geöffnet. Eintritt: £ 13.10, erm. £ 9.25, Familien £ 41.25. www.paigntonzoo.org.uk.

Dartmouth

Dartmouth wird als schönste Hafenstadt der Grafschaft Devon gehandelt. Das Zentrum ist ein kleines Hafenbassin, The Quay genannt, in dem ein paar kleine Boote in den Wellen schaukeln.

Stolz verweisen die Bürger auf Dartmouths ruhmreiche Vergangenheit als Seehafen: Richard Löwenherz ging 1190 hier an Bord eines Schiffes, um zum dritten Kreuzzug ins Heilige Land aufzubrechen; 1347 sammelte Eduard III. in Dartmouth die englische Flotte zur Belagerung von Calais, 1588 trafen sich die englischen Schiffe zum Kampf gegen die spanische Armada. Den Schlusspunkt setzten 400 amerikanische Schiffe, die 1944 im Warfleet Creek ankerten, um sich auf die Invasion in der Normandie vorzubereiten. Angesichts dieser Vergangenheit verwundert es auch nicht, dass die Kriegsmarine in Dartmouth seit 1905 ihre Offiziere ausbildet. Oberhalb der Stadt thront gut sichtbar der riesige Gebäudekomplex des *Royal Naval College*, in dem die männlichen Mitglieder der Royal Family traditionell ihren Dienst in der Kriegsmarine absolvieren. Das eigentliche Stadtzentrum mit einigen schönen Fachwerkhäusern wurde auf einem zugeschütteten Bachbett errichtet. Eine besonders malerische Häuserzeile mit Kolonnaden aus dem 17. Jahrhundert ist *The Butterwalk.*

Im Süden der Stadt, wo sich der Fluss Dart zum Meer hin verengt, steht das Dartmouth Castle, von dem aus die Hafeneinfahrt bewacht wurde. Die kleine *St Petroc's Church*, die kurz vor dem Castle liegt, ist im normannischen Stil errichtet. Ihr Ursprung soll jedoch bis ins 6. Jahrhundert zurückreichen. Steigt man den steilen Pfad auf der anderen Seite der Burg hinab, erreicht man zwei kleine Badebuchten. Noch bessere Bedingungen herrschen in der Bucht von Blackpool Sands, wo das Schwimmen sicherer ist als an der Flussmündung des Dart.

● *Information*   **Dartmouth Tourism Services**, Mayors Avenue, The Engine House, Dartmouth, Devon TQ6 9YY, ✆ 01803/834224, ✉ 01803/835631. www.discoverdartmouth.com.

● *Einwohner* 5.400 Einwohner.

● *Verbindungen* **Bus** – Western National Local Bus verbindet Dartmouth regelmäßig mit der Umgebung, beispielsweise mit Plymouth, Kingsbridge oder Totnes (stdl.). www.stagecoachbus.com.

Zug – Der nächste Bahnhof befindet sich in Totnes bzw. Kingswear (mit der Fähre zu erreichen).

Schiff – Zwei Fähren, die auch Pkws transportieren, stellen die regelmäßige Verbindung zum nördlichen Ufer des breiten Flusses, nach Kingswear, her (£ 4.50). Zudem bestehen regelmäßige Bootsverbindungen nach Totnes (im Sommer ab 8.30 Uhr).

● *Veranstaltungen* Jeden Sommer (Ende August) findet die traditionelle **Segelregatta** statt. Schön anzusehen sind dann die bunten Segelschiffe im Hafen von Dartmouth. Informationen über die genauen Termine sind beim Tourist Office erhältlich. www.dartmouthregatta.co.uk.

Beliebt ist auch das Mitte Mai stattfindende **Dartmouth Music Festival**, dessen Spektrum von Jazz, Folk, Rock bis zur klassischen Musik reicht. www.dartmouth-music-festival.org.uk.

Achtung: Während dieser Veranstaltungen sind die Hotels in Dartmouth ausgebucht!

1001 Nacht: Royal Pavilion (rn) ▲▲
So sah Brightons West Pier vor dem verheerenden Brand aus (rn) ▲

▲▲ Sissinghurst: vollendete Gartenkunst (rn)
▲ Winchester: König Artus' angebliche
Tafelrunde (rn)

▲▲ Bunte Gartenimpressionen (rn)

Isle of Wight: Alum Bay (rn) ▲▲
Mysteriöser Steinkreis: Stonehenge (rn) ▲

▲▲ Traumstrand bei Porthcurno (rn)
▲ Cornwall: seit Urzeiten christlich (rn)

Lohnend: ein Spaziergang an der Hafenpromenade von Dartmouth

● *Übernachten* Viele B & Bs befinden sich in der Victoria Road.

Royal Castle Hotel, traditionsreiches Hotel aus dem 17. Jahrhundert, direkt am inneren Hafenbecken gelegen. Zu den Gästen gehörten schon Francis Drake und Queen Victoria. Gutes Restaurant und nette Bar. WLAN. B & B ab £ 72.50 pro Person im Standardzimmer oder ab £ 99.50 in den individuell eingerichteten Komforträumen mit Flussblick, EZ £ 105, bei Internetbuchungen gibt es 10 % Rabatt. The Quay, ✆ 01803/833033, 🖂 01803/835445, www.royalcastle.co.uk.

Browns Hotel, Übernachten mit Stil – das ehemalige Victoria Hotel bietet zehn geschmackvolle Zimmer (jedes mit eigenem Bad und viel Liebe zum Detail eingerichtet) in zentraler Lage. Ansprechendes Foyer. Abends isst man im zugehörigen Restaurant leckere Tapas für £ 4.50–8.50. B & B im DZ ab £ 35 pro Person (So–Do) bis zu £ 80 pro Person in den großen Zimmern am Wochenende. 27 Victoria Road, ✆ 01803/832572, 🖂 01803/835815, www.brownshoteldartmouth.co.uk.

Avondale, kleines elegantes B & B, nur fünf Fußminuten vom Fluss entfernt. B & B je nach Reisezeit und Zimmer £ 60–85 (DZ) bzw. £ 45–60 (EZ). 5 Vicarage Hill, ✆ 01803/835831, www.avondaledartmouth.co.uk.

Townstal Farm House, ein altes Haus mit Flair, einen knappen Kilometer vom Zentrum entfernt. Zimmer mit TV, Radio und Teekocher. B & B ab £ 35. Townstal Road, ✆ 01803/832300, 🖂 01803/835428, www.townstalfarmhouse.com.

● *Camping* **Deer Park Holiday Estate**, in Stoke Fleming, mit Laden, Pub, Restaurant und beheiztem Swimmingpool. ✆ 01803/770253, www.deerparkinn.co.uk.

● *Essen/Trinken* **The New Angel**, eines der besten und teuersten Restaurants von Devon. Chefkoch Nathan Thomas ist stolzer Besitzer eines Michelin-Sterns. Tolles Ambiente! Wer sich den köstlichen Gaumenfreuden wie einem *Tranche of Turbot with Crab Boudin* hingeben will, muss abends mehr als £ 50 zahlen, mittags kann man schon für £ 19.50 (zwei Gänge) oder £ 25 (drei Gänge) schlemmen. Sonntagabend und Mo geschlossen. Auch Zimmervermietung ab £ 125 inkl. Frühstück. 2 South Embankment, ✆ 01803/839425. www.thenewangel.co.uk

The Sloping Deck, das im ersten Stock gelegene Restaurant macht seinem Namen alle Ehre, denn keine Wand des alten Hauses steht mehr gerade. In uriger Atmosphäre wird köstlicher Tee gereicht. Der Kuchen ist zuckersüß und macht das größte Leckermäulchen satt (Bäckerei im Erdgeschoss).

Dartmouth: fertig zum Hochseefischen

Die anderen Gerichte wie geräucherte Makrele oder Ploughman's Lunch sind relativ günstig. Nur bis 17 Uhr geöffnet. The Butterwalk.

Café Alf Resco, beliebter Treff mit gutem Frühstück und dem Flair einer Trattoria, nette Terrasse zum Draußensitzen. Viele Gerichte werden mit biologischen Zutaten zubereitet. 37 Lower Street, ✆ 01803/835880. www.cafealfresco.co.uk.

The Frying Pan, das Fish-'n'-Chips-Restaurant ist ein Lesertipp von Bettina Dönne-

brink: „Echt englisch, typischer, freundlicher Service („what can I do for you, darling?"), große und vor allem leckere Portionen zu fairen Preisen." 11 Broadstone (Market Street), ✆ 01803/832546.

Cherub Inn, ein Pub wie aus dem Bilderbuch. Bereits 1380 urkundlich erwähnt, dürfte wohl so mancher Balken mehr als 600 Jahre alt sein. Das Restaurant im ersten Stock serviert traditionelle englische Küche. 13 Higher Street, ✆ 01803/832571. www.the-cherub.co.uk.

Sehenswertes

Dartmouth Castle: Ein zwanzigminütiger Spaziergang entlang dem River Dart (über die South Town, dann links in die Castle Road) führt zum Dartmouth Castle. Der Bau stammt aus dem 15. Jahrhundert und diente der Überwachung der Dart-Mündung. Hier steht auch die kleine *St Petroc's Church*. Wer sich den Fußweg zurück in die Stadt sparen möchte, kann von hier aus die Fähre nehmen, die zwischen April und Oktober übersetzt.

Juli und Aug. tgl. 10–18 Uhr, Mai, Juni, Sept. und Okt. tgl. 10–17 Uhr, Nov. bis März Sa/So 10–16 Uhr. Eintritt: £ 4.50, erm. £ 3.80 oder £ 2.30 (EH).

Den River Dart entlang

Totnes: Von Dartmouth aus kann man Bootsfahrten den Dart hinauf bis zur Dampferanlegestelle von Totnes unternehmen. Hier, wo sich die breite Flussmündung verengt, existierte schon in sächsischer Zeit eine Stadt mit Münzrecht. Unter den Normannen wurde auf dem Hügel ein *Castle* errichtet, dessen Ruinen zu besichtigen sind. Wie in Dartmouth trifft man im alten Stadtzentrum auf einen *Butterwalk*, wo früher die Bauern aus der Umgebung ihre Produkte verkauften. Ein Gedenkstein in der Fore Street erinnert an den sagenhaften *Brutus*, den Enkel des Aeneas von Troja, der hier gelandet sein soll. Sehenswert ist das in einem elisabethanischen Haus untergebrachte *Stadtmuseum*, in dem man sich anschauen kann, wie reiche Kaufleute in den vergangenen Jahrhunderten gelebt haben.

Information **Tourist Information Centre**, Town Mill, Coronation Road, Totnes, Devon TQ9 5DF, ✆ 01803/863168, ✉ 01803/865771, www.totnesinformation.co.uk.

Dartington: Dartington Hall – drei Kilometer nordwestlich von Totnes gelegen – ist ein spätmittelalterliches Herrenhaus mit herrlichem Garten und beherbergt das 1925 von der amerikanischen Millionärin Dorothy Elmhirst gegründete Dartington College of Arts. Mit seinen Konzerten, Ausstellungen und Vorträgen stellt die Kunstschule eine erhebliche Bereicherung für das Kulturangebot Devons dar. Sehenswert ist auch das High Cross House, ein von William Lescaze im Bauhausstil errichtetes Gebäude, das sich auf einem Hügel unterhalb der Dartington Hall befindet. Zu den berühmtesten Schülern gehörte Lucien Freud, ein Enkel von Sigmund Freud, der längst einer der bestbezahlten Künstler Englands ist.

Im Jahr 2009 wurde das Dartington College of Arts mit dem University College Falmouth zusammengeschlossen und der Sitz trotz Protesten nach Falmouth verlegt. Neben zahlreichen Veranstaltungen und Kursen beherbergt Dartington Hall auch ein Restaurant, zudem werden Zimmer vermietet (www.dartingtonhall.org.uk).

South Devon Coast Path: East Portlemouth bis Bantham

East Portlemouth: Auf der westlichen Seite der Bucht gelegen (östlich von Salcombe, s. u.). Eine Fähre setzt regelmäßig nach Salcombe über. Von den Felsen aus bietet sich ein schöner Ausblick über die Förde bis nach Kingsbridge. Neben dem kleinen Hafen gibt es Sandstrände zum Baden. In der Hauptstraße stehen einige sehenswerte alte Häuser. Von hier führt der Coast Path südostwärts zum südlichsten Punkt von Devon, dem *Prawle Point*. Hier liegt auch das Wrack eines Frachters, der Opfer eines Sturms wurde.

Kingsbridge: Ein idealer Ausgangsort, wenn man die Hügelkette der *South Hams* zu Fuß oder mit dem Fahrrad kennenlernen will. Nur zehn Kilometer sind es nach Salcombe oder Torcross, einem kleinen Fischerort. Von einiger Bedeutung waren einst der Markt und der kleine Fördenhafen der Stadt. Rings um das Rathaus sind noch einige alte Bauten erhalten. Über regionale Geschichte und über die Anfänge der Porzellanindustrie informiert das *Cookworthy Museum* im Gebäude einer ehemaligen Schule, das aus dem 17. Jahrhundert stammt (108 Fore Street).

Salcombe: Wer sich in den South Hams aufhält, sollte auf keinen Fall Salcombe auslassen. Der Ort liegt an einem wunderschönen Küstenabschnitt mit üppiger Vegetation und vielen hübschen Badestränden. Salcombe schmiegt sich eng an die steil zur See abfallenden Hügel. Da das Parken an diesen Stellen so gut wie unmöglich ist, stößt man selten auf Ausflugsscharen. Alljährliches Großereignis ist die *Salcombe Town Regatta*, die im August Hunderte von Seglern und Zuschauern anlockt. Da der Segelsport auch in England meistens ein Hobby von Besserverdienenden ist, sind die Preise für Unterkunft und Verpflegung in der Saison entsprechend hoch. Trotzdem gibt es außerhalb des Ortes einige erschwingliche B & Bs.

● *Fähren* Passagierfähren nach South Sands und nach East Portlemouth auf der anderen Seite der Bucht legen vom Ferry Inn ab. Während des Sommers fahren auch unregelmäßig Schiffe nach Kingsbridge.

● *Jugendherberge* **Sharpitor**, ein paar Kilometer südlich von Salcombe, auf einem Kliff gelegen. Ein wunderschönes Haus mit Blick auf den tropischen Garten von Overbecks. Nov. bis März geschlossen. Erwachsene ab £ 14, Jugendliche ab £ 10.50. Salcombe, ✆ 0845/3719341, ✆ 0845/3719342.

Dartmoor National Park

Diese Landschaft hat viele Gesichter. Kalte, mit Heidekraut spärlich bewachsene Hügel und schroffe Bergspitzen, deren nackter Fels sich in den wolkenverhangenen Himmel bohrt – das ist eine Seite des Dartmoor. Munter plätschernde Bäche, grüne Flusstäler und von hohen Bruchsteinmauern umgebene Weiden die andere.

Kommt man an einem der vielen Regentage – durchschnittlich 218 pro Jahr! –, so befällt eine düstere Stimmung das Gemüt. Dartmoor, Land der Legenden und Gruselgeschichten. Wie ein undurchsichtiger Schleier legt sich der Nebel über das Moor. Schatten scheinen hin und her zu huschen. Befindet sich hier nicht auch das berüchtigte „Dartmoor Prison" für Lebenslängliche? So manch ein entflohener Sträfling hat sich in der Finsternis des Moors verborgen – nicht nur in Sir Arthur Conan Doyles Roman „Der Hund von Baskerville".

Ein Sonnentag im Moor offenbart jedoch die ganze Schönheit dieser Region. Von den Höhen herab verliert sich der Blick in der Weite der Landschaft. Immer wieder stößt man auf frei umherlaufende Tiere wie Schafe, Rinder und Ponys. Letztere sind besonders übermütig. Wenn man, von der langen Wanderschaft erschöpft und hungrig, eine Rast einlegt und seinen Proviant auspackt, wird man im Nu von einer Herde kleinwüchsiger Wildpferde belagert. Das Füttern der Ponys ist jedoch zu de-

Dartmoor: ein Paradies für Reiter

ren eigenem Wohl streng verboten. Selbst wenn die zotteligen Gesellen noch so sehr bitten und betteln, sollte man hart bleiben und seine Sandwiches und Schokoladenkekse selber essen.

Weder der raue Wind, der einem um die Nase weht, noch der Anblick der in dicke Pullover und Windjacken gehüllten Touristen sollte einen davon abhalten, einige Tage durch das Dartmoor zu wandern. Fast 1000 Quadratkilometer umfasst dieser Nationalpark mitten in Devon. Hier hat man wie nirgends sonst in England die Möglichkeit, querfeldein zu wandern, ohne über Hecken und Zäune steigen zu müssen. Nicht grundlos wurde das Dartmoor wiederholt als „letzte Wildnis in Europa" beschrieben.

Achtung! Das nördliche Dartmoor ist militärisches Sperrgebiet („Range Danger Area"). Hier wird scharf geschossen! Das Gebiet ist mit rot-weißen Markierungen am Boden und mit Schildern gekennzeichnet. Will man dennoch durch diesen Teil des Dartmoors wandern, sollte man unbedingt vorher abklären, ob geschossen wird. Fragen Sie nach den „Weekly Firing Timetables", die in den Informationsbüros, Herbergen, Campingplätzen, Polizeistationen und auch in den Pubs ausliegen oder erkundigen Sie sich beim Ministry of Defense (✆ 0800/4584868, www.dartmoor-ranges.co.uk). Heben Sie vorsichtshalber keinen metallischen Gegenstand auf, es könnte sich um ein scharfes Geschoss handeln!

Das Dartmoor bietet für jeden etwas. Im Osten grüne Hügel, Wälder, klare Bäche, an denen vereinzelt kleine Dörfer und Bauernhöfe zu finden sind, die sich rings um eine aus Granit erbaute Kirche reihen. Kaum breiter als ein Auto sind die Straßen, beiderseits begrenzt von hohen Hecken. Im Westen erhebt sich das karge Hochmoor auf über 600 Meter Höhe. Immer öfter trifft man hier auf Schafe und Ponys, immer seltener aber auf Siedlungen. Dennoch, in dieser Gegend wohnten schon vor über 5000 Jahren Menschen, von denen verschiedene Gräber und Steinzirkel zeugen. Erst als sich das Klima vor knapp drei Jahrtausenden verschlechterte, begangen die Menschen, das unwirtliche Moor zu meiden. Einzig um Torf zu stechen, Steine zu brechen und Ton zu gewinnen, drang man in das Moor vor.

*I*nformation/*V*erbindungen/*R*eiten

• *Information* **Dartmoor Tourist Association**, Highmoorland Business Centre, Princetown, Yelverton, West Devon, ✆ 01822/890567, www.discoverdartmoor. com. **Dartmoor National Park Authority**, Parke, Bovey Tracey, Newton Abbot, Devon, TQ13 9JQ, ✆ 01626/832093 ✉ 01626/834684. www.dartmoor-npa.gov.uk.
Im Bereich des Nationalparks gibt es mehrere Informationsbüros, die mit Broschüren und Kartenmaterial bestens ausgerüstet sind. Im Winter, wenn die anderen Information Offices geschlossen sind, kann man sich in Princetown im **High Moorland Visitor Centre** (✆ 01822/890414, tgl. 10–17 Uhr, im Winter bis 16 Uhr) beraten lassen. Hier

erhält man u. a. ein Faltblatt über den Dartmoor National Park mit einer brauchbaren Karte und guten Informationen, außerdem die Termine der geführten Wanderungen und Tourenvorschläge.
Postbridge Visitor Centre, ✆ 01822/880272, befindet sich auf dem Parkplatz an der B 3212. April bis Okt. tgl. 10–17 Uhr.
Tavistock, ✆ 01822/612938, am Bedford Square in der Town Hall. April bis Okt. Mo–Sa 10–17 Uhr, in der Hochsaison auch So.
Auch im **Internet** kann man sich vorab informieren unter www.dartmoor.co.uk; www.dartmoorway.org.uk; www.dartmoor accommodation.co.uk.

Südwestengland Karte S. 274/275

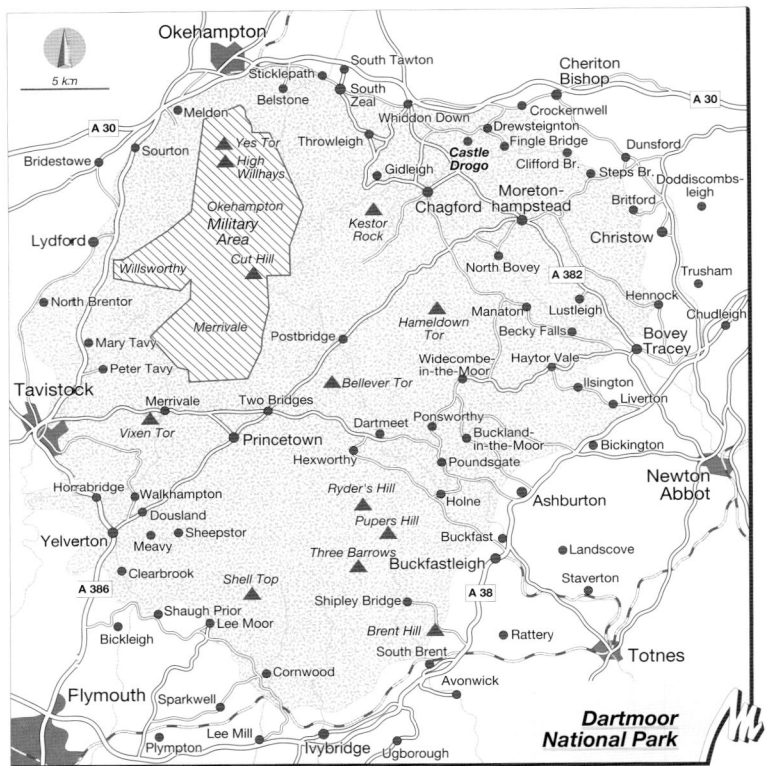

Okehampton
South Tawton
Cheriton Bishop
A 30
Sticklepath
South Zeal
Belstone
Whiddon Down
Crockernwell
Drewsteignton
Fingle Bridge
Dunsford
Meldon
A 30
Yes Tor
Throwleigh
Castle Drogo
Clifford Br.
Steps Br.
Doddiscombsleigh
Bridestowe
Sourton
High Willhays
Gidleigh
Moreton-hampstead
Britford
Okehampton Military Area
Kestor Rock
Chagford
Lydford
Christow
Willsworthy
Cut Hill
North Bovey
A 382
Trusham
North Brentor
Manaton
Lustleigh
Hennock
Chudleigh
Mary Tavy
Merrivale
Hameldown Tor
Becky Falls
Bovey Tracey
Peter Tavy
Postbridge
Widecombe-in-the-Moor
Haytor Vale
Tavistock
Bellever Tor
Ilsington
Merrivale
Two Bridges
Dartmeet
Ponsworthy
Liverton
Vixen Tor
Princetown
Buckland-in-the-Moor
Bickington
Hexworthy
Poundsgate
Newton Abbot
Horrabridge
Walkhampton
Ryder's Hill
Holne
Ashburton
Dousland
Pupers Hill
Buckfast
Yelverton
Sheepstor
Meavy
Three Barrows
Buckfastleigh
Landscove
Clearbrook
Shell Top
Staverton
A 386
Shaugh Prior
Shipley Bridge
A 38
Lee Moor
Brent Hill
Rattery
Bickleigh
South Brent
Totnes
Cornwood
Avonwick
Plymouth
Sparkwell
Dartmoor National Park
Lee Mill
Plympton
Ivybridge
Ugborough

● *Verbindungen* **Zug** – Sonntags sechs Zugverbindungen zwischen Exeter und Okehampton. www.dartmoor-railway.co.uk.

Bus – Busse stellen im Gebiet des Moors das einzige öffentliche Transportmittel dar (auch sonntags). Die Orte rings um das Moor werden das ganze Jahr über angefahren. Von Okehampton bestehen Verbindungen nach Exeter sowie Plymouth, von Tavistock fahren Busse ebenfalls nach Plymouth. Ashburton und Bovey Tracey sind von beiden Städten aus gut zu erreichen. Hilfreich ist der in den Informationszentren erhältliche Dartmoor Public Transport Guide. Auf der **Transmoor Link** verkehrt der Devon Bus 82 (Plymouth–Yelverton–Princetown–Two Bridges–Postbridge–Moretonhampstead–Exeter) im Sommer tgl.; im Winter nur am Wochenende drei Busse in jede Richtung. www.firstgroup.com. Die Strecke Okehampton–Moretonhampstead wird von der Linie 173 das ganze Jahr über gefahren. Auskünfte zu den ständig wechselnden Busverbindungen sind bei der **Devon County Council's Public Transport Helpline** (Devon County Council, County Hall, Exeter, Devon EX2 4QW, ℡ 0871/2002233) erhältlich. Sehr gerne helfen auch die Informationsbüros mit Fahrplänen aus.

● *Fahrradverleih* **Tavistock Cycles Ltd.**, Vermietung von Tandems und Mountainbikes. Paddons Row, Brook Street, Tavistock, ℡ 01822/617630.

● *Reiten* Reiten ist eine beliebte Sportart im Moor. Sollten auch Sie Lust haben, auf dem Rücken eines Pferdes die schöne Landschaft zu erkunden, hier einige Adressen. Man sollte sich immer mindestens einen Tag im Voraus anmelden. Überall sind auch Anfänger willkommen.

Shilstone Rocks Riding & Trekking Centre, Widecombe-in-the-Moor, ☎ 01364/621281. www.dartmoorstables.com.
Babeny Farm Riding Stables, Poundsgate, Dartmeet, ☎ 01364/631296. www.babenystables.co.uk.
Skaigh Stables, Skaigh Lane, Sticklepath, ☎ 01837/840417; Ostern bis Okt. geöffnet. www.skaighstables.co.uk.
● *Trampen* Wer das Dartmoor als Wanderer durchstreift, hat gute Chancen, beim Trampen mitgenommen zu werden.
● *Camping* In der kostenlosen Zeitung **Dartmoor Visitor Guide,** die in den Tourist Offices erhältlich ist, sind alle Campingplätze der Umgebung aufgeführt. Hier eine Auswahl:
★★★★ Harford Bridge Holiday Park, schöner Campingplatz am River Tavy. Auch Caravanvermietung. Zelt und 2 Personen ab £ 14. Von Ostern bis Nov. geöffnet. Peter Tavy (2 Meilen von Tavistock), ☎ 01822/810349, www.harfordbridge.co.uk.
★★★★★ Woodovis Park, sehr komfortabler Campingplatz mit Hallenbad und Cottagevermietung. Vier Meilen westlich von Tavistock. Gulworty, ☎ 01822/832968, www.woodovis.com.

Moretonhampstead

Moretonhampstead, ein an der Hauptstraße gelegener Marktflecken, ist ein idealer Ausgangspunkt für Ausflüge in den nordöstlichen Teil des Dartmoors. Sehenswert sind die Armenhäuser an der Cross Street sowie die 500 Jahre alte Granitkirche.

● *Übernachten* **The White Hart Hotel,** direkt im Zentrum gelegen, bietet dieses jüngst renovierte Hotel viel Komfort (Flat-Screen-TV, CD-Player etc.) in sehr ansprechend gestalteten Zimmern. Ideal nach einer langen Wanderung durch das Dartmoor. Ausgezeichnetes Restaurant, lecker ist das *Rack of Devon Lamb* für £ 16.50. WLAN. B & B je nach Saison im DZ ab £ 45, im EZ ab £ 60. The Square, ☎ 01647/441340, ☎ 01647/441341. www.whitehartdartmoor. co.uk.
Great Sloncombe Farm, Farmhaus aus dem 13. Jahrhundert. B & B ab £ 30 (en suite) ☎/☎ 01647/440595.

www.greatsloncombefarm.co.uk.
Sparrowhawk Backpackers, einfache, aber dennoch charmante Unterkunft in einem ehemaligen Stall. Von Okt. bis April nur am Wochenende geöffnet, im Sommer durchgehend. Übernachtung £ 16. Belgrave House. 45 Ford Street, ☎ 01647/440318. www.sparrowhawkbackpackers.co.uk.
Gate House, wunderschönes, reetgedecktes Fachwerkhaus aus dem 15. Jahrhundert. Garten mit Swimmingpool. B & B ab £ 35 (inkl. afternoon tea). Dinner £ 20. North Bovey, ☎/☎ 01647/440479. www.gatehouseondartmoor.co.uk.

Chagford

Chagford ist kleiner als Moretonhampstead, gelangte aber bereits im Mittelalter durch den Woll- und Zinnhandel zu beachtlichem Wohlstand. Schon im 12. Jahrhundert wurde im Dartmoor Zinn gefunden und bis ins 19. Jahrhundert abgebaut. Den Ruinen der verlassenen Bergwerke und Schmelzöfen begegnet man auf Wanderungen überall. Die Schafzucht auf den öden Flächen des Hochmoors begann im 14. Jahrhundert, und in den windgeschützten Tälern ließen sich Siedler nieder, die die Wolle in den umliegenden Dörfern verkauften.

Castle Drogo

Castle Drogo ist keine mittelalterliche Burg, sondern das „Traumhaus" des Teebarons Julius Drewe. Den formalistischen Garten legte George Dillistone mit Unterstützung von Getrude Jekyll an. Benannt ist die Burg nach Drogo de Teine, einem Kampfgefährten Wilhelms des Eroberers, in dem Julius Drewe einen seiner Vorfahren vermutete. Um seine Pläne zu verwirklichen, engagierte der auf einen adeligen Ahnherrn erpichte Teehändler 1910 den berühmten Architekten Sir Edwin

Südwestengland Karte S. 274/275

Lutyens, der Castle Drogo oberhalb des River Teign als Unikum errichtete. Neben Art-déco-Anklängen durften römische und normannische Bauelemente selbstverständlich auch nicht fehlen.

Mitte März bis Okt. tgl. außer Di 11–17 Uhr, April bis Aug. auch Di 11–17 Uhr. Eintritt: £ 7.80, erm. £ 3.90, Familienticket £ 19.60 (NT).

Letterboxing – Auf der Suche nach dem Briefkasten

Ein Netz von rund 4.000 Briefkästen ist über das gesamte Dartmoor verteilt – keine offiziellen roten Briefkästen, sondern versteckte, von Wanderern oder Clubs eingerichtete Briefkästen; das können ausgehöhlte Baumstämme oder Plastikschachteln sein. Die Briefkästen dienen dem *Letterboxing* – einer im Dartmoor sehr beliebten „Sportart": Man wandert auf der Suche nach einer Letterbox durch das Moor, um sich bei Erfolg in das dort hinterlegte Visitor Book einzutragen und mit dem jeweiligen Stempel den eigenen Besuch zu dokumentieren. Wer mehr als 100 Stempel gesammelt hat, wird in den „100 Club" aufgenommen. Mitgebrachte Post wird in den Briefkästen hinterlegt, vorgefundene Briefe nimmt man mit zurück in die Zivilisation, damit sie von der Royal Mail zum Adressaten befördert werden können.

Die Anfänge des Letterboxing gehen in das Jahr 1854 zurück, ein zweiter Briefkasten kam erst 1938 hinzu, doch nach Ende des Zweiten Weltkrieges nahm die Zahl der Briefkästen lawinenartig zu. Mittlerweile gibt es sogar *Mobile Boxes* – hierunter sind etwas schräge Charaktere zu verstehen, die mit einem Stempel durch das Moor wandern, den sie zücken, sobald jemand sie mit den Worten: „Are you a travelling stamp?" begrüßt.

Weitere Infos www.dartmoorletterboxing.org.

Okehampton

Die kleine Marktstadt Okehampton ist die bedeutendste Siedlung am nördlichen Rand des Dartmoors. Dementsprechend lebhaft geht es in den Sommermonaten zu. Sehr interessant ist *The Courtyard*, ein Arts and Crafts Centre mit Ausstellungen einheimischer Künstler, Workshops, Theateraufführungen und kleinen Verkaufsräumen (direkt neben der Kirche im Zentrum). Im Südwesten, am Rand der Stadt, steht das *Okehampton Castle*, eine normannische Befestigungsanlage. Die Geschichte dieser Gegend erklärt das *Museum of Dartmoor Life*. In der Nähe des Ortes liegen zahlreiche frühgeschichtliche Fundstellen, darunter Steinkreise und Grabkammern. Doch nicht nur das Moor hat seine Reize, auch die Gegend nördlich der A 30 ist einen Besuch wert. Zahlreiche kleine Dörfer mit schönen Pubs, dazwischen große Bauernhöfe und einige Herrenhäuser lohnen einen Abstecher. Wer wandern möchte, kann über rund zwanzig Kilometer dem gut ausgeschilderten *West Devon Way* bis Tavistock folgen oder vom Okehampton Moor Gate (südlich der Stadt bei Okehampton Camp) in eineinhalb Stunden zum höchsten Punkt des Dartmoors, dem *High Willhays*, hinaufwandern.

● *Information* Okehampton Tourist Information Centre, ✆ 01837/53020. www.okehamptondevon.co.uk.

● *Einwohner* 4.000 Einwohner.

● *Okehampton Castle* April bis Sept. tgl. 10–18 Uhr, im Okt. bis zum Einbruch der

Dunkelheit. Eintritt: £ 3.50, erm. £ 1.80 (EH).

• *Museum of Dartmoor Life* Interessanter Einblick in die Geschichte und Natur des Dartmoors. April bis Okt. tgl. außer So 10.15–16.15 Uhr. Eintritt: £ 2, erm. £ 1. 3 West Street. www.museumofdartmoorlife. eclipse.co.uk.

• *Übernachten* **Highwayman Inn**, in Sourton (südlich von Okehampton) befindet sich dieser skurrile Gasthof, der vom Vater der heutigen Besitzerin Sally im Laufe der Zeit mit allerlei Nippes, Antiquitäten und Kuriositäten eingerichtet wurde. Die Barräume erinnern einmal an ein Schiff, ein anderes Mal an ein gotisches Gewölbe. Es werden auch ein paar Zimmer vermietet. B & B je nach Ausstattung ab £ 20. ✆ 01837/861243. www.thehighwaymaninn.net.

Higher Cadham Farm, schöner, großer Bauernhof – die ältesten Teile stammen noch aus dem 16. Jahrhundert – am Rand des Nationalparks mit neun ansprechenden Zimmern. B & B £ 30 pro Person. Im zugehörigen Farmhouse Kitchen wird typische englische Kost serviert. Jacobstowe, ✆ 01837/851647, 🖷 01837/851410. www.highercadham.co.uk.

Fountain Hotel, alte Postkutschenstation mit viel Atmosphäre mitten in Okehampton. Schöner Garten und Parkplätze hinter dem Haus. Vermietet werden sechs passable Gästezimmer, teilweise mit offener Bruchsteinmauer. Im Restaurant wie auch im Pub wird eine bodenständige Küche serviert, die allerdings ohne jeglichen kulinarischen Anspruch daherkommt. B & B £ 35. Fore Street, ✆ 01837/53900.

• *Jugendherberge* Sehr schön und ruhig gelegen, 102 Betten; Erwachsene £ 13.95, Jugendliche £ 10. Ostern bis Sept. geöffnet. ✆ 0845/3719651.

• *Essen/Trinken* Eines der schönsten Inns ist sicher das **New Inn** an der A 3072, nordöstlich von Okehampton, nahe Sampford Courtenay. Das reetgedeckte Haus (16. Jh.) mit Garten wurde vor einigen Jahren zum Restaurant umgebaut (gutes Essen!); schön als Zwischenstation auf dem Weg nach Westen.

Eher ländlich-familiär geht es im **Oxenham Arms** von South Zeal (nördlich der A 382, östlich von Okehampton) zu. Dicke Wände aus Granit, dunkles Eichenholz und ein großer Kamin. Hier wird auch B & B angeboten.

Lydford

Bereits in sächsischer Zeit besiedelt, lebte Lydford jahrhundertelang hauptsächlich vom Zinnabbau. Die Ruinen des auf einer Motte (aufgeschütteter Erdhügel) errichteten Lydford Castle erinnern noch an die Normannen. Unbedingt besuchen sollte man die nahe **Lydford Gorge**, eine tief eingeschnittene Schlucht, deren Hauptattraktion ein 28 Meter hoher Wasserfall (White Lady Waterfall) ist. Wer sich nicht nur mit dem Blick von der Brücke zufrieden geben will, kann weitere drei Kilometer auf schmalen Pfaden durch die dem National Trust gehörende Schlucht wandern und dabei auch Devil's Cauldron entdecken, wo einem das Wasser direkt unter den Füßen durchrauscht. Der Abstieg befindet sich rechts oberhalb der Brücke. Gutes Schuhwerk ist ratsam, da die Schieferplatten nass und rutschig sind!

Mitte März bis Okt. tgl. 10–17 Uhr, im Okt. 10–16 Uhr, Nov. bis März nur am Wochenende 11–15.30 Uhr geöffnet. Eintritt: £ 5.50, erm. £ 2.80 (NT).

• *Übernachten/Essen/Trinken* In Lydford gibt es mehrere Hotels, z. B. das **Lydford House** am nördlichen Ende des Dorfes, das seit Ende 2004 von neuen Besitzern geführt wird. B & B ab £ 40. Leser lobten die komfortablen Zimmer (teilweise mit Himmelbetten). Im zugehörigen Restaurant „La Cascata" wird anspruchsvolle italienische Küche serviert. Es werden auch zwei Apartments vermietet. Hunde erlaubt, Unterstellmöglichkeiten für Pferde sind ebenfalls vorhanden. ✆ 01822/820347, 🖷 01822/820539.

www.lydfordhouse.com.

Castle Inn, direkt neben dem Castle befindet sich dieser heimelige Gasthof, der für sein gutes Essen bekannt ist (Hauptgerichte ab £ 9.50). Großer Biergarten. Urgemütliche Atmosphäre, acht komfortable, individuell eingerichtete Zimmer, besonders schön der Premiere Suite Room mit Balkon. B & B ab £ 32.50 pro Person (ab £ 45 im EZ, Kind £ 15). ✆ 01822/820241, 🖷 01822/820454. www.castleinnlydford.co.uk.

Das Rathaus von Tavistock

Tavistock

Eine geschäftige Stadt mit viel Geschichte. Schon im Jahr 961 wurde hier eine Benediktinerabtei gegründet. Später wurde in Tavistock das Zinn taxiert – und etwas Geld blieb auch in der „stannery town" hängen. Die monumentale Figur mit dem Globus erinnert an den wohl bekanntesten Sohn der Stadt, *Sir Francis Drake*, dem im Stadtzentrum ein würdiges Denkmal gesetzt wurde. Am Bedford Square steht eine schöne alte Kirche, die weitgehend aus dem 15. Jahrhundert stammt und früher einmal zu einem der bedeutendsten Klöster im Südwesten Englands gehörte. Bekannt sind auch die Tavistock Markets, die bereits seit dem Jahre 1105 abgehalten werden. Der bekannte Charter Market findet freitags statt, aber auch am Dienstag, Mittwoch und Donnerstag ist Markttreiben im überdachten Pannier Market angesagt.

● *Übernachten/Essen* Browns Hotel, dieses Hotel – eine Postkutschenstation aus dem 17 Jahrhundert – ist ein Lesertipp von Sandra Litscher und Andreas Marty, die die ebenso vorzügliche wie experimentierfreudige Küche des Restaurants lobten (zwei Gänge £ 19, drei Gänge £ 25). Tolle Bar. Doch nicht nur das Restaurant, auch die Zimmer sind sehr geschmackvoll eingerichtet. Ein Fitnessraum und WLAN sind auch vorhanden. EZ ab £ 79, DZ £ 119–149. 80 West Street, ✆ 01822/618686, ✆ 618646, www.brownsdevon.com.

Mallards Guest House, ein schmuckes viktorianisches Haus etwas außerhalb vom Zentrum an der Straße nach Plymouth. Helle, freundliche Zimmer. Hinweise: Nur für Nichtraucher, keine Hunde sowie keine Kinder bis 10 Jahre. B & B ab £ 33. 48 Plymouth Road, ✆ 01822/615171, www.mallardsoftavistock.co.uk.

Harrabeer Country House Hotel, kleines, angenehmes Landhaus bei Yelverton. B & B ab £ 35 pro Person. Drei-Gang-Dinner £ 22. ✆/✆ 01822/853302. www.harrabeer.co.uk.

Tavistock Inn, mit gemütlichem Biergarten. Hier kehren zur Lunch- oder Tea-Time zahlreiche Wanderer ein. Das Angebot vom Steak über Hähnchen bis zum Dartmoor Breakfast; vegetarische Spezialitäten. Poundsgate, ✆ 01364/63125.

Princetown

Die mitten im Moor gelegene Ortschaft Princetown strahlt eine gespenstische, bedrückende Atmosphäre aus. Selbst an sonnigen Tagen wirkt alles grau. Kommt man näher, lässt sich unschwer der riesige Gebäudekomplex des Gefängnisses von Dartmoor ausmachen. Im Jahre 1806 begann man inmitten eines unbewohnten tristen Geländes mit diesem Bau für französische Kriegsgefangene, die das Moor trockenlegen sollten – ein Unterfangen, das sich schnell als unmöglich erwies. Die auf diese Art entstandene Stadt nannte man nach dem späteren König Georg IV. Princetown. Statt Kriegsgefangene internierte man ab 1850 Schwerverbrecher im Dartmoor Prison; die Wächter und anderes Personal wohnten in Häusern rings um die Mauer. Zeitweise waren bis zu 9.000 Menschen hier eingesperrt. Gepeinigt von Hunger und Kälte, unternahmen immer wieder Sträflinge Fluchtversuche. Dann schwärmten Suchtrupps aus und hetzten die Flüchtigen mit Bluthunden durch das Moor. Als Rekordhalter von Princetown ging David Davies in die Geschichte ein. Im Jahre 1879 inhaftiert, verbrachte er insgesamt 50 Jahre in dem Gefängnis. Die meiste Zeit arbeitete er als Schäfer im Moor. Als Davies wegen guter Führung vorzeitig entlassen wurde, beging er eine Straftat, um zu seinen Schafen und seinem Moor zurückkehren zu können.

HM Prison Dartmoor Museum: Die Haftanstalt von Dartmoor ist eines der bekanntesten Gefängnisse Englands. Heute informiert ein kleines Museum über den Alltag sowie über die menschenunwürdigen Zustände, die einst in dem Moorgefängnis herrschten.

Tgl. 9.30–12.30 Uhr und 13.30–16.30 Uhr, Fr und So nur bis 16 Uhr. Eintritt: £ 3, erm. £ 2. www.dartmoor-prison.co.uk.

● *Übernachten/Essen/Trinken* **The Plume of Feathers Inn**, das älteste Gebäude von Princetown dient als private und absolut billige Herberge mit Restaurant. Im Sommer sollte man auf jeden Fall vorher anrufen, da die Herberge meistens durch Gruppen ausgebucht ist. Im Restaurant kosten die Hauptgerichte £ 5–10. Die Übernachtung kostet £ 7.50 im alten Schlafsaal oder ab £ 11.50 im neuen. Die Schlafsäle fassen jeweils 4 und 10 Personen, einige Doppelzimmer gibt es auch (B & B £ 37). Eine Gemeinschaftsküche steht zur Verfügung. Auf der Wiese hinter dem Haus kann man zelten

(£ 7 pro Person). Princetown, The Square, ☏ 01822/890240, ☏ 890780, www.theplumeoffeathers.co.uk.

Price Hall Hotel, kleines, vornehmes Hotel mit nur acht großzügigen Zimmern. B & B £ 70–85 pro Person im DZ. ☏ 01822/890403, ☏ 01822/890676. www.princehall.co.uk.

Two Bridges Hotel, historisches Landhotel mit Stil und gutem Restaurant sowie schönem Garten. Manche Zimmer haben sogar ein Himmelbett, B & B ab £ 70 pro Person, im EZ ab £ 115. Princetown, ☏ 01822/890581, ☏ 01822/892306, www.twobridges.co.uk.

Postbridge

Der knapp zehn Kilometer nordöstlich von Princetown gelegene Ort besitzt eine Clapper Bridge, deren genaues Alter nicht zu bestimmen ist. Fest steht aber, dass diese Brücken, die aus großen, flachen Steinen bestehen, bereits in frühgeschichtlicher Zeit errichtet wurden.

● *Übernachten/Essen* Im zentralen Teil des Dartmoors findet man einige Farmen, die B & B anbieten, aber auch vornehme Hotels wie das **Lydgate House**. Dieses in einem spätviktorianischen Haus untergebrachte Hotel bietet viel Komfort zu einem angemessenen Preis. Absolut ruhig mitten im Nationalpark und einen knappen Kilometer südöstlich von Postbridge gelegen. Gutes Restaurant (3-Gang-Menü £ 28.50, So

Südwestengland Karte S. 274/275

Jahrhundertealte Clapper Bridge

und Mo bleibt die Küche kalt). B & B im EZ ab £ 55, im DZ £ 50–60, ab drei Nächten Aufenthalt gibt es £ 5 Rabatt. Warum Hunde erlaubt sind, Kinder unter 12 Jahren jedoch nicht, lässt uns allerdings rätseln … Von Nov. bis Mitte März nur am Wochenende geöffnet. ℘ 01822/880209, ℘ 01822/880202, www.lydgatehouse.co.uk.

• *Jugendherberge* Mitten im Moor liegt die kleine Jugendherberge **Bellever**, südlich von Postbridge in Yelverton. 38 Betten; Erwachsene ab £ 14, Jugendliche ab £ 10.50.

Ganzjährig geöffnet. ℘ 0845/3719622, ℘ 01822/880302, bellever@yha.org.uk.

• *Essen/Trinken* **Warren House Inn**, eines der höchstgelegenen Pubs Englands. Man erreicht es über die B 3212 in Postbridge. Bevor die Touristen kamen, waren die meisten Gäste hier Minenarbeiter aus den umliegenden Zinnminen. Das Feuer im Kamin brennt angeblich seit dem Jahr 1845 ohne Unterbrechung. Serviert wird eine bodenständige Küche (*Braised Dartmoor Lamb Shank* £ 11.75). ℘ 01822/880208.

Widecombe-in-the-Moor

Der in einem Talkessel gelegene Ort gehört zu den beliebtesten Zielen im Dartmoor. Optisch wird Widecombe von der Pfarrkirche St Pancras dominiert. Die dunkle Granitkirche mit ihrem 37 Meter hohen Turm wird aufgrund ihrer Größe als „Kathedrale des Moors" bezeichnet. Lohnend ist ein Besuch am zweiten Dienstag im September, wenn ein großer Markt *(Widecombe Fair)* abgehalten wird.

• *Übernachten/Essen/Trinken* **The Old Inn**, der aus dem 14. Jahrhundert stammende Gasthof ist ein Lesertipp von Christine Nett und Hans-Jürgen Martin, die von der Küche des Restaurants begeistert waren: „Man isst dort hervorragend, vor allem das Lamm können wir empfehlen. Unbedingt testen muss man die geniale *Purbeck Ice Cream*.

An den Wänden des Speiseraums und der Toilette sind geistreiche Sprüche wie ‚One cannot think well, love well, sleep well, if one has not dined well' (Virginia Woolf) oder ‚Bigamy is having one wife too many, Monogamy is the same' (Oscar Wilde, an der Wand der Herrentoilette) zu finden." ℘ 01364/621207.

Buckfast Abbey

Bereits im 11. Jahrhundert stand hier ein Kloster, das aber der „Dissolution" Heinrichs VIII. zum Opfer fiel. Auf den Grundmauern des Klosters entstand dann an der Wende zum 20. Jahrhundert unter Federführung französischer Benediktiner ein Klosterneubau im historisierenden Stil, der 1938 geweiht wurde. In der Krypta befindet sich eine Ausstellung zur Geschichte der Abtei. Zudem liegt auch ein „medizinischer" Garten auf dem Gelände. Eine schöne Wanderung durch das Dartmoor ist der markierte *Abbot's Way*, der von Buckfast Abbey über rund zwanzig Kilometer bis nach Princetown führt.

Mai–Okt. tgl. 9–17.30 Uhr, Nov. bis April tgl. 10–16 Uhr. Eintritt frei! www.buckfast.org.uk.

Plymouth

Das traditionsreiche Plymouth ist nach Southampton die wichtigste Hafenstadt an der englischen Küste. Bedingt durch schwere Kriegsschäden und ein recht langweiliges Geschäftszentrum, verlockt Plymouth nicht zu einem längeren Aufenthalt.

Plymouth stand einige Male im Rampenlicht der Geschichte. Als 1588 die „unbesiegbare" spanische Armada vor der Küste auftauchte, musste *Sir Francis Drake* extra eine Bowlingpartie abbrechen, um sein Vaterland zu verteidigen. Mit der königlichen Flotte setzte er der spanischen Eliteflotte dermaßen zu, dass sie (beziehungsweise ihr Rest) umgehend den Rückzug antrat. Beruhigt konnte Drake daraufhin sein Bowling-Match zu Ende bringen. 1768 war Plymouth Ausgangshafen für die erste Expedition des wohl bedeutendsten englischen Seefahrers *James Cook*. Auf dieser Fahrt entdeckte und erforschte er die Ostküste Australiens und nahm sie als Neusüdwales für die englische Krone in Besitz.

Der Wohlstand der Stadt spiegelte sich lange in den prächtigen Kaufmannshäusern wider. Im März und April des Jahres 1941 jedoch wurde der größte englische Marinestützpunkt von deutschen Bombern in Schutt und Asche gelegt. Wie so viele andere Städte in Europa war Plymouth nicht mehr wiederzuerkennen. Einzig *The Barbican*, ein Stadtteil am Hafen aus elisabethanischer Zeit, blieb von der totalen Zerstörung verschont. Heute finden sich hier mehrere ansprechende Kneipen und Szeneclubs. Das *Merchant House* und das *Elizabethan House*, beides Museen, erinnern ebenfalls noch an die glorreiche Epoche.

Das gegenwärtige Plymouth ist aber vor allem eine lebendige Hafen- und Indus-

Elizabethan House in Plymouth

Südwestengland
Karte S. 274/275

triestadt. Entlang der großen Fußgängerzone gibt es hervorragende Einkaufsmöglichkeiten, hinzu kommt ein überdachtes, modernes Shopping Center – der *Drake-Circus*. In den letzten Jahren hat man erfolgreich versucht, Plymouth wieder mehr zum Wasser hin auszurichten. Am Hafen wurde das *National Marine Aquarium* errichtet, zudem wandelte man mehrere historische Gebäude wie den *Royal William Yard* in komfortable Apartments mit Meerblick um. Zudem wurde das Tinside Lido renoviert. Das traditionsreiche Freibad im Art-déco-Stil direkt unterhalb des Hoe Park bietet sommerliches Badevergnügen.

*I*nformation/*V*erbindungen/*D*iverses

- *Information* **Tourist Information Centre**, Plymouth Mayflower, 3–5 The Barbican, Plymouth, Devon PL1 2TR, ✆ 01752/306330, ✆ 0870/2254954. www.visitplymouth.co.uk.
- *Einwohner* 250.000 Einwohner.
- *Verbindungen* **Bus** – Stadt- und Nahverkehrsverbindungen ab Royal Parade, Fernbusse von First Western National ab Bretonside Station (✆ 01752/402060) nahe St Andrew's Cross. National Express fährt u. a. London, Bristol und Exeter an. Das Ticket Office ist Mo–Sa 7–19 Uhr und So 9–17 Uhr geöffnet. In den Sommermonaten verkehrt der Transmoor Link über Princetown, Two Bridges nach Moretonhampstead regelmäßig (siehe Dartmoor), im Winter nur samstags. www.nationalexpress.com.
Zug – Hauptbahnhof Milehorse in der North Road nördlich des Zentrums; liegt an der Strecke Penzance–Exeter über Truro, Totnes, Newton Abbot. Nach London (Paddington) und Bristol über Exeter. www.firstgreatwestern.co.uk.
Flug – Flugverbindungen mit London Gatwick sowie Bristol, Leeds und Manchester über Air South West (✆ 0870/2418202). www.airsouthwest.com.
Fähren – Brittany Ferries starten von den Millbay Docks. Vom Stadtzentrum kann man den Bus 34 hierher nehmen.

Schiff – Vom Hafen aus bieten mehrere Gesellschaften Bootstouren entlang der Mündungen der Flüsse Plym und Tavy sowie nach Cawsand an. Am besten vergleicht man zunächst die Preise und Routen, bevor man sich für einen Cruiser entscheidet. Plymouth Sound Cruises, ✆ 01752/408590, www.soundcruising.com; Cawsand Ferry, von April bis Okt., ✆ 07971/208381, www.cawsandferry.com.
- *Kinos* **Reel Cinema**, Derry's Cross, ✆ 01752/225553, www.reelcinemas.co.uk; **Warner Village Cinema** im Barbican Leisure Centre, ✆ 01752/225553; **Plymouth Arts Centre**, 38 Looe Street, ✆ 01752/206114.
- *Galerie* **45 Southside**, zeitgenössische dekorative Kunst aus Keramik, Glas und Metall. Geführt wird die Galerie von zwei Hamburgern. 45 Southside Street. www.45southside.co.uk.
- *Schwimmen* **Central Park Leisure Pools**, beheiztes Hallenbad. ✆ 0870/3000010. Eintritt: £ 3.25. **Tinside Lido**, → Sehenswertes.
- *Theater* Das **Theatre Royal** zeigt Tanz, Opern, Musicals und Theateraufführungen und gilt als die künstlerisch beste Adresse im ganzen West Country. Royal Parade, ✆ 01752/267222. www.theatreroyal.com. Gastspiele bietet das **Barbican Theatre**, Castle Street, ✆ 01752/267131. www.barbicantheatre.co.uk.

*Ü*bernachten

Viele B & Bs liegen in der Eton Avenue oder der Citadel Road. Im Sommer sind die Übernachtungsgelegenheiten in der Innenstadt schon mal ausgebucht. In diesem Fall kann man sich vom Tourist Office eine Unterkunft etwas außerhalb (z. B. in der Devonport Road) vermitteln lassen.

Premier Travel Inn (4), passables Kettenhotel in unmittelbarer Nähe des Hafens und des National Marine Aquarium, mit Parkplätzen vor der Tür. Parken kostet allerdings extra. Mit Zimmerpreisen ab £ 69 für englische Verhältnisse ausgesprochen

günstig, gelegentlich Schnäppchen ab £ 29. 28 Sutton Road, ✆ 0870/9906458, ✆ 0870/9906459, www.premiertravelinn.co.uk.

New Continental Hotel (6), großes modernes Hotel in einem denkmalgeschützten viktorianischen Gebäude mit viel Komfort,

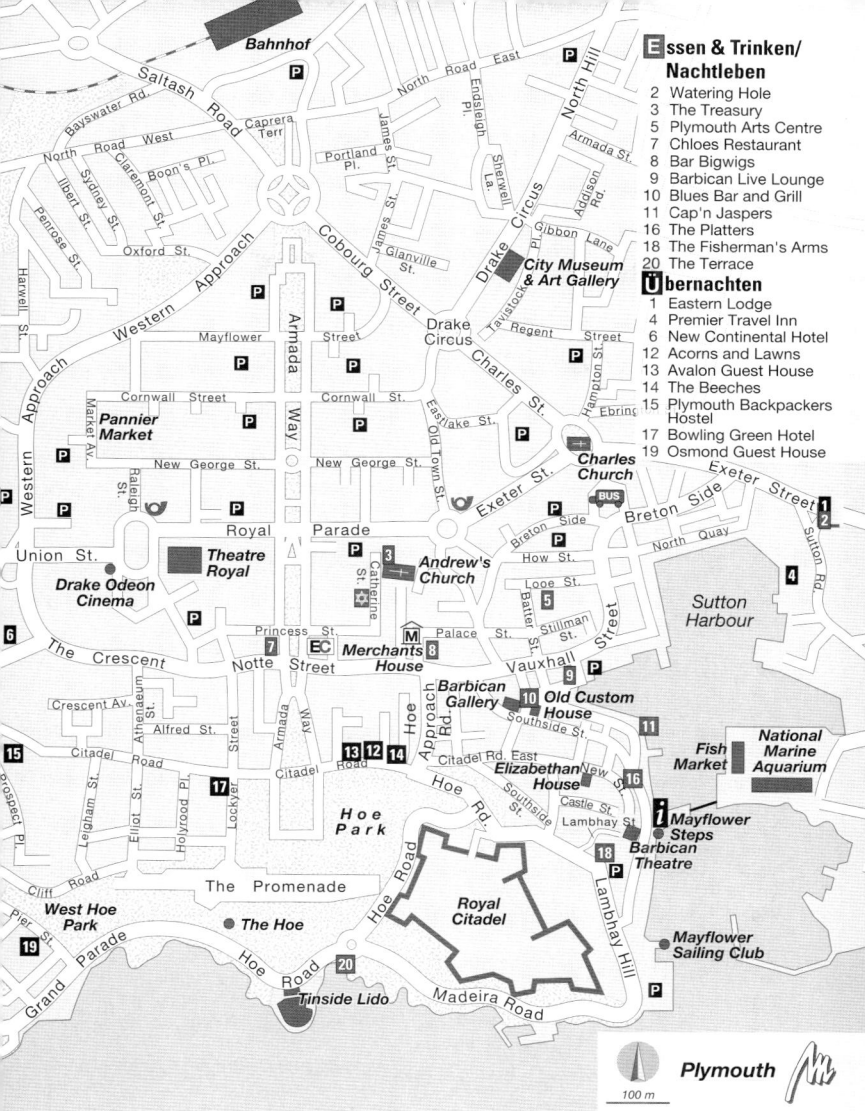

Plymouth

100 m

Fitness-Studio sowie Hallenbad vorhanden. Die Zimmer sind in einem klassisch-modernen Stil eingerichtet. Kostenpflichtiges WLAN. B & B ab £ 70 im EZ, ab £ 80 im DZ. Millbay Road, ☎ 01752/220782, ✆ 01752/227013, www.newcontinental.co.uk.

Osmond Guest House (19), nettes B & B (Nichtraucher) in Meeresnähe mit sechs gemütlichen Zimmern. B & B ab £ 20 pro Person. 42 Pier Street, ☎ 01752/229705, ✆ 01752/269655, www.osmondguesthouse.co.uk.

Bowling Green Hotel (17), wie der Name bereits andeutet, direkt beim Bowling Green am Hoe Park. Insgesamt werden 12 Zimmer in dem gut geführten Hotel vermietet. Kostenloses WLAN. EZ £ 60, DZ £ 70–72. 9–10 Osborne Place, ☎ 01752/209090, ✉ 01752/209092. www.thebowlinggreenplymouth.com.

Avalon Guest House (13), dieses Guesthouse von Louise und Joe McShane bietet durchaus moderne und geschmackvoll eingerichtete Zimmer, wobei das schon in den Markisen angedeutete Rot die vorherrschende Farbe ist. Zudem gibt es wahrscheinlich eines der kleinsten Einzelzimmer von ganz Devon (Zimmer Nr. 1). Kostenloses WLAN. B & B ab £ 24. 167 Citadel Road, ☎ 01752/668127. www.avalonguesthouse.moonfruit.com.

Acorns and Lawns (12), schönes B & B mit hellen Räumen, direkt am Hoe Park. Kostenloses WLAN. B & B im DZ £ 30–37.50. 171 Citadel Road, ☎ 01752/229474, www.plymouthhoeguesthouse.co.uk.

The Beeches (14), zentral gelegen und mit Preisen, die jeder Jugendherberge Konkurrenz machen können. WLAN. B & B ab £ 30. 177 Citadel Road, ☎ 01752/266475, www.beechesplymouth.moonfruit.com.

Plymouth Backpackers Hostel (15), eine Alternative zur Jugendherberge. Einfache Schlafräume mit rauchiger Atmosphäre. In der Nähe des Hoe Parks. Ermäßigung bei längerem Aufenthalt. Übernachtung im Schlafraum ab £ 8.50, im Dreibettzimmer £ 12 pro Person. 172 Citadel Road, ☎ 01752/225158, ✉ 01752/207847, www.backpackers.co.uk/plymouth.

Eastern Lodge (1), die romantisch-verspielte Herberge in der Umgebung von Plymouth (12 Kilometer südöstlich) ist ein Lesertipp von Mathias Landwehr. B & B £ 35. Membland bei Newton Ferrers, ☎ 01752/871450. www.easternlodge.co.uk.

● *Camping* Der nächstgelegene Campingplatz in Richtung Exeter (Richtung Osten, A 38 oder A 374 bzw. Bus 21) ist der **Riverside Caravan Park**. Schöne Anlage mit beheiztem Swimmingpool. Ein Zweimannzelt kostet £ 7–10. Das ganze Jahr über geöffnet. Longbridge Road, Marsh Mills, ☎ 01752/344122. www.riversidecaravanpark.com.

Essen/Trinken/Nachtleben (siehe Karte S. 303)

Das alte Viertel Barbican ist ein touristischer Treffpunkt, und entsprechend leicht lässt sich hier ein Restaurant (meist teuer) oder ein Pub finden. Mehrere Fischrestaurants gibt es in der Mayflower Street.

Chloes Restaurant (7), die französische Küche des modernen Restaurants wird von Michelin gelobt. Gekocht wird kreativ wie traditionell, so beim *Lapin Moutarde with Gratin Dauphinois*. 2-Gang-Menü ab £ 13.50, 3-Gang-Menü ab £ 18.50. So und Mo Ruhetage. Princess Street, ☎ 01752/201523. www.chloesrestaurant.co.uk.

The Platters (16), seit mehr als 20 Jahren bekannt für seine großen Portionen fangfrischen Fisch. Empfehlenswert ist das *Platters Trio* mit drei verschiedenen gegrillten Fischen für £ 13.95. 12 The Barbican, ☎ 01752/227262. www.platters-restaurant.co.uk.

The Fisherman's Arms (18), mehr eine schicke Weinbar als ein Pub und seit kurzem mit exzellenter Küche. Etwas versteckt im Barbican, zu finden gegenüber den Mayflower Steps, die Treppen den Hügel hoch und der Beschilderung folgen. 31 Lambhay Street, ☎ 01752/661457. www.thefishermansarms.com.

Watering Hole (2), direkt am Fischerhafen; unten traditioneller Pub, Restaurant im ers-

ten Stock. Im gepflegten Ambiente wird eine Vielzahl verschiedener Gerichte serviert. Hinter den Lunch-Specials (12–14.30 Uhr) verbergen sich große Portionen zu anständigen Preisen. The Quay, ☎ 01752/667604.

Cap'n Jaspers (11), laut Eigenwerbung eine „weltberühmte" Imbissbude am Hafen, in der es frisch gefangenen Fisch und Crêpes, aber auch hausgemachte Hamburger gibt (knapp fünf Minuten Wartezeit). Barbican, South Street, ☎ 01752/262444. www.capn-jaspers.co.uk.

Plymouth Arts Centre (5), Kunstgalerie und Kino mit vegetarischem Café/Restaurant. Ein vorwiegend junges, studentisches Publikum genießt hier preiswerte Mahlzeiten, vor allem vegetarische Kost. Selbstbedienung. So und Mo Ruhetage. 38 Looe Street, ☎ 01752/206114. www.plymouthac.org.uk.

The Treasury (3), coole Mischung zwischen Restaurant und Bar in der ehemaligen Schatzkammer einer Kirche. Man sitzt mit Lounge-Atmosphäre unter hohen

Stuckdecken. Die Küche ist Modern British und fühlt sich mediterranen genauso wie asiatischen Einflüssen verpflichtet. Hauptgerichte rund £ 10. Catherine Street, Royal Parade, ℡ 01752/672121. www.thetreasurybar.co.uk.

The Terrace (20), in Plymouth gibt es keine Adresse mit einer besseren Aussicht als dieses schräg oberhalb des Tinside Lido gelegene Café, das bereits Frühstück anbietet. Die Küche ist nicht spektakulär (einfache Gerichte), aber man kommt auch wegen dem Flair. Hoe Road, ℡ 01752/603533.

Bar Bigwigs (8), moderne Bar mit großem Tresen und hellen Holztischen, serviert wird bodenständige Küche mit internationalem Einschlag. Lecker: *Wellington Pigeon*

with *Cauliflower cheese*. Jüngeres Publikum. In unmittelbarer Nähe vom Merchant's House. Sonntag und Montag Ruhetage. Achtung: Es steht eventuell ein Pächterwechsel bevor. 15 St Andrews Street, ℡ 01752/661263.

Barbican Live Lounge (9), der ultimative Treff für alle Musikfreunde. Zünftige Stimmung unter einem steinernen Tonnengewölbe am Hafen. Liveacts. Bis 2 Uhr geöffnet. 11 The Parade, ℡ 01752/672127. www.barbicanlivelounge.com.

Blues, Bar and Grill (10), auf zwei Etagen werden hier eine annehmbare Küche sowie viel Live Musik geboten. Tgl. ab 12 Uhr geöffnet. Große Straßenterrasse. 8 The Parade, ℡ 01752/257345. www.bluesbarandgrill.co.uk.

Sehenswertes

National Marine Aquarium: Das 1998 am Hafen eröffnete Aquarium bietet auf drei Etagen einen faszinierenden Einblick in die Vielfalt der Unterwasserwelt mit Korallen und Riffen. In keinem anderen Aquarium in Europa leben mehr Seepferdchen als in Plymouth! Natürlich fehlt auch das schon fast obligatorische Haifischbecken nicht. Das zugehörige Restaurant bietet ein gutes Preis-Leistungs-Verhältnis.
Barbican. April bis Okt. 10–18 Uhr, Nov. bis März 10–17 Uhr. Eintritt: £ 11, erm. £ 9 bzw. £ 6.50, Familien £ 30. www.national-aquarium.co.uk.

Merchant's House: Das hübsche alte Fachwerkhaus aus dem 17. Jahrhundert vermittelt eine Eindruck vom ehemaligen Stadtleben. Innen befindet sich ein kleines und sehr interessantes Stadtmuseum.
33 St Andrews Street. April bis Okt. Mo–Sa 10–17 Uhr. Eintritt: £ 2, erm. £ 1.

Elizabethan House: Das schmucke Gebäude aus dem 16. Jahrhundert gehört zu den wenigen historischen Bauten, die den Bombenhagel des Zweiten Weltkrieges überstanden haben.
32 New Street. Juni bis Sept. Di–Sa 10–17 Uhr. Eintritt: £ 2, erm. £ 1.

Sutton Harbour: Geht man die New Street hinunter zum Sutton Harbour, kann man das bunte Treiben der Fischer beobachten. Am Morgen wird hier ein lebhafter Fischmarkt abgehalten. Außerdem befinden sich hier die *Mayflower Steps*. Das sind genau die Stufen, die die berühmten Pilgrim Fathers zu ihrem Ruderboot hinabgestiegen sind, das sie zur „Mayflower" brachte. Eine Steinplatte erinnert an die 102 puritanischen Aussiedler. Auch Captain Cook brach von hier in die Südsee, nach Australien und zur Antarktis auf.

Tinside Lido: Das einzigartige Bad im Art-déco-Stil wurde 1935 direkt am Ufer des Plymouth Sound errichtet. Nachdem das Bad – dessen halbkreisförmiges Becken einen Durchmesser von 55 Metern hat – aufgrund rückgängiger Besucherzahlen 1992 geschlossen worden war, setzte sich eine Bürgerinitiative für die Restaurierung ein, sodass 2005 die Wiedereröffnung erfolgte. Geplanscht wird in gefiltertem Meerwasser.
Juni bis Anfang Sept. tgl. 10–18 Uhr, im Juni und Juli Mo–Fr erst ab 12 Uhr. Eintritt: ab £ 3.65, erm. ab £ 2.40.

Südwestengland
Karte S. 274/275

The Hoe mit dem weitgereisten Smeaton's Tower

The Hoe: Am Meer breitet sich der Hoe-Park aus. Schon von weitem kann man das Denkmal für Sir Francis Drake ausmachen. Davor erhebt sich der rot-weiß gestreifte *Smeaton's Tower*, von dem man einen schönen Rundblick hat. John Smeaton errichtete den Leuchtturm 1759 auf den rund zwanzig Kilometer entfernten Eddystone Rocks. Als 1882 dort ein modernerer Leuchtturm aufgebaut wurde, brachte man den Smeaton's Tower hierher. Wer die kurze Anstrengung, 93 Treppen zu erklimmen, auf sich nimmt, wird mit einem herrlichen Ausblick belohnt.
Smeaton's Tower: Ostern bis Okt. Di–Fr 10–12 und 13–16.30 Uhr, Sa/So 10–12 und 13–16 Uhr. Eintritt: £ 2, erm. £ 1.

Umgebung von Plymouth

Mount Edgcumbe: Von Plymouth fährt man mit der stündlich verkehrenden Passagierfähre nach *Cremyll*, von wo es nicht mehr weit ist zum Anwesen Mount Edgcumbe. Die Anlage – noch immer im Besitz des *Earl of Mount Edgcumbe* – ist das ganze Jahr über von acht Uhr bis zur Dämmerung geöffnet; der Eintritt ist frei. Das Herrschaftshaus aus der Tudor-Zeit wurde restauriert und ist nur im Sommer für die Öffentlichkeit zugänglich. Ein Rundgang führt durch Räume, die im Regency-Stil eingerichtet sind. Beeindruckender noch als das Gebäude ist der Park mit seinen gepflegten Blumenbeeten und exotischen Bäumen.
April bis Sept. So–Do 11–16.30 Uhr. Eintritt: £ 6, erm. £ 5 oder £ 3.50. www.mountedgcumbe.gov.uk.

Kingsand/Cawsand: Zwei kleine Fischerdörfer am Plymouth Sound. Erreichbar über eine steil abfallende Straße von Millbrook. Cawsand war eines der typischen südenglischen Küstendörfer – ideal zum Schmuggeln. Zum einen lag der große Markt von Plymouth direkt vor der Tür, so dass man das Schmuggelgut günstig absetzen konnte; zum anderen gab es genügend Verstecke.

Whitsand Bay: Rund zwei Kilometer südwestlich von Kingsand beginnt die lange Whitsand Bay. Endlos zieht sich der Sandstrand hinauf, eingefasst von senkrecht abfallenden Klippen. Oben führt der Cornwall Coast Path entlang. Immer wieder ziehen sich Serpentinenwege hinab zum Strand. Zwar baden hier viele Leute, doch können widrige Strömungen den Spaß zum gefährlichen Abenteuer werden lassen.

Saltram House: Fast vier Kilometer östlich von Plymouth liegt eines der größten Landhäuser Englands (über die A 38 erreichbar). Saltram House ist ein wiederaufgebautes Tudor-Haus, in dem vierzehn Porträts des englischen Malers Joshua Reynolds ausgestellt sind. Die Räumlichkeiten sind mit stilvollen Möbeln vergangener Jahrhunderte eingerichtet.

Mitte März bis Okt. tgl. außer Fr 12–16.30 Uhr. Eintritt: £ 8.70, erm. £ 4.30, nur Garten £ 4.50, Familienticket £ 21.70 (NT). Anfahrt: Mit dem Bus Nr. 22 von der Royal Parade bis nach Cott Hill, von dort zehnminütiger Spaziergang (ausgeschildert).

Buckland Abbey: Die Zisterzienserabtei liegt rund zehn Kilometer nördlich von Plymouth am Rande des Dartmoors. Nachdem Heinrich VIII. die Auflösung aller Klöster verkündet hatte, wurde Buckland Abbey Privatbesitz. 1582 kaufte Sir Francis Drake das Anwesen und wohnte hier bis zu seinem Tod. Heute sind in dem Gebäude u. a. einige persönliche Gegenstände von Drake (Karten, Porträts usw.) sowie zahlreiche Schiffsmodelle ausgestellt.

Mitte März bis Okt. tgl. 10.30–17.30 Uhr, Nov. bis März nur Fr bis So 11–16.30 Uhr, im Januar geschlossen. Eintritt: £ 7.80, erm. £ 3.90 (NT). Anfahrt: Von Plymouth mit Bus 83, 84 oder 86 (Richtung Tavistock), in Yelverton in Minibus 55 umsteigen.

Bideford Bay

Karte S. 274/275 **Südwestengland**

Wer sandige Strände zum Baden sucht, bevorzugt die westliche Küste um die Bideford Bay. Ganz anders sieht es im Osten aus, wo sich die wilde Exmoor-Landschaft bis zur Küste zieht. An der Bideford Bay findet man zwei malerische Orte: Clovelly und Westward Ho! Weiter im Nordwesten liegen die Marktstadt Bideford und das Verwaltungszentrum Barnstaple. Wer es etwas abgelegener mag, setzt mit einem Boot zur Insel Lundy über.

Clovelly

Clovelly ist ein kleiner, malerischer Ort, der an einer steilen Klippe in der Bideford-Bucht zu kleben scheint. Hinunter zum Miniaturhafen führt eine gewundene Kopfsteinpflastergasse, gesäumt von dicht gedrängten Häusern. Da die Straßen zu schmal für Autos sind, werden noch heute Esel zum Tragen der Lasten eingesetzt. Das Auto stellt man auf den Parkplatz oberhalb des Ortes ab.

Für die Besichtigung Clovellys ist ein Eintritt zu entrichten. Mit diesem Geld wird die Erhaltung des Ortes finanziert. Im Sommer wimmelt es nur so von Touristen und Sonntagsmalern. Ein schöner Spaziergang am Hobby Drive (Abzweigung von der A 39 oberhalb der Stadt) führt fünf Kilometer weit in Richtung Meer zum Windbury Point; der Blick vom bewaldeten Klippenweg ist grandios.

● *Information* **Tourist Information Centre**, Clovelly, Devon EX39 5 TF, ✆ 01237/431781, www.clovelly.co.uk.

● *Eintritt zum Dorf* £ 5.95, erm. £ 3.95, Familien £ 15.90.

● *Einwohner* 400 Einwohner.

● *Verbindungen* **Bus** – Verbindungen nach Bideford und Barnstaple (Western National Nr. 319).

● *Übernachten/Essen* Falls noch Betten frei sind, kann man z. B. im **Red Lion Hotel** unten am Hafen übernachten. B & B in einem

der stimmungsvollen Zimmer je nach Saison £ 65–68 pro Person. Im Hotelrestaurant gibt es oft frisch gefangenen Hummer. Dreigängiges Menü £ 25. ☎ 01237/431237, 📠 01237/431044. redlion@clovelly.co.uk.
Donkey Shoe Cottage, reizendes B & B mit nur vier Zimmern (Gemeinschaftsbad und -WC) für £ 27 pro Person. Lynda Simms kümmert sich liebevoll um ihre Gäste. In der Hochsaison schnell ausgebucht. ☎ 01237/431601. www.donkeyshoecottage. co.uk.

Hartland Point

Über kleine Straßen geht es von Clovelly etwa 15 Kilometer nach Westen zum Hartland Point. Sehr viel attraktiver ist jedoch der Küstenwanderweg hierher. Kurz vor der Landspitze führt er am schönen Sandstrand *Shipload Bay* vorbei. Hartland Point selbst besteht aus senkrecht abfallenden Granitklippen, gegen die unaufhörlich das Meer klatscht. So manches Schiff ist hier auf Grund gelaufen. Etwas weiter südlich liegt *Hartland Quay*, einst ein geschäftiger Hafen, der von so berühmten Seefahrern wie Raleigh und Drake finanziert wurde.

Westward Ho!

Der kleine Ort fünf Kilometer nordwestlich von Bideford ist nach einem Roman von *Charles Kingsley* benannt (siehe Bideford). *Rudyard Kipling*, Nobelpreisträger für Literatur, besuchte in dieser Stadt mit dem Ausrufezeichen das College. Die meisten Gäste lockt der Sandstrand zum Surfen und Schwimmen. Von Westward Ho! kann man an einem der schönsten Küstenabschnitte den *North Devon Coast Path*, der in den *Cornwall Coast Path* übergeht, entlang bis Land's End wandern. Von den Höhen der Kliffe begeistert die Aussicht über die Bideford Bay.

Bideford

Bideford (ausgesprochen „Biddiford") ist eine Markt- und Hafenstadt an der Mündung des Flusses Torridge. Ursprünglich wurden in dem noch immer geschäftigen Hafen Wolle und Holz umgeschlagen, wovon auch noch eine alte Markthalle zeugt. Seit dem späten 16. Jahrhundert wurden die Handelsbeziehungen mit Virginia jedoch weitaus profitabler, so dass sich bald ein gewisser Wohlstand bemerkbar machte. Aus dieser Zeit stammen noch das alte Tabaklagerhaus in der Bridgeland Street und das Grab des ersten von den Engländern aus Amerika nach Europa mitgebrachten Indianers. Er hieß Raleigh und liegt auf dem Friedhof an der Parish Church begraben. Das *Museum* im Rathaus bietet Gelegenheit, mehr über die Geschichte der Stadt zu erfahren. Hier wird unter anderem eine Schatzkiste der spanischen Armada gezeigt. *Charles Kingsley* (1819–1875), ein sozialkritischer Dichter aus Bideford, bekam am nördlichen Ende des Hafenkais ein Denkmal gesetzt. Einer seiner Romane, nämlich „Westward Ho!", beschäftigt sich mit den Erfahrungen der ersten Auswanderer nach Amerika. Sehenswert ist auch eine 1535 errichtete Steinbrücke mit 24 Bögen, die alle eine unterschiedliche Spannweite aufweisen.

● *Information* **Tourist Information Centre**, das Personal hilft bei der Suche nach einer Unterkunft. Hier gibt es auch die Tickets für die Überfahrt nach Lundy sowie für Ausflugsboote. The Quay, Kingsley Road, Bideford, Devon, EX39 2QQ, ☎ 01237/477676, 📠 01237/421853. www.torridge.gov.uk.
● *Einwohner* 14.000 Einwohner.

Lundy

Im Bristol-Kanal erkennt man die Umrisse von Lundy. Eine felsige, gerade fünf Kilometer lange Insel mit einem Hotel, einem Laden, zahlreichen Ferienwohnungen

Lundy: ein Paradies für Vögel und Naturliebhaber

(alle recht teuer), zwei Kirchen, drei Leuchttürmen, einer alten Ruine (wo gibt's in England keine?), Tausenden von Vögeln und keinen Autos. Die Insel erhielt ihren Namen von den Wikingern: Aus „lunde" (Papageientaucher) und „ey" (Insel) wurde „Lundy". Papageientaucher sind hier übrigens nur während der Paarungszeit (April und Mai) zu beobachten.

Im 12. Jahrhundert kam die Insel in den Besitz der berüchtigten *Marisco-Familie.* Sie machten die Schifffahrt im Bristol Channel unsicher. Von ihrer Beute konnten sie wohl ganz gut leben, was die Ruine des Marisco Castle heute noch beweist. Doch als sich ein Mitglied des Clans 1242 an einem Komplott gegen den König beteiligte und daraufhin hingerichtet wurde, war es aus mit dem Reichtum der Mariscos. Im Jahre 1834 erwarb dann William Hudson Heaven die Insel, um hier sein „Kingdom of Heaven" zu errichten. Seit 1969 gehört die Insel dem National Trust. Die meisten Besucher kommen hierher, um auszuspannen und spazieren zu gehen. Oder man setzt sich in das Pub und genießt ein Glas „Old Light Bitter", das es nur auf Lundy gibt.

● *Information* **The Lundy Shore Offices**, The Quay, Bideford, North Devon EX39 2LY, ✆ 01271/863636, ✆ 01237/477779, www.lundyisland.co.uk.

● *Verbindungen* Mit **Dampfbooten** oder **Segelschiffen** setzt man von Ilfracombe Pier und Clovelly (mit Segelbooten nur im Sommer) oder Bideford Quay (ganzjährig) über. Tickets sind auf dem Schiff erhältlich. Die Überfahrt dauert etwa 2 Std. 15 Min. Der Preis für ein Day-Return-Ticket beläuft

sich auf £ 32. Während der Hochsaison ist es ratsam, mindestens einen Tag im Voraus zu buchen. Auskünfte zum Fahrplan bei den Tourist Offices in Ilfracombe, Bideford oder über ✆ 01237/863636 (24-Std.-Service). www.lundyisland.co.uk.

Eine schnellere und teurere Art überzusetzen ist ein Flug mit dem **Helikopter** (10 Minuten) ab Bideford: Hin- und Rückflug £ 95. ✆ 01237/421054. www.lomashelicopters.co. uk.

Barnstaple

Barnstaple, die größte Stadt und das Verwaltungszentrum Nord-Devons, liegt nahe der Mündung des Taw. Schon um die vorletzte Jahrtausendwende wurden hier

Münzen geprägt. Die tausendjährige Stadt entwickelte sich an einer Furt, ihr ursprüngliches Zentrum lag etwa zwischen der *St Peter's Church* und der *Long Bridge*, die beide im 14. Jahrhundert entstanden (die Brücke wurde allerdings mehrmals erneuert). Töpfereien findet man in der Litchdon Street und der Newport Road. Beim Pannier Market ist fast jeden Tag etwas los. Seit 1855 wird in dieser Halle mit kunstvollen Holzverstrebungen der Markt abgehalten.

• *Information* **Tourist Information Centre**, Boutport Street, Barnstaple, Devon EX31 1RX, ℡ 01271/375000, ℻ 01271/374037. www.staynorthdevon.co.uk.
• *Einwohner* 24.500 Einwohner.

• *Verbindungen* **Bus** – Bahnhof an der Castle Street; Verbindungen nach Exeter, Ilfracombe und Westward Ho!, National Express fährt nach London. Regionalbusse nach Bideford und Exeter. **Zug** – Eine Stichbahn führt von Exeter nach Barnstaple.

Ilfracombe

Die Stadt scheint auf den ersten Blick fast bescheiden. Dennoch fahren zahlreiche Touristenbusse während der Sommerwochen die schmalen Straßen zum Hafen hinab. Hier, wo sich die Meeresbrise mit dem Fish-'n'-Chips-Geruch mischt, legen die Ausflugsboote ab.

Einige schippern die Küste entlang, andere bieten Touren nach Wales oder auf die Insel Lundy an. Eine interessante Alternative ist es, mit den Fischern zum Makrelenfang hinauszufahren. Allerdings kann man keine Boote mieten und auf eigene Faust losziehen, da die starken Gezeiten und felsigen Klippen für Unkundige sehr gefährlich sind. Über Gelegenheiten zum Fischen und über die alljährlich stattfindenden Angelwettbewerbe informiert das Tourist Office. Neben einer Hafenbesichtigung kann man einen Ausflug zur *St-Nicholas-Kapelle* aus dem 14. Jahrhundert machen. Den Schiffen diente sie als Orientierungspunkt bei der Einfahrt in den Hafen. Man hat von hier eine gute Aussicht; außerdem kann man in der Kapelle alte Stiche der Stadt bewundern.

• *Information* **Tourist Information Centre**, The Landmark, Sea Front, Ilfracombe, Devon EX34 9BX, ℡ 01271/863001, ℻ 01271/862586, www.visitilfracombe.co.uk.
• *Verbindungen* **Bus** – Busbahnhof in der Broad Street. Red Bus und Devon Bus fahren regelmäßig nach Barnstaple und über Croyde nach Woolacombe, weitere Busse nach Taunton und Exeter. National Express verbindet mit London (tgl.) und Nordengland über Bristol und Birmingham. www.nationalexpress.com. **Zug** – Der nächste Bahnhof befindet sich in Barnstaple. **Fähre** – Im Sommer (April bis Okt.) bestehen Fährverbindungen nach Wales und zur Insel Lundy ab Pier oder Hafen.
• *Aquarium* Die Unterwasserwelt der Flüsse und Küsten von Devon. Tgl. 10–16.30 Uhr, im Juli und Aug. bis 17.30 Uhr. Eintritt: £ 3.95, erm. £ 3.50 bzw. £ 2.95. The Pier. www.ilfracombeaquarium.co.uk.
• *Tunnels Beaches and Rock Pools* Das viktorianische Felsenschwimmbad hat Ostern bis Okt. 10–18 Uhr, im August ab 9 Uhr

geöffnet. Eintritt: £ 1.95, erm. £ 1.50. www. tunnelsbeaches.co.uk.
• *Veranstaltungen* Mitte Juni führt die **Victorian Celebration** zurück ins 19. Jahrhundert. Die Einwohner verkleiden sich mit historischen Kostümen. www.ilfracombe victoriancelebration.org.uk.
• *Übernachten* Es gibt eine ganze Reihe von Guest Houses in Ilfracombe. Die meisten liegen in der St Brannocks Road und am Torrs Park.
Epchris Hotel, dieses Nichtraucherhotel bietet mehrere komfortable Zimmer und eine schöne Terrasse. Kinder erst ab 10 Jahren erwünscht. B & B £ 30–45. Torrs Park, ℡ 01271/862751, www.epchrishotel.co. uk.
Acorn Lodge, nettes Hotel unweit des Hafens mit Terrasse vor dem Haus. Einfache Zimmer. B & B ab £ 23 (Etagendusche), sonst £ 26–29 pro Person. 4 St James Place, ℡ 01271/862505, ℻ 01271/879574, www.theacornlodge.co.uk.

Harleigh House Hotel, schmuckes viktorianisches Eckhaus mit ansprechenden Zimmern, die durchaus geschmackvoll eingerichtet sind. Schön ist beispielsweise, das Erkerzimmer Nr. 5. Freundliche Besitzer, kostenloses WLAN. B & B im DZ je nach Ausstattung £ 30–35. Wilder Road, ☎ 01271/862733. www.harleighhouehotel.co.uk.

The Avalon, näher am Meer kann man in Ilfracombe nicht wohnen. Kleine, aber ordentliche Zimmer. B & B £ 27.50, mit Meerblick £ 32.50. 6 Capstone Crescent, ☎ 01271/863325, ✉ 01271/866543.

www.avalon-ilfracombe.co.uk.

The Towers, diese Herberge ist ein Lesertipp wie Ulrike Münker, die den Komfort ebenso wie die Wirtin lobte. Keine Hunde. B & B je nach Saison £ 28–34 pro Person. Chambercombe Park, ☎ 01271/862809. www.thetowers.co.uk.

Wentworth House, günstiges NichtraucherB & B mit geräumigen Zimmern, 15 Fußminuten zum Hafen. Die Zimmer sind altertümlich eingerichtet, aber sehr sauber. Fernseher vorhanden. Parkmöglichkeiten im Hof. B & B ab £ 26 (Winter), im Sommer ab £ 29.50, im EZ sowie bei nur einer Übernachtung £ 26.50. Für £ 12.50 gibt es ab 18 Uhr ein dreigängiges Abendmenü. 2 Belmont Road, ☎ 01271/863048. www.hotelilfracombe.co.uk.

Ocean Backpackers, wer die lockere Travelleratmosphäre liebt, ist hier am Hafen sicher richtig aufgehoben. Im Sommer treffen sich vor allem die Surffreaks. Kostenloses WLAN. Im Gemeinschaftsschlafraum £ 10–14, Wochenpreis £ 70. Im DZ etwas teurer (£ 17.50 pro Person). Im EG befindet sich ein passables Restaurant, das Hauptgerichte ab £ 6.50 bietet. 29 St James Place, ☎/✉ 01271/867835,

www.oceanbackpackers.co.uk.

• *Camping* Ein Campingplatz in der Hele Bay östlich der Stadt: **Hele Valley Caravan Park**, auch Vermietung von Cottages und Caravans, für Zelte: ab £ 12 pro Stellplatz. ☎ 01271/862460, ✉ 867926, www.helevalley.co.uk.

• *Essen/Trinken* **11 The Quay**, als Englands derzeit wohl bekanntester wie umstrittenster Künstler Damien Hirst (Stichwort: Haie in Formaldehyd) im Sommer 2004 in Ilfracombe ein neues Restaurant eröffnete, war das mediale Echo groß – verdientermaßen, wie sich schnell herausstellen sollte. Weder am Design noch an der Leistung des Küchenchefs gibt es etwas zu bemängeln. In der „White Hart Bar" im Erdgeschoss (ab 10 Uhr) werden Tapas und Mezze serviert, die Gourmetträume werden einen Stock weiter oben im „Atlantic Room" befriedigt (Sonntagabend, Mo und Di Ruhetag). Gekocht wird Modern British, Hauptgerichte rund £ 18. die Menüpreise beginnen bei £ 35. 11 Quay, ☎ 01271/868090. www.11thequay.co.uk.

La Gendarmerie, modernes Restaurant mit Brasserieflair in der ehemaligen Polizeistation an der Straße vom Hafen zur High Street. Blanke Holztische, schöner Parkettboden auf ein ansprechendes Angebot, das auch auf Ökogerichte (wie beim Lachs) zurückgreift. Gekocht wird modern british, Hauptgerichte £ 12–15. Nur abends geöffnet, Montag Ruhetag, im Winter auch Dienstag. 22 Fore Street, ☎ 01271/865984.

Umgebung von Ilfracombe

Lohnenswert sind Wanderungen über die Klippen nach Westen, z. B. nach *Lee*, einem Dorf in einer kleinen Bucht mit teils noch reetgedeckten Häusern. Ein schmaler, unebener Pfad führt weiter über *Bull Point* nach *Morte Point*. Von hier aus gelangt man über die Straße nach **Woolacombe**, einem beliebten Urlaubsort. Ein langer Sandstrand lockt die Sommergäste. Überall stehen Hotels und B & Bs.

Weiter südlich (am Ende der *Morte Bay*) erheben sich die steilen Klippen von *Baggy Point*. Im Herbst wimmelt es hier von Möwen, Kormoranen und Sturmtauchern. Beliebt bei Surfern ist die *Croyde Bay* südlich des Baggy Point.

In Richtung Osten geht es steil hinauf zu dem über 130 Meter hohen *Hillsborough Hill*, dann zur Hele-Bucht mit einem kleinen Badestrand. Von hier ist es nicht mehr weit zum *Watermouth Castle*.

Combe Martin liegt etwa acht Kilometer östlich von Ilfracombe und erstreckt sich über mehrere Kilometer im schmalen Umber-Flusstal fast bis zum kleinen, aber schönen Strand hinunter. Der Ort mit lediglich 2.500 Einwohnern besitzt mehrere Hotels und B & Bs.

Information **Tourist Information Centre**, Cross Street, Combe Martin, Devon EX34 0DH, ℡ 01271/883319, www.visitcombemartin.co.uk.

Eine landschaftlich reizvolle Strecke führt von Combe Martin weiter nach Osten durch das Exmoor. Wer die 20 Kilometer nach Lynton und Lynmouth zu Fuß zurücklegen will, kann auf dem *North Devon Coast Path* durch die wilde Klippenlandschaft wandern. Empfehlenswert ist besonders die zweite Hälfte der Tour ab *Trentishoe*. Durch das Felsental, das *Valley of Rocks*, sollte man den *North Walk* (Richtung Meer) nehmen.

Exmoor National Park

Im Süden des Exmoor ist das Land noch flach, ehe es langsam nach Norden hin hügeliger wird und am Bristol-Kanal steile Klippen abrupt ins Meer stürzen. Eine einzigartige Szenerie, die man auf einer Wanderung entlang dem „Somerset and North Devon Coast Path" beobachten kann.

Der kleinste Nationalpark Englands umfasst das Gebiet von *Combe Martin* bis *Minehead*, reicht im Süden bis *Dulverton* und gehört zu den Grafschaften Devon und Somerset. Jahrhundertelang erstreckte sich hier ein königlicher Forst, doch nach der Hinrichtung Karls I. im Jahre 1649 wurde das Land verkauft. Nur wenige Teile sind heute noch von Wald bedeckt. Der größte Teil des fruchtbaren Bodens wurde im Lauf der Zeit in Weide- und Ackerland umgewandelt, lediglich das Hochmoor behielt seine ursprüngliche Form. Auf Wanderungen quer durch den Nationalpark trifft man immer mal wieder auf Rotwild und auf die halbwilden Exmoor-Ponys.

Exmoor-Ponys – prähistorische Relikte?

Schon lange bevor in Britannien erste Siedler der Abschlag- und Faustkeilkulturen (Altsteinzeit) auftauchten, gab es die Exmoor-Ponys. Ihr dunkelbraunes, zotteliges Fell, an dem kein Haar weiß sein darf, und ihre beigefarbenen Stellen um Maul und Augen sind seit Jahrtausenden unverändert geblieben. Und so sieht man auch heute noch ihre Nachkömmlinge im Exmoor friedlich weiden. Freilich handelt es sich bei dieser Pony-Art nicht um reine Wildponys. Vielmehr werden sie auf ausgewählten Farmen gezüchtet. So wird gewährleistet, dass sie sich nicht mit anderen Arten paaren. Zudem gibt es mittlerweile nur noch 600 Exemplare dieser ältesten und ursprünglichsten Ponyrasse. Eine Zucht ist daher zur Arterhaltung sinnvoll. Fast das ganze Jahr über tummeln sich die Vierbeiner in kleinen Herden auf dem Wiesen- und Weideland des Exmoor.

Auf der B 3223 nach *Simonsbath* erreicht man schon bald einen Cattlegrid, dahinter beginnt die Weite des Moors – ohne Hecken und Zäune. Ausgesprochen schön ist die Gegend um den 570 Meter hohen *Dunkery Beacon*, den höchsten Berg des Nationalparks. Besonders bei gutem Wetter lohnt sich der leichte Aufstieg, für den der „Kletterer" mit einer herrlichen Sicht belohnt wird.

Schön ist auch die recht bewaldete Gegend entlang der A 39. In den Wäldern des Moors lassen sich mit ein wenig Glück Rotwild und andere seltenere Tiere beobachten. Wer in diesem Gebiet einige Tage wandern möchte, bekommt im National Park Office Broschüren, in denen verschiedene Routen erläutert werden.

• *Information* **Exmoor National Park**, Exmoor House, Dulverton, Somerset TA22 9HL, ☎ 01398/323841. www.exmoor-nationalpark.gov.uk.

• *Verbindungen* **Bus** – National Express fährt nach Bristol, Plymouth und Exeter. Im Moor ist der Busverkehr sehr unregelmäßig. Es ist daher ratsam, sich aktuelle Fahrpläne bei den Informationsbüros zu besorgen.

Zug – Intercity-Züge verbinden Taunton und Exeter mit London. Um von hier in das Exmoor zu gelangen, muss man auf Busse umsteigen.

Vom östlich gelegenen Taunton fährt die West Somerset Railway auch nach Minehead (Informationen unter ☎ 01643/704996).

• *Geführte Wanderungen* Ein Verzeichnis der geführten Wanderungen ist ebenfalls im *Exmoor Visitor* zu finden. Ausflüge, die von Mitarbeitern des **National Park** durchgeführt werden, kosten je nach Dauer ab £ 1. Wanderungen des **National Trust** sind kostenlos (allerdings wird eine Spende erwartet).

• *Reiten* Auf dem Rücken eines Pferdes kann man das Exmoor ausgezeichnet erkunden. In der Zeitung *Exmoor Visitor* sind die Farmen verzeichnet, die Pferde verleihen und geführte Ausritte unternehmen.

• *Übernachten* Eine ausführliche Liste von Hotels, B & Bs. und Farmen enthält die Zeitung *Exmoor Visitor*. Bei der Zimmersuche helfen außerdem die lokalen Informationsbüros.

• *Camping* Zelten im Exmoor bereitet keine Schwierigkeiten. Der *Exmoor Visitor* hilft auch in diesem Fall weiter. Viele Farmbesitzer erlauben das Zelten auf ihrem Anwesen. Am besten vor Ort nachfragen!

Lynton/Lynmouth

Ein Zwillingsdorf – der eine Ort am Meer, der andere an den Berg geschmiegt. Beide sind wie in alten Tagen durch eine steil die Felsen hinaufführende Standseilbahn miteinander verbunden Fast senkrecht ragen die mit dichtem Laubwald bestandenen Klippen in den Himmel.

Im 19. Jahrhundert gaben romantische Naturen den beiden Orten den Beinamen „Little Switzerland of England". Lynmouth mit seinen eng in das schmale Tal gezwängten Häusern ist während stürmischer Tage kein angenehmer Aufenthaltsort. Während der großen Sturmflut im Jahre 1952 versank ein ganzes Dorf aus zehn Häusern im Meer. An sonnigen Tagen allerdings drängen sich die Touristen auf den schmalen Straßen, die zum Meer führen. Fahren Sie doch mal mit der Zahnradbahn in das ruhigere Lynton hinauf. Die beiden in Gegenrichtung laufenden Wagen werden energiesparend mithilfe von Wassertanks im steilen Winkel knapp 150 Meter hinaufgezogen. In Lynton befinden sich auch verschiedene öffentliche Einrichtungen sowie die meisten Unterkünfte.

• *Information* **Tourist Information Centre**, The Town Hall, Lee Road, Lynton, Devon

Küste bei Lynton

Südwestengland
Karte S. 274/275

EX35 6BT, ☎ 01598/752225, 📠 01598/752755, www.lyntourism.co.uk. Eine brauchbare Broschüre über beide Orte und ihre Umgebung, außerdem eine Hotelliste sowie Informationsblätter (gegen Gebühr) für Touren in die Umgebung sind erhältlich.

- *Einwohner* 2.100 Einwohner.
- *Verbindungen* **Bus** – Nahverkehrsbusse fahren nach Barnstaple (Linie 311) und Ilfracombe. Nach Exeter nimmt man den Bus 295 bis Dulverton und von dort die Linie 290. Zweimal täglich auch Busverbindungen mit Minehead und Taunton. **Zug** – Ab Barnstaple Anschluss mit British Rail.
- *Bootsausflüge* Von April bis Oktober entlang der Exmoor-Küste. Je nach Dauer zwischen £ 9 und £ 12.
- *Woody Bay Station* Seit 2004 hat die alte Schmalspureisenbahn wieder ihren Betrieb aufgenommen und veranstaltet Zugfahrten durch das Heddon Valley. Die Woody Bay Station liegt auf der A 39 in der Mitte zwischen Blackmoor Gate und Lynton (1,5 Kilometer von Parracombe entfernt). Fahrpreis: £ 6, erm. £ 4 bzw. £ 3 (Hin- und Rückfahrt). www.lynton-rail.co.uk.
- *Cliff Railway* Die Wasserballastbahn ohne elektrischen Antrieb verkehrt zu folgenden Zeiten: Mo–Sa 10–18 Uhr, in der Hochsaison bis 21 Uhr; £ 2, Hin- und Rückfahrt £ 3. www.cliffrailwaylynton.co.uk.

B & Bs. befinden sich in Lynton in den Straßen rings um das Tourist Office und in der Lee Road.

The Turret, schönes, stattliches viktorianisches Nichtraucherhotel in Lynton. Kinder unter 14 Jahren sowie Haustiere sind nicht erwünscht. B & B je nach Zimmer und Ausstattung £ 28–32, etwas günstiger bei längerem Aufenthalt. 33 Lee Road, Lynton, ☎ 01598/753284, www.turrethotel.co.uk.

Seawood Hotel, rosafarbenes Haus mit gepflegter Einrichtung, zwölf individuelle Räume. Abends mit Restaurantbetrieb. B & B ab £ 50 pro Person. North Walk, Lynton, ☎ 01598/752272, www.seawoodhotel.co.uk.

South View Guest House, ab £ 28 gibt es eine Übernachtung in einem der fünf Mehrbettzimmer mit eigener Dusche, EZ £ 34. 23 Lee Road, Lynton, ☎ 01598/752289, www.southview-lynton.co.uk.

Tors Hotel, die Hotels unten in Lynmouth wie auch das Tors Hotel auf dem östlichen Hügel gehören zu den teuersten Unterkünften mit Preisen zwischen £ 60 und £ 100 pro Person (die teureren mit Meerblick). Zu den Extras des im Schweizer Stil errichteten viktorianischen Gästehauses gehören auch ein beheizter Pool (Ostern bis Ende Sept.) und WLAN. Tors Park, ☎ 01598/753236, 📠 01598/752544.

www.torshotellynmouth.co.uk

Bath Hotel, hübsches Hotel am Hafen von Lynmouth. Alle 24 Zimmer haben ein eigenes Bad. Der Frühstücksraum gefällt mit seiner schönen Fensterfront. B & B ab £ 37.50 pro Person, Dinner und B & B ab £ 56. Harbourside, Lynmouth, ☎ 01598/752238, www.bathhotellynmouth.co.uk.

Rising Sun Hotel, wem das nötige Kleingeld für eine Übernachtung fehlt, sollte dennoch einen Blick in das Pub werfen. Das direkt am Hafen gelegene Haus aus dem 14. Jahrhundert besitzt noch ein reetgedecktes Dach, und auch im Inneren ist alles recht traditionell mit viel Eiche eingerichtet (von Lesern gelobt). Ausgezeichnetes Restaurant, viele Meeresfrüchte – Hauptgerichte £ 15–18. Geschmackvoll eingerichtete Zimmer mit einem romantischen Touch, teilweise mit freistehender Badewanne. B & B £ 60–80. Harbourside, Lynmouth, ☎ 01598/753223, 📠 01598/753480, www.risingsunlynmouth.co.uk.

The Esplanade Fish Bar, das Fish'n'Chips Restaurant am Hafen wurde 2009 und 2010 zum beliebtesten von North Devon gewählt. Fish'n'Chips rund £ 5. ☎ 01598/753798.

- *Camping* **Sunny Lyn Holiday Park**, netter Campingplatz in einem engen Tal oberhalb der Küste. WLAN vorhanden. Lynton. ☎ 01598/753384. www.caravandevon.co.uk.

Minehead

Ausgangspunkt für Touren durch das Exmoor. Wanderwege führen durch die bewaldete Küstenlandschaft. Vom kleinen Hafen, in dem ehemals Schmuggler Zuflucht fanden, fahren heute, rund 350 Jahre später, Ausflugsboote zum Küsten-Sightseeing nach Westen (Ilfracombe), Osten (Bristol) und nach Wales (Cardiff). Mit seinem milden Klima, einem Ferienzentrum mit typisch englischen Vergnügungen (Modellstadt und Mini-Eisenbahn) und dem Strand ist Minehead ein beliebter Ferienort für Familien. Lohnenswert ist ein Gang durch die engen, winkligen Gassen der Oberstadt zur *St Michael's Church* aus dem 14. Jahrhundert.

Mehrere uralte Diesellokomotiven fahren nun auf der stillgelegten Strecke Richtung Taunton. Etwas für Dampfross-Liebhaber! Die *West Somerset Railway* (vgl. Exmoor/Verbindungen) hat etwas höhere Fahrpreise als British Rail.

● *Information* **Tourist Information Centre**, hier gibt es Informationen zum Exmoor National Park und zum South West Peninsula Coast Path, auf dem man die Küste von Devon und Cornwall erwandern kann. 17 Friday Street, Minehead, Somerset TA24 5UB, ✆ 01643/702624, ✉ 01643/707166. www.minehead.co.uk; www.stayinminehead.co.uk oder www.visit-exmoor.info.

● *Übernachten* In der Tregonwell Road konkurrieren viele B & Bs um den günstigsten Preis.

Tregonwell House, empfehlenswert. Acht nett eingerichtete Zimmer mit TV und Teekocher. B & B ab £ 24 im DZ, Family Room ab £ 65. Tregonwell Road, ✆ 01643/709287, www.tregonwellhouse.co.uk.

Northfield Hotel, komfortables Best Western Hotel mit geräumigen Zimmern, Entspannung findet man im Hallenbad. B & B im Sommer ab £ 72.50. Northfield Road, ✆ 01643/705155, ✉ 01643/707715, www.northfield-hotel.co.uk.

● *Jugendherberge* **Alcombe Combe**, eine kleine Herberge (35 Betten), die westlich der Stadt (A 39), etwa zwei Kilometer außerhalb von Alcombe liegt. Ganzjährig geöffnet. Erwachsene ab £ 14, Jugendliche ab £ 10.50. ✆ 0845/3719033, ✉ 01643/703016.

Dunster

Ein in vieler Hinsicht mittelalterlich wirkendes Dorf mit einer normannischen Burg, nur fünf Kilometer östlich von Minehead gelegen. Spazieren Sie einmal durch die engen Kopfsteinpflastergassen rings um den traditionellen Wollmarkt. Mittags kehrt man im *Luttrell Arms* ein, einem der ältesten englischen Pubs, in dem während des Bürgerkriegs General Blake sein Hauptquartier aufgeschlagen hatte, als er das im 13. Jahrhundert erbaute *Castle* belagerte. Die Angriffe von über 200 Soldaten konnte dieses Bauwerk einigermaßen unbeschadet überstehen. Heute wird es vom National Trust verwaltet.

April bis Okt. tgl. außer Do 11–17 Uhr. Eintritt: £ 8.10, erm. £ 4, Familien £ 19.50 (NT).

Südwestengland
Karte S. 274/275

Kleinstadtidylle in Dunster

Grafschaft Cornwall

Die westlichste der englischen Grafschaften unterscheidet sich in vielen Dingen von den anderen Gebieten der Britischen Insel. Allein das milde Klima macht Cornwall zu etwas Besonderem – so werden im Winter in Falmouth Durchschnittstemperaturen von 6,3 Grad Celsius gemessen. Subtropische Pflanzen wachsen hier überall!

Natürlich ist nicht nur das Klima attraktiv, sondern viel mehr noch die einzigartige Landschaft mit ihren steilen Klippen, Fjorden, kleinen Flüssen, vielen Sandstränden und romantischen Dörfern. Die Menschen von Cornwall haben in ihrer langen, wechselvollen Geschichte viele Eigenheiten bewahrt – die cornische Sprache erlebte in den vergangenen Jahren eine Renaissance. Sie gehört zur Familie der keltischen Sprachen, ist also verwandt mit dem Walisischen, dem Bretonischen und dem Gälischen.

Unter dem Druck der Römer und später der Angelsachsen zogen sich viele keltische Bewohner des Südens in den Südwesten Englands zurück, ein Teil setzte auch über in die Bretagne. Irische Missionare brachten den rechten Glauben ins Land. Den sächsischen Eindringlingen wurde erbitterter Widerstand entgegengesetzt – erst nach der normannischen Invasion wurde der Südwestzipfel der Insel dem englischen Königreich einverleibt.

Die letzte Muttersprachlerin des Cornischen war *Dolly Pentreath*, die 1769 starb. Im 19. Jahrhundert galt die Sprache als ausgestorben. Im Jahre 1902 wurde die *Celtic-Cornish Society* gegründet, es wurden ein Wörterbuch und eine Grammatik der cornischen Sprache herausgegeben. Heute hört man Cornisch auf den Märkten und auf Volksfesten, wenn cornische Barden auftreten, und immer mehr Menschen lernen diese beinahe vergessene Sprache.

Die Küste im Norden unterscheidet sich grundsätzlich von der im Süden. Findet man im Norden richtig wilde Steilküsten mit kleinen Buchten und schwer zu erreichenden Sandstränden, so gibt es im Süden eine Fjordküste mit tief ins Land reichenden Meeresarmen. Noch heute müssen hier Fähren die Verbindungen aufrechterhalten. Oder es führen uralte Brücken von der einen auf die andere Seite, wie etwa in Looe. Eine ganz moderne Brücke über den *Tamar River* verbindet Cornwall mit Devon. Überzeugte cornische Nationalisten gehen auch davon aus, dass ihr Land fast eine Insel sei und nur im äußersten Nordosten eine gemeinsame Landesgrenze mit Devon habe.

In Cornwall liegen gleichzeitig der westlichste und der südlichste Punkt Großbritanniens. Von *Land's End* hat wahrscheinlich jeder schon gehört, wer kennt jedoch den *Lizard Point* auf der gleichnamigen Halbinsel im äußersten Süden des Landes? Übrigens viel interessanter als Land's End, wo man kaum mehr als Nebel, Regen und viel atlantischen Wind erlebt.

An der Küste im Norden und Süden Cornwalls liegen zahlreiche jedem Engländer bekannte Ferienorte, die schon eine Menge touristisches Eigenleben entwickelt haben – Campingplätze vollgepfropft mit Wohnwagen, in den Sommermonaten total ausgebuchte Hotels und auf den Hauptstraßen endlose Schlangen sonnenhungriger Urlauber aus den Midlands oder anderen Gegenden der Insel. Günstigste Reisezeiten sind daher auf alle Fälle Frühling und Frühsommer oder Herbst. Natürlich lohnt sich die 450 Kilometer lange Anfahrt von London auch in den Sommermonaten, gerade zwischen den großen Urlaubszentren findet man noch viel ursprüngliches Cornwall.

Ein paar Worte Cornisch:

alls	*Klippe*	lyn	*See*
bean	*klein*	morreb	*Strand*
bod	*Wohnsitz*	nan	*Tal*
car	*Befestigung*	pen	*Kopf*
carrack	*Felsen*	plu	*Gemeinde*
chy	*Haus*	porth	*Bucht*
coombe	*Tal*	ruth	*rot*
zawn	*Schlucht*	tewen	*Düne*
ennis	*Insel*	tre	*Haus, Stadt*
forth	*Straße*	treath	*Strand*
garrack	*Felsen*	ty	*Haus*
garth	*Garten*	veneth	*Hügel*
goose	*Holz/Wald*	win	*weiß*
innis	*Insel*	zance	*heiliger Boden*

• *Information* **Cornwall Tourist Board**, Pydar House, Pydar Street, Truro, Cornwall TR1 1EA, ✆ 01872/322908, 📠 01872/322919. www.visit.cornwall.gov.uk oder www.cornwalltouristboard.co.uk sowie www.the guide-cornwall.com.
Weitere Internetadressen: www.cornwall-devon.com; www.northcornwall-live.com.

Looe

Looe, eines der traditionsreichsten Fischerdörfer Cornwalls, wird durch den gleichnamigen Fluss in zwei Hälften geteilt. Dank eines Sandstrandes im Ortszentrum bietet Looe auch für Familien mit Kindern viel Abwechslung.

Von den beiden Ortsteilen ist East Looe mit seinen engen Gassen und mittelalterlichen Häusern der größere. Recht erfindungsreich haben die Stadtväter von Looe den East Looe Beach vergrößert: Man hat Steinterrassen in die dahinter liegenden Felsen gehauen. Leider zählt der Strand seit Jahren zu den verschmutztesten des ganzen Landes. Dennoch ist hier im Sommer recht viel los. Wer es sauberer haben will, sollte den Sandstrand in Millendreath ansteuern, der sich zwei Kilometer östlich von Looe befindet und zu Fuß gut zu erreichen ist. Besonders schön (wenn auch nicht in der Hochsaison) ist ein Kurztrip zum St George's Island, auch Looe Island genannt, einer winzigen Insel ohne Läden, Straßen und ohne Verkehr!

• *Information* **Tourist Information Centre**, hier gibt es auch Broschüren und Wanderkarten. Der „Looe Guide" beinhaltet einen Zimmernachweis. The Guildhall, Fore Street, Looe, Cornwall PL13 1AA, ✆ 01503/262072, 📠 01503/265462. www.looecornwall.com bzw. www.visitsoutheastcornwall.co.uk.

• *Einwohner* 4.200 Einwohner.

• *Verbindungen* **Bus** – Regelmäßig kommt man nach St Austell, Liskeard, Plymouth, Polperro und Saltash.

Zug – Bahnhof direkt am Zusammenfluss der beiden Flussarme im Ostteil der Stadt. Die Bahn fährt nach Liskeard, von wo aus man nach Plymouth, Exeter oder Penzance weiterreisen kann. ✆ 0845/7484950. www.nationalrail.co.uk.

Schiff – Fährverbindungen zwischen East und West Looe (£ 0.40) sowie Bootsausflüge vom Banjo Pier zum St George's Island.

• *Übernachten* **Fieldhead Hotel**, ansprechendes, kleines Hotel (16 Zimmer) in West Looe mit schönem Blick über die Bucht. Besonders reizvoll ist der zugehörige Swimmingpool. Sehr kinderfreundlich. Kostenloses WLAN. B & B ab £ 67, Preisnachlass bei längerem Aufenthalt und im Winter. ✆ 01503/262689, 📠 01503/264114, www.fieldhotel.co.uk.

Dolphin House, altertümliches, aber nettes Hotel, an den grünen Jalousien zu erkennen. Die sieben Zimmer sind mit alten Holzmöbeln, die für ein stimmungsvolles Flair sorgen, ausgestattet. B & B ab £ 33 im DZ, £ 45 im EZ. Kostenlose Parkplätze. Station Street, ✆ 01503/262578, www.dolphin-house.co.uk.

Sea Breeze, gemütliches Gästehaus im historischen Zentrum, zentrale Lage unweit vom Hafen. Das neue Besitzerpaar ist eifrig am renovieren. Kostenloses WLAN. B & B ab £ 32. Lower Chapel Street, ✆ 01503/263131. www.seabreezelooe.com.

Schooner Point Guest House, nettes und familiär geführtes Gasthaus in West Looe. Aus den meisten Zimmern hat man einen schönen Blick auf den Fluss. B & B je nach Zimmer £ 25–30. 1 Trelawney Terrace, Polperro Road, ✆ 01503/262670, www.schoonerpoint.co.uk.

Mawgan's of Looe, eine gelungene Kombination von Hotel und Restaurant, dessen Fischgerichte Charlotte Heuser empfiehlt: „Das Restaurant sieht ein bisschen verstaubt wie ein englisches Wohnzimmer aus, mit einer alten Pub-Theke und dahinter grün gekachelt." Serviert wird auch ein Thaicurry mit Seeteufel. Es werden auch drei Zimmer vermietet (B & B £ 40, bei 3 Nächten Aufenthalt £ 30). Higher Market Street, ✆ 01503/265331. www.mawgans.co.uk.

● *Camping* ****** Tregoad Farm**, angenehmer, ruhiger Platz einen Kilometer westlich des Zentrums gelegen. Kleiner beheizter Swimmingpool. Ganzjährig geöffnet. Polperro Road, ✆ 01503/262718. www.tregoadpark.co.uk.

● *Essen/Trinken* **The Old Sailloft**, kleines Haus hinter dem Kais am River Looe. Unter einer zünftigen Holzbalkendecke erfreut man sich an leckeren Fischgerichten. Hauptgerichte £ 15. Dienstag und Sonntagmittag geschlossen. Quay Street, ✆ 01503/262131. www.theoldsailloftrestaurant.com. Preisgünstige Fischgerichte (drei Gänge für £ 11.95) gibt es im **Golden Guinea**, Fore Street, ✆ 01503/262780. Hier werden auch Cream Teas serviert.

Polperro

Das Tausendseelendorf liegt an einer tief eingeschnittenen Bucht, die sicherlich die Bezeichnung „pittoresk" verdient. Wahrscheinlich war dies ein Grund, weshalb der Maler Oskar Kokoschka im Zweiten Weltkrieg als Emigrant in Polperro lebte und arbeitete.

Das vom National Trust zum „Historic Fishing Village" geadelte Dorf liegt am Ende eines engen, langen Tals, das sich durch die hohen Klippen frisst. Es hat enge Gassen und einen kleinen Hafen mit uralten Hafenmauern. Tagsüber darf kein Auto in den Ort, Fahrzeuge sind auf dem Parkplatz – wie immer in England gebührenpflichtig – am Ortseingang abzustellen. An Eisbuden und Souvenirläden vorbei führt der Weg hinunter zum pittoresken Hafen. Trotz der Touristen bleiben die Bucht, die steilen Klippen und die schönen alten Häuser nicht ohne Wirkung auf den Betrachter. Mit ein bisschen Phantasie kann man sich dann in alte Zeiten zurückversetzen, in denen die cleveren Schmuggler von Polperro so manches Fässchen ins Trockene gebracht haben. Polperro hatte sich seinerzeit darauf spezialisiert, wendige und gut bewaffnete Schiffe zu bauen, die viel schneller als die der legalen Widersacher waren. Die Geschichte des Schmuggels in Cornwall kann man im kleinen *Polperro Heritage Museum of Smuggling & Fishing* nachverfolgen. Wem der Trubel in Polperro zu groß ist, sollte in das ein paar Kilometer weiter westlich gelegene Polruan oder nach Bodinnick fahren.

● *Übernachten/Essen* **Talland Bay Hotel**, ruhige Herberge zwischen Polperro und Looe gelegen. Die Zimmer sind in einem hellen, klassisch modernen Stil eingerichtet. Schöner Garten, kostenloses WLAN, eigenes Restaurant. B & B £ 65–100 pro Person, die teureren Zimmer mit Seeblick; im Winterhalbjahr etwas günstiger. Talland-by-Looe, ✆ 01503/272667, ✆ 01503/272940, www.tallandbayhotel.co.uk.

Claremont Hotel, nette Unterkunft mitten im Dorfzentrum. B & B je nach Saison und

Ausstattung £ 30–38 pro Person. Eigener Parkplatz! ☏ 01503/272241, ✉ 01503/272152, www.theclaremonthotel.co.uk.

House on the Props, empfehlenswertes Restaurant am Hafen. Überall hängen Schiffslaternen, Netze und andere Seefahrtserinnerungen. Besonders gut schmeckt das selbst gebackene Brot. Der schmackhafte Fisch ist ab £ 10 zu haben. Lecker ist das *Trio of cornish fish* mit Scholle, Seeteufel und Schellfisch in Weißweinsoße für £ 14.95. Auch Zimmervermietung (B & B £ 40 pro Person). Talland Street, ☏ 01503/272310, www.houseontheprops.co.uk.

Crumplehorn, ein hübsches Pub mit Garten gleich an der Ortseinfahrt gegenüber dem großen Parkplatz. Ursprünglich ein al-

tes Farmhaus, irgendwann vom Schmugglerkönig Job gekauft, heute kleine Bar und Restaurant. Es werden auch Zimmer (B & B je nach Ausstattung £ 35–55) vermietet. ☏ 01503/272348, www.crumplehorn-inn.co.uk.

The Old Rectory, in einem ehemaligen Pfarrhaus in Lanreath werden sieben schöne und gut ausgestattete Ferienwohnungen vermietet. Strom wird zusätzlich nach Verbrauch bezahlt. Ein weiteres Plus: der wunderschöne Garten und ein kleiner beheizter Swimmingpool. Das kleine Dorf Lanreath liegt etwa zehn Kilometer nördlich von Polperro im Landesinnern. Die moderaten Preise variieren je nach Reisezeit und Apartmentgröße und beginnen ab £ 230 die Woche. ☏ 01503/220247, www.oldrectory-lanreath.co.uk.

Fowey

Gekonnt kreisen ganze Schwärme von Möwen über weißen, blauen und natursteinfarbenen Häusern und krächzen dabei unaufhörlich zum Rhythmus des seicht dahinplätschernden Wassers.

Alle zehn Minuten überquert die kleine Autofähre den Fluss Fowey und verbindet so die Stadt mit ihren westlichen Nachbarn. Im Sommer zieht einiges Volk in das romantische Fischerdorf – guter Geschmack spricht sich eben herum. Erstaunlich, dass die großen Frachter, die etwas weiter im Landesinneren (im Fluss!) ankern, ohne Probleme auslaufen können. Neben diesen Riesen prägen vor allem Segeljachten und Fischkutter das Hafenbild. Den besten Ausblick auf den Hafen und die Ansiedlung hat man vom *St Catherine's Castle*, einer Ruine aus vergangenen Zeiten. Von hier aus führt auch der Coastal Path die beeindruckende Steilküste entlang. Die Schriftstellerin *Daphne du Maurier* (1907–1989) verliebte sich in den Ort und wohnte lange Zeit in ihrem Haus „Ferryside", wo sie auch ihren Roman „Der Geist der Liebe" verfasste. Zwei weitere, zumeist allerdings nur Anglisten bekannte Schriftsteller lebten ebenfalls in Fowey: Kenneth Grahame und Sir Artur Quiller Couch.

● *Information* **Tourist Information Centre**, hier ist die Broschüre „Walking around Fowey" erhältlich, die einige Ausflugsziele beschreibt. 5 South Street, Fowey, Cornwall PL23 1AA, ☏ 01726/833616, ✉ 01726/834939. www.fowey. co.uk.

Am Hafen von Fowey

- *Einwohner* 2.600 Einwohner.
- *Verbindungen* **Bus** – Mehrmals täglich Verbindungen nach St Austell. ☎ 01208/79898. www.travelinesw.com.
- *Fähre nach Polruan* Alle 15 Min., einfach £ 1.20 pro Person. Nach Mevagissey von April bis Sept. tägl. drei bis sechs Abfahrten. Autofähre nach Bodinnick, £ 3 pro Fahrzeug.
- *Übernachten* **Old Quay House**, modern gestyltes Restaurant namens „Q" mit Schwerpunkt Fisch sowie frischen Muscheln, von mehreren Restaurantführern gelobt. Mittags Hauptgerichte um die £ 10, abends um die £ 18. Es werden auch zwölf sehr ansprechende Zimmer, teilweise mit freistehender Badewanne vermietet (B & B ab £ 90 pro Person). Fore Street, ☎ 01726/833302. www.theoldquayhouse.com.

St Kerverne, kleines Guest House gleich beim zentralen Parkplatz. Zwei liebevoll eingerichtete Zimmer mit vielen kleinen Details, eins ist Daphne du Maurier gewidmet, das andere variiert das Thema Hollywood. Leser lobten das exzellente Frühstück. B & B £ 32.50 pro Person. 4 Daglands Road, ☎ 01726/833164. www.jabedesign.co.uk/kerverne.

- *Jugendherberge* **Penquite House**, die Jugendherberge liegt in der Ortschaft Golant, westlich des River Fowey. Ein schönes georgianisches Haus in mittelmäßigem Zustand, dafür lockt ein großer Garten. Erwachsene ab £ 12, Jugendliche ab £ 9. Anfahrt mit Western National Bus Nr. 24 (von Fowey nach St Austell). An der Castle Dore Crossroad aussteigen (Fahrer fragen). Von dort noch etwa drei Kilometer zu Fuß nach Golant. ☎ 0845/3719019, ✆ 01726/832947.

- *Essen/Trinken* **The Ship**, nettes, zünftiges Pub aus dem Jahre 1570 mit preisgünstigen Lunch-Specials, auch Zimmervermietung. Trafalgar Square, Kreuzung Lostwithiel Street, ☎ 01726/833751.

Food for Thought, exklusives Fischrestaurant direkt am Hafen, mit einladender Terrasse. Bereits am Eingang locken frische Schalentiere. Drei-Gänge-Menü £ 19.95, Hauptgerichte ab £ 15. ☎ 01726/832221.

The Galleon, der zentral gelegene Gasthof besitzt eine wunderschöne Terrasse zum Fluss. Internationale Küche, von Lasagne über Curry of the day bis hin zu Fish pie. WLAN. Für Gäste stehen sieben Zimmer zur Verfügung, davon zwei mit Meerblick. B & B ab £ 35–40 pro Person. Fore Street, ☎ 01726/833014. www.galleon-inn.com.

Pinky Murphys Cafe, dieses 50 Meter vom Post Office entfernte Café ist ein Lesertipp von Gudrun und Rudi Straub: „Der Tee und die Scones wurden uns in bunt zusammengewürfeltem Geschirr serviert auf umgedrehten Bierkisten. Im Café standen verschiedene Möbelstücke wie vom Flohmarkt, von der winzigen Terrasse aus hatte man eine gute Sicht auf das Wasser." Kostenloses WLAN. Geöffnet Mo–Sa 9–17 Uhr, So 9.30–16 Uhr. 19 North Street, ☎ 01726/832512. www.pinkymurphys.com.

St Austell

St Austell ist sicherlich keine besonders aufregende Stadt, aber einer der wichtigsten Verkehrsknotenpunkte in Cornwall. Von kunsthistorischem Interesse ist einzig die hoch aufragende Kirche Holy Trinity. Im 18. Jahrhundert wurde in der Umgebung von St Austell Kaolin gefunden, ein zur Herstellung von Porzellan notwendiger Rohstoff. Heute wird Kaolin sowohl für die Papierindustrie als auch für die Produktion von Farben sowie für die Medizin abgebaut.

Charlestown ist der Hafen von St Austell. Nur ein paar Autominuten entfernt, kann er mit seinen historischen Schiffen mühelos zu Fuß erkundet werden. Von hier wurde und wird das Kaolin verschifft.

Shipwreck Rescue & Heritage Centre In Charlestown befindet sich hinter dem Hafen ein Museum, das die lokale Seefahrtsgeschichte dokumentiert. März bis Okt. tgl. 10–17 Uhr. Eintritt: £ 5.95, erm. £ 3.95, Kinder unter 10 Jahren frei! www.shipwreckcharlestown.com.

Eden Project

Keine Kosten und Mühen wurden gescheut, um in der Nähe von St Austell das Millenniumsprojekt „Eden" einzurichten. Stolze 76 Millionen Pfund standen hierzu zur Verfügung! *Tim Smit*, der bereits die Garten von Heligan wieder zum Leben er-

Eden Project: futuristische Glaswaben

weckte, hat zusammen mit dem Architekten Nicholas Grimshaw eine verlassene Kaolingrube auserkoren, um hier einen Garten Eden zu schaffen. Neben einem Außenbereich wurden in der rund 15 Hektar großen und 60 Meter tiefen Kaolingrube acht riesige Gewächshäuser errichtet, die an „Kunststoffblasen" erinnern und 195.600 Kubikmeter Raum umschließen. Zur besseren Vorstellung: Die Gewächshäuser könnten bequem den Londoner Tower beherbergen. Von Weitem sieht man die riesigen Treibhäuser dennoch nicht, da die mit dem Boden verschmolzenen Gebilde in einem tiefen Kessel errichtet wurden. Zwischen die mächtige Stahlkonstruktion sind sechseckige Plastikluftkissen eingespannt, deren milchige Haut sonnendurchlässiger als Glas ist und zudem bessere Isolationseigenschaften aufzuweisen hat. Praktische und nicht etwa ästhetische Aspekte bestimmen die Architektur, die weder Heizaggregate noch Belüftungsstutzen kaschiert und Natur und Technik auf ansprechende Weise miteinander verbindet. Den Besuchern soll vor allem Respekt für die Natur und ein interessanter Zugang zur Schöpfung vermittelt werden. Ein optimistischer Ansatz, doch in der Wirklichkeit sind Ökologie und Naturschutz nur Phrasen. Der Strom für die energieintensiven Treibhäuser kommt weder aus Solar- noch aus Windkraftanlagen.

Im größten Gewächshaus wird ein feucht-tropisches Klima erzeugt, das zweitgrößte bietet mediterranen und anderen Pflanzen, die ein gemäßigt warmes Klima gewohnt sind, eine Heimat. Eindrucksvoll ist vor allem das 50 Meter hohe subtropische Gewächshaus, das auf einer Fläche von 15.000 Quadratmetern einen ganzen Regenwald aufnehmen kann und so fehlen hier weder ein Wasserfall noch ein rauschender Bach. Die gesamte Kaolingrube, die man auf mehreren Wegen erkunden kann, wurde in einen einzigartigen Landschaftspark mit modernen Skulpturen verwandelt und mit einheimischer Flora bepflanzt. Insgesamt sollen im Eden Project rund 100.000 Pflanzen zu bewundern sein. Im Frühjahr 2001 eröffnet, gilt das Eden Project mit mehr als 750.000 Besuchern pro Jahr als die größte touristische Attraktion

Cornwalls. Die Briten wissen, wie man das Ganze medial vermarkten muss, und so schwebte Halle Barry in dem Bond-Abenteuer „Stirb an einem anderen Tag" wie eine Spinne in das Gewächshaus hinab. Da man im Eden Project leicht einen ganzen Tag verbringen kann, gibt es selbstverständlich auch eine Öko-Cafeteria (Jo's Café) und einen ansprechenden Laden (Bio-Lebensmittel, Geschenke etc.).

Tgl. März bis Okt. 9–18 Uhr, Nov. bis Febr. 10–16.30 Uhr. Genaue Informationen erhält man unter folgender Rufnummer: ℡ 01726/222900. Eintritt: £ 16, erm. £ 11, £ 8 bzw. £ 6, Familienticket £ 39 (alle Tickets im Internet £ 1 günstiger). www.edenproject.com. Busverbindungen von St Austell oder Newquay mit Truronian, ℡ 01872/273453.

Lost Gardens of Heligan

Der Garten von Heligan gehörte einst der Familie Treymayne, die sich im 19. Jahrhundert den Luxus leistete, in ihrem Park mehr als zwanzig Gärtner zu beschäftigen. Nach dem Ersten Weltkrieg, als der letzte männliche Erbe starb, verwilderte der überwiegende Teil des 32 Hektar großen Areals zunehmend und das Anwesen wurde verkauft. Erst als sich 1991 der Holländer Tim Smit dem mit Efeu, Brennnesseln und Lorbeer überwucherten „verlorenen Garten" annahm, erlebte Heligan eine grandiose Wiedergeburt. Mithilfe von Gartenhistorikern und Botanikern wurde der Garten in seiner ursprünglichen Form rekonstruiert. Die *Times* jubelte nach der Eröffnung: „The garden restauration of the century." Der inzwischen mehrfach ausgezeichnete Garten bietet viel Abwechslung, ein Besuch kann sich leicht einen halben Tag hinziehen. Besonders reizvoll sind der neun Hektar große subtropische „Dschungel" mit Palmen und Bambuswäldern sowie ein 14 Hektar großes „verlorenes Tal" mit Teichen. Dazwischen finden sich immer wieder verwunschene Baum- und Landschaftsskulpturen wie die schlafende Schönheit *Mud Maid*. Aber auch ein Spaziergang durch den Blumen- sowie Gemüsegarten mit mehr als zwei Dutzend Kartoffelsorten und rund 50 Apfelbaumsorten sollte nicht versäumt werden. Im Wildlife Project kann man zudem heimische Vögel beobachten. Der einzige Nachteil: Man muss den Garten jeden Tag mit durchschnittlich mehr als 1000 Besuchern teilen.

Tgl. 10–18 Uhr (letzter Einlass 16.30 Uhr, im Winter 15 Uhr). Eintritt: £ 10, erm. £ 9 oder £ 6, Familien £ 27. www.heligan.com.

Mevagissey

Mevagissey gehört zu den bekanntesten cornischen Fischerdörfern. Ähnlich wie Polperro besteht das Dorf aus alten Häusern, die sich um das Hafenbecken drängen.

Früher lebte auch Mevagissey vom Schmuggel und vom Fischfang. Zu Beginn des 18. Jahrhunderts erreichte der Sardinenfang seinen Höhepunkt. Die in Salz eingelegten Fische wurden nach Italien und sogar auf die westindischen Inseln exportiert. Für die britische Marine waren sie wichtiger Proviant. Heute ist der Tourismus zur Einnahmequelle Nummer eins geworden, glücklicherweise ist das Gedränge nicht ganz so schlimm wie in Polperro. Bei einem Bummel über die breite Kaimauer kann man den Fischern bei ihren Vorbereitungen zum Auslaufen oder beim Löschen des Fanges zusehen. Das *Mevagissey Folk Museum* ist am Ende des Westkais in einem alten Werftgebäude untergebracht. Präsentiert werden Exponate rund um den Schiffsbau, denn früher liefen hier die schönsten Schoner vom Stapel.

Ein Ausflug führt nach *St Gorran Churchtown* (etwa drei Kilometer südlich auf einem Hügel gelegen) und nach *Gorran Haven* unten am Meer. Beide Ortschaften besitzen interessante Kirchen. Von den Klippen über dem einstigen Krabbenfischerdorf Gorran Haven kann man bei gutem Wetter bis hinüber nach Prawle Point in Devon sehen (etwa 80 Kilometer Luftlinie).

Noch weiter südlich am 125 Meter hohen *Dodman Point* befindet man sich auf geschichtsträchtigem Gelände. In Sichtweite versammelte sich am 20. Juli 1588 die spanische Armada vor der Küste, bevor sie zum Angriff gegen die englische Flotte in Richtung Plymouth segelte. Etwas westlich vom Dodman Point befindet sich *Hemmick Beach*, ein hübscher Strandabschnitt zum Baden. Noch schöner ist Porthluney Cove.

● *Information*   **Tourist Information Centre**, St George's Square, Mevagissey, Cornwall PL26 6UB, ✆/🖷 01726/844857, www.mevagissey-cornwall.co.uk bzw. www.mevagissey.net.

● *Übernachten/Essen/Trinken*   **Trevalsa Court Hotel**, das am Ortsrand auf einer Klippe gelegene Hotel mit seinen detailverliebten Räumlichkeiten ist ein Lesertipp von Wilfried Krauth, der nicht nur von dem Kaminzimmer begeistert war. „Der Hotelchef und sein Team sind sehr aufmerksam und kundenorientiert. Zuletzt das Essen: Basierend auf cornischer Grundidee wird hier regelrecht „gezaubert" – und das in England! Der Garten und der herrliche Blick über das Meer runden einen wunderschönen Aufenthalt ab!", 3-Gang-Menü für £ 30. Kostenloses WLAN. Das tolle Ambiente belastet die Reisekasse je nach Zimmer und Saison mit £ 52.50–112.50 (B & B pro Person), lohnend ist die Halbpension. Scholl-Hill, Mevagissey-South, ✆ 01726/842468, 🖷 01726/844482, www.trevalsa-hotel.co.uk.

The Wheelhouse, direkt am Hafen liegt das beliebte Fischrestaurant mit der großen Straßenterrasse, das von Lesern gelobt wurde. Kinder und Hunde sind im Hotel unerwünscht. DZ £ 60–70 ohne Frühstück. ✆ 01726/843404. www.wheelhouse.me.uk.

Fountain Inn, ein zünftiges Pub in einem Anwesen aus dem 15. Jh. Serviert werden Fish'n'Chips oder Ploughman's Lunch. Es gibt auch B & B für £ 22.50–30, bei den günstigen Zimmern ohne eigenes Bad/WC. St George's Square, ✆ 01726/842320. www.mevagissey.net/fountain.htm.

● *Jugendherberge*   Boswinger, sechs Kilometer südlich von Mevagissey, eineinhalb Kilometer südwestlich der Ortschaft Gorran und nur schwer mit öffentlichen Verkehrsmitteln zu erreichen. Nov. bis Ostern geschlossen. Erwachsene zahlen ab £ 14, Jugendliche ab £ 10.50. ✆ 0845/3719107, 🖷 01726/844527.

● *Camping*   ***** **Sea View**, gut ausgestatteter Zeltplatz mit Swimmingpool nahe der Jugendherberge. Zweimannzelt ab £ 12. Im Juli und Aug. ist hier alles ausgebucht. Ostern bis Sept. geöffnet. Boswinger, ✆ 01726/843425. www.seaviewinternational.com.

Wanderpause auf dem South West Coast Path bei Portloe

Portloe

Cornwall heißt für viele Ursprünglichkeit, unberührte Natur und Einsamkeit. In Portloe kann man von all dem ein wenig finden, denn das Fischerdorf liegt abseits der überlaufenen Tourismuszentren. Sein Hafen ist winzig, und die weiß gestrichenen

Häuser stehen dicht gedrängt. Von den umliegenden Klippen bietet sich eine grandiose Aussicht auf die zerklüftete cornische Küste. Von hier aus können Wanderungen über den Cornwall Coast Path zum drei Kilometer entfernten *Nare Head* mit seiner beeindruckenden Steilküste gemacht werden.

Truro

Truro mit seiner Kathedrale ist eine Marktstadt mit 19.000 Einwohnern, weit entfernt von jeder Hektik. Wichtig ist sie als Verkehrsknotenpunkt im Herzen Cornwalls.

Von St Mawes aus ist Truro leicht mit der *King Harry Ferry* zu erreichen, die über einen der schönen südcornischen Fjorde verkehrt. Mittelpunkt der Stadt sind die modernen Einkaufszentren neben der Kathedrale. Diese wurde im Jahre 1910 fertiggestellt und war die erste anglikanische Kathedrale, die nach der Londoner St Paul's Cathedral in England errichtet wurde. Teile des Gotteshauses stammen von einer früheren Kirche, die bereits vorher an dieser Stelle stand.

- *Information* **Tourist Information Centre** im Municipal Building, Boscawen Street, Truro, Cornwall TR1 2NE, ✆ 01872/274555, ✉ 01872/263031, www.truro.gov.uk.
- *Einwohner* 21.000 Einwohner.
- *Verbindungen* **Bus** – Busbahnhof in der City am Lemon Quay. National Express (✆ 0990/808080) fährt viermal tgl. nach London sowie nach Liskeard und Plymouth, Western National und Western Greyhound nach Penzance und Falmouth. Informationen unter ✆ 0870/6082608. www.firstgroup.com; www.westerngreyhound.com.

Zug – Der Bahnhof liegt etwas außerhalb in der Station Road (den Richmond Hill hinauf). Truro liegt an der Strecke Penzance–London Paddington. Von hier aus führt auch eine Stichlinie nach Falmouth sowie nach St Ives. www.nationalrail.co.uk.

Ausflugsboote – Von Truro (ab Town Quay) fahren fünfmal tgl. Ausflugsschiffe nach Falmouth. www.falriverlinks.co.uk.

- *Markt* Mi und Sa auf dem Lemon Quay.
- *Übernachten* **Mannings Hotel**, alteingesessenes Hotel mit gutem Restaurant und Lounge-Bar. Die Räumlichkeiten wurden unlängst sehr geschmackvoll im Designer-Stil renoviert, herrliche Bäder. Schöner kann man in Truro nicht übernachten. Kostenloses WLAN. EZ je nach Wochentag £ 55–69, DZ £ 75–85 (inkl. Frühstück). Lemon Street, ✆ 01872/270345, ✉ 01872/242453, www.manningshotels.co.uk.

The Riverbank, im Schatten der Kathedrale bietet dieses unlängst eröffnete Hotel acht moderne und geschmackvoll eingerichtete Gasträume. Im Untergeschoss finden sich ein Restaurant, eine Bar und ein Beer Garden mit Blick auf den Fluss. Kostenloses WLAN. B & B £ 40 im DZ, £ 65 im EZ. Old Bridge Street, ✆ 01872/242090. www.theriverbanktruro.co.uk.

Gwel-Tek Lodge, knapp 15 Fußminuten vom Zentrum entfernt, in einem viktorianischen Gebäude. In der gleichen Straße gibt es noch weitere B & Bs. Ab £ 30 pro Person. 41 Treyew Road, ✆ 01872/276843, www.gweltek.co.uk.

The Haven, dieses nur fünf Fußminuten von der Kathedrale entfernte B & B ist ein Lesertipp von Antje Beutner, die die „großzügigen, sauberen und mit Liebe zum Detail eingerichteten Zimmer" ebenso lobte wie die freundlichen Gastgeber. Kostenloses WLAN, Parkplätze vorhanden. Von Febr. bis Ende Dez. geöffnet. B & B £ 31–34 pro Person, £ 5 Aufschlag bei einer Nacht. Vean Terrace, ✆ 01872/264197. www.thehaven-truro.co.uk.

- *Camping* ***** **Carnon Downs Park**, Anfahrt über die A 39, etwa 5 km in westliche Richtung. 150 Stellplätze für Caravans und Zelte; Zelt plus zwei Pers. ab £ 18. Ganzjährig geöffnet. Carnon Downs, ✆ 01872/862283. www.carnon-downs-caravanpark.co.uk.
- *Essen/Trinken* **Kazbah**, lockere Kneipe im Orientstil mit Lounge-Atmosphäre. Abwechslungsreiche internationale Küche von Thailändisch bis zu Italienisch. Günstige Mittagsmenüs. 3–4 Quay Street.

Saffron, das Restaurant im Bistrostil gilt als eines der besten der Stadt und wurde schon von Michelin empfohlen. Lecker ist das Lammkarree für £ 15, günstig das Mittagsmenü für £ 12.50. Sonntag Ruhetag. 5 Quay Street, ✆ 01872/263771.

Feast, hier werden vor allem Vegetarier glücklich. Sehr günstig, Hauptgerichte ab £ 6. Auch Süßspeisen und Kuchen sind im Angebot. Abends und sonntags geschlossen. Kostenloses WLAN. 15 Kenwyn Street, ✆ 01872/272546.

One Eye Cat, ansprechende Bar und Restaurant in einer ehemaligen Kirche. Serviert wird internationale Küche vom *Seafood Risotto* bis zum *Onglet Steak Medaillon*. Hauptgerichte um die £ 12. Nette Straßenterrasse. Kenwyn Street, ✆ 01872/222122.

The Old Grammar School, mit dem langen Tresen und dem riesigen Holztisch ist diese Szene-Kneipe fraglos unsere Lieblingsadresse für ein paar lockere Stunden, einen Cocktail inklusive. Mittags Hauptgerichte um die £ 9, abends Tapas £ 3–5. Schöne Straßenterrasse. Am Wochenende legen abends DJs Musik auf. St Mary's Street. ✆ 01872/278559.
www.theoldgrammarschool.com.

Falmouth

Die Stadt mit ihren gut 18.000 Einwohnern hat zwei Gesichter. Das alte Falmouth am Inner Harbour ist eine echt cornische Stadt mit steilen, engen Straßen und vielen Fischerbooten im Hafen, der neue Teil der Stadt liegt auf einem Hügel direkt an der Südküste.

Die Stadt lebt natürlich vom Tourismus. Besonders im Sommer treten sich sonnenhungrige Engländer ganz schön auf die Füße. Mai, Juni oder September sind wie überall in Cornwall eigentlich die günstigsten Reisemonate – zum Erholen ideal! Auch die großen Strände an der Südküste sind dann nicht so überlaufen wie in der Ferienzeit.

Falmouth, einer der besten Naturhäfen der Welt, verdankt seine Entstehung wahrscheinlich – wie sollte es anders sein – dem Schmuggel. Die einflussreiche Familie *Killigrew* gründete den Ort. Sir John Killigrew, der neben seiner Tätigkeit als Pirat und Schmuggler auch Vizeadmiral von Cornwall war, leitete selbst die blutigen Überfälle auf spanische und französische Schiffe. Man erzählt sich die Geschichte, dass seine Frau eigenhändig mehrere Matrosen eines spanischen Schiffs ertränkt hat. Gut funktionierte die Zusammenarbeit mit den englischen Zollbehörden – Killigrew ließ für die braven Zöllner das *Customs House* am Hafen erbauen. Manchmal ankerten selbst große Schiffe aus Indien in Falmouth, dann machten die Offiziere und ihre Mannschaften gutes Geld. Die Zöllner bekamen etwas ab und drückten mehr als beide Augen zu.

Heute lebt Falmouth in erster Linie vom Tourismus – die Bevölkerung verdoppelt sich in den Sommermonaten – und

Ein Schiff wird kommen …

dem Hafen. Seit jedoch die Reparaturdocks geschlossen wurden, ist die Arbeitslosenquote in die Höhe geschossen. Mit dem Bau des im Frühjahr 2003 eröffneten National Maritime Museum hat Falmouth einen Teil seiner Hafenanlagen aufgepeppt und eine neue Attraktion hinzugewonnen. Zudem wurde von der British National Oil Corporation in Falmouth ein Stützpunkt zur Erkundung von Offshoreöl errichtet, und die Stadtväter hoffen auf weitere neue Arbeitsplätze.

Information/Verbindungen/Diverses

• *Information* **Tourist Information Centre**, hier gibt es Informationen zu den Fähren und Booten sowie einen Stadtplan. 11 Market Strand, Prince of Wales Pier, Falmouth, Cornwall TR11 3DF, ✆ 01326/312300, ✉ 01326/313457. So geschlossen. www.acornishriver.co.uk bzw. www.go-cornwall.com.

• *Einwohner* 19.000 Einwohner.

• *Verbindungen* **Bus** – Haltestelle auf „The Moor" neben dem Tourist Office. In alle umliegenden Orte mit First bzw. Truronian, ✆ 01872/261111; NatEx-Busse regelmäßig nach Penzance, Plymouth, Newquay und London. www.nationalexpress.com.

Zug – Bahnhof „The Dell Station" an der Avenue Road. Verbindungen nur über Truro, da Falmouth nur über eine kleine Stichbahn bedient wird.

Fähren – Regelmäßige Fähren nach St Mawes und Flushing ab dem Prince of Wales Pier. Im Sommer touren Boote auf dem River Fal nach Truro (nur bei Flut) und nach Malpas, z. B. mit Enterprise Boats (Prince of Wales Pier) in 2 Std. den River Fal hinauf nach Truro. www.enterprise-boats.co.uk. www.nationalrail.co.uk.

• *Parken* **Park & Float**, es gibt in Falmouth zwar mehrere große Parkplätze, doch ungewöhnlich ist dieser im Norden der Stadt gelegene. Alle 20 Minuten verkehren ab 9.45 Uhr Fähren ins Stadtzentrum sowie zum National Maritime Museum.

• *Veranstaltungen* Anfang Mai findet das **Maritime Festival** statt. Drei Tage Mitte Okt. kommen nur Fischliebhaber beim **Oyster Festival** auf ihre Kosten (www.falmouthoysterfestival.com). Kultur (Theater, Konzerte etc.) gibt es auch im **Falmouth Arts Centre** in der Church Street (www.falmouthart.com).

• *Badestrände* **Castle Beach**: feiner Kiesstrand mit Café und Toiletten.
Gyllyngvase Beach: Großer Strand, ideal zum Schwimmen bei Ebbe und Flut. Viele Windsurfer ziehen ihre Kreise. Umkleidekabinen, Toiletten, Cafeteria.
Swan Pool: kleiner, aber recht voller Sandstrand, dahinter auch ein Teich, an dem Boote vermietet werden (alles mit der typischen Ferienpark-Atmosphäre).
Maenporth Beach: Geschützter Strand ähnlichen Charakters. Von hier kann man schöne Spaziergänge auf den Kliffen unternehmen.

• *Schwimmen* **Ships & Castles Leisure Pool**, Freizeitbad mit Riesenrutsche. Castle Drive, Pendennis Headland, ✆ 01326/212129. www.carrickleisureservices.org.uk.

Übernachten

Viele B & Bs in der Melville Road und der Marlborough Road. Die Gasthäuser an der Cliff Road und am Castle Drive bieten einen imposanten Blick auf das Meer, sind aber auch teurer. Die Zimmervermittlung des Tourist Office hilft bei der Unterkunftssuche. Übrigens vermieten manche B & Bs im Sommer nur wochenweise.

Falmouth Hotel (13), ein stattlicher viktorianischer Bau an der Seepromenade beim Castle Beach, fraglos das erste Haus am Platz. Verschiedene Raumtypen, von Standard bis zu Premier. Schwimmen kann man auch im Hallenbad. B & B ab £ 70 (nur im Winterhalbjahr etwas günstiger). Castle Beach, ✆ 01326/312671, www.falmouthhotel.com.

The Falmouth Townhouse (10), hinter einer dunkelgrauen Fassade verbirgt sich das wohl modernste und attraktivste Hotel von Falmouth. Eine coole Location mit Mut zum Design! Manche Zimmer, wie das mit der Nr. 4, haben gar eine freistehende Badewanne. Abhängen kann man in der hauseigenen Bar oder auf der Terrasse vor dem Haus. Kostenloses WLAN. DZ je nach Ausstattung

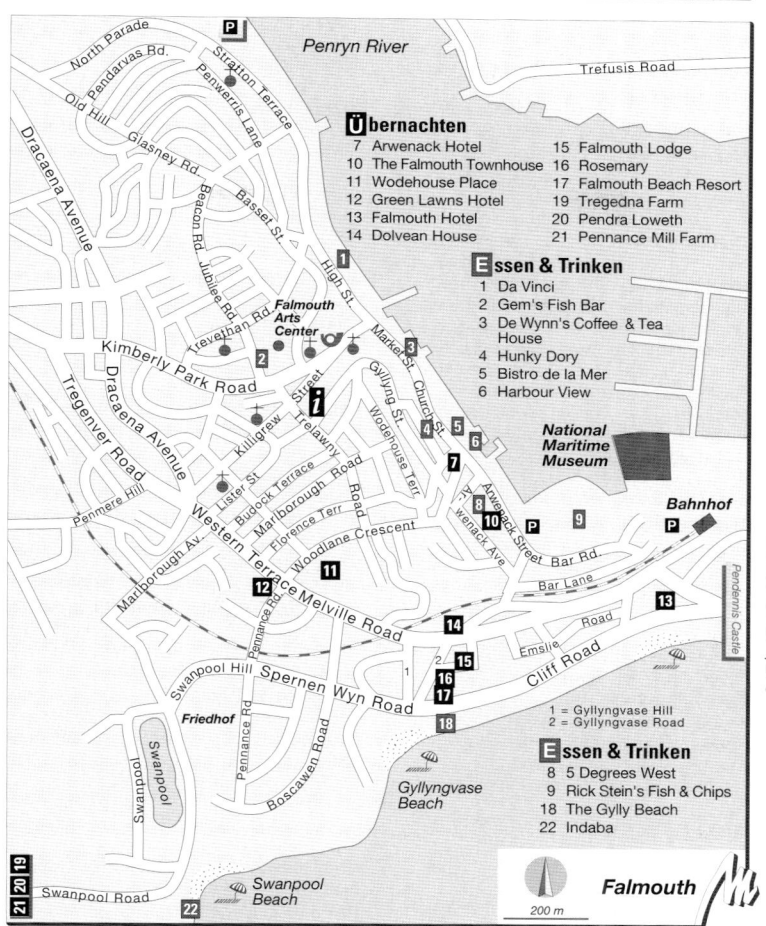

Map labels:

North Parade
North Pendarvas Rd.
Old Hill
Stratton Terrace
Penwerris Lane
Penryn River
Trefusis Road
Glasney Rd.
Dracaena Avenue
Beacon Rd.
Basset St.
Jubilee Rd.
Trevethan Rd.
High St.
Kimberly Park Road
Dracaena Avenue
Tregenver Road
Killigrew Street
Trelawny
Wodehouse Terr.
Market St.
Gyllyng St.
Church Street

Falmouth Arts Center

Penmere Hill
Lister St.
Budock Terrace
Marlborough Road
Florence Terr.
Western Terrace
Marlborough Av.
Woodlane Crescent
Melville Road
Pendennis Castle
Arwenack Ave.
Bar Rd.
Bar Lane
Road
Emslie Road
Cliff Road
Swanpool Hill
Spernen Wyn Road
Pennance Rd.
Boscawen Road

National Maritime Museum

Bahnhof

Friedhof

Swanpool
Swanpool
Swanpool Road
Swanpool Beach
Gyllyngvase Beach

1 = Gyllyngvase Hill
2 = Gyllyngvase Road

Falmouth
200 m

Ü bernachten

7 Arwenack Hotel
10 The Falmouth Townhouse
11 Wodehouse Place
12 Green Lawns Hotel
13 Falmouth Hotel
14 Dolvean House
15 Falmouth Lodge
16 Rosemary
17 Falmouth Beach Resort
19 Tregedna Farm
20 Pendra Loweth
21 Pennance Mill Farm

E ssen & Trinken

1 Da Vinci
2 Gem's Fish Bar
3 De Wynn's Coffee & Tea House
4 Hunky Dory
5 Bistro de la Mer
6 Harbour View

E ssen & Trinken

8 5 Degrees West
9 Rick Stein's Fish & Chips
18 The Gylly Beach
22 Indaba

---

und Saison £ 85–120 (inkl. B & B), EZ ab £ 75. 3 Grove Place, ✆ 01326/312009, ✉ 01326/311941. www.falmouthtownhouse.co.uk.

Green Lawns Hotel (12), völlig mit Efeu beranktes Hotel, das einem verwunschenen Schlösschen ähnelt. Wer in einer der vierzig komfortablen Zimmer übernachtet, kann sich nebenbei im hauseigenen Hallenbad mit Sauna, Solarium und Fitnessraum in Schwung bringen. Höhepunkt aber ist die „Honeymoon-Suite" mit Himmelbett und (gleich daneben) einem kleinen Whirlpool. Übernachtungen sind entsprechend teuer; B & B £ 65–105 pro Person. Günstiger bei längerem Aufenthalt. Western Terrace, ✆ 01326/312734, ✉ 01326/211427, www.greenlawnshotel.co.uk.

Arwenack Hotel (7), alteingesessenes Hotel mitten im Zentrum von Falmouth. Ein wenig skurril mit viel Patina. Man sollte sich daher nicht zu viel versprechen. Wegen der Aussicht sollte man ein Zimmer im obersten Stock mit Meerblick wählen. B & B im EZ £ 29, im DZ £ 25 – allerdings ohne Bad und WC. En suite kostet das DZ £ 28 pro Person. Günstigere Wochentarife. 27 Arwenack Street, ✆ 01326/311185, www.falmouthtownhotels.co.uk.

Falmouth Beach Resort Hotel (17), komfortables Best-Western-Hotel, direkt am Gyllyngvase Beach gelegen. Extras: beheiztes Hallenbad, Whirlpool und Sauna. Zimmer ab £ 71, die teureren mit Balkon. Es werden in einem Nebengebäude auch Apartments vermietet. ✆ 01326/318084, 🖷 01326/319147, www.bw-falmouthbeachhotel.co.uk.

Dolvean House (14), empfehlenswerte Unterkunft in einem viktorianischen Haus, das seit März 2008 von Renate Davie, einer gebürtigen Deutschen, die mit Shaun, einem Engländer aus der Hotelbranche, verheiratet ist, gemanagt wird. „Sie haben 10 Zimmer, jedes in seinem eigenen, typisch englischen Stil eingerichtet, jeweils mit komfortablen Bäder und ein Super-Frühstück", begeisterte sich Leserin Inge Croé. Parkplätze und WLAN vorhanden. B & B £ 43–48. 50 Melville Road, ✆ 01326/313658, 🖷 01326/313995, www.dolvean.co.uk.

Rosemary (16), liebevoll geführtes Gästehaus, rur zwei Fußminuten vom Gyllyngvase Beach entfernt. Durch die komfortable Ausstattung und die Größe der Zimmer erinnert es eher an ein Hotel als an ein B & B. Tolle Bäder! B & B je nach Saison £ 37–44. Gyllyngvase Terrace, ✆ 01326/314669, www.therosemary.co.uk.

Falmouth Lodge (15), günstiges, sehr ordentlich geführtes Backpackerhostel, nur wenige Fußminuten zum Strand. Eine Lounge, kostenloses WLAN und ein schöner Frühstücksraum stehen den Gästen zur Verfügung. B & B ab £ 19 im Schlafraum, ab £ 21 im DZ. 9 Gyllyngvase Terrace, ✆ 01326/319996, mobil 0725/722808, www.falmouthbackpackers.co.uk.

Pendra Loweth (20), eine traumhafte Feriensiedlung, etwa zwei Kilometer westlich von Falmouth. Die 2003 erbauten Ferienhäuser verfügen über zwei oder drei Schlafräume und sind sehr modern und komfortabel ausgestattet. Zu jedem Haus gehört eine Terrasse mit Gartenmobiliar. Zum Strand läuft man etwa 20 Minuten. Im Preis (£ 250–790 pro Woche, je nach Größe und Reisezeit) inbegriffen ist die Nutzung des Fitnessraums, der Dampfsauna und eines sehr kleinen Hallenbades mit Whirlpool. ✆ 01326/312190, 🖷 01326/211120, www.pendraloweth.co.uk.

Wodehouse Place (11), einen knappen Kilometer vom Zentrum und von den Stränden entfernt, werden in dem netten Haus von Juli bis Sept. vier gut ausgestattete Apartments (4–6 Pers.) vermietet. Der Garten kann zum Spielen und Grillen genutzt werden. Je nach Saison und Größe kosten die Wohnungen zwischen £ 290 und £ 490 pro Woche. 31 Woodlane, ✆ 01326/314311.

● *Camping* **Tregedna Farm (19)**, günstiger Campingplatz in Mean Valley nahe beim Meanporth Beach. ✆ 01326/250529, 🖷 250435, www.tregednafarmholidays.co.uk.

Pennance Mill Farm (21), zwei Kilometer westlich von Falmouth, unweit des Maenporth Beach. Schöne ländliche Lage. Von Ostern bis Okt. geöffnet. ✆ 01326/317431, 🖷 317431, www.pennancemill.co.uk.

Essen/Trinken (siehe Karte S. 327)

Harbour View (6), wie der Name schon andeutet, besitzt das Café-Restaurant eine Terrasse mit herrlichem Blick auf den Hafen. Kulinarisch nur Durchschnitt. Hauptgerichte um die £ 10. Montag- und Dienstagabend geschlossen. 24 Arwenack Street, ✆ 01326/315315. www.harbourdining.com.

Hunky Dory (4), neben Fisch- stehen hier ansprechend präsentierte Fleischgerichte im Mittelpunkt, wobei die asiatischen Einflüsse nicht zu übersehen sind. Lecker ist die mit Orangen und Chili zubereitete Entenbrust. Die niedrige Holzdecke sorgt für eine zünftige Stimmung. Wer zwischen 18 und 19 Uhr bestellt, bekommt ein 2-Gänge-Menü für £ 15, ein 3-Gänge-Menü für £ 18.

46 Arwenack Street, ✆ 01326/212997. www.hunkydoryfalmouth.co.uk.

Bistro de la Mer (5), dieses traditionsreiche Restaurant wurde auch von Michelin gelobt. Gute regionale Küche in lockerer Bistroatmosphäre. Ein Tipp: *Trio of Cornish Fish* für £ 17.50. Mittags gibt es ein 2-Gang-Menü für £ 14.50. In der Nebensaison So und Mo Ruhetage. 28 Arwenack Street, ✆ 01326/316509. www.bistrodelamer.com.

Gem's Fish Bar (2), dieses Fish'n'Chips ist ein Lesertipp von Conny Spiess: „Preis-Leistung ist einfach der absolute Hammer: Leckersten und frischesten Fisch mit netter Bedienung zu unheimlich angenehmen Preisen (£ 4.50–5). Man trifft dort fast nur

Einheimische, und jeder Tourist, der den Weg dorthin findet, ist danach richtig begeistert." Völlig unscheinbar in einem modernen Haus am Hügel versteckt. Sonntag, Montag und Dienstagmittag geschlossen. 6 Quarry Hill, ✆ 01326/313640.

Rick Stein's Fish'n'Chips (9), Cornwalls Starkoch hat jetzt auch eine Fish'n'Chips-Filiale in Falmouth eröffnet (direkt beim Maritime Museum). Den frischen Fisch gibt es entweder im Bierteig frittiert oder gegrillt. Und für Feinschmecker gibt es im ersten Stock auch frische Austern, sechs Stück für £ 9. Kein Ruhetag. Discovery Quay.

Da Vinci (1), eine Adresse für die Freunde von Pizza und Pasta (jeweils ab £ 7.50). Man sitzt an einfachen Holztischen und labt sich an einer Flasche Wein (ab £ 12.50). Mittags und sonntags geschlossen. 35 High Street, ✆ 01326/312277.

De Wynn's Coffee & Tea House (3), leckeren Kuchen und sehr guten Kaffee gibt es in diesem Traditionslokal mit der stilvollen Einrichtung und viktorianischen Fenstern. Die gerösteten Bohnen stapeln sich in den Schubladen. Sehr beliebt. Bis 17 Uhr geöffnet, im Winterhalbjahr Sonntag geschlossen. 55 Church Street.

Indaba (22), in traumhafter Lage, direkt neben dem Swanpool Beach werden in diesem Restaurant leckere Fischgerichte serviert. Bei schönem Wetter wird unter freiem Himmel auf der großen Terrasse gegrillt. Hauptgerichte rund £ 15 (*Grilled Sea Bream*). ✆ 01326/311886. www.indabafish. co.uk.

The Gylly Beach (18), dieses Café-Restaurant direkt am Gyllyngvase Beach begeistert nicht nur mit seiner sonnigen, windgeschützten Terrasse. Ein Tipp: Gourmetburger. Hauptgerichte um die £ 10–15. Tgl. ab 9 Uhr geöffnet. Cliff Road, ✆ 01326/312884. www.gyllybeach.com.

5 Degrees West (8), zur Abwechslung mal ein modernes einladendes Pub ohne jede Seefahrerromantik. Serviert wird internationale Küche mit vielen Grillgerichten, wobei meist auf Regional- wie auch Ökoprodukte zurückgegriffen wird. Große Terrasse. Kein Ruhetag. 7 Grove Place, ✆ 01326/311288.

Sehenswertes

National Maritime Museum Cornwall: Die größte Attraktion von Falmouth ist das im Frühjahr 2003 eröffnete Museum für Seefahrtsgeschichte, dessen Bau stolze 21 Millionen Pfund gekostet hat. Der moderne Freizeit- und Tourismuskomplex – ein architektonisch sehr ansprechender Bau – zeigt 150 historische Boote (zumeist Segelboote) und eine umfangreiche maritime Bibliothek. Die interaktive Ausstellung entführt in die Geschichte und Mythen des Meeres und thematisiert, wie das Wasser den lokalen Alltag und die Mentalität der Menschen beeinflusst hat. Kinder können Miniaturboote über das Wasser segeln lassen oder versuchen, bei diversen Computeranimationen den richtigen Kurs zu halten. Im Untergeschoss (*Tidal Zone*) bieten große Fenster – sie werden nach unten hin schmäler, um dem Druck der Gezeiten besser standhalten zu können – die faszinierende Möglichkeit, die Unterwasserwelt von Cornwall live zu beobachten. Sehr interessant ist auch die Ausstellung über den Schiffsbau und die Restaurierung alter Boote. Unbedingt sollte man auf die Aussichtsterrasse des Museumsturms steigen und den herrlichen Blick über die Bucht von Falmouth genießen. Fast ebenso schön, aber gemütlicher ist der Blick durch die Panoramafenster des einladenden Museumscafés, dessen Angebot übrigens ausgezeichnet ist.

Tgl. 10–17 Uhr. Eintritt: £ 9.50, erm. £ 7.75 bzw. £ 6.50, Familien £ 27. www.nmmc.co.uk.

Pendennis Castle: Pendennis Castle ist Cornwalls größte Festung. Umgeben von zwei Mauerringen erhebt sich der runde Mittelturm wie ein Bollwerk über der Hafeneinfahrt. Im Bürgerkrieg trotzte die Besatzung der Festung 23 Wochen lang den Truppen Cromwells. Erst als keine Vorräte mehr vorhanden waren und der Hungertod drohte, kapitulierte der Kommandant.

April bis Sept. tgl. 10–17 Uhr, Juli und Aug. tgl. 10–18 Uhr, Okt. bis März tgl. 10–16 Uhr. Eintritt: £ 6, erm. £ 5.10 oder £ 3 (EH).

Zur Abschreckung der Spanier: St Mawes Castle B

Isle of Roseland

Eine Fähre pendelt halbstündlich zwischen Falmouth und der Roseland Peninsula. Die kleine Halbinsel zwischen dem River Fal im Westen und der Gerran Bay im Osten hat ihren Namen nicht etwa vom englischen Wort „rose", sondern vom cornischen „rosinis", was so viel wie „Moorinsel" bedeutet. Entdecken kann man eine ganze Menge, Wanderer sind in ihrem Element. An der Mündung des Fal gelegen, wird **St Mawes** häufig mit einem Hafen an der Riviera verglichen. Viele subtropische Pflanzen wachsen im milden Klima, der Ort ist durch seine Lage auch von Nordwinden geschützt. Vom Kai aus kann man Bootstouren unternehmen. Das *St Mawes Castle* wurde unter Heinrich VIII. erbaut und gilt als Meisterleistung der damaligen Verteidigungstechnik.

Alle zwanzig Minuten legt die King Harry Ferry einige Kilometer nördlich von St Mawes ab und legt nahe den *Trelissick Gardens* wieder an. Hier steht eines der großartigsten georgianischen Landhäuser. Leider ist das Haus selbst nicht zu besichtigen, entschädigt wird man dafür durch den Park mit seinen Rhododendren, Magnolien und Kamelien. Besonders im Frühjahr sehenswert.

● *Fährverbindungen* Im Sommer verkehrt die King Harry Ferry Mo–Sa 7.20–21 Uhr, So ab 9 Uhr; im Winter Mo–Sa 8–19 Uhr, So ab 9 Uhr. Gebühr: £ 5 pro Auto, Fußgänger kostenlos! www.kingharryscornwall.co.uk.

● *Öffnungszeiten* **St Mawes Castle**: Juli und Aug. tgl. 10–18 Uhr, April, Juni, Sept. tgl. 10–17 Uhr, Okt. tgl. 10–16 Uhr, Nov. bis März Fr–Mo 10–16 Uhr. Eintritt: £ 4.20, erm. £ 3.60 bzw. £ 2.10 (EH).

Trelissick Gardens: März bis Okt. tgl. 10.30–17.30 Uhr, So erst ab 12 Uhr. Eintritt: £ 7.40, erm. £ 3.40, Familienticket £ 18.40, Parken nochmals £ 3.40 (NT).

Helston

Helston ist eine verwinkelte alte Marktstadt, deren Geschichte bis in die Zeiten König Alfreds zurückreicht. Heutzutage findet der Markt am Montag- und Samstagvormittag statt. Helston war eine der wenigen Münzstädte, außerdem wurde hier das in Cornwall abgebaute Zinn auf seine Reinheit geprüft.

Eine touristische Attraktion der Stadt sind die im Mai stattfindenden *Furry Days* oder *Flora Days*. „Furry" hat übrigens nichts mit Fellen oder Ähnlichem zu tun, sondern leitet sich von dem cornischen Wort „feur" für „Feier" ab. Bereits seit Jahrhunderten tanzen die Einwohner Helstons – und nur diese dürfen an dem Tanz teilnehmen – an jedem 8. Mai in festgelegter Reihenfolge durch die Straßen der Stadt. Der Rummel beginnt bereits morgens um sieben Uhr. Zuerst tanzen die Schulkinder, später folgen die Erwachsenen, die sich in einer unendlich langen Schlange in traditionellen Kostümen an den fotografierenden Touristen vorbeibewegen. Für die Stadt ein riesiges Volksfest.

Wer sich auf „The Lizard" einquartiert hat oder dorthin will, sollte am besten hier einkaufen, denn weiter im Süden sieht es in dieser Hinsicht düster aus.

● *Information* **Tourist Information Centre**, 79 Meneage Street, Helston, Cornwall TR13 8RB, ✆ 01326/565431. www.helston-online.co.uk.

● *Einwohner* 13.000 Einwohner.

● *Verbindungen* **Bus** – Verschiedene Routen von Western National führen über Helston; 2/2A Falmouth – Penzance, T1 Truro – The Lizard und 13/13A von und nach St Ives. Informationen über ✆ 01209/719988. Die Busse halten in der Coinagehall Street.

● *Badestrände* Auf dem Weg nach Penzance sind an der A 394 zwei schöne Badestrände – **Praa Sands** und kurz danach **Perranuthnoe** in der Nähe von **Marazion**.

● *Übernachten/Essen/Trinken* **Blue Anchor Inn**, das zünftige Pub liegt direkt im Stadtzentrum und stammt aus dem 15. Jh. Da es das einzige Pub weit und breit ist, in dem das Bier selbst gebraut wird, lohnt ein Besuch allein schon, um das Bingo Real Ale zu testen. In einem edwardinischen Gebäude direkt nebenan werden vier einfache Zimmer vermietet. B & B £ 25–27.50. 50 Coinagehall Street, ✆ 01326/562821. www.spingoales.com.

The Halzephron Inn, der acht Kilometer südlich von Helston bei Gunwalloe gelegene Gasthof (von der A 3083 rechts abbiegen) erinnert an einen alten Schmugglertreff mit mehreren Gasträumen und ist ein Lesertipp von Brigitte Schäfer, die das köstliche Essen (Sirlion Steak mit Pommes und Salat für £ 16.95) und den Meerblick von der Terrasse (bis Land's End) lobte. Es werden auch zwei gemütliche Zimmer mit antiquierten Bädern vermietet. B & B £ 42, im EZ £ 50. ✆ 01326/240406, ✉ 241442, www.halzephron-inn.co.uk.

Lizard Peninsula

Einen Trip – zu Fuß, mit dem Fahrrad oder dem Wagen – auf der Lizard Peninsula darf man sich einfach nicht entgehen lassen. Die Halbinsel südlich des Flusses Helford mit vielen kleinen, verschlafenen Fischerdörfern und Buchten bietet viel Abwechslung. Einzig in der Heidelandschaft der Goonhilly Downs wird das Naturerlebnis durch riesige Parabolantennen einer Satellitenstation gestört.

Am einfachsten fährt man von Falmouth über die B 3291 bis nach *Gweek*, dann die A 3083 und weiter hinunter zum *Lizard Point*, dem „most southerly" gelegenen Punkt Großbritanniens. Im Sommer wird er von Touristen überflutet. Hier wollen die blassen Ausflügler den Süden erleben, Sonne tanken und Eis essen. Häufig ist es jedoch anders als erwartet: raue Klippen, eine steife Brise von der See und sehr oft Regen, Regen, Regen ...

• *Verbindungen* Die Lizard-Halbinsel ist nicht einfach mit öffentlichen Verkehrsmitteln zu erkunden. Nur mit dem **Pkw** oder mit einem **Fahrrad** kann man in die entlegensten Ecken fahren. Wer auf den **Bus** angewiesen ist, kann vom „Verkehrsknoten-punkt" Helston mit Bus 2 (von Falmouth nach Penzance) nach Porthleven fahren. Bus T1 (von Truro) fährt durch Helston und Mullion zum Ort The Lizard. Ferner verbinden die Busse T2/3 siebenmal täglich (Mo–Fr) Helston mit St Keverne und Coverack.

Cadgwith: Außerhalb der Saison ein verschlafenes Nest mit einer Hand voll reetgedeckter Häuser und einem Miniaturhafen. Die Boote stehen fast schon auf der engen Straße, die durch den hübschen Fischerort führt.

Mullion: Rund zehn Kilometer von Helston entfernt und das größte Dorf auf der Halbinsel Lizard. Eine Meile weiter befindet sich an der Mullion Cove ein winziger Hafen mit Schmugglervergangenheit. Surfer bevorzugen die benachbarten Strände Polurrian und Poldhu.

Kynance Cove: Inmitten einer beeindruckend schönen Landschaft an der Westküste liegt die Bucht Kynance Cove, die allerdings nur über eine Privatstraße zu erreichen ist. Bei Ebbe kann man hinüber nach *Asparagus Island* laufen. Die See hat unzählige Höhlen in die hohen Klippen gewaschen, jede davon trägt einen Namen: *The Kitchen*, *The Drawing Room* oder *The Devil's Mouth*. Überragend ist der Blick auf die steile Felsküste. Unterhalb befindet sich ein schöner Sandstrand, an den man über einen kleinen Pfad gelangt. Bei Wind und Regen ist es hier besonders aufregend, weil man dann meist alleine ist und sich buchstäblich gegen die starke Brise stemmen muss, um nicht umgeblasen zu werden.

Coverack: Schon etwas touristischer, obwohl der Ort selbst viel Charakter bewahrt hat. Ein paar Häuser verteilen sich über die breite, felsige Bucht.

• *Jugendherberge* **Parc Behan** ist eine Jugendherberge auf der Lizard Peninsula. Sie liegt wunderschön oberhalb des kleinen Ortes Coverack und bietet einen großartigen Blick auf die Küste. Erwachsene ab £ 14, Jugendliche ab £ 10.50. Im Winter geschlossen. School Hill, Coverack, ✆ 0845/3719014, ✆ 0845/3719015. coverack@yha.org.uk. Direkt am **Lizard Point** gibt es eine Jugendherberge in einer einstigen viktorianischen Villa. Leserin Marianne Pfaff schwärmte von dem wunderschönen Ausblick und lobte die Herberge in den höchsten Tönen. Von Nov. bis März geschlossen. Erwachsene ab £ 14, Jugendliche ab £ 10.50. ✆ 0845/3719550, ✆ 0870/7706121. lizard@yha.org.uk.

Wandern auf dem Cornwall Coast Path

Wer gut zu Fuß ist, kann The Lizard auf Schusters Rappen umrunden. Der etwa 55 Kilometer lange Küstenpfad führt von Falmouth bis Porthleven. Die schönste Strecke mit zahlreichen Buchten ist der Weg von Church Cove am Lizard Point vorbei zur Kynance Cove. Wer die gesamte Strecke erwandert, kann sich neben einer guten Karte die Broschüre *Cornwall Coast Path*, eine Publikation des Cornwall Tourist Board (Municipal Building, Truro, ✆ 01872/74555), besorgen, in der sämtliche Wanderwege durch Cornwall detailliert beschrieben sind. Eine gute Hilfe ist auch *Bartholomew Map & Guide* „Walk the Cornish Coastal Path" für rund £ 6 (in den Tourist Offices oder im Buchhandel erhältlich).

Lizard Point: Der südlichste Punkt Großbritanniens. Der Ort besteht aus ein paar Bauernhöfen, einem Restaurant, Cafés und Souvenirbuden sowie einem großen,

Südwestengland Karte S. 274/275

ausnahmsweise gebührenfreien Parkplatz. Zum Lizard Point sind es nur wenige Fußminuten, etwas weiter östlich steht ein Leuchtturm aus dem Jahre 1752. Er besitzt eines der stärksten Leuchtfeuer der Welt.

Penzance

Penzance liegt geschützt an der Mount's Bay. Große Temperaturschwankungen gibt es hier nicht, und der Golfstrom lässt sogar im Winter Blumen blühen, die in anderen Landesteilen erst im Mai oder Juni zu sehen sind. In den städtischen Morrab Gardens wachsen subtropische Pflanzen in einer solchen Fülle, wie man sie in England kaum erwartet.

Das Rathaus von Penzance

Penzance ist die größte Stadt an der cornischen Riviera. Wichtig ist sie als Ausgangspunkt für die gesamte *Penwith-Halbinsel* und für einen Ausflug zu den *Isles of Scilly*. Wer in der Hochsaison durch Cornwall reist, wird in Penzance mit großer Wahrscheinlichkeit noch eine Unterkunft finden. Im Gegensatz dazu sind die kleinen Orte und Fischerdörfer zu dieser Zeit fast alle überlaufen. Die Geschichte der Stadt reicht zurück bis ins 11. Jahrhundert, als hier eine kleine Siedlung entstand. 1595 landeten Spanier in der Gegend und plünderten den Ort. 1614 wurde Penzance zur Stadt erklärt. Piraten aus Frankreich, Algerien und sogar aus der Türkei griffen den Ort noch bis zur Mitte des 18. Jahrhunderts an. 1859 erreichte die Eisenbahn Penzance, und die Zahl der Besucher stieg stetig an. Im Zweiten Weltkrieg richteten deutsche Bomben viel Schaden an.

Von Penzance führt der *Cornwall Coast Path* etwa 24 Kilometer eine beeindruckende Küste entlang, bis das Land tatsächlich aufhört (Land's End). Über ganz enge cornische Straßen kann man auch mit dem Wagen hierher fahren, wenn es nicht gerade ein amerikanischer Straßenkreuzer ist.

*I*nformation/*V*erbindungen/*D*iverses

• *Information* **Tourist Information Centre**, der kostenlose Prospekt „The West Cornwall Holiday Magazine" beinhaltet ein Unterkunftsverzeichnis und praktische Tipps zum Erkunden der Umgebung. Station Approach, Penzance, Cornwall TR18 2NF, ✆ 01736/362207. www.penzance.co.uk bzw. www.go-cornwall.com.

• *Einwohner* 20.000 Einwohner.

• *Verbindungen* **Bus** – Fernbusse der Western National fahren in alle Richtungen ab Albert Pier, Wharf Road (Infos unter ✆ 01209/719988); National Express nach London über Heathrow (✆ 08705/808080, www.nationalexpress.com). Bus 2 und 2A nach Falmouth (40 km). Nahverkehrsbusse fahren regelmäßig über die Penwith-Halbinsel: Bus 1 nach Land's End (16 km), Bus 2 nach

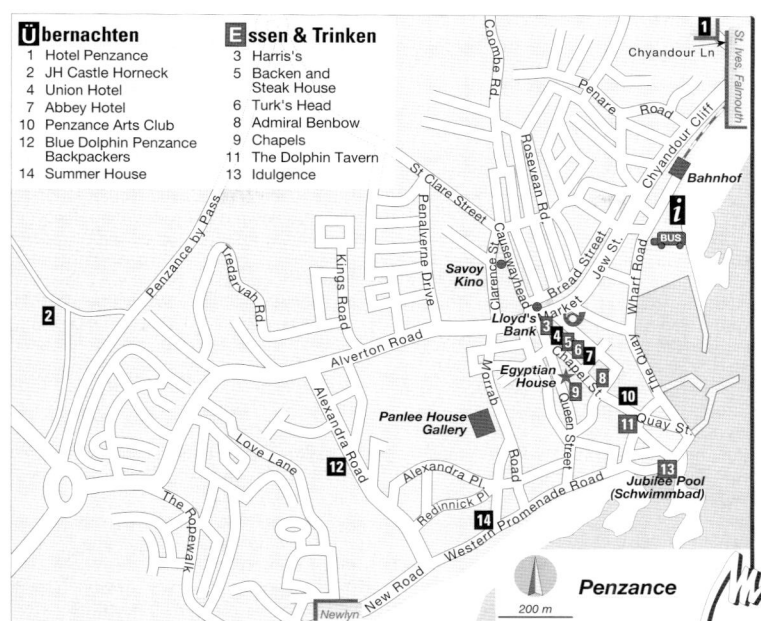

Ü bernachten
1 Hotel Penzance
2 JH Castle Horneck
4 Union Hotel
7 Abbey Hotel
10 Penzance Arts Club
12 Blue Dolphin Penzance
Backpackers
14 Summer House

E ssen & Trinken
3 Harris's
5 Backen and
Steak House
6 Turk's Head
8 Admiral Benbow
9 Chapels
11 The Dolphin Tavern
13 Idulgence

Südwestengland
Karte S. 274/275

Helston (21 km), Bus 8 nach Hayle (12 km), Bus 6B nach Mousehole (5 km), Bus 16, 17, 17A nach St Ives (16 km), Bus 2, 2A zum St Michael's Mount (5 km).

Zug – Penzance ist die Endstation der Eisenbahnlinie von London. Bahnhof in der Wharf Road; regelmäßig fahren Züge über Truro und Plymouth sowie nach London Paddington (10 Verbindungen tgl.). Wer nach St Ives reisen will, muss in St Erth umsteigen. Nach Falmouth wechselt man den Zug in Truro, nach Newquay in Par.

Schiff – Tgl. Verbindungen zu den Isles of Scilly. www.nationalrail.co.uk.

●*Fahrradverleih* **Cycle Centre**, Mountainbikes und mehr findet man hier in der New Street, ℰ 01736/351671.
www.cornwallcyclecentre.co.uk.

●*Schwimmen* **Jubilee Pool**, Seewasserschwimmbad (gechlort) im Art-déco-Stil aus dem Jahre 1935. 200 Meter westlich des Hafens. Mitte Mai bis Mitte Sept. geöffnet. Eintritt: £ 4, erm. £ 2.90.

Übernachten

Entlang der Küste befinden sich vor allem die teuren Hotels. Die preiswerteren konzentrieren sich überwiegend in und um die Alexandra Road. Man spart viel Zeit, wenn man in der Saison zunächst in dieser Straße ein Zimmer sucht.

Penzance Arts Club (10), in einem Haus aus dem 18. Jh., das einst die portugiesische Botschaft beherbergte, befindet sich ein sehr unkonventionelles Hotel mit plüschigen Zimmern, eher ein Künstlertreff mit Restaurant, das Biokost serviert. Gelegentlich finden Jazzkonzerte und Lesungen statt. B & B ab £ 45 pro Person im DZ. Chapel House, Chapel Street, ℰ/℈ 01736/363761,

www.penzanceartsclub.co.uk.

Abbey Hotel (7), kleines, stilvolles Hotel in einem himmelblau gestrichenen Haus aus dem 17. Jh., das dem einstigen Supermodel Jean Shrimpton und ihrem Ehemann gehört. Die Zimmer sind mit Geschmack und viel Liebe fürs Detail im englischen Landhausstil eingerichtet. Schöner Garten. B & B ab £ 65 pro Person in der Nebensaison, EZ ab £ 90, unter der Woche kann man 3 Nächte zum Preis von 2 verbringen. Abbey Street, ℡ 01736/366906, ℻ 01736/351163, www.theabbeyonline.co.uk.

Hotel Penzance (1), wunderschönes Hotel mit mediterranem Garten oberhalb der Stadt. Stilvolle Zimmer mit Charme und Flair sowie ein ansprechendes Restaurant. B & B im DZ je nach Ausstattung £ 75–90, im EZ £ 82–85. Britons Hill, ℡ 01736/363117, ℻ 01736/350970, www.hotelpenzance.com.

Union Hotel (4), eher zünftige Unterkunft mit einem rustikalen Pub. 1805 wurden hier Nelsons Tod und der Sieg von Trafalgar zum ersten Mal öffentlich verkündet. WLAN. Die Zimmer (B & B ab £ 40 im EZ, ab £ 32.50 im DZ) nach hinten blicken teilweise zum St Michael's Mount. Chapel Street, ℡/℻ 01736/362319, www.unionhotel.co.uk.

Summer House (14), das kleine Hotel unweit des Meeres verspricht mediterranen Lebensstil in einem Regency-Ambiente. Schöne Terrasse. Das ausgezeichnete Restaurant ist bekannt für seine leichte Küche. Die Zimmer mit den schönen Bädern sind in Pastelltönen gehalten. Nur von April bis Okt. geöffnet. EZ £ 105, DZ ab £ 60 (jeweils B & B). Cornwall Terrace, ℡ 01736/363744, ℻ 01736/360959,

www.summerhouse-cornwall.com.

Blue Dolphin Penzance Backpackers (12), die Alternative zur Jugendherberge, zentrale Lage, nette Lounge, Gemeinschaftsküche. Kostenloses WLAN. Übernachtung im Schlafsaal £ 15, DZ ab £ 16 pro Person. Alexandra Road, ℡ 01736/363836, ℻ 01736/363844, www.pzbackpack.com.

● *Jugendherberge* **Castle Horneck (2)**, die hübsch gelegene Jugendherberge liegt an der Alverton Road, ca. eineinhalb Kilometer in Richtung Land's End, dann nach dem strohgedeckten Haus rechts weg. Freundliche Herbergseltern. Erwachsene ab £ 14, Jugendliche ab £ 10.50. Ganzjährig geöffnet, außer Weihnachten und Januar. Nebenan auf der Wiese kann man für den halben Erwachsenenpreis zelten. Alverton, ℡ 0845/3719653, ℻ 01736/362663, penzance@yha.org.uk.

● *Camping* Das Tourist Office führt eine Liste mit Campingplätzen der Umgebung.

Bone Valley Park, kleiner, aber gut ausgestatteter Campingplatz mit schönen Parzellen im Norden von Penzance. WLAN. Für einen Stellplatz und zwei Personen zahlt man ab £ 10. Ganzjährig geöffnet. Heamoor, ℡ 01736/360313, www.bonevalleyholidaypark.co.uk.

Essen/Trinken (siehe Karte S. 335)

Harris's (3), eine alteingesessene Adresse für Gourmetliebhaber, die einen perfekt gegrillten Seeteufel (*monk fish*) mit Pilzrisotto für £ 18.50 zu würdigen wissen. In einer kleinen Seitenstraße mitten im Zentrum. ℡ 01736/364408. Sonntag und Montag Ruhetage. New Street.

Chapels (9), ansprechende Mischung zwischen Restaurant und Café mit großem Tresen. Ansprechende Küche (Zwei-Gänge-Menü £ 12, drei Gänge 15). Sonntag ab 19 Uhr Jazz. 12 Chapel Street, ℡ 01736/350222. www.chapelstbrasserie.com.

Admiral Benbow (8), ein Haus aus dem 16. Jh. Die Räume, die auf zwei Etagen verteilt sind, haben Seefahrtsgerät und Wrackteile an den Wänden. In gemütlicher Pub-Atmosphäre wird eine ordentliche Auswahl an Bar Meals angeboten (£ 9–11), abends ab £ 12. 46 Chapel Street, ℡ 01736/363448.

Turk's Head (6), das älteste Pub in Penzance mit einem Schmugglertunnel direkt zum Hafen. Das Pub ist bekannt für sein ausgezeichnetes Essen, teilweise mit un-

gewöhnlichen Kreationen, Hauptgerichte ca. £ 10. Ebenfalls in der Chapel Street, Hausnummer 19, ℡ 01736/363093.

Idulgence (13), nettes Café direkt am Jubilee Pool, schöne sonnige Terrasse, serviert kleine Gerichte und Snacks. Tgl. ab 10 Uhr geöffnet. Wharf Road, ℡ 0777/9998590. www.poolside-indulgence.co.uk.

Backen and Steak House (5), dieses in einem Hinterhof gelegene Restaurant hat sich der Zubereitung saftiger Steaks verschrieben, wobei Wert auf regionale Produkte gelegt wird. Sonntag Ruhetag. Chapel Street. ℡ 01736/331331. www.bakehouserestaurant.co.uk.

The Dolphin Tavern (11), führt im Ganzen zehn Biersorten. Natürlich befindet sich auch hier Nautisches an den Wänden, die zusätzlich Bullaugen zieren. Das Frühstück kann den ganzen Tag über bestellt werden. Ansprechende Zimmer, B & B für £ 42.50 im Sommer, im Winter günstiger. Quay Street (an den Docks), ℡ 01736/364106. www.dolphintavern.co.uk.

Sehenswertes

Egyptian House: Das Egyptian House (erbaut 1830) in der Chapel Street mit seinen trapezförmigen Fenstern ist eines der eigenartigsten Gebäude in Cornwall. Der Architekt John Foulston zollte der Ägyptenbegeisterung seiner Zeit Tribut und entwarf die dreistöckige Fassade nach dem Vorbild der Egyptian Hall auf dem Piccadilly.

Penlee House Gallery and Museum: Das Museum besitzt eine umfangreiche Kollektion von Gemälden der 1884 von Stanhope Forbes gegründeten Newlyn School, zumeist impressionistische Küstenszenen.

Morrab Road. Tgl. außer So 10.30–16.30 Uhr, von Ostern bis Sept. tgl. außer So 10–17 Uhr. Eintritt: £ 3, erm. £ 2, Sa freier Eintritt! www.penleehouse.org.uk.

Umgebung von Penzance

St Michael's Mount: Das englische Pendant zum Mont-Saint-Michel in der Normandie. Die Ähnlichkeit ist nicht zufällig: Edward the Confessor übergab um 1050 eine auf dem Granitfelsen stehende Kapelle den Benediktinermönchen vom Mont-Saint-Michel, woraufhin diese nach dem normannischen Vorbild eine zweite Abtei gründeten. Das trutzige Kloster war auch von militärischer Bedeutung: So ließ Heinrich V. den Bau im Hundertjährigen Krieg befestigen. Als Heinrich VIII. landesweit die Klöster aufgelöst hatte, stand dem Ausbau der Insel zu einem Fort nichts mehr entgegen. Nach dem englischen Bürgerkrieg ging die Burg in den Besitz der Familie St Aubyn über. Die Familie – Marmorbüsten und Porträts von den Angehörigen sind in mehreren Räumen zu bewundern – ließ das Kloster zum Wohnsitz umbauen, so dass von der ursprünglichen Ausstattung nur noch wenig erhalten geblieben ist. Sehenswert ist übrigens auch der im 18. Jahrhundert angelegte Felsengarten, der das gesamte Schloss umgibt. Noch ein Hinweis: Zu Fuß zu

Südwestengland
Karte S. 274/275

Märchenhafte Kulisse: St Michael's Mount

erreichen ist die Insel nur bei Ebbe über einen gepflasterten Damm. Bei Flut fahren Boote (£ 1.50) ab Marazion.

April bis Okt. tgl. außer Sa 10.30–17.30 Uhr, im April und Okt. nur bis 17 Uhr, der Garten ist von Mai bis Juni Mo–Fr 10.30–17.30 Uhr sowie von Juli bis Okt. Do und Fr 10.30–17.30 Uhr geöffnet. Eintritt: £ 7, erm. £ 3.50, Garten £ 3.50, erm. £ 1.50. www.stmichaelsmount.co.uk.

Newlyn: Der westliche Nachbarort von Penzance ist der bedeutendste Fischereihafen Cornwalls. Tag für Tag löschen mehr als 100 Tiefseetrawler ihren nächtlichen Fang. Und so verwundert es auch nicht, dass die hiesige Fischfabrik die einzige in England ist, in der noch *pilchards* (Riesensardinen) verarbeitet werden. Kunstkenner erinnern sich gerne daran, dass sich in Newlyn gegen Ende des 19. Jahrhunderts eine Künstlerkolonie gebildet hatte, zu der Stanhope Forbes, Walter Langley, Norman Garstin und Elisabeth Armstrong gehörten.

Mousehole: Wer von Newlyn aus der Küste folgt, kommt unweigerlich nach Mousehole: Eine einzige Straße führt in den Ort hinunter und auf der anderen Seite wieder hinauf. Mousehole („Mausl" ausgesprochen) ist ein verträumtes Nest mit kleinem Hafenbecken und viel Atmosphäre. Der Geruch von Tang und Algen liegt in der Luft. In Mousehole starb 1777 übrigens Dorothy Pentreath, diejenige Frau, von der behauptet wird, sie sei die letzte Muttersprachlerin des Cornischen gewesen.

Wanderung zum Tater-Du Lighthouse

Ein hübscher Spaziergang führt ca. 2,5 Kilometer durch eine beeindruckende Klippenlandschaft zum Leuchtturm Tater-Du. Oben an der Straße am Ausgang des Tales (auf der rechten Seite) stehen Relikte aus der geheimnisvollen keltischen Vergangenheit: Die zwei etwa vier Meter hohen Steine heißen *The Pipers* und *The Merry Maidens*; nicht weit entfernt auf der linken Seite sind 19 weitere Steine in einem Kreis angeordnet. Die Legende erzählt, dass es sich dabei um junge Mädchen handelt, die das Sonntagstanzverbot missachtet hatten und deshalb in Stein verwandelt wurden.

Porthcurno: Ein Freilichttheater in atemberaubender Umgebung befindet sich in dem kleinen Ort Porthcurno. *The Minack Theatre* liegt versteckt zwischen steilen Granitklippen direkt über dem Meer. Die Theater-Enthusiastin *Rowena Cade* mauerte eigenhändig fast fünfzig Jahre lang Bühne und Sitzreihen in die Klippen. So entstand das Minack Theatre nach dem Vorbild eines griechischen Amphitheaters. Zur Eröffnung wurde 1932 sinnigerweise Shakespeares „Sturm" gespielt. Seither finden hier in den Sommermonaten regelmäßig Aufführungen statt (Regenschutz, Decke und Sitzkissen nicht vergessen!). Das Donnern der Brandung und die melancholische Verfärbung des Abendhimmels spielen dann mit, als wäre es hundertmal geprobt.

● *Anfahrt* Auch mit den Western National Bussen Nr. 1, 1A und 1C ab Penzance bis Porthcurno möglich. Von dort etwa 20 Minuten Fußmarsch.

● *Öffnungszeiten* Die Spielzeit dauert 17 Wochen von Mai bis Sept. Einer der 750 Plätze kostet für Erwachsene £ 8 oder £ 9 und für Kinder unter 16 Jahren £ 5 oder £ 4; Parkplätze für Pkws sind vorhanden. Aufführungen finden Mo–Fr um 20 Uhr sowie Mi und Fr um 14 Uhr statt. Spielpläne hält das Tourist Office in Penzance bereit. Eintrittskarten können unter ☎ 01736/810181 (nur während der Spielzeit) vorbestellt werden (Kreditkarte erforderlich) oder 90 Minuten vor einer Aufführung erstanden werden. Buchungen im Internet sind ebenfalls möglich (www.minack.com).

Das Exhibition Centre ist von April bis Sept. tgl. 9.30–17.30 Uhr, im Winter tgl. 10–16 Uhr geöffnet. Eintritt: £ 3.50, erm. £ 2.50 oder £ 1.40.

Aufführungen im Minack Theatre sind unvergesslich

Land's End: Touristennepp in großem Stil. Hier gerät auch dem bestgelaunten Englandfan das Lächeln zur Grimasse. Der westlichste Zipfel der Britischen Insel besteht aus einem Vergnügungspark und dem dazugehörigen Parkplatz. *The Land's End Experience* wurde 1987 eingerichtet und präsentiert eine wenig überzeugende Multimedia-Show. Will man das Gelände dieser Einrichtung betreten, wird der Geldbeutel nicht unerheblich geschmälert (Parken kostet £ 3). Ganze Busladungen voll Touristen strömen hierher. Das „Ende des Landes" bietet nichts, was andere Stellen Cornwalls nicht auch haben: eine schöne Klippenlandschaft mit Wanderwegen, eine Aussicht, die nicht weiter reicht als anderswo, Möwen, die nach Brotresten suchen, klickende Kameras, bellende Hunde, Oma, Opa, Tante Gerda und die Klasse 5 b der Comprehensive School in Danby. Daher ein Tipp: Wer dem Trubel und den vielen Bussen entgehen will, sollte in Sennen Cove oder Sennen Harbour parken, um von dort auf dem Coast Path in südlicher Richtung in einer halben Stunde nach Land's End zu gelangen (www.landsend-landmark.co.uk).

Wanderung von Land's End nach Lamorna

Eine Alternative für Reisende mit mehr Zeit und vernünftigen Schuhen ist der Coastal Path zwischen Land's End und Lamorna Cove. Dabei handelt es sich um einen 12-Meilen-Fußmarsch (ca. 20 km) an einem der schönsten Küstenabschnitte Cornwalls. Manchmal hat man in den Klippen das Meer beinahe 30 Meter direkt unter sich. Der Schwierigkeitsgrad ist mäßig, so dass einem Familienwandertag nichts entgegensteht.
Besonders im ersten Abschnitt zwischen Land's End und Porthgwarra gibt es mehrere stille, kleine Buchten. *Porthgwarra* selbst ist ein winziges Fischerdorf, von der Küste durch Klippen getrennt, durch die zwei Tunnel getrieben wurden. Der vielleicht schönste Strand überhaupt kommt dann in *Porthcurno*. Naturliebhaber entdecken auf einer solchen Wanderung ungewöhnliche Pflanzen und seltene Vögel, beispielsweise Papageientaucher oder Eissturmvögel.

Von Land's End nach St Ives

Von Land's End führt der Coast Path zur *Whitesand Bay*, einer Bucht mit einem etwa eineinhalb Kilometer langen Strand. Wem das Schwimmen zu langweilig ist, der kann sich an der südlichen Bucht in **Sennen Cove** ein Surfbrett zum Wellenreiten mieten. Ein weiterer schöner Strand befindet sich vier Kilometer weiter nördlich am Cape Cornwall. In dieser Gegend baute man bis vor einigen Jahren Zinn und Kupfer ab. Einige verlassene Bergwerke mit eingefallenen Gebäuden und Schornsteinen zeugen von dieser Epoche. **St Just** war Zentrum der hiesigen Zinn- und Kupfergewinnung. Die Bergarbeiter wohnten in grauen Reihenhäusern, die noch heute das Stadtbild prägen.

Rund fünf Kilometer nordöstlich von St Just liegen die beiden Dörfer **Trewellard** und **Pendeen**. Bis 1990 wurde hier noch Zinn gewonnen, dann war man wegen sinkender Zinnpreise auf dem Weltmarkt nicht mehr konkurrenzfähig und die bis zu 700 Meter tiefen Schächte wurden geschlossen. Das Bergwerk **Geevor Tin Mine** wurde inzwischen zu einer Besucherattraktion umgewandelt: Man kann einen engen, waagerechten Schacht im Rahmen einer Führung begehen und sich selbst einen Eindruck von der Arbeit in den Stollen verschaffen. Außerdem gibt es auf dem Gelände der Geevor Tin Mine noch ein Museum zur Zinnverarbeitung.

Ostern bis Okt. tgl. außer Sa 9–16 Uhr, im Winter 10–15 Uhr. Eintritt: £ 9, erm. £ 4.50. www.geevor.com.

Weiter geht es bis **Zennor**, einem kleinen Dorf mit einer Kirche aus dem 15. Jahrhundert und dem *Freilichtmuseum Wayside Inn*, das das Leben in Cornwall von prähistorischen Zeiten bis heute dokumentiert. Anfassen und ausprobieren erlaubt! Im Jahre 1916 lebte der Schriftsteller D. H. Lawrence zusammen mit seiner Frau Frieda für eineinhalb Jahre in Zennor und arbeitete an „Women in Love". Einfache und günstige Übernachtungsmöglichkeiten (£ 17.50 pro Person) bietet das Old Chapel Backpackers Hostel (☏ 01736/798307, www.backpackers.co.uk/zennor).

Freilichtmuseum Wayside Inn: Mai bis Sept. tgl. außer Sa 10.30–17.30 Uhr; im April und Okt. tgl. außer Sa 11–17 Uhr. Eintritt: £ 3.

Isles of Scilly

Nur 20 Minuten mit dem Hubschrauber von Penzance entfernt liegen mitten im Golfstrom die südlichsten Inseln Großbritanniens. Von Land's End sind es 45 Kilometer Luftlinie. Nur fünf Inseln sind bewohnt, wobei St Mary's mit rund 1.600 Einwohnern die größte ist.

Nachdem der Schiffsbau nichts mehr einbrachte, haben sich die insgesamt knapp 2000 Bewohner der Inselgruppe auf den Tourismus und die Blumenzucht verlegt – wie es aussieht, recht erfolgreich. Wer Abgeschiedenheit und Ruhe sucht, sollte den Inseln einen Besuch abstatten, es wird sich lohnen – nur möglichst nicht im Juli oder August. Übernachtungsgelegenheiten sind nur begrenzt vorhanden, also rechtzeitig vorher buchen.

●*Information* **Tourist Information Centre**, Hugh Street, Hugh Town, St Mary's, Isles of Scilly, Cornwall TR21 0LL, ☏ 01720/422536, ✆ 01720/423782, www.simplyscilly.co.uk.

●*Verbindungen* **Fähre** – Von Penzance fährt das Passagierschiff *Scillonian III*

St Mary's an, die größte der ca. 140 Inseln vor Englands Westspitze. Es ist eine teure Angelegenheit, die Inseln zu besuchen. Der günstigste Tarif (Day Trip) beträgt immerhin £ 35 für Erwachsene oder £ 17.50 für Kinder bis 16 Jahre. Die Fahrtzeit beträgt 2 Std.

und 40 Min., so dass der Aufenthalt auf der Insel nur kurz bemessen ist. Es stellt sich die Frage, was man von ein paar Stunden auf St Mary's hat. Eine normale Rückfahrkarte kostet £ 95 bzw. £ 47.50 (unter 16). Die Schiffe verkehren Mo–Fr (im Sommer auch Sa). Einen Fahrplan gibt es beim Tourist Office, zumeist ist die Abfahrt um 9.15 Uhr ab Penzance bzw. um 16.30 Uhr ab St Mary's; Auskünfte und Buchungen direkt bei: Isles of Scilly Travel Centre, 16 Quay Street, Penzance, ✆ 0845/7105555, www.ios-travel.co.uk.

Flugzeug – Dieselbe Gesellschaft betreibt auch den Skybus (zweimotorige Flugzeuge), der u. a. vom Land's End Aerodrome, Exeter, Newquay, Plymouth oder Bristol zur Insel St Mary's fliegt. Die Reise dauert je nach Abflugort zwischen 15 und 70 Min., ist dafür aber um einiges teurer als die mit dem Schiff. Same Day Return kostet von Land's End £ 86, von Exeter £ 230 und von Newquay £ 96. Mit einem normalen Rückflugticket ist es noch teurer. Kinder bis 16 Jahre erhalten rund 30 Prozent Ermäßigung. Wer will, kann es spontan mit dem günstigen Stand-by-One-Way-Ticket versuchen. Informationen ebenfalls über ✆ 0845/7105555. www.ios-travel.co.uk.

Hubschrauber – Eine weitere Möglichkeit, die Inseln anzufliegen, bieten die Hubschrauber der British International Ltd., ✆ 01736/363871. www.islesofscillyhelicopter.com. Abflug ab Heliport, einen Kilometer

östlich von Penzance. Der Flug dauert etwa 20 Minuten bis nach St Mary's und geht manchmal auch nach Tresco. Außer sonntags fliegen die Sikorsky-S61-Hubschrauber bis zu 12-mal am Tag, je nach Saison. Flugpreise: Day Return ab £ 96, Normal Single £ 87.50, Normal Return bis zu £ 175. Zwischen Okt. und März kann man ein Saver-Return-Ticket relativ günstig für £ 145 erstehen.

● *Verbindungen zwischen den Inseln* Zu den anderen Inseln fahren von St Mary's regelmäßig **Boote**. Fahrpläne gibt es am Kai in Hugh Town, wo die Boote ablegen. Nach Tresco fahren die Boote täglich um 10, 10.15, 11.15, 12 und 14 Uhr. Rückfahrt um 14.15, 16 und 16.45 Uhr. Kosten: £ 11.

● *Verbindungen auf den Inseln* Nur auf St Mary's gibt es öffentliche **Busse**.

● *Übernachten* Auf den Isles of Scilly gibt es einige Hotels und B & Bs, die aber relativ teuer sind. Eine Übernachtung ist kaum unter £ 30 pro Person zu haben, zumeist wird zudem nur mit Halbpension vermietet. Die größte Schwierigkeit ist jedoch, überhaupt ein Zimmer zu bekommen.

● *Camping* Bestausgestatteter Zeltplatz der Isles of Scilly ist die **Garrison Farm**, St Mary's, ✆ 01720/422670. Übernachtung ab £ 7.25 pro Person. www.garrisonholidays.com. Auf den Inseln St Martin's, St Agnes und Bryher gibt es einfache Zeltplätze.

Südwestengland Karte S. 274/275

Isles of Scilly – ein Stück Cornwall?

Die Legende erzählt, dass ein großes Reich in den Fluten versank, als King Arthur vom Verräter Mordred niedergemacht wurde. „Long, long ago", heißt es, und das könnte auch sehr lange vor Beginn unserer Zeitrechnung gewesen sein. Vielleicht ist etwas Wahres an der Legende, denn die Inseln bilden die geologische Verlängerung der Bergkette von Cornwall.

Wahrscheinlich waren die heutigen Isles of Scilly die von dem griechischen Historiker Strabo beschriebenen „Cassiterides" (= Zinninseln) der Phönizier, die hier nach diesem Metall suchten. Den Römern dienten die *Insula Sylina* als Verbannungsort, den Dänen als Stützpunkt für Kaperfahrten in den Bristol Channel. Unter den Normannen gehörten die nördlichen Inseln zur Abtei von Tavistock, die südlichen wurden von einem Lord für den englischen König verwaltet. Im 16. Jahrhundert machte der desertierte Admiral *Lord Seymour* die Inseln zum Zentrum der Piraterie, bis er wegen Hochverrats hingerichtet wurde. Im Bürgerkrieg hielten sich die königstreuen Inselbewohner bis 1651. Die Kanonenkugeln, die damals von den Republikanern abgefeuert wurden, sind heute noch in den Gärten von Tresco zu sehen. Karl II. suchte nach seiner Flucht aus Falmouth 1645 hier Zuflucht.

Die Kanone des Star Castle

St Mary's

St Mary's ist die größte Insel des Archipels. Hier befinden sich die meisten Unterkünfte. Hauptstadt der Insel ist *Hugh Town* im Südwesten. Fähren von Penzance legen im Norden der Stadt an. Westlich von Hugh Town ragt die Halbinsel *The Garrison* ins Meer hinein.

Aus Angst vor einem Angriff der spanischen Armada erbaute man im 16. Jahrhundert auf einem Hügel *Star Castle*. Die Burg erhielt ihren Namen wegen der sternenförmigen Mauer, die das Gebäude umgibt. Die Wehrhaftigkeit musste der Gastfreundlichkeit weichen, und aus der Festung wurde ein Hotel der Spitzenklasse. Wer es sich leisten kann (B & B um £ 80 pro Person, ✆ 422 317, www.starcastlescilly.demon.co.uk), übernachtet hier. Ansonsten genießt man einfach die gute Aussicht über die gesamte Inselgruppe.

Ab Hugh Town führt ein Wanderweg zum südlich gelegenen *Peninnis Headland*. Dabei geht es vorbei an beeindruckenden Felsformationen bis zum Leuchtturm ganz im Süden. Entlang der Küste geht es Richtung *Old Town*, der ehemaligen Hauptstadt von St Mary's. Einige Cafés und ein Badestrand laden zum Verweilen ein. Der Küstenweg zieht sich südlich am Flughafen entlang und an Giant's Castle (Burgruinen) vorbei zur Porth-Hellick-Bucht. Nach einer Schiffskollision, die im Jahr 1707 rund 1700 Menschenleben forderte, wurde hier Sir Cloudesley Shovell an Land gespült. Heute trägt ein schroffer Granitfelsen am Strand seinen Namen. Nördlich liegt ein rund 4000 Jahre altes *Hügelgrab*, das vermutlich von Siedlern der Iberischen Halbinsel (Bronzezeit) stammt, die die Isles of Scilly als Erste bewohnten.

Tresco

Tresco, die zweitgrößte Insel, liegt etwa drei Kilometer nordwestlich von St Mary's. Boote machen meistens in *Carn Near*, dem südlichsten Punkt der Insel, fest. Vom Kai aus sind es ungefähr zehn Minuten zu Fuß zum *Abbey Garden* (tgl. 10–16 Uhr), der eine für England einmalige Fülle von Blumen und sogar tropische Pflanzen wie Bambus, Bananen, Agaven, Zimtbäume, Palmen usw. aufweisen kann. Mit der Eintrittskarte (£ 10) kommt man auch in die *Valhalla*, eine Sammlung von Galionsfiguren und anderen Kuriositäten.

Auf Tresco gibt es viele Sandstrände, von denen der schönste *Appletree Bay* (bei Carn Near) ist. Trotzdem gilt auch hier: In den Sommermonaten findet man kein Zimmer mehr. Die Engländer buchen ihre Hotels schon ein Jahr im Voraus. Ein weiterer schöner Strand liegt in *New Grimsby*, wohin man auch Bootsausflüge unternehmen kann. Etwa einen Kilometer nordwestlich von dort überblickt man vom *Charles' Castle* (16. Jh.) das Meer und die Nachbarinsel Bryher. Gleich daneben erhebt sich das besser erhaltene *Cromwell's Castle* (17. Jh.).

St Martin's

Auf St Martin's gibt es so gut wie keine Unterkunftsmöglichkeiten. Doch die herrlichen Sandstrände locken zu einem Tagesausflug von St Mary's aus. Die Anlegestelle liegt bei der *Higher Town Bay*, einem wunderschönen Sandstrand. Von hier aus führt eine Straße nach *Higher Town*, mit einigen Häusern und einem Geschäft die „Hauptstadt" der Insel. Im Osten, am *St Martin's Head*, dient der rot-weiße *Daymark* als Navigationshilfe für die Schifffahrt. An klaren Tagen sieht man von hier etwa zehn Kilometer draußen auf dem Meer eine Stelle, wo sich Wellen brechen. Dort liegt das *Seven Stones Reef*, auf das 1967 der Tanker *Torrey Canyon* lief und eine der schlimmsten Umweltkatastrophen der Welt verursachte.

St Agnes

St Agnes ist als die Vogelinsel unter den Isles of Scilly bekannt. Kormorane, Sturmtaucher, Krähenscharben und natürlich Möwen können hier beobachtet werden. Westlich vorgelagert liegen die *Western Rocks*, die im Rahmen von Bootstouren erkundet werden können. Auf den kleinen Inselchen tummeln sich auch Seehunde. Besucherboote legen auf St Agnes in *Porth Conger* an. Eine Straße zum westlichen Teil der Insel führt an einem der ältesten Leuchttürme Englands vorbei (1680).

Bryher

Bryher ist die „wildeste" der bewohnten Inseln: Farn-, Heide- und Moosflächen im Inneren, eine wellenbrechende Felsküste im Norden und friedliche Sandstrände im Süden. Das ganze Panorama ist vom *Watch Hill* zu überblicken. *Hell Bay* im Nordwesten ist die Stelle, wo die Wellen am spektakulärsten und am lautesten auf das zerklüftete Gestein treffen. Vom Kai (im Osten) werden Bootstouren unter anderem auch zur benachbarten Insel *Samson* angeboten.

St Ives

Mit seinen engen, gewundenen Gassen und den kleinen Häusern, die den steilen Hügel rund um den Hafen säumen, ist St Ives ein überaus attraktiver Ort, der im Hochsommer allerdings ziemlich überlaufen ist. Kultureller Höhepunkt ist fraglos ein Besuch der Tate Gallery.

St Ives ist nach der heiligen Ia benannt, die im 5. Jahrhundert die Kelten missioniert hat. Jahrhundertelang war der Ort das Zentrum der Sardinenfischerei, Virginia Woolf erlebte in ihrer Jugend noch eine „windige, lärmende, nach Fisch riechende, bewegte, enge Stadt; von der Farbe einer Muschel oder Schnecke; wie ein Klumpen Miesmuscheln auf einer grauen Mauer". Doch als die Sardinenschwärme bei ihren frühsommerlichen Wanderungen einen anderen Weg wählten, war es vorbei mit dem glitschigen Reichtum. Gewissermaßen als Entschädigung entwickelte sich St Ives in dieser Zeit zur renommiertesten englischen Künstlerkolonie.

In Tourismusprospekten wird St Ives als schönste Stadt Cornwalls gepriesen: malerische Lage, Kunstzentrum und darüber hinaus noch schöne Sandstrände. Und tatsächlich macht die Stadt einen idyllischen, fotogenen Eindruck. Subtropische Vegetation und das Flair einer Künstlerstadt erinnern fast an Südfrankreich, nur wirkt es hier alles etwas kühler britisch. In den engen Gassen der Altstadt herrscht eine

Südwestengland Karte S. 274/275

geschäftige Hektik. Verkauft werden Schnitzereien und Muschelketten von den Philippinen, Korbarbeiten aus China und natürlich auch cornisch angehauchter Nippes. Anspruchsvolle Kunstgalerien dürfen im einstigen Fischerviertel *Downalong* selbstverständlich auch nicht fehlen. Wer St Ives während der Vor- oder Nachsaison besucht, wird den Ort von seiner angenehmsten Seite kennenlernen. Zu dieser Zeit tummeln sich auch weniger Leute am malerischen Carbis Bay Beach. Den schönsten Blick über Stadt und Hafen hat man von der Straße The Terrace oben auf dem Hügel.

Künstler in St Ives

Die verträumte Bucht von St Ives übte auf Maler stets eine faszinierende Anziehungskraft aus. Der Amerikaner James Whistler und sein Schüler Walter Sickert „entdeckten" 1883 das Fischerdorf auf der Suche nach neuen Inspirationsquellen. Ein Beispiel, das Schule machte: Angezogen von den klaren Farben, der eigentümlichen Dramatik des Lichts und der rauen Landschaft, entstand in den Dreißigerjahren in St Ives eine regelrechte Künstlerkolonie, durch die der Ort auch überregional bekannt wurde. Zu den bekanntesten Mitgliedern gehörten Barbara Hepworth, Naum Gabo, Roger Hilton, Ben Nicholson, Bernard Leach und Patrick Heron. Einen hervorragenden Einblick in die Arbeiten der einstigen Künstlerkolonie bieten die Tate Gallery und das Barbara Hepworth Museum.

*I*nformation/*V*erbindungen/*D*iverses

• *Information* **Tourist Information Centre,** The Guildhall, Street-an-Pol, St Ives, Cornwall TR26 2DS, ✆ 01736/796297, ✉ 01736/798309, www.stives-cornwall.co.uk.

• *Einwohner* 11.100 Einwohner.

• *Verbindungen* **Bus** – Western-National-Busse starten am Busbahnhof am Hafen (The Malakoff); ✆ 01209/719988. Mit den Linien 16, 17, 17A und 17C kommen Sie nach Penzance. Cornwall Express fährt bis zu sechsmal täglich über Redruth, Truro, St Austell nach Plymouth. Nur im Sommer kommt man mit dem Bus 15 auf der Küstenstraße nach Land's End. National Express fährt dreimal täglich nach London (✆ 0871/7818181, www.nationalexpress.com).
Zug – Bahnhof an der Straße The Terrace, vielleicht der Bahnhof mit der besten Aussicht Englands. Information unter ✆ 08457/7484950. www.nationalrail.co.uk. Die Nebenlinie, die an der schönsten Eisenbahnlinien der Region gilt, führt an der Küste entlang von St Ives über Carbis Bay und Lelant nach St Erth. Von St Erth hat man dann wieder Anschluss in alle Richtungen (z. B. London Paddington). Manche Züge verbinden direkt

mit Penzance und weiter nach Plymouth.

• *Parken* Es gibt in St Ives kaum Parkmöglichkeiten (wenige Plätze am Bahnhof), so dass man am besten direkt zu dem gebührenpflichtigen Großparkplatz oberhalb der Trewidden Road (ausgeschildert) fährt. Von dort erreicht man mit dem Shuttlebus (£ 0.50) oder zu Fuß (20 Min.) den Hafen.

• *Leisure Centre* Mit Hallenbad und Fitnesscenter. Direkt am Großparkplatz an der Trewidden Road. www.stives-cornwall.co.uk/stives-leisure-centre.html.

• *Strände* Zusammen mit dem Nachbarort Hayle hat St Ives fünf, zum Teil sehr lang gestreckte Sandstrände. Der schönste unter ihnen ist ohne Zweifel die zwei Kilometer östlich gelegene **Carbis Bay**. Aber auch der **Porthmeor Beach** sowie der **Porthgwidden Beach** und **Porthminster Beach** in St Ives sind einen Besuch wert. Selbst im Hafenbecken kann gebadet werden.

• *Veranstaltungen* **St Ives September Festival of Music and the Arts**, Mitte September mit zahlreichen Musikaufführungen (Folk, Jazz und Blues) und Kinovorstellungen. www.stivesseptemberfestival.co.uk.

Übernachten (siehe Karte S. 346/347)

Die meisten Hotels sind an der B 3306 und in deren Parallelstraßen zu finden. Außerhalb des Ortes reihen sich vor allem Unterkünfte der gehobenen Kategorie die Carbis Bay entlang bis nach Hayle.

The Pedn-Olva Hotel (17), schon allein seine Lage direkt oberhalb des wunderschönen Porthminster Beach ist ein großer Vorteil. Das Panorama über die Bucht von St Ives ist fantastisch. Schon beim Frühstück kann man die Aussicht genießen. Ein kleiner, beheizter Pool verlockt auch an kalten Tagen zum Baden. Restaurant vorhanden (3-Gänge-Menü für £ 25). Die Zimmer sind großzügig ausgestattet und in hellen Farben gehalten. Wenige Parkplätze verfügbar. B & B je nach Saison ab £ 75 im DZ (im Sommer £ 85) bzw. ab £ 85 im EZ. Zimmer mit Balkon ab £ 8 Aufschlag. Porthminster Beach, ✆ 01736/796222, 📠 01736/797710, www.pednolva.co.uk.

The Garrack Hotel (12), wunderschönes Landhotel mit Hallenbad, Sauna und großem Garten am westlichen Ortsrand von St Ives. In den honigfarbenen Zimmern fühlt man sich sofort wohl. Gut zehn Fußminuten vom Hafen entfernt. B & B je nach Saison und Ausstattung ab £ 67 pro Person. Burthallan Lane, ✆ 01736/796199, 📠 01736/798955, www.garrack.com.

Primerose Valley Hotel (20), traumhaftes Boutique-Hotel in einer edwardinischen Villa am Porthminster Beach. Die Zimmer sind in einem ansprechenden, zeitgenössischen Stil (Retrolampen, Blumentapete etc.) eingerichtet, einige mit Meerblick, zwei mit Balkon. Schöner Frühstücksraum, Bio-Frühstück, kostenloses WLAN. B & B im DZ £ 50–82.50 pro Person, im Winter etwas günstiger. Porthminster Beach, ✆ 01736/794939, www.primroseonline.co.uk.

The Old Count House (19), in einem stattlichen Granithaus aus dem frühen 19. Jh. werden neun Zimmer vermietet. Von den meisten Räumen hat man einen Blick auf das Meer, das allerdings einen knappen Kilometer entfernt ist. Saunamöglichkeit gegen Aufpreis vorhanden. Wenig begeistert allerdings das mickrige EZ. Lage: nur unweit vom Kreisverkehr beim Leisure Centre (Großparkplatz). B & B ab £ 40. Trenwith Square, ✆ 01736/795369, 📠 01736/799109, www.theoldcounthouse-stives.co.uk.

Cornerways (3), in diesem Guesthouse war schon Daphne du Maurier zu Gast. Heute betreibt es Tim mit Liebe und Sorgfalt. Individuelle Zimmer mit schönen, schwarz gefliesten Bädern, von ganz oben hat man gar einen Blick auf das Meer. Zwei Parkplätze vorhanden. B & B je nach Zimmer und Saison £ 35–47.50. 1 Bethesda Place, ✆ 01736/796706. www.cornerwaysstives.com.

Mode im Erkerfenster

The Grey Mullet (5), unter Denkmalschutz stehendes Fischerhaus aus dem Jahre 1776, zum Teil mit Efeu berankt. Eine Kopfsteinpflastergasse führt von hier zum nahen Strand. B & B ab £ 30. 2 Bunkers Hill, ✆ 01736/796635, www.touristnetuk.com/sw/greymullet.

Tregony (8), hübsche Zimmer mit TV und En-suite-Ausstattung, (teilweise mit Meerblick) in einem Haus mit blauer Markise, hilfsbereite Besitzer, von Lesern gelobt. B & B £ 33 ohne, £ 35 mit Meerblick. Lage: beim Porthmeor Beach. 1 Clodgy View, ✆ 01736/795884, 📠 01736/798942, www.tregony.com.

Südwestengland Karte S. 274/275

Blue Mist (15), ebenfalls an der beliebten Fußgängerpromenade zum Hafen gelegen, die oberen Zimmer mit Meerblick. Ein Lesertipp von Barbara Liebold: „Das englische Frühstück ausgezeichnet und das ganze Ambiente in den Zimmern und im Frühstücksraum modern und sehr stilvoll." B & B £ 38, EZ-Zuschlag £ 15. 6 The Warren, ✆ 01736/793386, www.blue-mist.co.uk.

St Ives Backpackers (16), in einem historischen Gebäude (ehemalige Wesleyan Chapel) im Zentrum. Nicht gerade das Gelbe vom Ei, dafür zentral gelegen. Übernachtung im Schlafsaal je nach Saison ab £ 14.95 (Nebensaison). The Stennack, ✆ 01736/799444, www.backpackers.co.uk/st-ives.

● *Apartments* **Talland House**, in diesem stattlichen Anwesen verbrachte Virginia Woolf ihre Sommerferien. Heute werden hier drei schmucke Apartments vermietet, die je nach Größe und Saison zwischen £ 250 und £ 950 pro Woche kosten. Talland Road, ✆ 01736/755050. www.tallandhouse.co.uk.

● *Camping* **Ayr Holiday Park (14)**, weniger als einen Kilometer westlich vom Zentrum befindet sich dieser Zeltplatz. Über die B 3306 knapp 500 Meter Richtung St Ives, dann in die Bullans Lane einbiegen. Von hier hat man einen schönen Blick auf die Bucht. Nur von April bis Okt. geöffnet. Zweimannzelt ab £ 13. Higher Ayr, ✆ 01736/795855. www.ayrholidaypark.co.uk.

Essen/Trinken

Kleine Snacks wie etwa Cornish Pasty (Pastete mit Kartoffeln und Gemüse) kann man mittags in den Pubs essen. Besonders stilvoll ist das Sloop direkt am Meer (The Wharf). Das Pub soll bereits 1312 gebaut worden sein und steht unter Denkmalschutz.

Alba (13), als Museumsort zieht St Ives viele Kulturreisende an, die gerne auch im entsprechenden Ambiente tafeln. Das im Old Lifeboat House eingezogene Alba mit seinem zeitlos modernen Interieur erfüllt diese Ansprüche und hat darüber hinaus noch eine ansprechende Fischküche im Modern-European-Style zu bieten. Mittagsgerichte ab £ 9.95, abends Hauptgerichte ab £ 15.95. Zweigängiges Menü £ 13.95, drei Gänge £ 16.95 (bis 19 Uhr). Weitere Sitzplätze im 1. Stock. The Warf, ✆ 01736/797222. www.thealbarestaurant.com.

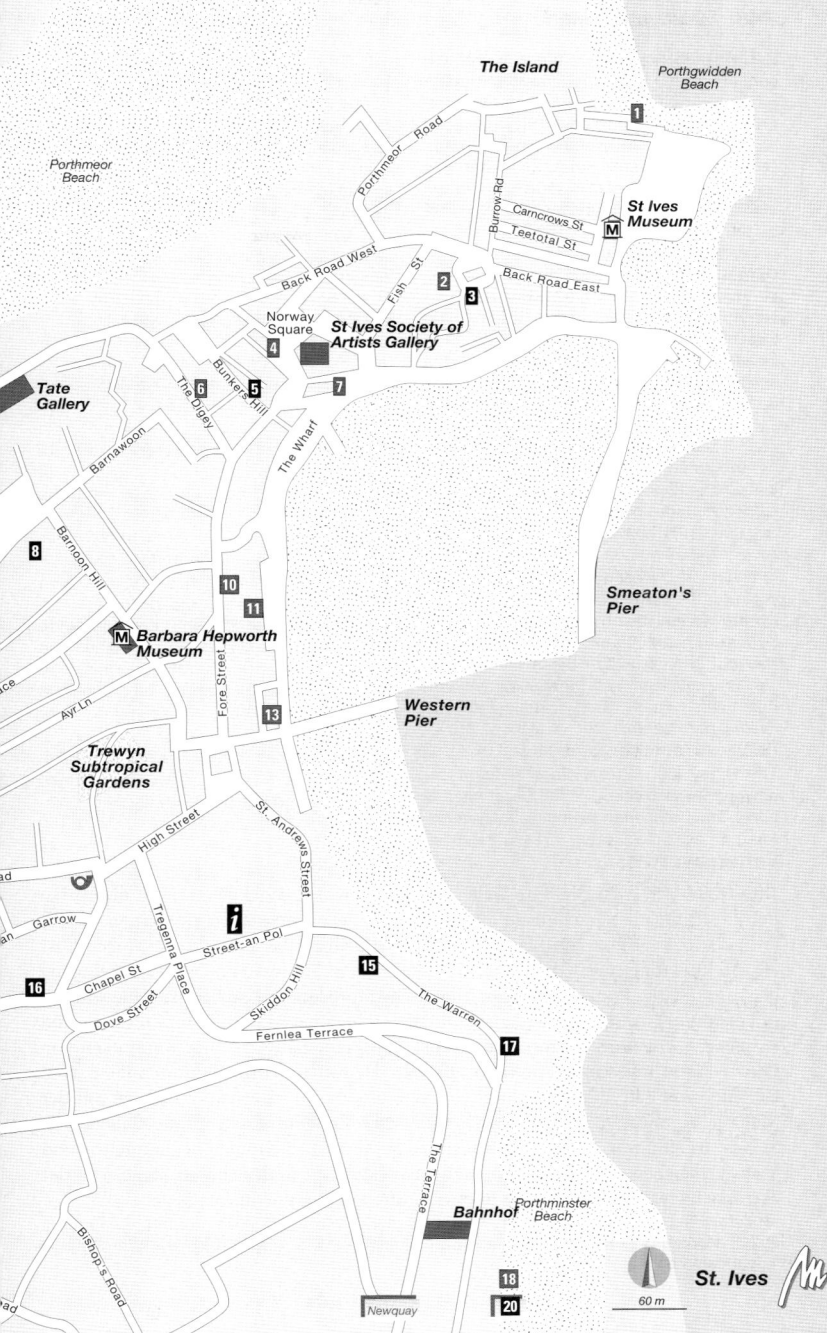

The Island

Porthgwidden Beach

Porthmeor Beach

Porthmeor Road

1

Carncrows St

Teetotal St

Burrow Rd

St Ives Museum

M

Back Road West

Fish St

2

3

Back Road East

Norway Square

4

St Ives Society of Artists Gallery

Tate Gallery

The Digey

6

Bunkers Hill

5

7

Barnawoon

The Wharf

8

Barnoon Hill

10

11

M **Barbara Hepworth Museum**

Fore Street

Ayr Ln

13

Western Pier

Smeaton's Pier

Trewyn Subtropical Gardens

High Street

St. Andrews Street

Tregenna Place

Garrow

i

Street-an Pol

Chapel St

16

Dove Street

Skiddon Hill

15

Fernlea Terrace

The Warren

17

The Terrace

Bahnhof

Porthminster Beach

18

Newquay

20

60 m

St. Ives

Hub (11), ebenfalls direkt am Hafenkai, ein angenehmer Ort zum Abhängen mit Lounge-Ambiente. Gute Musik düdelt im Hintergrund, während auf dem Plasmascreen Surfer ihrer Traumwelle nachjagen. Gemütlicher ist es im ersten Stock. Zu trinken gibt es Kaffee und Cocktails, serviert werden einfache Gerichte (Sandwiches und Burgers). 4 The Warf, ℡ 01736/799099. www.hub-stives.co.uk.

Porthminster Beach Café (18), es gibt keinen besseren Ort in St Ives, wenn man hervorragend tafeln und zudem das richtige Beachflair atmen will. Direkt hinter dem Strand, mit großer Terrasse, selbst bei schlechtem Wetter verscheuchen die großen Fenster jeden Anflug von Depression. Die Küche ist mediterran, zeigt sich aber auch asiatischen und englischen Inspirationen gegenüber aufgeschlossen. Lecker ist ein *Crispy Fried Squid* mit *Thai Salad* für £ 8.95. Mittags sind die Hauptgerichte deutlich günstiger, abends ab £ 10. Im Sommer ist eine Reservierung ratsam. Porthminster Beach, ℡ 01736/795352. www.porthminstercafe.co.uk.

Porthgwidden Beach Café (1), das kleinere Schwesterncafé mit einem ähnlichen Angebot und ebenso tollem Blick. Wundervolle Terrasse, auf der man bereits am Morgen frühstücken kann! Viele Fischgerichte, so Paella mit Chorizo für £ 13.95. ℡ 01736/796791. www.porthgwiddencafe.co.uk.

The Digey (6), nettes Café-Restaurant unweit der Tate Gallery. Die Küche ist international, von mediterran bis cornisch. Mittags-

gerichte zwischen £ 7 und £ 10. Zudem gibt es eine Feinkosttheke. Tgl. außer So 10–17 Uhr geöffnet. 6 The Digey, ℡ 01736/799600.

Tate Gallery Coffee Shop (9), eine ausgezeichnete Adresse für all diejenigen, die beim Essen Wert auf eine designte Atmosphäre legen. Terrasse. Porthmeor Beach.

Seafood Café (10), schlichtes Ambiente und eine exzellente Auswahl an Fischgerichten. Man darf aus mehr als zwanzig verschiedenen Fischarten auswählen (£ 10.95–17.95). Serviert wird das Gericht mit einer Wunschsauce (Thai, Hollandaise etc.) und auf verschiedene Art zubereiteten Kartoffeln. Besonders lecker ist der Kartoffelbrei mit Parmesan. Günstige Mittagsgerichte! 45 Fore Street, ℡ 01736/794004. www.seafoodcafe.co.uk.

The Loft (4), eine weitere Adresse für anspruchsvolle Fischgerichte. Fantastisch ist die gegrillte Seebrasse für £ 15.95. Herrliche Terrasse. Im Winter Sonntag und Montag Ruhetage. Norway Lane, ℡ 01736/794204. www.theloftrestaurantandterrace.co.uk.

Sloop Inn (7), historisches Pub aus dem frühen 14. Jh. Gute Atmosphäre und frischer Fisch (ab £ 7.95). Literaturfreunde kennen das Pub als *Sliding Tackle* aus den Romanen von Rosamunde Pilcher. Große Terrasse mit Hafenblick. Kostenloses WLAN. The Wharf, ℡ 01736/796584. www.sloop-inn.co.uk.

Olive (2), kleines Café, ein wenig vom Trubel entfernt. Nette Terrasse mit grünen Stühlen. Island Square, ℡ 01736/793621.

Sehenswertes

Tate Gallery St Ives: Die Tate Gallery in St Ives wurde 1993 gebaut, um die Werke der hiesigen Künstlerschule an ihrem Entstehungsort ausstellen zu können. Gleich ein Lob vorweg: Das von Eldred Evans und David Shalev entworfene Museum ist ein architektonisches Glanzstück im englischen Südwesten. Der Haupteingang liegt am tiefsten Punkt des Grundstücks. Die fünf Hauptausstellungsräume wurden in Form und Größe verschiedenen Künstlerateliers nachempfunden. Zu sehen sind Arbeiten von Patrick Heron, Terry Frost und Peter Lanyon sowie Keramiken von Bernard Leach und Skulpturen von Barbara Hepworth. Hinzu kommen die naiven Gemälde von Alfred Wallis, einem Fischer, der erst im Alter von 70 Jahren mit der Malerei begann. Dies ist auch das Außergewöhnliche an der Tate Gallery von St Ives: Es sind nur Werke von Künstlern ausgestellt, die in der Region gelebt und gearbeitet haben. Sehenswert ist auch das Restaurant in der oberen Etage: Von der Terrasse bietet sich ein schöner Blick hinunter auf den Porthmeor Beach.

März bis Okt. tgl. 10–17.20 Uhr, im Winter tgl. außer Mo 10–16.20 Uhr. Eintritt: £ 5.75, erm. £ 3.25. Kombiticket mit Barbara Hepworth Museum £ 8.75, erm. £ 4.50. www.tate.org.uk/stives.

Nach dem Besuch der Tate Gallery geht es an den Strand

Südwestengland
Karte S. 274/275

Barbara Hepworth Museum and Sculpture Garden: Die Bildhauerin Barbara Hepworth (1903–1975) war zeitlebens von der „bemerkenswert heidnischen Landschaft fasziniert, die zwischen St Ives, Penzance und Land's End liegt". Barbara Hepworth, die zu den bedeutendsten Bildhauerinnen des 20. Jahrhunderts gezählt wird, stammte aus Yorkshire und war von ihrem Studienfreund Henry Moore beeinflusst. Ab 1939 lebte Barbara Hepworth zusammen mit ihrem zweiten Mann Ben Nicholson und ihren Drillingen in St Ives. Nach der Trennung von Nicholson bezog sie 1949 das von hohen Mauern umgebene Anwesen. In ihren Arbeiten (Holz, Marmor und Bronze) fühlte sie sich stets einer organischen Formensprache verpflichtet. Nachdem Barbara Hepworth 1975 bei einem Brand in ihrem Atelier auf tragische Weise ums Leben gekommen war, wurde ihr einstiges Wohnhaus samt Atelier und dem wunderschönen, von ihr selbst angelegten Garten in ein Museum verwandelt.
Barnoon Hill. März bis Okt. tgl. 10–17.20 Uhr, im Winter tgl. außer Mo 10–16.20 Uhr. Eintritt: £ 4.75, erm. £ 2.75. Kombiticket mit Tate Gallery £ 8.75, erm. £ 4.50.

Über Hayle und Redruth nach Newquay

Redruth/Hayle: Um von St Ives nach Osten zu kommen, kann man zum einen die A 30 von Hayle in Richtung Camborne und Redruth benutzen. Die beiden Städte bildeten das industrielle Zentrum Cornwalls. Schon um 1100 waren in diesem Gebiet Zinn- und Kupferminen in Betrieb. Das Metall wurde in die Münzstädte Truro, Helston, Liskeard oder Lostwithiel gebracht, wo es auf seine Reinheit hin untersucht wurde und eine entsprechende Prägung erhielt. Die Schmelzöfen standen vor allem in der Umgebung von Hayle. Und noch heute ragen hier die Ruinen alter Fabriken mit dicken Schornsteinen aus der Landschaft.

Camborne: Eine touristisch wenig interessante Stadt, die jedoch mit ihrer Bergbauschule für den cornischen Bergbau eine besondere Rolle spielt. Der industrielle

Erfindungsreichtum war eindrucksvoll: Schon 1797 konstruierte Richard Trevithick die erste dampfgetriebene Pumpe. Weniger erfolgreich waren die Erfinder Woolf und Brunton mit ihrem ersten dampfgetriebenen „laufenden Pferd". Die Konstruktion explodierte, und 13 neugierige Zuschauer fanden den Tod. Im nahen **Pool** geben die dem National Trust gehörenden *Cornish Mines and Engines* einen Einblick in die Industriegeschichte.

Über Hayle und St Agnes nach Newquay

Interessiert man sich mehr für die Küstenlandschaft Cornwalls, dann ist die zweite Route – die B 3301 entlang der Küste – die günstigere Alternative. Zum Schwimmen und für Dünenspaziergänge bietet die *St Ives Bay* ausreichend Gelegenheit.

Gwithian: Ein schöner, kleiner Ort inmitten der Dünen. Völlig verändert sieht die Landschaft aus, wenn man weiter nach Osten kommt. In bis zu 100 Meter hohen Steilklippen fällt das Land zum Meer hin ab.

St Agnes: Ein weiteres, ehemaliges Bergbauzentrum, in dem Mitte des 19. Jahrhunderts insgesamt zwölf Minen in Betrieb waren. In einigen Bergwerken von St Agnes wurden gleichzeitig Kupfer und Zinn gefördert. Die meisten Ruinen der alten, efeuumrankten Maschinenhäuser sieht man südwestlich der Stadt. Hinter St Agnes liegt die *Trevaunance Cove* mit einem kleinen Strand, der interessant für Windsurfer ist. Die Wellen sind an der Nordküste höher als im Süden, da die Westwinde ungehindert vom Atlantik her wehen – weniger ideal für Schwimmer.

Perranporth: Perranporth hat im Gegensatz zu St Agnes einen etwa fünf Kilometer langen Sandstrand. Dahinter erstrecken sich riesige Sanddünen, die ins Landesinnere wandern und langsam das fruchtbare Land verschlucken. Zusammen mit Newquay ist Perranporth das Zentrum für Windsurfer; bei Flut muss allerdings mit hohen Brechern gerechnet werden. Der Ort selbst ist äußerst geschichtsträchtig: Die älteste Kapelle Englands wurde hier im 7. Jahrhundert von keltischen Missionaren erbaut. Im 16. Jahrhundert wurde sie vom Dünensand verschluckt, die Düne wanderte weiter und gab sie im 19. Jahrhundert wieder frei.

Newquay

Cornwalls größtes Seebad ist das Mekka aller Surffreaks. Höhere Wellen als am Fistral Beach lassen sich in Europa kaum finden. Doch nicht nur die braungebrannte Fun-Generation, sondern auch Rentner und Familien haben Newquay ins Herz geschlossen.

Bis vor hundert Jahren war Newquay ein kleines Fischerdorf. Etwa einen Kilometer nordöstlich des Zentrums steht noch ein altes Gebäude am Meer, das *Huer's House*, ein letztes Überbleibsel der Fischereiindustrie des Ortes. Von dem alten Granitgebäude aus hat man einen schönen Blick auf die Bucht. Hier oben saß der *Huer* (Schreier) – manchmal auch als *Hewer* bezeichnet –, der die Aufgabe hatte, das Wasser nach Fischschwärmen abzusuchen. Sobald die herannahenden Sardinenschwärme das Wasser verfärbten, schrie er den am Strand wartenden Fischern die Nachricht zu. Die Fischer kreisten die Beute mit ihren Netzen ein und brachten so einen reichen Fang an Land. Nicht die Fischereipolitik der EU, sondern der Bau der Eisenbahn vor hundert Jahren bescherte dem *Huer* die Kündigung. Denn mit dem Bahnanschluss wurde Newquay für den aufkommenden Tourismus erschlossen –

Huer's House: Hier wurde nach Fischschwärmen gespäht

die Schönheit der breiten, weißen Strände sprach sich herum, und vorbei war es mit der Fischerdorf-Idylle. Innerhalb weniger Jahrzehnte schnellte die Einwohnerzahl von 1000 auf 15.000 empor. Das gesamte Kliff wurde langsam zugebaut. Die alles überragende Kirche entstand zu Beginn des 20. Jahrhunderts. Pro Jahr reisen über eine Million sonnenhungriger Urlauber an; zur Verfügung stehen 78.000 Betten und Stellplätze auf zahlreichen Campingplätzen. Während hier in den Frühlings- und Herbstmonaten viele Rentner Erholung finden, wird Newquay im Sommer zur übervölkerten Badestadt. Schon im März kann man eine Hand voll Surfer in neonfarbenen „Antigefrieranzügen" beobachten, die sich mutig in die Brandung werfen und auch bei nur zehn Grad barfuß durch die Straßen nach Hause laufen. In der Hochsaison geht es in den Kneipen und Bars hoch her, der Alkohol fließt in Strömen, so dass man unweigerlich denken kann, man habe sich zum Ballermann verirrt. Nur Sangria wird nicht aus Eimern getrunken ... Nachdem im Sommer 2009 zwei betrunkene Teenager von den Klippen in den Tod gestürzt waren, kam es zu einer größeren öffentlichen Debatte, wie man die Trinkgelage einschränken könne.

Information/Verbindungen/Diverses

• *Information* **Tourist Information Centre**, Marcus Hill (gegenüber dem Busbahnhof), Newquay, Cornwall TR7 1BD, ✆ 01637/854020, ✆ 01637/854030, www.visitnewquay.org.

• *Einwohner* 20.000 Einwohner.

• *Verbindungen* **Bus** – Busbahnhof an der East Street. National Express (✆ 08705/808080) fährt nach Bournemouth, Exeter und Plymouth sowie zweimal täglich nach Lon-

don; Western National nach St Austell (✆ 01208/79898). www.nationalexpress.com.

Zug – Der Bahnhof befindet sich hinter der Cliff Road im Zentrum der Stadt an der Station Parade (✆ 08457/484950). Newquay liegt an einer Nebenstrecke, daher muss man in Par umsteigen, wenn man nach Penzance, Plymouth oder Richtung London reisen will. www.nationalrail.co.uk.

Flugzeug: Vom Newquay Airport (südöstl. der Stadt) gibt es Flugverbindungen u. a. nach London, Isles of Scilly sowie einmal wöchentlich nach Düsseldorf. www.newquaycornwallairport.com.

• *Aquarium* Das **Blueref Aquarium** bietet tolle Einblicke in die Unterwasserwelt (Haie, Rochen etc.). Tgl. 10–17 Uhr (im Winter bis 16 Uhr). Eintritt: £ 9.20, erm. £ 8.20 bzw. £ 7.20. Towan Beach, ✆ 01637/878134. www.blueref aquarium.co.uk.

• *Fahrradverleih* **Atlantic Bike Hire**, ✆ 07564/942105, Mountainbikes ab £ 10 pro Tag. www.atlanticcyclehire.co.uk.

• *Surfschulen* **King Surf School**, The 12 Steps Trenance, ✆ 01637/860091 oder **Cornwall Surf Academy**, auch Vermietung von Surfbrettern, www.cornwallsurfacademy.com. www.surfnewquay.co.uk.

• *Baden/Surfen* Historisch Interessantes ist in der Bade- und Surfstadt Newquay nicht zu finden. Dafür kommen aber die Strandgänger auf ihre Kosten. Newquays Küste ist gesäumt von einem langen Sandstrand, der allerdings bei Flut erheblich an Fläche einbüßt. Dann wimmelt es hier von Wellenreitern und Surfern. Der **Fistral Beach** ist in ganz England für seine hervorragenden Surfbedingungen bekannt. Bis 1998 wurden hier alljährlich im August die World-Surf-Championships ausgetragen jetzt finden nur noch die nationalen Surfmeisterschaften hier statt. Gebadet wird ebenfalls am Fistral Beach, aber auch in der **Newquay Bay** und weiter nordwestlich in der **Watergate Bay**. Ein traumhafter, von Klippen eingerahmter Strand sind die zehn Kilometer nordöstlich von Newquay gelegenen **Bedruthan Steps**.

Übernachten

Um die 500 Hotels haben Newquay und seine nähere Umgebung aufzuweisen, daneben noch Apartments, Campingplätze und Wohnwagenparks. Die teuren Hotels liegen größtenteils am Strand (Narrowcliff). In den Nebenstraßen sind die Preise niedriger. Im Tourist Office ist eine kostenlose Unterkunftsliste erhältlich, die auch Campingplätze aufführt. Im Sommer ist es schwierig, ein B & B zu finden. Deshalb sollte man rechtzeitig buchen.

Headland Hotel (2), exponiert gelegenes Hotel in unmittelbarer Nähe zum Fistral Beach. Hier wurde Roald Dahls „Hexen hexen" verfilmt. Die Atmosphäre erinnert an ein viktorianisches Grand Hotel. Ausgezeichnetes Restaurant. Weitere Annehmlichkeiten: beheizter Swimmingpool (Mai bis Anf. Sept.) sowie Hallenbad, Sauna und Kinderspielplatz. Kostenloses WLAN. B & B ab £ 39.50 pro Person in der Wintersaison. Im Sommerhalbjahr kostet ein DZ mit Frühstück ab £ 130, im Juli und August ab £ 169. Die billigsten Zimmer liegen allerdings nach innen! Für ein DZ mit Frühstück und Meerblick muss man mit mindestens £ 200 rechnen. Es werden auch mehrere komfortable Cottages vermietet (je nach Größe ab etwa £ 850 pro Woche). Fistral Beach, ✆ 01637/872211, ✆ 01637/872212, www.headlandhotel.co.uk.

Sands Resort (4), nun, zugegeben: Der Architekt hat für die Außenfront keinen Preis gewonnen, doch ansonsten ist das knapp 3 Kilometer nördlich von Newquay gelegene Hotel vor allem Familien mit Kindern zu empfehlen. Es gibt ein Spielzimmer, einen Spielplatz sowie ein Hallen- und ein Freibad, und einen Tennisplatz sowie eine Sau-

na gibt es auch. Das Hotel liegt auf den Klippen, zum Strand sind es ein paar hundert Meter. Die Zimmer sind modern eingerichtet und die etwas teureren Suiten bieten ausgesprochen viel Platz. B & B je nach Reisezeit und Ausstattung £ 50–85. Großzügige Kinderermäßigung. Watergate Road, Porth, ✆ 01637/872864, ✆ 01637/876365, www.sandsresort.co.uk.

Watergate Bay Hotel (1), familiär geführtes Hotel direkt hinter dem Strand der Watergate Bay (4 km nordöstl.). Großes Sport- und Freizeitangebot: Squash, Tennis und beheiztes Freibad. Die anspruchsvollen Zimmer (teilweise mit Balkon) sind in einem klassisch modernen Stil mit dezenten Farbakzenten gehalten. B & B je nach Ausstattung und Saison £ 60–157.50 pro Person. Watergate Bay, ✆ 01637/860543, ✆ 01637/860333, www.watergatebay.co.uk.

Bedruthan (6), ein tolles Hotel, mehrere Kilometer nordöstl. von Newquay entfernt an der Küste gelegen. Ein Spa mit Hallenbad sowie zwei beheizte Outdoor-Pools stehen den Gästen zur Verfügung. Gutes Restaurant! B & B £ 75. Mawgan Porth, ✆ 01637/860555. www.bedruthan.com.

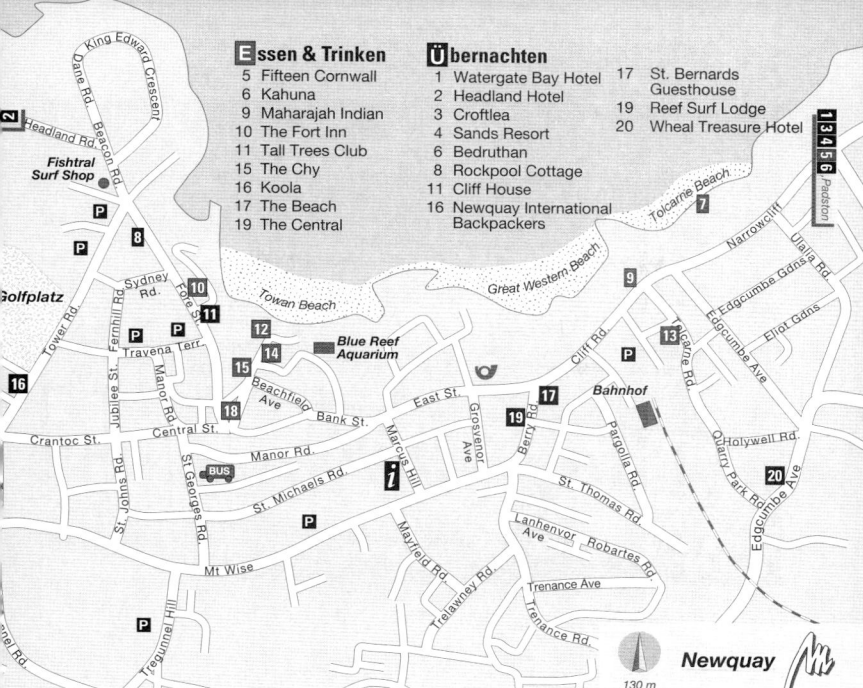

Essen & Trinken

- 5 Fifteen Cornwall
- 6 Kahuna
- 9 Maharajah Indian
- 10 The Fort Inn
- 11 Tall Trees Club
- 15 The Chy
- 16 Koola
- 17 The Beach
- 19 The Central

Übernachten

- 1 Watergate Bay Hotel
- 2 Headland Hotel
- 3 Croftlea
- 4 Sands Resort
- 6 Bedruthan
- 8 Rockpool Cottage
- 11 Cliff House
- 16 Newquay International Backpackers
- 17 St. Bernards Guesthouse
- 19 Reef Surf Lodge
- 20 Wheal Treasure Hotel

(Kartenbeschriftungen: King Edward Crescent, Dane Rd., Beacon Rd., Headland Rd., Fishtral Surf Shop, Golfplatz, Sydney Rd., Fernhill Rd., Tower Rd., Travena Terr., Jubilee St., Manor Rd., St. Johns Rd., St. Georges Rd., Crantoc St., Central St., Beachfield Ave., Bank St., Mt Wise, Tregunnel Hill, Blue Reef Aquarium, Towan Beach, Great Western Beach, Tolcarne Beach, Narrowcliff, Ulalia Rd., Edgcumbe Gdns., Eliot Gdns., Edgcumbe Ave., Cliff Rd., Bahnhof, East St., Grosvenor Ave., Marcus Hill, St. Michaels Rd., Mayfield Rd., Trelawney Rd., Berry Rd., St. Thomas Rd., Pergola Rd., Lanhenvor Ave., Robartes Rd., Trenance Ave., Trenance Rd., Holywell Rd., Quarry park Rd., Edgcumbe Ave., Paddston, Newquay, 130 m)

Wheal Treasure Hotel (20), hübsches, kleines Hotel (12 Zimmer) mit schönem Garten und Pool nahe den Trenance Gardens. B & B ab £ 25, während des Sommers nur wochenweise, £ 140–210. 72 Edgcumbe Avenue, ✆ 01637/874136, www.whealtreasurehotel.co.uk.

Rockpool Cottage (8), zentral gelegen und gut ausgestattet ist dieses von einem ehemaligen Surf-Champion geführte B & B. Ab £ 27. 92 Fore Street, ✆ 07971/594485, www.rockpoolcottage.co.uk.

St. Bernards Guesthouse (17), ein schmuckes Guesthouse jenseits von langweiligem englischem Plüsch. Einladend sind auch die Lounge und der Frühstücksraum. Gutes Preis-Leistungs-Verhältnis. WLAN. B & B £ 34–38. 9 Berry Road, ✆ 01637/872932. www.stbernardsguesthouse.com.

Cliff House (11), bereits im Garten vor dem Haus locken einladende blaue Stühle. Das Guesthouse mit seinen neun schlichten, aber ordentlichen Zimmern begeistert mit der Aussicht auf das Meer, die sich auch vom Frühstücksraum bietet (unbedingt ein Zimmer mit Seeblick reservieren!). B & B £ 25, im Juli und Aug. £ 30 pro Person. 61 Fore Street, ✆ 01637/876869. www.cliffhousenewquay.co.uk.

Croftlea (3), schönes Haus mit großem Garten und beheiztem Swimmingpool. Es werden Apartments für zwei, vier und sechs Personen vermietet. Je nach Saison und Größe £ 260–750. Wildflower Lane, ✆ 01637/852505, www.croftlea.co.uk.

● *Hostels* Es gibt keine Jugendherberge, aber dafür sechs „Backpacker-Hostels", von denen im Folgenden zwei aufgelistet sind.

Newquay International Backpackers (16), alternative Herberge und Surfertreff in einem blauen Haus in der Nähe des Fistral Beach. Eine Übernachtung kostet je nach Saison £ 12.95–19.95 im Schlafsaal, im DZ £ 3 teurer. 69 Tower Road, ✆ 01637/879366, www.backpackers.co.uk.

Reef Surf Lodge (19), beliebter Backpacker- und Surfertreff im Stadtzentrum, abends trifft man sich an der hauseigenen Bar. Modern und sauber! Alle Zimmer mit Flat-Screen-TV. Je nach Saison und Zimmer Übernachtung £ 15–29.50. 10–12 Berry Road, ✆ 01637/879058, www.reefsurflodge.info.

● *Camping* In Newquay und Umgebung gibt es zahlreiche Campingplätze (Liste im

Baywatch in Newquay

Tourist Office), zumeist riesige Anlagen mit allem Schnickschnack.

**** Hendra Holiday Park, der größte Campingplatz weit und breit liegt im Ortsteil Trennick (ausgeschildert!). 700 Stellplätze für Wohnwagen und Zelte. Im Sommer gibt es sogar Live-Entertainment. Großes Freizeitbad (£ 2.50 extra). Das Zelten kostet für zwei Personen mit Auto um die £ 25. Nur Familien oder Paare. Von April bis Okt. geöffnet. ✆ 01637/875778, 🖷 879017, www.hendra-holidays.com.

Porth Beach, beliebter, gut ausgestatteter Campingplatz in Porth, nur 100 m vom Meer entfernt. Von Anfang März bis Okt. geöffnet. ✆ 01637/876531. www.porthbeach.co.uk.

Essen/Trinken/Nachtleben (siehe Karte S. 353)

Feinschmecker sind in Newquay eher am falschen Platz. Englisches Durchschnittsessen gibt es an jeder Ecke, und Snackbars bzw. Imbissbuden sind leicht zu finden.

Fifteen Cornwall (5), wenn der englische Kultkoch Jamie Oliver („The Naked Chef") ein Restaurant betreibt, dann stellen sich die Gäste quasi von alleine ein. Zudem unterstützt man eine soziale Idee: Denn Jamie Oliver beschäftigt 15 zuvor arbeitslose Jugendliche und bildet sie hier aus. Nach seinem Londoner Restaurant hat Jamie Oliver auch in Cornwall ein Restaurant eröffnet. Direkt an der Watergate Bay (vier Kilometer nordöstlich von Newquay) mit herrlichem Blick aufs Meer kann man sich hier auf hohem Niveau verwöhnen lassen. Zumeist sind die Gerichte von der italienischen Küche inspiriert (viel Pasta und Fischgerichte), doch werden auch die kulinarischen Traditionen Cornwalls nicht gänzlich vergessen (80 Prozent der Zutaten stammen übrigens aus der Region). Billig ist es allerdings nicht: Ein dreigängiges Mittagsmenü schlägt mit £ 26 zu Buche, für ein sechsgängiges Abendmenü muss man £ 55 (£ 97 inkl. Wein) bezahlen. Dafür kommen alle Gewinne einer Stiftung zugute. Wer will, kann ab 8.30 Uhr auch frühstücken (ab £ 5.50). Eine Reservierung ist empfehlenswert! ✆ 01637/861000. www.fifteencornwall.co.uk.

Maharajah Indian (9), mit seiner z. T. scharfen indischen Küche und den leckeren vegetarischen Gerichten stellt das Restaurant sicherlich eine Abwechslung dar. Schöner

Panoramablick vom Wintergarten auf den Strand. Alle Gerichte auch zum Mitnehmen. Von Lesern gelobt! 39 Cliff Road, ☎ 01637/877377. www.maharajah-restaurant.co.uk.

The Fort Inn (10), beliebtes Family Pub mit guter Küche. Der große Reiz ist allerdings die weite Terrasse mit ihrem fantastischen Blick aufs Meer. Fore Street, ☎ 01637/875700.

Kahuna (6), direkt am Tolcarne Beach besitzt dieses Restaurant viel Strand-Flair. Serviert wird eine internationale Küche mit asiatischen Einschlägen wie auch dem beliebten *Kahuna veggie Burger* mit gegrillten Auberginen für £ 10. Tgl. ab 10 Uhr geöffnet. Tolcarne Beach, ☎ 01637/850440. www.kahunatolcarne.co.uk

The Central (19), beliebte Kneipe im Zentrum mit großer Terrasse. Central Square, ☎ 01637/873810.

The Chy (15), modern gestylter Treff mit zwei Terrassen und einer tollen Aussicht auf das Meer. Zu essen gibt es hauptsächlich Burger und Steaks, günstige Mittagsgerichte. Abends legen DJs auf. Tgl. bis 2 Uhr geöffnet. 12 Beach Street, ☎ 01637/873415.

Tall Trees Club (11), Newquay ist bekannt für sein ausschweifendes Nachtleben. Der Tall Trees Club gilt derzeit als der angesagteste Nachtclub in ganz Cornwall. Tolcrane Road, ☎ 01637/850313. www.talltreesclub.com.

Koola (16), beliebter Nachtclub mit Hip-Hop, House, Drum & Bass. 12 Beach Road. www.thekoola.com.

The Beach (17), die Disco in der Beach Road ist bekannt für heiße Rhythmen und coole Sounds. ☎ 01637/872194. www.beachclubnewquay.com.

Padstow

Mit seinen engen Gassen und mittelalterlichen Häusern besitzt Padstow mehr Flair als das hektische Newquay. Ein weiteres Plus der Stadt am River Camel: schöne Strände und gute Restaurants. Das Manko: Im Hochsommer ist der Ort total überlaufen.

Padstow zählt zu den beliebtesten Ausflugszielen in Cornwall. Alljährlich kommen rund eine Million Besucher in den malerischen Hafenort. Nur im Winter oder abends, wenn die Tagesausflügler wieder verschwunden sind, geht es etwas geruhsamer zu. Vielen Touristen gefällt Padstow so sehr, dass sie sich ein Haus oder eine Wohnung gekauft haben. Inzwischen ist Padstow einer der teuersten Orte an der englischen Küste, allein in den letzten drei Jahren sind die Immobilienpreise um über 150 Prozent gestiegen.

Am Hafen von Padstow liegen zahlreiche Boote vor Anker. Lohnenswert ist eine hier angebotene Vergnügungsfahrt in die Padstow Bay. Außerdem setzt von hier eine Fähre nach *Rock* über, wo man die St Enodoc Church anschauen oder sich an einem der Sandstände um Polzeath tummeln kann. Zahlreiche Surfer nutzen die hohen Wellen zu gewagten Ritten auf ihren Boards.

● *Information* **Tourist Information Centre**, Red Brick Building, North Quay (am Hafen), Padstow, Cornwall PL28 8AF, ☎ 01841/533449 ✆ 01841/532356. www.padstow-cornwall.co.uk.

● *Einwohner* 3.100 Einwohner.

● *Verbindungen* **Bus** – Western National fährt nach Wadebridge, von dort aus geht es mit Bussen nach Tintagel, Bodmin oder Plymouth. Am Tag fahren sechs Busse von Padstow nach Newquay, von wo aus man den Rest von Cornwall mit dem Bus bereisen kann. www.travelinesw.com.

Zug – Nächster Bahnhof Bodmin Parkway.

● *Fahrradverleih* **Padstow Cycle Hire**, beim Großparkplatz am Hafen werden zahlreiche Fahrräder (darunter auch Tandems) vermietet. Pro Tag ab £ 10, ☎ 01841/533533. www.padstowcyclehire.com.

● *Parken* Großer Parkplatz östlich des Hafens. Weitere Parkplätze oberhalb des Ortes. Je nach Parkdauer ab £ 1.

● *Übernachten* In Padstow gibt es viele Hotels und B & Bs, die aber insbesondere im Hochsommer oft ausgebucht sind. In der Nebensaison schließen einige Gasthäuser ihre Pforten. Am besten, man lässt sich über das Tourist Office eine Unterkunft vermitteln.

Südwestengland
Karte S. 274/275

Old Ship Hotel, mehrere Fischerhäuser wurden zu einem komfortablen Hotel umgebaut. Das Preisniveau der Unterkünfte in Padstow ist allgemein höher als in den umliegenden Orten. Übernachtung und Frühstück ab £ 50 pro Person in der Nebensaison, ab 3 Nächten etwa 10 Prozent Ermäßigung. Zum Pub gehört ein netter Innenhof. Mill Square, ☎ 01841/532357, 🖷 01841/533211, www.oldshiphotel-padstow.co.uk.

The Old Custom House, sehr angenehmes, vorbildlich geführtes Hotel mit geräumigen Zimmern, unmittelbar am Hafenbecken gelegen. Zentraler geht es nicht. Von Zimmer 8 hat man den Hafen sogar aus zwei verschiedenen Winkeln im Blick. Ein besonderes Lob verdienen die ausgezeichneten Matratzen! EZ ab £ 100, DZ ab £ 120, mit Seeblick jeweils £ 15 teurer (jeweils inkl. B & B). South Quay, ☎ 01841/532359, 🖷 01841/533372, www.oldcustomhousepadstow.co.uk.

Cyntwell, gut geführtes B & B in einem alten Haus in Hafennähe. Die Decken sind niedrig, der Boden schief, aber alles hell und freundlich. Gutes Frühstück (ein Lesertipp von Nicole Vornberger). B & B je nach Saison und Zimmer £ 32.50–44 pro Person. 4 Cross Street, ☎ 01841/533447. www.cyntwell.co.uk.

● *Jugendherberge* **Treyarnon**, wunderschön gelegen am Strand der Treyarnon Bay (am Coastal Path), eine der schönsten Herbergen Cornwalls. Mit öffentlichen Verkehrsmitteln von Padstow aus nicht einfach zu erreichen: Bus 556 oder 595 nach Constantine, dann ca. 1 km Fußmarsch. Erwachsene ab £ 14, Jugendliche ab £ 10.50. Tregonnan, Treyarnon Bay, ☎ 0845/3719664, 🖷 01841/541457.

● *Camping* **Carnevas Holiday Park**, in St Merryn. April bis Okt. geöffnet. Zelt und zwei Personen ab £ 12. ☎/🖷 01841/520230, www.carnevasholidaypark.co.uk.

● *Essen/Trinken* **The Seafood Restaurant**, Rick Steins Restaurant gilt als das beste Fischrestaurant im ganzen Südwesten Englands. Seit Jahrzehnten ist es für seine phantasievoll zubereiteten Meeresfrüchte bekannt. Billig ist der Gaumenschmaus zwar nicht, doch die Investition lohnt sich. Hauptgerichte £ 25, 3-Gänge-Mittagsmenü zu £ 35. Dinner (6 Gänge) £ 65.50, die Flasche Wein ab £ 25. Wer will, kann in der Seafood School einen Kochkurs ab £ 148 belegen. So Ruhetag. Riverside, ☎ 01841/532700. Es werden auch ein paar Zimmer vermietet (£ 135–210). www.rickstein.com.

Pescadou, ebenfalls ein hervorragendes Fischrestaurant mit einladend schlichtem Ambiente, direkt am Hafen. Die Komposition aus dreierlei Filet (Heilbutt, Seehecht und Seebrasse) serviert auf einem Bett aus Brokkoli, Kartoffeln und Muscheln, in einem Bouillabaisse-ähnlichen Sud ist absolut zu empfehlen. Hauptgerichte ab £ 17.95 (abends), Mittagsmenü (2 Gänge) £ 11.95. North Quay, ☎ 01841/532359.

No 6, mediterrane Küche auf hohem Niveau. Das Lokal wurde 2007 von einem regionalen Restaurantführer zum „Best Restaurant in Cornwall" gekürt. Zumeist werden die Produkte aus ökologischem Anbau verwendet. Menüs zu £ 38 und £ 45. Mo u. Di Ruhetag. 6 Middle Street, ☎ 01841/532093. www.number6inpadstow.co.uk.

Rojano's, nicht nur wegen der günstigen Preise (Pasta und Pizza ab £ 8) ist dieser hinter dem Hafen gelegene Italiener eine echte Alternative. Kleine Straßenterrasse. Mo Ruhetag. 9 Mill Square, ☎ 01841/532796.

Stein's Fish and Chips, direkt am Großparkplatz am Hafen gelegen, zählt dieses Fish'n'Chips sicher zu den besten Englands. Große Auswahl an Fischarten! Leider muss man sich oft lange in der Schlange gedulden. Wer will, bekommt seinen Fisch auch gegrillt (ab £ 7.50). Mo–Sa 12–14.30 Uhr und 17–21 Uhr sowie So 12–18 Uhr geöffnet. South Quay.

Sehenswertes

Prideaux Place: Nahe der St Petroc's Church erhebt sich Prideaux Place, der elisabethanische Sitz der Prideaux-Familie. Ein großer Park umgibt das Anwesen. Die Räumlichkeiten sind mit sehenswerten Möbelstücken ausgestattet.

Ostern bis Sept. So–Do 13.30–17 Uhr, Garten 12.30–17 Uhr. Letzte Führung 16 Uhr. Eintritt: Haus und Park £ 7, nur Park £ 2. www.prideauxplace.co.uk.

St Petroc's Church: Auf einem Hügel überragt die St Petroc's Church die Szenerie. Sie ist Cornwalls wichtigstem Heiligen geweiht, der, von Wales oder Irland kom-

Glanzvoller Herrensitz: Prideaux Place

mend, hier im 6. Jahrhundert lebte und der Stadt ihren damaligen Namen gab: Petroc's Stow. Von der Kirche aus schweift der Blick über die sehenswerte Umgebung von Padstow.

Kurzwanderung zum Stepper Point

Ein Spaziergang zur etwa neun Kilometer langen und manchmal über einen Kilometer breiten Mündung des River Camel ist beeindruckend. Flussabwärts geht es zunächst zur Rock Ferry, mit der man auch den Camel überqueren kann. Danach kommt man zur St George's Well, einer aus dem Fels sprudelnden Quelle mit kühlem Wasser. Hinter einer kleinen Landzunge kommt Tregirls Beach, gegenüber liegt die Doom Bar, eine Sandbank, die der Legende nach von einer Nixe, die von einem jungen Mann aus Padstow tödlich verletzt worden war, aufgeschüttet wurde. Von hier ist es nicht mehr weit zum Stepper Point, einer 80 Meter hohen Klippe an der Flussmündung.

Von Padstow nach Bude

Port Isaac: Der Ort war früher ein einfaches Fischerdörfchen, heute ist auch hier der Tourismus eingekehrt. Dennoch ist einiges an Atmosphäre spürbar geblieben, so beispielsweise im *Golden Lion*, einem alten Pub aus dem Jahre 1715. Angeblich führte zur Zeit des einträglichen Schmuggels von hier aus ein Tunnel zum Hafen, der später von pflichtbewussten Zöllnern zugemauert wurde. Port Isaac ist vor allem wegen seiner leckeren Krabbengerichte bekannt. In mehreren Take-aways am Hafen kann man sie preisgünstig kosten. Wer probieren will, wie diese Meeresfrüchte von Experten zubereitet werden, sollte sich im *Slipway Hotel* einfinden. Etwas preiswerter, aber ebenso delikat sind die Krabben im Restaurant *Old School* oben im Dorf.

Tintagel: Nordöstlich von Port Isaac beginnt eine wilde, zerklüftete Landschaft mit steilen Klippen. Der vom Atlantik kommende Wind tobt sich in dieser Gegend aus. Viele Einheimische behaupten, dies sei der schönste und aufregendste Küstenabschnitt Cornwalls. Eine geradezu mystische Szenerie, die den Hintergrund für die jahrhundertealte Artus-Sage bildet. Die Burg von Tintagel ist angeblich der Geburtsort des sagenumwobenen Königs. *King Arthur's Castle* stand ursprünglich auf einer Insel, doch haben Wind und Strömung eine Verbindung zum Land hergestellt. Heute sind nur noch Ruinen zu besichtigen, die zu einer normannischen Festung gehörten. Der Baubeginn der Burg wird auf das Jahr 1145 datiert. Ausgrabungen haben jedoch ergeben, dass an dieser Stelle schon im 6. Jahrhundert ein keltisches Kloster gestanden hat. Manche Wissenschaftler gehen davon aus, dass in diesem Teil Cornwalls schon früh das Christentum Fuß fassen konnte.

● *Öffnungszeiten* April bis Sept. tgl. 10–18, Okt. tgl. 10–17, Nov. bis März 10–16 Uhr. Eintritt: £ 5.20, erm. £ 4.40 oder £ 2.60 (EH).

● *Verbindungen* Von Newquays East Bus Station fahren Western National Nr. 122 und 125 ein paar Mal am Tag nach Tintagel.

● *Jugendherberge* **Dunderhole Point**, über 150 Jahre altes Haus, das früher zum Schiefersteinbruch gehörte. Überwältigend ist seine atemberaubende Lage auf dem Glebe Cliff. Zu erreichen über den Weg, der zur Tintagel Church führt. Nach 400 Metern auf National-Trust-Schilder achten (die Jugendherberge ist vom Dorf aus nicht zu sehen). Nur 22 Betten. Erwachsene ab £ 14, Jugendliche ab £ 10.50. Okt. bis Ostern geschlossen. ☎ 0845/3719145, ☏ 01840/770733.

Boscastle: Acht Kilometer weiter nordöstlich liegt das 800-Seelen-Dorf Boscastle. Die Küste hier gehört zu den faszinierendsten in ganz England. Die höchste Klippe ragt beinahe 250 Meter steil nach oben, darunter tost das Meer. Wer den Cornwall Coast Path entlangwandert, wird mit herrlichen Ausblicken belohnt. Am 16. August 2004 wurden große Teile des Hafens durch eine gigantische Flut zerstört und zahlreiche Häuser verwüstet. Nachdem es in zwei Stunden mehr geregnet hatte, als normalerweise in einem Monat, schwollen die beiden durch den Ort führenden Bäche zu reißenden Flüssen an. Eine Brücke wurde fortgerissen und Autos wie Spielzeuge ins Meer gespült. Glücklicherweise forderte die Jahrhundertkatastrophe keine Todesopfer.

● *Verbindungen* Fry's Bus Services und Western National (Nr. 122 und 125) fahren von Tintagel über Boscastle nach Bude (sieben- bis achtmal täglich).

● *Einwohner* 800 Einwohner.

● *Jugendherberge* **Boscastle Harbour**, die Jugendherberge liegt am alten Fischerhafen (das letzte Haus auf der rechten Seite, hinter dem „Pixie House"). Die in einem ehemaligen Stall untergebrachte Herberge ist durch die Flut stark beschädigt worden und musste umfassend renoviert werden. Achtung: Kein Frühstück erhältlich. Zufahrt mit dem eigenen Auto nur zum An- und Ausladen möglich, danach muss man einen öffentlichen Parkplatz im Ort ansteuern. Von April bis Anfang Nov. geöffnet. Erwachsene ab £ 14, Jugendliche ab £ 10.50. Palace Stables, ☎ 0845/3719006, ☏ 01840/250977.

Bude: Im äußersten Norden von Cornwall liegt Bude, ein kleines und beliebtes Seebad. Den besonderen Reiz dieser Gegend machen die Sandstrände um Bude aus. Im Ort selbst findet man den sauberen *Summerleaze Beach*. Südlich von Bude liegt die *Widemouth Bay*. Hier tummeln sich Badefreunde und Surfer. In *Crackington Haven*, sieben Kilometer weiter südlich gelegen, nutzen Surfer die steife Brise und den recht beachtlichen Wellengang. Über 100 Meter hohe Klippen säumen die Bucht.

Tintagel: Hier stand die Wiege König Artus'

The Cheesewring: ein natürliches Kunstwerk

Bodmin Moor

Bodmin Moor ist neben Dartmoor und Exmoor das dritte Hochmoor im Südwesten Englands. Allerdings ist es kleiner, weniger überlaufen und hat ein milderes Klima. Da es mitten in Cornwall liegt – Süd- und Nordküste sind gleich weit entfernt –, ist es von überall her gut zu erreichen.

Bodmin Moor erinnert an ein weites, wogendes Meer aus Gelb- und Grautönen, gesprenkelt mit Inseln aus Heide und leuchtend grünem Moos. Die zerklüfteten Höhen werden von „tors" gekrönt, mächtigen Granittürmen, die Regen und Sturm seit Urzeiten trotzen. Die unwirtliche Ebene erstreckt sich über rund 260 Quadratkilometer und lässt sich mit dem eigenen Fahrzeug relativ leicht erkunden, da sie von der A 30 geteilt wird. Daphne du Maurier hat die Landschaft in ihrem Roman „Jamaica Inn" eindrucksvoll beschrieben: „Es war eine schweigsame, verlassene Gegend, aber gewaltig und von Menschenhand unberührt. Auf den hohen Felsblöcken standen aneinandergelehnt die Steinplatten als seltsame Formen und Gestalten, wuchtige Schildwachen. Einige sahen aus wie riesige Möbel. Große, lange Steine standen wie zurückgelehnt und schienen wunderlich zu schwanken, als überließen sie sich dem Wind. Und da gab es flache Altäre, deren glatte und glänzende Flächen gen Himmel schauten, auf Opfer wartend, die niemals kamen."

Bodmin

Wegen der günstigen Lage im Zentrum von Cornwall war Bodmin einst eine bedeutende Handelsstadt. Im späten 19. Jahrhundert allerdings verweigerte man die Anbindung ans Netz der Great Western Railway, so dass zahlreiche Geschäftsleute nach Truro abwanderten.

Bis 1989 war Bodmin die Hauptstadt von Cornwall, obwohl sie längst im Schatten anderer cornischer Städte stand. Sehenswert ist die *St Petroc's Church*, die größte mittelalterliche Kirche Cornwalls. Innen steht ein normannisches Taufbecken aus dem 12. Jahrhundert. Außerdem befindet sich hier ein Kästchen aus Elfenbein, in dem einst die Gebeine des heiligen Petroc aufbewahrt wurden.

Nebenan zieht eine ganz andere Attraktion die Besucher an. Im *Bodmin Jail* (Berrycombe Road) wurden bis ins frühe 20. Jahrhundert hinein Hinrichtungen durchgeführt. Das war „notwendig" geworden, weil ab 1862 öffentliche Exekutionen verboten waren. Ein Rundgang führt durch die Zellen des Gefängnisses.

● *Information* **Shire House**, Mount Folly Square, Bodmin, Cornwall PL31 2 DQ, ✆/📠 01208/76616. www.bodminlive.com.

● *Verbindungen* **Bus** – Western-National-Busse fahren regelmäßig von Padstow (Bus 55) und St Austell (Bus 29, 29A). Einmal täglich kommt der Bus X2 von Plymouth und Newquay. www.nationalexpress.com. Die Busverbindungen im Moor sind allerdings nicht so günstig. Tilley's Coaches Nr. 225 pendeln unregelmäßig zwischen Bolverton, Altarnun und Launceston. Western National-Bus X3 fährt noch seltener von Bodmin nach Bolventor. Bus 77 fährt von Liskeard nach St Neot.

Zug – Bodmin Parkway Station liegt an der Linie Penzance–Plymouth, stündlich Anschluss, ca. sechs Kilometer außerhalb der Stadt (Bus 55). Auskunft ✆ 0872/76244. www.nationalrail.co.uk.

Camelford: Camelford liegt im nördlichen Teil des Moors und ist eine relativ uninteressante Stadt, abgesehen davon, dass man von hier aus Wanderungen ins Bodmin Moor unternehmen kann. Hat man hier sein Lager aufgeschlagen, kann man sich im *North Cornwall Museum* über die Geschichte der Region informieren. Im gleichen Gebäude ist auch das Tourist Office untergebracht. Sechs Kilometer südöstlich von Camelford erhebt sich der *Rough Tor* und ist damit mit knapp 400 Meter Höhe der zweithöchste Berg im Moor. *Brown Willy* (südöstlich) überragt Rough Tor nur um 20 Meter.

North Cornwall Museum: April bis Sept. tgl. außer So 10–17 Uhr. Eintritt: £ 2. April bis Sept. tgl. außer So 10–17 Uhr. Eintritt: £ 2.50, erm. £ 2 oder £ 1.

Altarnun: Im Nordosten des Moors liegt Altarnun, ein nettes kleines Dörfchen mit einer sehenswerten Kirche. Ihr Taufbecken stammt noch aus der normannischen Zeit. Südlich des *North Hill* befindet sich ein „natürliches Kunstwerk": *The Cheesewring*, mehrere Gesteinsblöcke, die von Wind und Wetter verformt wurden. Drei Kilometer südlich bilden drei Steinzirkel ein Relikt aus der Bronzezeit: *The Hurlers* wurden schätzungsweise 1500 Jahre v. u. Z. aufgebaut. Am besten gelangt man über die Ortschaft *Minions* hierher. Auch *Trethevy Quoit* ist von Minions zu erreichen. Hierbei handelt es sich um ein über 2,5 Meter hohes Hügelgrab mit einem massiven Stein obendrauf.

The Hurlers: mystische Steinzirkel

Grafschaft Somerset

Somerset ist eine der ländlichsten englischen Grafschaften. Es gibt kaum größere Städte und wenig Industrie, dafür ist Somerset für seine Käse- und Milchproduktion im ganzen Königreich bekannt. Nicht zu vergessen: Cider – die englische Variante des Apfelweins.

Somerset liegt an der Mündung des Severn am Bristol Channel. Von der Küste kann man schon die Umrisse der walisischen Hafenstadt Cardiff erkennen.Geprägt wird Somerset im Westen von den *Brendon Hills* und den *Quantock Hills*, ideale Gegenden für erholsame Spaziergänge. Der Osten ist in erster Linie wegen seiner reizvollen Städte interessant. *Glastonbury* ist die Stadt der Mythen und Wunder. Hier soll der Legende nach der Heilige Gral versteckt sein. Einige Kilometer nördlich von Glastonbury liegt die kleinste Kathedralenstadt Englands. Nach den im Stadtgebiet entspringenden Quellen heißt sie *Wells*. Wer weiter in nördliche Richtung reist – etwa nach Bristol –, kann einen Abstecher nach *Cheddar* machen und sich hier den gleichnamigen Käse schmecken lassen. Die Grafschaftshauptstadt *Taunton* ist berühmt für ihren Somerset-Cider.

Taunton: St Mary Magdalena Church

Taunton

Taunton ist das Verwaltungszentrum von Somerset. Eingekeilt zwischen Quantock, Brendon und Blackdown Hills, ist der Ort idealer Ausgangspunkt für Erkundungen dieser landschaftlich reizvollen Grafschaft.

Ein besonders farbenfrohes Bild bietet sich während der Zeit der Apfelblüte. Wenn die Äpfel reif sind, presst man sie, lässt den Saft gären und schenkt ihn schließlich im alkoholischen Zustand aus. Cider nennt sich das erfrischende Getränk, das hier besonders gut schmeckt. Das hiesige *Castle*, das größtenteils verfallen ist, wurde im frühen 12. Jahrhundert erbaut. In einem erhaltenen Teil der Burg ist das *Museum of Somerset* untergebracht. Zu sehen sind dort Ausstellungsstücke von der Römerzeit bis zur Gegenwart.

April bis Okt. Di–Sa 10–17 Uhr, Nov. bis März Di–Sa 10–15 Uhr. Eintritt frei!

Der Henker von Taunton

Als der englische König Karl II. 1685 kinderlos starb, folgte ihm sein Bruder Jakob von York auf den Thron. Doch vielen Bewohnern von Südwestengland war es ein Greuel, dass nun ein katholischer König an der Spitze der Anglikanischen Kirche stand. Die Unzufriedenen fanden sich zusammen und riefen am 20. Juni 1685 auf dem Marktplatz von Taunton den protestantischen Duke of Monmouth, einen unehelichen Sohn Karls II., zum Gegenkönig aus. Doch wurde diese Rebellion von der königstreuen Armee im Keim erstickt. In der Schlacht von Sedgemoor, fünf Kilometer von Bridgwater entfernt, prallten die beiden Heere aufeinander. Die unerfahrene und zahlenmäßig unterlegene Armee der Rebellen wurde aufgerieben, der Duke of Monmouth nach London abgeführt und später hingerichtet. Für die Bürger von Taunton war dies aber erst der Anfang des Leids. Der oberste Henker der Krone, Judge Jeffreys, wurde unverzüglich nach Somerset geschickt, um die Schuldigen hart zu bestrafen. In der großen Halle des Castle fand ein Standgericht statt, das 500 Aufständische zum Tode verurteilte. Noch heute sind diese Schreckensverhandlungen als „Bloody Assize" bei den Bewohnern von Somerset gegenwärtig. Legenden besagen, dass in den Räumen der Gerichtsverhandlung die Geister der Opfer umherwandeln. Flüche sollen auf der Burg und dem Tudor-Haus (heute Restaurant) liegen, in dem einst Judge Jeffreys wohnte.

● *Information* **Tourist Information Centre**, Paul Street, Taunton, Somerset TA1 3XZ, ✆ 01823/336344, ✉ 01823/340308, www.heartofsomerset.com.
● *Einwohner* 60.000 Einwohner.
● *Verbindungen* **Bus** – Southern National Bus Company, Tower Street, ✆ 01823/272033. Busse nach London, Glastonbury, Bridgwater, Bristol und Exeter sowie ins Exmoor.
Zug – In Taunton gabelt sich die Bahnlinie nach Norden (Bristol) und Osten (London). Verbindungen z. B. nach Bristol, Weston-super-Mare, Exeter. Informationen, ✆ 08457/

484950. www.nationalrail.co.uk.
● *Übernachten/Essen/Trinken* Die Wellington Road ist in Taunton die B & B-Straße.
The Castle, das im Herzen von Taunton gelegene Hotel bietet viel Flair, denn es befindet sich in den Räumlichkeiten einer ehemaligen Burg. Die Zimmer sind mit LCD-Fernseher und WLAN ausgestattet. Schöner Garten, vorzüglicher Service. Erstklassiges Restaurant, Reservierung empfehlenswert. Drei-Gang-Menü ab £ 22.95. EZ ab £ 140, DZ ab £ 230 zzgl. VAT. Castle Green, ✆ 01823/272671, ✉ 01823/336066, www.the-castle-hotel.com.

Südwestengland
Karte S. 274/275

Cider-Probe

Lohnendes Ziel für einen Ausflug ist z. B. *Sheppy's Farm* in *Bradford-on-Tone*, fünf Kilometer Richtung Wellington gelegen. In der alten Cider-Presse kann man die Herstellung des beliebten Getränks beobachten und vom Ergebnis kosten. Traditionsbewusst wird in einem kleinen Museum die Cider-Historie dokumentiert. www.sheppyscider.com.

Bridgwater

Bridgwater ist eine 700 Jahre alte Stadt mit zahlreichen roten Backsteinhäusern und der Geburtsort von *Admiral Robert Blake* (1598–1657), dem Oberbefehlshaber von Cromwells Flotte. Die Stadt errichtete ihm ein Denkmal, und aus seinem Geburtshaus in der Blake Street wurde das *Blake Museum*. Hier befinden sich Erinnerungsstücke an die Schlacht von Sedgemoor. Wer sich intensiver mit der britischen Geschichte beschäftigen will, kann den Originalschauplatz fünf Kilometer südöstlich der Stadt besichtigen. Im Bürgerkrieg wurden große Teile der Stadt zerstört, so dass nur wenige alte Bauwerke zu sehen sind. Eines davon ist die *St Mary's Church* aus dem 13. bis 15. Jahrhundert. Wenn man dem Fluss Parrett vorbei an den alten Docks (am Westufer) in Richtung Norden folgt, kommt man etwa acht Kilometer nördlich der Stadt auf eine Landzunge, die als Naturschutzgebiet für besonders seltene Vogelarten ausgewiesen ist (keine guten Wege).

• *Information* **Tourist Information Centre**, King's Square, Bridgwater, Somerset TA6 3BL, ✆ 01278/436438. www.bridgwatertown.com.

• *Einwohner* 33.000 Einwohner.

• *Verbindungen* **Bus** – Von Bridgwater aus fährt Southern National in alle Richtungen, z. B. Nr. 17 nach Glastonbury, Nr. X96 nach Bristol.

Zug – Wie Taunton liegt auch Bridgwater an der Bahnlinie Bristol–Exeter, allerdings halten die Züge hier seltener. Man fährt besser mit dem Bus.

• *Blake Museum* Hier dreht sich alles um Robert Blake. Blake Street, Di–Sa 10–16 Uhr. Eintritt frei. www.blakemuseum.org.uk.

Quantock Hills

Landschaftlich reizvoll (wenn auch für Radfahrer etwas strapaziös) ist eine Tour durch die Quantock Hills nördlich von Tonton. Die Hügelkette – immerhin bis zu 400 Meter hoch – erstreckt sich bis zur Küste und ist praktisch ein Ausläufer des Exmoor. Zu erreichen ist diese Gegend mit Nahverkehrsbussen von Taunton oder Bridgwater. Von Taunton über die A 358 kommend, erreicht man zunächst den Ort **Bishops Lydeard**. Ein hübscher spätgotischer Kirchturm lockt zu einer Besichtigung. Hier befindet sich auch der Bahnhof für die *West Somerset Railway*, eine private Bahnlinie, die bis nach Minehead (siehe dort) führt. Von März bis Oktober fahren täglich bis zu fünf Diesel- und Dampfloks die etwa 30 Kilometer lange Strecke.

Nächster Stopp mit der Eisenbahn Richtung Minehead könnte **Watchet** sein, der einzige wichtige Hafen Somersets. Einen schönen Gesamteindruck von dieser Stadt bekommt man vom Turm der *St Decuman's Church*. Danach steuert die West Somerset Railway den Bahnhof von **Washford** an. Von hier aus sind es zehn Fußminuten zur *Cleeve Abbey*. Die Zisterzienserabtei aus dem späten 12. Jahrhundert ist noch recht gut erhalten.

April bis Sept. tgl. 10–18 Uhr, Okt. tgl. 10–17 Uhr, Nov. bis März 10–13 und 14–16 Uhr. Eintritt: £ 4, erm. £ 3.40 oder £ 2 (EH).

Etwa zwölf Kilometer westlich von Bridgwater liegt am Fuß der Quantock Hills das kleine Nest **Nether Stowey**. Bekannt wurde es durch *Samuel Taylor Coleridge*, der sich mit seiner Familie 1796 hierher zurückzog. Kurze Zeit später suchte sich auch *William Wordsworth* in den Quantock Hills eine Bleibe, die er in Alfoxton fand. Zusammen schufen die beiden Dichter die „Lyrical Ballads", ein Hauptwerk der englischen Romantik. Geblieben ist *Coleridge Cottage,* das man besichtigen kann.

Von Nether Stowey windet sich eine kleine Straße zum höchsten Berg der Quantock Hills, dem *Wills Neck* (385 m). Vom Triscombe Stone am Rande des Quantock Forest führt ein Fußweg hinauf zum Gipfel.

Karten Empfehlenswerte Karten für Wanderungen zu Fuß und Fahrrad sind „Landranger 181" (Maßstab 1 : 50.000) sowie „Pathfinder 1216" (Maßstab 1 : 25.000).

Glastonbury

Glastonbury ist der Wallfahrtsort aller New-Age-Jünger, die Gralsburg der letzten Hippies. Biokuchen, Heilkristalle, Kräutertees und Spiritual Sky Oils sind angesagt. Doch auch wer mit dem ganzen Esoteriktrubel nichts anzufangen weiß, sollte sich eine Besichtigung der Ruinen der Glastonbury Abbey nicht entgehen lassen.

Glastonbury ist eine Stadt voller Geschichte und interessanter Geschichten. Wenn man den sächsischen und keltischen Überlieferungen Glauben schenken darf, ist diese Stadt die Wiege des englischen Christentums. Danach begann im Jahre 63 unserer Zeitrechnung *Joseph von Arimathäa* mit der Missionierung der Insel. Die ersten Bekehrungsversuche bei den skeptischen Druiden wurden durch ein Wunder erleichtert. Denn als der Fremde seinen Wanderstab in die Erde steckte, begann dieser Knospen zu treiben und entwickelte sich zu einem blühenden Dornbusch. In Glastonbury errichtete Joseph dann eine kleine Kapelle, die mit dem größer werdenden Heer von Gläubigen ausgebaut wurde und bis zum 12. Jahrhundert die bedeutendste Abtei Englands blieb. Hier sind auch die Sachsenkönige Edmund the Magnificent sowie Edgar und Edmund Ironside im 10. und 11. Jahrhundert begraben worden. Tatsache ist aber, dass am Wearyall Hill (die Hill Lane Richtung Osten) ein Dornbusch wächst, der ursprünglich aus Palästina stammt. Ob es sich nun um einen Ableger des legendären Wanderstocks handelt, sei dahingestellt.

Joseph soll noch einen weiteren Gegenstand mit sich geführt haben – den *Heiligen Gral*. Diesen Kelch, mit dem Jesus sein letztes Abendmahl feierte und in dem das Blut des Gekreuzigten aufgefangen wurde, vergrub Joseph am *Chalice Hill*. Um den „Holy Grail" ranken sich wiederum andere Legenden: Artus schickte seine Ritter nach dem Kelch aus, um sich und sein Königreich zu retten. Seine letzte Ruhestätte fand Artus der Überlieferungen zufolge auf der Isle of Avalon. Tatsächlich war Glaston-

In Glastonbury trifft sich die Alternativszene

bury einmal eine Insel (Lake Village), umspült vom Bristol Channel – ein weiteres Indiz für die Existenz König Artus? Überzeugte Esoteriker hegen daran keinen Zweifel: Für sie ist der Glastonbury Tor mit der mythischen Isle of Avalon identisch; statt nach dem Heiligen Gral zu suchen, sind sie aber auf der Suche nach ihrem eigenen Gral, ihrer eigenen Erleuchtung. Die Alternativszene hat sich im Zentrum von Glastonbury längst ihre eigene Soziokultur geschaffen. Die Insider wissen einen Rainbow Hippie sofort von einem Celtic Hippie oder Cider Punk zu unterscheiden. Dementsprechend groß ist das Angebot an esoterischen Buch- und Bioläden, Tarot, Räucherstäbchen, Kräuterzigaretten und Yogakursen. Ein alljährlicher Höhepunkt ist das zur Zeit der Sonnenwende stattfindende Glastonbury Festival. Englands größtes Sommerfestival lockt seit 1970 Jahr für Jahr abertausende von Besuchern an. Drei Tage lang zelten die Zuschauer auf einer Farmwiese, um alle Auftritte mitverfolgen zu können.

• *Information* **Tourist Information Centre**, befindet sich im selben Gebäude wie das Lake Village Museum. Hier erhält man selbstverständlich viel Lektüre zur Artuslegende, außerdem eine Straßenkarte und den „Glastonbury Guide" mit Informationen zu den Sehenswürdigkeiten. Tribunal Building, 9 High Street, Glastonbury, Somerset BA6 9HG, ✆ 01458/832954, ✉ 01458/832949. www.glastonburytic.co.uk oder www.isleof avalon.co.uk.

• *Einwohner* 9.500 Einwohner.

• *Verbindungen* **Bus** – Busse halten an der Town Hall auf der Magdalene Street. Badgerline (✆ 01458/123456) verbindet mit der Westküste, der Bus Nr. 376 fährt stündlich über Wells nach Bristol. National Express fährt bis zu zweimal täglich nach London Victoria (www.nationalexpress.com). Wer nach Bath reisen will, muss in Wells umsteigen.

Zug – Der nächste Bahnhof befindet sich in Bridgwater, regelmäßige Zugverbindungen jedoch nur in Bath und Bristol.

• *Markt* Dienstagvormittag auf der Magdalene Street; am 4. Samstag des Monats großer Farmer's Market auf dem St John's Car Park.

• *Veranstaltungen* **Glastonbury Festival**, drei Tage im Juni auf der Worthy Farm (Pilton) mit zahlreichen Musik-, Theater- und Kunstaufführungen. Eintritt nur mit einem Ticket für das ganze Festival (um £ 90). ✆ 01458/834596. www.glastonbury.co.uk.

• *Übernachten* **Parsnips**, unweit der Abbey, am Rand der Altstadt, bietet dieses kleine, in einem Ziegelsteinbau untergebrachte B & B viel Komfort und ist geschmackvoll eingerichtet. Internet vorhanden, Parkplätze im Hof. B & B im EZ £ 55, DZ £ 70. 99 Bere Lane, ✆ 01458/835599, www.parsnips-glastonbury.co.uk.

The Crown (Glastonburys Backpackers Hostel), das ehemalige Backpackers Hostel

ist eine preiswerte Alternative. Ein Café mit Straßenterrasse und ein Restaurant runden das Angebot ab. Kostenloses WLAN. DZ £ 40–50, im Schlafraum ab £ 15. 4 Market Place, ✆ 01458/833353. ✉ 01458/835988. www. glastonburybackpackers.com.

• *Jugendherberge* **The Chalet**, in dem Ort Street, Anfahrt über die A 39, dann B 3151 Richtung Somerton. Nach ca. dreieinhalb Kilometern rechts Richtung Bridgwater (ausgeschildert), nach weiteren 500 Metern auf der rechten Seite. Auf einer Anhöhe bietet die Jugendherberge einen schönen Blick über die Moorlandschaft. Geöffnet Ostern bis Okt., Möglichst vorher anrufen, denn das Haus hat nur 28 Betten. Erwachsene ab £ 14, Jugendliche ab £ 10.50. Ivythorn Hill Street, ✆ 0845/3719143, ✉ 0148/ 840070.

• *Camping* **Isle of Avalon**, großer, gut ausgestatteter Platz im Nordwesten des Ortes: Northload Street (später Meare Road) folgen, dann rechts und der Beschilderung nach. £ 7 pro Zelt, £ 3 pro Person. Godney Road, ✆ 01458/833618.

• *Essen/Trinken* **Hundred Monkeys**, lockere Atmosphäre mit blankpolierten Holztischen. Neben Snacks gibt es auch italienische Küche, beispielsweise *Spaghetti alla Trapanese* (£ 9). Sonntag Ruhetag. 52 High Street, ✆ 01458/833386.

Heaphy's Café, nettes Café mit Straßenterrasse direkt am Marktplatz. Als Spezialität gelten die mit ausschließlich biologisch angebauten Zutaten zubereiteten Crêpes. Es werden auch vier Zimmer vermietet, B & B £ 35, gefrühstückt wird im Café. 16 Market Place, ✆ 01458/837935. www.heaphys.net.

Blue Note Café, beliebter Treff für Kaffee mit Kuchen, gelegentlich finden Konzerte statt. Serviert werden auch vegetarische Gerichte. Schön sitzt man im Sommer im Hinterhof. 4 High Street, ✆ 01458/832907.

Erhabene Ruinen: Glastonbury Abbey

Sehenswertes

Glastonbury Abbey: Die Geschichte von Glastonbury ist in erster Linie die Geschichte seiner Abtei. Heute zeugen nur noch die von einer weitläufigen Parkanlage umgebenen Ruinen der Abbey von der einstigen klösterlichen Pracht. Die Abtei von Glastonbury wurde gegen Ende des 7. Jahrhunderts von dem angelsächsischen König Ina von Wessex gegründet. Nach einem verheerenden Brand, der im späten 12. Jahrhundert das normannische Kloster zerstörte, „entdeckten" die findigen Benediktinermönche die Gräber von Artus, Genoveva und Joseph von Arimathäa. Schnell entwickelte sich der Ort zur landesweit bekannten Pilgerstätte und brachte den Klosterbrüdern das nötige Kleingeld für den kostspieligen Wiederaufbau der Abtei. Die Klosterkirche war mit einer Länge von 177 Metern der längste Sakralbau Englands. Dem Schrein, in welchem angeblich die Gebeine von Artus ruhten, gebührte selbstverständlich ein Ehrenplatz im Chor (die Stelle ist noch heute markiert). Auf Befehl Heinrichs VIII. wurde das Kloster 1539 zerstört, die Schätze und Reichtümer der Glastonbury Abbey fielen an die Krone. Die Bewohner von Glastonbury nutzten die Abtei fortan als Steinbruch zum Bau ihrer Häuser. Erst als das Areal im Jahre 1908 in den Besitz der Church of England kam, wurden die Ruinen unter Denkmalschutz gestellt und restauriert. Beeindruckend sind vor allem die Ausmaße der Abtei, die ihre einstige Bedeutung erahnen lassen. Die pittoresken Ruinenmauern schaffen eine reizvolle Szenerie, deren Zauber man sich nur schwer entziehen kann. Die am besten erhaltenen Gebäude der einstigen Abtei sind die spätnormannische *Lady Chapel* und die achteckige *Abbot's Kitchen* mit ihrem trichterförmigen Dach.

Tgl. 9.30–18 Uhr, Juni, Juli und Aug. 9–18 Uhr, im Winter 10 Uhr bis Einbruch der Dämmerung geöffnet. Eintritt: £ 5, erm. £ 4.50 oder £ 3. www.glastonburyabbey.com.

Somerset Rural Life Museum: Das Museum ist in der ehemaligen Zehntscheune (14. Jh.) der Abtei und den umliegenden Gebäuden untergebracht. Beispielhaft werden hier die ländlichen Arbeitsweisen des 19. und frühen 20. Jahrhunderts vorgestellt. Weitere Schwerpunkte sind das Torfstechen und die Herstellung von Cider. Ostern bis Okt. Di–Fr 10–17 Uhr. Eintritt frei! www.somerset.gov.uk/museums.

Glastonbury Tor: Der aus dem Marschland 150 Meter hoch aufragende Bergkegel wird von den Verehrern von König Artus als *Isle of Avalon* angesehen. Für alle New-Age-Anhänger ist eine Besteigung des Hügels ein Muss. Die markante Bergkuppe krönt seit dem 14. Jahrhundert eine Kirchturmruine. Wie auch immer man es mit König Artus hält: Der herrliche Ausblick ist beeindruckend! Bei günstigen Sichtverhältnissen kann man sogar die Umrisse der Kathedrale von Bristol erkennen. Hier, wo einst die *St Michael's Chapel* stand und heute nur noch ihr Turm erhalten ist, wurde der letzte Abt der Glastonbury Abbey hingerichtet. Er hatte den Befehl Heinrichs VIII., alle katholischen Klöster aufzulösen, „unglücklicherweise" nicht umgesetzt. Der Turm ist jederzeit für jedermann zugänglich. Wer sich den Fußmarsch ersparen will, kann von Mai bis Mitte September auch den halbstündigen Buspendelverkehr nutzen (£ 1), der von der Abtei startet.

Chalice Well: Der legendären Quelle am Fuße des Tors werden besondere Heilkräfte zugeschrieben. Angeblich hatte Joseph von Arimathäa den Kelch mit dem Blut Jesu hier versteckt, worauf eine blutrote Quelle entsprang. Heute weiß man freilich, dass die rote Färbung des Wassers auf Rostrückstände zurückzuführen ist. Nichtsdestoweniger wird dem Wasser eine heilende Wirkung nachgesagt. Im Oktober 1990 bemühte sich sogar Prinz Charles hierher, nachdem er beim Polo den Arm gebrochen hatte. Ob ihm der Schluck aus der Heilquelle geholfen hat, blieb trotz intensiver Nachforschungen unklar. Die eigentliche Quelle ist heute ein trockenes Loch voller Geldstücke, die die Besucher hier hineinwerfen. Wer das Wasser probieren will, muss sich etwas weiter den Berg hinaufbemühen. Dort nämlich fließt es aus einem Löwenkopf. Ostern bis Okt. 10–17.30 Uhr, Nov. bis März 10–16 Uhr. Eintritt: £ 3.25, erm. £ 2.70. www. chalicewell.org.uk.

Wells

In keiner anderen englischen Stadt besteht ein größeres Missverhältnis zwischen der Dimension ihrer Kathedrale und ihrer Einwohnerzahl. Über der Domfreiheit, den schmucken Fachwerkbauten und den gelben Sandsteinhäusern scheint stets Ferienstimmung zu liegen.

„Wells … ist eigentlich nicht eine Stadt mit einer Kathedrale, sondern eine Kathedrale, zu deren Füßen sich die Häuser eines Städtchens scharen, nicht viel mehr als ein Anhängsel der ausgedehnten Domfreiheit. Man fühlt überall die Gegenwart der schönen Kirche", befand schon Henry James zu Beginn des 20. Jahrhunderts. Und noch heute liegt Wells im Schatten seiner Kathedrale, die nur durch ein altes Torhaus (*Penniless Porch*) von der Stadt getrennt wird. Wer sich der Altstadt von Wells von Süden her nähert, sollte allerdings nicht den Fehler begehen, St Cuthbert mit der Kathedrale zu verwechseln. St Cuthbert ist zwar die größte Pfarrkirche von Somerset, doch wird sie von der Bischofskirche noch weit übertroffen. Rund um den schmucken Marktplatz laden zahlreiche Gasthöfe zu einer Pause ein.

Die Geschichte von Wells ist untrennbar mit dem Bischofssitz verbunden. Bereits im Jahre 909 ist mit Athelm ein erster Bischof urkundlich verbürgt. Aus heute nicht mehr genau nachvollziehbaren Gründen wurde der Bischofssitz 1088 von den Normannen nach Bath verlegt – ein Umstand, mit dem sich Wells nicht abfinden wollte. Mehr als zweieinhalb Jahrhunderte lang stritten sich die beiden Städte um dieses Vorrecht, bis der Papst mit einem Schlichtungsversuch per Dekret Erfolg hatte: Seither residiert der jeweilige Kirchenfürst in Wells und führt den Titel „Bischof von Bath und Wells".

● *Information* **Tourist Information Centre**, Town Hall Wells, Wells, Somerset BA5 2RB, ✆ 01749/672552, ✉ 01749/670869, www.wellstourism.com.

● *Einwohner* 10.400 Einwohner.

● *Verbindungen* **Bus** – ab Priory Road/Princess Road. Busse fahren von hier aus nach Bristol, Bath, Glastonbury und Street, National Express nach London, ✆ 0870/6082608. **Zug** – Die nächsten Bahnhöfe befinden sich in Bath, Bristol und Castle Cary.

● *Fahrradverleih* **Bike City**, Union Street, ✆ 01749/671711. £ 10 für den ersten Tag.

● *Stadtführungen* Jeden Mi und Sa um 11 Uhr. Treffpunkt: Tourist Info. Dauer: 1 Std. Kosten: £ 4.

● *Markt* Mi und Ss findet neben der Kathedrale ein großer Markt statt.

● *Parken* Mehrere große, gut ausgeschilderte Parkplätze rund um die Altstadt.

● *Veranstaltungen* Von März bis Dez. finden in der Kathedrale zahlreiche **Konzerte** statt. Prospekte, z. B. *Music in Wells*, sind bei der Tourist Information erhältlich und geben über die genauen Termine Auskunft.

● *Übernachten* In Wells sind viele B & Bs in der Chamberlain Street und der St Andrew's Street zu finden.

Canon Grange, traumhaft gelegenes B & B (fünf geräumige Zimmer mit Bad und WC) mit Blick auf die Kathedrale. Freundlich geführt, auch vegetarisches Frühstück erhältlich. B & B £ 30–37.50 pro Person. Cathedral Green, ✆ 0174/9671800, www.canongrange.co.uk.

Beryl, liebevoll geführtes B & B in einem neogotischen Landhaus mit ländlichem Flair und Swimmingpool, knapp zwei Kilometer von der Kathedrale entfernt. Die Zimmer sind mit viel Nippes und Antiquitäten (Himmelbett etc.) eingerichtet. B & B ab £ 37.50 pro Person (bis £ 65), im EZ ab £ 65. Hawkers Lane, ✆ 01749/678738, ✉ 01749/670508, www.beryl-wells.co.uk.

Wookey Hole Inn, wer statt englischem Plüschstil lieber nüchterne Designzimmer mit asiatischem Touch bevorzugt, ist in diesem Hotel genau richtig. Ein schöner Garten und ein gutes Restaurant mit kreativer Küche vervollständigen die angenehme Atmosphäre. Nur fünf DZ mit TV und CD-Player für £ 45–50 pro Person inkl. Continental Breakfast. Nördlich von Wells in der Ortschaft Wookey Hole, ✆ 01749/676677, www.wookeyholeinn.com.

Swan Hotel, zünftiger Gasthof aus dem 16. Jh. (Best Western). Viel Komfort in typisch englischem Stil, die günstigeren Zimmer gehen allerdings nach hinten hinaus. Einige (teurere) Zimmer haben einen tollen Blick auf die Kathedrale. Gutes Restaurant sowie eine wunderschöne Caféterrasse zur Kathedrale. Kostenloses WLAN und Parkplätze verfügbar. B & B im DZ ab £ 58 pro Person, im EZ ab £ 94. Sadler Street, ✆ 01749/836300, ✉ 01749/836301, www.swanhotelwells.co.uk.

The Crown at Wells, in uriger Atmosphäre werden in der ehemaligen Postkutschenstation 15 charmante Zimmer vermietet, von denen sechs auf den schmucken Market Place und die Kathedrale blicken. Schön und hell ist beispielsweise das Zimmer Nr. 15. Einzig die Bäder/Duschen könnten modernisiert werden. Kostenloses WLAN und Parkplätze vorhanden. Das zugehörige Bistro bietet bodenständige Kost mit internationalem Flair, leider hinken die Kochkünste dem gastronomischen Anspruch etwas hinterher, Hauptgerichte £ 12–15. Nette Terrasse hinter dem Haus. Unterkunft ab £ 45 pro Person im DZ, im EZ ab £ 60 (jeweils inkl. Frühstück). Market Place, ✆ 01749/673457, ✉ 01749/679792, www.crownatwells.co.uk.

● *Jugendherberge* → Cheddar.

● *Camping* **Homestead Park**, in Wookey Hole, gut ausgestattet, dafür aber auch teuer; Von Ostern bis Okt. geöffnet. Zelt, Auto und zwei Personen £ 16. ✆ 01749/673022, www.homesteadpark.co.uk.

● *Essen/Trinken* **The Old Spot**, ausgezeichnetes Restaurant (mediterrane wie auch traditionelle Küche) im altertümlichen Bistrostil. Zweigängiges Menü £ 18.50, dreigängiges Menü £ 21.50. Mo und Do sowie Sonntagabend geschlossen. 5 Sadlers Street, ✆ 01749/609009.

Südwestengland
Karte S. 274/275

Café Romna, modernes bengalisches Restaurant gleich bei der Kathedrale. Ausgezeichnetes Vindaloo Curry für £ 5.95! Auch Take-Way. Kein Ruhetag. 13 Sadlers Street, ✆ 01749/670240. www.caferomna.co.uk.

Piano Café, nettes Café-Restaurant in einem von der Sadlers Street abzweigenden Hinterhof. Samstagabend Jazzkonzerte. Mo und Do sowie Sonntagabend geschlossen.

9 Heritage Court, ✆ 01749/677772.

Chapter Two, in einem Nebentrakt der Kathedrale befindet sich ein nettes Selbstbedienungsrestaurant, das ein schönes Kreuzrippengewölbe besitzt. Gereicht werden kleinere Mahlzeiten (Suppen, Hähnchen usw. für £ 2–5). Tgl. 10–17 Uhr, So 11–17 Uhr, ✆ 01749/676543.

Sehenswertes

Cathedral: Die Kathedrale von Wells gilt als ein Juwel der englischen Sakralarchitektur. Ein gotischer Traum, der von seinem genialen Baumeister geschaffen wurde, ohne auf die berühmten französischen Vorbilder zurückzugreifen – so wurden die abgebrochen wirkenden Türme nicht ans Ende der Seitenschiffe, sondern außerhalb neben sie gesetzt. Besonders prachtvoll ist die außergewöhnlich breite Westfassade, die von einem einzigartigen Skulpturen-Zyklus geschmückt wird: Von den einst über 400 Figuren sind noch rund 300 erhalten. Die Bauarbeiten begannen um 1180 und waren rund eineinhalb Jahrhunderte später abgeschlossen. Das vergleichsweise niedrige Langhaus, die westlichen Querschiffe und der Chor sind ein Musterbeispiel für den Early English Style (englische Frühgotik). Im Inneren beeindrucken die doppelt geschwungenen „Scherenbögen", die den Vierungsturm stützen. Trotz ihrer großen Proportionen schmälern die Stützbögen den Gesamteindruck des feingliedrigen Gotteshauses nicht, im Gegenteil: Sie sind eine architektonische Meisterleistung und verleihen der Kathedrale eine geradezu schwerelose Wirkung. Sehenswert ist auch das Chorgestühl im *Quire*. Vom nördlichen Querschiff führt eine ausgetretene Steintreppe hinauf zum oktogonalen Chapter House, das von Kunsthistorikern als das schönste von ganz England gerühmt wird: Das Deckengewölbe des um 1300 errichteten Kapitelhauses wird von einem einzigen fragilen Pfeiler getragen! Ein Kleinod ist auch die astronomische Uhr im Nordschiff. Über dem Zifferblatt der aus dem Jahr 1390 stammenden Uhr tragen vier Ritter ein imaginäres Turnier aus. Alle fünfzehn Minuten geht einer der kämpfenden Ritter zu Boden. Südlich an die Kathedrale grenzt ein Kreuzgang an, dessen nördlicher Flügel ein nettes Café beherbergt.

Tgl. 7–19 Uhr, im Winter bis 18 Uhr. Spende (Eintritt): £ 5.50, erm. £ 4 bzw. £ 2.50. www.wellscathedral.org.uk.

Bishop's Palace: Gleich rechts neben der Kathedrale befindet sich eines der am längsten bewohnten Häuser Englands – der Bishop's Palace. Im 13. Jahrhundert erbaut, wurde dem Sitz des Bischofs von Bath und Wells später ein Wassergraben hinzugefügt, um den jeweiligen Hausherrn vor rebellischen Bürgern zu schützen – deshalb auch der Festungscharakter des Palastes.

April bis Okt. tgl. 10.30–18 Uhr, Sa bis 14 Uhr, im Winter 10–16.30 Uhr, Sa bis 14 Uhr. Eintritt: £ 5.50, erm. £ 4.40 oder £ 2.20. www.bishopspalacewells.co.uk.

Wells and Mendip Museum: Gegenüber der Kathedrale liegt das Wells and Mendip Museum. Besonders interessant sind hier die Funde aus den *Wookey Hole Caves* (s. u.). In diesen Höhlen entdeckte man nicht nur Fossilien, sondern auch Zeugnisse von Höhlenbewohnern aus der frühen Eisenzeit.

8 Cathedral Green. Ostern bis Okt. 11–17 Uhr, Nov. bis Ostern tgl. 11–16 Uhr. Eintritt: £ 3, erm. £ 1. www.wellsmuseum.org.uk.

300 Fassadenfiguren bedürfen der genaueren Betrachtung

Umgebung von Wells

Wookey Hole Caves and Papermill: Die Höhlen von Wookey Hole – sie befinden sich etwa drei Kilometer nordwestlich von Wells in den Mendip Hills – sind eine riesige unterirdische Touristenattraktion. Bereits vor mehr als 2000 Jahren bewohnt, aber erst 1914 wiederentdeckt, öffnet sich dem Besucher ein Blick in die Welt aus Stalaktiten, Stalagmiten und unterirdischen Seen. Um die teilweise bizarren Tropfsteine ranken sich Legenden, beispielsweise um die „Witch of Wookey", eine versteinerte „Hexe". Neben den Höhlen kann man auch eine Papiermühle, eine antike Kirmes, ein prähistorisches „Dinosauriertal" und ein Spiegellabyrinth besuchen. Wie Leser zu Recht kritisierten, ist der hohe Eintrittspreis für die Höhle samt Multimediaspektakel leider nicht gerechtfertigt.

Von Wells mit dem Minibus 172 (stündlich). Ostern bis Okt. tgl. 10–17 Uhr, im Winterhalbjahr 10–16 Uhr geöffnet. Eintritt: £ 16, erm. £ 11. www.wookey.co.uk.

Shepton Mallet: Der Wohlstand der alten Marktstadt beruht auf der Schafzucht und dem Wollhandel, weswegen sich der Name von Shepton Mallet auch von *Sheep Town* ableitet. Neben dem schmucken Marktplatz beeindruckt die spätgotische *Pfarrkirche St Peter and Paul* mit ihrer prächtigen hölzernen Kassettendecke. Wer will, kann einen Ausflug nach Nunney unternehmen. Das zwölf Kilometer östlich von Shepton Mallet gelegene Straßendorf besitzt eine pittoreske Burgruine samt Wassergraben (14. Jh.).

Mells: Eines der schönsten Dörfer der Grafschaft Somerset. John Selwood, seines Zeichens Abt von Glastonbury, leitete Ende des 15. Jahrhunderts einen Neubau des Dorfes in die Wege, wobei er sich an mediterranen Vorbildern orientierte.

Cheddar

Cheddar – wer denkt dabei nicht an den gleichnamigen Käse? Neben dieser Gaumenfreude ist Cheddar vor allem für eine spektakuläre Schlucht bekannt, die nördlich des Städtchens ein faszinierendes Naturszenario bietet.

Der *Cheddar Cheese* ist der bekannteste englische Käse. Schon Daniel Defoe war des Lobes voll: „Zweifellos ist der Cheddar der beste Käse, den England, wenn nicht die ganze Welt, anzubieten hat." Heute gilt Cheddar als Synonym für einen gelblichen, mittelharten Käse, der dem Gouda ähnelt. Leider wird er oft als langweiliges, abgepacktes Industrieprodukt verkauft, das sich geschmacklich stark von dem handgeschöpften Original unterscheidet. Die Stadt Cheddar selbst ist touristisch nur von marginalem Interesse, sieht man einmal von der Kirche und dem historischen Marktkreuz ab.

● *Information* **Tourist Information Centre,** The Gorge, Cheddar, Somerset BS27 3QE, ✆ 01934/744071, ✉ 01934/744614; im Sommer 10–17 Uhr, im Winter nur So 11–16 Uhr. www.cheddarvillage.co.uk.

● *Einwohner* 2.500 Einwohner.

● *Verbindungen* **Bus** – Von Wells fährt Badgerline 126 stündlich über Cheddar nach Weston-super-Mare.

● *Jugendherberge* **Jugendherberge Cheddar,** Im Ort nahe der Feuerwehr gelegen. Wer von Wells über die A 371 kommt, lässt die Abfahrt zur Schlucht links liegen und biegt dafür ca. 800 Meter weiter in The Hayes ein, dann wieder links (Hillfield). Da die Herberge (59 Betten) häufig ziemlich voll ist, sollte man im Voraus buchen oder schon vormittags ankommen. Erwachsene ab £ 12, Jugendliche ab £ 9. Hillfield, Cheddar, ☎ 01934/742494 oder 0845/3719730, ✉ 01934/744724, cheddar@yha.org.uk.

● *Camping* **** **Broadway House Holiday Touring Caravan and Camping Park**, Zelturlauber finden in der Nähe einen Vier-Sterne-Campingplatz, der besonders Kindern gut gefällt (kleiner Pool vorhanden). Anfahrt über die A 371 Richtung Axbridge. Am anderen Ortsende gibt es noch zwei weitere Plätze. Ab £ 12 pro Stellplatz (März bis Nov. geöffnet). ☎ 01934/742610, ✉ 744950, www.broadwayhousepark.uk.com.

Sehenswertes

Cheddar Caves: Die Tropfsteinhöhlen von Cheddar wurden durch unterirdische Flüsse nach der letzten Eiszeit geformt. Funde belegen, dass sie schon vor 10.000 Jahren bewohnt waren. Der 1877 freigelegte Eingang zur Höhle ist aufgrund der Menschenmenge nicht zu verfehlen. Im *Cheddar Cave Museum* sind die Funde aus den Höhlen ausgestellt, darunter das 9000 Jahre alte Skelett eines Mannes.
Mai bis Mitte Sept. tgl. 10–17 Uhr, Mitte Sept. bis April tgl. 10.30–16.30 Uhr. Eintritt: £ 17, erm. £ 11 (inkl. deutschem Audioguide). www.cheddarcaves.co.uk.

Cheddar Gorge: In den Sommermonaten und am Wochenende wälzen sich wahre Autoschlangen durch die knapp zwei Kilometer lange Schlucht des River Yeo. Bis zu 138 Meter ragen die Kalksteinformationen links und rechts der Straße empor. Über die 322 Stufen der *Jacob's Ladder* gelangt man zur Spitze der Felsen, von wo aus sich bei einem kurzen Rundgang ein schöner Rundblick über die *Mendip Hills* bietet. Mit anderen Worten: ganz nett, aber für Liebhaber rauer Landschaften wohl eher enttäuschend. Zudem wird das Naturerlebnis durch die zahlreichen Parkplätze, Souvenirshops und Imbissläden getrübt.

Südwestengland
Karte S. 274/275

Cheddar Gorge

New College Oxford

Westengland

Bath, Bristol und Oxford sind das touristische Dreigestirn Westenglands. Mit anderen Worten: Hier findet man die bekannteste Hafenstadt, die berühmteste Universität und das einzige Heilbad Englands.

Die einstige Grafschaft Avon beeindruckt durch ihre langen Sandstrände. Hier befindet sich auch der typisch englische Urlaubsort *Weston-super-Mare* mit seinem weit ins Meer reichenden Pier. Man vergnügt sich an den zahlreichen Spielautomaten oder aalt sich gemütlich in der Sonne. Zwei weitere Städte der ehemaligen Grafschaft erregen die Aufmerksamkeit des Besuchers: *Bath* und *Bristol*. Bath ist berühmt für seine georgianische Architektur und seine römischen Bäder. In Bristol hingegen dreht sich seit Jahrhunderten alles um den großen Hafen. Von hier aus wurde mit den Kolonien in Amerika reger Handel getrieben – auch mit Sklaven. Später verschrieb sich die Stadt ganz dem Schiffsbau und wurde deshalb im Zweiten Weltkrieg von den Deutschen massiv bombardiert. Heute glänzt Bristol mit einem breiten Kulturangebot; vor allem die Jazz- und Theaterszene ist äußerst lebendig.

Wer von Bristol weiter in den Norden fährt, sollte sich *Berkeley Castle* anschauen, eines der schönsten Herrenhäuser der Region. Weiter nördlich liegt am River Severn *Gloucester* (→ S. 532ff.), einst eine wichtige Hafenstadt. Heute spielt hier der Tourismus die größte Rolle. Sehenswert sind die Kathedrale und einige Museen.

In Oxfordshire ist vor allem die gleichnamige Grafschaftshauptstadt einen Besuch wert. Wer traditionelle Universitätsatmosphäre erleben will, kann in den altehrwürdigen Straßen von *Oxford* umherwandeln oder auch einmal in ein College hineingehen (soweit das erlaubt ist). In der Nähe von Oxford findet man den barocken

Blenheim Palace, den ländlich gelegenen Geburtsort von Winston Churchill. Ein Ausflug dorthin lohnt sich allemal, ebenso wie eine Spazierfahrt durch die Cotswolds (→ S. 519ff.).

Im Westen von Oxfordshire erheben sich urplötzlich die *Chiltern Hills*, eine Kalksteinformation, die sich in Nord-Süd-Richtung erstreckt. Der *Ridgeway Path* führt entlang des Höhenkammes und verwöhnt den Wanderer mit beeindruckenden Fernsichten.

Bristol

Bristol, die traditionsreiche Hafenstadt am Avon, hat in den letzten Jahrzehnten einen atemberaubenden Wandel vollzogen. Die Pop-Hauptstadt der 1990er-Jahre bietet ein aufregendes Nachtleben mit vielen Clubs und Bars.

Bristol war im Gegensatz zu anderen wichtigen Städten Englands keine römische Gründung, sondern geht auf eine angelsächsische Ansiedlung zurück. Und schon die Sachsen trieben regen Handel mit Wikinger-Kolonien in Irland. Die wirtschaftliche Bedeutung Bristols erkannten die normannischen Eroberer sofort. Im 12. und 13. Jahrhundert machte man sich daran, die Hafenanlage durch Kanäle wesentlich zu erweitern. Im 14. Jahrhundert wurde aus Bristol der wichtigste Umschlaghafen für Wolle aus den Cotswolds. Erst der englische Bürgerkrieg konnte den stetigen Aufschwung der Stadt bremsen. Bei den abwechselnden Belagerungen durch die Royalisten und Parlamentarier wurde nicht nur die normannische Burg zerstört.

Eine neue Blüte wurde der Stadt durch den Sklavenhandel mit Amerika beschert. Doch schon einige Jahrzehnte vor dem Ende des Sklavenhandels geriet Bristol in eine Phase des wirtschaftlichen Niedergangs, Arbeitslosigkeit und Armut gehörten zum Alltag. John Wesleys Methodisten hatten einen regen Zulauf, gleichzeitig kam es mehrfach zu öffentlichen Missfallenskundgebungen. Unvergessen ist der Arbeiteraufstand von 1831, als der Bischofspalast gestürmt und die bischöfliche Bibliothek in Flammen aufging. Dies konnte allerdings nichts an der Tatsache ändern, dass die Werften und Docks von Bristol den Erfordernissen des 19. Jahrhunderts nicht mehr genügten und die Wollweber in den industrialisierten Norden abwanderten. Einzig der Import des teuren Sherrys florierte noch. Zeitweise wurden mehr als zwei Drittel des spanischen Exports in Bristol umgeschlagen und von hier aus vertrieben. Die bekannteste Sorte war und ist „Harvey's Bristol Cream", ein dunkelgoldener Südwein mit ausgewogen mildem Geschmack. Erst als die wirtschaftliche Vormachtstellung der *Society of Merchant Venture* gebrochen und die Stadtverfassung demokratisiert werden konnte, setzte eine Phase des Aufschwungs ein. Katastrophal waren die Folgen der deutschen Bombenangriffe während des Zweiten Weltkrieges, die große Lücken in die historische Bausubstanz rissen. Sicherlich genauso schwerwiegend wirkte sich das fehlende Fingerspitzengefühl der Stadtväter beim Wiederaufbau aus, so dass das Zentrum von Bristol heute weitgehend von gesichtslosen Bauten im Betonstil der Fünfziger- und Sechzigerjahre dominiert wird. Derzeit werden diese Sünden durch groß angelegte Neubau- und Restaurierungsprogramme am Hafen und im Stadtkern gemildert.

Im Gegenzug sorgt Bristol seit mehr als zwei Jahrzehnten nicht nur im Musikbusiness für positive Schlagzeilen. Die bekanntesten Vertreter sind Massive Attack, Roni Size & Reprazent, Portishead, Tricky und Smith & Mighty. Auch in Film und

Westengland
Karte S. 376/377

Fernsehen setzt Bristol Zeichen, *Aard-man Animations* kassierten insgesamt vier begehrte Oskars: das Zeichentrick-studio hat „Wallace und Gromit" sowie „Chicken Run" produziert. „Arthur Christmas" und „The Pirates!" sind derzeit in Vorbereitung. Auch wenn im Fernsehen mit Dinosauriern spazieren gegangen oder die Tiefe des Meeres erkundet wird, dürfte die Produktion aus Bristol stammen. Die lokale BBC Bristol zeichnet für die meisten Natur- und Tierfilme verantwortlich, deren finanzieller und technischer Aufwand einmalig sind. Nicht nur in kultureller, sondern auch in wirtschaftlicher Hinsicht gehört Bristol zu den aufstrebendsten Städten Englands, wobei auch hier die Rolle der alteingesessenen Industrien wie Flugzeug- *(British Aerospace)* oder

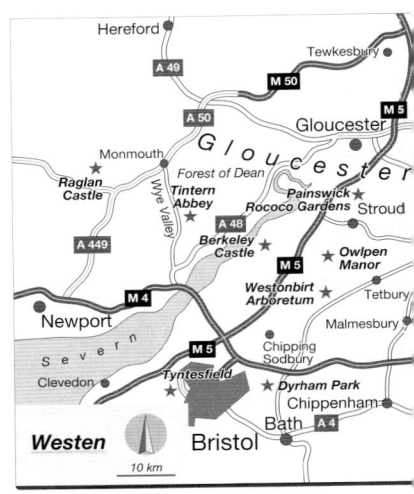

Autobau (*Rolls Royce*) immer kleiner wird. Die ehemalige Industrie- und Hafenstadt hängt wie der Rest des Landes zunehmend am Tropf der Telekommunikation, Finanz- und Versicherungswirtschaft. Die Arbeitslosenrate ist im Zuge der Weltwirtschaftskrise auf 7,2 % angestiegen, sie liegt damit allerdings immer noch um 0,2 % niedriger als im Landesdurchschnitt. Auch die drastischen Sparmaßnahmen der Koalitionsregierung David Camerons und Nick Cleggs bei den Ausgaben der öffentlichen Hand treffen Bristol besonders hart, sind hier doch 60 % aller Arbeitskräfte in der öffentlichen Verwaltung, im Gesundheits- oder Bildungswesen angestellt. Beide Universitäten (Bristol University und die University of the Southwest of England) zählen zu den größten und beliebtesten Englands (auf jeden Studienplatz kommen zwölf Bewerber!). Prinz William gab angeblich nur knapp der St Andrews Universität im schottischen Edinburgh den Vorzug, weshalb der berühmteste Student von Bristol Euan Blair heißt. Der Spross des Premierministers studierte hier Antike Geschichte. Schattenseiten gab es natürlich schon immer: So besitzt Bristol beispielsweise eine sehr hohe Obdachlosenrate, die Kriminalität vor allem in Zusammenhang mit Drogen ist höher als andernorts, und wer im Stau steht, muss sich nicht wundern, schließlich gibt es in keiner anderen englischen Stadt mehr Autos pro 1.000 Einwohner als in Bristol.

*I*nformation/*V*erbindungen/*D*iverses

● *Information* **TIC Harbourside** (Destination Bristol), E-Shed, 1 Canon's Road, Bristol BS1 5TX, ✆ 0333/3210101, aus dem Ausland ✆ 0870/4440654; ticharbourside@destination bristol.co.uk, www.visitbristol.co.uk, www. bristol-city.gov.uk oder www.tourism. bristol.gov.uk.

● *Einwohner* 430.000 Einwohner.

● *Verbindungen* **Bus** – Der Busbahnhof be-

findet sich in der Marlborough Street gegenüber dem Einkaufszentrum Broadmead/ Cabot Circus (Information für Stadtbusse ✆ 0871/2002233, www.traveline.org.uk und National Express über ✆ 08717/818181, www.nationalexpress.com). Im First Badgerline Ticket Office wird ein First Day South West Ticket angeboten, mit dem man einen ganzen Tag bis Salisbury, Taun-

ton, Gloucester oder selbst nach Cornwall fahren kann (£ 7.10 nach 9 Uhr und am Wochenende, sonst £ 8). Außerdem verkehren von hier Busse nach Bath, Cheltenham, Bridgwater, Wells und zum Flughafen.

Zug – Ab der neugotischen Temple Meads Station Verbindungen in alle Richtungen. Alle zwei Stunden verkehren Züge nach London Paddington Station, Portsmouth, Exeter, Liverpool und Salisbury. Etwas außerhalb liegt der Bahnhof Parkway.

Flugzeug – Der Bristol International Airport liegt 15 Kilometer südwestlich der Stadt an der A 38, Busverbindungen (Flyer Airport Express Link) vom Busbahnhof an der Marlborough Street über die Temple Meads Station, Busse A1 (Bristol–Flughafen) und A2 (Flughafen–Bristol). Single £ 6, Return £ 9, airportexpress@bristolairport. com, www.bristolairport.co.uk.

● *Hafentaxi* Alle 40 Minuten fahren die orangefarbenen **Waterbuses** der Bristol Ferry Boat Company zu verschiedenen Anlegepunkten. www.bristolferry.com.

● *Fahrradvermietung* **Blackboy Hill Cycles**, 180 Whiteladies Road, ✆ 0117/9731420. Mountainbikes £ 10 pro Tag. Mo–Sa 9–17.30 Uhr, So 11–16 Uhr; www.blackboycycles. co.uk.

● *Bustouren* Von Ostern bis Ende Sept. beginnen täglich von 10–16 Uhr kommentierte Busführungen durch das Zentrum. Es ist möglich, den Bus an den verschiedenen Haltepunkten zu verlassen. Kosten: £ 10, erm. £ 9, ein Kind pro Erwachsener frei, sonst £ 5. Ein Single Ticket (ohne Hopp-on-Hopp-off-Option) gibt es schon für £ 1. www.citysightseeingbristol.co.uk.

● *Stadtführungen* Highlights-Walk samstags um 11 Uhr, Start am Rhinozeros-Käfer beim Anchor Square. Das Tourist Information Centre informiert auch über weitere themenorientierte Stadtrundgänge von Blue Badge Guides oder den Pirate Walk. Teilnahmegebühr: £ 3.50. Von der Webseite können Sie eine MP3-Walking-Tour kostenlos herunterladen.

● *Einkaufen* Das Einkaufszentrum **Broadmead** liegt nordöstlich der Altstadt. Die Fußgängerzone wurde mit viel Aufwand zum **Cabot Circus** (www.cabotcircus.com; geöffnet bis 20 Uhr) umgestaltet. Für ausgefallenere Clubwear ist das Westend (**Parkstreet**) ein guter Anlaufpunkt, und im Clifton Village findet man individuelle Geschäfte.

● *Markt* **St Nicholas Market**, Corn Exchange, 58 Corn Street. Tgl. außer So 9.30–17 Uhr; angeboten werden Radios, Kunsthandwerk und Kleidungsstücke. www.stnicholasmarketbristol.co.uk. Mi **Farmer's Market**. Jeden ersten So des Monats **Slow Food Market** (www.slowfoodbristol.org).

● *Internetzugang* **Bristol Central Library**, College Green. Öffnungszeiten: Mo, Di, Do 9.30–19.30 Uhr, Mi 10–17 Uhr, Fr–Sa 9.30–17

Uhr, So 13–17 Uhr. **The Flow Internet Cafe**, 108 Stokes Croft, ℡ 0117/9241999. Mo–Sa 10–21 Uhr, So 11–18 Uhr. 1 Stunde: £ 2.

● *Post* 12 Baldwin Street im Co-op-Geschäft oder The Galleries, Union Street.

*K*ultur/*V*eranstaltungen/*S*port

● *Theater* **Bristol Theatre Royal**, das älteste, durchgängig bespielte Theater Englands wird derzeit unter seinem neuen künstlerischen Leiter Tom Morris (ehem. Vizedirektor des Royal National Theatre) renoviert und soll dann 5 flexible Bühnen besitzen, der Spielbetrieb geht aber weiter. Daniel Day-Lewis (Gangster von New York) hatte hier seine erste Rolle, Jeremy Irons und Billy Wilder wurden hier ausgebildet. King Street, Kartenvorbestellung unter ℡ 0117/9877877. www.bristololdvic.org.uk.

● *Veranstaltungen/Feste* Ashton Court Estate ist alljährlich Mitte Juli der Schauplatz für das **Bristol Community Festival** mit Jazz- und Rockkonzerten sowie Opern. Mitte August starten an gleicher Stelle die Ballonfahrer zur **Bristol Balloon Fiesta** (www.bristolfiesta.co.uk). Beim **St Paul's Carnival** ist Anfang Juli nicht nur die aus der Karibik stammende Bevölkerung auf den Beinen. Buntes Treiben herrscht im Hafen auch Ende Juli zum **Bristol Harbour Festival**.

● *Veranstaltungsorte* **The Hippodrome**, St Augustine's Parade: Musicals, Ballett, Konzerte (auch Jazz) und Opern. Ticketmaster: ℡ 0844/8472325.
www.bristolhippodrome.org.uk.
St George's, Brandon Hill: Oper, Orchester- und Kammerkonzerte, ℡ 0117/9294929. Karten: ℡ 0845/4024001,
www.stgeorgesbristol.co.uk.
Colston Hall, diese Konzerthalle, die gerade für 20 Millionen Pfund mit viel Glas und Kupfer ausgebaut wurde, fasst um die 2000 Besucher in 2 Hallen, die hier Klassik, aber auch Jazz, Pop oder Comedy erleben können. In den neuen Restaurationen (u. a. dem exzellenten **H-Bar-Bistro**) kann man auch gut essen und trinken. Colston Street, ℡ 0117/9223686. www.colstonhall.org.
O2Academy, Rock, Pop und Clubbing. Frogmore Street, Info: ℡ 0905/0203999 (25 p/

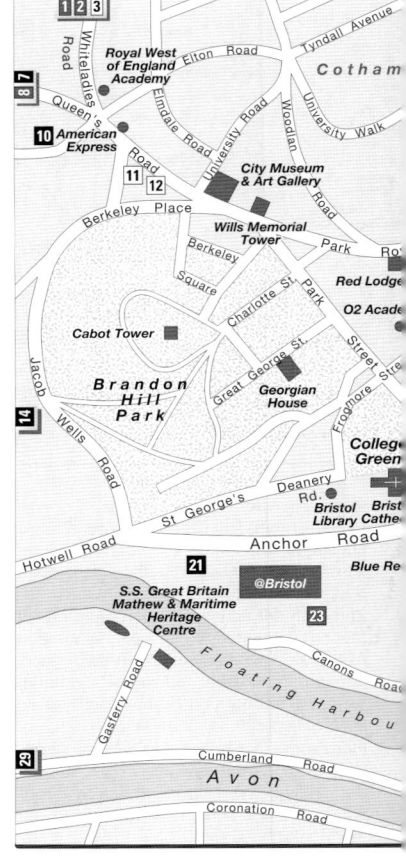

Min.), Box Office: ℡ 0844/4772000. www.O2academybristol.co.uk.

● *Schwimmen/Spa* **The Bristol Lido**, restaurierter, beheizter Freiluftpool (24 m) mit Sauna, sehr gutem Spa (rainforest facials £ 60) und hervorragendem Restaurant (mediterrane Küche, viele Produkte aus dem eigenen Küchengarten). Für Nichtmitglieder Mo–Fr 13–16 Uhr, £ 15, erm. £ 7.50. Oakfield Place, ℡ 0117/9339530; www.lidobristol.com.

*Ü*bernachten

Viele B & Bs liegen in der Gloucester Road und der Coronation Road. Nur schwer sind Zimmer unter £ 25 zu bekommen. Das Bettenkontingent ist hauptsächlich auf Geschäftsreisende zugeschnitten. In der Jugendherberge (s. u.) hängen an einem

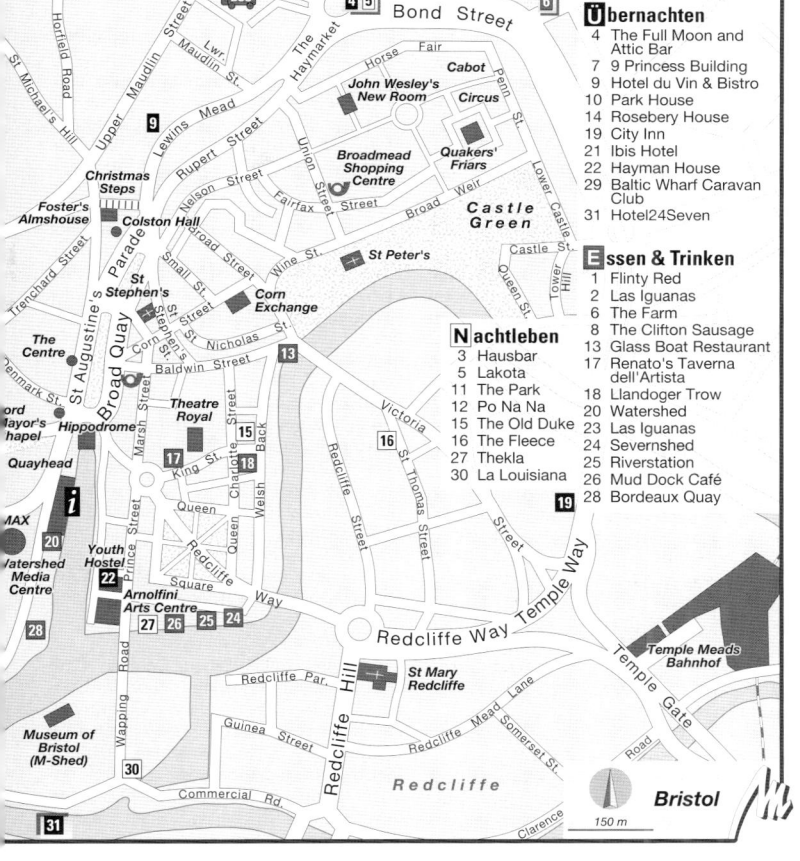

Ü bernachten
4 The Full Moon and Attic Bar
7 9 Princess Building
9 Hotel du Vin & Bistro
10 Park House
14 Rosebery House
19 City Inn
21 Ibis Hotel
22 Hayman House
29 Baltic Wharf Caravan Club
31 Hotel24Seven

E ssen & Trinken
1 Flinty Red
2 Las Iguanas
6 The Farm
8 The Clifton Sausage
13 Glass Boat Restaurant
17 Renato's Taverna dell'Artista
18 Llandoger Trow
20 Watershed
23 Las Iguanas
24 Severnshed
25 Riverstation
26 Mud Dock Café
28 Bordeaux Quay

N achtleben
3 Hausbar
5 Lakota
11 The Park
12 Po Na Na
15 The Old Duke
16 The Fleece
27 Thekla
30 La Louisiana

schwarzen Brett neben der Rezeption einige Zettel mit Wochenangeboten von Privatleuten (ab £ 150).

Hotel du Vin and Bistro (9), luxuriös umgebaute ehemalige Zuckerraffinerie in zentraler Lage. Jedes Zimmer ist stilvoll und individuell eingerichtet, auch schon mal mit ägyptischem Leinen, und nach einem der großen Weinhäuser benannt. Ausgezeichnetes Restaurant und entspannte Cocktailbar. Wie zu erwarten gute Weinliste. Zigarren aus dem begehbaren Humidor können im ersten Stock beim Billardspiel geraucht werden. 40 Zimmer, EZ £ 135–160, DZ £ 145–215. Frühstück extra. The Sugar House, Narrow Lewins Mead, ☏ 0117/9255577, www.hotelduvin.com.

City Inn (19), das 1999 eröffnete Stadthotel gefällt durch sein zeitlos modernes Ambiente. Preislich liegt das anonyme Hotel kaum über den meisten B & Bs, bietet dafür aber viel Komfort, so steht in jedem Zimmer ein Sofa samt TV. Wer will, kann sich im Fitnessraum betätigen. Direkt hinter dem Hotel lädt ein kleiner Park zum Relaxen ein, zu Fuß gelangt man in zehn Minuten ins Stadtzentrum. Die Zimmerpreise richten sich nach dem jeweiligen Wochentag: Das City Café ist ausgezeichnet. Parkplätze vor dem Hotel. Mo–Do £ 119, Fr–So £ 90. Temple Way,

☎ 0117/9251001, 📠 0117/9074116, www.cityinn.com.

Ibis Hotel (21), mit der Bebauung der Harbourside entstand jüngst auch dieses Budget Hotel mit 182 Zimmern, alle en suite mit Klimaanlage, TV und WiFi. 24-Stunden-Bar! DZ £ 60–90 ohne Frühstück. Explore Lane, Harbourside, ☎ 0117/9897200, www.ibis hotel.com. Das Ibis in Temple Meads in der Avon Street ist etwas billiger, DZ £ 40–75.

Park House (10), hinter Efeu verstecktes (Achtung: kein Hinweisschild!) B & B in einer georgianischen Villa im Stadtteil Clifton. Delia McDonald vermietet 2 Zimmer en suite. £ 75 (Einzelbelegung £ 55). 19 Richmond Hill, ☎ 0117/9736331.

9 Princess Building (7), das Ehepaar Fuller hat die vier Zimmer in ihrem georgianischen Haus (direkt neben dem Avon Gorge Hotel) kürzlich modernisiert. Sie sind großzügig geschnitten, en suite und haben Kamine. Fragen Sie nach den Zimmern mit Blick über die Avonschlucht. EZ £ 50, DZ £ 80–84. 9 Princess Building in Clifton (kein Schild!), ☎ 0117/9734615, www.9pb.co.uk.

Hotel24Seven (31), Budget Hotel ohne Rezeption (Zugang mit Code), zentral gelegen, EZ £ 35 (Toilette im Flur), DZ £ 45–55, Familienzimmer £ 70. Parkplatz £ 5/Nacht. 15 Acramons Road/1 Dean Lane, Southville, BS3 1DQ. ☎ 0844/7709411 (Inland), 0044/(0)7711626662 (Ausland), 📠 0871/7146695; www.hotel24seven.com.

Rosebery House (14), drei sehr schöne Zimmer in einem gepflegten klassischen Reihenhaus. Ruhige Lage, aber zentral in Clifton, EZ £ 60, DZ £ 89, mit reichhaltigem Frühstück. 14 Camden Terrace, Clifton, BS8 4PU, ☎ 0117/9149508; mobil: 0777/1871251; roseberyhouse@aol.co.uk.

University of Bristol, günstige Alternative während der Semesterferien Juli bis Sept., Wochenmieten für Wohnungen/Studios in den residential halls der Studenten (ab £ 15 pro Nacht, £ 105/Woche), z. B. im Hawthorns. Woodland Road, Clifton, ☎ 0117/9545555. www.bristol.ac.uk/hawthorns/sum

merlet/. Zu buchen über ☎ 0117/9545555. Buchungsformular und Preise für alle 7 Häuser unter www.bristol.ac.uk/student houses/sum-vac/.

● *Jugendherberge* **Hayman House (22)**, moderne Zwei- bis Vierbettzimmer mit teilweise schönem Blick auf Bristol. Gute und heiße Duschen auf dem Flur. TV-Raum, Self-Service-Küche, Bücher zum Ausleihen und Waschmaschine. Zentrale Lage, das heißt vor allem am Wochenende auch laut. Nur zehn Minuten Fußweg von Bahnhof und Busstation (von dort ausgeschildert). Erwachsene £ 16, Jugendliche £ 12 inkl. Frühstück. Achtung Autofahrer, wer vor der Herberge (Prince Street) parkt, wird – wie uns ein Leser schrieb – erbarmungslos abgeschleppt: Kostenpunkt £ 145! 14 Narrow Quay, ☎ 0845/3719726, 📠 0117/9723789, bristol@yha.org.uk.

The Full Moon and Attic Bar (4), günstige Backpackerunterkunft mit Biorestaurant, zwei „lively" Bars (an Wochenenden DJs), Pooltable, Großleinwand und Wäscheservice. Betten ab £ 16.50 im Schlafsaal, bis zu 20 % Nachlass bei längerem Aufenthalt. Privates Twin-Zimmer für £ 39. Zentral und nicht gerade ruhig gelegen in Stokes Croft in der Nähe des Busbahnhofs, BS1 3PR, ☎ 0117/9245007, 📠 9245017, www.fullmoonbristol.co.uk.

● *Camping* **Baltic Wharf Caravan Club (29)**, entlang dem Floating Harbour und Maritime Heritage Centre, dann rechts drei Kilometer zum Zentrum. 55 Stellplätze für Caravans, keine Zelte! Ganzjährig geöffnet. Preise je nach Saison von £ 5.15–8.50 pro Nacht für den Stellplatz plus £ 5.10–6.90 pro Erwachsener. Cumberland Road, ☎ 0117/9268030, www.caravanclub.co.uk.

Brook Lodge Farm, ein kleiner ländlicher Platz 15 Kilometer südwestlich der Stadt. Extrem umweltfreundlich mit solarbeheiztem Wasser. Cowslip Green, Wrington, BS40 5RB, ☎/📠 01934/862311, www.brooklodgefarm.com.

Essen/Trinken/Nachtleben (siehe Karte S. 378/379)

Bristol ist bekannt für sein abwechslungsreiches Nachtleben mit vielen Jazzclubs und Discos. Da die Beliebtheit der Clubs und Discos einem permanenten Wandel unterworfen ist, ist es empfehlenswert, sich über die aktuellen Trends und die aktuellen Musikveranstaltungen unter www.whatsonbristol.co.uk oder im wöchentlich erscheinenden Venue (£ 1.50) zu informieren, erhältlich in Zeitungsläden und im Tourist Office.

Bordeaux Quay (28), das Restaurant für Bio- und Umweltfreunde direkt an selbigem Quay. Brasserie, Restaurant, Verkaufstheke, Bäckerei und Kochschule in einem, die Speisen werden mit saisonalen Bioprodukten (organic) aus der Region zubereitet. Groß und mitunter laut. Zwei-Gänge-Lunch für £ 16.50. Hauptgerichte in der Brasserie bis zu £ 12.50, Kinderportionen für £ 5. Brasserie: ✆ 0117/9065559; Restaurant 1. Stock: ✆ 0117/9431200. www.bordeaux-quay.co.uk.

Glass Boat Restaurant (13), hinter der Bristol Bridge auf der Victoria Street. Restaurant auf einem schwankenden Schiff mit nobler Einrichtung und gemütlicher Lounge. Hauptgerichte £ 11–17.50 (für ein Sirloin Steak), dreigängiges Mittagsmenü mit einem Glas Wein (Summer Offer) £ 15. ✆ 0117/9290704. www.glassboat.co.uk.

Las Iguanas (2), lateinamerikanisches Restaurant und beliebte Bar (super Margueritas, Caipirinhas und Batidas) auf Bristols „Goldener Meile". Früh kommen lohnt sich, Happy Hour und zweigängiges Menü zu Lunchpreisen für £ 6.90, sonst Hauptgerichte zwischen £ 7.90 und £ 13.90. Die Tortillas kann man sich hier selbst füllen. An der Bar gibt's Tapas. 113 Whiteladies Road, Clifton, ✆ 0117/9730730. Seit Juni 2007 gibt es ein zweites Restaurant **(23)** an der Harbourside (Unit A, South Building, Anchor Square) mit tropischem Ambiente und vielen Specials.

The Clifton Sausage (8), wie der Name schon sagt, gibt es hier Würste, acht verschiedene zur Auswahl (auch eine vegetarische), die mit Kartoffelbrei und Zwiebelsoße serviert werden. Außerdem klassisches britisches Essen, 30 Weine und sonntags *Roast*. Oft Events wie Weinproben. 7–9 Portland Street, Clifton, ✆ 0117/9731192. www.cliftonsausage.co.uk.

Flinty Red (1), kleines, urgemütliches Kiez-Restaurant mit täglich wechselndem Menü und umfangreicher offener Weinliste. Lunch (£ 8.50, mit Hors d'Oevre und Wein £ 12.50) Di–Sa 12–15 Uhr, Dinner Mo–Sa 18.30–22 Uhr. 34 Cotham Hill. ✆ 0117/9238755; www.flintyred.co.uk.

Renato's Taverna dell'Artista (17), bei diesem Italiener neben dem Old Vic Theater verkehren viele Schauspieler, wovon die Fotowand beredtes Zeugnis ablegt. Superleckere Pizzen, Di–Sa von 17.30 bis 2 Uhr geöffnet. 33 King Street, ✆ 0117/9297712.

Mud Dock Café (26), interessante Mischung aus einem Bikeshop mit Bar-Café

Berühmter Sohn der Stadt –
Cary Grant

und Restaurant am Flussufer. Einen sehr schönen Blick bietet der große Balkon. So und Mo nur bis 17 Uhr, Di–Do bis 22 Uhr, Fr und Sa bis 23 Uhr. Mo–Fr Lunch mit einem Getränk für nur £ 5. 40 The Grove, ✆ 0117/9349734. www.mud-dock.co.uk. Die Straße weiter liegen auch die beliebten Restaurants **Riverstation (25)**, www.riverstation. co.uk und **Severnshed (24)**, www. severnshed.co.uk, beide mit Terrassen direkt am Wasser.

Watershed (20), entspannte Café-Bar im gleichnamigen Medienzentrum (drei Kinos) am Hafenquai, 1 Canon's Road. ✆ 0117/9275100;
www.watershed.co.uk/info/cafe_bar.php.

The Park (11), coole Loungebar mit langen Öffnungszeiten (am Wochenende bis 4 Uhr) und DJ-Nights. So geschl. 37 Triangle West, Clifton, ✆ 0117/9406101.
www.theparkbristol.com.

The Farm (6), Graffitibesprühtes Pub in ländlicher Umgebung nordöstlich des Zentrums. Im Winter brennt Holz im Kamin, im Sommer ist der hübsche Biergarten immer gut gefüllt. Überdachte und beheizte Raucherecke. Hopetoun Road, St Werburgh's.

Westengland
Karte S. 376/377

Bristols berühmtester Pub: Llandoger Trow

✆ 0117/9442384; www.thefarmpub.weebly. com. www.eventbars.com.

Llandoger Trow (18), das dreigiebelige Fachwerkhaus beherbergt das wohl älteste Pub der Stadt. Alexander Selkirk soll hier die Bekanntschaft von Daniel Defoe gemacht haben, der die Erlebnisse des schottischen Seemanns zu seinem Buch „Robinson Crusoe" verarbeitete. King Street, Ecke Welsh Back. ✆ 0870/9906424.

The Fleece (16), Live-Musik-Ort in historischem Woll-Lagerhaus (The Wool Hall), überwiegend Rock. Nirvana haben hier einst gespielt. 12 St Thomas Street, ✆ 0117/0450996; www.thefleece.co.uk.

La Louisiana („The Louie") **(30)**, die anspruchsvollere Alternative für Rockfans. Auch berühmtes Sunday Roast. Wapping Road, Bathurst Terrace, ✆ 0117/9299008; www.thelouisiana.net.

Thekla (27), Bar, Club (verschiedene Clubnächte, dienstags Indie, freitags rotierend, samstags Disco) und Live-Musik-Schiff (Gigs £ 10) im Mud-Dock. The Grove, East Mud Dock, ✆ 0117/9293301; www.theklabristol.co.uk.

Lakota (5), es ist nicht leicht, in Bristols angesagtestem Club für underground music Einlass zu finden. Dafür legen dort die besten DJs des Landes auf. 6 Upper York Street, www.lakota.co.uk. Wer Mainstream sucht ist hier falsch, und wer nicht reingelassen wird, kann es um die Ecke im **Blue Mountain Club** versuchen, 2 Stokes Croft.

Po Na Na (12), Nachtclub mit House- und Technomusik in Uni-Nähe, marokkanisches Flair. Viele Studenten. Mi Ruhetag. 67 Queens Road. ✆ 0117/9256225; www.bristolponana.com.

The Old Duke (15), ein absolutes Muss für Anhänger des traditionellen Jazz ist der älteste Jazzclub Bristols in der 55 King Street/ Ecke Queen Charlotte Street. Fast jeden Abend findet ein Konzert statt. www.theoldduke.com.

Hausbar (3), urbane Cocktailbar mit jazzigen Tunes in Clifton. Besitzer Aurelius Braunbarth (einst Green Door in Berlin) mixt meist selbst. Geöffnet tgl. 20–2 Uhr. 52 Upper Belgrave Road, Clifton, ✆ 0117/9466081. www.hausbar.co.uk.

Sehenswertes

St Mary Redcliffe: Bis ins 15. Jahrhundert war Redcliffe eine eigenständige Gemeinde, erst dann wurde der noble Vorort vom aufstrebenden Bristol geschluckt. Die prachtvolle Pfarrkirche ist das letzte Zeugnis von Redcliffe, da die deutschen Bombengeschwader im Zweiten Weltkrieg ganze Arbeit leisteten. Wie durch ein Wunder blieb das hochgotische Gotteshaus auf den roten Klippen unversehrt. An der Nordwand des Hauptschiffs befindet sich das Grab des königlichen Admirals *Sir William Penn*. Sein gleichnamiger Sohn gründete die Quäkerkolonie Pennsylvania. Im Undercroft Café (Mo–Fr 10–16 Uhr) gibt es Erfrischungen.

11 Redcliffe Parade West. Tgl. 9–17 Uhr, So 8–19.30 Uhr. www.stmaryredcliffe.co.uk.

Cathedral: Die Kathedrale von Bristol in der Deanery Road ging aus einer 1140 gegründeten Augustinerabtei hervor. Nach der von Heinrich VIII. verfügten landesweiten Auflösung der Klöster erhielt die Abtei 1542 den Status einer Kathedrale. Von dem ursprünglich normannischen Bau sind nur noch der Kapitelsaal und ein Torhaus erhalten; die Querschiffe entstanden gemeinsam mit dem Vierungsturm zwischen 1470 und 1515. Abgeschlossen wurde der Bau der Bischofskirche erst im 19. Jahrhundert mit der Vollendung des Hauptschiffs und der Westtürme. Auffällig im Inneren sind die hoch aufstrebenden Arkaden des Chors, die höchsten in England.

Deanery Road. Tgl. 8 Uhr bis zum Evensong (17.15 Uhr), Sa und So bis 15.30 Uhr. Spende erbeten. www.bristol-cathedral.co.uk.

City Museum & Art Gallery: Das direkt neben der Universität gelegene Museum bietet ein wahres Sammelsurium an Kunstschätzen unterschiedlichster Art, darunter die größte Sammlung chinesischer Glaskunst außerhalb Chinas. Die im zweiten Stock untergebrachte Kunstgalerie zeigt u. a. Werke von Cranach, Bellini, Seurat und Delacroix. Einen Blick wert ist auch der angrenzende *Wills Memorial Tower*, der 1920 als Wahrzeichen der Universität errichtet wurde. Der neogotische Turm wurde, wie sein Name verrät, vom größten Gönner der hiesigen Hochschule, dem Tabak-Großhändler Wills, gespendet.

Queen's Road. Do–Di 10.30–17 Uhr, Mi bis 20 Uhr. Eintritt frei. ✆ 0117/9223571.

Blaise Castle House Museum: Das in einem schmucken georgianischen Haus untergebrachte Museum beherbergt eine Ausstellung zur Alltagsgeschichte von Bristol. Zu sehen sind u. a. Spielzeug, Kleidungsstücke und Haushaltsgeräte.

Henbury Road. Juli bis Okt. Mi–So 10.30–16 Uhr, in den Ferien Di–So 10.30–16 Uhr, Nov. bis April nur Sa, So 10.30–16 Uhr. Eintritt frei!

Museum of Bristol (M-Shed): Das am Hafen gelegene Museum wird derzeit zum Museum of Bristol umgebaut und soll auf drei Etagen mit einer Ausstellungsfläche von 2500 m² im Jahre 2011 wiedereröffnen. Dokumentiert wird die industrielle Entwicklung der Region und des Hafens von Bristol. Ausgestellt sind unter anderem Fahrzeuge aus der heimischen Autoindustrie, Flugzeugturbinen und das Modell eines Cockpits der Concorde. Hinzu kommen der älteste Dampfschlepper der Welt und ein Feuerwehrboot aus den Dreißigerjahren.

Princes Wharf, Wapping Road. Di–Fr 10–17 Uhr, Sa/So bis 18 Uhr, Eintritt frei. www.mshed.org.

The Georgian House: Wie der Name schon andeutet, handelt es sich um ein typisches georgianisches Haus aus dem späten 18. Jahrhundert. Damals wurde es für einen wohlhabenden Kaufmann als Wohnhaus erbaut; heute beherbergt es ein hübsches Museum. Die Zimmer sind mit alten Möbeln eingerichtet und geben einen Einblick in die Wohnkultur dieser Epoche.

7 Great George Street. Mitte April bis Okt. Mi, Do, Sa und So 10.30–16 Uhr, in den Ferien Di–So 10.30–16 Uhr. Nov. bis Mitte April geschl. Eintritt frei! ✆ 0117/9211362.

The Red Lodge: Die Red Lodge ist eines der wenigen Gebäude Bristols, die noch aus elisabethanischer Zeit stammen. Das um 1590 errichtete Kaufmannshaus ist gar nicht so leicht zu finden, da es von modernen Bauten umgeben ist. Nach einer „Zwischennutzung" als Mädchenschule steht die Red Lodge als Museum interessierten Besuchern offen. Die Räume sind stilvoll eingerichtet, so beispielsweise der Oak Room: Stuckdecke, Eichentäfelung und ein alter Kamin. Hinter dem Haus lädt ein kleiner Garten im Tudorstil zum Verweilen ein.

Park Row. Mitte April bis Okt. Mi, Do, Sa und So 10.30–16 Uhr, in den Ferien Di–So 10.30–16 Uhr, Nov. bis Mitte April geschl. Eintritt frei! ✆ 0117/9211360.

John Wesley's Chapel (New Room): Mit der schlichten John Wesley's Chapel besitzt Bristol die älteste methodistische Kirche der Welt – allerdings wirkt das inmitten des hektischen Einkaufszentrums gelegene Gotteshaus etwas verloren. In der von Armut und Arbeitslosigkeit schwer gebeutelten Stadt fanden die Gläubigen Trost in der methodistischen Lehre des Predigers *John Wesley* (1703–1791). Wesley verkündete keine neue Theologie, sondern verfolgte das Ziel, durch das Erlebnis der existentiellen Sündhaftigkeit irdischen Daseins dem Einzelnen die Überzeugung zu vermitteln, dass Christus auch zur Vergebung seiner Sünden gestorben sei.

36 The Horsefair. Mo–Sa 10–16 Uhr. Eintritt frei! www.newroombristol.org.uk. Freitags Lunchtime, Konzerte nach dem kurzen Gottesdienst (13 Uhr tgl.) um 13.20 Uhr.

Die SS Great Britain, das größte Kreuzfahrtschiff ihrer Tage

SS Great Britain: Verglichen mit modernen Luxuslinern nimmt sich die *SS Great Britain* geradezu bescheiden aus, doch galt das von Isambard Kingdom Brunel (1806–1859) erbaute Eisenschiff bei seinem Stapellauf 1843 als das luxuriöseste Schiff der Welt. Zugleich war es das erste propellergetriebene Dampfschiff, das den Atlantik überquerte. Insgesamt 43 Jahre lang verrichtete die SS Great Britain als Fracht- und Passagierschiff ihren Dienst, ehe sie 1886 in einem Sturm vor Kap Hoorn so schwer beschädigt wurde, dass sie nur noch als Warenlager Verwendung fand. Im Jahre 1970 kam das Schiff nach Bristol zurück, wo es mit viel Liebe von den Restauratoren in seinen Originalzustand zurückversetzt wurde. Bevor man auf das Schiff gelangt und als Passagier per Audioguide ins 19. Jahrhundert zurückversetzt wird, bekommt man im Dockyard Museum das wissenswerte Rüstzeug für diese Erfahrung. Direkt neben der 98 Meter langen *SS Great Britain* liegt übrigens auch ein Nachbau der berühmten *Matthew* vor Anker, mit der John Cabot 1497 Neuengland entdeckte. Angeschlossen ist zudem ein informatives Maritime Heritage Centre.

Gas Ferry Road. Tgl. 10–17.30 Uhr, im Winter bis 16.30 Uhr. Eintritt: £ 11.95, erm. £ 9.50 oder £ 5.95 (inklusive Audioguide, Tickets sind 12 Monate gültig). www.ssgreatbritain.org.

Clifton Suspension Bridge: Was der Eiffelturm für Paris ist die Clifton Suspension Bridge für Bristol. Clifton ist eines der vornehmsten Stadtviertel von Bristol und besitzt mit der Hängebrücke über den Avon das Wahrzeichen der Stadt. Das Meisterwerk des genialen Ingenieurs Isambard Kingdom Brunel überspannt den Fluss in einer Höhe von knapp 80 Metern. Die zwischen zwei burgartigen Türmen aufgespannte Brücke wirkt trotz ihrer Länge von 210 Metern sehr filigran. Brunel erbaute die Brücke zwischen 1831 und 1864 und verwendete dabei Teile der alten Londoner Hungerford Bridge. Wer die Brücke überquert, kommt auf der anderen Seite zu einem dichten Wald- und Parkgebiet, den Leigh Woods. Zurück in Clifton, lädt etwas oberhalb der Hängebrücke das *Observatorium* zum Besuch ein (£ 2, erm. £ 1).
Das Visitor Centre finden Sie am Leigh Woods Ende der Brücke. Tgl. 10–17 Uhr. ✆ 0117/9744664. www.cliftonbridge.org.uk.

Bristol Zoo Gardens: Nordöstlich der Clifton Bridge befindet sich der städtische Zoo, in dem mehr als 300 verschiedene Tierarten sowie seltene Baumarten zu finden sind. Als Attraktionen gelten eine Vogelfreiflughalle, der Flamingosee und die Gorillainsel. Beliebt ist die künstliche Seehund- und Pinguinküste, wo Besucher die Möglichkeit haben, die Tiere über und unter Wasser zu beobachten.
Clifton. Tgl. 9–17.30 Uhr, im Winter bis 17 Uhr. Eintritt: £ 13, erm. £ 8. www.bristolzoo.org.uk.

@Bristol: Das Millenniumprojekt am Hafen von Bristol besteht aus dem Blue-Reef-Aquarium mit zwei 10.000-Liter-Fischtanks (karibische See und Black Reef Sharks), angeschlossenem IMAX-3D-Kino und „Explore" sowie einem Wissenschaftsmuseum, das an das Vorstellungsvermögen der Besucher appelliert, zu Experimenten ermuntert und auch ein Planetarium enthält.
Explore Lane. Tgl. 10–17 Uhr, an Wochenenden und in den Ferien bis 18 Uhr. Eintritt Blue Reef: £ 13.50, erm. £ 11.50, Kinder bis 14 Jahre £ 9.20 (Kinofilme sind im Preis inbegriffen); www.bluereefaquarium.co.uk. Explore: £ 10.80, erm. £ 9.90, Kinder bis 15 Jahre £ 7.70. Auch Familientickets. www.at-bristol.org.uk.

Ausflüge in die Umgebung von Bristol

Dyrham Park: Der 20 Kilometer östlich von Bristol gelegene Landschaftspark und das barocke Schloss samt Orangerie, einer der beeindruckendsten Landsitze Westenglands, wurden von 1691 bis 1702 für *William Blathwayt*, den Staatssekretär Wilhelms III., errichtet. Neben den weitläufigen Gärten ist auch das kostbare Interieur des Herrenhauses sehenswert: Wandbespannungen aus Leder, Delfter Porzellan und Täfelungen aus Eiche, Zedern- und Nussbaumholz. Im Park gibt es eine Wildherde.
Park tgl. 11–17.30 Uhr, Haus Mitte März bis Ende Okt. Fr–Di 11–17 Uhr geöffnet. Eintritt: £ 10, erm. £ 5.15; nur Park: £ 2.80, erm. £ 1.60 (NT). dyrhampark@nationaltrust.org.uk.

Clevedon: Der Ausflugsort liegt gut 20 Kilometer südwestlich von Bristol. Spaziergänge an der hübschen Strandpromenade werden mit Ausblicken auf Wales belohnt. Vom Pier aus (Eintritt £ 1.50, die Karte gilt auch für das neue Heritage Centre 4 The Beach, Di–Fr 10–17 Uhr, Sa–So bis 18 Uhr) kann man im Juni und Juli mit einem Boot nach Bristol, Gloucester oder nach Wales fahren. Lohnenswert ist auch ein Besuch von *Clevedon Court*, einem Landhaus aus dem 14./15. Jahrhundert einige Kilometer östlich der Stadt. Ausgestellt sind hier Töpferwaren und alte Möbel. Der berühmte viktorianische Schriftsteller *William Makepeace Thackeray* schrieb hier große Teile seiner Gesellschaftssatire „Vanity Fair" (Jahrmarkt der Eitelkeiten), die 2003 mit Reese Witherspoon in Bath verfilmt wurde. Auch einige seiner Zeichnungen sind hier zu begutachten.

Westengland
Karte S. 376/377

• *Adresse/Information* **Clevedon Court**, Tickenham Road. April–Sept. Mi, Do und So 14–17 Uhr. Eintritt: £ 6, erm. £ 2.80 (NT). **Tourist Information Centre**, in der Clevedon Library, 37 Old Church Road, ✆ 01934/ 426020, ✆ 01275/343630; clevedon.library@n-somerset.gov.uk. Anfahrt: mit Bussen X7 Clevedon oder X23 Nailsea, auch Busse 355, 362, 363, 364.

Weston-super-Mare: Das größte Seebad am Bristol Channel südlich von Clevedon ist ein beliebtes Ausflugsziel für sonnenhungrige Besucher aus Bristol. Mit seinem bröckelnden viktorianischen Charme ist das einstige Fischerdorf aber auch für kontinentale Besucher von Interesse. An warmen Sonntagen zeigen sich die Besucher oft in ihren besten Kleidern am breiten Sandstrand, bauen Burgen, die der Union Jack krönt, picknicken im Familien- und Freundeskreis und hoffen, von der raren Sonne verwöhnt zu werden. Im Wintergarten spielt eine Blaskapelle zum Tanz auf, auf dem Grand Pier entstand nach einem verheerenden Feuer 2008 ein riesiger Themenpark voller Fahrgeräte, Gruselkabinett, 4-D-Kino und vielem mehr (in der Hochsaison tgl. 10–22 Uhr, www.grandpier.co.uk). Man ist auch draußen auf Familienurlaub eingestellt: Das traditionelle Pony-/Eselreiten am Strand darf nicht fehlen, ein *SeaQuarium* und für technikbegeisterte das *Helicopter Museum* ergänzen das Angebot.

• *Adressen/Information* **Tourist Information Centre** an den Beach Lawns, Weston-super-Mare, Somerset BS23 1AT, ✆ 01934/ 888800, ✆ 01934/641741. westontouristinfo@ n-somerset.gov.uk. Verbindung: Mit den Bussen X1, 350, 351 oder 353 von der Busstation. **SeaQuarium**: Marine Parade, tgl. 10–17 Uhr, Eintritt: £ 6.50, erm. £ 5.50. www. seaquarium.co.uk. **Helicopter Museum**, Mi–So 10–17.30 Uhr, in den Sommerferien täglich, Eintritt: £ 5.50, erm. £ 4.50, Kinder £ 3.50; www.helicoptermuseum.co.uk.

Berkeley Castle: Auf dem Weg von Bristol nach Gloucester (→ S. 532ff.) liegt nach rund 30 Kilometern Berkeley Castle, eine der schönsten Burgen der Region. Umgeben ist die Festung, die aus dem 12. Jahrhundert stammt, von einer weitläufigen Parkanlage. Im Jahr 1327 wurde hier Eduard II. ermordet. Eine Innenbesichtigung führt u. a. in den Raum, in dem die Bluttat begangen wurde. Nach seinem flatterhaften Luxusleben und ausufernder Günstlingswirtschaft wurde er von seiner Königin Isabella und ihrem Liebhaber gewaltsam zur Abdankung gezwungen. Seine Günstlinge wurden gehängt, ihn selbst sperrte man in besagten Raum. Da Eduard dort trotz aller Misshandlungen nicht sterben will, tötet man ihn schließlich mit einem glühenden Spieß, der ihm – um äußere Verletzungen zu vermeiden – mit einem Kuhhorn in den After eingeführt worden ist und ihn innerlich durchbohrt haben soll.

Mit dem Auto über die A 38. Zu den Osterferien So–Do 11–17.30 Uhr, April–Mai Do, So u. Feiertage 11–17.30 Uhr, Juni–Aug. So–Do 11–17.30 Uhr, Sept.–Okt. Do u. So 11–17.30 Uhr geöffnet. Eintritt: £ 7.50, erm. £ 6.00 oder £ 4.50. www.berkeley-castle.com.

Bath

„Aquae Sulis" nannten die Römer die Stadt mit der einzigen heißen Quelle Englands. Sie bauten die Bäder, die Bath so berühmt machten und ihm den Namen gaben. Eine zweite Glanzzeit erlebte der Ort am River Avon im 18. Jahrhundert. In dieser Zeit entstanden auch die pompösen Villen aus dem beigefarbenen Bath-Stein. Hier tummelte sich die High Society und verschaffte der Stadt enormes Prestige.

Nachdem Queen Anne Bath zu Anfang des 18. Jahrhunderts besucht hatte, riet sie ihren Freunden, hier eine Kur durchzuführen. Alsdann begab sich der Adel in die heilenden Bäder, um seiner Gesundheit und gesellschaftlichen Verpflichtung ge-

Die Pultney Bridge wird oft mit dem Ponte Vecchio in Florenz verglichen

Westengland
Karte S. 376/377

recht zu werden. Der Baumeister *John Wood* und sein gleichnamiger Sohn sorgten für den architektonischen Rahmen. Es entstanden prächtige Reihenhäuser und Siedlungen, einige davon nach römischem Vorbild, beispielsweise *The Circus*, eine im Kreis angeordnete Häuserzeile. Sie diente ursprünglich für Versammlungen, später als Unterkunft für kurende Adlige. Ebenfalls typisch für die gelungene Architektur ist *The Royal Crescent*, eine Anlage mit dreißig Häusern, die in einem großen Bogen angeordnet sind. Auch hier stiegen berühmte Persönlichkeiten ab, um sich vom Flair der Stadt einfangen zu lassen. Bath ist heute eine großartig renovierte Universitätsstadt mit über 80.000 Einwohnern. Ein großer Teil der Bauten im Zentrum steht unter Denkmalschutz. Besonders schön ist die neu gestaltete Passage Milsom Place, wo man beispielsweise bei Jamie Oliver italienisch speisen kann. Auch das alte Einkaufszentrum South Gate erstrahlt inzwischen in nagelneuem, neoklassischem Glanz.

Nachdem 1978 nach einem Meningitis-Fall der Badebetrieb eingestellt worden war, sprudelten die heißen Quellen unverständlicherweise ungenutzt. Erst als die staatliche Lotterie-Stiftung 7,8 Millionen Pfund unter der Voraussetzung, dass andere Investoren noch einmal den gleichen Betrag aufbringen, zur Verfügung stellte, konnte Bath wieder an die einstige Tradition als Kurbad anknüpfen. Nach langwierigen rechtlichen Auseinandersetzungen mit der Baufirma wurde das moderne Thermalbad im August 2006 eröffnet. Zwei historische Bäder, das Hot Bath sowie das Cross Bath, wurden restauriert und in einen modernen Baukomplex integriert. Das Highlight ist ein Open-Air-Dachpool mit grandiosem Ausblick auf die Stadt. Die Pläne für den Neubau entwarf der Architekt Nicholas Grimshaw, der sich bereits durch den Eurostar Terminal in London-Waterloo einen Namen gemacht hat. Statt auf klassische Kuren verlegt sich das neue Thermalbad als Wellness-Zentrum nun auf Schönheitsbehandlungen. Störend sind nur die happigen Eintrittspreise, die lassen einen nämlich ganz schön alt aussehen.

Information/Verbindungen/Diverses

● *Information* **Bath Tourism Plus**, hier sind auch sehr nützliche Faltblätter zu Wanderungen durch die Umgebung erhältlich. Abbey Chambers, Abbey Church Yard, Bath, Somerset BA1 1LY, ✆ 0044/(0)844/8475257 (aus dem Ausland), ✆ 0906/711/2000 (innerhalb Englands), ✆ 01225/477221. www.visitbath.co.uk.

● *Einwohner* 84.500 Einwohner.

● *Verbindungen* **Bus** – Gegenüber dem neuen Shopping Centre Southgate in der Dorchester Street (Kreuzung zur Southgate Street neben dem Bahnhof). ✆ 01225/464446. NatEx fährt von hier direkt nach London (✆ 08717/818181). Nach Bristol kann man mit Badgerline fahren (Busse X39, 339, 639 und 649; ✆ 0845/6064446; www.firstgroup.com), nach Wells mit dem Bus 173.

Zug – Railway Station Bath Spa an der Kreuzung Dorchester Street und Manvers Street. Praktisch jede Viertelstunde Verbindungen nach Bristol (Dauer 20 Min.) und stündlich mit dem Intercity nach London Paddington Station (Dauer 90 Min.), 2-mal tgl. nach London Waterloo, 15-mal tgl. nach Exeter und 6-mal tgl. nach Oxford.

Bath Abbey

● *Fahrradverleih* Der nächste Fahrradverleih ist **Dundas** im Limpley Stoke Valley, wo man auch Narrowboats leihen kann. £ 7 für die erste Stunde, £ 1 für jede weitere. Brass Knocker Basin, Monkton Combe, tgl. 10.30–17.20 Uhr. ✆ 01225/722292. www.bathcanal.com.

● *Film* **Vanity Fair – Jahrmarkt der Eitelkeiten**, für die Verfilmung des Romans von William Makepeace Thackeray mit Reese Witherspoon und Bob Hoskins wurde 2003 ausschließlich in Bath gedreht.

● *Kino* **Odeon**, Kingsmead Leisure Centre, James Street West, ✆ 0871/2244007. www.odeon.co.uk.

● *Kurbad* **Thermae Bath Spa**, der Wellness-Tempel bietet in den historischen, total renovierten Räumlichkeiten viel Entspannung. Besonders attraktiv ist der Dachpool mit einer tollen Aussicht auf Bath und das Umland. Tgl. 9–22 Uhr geöffnet. Eintritt ab £ 24 (für 2 Std.). Hot Bath Street. ✆ 01225/331234; www.thermaebathspa.com.

● *Literatur* **Tobias Smollett**: *Humphry Clinkers Reise*. Manesse Verlag, Zürich 1996. Bietet ein illustres Sittengemälde von Bath im 18. Jahrhundert. **Jane Austen**: *Die Abtei von Northanger*. Insel Verlag.

● *Markt* **Guildhall Market**, High Street.

● *Post* Broad Street/Ecke Green Street.

● *Shopping* Richtig schön geworden ist die Einkaufspassage **Milsom Place**, die einen Bummel lohnt (auch viele Restaurants). Der Bekleidungsladen der Kette **Jigsaw** im alten Postamt ist schon wegen der Architektur einen Besuch wert. Im Schuhladen **Duo** in der 33 Milsom Street gibt es Stiefel in 21 Schaftweiten und Schuhe in drei Breiten pro Größe. Günstige Secondhand-Mode mit Stil von bekannten Designermarken verkauft die **Oxfam Boutique** in der George Street (Ecke Gay Street). Antiquitäten gibt's u. a. im **Bartlett Street Antique Market**, wo elf Aussteller alles von Uhren und Schmuck über Porzellan und Textilien bis hin zu Briefmarken bieten. Mo–Sa 10–17 Uhr.

● *Spielplatz* **Royal Victoria Park**, großer Abenteuerspielplatz mit Halfpipe, Rutschen und Kutschenwagen.

● *Stadtführungen* **Bizarre Bath**, die etwas andere Stadtführung startet von April bis Ende Okt. jeden Abend um 20 Uhr am Huntsman Inn. Teilnahmegebühr: £ 8, erm. £ 5.50. www.bizarrebath.co.uk. Wer davor oder danach im Huntsman isst, erhält 20 % Rabatt.

• *Veranstaltungen* **Bath International Music Festival**, von Mitte bis Ende Mai wird in Bath mit Ausstellungen und Konzerten aller Stilrichtungen gefeiert. ✆ 01225/463362. www.bathmusicfest.org.uk. **Jane Austen Festival** im Sept., ✆ 01225/443000, www.jane austenfestival.co.uk. **Bach Festival** im Oktober, ✆ 01225/401149.

Übernachten (siehe **K**arte **S**. *390/391)*

Die Hotelpreise in Bath überbieten inzwischen sogar die der Hauptstadt London. Durchschnittlich kostete 2010 ein Zimmer in der Stadt £ 111/Nacht. Preisbewusste Urlauber werden daher vielleicht eine Alternative im Umland oder in der Nachbarstadt Bristol erwägen.

Manor Farm Corston (31), Landleben und Landluft schnuppert, wer auf dieser Farm aus dem 16. Jh. in einem der drei Zimmer (die beiden Double Rooms sind riesig) übernachtet. Liebe Hunde, 150 Milchkühe und ein Pool sind inklusive. EZ £ 45–55, DZ £ 65–70. Ideal für kleine Gruppen und Familien. 5 Minuten Autofahrt von Bath entfernt, nahe der Uni. BA2 9AT, ✆ 01225/874867; www.manorfarmcorston.co.uk.

Kennard Hotel (7), nur einen Katzensprung von der Pulteney Bridge entfernt, bietet das kleine in-time Hotel von Giovanni und Mary Baiano italienisches Flair und den idealen Rahmen zur Erkundung von Bath. Ausgezeichnet ist das Frühstück: Es werden Croissants und frisch gepresster Orangensaft gereicht, zudem darf man zwischen verschiedenen Kaffeesorten auswählen. Hunde und Kinder unter 8 Jahren (die bellen doch gar nicht?) sind nicht erwünscht. Neu angelegter georgianischer Garten zum Entspannen. EZ ab £ 58, DZ ab £ 98. 11 Henrietta Street, ✆ 01225/310472, ✉ 01225/460054, www.kennard.co.uk.

Three Abbey Green (25), Derrick und Sue haben in ihren sieben Zimmer englisch-traditionell ausgestattet und bieten eine familiäre Betreuung. Direkt im Zentrum gelegen, aber trotzdem ruhig und idyllisch. £ 95–195/Zimmer. Auch nagelneue Self-catering-Apartments mit TV und Espresso-Maschine für £ 195 pro Nacht (4–6 Personen). 3 Abbey Green, ✆ 01225/428558, www.threeabbeygreen.com.

Anabell's Guest House (29), zentral zwischen Bahnhof und römischen Bädern kann man in neun eher einfachen Zimmern wohnen, dafür deutlich günstiger: EZ ab £ 35, DZ ab £ 55. 6 Manvers Street, ✆ 01225/330133; www.anabellesguesthouse.co.uk.

Apsley House (13), eine Meile westlich des Zentrums gelegen, verspricht das einst für den Duke of Wellington errichtete Haus mit seinem großen Garten einen angenehmen Aufenthalt. Gediegene Atmosphäre. EZ £ 55–145, DZ £ 70–180. Apartment im Kutschenhaus £ 160 für 5 Personen. 14 Newbridge Hill, ✆ 01225/336966, ✉ 01225/425462, www.apsley-house.co.uk.

Oldfields (33), das stattliche viktorianische Haus bietet viel Komfort, liegt aber ziemlich weitab vom Schuss. EZ ab £ 49, DZ £ 65–170. 102 Wells Road, ✆ 01225/317984, ✉ 01225/444471, www.oldfields.co.uk.

Bailbrook Lodge Hotel (1), ein altes georgianisches Landhaus im Stadtteil Batheaston, etwa 1,5 Meilen östlich des Zentrums. Himmelbetten, schöner Garten, Champagner zum Frühstück. EZ ab £ 60, DZ ab £ 85. 35–37 London Road West, ✆ 01225/859090, ✉ 01225/852299, www.bailbrooklodge.co.uk.

Abbey Rise (32), das B & B ist ein Lesertipp von Guido Roßkopf, der die „sauberen und komfortablen" Zimmer genauso lobte wie das „schmackhafte und reichhaltige Frühstück". B & B je nach Ausstattung der Zimmer £ 35–90. 97 Wells Road, ✆/✉ 01225/316177, www.abbeyrise.co.uk.

The Henry (27), in unmittelbarer Nähe der Abtei gelegen, bietet das Guest House sieben frisch renovierte Zimmer in freundlich-hellen Beigefarben. EZ £ 50, DZ ab £ 95. 6 Henry Street, ✆ 01225/424052, www.thehenry.com.

The White Guest House (28), hübsches Gasthaus, fünf Zimmer, fünf Minuten vom Zentrum entfernt. An den Fenstern hängen bunte Blumenkästen, deren Wirkung dem B & B schon einige Preise eingebracht hat. EZ £ 35–45, DZ £ 50–60. 23 Pulteney Gardens, ✆/✉ 01225/426075, www.whiteguesthouse.co.uk.

Bath Backpackers Hostel (24), einfache Herberge mit internationalem Flair. Absolut zentrale Lage. Laut Eigenwerbung „a totally fun-packed mad place to stay". Nun ja, wenigstens sprudelt unter dem Rezeptions-

Westengland
Karte S. 376/377

schalter ein Aquarium und die Wände im Treppenaufgang zieren grelle Comics. Neue Teppiche und Wandanstrich. Übernachtung im Schlafraum (4–10 Betten) £ 11–22, kontinentales Frühstück frei. 13 Pierrepoint Street, ℘ 01225/446787, ℘ 01225/465199, www.hostels.co.uk.

SACO Serviced Apartments, vermieten luxuriöse Studios und Wohnungen für 2–4 Leute. Studios ab £ 59, Wohnungen ab £ 132. 37 St James Parade, ℘ 0845/1220405, www.apartmentsbath.co.uk.

• *Jugendherberge* **Bathwick Hill (14)**, ganzjährig geöffnete Herberge in einem hübschen Haus im italienischen Stil, etwa einen Kilometer östlich des Zentrums. Mit Badgerline 18 oder 418 (ab Busbahnhof in Richtung Universität) kommt man hin. Erwachsene ab £ 14, Jugendliche ab £ 10.50. Bathwick Hill, ℘ 0845/3719303, ℘ 01225/482947, bath@yha.org.uk.

• *Camping* ****** Newton Mill Caravan und Camping Park (30)**, der perfekt ausgestattete und videoüberwachte Campingplatz liegt fünf Kilometer westlich von Bath (A 39) in einer landschaftlich sehr reizvollen Umgebung. 90 Caravanstellplätze und 105 Plätze für Zelte; Zelt und zwei Personen etwa £ 22. Restaurant und Bar vorhanden. Ganzjährig geöffnet. Anfahrt mit Bus 5 vom Busbahnhof bis Newton Road oder auf der A 4 Richtung Bristol bis zur Ausfahrt Newton St Loe, dann nach einer Meile auf der linken Seite. Newton St Loe, ℘ 01225/333909, www.newtonmillpark.co.uk.

Bath Marina and Caravan Park, für alle, die mit dem Wohnmobil unterwegs sind. Ab £ 16. Brass Mill Lane, ℘ 01225/424301.

*E*ssen/*T*rinken/*N*achtleben

Hall & Woodhouse (9), Bar, Restaurant, Home. Auf drei Etagen eines ehemaligen Auktionshauses wird hier im Erdgeschoss Gemütlichkeit (Home), im 1. Stock Eleganz (mit Kronleuchtern und Silberdecke im Restaurant) und auf der Dachterrasse (Bar) Lebensart versprüht. Gehört der gleichnamigen Brauerei aus Dorset. Unten fast alle Gerichte unter £ 10 (Tomatensuppe £ 4.95; Macaroni Cheese £ 8.50). 1 Old King Street, ℘ 01225/469259; www.hall-woodhousebath.co.uk.

The Hole in the Wall (5), modernes Restaurant in historischem Gewölbe, sehr gut

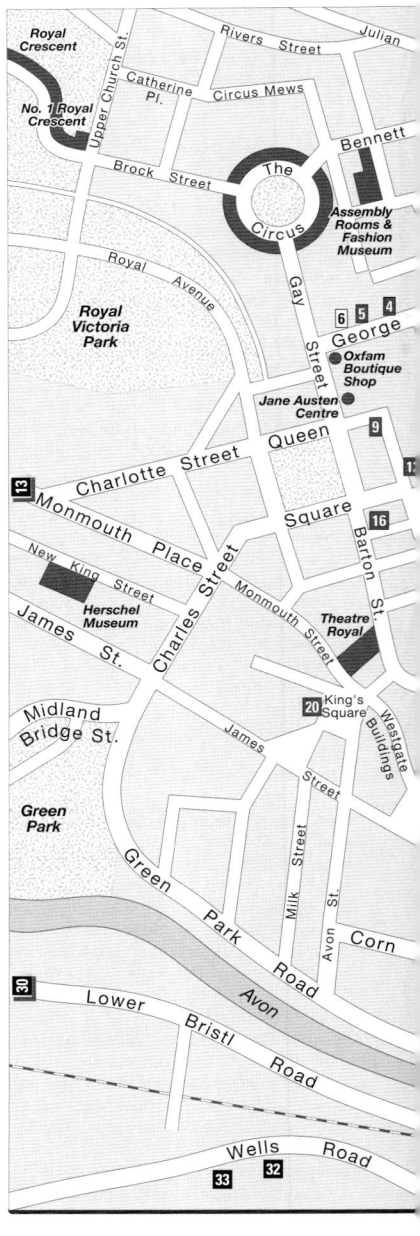

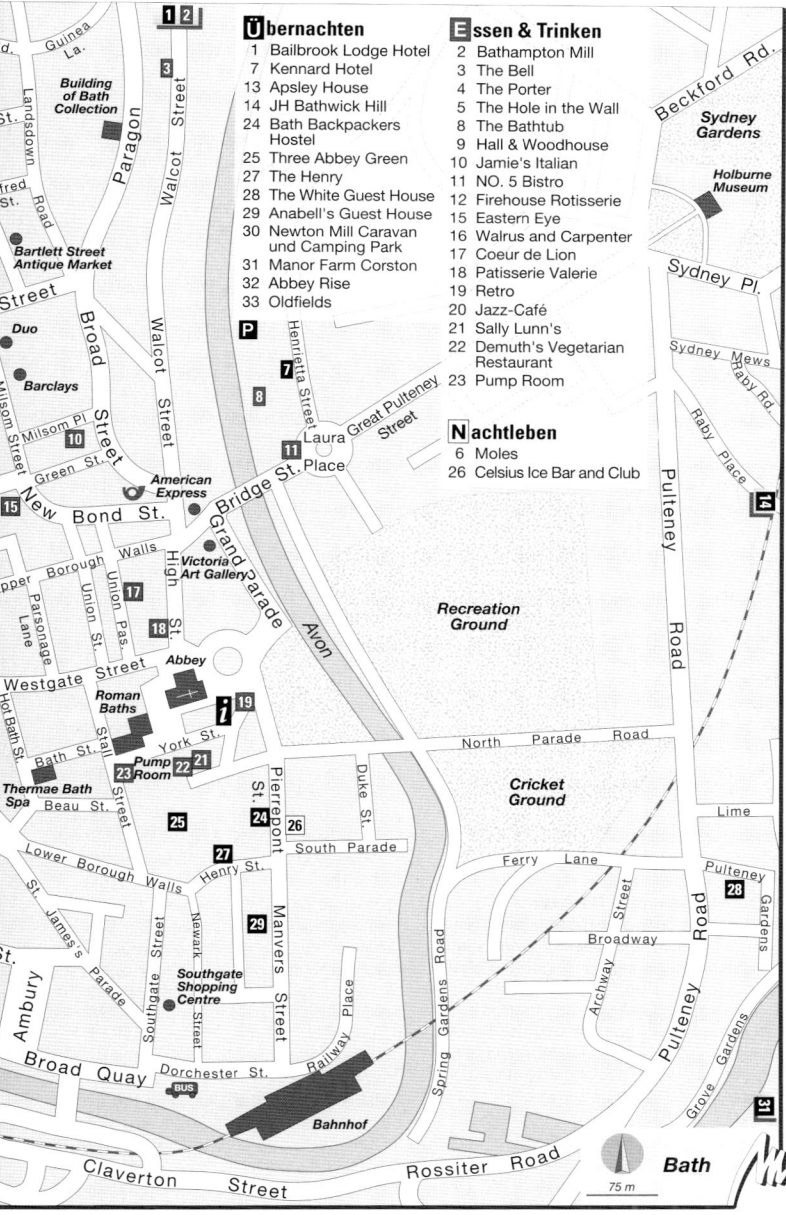

Übernachten

1 Bailbrook Lodge Hotel
7 Kennard Hotel
13 Apsley House
14 JH Bathwick Hill
24 Bath Backpackers Hostel
25 Three Abbey Green
27 The Henry
28 The White Guest House
29 Anabell's Guest House
30 Newton Mill Caravan und Camping Park
31 Manor Farm Corston
32 Abbey Rise
33 Oldfields

Essen & Trinken

2 Bathampton Mill
3 The Bell
4 The Porter
5 The Hole in the Wall
8 The Bathtub
9 Hall & Woodhouse
10 Jamie's Italian
11 NO. 5 Bistro
12 Firehouse Rotisserie
15 Eastern Eye
16 Walrus and Carpenter
17 Coeur de Lion
18 Patisserie Valerie
19 Retro
20 Jazz-Café
21 Sally Lunn's
22 Demuth's Vegetarian Restaurant
23 Pump Room

Nachtleben

6 Moles
26 Celsius Ice Bar and Club

Westengland
Karte S. 376/377

zum Lunch oder pre-theatre („under a tenner" – 2 Gänge für £ 9.95), einheimische Produkte, selbstgemachtes Brot und Eis, 70 Weine. Mo 18.30–22 Uhr, Di–So 12–14 Uhr und 18–22 Uhr. 16 George Street, ℡ 01225/425242. www.theholeinthewall.co.uk.

NO. 5 Bistro (11), Weinbar und Restaurant, im Hintergrund ertönt dezente Jazzmusik. Gute Küche, gehobenes Preisniveau. So Ruhetag. 5 Argyle Street, ℡ 01225/444499; www.no5restaurant.co.uk.

The Bathtub (8), gleich um die Ecke versteckt sich dieses kleine (aber größer als es von außen erscheint), romantische Restaurant im Bistrostil. Deftig ist der Mexican Pot au Feu für knappe £ 10. Mo und Di Ruhetage. 2 Grove Street, ℡ 01225/460593. www.bathtubbistro.co.uk.

Jamie's Italian (10), für ein Jamie-Oliver-Restaurant erstaunlich unaufdringlich und entspannt. Günstige Pastagerichte (£ 8.75–15.99) und Burger, aber Finger weg von den Antipasti, die sind wenig für viel Geld. Im Sommer um einen Platz auf der Terrasse bitten. Keine Buchungen unter 8 Personen. 10 Milsom Place, ℡ 01225/510051; www.jamieoliver.com/italian/bath.

The Eastern Eye (15), das indische Restaurant erstreckt sich über eine ganze Etage eines georgianischen Hauses und wird durch mehrere Glaskuppeln natürlich beleuchtet. Verwirrend riesige Auswahl. Wer es cremig mit Kokosnuss mag, probiere *Chicken Korma* (£ 8.95). 8a Quiet Street, 1. OG, ℡ 01225/422323. www.easterneye.com.

Sally Lunn's (21), gutes Restaurant im ältesten Haus von Bath, das ins Jahr 1482 datiert. Einladend wirkt die verspielte Atmosphäre. Lunch Specials ca. £ 12. 4 North Parade Passage, ℡ 01225/461634. www.sallylunns.co.uk.

Demuth's Vegetarian Restaurant (22), kleines vegetarisches Restaurant, die Wände sind in freundlichen, gelben Tönen gehalten. Angeboten werden sogar Biere und Weine aus biologischem Anbau. Hauptgerichte ab £ 8. Lecker ist das *stuffed courgette flowers* mit Auberginenpüree, Paprika, Tabouleh (libanesischer Salat), Kichererbsen und gefüllter Zucchini. 2 North Parade Passage, ℡ 01225/446059. www.demuths.co.uk.

Firehouse Rotisserie (12), wohltuend schlichtes Ambiente, gegessen wird an einfachen Holztischen. Spezialisiert auf Pizza (£ 9–11.95) und kalifornische Küche. Hauptgerichte ab £ 12.95. So Ruhetag. 2 John Street, ℡ 01225/482070. www.firehouserotisserie.co.uk.

Bathampton Mill (2), drei Kilometer nordwestlich vom Stadtzentrum befindet sich diese beliebte Ausflugsgaststätte mit großer Terrasse am River Avon. www.thebathamptonmill.co.uk.

Pump Room (23), gediegener Tearoom über den römischen Bädern. Distinguierte Atmosphäre mit mächtigen Kronleuchtern. Das Wasser für Tee und Kaffee kommt direkt aus der Quelle. Letzter Einlass 16.30 Uhr. Abbey Churchyard, ℡ 01225/444477.

Walrus and Carpenter (16), Restaurant/Bistro in der Nähe des Theatre Royal. Bei Kerzenlicht und Musik isst man Burger, Steaks, Geflügel oder vegetarische Gerichte zu angemessenen Preisen. Mo–Sa 12–14.30 u. 18–23 Uhr, So 12–23 Uhr, 28 Barton Street, ℡ 01225/314864. www.thewallybath.co.uk.

Retro (19), einfaches, aber sehr einladendes Tagescafé mit viel jungem Publikum. Es gibt Mittagsgerichte (wie das Retro Skyscraper Sandwich) und Salate für Preise um die £ 7. Mo–Fr 8.30–16.30 Uhr, Sa 9–17 Uhr, So 10–17 Uhr. 18 York Street, ℡ 01225/339347; www.caferetro.co.uk.

The Porter (4), das einzige vegetarische Pub in Bath. Es wird auch Ökobier ausgeschenkt. 15 George Street, ℡ 01225/424104. www.theporter.co.uk.

Patisserie Valerie (18), endlich ein Kaffeehaus im europäischen Stil mit einer riesigen Auswahl an Torten und Kuchen, aber auch Frühstück und herzhaften Kleinigkeiten zum Lunch. Kein Wunder, dass die Kette in vielen Städten Erfolg hat. Mo–Sa 7.30–19.30 Uhr, so erst ab 8.30 Uhr. 20 High Street, ℡ 01225/444826; www.patisserie-valerie.co.uk/bath-cafe.aspx.

Jazz-Café (20), beliebtes Café mit auffällig blau-weiß-karierten Tischdecken, Straßenterrasse. Neben einem vielfältigen Frühstücksangebot orientiert sich die Speisekarte an der italienischen und mexikanischen Küche. Oft Livejazz. Lasagne £ 8.50. Mo–Sa 8.30–18 Uhr, Sonntag 10.30–16 Uhr. 1 Kingsmead Square, ℡ 01225/329002; www.bathjazzcafe.co.uk.

Celsius Ice Bar and Club (26), trinken aus Eisgläsern auf Eishockern in einer Winterlandschaft bei minus 5–8 Grad. Es gibt dicke Jacken, Handschuhe und Pudelmützen zum Warmhalten. Im Club ist es wärmer, in jeder Hinsicht. Mo–Do 22–2 Uhr, Fr 20–3 Uhr, Sa 13 Uhr. Eintritt: £ 3.50–7. 1–3 South

Parade, ✆ 01225/312800; www.celsiusicebar. co.uk.

The Bell (3), nettes Pub, dreimal in der Woche mit Livemusik. 103 Walcot Street, ✆ 01225/460426. www.walcotstreet.com.

Coeur de Lion (17), einladendes, kleines Pub im Zentrum. Northumberland Place,

✆ 01225/463568. www.coeur-de-lion.co.uk.

Moles (6), beliebter Nightclub, in dem häufig sehr trendige Livemusik gespielt wird. In den 1980ern standen hier sogar schon The Cure und Peter Gabriel auf der „Bühne". So geschlossen, Eintritt bis zu £ 10. 14 George Street, ✆ 01225/404445. www.moles.co.uk.

Sehenswertes

Roman Baths: Die größte Sehenswürdigkeit von Bath sind zweifellos die römischen Bäder, die der Stadt ihren Namen gaben. Die römischen Thermen wurden erst 1755 wiederentdeckt und sukzessive ausgegraben; sie liegen mehrere Meter unter dem heutigen Straßenniveau, da man die Originalfundamente unangetastet lassen wollte. Die heiße Quelle (konstante 46,5 Grad Celsius), die schon die Kelten nutzten, wurde von den Römern Minerva, der Göttin der Heilkunst, geweiht. Ihr zu Ehren errichteten sie einen Tempel über der heiligen Quelle. Mithilfe von Bleileitungen wurde das heiße Wasser – dreizehn Liter pro Sekunde – in die einzelnen Bäder befördert.

Jeder Besucher wird im Rahmen einer informativen Audioführung durch den römischen Badekomplex geleitet. Damit man sich den ursprünglichen Zustand besser vorstellen kann, werden entsprechende Modelle und 3-D-Animationen gezeigt. Ferner sind Skulpturen, Votivgaben und Schmuckstücke ausgestellt, die bei den Ausgrabungen gefunden wurden. Die Hauptattraktion der Anlage ist der von einer schönen Säulenhalle umzogene *Natatio*. Das 12 mal 24 Meter große und eineinhalb Meter tiefe Schwimmbecken wurde erst 1880 vollständig freigelegt; es war ursprünglich überdacht (die grüne Färbung des Wassers ist eine Folge des Lichteinfalls), die Säulenhalle mit den Figuren ist eine spätere Ergänzung. An das zentrale Schwimmbad grenzen noch verschiedene Warm- und Kaltbäder an.

Abbey Churchyard. Jan.–Febr. 9.30–17.30 Uhr, März–Juni 9–18 Uhr, Juli–Aug. 9–22 Uhr, Sept.–Okt. 9–18 Uhr, Nov.–Dez. 9.30–17.30 Uhr. Letzter Einlass eine Stunde vor Schließung. Eintritt: £ 11.50 (Juli/Aug. £ 12.25), erm. £ 10. Kombiticket mit Fashion Museum: £ 15, erm. £ 13. Die im Eintrittspreis enthaltenen elektronischen Audioguides gibt es auch in Deutsch. ✆ 01225/477785, www.romanbaths.co.uk.

The Pump Room: Über dem römischen Bad befindet sich der Pump Room. Er wurde entworfen, um den Bädern einen seriösen und zugleich luxuriösen Anstrich zu geben, und fungierte vor allem als zwangloser Ort des Kennenlernens. Auch in unseren Tagen ist noch die Gediegenheit des prunkvollen Gebäudes zu spüren. Mächtige Kronleuchter hängen von der Decke, Säulen zieren die Wände, und die großen Fenster werden von langen Vorhängen geschmückt. An kleinen Holztischen genießt man sein Frühstück oder den Tee und lauscht dabei der klassischen Musik, die morgens (im Sommer auch nachmittags) gespielt wird. Das Wasser für Tee und Kaffee wird übrigens von der Quelle hierher hochgeleitet; laut Charles Dickens schmeckt es allerdings „nach Bügeleisen".

Mo–Sa 9.30–17.30 Uhr (letzter Einlass 16.30 Uhr). Im Aug. bis 22 Uhr (letzter Einlass 21 Uhr.

Bath Abbey: Die 675 gegründete Abtei von Bath ist ein historisch bedeutsamer Ort: Im Jahre 973 wurde hier mit Edgar erstmals ein König von ganz England gekrönt, später residierten in dem Gebäude eineinhalb Jahrhunderte lang die „Bischöfe von Bath and Wells". Die heutige Kirche ist allerdings weitgehend im Perpendicular-Stil des 16. Jahrhunderts errichtet worden. Besonders prächtig sind das

Westengland Karte S. 376/377

Westportal, das in Richtung Pump Room blickt, sowie das reich ornamentierte Chorgewölbe. Vollendet war die Abteikirche, als Heinrich VIII. die Auflösung der Klöster verfügte. Da die Bürger von Bath nicht gewillt waren, dem König die Kirche abzukaufen, wurde sie dem Verfall preisgegeben. Erst im 17. Jahrhundert leitete man Restaurierungsmaßnahmen ein.

Mo–Sa 9–18 Uhr, So 13–14.30 und 16.30–17.30 Uhr; eine Spende von £ 3.50 wird erwartet. Tower Tours zur vollen Stunde. £ 5, Kinder £ 2.50. www.bathabbey.org.

Holburne Museum of Art: Das in einem der elegantesten georgianischen Gebäude von Bath untergebrachte Museum besitzt einen großen Fundus bildender und dekorativer Kunst aus dem 18. Jahrhundert, darunter Gemälde von Gainsborough, Turner, Stubbs, Guardi und Raeburn. Die meisten Exponate stammen aus der Sammlung von Sir William Holburne (1793–1874). Ergänzt wird die Dauerausstellung durch Werke führender britischer Künstler aus dem 20. Jahrhundert.

Great Pulteney Street. Mo–Sa 10–17 Uhr, So ab 11 Uhr, Eintritt frei. www.holburne.org.

Assembley Rooms & Fashion Museum: Während des Zweiten Weltkrieges zerstört und später rekonstruiert, erstrahlen die früheren Gesellschafts- und Ballräume nun wieder in ihrem alten Glanz. Man benötigt nur wenig Phantasie, um sich festlich gekleidete Herrschaften trinkend, tanzend und spielend in diesen Räumlichkeiten vorzustellen. Wer mehr über die Garderobe der vergangenen Jahrhunderte erfahren will, sollte das im Untergeschoss untergebrachte *Kostümmuseum* besuchen. Die mehr als 200 Puppen tragen kostbarste Gewänder aus der Zeit des späten 16. Jahrhunderts bis in die Gegenwart. Als sehr informativ erweist sich die Audioführung.

Bennet Street. Tgl. 10.30–17, Nov. bis Febr. bis 16 Uhr. Eintritt: £ 7, erm. £ 6.25 od. £ 5. Kombiticket mit Roman Baths: £ 15, erm. £ 13 od. £ 9. www.museumofcostume.co.uk.

Building of Bath Collection: Das in einer ehemaligen Methodistenkapelle untergebrachte Museum erklärt mithilfe eines großen Stadtmodells und zahlreicher Entwürfe die Architekturgeschichte von Bath.

The Countess of Huntingdon's Chapel. Sa, So, Mo 10.30–17 Uhr. Eintritt: £ 4, erm. £ 3.

No. 1 Royal Crescent: Der Royal Crescent mit seinen Wohnhäusern im palladianischen Stil zählt zu den schönsten Beispielen der europäischen Städtebaukunst. *John Wood der Ältere* (1704–1754) und später sein Sohn *John Wood der Jüngere* (1727–1781) errichteten diese halbrunde, 184 Meter lange Häuserzeile in der Mitte des 18. Jahrhunderts, die zu Wegweisern für den englischen Städtebau wurde. Das als Museum genutzte ehemalige Haus des Herzogs von York zeigt anschaulich, wie die Menschen im georgianischen Bath lebten.

Royal Crescent. Febr.–Okt. tgl. außer Mo 10.30–17 Uhr, Nov.–Dez. tgl. außer Mo 10.30–16 Uhr. Mitte Dez bis Mitte Febr. geschl. Eintritt: £ 6, erm. £ 5.

Jane Austen Centre: Das Jane Austen Centre befindet sich in einem georgianischen Haus in der Gay Street, nur unweit von jenem Gebäude mit der Hausnummer 25 entfernt, in dem Jane Austen nach dem Tod ihres Vaters mehrere Monate lang gelebt hat. Austen, die in Bath ihre berühmten Romane „Persuasion" (dt. „Überredungskunst") und „Northanger Abbey" (dt. „Die Abtei von Northanger") schrieb, fühlte sich in der Kurstadt mit dem mondänen Flair allerdings nie richtig heimisch. Das Zentrum bietet ausführliche Informationen zum Leben und Wirken der Schriftstellerin und einen historischen Tearoom.

40 Gay Street. Mo–Sa 10–17.30 Uhr, So ab 10.30 Uhr. Eintritt: £ 5.95, erm. £ 4.50 oder £ 2.95. ✆ 01225/443000. www.janeausten.co.uk/deutsch.

Seit dem 13. Jahrhundert prägen die Studenten das Stadtbild von Oxford

Westengland
Karte S. 376/37

Oxford

Vom Carfax Tower streift der Blick über die ehrwürdigen Colleges, deren Geschichte bis ins 12. Jahrhundert zurückreicht. Geradezu majestätisch überragen die Türme der Kapellen die zahlreichen Kuppeln und Zinnen der übrigen Wohnhäuser. In den Straßen wimmelt es von Studenten, die auf ihren Fahrrädern die verschiedenen Hochschulen ansteuern. Auf den Flüssen Cherwell (sprich: „Charwul") und Themse (in Oxford Isis genannt, nach dem lateinischen Namen Tamesis) gleiten Kähne, auf denen sich eine Person mit einem Stab vom Grund abstößt, um für den nötigen Schub zu sorgen.

Alles in allem eine Atmosphäre, die den Besucher in längst vergangene Zeiten eintauchen lässt. *Heinrich II.* war maßgeblich für die Entstehung dieser wissenschaftlichen Hochburg verantwortlich, die heute zu einer der ältesten und berühmtesten Universitätsstädte in Europa zählt und in deren „Debating Society", dem Debatierklub der Studentengewerkschaft, noch immer die hellsten Köpfe der Welt zum Wortgefecht in den Ring steigen. Mit einem Erlass, der Engländern verbot, im fernen Paris zu studieren, schuf er die Voraussetzung für die Errichtung der ersten Colleges. *University College* und *Balliol College* nahmen im 13. Jahrhundert ihren Lehrbetrieb auf. Die Studenten wohnten zu dieser Zeit in Wirtshäusern oder bildeten Wohngemeinschaften. Das Verhältnis zwischen Studenten und Einheimischen wurde immer wieder durch vehemente Zusammenstöße getrübt. Nach den überlieferten Chroniken soll es auf der *High Street* zwischen St Martin's und St Mary's Church keinen einzigen Quadratmeter geben, der nicht irgendwann einmal mit Blut befleckt wurde. Höhepunkt war 1355 der *Scholastica's Day*, ein Massaker an mehr als 60 Studenten. Folge dieser Ausschreitungen war, dass die Universitäten

(1410) mit Unterstützung der Krone und Kirche das Wohnen in Sammelunterkünften, den sogenannten „Halls of Residence" zur Pflicht machten. Noch immer wohnen die Studenten wenigstens in ihrem ersten Studienjahr in den Halls, wo sie normalerweise über ein Einzelzimmer verfügen.

Heute bietet sich dem Betrachter ein weitaus friedlicheres Bild. In der einst so umkämpften High Street, kurz „The High" genannt, reihen sich die Fassaden von sechs Colleges, mehreren Kirchen und Fachwerkhäusern in buntem Mix aneinander, ein malerisches Ensemble, das auch von William Turner wert befunden wurde, auf die Leinwand gebannt zu werden. Am erstaunlichsten ist, dass diese altehrwürdigen Colleges auch im 21. Jahrhundert mit ihren Hallen, Quads (Innenhöfe, in Cambridge heißen sie Courts) und Türmen derselben Berufung nachgehen wie eh und je. Christ College ist das größte, Merton College das älteste, New College von seiner Architektur und Anlage her vielleicht das authentischste und Magdalen College (sprich: Modlen) gilt als das schönste. Das *Christ Church College* mit der *Oxford Cathedral* besticht durch seine große Parkanlage, dem *Christ Church Meadow*. 14 Premierminister waren Absolventen dieser größten und bekanntesten Hochschule der Stadt! Auch der derzeitige Amtsinhaber David Cameron kam nach seiner Schulzeit in Eton zum Studium der Politik, Philosophie und Wirtschaft nach Oxford. Aber sie brachte auch andere Größen hervor, die heute einen festen Platz in den Geschichtsbüchern einnehmen: *Sir Walter Raleigh, Sir Christopher Wren, Thomas Edward Lawrence* (bekannt als Lawrence von Arabien), *Oscar Wilde* und *Eduard VIII.*, um nur einige zu nennen. Wer sich einen Überblick über die Stadtgeschichte verschaffen will, ist im *Oxford Museum* im Rathaus gut aufgehoben. Stadtführungen, die das Tourist Office veranstaltet, geleiten die Touristen zu den wichtigsten Colleges und sorgen für das nötige Hintergrundwissen. Nicht alles hier ist altehrwürdig, so ist etwa der „Bezirk" rund um die Ruine der normannischen Burg recht neu. Der sog. „Castle District" lädt mit Open-Air-Veranstaltungen, Restaurants, Cafés und Bars sowie dem Hotel Malmaison im alten Stadtgefängnis zum Flanieren ein.

Oxford zählt heute 135.000 Einwohner, von denen mehr als 20.000 Studenten der Universität sind. Wie in Cambridge („the other place") gibt es auch hier kaum ein Haus im Stadtzentrum, was nicht der ehrenwerten Lehranstalt gehört. In den 1870er-Jahren wurden erstmals auch weibliche Studenten zugelassen, die jedoch ein Degree, einen Abschluss, erst ab 1920 erwerben durften. Inzwischen sind etwa die Hälfte der Studenten von Oxford weiblich, und es gibt nur noch ein einziges „Single-Sex"-College: St Hilde's, und das ist ausschließlich für Frauen. Auf den Professorenstühlen allerdings sitzen nur zu einem knappen Drittel Frauen. Attraktiv ist Oxford natürlich auch für Sprachenschüler, gilt doch das Oxford-Englisch als das reinste Englisch, das Englisch der Gebildeten eben. Ein Grund vielleicht, weshalb die Stadt bei vielen Engländern noch immer mit Begriffen wie „Klassengesellschaft" und „Snobbery" verbunden wird und so viele ausländische Studenten anzieht. Aus Deutschland etwa gaben sich hier FAZ-Herausgeber Frank Schirrmacher, der Philosoph Theodor Adorno und der Theaterregisseur Peter Zadek den intellektuellen Schliff.

Etwas außerhalb des Stadtkerns, in Cowley, hat die Autoindustrie ihren Sitz. Anfang des 19. Jahrhunderts drohte nämlich die industrielle Bedeutung Oxfords kurzzeitig mit der akademischen gleichzuziehen. William Morris, später zum Lord Nuffield geadelt, eröffnete hier 1902 einen Fahrradladen, wo er Experimente mit Motorrädern durchführte. Zehn Jahre später produzierte er sein erstes Auto, den

Morris Oxford (engl. Spitzname „bottlenose" Morris), der ein durchschlagender Erfolg wurde. Wieder zehn Jahre später kamen bereits 41 Prozent aller in England produzierten Autos aus dieser Morris Werkstatt. Noch zu seinen Lebzeiten spendete der zu großem Wohlstand gelangte Lord 30 Millionen Pfund an die Universität und verschiedene Krankenhäuser. Die Ikone aller englischen Autos, der Mini, wird bis heute hier gebaut. Von der Autoproduktion ist im historischen Stadtzentrum allerdings nichts zu sehen, und im Sommer von den Studenten auch nicht. Dann gehört die Stadt ihren Besuchern und deshalb ein Tipp: Wer nach Oxford reist, sollte sich rechtzeitig um eine Unterkunft bemühen. Extrem hohe Besucherzahlen während der Sommermonate können bei der Zimmersuche zum Problem werden.

Information/Verbindungen/Diverses

• *Information* **Oxford Tourist Information Centre**, 15–16 Broad Street, Oxford, Oxfordshire OX1 3AS, ✆ 01865/252200, ✆ 01865/240261, www.visitoxfordandoxfordshire.com; tic@oxford.gov.uk. Ausführliche Prospekte und Führer zu den Sehenswürdigkeiten, außerdem Informationen über Stadtrundfahrten und Stadtführungen (s. u,). Mo–Sa 9.30–17 Uhr, im Sommer auch So 10–16 Uhr. Mit der Oxford Visitor Card für £ 3 bekommt man Rabatte bei verschiedenen Sehenswürdigkeiten, Lokalen und Geschäften.

• *Verbindungen* **Bus** – Busbahnhof am Gloucester Green (am Ende der George Street). Alle 15–30 Minuten fahren der Oxford Espress X90 (Bay 5, ✆ 01865/785400, www.oxfordbus.co.uk) und Oxford Tube (✆ 01865/772250, www.oxfordtube.com) direkt nach London (Day return £ 16, an Bord gibt es WLAN/WiFi). National Express verbindet u. a. mit Bristol und Cambridge (✆ 08717/818178, www.nationalexpress.com).

Zug – Bahnhof in der Botley Road (an der A 420 Richtung Swindon); Ticket Office: Mo–Fr 6–20 Uhr, Sa 6.30–20 Uhr, So 8–20 Uhr. Züge nach London Paddington Station (90 Min. First Great Western, ✆ 08457/484950, www.firstgreatwestern.co.uk), Stratford, Birmingham und in den Südwesten über Reading (Virgin Trains, ✆ 08457/484950, www.virgintrains.co.uk).

P&R – Es gibt fünf Park und Rides, die Ihnen den Stau und die Sucherei nach einem Parkplatz ersparen, z. B. Redbridge (Hin- und Rückfahrt £ 2.50).

• *Fahrräder* Oxford ist eine fahrradfreundliche Stadt mit mehr Radwegen als sonst üblich in England. Verleih: **Cycle King**, 128–130 Cowley Road. Hier kann man nur pro Monat leihen, Räder mit Fünfgangschaltung ab £ 35/Monat, Kaution £ 35. Hauptsächlich „Buyback Scheme": man kauft ein Fahrrad mit Rückkaufgarantie innerhalb eines Jahres für den halben Preis. Mo–Sa 9–18 Uhr, So 10–17 Uhr. ✆ 01865/728262

• *Bootsverleih* An der **Folly Bridge** (Salter's Steamers Ltd.) und der **Magdalen Bridge** (Howard C. & Son) kann man sich Ruder-, Tretboote und Punts ausleihen (£ 16/Stunde; £ 30 Kaution und ID erforderlich). www.oxfordpunting.com. Liste mit genauen Adressen beim Tourist Office.

• *Stadtführungen* Die vom Tourist Office angebotenen Rundgänge (z. B. University and City Tour) finden täglich um 10.45 und 14 Uhr statt, Sa auch um 11 und 13 Uhr und kosten für Erwachsene £ 7, Senioren £ 6.50 und für Kinder £ 3.75. Außerdem Family Tour, Harry Potter Tour, Inspector Morse Tour, Pub Tour und Ghost Tour. Der Open Top City **Sightseeing Bus** fährt alle 10–15 Minuten seine Runde und kostet £ 12.50, erm. £ 10, Kinder £ 6.

• *Einkaufen* Die Haupteinkaufsstraßen in Oxford sind **High Street** (Nr. 106 ist der University of Oxford Shop, Nr. 116/117 der OUP Bookshop), **Broad Street** (hier befindet sich z. B. der berühmte Blackwells Shop und der allererste Secondhand-Laden von Oxfam), **Queen Street** und **Cornmarket Street** (Boots, W. H. Smith, Marks & Spencer). In der **Little Clarendon Street**, nördlich des Stadtzentrums, wurde kürzlich das „Central Furniture" (Nr. 33–35) vom Retail Week Magazin in die Top-100-Geschäfte der Welt gewählt.

Blackwell's Music Shop, Biographien und Texte verschiedener Musikgruppen; viel Material über Soul-, Pop- und Rockgrößen (von den Beatles bis zu Michael Jackson). Ganze Schränke voller Literatur über klassische Komponisten und Musik (auch Noten). Verkauf von Konzerttickets. 38 Holywell Street.

Westengland
Karte S. 376/377

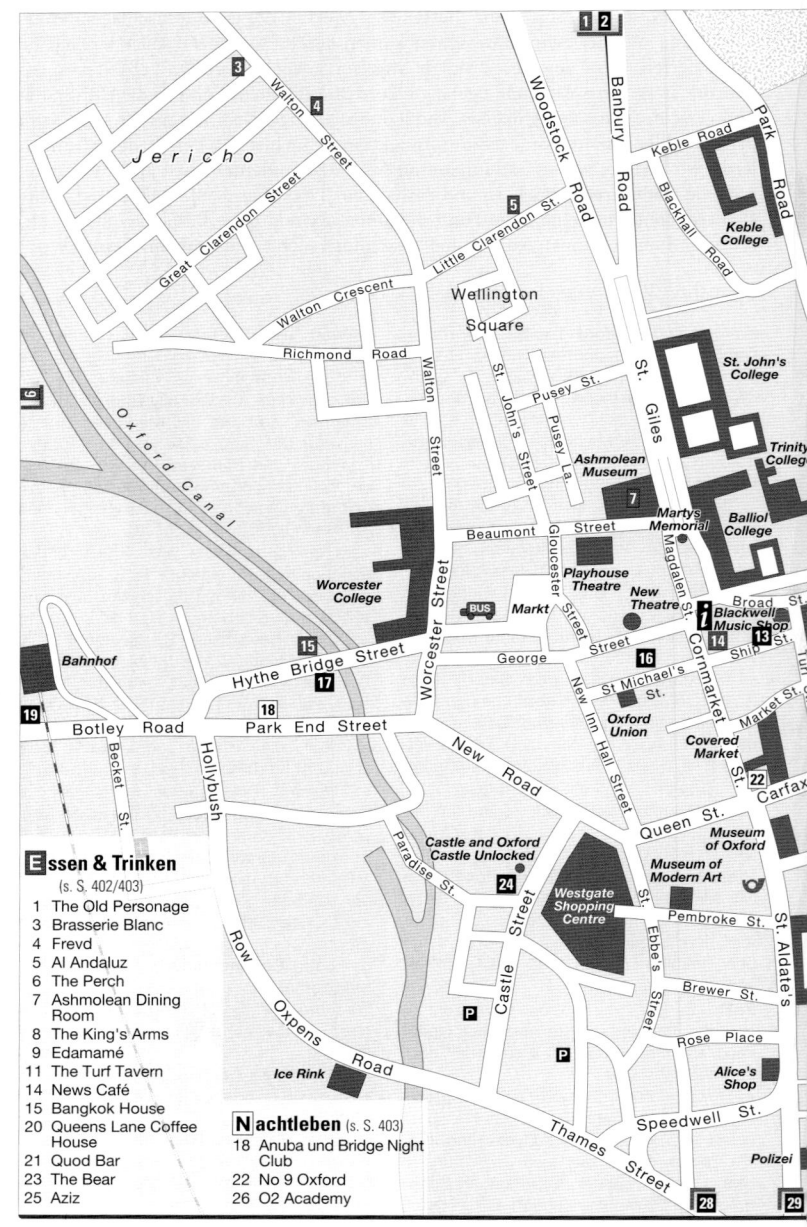

E ssen & Trinken
(s. S. 402/403)

1 The Old Personage
3 Brasserie Blanc
4 Frevd
5 Al Andaluz
6 The Perch
7 Ashmolean Dining Room
8 The King's Arms
9 Edamamé
11 The Turf Tavern
14 News Café
15 Bangkok House
20 Queens Lane Coffee House
21 Quod Bar
23 The Bear
25 Aziz

N achtleben (s. S. 403)

18 Anuba und Bridge Night Club
22 No 9 Oxford
26 O2 Academy

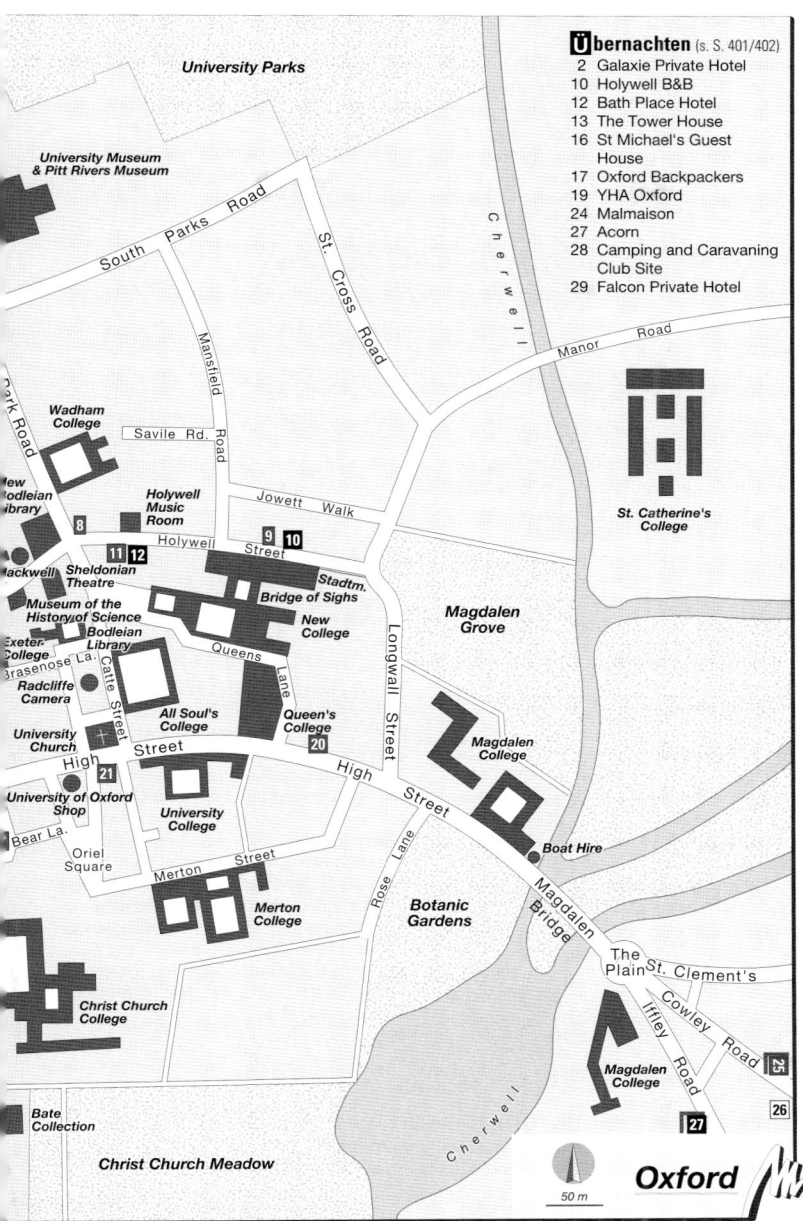

Übernachten (s. S. 401/402)

2 Galaxie Private Hotel
10 Holywell B&B
12 Bath Place Hotel
13 The Tower House
16 St Michael's Guest House
17 Oxford Backpackers
19 YHA Oxford
24 Malmaison
27 Acorn
28 Camping and Caravaning Club Site
29 Falcon Private Hotel

University Parks

University Museum & Pitt Rivers Museum

South Parks Road

St. Cross Road

Cherwell

Manor Road

...ark Road

Wadham College

Mansfield Road

Savile Rd. Road

Jowett Walk

St. Catherine's College

New Bodleian Library

8

Holywell Music Room

9 10

Holywell Street

ackwell

Sheldonian Theatre

11 12

Museum of the History of Science

Exeter College

Brasenose La.

Bodleian Library

Stadtm. Bridge of Sighs

New College

Queens Lane

Magdalen Grove

Radcliffe Camera

All Soul's College

Queen's College

20

Longwall Street

Magdalen College

University Church

21

High Street

University of Oxford Shop

University College

High Street

Magdalen College

Bear La.

Oriel Square

Merton Street

Boat Hire

Rose Lane

Botanic Gardens

Magdalen Bridge

Merton College

The Plain St. Clement's

Cowley Road

Christ Church College

Iffley Road

25

26

Magdalen College

27

Bate Collection

Christ Church Meadow

Cherwell

Cherwell

Oxford

50 m

Westengland
Karte S. 376/377

Alice's Shop, kitschige Souvenirs zu Alice im Wunderland. 83 St Aldates.

HMV, viele LPs, CDs, Kassetten und Musikvideos. T-Shirts mit originellen Motiven. 43 Cornmarket Street.

• *Märkte* Von der High Street geht der **Covered Market** ab, der 1772 gegründet wurde, um die Straßen Oxfords von unordentlichen Ständen zu befreien. Hübsche Stände und im ersten Stock Georgina's Coffee Shop. Mo–Sa 8–17 Uhr, So 10–16 Uhr. Auf dem **Gloucester Green** findet mittwochs ein Open-Air-Markt für Obst und Gemüse statt, jeden ersten Donnerstag des Monats der Farmer's Market. Fr u. Sa steht ein Arts and Crafts Market am Oxford Castle.

• *Post* 102–104 St Aldate's. Mo–Sa 9–18 Uhr.

• *Waschen* **Laundrette**, 66 Abingdon Road Ecke Kinneton Road.

Kultur/Veranstaltungen

Informationen über ständig wechselnde Veranstaltungen findet man im kostenlosen *Oxford Magazine* sowie im ebenfalls kostenlosen *Daily Information Sheet*, das dreimal pro Woche (in den Ferien nur einmal) gedruckt wird und an 450 Stellen in der Stadt ausliegt oder unter www.dailyinfo.co.uk einzusehen ist, wo man sich auch die besten Stadtpläne von Oxford herunterladen kann. In der Karte *Central Oxford by Night* sind neben Theatern und Kinos auch Pubs, Discos und Clubs verzeichnet, in denen Live-Musik aufgeführt wird. Ansonsten dreht sich bei den Veranstaltungen in Oxford vieles um die Colleges. Auf deren Gelände finden in den Sommermonaten zahlreiche Theateraufführungen und Konzerte statt.

• *Kino* Beim Tourist Office ist eine Liste mit den sechs Kinos der Stadt erhältlich.

• *Theater* Ein reizvoller und beliebter Treffpunkt für einen Abend mit Oper, Ballett, Pantomime oder Musical ist das **New Theatre** in der George Street (Programmhinweise und Vorbestellungen unter ☎ 0844/8471585, www.newtheatreoxford.org.uk).

• *Konzerte* Unter dem Motto „Beautiful Music in Beautiful Places" veranstaltet das **City of Oxford Orchestra** Konzerte in der Exeter College Kapelle und im Sheldonian Theatre. 32 Holywell Street, ☎ 01865/305305 (Oxford Playhouse). www.cityofoxford orchestra.co.uk. Außerdem April bis Juni sonntags um 11.15 Uhr **Oxford Coffee Concerts** im Holywell Music Room, Europas ältester Konzerthalle, und Magdalen College Auditorium; www.coffeeconcerts.com.

• *Veranstaltungen* Jedes Jahr am 1. Mai wird der **May Day Morning** begangen. Seit irgendwann im späten 15. Jahrhundert besteigen die Chorknaben des Magdalen College gegen 4 Uhr morgens ihren College Tower. Die High Street wird gesperrt und eine Menschenmenge versammelt sich um 6 Uhr, wenn die ersten Hymnen erklingen. Danach werden die Glocken geläutet und im Radcliffe Square sowie auf der Broad Street treten Morris Dancer auf, um den Frühling zu begrüßen. Die Cafés und Pubs sind ab 4 Uhr geöffnet. Wer zu tief ins Glas guckt, landet nicht selten im Cherwell.

Ein weiterer alljährlicher Höhepunkt in Oxfords Veranstaltungskalender ist die **Eights Week** (Ende Mai/Anfang Juni), wenn für die Studenten der Stress der Prüfungen vorüber ist und die berühmt-berüchtigten Ruderregatten um den Titel „Head of the River" auf der Themse ausgetragen werden. Besonders reizvoll ist das **Rennen der College-Achter** (*eights*) zwischen den Oxford Colleges untereinander sowie (Ende Juni/Anfang Juli) die **Henley Royal Regatta**, das Rennen zwischen den stark rivalisierenden Universitätsstädten Oxford und Cambridge, das seit 1829 stattfindet. Neu ist das 4-tägige **Oxford Jazz Festival**, das immer Ostern stattfindet.

Übernachten (siehe Karte S. 398/399)

Leider sind die Preise für Unterkünfte in Oxford generell ziemlich hoch. Um Schwierigkeiten vorzubeugen, bucht man sein Zimmer mindestens zwei Wochen im Voraus. Häufig wird dafür eine Anzahlung verlangt. Iffley Road, Cowley Road, Abingdon Road und Banbury Road sind die B & B-Straßen. Allerdings ist die Iffley Road eine lange Straße, so dass viele B & Bs weit ab vom Zentrum liegen (es gibt aber Busse).

Der Oxford-Achter

**** Malmaison (24), die Herbergen dieser Luxuskette befinden sich mal in einer griechisch-orthodoxen Kirche, mal in einem Postsortierlager, und mal in einem Gefängnis. Der zum Edelhotel umgebaute Knast stammt aus dem 19. Jahrhundert und liegt unweit des Castles. Die Zimmer sind meist zwei zusammengelegte Zellen um einen zentralen Innenhof herum inklusive der Gitter und Schlösser. Eine dritte Zelle dient als Badezimmer. Zimmer ab £ 170, 3 Oxford Castle, New Road, OX1 1AY, ✆ 01865/268400, ✇ 01865/268402; www. malmaison-oxford.com.

Bath Place Hotel (12), sehr charmantes, kleines Hotel bestehend aus sieben Weber-Cottages aus dem 17. Jahrhundert um einen Hof herum mitten im Zentrum in einer ruhigen Gasse. Von einigen Zimmern aus kann man den Bell Tower des New College sehen. Richard Burton und Elizabeth Taylor sollen hier heimlich zum Rendezvous abgestiegen sein, als Burton im Oxford Playhouse spielte. B & B EZ £ 75–105, DZ £ 95–140. 4 Bath Place, OX1 3SU, ✆ 01865/791812, ✇ 01865/791834, www.bathplace.co.uk.

Holywell Bed & Breakfast (10), in einem windschiefen Stadthäuschen von 1530 mit uralten Holzpanelen vermietet die Amerikanerin Carrie Holloway 3 urige Zimmer. Ihr Mann Stuart ist Stadt- und Geisterführer (auch im B & B soll es spuken!), so dass gute Tipps garantiert sind. Mitten im Stadtzentrum, früh buchen! Zimmer £ 50–80 inklusive Frühstück und Parkplatz. 14 Holywell, OX1 3SA, ✆ 01865/721880; www.holywellbedandbreakfast.com.

The Tower House (13), ebenfalls im Stadtzentrum sind hier 7 Zimmer (4 davon in suite) zu haben. Das Haus stammt aus dem 17. Jh., im hellblauen Treppenhaus ist der Lack schon ziemlich ab, die Zimmer aber haben ursprünglichen Charme. Ohne Bad £ 80, mit Bad £ 110. 15 Ship Street, OX1 3DA, ✆ 01865/246828.

St Michael's Guest House (16), und noch eine Pension in extrem zentraler Lage, sauber und komfortabel. Die Einrichtung ist etwas veraltet, wegen der Location ist das Haus aber beliebt, also auch hier unbedingt früh buchen. EZ £ 42, DZ £ 56, £ 66 für die beiden Dreibettzimmer (ohne Frühstück). Keine En-suite-Bäder. 26 St Michael Street, OX1 2EB, ✆ 01865/242101, mobil: 079759/60801.

Galaxie Private Hotel (2), modernes, frisch renoviertes Hotel (30 Zimmer) nördlich des Zentrums mit hübschem Wintergarten und Terrasse im entzückenden Garten. Familiengeführt und mit Parkmöglichkeit, WiFi. EZ ab £ 68, DZ ab £ 98. 180 Banbury Road, OX2 7BT, ✆ 01865/515688, ✇ 01865/556824, www.galaxie.co.uk.

Falcon Private Hotel (29), imposanter roter Backsteinbau 10 Minuten vom Zentrum entfernt, Sportplatz vom Queen's College gegenüber. 16 Zimmer (en suite), Internet, Parkplatz, nebenan Post und kleiner Supermarkt. EZ £ 48, DZ £ 82, Extra-Bett Erw. £ 16, Kind £ 8. 88–90 Abingdon Road, OX1 4PX, ✆ 01865/511122, ✆ 01865/246642, www.falconoxford.co.uk.

Acorn (27), edwardianisches Haus 2 km südöstlich des Zentrums. Frisch renoviert, Parkplatz und Internet. Guter Pub (Magdalen Pub) schräg gegenüber. EZ (nur Waschbecken) £ 35–40, DZ (en suite) £ 62–90. 260 Iffley Road, OX4 1SE, ✆/✆ 01865/247998, http://oxford-acorn.co.uk.

• *Studentenunterkünfte* In den Trimesterferien (besonders Juni bis Sept.) kann man versuchen, in den Studentenunterkünften der Colleges zu übernachten, z. B.:

Isis Guest House, nur Juli, August und September; während des Unibetriebs ist das hier die St Edmund Hall of Residence, wo Studenten wohnen. B & B £ 37–45 pro Person. 45–53 Iffley Road, OX4 1ED, ✆ 01865/613700; ✆ 01685/243492; www.isisguesthouse.com.

• *Jugendherberge* **YHA Oxford (19)**, brandneue Herberge mit 184 Betten in Zwei- bis Sechsbettzimmern, direkt an der Themse gelegen und ganz in der Nähe des Bahnhofs.

(Man kann direkt durch eine kleine Passage von der Westbound Platform hinübergehen.) Ganzjährig geöffnet; mit allen Annehmlichkeiten wie Waschmaschine, Spieleraum etc. Während der Sommermonate ist frühzeitiges Reservieren oder die Ankunft am frühen Morgen ratsam. Erwachsene ab £ 15.95, unter 18 Jahren ab £ 11.95 (Mitglieder). EZ ab £ 21.95; Twin ab £ 28.95. 2a Botley Road, Oxford OX2 0AB, ✆ 01865/727275 oder 0870/7705970, ✆ 01865/251182, www.yha.org.uk.

Oxford Backpackers (17), private Herberge zehn Fußminuten vom Zentrum entfernt. Zehn Zimmer für vier bis achtzehn Gäste, Waschmöglichkeit, keine Sperrstunde. Ganzjährig geöffnet. Übernachtung mit kontinentalem Frühstück £ 12–19. 9 Hythe Bridge Street, OX1 2EW, ✆ 01865/721761, ✆ 01865/203293, www.hostels.co.uk.

• *Camping* Beim Tourist Office ist eine Liste der Campingplätze erhältlich.

Camping and Caravaning Club Site (28), ganzjährig geöffnet. Liegt an der Ringroad, 2,5 km südlich von Oxford. 130 Stellplätze. £ 7 für den Zeltplatz plus £ 5.80–8.90 pro Person. 426 Abingdon Road (gegenüber dem Red Bridge Park & Ride), OX1 4XG, ✆ 01865/244088, www.campingandcaravaningclub.co.uk.

Essen/Trinken/Nachtleben (siehe Karte S. 398/399)

Ashmolean Dining Room (7), Dachrestaurant im gleichnamigen Museum, → S. 404.

Brasserie Blanc (3), Raymond Blanc lässt an 9 Locations in England erfolgreich kochen, in Oxford lebt er selbst. Einfache französische Küche mit Qualitätsprodukten, besonders beliebt sind die Dine with Wine Menues, 2 Gänge für £ 12.95 (inkl. ein Glas Wein). Mo–Fr 12–14.45 Uhr u. 17.30–22 Uhr, Sa 12–22.30 Uhr, So bis 21.30 Uhr. 71–72 Walton Street. ✆ 01865/510999; www.brasserieblanc.com.

Bangkok House (15), der beste Asiat in der Stadt bietet leckere Thaiküche zu moderaten Preisen. So Ruhetag. 42a Hythe Bridge Street, ✆ 01865/200705; www.bangkokhouse.co.uk.

Edamamé (9), kleiner, familienbetriebener Japaner, der vor allem von Studenten aufgesucht wird. Sushi nur Donnerstagabend. Keine Reservierung möglich, aber Take Away. Lunch-Hauptgerichte ab £ 6.50, Mi–Sa 11.30–14.30 Uhr, So 12–15.30 Uhr, Do, Fr u. Sa auch 17–20.30 Uhr. 15 Holywell Street, ✆ 01865/246916; www.edamame.co.uk.

Aziz (25), großräumiges indisches Restaurant, in dem fast immer etwas los ist. Viele scharfe Fleischgerichte, aber auch Auswahl für Vegetarier. Unteres bis mittlere Preisniveau. 228 Cowley Road, ✆ 01865/794945. **Aziz Pandesia Restaurant and Bar**, 1 Follybridge, ✆ 01865/247775; www.aziz.uk.com.

Queens Lane Coffee House (20), italienischer Espresso, Kuchen und Kekse zu akzeptablen Preisen. Jetzt auch Burger und Fish'n'Chips. Mittags Lunch. Mo–Sa 7.30–20 Uhr, So ab 9 Uhr. 40 High Street. ✆ 01865/240082.

Quod Bar (21), eine Oxforder Institution, trendige Bar und Brasserie in einer ehemaligen Bank mit wohltuend schlichtem Ambiente und kleinem Garten. Ganztags geöffnet, moderne italienische Küche, Hauptgerichte £ 9.50–15.50. Sonntags 17–19 Uhr Live-Jazz. 92–94 High Street, ✆ 01865/202505; www.quod.co.uk.

News Café (14), wer sich über die neuesten Nachrichten informieren will, ist hier genau richtig. Neben Zeitungen halten zwei Fernseher die Besucher des Cafés auf dem Laufenden. Leichte Imbisse um die £ 8. Spezialität ist der Green Gunpowder Tea. 1 Ship Street. ✆ 01865/242317.

The Old Personage (1), Edelrestaurant in einem Anwesen aus dem 17. Jahrhundert. Im Sommer wird die moderne britische Küche auf der Gartenterrasse serviert. Von Juli bis Ende Sept. abends täglich BBQ, freitags mit Live-Jazz. Im Winter offener Kamin in der Lounge. Spezialität sind die Meeresfrüchte von der Insel Jersey. Auch 30 Zimmer (ab £ 175). 1 Banbury Road, ✆ 01865/310210, www.oldpersonage-hotel.co.uk.

The Turf Tavern (11), kleines und besonders verwinkeltes Studentenpub aus dem 17. Jahrhundert; gilt als das älteste Pub der Stadt und ist nicht ganz so einfach zu finden (durchfragen!). Äußerst urig eingerichtet. Um das Gebäude herum stehen Holzbänke, auf denen man gemütlich sitzen und sein Bier trinken kann. Auch günstige Pubgerichte und Salate. 4 Bath Place (an der Holywell Street); www.theturftavern.co.uk.

Al Andaluz (5), bringt spanisches Flair auf die Restaurant-Meile Little Clarendon im Stadtteil Jericho. Gutes Ambiente, leckere Tapas (Mixed Tapas £ 7.95), Mo–Do 12–15 u. 17 Uhr bis spät, Fr–Sa 12 Uhr bis spät. 10 Little Clarendon Street, ✆ 01865/516688 www.tapasoxford.co.uk. Nebenan zwei Franzosen: Café Rouge und Pierre Victoire Bistro.

The Perch (6), ein halbstündiger Spaziergang durch die Wiesenlandschaft von Port Meadow (zwischen Bahnlinie und Themse) nordwestlich des Zentrums führt Sie nach Binsey. Reetgedecktes Pub aus dem 17. Jahrhundert mit tollem Garten, im Sommer draußen Barbecues. Das Essen ist gut

(Restaurantpreise), und an Sonntagen ist es hier gerammelt voll. Binsey Village. ✆ 01865/728891; www.the-perch.co.uk.

The Bear (23), winziges, leicht angejahrtes Studentenpub (seit 1242, wenn das Schild stimmt) mit einer Krawattensammlung an Wänden und Decke. Pub Food zu mittleren Preisen, doch muss man zum Sattwerden nicht selten nachbestellen. Ecke Bear Lane, 6 Alfred Street. ✆ 01865/728164.

Freud (4), das in einer ehemaligen neoklassizistischen Kirche untergebrachte Café strahlt viel Flair aus. Besonders gepriesen werden die Pizzen. Mo, Di 11–24 Uhr, Mi–Sa 11 bis 2 Uhr. Walton Street, ✆ 01865/311171; www.freud.eu.

The King's Arms (8), kurz „The KA", oft überfüllt mit Studenten der Sorte „Papi zahlt". *Jacket Potatoe* £ 3.95, Baguettes ab £ 3.75, Pint of Bitter £ 1.50. 40 Holywell Street. ✆ 01865/242369.

O2 Academy (26), Spielstätte für Bands und Nightclub mit einer Kapazität für 1350 Leute und drei verschiedenen Veranstaltungsräumen. Als es noch das Zodiac war, haben hier Radiohead ihr Video Creep gedreht. 190 Cowley Road, ✆ 0844/4772000; www.O2academyoxford.co.uk.

Anuba und Bridge Nightclub (18), Cocktailbar, die auf den Besuch des Bridge Nightclubs einstimmen soll. Haus-DJ, viel Funkmusik, der Club hat drei Tanzflächen und viele Studentnights. 12–13 Park End Street, ✆ 01865/242044; www.bridgeoxford.co.uk. In derselben Straße gibt es weitere Bars mit DJs wie **Thirst** und **Bubbly Bar** sowie die Clubs **Kukui** (Hawaii-Thema) und **Lava & Ignite**.

No 9 Oxford (22), Bar und Club auf drei Ebenen, die oberste hat marokkanisch angehauchtes Dekor, die Musik ist Mainstream. Tgl. 22–3 Uhr. 9a High Street/Market Avenue 1, ✆ 01865/248440; www.no9oxford.com.

Westengland Karte S. 376/377

Sehenswertes

Carfax Tower: An der Kreuzung der vier wichtigsten Straßen der Stadt, High Street, Cornmarket Street, Queen Street und St Aldate's, erhebt sich der 700 Jahre alte Westturm der alten Kirche St Martin, die im 19. Jahrhundert wegen Baufälligkeit abgerissen wurde. Steigt man die knapp hundert Stufen hinauf zur Aussichtsplattform, bietet sich ein überwältigender Blick auf die Universitätsstadt. Zu jeder viertel Stunde schlagen Ritterfiguren an der Ostfassade mit einem Hämmerchen gegen zwei Glocken.

Ganzjährig tgl. 10.30–17 Uhr, im Winter bis 16 Uhr. Eintritt: £ 2, erm. £ 1.50, Kinder: £ 1.

Eine enge Wendeltreppe führt auf den Carfax Tower

Museum of Oxford: Vorbildliche Ausstellung zur Lokalgeschichte im Rathaus. Gezeigt wird, wie aus dem kleinen angelsächsischen Dorf, wo Ochsen die Ises/Upper Thames überquerten (Oxford), die Wissenshochburg Englands wurde. Eine Galerie befasst sich auch mit Oxfords berühmten Autoren. St Aldate's. Di–Sa 10–17 Uhr. Eintritt frei. Mit Audioguide; ✆ 01865/252761; www.museumofoxford.org.uk.

Ashmolean Museum: Das Museum wurde 1683 gegründet und ist damit das älteste in England. Elias Ashmole, Anwalt und Alchimist, hatte zwei Gartenbauern ihre naturhistorischen und ethnologischen Kunstobjekte katalogisieren lassen und sie dabei überredet, ihm die Sammlung zu vererben. Nach dem mysteriösen Tod der Witwe eines der Gartenbauern im Ententeich konnte er 1659 sein Erbe antreten, das er schnell erweiterte und 1677 der Universität Oxford vermachte. Die Kunst- und archäologischen Sammlungen der University of Oxford sind in dem riesigen neoklassischen Gebäude nunmehr auf fünf Etagen untergebracht, die alle zu sehen Tage in Anspruch nehmen würde. Nach jahrelanger und 61 Mio. Pfund teurer Um- und Anbauphase kann man das Museum jetzt wieder durch sein imposantes Portal betreten und gelangt in ein lichtes, von Treppen gesäumtes Atrium. Der spektakuläre Erweiterungsbau schmiegt sich als neuer Gebäudekomplex nahtlos an das alte Gebäude von 1845 an, verglaste Flure und Durchgänge verschaffen faszinierende Perspektiven. Nicht nur wurde die Ausstellungsfläche verdoppelt und um 39 Galerien für dauerhafte sowie 4 Galerien für Wechselausstellungen erweitert. Man hat auch ein neues Konzept eingeführt: „Crossing Cultures Crossing Time" heißt es und bedeutet, dass Osten und Westen, Klassik und Moderne gegenübergestellt und die Objekte nicht isoliert präsentiert, sondern als Teil einer Weltkultur verstanden werden. So schickt man den Besucher auf eine Reise durch Ideen und Gedankenwelten, Zeiten und Epochen verschiedener Zivilisationen und Kontinente. Der internationale Handel wird dabei als Triebfeder für kulturellen Fortschritt und Austausch betrachtet. Folgerichtig wird etwa die bedeutende Münzsammlung mit rund 300.000 Stücken in einer Galerie namens „Money: The Value of the Past" präsentiert. Die sehenswerten Artefakte reichen von der weltweit umfangreichsten Sammlung von Zeichnungen Raffaels bis hin zur größten Sammlung vordynastischer Kunstschätze aus Ägypten außerhalb Kairos mit einigen sehr gut erhaltenen Mumien und Sarkophagen. Ein neuer Schwerpunkt liegt auf islamischer und fernöstlicher Kunst und

Kultur. Auch britische Funde zählen zu den Schätzen, etwa eine Laterne von Guy Fawkes (der Mann, der das Parlament samt König in die Luft sprengen wollte) und die Totenmaske von Oliver Cromwell. Die Kunstausstellung setzt ihre Schwerpunkte auf italienische, französische und britische Künstler. Publikumsliebling sind die Aquarelle von William Turner. Neuerdings kann man sich aus dem Labyrinth der Kulturgüter zur Stärkung in ein wunderbares Dachrestaurant flüchten.

Beaumont Street. Di–So 10–18 Uhr. Eintritt frei; www.ashmolean.org. Restaurant: Di–Sa 10–22 Uhr, So bis 18 Uhr; ℡ 01865/553823; www.ashmoleandiningroom.com.

Modern Art Oxford: Auch dieses Museum präsentiert sich in neuem Gewande, seit der ehemalige Lieferanteneingang Teil der Ausstellungsfläche wurde und für Installationen, Filmprojektionen und als Café und Bar genutzt wird. Die ständig wechselnden Ausstellungen finden sowohl bei Fachleuten als auch bei den übrigen Besuchern viel Anerkennung. Gezeigt werden internationale Malerei, Skulpturen, Fotografien und Installationen des 20. und 21. Jahrhunderts. In dem scheunenartigen Bau stellten bereits Stars wie Jackson Pollock und Yoko Ono aus. Auch britische Künstler mit hohem Streitwert wie Tracey Emin (wurde berühmt durch die Präsentation ihres zerwühlten Bettes) und die Chapman Brüder (bekannt für nackte Puppen mit Genitalien als Nasen) sind hier zu sehen. Das Tourist Office informiert über das jeweils aktuelle Programm.

30 Pembroke Street. Di–Mi 10–17, Do–Sa bis 22 Uhr, Café und Bar bis 22 Uhr, So 12–17 Uhr, Mo geschl. Eintritt frei. www.modernartoxford.org.uk.

Museum of the History of Science: Dieses Haus war einst das erste Ashmolean Museum, was man mehr als Lehranstalt mit Laboren und Forschungseinrichtungen denn als Ausstellungshalle begreifen muss. Bei der Restaurierung 1998 wurden hier menschliche Knochenreste gefunden, die beweisen, dass trotz des kirchlichen Verbots (alle Professoren waren zwangsläufig Mitglied der anglikanischen Kirche) an Leichen (meist Hingerichteten) seziert wurde, wie shocking! Heute beherbergt das Museum eine Sammlung alter wissenschaftlicher Instrumente, wie z. B. Sonnenuhren, Mikroskope, chirurgische Instrumente und Kameras. Eine Besonderheit ist eine Tafel, die Albert Einstein so manches Mal voll gekritzelt haben dürfte.

Broad Street. Di–Fr 12–17 Uhr, Sa 10–17 Uhr, So 14–17 Uhr. Eintritt frei. www.mhs.ox.ac.uk.

Oxford Castle Unlocked: In diesem Museum in der Burg wird die tausendjährige Geschichte von Gewalt, Kerkerhaft, Hinrichtungen, Fluchtdramen und Liebesromanzen erzählt. Sie lernen lokale Berühmtheiten kennen, wie etwa Marshall William Smith, der das Gefängnis im 17. Jahrhundert so gefürchtet machte wie Caldiz, oder den Henker Jack Ketch, der zum Vorbild für alle Gefängniswärter und Henker in „Punch and Judy" wurde, dem englischen Puppentheater. Das Gefängnis wurde erst 1996 geschlossen. Vom St George's Tower (101 Stufen) hat man einen wunderbaren Blick über die Stadt, die 900 Jahre alte romanische Krypta dient auch als Ort für Veranstaltungen wie das Ghost Festival.

44–46 Oxford Castle. Tgl. 10–17 Uhr. Eintritt: £ 7.75, erm. £ 6.50, Kinder £ 5.50. Audioguide für den Gefängnisflügel. ℡ 01865/260666; info@oxfordcastleunlocked.co.uk; www.oxfordcastle unlocked.co.uk.

Oxford University Museum of Natural History: Wer etwas über die Tierwelt, etwa einen 14 Meter großen Tyrannosaurus Rex, Steine oder Mineralien erfahren möchte, komme in diesen spektakulären viktorianischen Bau mit riesigem glasüberdachtem Innenhof. Das Museum beherbergt seit 150 Jahren die wissenschaftlichen Sammlungen der Universität zu Zoologie, Entomologie, Geologie und vielem mehr

Westengland
Karte S. 376/377

aus drei Jahrhunderten. Neu ist der Bienenstock und ein Film dazu, der die Bienen beim Mittagessen beobachtet („Bees at lunch").

Parks Road (geht von der Broad Street ab), tgl. 10–17 Uhr. Eintritt frei. Audioguides. ✆ 01865/272950; www.oum.ox.ac.uk.

Pitt Rivers Museum: In diesem Museum wird die Sammlung der Universität zur Anthropologie und Archäologie gezeigt. Es ist gerade erweitert worden und umfasst rund eine halbe Million Objekte, die Gelehrte, Reisende und Missionare aus aller Welt zusammentrugen. Viele sind noch in viktorianischen Holzvitrinen ausgestellt. Zugang hat man nur über das Museum of Natural History. Das Museum soll Vorbild für den Laden in der „Diagon Alley" der Harry-Potter-Filme gewesen sein.

Parks Road, Di–So 10–16.30 Uhr, Mo 12–16.30 Uhr. Eintritt frei. Audioguides. ✆ 01865/270927; www.prm.ox.ac.uk.

Oxford University

Oxfords eigentliche Sehenswürdigkeit ist die Universität bzw. ihre 39 unabhängigen Colleges und sechs Halls, denn es gibt keinen Campus per se. Die Studenten, die diesen verschiedenen Colleges angehören und in verschiedenen Halls wohnen, teilen sich jedoch die zentrale Bibliothek sowie die Labors und besuchen die gleichen Vorlesungen. Die Colleges wählen ihre Studenten aus und weisen diesen einen Tutor zu, der als Don (vom lateinischen Dominus) bezeichnet wird. Zweimal in der Woche trifft der Student seinen Don, der ihn berät, herausfordert und sein Studium begleitet. Zu den Privilegien der Dons gehört übrigens, dass sie die einzigen sind, die die Rasenflächen der Quads betreten dürfen. Die Colleges haben ihre eigenen Bibliotheken, ihre eigenen Sportmannschaften, ihre eigenen Traditionen und finanziellen Resourcen. Sie sind relativ klein und zählen nur zwischen 100 und 500 Studenten. Auf jeden Studienplatz gab es 2010 fünf Bewerber. Was die Fachrichtungen anbelangt, ist Oxford zwar berühmt für sein Kunst-Department, jedoch belegen 40 Prozent der Studenten ein Fach in den Naturwissenschaften. Die Universität hat 19 Fakultäten. Das Studienjahr wird unterteilt in drei Terms (die Trimester heißen Michaelmas, Hilary und Trinity), und ein reguläres Studium dauert in der Regel drei, höchstens vier Jahre. Die Studiengebühr beträgt £ 3.500 pro Jahr (für manche Studiengänge etwas mehr), £ 1.000–1.200 mehr für Studenten aus der EU und £ 13–15.000 für Nicht-EU-Mitglieder. Im Herbst 2012 werden die Studiengebühren auf das zulässige Maximum von £ 9.000/Jahr angehoben. Wegen der großen Besucherströme, die den Lehrbetrieb in der Vergangenheit erheblich gestört haben, wurden mehrere Pforten für die Öffentlichkeit geschlossen. Andere Colleges haben mittlerweile festgelegte Öffnungszeiten oder sind nur für kleine Gruppen zugänglich. Im Information Centre werden die aktuellen Öffnungszeiten bekannt gegeben. Im Folgenden ein Überblick über die wichtigsten und interessantesten Colleges:

University College: Das University College (High Street, Logic Lane, nicht regulär offen für Besucher, aber der Portier lässt einen manchmal passieren, wenn man fragt) nimmt für sich in Anspruch, das älteste in Oxford zu sein. In jüngerer Zeit gelangte es zu Berühmtheit als der Ort, an dem Amerikas Ex-Präsident Bill Clinton „nicht inhalierte", während er einen Joint rauchte. Gegründet wurde es angeblich schon unter *Alfred dem Großen* im 9. Jahrhundert. Die eigentliche Stiftung fand aber erst im Jahre 1249 statt, und der heutige Bau stammt aus dem 17. Jahrhundert. Der Dichter *Percy Bysshe Shelley* besuchte das University College ein halbes Jahr lang, ehe er 1811 wegen seiner gotteslästerlichen Schrift „The Necessity of

Atheism" von der Schule verwiesen wurde. Heute erinnert eine Statue an den berühmten Schüler. Schlimmer noch trieb es der Physiker Thomas Southwell, der im 15. Jahrhundert das College of Physicians gegründet hatte. In seinem Zimmer machte er sich der Nekrophilie mit der (toten) Herzogin von Kent schuldig und wurde daraufhin in den Tower von London geworfen, wo er am Vorabend seiner Hinrichtung mysteriöserweise verstarb. Etwa 250 Meter die High Street hinunter findet man den *Botanischen Garten,* der 1621 gegründet wurde und mit neun Gewächshäusern voller Farne, Orchideen, Palmen und Kakteen aufwarten kann.

University College: Eintritt nach Genehmigung durch den Porter (eigene Diskretion). **Botanical Gardens**: Rose Lane. Mai bis Aug. tgl. 9–18 Uhr (letzter Eintritt 17.15 Uhr), Mai bis Sept. bis 17 Uhr (letzter Einlass 16.15 Uhr), im Winter nur bis 16.30 Uhr. Eintritt: £ 3.50, erm. £ 3. ✆ 01865/286690; www.botanic-garden.ox.ac.uk.

Magdalen College: Gleich gegenüber dem Botanischen Garten liegt an der High Street das Magdalen College (sprich „Modlen"), das oft als das schönste in Oxford bezeichnet wird, mit seiner riesigen Garten- und Parkanlage. Hier kann man am Fluss Cherwell entlangspazieren und dem Rotwild beim Äsen zusehen. Magdalen wurde 1458 vom Bischof von Winchester, *William Waynflete,* gegründet. Der *Glockenturm* aus dem 15. Jahrhundert ist ein Wahrzeichen der Stadt. Der Chor der Kapelle ist sehr berühmt, und während der Vorlesungszeit zieht der Abendgesang, der täglich außer montags stattfindet, viele Besucher an.

College: Okt. bis Juni tgl. 13–18 Uhr, Juli bis Sept. 12–18 Uhr. Eintritt: £ 4.50, erm. £ 3.50. www.magd.ox.ac.uk. Der **Visitor Shop** und die **Old Kitchen Bar** sind in der vorlesungsfreien Zeit von 12–17.30 für Lunches und Teas geöffnet.

Queen's College: Geht man nun wieder auf der High Street in Richtung Carfax Tower, erblickt man auf der rechten Seite (gegenüber dem University College) das Queen's College. 1340 gegründet, kann es heute prächtige Bauten aus dem 17. und 18. Jahrhundert aufweisen. Am Eingangstor steht die Statue von *Queen Caroline,* der Gattin Georgs II., die uns daran erinnern soll, dass die Königin 1000 Pfund Sterling für den Bau dieses

Magdalen College:
Hier spielte der Film „Shadowlands"

klassischen Gebäudes stiftete. Die Kapelle wurde von keinem geringeren als Sir Christopher Wren entworfen. Das College pflegt noch einige wundersame Rituale, so werden etwa die Studenten per Trompetenfanfare zum Dinner einberufen und zu jeder Weichnacht wird ein Wildschweinkopf aufgetischt. Zu Urzeiten hatte nämlich laut Annalen des Colleges ein Student ein wütendes Wildschwein erlegt, indem er ihm eine Ausgabe von Aristoteles in den Rachen warf, woran es erstickte. Leider wird einem nur im Rahmen einer Führung des Tourist Office Eintritt gewährt.

Westengland
Karte S. 376/37

Kreisrund: die Radcliff Camera

Das Herz der University: Im Dreieck von Catte Street, Broad Street und High Street liegt das sogenannte Herz der Universität. Noch bis 1320 wurde die Uni von der *St Mary's Kirche* aus geleitet (Mo–Sa 9–17 Uhr, im Juli u. Aug. bis 18 Uhr, So erst ab 12 Uhr; Turmbesteigung £ 3, erm. £ 2.50), wo alle Versammlungen und bis zum Bau des Sheldonian Theatres auch die Degree-Zeremonien stattfanden. Gönnen Sie sich hier einen Kaffee mit Blick auf die Radcliffe Camera. Erst im 15. Jahrhundert bekam die Verwaltung mit der *Divinity School* und der *Duke Humfreys Library* ihr eigenes Gebäude, und 200 Jahre später gesellten sich der Vorlesungssaal, die Laboratorien und ein extra Raum für Prüfungen hinzu. Noch einmal hundert Jahre später wurde mit der *Radcliffe Camera* die Hauptbibliothek gebaut. Alle diese Gebäude zusammen machen heute das Herz der Universität aus und sind einer der beeindruckendsten Gebäudekomplexe in England.

Bodleian Library: In der Broad Street (Parallelstraße zur High Street) befindet sich die Hauptbibliothek Oxfords. Die Bodleian Library besteht aus dem wohl meistfotografierten Gebäude, der runden Radcliffe Camera (benannt nach John Radcliffe, einem Arzt, der £ 40.000 für den Bau einer Bibliothek für seine wissenschaftlichen Bücher stiftete; Camera ist lat. für Raum, leider kein Zutritt für Besucher, da heute Leseraum) aus dem 18. Jahrhundert, der New und der Old Bodleian Library, die auch als Duke Humfrey's Library bekannt ist (hier gibt es Führungen). Sie nennt als eine der drei „Copyright"-Bibliotheken in England sage und schreibe sieben Millionen Bücher ihr Eigen. Per Gesetz gibt es hier von praktisch jedem Buch, das in England gedruckt wurde, ein Exemplar. Zugang zur Duke Humfrey's Library haben Sie über den Old School Court, in dem Sie eine Statue von Duke Humfrey finden. Dieser schenkte der Universität die ersten Manuskripte, die im ersten Stock des Gebäudes gelagert wurden. 1602 stiftete der Diplomat *Sir Thomas Bodley* der ersten öffentlichen Bibliothek im Lande rund 2000 Bücher, nachdem er von seinen Reisen durch Zentraleuropa zurückgekehrt war. Die Divinity School aus dem 15. Jahrhundert mit ihrem phantastischen gotischen Gewölbe war das erste Gebäude, das als Vorlesungssaal für die Universität gebaut wurde und beherbergte die theologische Fakultät. Damals fanden hier die Prüfungen statt, jedoch nicht als schriftliches Examen, sondern in Form eines Disputs zwischen Prüfer und Prüfling. Heute ist die Divinity School Teil der Bodleian Library.

Mo–Fr 9–17 Uhr (letzter Einlass 16.15 Uhr), Sa 9–16.30 Uhr, So 11–17 Uhr). Eintritt: £ 2. Audioguide auch auf Deutsch. www. bodley.ox.ac.uk. Führungen nur durch Duke Humfrey's Library, Mo–Sa regelmäßig ab 10.30 bis 16.30 Uhr, So ab 11 Uhr. Preis £ 6.50, nur 30-minütige Touren £ 4.50. ✆ 01865/277224; www.bodleian.ox.ac.uk, tours@bodleian.ox.ac.uk. **Divinity School**: Mo–Fr 9–17 Uhr, Sa 9–16.30 Uhr. Eintritt: £ 1.

Bath: Roman Baths und Cathedral (rn)

▲▲ Pultney Bridge in Bath (rn)
▲ Hier gab es den ersten weiblichen Bischof: Bristol Cathedral (dm)

Über den Dächern von Oxford (bv) ▲▲
Oxford: Auf zum Bootsausflug auf dem Cherwell (bv) ▲

▲▲ Lavenham: eine Reise ins Mittelalter (bv)
▲ Mit dem Segelboot durch die Norfolk Broads (vb)

Seufzerbrücke, Sheldonian Theatre und Clarendon Building: Wenn Sie durch das Great Gate, mit den Statuen Eduards VI., aus dem *Old Court* herauskommen und links gehen, blicken Sie unbedingt rechts die *New College Lane* hinunter. Sie sehen dort Oxfords *Bridge of Sigh*, die Seufzerbrücke, die zum Hertford College gehört und aus dem Jahr 1914 stammt. Immer wieder wird berichtet, dass die Brücke gesperrt wurde, damit die Studenten des Hertford College gezwungen würden mehr Treppen zu steigen, um vom alten Quad zum neuen Quad zu gelangen und dabei fitter zu werden. Völliger Unsinn: Die Brücke war durchgehend offen und man muss mehr Stufen gehen, wenn man die Brücke benutzt. Sie gelangen nun auf einen Platz mit drei auffälligen Gebäuden. Linker Hand ist die Divinity School von der anderen Seite. Achten Sie auf das Wappen mit dem aufgeschlagenen Buch über der Tür – die Universität Cambridge hat ein geschlossenes Buch im Wappen, was zu bissigen Späßen Anlass bietet. Geradeaus erhebt sich das ehrwürdige *Sheldonian Theatre*. Es wurde benannt nach Erzbischof Gilbert Sheldon, der das Geld für den Bau gab. Christopher Wren plante und erbaute es zwischen 1664 und 1668, als er hier Professor für Astronomie war. Mit den Büsten am Zaun, der das runde Gebäude umgibt, wirkt das Sheldonian wie ein römisches Theater, tatsächlich stand das Open-Air-Theater des Marcellus in Rom für den Entwurf Pate. Auch heute noch werden hier die feierlichen Zeugnisübergaben zelebriert und akademische Grade verliehen, übrigens nach wie vor in lateinischer Sprache – und auf den legendär unbequemsten Sitzen des Landes! Die Zeremonie heißt im Volksmund „bible bashing" (Bibelklatschen), da der Vizekanzler dem in Talar und Barett gekleideten Absolventen den akademischen „Ritterschlag" mit der Bibel auf den Scholarenhut verpasst. Danach erst darf man sich im neuen Talar des Bachelor, Master oder Doctor präsentieren. Während im jährlich im Juni stattfindenden *Encaenia* oder *Commemoration* (dem Treffen der Gründer und Mäzene, bei dem Preise und Titel vergeben werden) prozessiert eine Schar von Studenten und Professoren in pompösen Gewändern durch die Straßen Oxfords zum Sheldonian – ein Ereignis, das man sich nicht entgehen lassen sollte. Vom Dach hat man eine grandiose Aussicht über die Stadt. Die Kuppel schmückt das berühmte Deckengemälde von Robert Streeter, Hofmaler Karls II., in welchem Religion, Kunst und Wissenschaft über Neid, Unwissenheit, Hass und Missgunst triumphieren. Auf der rechten Seite befindet sich die klassische Fassade des Clarendon Buildings mit den Statuen der neun Musen davor. Es wurde für die *Oxford University Press* gebaut (Herausgeber des berühmten Lexikons *Oxford English Dictionary*) und dient heute als Einschreibbüro für die Immatrikulation der Studenten.

Sheldonian Theatre: Mo–Sa 10–12.30 Uhr und 14–16.30 Uhr, Juli u. Aug auch So 10.30–15.30 Uhr, im Winter bis 15.30 Uhr. Weihnachten und Ostern 10 Tage geschlossen. Eintritt: £ 2.50, erm. £ 1.50. www.sheldon.ox.ac.uk.

Balliol College: Das Balliol College (Kreuzung Broad Street und Magdalen Street) stammt aus den Sechzigerjahren des 13. Jahrhunderts und war über 300 Jahre Schülern aus ärmeren Verhältnissen vorbehalten. Das College mit dem viktorianischen Äußeren mauserte sich im 19. Jahrhundert zu einer der bedeutendsten Lehranstalten. Berühmte Studenten waren der Dichter *Matthew Arnold*, die Premierminister *Macmillan* und *Heath* sowie der Schriftsteller *Aldous Huxley*. Die Holztüren zum inneren und äußeren Hof (*quad*) tragen noch immer Schmauchspuren aus der Zeit, als hier die protestantischen Märtyrer auf dem Scheiterhaufen verbrannt wurden.

Tgl. 13–17 Uhr oder Sonnenuntergang. Eintritt: £ 1, mit Guidebook £ 2; www.balliol.ox.ac.uk.

Westengland
Karte S. 376/377

Nach venezianischem Vorbild: die Seufzerbrücke

Trinity College: Das Trinity College in der Broad Street entstand 1555 an der Stelle, an der vorher das Durham College lag. Da Letzteres eine kirchliche Institution war, fiel es den Plünderungen unter Heinrich VIII. zum Opfer. Trinity und Balliol pflegen eine hitzige Feindschaft, die sich in absurden praktischen Schikanen der Studenten untereinander äußert.
Mo–Fr 10–12 und 14–16 Uhr, Wochenende 14–16 Uhr, in den Semesterferien 10–12 u. 14–16 Uhr. Eintritt: £ 2, erm. £ 1 (mit Buch); www.trinity.ox.ac.uk.

New College: Nachdem die Pest im 14. Jahrhundert viele Opfer gefordert hatte, glaubte der Bischof von Winchester, William of Wykeham, die Ausbildung der Jugend fördern zu müssen, um ausreichend Staatsmänner und Kirchendiener hervorzubringen. 1379 gegründet, ist das New College in der New College Lane die erste Viereckanlage, die um einen Innenhof gebaut wurde. Bis 1854 wurden hier nur Studenten aus Winchester zugelassen. In der Kapelle sind die Lazarus-Statue von Jacob Epstein und eine Gedenktafel für drei deutsche Mitglieder der Schule, die im Krieg gefallen sind, zu sehen. Außerdem bestechen die farbigen Glasfenster aus dem 14. Jahrhundert. Der hübsche Park wird an zwei Seiten von der alten Stadtmauer mit fünf Bastionen eingerahmt. Über die New College Lane zum Hertford College führt Oxfords ureigene Seufzerbrücke (Bridge of Sighs), eine Kopie des berühmten venezianischen Originals aus dem 19. Jahrhundert.
April bis Okt. tgl. 11–17 Uhr (College Gate), Nov. bis März 14–16 Uhr (Holywell Gate). Eintritt: £ 2, erm. £ 1.50, im Winter frei; www.new.ox.ac.uk.

Christ Church College: Vom Carfax Tower geht es nun wieder die St Aldate's in südliche Richtung. Auf der linken Seite steht das wohl herrschaftlichste College – Christ Church. Kardinal Wolsey gründete 1525 diese Schule unter dem Namen Cardinal College, Heinrich VIII. machte daraus im Jahr 1546 nach dem Sturz des Lordkanzlers Christ Church. Es gehört zu den größten Colleges, verzichtet aber auf den Titel College und heißt allgemein „The House". Die *Christ Church Chapel* ist gleichzeitig Oxfords Kathedrale und die kleinste von England. Schon im 8. Jahrhundert stand hier ein Nonnenkloster für St Friedeswide, die Oxfords Schutzheilige ist und in der Kathedrale begraben liegt. Der Legende nach machte ihr der König ein Heiratsangebot, doch sie wollte Nonne werden und flüchtete nach Oxford. Als der König die Stadt erreichte, erblindete er, bat um Vergebung und gab ihr widerwillig die Freiheit. Wundersamer Weise konnte er kurz darauf wieder sehen und Friedeswide baute ihr Kloster, wo heute die Kathdrale steht. In der Mitte des Colleges befindet sich Tom Quad, der größte Innenhof in Oxford. Über dem Eingangstor thront der sog. *Tom Tower,* ein Werk von Sir Christopher Wren. Oben im Turm hängt die sieben Tonnen schwere „Great Tom" (1680 gegossen). Jeden Abend um 21.05 Uhr läutet sie 101 Mal im Andenken an die ursprünglich 101 Christ-Church-Studenten. Früher wurden nach dem Läuten die Tore aller Colleges geschlossen, und wer zu spät kam, musste bezahlen.

Wenn Harry Potter auf Alice im Wunderland trifft

Nein, die Autorin J. K. Rowling hat nicht in Oxford, sondern in Exeter studiert. Seitdem sie jedoch verfügte, dass ihre Harry Potter Bücher in einheimischen, sprich britischen Gefilden verfilmt werden sollten, wandeln immer mehr Touristen auf den Spuren des so abgöttisch verehrten Kinohelden. Bislang zog es jüngere Leseratten vor allem nach Oxford, um in Alices Wunderland abzutauchen, deren Schöpfer Lewis Carroll unter seinem richtigen Namen Charles Lutwidge Dodgson am Christ Church erst Mathematik studierte und es dann hier unterrichtete. Der gehemmte Stotterer freundete sich mit der kleinen Tochter des Dekans von Christ Church an, Alice Lidell, für die er immer phantastischere Geschichten erfand. Seit jedoch 2001 in Oxford erstmals Teile von Harry Potter gedreht wurden, kann sich das College, das in zahlreichen Filmszenen die Schule Hogwarts darstellt, über erstaunliche 40 Prozent mehr Besucher freuen. Diese schreiten – immer der Magie auf der Spur – andächtig durch den mittelalterlichen Speisesaal, die große Halle, wo u. a. die Aufteilung der Neuankömmlinge auf ihre jeweiligen Internatshäuser stattfand. Der Tudorsaal wurde letztendlich im Studio nachgebaut, um die Dreharbeiten zu vereinfachen. Als Hintergrund für die Szene, in der Mrs McGonagall die neuen Zauberlehrlinge begrüßt, diente der Treppenaufgang des ehrwürdigen Colleges und in der Bibliothek kriecht Harry unter seinen magischen Mantel, der ihn unsichtbar macht.

Auch außerhalb von Christ Church kommen weitere Oxforder Sehenswürdigkeiten in den Harry Potter Filmen vor: So stellt die Divinity School mit ihren Deckenmotiven von Bestien und biblischen Szenen Hogwarts Sanatorium dar und Duke Humfrey's Library verwandelt sich in die Bibliothek von Hogwarts, in deren 80 Meilen Bücherreihen vor allem Hermione die Antworten auf viele knifflige Fragen findet. Die Darstellerin der Hermione Granger stammt übrigens auch aus Oxford. Emma Watson heißt sie und besteht darauf, dass sie im wirklichen Leben gar kein „academiacentric" sei (huch, wirklich nicht?) und ihre Nase nur ungern in Bücher stecke. Trotzdem machte sie ein Spitzen-Abi und studiert derzeit Literatur an der Brown University in den USA.

Westengland
Karte S. 376/377

Über den Tom Quad geht's zum Speisesaal aus Harry Potter

Der großartige mittelalterliche Speisesaal von 1529 im Tom Quad hat historische Zeiten erlebt. Hier hielt Karl I. sein Parlament ab, hier verfolgte Elizabeth I. eine Theateraufführung, und hier kam Charlie Chaplin zum Dinner. Noch immer speisen in dem Saal die Studenten, weshalb er während der Essenszeiten für die Öffentlichkeit geschlossen ist. Sehenswert sind die Porträts berühmter Mitglieder des Colleges, darunter Heinrich VIII., John Locke, der wegen Aufruhr relegiert wurde, und William Penn, dem Gründer von Pennsylvania. Außerdem hängen hier die Porträts vieler Premierminister und natürlich eines von Charles L. Dodgson, der hier Professor für Mathematik war und unter dem Pseudonym Lewis Carroll „Alice im Wunderland" schrieb (siehe Kasten).

Mo–Sa ᴸ–17.30 Uhr, So 13–17.30 Uhr (letzter Einlass ⁻6.30 Uhr, Christ Church Cathedral schließt schon um 16.30 Uhr). Eintritt: £ 6, erm. £ 4.50. www.chch.ox.ac.uk.

Christ Church Picture Gallery: In der Galerie am Canterbury Quad kann man die Bilder einiger europäischer Maler bestaunen, darunter Werke von Leonardo da Vinci, Tizian, Tintoretto oder van Dyck. Wer nur in die Galerie will, sollte das College über die Oriel Street betreten.

Ostern bis Sept. Mo–Sa 10.30–17 Uhr, So 14–17.00 Uhr. Okt.–April Mo–Sa 10.30–13 Uhr und 14–16.30 Uhr, So nur 14–16.30 Uhr Eintritt: £ 3, erm. £ 2.

Ausflug nach Woodstock zum Blenheim Palace

Busse fahren vom Busbahnhof Oxford in das 15 Kilometer nördlich gelegene hübsche Dorf mit vielen Pubs, Cafés und Boutiquen. Eigentliche Attraktion ist aber der *Blenheim Palace*, Zuhause des 11. Herzogs von Marlborough und Geburtsort von Winston Churchill. Dessen Urahn John Churchill besiegte die Truppen Ludwigs XIV. in Blenheim im Jahre 1704. Von Queen Anne bekam er zum Dank diesen sehenswerten Barockpalast mit rund 200 Räumen geschenkt, der von einer weitläufigen Parkanlage mit einem kleinen See umgeben ist. Auf dem See kann man Boot fahren, mit der Miniatureisenbahn kann man durch den Park zuckeln oder man kann das Schmetterlingshaus besuchen. Es handelt sich übrigens um Englands einzigen Palast, der nicht von einem Mitglied des Königshauses bewohnt ist. Hauptattraktion von **Blenheim** ist unangefochten die Garderobe, in der der spätere Premierminister das Licht der Welt erblickte. Als Winstons hochschwangere Mutter 1874 an einer festlichen Veranstaltung in dem herrschaftlichen Haus teilnahm, traten plötzlich sechs Wochen vor dem errechneten Termin die Wehen ein.

Mitte Febr. bis Okt. tgl. 10.30–17.30 Uhr, im Winter Mi–So. Der Park ist ganzjährig 9–16.45 Uhr geöffnet. Eintritt: Palast und Park £ 18, erm. £ 14.50, Kinder £ 10; nur Park £ 10.30 bzw. £ 7.70 und für Kinder £ 5.

Imposantes Tudor-Torhaus: Layer Marney Towers

Ostengland

Essex – Suffolk – Norfolk – Cambridgeshire

Wer von London aus Ostengland bereist, fährt zunächst durch die Grafschaft Essex. Anfänglich wirken die Ortschaften noch wie Vororte von London, ehe sich immer mehr Wiesenlandschaft ausbreitet. In den 1980er-Jahren dehnte sich der Großraum London nach Osten aus. East Anglia, bestehend aus Essex, Suffolk und Norfolk sowie östlichen Teilen von Cambridgeshire, wurde interessant als Wohngebiet für Pendler, die in London arbeiteten.

Zug um Zug siedelten sich auch neue Unternehmen der Computerbranche entlang der Verkehrsachsen an, und die Häfen in Harwich und Felixstowe wurden ausgebaut. Das hatte zur Folge, dass von allen Regionen Großbritanniens East Anglia das höchste Bevölkerungswachstum, eine der höchsten Hauspreise und die niedrigste Arbeitslosenzahl verzeichnet. Die Region wird mehr und mehr zum Auffangbecken der Hauptstadt. Vom ersten Eindruck sollte man sich jedoch nicht täuschen lassen, denn East Anglia ist reich an Geschichte und hat viele der typischen Merkmale Englands, die Besucher der Insel so schätzen: Abteiruinen, mittelalterliche Pfarrkirchen, lauschige Bilderbuchdörfer, wilde Küsten und Marschland, urige Pubs und moderne Küche.

Das flache Land mit der vom Festland gut zugänglichen Küstenregion war bereits für die Römer interessant, denen sich die einheimischen Stämme unter Boadicea im Jahre 61 u. Z. widersetzten (→ Kasten „Der Aufstand der Iceni" auf S. 416). Im 6. Jahrhundert fielen von Dänemark aus die Angeln ein und gründeten das aus *Suffolk* (das Land des Südvolkes) und *Norfolk* (das Land des Nordvolkes) bestehende

Königreich *East Anglia.* Aus dieser Zeit stammt das Schiffswrack Sutton Hoo, das im Jahre 1939 hier gefunden wurde. Mit seinen unglaublichen Schätzen gab es Aufschluss darüber, wie gut die Könige von East Anglia damals zu leben wussten. Auch im Mittelalter ging es der Region blendend, wurde hier doch hauptsächlich Schafzucht betrieben, was zu einer kurzen Blüte der Textilindustrie und einem regen Handel mit den Niederlanden führte. Der holländische Einfluss ist noch immer in den von ihnen gebauten Abwasserkanälen, den Windmühlen und der Architektur zu erkennen. Die Wollstädtchen Lavenham, Long Melford, Saffron Walden und Dedham mit ihren enormen Kirchen zeugen vom unglaublichen Reichtum dieser Zeit. Norwich war über vier Jahrhunderte sogar die bedeutendste Weberstadt Englands. Mit der Industriellen Revolution verlagerte sich die Woll- und Tuchherstellung jedoch in den Nordwesten Englands, wo in riesigen Mühlen mit Calicowolle aus Indien für den europäischen und amerikanischen Markt produziert wurde. Die Böden sind fruchtbar und das Klima verhältnismäßig sonnig, und so wurden die Haupteinnahmequelle der Region dann landwirtschaftliche Produkte wie Weizen und Rüben. Noch heute wird ein Großteil des Weizenbedarfs der Insel von hier aus gedeckt. Dreiviertel aller Zuckerrüben und mehr als die Hälfte des britischen Gemüses werden in East Anglia geerntet. Im Zweiten Weltkrieg wurden die weitläufigen Felder allerdings für andere Zwecke genutzt: Die Alliierten errichteten hier über 700 Start- und Landebahnen für die Luftwaffe, und noch immer behaupten die Amerikaner hier ihre größte Militärpräsenz in Europa. Viele Teile East Anglias haben sich bis heute eine ländliche Ursprünglichkeit bewahrt. Die Region hat keine Großstädte, keine Schwerindustrie und keine Bodenschätze. Sie ist geologisch ein junges Land, und ihre Landschaft wird vom Wasser geprägt: den Marschen der Küste, den Gezeitenmündungen der Flüsse, den Torfseen der Broads und den einstigen Sümpfen der Fens. Auch die Reste der großen Wälder von Essex gehören zur Vielfalt dieser Landschaft.

Weil es keine Autobahnen und nur wenige Brücken gibt, haben sich viele Ortschaften ihre Eigenarten und den Anstrich einer unbeschwerten Vergangenheit bewahrt. So sprechen hier viele Einwohner noch immer mit einem ausgeprägten „Naarfuuk"-Akzent. Besondere Merkmale der Region sind die großartigen Herrenhäuser, die meist für Besucher geöffnet sind. Die meisten Landsitze warten mit beeindruckenden Park- und Gartenanlagen sowie eigenen Cafés auf, so dass sich ein Besuch wunderbar mit einer Gartenbesichtigung und einer englischen Teestunde kombinieren lässt.

Hauptanziehungspunkt der Region Essex ist *Colchester,* sehr wahrscheinlich die älteste englische Stadt. Von hier aus ist es nicht mehr weit zu den kleineren Badeorten *Clacton, Frinton* und *Walton,* die in England als „Sunshine Holiday Coast" vermarktet werden. Die badefreudigen Massen aus London hingegen strömen am Wochenende gerne ins nur 80 Kilometer entfernte *Southend-on-Sea,* einem der lautesten „Fun-by-the-Sea"-Seebäder, wo sich die Besucher in den für England so klassischen „Amusement-Arkaden" und billigen Nachtclubs unterhalten lassen.

Die flache Landschaft bietet sich auch zum Radfahren, Reiten und Wandern an. Das Tal des Flusses Stour an der Grenze zu Suffolk ist als „Constable Country" bekannt. Der englische Landschaftsmaler John Constable (1776–1837) stammte aus dieser Gegend (East Bergholt) und schuf hier einige seiner bekanntesten Werke. Auch der Maler Thomas Gainsborough verewigte die leicht hügelige Landschaft in vielen Gemälden, er stammte aus Sudbury. Rund um Sudbury finden sich viele mit-

telalterliche Städtchen, deren Fachwerk- und Backsteinhäuschen in einer Zeit entstanden, als die Textilindustrie für Wohlstand sorgte.

In der nördlichen Küstenregion in der Grafschaft Norfolk findet man keine großen Industrieanlagen und nur wenige größere Städte. Die *Broads*, eine durch Torfabbau entstandene und geschützte Seen- und Flusslandschaft östlich von Norwich, sind ein beliebtes Feriengebiet, ebenso die Küste von Great Yarmouth bis Cromer. Die Hauptstadt der Grafschaft und Bischofsstadt *Norwich* nennt nicht nur die Kathedrale mit dem zweithöchsten Turm Englands ihr Eigen, sondern kann noch viele andere mittelalterliche Kirchen aufweisen.

Eine der eindrucksvollsten und größten Kathedralen Englands steht in *Peterborough*, einer modernen Einkaufs- und Industriestadt. Sie gehört bereits zur Grafschaft Cambridgeshire, die im Westen hauptsächlich aus Marschland, den *Fens*, besteht, die jahrhundertelang unzugänglich waren und schließlich durch Kanäle trockengelegt wurden, um Ackerland zu gewinnen. Während der Norden dieser Grafschaft völlig flach ist, steigen im Süden fast unmerklich die *Gogmagog Hills* an mit ihrer höchsten Erhebung, dem *Great Chishill*. Die meisten Besucher kann ohne

Zweifel die Universitätsstadt *Cambridge* verbuchen, die seit Jahrhunderten Brutstätte wegweisender technologischer und intellektueller Errungenschaften ist. Aber auch die historische Stadt *Ely* nördlich von Cambridge ist einen Besuch wert. Schon aus der Ferne kann man die Silhouette der schönen Kathedrale ausmachen.

Grafschaft Essex

Im Süden die Themse-Mündung, im Norden der Stour, im Westen der Fluss Lea: Essex ist eine Grafschaft, die viele Reisende buchstäblich links liegen lassen, eine Pufferzone zwischen London und dem „eigentlichen" East Anglia.

Schon Charles Dickens nannte Essex im 19. Jahrhundert „London-over-the-border". Hier hatten Könige ihre Landschlösser und Londoner ihre Wochenend- und Ferienhütten. Dabei wird übersehen, dass der größere Teil des Landes ländlich geblieben ist. Zu verdanken ist dies unter anderem dem „Metropolitan Green Belt" um die Hauptstadt herum, der nicht bebaut werden darf. Essex ist eine dynamische Grafschaft, die einige Größen hervorgebracht hat, die England formten, etwa eine so eiserne und willensstarke Politikerin wie *Margaret Thatcher*, eine so erfolgreiche Pop-Prinzessin wie das Spice Girl *Victoria Beckham* und so coole Bands wie *The Prodigy* und *Blur*. Auch *William Morris*, künstlerisches Universalgenie des 19. Jahrhunderts und Begründer der „Arts-and-Crafts"-Bewegung, die alles Handwerkliche förderte, Maschinen verabscheute und für eine humanere Gesellschaft eintrat, stammt aus der Grafschaft. Essex hat darüber hinaus mit *Colchester* Englands angeblich älteste Stadt, einige wunderschöne mittelalterliche Dörfer und viele Flecken von im wahrsten Sinne des Wortes malerischer Landschaft zu bieten.

Der Aufstand der Iceni

Als Claudius im Jahre 43 v. u. Z. vier Legionen mit 40.000 Soldaten nach Britannien schickte, konnte er bei seinem Eroberungsfeldzug auf die Unterstützung einiger britischer Stämme zählen. So verbündeten sich die in Norfolk ansässigen Iceni mit den Invasoren. Doch auch von ihnen verlangten die Römer später, die Waffen niederzulegen. Die Iceni weigerten sich, und die Römer reagierten mit Gewalt. Nachdem das Oberhaupt der Iceni, Prasutagus, gestorben war, konfiszierten die Römer fast den gesamten Besitz des Stammes, um die Iceni und die Trinovantes zu loyalen Untertanen des Kaiserreiches zu machen. Als Prasutagus' Gemahlin Boudicca (lat. Boadicea) sich dagegen verwehrte, ließen die Römer sie verprügeln und vergewaltigten ihre Töchter. Im Gegenzug organisierte die tapfere Königin im Jahr 61 u. Z. eine Rebellion gegen die Besatzer in den südlichen Regionen Britanniens. Sie zerstörte die römische Hauptstadt Camulodunum (Colchester), verwüstete Londinium (London) und Verulamium (St Albans). Überlieferungen zufolge forderten die Überfälle mehr als 70.000 Menschenleben. Schließlich wurden die Rebellen von der römischen Armee geschlagen, und Boudicca beging Selbstmord. Eine moderne Skulpur Boudiccas steht im Kreisverkehr vor dem Bahnhof von Colchester, die mutige Dame schmückt außerdem die Westminster Bridge in London.

Reger Verkehr auf dem Blackwater

Colchester

Colchester beansprucht für sich, die älteste Stadt Englands zu sein. Und tatsächlich ist eine Siedlung schon für das 5. Jahrhundert v. u. z. nachzuweisen, als der Führer des keltischen Stammes der Trinovantes (Cunobelin, bei Shakespeare Cymbeline) hier eine Festung errichtete. Die Römer wählten die prosperierende Stadt Camulodunum zur Hauptstadt der Provinz Britannien. Von hier aus starteten sie ihre Eroberung der Insel.

Die römische Vergangenheit der Stadt am Fluss Colne ist allgegenwärtig; Die schachbrettartige Straßenführung und die Stadtmauer stammen aus dieser Zeit. Letztere gehört zu den ältesten ihrer Art in England und wurde nach den Übergriffen Boadiceas (der britischen Jeanne d'Arc, siehe Kasten) in den Jahren 65–80 u. Z. angelegt. Die gesamte Stadtgeschichte wird im hiesigen Museum dokumentiert, das in der normannischen Burg untergebracht ist. Diese Burg wurde von Wilhelm dem Eroberer im 11. Jahrhundert über den Ruinen eines römischen Tempels erbaut. Um 1189 erhielt Colchester die Stadtrechte. 1565 kam es zu einer Einwanderungswelle religiöser Flüchtlinge aus Holland und Flandern, die der Textilindustrie zum Aufschwung verhalfen und die Blumenzucht als neuen Gewerbezweig mit in ihre neue Heimat brachten. Während des englischen Bürgerkrieges wurde Colchester im Jahr 1648 von den Parlamentariern belagert. Innerhalb der Stadtmauern brach eine große Hungersnot aus, und nach elf langen Wochen musste man sich ergeben. Das *Siege House* am East Hill trägt noch heute die Zeichen der Kämpfe: Wer genau hinschaut, erkennt 17 Einschusslöcher an der Westfassade. Die meisten Besucher kommen allerdings zum Siege Haus, um hier zu essen.

Heute präsentiert sich Colchester, das als England schnellstwachsende Stadt auf 156.000 Einwohner angeschwollen ist, von seiner modernen Seite, und die ist im

Ostengland Karte S. 415

Zuge eines 15-jährigen Regenerierungsprogrammes gar nicht so unattraktiv. Culver Street, Sir Isaak's Walk, Lion Walk und Trinity Street heißen die verkehrsberuhigten Einkaufsstraßen: links und rechts zwei- bis dreigeschossige Läden, dazwischen immer mal wieder historische Fachwerkhäuser, von denen die meisten Pubs oder Tearooms beherbergen. Bei einem Cream Tea lässt sich das geschäftige Treiben am besten beobachten. Ganz so verschlafen wie es tut ist Colchester nicht: Sowohl Leadsänger Damon Alberg als auch Gitarrist Graham Coxon von *Blur* stammen aus der Stadt. Auch Jay Kay, Frontmann von *Jamiroquai*, wuchs hier in bescheidenen Verhältnissen auf. Der 40 Millionen Pfund schwere Acid-Jazz-Star ist allerdings inzwischen in einen Landsitz in Buckinghamshire mit elf Schlafzimmern, eigenem Aufnahmestudio, gut zwei Dutzend Sportwagen und einem Hubschrauber samt Landeplatz umgezogen.

*I*nformation/*V*erbindungen/*D*iverses

• *Information* **Visitor Information Centre**, 1 Queen Street, Colchester, Essex CO1 2PG, ☎ 01206/282920, 🖷 01206/282924. Nicht weit entfernt vom Castle. Das Tourist Office organisiert auch Führungen. Außerdem gibt es verschiedene Prospekte zu thematischen Spaziergängen, etwa dem „Painter's Trail" durch das Dedham Vale. vic@colchester.gov.uk. www.visitcolchester.com.

• *Verbindungen* **Bus** – Derzeit operieren die Busse von einem temporären Busbahnhof (☎ 01206/282888) in der Queen Street (hinter der Touristeninformation). Das National Express Büro befindet sich ebenfalls in der Queen Street, Information und Buchung über die überregionale Rufnummer ☎ 08717/818181. Busse verkehren häufiger über Stansted Airport (3 ½ Std.) als direkt (2 ½ Std.). **Zug** – Colchester hat zwei Bahnhöfe. Die Main Line Station (North Station), Station Way, liegt ca. 1,5 Kilometer nördlich des Zentrums (Bus 2B). Hier fahren die Züge von London (50 Min.) und Harwich (30 Min.) ein. Die Town Station, Magdalen Street, ist der Bahnhof für Züge in die Seebäder wie Clacton und Frinton sowie Harwich.

• *Stadtführungen* Juli–Aug. tgl. 11.30 Uhr, So 14 Uhr; sonst nur Sa 11.30 Uhr vom **Tourist Office** aus (Dauer: ca. 1,5 Std., www. colchesterwhatson.co.uk); £ 3, Kinder £ 2. **Open-Top-Busse** fahren 2-mal am Tag (11.15 u. 14.15 Uhr ab North Station) von

Mitte Juli bis Sept. und in anderen Schulferien, £ 7.50, erm. £ 6.50, Kinder £ 3.

• *Einkaufen* Südlich der High Street im **Culver Square Shopping Centre** sowie im **Lion Walk Shopping Centre**. Außerdem **William & Griffin**, unabhängiges Kaufhaus mit berühmter, animierter Schaufensterdeko zu Weihnachten.

Waterstone's Booksellers, Culver Precinct; gut bestückter Buchladen mit vielen englischen Romanen (Penguin Edition, Taschenbuch).

• *Markt* Freitags u. samstags in der Culver Street West und den umliegenden Straßen. Erster Freitag des Monats Farmers Market am Arts Centre.

• *Fahrradfahren* **Colchester Bike Hire**, £ 10/Tag, £ 17.50 für das Wochenende. Kostenlose Lieferung/Abholung zum/vom Hotel. North Railway Station, ☎ 01206/521312; www.bikehirecolchester.co.uk. Ausgewiesene Fahrradrouten: **Painter's Trail**, 69 Meilen lange Strecke mit malerischen Ansichten. **Viewfinder Trail**, 17 Meilen rund um Colchester. Die entsprechenden Karten gibt es in der Touristeninformation oder http://colchester.cyclestreets.net.

• *Post* 69–70 North Hill Ecke High Street.

• *Weinprobe* **Carter's Vineyard**, Green Lane, Boxted, Video, Tour durch den Weinberg und Verkostung von fünf Weinen für £ 4, Ostern bis Ende Okt. tgl. 11–17 Uhr, ☎ 01206/271136. www.cartersvineyards.co.uk.

*K*ultur/*V*eranstaltungen/*S*port

• *Kino* **Odeon Film Centre**, 8 Leinwände. Head Street, ☎ 0871/2244007; www.odeon. co.uk.

• *Ausstellungen/Konzerte/Theater* Colchester hat 4 Museen, 4 Theater und zahlreiche Galerien. **Charter Hall** ist der größte Veran-

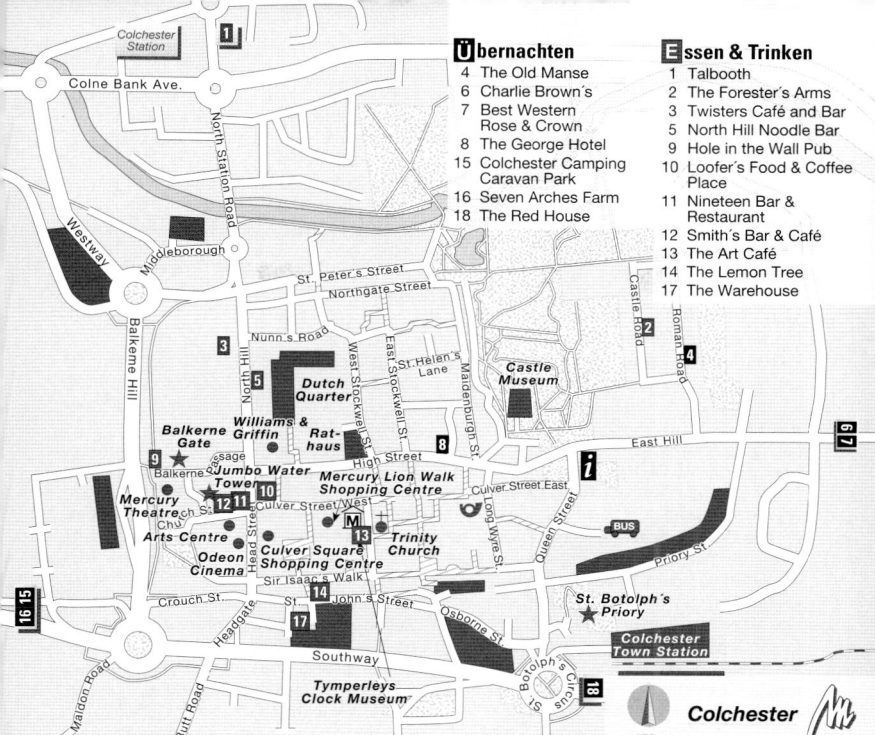

staltungsort für Ausstellungen, klassische Konzerte und Rockkonzerte sowie Stand-up-Comedians. Cowdray Avenue, ℅ 01206/282020; charterhall.boxoffice@colchester.gov.uk. www.charter-hall.co.uk.

Colchester Arts Centre, gleich neben dem Balkerne Gate. Ehemalige viktorianische Kirche, in der heute Tanz- und Theaterauf-führungen, aber auch Rock-, Folk- und Jazz-Konzerte stattfinden. St-Mary-at-the-Wall, Church Street, ℅ 01206/500900; info@colchesterartscentre.com. www.colchesterartscentre.com. Ganz in der Nähe befindet sich das **Mercury Theatre**. Es bietet ein vielseitiges Programm an eigenen Produk-tionen und Gastspielen, viele klassische Dramen. Balkerne Gate, ℅ 01206/573948, www.mercurytheatre.co.uk.

Auch die **Lakeside Theatre & University Gallery** der hiesigen Universität, Wivenhoe Park, bietet ein interessantes Programm sowie Ausstellungen. ℅ 01206/873261. arts@essex.ac.uk.

Zeitgenössische Kunst wird im futuristi-schen Neubau von **firstsite:newsite** im Stadtteil St Botolph's ein Zuhause finden (Eröffnung vorauss. Herbst 2011). In Partner-schaft mit der Tate Gallery werden hier auf 3200 m^2 Ausstellungen britischer Künstler wie Antony Gormely, Bridget Riley oder Tracey Emin neben lokalen und internatio-nalen Künstlern zu sehen sein, vor allem aus der Lateinamerika-Sammlung der Es-sex Universität. 4–6 Short Wyre Street, Mo–Sa 9.30–17 Uhr, ℅ 01206/577067; info@firstsite.uk.net, www.firstsite.uk.net.

● *Veranstaltungen* **Austern Festival:** Alljähr-lich findet Anfang September auf der Insel Mersea ein Seafood Festival statt und um den 20. Oktober wird das Oyster Feast zele-briert. Seit 1186 werden im Fluss Colne Aus-tern gezüchtet. Zur Ernte rudern der Bür-germeister und Honoratioren der Stadt mit dem Boot hinaus, verlesen eine Proklama-tion, toasten der Königin mit Gin und Gin-gerbread zu und ernten symbolisch die erste Auster. Teilnahme leider nur auf Einla-dung. Bei der Colchester Oyster Fishery kann man Austern, Hummer und Krabben zum Fabrikpreis kaufen, North Farm, East

Mersea. ℘ 01206/384141; www.colchester oysterfishery.com. Für alle offen ist das **Medieval Festival & Oyster Fayre**, ein Mittelalterspektakel Anfang Juni im Castle Park.

• *Fitness* **Colchester Leisure World**, Fitness-Center mit modernem großen Schwimmbad sowie den Aqua Springs mit Sauna und Dampfbädern. Cowdray Avenue, ℘ 01206/282000; www.colchesterleisureworld.co.uk.

Übernachten (siehe Karte S. 419)

Colchester bietet eine große Auswahl an Unterkünften in allen Preislagen. Die Touristeninformation verfügt über ausführliche Informationen. Viele B & Bs finden sich in der Roman Road, einer Straße mit hübschen Häusern, die an der Stadtmauer entlangführt.

*** Best Western Rose and Crown (7), das im 15. Jahrhundert erbaute Fachwerkhaus wurde erst kürzlich modernisiert und bietet nun sogar einen Schönheitssalon. Übernachtung und Frühstück unter der Woche EZ £ 50–80, DZ 60–110. East Gates Street, ℘ 01206/866677, ℡ 01206/866616, www.rose-and-crown.com.

*** The George Hotel (8), zum Qualitätshotel in zentralster Lage umgebautes Coaching Inn aus dem 16. Jahrhundert. Es gibt 45 Zimmer, einige davon sind klimatisiert, und einen Hof mit Gartenmöbeln. Das Restaurant ist im Brasseriestil gehalten. Unter der Woche EZ ab £ 60, DZ £ 70–120, am Wochenende billiger. 116 High Street, CO1 1TD, ℘ 01206/578494, ℡ 01206/761732, www.oxfordhotelsandinns.com/OurHotels/TheGeorgeHotel.

The Old Manse (4), viktorianisches B & B in der Nähe des Castle Park. Nur ein paar Schritte bis zum Castle, Leisure World und dem Stadtzentrum. B & B im DZ £ 68–78. 15 Roman Road, CO1 1UR; ℘ 01206/545154, ℡ 01206/545153, www.theoldmanse.uk.com.

The Red House (18), zentral gelegenes, großes viktorianisches Haus mit drei Zimmern, alle en suite, Lounge mit Kamin.

B & B im DZ £ 70, EZ £ 40. 29 Wimpole Road, CO1 2DL, ℘ 01206/509005, ℡ 01206/500311, www.smoothhound.co.uk/hotels/theredhousebandb.html.

Charlie Brown's (6), urige, aber ultra-moderne und luxiriöse Unterkunft in einem Stadthäuschen aus dem 14. Jahrhundert mit nur 3 Zimmern, auf Wunsch Himmelbett. 10 Minuten Fußweg zum Zentrum. EZ £ 35–50, DZ £ 55–65. 60 East Street, CO1 2TS, ℘ 01206/517541, www.charliebrownsbedandbreakfast.co.uk.

Seven Arches Farm (16), einfaches Farmhaus aus dem 18. Jahrhundert mit großem Garten. Drei Zimmer ab £ 50 inklusive reichhaltigem Frühstück. Chitts Hill, Lexden, CO3 9SX, an der A 1124, ℘ 01206/574896.

• *Camping* **Colchester Camping Caravan Park (15)**, westlich von Colchester nahe der A 121 gelegen (30 Min. zu Fuß zum Stadtzentrum oder mit Bus 5). Vom Nordbahnhof Anfahrt mit Bus 15 und 17. Gut organisierter und ausgestatteter Vier-Sterne-Zeltplatz. Wohnwagen und Zelte ab £ 7 pro Stellplatz plus £ 5 pro Person und Nacht. Cymbeline Way, Lexden, CO3 4AG, ℘ 01206/545551, ℡ 01206/710443, www.colchestercamping.co.uk.

Essen/Trinken (siehe Karte S. 419)

The Lemon Tree (14), rustikal-modernes Restaurant mit Live-Jazz, Gourmet-Nights und Themenabenden. Super Terrasse, günstiges Mittagsmenü: drei Gänge £ 10. So Ruhetag. 48 St Johns Street, CO2 7AD, ℘ 01206/767337, www.the-lemon-tree.co.uk.

The Talbooth Restaurant (1), die Spitzenküche des gleichnamigen Country House Hotels genießt einen exzellenten Ruf und bietet klassische Gerichte mit einem ausgefallenen Dreh (etwa Hasen- und Sellerie-Lasagne für £ 25.50). Sonntagabend von Juni bis Sept Barbecue am Fluss. Lunch tgl. 12–14 Uhr, Dinner 19–21.15 Uhr. Gunhill,

Dedham, CO7 6HP, ℘ 01206/323150; www.milsomhotels.com/letalbooth.

North Hill Noodle Bar (5), beliebter Chinese mit gemütlichem Ambiente, schnellem Service und günstigen Lunchtime Specials. So mittags geschl., 2 North Hill, CO1 1DZ, 01206/368889; www.northhillnoodlebar.co.uk.

Loofer's Food & Coffee Place (10), freundliches Café-Restaurant mit umfangreicher Speisenkarte für morgens, mittags und abends. 1 Culver Street West, CO1 1JG, 01206/573500; www.loofers.co.uk.

Hole in the Wall (9), Pub aus dem 17. Jh. mit nettem Biergarten. Hier trifft sich die

Jugend bei Hardrock und Bier. Balkerne Gate Passage. CO3 3AA; ✆ 01206/576392.

Smith's Bar & Café (12), Weinbar und Tearoom mit Selbstbedienung, hübsches Restaurant im Kellergewölbe; große Portionen zu kleinen Preisen. Terrasse. 2 Church Street. CO1 1NF, ✆ 01206/564000.

The Forester's Arms (2), 2010 neu dekorierter Gastro-Pub mit guter Speisenkarte. 1 Castle Road. CO1 1UW, ✆ 01206/543900.

The Art Café (13), galerieartiges kleines Café, Spitzenfrühstück und selbstgemachtes Eis. Portion Muscheln für £ 7.95. 7 Trinity Street, CO1 1JN. ✆ 01206/577775; zweites Café auf Mersea Island, 2 Coast Road, West Mersea, Mersea Island, CO5 8QE, www.islandartcafe.co.uk.

The Warehouse (17), moderne Einrichtung, traditionelles britisches Essen vom Grill, auch Fisch, vorwiegend aus dem Umland.

12 Chapel Street North/St John Street. CO2 7AT, So u. Mo Ruhetage. ✆ 01206/765656; www.thewarehousecolchester.com

Nineteen Bar & Restaurant (11), tagsüber kann man hier gut und familienfreundlich essen (Fisch von Mersea, Schwein von der Wicks Manor Farm), abends verwandelt sich das Restaurant in eine Bar/Club mit DJs. 17–19 Head Street. CO1 1NX, ✆ 01206/564977. www.barnineteen.co.uk.

Twisters Café and Bar (3), macht von außen nicht viel her, innen jedoch gestylte Einrichtung und freundliche Bedienung. Sehr beliebt bei den „locals" (den Einheimischen). Dienstags („Tuesdays at Twisters Bar") und am Wochenende gerammelt voll, da DJs auflegen. Gute Cocktails. 45 North Hill, CO1 1PY, ✆ 01206/500204. www.twistersbar.com.

Sehenswertes

Rathaus: Eindrucksvollstes Gebäude auf Colchesters *High Street*, die noch aus der römischen Zeit stammt, ist ohne Zweifel das Rathaus. Es wurde im Jahr 1902 errichtet und ist ein exzellentes Beispiel für spätviktorianische Architektur. Obenauf thront die Bronzestatue der heiligen Helena. Sie war die Tochter von Old King Cole („Old King Cole, a merry old soul", lautet ein englischer Kinderreim), dem berühmtesten König von Colchester. Helena verliebte sich in den römischen Heeresführer Constantius Chlorus. Der König schloss mit den Römern Frieden, sie konvertierte zum Christentum und wurde Mutter des ersten christlichen Kaisers in Rom, Konstantin dem Großen. Die Innenräume des Rathauses können nur nach Voranmeldung besichtigt werden (Anmeldungen für Gruppen über das Sekretariat des Bürgermeisters, ✆ 01206/282206).

Dutch Quarter: Nördlich der High Street (hinter dem Rathaus) liegt das Dutch Quarter. Hier siedelten sich im 16. Jahrhundert holländische und flämische Flüchtlinge an. Sie brachten ihre Fachkenntnisse der Webkunst nach Colchester und verhalfen der Stadt zu einem wirtschaftlichen Aufschwung. Empfehlenswert ist ein Spaziergang entlang der West und die East Sockwell Street, wo gedrungene Häuser mit spitzen Giebeln viel Atmosphäre verbreiten. Im ehemaligen Stowell Arms Pub, einem hübschen Fachwerkhaus aus dem 14. Jahrhundert, wohnte einst der Schriftsteller Daniel Defoe („Robinson Crusoe").

Colchester Castle Museum: Die informativste Einführung in die Geschichte der Stadt bietet ein Besuch der Burg. Sie liegt im Castle Park nördlich der High Street. Wilhelm der Eroberer ließ sie ein Jahrzehnt nach der Schlacht von Hastings erbauen, an der Stelle, wo zu römischer Zeit ein Tempel gestanden hatte. In diesem verbarrikadierten sich die Einwohner, als die Rebellen unter der Führung von Königin Boudicca Colchester angriffen. Es half ihnen nichts, nur zwei Tage später waren sie alle tot, insgesamt sollen 30.000 Menschen gestorben sein. Die Burg diente im Mittelalter überwiegend als Gefängnis, im 17. Jahrhundert wurden hier u. a. die Opfer der Hexenverfolgung festgehalten. Innen befindet sich ein Museum, in dem insbesondere archäologische Funde aus der römischen Besatzungszeit ausgestellt sind.

Ostengland Karte S. 415

Außerdem werden Führungen durch die unterirdischen Tunnel angeboten, und man kann eine Toga anprobieren, sich eine römische Rüstung anlegen lassen oder mittelalterliche Schuhe tragen. Auch der schöne Park selbst bietet zahlreiche Freizeitmöglichkeiten.

Mo–Sa 10–17 Uhr, So 11–17 Uhr. Führungen: 12, 13 u. 14 Uhr, März–Okt. auch 15 Uhr. £ 5.70, erm. £ 3.60. ✆ 01206/282939, www.colchestermuseums.co.uk/castle.

Tymperleys Clock Museum: Südlich der High Street locken zwei Sehenswürdigkeiten in die Trinity Street. Das Tymperleys Clock Museum ist ein ansehnliches Fachwerkhaus, das gegen Ende des 15. Jahrhunderts von William Gilbert erbaut wurde, der hier Königin Elizabeth I. mit Experimenten zur Elektrizität belustigte. Er entdeckte den Magnetismus und wurde zum Präsidenten des Royal College of Physicians ernannt. Zu bestaunen gibt es eine beachtliche Sammlung von Wand-, Stand- und Taschenuhren überwiegend aus dem 18. und 19. Jahrhundert. In einem Raum sind auch Turmuhren ausgestellt.

April bis Okt. Di–Sa 10–17 Uhr, 13–14 Uhr Mittagspause. Eintritt frei. ✆ 01206/282939; www.colchestermuseums.org.uk.

Holy Trinity Church: Auf der gegenüberliegenden Straßenseite befindet sich die aus angelsächsischer Zeit stammende Holy Trinity Church, die von 1971 bis 1973 restauriert wurde. Ihr Turm ist das älteste Gebäude der Stadt und wurde vor mehr als 1000 Jahren aus Backsteinen und Kachelresten ehemaliger römischer Häuser gebaut.

Wasserturm und Balkerne Gate: Westlich der High Street erhebt sich ein Wasserturm aus dem 19. Jahrhundert, der wegen seiner Höhe (etwa 40 Meter) auch Jumbo genannt wird (nach dem ersten afrikanischen Elefanten im Zoo von London). Der Turm hat vier massive Säulen aus einer Viertel Million Backsteinen, 369 Tonnen Stein und 142 Tonnen Eisen. Geht man die Verlängerung der High Street weiter zur Stadtmauer, kommt man zum größten erhaltenen Torweg aus römischer Zeit, dem Balkerne Gate von 200 n. Chr. Ein Stückchen weiter nistet in der Stadtmauer ein kleines Pub mit dem sprechenden Namen Hole in the Wall.

St Botolph's Priory: Südöstlich des Zentrums liegen nahe der Stadtmauer die Ruinen der St Botolph's Priory. Im 12. Jahrhundert gegründet, war dies die erste Abtei der Augustiner in England. Im Zuge der „Dissolution" Heinrichs VIII. wurde sie aufgelöst und im folgenden Bürgerkrieg zerstört.

Durchgehend geöffnet. Eintritt frei.

East Anglian Railway Museum: In einem restaurierten alten Bahnhof in Chappel, acht Kilometer westlich von Colchester, erfährt man Wissenswertes über die Eisenbahngeschichte der letzten 150 Jahre. Unter anderem wird erklärt, wie Dampfloks und wie Signale auf der Bahnstrecke funktionieren.

Tgl. 10–16.30 Uhr. £ 4, erm. £ 3.50, Kinder £ 2, an Tagen mit Veranstaltungen £ 8–12, Kinder £ 4–7. Chappel and Wakes Colne Station, CO6 2DS, ✆ 01206/242524. www.earm.co.uk.

Colchester Zoo: Der „Zoo des Jahres 2001" liegt acht Kilometer nordöstlich der Stadt und gilt als einer der besten Englands. Man kommt mit dem Eastern National Bus Nummer 74 oder 75 Richtung Tiptree hin. Die Anlage für die mehr als 200 Tierarten ist sehr modern und übersichtlich organisiert. Stars sind der einzige weiße Tiger im Lande, die künstliche Pinguin-Küste und die afrikanischen Löwen. Besonders stolz ist man auf das neue Orang-Utan- und Asienhaus.

Juli/Aug. tgl. 9.30–18.30 Uhr, Ostern bis Juni und Sept. 9.30–18 Uhr, Okt.–März 9.30–17 Uhr. £ 13.99–16.99, Kinder bis 14 £ 7.99–9.99 (je nach Saison). Maldon Road, Stanway, CO3 0SL, ✆ 01206/331292, www.colchester-zoo.com.

Umgebung von Colchester

Mersea Island: Diese östlichste bewohnte Insel Englands an der Mündung der Flüsse Blackwater und Colne ist (nur!) bei Ebbe zu Fuß über einen angelsächsischen Wallfahrtsweg zu erreichen. Vorher unbedingt die Gezeiten prüfen! Segeln, Fischen und die Austernzucht (→ S. 419f.) sind hier die Zeitvertreibe. Im kleinen Örtchen West Mersea entzücken alte Fischerkaten die Besucher, die oftmals der Appetit auf Fisch und die Meerestiere her treibt. Gut essen kann man etwa in der *Company Shed* oder der *West Mersea Oyster Bar.*

● *Informationen*   www.west-mersea.co.uk. **Company Shed**: super schlichte „Eatery", hier gibt es Meeresfrüchte pur, das Brot und den Wein müssen die Gäste selbst mitbringen. Meeresfrüchteplatte £ 8. 129 Coast Road, ✆ 01206/382700. **West Mersea**

Oyster Bar: Ebenfalls recht schlichtes Restaurant mit Terrasse am Wasser, Spezialität: Austern. Mo–Mi u. So 9–17 Uhr, Do–Sa bis 22 Uhr. Coast Road, CO5 8LT, ✆ 01206/381600; www.westmerseaoysterbar.co.uk.

Layer Marney Towers: Von Colchester aus fährt man ungefähr acht Kilometer auf der B 1022 in Richtung Maldon zu diesem sehenswerten Anwesen aus der Tudorzeit. Das höchste Torhaus in England aus dieser Zeit ist wirklich beeindruckend; u. a. kann das Gebäude zahlreiche Ornamente aus dem frühen 16. Jahrhundert im italienischen Stil aufweisen. Die normannische Familie der Marneys plante ursprünglich den Bau eines ganzen Palastes, der Hampton Court in den Schatten stellen sollte, doch die letzten Familienangehörigen verstarben, noch bevor das Gebäude fertiggestellt wurde. Im Rahmen der Turmbesteigung kann man auch ein besonders schönes Exemplar eines Puppenhauses bestaunen und sich im History Room über die Geschichte des Bauwerks informieren; oben entschädigt der grandiose Ausblick. Ebenfalls zum Anwesen gehören ein schöner Garten, ein Park mit Wildgehege und Spielplatz, einige typische landwirtschaftliche Nutztiere sowie ein hübsches Café in den ehemaligen Stallungen.

April bis Okt. tgl. außer Fr und Sa 12–17 Uhr, an nationalen Feiertagen 11–17 Uhr. £ 4, erm. £ 2.50, Familienticket £ 12. Layer Marney, CO5 9US, ✆ 01206/330784. www.layermarney tower.co.uk.

Dedham Vale: Die landschaftliche Szenerie am Ufer des Flusses Stour habe ihn zum Maler gemacht, schrieb John Constable einst an einen Freund. Es ist auch wirklich lieblich hier im Tal des Stour (sprich: Store), nordöstlich von Colchester bei Dedham, Flatford und East Bergholt, wo Constable am 11. Juni 1776 geboren wurde. Viele Motive aus seinen Gemälden lassen sich bis heute recht einfach wiederfinden. In East Bergholt stößt man auf seinen Geburtsort, in Flatford auf die Kornmühle seines Vaters (der Spaziergang entlang des Flusses Stour zwischen beiden Orten dauert ca. eine Stunde) und in den strohgedeckten Cottages neben der Brücke (Bridge Cottage) auf eine kleine Ausstellung über den Maler. Man kann sich auch auf eine einstündige Führung zu den Constable-Ausblicken mitnehmen lassen. Diese führt einen auch nach Dedham, wo in der bildhübschen High Street seine ehemalige Schule steht. Die Kirche daneben mit ihrem 40 Meter hohen Turm taucht ebenfalls auf vielen seiner Bilder auf und enthält eines seiner Gemälde. Constable malte im Freien, was zu seiner Zeit noch als revolutionär angesehen wurde, und schuf Landschaften, von denen er sagte, dass sie zu malen für ihn dasselbe sei wie sie zu fühlen. Auch der Maler Thomas Gainsborough wurde im Stour Valley geboren. Obwohl er mehr für seine Porträts berühmt ist, galt seine erste Liebe ebenfalls der Landschaftsmalerei (→ Sudbury). Dagegen zeigen die Bilder von Sir Alfred

Ostengland
Karte S. 415

Munnings fast ausschließlich Pferdestudien. Der ehemalige Präsident der Royal Academy war in Castle House in Dedham zu Hause, was heute ein kleines Museum mit Garten und Tearoom ist.

● *Information* **Tourist Information Centre**, Flatford Lane, East Bergholt, CO7 6UL, ✆ 01206/299460; flatfordvic@babergh.gov. uk; www.visitsuffolk.co.uk.

● *Öffnungszeiten* **Bridge Cottage in Flatford**: Mai–Sept. tgl. 10.30–17.30 Uhr, März Mi–So 11–16 Uhr, April tgl. 11–17 Uhr, Okt. tgl. 11–16.30 Uhr, Nov.–Dez. Mi–So 11–15.30 Uhr. Eintritt frei. Führungen £ 2.50. ✆ 01206/298260, flatfordbridgecottage@nationaltrust. org.uk. CO7 6UL Flatford, East Bergholt. Im *Riverside Tearoom* neben dem Bridge Cottage bekommen Sie Erfrischungen.

Sir Alfred Munnings Art Museum: Ostersonntag bis 1. So im Okt. So, Mi u. an Feiertagen 14–17 Uhr, im Aug. auch Do u. Sa., £ 5, erm. £ 4, Kinder £ 1. East Lane Ecke Castle Hill, Dedham, CO7 6AZ, ✆ 01206/322127; www.siralfredmunnings.co.uk.

● *Übernachten* **** The Sun Inn**, Coaching Inn aus dem 16. Jahrhundert mit gemütlicher Lounge und Garten, gekocht wird italienisch. B & B im DZ £ 95–105 wochentags, £ 135–150 am Wochenende. High Street, Dedham, CO7 6DF, ✆ 01206/323351, ✆ 01206/323964, www.thesuninndedham.com.

Rosemary Bed & Breakfast, 3 schöne altenglische Zimmer mit Waschbecken, die Bä-

der sind auf dem Gang. Gepflegter, romantischer Garten, die Hausherrin Natalie Finch gibt Gartenführungen und Malkurse. £ 31/ Pers. Rectory Hill, East Bergholt, CO7 6TH, ✆ 01206/298241; www.rosemarybnb.co.uk.

● *Essen/Trinken* **The Haywain Restaurant**, hübsches, gediegenes Restaurant in kleinem Cottage, zwei Gänge wochentags £ 24, drei Gänge £ 30. Di–Sa 19–21.30 Uhr, vorab reservieren. Burnt Oak Corner, East Bergholt, CO7 6TJ, ✆ 01206/299194; www.thehaywainrestaurant.com.

Boathouse Restaurant, moderne englische Küche wird in der urig-eleganten Atmosphäre eines alten Bootshauses serviert. Mit Terrasse und Bootsverleih (£ 12/Std.). Mo Ruhetag, So nur Lunch, Mill Lane, Dedham, CO7 6DH, ✆ 01206/323153; www.dedhamboathouse.co.uk.

● *Bootfahren* Halbstündige Bootstouren auf dem Fiver Stour von Flatford zur Fen Bridge. Ostern bis Mitte Okt. So und an Feiertagen, im August auch Mi. The River Stour Trust, ✆ 01255/676132; www.riverstourtrust.org.

● *Fahrradverleih* **Bike Doctor**, Cooks Garage, Heath Road, East Bergholt, CO7 6RL, ✆ 01206/298646 oder 07788/164931.

Die Sonnenschein-Küste: Clacton, Frinton und Walton

Vom Stadtbahnhof in Colchester fahren die Züge gen Osten nach Clacton-on-Sea, Frinton-on-Sea und Walton-on-the-Naze (mit dem Auto nimmt man die A 133). Die drei auf der *Halbinsel Tendring* gelegenen Badeorte entwickelten sich gegen Ende des 19. Jahrhunderts und dienen bis heute hauptsächlich den Bewohnern Londons als Naherholungsgebiet, das u. a. mit dem geringsten Regenfall des Landes für sich wirbt.

Clacton, das Mekka der Arbeiterklasse aus dem Osten Londons, wurde jüngst im alternativen Beach Guide zum „top of totty" (heißt etwa so viel wie „Spitze der Geschmacklosigkeit") gekürt. Anfang der 1930er-Jahre entstanden hier ganze Feriensiedlungen aus selbst gebauten Wellblechhütten. Der wenig ansprechende Pier in diesem größten der drei Orte wurde 1873 erbaut und in den 1930er-Jahren erweitert. Es finden sich die üblichen Spielarkaden und verlassen aussehende Rummelplätze, wie sie für die sterbenden englischen Seebadeorte charakteristisch sind. Insgesamt herrscht in Clacton jedoch eine etwas gehobenere Atmosphäre als in dem südlich von hier an der Themsemündung gelegenen Ort Southend-on-Sea (→ S. 426). Die sieben Meilen Sandstrand vor Clacton sind wirklich nicht zu verachten. Jüngst wurden Millionen in den Bau einer neuen Kläranlage investiert, so dass sich Tendring's Clacton Beach nun mit dem Titel „Best Beach in East Anglia" schmücken darf. Jaywick Sands südlich der Stadt ist eine beliebte Picknick-Bucht.

Walton diente der gehobenen Bürgerschicht zur Erholung und besitzt ebenfalls einen Pier mit Vergnügungsmeile, von dem Boote ablegen zum Angeln oder um die rund 70 im Hamford Water Nature Reserve lebenden *Robben* zu beobachten. Enge Straßen und eine gewundene Uferpromenade sorgen jedoch für ein netteres Ambiente. Die Stadt hat ihren Beinamen „On-the-Naze" von der Landspitze, die wenige Kilometer nördlich von Walton ins Meer ragt (*naze* = Landspitze). Ein Spaziergang führt entlang der Küste zum 25 Meter hohen achtstöckigen Naze Tower, der die Schiffe vor den gefährlichen West Rocks warnen soll und heute eine Aussichtsplattform (111 Stufen), eine Art Galerie und ein Café (tgl. 10–17 Uhr) beherbergt (nur April–Okt., www.nazetower.co.uk).

In **Frinton**, einem ehemaligen Fischerdorf, das besonders bei der Upper Class der 1920er-Jahre beliebt war, sucht man vergeblich nach „niederen" Formen des Amüsements. Nur nach jahrelangem Streit durfte hier vor wenigen Jahren der erste und einzige Fish-and-Chips-Shop eröffnen. In Frinton verkehrten einst die politische Prominenz, Mitglieder der königlichen Familie und Filmstars, und noch heute strahlt Frinton eine gewisse zurückhaltende Eleganz aus. Am langen Sandstrand mit seinen viktorianischen Strandhäusern auf Stelzen tummeln sich im Sommer die sonnenhungrigen Urlauber. Wer nicht auf der grasbewachsenen Promenade bummelt, sucht die Haupteinkaufsstraße (Connaught Avenue) auf, die wegen ihrer exklusiven Geschäfte von den Einheimischen in „Bond Street von East Anglia" umgetauft wurde.

• *Information* **Tourist Information Centre Clacton**, hier gibt es ganzjährig Informationen über die gesamte Tendring-Halbinsel. Town Hall, Station Road, CO15 1SE, ✆ 01255/686633, clactontic@tendringdc.gov.uk. www. essex-sunshine-coast.org.uk. Im Sommer hat auch in Walton-on-the-Naze eine Touristeninformation offen, Princes Esplanade, ✆ 01255/675542. **Bootsfahrt** zu den Robben: April–Okt. 2-mal tgl. vom Foundry Slip auf der M. V. Karina. £ 12, Kinder £ 6. ✆ 07806/309460. www.nazeman.fsnet.co.uk.

• *Übernachten/Essen/Trinken* ** **The Rock**, Hotel-Restaurant in einem Haus aus der Zeit der Wende zum 20. Jahrhundert, mit Meeresblick. EZ £ 72–80, DZ £ 95–110 (Hochsaison). 1 Third Avenue, Esplanade, Frinton-on-Sea, CO13 9EQ, ✆ 01255/677194, ✆ 01255/675173, www.therockhotel.co.uk.

** **Esplanade Hotel**, Strandhotel mit allem Komfort in Fußnähe zur Stadt. EZ ab £ 39, DZ ab £ 69. Marine Parade East, Clacton, CO15 1UU ✆ 01255/220450, ✆ 01255/221800, www.esplanadehoteluk.com.

Levere House Hotel, gastfreundliches viktorianisch eingerichtetes Hotel in privater Hand. £ 60/Zimmer. 15 Agate Road, Marine Parade West, Clacton, CO15 1RA, ✆/✆ 01255/423044, www.leverehotel.co.uk.

• *Camping* **Martello Beach Holiday Park**, Außenpool und neuer Indoor-Pool. Chalets, Caravans, Drei-Zimmer-Zelte, ab £ 14 für Wohnwagen, nur wenige Zeltstellplätze (ab £ 7). Direkt an der Küste, Belsize Avenue, Jaywick, Clacton-on-Sea, CO15 2LF, ✆ 01255/820372, ✆ 01255/820060, www.park-resorts.com.

Maldon

Maldon war im Mittelalter ein wichtiger angelsächsischer Hafen und dieser Küstenabschnitt wird heute gerne von Tourismusstrategen mit der Bretagne verglichen. Bekannt ist der Marktflecken Maldon heute vor allem, weil hier am Hythe Quay die Thames-Sailing-Barges liegen, die letzten Cargoschiffe der Welt, die noch unter Segel operieren. Sie sind auch auf dem Stadtwappen zu sehen. Die Flussmündung zieht Vogelbeobachter, Wanderer und Künstler gleichermaßen an.

Information **Maldon District Tourist Information Centre**, Wenlock Way, High Street, CM9 5AD, Mo, Mi u. So geschlossen. ✆ 01621/856503; www.visitmaldondistrict.co.uk. Informationen zum Segeln auf einer Sailing Barge: www.bargetrust.org.

Ostengland
Karte S. 415

Weißes Gold aus Maldon

Der römische Kommandeur von Maldon, Cassius Petrox, ließ sich nach einem langen Marsch immer ein Bad herrichten, um die Schmerzen, die Schwielen und müde Knochen hervorriefen, zu lindern. Eines Tages jedoch kam er später als geplant in die Garnison zurück. Das Badewasser aus der Blackwater-Mündung hatte bereits lange vor sich hin geköchelt und war zu seiner Empörung nicht nur viel zu heiß, sondern auch auf dem Badewannenboden hatten sich auch weiße Kristalle gebildet. So hatte Petrox durch Zufall entdeckt, wie Salz produziert wurde. Er verließ die Armee und wurde der erste Salzproduzent von Maldon, womit er nicht nur weißes Gold erntete ...

Southend

Die größte Stadt in Essex und seit Anfang des 19. Jahrhunderts wohl das beliebteste Seebad der Grafschaft ist Southend, was sicher nichts mit der Schönheit des Ortes selbst, sondern allein mit seiner Nähe zu London zu tun haben dürfte. Nur 80 Kilometer von der Hauptstadt entfernt, hat sich Southend den Spitznamen „London's East-End-on-Sea" redlich verdient. Hier ist Ballermann angesagt; der Kursaal, ein Indoor-Entertainment-Komplex mit Bowlingbahnen, Rollerskating, Schlittschuhlaufen, Kasino, Snooker und vielem mehr, gehört zu den größten Vergnügungstempeln im Lande. Wer die Idylle sucht, mache besser einen weiten Bogen um Southend. In Mode kam der Ort, nachdem Prinny, der lebensfrohe Prinzregent und spätere Georg IV., seine ungeliebte Angetraute Caroline hier ablieferte, um sich in Brighton ungestört anderweitig vergnügen zu können.

Die Stadt erstreckt sich entlang einer elf Kilometer langen Küste, deren Strände erstaunlich sauber sind. Ihr Wahrzeichen ist der zwei Kilometer lange Pier (Landesteg), der als der längste der Welt gilt. Die Schäden, die ein Feuer im Oktober 2005 anrichtete, sind zum größten Teil behoben. An seinem Ende gibt es eine Reihe von Restaurants und Bars, wohin man sich auf Wunsch auch mit der Pier Railway bequem hinkutschieren lassen kann. Unter dem Pier liegt ein kleines Museum, nicht weit davon lockt der Themenpark Adventure Island zur Achterbahnfahrt oder das Aquarium Sea Life Adventure mit seinen Piranhas.

Wer „Alte-Welt-Charme" sucht, sollte 5 Kilometer weiter westlich das Fischerdorf *Leigh-on-Sea* mit seinen Kopfsteingassen und bunten Fischerbooten besuchen. In der „Cockle Row" sollte man direkt von den Fischern Herzmuscheln kaufen und mit Essig und Pfeffer würzen. Es gibt auch einige neue und gute Restaurants.

Seit kurzem wird Southend nicht nur von sonnen-, sondern auch von wissensdurstigen jungen Leuten bevölkert. Die Stadt wurde nämlich im Jahre 2003 vom Seebad zur Universitätsstadt erhoben. Am Bahnhof entstand ein nagelneues, ultramodernes Unigebäude mit Campus, wo bis zu 12.000 Studenten der University of Essex und des South East Essex College ausgebildet werden. Auch das neu gegründete New Technology Institute der Uni hat seinen Sitz hier, um mit der überdurchschnittlichen Entwicklung der Region Thames Gateway Schritt zu halten.

● *Information* **Tourist Information Centre**, Western Esplanade Southend Pier, Southend-on-Sea, Essex SS1 1EE, ✆ 01702/618747, ✆ 01702/611889, vic@southend.gov.uk. www. visitsouthend.co.uk.

● *Verbindungen* **Bus** – National Express (Nummer 305) bietet 2-mal am Tag einen Service direkt von Victoria Station in Lon-

Am Strand von Southend

don zum Busbahnhof in der York Road. Fahrtzeit gute 2 Stunden. ✆ 08717/818181. Die lokalen Busunternehmen Arriva und First Essex Bus bieten die First-Day-Ticket-Tageskarte für £ 3.50 an (£ 3 nach 9 Uhr). Arriva: ✆ 0871/2002233. First: ✆ 08456/020121.

Zug – Southend Victoria Station wird regelmäßig von verschiedenen Londoner Bahnhöfen aus angefahren, z. B. Liverpool Street oder Fenchurch Street. C2C, ✆ 08457/678765; wwwc2c-online.co.uk.

● *Freizeit/Unterhaltung* **Kursaal**, wahrscheinlich der erste Themenpark im Lande (1901) mit zehn Bowlingbahnen und dem Rendezvous-Kasinc. Eastern Esplanade. ✆ 01702/616000; www.rendezvouscasino. com/southend.

Adventure Island, Rummel mit Achterbahnen, Dschungel-Safari und Gokarts. Western Esplanade, Öffnungszeiten variieren, in der Haupturlaubszeit tgl. 11–23 Uhr. Eintritt frei, nur „pay to play", günstiger als jede Attraktion einzeln sind die Wristbands (Tageskarten): £ 18–22, Kinder £ 14–16. ✆ 01702/443400; www.adventureisland.co.uk.

Sea Life, Aquarium voll tropischer Fische und Haie, Eastern Esplanade, tgl. 10 oder 11 Uhr bis 17 oder 20 Uhr, je nach Jahreszeit. £ 9, erm. £ 6.95, Kinder £ 6. ✆ 01702/601834. www.sealifeadventure.co.uk.

Pier Railway, Southend Pier, Fahrt £ 3.50, erm. £ 1.75.

● *Wassersport* **Southend Marine Activities Centre**, Kurse in Segeln, Windsurfen, Kanufahren, Jetbootfahren. Eastern Esplanade, SS1 2YH, ✆ 01702/612770; www.southend.gov. uk/smac. Aktivitäten am Thorpe Bay Beach.

● *Übernachten* **Pier View Guest House**, hübsch renovierte Unterkunft in einem georgianischen Stadthaus mit versprochenem Ausblick, tolles Frühstück. EZ £ 55, DZ ab £ 75. 5 Royal Terrace, SS1 1, ✆ 01702/437900; www.pierviewguesthouse.co.uk.

Pebbles Guest House, B & B in ruhiger Lage im Vorort Thorpe Bay ca. eine Meile vom Pier, modern eingerichtet. EZ £ 45, DZ mit Meeresblick ab £ 70. 190 Eastern Esplanade, Thorpe Bay, SS1 3AA, ✆/✉ 01702/582329, www.mypebbles.co.uk.

● *Essen/Trinken* **Pipe of Port**, rustikales Bistro und Weinbar mit Sägespänen auf dem Boden und Kerzenbeleuchtung. Berühmt für seine Pies (£ 9.35) So Ruhetag. 84 High Street, ✆ 01702/614606. www. pipeofport.com.

Die besten Fish'n'Chips (small £ 5.75, extra large £ 10.50) gibt's bei **Fisherman's Wharf** an der Western Esplanade, außerdem großes Seafood Menu, ✆ 01702/346773. www. fishermanswharfsouthend.co.uk.

Harwich und Dovercourt

Jede Viertelstunde fahren von Colchesters North Station Züge zum Hafen von Harwich. Von London aus kommt man ab Liverpool Station hierher. Der Ort liegt an der Mündung des River Stour, der hier mit dem River Orwell zusammenfließt. Die Grafen von Norfolk bauten das Städtchen im 13. Jahrhundert, um von der strategisch günstigen Lage zu profitieren. Der Name stammt wohl noch aus Zeiten König Alfreds, als „here" Armee hieß und „wic" Campus. Der Stour ist westlich von Harwich sehr breit und von den Gezeiten betroffen, er bildet die Grenze zwischen Essex und Suffolk. Von Harwich aus setzen regelmäßig Fähren nach Hoek van Holland und nach Esbjerg über. Eine regelmäßige Verbindung nach Holland besteht bereits seit 1661. Im hiesigen Dock wurde die *Mayflower* gebaut, mit der die Pilgerväter nach Amerika segelten. Direkt gegenüber, auf der anderen Seite der Mündung, liegt der Containerhafen Felixstowe. Das angrenzende Dovercourt ist älter als Harwich. Der Sandstrand des Seebades ist einer der besten in Essex.

● *Information* **Ha'penny Pier Visitor Centre**, die Harwich Society gibt Informationen über Sehenswürdigkeiten, Restaurants und Hotels im viktorianischen Ha'penny Pier Ticket Office, wo man auch eine Ausstellung über die Mayflower besuchen kann. (nur Ostern bis 2. Wochenende im Oktober, tgl. 10–17 Uhr; ✆ 01255/506183.) Das nächste Tourist Information Centre befindet sich in Clacton (→ S. 424).

● *Verbindungen* **Zug** – Harwich International Station wird von Anglia Railways regelmäßig von London (Liverpool Station) direkt bedient (jede volle Stunde). Man kommt vom Hafen mit den Bussen 20 und 20A zum Bahnhof.

Fähren – Harwich–Hoek van Holland wird von Stena Line gefahren (✆ 08445/762762; info.uk@stenaline.com). Der „Dutchflyer" (£ 29 einfache Fahrt, £ 58 Hin und zurück) beinhaltet die Bahnfahrt in East Anglia, die Fähr-

überfahrt und die Bahnfahrt zu einer von 28 holländischen Städten (www.stenaline.co.uk/ferry/rail-and-sail/holland/). Auf der Route nach Esbjerg operiert DFDS Scandiavian Seaways, ✆ Dtl. 01805/8901051; www.dfds.de.

● *Übernachten/Essen/Trinken* ** **Hotel Continental**, nicht mehr ganz taufrisches, aber ungezwungenes und freundliches Hotel mit einfachen, individuell gestalteten Zimmern, Straßencafé und Pub/Restaurant. EZ £ 40, DZ £ 70–95 (mit Jacuzzi, aber ohne Frühstück, Frühstück £ 9). 28–29 Marine Parade, Dovercourt, CO12 3 RG, ✆ 01255/551298, ✉ 01255/551698, www.hotelcontinental-harwich.co.uk.

Paston Lodge, modernisiertes B & B in einem edwardianischen Haus, sauber und freundlich, in Fußnähe zum Hafen. EZ £ 35, DZ £ 59, Familienzimmer £ 70. Una Road, Parkeston, CO12 4PP, ✆ 01255/551390, harwichb.b@pastonlodge.co.uk.

Sehenswertes

Electric Palace: Wer von Harwich die Fähre nimmt und noch ein wenig Zeit hat, kann sich z. B. den Electric Palace in der King's Quay Street anschauen, ein Kino aus edwardianischer Zeit (1911), das heute unter Denkmalschutz und unter dem Schutz von Schauspieler Clive Owen steht. Filme werden überwiegend am Wochenende gezeigt, regelmäßige Auftritte von New Orleans Jazzbands.

Nur nach Vereinbarung geöffnet, ✆ 01255/503429. www.electricpalace.com.

Harwich Redoubt: Dieses Museum ist in einem runden Fort untergebracht, das 1808 als eines von vielen Küstenbefestigungen zur Verteidigung gegen Napoleon errichtet wurde. Es hat einen beeindruckenden Durchmesser von 60 Metern und ist die einzige derartige Verteidigungsanlage, die für Besucher offen ist. Es gibt ein kleines Militärmuseum mit 11 Originalkanonen, und im Sommer werden Schlachten nachgestellt.

Mai bis Aug. tgl. 10–16.30 Uhr, Sept. bis April nur So 10–12 Uhr und 14–16 Uhr. £ 3. ✆ 01255/503429; www.harwich-society.com.

Treadwell Crane: Auf Harwich Green steht der 250 Jahre alte Tretmühlen-Kran, der noch bis 1928 im Naval Shipyard von zwei Arbeitern betrieben wurde, die innerhalb einer Art Hamsterrad ihre Runden drehten.

Low Lighthouse und High Lighthouse: Weiterhin interessant sind die zwei Leuchttürme Low Lighthouse mit dem Marinemuseum sowie das High Lighthouse. Beide liegen in der Nähe der Parkanlagen an der Esplanade. Das Gemälde vom Vorgänger des Low Lighthouse von Constable hängt übrigens in der Tate Gallery in London.

Low Lighthouse (Maritime Museum): Mai bis Aug. tgl. 10–16.30. £ 2.

Lifeboat Museum: Das Museum ist in der alten Lifeboat Station von 1876 untergebracht und erzählt die Geschichte der Seenotrettung seit 1821. Man kann die Valentine Wyndham-Quin besteigen, ein Rettungsboot, das bis 1984 in Clacton-on-Sea Dienst tat.

Mai bis Aug. tgl. 11–15 Uhr. £ 1. Timberfields, Wellington Road, ✆ 01255/503429.

Saffron Walden und Thaxted

Unweit der M 11 nach Westen in Richtung Cambridge liegt Saffron Walden, ein hübscher Marktflecken, der ursprünglich mal Chipping Walden hieß. Der seltsame Name stammt von den Safran (engl. *saffron*) Krokusfeldern, die diesem mittelalterlichen Städtchen vom 15. bis Anfang des 20. Jahrhunderts einen belebten Markt bescherten und deren Krokusblüte noch immer im Stadtwappen zu finden ist. Safran galt im Mittelalter als Heilkraut gegen Pest und Pickel, Depressionen und Seekrankheit und wurde als Gewürz und Färbemittel genutzt.

Die denkmalgeschützte kleine Marktstadt mit ihren Häuserreihen aus dem 18. und 19. Jahrhundert am Market Square verfügt auch über ein jahrhundertealtes Rasenlabyrinth, das es mit seinen 1500 Metern Irrweg in sich hat. Es liegt östlich von der Burg und dem Markt auf einer großen Gemeindewiese. Rund um die Kirche von St Mary ist der mittelalterliche Ortskern mit reich dekorierten Fachwerkhäusern aus dem 14. und 15. Jahrhundert noch weitgehend erhalten. Besonders schön ist das *Sun Inn*, heute ein Secondhand-Buchladen. In der *Fry Art Gallery* in der Castle Street werden die Werke ortsansässiger Künstler ausgestellt.

Fünf Meilen südlich von Saffron Walden an der B 184 nähert man sich dem spitzen Kirchturm von Thaxted. Das charmante, ruhige Dorf liegt auf einer Anhöhe, oben die Kirche, in der Gustav Holst mal Organist gewesen ist, in der Mitte die Guildhall aus dem 15. Jahrhundert und unten die Häuser. Vom Kirchhof führt ein Fußweg zu einer Windmühle aus dem 19. Jahrhundert.

Wer weitere Bilderbuchdörfchen in der Region besuchen will, kann nach *Finchingfield* (östlich von Thaxted), *Steeple Bumpstead* und *Great Bardfield* fahren.

• *Information* **Tourist Information Centre**, 1 Market Place, Saffron Walden, Essex CB10 1HR, ✆ 01799/524002, 🖷 01799/524003, www. visitsuffronwaldon.gov.uk.

• *Verbindungen* **Bus** – Bus „Citi 7" verkehrt jede Stunde zwischen Cambridge und Saffron Walden, So u. feiertags die Linie 132. Nach London kommt man am besten über Stansted Airport (Village Link 5 & Bus 301), nur Mo–Sa!

Bahn – Der nächste Bahnhof ist in Audley End, 3 km entfernt. Züge alle 20 Minuten

von London Liverpool Station. Busse 301 und 59 fahren nach Saffron Waldon.

• *Übernachten* ***** Oak House**, 2 moderne Zimmer in umgebauten Stallungen (gemeinsame Badnutzung), eigene Lounge, zentrale Lage. £ 20 pro Person (ohne Frühstück). 40 Audley Road, ✆ 01799/523290 oder 07802/705555, oakhouse@macunlimited.net.

The Cricketers, 14 Zimmer (12 in einem Anbau) gibt es in diesem eleganten Country Inn mit Kaminen und Deckenbalken aus dem 16. Jahrhundert. Die Besitzer Trevor

Ostengland Karte S. 415

und Sally sind die Eltern von Jamie Oliver, eine hervorragende Küche mit Gemüse und Kräutern aus seinem Biogarten ist garantiert. DZ £ 65–110. Wicken Road, Clavering, Suffron Walden, CB11 4QT, ℡ 01799/550442, 🖷 01799/550882, www.thecricketers.co.uk.

● *Jugendherberge* **YHA Hostel**, im besterhaltenen Fachwerkhaus des Ortes mit mittelalterlichem Hofgarten. £ 14, Jugendliche £ 10.50 pro Bett. Mydylton Place/Bridge Street, ℡ 0845/3719137, saffron@yha.org.uk.

● *Essen/Trinken* **The Restaurant**, kocht mit biologisch angebauten Produkten aus dem Umland, nordafrikanisch beeinflusste Küche. So und Mo geschl. Di–Fr 2 Gänge £ 13.95. 2 Church Street, ℡ 01799/526444; www.trocs.co.uk.

Sehenswertes

Saffron Walden Museum: Auf dem Gelände der Ruinen der normannischen Burg (1125) zeigt dieses kleine Museum eine umfangreiche Sammlung aus den Gebieten Naturwissenschaft, Geologie und Lokalgeschichte. Highlights sind eine Wikingerkette, antikes Porzellan und eine Mumie aus Theben.
März bis Okt. Mo–Sa 10–17 Uhr, So und feiertags 14–17 Uhr. Nov. bis Febr. Mo–Sa 10–16.30 Uhr, So 14–16.30 Uhr. £ 1.50, erm. £ 0.75. Museum Street, ℡ 01799/510333. www.saffron waldenmuseum.org.

Bridge End Gardens: ein wunderschön restaurierter viktorianischer Garten, der eigentlich aus sieben miteinander verbundenen Gärten besteht, u. a. einem „Sunken dutch garden" (tiefliegenden holländischen Garten), einem „Walled garden" (ummauerten Garten) und dem obligatorischen „Maze" (Irrgarten).
Unbeschränkt geöffnet, Eintritt frei.

Audley End House: Zu Fuß kann man durch Wiesen und Felder nach Audley End House laufen (ca. 1 km). Dort lag die Benediktinerabtei von Walden, die Heinrich VIII. nach der Auflösung der Klöster seinem Günstling und Schatzmeister Sir Thomas Audley vermachte. Der hatte übrigens seine Hände im Spiel bei den Verurteilungen und Hinrichtungen von Thomas More und Thomas Cromwell sowie Anne Boleyn und Catherine Howard, zwei der sechs Ehefrauen des Königs. Sein Enkel errichtete den Palast von Audley End, der alle anderen Privatresidenzen im Land übertreffen sollte („zu groß für einen König", soll Jakob I. zu dem Prachtbau bemerkt haben) und ihn seine Karriere kostete. Wie Hampton Court war es als Schloss mit zwei Innenhöfen angelegt, um den Monarchen auch angemessen empfangen zu können. 1616 fertiggestellt kam heraus, dass Audley öffentliche Gelder zum Bau veruntreut hatte. Er wurde in den Tower geworfen, jedoch begnadigt, wonach er als gebrochener Mann allein in dem Koloss hauste. Später diente Audley End König Karl II. als Residenz, wenn er den Pferderennen in Newmarket beiwohnte. Inzwischen ist das Anwesen auf ein Viertel seiner ursprünglichen Größe reduziert, doch Audley End ist mit seinen 30 Räumen noch immer ein Meisterwerk der jakobinischen Baukunst. Das Haus liegt eingebettet in einen klassischen Landschaftsgarten des 18. Jahrhunderts und die Gemächer wurden von Robert Adams entworfen. Entlang des Flusses Cam kann man mit einer Miniatureisenbahn fahren. In den kürzlich restaurierten Stallungen leben vier Pferde und man erfährt in einer Ausstellung viel über das Leben der Stallburschen und anderer Angestellter.
April–Sept. Mi–So 11–17 Uhr, Sa nur bis 15 Uhr, März u. Okt. Sa 10–15 Uhr, So bis 16 Uhr. Park im Sommer tgl. 10–18 Uhr, März u. Okt. Do–Mo 10–17 Uhr, So Sa 10–15 Uhr. £ 11.90, erm. £ 10.10, Kinder £ 6. Park £ 8.30, erm. £ 7.10, Kinder £ 4.20 (EH). ℡ 01799/522399.

Hedingham Castle: Über dem Bilderbuchdorf Castle Hedingham im Tal des River Colne erhebt sich auf einem bewaldeten Hügel ein normannischer Burgfried. Erbaut wurde er um 1140 von Aubrey de Vere, dem Spross einer der mächtigsten normannischen Adelsfamilien. Aubrey hatte am ersten Kreuzzug teilgenommen und war dann zum Großkämmerer am Hofe Heinrichs I. avanciert. Die Burg gehört noch immer einem direkten Nachfahren der Familie. Zum Burgfried gelangt man über eine Tudorbrücke, die den ausgetrockneten Burggraben überspannt. Er ist fast quadratisch und mehr als 30 Meter hoch. Besonders prächtig ist die Banqueting Hall im ersten Stock, sie wird entsprechend gern für Hochzeiten gemietet. Auf dem Burghof finden im Sommer Ritterspiele statt, und es gibt Wanderwege um den See herum oder durch den Garten, in dem Kamelien und Azaleen blühen.

Ostern bis Ende Okt. (mit wenigen Ausnahmen) Mo–Do 11–16 Uhr, So 10–17 Uhr. £ 6, erm. £ 5.50, Kinder £ 4, Familienkarte £ 20. ✆ 01787/460261, www.hedinghamcastle.co.uk.

Grafschaft Suffolk

Es ist verlockend, durch das sanft gewellte Land gleich zu den Städtchen an der Nordseeküste Suffolks durchzubrausen, doch haben die mittelalterlichen Wollstädte im Inland mit ihren übergroßen, reich ausgestatteten „Wollkirchen" (denen die Grafschaft ihren Beinamen „Silly Suffolk" verdankt, „silly" steht in diesem Fall für „selig", nicht für „albern"), Bilderbuchdörfern und Pubs vieles zu bieten, was einen Zwischenstopp wert ist.

Die Landschaft ist undramatisch: Weiche Hügel, weite Getreidefelder, tief ins Land einschneidende Flussmündungen und immer wieder kleine Marktflecken, Kleinstädte, Dörfer und Weiher, die von John Constable oder später von John Nash auf Leinwand festgehalten wurden und nahezu unverändert daliegen. *Bury St Edmunds* ist die Hauptstadt von Nordwest Suffolk, im Norden liegen die verlassenen Wälder und Heidelandschaften von *Breckland*, und im Süden locken die beliebten Touristenziele *Lavenham, Long Melford* und *Clare*. *Ipswich* ist die größte Stadt der Grafschaft, ihr administratives und kommerzielles Herz an der Mündung des Flusses Orwell. Die Küste allerdings ist der ganze Stolz von Suffolk, und die wie Perlen aneinander gereihten Küstenörtchen bieten die schönste Szenerie des Landes: *Orford* ist berühmt für seine Normannische Burg und die Räuchereien, *Aldeburgh* für sein klassisches Musikfestival und *Southwold* für seine Eleganz.

Ostengland
Karte S. 415

Ipswich

Wo der Fluss Orwell für Frachter schiffbar wird, liegt die Hauptstadt der Grafschaft Suffolk. Als Handelshafen hatte Ipswich im Mittelalter eine Blütezeit. Der modernisierte Containerhafen in Felixstowe hat Ipswich jedoch inzwischen den Rang abgelaufen.

Die Angelsachsen errichteten bereits im 6. Jahrhundert an der Stelle der heutigen Stadt eine Siedlung. Im Mittelalter wurde Ipswich mit der günstigen Lage am Fluss Orwell eine bedeutende Handelsstadt. Insgesamt zwölf Kirchen – einige davon kann man heute noch besichtigen – zeugen vom damaligen Reichtum der Stadt. Im Jahr 1472 wurde hier *Thomas Wolsey* geboren, der spätere Erzbischof von York und Kanzler Heinrichs VIII.

Bereits während der Bauwut der viktorianischen Zeit verlor die Stadt viel von ihrem alten Charakter, und bis heute ist kein richtiges Konzept in der Stadtplanung zu erkennen. Vor allem die Ringstraße und die vielen Kreisverkehre zerschneiden das Stadtbild, weshalb man am besten zu Fuß unterwegs ist, um Ipswich zu erkunden. Die Docks entstanden Mitte des 19. Jahrhunderts und gehörten lange zu den wichtigsten an der Ostküste. Die Stadt Ipswich taucht in dem Roman „Pickwick Papers" von Charles Dickens auf, der höchstpersönlich in der Taverne *Great White Horse* übernachtete und sich über die nachlässig geführte, heruntergekommene Herberge beklagte –, was diese jedoch nicht davon abhält, heute noch mit seinem Besuch zu werben. Noch eine literarische Verbindung besteht zur Kinderbuchautorin Enid Blyton, die hier an der Ipswich High School zur Kindergärtnerin ausgebildet wurde.

In den letzten Jahrzehnten ist das Stadtbild von Ipswich auf Kosten der alten Bausubstanz kontinuierlich modernisiert worden. Schlagzeilen machte das Willis Corroon Gebäude von 1975, das der Architekt Sir Norman Foster als Tempel für eine Versicherungsgesellschaft entwarf. Auch die Waterfront Docks erleben eine Renaissance und haben – obwohl noch nicht ganz fertig – ein neues, attraktiveres Gesicht bekommen. Zwei mittelalterliche Gassen (St Nicholas and St Peter's Streets) voller historischer Gebäude, Cafés, Shops und Galerien, führen vom Zentrum her. Gleich neben einem alten Warenhaus zieht das neue Apartment-Hochhaus „Cranfield's Mill Tower" mit seinen 23 Stockwerken die Blicke auf sich. Auch der Campus der University of Suffolk hat am Neptune Quay eine neue Heimstadt gefunden. Stoke Quay auf der anderen Hafenseite mit all seinen neuen Restaurants und Bars wird durch eine Promenade mit Northern Quays verbunden. Ein Tagesausflug in die Einkaufsstadt lohnt auch für einen Bummel durch die Fußgängerzone.

Cardinal Wolsey

Thomas Wolsey stammte aus einfachen Verhältnissen. Er war der Sohn eines Metzgers. Ausgebildet im Magdalen College in Oxford, wurde er 1498 Priester und gelangte schon unter Heinrich VII. als dessen Kaplan zu Macht und Reichtum. Er wurde Erzbischof von York, Kardinal und Lordkanzler Heinrichs VIII. und war als solcher für die Außenpolitik und Jurisdiktion im Lande verantwortlich. Mit seinem Reichtum gründete er ein Gymnasium in Ipswich und das Cardinal's College, das spätere Christ Church in Oxford. Viele Adlige verachteten oder hassten ihn, vor allem wegen seiner niederen Geburt und der ungeheuren Arroganz, die er an den Tag legte. Als Wolsey darin scheiterte, die Einwilligung des Papstes für die Scheidung Heinrichs VIII. von seiner ersten Frau Katharina von Aragón zu erwirken, fiel er beim König in Ungnade. Er wurde aller seiner Ämter enthoben und des Hochverrats angeklagt. Er starb jedoch nicht durch die Hand des Henkers, sondern eines natürlichen Todes oder durch Selbstmord, als er von York nach London unterwegs war, um den König zu treffen.

● *Information* Das **Tourist Information Centre** liegt zwischen Busbahnhof und Ancient House in der St Stephen's Church, St Stephen's Lane, Ipswich, Suffolk IP1 1DP. ✆ 01473/258070, 📠 01473/432017, tourist@ipswich.gov.uk, www.ipswich.gov.uk und www.visit-ipswich.com.

● *Verbindungen* **Bus** – Busbahnhof am Old Cattle Market (einen Häuserblock südlich des Ancient House), www.travelineeast anglia.co.uk, ✆ 0871/2002233; Stadtbusse ab Tower Rampart. Fahrplanauskunft: ✆ 0800/919390.

Zug – Der Bahnhof befindet sich in der Burrell Road auf der südlichen Seite des River Orwell und ist über die Princess Street zu erreichen. Direkte Verbindungen nach London (70 Minuten) und über Bury St Edmunds nach Cambridge. Infos über Anglia Railways, ✆ 08700/409090, www.angliarail

Das Zollamt von Ipswich

ways.co.uk. Busse 12, 13, 14 und 66 fahren in die Innenstadt.

Park & Ride: Ipswich Council unterhält drei Parkplätze, Mo–Sa 7–19 Uhr: Bury Road, London Road und Martlesham.

● *Bootsfahrt* **Orwell River Cruises**, die Hafentour mit der „Orwell Lady" dauert 3 ½ Stunden und startet um 14 Uhr vom Orwell Quay in den Wet Docks. £ 12.50, erm. £ 10, Kinder £ 6.50, Familie £ 30. Die Pin Mill Cruise (10.30 Uhr) dauert 2 ½ Std. und führt flussaufwärts, £ 9.50, erm. £ 8, Kinder £ 5.50, Familien £ 24, ✆ 01473/258070, www.orwellrivercruises.co.uk. Auf dem Raddampfer Waverly oder der Balmoral gibt es im Sommer Fahrten bis zur **Tower Bridge nach London**. Fahrplan und Preise über die Touristeninformation.

● *Stadtführungen* Geführte Rundgänge unter dem Motto „Ipswich Town Trail" gibt es von Mai bis Sept jeweils Di und Do um 14.15 Uhr, Preis: £ 3, erm. £ 2. In der Touristeninformation erhält man auch ein Flugblatt, mit dem man auf eigene Faust einen Rundgang unternehmen kann. Ghostwalks jeden ersten Do des Monats um 20 Uhr, £ 5. Ein Open-Top Sightseeing Bus verkehrt von Ende Juli bis Ende August Di u. Fr. jede Stunde, Ticket: £ 5, erm. £ 3, Familien £ 12.

● *Fahrradfahren* In der Touristeninformation bekommt man die Publikation „Cycling around the Shotley Peninsula" über eine 58 Meilen lange Route durch ruhige, gewundene Landstraßen. Fahrradverleih: **Bicycle Doctor & Hire Service**, 18 Barhtolomew Street, IP4 2RP, ✆ 01473/259853; www.bicycledoctor.gbr.fm.

● *Festivals* **Ip-Art Summer Festival** (Theater, Film, Musik, Literatur und Kunst) Ende Juni Anfang Juli und das **Pulse Festival** (Off Theater) Ende Mai/Anfang Juni im TheNewWolsey-Theater.

● *Kino* **Hollywood Film Theatre**, Ipswich Corn Exchange, hinter der Town Hall, The Walk. www.ipswich-ents.co.uk.

● *Post* Tavern Street und im Einkaufszentrum Tower Ramparts in der Carr Street.

● *Markt* Di, Do, Fr u. Sa Cornhill. 8.30–17 Uhr.

● *Übernachten* ****Salthouse Harbour Hotel**, nagelneues Luxushotel in einem umgebauten Speicher am Jachthafen. 43 exquisite, große Zimmer (die meisten mit Blick aufs Wasser) mit DVD-Spieler Mo–Do ab £ 135, Wochenende ab £ 100 (EZ), DZ ab £ 130. So billiger. 1 Neptune Quay, IP4 1AS, ✆ 01473/226789, 🖷 01473/226927, www.salthouseharbour.co.uk.

*** **Novotel**, Hotelkette in Innenstadtnähe mit 101 modernen Zimmern. Brasserie und Bar bis Mitternacht. Ab £ 59. Grey Friars Road, IP1 1UP, ✆ 01473/232400, www.novotel.com.

**** Melverley Heights, B & B in viktorianischer Stadtvilla, ruhige Lage aber zentral nahe Christ Church Park, 10 geschmackvolle, romantische Zimmer mit modernen Sanitäranlagen. EZ £ 43, DZ £ 68–78. 62 Tuddenham Road, IP4 2SP, ℡ 01473/253524, www.melverleyheights.co.uk.

Bridge Guest House, Unterkunft in der Nähe des Bahnhofs. Von hier aus läuft man ca. 15 Minuten bis ins Zentrum. 16 Einzel- und Mehrbettzimmer, das Dekor lässt zu wünschen übrig, aber freundlich und sauber. B & B im EZ ab £ 22, DZ ab £ 38. 4 Ancaster Road, IP2 9AA, ℡ 01473/601760, mikeannneale@supanet.com.

• *Camping* **Orwell Meadows Leisure Park**, familiengeführter Platz mit allem Komfort und (unbeheiztem) Swimmingpool, die Stellplätze direkt an der Straße sind mitunter laut. Nur März bis Jan. Anfahrt: A 14 Richtung Felixstowe bis Orwell Bridge, dann den Schildern Orwell Park folgen, von der Nacton Road links in Privatstraße, Campingplatz nach 1,6 km. Zeltplatz ab £ 13.50 (inkl. 2 Pers.), Caravanplatz ab £ 16. Priory Lane, IP10 0JS, ℡ 01473/726666, 📠 01473/721441, www.orwellmeadows.co.uk.

• *Essen/Trinken* Zahlreiche Restaurants der mittleren Preisklasse mit guter Küche findet man am Wet Dock (Albion Wharf und Neptune Quay). Gut ist zum Beispiel das **Bistro on the Quay** in einem ehem. Salzwarenhaus, 3 Wherry Quay, ℡ 01473/286677; www.bistroonthequay.co.uk. Ein Neuzugang im Wet Dock ist **Il Punto**, ein schwimmendes französisches Restaurant in der Marina. Es gibt ein Snack Menue (Gerichte nur £ 5). Neptune Quay, IP4 1AX, ℡ 01473/289748; www.ilpunto.co.uk.

The Galley in der idyllischen St Nicholas Street (Nr. 25) tischt man moderne englische Küche auf (www.galley.uk.com, ℡ 01473/281131). In derselben Straße befindet sich auch die **K Bar and Grill** (Nr. 33–37;), die eine Gartenterrasse zu bieten hat (So Ruhetag), www.kbarandgrill.co.uk. Einer der besten Lebensmittelmärkte ist die neue **Suffolk Food Hall** am Westende der Orwell Brücke. In den umgebauten Scheunen werden regionale Produkte verkauft, es gibt ein Restaurant/Café/Deli (Samford) sowie ein Pflanzencenter. Tgl. 9–18 Uhr. Wherstead Hall, Peppers Lane, Wherstead, IP9 2AB, ℡ 01473/786616; www.suffolkfoodhall.co.uk.

• *Nachtleben* Größter und bekanntester Nachtclub ist das **Liquid and Envy**, 17 Grafton Way, IP1 1AX, ℡ 01473/218850; www.liquidclubs.com/ipswich/. Live-Gigs und Folk-Sessions mit Blick über die Marina veranstaltet **The Steamboat Tavern**, 78 New Cut, IP2 8HW, ℡ 01473/601902; www.thesteamboat.co.uk.

Sehenswertes

Cornhill Market: Mittelpunkt der Stadt und zugleich ein guter Ausgangspunkt, um Ipswich zu erkunden, ist der alte Marktplatz, der noch aus der Zeit der Angelsachsen stammt. Heute wird der Platz eingerahmt vom Rathaus aus dem Jahr 1878, in dem eine Kunstgalerie untergebracht ist. Die *Visual Arts Ipswich* etwa stellt dort zeitgenössische Künstler der Region aus und verkauft Kunsthandwerk. Daneben steht das klassizistische Postamt, in dem sich jetzt eine Bank befindet. Westgate, Tavern und Carr Street sind Einkaufsstraßen, die für den Autoverkehr gesperrt sind. *Information* The Town Hall Galleries, Di–Sa 10–17 Uhr; Eintritt frei; ℡ 01473/432863; www.visualarts-ipswich.org.uk.

Ancient House: Wo von der Tavern Street links die Tower Street abgeht, öffnet sich auf der rechten Seite eine Durchgangsgasse, die zur Fußgängerzone Buttermarket führt. Hier steht eines von Ipswichs berühmtesten Gebäuden, das Ancient House. Das Haus wurde im Jahre 1567 errichtet und 1670 im Barockstil umgebaut. Besonders beeindruckend sind die vielen Verzierungen, die symbolisch verschiedene Kontinente darstellen, die mit der Stadt in Verbindung standen: Europa wird repräsentiert durch eine gotische Kirche, Asien durch eine orientalische Kuppel, Afrika durch ein Krokodil und Amerika durch eine Tabakpfeife.

Christchurch Mansion/Wolsey Art Gallery: Am Ende der Tavern Street biegt man links in die Northgate Street ein, die geradewegs zum riesengroßen Christchurch

Verspielt: Ipswich Ancient House

Park führt. Hier liegt auch das Tudorhaus Christchurch Mansion, das ehemalige Landhaus eines Kaufmannes aus London; erbaut wurde es in den Jahren 1548–50. Innen befindet sich eine umfangreiche Ausstellung von Werken der Maler *Constable* und *Gainsborough,* außerdem kann man historische Möbel bewundern und einen Wandteppich, der die Geschichte von König Artus erzählt. Danach kann man im gemütlichen Tearoom entspannen.

Soane Street. Tgl. 10–17 Uhr. Eintritt frei. ✆ 01473/433554, www.ipswich.gov.uk/museums.

Wolsey Gate: Im Süden des Zentrums (über Queen und St Nicholas Street) liegt die St Peter's Street, die von einigen hübschen Fachwerkhäusern gesäumt wird. Am Ende dieser Straße geht die College Street links ab. 1528 gründete hier Kardinal Thomas Wolsey ein College, das als Konkurrenz zu Eton und Winchester gedacht war, jedoch nie vollendet wurde. Nur das Wolsey Gate ist von dem Bau übrig geblieben.

Pykenham's Gate: Dieses Torhaus von 1471 war einst der Eingang zur Residenz des Erzdiakons von Suffolk. Geheime Treppen führen zu einer kleinen Ausstellung über die Restaurationsprojekte des Ipswich Building Preservation Trust.

Northgate Street, Mai–Okt. am 1. Sa des Monats 10.30–12.30 Uhr. ✆ 01473/252440.

Historic Waterfront/Wet Dock: Eine Straße weiter südlich befindet sich das Wet Dock, das seit fast 10 Jahren in einen lebendigen Wohn- und Freizeitkomplex umgebaut wird. Als es 1842 in Betrieb genommen wurde, war es das größte in ganz Europa. Heute befinden sich hier neben dem Zollhaus aus dem Jahre 1844 und umgebauten viktorianischen Lagerhäusern noch immer ein Handelshafen, die Spirit Schiffswerft (die noch immer klassisch elegante Holzjachten baut), zwei Jachthäfen, viele Restaurants und Bars als auch die kleine *John Russell Gallery,* die zeitgenössische Maler und Bildhauer aus Suffolk zeigt.

John Russell Gallery, Mo–Sa 9.30–17 Uhr. 4–6 Wherry Lane, IP4 1LG, ✆ 01473/212051; www.artone.co.uk.

Ostengland
Karte S. 415

Ipswich Transport Museum: Dieses Museum präsentiert die verschiedenen Transportmittel, die im Laufe der Jahre in der Stadt benutzt wurden – von Fahrrädern bis zu Feuerwehrwagen. Angeschlossen sind ein Café und ein Souvenirladen.
April–Nov. So und feiertags 11–16 Uhr, in den Schulferien Mo–Fr 13–16 Uhr. £ 4.50, erm. £ 4, Kinder £ 2.50, Familien £ 13. ℡ 01473/715666, www.ipswichtransportmuseum.co.uk.

Ipswich Museum: Die Lokalgeschichte von Ipswich wird in diesem viktorianischen Bau in der High Street mit Rekonstruktionen und Animationen zum Leben erweckt. Außerdem Galerien zur Naturgeschichte und Geologie. Neu ist die ägyptische Galerie, wo man Sarkophage und Mumien bestaunen kann.
Di–Sa 10–17 Uhr. Eintritt frei. ℡ 01473/433550.

Umgebung von Ipswich

Pin Mill: An diesem romantischen Fleckchen waren früher Schmuggler die häufigsten Gäste, und bis heute führt keine Straße hier her. Noch immer werden hier die Themse-Kähne gebaut und repariert, der hiesige Segelclub ist Austragungsstätte des jährlichen *Thames-Barge-Race* (1. Juliwochenende). Man kann vom Woolverstone Parkplatz die paar Meilen entlang des „Stour and Orwell Walks" her laufen, auf der „Cycle Route B" herradeln und sollte in jedem Fall im *Butt and Oyster Pub* aus dem 17. Jahrhundert einkehren, der von den umliegenden Farmen beliefert wird. (℡ 01473/780764; www.debeninns.co.uk/buttandoyster).

Woodbridge: Etwa zwölf Kilometer nordöstlich von Ipswich liegt das propere Woodbridge, eine im 16. Jahrhundert im Schiffbau führende Hafenstadt mit 7400 Einwohnern und vielen holländisch anmutenden Katen. Heute laufen hier luxuriöse Segeljachten vom Stapel. An die Glanzzeiten der Stadt erinnert die *Tide Mill*, eine weiße Mühle am Meer. Das Mühlrad dreht sich abhängig von den Gezeiten.
Mai–Sept. tgl. 11–17 Uhr, April u. Okt. Sa–So 11–17 Uhr. £ 2.50, erm. £ 1.50, ℡ 01473/626618, www.tidemill.org.uk. **Tourist Information:** The Station, IP12 4 AJ, ℡ 01394/382240; atic@suffolkcoastal.gov.uk; www.visit-woodbridge.co.uk.

Sutton Hoo: Über die B 1083 gelangt man von Woodbridge nach Sutton Hoo. 1939 stießen Wissenschaftler hier auf ein bedeutendes angelsächsisches Grab: ein einfacher Erdhügel, darunter die Überreste eines umgekehrten, 27 Meter langen Ruderbootes, angefüllt mit kostbarsten Beigaben, die nun im British Museum in London ausgestellt sind. Man vermutet, dass es sich um das Grab des etwa im Jahr 625 u. Z. verstorbenen Königs Raedwald von Ostanglien handelt. Weitere Funde wurden in den letzten Jahren freigelegt, darunter ein zweites Grab. In der neuen Exhibition Hall werden eine Rekonstruktion der Grabkammer und des Schiffes gezeigt, viele der Schätze sind als Leihgabe vom Britischen Museum zurück an ihrem Fundort, und man kann sich ein Video ansehen oder einer Führung anschließen.
April–Okt. und in den Ferien tgl. 10.30–17 Uhr, sonst wechselnd, Kernzeit Mi–So 11–16 Uhr. £ 6.20, erm. £ 3.10, Familien £ 15.70 (NT), ℡ 01394/389700, www.nationaltrust.org.uk/suttonhoo.

Felixstowe: Der Industriehafen, inzwischen der größte Containerhafen des Landes, bietet wenig Sehenswertes für den Besucher, außer vielleicht den Seafront Gardens, die sich terrassenförmig hoch zum Felix Hotel erstrecken. Auch der Strand mit seinen Beach Huts ist ganz hübsch. Drei Kilometer südlich des Zentrums setzt nahe dem *Landguard Fort* eine Passagierfähre nach Harwich über. Ein lohnenswerter Ausflug ist auch das Fischerdorf *Felixstowe Ferry* an der Mündung des Flusses Deben, wo Sie frischen Fisch direkt von den Fischerhütten bzw. an Ständen kaufen, Golf spielen oder mit einer Passagierfähre nach Bawdsey übersetzen können. In die andere Richtung gelangen Sie zu den Trimley Marshes, einem Feuchtgebiet, das vor allem Vogelbeobachter anspricht.

Information **Tourist Information Centre**, The Seafront, 91 Undercliffe Road West, Felixstowe, Suffolk IP11 2AE, ✆ 01394/276770; ftic@suffolkcoastal.gov.uk; www.visitfelixstowe. co.uk. **Fähre**, April–Okt. 10–18 Uhr. **Fahrradverleih**: Alford Brothers, 119 Hamilton Road, Felixstowe IP11 7BL. ✆ 01394/284719; alfordbrothers.co.uk.

Aldeburgh: Der verschlafene, aber irgendwie charmante Küstenort nördlich von Ipswich hat keine großen Attraktionen, nur eine Hauptstraße und einen Strand voller Kiesel, der nicht unbedingt zum Baden, aber zu ausgedehnten Spaziergängen entlang der angenehm unberührten Küste einlädt. Am Nordende des Strandes erwartet Sie Maggi Hambling's Skulptur *Scallop Shell*, die so kontrovers ist, dass sie schon mehrfach durch Vandalismus beschädigt wurde. Der Ort selbst lebte lange Zeit von seinem Hafen und seiner kleinen Fischerflotte, die heute noch mit Winden auf die Kiesel gezogen wird. Mit dem Niedergang des Fischfangs ging es auch mit Aldeburgh bergab, bis Rettung nahte in unerwarteter Gestalt des Komponisten *Benjamin Britten*, der sich hier niederließ und 1948 ein klassisches Musikfestival gründete. Endlich fasste auch hier der Tourismus Fuß, von dem das Städtchen heute lebt. Es sind überwiegend Musikliebhaber, die sich nach Aldeburgh verirren, oder Segler, die im Jachtclub Unterhaltung suchen. Das intime Festival, das schon mit Größen wie Yehudi Menuhin, Janet Baker oder Anne-Sophie Mutter aufwarten konnte, findet im Juni in einer alten Mälzerei im nahe gelegenen Snape Maltings statt. Im August gibt es Bälle sowie einen Carnival, das ganze Jahr über Konzerte.

Information **Tourist Information Centre**, High Street, ✆ 01728/453637; atic@suffolkcoastal. co.uk; www.aldeburgh-uk.com. **Aldeburgh Music Festival**, ✆ 01728/687110. www. aldeburgh.co.uk. £ 8–20, einige Veranstaltungen kostenlos.

Orford: Fast 15 Kilometer fließt der Fluss Alde parallel zur Küste, bis er endlich hinter Orford mündet, wo er River Ore genannt wird. Der hübsche kleine Ort war im Mittelalter ein reicher Handelshafen für Wollexporte und ist noch heute bei Seglern sehr beliebt und daher im Sommer oft überfüllt. Für einen fischigen Imbiss sollte man auch unbedingt bei *Butley Orford Oysterage* (Market Hill, www.butley orfordoysterage.co.uk) oder gegenüber in der Räucherei *Richardson's Smoke House* (tgl. 9.30–17 Uhr, Baker's Lane, www.richardsonssmokehouse.co.uk) reinschauen. Wer die Einsamkeit sucht, dem sei eine Wanderung entlang des River Ore oder ein Ausflug nach Orford Ness zu empfehlen, einer einsamen Landzunge zwischen Fluss und Meer, wo man die Tidenströmung durch die Kiesel rollen hört und nur mit der Fähre hinkommt. Schon für seine Ausblicke sehenswert ist Orford Castle, ein Bergfried mit drei Meter dicken Septarien-Mauern und die erste Burg, die Heinrich II. in Suffolk bauen ließ, um die Macht der Barone zu brechen.

Orford Castle: Auf der B 1084 36 Kilometer nordöstlich von Ipswich. April–Juni u. Sept. tgl. 10–17 Uhr, Juli–Aug. bis 18 Uhr, Okt.–März Do–Mo 10–16 Uhr. £ 5.30, erm. £ 4.50, unter 16 £ 2.70 (EH). ✆ 01394/450472. www.visit-orford.co.uk. **Fahrradverleih**: Friends Garage, Front Street, Orford IP12 2LP, ✆ 01394/450239.

Museum of East Anglian Life: Mitten in der Ortschaft Stowmarket befindet sich dieses Open-Air-Dorf mit einer Vielzahl von historischen Gebäuden und Rekonstruktionen. Es werden auch Schafe, Schweine und Rinder gehalten, die ihren Weg auf die Speisenkarte des Cafés finden.

April–Okt. Mo–Sa 10–17 Uhr, So ab 11 Uhr. £ 6.50, erm. £ 5.50, Kinder £ 3.50, Familien £ 11 oder £ 17.50. Iliffe Way gegenüber des ASDA Supermarktes, verlassen Sie die A 14 auf die B 1115 Richtung Great Finborough.

Ostengland
Karte S. 415

Framlingham Castle: Neunzehn Kilometer westlich von Alborough liegt tiefstes Mittelalter: die ehemalige Residenz der Herzöge von Norfolk und eine der schönsten Burgen des Landes, Framlingham Castle. Hier kann man über die 800 Jahre alten und erstaunlich gut erhaltenen Wehrgänge der Burgmauer mit ihren dreizehn Wehrtürmen spazieren. Die konzentrische Ringmauer mit Ecktürmen und Torhaus entsprach im 12. Jahrhundert modernster Militärarchitektur. Nur ein einziges Mal musste die Feste der Belagerung widerstehen, gehörte der zweite Graf von Norfolk doch zum Widerstand gegen König Johannes Ohneland, dem man die Magna Carta abgetrotzt hatte. Mal in den Händen der Barone, mal in Hand der Krone, schenkte Eduard VI. Framlingham seiner Halbschwester Mary Tudor. Die Krone fiel aber nicht an sie als rechtmäßige Thronfolgerin, sondern an die Protestantin Jane Grey, woraufhin Mary nach Framlingham Castle floh, sich dort zur Königin erklären ließ und auf London zumarschierte. Nach neun Tagen auf dem Thron landete Jane Grey auf dem Schafott und die Bloody Mary begann ihre Regentschaft. Im 17. Jahrhundert fiel die Burg durch eine Erbschaft an das Pembroke College in Cambridge. Die Akademiker bauten ein Armenhaus im Burghof, das heute noch steht, den Rest ließen sie verfallen.

April–Juni u. Sept.–Okt. tgl. 10–17 Uhr, Juli/Aug. bis 18 Uhr, Nov.–März Do–Mo 10–16 Uhr. £ 6, erm. £ 5.10, unter 16 £ 3 (EH). ✆ 01728/724189.

Bury St Edmunds

Der Ort Bury St Edmunds zwischen Ipswich und Cambridge (bei den Einwohnern kurz Bury genannt) ist ein bedeutendes Stück englischer Geschichte. An der Stelle des Schreins für Edmund, dem Märtyrerkönig East Anglias, entstand um 1020 eine Benediktinerabtei. Um 1215 wurde die Kirche zur Geburtsstätte der Magna Carta. Bury St Edmunds ist heute eine sehr lebendige Stadt, die hauptsächlich von der Zuckerrübenverarbeitung lebt.

Bereits um 633 entstand am Fluss Lark eine kleine Abtei, gegründet von Sigbert, dem ersten christlichen König der Angeln. König Edmund, ebenfalls christlichen Glaubens, war in Nürnberg geboren worden. Im Teenageralter verschlug es ihn nach East Anglia, wo er schon mit 15 Jahren von König Offa zu seinem Nachfolger ernannt wurde und bald gegen die marodierenden Wikinger ins Feld ziehen musste. Da er seinem Glauben nicht abschwören wollte, wurde er zum Opfer eines Ritualmordes. Man fand den von den Dänen enthaupteten Rumpf des Königs, nicht jedoch seinen Kopf. 40 Tage später wurden seine Getreuen von seiner Stimme in den Wald geleitet, wo sie den Kopf fanden, der zwischen zwei Wolfstatzen steckte. Das Wappen von Bury zeigt einen Wolf mit einem Männerkopf. Der jugendliche König wurde zu einer Märtyrerfigur und schließlich heilig gesprochen. Er wurde zum Schutzpatron Englands, bis ihn der heilige Georg ablöste. Der Ort, an dem sich sein Grab befand, wurde in St Edmundsbury umbenannt. Um 1020 entstand unter König Knut ein Schrein für König Edmund, der um 1080 in eine normannische Abteikirche ausgebaut wurde.

Die Abtei wurde im Jahr 1214 zur Geburtsstätte der Magna Carta. Hier trafen am St-Edmunds-Tag die 25 mächtigsten Männer Englands am Grab König Edmunds zusammen und schworen feierlich, König Johann zur Unterzeichnung der Magna Carta zu zwingen. Die rebellierenden Barone, die um den Verlust ihres Eigentums fürchteten, wollten sich mit der Magna Carta gewisse Grundrechte sichern und die

Efeuberankte Häuserzeile in Bury St Edmunds

Macht des Königs eingrenzen. Aus Angst vor einer Eskalation unterzeichnete Johann 1215 die Magna Carta wenige Monate später in Runnymede. Die Magna Carta wird heute als Grundstein des englischen Verfassungsrechts angesehen. Der Wahlspruch der Stadt – „Schrein eines Königs und Wiege des Gesetzes" – spiegelt diese beiden wichtigen Ereignisse wider.

Das Zentrum von Bury St Edmunds steht heute fast vollständig unter Denkmalschutz. Das im Schachbrettmuster angelegte Straßensystem aus normannischer Zeit erleichtert die Orientierung bei einem Rundgang. Leider verbirgt sich das mittelalterliche Fachwerk oft für den Besucher nicht sichtbar hinter grauen Backsteinfassaden, die aus dem 17. und 18. Jahrhundert stammen. Ein Rundgang durch die ansehnliche Stadt beginnt meist am Angel Hill, einem Platz, wo sich Stadt und Kloster trafen und der noch immer von den Ruinen des Eingangstores zur Abtei dominiert wird, die im weitläufigen Abbey Garden eingebettet liegt. Weiter geht es zum efeuberankten *Angel Hotel,* in dem Charles Dickens mehrmals übernachtete, um im Athenaeum – dem von Robert Adams im klassizistischen Stil verbauten Kurhaus – Lesungen zu geben.

Auch Liebhaber des englischen Biers kommen in Bury St Edmunds auf ihre Kosten. Der Geruch von Hopfen und Malz führt Sie zur bekannten Brauerei *Greene King,* wo das leckere Abbot Ale gebraut wird. Ein weiteres berühmtes Produkt des Ortes schmückt noch immer die Häupter von Englands Richtern und lässt so manchen Betrachter bei ihrem Anblick schmunzeln: Englands letzte Firma für Pferdehaarverarbeitung stellt hier die klassischen Pferdehaarperücken der Richter her.

Bury St Edmunds eignet sich hervorragend als Basis für Ausflüge ins Stour Valley und in die umliegenden „Wool-Towns", die im 14. und 15. Jahrhundert durch das Weberhandwerk zu großem Reichtum kamen, der sich noch heute in den zahlreichen historischen Gebäuden widerspiegelt.

Ostengland
Karte S. 415

• *Information* **Tourist Information Centre**, 6 Angel Hill, ✆ 01284/764667, 📠 01284/757084, tic@stedsbc.gov.uk;   www.stedmunds bury.gov.uk oder www.choosesuffolk.com. Hier kann man neben einem konventionellen Rundgang durch die Stadt (Mitte Mai bis Sept. tgl. 14.30 Uhr, £ 4, erm. £ 3) und den Abteigarten u. a. Führungen buchen, bei denen Schauspieler als historische Personen auftreten und die Sehenswürdigkeiten aus ihrer Perspektive erläutern.

• *Verbindungen* **Busse** und Fernbusse starten von der Bus und Coach Station direkt gegenüber bzw. etwas oberhalb der Library (St Andrew's Street North). Tgl. Direktverbindung nach London um 8.20 Uhr. Informationen: ✆ 01284/702020.

Zug – Der Bahnhof befindet sich in der Northgate Street (etwa zehn Minuten zu Fuß vom Zentrum). Regelmäßige Verbindungen gibt es nach London über Cambridge, nach Ipswich, Colchester (in Ipswich umsteigen) und Peterborough.

• *Markt* Obst und Gemüsemarkt Mi u. Sa, Butter Market und Cornhill.

• *Einkaufen* Westlich der St Andrews Street South wurde der **Cattle Market** zum umstrittenen **Arc Shopping Centre** umgebaut.

• *Theater* **Theatre Royal**, Westgate Street, ✆ 01284/769505; www.theatreroyal.org. Ein Theatergebäude aus der Regency-Zeit, in dem das ganze Jahr über Aufführungen stattfinden. Die Palette umfasst Drama, Comedy und Tanz, allerdings kann man sich tagsüber auch einfach das sehenswerte Gebäude anschauen, vorausgesetzt, es finden keine Proben statt (Führungen Di, Do um 14 Uhr und am Wochenende um 11 Uhr, £ 6).

• *Veranstaltungen* **Bury St Edmunds Festival**, eine zwei Wochen währende Extravaganza mit Straßenumzügen, Ausstellungen, Führungen, Vorträgen, Filmen, Tanz, Oper und Theater alljährlich im Mai. Informationen: ✆ 01284/757099. www.buryfestival.co.uk.

• *Übernachten* Viele Gasthäuser in Bury St Edmunds sind in historischen Gebäuden untergebracht, die unter Denkmalschutz stehen. Ein Erlebnis ist es schon, einmal in einem Zimmer zu übernachten, in dem Wände und Decken schief sind und das Fachwerk in den Raum ragt. Leider haben die kleinen Häuschen oft nur ein bis zwei Zimmer, und der Andrang ist groß.

**** Angel Hotel, die erste Adresse in Bury St Edmunds gegenüber dem Abbey Gardens. Hier hat schon Charles Dickens übernachtet. Viel Komfort und gediegene Atmo-

sphäre. Das Hotel ist auch als Restaurant eine gute Adresse. Täglich wechselnde Gerichte (Hauptgericht £ 10–20). Das Einkehren lohnt sich besonders für das Sonntagsmenü (£ 15.50 für 3 Gänge). B & B im EZ ab £ 100, DZ £ 100–160. 3 Angel Hill, IP33 1LT, ✆ 01284/714010, 📠 01284/714001, www.theangel.co.uk.

**** The Chantry Hotel, luxuriöses georgianisches Haus in der Nähe des Manor House Museum. EZ ab £ 75, DZ ab £ 95, 8 Sparhawk Street. IP33 1RY, ✆ 01284/767427, 📠 01284/760946, www.chantryhotel.com.

83 Whiting Street, mittelalterliches Hallenhaus 5 Minuten vom Zentrum entfernt. Im Esszimmer gut erhaltenes Wandgemälde von 1530. Alle 4 Zimmer en suite und bequem. Nur mit Vorbuchung. £ 35–45/Person. IP33 1NX, ✆ 01284/704153, gordon@ 83whitingst.fsnet.co.uk.

• *Camping* **Brighthouse Farm Campsite**, privater Campingplatz auf einer schönen Wiese 16 km südlich von Bury. Zelte £ 6–8. Im georgianischen Farmhouse auch B & B (£ 27.50/Person) sowie Self-Catering. Melford Road, Lawshall, IP29 4PX, ✆ 01284/ 830385; www.brighthousefarm.fsnet.co.uk.

• *Essen/Trinken* **Harriets Café Tearooms**, hier werden die 1940er-Jahre wieder wach, die Bedienungen tragen weisse Häubchen und Schürzen, Klaviermusik der Epoche versüßt ihnen den Kuchen oder die Snacks. Sonntags auch Carvery (Braten). 57 Cornhill, IP33 1BT, Tgl. bis 17.30 Uhr, Do u. Sa bis 21 Uhr. ✆ 01284/756256; www.harrietscafetearooms.co.uk.

Angel Hotel, → Übernachten.

Maison Bleue at Mortimer's, Fischrestaurant mit maritimem Dekor, Spezialitäten aus der Nordsee und frisches Ale aus der benachbarten Brauerei. Günstiges Mittagsmenü. Mo u. Di Ruhetage. 31 Churchgate Street, ✆ 01284/760623; www.maisonbleue.co.uk.

Nutshell, angeblich das kleinste Pub in ganz England, sehr beliebt bei Einheimischen und Besuchern und zum Bersten voll. Die Bar fasst normalerweise acht Leute, 1982 zwängten sich 102 Besucher und ein Hund in das mit Postkarten, Münzen und ausgestopften Tieren dekorierte Etablissement. Keine Küche. 17 The Traverse, ✆ 01284/764867.

Leaping Hare Vineyard Restaurant, in einer mittelalterlichen Scheune 15 km nordöstlich von Bury gibt es Lämmer, Wild oder Waldpilze von der eigenen Farm zu eigenen

Weinen. 2 Gänge mit Wein £ 17. Lunch tgl. 12–14 Uhr, Dinner nur Fr u. Sa 19–21 Uhr. Farmers Market jeden Samstag. Wyken Vineyards, Stanton, IP31 2DW, ✆ 01359/250287; www.wykenvineyards.co.uk.

Sehenswertes

Abteiruinen: Wenn man die Ruinen wie dünne Finger aufragen sieht, kann man sich nur noch mit viel Phantasie die imposante Abtei vorstellen, die sich hier im 11. Jahrhundert erhob. Sie galt damals als eine der größten und prächtigsten in ganz England. Die Auflösung der Klöster unter Heinrich VIII. wurde dem Gebäude zum Verhängnis, denn danach wurden die Baumaterialien des Gebäudes für andere Bauten geplündert. Zwar ist der Grundriss noch auszumachen, doch ist das Gemäuer fast vollständig zerstört. Lediglich zwei Tortürme sind noch erhalten. Der *Norman Tower* entstand von 1120–48 und führte früher über die Churchgate Street direkt zur Abteikirche. Das fast viereckige *Abbey Gate* wurde im 14. Jahrhundert mit zahlreichen Dekorationen, aber auch stärkeren Befestigungen wiederaufgebaut, nachdem es beim Aufstand der Stadtbürger im Jahre 1381 niedergerissen worden war. Die Ruinen der Abtei liegen inmitten der sehr sehenswerten und preisgekrönten *Abbey Gardens* (ein ehemaliger botanischer Garten). Hier findet man ein Sommercafé und kann auf einem Weg den River Lark entlangspazieren.
Tgl. bis zur Dämmerung (Abbey und Abbey Gardens). Eintritt frei. Audiotour.

St Edmundsbury Cathedral: An die Ruinen der Abtei grenzt die Kathedrale von Suffolk an. Bis 1914 war sie noch eine einfache gotische Pfarrkirche aus dem 16. Jahrhundert, die wahrscheinlich vom Architekten Jon Wastell konzipiert wurde, der auch das King's College in Cambridge entwarf. Dann wurde die Kirche vom Architekten Stephen Dykes Bower im großen Stil ausgebaut. Weitere bauliche Erweiterungen fanden kurz nach dem Zweiten Weltkrieg und um 1960 bzw. 1997 statt. Im Jahr 2000 wurde der zentrale Turm restauriert und ein neues Besucherzentrum eingerichtet. Das Innere wird bestimmt von den bläulichen Kniepolstern, 1088 an der Zahl, die mit verschiedenen Motiven der Gemeinden in Suffolk bestickt sind, sowie von der vor wenigen Jahren neu verzierten Stichbalkendecke. Zeitgenössische Kunst wird in der Edmund Gallery gezeigt.
Tgl. 8.30–18 Uhr. Eintritt frei, Spende von £ 3 erbeten. Führungen Mo–Sa 11.30 Uhr. ✆ 01284/754933, www.stedscathedral.co.uk. **Edmund Gallery:** tgl. 10–16.30 Uhr.

St Mary's Church: In dieser gotischen Kirche die Crown Street etwas weiter hinauf liegt *Mary Tudor* (1496–1533) begraben. Sie war die Schwester Heinrichs VIII. und wurde durch die Vermählung mit Ludwig XII. zur Königin von Frankreich. Achten Sie auf die schöne spätgotische Stichbalkendecke mit einem Spalier von Engeln, die man für ein paar Pennies beleuchten lassen kann.
Mo–Sa 9–16 Uhr, im Winter 10–15 Uhr. Eintritt frei.

Greene King Brewery: Für Biertrinker ein unbedingtes Muss, denn hier wird seit über 200 Jahren das in ganz England bekannte Abbot Ale gebraut. Als bitter-süffig und kräftig könnte man den Geschmack dieses Bieres beschreiben. Wie üblich beim britischen Gerstensaft enthält auch das Abbot Ale weniger Kohlensäure als deutsche Biersorten. Probieren kann man das Bier bei einer Brauereiführung (nach Voranmeldung) und natürlich in den zahlreichen Pubs von Bury St Edmunds. Am bekanntesten ist „The Nutshell", das im Guinessbuch der Rekorde als kleinstes Pub Großbritanniens verzeichnet ist (s. o.).
Führungen Mo 11 Uhr, Di 14 Uhr, Mi–Fr 11 u. 14 Uhr, Sa auch um 12.30 Uhr, So nur 11.30 Uhr, £ 8, abends Mo–Sa um 19 Uhr £ 10. Informationen über das Besucherzentrum, ✆ 01284/714297; brewerymuseum@greeneking.co.uk; www.greeneking.co.uk.

Ostengland Karte S. 415

Moyse's Hall Museum: Der Einkaufsbezirk von Bury St Edmunds liegt zwischen Buttermarket und Cornhill. Hier befindet sich auch eines der wenigen heute noch erhaltenen normannischen Häuser (Corn Hill). Es wurde 1180 aus Feuerstein und Kalk erbaut und ist damit das älteste Haus der Stadt, vielleicht sogar des Landes. Im Laufe der Jahrhunderte diente die ehemalige Residenz eines reichen Juden u. a. als Polizeiwache und Gefängnis, seit über hundert Jahren als Heimatmuseum. Innen gibt es eine Menge Krimskrams zu bestaunen: von Menschenfallen, Galgenkäfigen und mumifizierten Katzen bis hin zu Musikinstrumenten, Uhren oder einem Kirchenmodell aus Schneckenhäusern. Die gruseligsten Ausstellungsstücke haben mit einem Mord zu tun, es gibt den Skalp des Mörders zu sehen sowie ein Buch, das aus seiner Haut gebunden wurde. In der neuen Mittelaltergalerie befindet sich ein Medaillon mit einer Locke von Mary Tudor.

Tgl. 10–17 Uhr, letzter Einlass 16 Uhr. £ 4, erm. £ 2, Familien £ 9. ✆ 01284/575160.

Smiths Row (ehem. Bury St Edmunds Art Gallery): Dieses Gebäude, genannt *Market Cross*, wurde 1774 von dem Architekten Robert Adams als Theater und Markthalle entworfen. Später diente es als Rathaus, und heute ist hier eine Kunstgalerie mit Wechselausstellungen untergebracht (u. a. Schmuck, Malerei, Skulpturen und Kunsthandwerk).

Di–Sa 10.30–17 Uhr. Eintritt frei. ✆ 01284/762081, www.smithsrow.org.

Umgebung von Bury St Edmunds

Land der Wind- und Wassermühlen

Das historische Erbe East Anglias sind seine Wind- und Wassermühlen. Viele dieser Mühlen kann man besichtigen und sogar einem „Miller's Trail" (Start in Pakenham) folgen. Hier ein Beispiel:

Pakenham Water-Mill: Von Bury St Edmunds auf der A 143 in Richtung Diss; seit knapp 1000 Jahren wird hier Mehl aus lokal angebautem Weizen gemahlen. Die jetzige Wassermühle stammt aus dem 18. Jahrhundert und liegt an einem schönen Flussufer. Das 5 m hohe Wasserrad ist wieder in Betrieb, und man kann frisch gemahlenes Mehl kaufen und im Tearoom speisen.

April–Okt. Sa, So und feiertags 13.30–17 Uhr, Do 10–16 Uhr. £ 3, erm. £ 2.50 oder £ 1.50 (beinhaltet Führung). Demo am 1. Donnerstag des Monats um 11 Uhr. ✆ 01359/232025; www.pakenhamwatermill.org.uk.

Ickworth House: Fünf Kilometer südwestlich von Bury St Edmunds erreicht man über die A 143 das Örtchen Horringer. Gleich dahinter liegt auf der rechten Seite das Ickworth House. Der exzentrische vierte Earl of Bristol veranlasste den Bau dieses ansehnlichen Herrenhauses gegen Ende des 18. Jahrhunderts, um dort seine Kunstsammlung einzurichten, die u. a. Werke von Tizian, Gainsborough und Velasquez umfasst. Das kreisrunde Hauptgebäude wird von zwei Flügeln flankiert. Auf dem Grundstück befinden sich zudem ein italienischer Garten, ein Tempel-Rosengarten und ein Park, der von Capability Brown entworfen wurde. Im Vineyard wird Ickworth-Wein produziert. Der Landsitz gehört seit 1951 dem National Trust und kann besichtigt werden mit Ausnahme des Ostflügels, der vom siebten Marquis von Bristol bewohnt wird. Frederick William John Augustus Hervey, Multimillionär mit Schaffarm in Australien und Ölfeldern in Amerika, machte im Herbst 1988 Schlagzeilen, als er für ein Jahr wegen Kokainbesitzes in den Knast musste.

März–Okt. Fr–Di 11–17 Uhr, Garten März–Okt. tgl. 10–17 Uhr, sonst 11–16 Uhr, Park ganzjährig 8–20 Uhr. £ 8.30, Kinder £ 3.30, Familien £ 19.90, nur Park und Garten £ 4.20, Kinder £ 1, Familien £ 9.45 (NT). ✆ 01284/735270.

West Stow Anglo-Saxon Village: Wer sich für die Frühgeschichte dieser Region interessiert, kann über die A 1101 in Richtung Nordwesten (vor Icklingham rechts ab) nach West Stow fahren und sich im dortigen Freilichtmuseum kundig machen. Hier stieß man nämlich bei Ausgrabungen zwischen 1965 und 1972 auf die Überreste eisenzeitlicher, römischer und angelsächsischer Siedlungen. Rekonstruktionen der Hütten sollen das Leben der Bewohner realistisch nachstellen. Ausgrabungsfunde ergänzen die Ausstellung und in den Ferien kommen Schauspieler zum Einsatz.

Tgl. 10–17 Uhr, letzter Einlass 16 Uhr. £ 6, erm. £ 4, Familien £ 18. ✆ 01284/728718.

Sudbury

Südlich von Bury St Edmunds sollte man nicht versäumen, einen Ausflug in die landschaftlich reizvoll gelegenen Wollstädte zu unternehmen. Sudbury, die größte dieser Städte, liegt am Stour (vor der Nordseemündung) und war jahrhundertelang ein Zentrum des Textilhandels und der Seidenweberei. Schöne Fachwerkbauten wie die Gerichtshalle und das Bürgerhaus „Salter's Hall" in der Stour Street sowie die Kirchen St Peter und St Gregory im Perpendicular-Stil zeugen von der glanzvollen Zeit. Lassen Sie sich vom Küster in St Gregory den Skalp von Simon of Sudbury zeigen: Der Erzbischof von Canterbury hatte während des Bauernaufstandes in den 1370er-Jahren im Tower von London seinen Kopf verloren, der dann in seine Heimatstadt zurück geschmuggelt worden war. Er ist zahnlos, denn die Beißerchen haben geschäftstüchtige Kirchendiener an gutgläubige Wallfahrer verkauft. Noch heute werden in Sudbury exklusive Designerstoffe hergestellt. Außerdem ist Sudbury die Geburtsstadt des bedeutenden Porträt- und Landschaftsmalers *Thomas Gainsborough* (1727–1788), dessen Werke man sich in seinem zum Museum umgewandelten Geburtshaus anschauen kann (Gainsborough's *House*). Es stammt aus viktorianischer Zeit und ist von einem schönen Garten umgeben. Am Marktplatz steht außerdem eine Statue, die an Gainsborough erinnert.

Gainsborough's House: Mo–Sa 10–17 Uhr. £ 4.60, erm. £ 3.60, £ 2, Familien £ 10. Di nachmittags frei. ✆ 01787/372958; www.gainsborough.org.

● *Information* **Tourist Information Centre**, Town Hall, Market Hill, Sudbury, Suffolk CO10 1TL, ✆ 01787/881320, 🖷 01787/374314, sudburytic@babergh.gov.uk. www.south andheartofsuffolk.org.uk. Das dahinter liegende, neue **Heritage Centre** in der Gaol Lane dient heute als Stadtmuseum und zeigt vor allem Fotos von Sudbury aus vielen Epochen. Mo–Sa 10–16 Uhr, Eintritt frei.

● *Bootstouren* Boot fahren auf dem Stour kann man an Sonn- und Feiertagen von April bis Okt.; am Granary-Kunstzentrum in der Quay Lane legt die „Rosette" sonntags um 11 Uhr zum Swan Pub in Henny ab (zurück 14 Uhr), £ 12.50, erm. £ 7. Auch halbstündige Flussfahrten. **The River Stour Trust**, Pubfahrt unbedingt vorher buchen unter:

✆ 0844/8005015; www.riverstourtrust.org.

● *Schwimmbad* **Kingfisher Leisure Centre**, Pool mit Kunststrand und Wellenmaschine, Saunabereich und Café, Mo–Fr 6.30–22 Uhr, Sa 7–19 Uhr, So 8–17.30 Uhr. ✆ 01787/375656; www.ssleisure.co.uk.

● *Kultur* **Quay Theatre**, Comedy, Drama, Konzerte, Film und Kunstausstellungen stehen hier auf dem Programm. In der Bar gibt es auch Speisen. Quay Lane, CO10 2AN, ✆ 01787/374745; www.quaytheatre.org.uk.

● *Einkaufen* Seidenstoffe und -produkte kann man im Fabrikladen kaufen: **Stephen Walters & Sons**, Di u. Sa 10–15 Uhr, Mi–Fr 10.30–16.30 Uhr. Sudbury Silk Mills, Cornard Road, CO10 2XB, ✆ 01787/372266; www. stephenwalters.co.uk.

● *Camping* **Clockhouse Farm Caravan Park**, ruhiger Campingplatz mit 25 von Bäumen begrenzten Stellplätzen mit Blick über das Stourtal. Anfahrt von der A 134 bei Long Melford links auf die A 1092 Richtung Clare. Nach 3 km rechts auf die B 1065 Richtung Glemsford und nach 1,6 km bei Tye Green links. £ 10 für Caravans und Zelte mit 2 Personen. Cavendish Lane, Glemsford, Sudbury, Suffolk CO10 7PZ, ✆ 01787/280257, www.clockhousefarmcaravanpark.co.uk.

Thomas Gainsborough

Thomas kam im Frühjahr 1727 als jüngstes von neun Kindern eines Wollkreppwebers zur Welt. Schon als kleiner Junge liebte er es, seine Umgebung in Bildchen und Skizzen festzuhalten. Mit vierzehn erlaubte ihm der Vater, nach London bei einem Kupferstecher in die Lehre zu gehen. Gleichzeitig studierte er Malerei an der Akademie. Nach seiner Heirat siedelte er nur knapp zwanzigjährig mit seiner jungen Braut Margaret Burr nach Ipswich über, um 1759 auf Empfehlung seiner Gönner nach Bath zu gehen. Dort stieg er zum Modemaler der High Society auf, lernte nebenher mehrere Musikinstrumente spielen und bildete sich in den Schlössern seiner Mäzene an den alten Meistern weiter.

Gainsborough gilt gemeinhin als Vater der englischen Landschaftsmalerei, auch wenn er sein Glück als Porträtmaler machte. Sein Lebenswerk umfasst um die 800 Porträts, er galt als lässig, ja sogar als ein wenig faul, denn allzu oft mussten die Auftraggeber auf ihre Konterfeis lange warten. Seinem Erfolg tat das keinen Abbruch, traf er doch den Geist der Zeit, indem er seine Menschen nicht mehr starr vor eine klassische Kulisse stellte, sondern sie in eine gefühlvolle Landschaft einbettete. Lebenslang verband ihn eine Rivalität mit seinem Zeitgenossen Sir Joshua Reynolds. Beide wurden Gründungsmitglieder der Royal Academy, Reynolds sogar ihr Präsident und offizieller Hofmaler Georgs III. Beim Rest des Adels jedoch blieb Gainsborough der Favorit. An seinem Totenbett zollten sich die Konkurrenten gegenseitigen Respekt: Gainsborough bat ausdrücklich um Reynolds Anwesenheit, woraufhin dieser ihn posthum in seinem Traktat „14th Discours" in höchsten Tönen lobte.

Long Melford

Nur einen Katzensprung nördlich von Sudbury liegt Long Melford. Über drei Kilometer zieht sich die Hauptstraße durch den Ort, eingerahmt von sehenswerten Fachwerkhäusern. Auch diese Stadt wurde im Mittelalter durch die Wollverarbeitung sehr wohlhabend. In den alten Häuschen auf der Hauptstraße befinden sich heute viele Antiquitätengeschäfte.

Auf einem Hügel am Rande des Ortes liegt die riesige *Holy Trinity Church*, die von reichen Textilkaufleuten in den Jahren von 1460–96 finanziert wurde. Sie wurde im Perpendicular-Stil errichtet und wird durch zahlreiche farbenprächtige mittelalterliche Fenster erhellt. Zum Teil sind diese Fenster mit Glasmalereien flämischer Künstler verziert. Zwischen Mai und September gibt es hier jeden Mittwoch Lunchtime-Konzerte.

Am nördlichen Ende der Hauptstraße befindet sich *Melford Hall*, ein Herrenhaus aus der Tudorzeit, das von dem Parvenü Sir William Cordell, einem der Rechtsberater Heinrichs VIII. und späterem Master of the Rolls Königin Elisabeths, um 1560 erbaut wurde. Das rote Backsteingebäude hat mehrere Türmchen mit kuppelartigen Aufsätzen. Im Inneren kann man neben dem Bankettsaal, einer Bibliothek und zahlreichen Familienporträts u. a. Gemälde der Künstlerin Beatrix Potter bewundern, einer entfernten Verwandten der Familie. Auch der angrenzende Park ist einen Rundgang wert.

Mit *Kentwell Hall* besitzt die Stadt noch ein weiteres Herrenhaus aus der Tudorzeit, das sogar einen Burggraben vorweisen kann. Im Sommer finden hier Kostümfestspiele statt, die das Leben der Tudorzeit wieder heraufbeschwören. Auf dem Gelände gibt es außerdem ein Café und einen Geschenkshop, einen zweidimensionalen Irrgarten aus Backsteinpflaster sowie eine Musterfarm mit seltenen Tierarten. Kentwell ist seit 1971 in Privatbesitz der Phillips Familie.

● *Öffnungszeiten* **Melford Hall**: Mai–Sept. Mi–So 13.30–17 Uhr, Ostern täglich. April u. Okt. nur Sa/So. £ 6.30, erm. £ 3.15, Familien £ 15.50 für Haus, Garten und Park (NT), ✆ 01787/379228; melford@nationaltrust.org.uk. **Kentwell Hall**: Zu unregelmäßigen Zeiten geöffnet, daher empfiehlt sich ein Anruf oder Blick auf den Kalender der Webseite. Unterschiedliche Eintrittspreise, je nach Events. Kostümfestspiele an verschiedenen Wochenenden im Sommer, bitte ebenfalls vorher anrufen. £ 9.40, erm. £ 8.30, Kinder £ 6.10. ✆ 01787/310207, www.kentwell. co.uk.

● *Übernachten/Essen/Trinken* **The Black Lion Hotel & Restaurant**, sehr schicke Zimmer und ausgezeichnetes Essen 10 Minuten vom Zentrum. B & B im EZ ab £ 102, DZ ab £ 157. The Green, CO10 9DN, ✆ 01787/ 312356, ✆ 01787/374557, www.blacklionhotel. net.
8 Kilometer westlich in Cavendish wohnt es sich sehr viel günstiger im **The George**, einem gemütlichen Hotel aus dem 16. Jahrhundert mit freigelegten Balken und prasselndem Kamin. DZ £ 75–95. The Green, Cavendish, CO10 8BA, ✆ 01787/ 280248; www.thecavendishgeorge.co.uk.

Clare

Zehn Kilometer westlich von Long Melford geht es in Clare weit weniger touristisch zu, obwohl auch dieses Wollstädtchen eine attraktive mittelalterliche High Street und im Country Park die Ruinen einer normannischen Burg zu bieten hat. Die einstige Feste der Grafen de Clare ist ein idealer Picknickplatz. Über eine Fußgängerbrücke kommt man zur anderen Seite des Flusses, wo sich das erste Augustinerkloster Englands (1248 von Richard de Clare gegründet) befindet, oder vielmehr was davon übrig ist. 1953 zogen hier wieder Mönche ein, und die Klosterkirche dient als Gemeindekirche der Katholiken der Region. Man kann sich, wenn man denn will, hier auch als Laie zum Gebet und zur Einkehr zurückziehen, am katholischen Gottesdienst teilnehmen oder einfach nur den wunderschönen Park, die Kirche und die Abteiruinen mit dem Shrine of Our Lady im ältesten Teil besichtigen.
Clare Priory: Ashden Road, CO10 8NX, Eintritt frei. Messen Mo–Sa 10 Uhr, So 8 und 10 Uhr. Handwerkermesse am zweiten Wochenende im Juli, ✆ 01787/277326; clare.priory@ virgin.net; www.clarepriory.org.uk.

Lavenham

An der A 1141 nordwestlich von Sudbury liegt inmitten von Feldern **Lavenham**, wo sich der Besucher ins Mittelalter zurückversetzt fühlt – Englands Rothenburg ob der Tauber ist ein Gewirr von bunten Cottages, Antiquitätenläden, versteckten Tearooms und uralten Pubs. Die Fachwerkhäuschen des Ortes gehören zu den besterhaltenen in ganz England, 300 von ihnen sind denkmalgeschützt. Zur Zeit Heinrichs VIII. gehörte Lavenham zu den wohlhabendsten Orten im Lande. Im Laufe der Jahrhunderte wurden in dieser „Old Drapery Town", der alten Tuchhan-

Lavenham: hauptsächlich Fachwerk

delsstadt, alle Arten von Textilien hergestellt. In der Blütezeit im 15. Jahrhundert fertigten die Weber von Lavenham pro Jahr bis zu 50.000 m² bestes Tuch; die letzte Weberei schloss erst im Jahr 1930.

Das Rathaus (Guildhall *of Corpus Christi*) aus dem Jahr 1502 dominiert den Marktplatz des Ortes. Im Laufe der Jahrhunderte wurde es als Gefängnis und Armenhaus genutzt, daher ist das Innere nicht mehr ganz authentisch, es finden sich aber noch einige Friese und Schnitzereien. In dem heute hier untergebrachten *Historischen Museum* kann man einiges über die lange Geschichte der Textilindustrie lernen und sich u. a. einen alten Webstuhl anschauen. Im Garten des Hauses werden Pflanzen angebaut, die damals zum Färben der Wolle benutzt wurden. Angeschlossen sind ein Café und ein Laden.

Little Hall, die ehemalige Bleibe eines Wollhändlers, befindet sich ebenfalls am Marktplatz und stammt aus dem 15. Jahrhundert. Das Haus wurde in den 1930er-Jahren komplett restauriert und kann besichtigt werden.

Ebenfalls sehenswert ist die *Lavenham Church* im Perpendicular-Stil, die einen besonders hervorstechenden Turm hat. Sie ist eine der vielen Kirchen, die durch den Wollreichtum finanziert wurden.

● *Information* **Tourist Information Centre**, Lady Street, Lavenham, Sudbury, Suffolk CO10 9RA, ✆ 01787/248207, www.lavenham. co.uk oder www.discoverlavenham.co.uk, lavenhamtic@babergh.gov.uk.

● *Öffnungszeiten* **Historisches Museum im Rathaus (Guildhall)**: April–Okt. Tgl. 11–17 Uhr, März Mi–So 11–16 Uhr, Nov. nur Sa und So 11–16 Uhr. £ 3,90, erm. £ 1.60, Fami-

lien £ 9.50 (NT). ✆ 01787/247646.
Little Hall: April–Okt. Mi, Do, Sa, So 14–17.30 Uhr, feiertags schon ab 11 Uhr. £ 3, Kinder frei. ✆ 01787/247019; info@littlehall. org.uk; www.littlehall.org.uk.

Lavenham Church: Im Sommer 8.30–17.30 Uhr, im Winter bis 15.30 Uhr. ✆ 01787/247244.

● *Stadtführungen* Ein Walkman für eine Audio-Führung ist in der Apotheke auf der

High Street erhältlich. Lavenham Pharmacy, 3 High Street. Preis: £ 5. Für £ 3 kann man an einer Führung teilnehmen, Start ist die Touristeninformation, Sa 14.30 Uhr und So 11 Uhr.

● *Fahrradverleih* **The Hall**, Farmhouse mit B & B und Self-Catering. Gäste haben Vorrang, daher besser vorher anrufen; £ 12/ Tag. Milden nahe Lavenham, CO10 9NY, ☎ 01787/247235; www.thehall-milden.co.uk.

● *Wandern* Der Lavenham Railway Walk führt über 8 km bis nach Long Melford.

● *Übernachten/Essen/Trinken* **Swan**, schickes Hotel in einem historischen Haus aus dem 14. Jh.; hier nahm Glenn Miller seinen letzten Drink, bevor er 1944 über dem Ärmelkanal mit dem Flugzeug abstürzte. EZ ab £ 95 B & B, £ 125 B & B + Dinner, DZ ab £ 135 B & B, £ 165 mit Dinner. Nach Specials fragen. High Street, CO10 9QA, ☎ 01787/

247477, ☎ 01787/248286, www.theswanatlavenham.co.uk.

Angel Hotel, ein restauriertes historisches Gebäude mit eigenem Restaurant. EZ ab £ 80, DZ ab £ 95, Wochenende zwei Nächte mit Dinner £ 275/Zimmer. Market Place, CO10 9QZ, ☎ 01787/247388, ☎ 01787/248344, www.maypolehotels.com/angelhotel/index. html.

Erindor, die Gastgeberin Dinah James ist Blue-Badge-Reiseleiterin und gibt wertvolle Tipps. Ein gemütliches Zimmer als DZ £ 65, EZ £ 55, 2 Nächte Mo–Fr £ 100. 36 High Street, CO109PY, ☎ 01787/249198; www.erindor.co.uk.

Scutchers, ein Bistro mit Charme und lokalen Zutaten, moderne britische Küche. So u. Mo Ruhetage. Westgate Street, CO10 9DP, ☎ 01787/310200; www.scutchers.com.

Southwold

Wenn man von der A 12 rund sieben Kilometer nördlich von Dunwich abbiegt, fährt man durch Marschland und Heide immer auf einen weißen Leuchtturm zu. Dieser überragt einen Sandstrand mit bunten Strandhütten, die inzwischen für mehrere zehntausend Pfund den Besitzer wechseln. Southwold gilt als Ort ohne große Sehenswürdigkeiten, und deshalb fahren die meisten Touristen daran vorbei. Das ist auch gut so, denn die Bewohner haben lange und verbissen gegen die touristische Erschließung des ehemaligen Fischerdorfes gekämpft. So konnte sich der Ort viel seiner Ursprünglichkeit bewahren und präsentiert sich dem Besucher erfrischend unprätentiös. Das merkt man u. a. am Pier, der ausnahmsweise geschmackvoll daher kommt und ganz ungewöhnliche Unterhaltung bietet. Londonern ist der nostalgische Charme Southwolds ebenfalls nicht verborgen geblieben, und so haben vor allem Kreative und das Medienvolk gerne hier ein Ferienhaus. Auch Künstler hat der Ort schon lange angezogen, ein bekannter Bewohner war Charles Rennie Mackintosh.

Es riecht nach Hopfen, Malz und Meer, denn Southwold ist das Zuhause der Adnams Brewery. Deren cremiges Ale wird in den vielen Pubs ausgeschenkt, zum Beispiel im „Swan Hotel" am Marktplatz im Zentrum oder im „Red Lion" am South Green.

Die Entwicklung von Southwold zum Seebad begann schon Ende des 18. Jahrhunderts, als sich der Landadel Regency-Villen auf die Klippen baute. Zu einem echten Modebad stieg Southwold jedoch nie wirklich auf, was die Stadtväter nicht davon abhielt, auch hier den obligatorischen Pier ins Wasser zu stellen. Nach Sturmschäden konnte er erst vor kurzem wieder eröffnet werden. Die Einheimischen treffen sich zum Billard- oder Kartenspiel im *Sailor's Reading Room*. Das klitzekleine *Maritime Museum* dort wurde als Denkmal für einen Kapitän von dessen Witwe eingerichtet. Sie hatte dabei die trügerische Hoffnung, die Seeleute zum Lesen an- und vom Trinken abzuhalten. Zu sehen gibt es vergilbte Fotos von lange verstorbenen Fischern, Berichte über Sturmfluten, Schiffsfiguren, Schiffsuhren und Schiffsmodelle.

Das **Heimatmuseum**, das in einem kleinen Häuschen aus dem 17. Jahrhundert untergebracht ist, dokumentiert interaktiv und mit vielen Filmausschnitten die Ge-

Ostengland
Karte S. 415

schichte des Ortes, vor allem eine Seeschlacht von 1672, als hier in Southwold die britische und die holländische Flotte blutig aufeinander trafen. Neben der RNLI Lifeboat Station geht es im **Alfred Corry Museum** ebenfalls um heroische Taten zur See, und zwar die der Mannschaften des Seenotrettungsbootes gleichen Namens.

• *Information* **Tourist Information Centre**, 69 High Street, Southwold, Suffolk IP18 6DS, ☎ 01502/724729; 📠 722978; southwold. tic@waveney.gov.uk; www.visit-sunrisecoast. co.uk. oder www.exploresouthwold.co.uk.

• *Öffnungszeiten* **Southwold Museum**: 9–11 Victoria Street. Aug. tgl. 10.30–12 Uhr und 14–16 Uhr, Rest des Jahres nur 14–16 Uhr. Eintritt frei; ☎ 01502/726097; www.southwoldmuseum.org.

Sailor's Reading Room: East Cliff, IP18 6EL; Die unregelmäßigen Öffnungszeiten bitte in der Touristeninformation erfragen.

Alfred Corry Museum: unregelmäßige Öffnungszeiten, Mi geschl., Eintritt frei. Ferry Road, IP18 6NG, ☎ 01502/723200

• *Veranstaltungen* Seit 1983 gastiert hier von Mitte Juli bis Mitte Sept. das **Jill Freud and Company Summer Theatre**. 21 Schauspieler, zehn Studenten und zehn Techniker bringen alljährlich fünf Stücke auf die Bühne. St Edmund's Hall, Cumberland Road, ☎ 01502/722389.

• *Kino* **Eletric Picture Palace**: 68 Plätze hat dieses altbackene Kino, ein Nachbau aus der Edwardianischen Epoche. Tickets: £ 5–6. Blackmill Road, ☎ 07815/769565.

• *Bootfahren* **Coastal Voyager** bietet vom Harbour aus alles: adrenalinhaltige Sea Blast Trips, eine gemütliche Flussfahrt bis hin zum Robbengucken. ☎ 07887/525082; www.coastalvoyager.co.uk.

• *Übernachten* **The Swan Hotel**, wunderschönes mittelalterliches Haus, gehört der Adnam Brauerei. 42 Zimmer, einige davon nach hinten raus um einen Bowlingrasen gruppiert. B & B im EZ £ 95, DZ £ 135–210. Market Place, IP18 6EG, ☎ 01502/722186, www.adnams.co.uk/stay-with-us/the-swan.

Amber House, vier frisch renovierte Zimmer in einem viktorianischen Haus, drei mit Blick auf die Seafront und den Pier. DZ £ 80–100. 24 North Parade, IP18 6LP, ☎ 01502/723303, www.amberhouse.southwold.info/.

• *Camping* **Harbour Campsite**, 130 Plätze direkt an einem Sandstrand nur 2,5 km südlich von Southwold. April–Okt., £ 10. Eine Fähre fährt von Mai bis Okt. über den Fluss Blythe nach Walberswick. Um die Ecke am Nordufer gibt es einen super Fish-'n'-Chips-Stand. Ferry Road, P18 6ND, ☎ 01502/722486.

• *Essen/Trinken* **Sutherland House**, gutes Restaurant in einem Stadthaus-Hotel aus dem 15. Jh., das einst Hauptquartier Jakobs II. während der Seeschlacht von Sole Bay war. Überwiegend Fisch auf der Speisenkarte. Sandwiches ab £ 5.95. 56 High Street, ☎ 01502/724544; www.sutherlandhouse.co.uk.

Mrs T's Fish'n'Chips (ehem. Christina Cara Fish Shop), die hiesigen Fish'n'Chips wurden durchs Fernsehen berühmt. Exmodel Twiggy führte zu diesem Imbiß, der seither boomt und auch ein Restaurant eröffnet hat. Blackshore Quay, Southwold Harbour, ☎ 01502/724709.

The Lord Nelson („Nellie"), gemütliches Pub mit Biergarten und gutem Essen. Beliebt bei Einheimischen und Touristen. East Street, IP18 6EJ, ☎ 01502/722079; www. thelordnelsonsouthwold.co.uk.

Umgebung von Southwold

Walberswick: Der entzückende kleine Ort Walberswick liegt weniger als zwei Kilometer südlich von Southwold und ist entweder über die Fußgängerbrücke über den River Blythe oder mit der Fähre zu erreichen. Walberswick war 650 Jahre lang ein geschäftiger Handelshafen, von dem aus Käse, Schinken, Korn, Holz und Fisch vorwiegend nach London verschifft wurden. Noch heute kann man im Hafen frischen Fisch kaufen. Die Idylle wird nur einmal im Jahr im August gestört, wenn die British Open Crabbing Championships hier stattfinden. Die Teilnehmer haben dann genau 90 Minuten Zeit, die schwerste Krabbe vor Ort zu fangen.

• *Fähre* Juni bis Aug. täglich jede halbe Stunde von 10–12.30 Uhr und 14–17 Uhr, Ostern bis Mai nur am Wochenende. Preis: £ 0.80 für Personen und Fahrräder.

• *CrabbingChampionships* Informationen unter ☎ 01502/722359; www.explorewalberswick.co.uk/crabbing.

Newmarket – auf dem Rücken der Pferde – The National Stud

Ein Sprichwort besagt, in England sei Pferderennen ein Sport, in Frankreich Unterhaltung und in Amerika Geschäft. Das eine muss ja aber das andere nicht ausschließen. Seit Jakob I. hier für die regelmäßige Teilnahme an den Pferderennen einen Palast hat bauen lassen und Karl II. hier sein eigenes Gestüt gründete, heißt die Hochburg des englischen Turfs „Newmarket". In diesem kleinen Ort in Suffolk wohnen nur 6.000 Einwohner (100 davon sind Tierärzte!), aber 7.000 Pferde, und die Kneipen heißen „Zum Hufeisen" oder „Zum Rennpferd". Jeder vierte Einwohner hat beruflich mit Pferden zu tun, es gibt 72 Rennställe sowie den National Stud, wo die Queen ihre Stuten decken lässt und die Rothschilds oder Aga Khan ihre Pferde trainieren. Newmarket ist Sitz des *National Horseracing Museums* sowie des Jockey Clubs, dem größten Grundbesitzer des Ortes. Der Turf von Newmarket wartet mit der längsten und breitesten Geraden aller englischen Rennstrecken auf, und zwei der fünf bedeutendsten klassischen Galopprennen (Derbys) werden hier ausgetragen. Die Rennsaison beginnt nicht etwa im berühmteren Ascot oder Epsom, sondern sie startet im Mai in Newmarket (Infos unter www.newmarketracecourses.co.uk). In einem Jahr werden für rund acht Milliarden Pfund Wetten abgeschlossen (seit 1961 sogar legal), und in einem Rennen streicht der Sieger bis zu 7,5 Millionen Pfund Preisgeld ein. Kein Wunder, dass man für einen Zuchthengst aus gutem Stall mitunter fünf Millionen Pfund zu bezahlen hat. Der Sport muss also keinesfalls die Unterhaltung und das Geschäft ausschließen, wie der Engländer erfolgreich beweist.

National Horseracing Museum, März–Okt. tgl. 11–16.30 Uhr. £ 6, erm. £ 5, Kinder £ 3, Familien £ 13; www.nhrm.co.uk. **National Stud**, Febr.–Sept. Führungen 11.15 und 14 Uhr, im Okt. nur 11.15 Uhr. £ 7, erm. £ 5, Familien £ 20. ✆ 01638/666789; www.nationalstud.co.uk.

Ostengland
Karte S. 415

Grafschaft Norfolk

Die Grafschaft Norfolk ist vor allem dafür bekannt, dass sie abgeschieden und besonders flach ist. So flach, dass man an einem klaren Tag die Türme von Leningrad sehen könne, witzelte einst der Komödiant Noel Cowards.

Im Mittelalter eine der am dichtesten besiedelten Grafschaften Englands, ist das Norfolk von heute dünn besiedelt und gilt als „backwater" (rückständig). Reetgedeckte Feuersteinkaten, Windmühlen, einspurige Landstraßen und meilenweite, menschenleere Marschen machen die Landschaft aus. Im Westen liegen Lavendelfelder und im Osten isst man die Bücklinge von Great Yarmouth. Die Küste mit ihren Sandbänken und Strömungen, Sturmfluten und bröckelnden Klippen allerdings ist so tückisch wie malerisch, am schönsten wird sie ganz im Norden. Noch immer gibt es in Norfolk fast 500 größere und kleinere Landsitze des alteingesessenen Landadels und selbst die Königin hat hier ein Landschloss: Sandringham. Einzige Industrien von Norfolk sind die Erdgasfelder und die Raffinerien von Bacton, nördlich der Broads.

Der Marktplatz von Norwich

Norwich

Vom St James' Hill im Osten der Stadt schweift der Blick über das historische Norwich im Herzen von Norfolk mit seinen 33 mittelalterlichen Kirchen. Außer London gibt es in ganz England keinen Ort, der so viele Gotteshäuser aus dieser Zeit aufweisen kann. Entsprechend heißt es, dass Norwich einst einen Pub für jeden Tag und eine Kirche für jeden Sonntag des Jahres gehabt haben soll.

Überragt wird die Szenerie von der normannischen *Kathedrale*, deren spitzer Turm sich 96 Meter in den Himmel reckt. Dahinter lässt sich gleich *Norwich Castle* ausmachen, in dem heute ein Museum untergebracht ist. Romantisch sind Spaziergänge durch die engen Kopfsteinpflastergassen der Altstadt, die es mit York als besterhaltenem mittelalterlichem Kleinod durchaus aufnehmen kann. Es geht vorbei am lebhaften Markt und durch historische Straßen wie *Elm Hill*. Stilvolle Tearooms und urige Pubs versüßen den Aufenthalt.

Obwohl die Stadt heute der Verkehrsknotenpunkt der Region ist und sich viele neue Hightechunternehmen hier angesiedelt haben, hat sie sich mit ungefähr 130.000 Einwohnern eine angenehme Größe bewahrt. Eines der wenigen Industrieprodukte aus Norwich ist der berühmte *Colman's Mustard*, der einen ganz besonders pikanten Geschmack hat und von dem man sich unbedingt ein Glas mit nach Hause nehmen sollte. Er wird hier schon seit 1804 produziert.

Norwich ist außerdem ein idealer Ausgangspunkt, um das riesige Marschland *Norfolk Broads* und die einsame Nordseeküste zu erkunden. Eine Stunde Busfahrt trennt Norwich von *Great Yarmouth*. Und auch nach *Cromer* dauert die Reise nicht viel länger.

Als Prägung auf Silbermünzen von König Aethelstan I. (10. Jahrhundert) tauchte der Name „Northwic" (= Nordstadt) zum ersten Mal auf. Doch schon zuvor siedelten hier am Fluss Wensum die Angelsachsen und standen mit Flandern und Frankreich in regen Handelsbeziehungen. Mit der normannischen Eroberung erfuhr Norwich einen weiteren Aufschwung, und gegen Ende des 11. Jahrhunderts zählte die Stadt zu einer der größten in ganz England. Ein Bischofssitz wurde hierher verlegt, und man errichtete eine Burg und eine Kathedrale. Beide Gebäude prägen noch heute das Bild der Innenstadt. Die Stadt gelangte durch die Textilfertigung zur Blüte; das hier produzierte grobe Gewebe war als *worsted* bekannt. Eine Zuwanderungswelle flämischer Weber im 14. und 15. Jahrhundert begünstigte diese Entwicklung. Erst im 19. Jahrhundert verlagerte sich die Textilproduktion in den maschinell weiterentwickelten Norden, so dass die Einnahmequelle versiegte. Der Maddermarkt erinnert dem Namen nach an die Pflanze, deren Wurzel die Tücher so schön rot gefärbt hat. Fishergate war der Ort, wo die wertvollen Ladungen des gesalzenen Herings aus der Nordsee entladen wurden, und bei Pottergate stand eine Tonbrennerei.

Eine der neueren Errungenschaften Norwichs ist die University of East Anglia, die in den 1960er-Jahren gegründet wurde und deren Zentrum für bildende Kunst durch eine Stiftung der Sainsbury-Familie ins Leben gerufen wurde.

Die Grafschaftshauptstadt ist auch Medienzentrum mit den wichtigsten Druck- und Verlagshäusern der Region. Das alteingesessene Verlagshaus Jarrold & Sons brachte 1877 ein Jugendbuch auf den Markt, das zum internationalen Bestseller wurde: „Black Beauty", die Geschichte eines Pferdes und seiner Besitzer. Die Autorin Anne Sewell konnte sich im Ruhm nicht mehr sonnen, nur fünf Monate nach der Veröffentlichung starb sie in Norwich.

Außerdem hat sich Norwich in den letzten beiden Jahrzehnten in ein Einkaufsparadies verwandelt. Neben der althergebrachten Fußgängerzone „Gentleman's Walk" und der „Royal Arcade", einem 1899 im Art-Nouveau-Stil umgebauten Hof einer Kutschstation, hat sich auch die „Castle Mall" mit Martin Burgess' „Gurney" Uhr, die an die Gründung der Barkleys Bank durch einen Sohn der Stadt erinnert, erfolgreich etabliert. Ihr folgte die „Riverside" rund um den Bahnhof und das Fußballstadion, wo ein Einkaufs- und Freizeitkomplex mit Nachtclubs und Kinos entstand, dann das gläserne „Forum" in der Innenstadt und zuletzt „Chapelfield", ein nagelneues Stadtviertel auf dem Gelände der ehemaligen Nestlé Fabrik mit mehr als 80 Designerläden und Dutzenden von Bars und Restaurants.

Eine Kuriosität der Stadt ist übrigens der örtliche Fußballclub, Norwich City, dessen Mannschaft wegen ihrer schreiend gelben Shirts „Kanarienvögel" getauft wurde. Kein gesetzter Herr amtiert hier als Vorstand, sondern eine Berühmtheit, die schon so manche gutbürgerliche Dinnerparty gerettet hat und nun das Erfolgsrezept für die Norwich City Spieler liefern will: Delia Smith, die Fernsehköchin der Nation.

*I*nformation/*V*erbindungen/*D*iverses

● *Information* **Tourist Information Centre**, im neuen Forum auf der Millennium Plain, Norwich, Norfolk NR2 1AW, ✆ 01603/213999, ✆ 01603/213990; tourism@norwich.gov.uk, www.norwich.gov.uk oder www.visit norwich.co.uk. Hier gibt es zahlreiche Pro-

spekte über Stadt und Region in verschiedenen Sprachen sowie Auskünfte und Informationsmaterial über die Norfolk Broads und Stadtführungen (Mai bis Okt., Termine bitte erfragen. Kosten: £ 4, erm. £ 1.50).

Ostengland Karte S. 415

● *Verbindungen* **Park & Ride** – Norwich hat 6 Park & Ride-Möglichkeiten, alle operieren ab 6.40 Uhr bis 19.30 Uhr, donnerstags bis 20.30 Uhr. Kosten: £ 2.

Bus – Der nagelneue und mit Architekturpreisen gekrönte Busbahnhof liegt in der Surrey Street. National Express fährt regelmäßig nach London (Liverpool Street, Fahrzeit 3 Std.) und Cambridge. King's Lynn und Peterborough werden vom First Excel Service X1 (Eastern Counties) bedient. Informationen über den örtlichen Nahverkehr erhält man im Traveline Shop, Castel Meadows, ✆ 0870/6082608, www.traveline.org.uk oder www.passengertransport.norfolk.gov.uk.

Zug – Züge aus London (alle 30 Min.; www. nationalexpresseastanglia.com), Cambridge, Peterborough und King's Lynn halten am Bahnhof in der Thorpe Road. Informationen unter ✆ 08457/484950. Busse 25 u. 35 fahren ins Zentrum. Erkundigen Sie sich nach einem Plusbus-Ticket für unbegrenzte Busfahrten in der Stadt.

Flugzeug – Norfolk International Airport, Flüge u. a. nach Manchester, Paris und Amsterdam, ✆ 01603/411923, www.norwich international.co.uk. Anfahrt mit Bus 27 vom Zentrum bis Hellesden. Von dort ist es ein kurzer Spaziergang.

Riverbus – Norwichs Wasserwege, die Flüsse Yare und Wensum, sind auch per Boot befahrbar: Gegenüber des Bahnhofs befindet sich der Thorpe Road Quay. Von dort kann man bis zum Elm Hill mitfahren. Preis: £ 4. Verschiedene Strecken zu verschiedenen Preisen, auch Bootsverleih und Rivercruises, Informationen über Norwich City Boats, ✆ 01603/701701, www.cityboats.co.uk.

Sightseeing Bus – Der rote Open-Top-Bus, verkehrt jede Stunde, April–Sept. tgl. 10.15–16.15 Uhr, Okt. nur Di–Sa. Kosten: £ 8, erm. £ 7, Kinder £ 4.

● *Märkte* Großer **Freiluftmarkt** (Mo–Sa) mit rund 200 Ständen am Market Place.

● *Post* 13–17 Bank Plain oder Castle Mall.

● *Waschen* **Express Cleaners**, 99–101 Dereham Road.

Kultur

● *Ausstellungen* **Sainsbury Centre for Visual Arts**, in dem modernen, von Sir Norman Foster gestalteten Gebäude aus dem Jahr 1977 sind zahlreiche Werke moderner Kunst ausgestellt (von Francis Bacon über Picasso bis Henry Moore), aber auch alte Kunstwerke. Alle Werke stammen aus der Sammlung der Familie Sainsbury, die das Museum stiftete. Constable Terrace (an der Universität), Di–So 10–17 Uhr, Mi bis 20 Uhr, Eintritt frei, ✆ 01603/593199, ✆ 01603/615035; www.scva.org.uk.

● *Kino* Picturehouse **Cinema City**, das Alternativkino, das in der Andrew's Street in einem mittelalterlichen Haus untergebracht ist, wurde jüngst auf drei Leinwände erweitert. Außer erstklassigen internationalen Filmen sowie Specials wie Opernübertragungen direkt aus der Metropolitan Opera in New York gibt es ein gutes Café und Restaurant (s. u.). ✆ 0871/7042053, www.cinema city.co.uk. Außerdem gibt es drei Multiplex Kinos, **Hollywood Cinema** im Anglia Square, das **Vue** im 5. Stock des Castle Mall Shopping Centre und das **Odeon Riverside**.

● *Musik* Klassische Konzerte gibt es in **St Andrew's and Blackfriar's Hall**, ✆ 01603/628477/www.standrewshall.co.uk, sowie im **Assembly House**, ✆ 01603/626402, www.

assemblyhousenorwich.co.uk. Manchmal finden Rockkonzerte im **Norwich Arts Centre** statt. Nirvana sind hier bei ihrer ersten UK-Tournee vor 87 Leuten aufgetreten. Auch Theater, Comedy, Media Installationen und Ausstellungen. St Benedicts Street, ✆ 01603/660352; www.norwicharts centre.co.uk. Sehenswert sind auch der Music Room und die Art Gallery im **King of Hearts**, einem alten Händlerhaus aus dem 15./16. Jahrhundert. Klassische Lunchtime-Konzerte und Ausstellungen von Gemälden und Skulpturen, 7–15 Fye Bridge Street, ✆ 01603/766129; www.kingofhearts.org.uk.

● *Theater* Über Theaterwelt und aktuelle Veranstaltungen klärt der Prospekt *Out and About* (kostenlos im Tourist Office) auf. In den Sommermonaten findet im Whiffler Theatre in der Burg Open-Air-Theater statt.

Norwich Playhouse, mitten in der Stadt gelegenes Theater, aufgeführt werden zeitgenössische Stücke und Comedy. Mit Caféterrasse. St George's Street, Theaterkasse: ✆ 01603/598598, www.norwichplayhouse. org.uk.

Maddermarket Theatre, angesehenes Theater, in dem Stücke britischer und internationaler Autoren aufgeführt werden. St John's Alley, ✆ 01603/620917; www.maddermarket.co.uk.

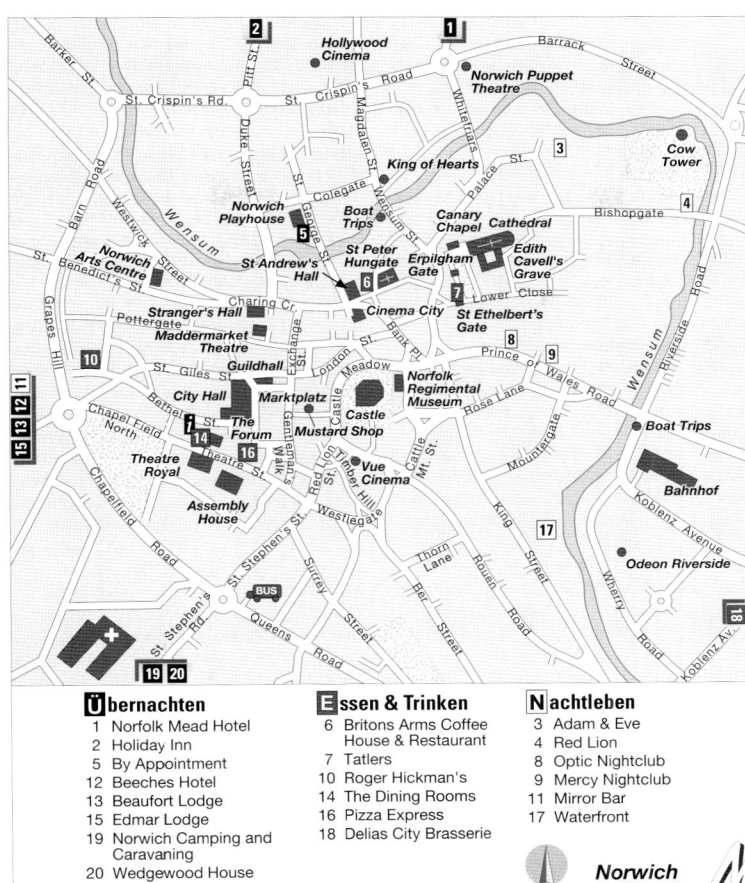

Ostengland
Karte S. 415

Übernachten

1 Norfolk Mead Hotel
2 Holiday Inn
5 By Appointment
12 Beeches Hotel
13 Beaufort Lodge
15 Edmar Lodge
19 Norwich Camping and
   Caravaning
20 Wedgewood House

Essen & Trinken

6 Britons Arms Coffee
   House & Restaurant
7 Tatlers
10 Roger Hickman's
14 The Dining Rooms
16 Pizza Express
18 Delias City Brasserie

Nachtleben

3 Adam & Eve
4 Red Lion
8 Optic Nightclub
9 Mercy Nightclub
11 Mirror Bar
17 Waterfront

Norwich

200 m

Norwich Puppet Theatre, für Kinder und Erwachsene gleichermaßen interessant, es werden auch Puppenbastelworkshops angeboten. St James, Whitefriars, ℡ 01603/629921; www.puppettheatre.co.uk.

Theatre Royal, hier kann man die Westend Musicals, Ballett und Pantomime sehen. Theatre Street, Theaterkasse: ℡ 01603/630000; www.theatreroyalnorwich.co.uk.

Übernachten

**** Holiday Inn (2), schickes, modernes Hotel mit Sportstudio und Swimmingpool, ideale Lage für Besuche in der Stadt und der Umgebung. DZ £ 60–140 (mit Internetzugang). Cromer Road, NR6 6JA, ℡ 0800/1813656 oder 01603/410544, ℻ 01603/789935,

www.hinorwich.com.

** Beeches Hotel (12), wer auf altenglischen Charme aus ist, aber gleichzeitig modernen Komfort möchte, ist hier richtig. Das Hotel besteht aus mehreren restaurierten historischen Häusern mit unterschiedlichen Preisen in einem wunderschönen Garten. Fußnähe zur Stadt. Schlichte DZ ab £ 39 in der Goveror's Lodge, Lusuxausstattung im Plantation House mit Blick über die Victoria Gardens ab £ 70 (ohne Frühstück). 2–6 Earlham Road, NR2 3DB, ☎ 01603/621167, 📠 01603/620151, www.beecheshotelnorwich.co.uk.

** The Norfolk Mead Hotel (1)**, im Stadtteil Colitshall (im Nordwesten der Stadt) am Fluss Bure gelegen. Umgebautes Landhaus aus der georgianischen Zeit, sogar mit Swimmingpool. DZ mit Frühstück £ 60–90/Person, EZ £ 80–100. Church Loke, Coltishall, NR12 7DN, ☎ 01603/737531, 📠 01603/737521, www.norfolkmead.co.uk.

By Appointment (5), hinter diesem seltsamen Namen steckt ein denkmalgeschütztes Haus aus dem 15. Jahrhundert mit viel Charme und 5 wunderschönen Zimmern, wenn man die enge Stiege erklommen hat. Gutes (theatralisch dekoriertes) Restaurant unten, nur Di–Sa abends, unbedingt vorbuchen. DZ £ 120–140. 25–29 George's Street, NR3 1AB, ☎ 01603/630730, www.byappointmentnorwich.co.uk.

Wedgewood House (20), kleines edwardia-

nisches Stadthotel in der Nähe aller Sehenswürdigkeiten, 12 Zimmer, alle ziemlich frisch renoviert. Auf der Hauptstraße A11. DZ mit Frühstück £ 55–85, EZ ab £ 45. 42 St Stephens Road, NR1 3RE, ☎ 01603/625730, 📠 01603/615035, www.wedgewoodhouse.co.uk.

Edmar Lodge (15), freundliche und saubere Familienpension, Zimmer etwas veraltet, etwa zehn Gehminuten vom Zentrum entfernt (oder Bus 26/27, alle 10 Min.). B & B im EZ £ 38–43, DZ £ 45–50, Familienzimmer ab £ 70. 64 Earlham Road, NR2 3DF, ☎ 01603/615599, 📠 01603/495599, www.edmarlodge.co.uk.

Beaufort Lodge (13), freundliches B & B in einem viktorianischen Haus gleich nebenan. 10 Zimmer: EZ £ 55–60, DZ mit Frühstück ab £ 70. 62 Earlham Road, NR2 3DF, ☎ 01603/667402, www.beaufortlodge.com.

● *Camping* **Norwich Camping and Caravaning (19)**, nahe der A 146 rund 1,5 Kilometer südlich des Stadtzentrums in der Martineau Lane in Lakenham mit eigenem Garten und Zugang zum Fluss für Angler. Ostern bis Okt., Zeltplatz £ 7 plus £ 5.80–8.90 pro Person. NR1 2RX, ☎ 01603/620060, www.campingandcaravaningclub.co.uk.

Essen/Trinken/Nachtleben (siehe Karte S. 453)

Im Stadtteil Tombland um die Kathedrale herum findet man die schicksten Bars und Cafés, in der Prince of Wales Road gibt es mehrere Nachtclubs. Gut besucht sind auch die Etablissements im Riverside Quarter, während die St Benedicts Street einen eher unkonventionelleren Charme versprüht.

Roger Hickman's (10), der Koch des einstigen Adelard's Restuarants mit Michelin Stern hat eine Edelgaststätte in Creme, schwarz und weiß eröffnet. Die Küche ist natürlich modern britisch, drei Gänge schlagen mit £ 35 zu Buche. Reservierung empfohlen. Di–Sa 12–14.30 Uhr und 19–22 Uhr. 79 Upper St Giles Street, NR2 1AB, ☎ 01603/633522; www.rogerhickmansrestaurant.com

Britons Arms Coffee House & Restaurant (6), stilvolles Haus aus dem Jahre 1420. Das dreigiebelige Fachwerk an der Ecke zum Elm Hill beherbergte einst ein Pub, heute ist es ein Café. Sandwiches, Kuchen, Tee und Kaffee. Spezialität des Hauses ist Fischpastete. So Ruhetag, im Winter auch Mo. 9 Elm Hill, NR3 1HN, ☎ 01603/623367.

Delias City Brasserie (18), Restaurant im Norwich Football Club, das Menü ist selbstredend zusammengestellt aus den 6.000 Rezepten der Fernsehköchin, die hier Vorstand ist. Regulär geöffnet nur Fr und Sa

abends ab 19 Uhr (3 Gänge £ 35). Oft auch Special events. Carrow Road, Norwich and Peterborough Stand, ☎ 01603/218704 Für schmalere Geldbeutel serviert das **Yellows** im Stil eines New York Diners Burger und Lunches ab £ 5 (So–Mi 11.30–22.30 Uhr, Do–Sa bis 23 Uhr; ☎ 01603/218209); www.deliascanarycatering.co.uk/restaurant.php.

The Dining Rooms (14), neues Restaurant in historischem Gebäudekomplex. Hier kocht Chris Barber, der schon für Prinz Charles in der Küche stand. Zwei Räume befinden sich im Kellergewölbe aus dem 14. Jahrhundert, einer im sog. Suckling House. Europäisch-englische Küche aus der Region wie Cromer Krebs und Gressingham-Ente. Auch eine Bar und Sitzplätze im neuen, überdachten Hof. The Picturehouse Cinema City, St Andrew's Street, NR2 4AD, ☎ 07504/356378; www.picturehouses.co.uk.

Solide und idyllisch: der Red Lion Pub

Pizza Express (16), preiswerte Pizza in dieser Filiale der bekannten Pizza-Kette. 15 St Benedict Street, ✆ 01603/622157.

Tatlers (7), hier diniert man auf zwei Etagen in einem viktorianischen Stadthaus nahe der Kathedrale. Gekocht wird wenn möglich mit lokalen Produkten, modern-avantgardistisch, aber anständige Portionen für faire Preise (2 Gänge £ 12). Mi–Sa 12–14 (express lunch) und 18.30–21 Uhr, Fr–Sa bis 12.45 Uhr. 21 Tombland, NR3 1RF, ✆ 01603/766670, www.butlersrestaurants.com/tatlers/index.html.

The Adam and Eve (3), wahrscheinlich ältester Pub von Norwich (13. Jh.). Liegt am nördlichen Anfang des Riverside Walk und war schon die Brauerei für die Bauarbeiter der Kathedrale. Sehr hübsch, deshalb etwas touristisch und überteuert. 17 Bishopgate, NR3 1RZ, ✆ 01603/667423. Authentischer geht es ein paar Häuser weiter im **Red Lion (4)** zu. Der Pub hat einen Biergarten am Fluss und serviert Sunday Roasts. 79 Bishopsgate, NR1 4AA, ✆ 01603/620154.

Mirror Bar (11), Hotelbar des Georgian House Hotels mit französischen Türen, die sich zum Garten hin öffnen. 30–34 Unthank Road, NR2 2RB, ✆ 01603/615655; www.mirrorbar.com.

Waterfront (17), einer der alteingesessenen Clubs der Stadt mit vielen Konzerten und DJ-Nächten. Betrieben wird er von der Studentengewerkschaft zusammen mit dem Council. 139–141 King's Street, NR1 1QH, ✆ 01603/508050, Programm unter www.ueaticketbookings.co.uk und www.waterfrontnorwich.com.

Mercy Nightclub (9), Riesen-Club mit Beschallung für jeden Musikgeschmack, von Dance über R'n'B bis zu Hip-Hop und Pop. Es gibt auch was fürs Auge, z. B. sexy Tänzer auf einem Glaspodium, und Gewinnspiele. 86–88 Prince of Wales Road, NR1 1NJ, ✆ 01603/627666; www.mercynightclub.com.

Optic Nightclub (8), der Club für etwas gehobenere Ansprüche, viel Dance und Pop, Turnschuhe nur wochentags erlaubt, Di u. So geschl., Mi Studentennacht. 50 Prince of Wales Road, NR1 1LL, ✆ 01603/617977; www.optic-club.co.uk.

Ostengland
Karte S. 415

Sehenswertes

Kathedrale: Die Kathedrale mit dem zweithöchsten Kirchturm Englands ist auch wegen ihrer im Sommer stattfindenden Konzerte ein kultureller Treffpunkt

Zweithöchster Kirchturm Englands – Norwich Cathedral

geworden. 1096 wurde mit dem Bau des Gotteshauses begonnen. Bischof *Herbert de Losinga* hatte den Bischofssitz von Thetford zuvor nach Norwich verlegt. Dieser Kirchenfürst war im Gefolge Wilhelms des Eroberers aus der Normandie nach England gekommen. Seinen Bischofsthron, der immer noch an seinem Original-standort in der Apsis hinter dem Altar steht, hatte er vom Festland mit hierher ge-bracht. Er ist heute der älteste erhaltene in England. Unter Losinga wurden Chor und Seitenschiffe im normannischen Baustil fertiggestellt, doch erst sein Nachfol-ger erlebte die Vollendung des Hauptschiffs. Der Grundriss des Bauplans entspricht der Kathedrale in Rouen. Der hohe Turm wurde im 14. Jahrhundert durch einen Sturm zerstört und im Jahr 1490 durch einen gotischen Steinturm ersetzt. Mit sei-nen 96 Metern Höhe ist der Kirchturm nach dem Turm der Kathedrale von Salisbury der zweithöchste in England. Auch im Inneren vermischen sich die Bau-stile: Das gotische Kreuzrippengewölbe ruht auf normannischen Säulen.

Vom Südschiff gelangt man zu den zweistöckig angelegten Kreuzgängen, die einzi-gen ihrer Art in England. Sie wurden um 1297 begonnen und erst um 1430 fer-tiggestellt. Auf den Zwischensteinen des Deckengewölbes befinden sich etwa 400 fein gemeißelte Abbildungen von religiösen Motiven, die man allerdings nur mit ei-nem Fernglas genau begutachten kann. In der Westwand sind noch das Waschbas-sin zu sehen und die Umrisse eines Bücherregals. Das Hospiz der Mönche ist heute die Chorschule.

Um die Kathedrale herum liegt die Domfreiheit (Cathedral Close), in der man spa-zieren gehen kann und auf das Jubilee Labyrinth trifft. Geht man zum Fluss Wen-sum hinunter, gelangt man zu *Pull's Ferry*, einem alten Fährhaus. Ein kleiner Kanal, auf dem Waren befördert wurden, führte früher bis zur Kathedrale. Am Fluss ent-lang in nördlicher Richtung gelangt man zur *Bishop Bridge* aus dem Jahr 1340, einer der wenigen noch erhaltenen Brücken aus dem Mittelalter.

Westlich der Kathedrale befindet sich das *Carnery College*, ehemals King Edward VI. School. Die Statue Lord Nelsons, des berühmtesten Schülers des College, steht gleich daneben.

12 The Close. Tgl. 7.30–18 Uhr (im Sommer bis 19 Uhr). Spende erbeten. Führungen Mo–Sa 11, 12, 13 und 14 Uhr. Zu empfehlen ist ein Lunch im neuen **Refectory Restaurant** mit spektakulärem Blick auf die Mauern des Kreuzganges.

Elm Hill: Durch das St Ethelbert's Gate aus dem Jahr 1272 gelangt man auf die Straße Tombland (bzw. Wensum Street) vor der Kathedrale. Vor der Brücke über den Fluss befindet sich die Anlegestelle des Riverbus und anderer Ausflugsboote. Hier zweigt auch Elm Hill ab. Dieses schmale, längliche Gässchen mit vielen Fachwerk- und Backsteinhäuschen, aber auch klassizistischen Gebäuden, in denen sich heute viele Boutiquen aneinander reihen, war einst eine geschäftige Durchgangsstraße. Über Kopfsteinpflaster geht es eine leichte Steigung auf den „Hügel" hinauf. Zur Blütezeit der Weberstadt Norwich im späten Mittelalter lebten in dieser Straße reiche Kaufleute, danach zogen hier Handwerker und Kleinbetriebe ein. Die Rückseite der Häuserzeile geht zum Fluss hinunter; hier befanden sich die Werkstätten und Warenlager sowie die Hinterhofhäuser der Arbeiter. Das Haus mit der Nummer 43 ist *Wright's Court*, das als einziges noch einen solchen Hinterhof besitzt. Den Namen bekam die Straße von den Ulmen (Elm Tree), die hier schon seit der Zeit Heinrichs VIII. wuchsen. Sie stehen allerdings schon lange nicht mehr hier. Im Kaffeehaus *Briton Arms* (vgl. Essen), das als einziges Haus die Feuersbrunst von 1507 überlebte, kann man bei einem Stück Kuchen die Atmosphäre genießen.

St Andrew's Hall/Blackfriars Hall: Nicht weit von hier (zwischen Elm Hill und St George's Street) stehen die St Andrew's Hall und die Blackfriars Hall. Früher einmal waren diese Hallen Hauptschiff und Chor einer Dominikanerkirche. Nach der Reformation wurde die Blackfriar's Hall als Versammlungs- und Festsaal der Stadt und die St Andrew's Hall zur Bewirtung königlicher Gäste genutzt. Heute ist hier die Akademie der bildenden Künste untergebracht. Da sich in der einstigen Krypta eine Coffee-Bar befindet, kann man sich die Hallen bei einem Tee von innen anschauen und u. a. im Chorgestühl der Blackfriars Hall Porträts verschiedener namhafter Bürger von Norwich betrachten. Dreimal jährlich findet hier außerdem ein Musikfestival statt.

Mo–Sa 7.30–16 Uhr, Coffee Bar 10–15.30 Uhr. ☏ 01603/627950; www.standrewshall.co.uk.

Bridewell Museum: Auf der Südseite der St Andrew's Street befindet sich eine kleine Gasse namens Bridewell Alley. Hier ist in einem ehemaligen Wohnhaus, das dann über Jahrhunderte als Gefängnis genutzt wurde, das Museum zur regionalen Industrie- und Handwerksgeschichte untergebracht.

Das Museum wird bis Sommer 2012 wegen Umbauarbeiten geschlossen sein.

Coleman's Mustard Shop: Der ganz dem viktorianischen Stil verpflichtete Mustard Shop in der Bridewell Alley Nr. 3 in der Royal Arcade beherbergt eine Ausstellung zur Senfherstellung. Eine große Auswahl an verschiedenen Senfsorten wird hier auch zum Kauf angeboten. Unternehmensgründer war Jeremiah Coleman, der 1804 mit der Produktion begann. Er verwendete Senfpflanzen, die auf den umliegenden Feldern angebaut wurden. Heute ist das Familienimperium marktführend in England und auch in anderen Bereichen der Lebensmittelherstellung tätig. Heute gehört Coleman's zu Unilever.

Mo–Sa 9.30–17 Uhr; ☏ 01603/627889, www.colemansmustardshop.com.

Ostengland
Karte S. 415

Marktplatz: Über die Lower Goat Lane gelangt man zum bunten Marktplatz der Stadt. Seit nunmehr neun Jahrhunderten wird hier Obst und Gemüse feilgeboten. Die Stände sind durch bunt gestreifte Markisen vor Regen geschützt. Am Platz stehen einige interessante Gebäude, so beispielsweise die *Guildhall* aus den Jahren 1407–1413, die über die Jahrhunderte hinweg als Gerichtsgebäude, Gefängnis und Tuchhalle diente und in der heute die Touristeninformation untergebracht ist. Die *City Hall* aus dem Jahr 1913 ist aus rotem Backstein im nordischen Stil erbaut; ihr Glockenturm dominiert den Platz. Die Kirche *St Peter Mancroft* im Perpendicular-Stil stammt aus der Mitte des 15. Jahrhunderts und besticht durch ihren spätgotischen Turm. Nach Osten zweigt die *Royal Arcade* vom Platz ab, die 1905 im Jugendstil erbaut wurde.

Theatre Royal und Assembly House: Vom Marktplatz aus in südwestliche Richtung gelangt man über die Theatre Street zum namhaften Theatre Royal (→ Kultur/Theater S. 453), in dem unterschiedlichste Hausaufführungen und Gastspiele stattfinden. Das benachbarte Assembly House wurde um 1754 errichtet. Hier wurden früher elegante Bälle und offizielle Empfänge veranstaltet.
Restaurant: 10–19 Uhr, So 10–15 Uhr, ✆ 01603/626402, www.assemblyhousenorwich.co.uk.

Norwich Castle: Über der Ostseite des Marktplatzes thront auf einem künstlichen Hügel die Burg, die der Earl of Norfolk in der zweiten Hälfte des 12. Jahrhunderts errichtete und wo Heinrich I. Weihnachten des Jahres 1121 verbrachte. Bereits vom 14. Jahrhundert an bis ins 19. Jahrhundert wurde das Gebäude als Gefängnis genutzt. Die heutige Fassade wurde von 1833 bis 1839 und nochmal im Jahre 2001 komplett restauriert, auch die Innenräume entsprechen nicht mehr der ursprünglichen Form. Heute ist hier ein Museum untergebracht. Ausgestellt sind Gegenstände, die die Stadt- und Burggeschichte dokumentieren, sowie Werke regionaler Landschaftsmaler aus dem 19. Jahrhundert. In der Archäologischen Galerie kann man die Widerstandskämpferin Boudicca auf einer virtuellen Kutschfahrt begleiten. Wer mehr von der Burg sehen will als nur das Museum, kann sich einer Führung anschließen (Battlements & Dungeon Tours, viermal am Tag).
Castle Meadow: Mo–Fr 10–16.30 Uhr, Sa 10–17 Uhr, So 13–17 Uhr. In den Ferien Mo–Sa 10–17.30 Uhr, So 13–17 Uhr. £ 6.20, erm. £ 5.30, Kinder £ 4.40, Mauertour £ 1.90 extra. ✆ 01603/493625, www.museums.norfolk.gov.uk.

University of East Anglia und Sainsbury Centre of Visual Arts: Etwa fünf Kilometer westlich des Zentrums (über die Earlham Road) liegen die Gebäude der University of East Anglia, die meisten davon von Denys Lasdun in den Jahren 1962–72 errichtet. Das Sainsbury Centre of Visual Arts, das von dem Architekten Sir Norman Foster 1974–78 erbaut wurde, erhebt sich am Rande des Universitätscampus. Das Innere dieses außergewöhnlichen Hallenbaus aus geschweißten Stahlrohren und Aluminium-Paneelen ist angefüllt mit sehenswerten modernen Kunstwerken, u. a. von Picasso. Außen stehen einige Skulpturen Henry Moores. Man findet allerdings auch ältere Artefakte aus südamerikanischen und ägyptischen Kulturen, Bronzefiguren aus der Römerzeit und sogar Eskimokunst. Dieses Museum entstand durch eine Stiftung von Sir Robert und Lisa Sainsbury (Inhaber der berühmten Supermarktkette) in den 1970er-Jahren. Sie wollten jungen Kunststudenten hier die Möglichkeit geben, Kunstwerke von einem sinnlichen, nicht nur von einem intellektuellen Standpunkt aus zu betrachten.
Di–So 10–17 Uhr, ✆ 01603/593199, www.scva.ac.uk. Eintritt frei. Gallery Café und Garden Restaurant identische Öffnungszeiten. Die Busse 22, 25 und 35 fahren vom Castle Meadow hierher.

The Forum und Fusion: Dieser moderne Glaspalast dominiert seit 2001 die Skyline von Norwich. Der hufeisenförmige Bau von Michael Hopkins wurde als Hauptbibliothek der Stadt in Auftrag gegeben, nachdem die alte 1994 abgebrannt war. In ihrem Archiv lagern wichtige Unterlagen der Amerikanischen Armee aus dem Zweiten Weltkrieg. Im Forum befinden sich außerdem die Touristeninformation, einige Cafés und Läden (etwa das Kaufhaus Jarrolds) sowie die *Fusion Digital Gallery*, die auf einem 24 Meter langen HD-Screen Installationen, Dokumentationen, Videos, Kunst und Filme lokaler Talente zeigt und einen umweltpolitischen und sozialintegrativen Anspruch erhebt.

Forum: 7–24 Uhr. Eintritt frei. **Fusion**: Mo–Sa 10–17 Uhr, Eintritt frei. ✆ 01603/727950.

Umgebung von Norwich

Blickling Hall: Über die A 140 in Richtung Norden gelangt man bei Aylsham zu dem Anwesen Blickling Hall. Gebaut wurde dieses beeindruckende Herrenhaus im frühen 17. Jahrhundert für Sir Henry Hobart, Lordoberrichter von Jakob I. Der rote Backsteinbau mit den kuppelartigen Aufsätzen auf den schmalen Seitentürmen erinnert an die nordische Architektur. Die jakobinische Stuckdecke in der Galerie des Ostflügels ist besonders sehenswert. Heute befindet sich in der Halle eine Bibliothek mit über 12.000 Büchern, viele davon sehr wertvolle alte Stücke. Das Anwesen besitzt natürlich auch einen wunderschönen Garten, ein Café und ein Restaurant. Man kann sich neuerdings in der Orchard Picnic Area ein Fahrrad ausleihen, um den Park zu erkunden.

Haus: Mitte Juli bis Anf. Sept. Mi–Mo 11–17 Uhr, sonst nur Mi–So, Nov.–Febr. geschl. **Garten/Shop/Restaurant**: Ende Febr. bis Ende Okt. tgl. 10.15–17.15 Uhr, sonst Do–So 11–16 Uhr. £ 9.30, erm. £ 4.60, Familien £ 18.50/£ 26., nur Garten £ 6.30, erm. £ 3.15. (NT). ✆ 01263/738030. **Fahrradverleih**: £ 5/2Std, ✆ 01263/738015.

Salle: Dreizehn Kilometer nach Westen kommt man nach Salle, wo einen schon von Weitem die Türmchen von Norfolks schönster Wollkirche St Peter and Paul begrüßen. Die Schlossherren von Blickling haben hier in ihr Seelenheil investiert, was an der Ausstattung abzulesen ist. Besonders schön sind der Deckel des Taufbeckens aus dem 15. Jahrhundert und die kostbaren Schnitzarbeiten aus Flora und Fauna an den Chorstühlen. Gerüchten zufolge soll Anne Boleyn, zweite Gemahlin Heinrichs VIII., hier begraben worden sein. Kopflos, so heißt es, spuke sie übrigens auch zu jedem Jahrestag ihrer Enthauptung in Blickling Hall, dessen Vorgängerbau der Sitz ihrer Ahnen war.

Ostengland
Karte S. 415

Norfolk Broads

Im Mittelalter gehörte das flache Land Norfolks zu den dichtestbesiedelten Gebieten Englands, heute kann man meilenweit spazieren gehen, ohne auf Menschen zu treffen.

Östlich von Norfolk, zwischen Norwich und der Küste, breitet sich eine riesige Marschlandschaft aus: die Norfolk Broads; seit 1989 wurden 303 Quadratkilometer davon zum Nationalpark erklärt. Fünf große Flüsse – Yare, Waveney, Bure, Ant und Thurne – sorgen für die Bewässerung des Gebiets und schaffen rund 320 Kilometer Wasserwege, die ideal zum Segeln und Rudern sind, ehe sie bei Great Yarmouth in die Nordsee fließen. Die Broads sind Englands größtes Feuchtgebiet und einer der letzten Zufluchtsorte vieler bedrohter Vogel- und Pflanzenarten. Vielleicht auch deshalb ist diese Region eines der beliebtesten Ferienziele in Ostengland.

Lange Zeit glaubte man, die Broads seien natürlich entstanden. Tatsächlich aber waren menschliche Eingriffe ausschlaggebend: Weil es in Norfolk kaum Holz gab, mussten schon die Römer auf einen anderen Brennstoff umsteigen. So wurde Torf gestochen. Die Sachsen und die Normannen schürten ihre Öfen ebenfalls mit Torf. Fast ganz Norfolk wurde so über Jahrhunderte hinweg von hier mit Heizmaterial versorgt. Als im 13. und 14. Jh. der Meeresspiegel anstieg, liefen die bis zu vier Meter tiefen Gräben voll Wasser, und die Broads entstanden. Heute leidet die Wasserqualität dieser künstlich entstandenen Landschaft unter den Folgen der Umweltverschmutzung, die bereits zum Aussterben vieler Tier- und Pflanzenarten geführt hat.

Wer das Gebiet erkunden will, kann dies am besten mit einem Hausboot tun. Über 200 Kilometer schleusenfreie Wasserstraßen stehen dem Urlauber zur Verfügung. Doch wird mittlerweile versucht, dem anwachsenden Tourismus entgegenzuwirken. Wie sich das auf den Bootsverkehr auswirken wird, bleibt abzuwarten. Einige Boote und Fähren sind inzwischen elektrisch, auf dem Barton Broad fährt das erste solarbetriebene Ausflugsboot, die „Ra", benannt nach dem ägyptischen Sonnengott. Eine andere beliebte Art zu reisen ist das Fahrradfahren auf dem gut ausgebauten Radwegenetz (man kann in fast allen Orten Fahrräder mieten). In dem Gebiet zwischen Norwich und Great Yarmouth finden sich zahlreiche kleine, hübsche Örtchen wie z. B. *Ranworth* nördlich der A 47. Auch *Heydon* im nördlichen Teil in der Nähe von Aylsham westlich der B 1149 ist eines der Bilderbuchdörfer. *Reepham* hat mittwochs einen beliebten Markt und ist ebenfalls so hübsch, dass hier zahlreiche Filme gedreht wurden, u. a. Agatha Christie's Poirot. Wer nicht so viel Zeit mitbringt: Am schönsten ist der nördliche Teil entlang der Flüsse Bure (z. B. das Örtchen *Coltishall* mit einer strohgedeckten Kirche am Dorfpark und vielen Antiquitätengeschäften sowie zwei Pubs direkt am Fluss), Ant und Thurne, wo man rund 50 Broads (der berühmteste ist der Hickling Broad) vorfindet. Nur dreizehn davon sind für Boote schiffbar. Einige der Dykes (Kanäle) werden allerdings nur in der Urlaubszeit geöffnet.

● *Broads Information Centres* **Broads Authority**, Dragonfly House, 2 Gilders Way, Norwich, Norfolk NR3 1UB, ✆/✉ 01603/610734, broads@broads-authority.gov.uk; www.broads-authority.gov.uk. Auch in der Touristeninformation von Norwich gibt es Unterlagen über die Broads und dort liegt das Besuchermagazin *Broadcaster* aus. Informative Webseiten sind www.enjoythebroads.com, www.discoverthebroads.com oder adayinthebroads.co.uk.

Beccles, Island Cottage, The Quay, Fen Lane, NR34 9BH, ✆/✉ 01502/713196; becclestic@broads-authority.gov.uk.

Hoveton (Wroxham), Station Road, NR12 8UR, ✆/✉ 01603/782281; hovetontic@broads-authority.gov.uk.

How Hill (Ludham), Toad Hole Cottage Museum, Ludham, NR29 5PC, ✆/✉ 01692/678763; toadholetic@broads-authority.gov.uk.

Potter Heigham, The Staithe, Bridge Road, NR29 5JD, ✆/✉ 01692/677016; potterheightamtic@broads-authority.gov.uk.

Ranworth, The Staithe, NR13 6HY, ✆/✉ 01603/270453; ranworthtic@broads-authority.gov.uk.

Broadlands Wildlife Centre, dieses schwimmende Zentrum bietet eine Ausstellung über das Ökosystem der Broads. Von hier aus kann man auch dem etwa einen Kilometer langen Lehrpfad folgen. Ranworth, The Staithe, April bis Okt. 10–17 Uhr, ✆ 01603/270479; www.norfolkwildlifetrust.org.uk/ranworth.aspx.

Withlingham Visitor Centre, Withlingham Lane, Trowse, NR14 8TR, ✆/✉ 01603/617332; withlinghamtic@broads-authority.gov.uk. Alle Touristeninformationen sind bei der Vermittlung von Unterkünften, Booten etc. behilflich.

• *Verbindungen* Die öffentlichen Verkehrs-anbindungen in den Broads sind leider nur unzureichend. **Züge** fahren von Norwich nach Wroxham, Reedham und Acle. **Busse** verbinden Norwich (Surrey Street) unregel-mäßig mit Wroxham, Harning, Potterheig-ham und anderen Dörfern. Täglich fährt ein National-Express-Bus von Norwich nach Wroxham.

• *Festivals* **Three Rivers Race** Anfang Juni. Regatta 45 Meilen entlang der Flüsse Ant, Bure und Thurne, organisiert vom Horning Sailing Club. **Festival of the Broads**, dritte Woche im September – eine Woche voller Veranstaltungen im ganzen Nationalpark, Schnitzeljagden, Ciderverkostungen u. v .m. www.discoverthebroads.com. **Gottes-dienst in den Ruinen von St Benet's Ab-bey** durch den Bischof von Norwich, immer erster Sonntag im August.

• *Ra Bootsausflug* Von Neatishead (A 1151) den Schildern nach Boardwalk folgen, das Solarboot fährt ab Gay's Staithe, Juni–Sept. tgl. 10, 11.30, 14 u. 15.30 Uhr, April, Mai u. Okt. nur an Wochenenden. ✆ 01603/782281.

• *Bootsausflüge (ein bis drei Stunden)* **Bec-cles** auf der Waveney Stardust, ✆ 07817/920502, www.waveneystardust.co.uk; **Great Yarmouth** auf der Southern Belle, ✆ 07906/020225; **Horning** auf dem Mississippi-Rad-dampfer, Mississippi River Boats, Poppy-field Barn/Shoals Road, Horning, ✆ 01692/630262; www.southerncomfort.co.uk; **Hor-sey** mit Ross River Trips, ✆ 01692/598135, www.rossrivertrips.co.uk; **Hoveton/Wrox-ham** mit Broad Tours, www.broads.co.uk, ✆ 01692/782207; **Ludham** am Ludham Bridge Boatyard, ✆ 01692/631011 und am Toad Hole Cottage Museum, How Hill, Electric Eel Wildlife Water Trail, 50 Minuten für 6 Personen, ✆ 01692/678763; **Potter Heigham** mit Broad Tours, www.broads.co.uk, ✆ 01692/670711.

• *Hausboote* **Hoseasons**, Lowestoft, bietet Hausboote an, vier Personen pro Woche ab £ 400 in der Hochsaison. Sunway House, Lowestoft, NR32 2LW, ✆ 0844/8471356, www.hoseasons.co.uk, tt@hoseasons.co.uk. Ein **Online Booking Service** für Bootsur-laube in den Broads ist www.easyroute holidays.com.

• *Bootsvermietungen* **George Smith & Sons**, Wroxham, vermieten stunden- und tageweise. Außerdem Cruises von Mai bis Okt. auf dem Broadland Explorer. ✆ 01603/782527; www.dayboathire.com.

Hunter's Yard, vermietet Segelboote aus den 1930er-Jahren (mit und ohne Skipper). Horsefen Road, Ludham, ✆ 01692/678263; www.huntersyard.co.uk.
Martham Boats Martham, spezialisiert auf Holzboote jeglicher Couleur. ✆ 01493/740249; www.marthamboats.com.
Whispering Reeds, Staithe Road, Hickling, ✆ 01692/598314; www.whisperingreeds.net. Vermietet u. a. Picknick-Boote für einen hal-ben Tag für £ 60–80.

• *Wassersport* Kajak- und Kanufahren, Windsurfen und Segeln kann man im neu-en **Watersports Centre im Whitlingham Country Park** bei Trowse, 3 km von Nor-wich entfernt. Auch Besucherzentrum und Café; ✆ 01603/632307; www.whitlingham oec.co.uk. Außerdem **The Canoe Man**, ✆ 01603/499177, www.thecanoeman.com.

• *Fahrradverleih* Ein halber Tag kostet £ 7, der volle Tag ab £ 11. Die Touristeninforma-tionen verfügen über den Flyer „The Broads by bike". Die folgenden Verleiher (die meis-ten haben auch Boote im Angebot) finden sich in den Broads: **Broadland Cycle Hire**, an der A 1062 in Bewilderwood bei Wrox-ham, ✆ 07887/480331; www.norfolkbroads cycling.co.uk; **Waveney River Centre**, Staithe Road, Burgh St Peter, Beccles, ✆ 01502677343, www.waveneyrivercentre. co.uk; **Ludham Bridge Boat Services**, auch Ruder- und Motorboote, ✆ 01692/630322, www.ludhambridgeboats.co.uk. **Stokesby Riverside Tea Rooms and Stores**, ✆ 01493/750470.

• *Angeln* Zum Angeln brauchen Sie eine Lizenz. Die Saison geht von Mitte Juni bis Mitte März.

• *Reiten* **West Runton Riding Stables**, zwi-schen Cromer und Sheringham, ✆ 01263/83 7339; www.hillside.org.uk.

• *Wandern* Der **Weaver's Way** passiert das Hickling Broad National Nature Reserve (s. u.) zwischen Stalham und Thurne auf ei-ner Länge von 13 Meilen. Ein neuer Fernwanderweg ist der **Wherryman's Way** (www.wherrymansway.net) von 35 Meilen zwischen Norwich und Great Yarmouth.

• *Birdwatching* Die Auswahl an Naturreser-vaten in den Broads ist riesig, hier einige Empfehlungen: **Cley Marshes**, ältestes Wildlife Trust Reserve im Land, bei Cley-next-the-sea, gute Birdwatching Hides (Vo-gelbeobachtungsunterstände) und Besu-cherzentrum. ✆ 01263/740008.
Hickling Broad National Nature Reserve, größtes und ursprünglichstes Naturreservat

Ostengland
Karte S. 415

mit Wanderwegen, Beobachtungsposten und Besucherzentrum. Hier kann man auch Großbritanniens größten Schmetterling bewundern, den Swallowtail. Wildlife-Bootsfahrten. ☎ 01692/598276.

Holme Bird Observatory Reserve, Holme-next-the-sea, Unterstände, Eintritt £ 3. Führungen nach vorheriger Vereinbarung, ☎ 01485/525406. www.nao.org.uk.

Sehenswertes

Bure Valley Railway: Seit 1990 verkehrt dieser Miniaturzug zwischen *Wroxham* (nordöstlich von Norwich) und Aylsham (Stationen in Brampton, Buxton und Coltishall). Etwa 15 Kilometer lang tuckert der Zug durch die Landschaft und passiert dabei Herrenhäuser, kleine Dörfchen und alte Kirchen. Wroxham ist die „Hauptstadt" der Broads und ehemaliges Textilzentrum. Die Kirche St Mary's aus dem 15. Jahrhundert ist besonders sehenswert. Aylsham ist eine kleine Marktstadt mit vielen klassizistischen Häusern, die etwa drei Kilometer von Blickling Hall (→ S. 459) entfernt liegt. Man kann einen Ausflug mit der Bahn auch mit einer Bootsfahrt verbinden, denn der Anlegesteg der Broads Tours in Aylsham ist nur wenige Fußminuten vom Bahnhof entfernt. Von Wroxham gibt es direkte Bahnverbindungen nach Norwich, Cromer und Sheringham. Entlang der gesamten Strecke wurde jüngst auch ein Spazier- und Fahrradweg angelegt.

Von Ende März bis Sept. tgl., Okt.–März nur an ausgewählten Wochenenden und in den Ferien. Hin- und Rückfahrt: Erw. £ 11.50, erm. £ 6.50, in Kombination mit einer Dampferfahrt durch die Broads (Steam Cruise) £ 17, Kinder £ 12. ☎ 01263/733858 (Aylsham), www.bvrw.co.uk. Nächster Fahrradverleih Broadland Cycle Hire in Bewilderwood, s. o.

Museum of the Broads: Dieses noch relativ neue Museum in *Stalham* ist in einem alten Bootshaus untergebracht. Es widmet sich vor allem den verschiedenen Berufen, denen die Bewohner der Broads in den letzten Jahrhunderten nachgingen, beispielsweise dem Bau der Plattbodenschiffe (*wherrys*) und der Aalfischerei. Man kann ein Video zur Geschichte der Broads sehen und neuerdings die ausgestellten Boote, u. a. das mit der dünnsten Wand, das einzige Beton-Dinghy und die größte Dampflaunch, am eigenen Bootsanlegesteg auf dem Wasser erleben.

Ostern bis Ende Okt. tgl. 10.30–17 Uhr. £ 4, erm. £ 3.50, Familie £ 10. The Staithe, Stalham, ☎ 01692/581681, www.museumofthebroads.org.uk. Auch einstündige Bootsfahrt für £ 3.50, erm. £ 2.50.

Great Yarmouth

Wo der River Yare in die Nordsee mündet, liegt das beliebte Seebad Great Yarmouth. Die Stadt spaltet sich in zwei Teile, das Viertel um die Strandpromenade und die Altstadt am Fluss.

An der Vergnügungspromenade, die sich den endlos langen Sandstrand entlangzieht, reihen sich im typisch englischen Stil Freizeitangebote aneinander: Spielhallen, Minigolfanlagen, ein Sea Life Centre und vieles mehr. Die Stadt ist vollständig auf Tourismus ausgerichtet; allerdings war die Wasserqualität hier lange Jahre nicht besonders gut. Daher haben viele der Hotels und Caravan Parks ihre eigenen Swimmingpools. Am Flussufer der South Quay Promenade liegen zahlreiche Boote an, und es finden sich noch einige historische Häuser, die die Bombenangriffe des Zweiten Weltkriegs überstanden haben. Einige wurden auch restauriert, wie die Row 111.

Im 14. Jahrhundert war Yarmouth einer der wichtigsten Handelshäfen Englands und das „Tor zu Norfolk", da von hier aus über den Yare eine direkte Verbindung nach Norwich bestand. Damals entstanden die „Rows" – enge Gässchen, die nur mit speziellen schmalen Pferdewagen befahren werden konnten (vier Meter lang, einen Meter breit). Hier lebten Seefahrer und Kaufleute.

Jedes Jahr fand in Great Yarmouth die Fischmesse statt (Free Herring Fair), zu der Interessierte aus dem ganzen Ost- und Nordseeraum anreisten, um gesalzenen Fisch zu kaufen. Im 19. Jahrhundert brachte die Heringsverarbeitung einen erneuten Aufschwung. Die vor der Küste gefangenen „Silver Darlings" wurden hier gepökelt und geräuchert und dann in die ganze Welt verschifft. Der Kaufmann John Andrews wurde durch den Handel zum „Heringskönig"; seine Villa am South Quay aus dem 18. Jahrhundert, das spätere Zollhaus (Nr. 20), kann man noch besichtigen. Mit rund 45 Meter Höhe nicht zu übersehen ist die Nelson-Säule, die den Sieger der Schlacht von Trafalgar feiert.

Bei den Millionen Tonnen an Hering, die hier jährlich gefördert wurden (Anfang des 20. Jahrhunderts betrug der Jahresfang durchschnittlich 530 Millionen Fische), kam es bald zu einer Überfischung, so dass der Bestand in den 1960er-Jahren rapide abnahm. Die Fangquoten ließen eine lukrative Weiterverarbeitung nicht mehr zu (dies wird besonders im *Maritime Museum* dokumentiert).

Fast zur gleichen Zeit wurden vor der Küste von Great Yarmouth in der Nordsee größere Ölvorkommen entdeckt; heute stehen hier zahlreiche Fördertürme.

Information/Verbindungen/Diverses

• *Information* Die Touristeninformation ist behilflich bei der Zimmervermietung, der Zusammenstellung von Touren, und es gibt ein Flugblatt mit den verschiedenen Stadtführungen (Führungen/Guided Heritage Walks nur Mai bis Okt., £ 3.50): **Maritime House**, 25 Marine Parade, Great Yarmouth, Norfolk NR30 2EN, ✆ 01493/846345, ✉ 01493/46221, tourism@great-yarmouth.gov.uk, www.great-yarmouth.co.uk.
• *Verbindungen* **Bus** – Der Busbahnhof befindet sich in der Stadtmitte an der Market Gate. Im Sommer operieren manche Veranstalter auch von der Beach Coach Station, ✆ 01493/857345. First Eastern Counties betreibt einen stündlichen Busdienst von Norwich.
Zug – Der Bahnhof befindet sich in Runham, vom Stadtzentrum in westlicher Richtung. Wherry Lines fährt stündlich nach Norwich. Von dort Verbindungen nach London Liverpool Street (2 Std. 20 Min.).
• *Bootstour* Vom Yarmouth Beach kann man 3 km zu **Scroby Sands** fahren und

Seehunde besuchen. Kosten: £ 6, Kinder £ 4.
• *Fahrradverleih* Nächster Fahrradverleih in Norwich oder in den Broads (→ Broads). Der **Norfolk Coast Cycle Way** führt 165 km von Great Yarmouth nach King's Lynn. Es gibt kürzere Routen, wie den Caistor Castle Explorer Loop (10 km) oder den Broads Explorer Loop (37 km). Hilfreich ist das *Norfolk Coast Cycleway Pack*, bei der Touristeninformation für £ 2.
• *Einkaufen* ständiger Wochenmarkt (größer am Mi u. Sa) am **Market Place**, viele Läden auch in der **King Street**. Wenn es regnet, sind die **Market Gate Shopping Mall** oder die **Victoria Arcades** zu empfehlen.
• *Fischräucherei* **H S Fishing 2000 Ltd.** in der Sutton Road räuchern noch traditionell ihren Nordsee-Hering, NR30 3NA, ✆ 01493/858118.
• *Post* Das Postamt befindet sich bei WHSmith in der King Street.

Kultur/Veranstaltungen/Sport

• *Kino* **Hollywood**, Multiplexkino an der nördlichen Marine Parade, ✆ 01493/842043, Buchung: 852600; www.hollywoodcinemas.net/yarmouth.

• *Theater* In die verschiedenen **Pier-Theater** geht man nicht wegen der hochklassigen Vorführungen – die haben einen morbiden Charme –, sondern weil man manchmal recht bekannte englische Stars aus Film und Fernsehen sehen kann; die Shows finden normalerweise regelmäßig von Juli bis Sept. statt:

Britannia Pier Theatre, Britannia Pier, ✆ 01493/842914, www.britannia-pier.co.uk; **Gorleston Pavilion Theatre**, Pavillion Road, ✆ 01493/662832, www.gorlestonpavilion.co.uk; **Hippodrome Circus**, St George's Road, ✆ 01493/844172, www.hippodromecircus.co.uk. **Yarmouth Stadium**, jeden Mo, Mi u. Sa um 19.30 Uhr Windhundrennen. ✆ 01493/720343, www.yarmouthstadium.co.uk.

• *Veranstaltungen* An einem Wochenende im September (Termin wechselt) wird alljährlich das **Maritime Festival** gefeiert, das auf dem South Quay stattfindet und zu dem sich historische Segelschiffe einfinden. www.maritime-festival.co.uk.

Seit rund 60 Jahren werden in den Seafront Gardens im August und September die **Outdoor Bowls Meisterschaften** des Landes ausgetragen. Das Preisgeld beträgt immerhin £ 8000.

• *Schwimmbad* **Marina Leisure Centre**, Wellenmaschine, Rutschen und Kunststrand, Marine Parade, ✆ 01493/851521; www.marina-centre.com. **Burgh Hall**, beheiztes Freibad in den Lords Lane in Bradwell (nur im Sommer), ✆ 01493/780333.

• *Wandern* Ausgewiesene Langstrecken-Wanderwege der Region sind der **Angles Way** (125 km) von Great Yarmouth nach Thetford und der **Weavers Way**, der 98 Kilometer von Cromer, vorbei an der Blickling Hall, ins Hickling Broad Nature Reservat führt. Infos in der Touristeninformation, wo auch Führer für die fünf bis zehn Kilometer langen Rundwanderwege in Greater Yarmouth erhältlich sind.

Übernachten/Essen/Trinken

*** Comfort Hotel, im Süden der Promenade gelegen. Hotelkette mit 49 schlichten, aber guten Zimmern, Restaurant und eigenem, beheiztem Freibad, WLAN. B & B im EZ ab £ 67.50 (Nebensaison £ 39), DZ ab £ 92.50 (Nebensaison £ 49). 14 Albert Square, NR30 3JH, ✆ 01493/855070, ✆ 01493/853798, www.comfortgreatyarmouth.co.uk.

No 78 Hotel, viktorianische Stadtvilla am Nordende der Promenade, acht liebevoll gestaltete, moderne Zimmer. Auch vegetarisches Frühstück. DZ ab £ 50. 78 Marine Parade, NR30 2DH, ✆ 01493/850001; www.no78.co.uk.

**** Knights Court Hotel & Motel, kleines, leicht blumiges, aber komfortables Hotel in guter Lage mit Blick auf die See. B & B im EZ ab £ 38, DZ ab £ 66. 22 North Drive, NR30 4EW, ✆ 01493/843089, www.knights-court.co.uk.

*** Burlington Palm Court Hotels, modernes Familienhotel mit Schwimmbad und Sonnendeck, gutes Essen, mind. 2 Nächte. B & B pro Person ab £ 55, Wochenendtarife, auch mit Dinner. 26 North Drive, NR30 1EG, ✆ 01493/844568, ✆ 01493/331848, www.burlington-hotel.co.uk.

**** The Bromley, kleines Familien-Guesthouse mit individuell gestalteten Zimmern in zentraler Lage (eine Querstraße hinter der Marine Parade und dem Strand), viele kleine Extras wie WLAN auf allen Zimmern, superbequeme Betten und sehr sauber. Dazu ein reichhaltiges Frühstück. EZ ab £ 49, DZ ab £ 55 (ohne Bad), sonst ab £ 79. 63 Apsley Road, NR30 2HG, ✆ 01493/842321, www.bromleyhotel.co.uk.

Richmond House, acht saubere und freundliche Zimmer in diesem B & B nicht weit vom Pier. Ab £ 20/Person. 113 Wellesley Road, NR30 2AR, ✆ 01493/853995; steven@hill5003fsnet.co.uk.

The Russell Hotel, private Pension im südlichen Stadtzentrum, der Putz ist ab und die 10 Zimmer haben eher Jugendherbergsstandard, darum günstig. B & B pro Person ab £ 20 in der Nebensaison, ab £ 25 im Sommer. Nelson Road South, ✆ 01493/843788; www.therussellnorfolk.co.uk.

The Hermanus Holiday Centre, die runden Strandhütten mit Strohdächern dieser Ferienanlage erinnern an die Karibik oder eben Südafrikas Hermanus Bay, die Vorbild war. Ruhig, aber mit Pool und Familienunterhaltung. Eine Woche £ 360–500 für eine Hütte (bis zu 6 Personen). The Holway, Winterton-on-Sea (8 Meilen nördlich von Great Yarmouth), NR29 4BP, ✆ 01493/393216; www.hermanusholidays.com.

• *Camping* **Vauxhall Holiday Park**, nicht weit vom Bahnhof im Stadtteil Runham (auf der Insel zwischen Bure und Yare), riesige Anlage mit Indoor- und Outdoor-Schwimmbad, Sauna, Fitnessstudio, Amusement-Arkaden und Einkaufsmöglichkeiten. Geöffnet Ostern bis Ende Sept. und in den Schulferien. £ 16–40/Zeltplatz. 12 New Acle Road, NR30 1TB, ✆ 01493/857231, www.

vauxhallholidaypark.co.uk.

Haven Seashore Holiday Park, North Denes (auf halbem Weg die A 149 Richtung Caister-on-Sea und Racecourse), keine Zelte oder Wohnwagen, nur Caravans verschiedener Ausstattungen (4–8 Personen) zu mieten für drei, vier oder sieben Tage, geöffnet März bis Ende Okt. 3 Nächte ab £ 179. Swimmingpools, Bars, Lounges, Kletterwand und Papa John's Pizza Service vor Ort. NR30 4HG, ✆ 0870/4050134.

In **Burgh Castle**, südwestlich von Great Yarmouth, befinden sich drei weitere Caravan-Ferienparks mit Sportanlagen und anderen Unterhaltungsangeboten. Wer sich gerne Nase an Nase mit amüsierwütigen Touristen schmiegt, ist hier richtig:

Cherry Tree (Park Dean), Mill Road, Burgh Castle, NR31 9QR, ✆ 08443353450; www. parkdeanholidays.co.uk.

Breydon Water Park Resorts, hier kann man auch zelten. £ 10/Zeltplatz. Butt Lane, NR31 9QB, ✆ 0844/2102013.

Am Strand entlang in nördlicher Richtung befinden sich in den Orten **Caister-on-Sea**, **California**, **Newport** und **Hemsby** zahllose Campingplätze in Strandnähe.

Romantisch Essen können Sie nach Aktivititäten wie Fischen, Minigolf, Bootfahren oder Vogelbeobachten in **The Waterside**. Das Café verwandelt sich Mi bis Sa 18.30–21 Uhr in ein Restaurant, wo man mit Blick aufs Wasser hervorragend speist. Main Road, Rollesby (12 km nordwestlich von Great Yarmouth), NR29 5EF, ✆ 01493/740531; www.thewatersiderollesby.co.uk.

Sehenswertes

Nelson-Säule: Die „Norfolk Pillar" oder auch das „Nelson Monument" steht seit 1819 im Stadtzentrum (30 Jahre vor ihrem Pendant in London), da Nelson ein Ehrenbürger der Stadt war. Man kann die 217 Stufen der rund 45 Meter hohen Säule erklimmen. Im Sommer gibt es auch 30-minütige Führungen.

Führungen Ausgewählte Termine, nur zwei Personen auf einmal, Kosten: £ 6 pro Person. South Denes. Buchung unter: ✆ 01493/850698, www.nelson-museum.co.uk.

Nelson Museum: Die brachliegende Quayside wurde vor kurzem als Heritage-Attraktion restauriert und beherbergt nun das neue Nelson Museum. Untergebracht in einem Tudorhaus mit klassischer Fassade, ist es voll gestopft mit Memorabilia, die an den einäugigen und einarmigen Admiral erinnern. Immerhin wurde Horatio Nelson in Burnham Thorpe in Norfolk geboren, ging in Norwich zur Schule und hat in den Broads das Segeln gelernt. Er war regelmäßiger Besucher in Great Yarmouth und hat hier nach der Schlacht am Nil die Ehrenbürgerschaft der Stadt in Empfang genommen. Die Menge trug ihn auf Händen zum Whrestler's Inn, wo er feierlich eingeschworen wurde. Dabei bemerkte der Townclerk, dass Nelson die linke Hand auf die Bibel legte und rügte ihn, es müsse selbstverständlich die rechte sein. Woraufhin der Lord sarkastisch geantwortet haben soll, die sei leider in Teneriffa geblieben.

April bis Sept. Mo–Fr 10–17 Uhr, Sa u. So 13–16 Uhr, Okt. bis Nov. Mo–Fr 10–16 Uhr, Sa u. So ab 13 Uhr. Jan. bis März Sa geschlossen. £ 3.50, erm. £ 2.95, Kinder £ 2. 26 South Quay, ✆ 01493/850698; www.nelson-museum.co.uk.

Elizabethan House Museum: Am South Quay Nr. 4 steht dieses Kaufmannshaus aus dem 16. Jahrhundert. Hier sind besonders die holzgetäfelten Innenräume sehenswert, in denen eine Ausstellung das Stadtleben der vergangenen Jahrhunderte dokumentiert.

April bis Okt. Mo–Fr 10–16 Uhr und Sa/So ab 12 Uhr. £ 3.50, erm. £ 2.90, Kinder £ 1.90 (NT, Kombiticket, gilt auch für Tolhouse Museum). 4 House Quay. ✆ 01493/855746.

Old Merchant's House: Altes Kaufmannshaus aus dem 17. Jahrhundert in der Row Nr. 117 mit Stuckdecken und schönen Fenstern (direkt an der South Quay Promenade am Flussufer). Über das benachbarte Haus Nr. 111 gelangt man zu den Kreuzgängen eines ehemaligen Franziskanerklosters, das bei Bergungsarbeiten nach

Ostengland
Karte S. 415

einem Bombenangriff im Zweiten Weltkrieg freigelegt wurde. Unweit der Row 111 stehen die Überreste eines Franziskanerklosters aus dem 13. Jahrhundert.

April–Sept. tgl. 12–17 Uhr. £ 4.20, erm. £ 3.60, Kinder £ 2.10 (EH). ✆ 01493/857900.

Tolhouse Museum: Wenn man vom South Quay in die Yarmouth Street und dann in den Tolhouse Way abbiegt, gelangt man zum einstigen Gericht und Stadtgefängnis aus dem 13. Jahrhundert. Heute befindet sich im ersten Stock ein Heimatmuseum. Außerdem kann man die Verliese aus viktorianischer Zeit besichtigen und erfahren, wie mit Schmugglern, Piraten und Hexen umgegangen wurde.

Öffnungszeiten → Elizabethan House Museum, £ 3.50, erm. £ 2.90, Kinder £ 1.90. (Eintrittspreis beinhaltet Audioguide). ✆ 01493/858900.

Time and Tide: Recht neues Museum in einer alten Heringspökelei. Hier erfährt man Wissenswertes über die Entwicklung der Stadt von der einsamen Sandbank zum beliebten Seebad. Der Schwerpunkt liegt auf der maritimen Geschichte, ausgestellt sind viele historische Boote und Dokumente zu Seenot und Schiffbruch. Man kann auf einem rekonstruierten Kai der 1950er-Jahre spazieren oder sich durch die Rekonstruktion der Rows zwängen.

April bis Okt. tgl. 10–17 Uhr, im Winter Mo–Fr 10–16 Uhr, Sa–So ab 12 Uhr. £ 4.50, erm. £ 3.80, Kinder £ 3.30. Blackfriars Road, ✆ 01493/743930.

St Nicholas Church: Auffälligstes Gebäude der Stadt ist die 80 Meter lange Kirche, die 1942 völlig ausbrannte und später wieder instand gesetzt wurde.

Anna Sewell House: In der Nähe der Kirche steht das Geburtshaus von Anna Sewell, der Autorin der Kinderbuchreihe „Black Beauty" (nicht öffentlich zugänglich).

Pleasure Beach: In dem Vergnügungspark direkt an der Strandpromenade bieten rund 20 Schausteller 4-D-Kino, Skydrop, Achterbahnfahrten, Wasserrutschen oder Minigolf.

Im Sommer tgl. mind. von 12–17.30 Uhr, an den Wochenenden bis 21 o. 22 Uhr. South Beach Parade, Rides kosten £ 1–2. www.pleasure-beach.co.uk.

Umgebung von Great Yarmouth

Burgh Castle: In Burgh Castle, etwa fünf Kilometer westlich des Stadtzentrums von Yarmouth, stehen die Überreste der römischen Festung Gariannonum mitten in

Kein Badeort ohne Pier: Cromer

der Wiesenlandschaft. Bis Anfang des 4. Jahrhunderts wurde das Fort zur Abwehr gegen Wikinger und Sachsen genutzt. Damals lag die Marsch noch unter Wasser und Burgh Castle an einer breiten Meeresbucht. Heute stehen nur noch Teile der massiven Mauern.

Durchgehend geöffnet. Eintritt frei.

Caister Castle: Die Backsteinburg nördlich von Great Yarmouth, ursprünglich von einem Wassergraben umgeben, ist heute Domizil einer Oldtimersammlung. Einst war sie Zuhause von Sir John Fastolf, dem legendären Vorbild für Shakespeares feigen, aber liebenswerten Fettwanst Falstaff. Der historische Ritter Fastolf war eine der schillerndsten Figuren im Hundertjährigen Krieg. Aus dem Frankreichfeldzug kehrte er so reich zurück, dass er sich diese Burg bauen ließ.

Mai–Sept. tgl. außer Sa 10–16.30 Uhr. £ 9, erm. £ 8, Kinder £ 4.50. ✆ 01572/787649; www. caistercastle.co.uk.

Cromer

In der Umgebung von Cromer bietet die Steilküste einen Kontrast zu der flachen Küstenlandschaft Norfolks. Leider sind die hiesigen Klippen sehr stark von der Erosion betroffen, so dass viele Häuser ins Meer „abgerutscht" sind. Die Strandpromenade des Ortes ist überschaubar, kompakt und hat sich etwas vom Charme vergangener Jahrhunderte erhalten.

Bereits seit Ende des 18. Jahrhunderts war der Ort ein Geheimtipp unter wohlhabenden Familien. Der Aufschwung zum Seebad erfolgte Ende des 19. Jahrhunderts mit dem Ausbau der Eisenbahnlinie. In den luxuriösen Hotels mit klangvollen Namen gaben sich blaublütige Badefreunde die Ehre. Zu den Gästen zählten zum Beispiel Wilhelm II. und Österreichs Kaiserin Sissi, die sich hier in eine der dubiosen „Bademaschinen" setzen ließen, mit denen man dann ins tiefere Wasser gekarrt wurde. Vom einstigen Glanz ist jedoch nur noch das *Grand Hotel de Paris* am Pier geblieben, in dem einst Lord Suffield residierte und das in viktorianischer Zeit zum Hotel umgebaut wurde. Auch der Pier, der im Jahr 1993 komplett restauriert wurde, stammt ursprünglich aus dieser Zeit. Der Ort wird überragt von dem knapp 49 Meter hohen Kirchturm der Kirche St Peter und Paul; er ist der höchste in ganz Norfolk und stammt aus dem 14. Jahrhundert, als Cromer noch unter dem Namen Shipden bekannt war.

Nur noch wenige Krabbenboote zeugen heute von der einstigen Haupteinnahmequelle der Stadt, der Krabbenfischerei. In der Fangzeit von April bis September kann man in den Restaurants Hummer, Krebse und Krabben probieren.

● *Information* **Tourist Information Centre**, Louden Road, Cromer, Norfolk NR27 9EF, ✆ 0871/2003071; cromerinfo@north-norfolk. gov.uk. www.visitnorthnorfolk.com.

● *Verbindungen* **Zug** – Es gibt täglich rund ein Dutzend Bahnverbindungen nach Norwich oder nach Sheringham und Thetford. Der Bahnhof liegt an der A 148 in Richtung Holt. **Bus** – Von der Cadogan Road (in der Nähe der Prince of Wales Road) fahren Busse ebenfalls nach Norwich und Sheringham, im Sommer auch nach King's Lynn und Hunstanton.

● *Fahrräder* **Pedal Revolution**, Gordon House, West Street, Verleih £ 10/Tag, £ 50/Woche. Di, Do, Fr u. Sa 9.30–17.30 Uhr. ✆ 01263/510039, cromer@pedalrevolution. co.uk; www.pedalrevolution.co.uk.

● *Wassersport* Zwischen Mai und September kann man in der **G-Side Surf School** das Wellenreiten lernen. ✆ 07887/605789 (Geoff).

● *Theater* Das **Pavilion Theatre** am Pierende zeigt von Juni bis Sept. die übliche leichte Kost; hier gibt es auch ein Café und eine Bar. ✆ 01263/512495, www.cromer-pier.com.

Ostengland Karte S. 415

- *Veranstaltungen* Jedes Jahr Mitte August wird es in Cromer besonders voll zum **Carneval** mit Straßenumzügen und Veranstaltungen, etwa der Red Arrows Flugshow. Es gibt auch Fallschirmspringer-Demos, Schnitzeljagden, einen Fackelzug u. v. m.
- *Übernachten* ****** Red Lion Hotel**, das komfortabelste Hotel an der Seafront, bei Einheimischen beliebt wegen der großen Auswahl an Ales. Schön ist die altmodische Mahagoni-Bar, moderner die Lounge-Bar. Ab £ 45/Person, £ 10 Aufschlag für EZ. Brook Street, NR27 9HD, ✆ 01263/514964, ✆ 01263/512834, www.redlion-cromer.co.uk.

** Hotel de Paris, von außen sieht das Hotel am Pier immer noch großartig aus, allerdings bietet es nicht mehr den Luxus vergangener Zeiten. Dez.–Febr. zu. B & B im EZ £ 40–55, DZ £ 60–85. Jetty Cliff, High Street, NR27 9HG, ✆ 01263/513141, ✆ 01263/515217.

Knoll Guest House, viele B & Bs findet man in der McDonald Road. In der zweiten Reihe beim Pier liegt dieses Guest House. Die neue Eigentümerin Julie Matthews verleiht den Zimmern pea a peu ihren eigenen touch und kocht auf Wunsch auch ein Abendessen. £ 27–30/Person. 23 Alfred Road, NR27 9AN, ✆ 01263/512753, www.knollguesthouse.com.

***** Incleborough House, etwas außerhalb in dem Fischerörtchen East Runton. Ein Luxus-B-&-B mit drei modern designten Zimmern in einem Countryhouse aus dem 17. Jahrhundert, 300 m vom Strand. Keine Bar. Ab £ 165 inklusive Weinen, Obst und Afternoon Tea. BYO. Lower Common, East Runton, NR27 9PG, ✆/✆ 01263/515939, www.incleboroughhouse.co.uk.

- *Jugendherberge* **YHA Wells**, die nächste Herberge befindet sich in Wells-next-the-Sea in einer viktorianischen Villa. Bett £ 16, Jugendl. £ 12. Church Plain, NR23 1EQ, ✆ 0845/3719544, ✆ 3719545; wellsnorfolk@yha.org.uk. Der Coasthopper von Norwich stoppt hier zwischen Hunstanton und Sharingham.

- *Camping* **Deer's Glade Campsite**, recht neuer Platz mit einem See zum Angeln, abendlichem Shuttle-Service zu Restaurants und Pubs der Gegend und Zugang zum Wildgehege von Gunton Hall. Zeltplatz £ 10.50–14.50. White Post Road, Hanworth, NR11 7HN, ✆ 01263/768633; www.deersglade.co.uk.

- *Essen/Trinken* Frische Krabben gibt es vorwiegend in den vielen Fish'n'Chips-Läden der **Garden Street**, die vom Pier ins Stadtzentrum führt. Empfehlenswert ist **John Davies'** Shop. Probieren Sie **Bob Day's Cromer Crabs** am Ende der Brunswick Terrace oder das **Lifeboat Café** am Hafen.

Dolphin Pub, überblickt den Pier und bietet die üblichen Pubgerichte.

Le Moon, chinesisches Restaurant, 5a Prince of Wales Road, ✆ 01263/511615.

Sea Marge Hotel, in diesem stilvollen Hotel in Overstrand, südlich von Cromer, werden in Frazer's Restaurant besonders feine Fischgerichte serviert. Es gibt auch 17 Zimmer, B & B ab £ 71/Person. 16 High Street, Overstrand, ✆ 01263/579579, www.seamargehotel.co.uk.

Rocket House Café, Restaurant an der Seafront oberhalb des Lifeboat Museums in modernem Glasgebäude mit super Balkon und Ausblicken, gesunde Snacks wie Wraps, viele vegetarische Gerichte, kein Fish'n'Chips! The Gangway, Promenade, ✆ 01263/519126; www.rockethousecafe.co.uk.

Boltons Bistro, Hotelrestaurant im Cliftonville an der Seafront, das für seine Fischgerichte bekannt ist. Reservieren! ✆ 01263/512543; www.boltonsbistro.co.uk.

The Courtyard, das elegante Restaurant versteckt sich hinter dem Wellington Hotel nahe der Esplanade und tischt lokale Köstlichkeiten wie Blakeney Muscheln, viel Vegetarisches und Exotisches wie marokkanisch gewürzte Steaks auf. New Street, NR27 9HP, ✆ 01263/515419.

Sehenswertes

Cromer Museum: In einem ehemaligen Fischerhäuschen gleich neben der Kirche befindet sich dieses Heimatmuseum, das vor kurzem ein Facelifting erhielt. Man kann u. a. das Originalzuhause eines Fischerehepaares besichtigen und erfahren, wie man im viktorianischen Zeitalter mit Badewagen und knielangen Kostümen ins Wasser ging. In der Geologieabteilung werden u. a. die Versteinerungen eines Elefanten gezeigt, der in West Runton als Fossilie gefunden wurde.

März bis Okt. Mo–Sa 10–17 Uhr, So 13–16 Uhr. £ 3.20, erm. £ 2.70, Kinder £ 1.80, Church Street, ✆ 01263/513543.

Henry Blogg Lifeboat Museum: In diesem nagelneuen Museum und Informations-zentrum auf der East Promenade befindet sich das Lifeboat Museum, das nach dem berühmten Lebensretter Henry Blogg benannt ist, der in seinen 53 Jahren Dienstzeit rekordverdächtige 873 Personen vor dem Ertrinken bewahren konnte. Die Geschichte der Seenotrettung Cromers wird hier anhand von Modellen veran-schaulicht. Insbesondere im Zweiten Weltkrieg wurden über 500 Menschen mit dem dadurch berühmt gewordenen Rettungsboot „H F Bailey" geborgen.
April bis Sept. Di–So 10–17 Uhr, sonst bis 16 Uhr, Jan. geschl. Rocket House, The Gang-way, NR27 9ET, Eintritt frei, ☎ 01263/511294; www.rnli.org/HenryBlogg.

Felbrigg Hall: Einer der schönsten Landsitze aus dem 17. Jahrhundert, der nicht der viktorianischen Renovierungswut zum Opfer fiel, liegt drei Kilometer südwest-lich von Cromer. Felbrigg Hall ist benannt nach dem Standartenträger Richards II., der an dieser Stelle eine mittelalterliche Halle bauen ließ. Im 18. Jahrhundert von William Windham II. umgebaut, spukt dessen Geist angeblich durch die gotische Bibliothek; war es doch seine Liebe zu Büchern, die ihn das Leben kostete. Wäh-rend eines Aufenthalts bei Freunden in London brach ein Feuer aus, und Windham kam beim Versuch die kostbaren Bücher zu retten in den Flammen um. Wenn nun in Felbrigg bestimmte Bücher auf dem Schreibtisch ausgelegt werden, erscheine der ehemalige Hausherr, um darin zu blättern, heißt es. Felbrigg enthält eine Sammlung edler Möbel sowie zahlreiche Werke von Busiri, die Windham von sei-ner Grand Tour durch Europa mitgebracht hatte. Der Park ist für seine uralten Bäume berühmt und bezaubert mit einem Walled Garden – einem ummauerten Garten, der, windgeschützt, auch untypischen Nutzpflanzen der Region Raum bie-tet– mit Taubenschlag sowie einer Orangerie.
März bis Okt. Sa–Mi 11–17 Uhr, Garten: März bis Okt. tgl. 11–17 Uhr, Nov. bis Dez. bis 16 Uhr, Weihnachten tgl. 11–15 Uhr. £ 7.80, erm. £ 3.65, nur Garten £ 3.65 (NT). ☎ 01263/837444.

Blakeney Point

Blakeney ist ein kleines, hübsches Örtchen westlich von Cromer mit einem Rat-haus aus dem 13. Jahrhundert. Der Turm der Pfarrkirche wurde einst als Leucht-turm genutzt. Nördlich davon, zu erreichen über Cley-next-the-Sea, ragt eine spitze Landzunge ins Meer, genannt Blakeney Point. Von dieser aus kann man Seehunde beobachten, die wegen des Krabbenreichtums hierher kommen. Von Mai bis Juli nistet auch eine beliebte Seeschwalben-Kolonie auf der Landzunge. Das Wetter in dieser Gegend ist rau, und der Wind fegt über die Küste hinweg. Es ist eher be-schwerlich, zu Fuß bis zum Ende der steinigen Landzunge zu laufen. Am besten nimmt man eines der Ausflugsboote, von denen aus man auch eher Gelegenheit er-hält, die scheuen Seehunde zu sichten. Die Boote fahren von Morston aus, die Ab-fahrtszeiten richten sich nach dem Gezeitenstand, daher sollte man vorher anrufen.

● *Informationen* Morston Quay Information Centre und Lifeboat House, blakeneypoint@nationaltrust.org.uk.

● *Bootstouren* **Bishop's Boats**, Seehunde beobachten, Ausgangspunkt Blakeney Har-bour oder Morston Quay. Kontakt: Turn-stone Cottage, Old Post Office Yard, Westgate Street. ☎ 01263/740753 oder Free-phone 0800/0740754, www.norfolkseatrips.

co.uk. März–Okt. Mo–So, verschiedene Ab-fahrtszeiten. Fahrtdauer 1–2 Std., £ 8, Kin-der £ 4. **Bean's Boat Trips**, 1. April bis 31. Okt., Trips im Winter nur unregelmäßig, bitte die Webseite konsultieren. £ 8, Kinder £ 4. 12 The Street, ☎ 01263/740038 und 69 Morston Road, ☎ 01263/740505, www.beansboattrips.co.uk.

Ostengland
Karte S. 415

King's Lynn

Wo die Great Ouse in die Nordsee mündet, liegt King's Lynn (einst bekannt als „Lin") an einer Bucht mit Namen Wash. Die Stadt war im 17. Jahrhundert als einzige englische Stadt assoziiertes Mitglied der Hanse, und die hiesigen Kaufleute betrieben einen regen Handel mit den Häfen in Hamburg, Bremen und Danzig, aber auch Skandinavien und Frankreich. In den 1930er-Jahren wurde der Großteil der typischen Ziegelbauten aus der damaligen Zeit abgerissen, das Hansekontor blieb jedoch erhalten.

In den Fünfziger- und Sechzigerjahren richteten schwere Überflutungen in der Altstadt größere Schäden an. Geblieben sind dennoch viele historische Gebäude, die noch immer den Charme vergangener Jahrhunderte verbreiten. Entsprechend diente die Stadt 1985 als Kulisse für die Hollywood-Produktion „Revolution", in der Al Pacino den Trapper Tom Dobbs und Nastassja Kinski die rebellische Händlerstochter Daisy im amerikanischen Unabhängigkeitskrieg spielen. Mehrere Herrenhäuser und Burgen in der Umgebung von King's Lynn machen die Stadt außerdem zu einem günstigen Ausgangspunkt für Erkundungstouren in die eher einsamen Landschaften und Küstenabschnitte West-Norfolks.

Nach ihm heißt eine Stadt in Kanada: Captain Vancouver

Um 1101 wurde vom Bischof von Norwich auf dem heutigen Stadtgebiet ein Benediktinerkloster errichtet, dass „Bishop's Lynn" genannt wurde. Nachdem Heinrich VIII. die Klöster aufgelöst hatte, wurde die Stadt in „King's Lynn" umgetauft. Im Gegenzug gewährte er der Stadt ein weiteres Marktrecht, weshalb es hier bis heute zwei Marktplätze gibt, den Tuesday Market Place und den Saturday Market Place. Während des Bürgerkriegs verschanzten sich hier die Königstreuen. Im Mittelalter gewann King's Lynn als Handelshafen Bedeutung und war damals die viertwichtigste Stadt im Königreich, in der einige der tonangebenden Reeder wohnten. Zu den Waren, die hier umgeschlagen wurden, gehörten u. a. Getreide und Wolle, Salz und Wein. In der King Street und der Queen Street hatten die Kaufleute ihre Häuser und Geschäfte, und bis heute ist noch gut zu erkennen, wie dieses Geschäftsviertel angelegt war. Zurzeit wird der Hafen von King's Lynn um den Boal Quay schrittweise zu einer Touristenattraktion ausgebaut, wo ein neuer Jachthafen entsteht. Im September 2010 hat bereits der „Central Park" am Fluss Nar (entlang des Nar Ouse Way) in South Lynn eröffnet. Es gibt auch eine kleine Fischerflotte und eine Fähre, die den River Ouse nach South Lynn überquert und von der man den besten Blick auf das Stadtbild von Lynn hat. Einer der berühmten Namen, die mit der Stadt assoziiert werden, ist *Sir Robert Walpole*, der im 18. Jahrhundert für King's Lynn im Parlament saß und als erster Premierminister des Landes Karriere machte. *George Vancouver* wurde hier geboren, der auf zwei Entdeckungsreisen mit James Cook segelte, bevor er sein eigenes Kommando bekam und von Kalifornien nach Alaska vorstieß. Nach ihm ist die Stadt Vancouver in Kanada benannt.

Seit 2005 ist die 42.000 Einwohner zählende Stadt Mitglied der „Neuen Hanse", eines Verbundes ehemaliger Hansestädte, der 1980 gegründet wurde mit dem Ziel, Handel und Tourismus auch über die Grenzen hinweg zu fördern. Seit 2009 heißt das einzige verbliebene Gebäude der Hanse in England auch wieder „Hanse-Haus".

Information/Verbindungen/Diverses

• *Information* **The Custom House**, Purfleet Quay, King's Lynn, Norfolk PE30 1HP, ☎ 01553/763044, 📠 01553/777281. kings-lynn. tic@west-norfolk.gov.uk. Stadtführungen von Mai bis Ende Okt. Fr. und Sa 14 Uhr, Juni–Okt. auch Di 14 Uhr, im Juni und Juli auch montagabends. Kosten: £ 4. Treffpunkt: The Old Goal House. ☎ 01553/774297. www.visitnorfolk.co.uk.

• *Verbindungen* **Bus** – Vom Busbahnhof am Vancouver Centre geht es nach Peterborough und Norwich. Verbindungen wochentags stündlich, So alle zwei Stunden. Die Küste lässt sich gut mit dem Coast Hopper erkunden. Der fährt das ganze Jahr hindurch von Sheringham über Hunstanton nach Kings Lynn, von Ende Juni bis Sept. stündlich. Günstig reist man mit den **All Line Rover** oder **Anglia Plus** Tickets.
Zug – Der Bahnhof befindet sich in der Blackfriar's Road. Regelmäßige Verbindungen nach London (stdl., in Spitzenzeiten alle 30 Min., Reisedauer 1:40 Std.) und Peterborough (über Cambridge) und nach Ely.
Fähre – eine Passagierfähre verkehrt Mo–Sa alle 20 Minuten von 7–18 Uhr zwischen King's Lynn und West Lynn.

• *Markt* Hauptmarkttage sind dienstags und freitags, passenderweise am Tuesday Market Place, ein weiterer Wochenmarkt findet samstags am Saturday Market Place vor der St Margaret's Kirche statt. 8–15 Uhr.

• *Einkaufen* **Old Granary Antiques Centre** in der King's Straithe Lan., **Old Curiosity Shop** in 25 St James Street.

• *Post* Bei WHSmith in der Norfolk Street.

• *Waschsalon* **Gaywood Launderette**, mit Bedienung. 21 St Faith's Drive und

St James Launderette in St James Street.

• *Kino* Anspruchsvolle Filme laufen donnerstags und freitagabends im **Arthouse Cinema**, im King's Lynn Art Centre. Dort befinden sich auch Theater und Galerien. Größte Jahresausstellung ist die Eastern Open von März bis April nur mit Künstlern aus East Anglia. 29 King Street, ☎ 01553/ 764864; www.kingslynnarts.co.uk.
Außerdem gibt es das **Majestic Cinema** in der Tower Street, ☎ 01553/771918; www.majestic-cinema.co.uk.

• *Fahrradfahren* Der **Norfolk Coast Cycle Way** verläuft 59 Meilen von King's Lynn bis nach Cromer. Fahrradverleih für £ 5/Std. (Kinder £ 3.50) oder £ 11/Tag (Kinder £ 9): **Bircham Windmill Cycle Hire**, Bircham Windmill, Great Bircham, King's Lynn, PE31 6SJ, ☎ 01485/578393; www.birchamwindmill.co.uk.

• *Schwimmen* **St James Swimming and Fitness Centre**, Blackfriars Street, ☎ 01553/ 764888; st.james@west-norfolk.gov.uk.

• *Veranstaltungen* Ende Juli findet das beliebte **Arts Festival** statt (www.kings lynnfestival.org.uk), das wichtigste Kunst- und Musikfestival in East Anglia: Konzerte, Theateraufführungen und Ausstellungen im King's Lynn Arts Centre. Dann sind nicht selten alle Übernachtungsmöglichkeiten ausgebucht. Seit ein paar Jahren gibt es die Woche davor das **Festival Too**, das mit Rock- und Pop-Gigs auf die Jugend zugeschnitten ist. ☎ 01553/767557.
Musicals, Konzerte und Ballett gastieren in der **Corn Exchange**, Tuesday Market Place, Kartenverkauf: ☎ 01553/764864; www.kingslynncornexchange.co.uk.

Ostengland
Karte S. 415

Übernachten/Essen/Trinken

• *Übernachten*   *** **Duke's Head Hotel**, einstiges Postkutschen-Inn aus dem 16. Jahrhundert, heute Nobelhotel im Stadtzentrum mit klassizistischer Fassade und Blick über den Tuesday Market Place, zwei Restaurants und zwei Bars. EZ ab £ 70, DZ ab £ 80. Tuesday Market Place, ✆ 01553/774996, 📠 01553/763556, www.elizabethhotels.co.uk.

** **Stuart House Hotel**, das familiengeführte kleine Hotel war einst die Privatresidenz eines Geschäftsmannes. Das viktorianische Haus ist efeuumrankt und liegt 5 Minuten außerhalb des historischen Zentrums in einem schönen Garten. Gutes À-la-carte-Restaurant, viele lokale Ales in der Bar, Biergarten. B & B im EZ £ 78, DZ £ 92–150. 35 Goodwins Road, ✆ 01553/772169, 📠 01553/774788, www.stuarthousehotel.co.uk.

Knights Hill Hotel (Best Western), umgebaute Farm, 4 Meilen von King's Lynn entfernt mit 79 Zimmern und Wellnessbereich (Indoor Pool und Sauna). Zimmer £ 44–99. Dinner im Garten-Restaurant oder Farmers Arms Pub. South Wootton, King's Lynn, PE30 3HQ, ✆ 01553/675566; 📠 675568; www.abacushotels.co.uk/bw-knights-hill-hotel-norfolk/.

Fairlight Lodge, heimeliges und gepflegtes viktorianisches B & B mit schönem Garten, 1,5 km vom Bahnhof entfernt. Zum Empfang liegen hausgemachte Kekse bereit. Ab £ 26.50 pro Person. 79 Goodwins Road, ✆ 01553/762234, 📠 770280; www.fairlightlodge.co.uk.

The Beeches, Guest House in Familienbesitz in einer Wohngegend südlich des Zentrums. B & B ab £ 28 pro Person. 2 Guanock Terrace, ✆ 01553/766577, 📠 01553/776664, www.beechesguesthouse.co.uk.

• *Jugendherberge*   16 Meilen von King's Lynn in **Hunstanton**, 39 Zimmer in zwei viktorianischen Stadtvillen. Erwachsene ab £ 14, Jugendliche ab £ 10.50. 15 Avenue Road, PE36 5PW, ✆ 08453/719639, 📠 01485/532632, www.yha.org.uk.

• *Camping* **Pentney Park**, in der Nähe gibt es einen ganzjährig geöffneten Campingplatz mit 200 Stellplätzen, Spar Markt, Indoor Pool und Fitnessraum, Außenpool,

Waschsalon. Zeltstellplatz £ 4.50–5.25 (ohne Strom), £ 7.85 (mit Strom), Erwachsene £ 4.75, Kinder £ 3.60. Pentney, ✆ 01760/337479, 📠 01760/338118, www.pentney-park.co.uk.

• *Essen/Trinken*   **Crofters**, Coffee House und Theaterbar im Kulturzentrum der Guildhall (King's Lynn Arts Centre), halb Gewölbe, halb Saal mit massiven Holzbalken an der hohen Decke. Empfehlenswert für die Tea Time. 27 King Street, nur Mo–Sa 9.30–17 Uhr. ✆ 01553/773134.

Riverside Restaurant, wer abends kommt, probiere das Restaurant des Arts Centre mit Aussicht auf den Fluss. Fischspezialitäten und andere, preisewerte Gerichte wie Omelette, Pancake, Pies und Chicken Curry. Mo–Sa 12–14 und 18.30–21.30 Uhr. 27 King Street, ✆ 01553/773134.

Nandos, diese portugiesische Hühnchenbraterei-Kette erfordert viel Eigeninitiative. Man muss selbst die Beilagen und Schärfegrade wählen. Nur Hühnchen, alle frisch und 24 Stunden in der speziellen Peri-Peri-Soße mariniert. Mo–Do 11.30–22 Uhr, Fr–Sa bis 23 Uhr, So 11–22 Uhr. 63 High Street, ✆ 01553/782863; www.nandos.co.uk.

Globe Hotel, sehr hübsches und großes Wetherspoon Pub (Lloyds No 1) mit Restaurant in einem Hotel; das Gebäude stammt aus dem 17. Jahrhundert. Lunches, Teas und Dinner zu moderaten Preisen. Tuesday Market Place. King Street. ✆ 01553/668000; www.jdwetherspoon.co.uk/home/pubs/globehotel.

Grants, hoch gelobtes Restaurant, das sich auf moderne englische Küche spezialisiert hat. Auf zwei Etagen mit freiliegenden Holzbalken und Kamin, sehr gemütlich, aber teuer. Mo–Sa 12–14.30 Uhr u. 18.30–21.45 Uhr, So 12–15 Uhr u. 18–21.45 Uhr. 61 Norfolk Street, ✆ 01553/760609.

Bradleys, Weinbar und Restaurant in altem georgianischem Händlerhaus am South Quay, moderne englische Küche, Mo–Sa 12–14 Uhr u. 18.30–21.30 Uhr, So 12–16 Uhr. ✆ 01553/819888; www.bradleysbytheriver.co.uk.

Sehenswertes

Kirche St Margaret: Nahe der Great Ouse, im Zentrum der Stadt, erhebt sich die schon von weitem auszumachende Kirche St Margaret, die Hauptkirche von King's

Lynn. Bischof Herbert de Losinga ließ sie um das Jahr 1100 erbauen und gründete damit Bishop's Lynn. Durch die Lage ist die Kirche besonders von Hochwasser und Sturm betroffen. Außer den Gezeitenständen sind daher auch die Hochwassermarkierungen hier angebracht. In den Jahren 1953 und 1978 litt die Stadt besonders, was man an der Markierung erkennen kann. Achten Sie auch auf die Monduhr im Südwest-Turm. Sie zeigt nicht nur die Mondphase an, sondern auch den Stand der Gezeiten in der Bucht von King's Lynn. Zwei wunderschöne Messing-Gedenkplatten aus dem 14. Jahrhundert stellen die Weinlese und ein Pfauen-Fest dar. Gleich neben der Kirche breitet sich der kleinere und ältere der zwei Marktplätze der Stadt aus, der mehr oder weniger das Stadtzentrum bildet.

Tgl. 9–18 Uhr, Eintritt frei, Saturday Market Place; www.stmargaretskingslynn.org.uk.

Margery Kempe, zwischen Wahn und Erleuchtung

Die Kaufmannstochter wurde um 1373 in King's Lynn geboren. Ihr erstes spirituelles Erlebnis hatte sie im Kindsbettfieber nach der Geburt ihres ersten Kindes (sie brachte es auf 14). Im Alter von 35 Jahren erlebte sie eine Erweckung im Traum und erklärte ihrem verdutzten Ehemann John, dass sie von nun an keusch leben müsse. Dieser fügte sich in sein Schicksal, und das Paar lebte getrennt. Margery verbrachte viele Stunden des Tages in St Margarets Church zur Meditation und zum Gebet. Ihr Wimmern und Weinen für die Sünder wurde ihr Markenzeichen. Ihre erste Wallfahrt unternahm sie nach Jerusalem und Rom, wo aus ihrem Wimmern wildes Schreien wurde (man vermutete später, sie habe unter epileptischen Anfällen gelitten). Noch zehn Jahre lang machte sie sich mit diesen Ausbrüchen sehr unbeliebt. Als wiederum viele Jahre später ihr Mann einen Unfall erlitt, nahm sie ihn jedoch zu sich und pflegte den Invaliden bis zu seinem Tod. Kurz darauf schrieb sie mithilfe eines Priesters ihre Lebensgeschichte auf, die nach der Reformation bis 1936 als verschollen galt und inzwischen als Penguin Classic unter dem Titel „The Book of Margery Kempe" zu haben ist.

Ostengland
Karte S. 415

Guildhall of the Holy Trinity: Gegenüber der Kirche steht eines der interessantesten Gebäude von King's Lynn, die mächtige Guildhall of the Holy Trinity, die heute Teil der Town Hall ist (nicht öffentlich zugänglich). Das ursprüngliche Gebäude entstand um 1421, wurde dann aber in verschiedenen Stilen ausgebaut und gegen Ende des 19. Jahrhunderts im neogotischen Stil umgestaltet. Auffälligstes Merkmal ist die dekorative Fassade im Schachbrettmuster. Im Keller befindet sich ein Gewölbe, das einst als Warenhaus und heute als Schatzkammer (Regalia Rooms) dient. Zugang hat man über The Tales of the Old Gaol House.

Hanseatic Warehouse: Auf den langgestreckten Parzellen entlang der Queen und King Streets am Fluss standen früher zahlreiche Wohnhäuser, Ställe, Kontore und Lagerhallen. Die schönste heute noch erhaltene ist die des ehemaligen Hansekontors aus dem Jahr 1428 (Kreuzung Margaret's Lane und Nelson Street). Ab dem Jahr 1475 war dieses Fachwerkgebäude eine der vier Hanseniederlassungen in England. Um 1750 wurde das Haus von einheimischen Kaufleuten übernommen, die an der Ostseite ein Gebäude das St Margarete's House anfügten. Heute befindet sich hier das Standesamt der Stadt.

Greenland Fishery: Das 1605 aus Holz gebaute Kontor in der Bridge Street stammt aus der Zeit, als von hier die Grönlandfahrer in See stachen.

Green Quay Discovery Centre: In diesem Lagerhaus für Getreide und Salz aus dem 16. Jahrhundert wurde ein interaktives naturkundliches Museum über die Flora und Fauna der Gegend am Wash eingerichtet. Wechselnde Kunstausstellungen im ersten Stock. Angeschlossen ist ein ausgezeichnetes Café.

Tgl. 10–17 Uhr. Eintritt frei. Mariott's Warehouse, South Quay, ℘ 01553/818500, www. thegreenquay.co.uk.

Townhouse Museum of Lynn Life: In einem viktorianischen Wohnhaus ist dieses Museum untergebracht, das das Stadtleben der Händler und Kaufleute in den vergangenen Jahrhunderten vom Mittelalter bis in die 1950er-Jahre dokumentiert. Es gibt auch einen kleinen viktorianischen Garten.

Mai bis Sept. Mo–Sa 10–17 Uhr, sonst bis 16 Uhr. £ 3.30, Kinder 1.80. 46 Queen Street, ℘ 01553/773450; townhouse.museum@norfolk.gov.uk.

The Tales of the Old Gaol House: Rechts daneben befindet sich das Old Gaol House mit Gefängniszellen aus dem 18. und 19. Jahrhundert und der Polizeiwache aus den 1930er-Jahren. Eine schaurige Wachspuppenausstellung veranschaulicht, mit welchen Strafen die Übeltäter in den letzten Jahrhunderten belegt wurden. Schmuggler, die von den Zollbeamten des Custom House erwischt wurden, teilten ihr Schicksal mit Mördern und Räubern. Veranschaulichen sollen den Grusel neben den Erläuterungen des Audioguides auch Geruchs- und Soundeffekte. Von hier hat man Zugang zur Undercroft der Trinity Guildhall, wo sich das Stadtsilber, die Charter über die Stadtrechte und der Kronschatz befinden, dessen kostbarste Stücke ein Schwert und der King John's Cup sind, ein vergoldeter Silberpokal aus dem 13. Jahrhundert. Gegen Ende seiner siebzehnjährigen Regentschaft erkrankte der König während eines Feldzuges in King's Lynn, konnte sich aber noch nach Newark weiterschleppen, wo er verstarb.

Nov. bis März Di–Sa 10–16 Uhr (letzter Einlass 15 Uhr), April bis Ende Okt. Di–Sa 10–17 Uhr (letzter Einlass 16 Uhr). £ 3, erm. £ 2.70, Kinder £ 2.15, Familien £ 8.85. Saturday Market Place, ℘ 01553/774297.

Custom House: In dem alten Zollhaus aus dem 17. Jahrhundert am Purfleet Quay ist nach einem Umbau nun die Touristeninformation untergebracht. Das viereckige Gebäude mit dem Turm in der Mitte kann aber auch besichtigt werden. Im ersten Stock (im Long Room) befindet sich eine Ausstellung über die Seefahrer und Kaufleute der Stadt. Davor steht die Statue von Captain George Vancouver.

Ostern bis Ende Sept. Mo–Sa 10–16.30 Uhr, So 12–16.30 Uhr, Nov. bis Ostern Mo–Sa 10.30–15.30, So ab 12 Uhr. Eintritt frei. ℘ 01553/763044.

The Lynn Museum: Das familienfreundliche Museum erzählt die Geschichte von West-Norfolk von der Eisenzeit bis heute. Highlight der Ausstellung ist ein Nachbau des 4000 Jahre alten Seahenge, eines Holzkreises aus der Bronzezeit. Der zentrale Baumstumpf ist original. Gezeigt werden auch ein Schatz von Goldmünzen der Iceni (aus dem Stamm kam auch Königin Boudicca), der Pfotenabdruck eines römischen Hundes und Karussellpferde aus dem 19. Jahrhundert.

Di–Sa 10–17 Uhr. £ 3.30, erm. £ 2.80, Kinder £ 1.80. Kostenloser Audioguide. Market Street, ℘ 01553/775001, lynn.museum@norfolk.gov.uk; www.museums.norfolk.gov.uk.

The Walks und Greyfriar's Tower: Dieser 17 ha große Park aus dem 18. Jahrhundert hat neben der denkmalgeschützten Kapelle aus dem 15. Jahrhundert **The Red Mount** auch Spielplätze und Cafés zu bieten. Die achteckige Kapelle aus rotem

Backstein lag auf der Wallfahrtsroute zum Schrein von „Our Lady of Walsingham".
Nebenan in den Tower Gardens steht der **Greyfriar's Tower**. Der Turm ist das
Wahrzeichen von Lynn. Er diente unzähligen Seefahrern über viele Jahrhunderte
zur Orientierung und ist historisch das, was von einem Franziskanerkloster aus den
1230er-Jahren nach der Auflösung der Ordenshäuser durch Heinrich VIII. noch übrig blieb. Er ist am besten von den Tower Gardens aus zu sehen und von innen zu
besichtigen.

The Red Mount Chapel: Ab Ende Mai Mi u. Sa 12–15 Uhr, im August auch So. £ 2 inklusive
South Gate. Greyfriar's Tower: Kostenloser Zugang ganzjährig zu allen Tageszeiten.

South Gate: Am Fluss Nar liegt das eindrucksvollste der verbliebenen Stadttore,
das aus dem 15. Jahrhundert stammt und an der London Road aus der Stadt hinaus
nach Süden führt.

Nur im Sommer (ab Ende Mai bis Ende Aug.) jeden Mi u. Sa 12–15 Uhr. £ 2 (inkl. Red
Mount Chapel).

Clifton House: Das Clifton House in der Queen Street ist eines der alten Kaufmannshäuser, die über die Jahre hinweg in verschiedenen Stilen ausgebaut wurden.
Die Front stammt aus georgianischer, der Wachtturm aus elisabethanischer Zeit.

St George's Guildhall: Weiter geht es über die King Street, die Richtung Norden
zum Tuesday Market führt und in der sich eine Reihe schöner Tudor- und
georgianischer Häuser befinden. Hier steht auch die St George's Guildhall, um 1400
erbaut und damit das älteste Rathaus Englands. Im Mittelalter gab es rund 60
Zünfte in der Stadt, die St George's war eine der mächtigsten. Nachdem Heinrich VIII. im Jahr 1547 die Gilden wegen ihrer Verbindungen zur Kirche aufgelöst
hatte, wurde das Gebäude als Lagerraum genutzt. In der elisabethanischen Zeit war
es ein Theater, in dem Shakespeare selbst bei einem seiner Stücke mitgespielt haben soll. Heute gehört die Anlage zum Arts Centre, was den Vorteil hat, dass man
das sehenswerte Theater während einer der allabendlichen Aufführungen unter die
Lupe nehmen kann. Jedes Jahr im Spätsommer findet hier ein renommiertes Festival klassischer Musik statt.

Mo–Fr 10–14 Uhr oder nach Vereinbarung. Eintritt frei (NT). Arts Centre: ☎ 01553/765565,
Theaterkasse: ☎ 01553/764864. Crofters und Riverside Restaurant s. o.

Tuesday Market Place: Ein Stück weiter die King Street hinauf gelangt man zum
großen Tuesday Market Place, auf dem dienstags und freitags Obst und Gemüse
feilgeboten werden. Auffälligstes Gebäude ist hier das *Duke's Head Hotel* aus dem
Jahr 1689.

True's Yard Fishing Heritage Museum: Wer einen Eindruck vom Leben der Fischer
im 19. und frühen 20. Jahrhundert gewinnen will, sollte True's Yard in der North
Street nicht verpassen. In den 1930er-Jahren räumte man hier gründlich auf und
riss dabei auch die verfallenen historischen Häuser ab. Zwei Cottages aus der Zeit
um 1800 sind alles, was von diesem Fischerviertel übrig geblieben ist. Auf zwei Etagen mit jeweils einem engen Zimmer wohnten hier einst bis zu elf Menschen. Alle
Kinder schliefen in einem Bett, während sich die Eltern auf den Boden legten. Dabei gab es kein Abwassersystem und kein fließendes Wasser. Die sehr interessanten
Führungen sowie etwa 6000 Fotos des historischen Lynn machen die Vergangenheit lebendig. Auch Tearoom und Giftshop.

Di–Sa 10–16 Uhr. £ 3, Kinder £ 1.50. North Street, ☎ 01553/770479, 🖂 01553/765100, www.
truesyard.co.uk.

Ostengland
Karte S. 415

Umgebung von King's Lynn

Castle Rising: Wenige Kilometer nordöstlich von King's Lynn (auf dem Weg nach Sandringham) liegen die gut erhaltenen Ruinen von Castle Rising. Zu sehen ist neben den Erdwällen auch der normannische Turm von 1140. Die Burg diente als Jagdhütte, königliche Residenz und im 18. Jahrhundert als Klapsmühle und befindet sich seit dem 16. Jahrhundert im Besitz der Howard Familie (Herzöge von Norfolk).
Mit Bussen 40A und 41A von King's Lynn (25 Min.). April–Nov. tgl. 10–18 Uhr, Dez.–März Mi–So 10–16 Uhr. £ 4, erm. £ 3.30, Kinder £ 2.50. ✆ 01553/631330; www.castlerising.co.uk.

Sandringham House: Das neojakobinische Sandringham House ist seit vier Generationen eine der Privatresidenzen der Krone. Außerhalb der rund drei Sommerwochen im Jahr, in denen die Königin mit ihrem Hofstaat das Landhaus als Urlaubsparadies in Beschlag nimmt, kann man die königliche Residenz besichtigen. Die Royals verbringen auch das Weihnachtsfest hier und machen Sandringham bis Mitte Februar zur offiziellen Residenz. Regelmäßig formen sich Menschentrauben vor der kleinen Kirche, wo sie dem Weihnachtsgottesdienst beiwohnen. Das Haus ist in dieser Zeit für Besucher geschlossen. 1861 hatte Queen Viktoria das Anwesen für ihren Sohn Eduard VII. gekauft. Eine Innenbesichtigung führt durch die herrschaftlichen Räume im Erdgeschoss (u. a. sind der Porzellankronleuchter und Spiegel zu bewundern, die Kaiser Wilhelm I. als Geschenk hier ließ) und durch eine Ausstellung mit Puppen und Autos. Auch im umliegenden Park mit Restaurants und Picknickplätzen kann man sich umsehen.

• *Öffnungszeiten* Sie richten sich nach der Anwesenheit der Queen, meistens April bis Ende Juli und Anf. August bis Ende Oktober tgl. 11–16.45 Uhr. Genaue Öffnungszeiten bitte der Webseite entnehmen. Besucherzentrum ganzjährig geöffnet von April bis Okt. tgl. 10.30–17.30 Uhr, Nov.–März 10.30–16.30 Uhr. Haus, Museum und Park £ 10, Studenten £ 8, Kinder £ 5, nur Museum und Park £ 7, erm. £ 6, Kinder £ 3.50. ✆ 01553/772675; www.sandringham-estate.co.uk.
• *Anfahrt* Der Eastern-Counties-Bus 41 und die Coastliner Busse (im Sommer auch der Coast Hopper) fahren hierher. ✆ 0870/6082608, www.travelineeastanglia.org.uk.

Houghton Hall: Knapp acht Kilometer östlich von Sandringham steht Houghton Hall. Das grandiose Herrenhaus im Palladio-Stil wurde um 1730 für *Sir Robert Walpole*, den ersten Premierminister Englands, gebaut, der hier wie ein König lebte und ein ganzes Dorf abreißen ließ, um sich seinen Park anlegen zu lassen. Architekt war Colen Campbell. Auch hier ist eine Innenbesichtigung möglich. Die meisten der Kunstschätze, die die Familie Houghton hier angesammelt hat, befinden sich heute in der Eremitage in St. Petersburg. Die Kunstwerke mussten um 1779 verkauft werden, da die Familie in finanzielle Schwierigkeiten geraten war. Dennoch gibt es hier schon allein an Innendekoration viel zu sehen. Am schönsten ist die Stone Hall voller allegorischer Schnitzereien und Skulpturen von Kent und Rysbrack, u. a. einer Büste von Sir Robert in römischer Toga.
Ostern bis Sept. Mi, Do, So und Feiertage 13.30–17 Uhr (letzter Eintritt 16.30 Uhr), das Gelände mit Park, Soldiers Museum, Walled Garden und Tearooms ist schon ab 11 Uhr geöffnet. £ 8.80, Kinder £ 3.50. ✆ 01485/528569. www.houghtonhall.com.

Castle Acre: Diese Burg steht gut sichtbar auf einer der wenigen Erhebungen in Norfolk (knapp 20 Kilometer östlich von King's Lynn). Von Castle Acre, kurz nach der normannischen Eroberung erbaut, ist kaum noch etwas zu sehen. Dafür kann man die besser erhaltenen Ruinen einer Abtei besichtigen, die ebenfalls aus normannischer Zeit stammt. Die Westfassade der Kirche aus dem 12. Jahrhundert steht noch in ihrer vollen Höhe, auch das Wohnhaus des Priors, in dem eine Ausstellung über das Klosterleben informiert, ist noch fast intakt. Die Kräuter im Gärtchen neben dem Besucherzentrum wurden für Arzneien genutzt.

Castle: frei zugänglich, kein Eintritt. **Castle Acre Priory**: April–Sept. tgl. 10–17 Uhr, Juli/Aug. bis 18 Uhr, Okt.–März Do–Mo 10–16 Uhr. Eintritt: £ 5.30, erm. £ 4.50, Kinder £ 2.70 (EH) inkl. Audiotour. ✆ 01760/755394.

The Wash und Hunstanton: 25 Kilometer nördlich von King's Lynn an der Küste liegt das flache Gezeitenbecken, die Bucht des Wash, die auf einer Fläche von 159 km² von Skegness bis Hunstanton reicht. Ähnlich wie das Wattenmeer ist die Landschaft hier geprägt von bei Ebbe trockenfallendem und bei Hochwasser überflutetem Land. Weite Strände und im Sommer violett blühende Salzwiesen prägen das Bild. Hunstanton, ein ruhiger Badeort, trägt wegen seiner schönen Sonnenuntergänge den Spitznamen „Sunny Hunny" und besitzt einen tollen Sandstrand mit imposanten, 18 Meter hohen Klippen. Hier beginnt auch der Norfolk Coast Path, der streckenweise mit dem Peddars Way übereinstimmt, und den Sandstränden und Dünenlandschaften bis Cromer folgt. Im Abstand einer Tageswanderung gelangt man nach Helme-next-the-Sea.

Touristeninformation **The Town Hall**, The Green, PE36 6BQ, ✆ 01485/532610; hunstanton.tic@west-norfolk.gov.uk.

Grafschaft Cambridgeshire

In Cambridgeshire dreht sich vieles um die Universitätsstadt Cambridge, die für ihre Colleges, die Weltklassemuseen, Buchläden und das Punting auf dem River Cam berühmt ist. Drumherum rollen grüne, kaum gewellte Ebenen eher monoton dem Horizont zu, eine typisch mittelostenglische Landschaft, an deren wichtigstem strategischen Punkt die Universitätsstadt liegt.

62 Nobelpreisgewinner, dreizehn Premierminister und neun Erzbischöfe von Canterbury haben in *Cambridge* studiert, entsprechend hitzig ist die Rivalität mit „the other place", wie man Oxford hier nur nennt. Ästhetisch gesehen liegt Cambridge nach Auffassung der meisten Engländer vorne, Trümpfe sind und bleiben der Chor und die Kapelle von King's College. In Lehre und Forschung bieten sich die beiden Unistädte ein Kopf-an-Kopf-Rennen, in dem Cambridge mit dem Bau des Science Park die Führung sucht.

Vor der Industriellen Revolution lebte man auch in Cambridgeshire gut vom Wollhandel und der Tuchproduktion, nach ihrem Niedergang verlegte man sich im 18. Jahrhundert auf das Klöppeln von Spitze, das Korbflechten und die Kalkbrennerei. Dank der Entwässerung der Fens avancierte die Landwirtschaft mehr und mehr zur Schlüsselindustrie auf dem nun extrem fruchtbaren Boden. Hier werden Blumen, Obst, Gemüse und Wein angebaut, hier wächst auch immer noch das Reet, mit dem bis heute viele Dächer gedeckt werden. In den meisten Ortschaften finden regelmäßig Märkte statt, wo man die einheimischen Produkte frisch vom Produzenten kaufen kann. Gartenliebhaber sollten den *Botanischen Garten* der *Anglesey Abtei* nicht versäumen. Außerhalb der Stadt liegt das Kreidehochland der *Gog Magog Hills*, wo sich das historische Aircraft und das *Imperial War Museum* befinden.

Von Cambridge aus windet sich ein Treidelpfad die 24 Kilometer nach *Ely*, wo die meisten Besucher direkt zur phantastischen Kathedrale strömen, die im Volksmund auch das „ship of the fens" genannt wird, das Schiff der Fens. Ein weiteres

Ostengland
Karte S. 415

unbedingtes Muss ist die Kathedrale von Peterborough, Englands Einkaufsmetropole im Norden der Grafschaft, die sich zum wirtschaftlichen Zentrum der Region gemausert hat. St Ives ist eine malerische alte Stadt mit schönen mittelalterlichen Fachwerkhäusern und georgianischen Bauten, wo Oliver Cromwell als junger Gutsherr gelebt hat. Wer es ländlicher bevorzugt, besuche die vielen versteckten Dörfer und Marktstädtchen wie *Wisbech* (sprich Wisbeach) mit seinen Apfelhainen und der Elgood Brauerei, *March* oder *Stilton*, von wo aus der Schimmelkäse gleichen Namens zuerst gehandelt wurde. Auch *Huntingdon*, der Geburtsort Oliver Cromwells, ist einen Besuch wert, liegt er doch im hübschen Ouse-Tal.

Ely und die Fens

Zwischen King's Lynn und Cambridge liegt die Stadt Ely, deren Kathedrale von allen Ecken der Stadt das Blickfeld dominiert. Drum herum liegen die Fens, 3350 Quadratkilometer baumloses, heckenloses Flachland, das schon seit Jahrhunderten kultiviert wird.

Die historische Stadt am Fluss hat neben einer schönen Lage auch einige Sehenswürdigkeiten und gute Einkaufsmöglichkeiten aufzuweisen. Donnerstags ist Markttag, dann ist die Stadt besonders lebendig. Eine der bekanntesten Gestalten der englischen Geschichte verbrachte im 17. Jahrhundert einige Jahre in Ely: *Oliver Cromwell*. In seinem Wohnhaus ist jetzt ein Museum eingerichtet. Ely ist ein idealer Ausgangspunkt für eine Erkundung der *Fens*, die heute ein fruchtbares Getreideland mit seltenen Vögeln und Schmetterlingen sind. Bevor das große Sumpfgebiet der Fens trockengelegt wurde, konnte man die Gegend nur mit erfahrenen Führern durchqueren. Damals war die unzugängliche Insel inmitten des Marschlandes noch als „Isle of Eels" (Insel der Aale) bekannt, wo im Jahr bis zu 50.000 der Viecher gefangen wurden. Nach den Aalen ist die Stadt benannt, und wie die Aale wird sie ausgesprochen: ee-lee. Die Touristensaison wird entsprechend jedes Jahr im April mit dem „Eel Day" eröffnet, wo Aal-Kostproben, Umzüge und Folkloredarbietungen auf dem Programm stehen. Neuerdings kann man auch dem „Heritage Public Art Trail" folgen, dessen fünf Bronzeplaketten im Boden den Lebenszyklus eines Aals beschreiben.

Gegründet worden war Ely von Königin *Etheldreda* aus Northumbria, die sich auf der Flucht vor ihrem Mann befand und hier ein Kloster eröffnete. Die fromme Dame hatte ihrem Gatten Egfrid zwölf Jahre lang das gemeinsame Nachtlager verweigert, um einen ominösen Keuschheitsschwur nicht zu bre-

Elys einzigartiger Kirchturm

chen. Als sie starb wurde sie in einem Holzsarg bestattet, doch noch nach zehn Jahren war ihr Leichnam unverwest. Man bettete sie in einen Marmorsarg um, der sich als wundertätig erwies und viele Pilger anlockte. Eine weitere Legende besagt, dass sich der legendäre Held von Cambridgeshire, *Hereward the Wake*, in die Sümpfe zurückgezogen habe, um von hier aus seinen Widerstand gegen die unter William dem Eroberer einfallenden Normannen zu organisieren. Verraten von den Mönchen von Ely fand er schließlich das unvermeidbare Ende und wird seit seiner Ermordung als „the last of all English" bezeichnet. Nachdem das Gelände eingenommen war, errichteten die Normannen die Kathedrale.

Im 17. Jahrhundert begann man mit der Trockenlegung des Sumpfgebietes, doch erst mit der Erfindung dampfgetriebener Pumpen im frühen 19. Jahrhundert war das Unternehmen erfolgreich. Immerhin hatte der Torf der Umgebung, der als Brennmaterial zur Salzgewinnung genutzt wurde, der Stadt frühen Reichtum verschafft.

● *Information* **Oliver Cromwell House**, hier bekommt man eine kostenlose Straßenkarte und das kostenlose Faltblatt zum Heritage Walk. Die Mitarbeiter helfen außerdem bei der Buchung der Unterkunft und mit Tipps zu Ausflügen. Im selben Gebäude untergebracht wie das Museum. 29 St Mary's Street, Ely, Cambridgeshire CB7 4HF, ℰ 01353/662062, ℰ 01353/6681518, tic@eastcambs.gov.uk, www.visitely.co.uk.

● *Verbindungen* **Bus** – Von der Haltestelle auf der Market Street fahren jede halbe Stunde Busse nach Cambridge (Nr. X9, 9, 12). **Zug** – Bahnhof in der Station Road südlich des Zentrums. Ely liegt an der Linie London–King's Lynn–Norwich–Peterborough (First Capital Connect).

● *Bootsfahrt* Zur Zeit der Recherche suchte das Council nach einem Nachfolger für Fenland River Cruises.

● *Einkaufen* Am Fluss gibt es ein **Antiquitäten Centre**, ausgeschildert ab Dien's Meadow. Neu ist das **Cloisters Shopping Centre**.

● *Markt* Wochenmarkt jeden Do u. Sa, Flohmarkt jeden Sa und Farmer's Market jeden zweiten und letzten Sa des Monats 8.30–15.30 Uhr im Market Square. Delikatessen hier sind geräucherter Aal und Straußenburger.

● *Festivals* **Ely Festival/Eel Day** am letzten April- oder ersten Mai-Wochenende; **Folk Festival** im Juli, **Apple Day** im Oktober.

● *Kultur* **Arts on the Waterside** in The Maltings: Ely Cinema, Veranstaltungshalle mit Konzerten, Comedy und Theater, Babylon Gallery. Restaurants. ℰ 01353/616991; www.adec.org.uk.

● *Wandern* **Bishop's Way**, Rundwanderweg durch die Fens auf den Spuren der mittelalterlichen Bischöfe von Ely zu ihrem Palast in Little Downham.

● *Fahrradfahren* Fahrradverleih: **Ely Cycles**, ab £ 10/Tag. Karten u. a. für die Ouse Riverside Route. The Boatyard 1, Annesdale, Ely, Cambs CB7 4BN, ℰ 01353/668551; mobil: 0777/5857878; www.elycycles.co.uk.

Jockey's Trail, 45 Kilometer lange, moderate Teilstrecke des National Cycle Paths von Newmarket in die Fens.

● *Wassersport* Derzeit wird der **Fens Waterway Link** ausgebaut, der auf 240 Kilometern Wasserwegen Lincoln mit Peterborough und Ely verbinden wird. www.visitanglianwaterways.co.uk oder www.fenswaterways.com.

● *Übernachten* **Castle Lodge Hotel**, liegt in einem ruhigen Viertel von Ely, ca. fünf Minuten Fußweg bis zur Kathedrale. Teile des recht veralteten Hauses haben Zinnen und sehen tatsächlich aus wie eine kleine Burg. Auch Dinner möglich. DZ en suite £ 75, EZ Standard £ 32.50. 50 New Barns Road, CB7 4PW; ℰ 01353/662276, ℰ 01353/666606, www.hotelcambridgeshire.co.uk.

The Post House, auch dieses Guest House ist nur wenige Fußminuten von Kathedrale und Zentrum entfernt. Ab £ 23 pro Person. 12a Egremont Street, CB6 1AE; ℰ 01353/667184. www.posthouse-ely.co.uk.

Cathedral House, im Schatten der Kathedrale liegt dieses georgianische Haus mit wunderschönem Garten, der einst zur Kathedrale gehörte. Gefrühstückt wird stilvoll in der großen Küche um einen Farmhaustisch, wenn es kalt ist vor brennendem Kamin. EZ ab £ 45, DZ £ 75–90. Am Wochenende Mindestaufenthalt 2 Nächte. Auch Self-Catering im Coach-House (4–5 Personen, 3 Nächte ab £ 250). 17 St Mary's Street, ℰ/ℰ 01353/662124, www.cathedralhouse.co.uk.

Ostengland Karte S. 415

• *Jugendherberge* nächste Jugendherberge in Cambridge (siehe dort).

• *Camping* **Riverside Caravan and Camping**, in Littleport befindet sich dieser Platz für Wohnwagen; auch Bungalows werden vermietet. Achtung: dieser Campingplatz ist nichts für Familien, es sind keine Kinder erwünscht. Zeltstellplätze ab £ 7.50 pro Person und Nacht. 21 New Bank, Littleport, ✆ 01353/860255; www.riversideccp.co.uk.

• *Essen/Trinken* Auch aus kulinarischer Sicht lohnt ein Abstecher zur Waterfront (Annesdale), wo man nachmittags im **Peacock's Tearoom** aus bis zu sechzig verschiedenen Teesorten wählen (Mi–So, 10.30–16.30 Uhr, ✆ 01353/661100) oder im **Cutter Inn** (42 Annesdale, ✆ 01353/662713) sein Ale genießen kann. Gehobene Küche wird im **Boathouse** serviert, auch direkt am Wasser. 5–5A Annesdale, ✆ 01353/664388; www.cambscuisine.com.

The Old Fire Engine House, Elys exklusivstes Restaurants befindet sich im alten Haus der Feuerbrigade. Hier wird auch noch der Aal zubereitet, den vor Elys einzig verbleibendem Eel-catcher Peter Carter gefangen wird. Wechselnde Ausstellungen an den Wänden, viel Wild auf dem Menü. Afternoon Teas werden im Walled Garden serviert. Sonntagabends geschl. 25 St Mary Street, ✆ 01353/662582, ✉ 01353/668364, www.theoldfireenginehouse.co.uk.

The Almonry Restaurant and Tearooms, links der Lady Chapel, Eingang entweder von der Domfreiheit oder von der Highstreet. Attraktives Gartenrestaurant, Teas und Coffes, aber auch Pies oder Fisch zum Lunch. Bei Regen isst man im Gewölbe aus dem 12. Jahrhundert, wo die Geistlichen einst Almosen an die Armen verteilten. Geöffnet Mo–Sa 10–17 Uhr, So ab 11 Uhr. ✆ 01353/666360.

Steeplegate Craft Galleries and Tearooms, in Nachbarschaft der Kathedrale steht dieses hübsche mittelalterliche Haus mit Kunstgalerie. In dem Café gibt es Frühstück, einfache Mittagsgerichte sowie Kuchen. 16–18 High Street.

SP Noodle Bar, asiatisches Restaurant mit minimalem Komfort und schnellem Service, aber frisch zubereiteten Speisen. Lunch Mo–Sa 12–15 Uhr, Dinner So–Do 17.30–22.30, Fr/Sa bis 23.30 Uhr. 3 Lynn Road, ✆ 01353/658353; www.elygusthouse.co.uk/restaurants.htm.

Fish'n'Chips, Petrou Brothers Shop, 5 Market Place. Mo–Sa ab 11 Uhr.

Three Pickerels, Idyllisches Countrypub direkt am Flussufer mit Biergarten. Mo–Do 12–14.30 u. 18–23 Uhr, Fr–Sa 12–23 Uhr, So 12–22.30 Uhr.19 Bridge Road, Mepal, CB6 2AR, ✆ 01353/777777; www.threepickerels. co.uk. Auch B & B, DZ £ 75.

Sehenswertes

Kathedrale: Mittelpunkt von Ely ist seine majestätische Kathedrale, wegen der allein sich schon ein Besuch lohnt. Bereits im Jahr 673 gründete Ethelreda, Königin von Northumbria, hier ein Kloster. Im Jahre 1081 begannen die Normannen nach der erfolgreichen Eroberung der Stadt mit dem Bau der Kathedrale. Fast 300 Jahre vergingen, bis sie fertiggestellt war. Architektonische Besonderheit ist der mächtige, achteckige Kirchturm, einzigartig in ganz England. Als 1322 der alte Zentralturm zusammengestürzt war, brauchte man 400 Tonnen Eichenholz, um den oktogonalen *Lantern Tower* zu errichten. Ein Blick nach oben ins Innere des Turms lässt die aufwendige Konstruktion erahnen.

Den schönsten Blick auf die Kathedrale hat man, wenn man – vom Bahnhof kommend – von der Broad Street auf den Pfad abbiegt, der in westlicher Richtung durch den die Kathedrale umgebenden Park führt. Von der kleinen Erhebung aus geht man am besten durch die *Ely Porta*, den früheren Haupteingang, zum ehemaligen Kloster.

Das Kirchenschiff ist besonders lang gestreckt (170 Meter) und auch sehr breit, das auffallendste Merkmal sind die Kreuzbögen aus der normannischen Zeit. Die normannische Holzdecke mit ihrer geringen Wölbung überspannt einen Raum von fast 15 Metern. Die Querschiffe sind die ältesten Teile der normannischen Kirche. Die Stichbalkendecke wurde im 15. Jahrhundert mit großflügeligen Engeln deko-

Cromwell House und Museum

riert. Das Ostfenster mit seinen drei hohen Lanzetten zeigt kostbare Glasmalereien. Besonders schön ist auch die Marienkapelle, um deren Mauern sich Sitze mit steinernen Baldachinen mit phantasievollem Steinmetzschmuck ziehen. Sie gelten als Inbegriff der englischen Hochgotik (Decorated Style). Besonders atmosphärisch ist der Besuch während des allabendlichen Evensongs um 17.30 Uhr, bei dem Sie den Chorknaben des King's College lauschen können. Der Bischofspalast nebenan stammt aus dem 15. Jahrhundert und ist heute ein Altenheim.

Im Sommer tgl. 7–19 Uhr, im Winter Mo–Sa 7.30–18 Uhr und So 7.30–17 Uhr geöffnet. £ 6, erm. £ 5, Kinder bis 16 J. frei. **Octagon Tower**: £ 4, So. £ 6; **West Tower**: £ 4, So £ 6; Eintritt mit sämtlichen Sehenswürdigkeiten: £ 12.70, erm. £ 11. Chapter House, ☎ 01353/667735; www.elycathedral.org.

Stained Glass Museum (innerhalb der Kathedrale): Wer sich für mittelalterliche Glasmalerei interessiert, findet hier sehenswerte Exponate aus den vergangenen 700 Jahren. Das Museum im Triforium der Kathedrale wurde gegründet, um wertvolle Stücke dieses Kunstartikels zu bewahren und zu restaurieren.

April bis Okt. Mo–Fr 10.30–17 Uhr, Sa 10.30–17.30 Uhr, So 12–18 Uhr, Nov. bis März Mo–Sa 10.30–17 Uhr, So 12–16.30 Uhr. £ 3.50, Kinder £ 2.50. The South Triforium, ☎ 01353/660347, www.stainedglassmuseum.org.

Oliver Cromwell House: Ein kurzer Spaziergang über das Palace Green vor der Kathedrale in westliche Richtung an der russischen Kanone aus dem Krimkrieg vorbei führt zur St Mary's Street. Hier befindet sich das Oliver Cromwell House, in dem auch die Touristeninformation untergebracht ist. Eine Ausstellung dokumentiert das Leben Cromwells, der in diesem schönen Fachwerkhaus in den Dreißigerjahren des 17. Jahrhunderts etwa für zehn Jahre mit seiner Familie (seiner Mutter, seiner Frau, zwei Schwestern und seinen sechs Kindern) lebte. Der in Huntingdon geborene Politiker hatte hier Land geerbt. Im Bürgerkrieg von 1642–48 war er der

Ostengland Karte S. 415

Führer der puritanischen Parlamentarier. Nach erbitterten Kämpfen wurde im Jahre 1649 die Monarchie abgeschafft und Karl I. enthauptet. Cromwell wurde *Lord Protector* des Commonwealth, das zwar nominell eine Republik war, tatsächlich aber eher einer Militärdiktatur ähnelte. Im Jahr 1660, zwei Jahre nach Cromwell's Tod, wurde die Monarchie wiederhergestellt. Teile des Hauses sind 750 Jahre alt, das Museum dokumentiert die Lebensgeschichte Cromwells und informiert ausführlich über die *Fens.*

April bis Okt. tgl. 10–17 Uhr, Nov. bis März Mo–Fr 11–16 Uhr, Sa 10–17 Uhr. £ 4.50, erm. £ 4, Kinder £ 3.10. ✆ 01353/662062.

Ely Museum: Dieses Museum im 700 Jahre alten Old Goal (Gefängnis) beschreibt die Entstehung der *Fens* und dokumentiert das Leben ihrer Bewohner. Man kann etwa einen Film über den Ackerbau vergangener Epochen sehen.

Im Sommer Mo–Sa 10.30–17 Uhr, So erst ab 13 Uhr, im Winter Mo u. Mi–Sa 10.30–16 Uhr, So erst ab 13 Uhr geöffnet, Di geschl. £ 3.50, erm. £ 2.50, Kinder frei. Kombi-Ticket mit Oliver Cromwell House: £ 6.20, erm. £ 5. Lynn Road, Ecke Market Street, ✆ 01353/666655; www.elymuseum.org.uk.

Die Fens

„The Fens" (Fen heißt eigentlich Sumpf) wird die Moorlandschaft genannt, die sich um den Meerbusen „The Wash" ausbreitet und das Überschwemmungsgebiet der Flüsse Witham, Welland, Nene und Ouse war. Als man im 17. Jahrhundert unter der Leitung des holländischen Ingenieurs Cornelius Vermuyden mithilfe von Kanälen dieses Gebiet trockenlegte, änderte sich nicht nur der Verlauf des Flusses Ouse, auch das Leben der Bewohner der Gegend wurde grundlegend beeinflusst. Zunächst sank das Land ab, sodass es zu Überschwemmungen kam. Man versuchte, mit eigens dafür gebauten Windmühlen das Wasser abzuleiten, doch erst nachdem um 1820 die dampfgetriebene Pumpe erfunden worden war, konnte das Überflutungsproblem langfristig gelöst werden. Erst Mitte des 19. Jahrhunderts wurde das Gelände in fruchtbares Weide- und Ackerland umgewandelt. Einige der Pumpen kann man sich im *Prickwillow Engine Trust* ansehen. Die Moorlandschaft hat natürlich auch ihre eigenen Legenden, Geister und Traditionen: singende Phantom-Mönche, nebulöse Frauengestalten und tödliche Nachtwächter. Pfeifen Sie darum bitte nie, wenn Sie abends auf den Fenland-Pfaden unterwegs sind, denn das könnte die bösen Jack o' Lanterns (Nachtwächter) aus den Mooren locken, die Ihnen dann den falschen Weg leuchten.

Im Naturreservat *Wicken Fen* (etwa zehn Kilometer südöstlich von Ely und das älteste des Landes) kann man noch einen Eindruck von dem Gebiet der Fens vor der Trockenlegung erhalten. Auf dem großen Gelände leben wilde Ponys, und es befindet sich hier auch eine der letzten Windmühlen der Gegend (die Wicken Windmill) sowie Fen Cottage, eine Kate die veranschaulicht, wie eine Fen-Familie noch vor gut hundert Jahren gelebt hat.

● *Öffnungszeiten* **Wicken Fen National Nature Reserve**, Lode Lane, Wicken. Naturpark: Ganzjährig tgl. bis zur Dämmerung geöffnet. Visitor Centre: tgl 10–17 Uhr. Man kann hier auch Ferngläser leihen. Café: 10–17 Uhr (Nov.–Febr. bis 16.30 Uhr). Eintritt: £ 5.20, erm. £ 2.65 (NT). ✆ 01353/720274. **Prickwillow Engine Trust**, Main Street, Prickwillow, CB7 4UN, Mai– Sept. Mo, Di, Sa, So 11–16.30 Uhr, April– Okt. 11–16 Uhr, £ 3, erm. £ 2, Kinder £ 1.

● *Übernachten* **Dragon Fly Cottage**, traditionelles B & B mit Blick auf die Fens, wo die Libellen (Dragon Flys) zu Hause sind. Nur ein DZ mit Bad (£ 60) und ein EZ ohne Bad (£ 40), Familien: £ 75. 26 Lode Lane, Wicken, CB7 5XP, ✆ 01353/727054, mobil: 07850/433472; www.dragonflycottage.co.uk.

• *Essen & Trinken* **Five Miles from Anywhere No Hurry Inn** in Upware, hübsch am Flussufer des Cam gelegen mit Anlege- stelle, Spielplatz und wechselnder Speisenkarte. Old School Lane, CB7 5ZR, ✆ 01353/ 721654.

Zurück zur Natur – The Great Fen Project

Mühsam wurde der Sumpf einst trockengelegt, nun werden ebenso mühsam große Teile der Fens wieder geflutet (vernässt) und zur Auenlandschaft bzw. in ein Niedermoor zurückverwandelt. Das Great Fen Project ist das anspruchsvollste und spannendste Renaturierungsvorhaben, das es in England seit langem gegeben hat. 3700 ha Land zwischen Holm Fen und Woodwalton Fens sollen in ihren Ursprungszustand zurückversetzt und als Feuchtgebiete und Habitat für die vom Aussterben bedrohte Tierwelt und seltene Flora wiederhergestellt werden. Auch für weniger seltene Spezies sollen die Fens so attraktiver werden: Für ökologisch interessierte Touristen, denen auf Minibeast-Safaris vorgeführt wird, wie man die Artenvielfalt erhalten, den Wasserrückhalt erhöhen und die Nährstoffbelastung der Gewässer verringern kann.

Informationen: Royal Society for Nature Conservation (Wildlife Trust), www. greatfen.org.uk. Anmeldungen für Aktivitäten und Wanderungen: Great Fens Project Team, ✆ 01487/710420; info@greatfen.org.uk.

Cambridge

Seit rund 800 Jahren ist Cambridge Universitätsstadt, und auch heute wird die Atmosphäre in erster Linie von der Universität und den zahlreichen Studenten geprägt. Cambridge ist fast gleichbedeutend mit der Universität, sagenhafte 95 % aller Gebäude in der Innenstadt befinden sich in ihrem Besitz! Im Gegensatz zu vielen modernen Hochschulen auf dem Kontinent – aber auch in England – wird hier Tradition groß geschrieben. Dies liegt auch nahe, wenn man sich die Fakultäten in den zeitentrückten historischen Gebäuden betrachtet.

Höhepunkt des Studentenlebens ist die Feier mit Sektumtrunk nach Bestehen des Abschlussexamens, das in der Regel nach drei Jahren abgelegt wird. Anzug, Krawatte und weißes Hemd sind dann obligatorisch, aber auch an Werktagen sieht man die traditionellen dunklen Schuluniformen. Die noch nicht graduierten Studenten tragen kurze, schwarze Capes, die Graduierten und Professoren Talare (*gowns*) in den Farben ihrer Fakultät und je nach Rang und Würden mit Borten, samt- oder seidengefütterten Schleppen und Ärmeln oder Hermelinverzierungen. Dazu gehören viereckige Baretts (*caps*) mit Troddeln. Die lange Schleppe des goldgestickten Samtmantels des Kanzlers trägt bei festlichen Gelegenheiten ein Page in seidenen Kniehosen. Wer es sich einrichten kann, sollte seinen Besuch unbedingt auf das letzte Wochenende im Juni legen und zu den dreitägigen Abschlussfeierlichkeiten herkommen, wenn die Stadt regelrecht Kopf steht.

Cambridge ist eine Kleinstadt, die sich zwar weiterentwickelt hat, jedoch ihr homogenes Erscheinungsbild erhalten konnte. Die Straßen wimmeln von den unzähligen Fahrrädern der 17.000 Studenten, da es den Studenten verboten ist, im Umkreis

Ostengland
Karte S. 415

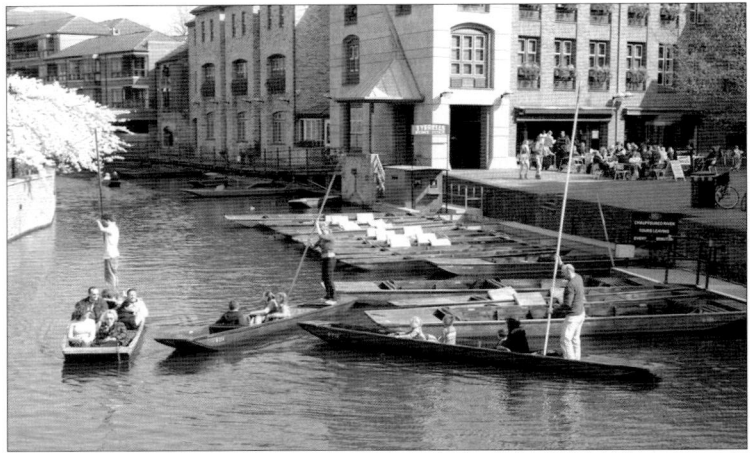

Beliebter Freizeitspaß: Punting auf dem Cam

von 10 Meilen ein Auto zu besitzen. In den engen Kopfsteinpflastergassen der Altstadt scheint die Zeit stehen geblieben zu sein.

Cambridge ist Provinz, Cambridge ist aber auch die Hochburg des Wissens. Hier gibt es mehr als sechzig Fachbibliotheken sowie die University Library, die als Copyright-Bibliothek Anrecht auf ein Exemplar aller in Großbritannien veröffentlichten Bücher hat. Nur für Abiturienten mit den besten Abschlussnoten (drei As) lohnt es sich überhaupt, sich in Cambridge zu bewerben. Trotzdem schafft es nur jeder 5. Bewerber, den begehrten Studienplatz zu ergattern. Cambridge hat im Vergleich zu seinem ewigen Konkurrenten Oxford mehr Charme, weniger Industrie und weniger Verkehrsprobleme. Alles in der Stadt kann per pedes erreicht werden. Mehrere Fußgängerzonen halten die Autos aus der Innenstadt fern. Nach der Besichtigung eines der vielen Colleges findet man Entspannung in einem der zahlreichen Parks. Oder man erholt sich beim „Punting" (einer Stechkahnfahrt) auf dem River Cam – in flachen Booten stakt man den Fluss hinauf oder hinab. Im Sommer verdienen sich Studenten als „Gondoliere" und Reiseführer ihr Zubrot. Spannend wird es, wenn die traditionellen Ruderregatten (*bumps*) ausgetragen werden. Dabei wird versucht, das vor einem liegende Boot zu rammen. Ein Riesenspaß für die Zuschauer.

Cambridge liegt in einem wahren Netz von Römerstraßen, denn es war einst ein strategisch wichtiger Punkt am River Cam. Bereits im ersten Jahrhundert v. u. Z. siedelte auf dem heutigen Stadtgebiet eine Gruppe von *Belgen*. Um das Jahr 40 u. Z. bauten die Römer über den Fluss *Granta* (heute Cam) eine Brücke, über die die *Via Devana* führte. Dieser Handels- und Heeresweg verband Colchester mit dem Militärlager in Lincoln. Eine Ansiedlung entstand, die später von Sachsen und Normannen bewohnt wurde.

Angeblich wurde die Universität von Studenten ins Leben gerufen, die im Jahre 1209 aus Oxford fliehen mussten und hier eine Zweigniederlassung der Mutteruniversität gründeten. Grund waren die Unruhen, die ausgebrochen waren, nachdem ein Student für einen angeblichen Mord gehängt worden war. Viele Oxforder Studenten suchten daraufhin Zuflucht in den Klostergemäuern und –schulen von Cambridge. Siebzehn Jahre später hatte sich die Lehr- und Studentengemeinde bereits mit einem Kanzler etabliert und 1318 erteilte der Papst die formelle Anerkennung als „studium generale". Cambridge und Oxford sind Englands älteste Universitäten und haben fast sechshundert Jahre lang das geistige Klima des Landes so gut wie ausschließlich bestimmt. Bis ins 19. Jahrhundert hinein, als es überwiegend in den Industriestädten zu einer Neugründungswelle mit technischen Schwerpunkten kam, waren sie auch praktisch die einzigen Universitäten. Beide zusammen werden etwas respektlos mitunter einfach „Oxbridge" genannt. Das Collegesystem könnte man vereinfacht wie folgt beschreiben: Die Universität ist die Dachorganisation, die für die „Lehre" zuständig ist, die Examen stellt und die akademischen Grade vergibt. Die selbstverwalteten Colleges bieten den Studenten eine Zugehörigkeit und die „Unterkunft".

Das soziale Gefälle zwischen den Bürgern der einfachen Marktstadt und den Akademikern führte zu Konflikten, die fast 600 Jahre andauerten. Die Fakultäten waren von der Krone begünstigt und besaßen einen umfangreichen Teil der umliegenden Ländereien und damit auch politischen Einfluss. Erst im Jahr 1856 führte eine Reform dazu, dass die Universität ihre Rechte an die Stadt abtreten musste, und der Konflikt „Town versus Gown" wurde beigelegt. Immerhin entsandte die Universität noch bis 1950 eigene Abgeordnete ins Parlament, die von den Graduierten gewählt wurden.

Nach mehr als 800 Jahren der Existenz ist inzwischen die Moderne bis nach Cambridge vorgedrungen: Seit den 1990er-Jahren wurden viele neue Einrichtungen westlich des Flusses gebaut. 1995 etwa eröffnete die von Sir Norman Foster entworfene Law Faculty in der West Road. Vor rund zehn Jahren kaufte sich auch Microsoft in die Universität „ein" und sponsert seitdem ein neues Forschungszentrum, das von den Studenten genutzt werden kann.

*I*nformation/*V*erbindungen/*D*iverses

● *Information* **Tourist Information Centre**, Zimmervermittlung, reichlich Informationsmaterial über die verschiedenen Colleges; auch Organisation von Stadtführungen (s. u.) und Verkauf von Tickets für Attraktionen bis hin zur Bahn. **Die Cambridge Visitor Card** kostet nur £ 3 und gewährt viele Rabatte für Aktivitäten, Eintritte und in der Gastronomie. Peas Hill, Cambridge, Cambridgeshire CB2 3AD, (rechte Seite der Guildhall) ✆ 08712/268006, intern. 01223/464732; 📠 01223/457529; info@visitcambridge.org; www.visitcambridge.org.

● *Verbindungen* **Park & Ride** – 5 Parkplätze an allen Einfahrtsstraßen nach Cambridge, 7 Tage/Woche von 7.30–20.30 Uhr; kostenfreies Parken; Busse ins Zentrum alle 10 Minuten für £ 2.20. www. cambridgeshire.gov.uk/parkandride.

Bus – Busbahnhof in der Drummer Street. National Express Busse halten jetzt 200 m weiter in der Parkside gegenüber der Polizeistation (✆ 08717/818181). Sie fahren regelmäßig nach London, Norwich und Oxford. Regelmäßige Verbindungen nach London, Great Yarmouth und Norwich auch durch andere Gesellschaften. Die grünen Busse des **City Circle** fahren von Mo–Sa alle 15 Minuten kostenlos von 9–17.30 Uhr durch das Stadtzentrum.

Zug – Bahnhof in der Station Road, eine gute Meile südlich der Innenstadt. Schnellzüge in regelmäßigen Abständen nach London (King's Cross Station 50 Min., Liverpool Street Station 1 Std. und 10 Min.), nach Peterborough sowie in die östlichen Städte (Norwich, Ely, King's Lynn, Ipswich). Busse Citi 1, Citi 3 oder Citi 7 fahren für £ 3.40 (Dayrider Ticket) ins Stadtzentrum. Beim Einsteigen nach der Richtung fragen!

● *Fahrräder* Im Tourist Office ist eine Liste mit Fahrradverleihern erhältlich, darunter:

City Cycle Hire Ltd., 61 Newham Road, ✆ 01223/365629, www.citycyclehire.com. £ 10/Tag, 9 Monate für Studenten £ 85; Pfand £ 25; **Cambridge Station Cycles**, Station Building, Station Road, ✆ 01223/307125, £ 10/Tag, £ 24/Woche; Pfand £ 75 und **Grand Arcade Cycle Park**, Corn Exchange St., ✆ 01223/307655.

• *Punting* Wie in Oxford ist auch hier Punting (Stechbootfahren) eine beliebte Freizeitbeschäftigung. Punts und Ruderboote (Kajaks) kann man sich von März bis Okt. je nach Wetter an der **Quayside** (die Magdalene Street von Norden kommend links ab) oder in der **Mill Lane** (an der Silver Street) ausleihen. Größte Punt Company ist **Scudamore's Punting Company**, Granta Place, The Mill Pond, die Boote kosten £ 18/Std., £ 90/Tag; auch Chauffeurbetrieb. ✆ 01223/359750, enquiries@scudamores. com; www.scudamores.com. Manche Pubs verleihen auch Punts.

• *Wandern* Entlang des 11 Kilometer langen angelsächsischen Deiches **Devil's Dyke**, Start in Stechworth o. Dullingham, vorbei an der National-Stud-Pferdezucht, Ende in Reach bzw. Swaffham Prior. In Reach lädt der Dyke's End Pub zur Entspannung ein.

• *Stadtführungen* Das Tourist Office bietet sowohl Busrundfahrten als auch Stadtführungen zu Fuß an. Führungen durch die Colleges dauern etwa zwei Stunden und kosten £ 12,50 pro Person (Eintritt Kings College inklusive). Treffpunkt ist das Tourist Office, in dem man auch weitere Informationen erhält. Wenn Sie zum ersten Mal in der Stadt sind, sollten Sie sich unbedingt einer dieser Führungen anschließen, weil Sie ohne sie wahrscheinlich nur schwer einen Überblick über die verschiedenen Colleges gewinnen. Mo–Sa 11 und 13 Uhr,

Juli/Aug. öfter. Jeden Sa um 19 Uhr kann man eine Ghost Tour per Puntingboot unternehmen (£ 17.50, Treffpunkt Scudamore's Punt Station Mill Lane), jeden Freitag um 18 Uhr zu Fuß. Außerdem fahren die roten Citysightseeingbusse (Cambridge Bus Tour) ab 10 Min. ihre Runde, im Winter alle 40 Min. und nur bis 16 Uhr. Sie halten an 20 Stellen. Preis: £ 13, erm. £ 9, Kinder £ 7. ✆ 01223/423578, www.city-sightseeing.com.

• *Einkaufen* Bekanntester Buchladen ist **Heffer's Bookshop**, der seit 1876 besteht (jetzt allerdings im Besitz von Blackwell's) und über 300.000 Titel am Lager hat plus Videos, CDs, und Schreibwaren. 20 Trinity Street. Die **Grand Arcade** ist die neueste Shopping Meile von Cambridge mit 52 Läden (u. a. Hugo Boss und Ted Baker) auf zwei Etagen unter einem Dach und einem größeren **John-Lewis-Kaufhaus**. Sie ist durch einen Glasgang mit dem **Lion Yard Shopping Centre** verbunden. Aufgemotzt wurde auch die **Christ's Lane**, wo Sie nun Läden wie H & M oder Zara finden. In der **Benet Street Area**, dem sog. „Arts Quarter", finden Sie Boutiquen, Juweliergeschäfte, Töpfereien, Cafés und mehrere Secondhand-Buchläden.

• *Markt* Wochenmarkt Mo–Sa auf dem Market Square (am Rathaus) von 9.30–16.30 Uhr. Sonntags **Farmer's Market** hier und **Arts and Craft Market** in den All Saints Gardens gegenüber Trinity und St John's College.

• *Post* 9–11 St Andrew's Street, ✆ 08457/223344.

• *Waschen* **Laundrette**, 161 Mill Road, 01223/247599. Waschsalon in der Trinity Street gegenüber dem Tritinity College. 7–21 Uhr.

Kultur/Veranstaltungen/Sport

• *Kino* **Arts Picturehouse**, auf drei Leinwänden gibt es Kunstfilme zu sehen. Nette Bar. 38–39 St Andrew's Street, ✆ 0871/7042050, www.picturehouses.co.uk .
Cineworld, zurzeit das größte und modernste Kino der Stadt, neun Leinwände. Cambridge Leisure Park, Clifton Way, ✆ 08712/208000, www.cineworld.co.uk.
Vue Cinemas, acht Leinwände. Grafton Centre, ✆ 08712/240240, www.myvue.com.

• *Theater/Konzerte* **Cambridge Arts Theatre**, 6 St Edward's Passage, alles von Panto-

mime bis klassische Dramen aus dem Londoner Westend, ✆ 01223/503333; www.cambridgeartstheatre.com.
ADC Theatre, Park Street, ✆ 01223/300085, www.adc-theatre.cam.ac.uk.
Cambridge Corn Exchange, größter Veranstaltungsort der Stadt und Location für Gastspiele von Oper über Tanzgruppen bis zu Live-Musik. Wheeler Street, ✆ 01223/357851, www.cornex.co.uk.
The Junction, hier gibt es alles von Club Nights über Tanz und Comedy bis hin zu

Theateraufführungen. Clifton Road, ☏ 01223/511511; www.junction.co.uk.

West Road Concert Hall, die Konzerthalle der Universität bietet Orchestern und Solisten klassischer Musik eine Bühne. Auch World Music und Jazz. West Road, ☏ 01223/335184; www.westroad.org.

• *Veranstaltungen* Alljährlicher Höhepunkt sind die **May Weeks** am Ende des Hochschuljahres. Sie finden bizarrerweise Anfang Juni statt und bieten Konzerte, Theateraufführungen, Feste und vieles mehr. Dies ist auch die Zeit, in der die berüchtigten **May Bumps** auf dem River Cam ausgetragen werden. Die Rudermannschaften der Colleges reihen sich an der Startlinie hintereinander auf, um beim Startschuss zu versuchen, in den Neben-/Vordermann hineinzufahren und ihn abzudrängen. Das Boot, das „gebumpt" wird, verliert eine Position in der Startreihe fürs nächste Jahr. Gebumpt wird übrigens auch schon mal im Februar (**Lent Bump**), und im Juli darf sich das Normalvolk daran versuchen. ☏ 01223/467304.

Im Juli locken gleich mehrere Festivals die Leute auf die Straßen. Theateraufführungen, Konzerte und Ausstellungen werden veranstaltet. Am letzten Juliwochenende trifft man sich zum **Cambridge Folk Festival**, das im Freien stattfindet. www.camfolkfest.co.uk.

Im Juli und August findet das **Shakespeare Festival** mit sechs Open-Air-Produktionen in den College-Höfen und -Gärten statt. Unbedingt rechtzeitig (im Mai) buchen! www.cambridgeshakespeare.com.

Auf keinen Fall verpassen sollte man einen Auftritt des **King's College Choirs**. Das Festival of the Nine Lessons und die Weihnachtschoräle sind weltberühmt, man kann aber auch einfach den Evensong (Abendgottesdienst) besuchen, Di–Sa 17.30 Uhr, oder So um 10.30 bzw. 15.30 Uhr dabei sein. King's College Chapel, ☏ 01223/331447. Die Chorjungen kommen in der Schuluniform des Eton College.

Über aktuelle Veranstaltungen informiert das Tourist Office.

• *Schwimmen* **Cambridge Parkside Pools**, größte Schwimmhalle am Ort mit Wasserrutschen. Gonville Place an Parker's Piece, ☏ 01223/446104, www.everyoneactive.com. Außerdem gibt es ein Freibad im **Jesus Green**, was nur im Sommer, meist 11–17 Uhr (Zeiten variieren), geöffnet ist. ☏ 01223/302579; www.everyoneactive.com.

• *Golf* **Cambridge Lakes Golf Course**, öffentlicher Golfplatz eine Meile südlich des Zentrums. 9 Löcher, Schläger und Bälle für £ 2/Stück, Green Fee £ 5–8. Trumpinton Road, ☏ 01223/324242; bob@cambridge lakes.co.uk; www.cambridgelakes.co.uk.

Übernachten (siehe Karte S. 489)

Zahlreiche B & Bs findet man auf der Jesus Lane, der Tennison Road und der Chesterton Road.

**** Hotel du Vin (29), die luxuriöse Hotelkette hat in Cambridge ein mittelalterliches Gebäude mit 41 Zimmern, die mit Monsunduschen und ägyptischen Leinentüchern ausgestattet sind. Das hervorragende französische Bistro serviert von Colchester-Austern über Schnecken auch Klassiker wie Lammschulter. Zimmer £ 150–400 (Frühstück extra). Trumpington Street, ☏ 01223/227330, www.hotelduvin.com.

**** Hotel Felix (4), in einer wunderschönen Gartenanlage versteckt sich dieses Luxushotel, 1,5 km vom Stadtzentrum entfernt. Die 52 Zimmer sind groß und minimalistisch eingerichtet, man kann auf der Terrasse im Grünen speisen oder im Wellnessbereich relaxen. B & B (kontinentales Frühstück) im EZ ab £ 155, DZ ab £ 190. Whitehouse Lane, Huntingdon Road, ☏ 01223/277977, ☏ 01223/277973, www.hotelfelix.co.uk.

** Arundel House Hotel (5), eleganter viktorianischer Bau in wunderschöner Lage am Fluss Cam, sehr gutes Restaurant. B & B (kontinentales Frühstück) im EZ £ 75–125, DZ £ 95–150. Chesterton Road, ☏ 01223/367701, ☏ 01223/367721, www.arundelhousehotels.co.uk.

Hamilton Lodge (2), kleines, ruhiges Hotel etwa zwei Kilometer nordöstlich des Stadtzentrums. B & B im EZ £ 31–65, DZ £ 75–90. 156–158 Chesterton Road, ☏ 01223/365664, ☏ 01223/314866, www.hamiltonhotelcambridge.co.uk.

Warkworth House (23), die große und freundliche Pension (10 Gehminuten vom Stadtzentrum entfernt) ist geschmückt mit Blumengehängen; alle 15 Zimmer en suite, einige frisch renoviert. Neuer Wintergarten, Großes Frühstücksbuffet im Souterrain. Eigener Wäscheraum für Gäste. EZ £ 60, DZ

Ostengland Karte S. 415

£ 80–85. Warkworth Terrace, ☎ 01223/363682, www.warkworthhouse.co.uk.

A&B Guest House (31), nur vier Minuten vom Bahnhof und 15 Minuten vom Zentrum entfernte, schöne Familienpension mit 11 renovierten Zimmern. B & B im EZ £ 45–55, DZ £ 65–80. 124 Tennison Road, ☎ 01223/315702, 📠 01223/576702, www.aandbguesthouse.co.uk.

Victoria House (1), superfreundliches B & B, ruhig, hell und sauber, zehn Minuten vom Zentrum entfernt. EZ £ 55–65, DZ £ 55–80, Preisnachlass bei mehr als drei Nächten, legendäres Frühstück. 57 Arbury Road, ☎ 01223/350086, www.cambridge-accommodation.com.

Alpha-Milton Guest House (3), Unterkunft an der A 10 Richtung Ely (im Norden von Cambridge beim Science Park). Acht Zimmer, davon sieben mit Dusche und WC. B & B im EZ £ 30–70. DZ £ 50–90. 61–63 Milton Road, ☎ 01223/311625, 📠 01223/565100, welcome@alphamiltonguesthouse.co.uk.

● *Apartment*   **Nobleo (25)**, 5-Sterne-Luxusapartments im Barock-Stil (self-catering), mitten im Stadtzentrum, aber ruhig. ein Schlafzimmer £ 135/Nacht, zwei Schlafzimmer mit zwei Bädern £ 159. Preisnachlass für längere Aufenthalte. Parkplatz. Garden Court, Adam and Eve Street, ☎ 01223/364778; www.nobleo.co.uk.

● *Jugendherberge*   **YHA (32)**, vom Hauptbahnhof in der Station Road die erste Straße rechts (Tennison Road), dann auf der rechten Seite. Die Jugendherberge ist im Sommer oft schon am frühen Morgen ausgebucht, darum rechtzeitig anmelden. In den Zimmern stehen zwei bis acht Betten, in der Cafeteria kann man frühstücken und zu Abend essen. Ziemlich laut. B & B £ 13.95–20, Jugendliche ab £ 10.50. 97 Tennison Road, ☎ 01223/354601, 08707/705742, 📠 01223/212780.

Cityroomz (33), ein im skandinavischen Stil umgebautes Kornlager mit 30 Betten, sauber und stylisch. EZ ab £ 47.50, DZ £ 57.50–67.50. in der Station Road 100 Meter vom Bahnhof entfernt, ☎ 01223/304050, 📠 01223/357286, www.cityroomz.com.

● *Camping*   Im Tourist Office ist eine Liste mit einigen Campingplätzen der Umgebung erhältlich.

Highfield Farm Touring Park (30), in Comberon (Long Road), dem Stadtzentrum am nächsten gelegener Zeltplatz (8 km), geöffnet Ende März bis Anf. Nov. Anfahrt über die A 603 in südwestlicher Richtung. Nach etwa 4,5 Kilometern rechts auf die B 1046, die man dann noch zwei Kilometer weiterfährt (CamBus Nr. 118 vom Busbahnhof). £ 10–16 für ein Zweipersonenzelt und Auto. ☎ 01223/262308, 📠 01223/262308, www.highfieldfarmtouringpark.co.uk.

Essen/Trinken/Nachtleben

Für den kleinen Hunger zwischendurch kann man sich auf dem Markt (vgl. Adressen) Obst und Gemüse besorgen. Auffällig ist, dass es in der Universitätsstadt Cambridge so gut wie keine Filialen der großen Schnellimbissketten gibt (bis auf Wimpy's). Dagegen findet sich an fast jeder Ecke ein Restaurant oder ein Café/Tearoom, in das man getrost einkehren kann.

Midsummer House (8), edles und teuerstes Restaurant mit einer der besten Weinlisten außerhalb von Paris. Mo Ruhetag, Di nur Dinner. Lunch 12–13.45 Uhr, Dinner 19–21.30 Uhr (2 Gänge £ 55), unbedingt reservieren. Balkonplätze überblicken den River Cam. Cambridge Common, ☎ 01223/369299; www.midsummerhouse.co.uk.

Restaurant Twenty Two (6), in einem umgebauten viktorianischen Stadthaus werden Gerichte mit französischem und asiatischem Einschlag serviert. Michelin-empfohlen. Nur Dinner Di–Sa 19–21.45 Uhr! 22 Chesterton Road, ☎ 01223/351880; www.restaurant22.co.uk.

Jamie's Italian (18), fantastische Location (obwohl sehr groß) in der alten Bibliothek, rustikales, mediterranes Flair, am Tresen baumeln Schinken von der Decke. Verschiedene Vorspeisenteller (sehr kleine Portionen) und einfache Nudelgerichte zu moderaten Preisen (£ 5.95–12.25). Keine Reservierung möglich. The Old Library, Wheeler Street, ☎ 01223/654094; www.jamieoliver.com/italian.

Cotto (16), Bistro mit kreativem Menü, moderne europäische Küche mit frischen Zutaten und gepriesenen Nachtischen. So u. Mo Ruhetage. Dinner Do–Sa ab 19 Uhr im ersten Stock. 183 East Road, ☎ 01223/302010; www.cottocambridge.co.uk.

Hotel du Vin (29), → Übernachten.

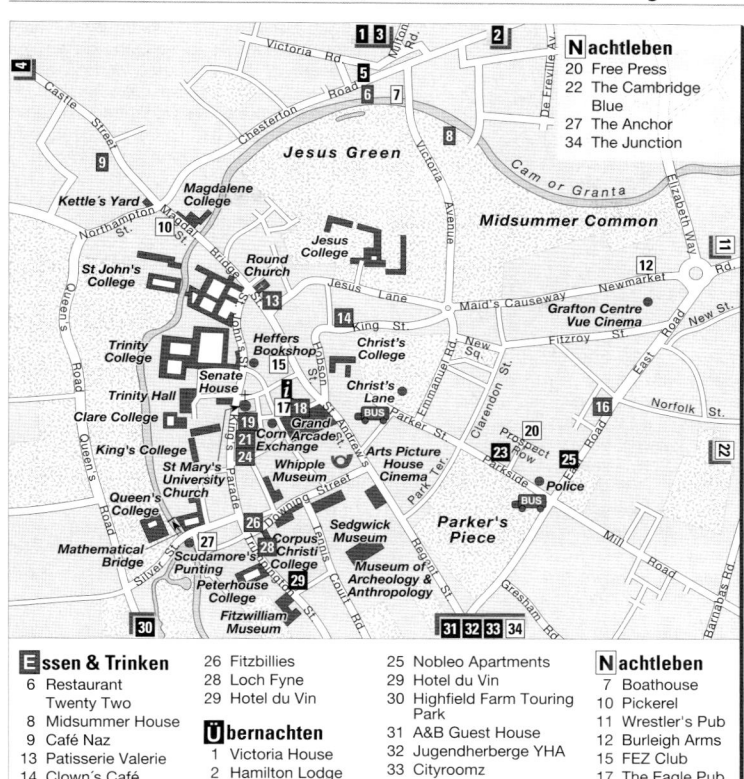

Essen & Trinken

6 Restaurant Twenty Two
8 Midsummer House
9 Café Naz
13 Patisserie Valerie
14 Clown´s Café
16 Cotto
18 Jamie's Italian
19 The Rainbow
21 Auntie's Tea Shop
24 The Copper Kettle
26 Fitzbillies
28 Loch Fyne
29 Hotel du Vin

Übernachten

1 Victoria House
2 Hamilton Lodge
3 Alpha-Milton Guest House
4 Hotel Felix
5 Arundel House Hotel
23 Warkworth House
25 Nobleo Apartments
29 Hotel du Vin
30 Highfield Farm Touring Park
31 A&B Guest House
32 Jugendherberge YHA
33 Cityroomz

Nachtleben

20 Free Press
22 The Cambridge Blue
27 The Anchor
34 The Junction
7 Boathouse
10 Pickerel
11 Wrestler's Pub
12 Burleigh Arms
15 FEZ Club
17 The Eagle Pub

Cambridge
200 m

Loch Fyne (28), zuverlässig gute Fischgerichte und Austernbar, reichhaltige Seafood-Platte. Gleich beim Fitzwilliam Museum, 37 Trumpington Street, ☎ 01223/362433; www.lochfyne.com.

Café Naz (9), traditionelle indische Gerichte in modernem Ambiente (schwarze Fassade); auch Take-away-Service. Menü für zwei Personen mit Probierauswahl für £ 39.95. 45–47 Castle Street, ☎ 01223/363666; www.cafenaz.co.uk.

Auntie's Tea Shop (21), ein netter, winziger Laden direkt im Zentrum, in dem der Kaffee seit 30 Jahren besonders gut schmeckt. Hausgemachter Kuchen, aber auch die Sandwiches sind lecker. 9.30–18 Uhr, Sa u. So bis 18.30 Uhr. 1 St Mary's Passage, ☎ 01223/315641; www.auntiesteashop.co.uk.

The Copper Kettle (24), Selbstbedienungsrestaurant/-café und beliebter Studententreff. Hier kann man einen erstklassigen Cappuccino genießen. Mit ein wenig Glück bekommt man einen Sitzplatz direkt am großen Fenster im Hinterzimmer, von wo man einen beeindruckenden Blick auf das Trinity College hat. 4 King's Parade, ☎ 01223/365068.

Clown's Café (14), britisch-italienische Coffeebar, auch gutes Lunchmenü, gemischtes Publikum, entspannt bohemisch, 54 King's Street, ☎ 01223/355711.

Historisch: Eagle Pub

The Rainbow (19), hier werden nur vegetarische, veganische und glutenfreie Gerichte nach internationalen Rezepten serviert. So u. Mo Ruhetage, sonst 10–22 Uhr. 9a Kings Parade, ✆ 01223/321551; www.rainbowcafe.co.uk.

Brown's Bar & Brasserie, die Restaurantkette hat einen Teil des Addenbrookes-Krankenhauses umgebaut, um diese großzügigen Räumlichkeiten zu schaffen. Internationale Küche, Spezialität der Bar ist die Bloody Mary. Es gibt auch eine Terrasse im Freien. 23 Trumpington Street, ✆ 01223/461655; www.browns-restaurants.com.

Patisserie Valerie (13), in dieser charmanten, französischen Kaffehauskette (aus London) trifft sich neuerdings halb Cambridge zum Tee. 1–2 Bridge Street, ✆ 01223/365293; www.patisserie-valerie.co.uk/cambridge.

Fitzbillies (26), seit 1928 werden hier die berühmten *Chelsea Buns* gebacken (klebrigsüße Rosinenschnecken). Großes Café. 52 Trumpington Street, ✆ 01223/352500; www.fitzbillies.co.uk.

● *Nachtleben/Pubs* Mehrere Pubs mit einer ausgeprägten Studentenszene locken zu einem Kneipenbummel. Die Quayside hat sich zu einem Brennpunkt des Nachtlebens entwickelt, seit hier viele Ketten wie Star-

bucks, Bar Med und andere aufgemacht haben. Besonders reizvoll sind die an verschiedenen Tagen stattfindenden Musikabende. Plakate in der ganzen Stadt kündigen diese Ereignisse an. Aber auch das Tourist Office hält Informationsmaterial über die Veranstaltungen bereit. Hier eine Auswahl guter Pubs:

The Eagle Pub (17), das Postkutschen-Inn aus dem 16. Jahrhundert (→ Sehenswürdigkeiten) ist immer voll, gutes Essen (und riesige Portionen) zu vernünftigen Preisen, mehrere kleinere Räume machen die Gaststätte urgemütlich. Für Raucher gibt es einen im Winter beheizten Hof. 8 Benet Street, ✆ 01223/505020.

The Anchor (27), ein reizvolles, eher touristisches Pub am Fluss mit mehreren Räumen auf verschiedenen Etagen. Die Einrichtung ist ganz aus Holz. Auf der Terrasse kann man Punting Disaster unter der Mathematical Bridge verfolgen. Silver Street, ✆ 01223/353554.

Burleigh Arms (12), hier trifft sich die Schwulen- und Lesbenszene zu einem Pint of Beer. 9–11 Newmarket Road, ✆ 01223/301547.

The Cambridge Blue (22), eng, voller Schnick-Schnack und Ruderer der Uniszene („blue" ist die Farbe der Sportteams der Uni), die sich im Biergarten von den Strapazen auf dem Cam erholen. 85–87 Gwydir Street. ✆ 01223/471680; www.the-cambridgeblue.co.uk.

Pickerel (10), das älteste Pub von Cambridge. Hier kann man v. a. mittags gut essen. 30 Magdalene Street. ✆ 01223/355068.

The Wrestler's Pub (11), einfaches Pub mit Thai-Snacks, fast immer proppevoll. 337 Newmarket Road, ✆ 01223/566553.

Boathouse (7), gemütliches Pub am Nordufer des Cam, es hat einen Anlegeplatz für Punts. Essen Fr–Mo 12–16 Uhr, Di u. Do bis 19 Uhr. 14 Chesterton Road, ✆ 01223/460905.

Free Press (20), Nichtraucher-Pub (auch im Biergarten), mit alten Zeitungsseiten dekoriert, sehr gutes Bar-Essen mit großer Auswahl für Vegetarier. Handyfreie Zone! 7 Prospect Row, ✆ 01223/368337; www.freepresspub.com.

● *Nachtleben/Clubs* **Ballare**, großer und beliebter Nachtclub bei den Studis (Do Student Thursdays). Bloß nicht mit Jeans und Turnschuhen aufschlagen, bis 2 Uhr. Heidelberg Gardens, ✆ 01223/364222, www.ballare.co.uk.

The Junction (34), größter Nachtclub vor Ort mit Platz für 1000 Clubber, reguläre Clubnights, aber auch Tanz und Theatervorstellungen unter der Woche. Clifton Road, ✆ 01223/511511, www.junction.co.uk.

FEZ Club (15), seit 11 Jahren tanzt Cambridges Studentengemeinde hier zu Indie,

Electro, R'n'B, Funk und Soul in orientalischem Ambiente. 7 Nächte die Woche. 15 Market Passage, ✆ 01223/519224; www.cambridgefezt.com.

Soul Tree, großer Club über vier Ebenen, Live-Veranstaltungen, 1–6 Corn Exchange Street, ✆ 01223/477900; www.soultree.co.uk.

Sehenswertes

The University of Cambridge

Die Universität besteht aus 31 Colleges, die meist um Höfe (courts) herumgebaut wurden und in der Regel aus vier Hauptelementen bestehen: den Studentenunterkünften, einer Bibliothek, einer Kapelle und einem Esssaal. Die 31 Colleges unterstehen den drei Organen der Universität von Cambridge, die das akademische Unileben regeln: dem Senate House, dem Regent House und dem Senate Council. Dem Senate House gehören alle graduierten Mitglieder der Colleges an, dem Regent House nur solche, die ein Lehr- oder Verwaltungsamt übernommen haben. Aus seinen Reihen wählt das Regent House den Senate Council, der aus sechzehn Mitgliedern besteht, wovon wenigstens vier Collegerektoren und vier Professoren sein sollen. Diese drei Organe wachen über die Examen, die Berufung von Professoren und alle Aufgaben von Universität und Colleges. Der Kanzler der Uni ist meist eine Persönlichkeit des öffentlichen Lebens, seine Aufgaben sind rein repräsentativ. Seit 1977 hat diesen Posten der Gatte der Königin inne: Prinz Philipp. Die eigentliche Arbeit macht allerdings der Vizekanzler, der zurzeit der ehem. Medizinprofessor Sir Leszek Borysiewicz ist. Insbesondere die Franziskaner- und Karmeliterorden hatten Einfluss auf die Entwicklung der Universität von Cambridge. Das erste offizielle College wurde im Jahre 1284 vom Bischof von Ely aus der Taufe gehoben, das *Peterhouse*. Ihm folgten über die Jahre viele weitere Gründungen, die letzte 1981 mit dem Robinson College, dessen Gründer Sir David Robinson mit dem Verleih von Fernsehern Millionär geworden war. Heute zählt die Universität 31 Colleges, drei davon nur für Frauen, fünf nur für Post-Graduates (Studenten im Aufbaustudium). Frauen waren allerdings nicht immer zugelassen, als letztes College öffnete Magdalene sogar erst 1989 seine Pforten für das weibliche Geschlecht. Die ersten Colleges sollten vor allem Priester und Weltgeistliche ausbilden, ihre Gründer waren meist Orden oder die Bischöfe reicher Kathedralen. Dann traten neben der Kirche bald auch der Hof, der Hochadel, die Zünfte und die Gilden als Stifter auf. Ein Rundgang durch die Universitätsstadt bedeutet immer auch eine Zeitreise in längst vergangene Jahrhunderte, bei der man an zahlreiche Berühmtheiten erinnert wird.

Leider sind nicht alle Colleges für die Öffentlichkeit zugänglich. Die Tafel, die jeweils an den Eingängen angebracht ist, weist auf die unterschiedlichen Besuchszeiten hin. Die Pförtner lassen in der übrigen Zeit keinen Neugierigen passieren. Ein Universitätsjahr in England ist nicht wie bei uns in Semester, sondern (noch) in Trimester eingeteilt. Die drei jeweils achtwöchigen Abschnitte heißen *Michaelmas* (Okt. bis Anfang Dez.), *Lent* (Mitte Jan. bis Mitte März) und *Easter* (Ende April bis Mitte Juni). Während eines Trimesters sind die Besuchszeiten der Colleges stark eingeschränkt. Während der Examen von Mitte April bis Ende Juni sind fast alle Colleges geschlossen.

Ostengland Karte S. 415

St John's College: Beginnen Sie Ihren Rundgang am besten am nördlichen Ende der Altstadt, im ältesten Teil von Cambridge, in der Magdalen Street (ihren Namen hat die Stadt von der gleichnamigen Brücke über den Cam). Auf der rechten Seite liegt das St John's College mit seiner berühmten Seufzerbrücke. Diese Anlage wurde 1511 von *Lady Margaret Beaufort* gegründet. Man betritt das Gelände durch ein eindrucksvolles Torhaus. Es gibt drei Courts, von denen der zweite als der schönste Tudor-Hof in England bekannt ist. Hier soll unter dem Oriel-Fenster der Vertrag zwischen Frankreich und England abgeschlossen worden sein, der zur Ehe zwischen Karl I. und Henrietta Maria führte, der Tochter Heinrichs IV. von Frankreich. Über den River Cam zum dritten Hof hinüber führt die New Bridge, besser bekannt als *Bridge of Sighs* (Seufzerbrücke), eine Nachbildung der Seufzerbrücke in Venedig. Im Garten des Colleges befindet sich die aus Stein und Holz erbaute *School of Pythagoras*, das älteste Gebäude der Stadt (12. Jh.). John's Studenten stehen in dem Ruf, arrogant zu sein, und es gibt sogar ein Spottlied, mit dem die Studenten anderer Colleges ihre ungeliebten Nachbarn aufziehen. Die Hauptzeile lautet: „I'd rather be at Oxford than at John's" („Ich würde eher nach Oxford gehen als aufs John's."). Woraufhin diese dann zurücksingen: „Apply, apply with hope in your hearts; but you'll never be at John's" („Bewirb Dich doch voller Hoffnung im Herzen, aber Du wirst es nie schaffen nach John's.").
College und School of Pythagoras: März bis Okt tgl. 10–17.30 Uhr, £ 3,20, erm. £ 2. ✆ 01223/338600.

Trinity College: Biegen Sie nun von der Bridge Street rechts in die St John's Street ab. Auf der rechten Seite finden Sie das Trinity College. Das größte College der Stadt wurde 1546 von Heinrich VIII. wenige Wochen vor seinem Tode gegründet, damals wurden mehrere schon vorhandene Hochschulen zusammengefasst. Heinrich thront dementsprechend über dem Eingangstor, in der linken Hand hält er den Reichsapfel, in der rechten – nein, nicht das Zepter, sondern ein Stuhlbein, dem Humor der Studenten sei Dank. Unter den Trinity-Studenten waren aber nicht nur Witzbolde, sondern auch die später berühmt gewordenen Wissenschaftler und Philosophen *Sir Isaac Newton, Ernest Rutherford, Ludwig Wittgenstein* und *Bertrand Russel* sowie die Schriftsteller *John Dryden, Lord Byron, Lord Tennyson* und *George Herbert*. Sage und schreibe 32 Nobelpreisträger sind aus den Wissenschafts- und Wirtschaftsfakultäten des Colleges hervorgegangen und sechs Premierminister. Aber auch Könige wie *Eduard VII.* und *Georg VI.* ließen sich hier ausbilden. *The Great Court* ist der größte Innenhof der Stadt. In seiner Mitte steht ein Springbrunnen, der zu Anfang des 17. Jahrhunderts errichtet wurde und in dem Lord Byron öfter mal ein Bad genommen haben soll. Der „King Edward III"-Turm besitzt eine markante Uhr, die jeden Schlag nicht ein- sondern zweimal (in zwei verschiedenen Tonlagen) tätigt. Eine alte studentische Tradition ist es, um Mitternacht die 347,5 Meter einmal um den Innenhof zu rennen, bevor der letzte Schlag verklingt. Geschafft hat das bislang nur ein junger Mann in den 1920er-Jahren: ein olympischer Hürdenläufer. In der Kapelle aus der Mitte des 16. Jahrhunderts befinden sich die Statuen der berühmtesten Schüler des Colleges.

Die Statue von Lord Byron sollte eigentlich in der Poet's Corner in der Abtei von Westminster stehen. Diese verweigerte die Annahme jedoch wegen des skandalösen Lebenswandels des Dichters (er soll sich als Haustier hier in Cambridge einen Bären gehalten haben) und daher fand sie ihren Platz in der *Wren Library*. Diese erreicht man, indem man weiter in Richtung Cam über das Collegegelände geht.

Brunnen im größten Innenhof der Stadt – Trinity Great Court

Die Bibliothek wurde ab 1676 nach Plänen des Architekten *Christopher Wren* errichtet, der u. a. auch die St Paul's Cathedral in London entwarf. Innen befinden sich zum Teil sehr alte Holzregale, die mit einzigartigen Bücherschätzen gefüllt sind. Das älteste Buch sind die Episteln des hl. Paul aus dem 8. Jahrhundert. Der Besucher kann in Glasvitrinen auch einige Manuskripte weltbekannter Klassiker beäugen.

9. März bis 26. Okt., in Prüfungswochen geschl., sonst tgl. 9–16 Uhr. Ante Chapel, Chapel, Great Court, Great Hall (nur 15–17 Uhr) und Nevile's Court: £ 1, erm. £ 0.50. Library: Mo–Fr 12–14 Uhr und Sa 10.30–12.30 Uhr, kein extra Eintritt. ✆ 01223/338400; www.tron.cam.ac.uk.

Nun geht es die Kings Parade in südliche Richtung. Auf der rechten Seite kommen Sie an einem weißen Gebäude im klassischen Stil vorbei, dem **Senat House** von James Gibbs. Hier hängen Ende Juni die öffentlichen Listen mit den Prüfungsergebnissen aus, hier finden dann auch die „Degree Ceremonies" in lateinischer Sprache statt. Der einzige Satz, der in englischer Sprache fällt, ist die Bitte, während der Feier alle Handys auszuschalten. Die rund vierhundert Studenten laufen traditioneller Weise von ihren Colleges zum Senate House, und zwar in strenger Reihenfolge: Zuerst kommen die Studenten der drei Royal Colleges: King's, Tritinity und St John's. Danach geht es nach dem Alter der Colleges. Sie formieren sich in Viererreihen und tragen ihre schwarzen Gowns und weißen Hoods. Nach der Zeremonie werden auf dem Rasen vor dem Gebäude die berühmten Fotos geschossen. Die Kirche gegenüber ist **Great St. Mary's**, oder auch die University Church, da hier vor dem Bau des Senat House die Feierlichkeiten stattfanden. Wenn man den Turm mit seinen 123 Stufen besteigt (£ 2.50, erm. £ 1.25), hat man einen wunderbaren Blick über die Stadt und speziell zum King's College. Dahinter befindet sich der Marktplatz.

King's College: Das riesige „Schloss", das sich nun rechter Hand vor Ihnen erhebt, ist Cambridges Kleinod, das altehrwürdige King's College, das wohl einem Palast

King's College:
Palast oder Hochschule?

ähnlicher ist als einer Hochschule. Der helle Steinbau, die reich verzierten Spitzen und Häubchen der unzähligen Türmchen machen einen imposanten Eindruck. 1441 gründete Heinrich VI. im zarten Alter von nur 19 Jahren dieses College, und veranschlagte dafür fast ein Viertel der Fläche der mittelalterlichen Stadt. Es sollte Platz bieten für 70 Studenten, die ausschließlich aus der von ihm gegründeten Eliteschule Eton rekrutiert wurden. 400 Jahre lang kamen alle Studenten des King's College aus Eton, die als Privileg ihre Degrees erhielten, ohne (!) Prüfungen ablegen zu müssen.

Ein Prunkstück ist die sehenswerte *Kapelle*. Noch heute gilt sie als der „krönende Glanzpunkt" der Universität von Cambridge. Sie ist 88 Meter lang, 24 Meter hoch und 12 Meter breit. Schon der erste Blick auf die Kapelle bestätigt dieses Urteil. Innen überwältigen die beeindruckenden farbigen Glasfenster aus dem 16. Jahrhundert (es handelt sich um den vollständigsten Satz Buntglasfenster aus der Renaissance, nur das Westfenster ist viktorianisch) mit ihren biblischen Motiven. 1939 wurden die Fenster zum Schutz vor Bomben komplett eingelagert. Sie wieder einzusetzen dauerte geschlagene fünf Jahre. Ein Blick nach oben in das prächtige Fächergewölbe lässt die aufwändigen Bauarbeiten erahnen. Das Gewölbe allein wiegt 1875 Tonnen, die Schlusssteine je eine Tonne. Unterhalb der Fenster werden die Wappen von zahlreichen Kreaturen aus der britischen Heraldik getragen. Über ein Jahrhundert benötigte man, um das Gotteshaus fertigzustellen. Sehenswert sind außerdem das Chorgestühl, die sorgfältig gearbeitete Holzverkleidung der Orgel (ein Geschenk Heinrichs VIII.) und das Gemälde „Adoration of the Magi" von *Peter Paul Rubens* (hinter dem Altar). Zu Weihnachten findet hier seit 1918 pünktlich um 15 Uhr das *Festival of Nine Lessons and Carols* statt, ein Gottesdienst, der vom berühmten Chapel-Chor gesungen und alljährlich von der BBC übertragen wird. Die Teilnahme hier und auch am allabendlichen Evensong um 17.30 Uhr ist kostenfrei!

Während des Trimesters Mo–Fr 9.30–15.30 Uhr, Sa 9.30–15.15 Uhr, So 13.15–14.30 Uhr, sonst Mo–Sa 9.30–16 Uhr, So 10–16 Uhr. £ 5, erm. £ 3.50, Audiotour £ 2 extra. ☏ 01223/746506; tourism@kings.cam.ac.uk; www.kings.cam.ac.uk.

Ein kurzer Abstecher in die Benet Street führt nicht nur zum angelsächsischen Kirchturm von St. Benedict aus dem Jahre 1025, sondern auch zu den berühmten **Old Cavendish Laboratorys**, die 1874 von William Cavendish, dem 7. Herzog von Devonshire gestiftet wurden. Das Forschungsinstitut brachte zwischen 1904 und 1973 22 Nobelpreisträger hervor. Hier entdeckte J. J. Thomson 1897 das Elektron,

James Chadwick in den 1930er-Jahren das Neutron, Ernest Rutherford spaltete hier das erste Atom und Francis Crick und James Watson erforschten hier 1953 „the meaning of life", die Struktur der DNA. Verkündet und präsentiert haben sie ihren Fund jedoch gegenüber in ihrer Stammkneipe, dem Eagle Pub, mit einer kurz hingeworfenen Skizze auf die Serviette.

Queen's College: Gleich neben dem King's College liegt das Queen's College (zu erreichen über Queen's Lane). Viele behaupten, dies sei das malerischste College von allen. Gegründet wurde es 1448 von *Margarete von Anjou,* der Gemahlin Heinrichs VI. Juwel der Anlage mit ihrem ansehnlichen Innenhof ist die *President's Lodge* (am Cloister Court). Sie wurde 1537 errichtet und beherbergt holzgetäfelte Räume aus der ersten Hälfte des 16. Jahrhunderts. In dieser Hochschule lehrte im 16. Jahrhundert für kurze Zeit der Humanist *Erasmus von Rotterdam.*

Die hölzerne *Mathemathical Bridge* verbindet den älteren Teil des Colleges (bei den Studenten „The Dark Side" genannt) mit der neueren Hälfte und ist eines der meistfotografierten Motive von Cambridge. Das beste Foto kann man von der Silver Street Bridge aus schießen. Angeblich soll die Brücke von Sir Isaac Newton entworfen worden sein, und zwar ohne die Verwendung irgendwelcher Nägel oder Schrauben. Dann hätten Studenten in einer Nacht- und Nebelaktion versucht, sie auseinanderzunehmen und wieder zusammenzubauen. Erfolglos, sagt die Legende, so dass die Brücke seitdem doch von Nägeln und Schrauben zusammen gehalten wird! Tatsächlich wurde die Mathematical Bridge erst 22 Jahre nach Newtons Tod von James Essex gebaut.

Old Hall und Chapel, wechselnde Öffnungszeiten: Mitte März bis Mitte Mai und Ende Juni bis Okt. tgl. 10–16.30 Uhr, während der Examen Mitte Mai bis Mitte Juni geschlossen. £ 2.50. ✆ 01223/335520.

Corpus Christi College: Gegenüber dem Queen's College an der King's Parade gelegen, wurde es 1352 gegründet. Hier ist man stolz darauf, das einzige College zu sein, das von den Bürgern von Cambridge selbst ins Leben gerufen wurde (von den beiden Zünften „Corpus Christi" und „The Blessed Virgin Mary"). Es gehört zu den kleinsten Colleges und besitzt den am besten erhaltenen mittelalterlichen Court (Innenhof) der Stadt (aus dem 14. Jahrhundert). Die sogenannten „single span rooms", die von einer Wand zur anderen verlaufen, also ein Fenster zum Innenhof und eines hinaus zur Straße besitzen, teilten sich damals 4 Studenten mit einem Lehrer. Heute darf hier nur wohnen, wer besondere Leistungen erbracht hat. Der größere Innenhof des Colleges wurde übrigens von William Wilkins (u. a. auch Architekt der National Gallery in London) im 19. Jahrhundert gebaut und war sein Lieblingswerk, weshalb er sich auch in der Kapelle von Corpus Christi begraben ließ.

Im Winter 14–16 Uhr, Eintritt frei. Juli–Sept. 11–16 Uhr, £ 2, ✆ 01223/338000.

Peterhouse: Nun geht's zurück auf die King's Parade, die weiter südlich zur Trumpington Street wird. Auf der rechten Seite erhebt sich das älteste College der Stadt, das *Peterhouse.* 1284 wurde es durch den Bischof von Ely gegründet, und noch heute existieren Teile des ursprünglichen Gebäudes. Das Ostfenster der Schulkapelle ist nach Entwürfen von *Peter Paul Rubens* entstanden. Unter den bedeutenden Studenten taucht auch *Colin Charles Greenwood* auf, seines Zeichens Bass-Spieler in der Band *Radiohead,* die sich in Oxford Ende der 1980er-Jahre unter dem Namen „On A Friday" zusammengetan hat.

Tgl. 9–17 Uhr. Eintritt frei. ✆ 01223/338200.

Ostengland Karte S. 415

Jesus College: Nicht auf unserer Wegstrecke sondern im Norden der Altstadt findet man in der Jesus Lane das Jesus College. *John Alcok*, Bischof von Ely, rief es im Jahre 1496 ins Leben. Die ehemaligen Klostergebäude wurden für den Schulbetrieb einfach umgerüstet, so dass ein großer Teil der mittelalterlichen Architektur erhalten geblieben ist. So befindet sich die aus dem 12. Jahrhundert stammende Klosterkirche und heutige Collegekapelle in ihren wesentlichen Bauelementen noch im Originalzustand. Die heutige College Hall war z. B. der Speisesaal der Nonnen. Im Innenhof des Colleges breitet sich ein wunderschöner Garten aus. Schön anzusehen ist auch das mächtige Torhaus, durch das man die Anlage betritt.

Der Innenbereich ist tgl. bis 18 Uhr (außer während der Examenszeit oder Veranstaltungen) geöffnet. Eintritt frei. ✆ 01223/339339.

Christ's College: Vom Jesus College gelangt man über die Malcolm Street und Hobson Street zur Sidney Street, die in südliche Richtung in die St Andrew's Street übergeht. Hier liegt das Christ's College, das auf eine Stiftung von *Lady Margaret Beaufort* im Jahre 1505 zurückgeht. Diese Anlage wird von einem wunderschönen Park umgeben und gehört zu den sehenswertesten Colleges von Cambridge. Der Dichter *John Milton* soll hier bereits unter dem Maulbeerbaum gesessen haben. Ein anderer später berühmt gewordener Student war *Charles Darwin*, der mit seinen Schriften über die Entstehung der Arten für reichlich Diskussionsstoff sorgte. Die Universität besitzt die weltweit größte Sammlung seiner Manuskripte und Spezies. Entsprechend gilt das Christ's als eines der akademischsten Colleges in der Stadt. Zum Beweis wird gern angeführt, dass die Bibliothek über Duschen verfügt, die Bar dagegen sehr früh schließt. Alles Humbug: Für die Duschen war in den alten Gebäuden sonst nirgendwo Platz, und die Öffnungszeiten der Bar sind inzwischen an die der anderen Colleges angepasst.

Während der Vorlesungszeit Mo–Fr 9.30–12 Uhr. Eintritt frei. ✆ 01223/334900.

Museen

The Round Church: In diesem zweitältesten Gebäude von Cambridge aus der Normannenzeit kann man sich in der Ausstellung „Discover Cambridge" über viele Aspekte der Geschichte der Stadt informieren. Das Video „Saints and Scholars" (23 Min.) zeigt, warum Cambridge zur weltberühmten Universitätsstadt wurde. Es starten auch täglich Führungen von hier (Bridge Street gegenüber St John's College).

Di–Sa 10–17 Uhr, So 13–17 Uhr. Freier Eintritt, Spende von £ 2 erbeten. Führungen: Mi 11 Uhr, So 14.30 Uhr, £ 5. ✆ 01223/311602. www.christianheritage.org.uk.

Fitzwilliam Museum: Dieses kunsthistorische Museum von Weltrang in der Trumpington Street ist als das Art Museum of Cambridge University bekannt. Es beherbergt eine umfangreiche Ausstellung westeuropäischer Malerei, aber auch Skulpturen, Keramiken, Textilien und Ähnliches mehr aus Ägypten, Asien, Griechenland und dem alten Rom. In der Galerie hängen Werke von Dürer, da Vinci, Michelangelo, Monet und vielen anderen. Ein Besuch lohnt sich.

Di–Sa 10–17 Uhr, So 12–17 Uhr. Eintritt prinzipiell frei, es wird jedoch um eine Spende gebeten. ✆ 01223/332900, www.fitzmuseum.cam.ac.uk.

Kettle's Yard Museum: In einem windschiefen Cottage, das in seinem Zustand von 1967 belassen wurde, ist diese wunderbare Ausstellung mit Werken aus dem frühen 20. Jahrhundert sowie in einem angrenzenden Neubau eine Galerie mit Kunst der Gegenwart aus aller Welt zu sehen. Oft finden hier auch Veranstaltungen wie Lesungen oder Konzerte statt. Ein reizender Tipp, der Besuch des Shops lohnt ebenfalls.

Haus: Di–So u. feiertags 14–16.30 Uhr, im Winter 14–16 Uhr. **Galerie**: Di–So 11.30–17 Uhr. Eintritt frei. Castle Street. ✆ 01223/352124; www.kettlesyard.co.uk.

University Museum of Archaeology & Anthropology: Dieses Museum in der Downing Street legt seinen Schwerpunkt auf die Frühgeschichte und zeigt u. a. archäologische Funde aus aller Welt. Zudem wird die Stadtgeschichte von der Frühzeit bis in das Spätmittelalter dokumentiert.

Zum Zeitpunkt der Recherche wurde gerade mit dem Umbau und der Erweiterung des Museums begonnen. Es soll voraussichtlich Anfang 2012 wieder eröffnen. Voraussichtliche Öffnungszeiten: Di–Sa 10.30–16.30 Uhr. Eintritt frei. ℘ 01223/333516. www.maa.cam.ac.uk.

University Museum of Zoology: Ebenfalls in der Downing Street befindet sich ein weiteres Universitätsmuseum. Hier kann man vor allem Schalentiere und exotische Vögel bestaunen; außerdem gibt es einen Raum über die Evolution des Menschen, in dem Charles Darwins Mitbringsel von seiner Reise mit der Beagle zu den Galapagosinseln ausgestellt sind. Entstanden ist das Museum aus der Harvard Sammlung für vergleichende Anatomie, die die Universität Cambridge 1814 gekauft hatte.

Mo–Fr 10–16.45 Uhr, Sa 11–16 Uhr. Eintritt frei. ℘ 01223/336650, www.zoo.cam.ac.uk/museum.

Sedgwick Museum of Earth Sciences: Auch in der Downing Street gelegen, beherbergt dieses Museum eine spektakuläre Sammlung von Fossilien, Steinen und Mineralien aus der ganzen Welt. Die geologischen Fundstücke umspannen 550 Millionen Jahre Erdgeschichte. Charles Darwin und Mary Anning aus Lyme Regis steuerten hier einige Ausstellungsstücke bei.

Mo–Fr 10–13 und 14–17 Uhr, Sa 10–16 Uhr. Eintritt frei! ℘ 01223/333456, www.sedgwickmuseum.org.

Museum of Classical Archaeology: In dem auch Ark genannten Museum befindet sich eine Sammlung von mehr als 600 Gipsformen römischer und griechischer Skulpturen. Zwar handelt es sich nicht um die Originale, jedoch können die Modelle fast aller berühmten Statuen der klassischen Epoche hier besichtigt werden. Im frühen 19. Jahrhundert kamen so auch die jungen Adligen zu ihrer Allgemeinbildung, wenn sie sich die teuere Rundreise durch Europa eben nicht leisten konnten. Auch Forscher wurden hier für ihre Reisen vorgebildet.

Mo–Fr 10–17 Uhr, Sa nur während der Trimesterzeiten 10–13 Uhr. Sidgwick Avenue, ℘ 01223/335153, www.classics.cam.ac.uk/ark.

Cambridge Museum of Technology: Das Museum befindet sich in einer alten viktorianischen Pumpstation, die als Klärwerk arbeitete. Als dieses 1968 schloss, taten sich Liebhaber zusammen, um das Gebäude und seine Maschinen zu restaurieren.

Ostern bis Okt. jeden So und in den Schulferien, wenn Dampfvorführungen stattfinden 11–17 Uhr, sonst 14–17 Uhr, Nov. bis Ostern jeden ersten So des Monats. £ 5 bei Dampf, £ 3 regulär. Cheddars Lane, ℘ 01223/368650, www.museumoftechnology.com.

Scott Polar Research Institute: In den jüngst zum hundertjährigen Jubiläum der Terra-Nova-Expedition modernisierten und erweiterten Galerien werden Gegenstände, Zeichnungen und Fotografien über die Expeditionen von Robert Scott und anderen Polarforschern in der Antarktis ausgestellt. Der Schwerpunkt liegt nun auf der wissenschaftlichen, sozialen und umweltpolitischen Bedeutung der Polarregion, die zum Verständnis unserer Welt beitragen. Das Institut beherbergt auch die weltgrößte Bibliothek zum Thema.

Di–Sa 10–16 Uhr. Lensfield Road, ℘ 01223/336540, www.spri.cam.ac.uk.

Whipple Museum of the History of Science: Auch dieses Museum wurde während des Zeitpunkts der Recherche modernisiert. Hier sind wissenschaftliche Instru-

Ostengland
Karte S. 415

„Bridge of Sighs" – die Seufzerbrücke

mente aus den verschiedensten Bereichen wie Physik, Magnetismus oder Mikroskopie ausgestellt. Zeitraum: 14. bis 20. Jahrhundert.
Voraussichtlich Mo–Fr 12.30–16.30 Uhr geöffnet. Eintritt frei. ☎ 01223/334500, www.hps.cam.ac.uk/whipple.

Cambridge and County Folk Museum: Die kreuz und quer verlaufenden Museumsräume in diesem ehemaligen Gasthaus sind kürzlich neu ausgestattet worden und enthalten Tausende von witzigen Exponaten, u. a. eine Falle für bedbugs (Bettwanzen).
Di–Sa 10.30–17 Uhr, So ab 14 Uhr. £ 3.50, erm. £ 2, Kinder £ 1 (in Begleitung Erwachsener frei). 2–3 Castle Street, ☎ 01223/355159, www.folkmuseum.org.uk.

Botanic Gardens: Am besten benutzt man den Eingang von der Bateman Street, um in diesen Garten zu gelangen. Die wunderschöne Anlage eignet sich bestens zum entspannten Spazierengehen. Das Gewächshaus steht in der Mitte des Geländes, das von Professor John Stevens Henslow, dem Tutor und Mentor von Charles Darwin, 1846 angelegt wurde. Auf 16 Hektar sind zehntausend Pflanzenarten zu bewundern.
Mo–So 10–18 Uhr, Febr., März u. Okt. bis 17 Uhr und im Winter bis 16 Uhr. £ 4, erm. £ 3.50, Kinder frei. ☎ 01223/336265, www.botanic.cam.ac.uk.

Umgebung von Cambridge

Grantchester: Nur fünf Kilometer südwestlich von Cambridge liegt der kleine Ort Grantchester mit seinen vielen reetgedeckten Häuschen und Kastanienbäumen. An sonnigen Tagen spaziert man eine Dreiviertelstunde am River Cam entlang oder mietet sich in Cambridge ein Boot, um die Strecke per Punting zurückzulegen. Drei Pubs locken zum Lunch. Eine wunderbare Institution ist **The Orchard**, ein Obsthain, in dem seit 1868 in bequemen Sonnenstühlen die Teatime genossen wird. Hier entspannten schon viele Dichter und Denker vor Ihnen, und während der *May Balls* bringen sich die feiernden Absolventen mit Champagner und Erdbeeren zum Frühstück stilecht in Stimmung.

Information www.orchard-grantchester.com. Anfahrt: Mit dem Stagecoach Bus 18 oder 18A ab Drummer Street Bus Station in Cambridge.

Duxford Imperial War Museum: Auf einer ehemaligen Gefechtsstation ist das größte Luftfahrtmuseum Europas untergebracht – ein Entwurf von Sir Norman Foster. Hier gibt es 181 historische Kampfflugzeuge vom Spitfire und Flying Fortress bis zur SR-71 Blackbird zu bestaunen, fast alles, was die Lüfte in Krisenzeiten unsicher gemacht hat. Auch eine Concorde ist ausgestellt. Viele der alten Maschinen sind noch flugtauglich: Im Sommer und Herbst finden daher mehrere Kunstflugveranstaltungen statt. Außerdem werden Waffen, Panzer und Amphibienfahrzeuge vom Ersten Weltkrieg bis zum Golfkrieg gezeigt. Es gibt verschiedene Museen und Galerien, u. a. das American Air Museum, das als Denkmal für die 30.000 gefallenen US-Soldaten der Luftwaffe gebaut wurde, die von britischen Stützpunkten aus im Zweiten Weltkrieg im Einsatz waren und ihr Leben verloren. Die *Normandy Experience* veranschaulicht die Operation Pluto oder auch den D-Day, wie die Angelsachsen sagen, die Landung der Alliierten 1944 in der Normandie. Die jüngste Galerie ist das interaktive Air Space.

Mitte März bis Ende Okt. tgl. 10–18 Uhr (letzter Einlass 17 Uhr), im Winter bis 16 Uhr (letzter Einlass 15 Uhr.) £ 16.50, erm. £ 13.20, Jugendliche u. Studenten £ 9.90, Kinder unter 15 frei. ☎ 01223/835000; www.duxford.iwm.org.uk/.

Anglesey Abbey: Zehn Kilometer nordöstlich von Cambridge an der B 1102 liegt der Herrensitz Anglesey Abbey. Das Augustinerkloster von 1236 ging nach seiner Auflösung durch Heinrich VIII. in private Hände über und wurde um 1600 erstmals umgebaut. In den 1930er-Jahren wurde es vom damals 30-jährigen Lord Fairhaven und seinem Bruder in einen gemütlichen Wohnsitz verwandelt, wo er der Jagd und dem Pferderennen frönte und seine illustren Gäste im ehemaligen Calefactorium (Wärmehalle) bewirtete. Er ließ auch den wunderschönen Landschaftsgarten mit zahlreichen klassischen Statuen anlegen. Heute kann man hier seine umfangreiche Sammlung von Möbeln, Gemälden und antiken Uhren bestaunen.

Haus: März–Okt. Mi–So 11–17 Uhr, £ 9.30, Kinder £ 4.65. **Park** und **Wassermühle**: März–Okt. tgl. 10.30–17.30 Uhr, sonst bis 16.30 Uhr. Eintritt: £ 5.50, £ 2.75 (NT).

Wimpole Estate: Der größte Landsitz von Cambridgeshire liegt 14 Kilometer südwestlich der Stadt und wurde dem National Trust 1976 von der Tochter Rudyard Kiplings, Elsie Bambridge, vererbt. Er besteht aus der 1643 erbauten Wimpole Hall, sowie rund 1000 Hektar Land, auf dem sich eine Farm mit seltenen Tieren, ein Walled Kitchen Garden sowie mehrere weitere Gartenanlagen vom 17. bis 19. Jahrhundert (viktorianische Parterre, ein Arboretum, sowie ein holländischer Garten) befinden. Die rund 30 Räume des Hauses wurden zu verschiedenen Epochen von namhaften Architekten wie James Gibbs, James Thornhill und Sir John Soane gestaltet. Am Landschaftspark machten sich Humphry Repton und Lancelot Capability Brown zu schaffen.

Haus: Mitte Juli bis Ende Aug. Sa–Do 11–17 Uhr, März–Juli u. Sept.–Okt. Sa–Mi 11–17 Uhr. **Gärten, Shop, Restaurant und Farm**: März–Okt. tgl. 10.30–17 Uhr, sonst Sa–Mi 11–16 Uhr. £ 14, Kinder £ 7.60, Familie £ 36.80; Farm: £ 7.70, Kinder £ 5.20; nur Gärten: £ 3.90; Kinder £ 2.10 (NT). Old Wimpole Road, Royston, SG8 0BW; ☎ 01223/206000.

Ostengland Karte S. 415

Peterborough

Peterborough ist zwar eine sehr alte Stadt, ihr Ursprung geht auf die römische Gründung Durobrivae im Jahre 43 unserer Zeitrechnung zurück, doch die Industrialisierung hat das Stadtbild leider recht verdorben.

Heute wirkt die Industrie- und Einkaufsstadt etwa 40 Kilometer nordwestlich von Cambridge am River Nene ziemlich gesichtslos, wäre da nicht die herrliche normannische Kathedrale, eine Insel der Ruhe in der geschäftigen Stadt. Hier liegt Katharina von Aragón, die erste Ehefrau Heinrichs VIII., begraben, weshalb man als Partnerstadt das spanische Alcalá de Henares gewählt hat, wo sie geboren wurde. Seit über acht Jahrhunderten wird die Stadt von dieser normannischen Prachtkirche, einer der größten und schönsten Englands, überragt. Die Stadt, lange nicht so ein Touristenmagnet wie die beiden anderen Kathedralenstädte East Anglias Ely und Norwich, hat sich in den letzten Jahren allerdings gehörig angestrengt und ihr Freizeitangebot stark erweitert. Im Rahmen des Projekts „Millennium Green Wheel" wurden 80 Kilometer Rad- und Spazierwege durch die Stadt und in der Umgebung angelegt.

● *Information* **Peterborough Destination Centre**, Zimmernachweis und viele Informationen über die Region. Außerdem ist der Stadtplan *Miniguide* und eine groben Straßenkarte hier erhältlich. 9 Bridge Street, Peterborough, Cambridgeshire PE1 1HJ, ☎ 01733/452336, ✆ 01733/452353. tic@ peterborough.gov.uk. www.peterborough. gov.uk und www.visitpeterborough.co.uk.

● *Verbindungen* **Bus** – Busbahnhof im Queensgate Shopping Centre, Tickets dort und im Tourist Office; alle zwei Stunden fahren Busse nach London. Informationen unter www.travelinesoutheast.org.uk.
Zug – Der Hauptbahnhof befindet sich am westlichen Stadtrand am Bourges Boulevard. Peterborough liegt an der Bahnstrecke Norwich–Birmingham bzw. Manchester–Liverpool. Regelmäßig und direkt fahren Züge nach London, darunter auch mehrere Intercitys (Dauer etwa eine Stunde).

● *Fahrradfahren* Entlang der neuen „grünen Straße" führen viele Fahrradwege. Infos unter ☎ 01733/568480; www.pect.org.uk. Der Fahrradverleih **Lakeside Leisure** befindet sich im Watersports Centre im Ferry Meadows Country Park, ☎ 01733/234418; www. lakesideleisure.com.

● *Stadtführungen* Führungen (Dauer ca. 90 Min.) von April bis Oktober (Historic Peterborough immer Sa 14 Uhr) müssen telefonisch (01733/864663), in der Touristen Information oder an der Rezeption des Peterborough Museums gebucht werden und beginnen auch hier (Priestgate). Kosten: £ 5, erm. £ 3. Auf Wunsch kann man

auch an einer Führung durch die Kathedrale teilnehmen.

● *Einkaufen* Mitten in der Stadt befindet sich das große **Queensgate**-Einkaufszentrum. Alternativen sind das **Rivergate Centre** und die **Westgate Arcade**. **City Market:** Di–Sa 8.30–16 Uhr, Northminster. **Farmers Market** jeden 2. u. 4. Donnerstag des Monats 9–14 Uhr am Long Causeway.

● *Post* Cowgate.

● *Kinos* Größtes Kino ist das Multiplexkino **Showcase Cinema**, Mallory Road, Boongate, ☎ 0871/2201000; www.showcase cinemas.co.uk. Es gibt auch ein Arthouse Kino in der Zentralbibliothek, www.peterborougharts cinema.co.uk.

● *Theater* **Key Theater**, eigene und Gastspielproduktionen, mit Blick auf den River Nene isst man in Riva Restaurant, auch Key Riverside Bar. Embankment Road, ☎ 01733/207239, www.peterboroughkeytheatre.co.uk.

● *Schwimmbad* **Regional Pool**, Bishops Road, ☎ 01733/551474; www.dcleisurecentre.co.uk.

● *Übernachten* Peterborough ist in Bezug auf Unterkünfte ein eher teures Pflaster. Im Tourist Office gibt es einen Zimmernachweis.
*** Bull Hotel, komfortable Kutschenstation aus dem 18. Jahrhundert, kürzlich ausgebaut zum Konferenzzentrum mit 172 Betten und eleganter Lounge, super Lage am Westgate. EZ ab £ 75, DZ £ 79–150. ☎ 01733/ 561364, ✆ 01733/557304, www.peelhotels.co.

uk oder www.peterboroughbullhotel.com. Online buchen!

Aragon House, familiengeführtes, freundliches Haus 15 Gehminuten vom Zentrum entfernt. B & B im EZ ab £ 28, DZ ab £ 55. 75–77 London Road, PE2 9BS; ✆ 01733/563718, www.aragonhouse.co.uk.

● *Jugendherberge* **Jugendherberge Thurlby**, eine Jugendherberge (März–Okt.) findet man im etwa 25 km nördlich liegenden Ort Thurlby. B & B Erwachsene ab £ 16, Jugendliche ab £ 12. 16 High Street, Thurlby, Bourne, PE10 0EE. ✆ 0845/3719046.

Sehenswertes

Peterborough Cathedral: Mit dem Bau des Gotteshauses wurde im Jahr 1118 begonnen, aber schon etwa um das Jahr 655 stand an dieser Stelle die kleinere Kirche eines Klosters. Bis zur Reformation war die Kathedrale mit ihrem auffallend asymmetrischen Grundriss und der beeindruckenden Westfassade (drei riesige gotische Bögen reichen vom Boden bis unters Kirchendach), im Besitz des Benediktinerordens; seit der Auflösung der Klöster durch Heinrich VIII. gehört sie der anglikanischen Kirche. Ein Totengräber namens Robert Scarlett beerdigte hier seinerzeit eigenhändig zwei Königinnen. Während eine der zahlreichen Frauen Heinrichs VIII., *Katharina von Aragón* (das Grab ist mit den Fahnen Spaniens und Englands geschmückt), hier ihre ewige Ruhestätte fand, wurde der Leichnam von *Maria Stuart* später nach London in die Westminster Abbey verlegt. Außerdem beherbergte das Gotteshaus neun Jahrhunderte lang auch den rechten Arm König Oswalds von Northumbria, der in einer Kapelle im südlichen Querschiff einen Schrein hatte. Man kann noch immer den Beobachtungsturm aus dem 12. Jahrhundert sehen, von dem aus die Mönche das Gliedmaß bewachten.

Mo–Fr 9–17.15 Uhr, Sa bis 15 Uhr, So 12–15.15 Uhr. Eintritt frei, Spende erbeten. ✆ 01733/343342; info@peterborough-cathedral.org.uk; www.peterborough-cathedral.org.uk.

Peterborough Museum & Art Gallery: Ein interessantes Heimatmuseum mit einer Abteilung über Naturgeschichte, in der die Dinosaurier natürlich nicht fehlen dürfen. Di–Sa 10–17 Uhr, So 12–16 Uhr. In den Ferien auch Mo 10–17 Uhr. Eintritt frei. ✆ 01733/864663.

Peterborough Nene Valley Railway: Diese historische Dampfeisenbahn befährt eine Strecke von gut 10 Kilometern von Peterborough Nene Valley nach Wansford. Hauptattraktion ist eine Replika Lokomotive von Thomas the Tankengine.

Informationen Fahrplan je nach Saison sehr unterschiedlich, bitte erfragen oder der Webseite entnehmen. Preis: £ 12, erm. £ 9, Kinder £ 6. ✆ 01780/78444; Automatische Fahrplanansage: ✆ 01780/784404; www.nvr.org.uk.

Umgebung von Peterborough

Wisbech: Wenn man der A 47 Richtung King's Lynn folgt, kommt man zum Marktstädtchen Wisbech (sprich Wis-beach). Obwohl 19 Kilometer landeinwärts gelegen, war und ist Wisbech noch immer ein Seehafen, ein Gezeitenhafen sogar. Die Küste von The Wash verlief nämlich viele Tausend Jahre lang sehr viel weiter südlich von ihrer heutigen Position, bevor der natürliche Verschlammungsprozess der Flüsse und Trockenlegungsarbeiten durch den Menschen einen immer breiteren Küstenstreifen dazugewannen. Wer mehr darüber erfahren möchte, ist im *Wisbech and Fenland Museum* richtig. Am schönsten ist Wisbech im Frühling, denn die Stadt wird von Obstgärten eingefasst, die dann blühen. Der River Nene fließt mitten durch den Ort und wird an beiden Seiten von schönen klassischen Terrassen geschmückt (North Brink und South Brink), die sich die durch den Handel mit den

Ostengland Karte S. 415

Ostseeländern reich gewordenen Händler hier bauten. Sie dienten jüngst als Kulisse für die BBC Produktion von Charles Dickens David Copperfield. Das bekannteste Haus vor Ort ist das *Peckover House* von 1722, das einer Quäker-Bankiersfamilie gehörte und 200 Meter von der Stadtbrücke zu finden ist. Das *Octavia Hill Birthplace Museum* im South Brink Place ehrt die gleichnamige Dame, die eine der drei Gründer des National Trust war und außerdem unermüdlich für die Verbesserung der Wohnbedingungen der Arbeiterklasse stritt. Einen Besuch Wert ist auch die *Elgood Brewery* mit ihrem hübschen Garten und dem berühmten Heckenlabyrinth.

• *Informationen* **Tourist Information Centre**, 2–3 Bridge Street, Wisbech, Cambridgeshire PE13 1EW, ✆ 01945/583263, www.wisbech-town.co.uk oder www.fenland.gov.uk.

• *Öffnungszeiten* **Wisbech and Fenland Museum**: Di–Sa 10–16 Uhr. Eintritt frei. Museum Square. ✆ 01945/583817; www.wisbechmuseum.org.uk.

Peckover House: Mitte März bis Okt., Sa–Mi 13–16.30 Uhr. £ 5, Kinder £ 2.50. **Walled Garden**: Sa–Mi 13–16.30 Uhr. £ 6, Kinder £ 3.(NT). North Brink, Wisbech, PE13 1JR.

Octavia Hill Birthplace Museum: Mitte März bis Ende Okt. Mo–Mi u. Sa–So 13–

16.30 Uhr. £ 2.50. ✆ 01945/476358, www.octaviahill.org.uk.

Elgoods Brewery and Garden: Di, Mi u. Do Touren um 14 Uhr, £ 6.50. Garten: Di, Mi u. Do 11.30–16.30 Uhr, £ 2.50. ✆ 01945/583160; www.elgoods-brewery.co.uk.

• *Markt* Donnerstags und samstags.

• *Übernachten* **No 4 Union Place**, denkmalgeschütztes B & B in georgianischem Haus, alle Zimmer im Stil des 18. Jahrhunderts, inklusive des Esszimmers, 4 sehr elegante Räume, das Dachzimmer en suite mit Blick über die Castle Gardens. £ 25 pro Person. 4 Union Place, ✆ 01945/588160.

Burghley House: Der erste Lord Burghley, Sir William Cecil, bekleidete das höchste Ministeramt seiner Zeit: Er war Lordschatzmeister und Berater Königin Elizabeths I. Die Königin liebte es, durch ihr Reich zu fahren und von ihren Hofleuten auf deren Landsitzen mit rauschenden Festen und Banketten unterhalten zu werden. Diese wiederum scheuten keine Mühen, sich für das Staatsoberhaupt Riesenhäuser zu bauen, die auch einen ganzen Hofstaat beherbergen konnten, dabei Unsummen verschlangen und ihre Eigner nicht selten finanziell ruinierten. Burghley House war nur eines solcher Häuser, die sich Cecil hat bauen lassen (er hatte mit Cecil House auch noch ein Stadtschloss in London und einen Palast bei Waltham Cross), und ironischer Weise hat die Königin nie ihren Weg hierher gefunden. Burghley House wurde zwischen 1556 und 1564 errichtet und liegt in einem weiten Park, der von Capability Brown gestaltet wurde und von vielen seltenen Wasservögeln belebt wird. Das Haus hat einen H-förmigen Grundriss und protzt mit Kuppeltürmchen, Erkern und mächtigen Kaminen. Im Hof steht ein seltsamer Turm mit hohem Pyramidendach, während innen eine Renaissancetreppe zu den verschiedenen Prunksälen führt, deren Kamineinfassungen zum Teil aus getriebenem Silber bestehen. Die große Halle hat eine herrliche Doppelstichbalkendecke, und insgesamt kann man über siebenhundert Werke der Kunst und des Kunsthandwerkes bewundern. Das Anwesen ist noch immer im Besitz der Cecils und befindet sich drei Kilometer östlich von Stamford (→ S. 578), einem Kalksteinstädtchen wie aus dem Bilderbuch. Spaß machen auch die „Gardens of Surprise" im Ostteil des Wildparks, die u. a. einen historischen Wasserspielen, ein Heckenlabyrinth, einen Skulpturengarten und ein Café umfassen.

Haus: April–Okt. Sa–Do 11–17 Uhr. Haus und Gardens of Surprise: £ 11.80, erm. £ 10.40, Kinder £ 5.80. Nur Gardens of Surprise: tgl. 11–17 Uhr, £ 6.70, erm. £ 5.60, Kinder £ 3.40. Während der Horse Trials Anfang September geschlossen. ✆ 01780/752451, www.burghley.co.uk.

Shakespeares Geburtshaus

Mittelengland

Keine andere Gegend lebt so von Kontrasten wie Mittelengland, hierzulande die „Midlands" oder auch „Heart of England", das Herz Englands, genannt: Einerseits findet man das idyllische Bilderbuch-England, Nationalparks und unberührte Natur, andererseits sind manche Narben, die die Industrielle Revolution in Ort- und Landschaften geschlagen hat, noch immer sichtbar. Der Engländer bringt diese Gegensätze treffend auf den Punkt: Die Midlands böten dem Reisenden „some of the best and some of the worst of England", sagt er.

Zu „some of the best" zählt natürlich der unangefochtene Besuchermagnet *Stratford-upon-Avon*, der Geburtsort von *William Shakespeare.* Auf seinen Spuren wandeln jährlich Millionen von Besuchern, so dass ein längerer Aufenthalt ziemlich nervtötend sein kann. Theaterfreunde sollten sich allerdings eine Aufführung der *Royal Shakespeare Company* nicht entgehen lassen, am besten direkt im Royal Shakespeare Theatre, das gerade für 100 Millionen Pfund renoviert wurde und die Initialzündung für das Erneuerungsprojekt „World Class Stratford" war, mit der das Stadtbild bis 2020 aufpoliert, verhübscht und fußgängerfreundlicher gemacht wird. Außerdem liegt Stratford am Rande einer der reizvollsten und romantischsten Gegenden Mittelenglands, den *Cotswolds* (→ S. 519ff.). Die sanfte Hügellandschaft, die während des Mittelalters vor allem offenes Weideland für Millionen Schafe bot, ist gespickt mit idyllischen Dörfchen, die von Kopf bis Fuß aus ein- und demselben Sandstein gemeißelt scheinen. Die Wolle brachte enormen Reichtum in diese Gegend, der sich in zahlreichen Landsitzen, eleganten Marktstädtchen und den wunderbar dekorierten „Wollkirchen" manifestiert. Wenige Kilometer nordöstlich von

Stratford erhebt sich aufsehenerregend *Warwick Castle*, das als das besterhaltene mittelalterliche Schloss Englands gilt und von keiner Geringeren als Madame Tussaud's betrieben wird. Nicht ganz so majestätisch, aber ebenfalls beeindruckend und voller gruseliger Geschichten kommen die Burgruinen von *Kenilworth* daher. Auch der imposante Herrensitz *Ragley Hall* rund zwölf Kilometer westlich von Stratford ist einen Besuch wert.

Zentrum Mittelenglands ist *Birmingham*, die zweitgrößte Stadt Englands. Einst Weltzentrum der Manufakturen und das Powerhaus der Industriellen Revolution, versucht Birmingham seit einigen Jahren seine Attraktivität für Besucher zu steigern. In keiner anderen englischen Stadt wurde im letzten Jahrzehnt mehr Geld zur Verbesserung des Stadtbildes ausgegeben, und das will in Zeiten der anhaltenden „Millenniumprojekte" und landesweiten Milliardeninvestitionen schon etwas heißen. Los ging es mit dem Bau des *International Convention Centre* (ICC), das sowohl Geschäftsleute als auch Kulturfans anlockt, denn hier spielt heute eines der besten Orchester Englands. Vor allem aber der Umbau des

Einkaufszentrums Bullring hat landesweit Schlagzeilen gemacht und ist zu einem Vorzeigeprojekt geworden. Die jüngste Investition betrifft New Street und den Bau eines neuen Bahnhofs samt attraktiver öffentlicher Plätze.

Fährt man weiter gen Norden, erscheinen die Midlands über weite Strecken als eine eher urbane, besiedelte Landschaft, die weniger durch ihre Reize besticht, denn durch ihre Industriegeschichte. Ausnahmen im Süden sind der *Cannock Chase* und der *National Forest*, der derzeit mit 30 Millionen Bäumen aufgeforstet wird. Im Norden allerdings gibt es wieder Natur pur. Nordwestlich von *Derby* lädt der *Peak District Nationalpark*, eine der schönsten Landschaften der Insel am südlichen Ende der Pennine Gebirgskette, zum längeren Besuch ein. Für Wassersportler, die sich von den Küsten der Irischen See weg ins Landesinnere verirren, empfiehlt sich *Rutland Water* bei Leicester, ein großer See mit Wassersportmöglichkeiten und Wanderwegen.

Im Osten von Mittelengland bieten sich Aufenthalte in Nottingham, Lincoln und Boston an. Am schönsten ist sicher *Lincoln* mit seinen mittelalterlichen Gassen, die hinauf zur dreitürmigen Kathedrale führen, und den Ruinen einer normannischen Burg. *Nottinghams* modernes Stadtbild ist zwar nicht sonderlich attraktiv, doch erinnern zahlreiche Museen und einige historische Bauten an vergangene Jahrhunderte. Etwas nördlich breitet sich der *Sherwood Forest* aus, der Wald, in dem *Robin*

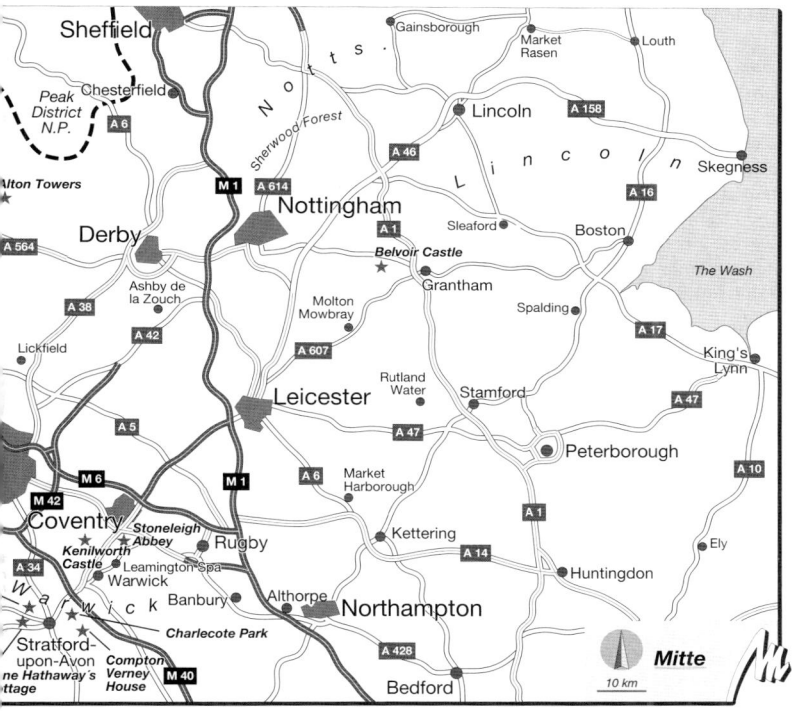

Hood und seine Gesellen Unterschlupf gefunden haben sollen. Während die Legende über die Jahrhunderte hinweg ausgeschmückt und immer mehr erweitert wurde, ließen die systematischen Rodungen im Zuge der Industrialisierung den Wald zusammenschrumpfen. In den relativ kleinen Gebieten, wo es noch heute Wald gibt – der Sherwood Forest breitete sich einst über ganz Nottinghamshire aus –, kann man zumindest einen Rundgang machen, bevor man sich ins Besucherzentrum begibt. Eine nette Abwechslung auf der Fahrt nach Norden. Einen guten Überblick über die Midlands verschafft die Webseite: www.visitheartofengland.com.

Stratford-upon-Avon

Stratford ist vor allem deshalb bekannt, weil der berühmteste Sohn der Stadt William Shakespeare ist. Und so kommen unzählige Besucher, um auf den Spuren des großen Dichters zu wandeln. Der aufwendige Umbau des berühmten Royal Shakespeare Theaters rückt den Dichter auch im 21. Jahrhundert ins Rampenlicht des Ortes und hat ein Makeover der ganzen Innenstadt nach sich gezogen.

Gleich wenn man den Avon über die Clopton-Brücke aus dem 15. Jahrhundert überfährt, kann man den illustren Barden neben Blumenrabatten und farbigen

Booten in den Bancroft Gardens auf einer Säule stehen sehen. Flankiert wird das *Gower Memorial* von Shakespeares bekanntesten Protagonisten: Lady Macbeth, Prinz Hal, Falstaff und Hamlet. Drei Theater stehen im Mittelpunkt des Interesses: *Main House*, *The Swan* und *The Courtyard* sind die Stätten, an denen die Royal Shakespeare Company (RSC) für unvergessliche Theatererlebnisse sorgt. Auch wer nicht perfekt Englisch kann, wird von der Ausdruckskraft der Schauspieler mitgerissen. Wer keine Vorstellung besuchen möchte, sollte trotzdem das Royal Shakespeare Theater besichtigen und auf der Terrasse einen Cappuccino schlürfen. Vom Dachrestaurant (Rooftop Restaurant) hat man fast genauso schöne Ausblicke über die Bancroft Gardens, den Fluss Avon und die Landschaft von Warwickshire wie vom neuen Viewing Tower aus. Außer Shakespeares Dramen locken fünf Häuser, die im Besitz des Barden oder seiner Familie waren, zur Besichtigung. Richten Sie sich aber auf eine wahre Touristenschwemme ein. Interessanterweise hat weder die Stadtverwaltung noch die Landesregierung je für die Restaurierung oder den Erhalt dieser Gedenkstätten bezahlt. Sie verdanken ihre Existenz allein einer Privatinitiative, dem Shakespeare Birthplace Trust, der sich 1847 geformt hatte, um die Werke Shakespeares zu studieren und die Orte von Interesse zu erhalten.

Shakespeare's Way

Wer tatsächlich auf der Route wandeln möchte, die Englands berühmtester Dichter von seinem Heimatort in die Hauptstadt zurückgelegt hat, kann seit Frühjahr 2006 die 234 Kilometer von seinem Geburtshaus bis zum Globe Theatre in Londons Bankside erwandern. Die komplett ausgeschilderte Strecke führt entlang von Fußwegen, kleineren Straßen und Breidelpfaden durch die liebliche Landschaft der Cotswolds und des Themsetals.
Infos The Shakespeare's Way Association, ✆ 02476/545858, sw@oakgates.fsnet.co.uk; www.shakespearesway.org. Umfassender Führer (80 S.) £ 7.75; Unterkunfts- und Essensplaner £ 3.25.

Information/Verbindungen/Diverses

● *Information* **Tourist Information Centre**, viel Material über den berühmtesten Sohn der Stadt und die mit Shakespeare verbundenen Sehenswürdigkeiten sind hier erhältlich. Die Zimmervermittlung weiß immer, wo noch ein Bett frei ist. Auch Bustickets werden verkauft und Reisechecks gewechselt. Es gibt auch eine Thomas-Cook-Wechselstube für kommissionsfreien Geldtausch (✆ 01789/269750). Bridgefoot, Stratford-upon-Avon, Warwickshire CV37 6GW, ✆ 0870/1607930 und 01789/264293, ✉ 01789/295262; info@shakespeare-country.co.uk; www.shakespeare-country.co.uk oder www.visitstratforduponavon.co.uk.

● *Verbindungen* **Bus** – National-Express-Busse halten hinter dem Leisure Centre am Bridgeway. Die Bushaltestelle für Nahverkehrsbusse befindet sich in der Bridge Street. Von London Victoria aus fahren mehrere Unternehmen Stratford regelmä-

ßig an. Fahrtzeit 3 ¼ Std.

Zug – Den Bahnhof findet man in der Alcester Road (www.stratfordstation.com). Etwa stündlich fahren Züge nach Birmingham, alle zwei Stunden nach Warwick und Leamington Spa, Direktverbindung mit Chiltern Railways nach London/Marylebone Station. Fahrtzeit 2 ¼ Std., einige Samstage werden späte Züge um 23.20 Uhr für Theaterbesucher eingesetzt. Von Birmingham aus kann man von Mitte Juli bis September sonntags mit einer historischen Dampflok kommen, dem Shakespeare Express. ✆ 0121-7084960, www.shakespeareexpress.com.

Fähre – Vom Dirty Duck Pub zur gegenüberliegenden Seite, wo man die Butterfly Farm besuchen oder im Café Sol mexikanisch essen kann. Fahrpreis: £ 0.50.

Park & Ride – Bishopton an der A 46, Bus-

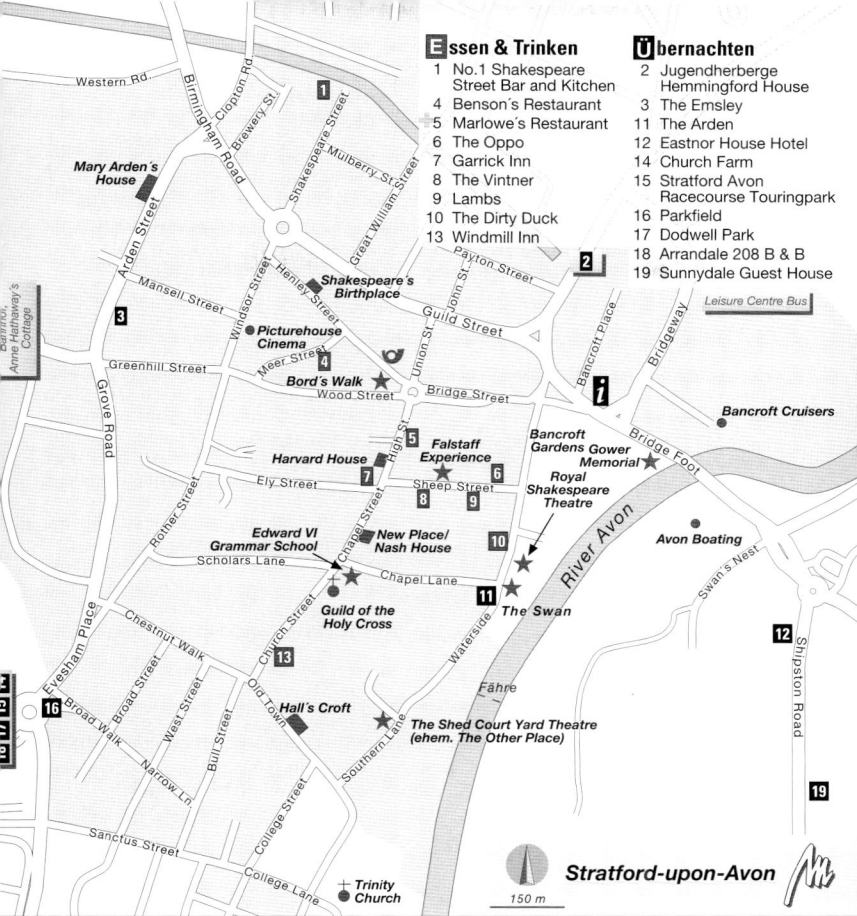

E ssen & Trinken

1 No.1 Shakespeare
Street Bar and Kitchen
4 Benson's Restaurant
5 Marlowe's Restaurant
6 The Oppo
7 Garrick Inn
8 The Vintner
9 Lambs
10 The Dirty Duck
13 Windmill Inn

Ü bernachten

2 Jugendherberge
Hemmingford House
3 The Emsley
11 The Arden
12 Eastnor House Hotel
14 Church Farm
15 Stratford Avon
Racecourse Touringpark
16 Parkfield
17 Dodwell Park
18 Arrandale 208 B & B
19 Sunnydale Guest House

Western Rd

Mary Arden's House

Shakespeare's Birthplace

Picturehouse Cinema

Bord's Walk

Harvard House

Falstaff Experience

Bancroft Gardens Gower Memorial

Royal Shakespeare Theatre

Edward VI Grammar School

New Place/ Nash House

Guild of the Holy Cross

The Swan

Avon Boating

Hall's Croft

The Shed Court Yard Theatre (ehem. The Other Place)

Fähre

Bancroft Cruisers

Leisure Centre Bus

River Avon

Swan's Nest

Shipston Road

Trinity Church

Stratford-upon-Avon

150 m

transfer hin und zurück £ 1.50. Mo–Sa 7.30–19.30 Uhr. April bis Sept. auch So 9.30–19.30 Uhr.

Parken – Marina Parking am Holiday Inn für £ 3/Tag.

● *Bootsverleih* **Avon Boating**, an der Clopton Bridge, ✆ 01789/267073. Kanus, Ruderboote und Pants £ 4/Std., Minimum 2 Std., auch Motorboote für den halben Tag oder länger. Von April bis Okt. halbstündige Dampferfahrten, die von Bancroft Gardens neben dem Royal Shakespeare Theatre abgehen. ✆ 01789/269669, www.avonboating.co.uk. **Bancroft Cruisers** legen für Fahrten von 45–60 Minuten vom Landing Stage hinter dem Hotel Holiday Inn ab. ✆ 01789/269669,

www.bankcroftcriusers.co.uk.

● *Stadtführungen* Mo–Mi 11 Uhr, Do–So 14 Uhr, £ 5, erm. £ 4, Kinder £ 2. Start am Schwanenbrunnen beim Royal Shakespeare Theater. Dauer: ca. 2 Stunden. Auch Ghost Walks (Mo, Do, Fr, Sa 19.30 Uhr, £ 6, erm. £ 3, zu buchen unter ✆ 01789/292478) und Ghost Cruises (www.stratfordtownwalk.co.uk). Außerdem operieren Open-Top-Busse ganzjährig (City Sightseeing) im Sommer alle 20 Minuten in sieben Sprachen, £ 11.50, erm. £ 9.50, Kinder £ 6. ✆ 01789/412680, www.city-sightseeing.com.

● *Antiquitäten* **Barn Antiques Centre**, Scheune 8 km außerhalb in Südwarwickshire, Erfrischungen im Bistro Violette, Di–Sa 10–17 Uhr, So 12–18 Uhr. ✆ 01789/721399;

www.barnantique.co.uk.
• *Markt* In der Rother Street beim amerikanischen Trinkbrunnen. Fr und jeden zweiten und vierten Sa des Monats, Farmer's Market jeden ersten und dritten Sa des Monats 9–14 Uhr. In der Station Street jeden Di Cattle Market.
• *Fahrradverleih* **Stratford Bike Hire**, £ 13/Tag. ✆ 07711/776340; www.stratfordbikehire.com. Die Fahrräder werden an die ge-

wünschte Adresse in Stratford oder Umgebung geliefert. Eine schöne Route führt 5 Meilen entlang einer stillgelegten Eisenbahnlinie, the Stratford Greenway. Start am Severn Meadows Car Park.
• *Post* 2–3 Henley Street, ✆ 08457/223344.
• *Waschsalon* **Sparklean**, tgl. 8–21 Uhr, 74 Bull Street, ✆ 01789/269075, www.sparkleanlaundrette.co.uk.

Kino/Veranstaltungen

• *Kino* **Stratford Picture House**, Windsor Street, ✆ 0871/7042067, www.picturehouses.co.uk.
• *Feste/Veranstaltungen* Höhepunkt des Festivalkalenders sind die **Shakespeare's Birthday Celebrations**, die Geburtstagsfeierlichkeiten am 23. April (gleichzeitig St George's Day). Dann fallen Morris-Tänzer und Straßenkünstler in Stratford ein, es gibt auch einen Blumenumzug von Shakespeares Geburtshaus bis zur Trinity Kirche, wo an seinem Grab Kränze niedergelegt werden.
Selbstredend dreht sich an einem Ort wie Stratford vieles ums Theater, aber es gibt

auch andere Veranstaltungen wie das **Music Festival** Anfang Oktober (Festival Office ✆ 01789/298197, stratmusicfest@btconnect.com, www.stratfordmusicfestival.com). Beliebt ist auch die Stratford **Mop Fair** ebenfalls im Oktober, die man sich wie eine Art Rummel vorstellen muss. Daneben wird auch Warwick Castle (→ S. 516) gerne als Ort für Sonderveranstaltungen genutzt. Hier findet Ende August ein **Medieval Festival** statt, will sagen Ritterspiele, Tanz und Mummenschanz. Auch im Oktober werden Ritterduelle ausgetragen.

Übernachten (siehe Karte S. 507)

Hotels in Stratford sind in der Regel sehr teuer, aber es gibt zahlreiche gute B & Bs. Sie konzentrieren sich am Evesham Place, in Grove Road, Broad Walk, Shipston und Alcester Road. Die Touristeninformation vermittelt Unterkünfte gegen eine Gebühr von £ 3.

The Arden Hotel (11), ultraschickes Boutique Hotel in Toplage an der Waterside gegenüber der Royal Shakespeare Company, Garten, Brasserie, Champagnerbar und Terrasse. Zimmerpreise wechseln je nach Auslastung von £ 90–205. Waterside, CV37 6BA, ✆ 01789/298682, www.theardenhotelstratford.com.
Sunnydale Guest House (19), hübsche, recht kleine Zimmer mit Bad bietet dieses B & B etwa zehn Minuten vom Zentrum. Der lichte Frühstücksraum geht raus zur Terrasse und dem gepflegten Garten. DZ £ 49–70, EZ £ 25–40. 64 Shipston Road, CV37 8ZLP, ✆ 01789/295166, www.sunny-dale.co.uk.
Eastnor House Hotel (12), B & B im viktorianischen Stadthaus. Internetzugang für £ 2/15 Min. B & B ab £ 55–80, DZ £ 79–99. Preisgekröntes Frühstück, Cocktailbar und Biergarten. 33 Shipston Road, CV37 7LN, ✆ 01789/268115, 🖷 01789/551133, www.eastnorhouse.com.

The Emsley (3), B & B in eleganter viktorianischer Stadtvilla in der Nähe des Bahnhofs. Zimmer individuell und liebevoll gestaltet, alle en suite mit TV, £ 28–40 pro Person. 4 Arden Street, ✆/🖷 01789/299557, www.theemsley.co.uk.
Parkfield (16), heimeliges B & B nördlich des Zentrums. B & B im EZ £ 30/Person, DZ ab £ 27.50. 3 Broad Walk, CV37 6HS, ✆ 01789/293313, www.stratford-upon-avon.co.uk/parkfield.htm.
Arrandale 208 Bed & Breakfast (18), das preisgünstigste B & B der Stadt ist einfach, etwas altbacken, aber sauber. Die Besitzer sind ein freundliches Ehepaar im Seniorenalter, die Dame des Hauses kreiert Hochzeits- und Geburtstagstorten. 2 En-suite-Zimmer. £ 25–30/Person. Wochenpreis £ 155. 208 Evesham Road, CV37 9AS, ✆ 01789/267112, www.arrandale.netfirms.co.uk.
Church Farm (14), modernes Farmhaus in einem Bilderbuchdorf 10 km südöstlich von

Stratford. Super für Familien und Gruppen. 2 Zimmer im Haupthaus, 4 Zimmer in umgewandelten Stallungen, zwei statische Caravans (wochenweise). Gäste-Lounge, Terrasse und Garten. Die Besitzer halten Pferde, Schafe, Hunde und Katzen. B & B ab £ 26/Person, Kinder £ 9. Dorsington CV37 8AX, ✆ 01789/720471, www.churchfarmstratford.co.uk.

• *Jugendherberge* **Hemmingford House (2)**, liegt etwa 3 km außerhalb und ist mit den Bussen Nr. 18, 18A u. 15 zu erreichen. Die prächtige, über 200 Jahre alte Villa wurde erst vor einigen Jahren renoviert und hat auch 10 Doppelzimmer. B & B Erwachsene £ 16, erm. £ 12. Alveston, CV37 7RG, ✆ 0845/3719661, ✆ 01789/205513, stratford@yha.org.uk.

• *Camping* **Dodwell Park (17)**, etwa 3 km südwestlich an der B 439 gelegener Campingplatz mit 50 Stellplätzen. Zelte £ 12.50–18/Nacht, mit Strom £ 15.50–19.50. Evesham Road, CV37 9SR, ✆ 01789/204957, ✆ 01926/620199; www.dodwellpark.co.uk.

Stratford Avon Racecourse Touringpark (15), Camping auf der Pferderennbahn am Ufer des Avon, Platz für 150 Wohnwagen und 150 Zelte. Ende März bis Ende Sept., Hunde erlaubt. Zelt mit 1 Person £ 6, sonst ab £ 12. Strom nur gegen Aufpreis nach vorheriger Buchung. Luddington Road, CV37 9SE, ✆ 01789/201063, ✆ 01789/415850, www.stratfordtouringpark.com.

Royal Shakespeare Company (RSC)

Wer in Stratford ist, sollte sich eine Aufführung der Royal Shakespeare Company nicht entgehen lassen. Da diese Darbietungen häufig ausverkauft sind, ist eine rechtzeitige Vorbestellung ratsam. Am Geburtstag des Barden im Jahre 1879 öffnete das erste Theater hier seine Pforten. Ein Shakespeare-Festival wurde eingeführt, das anfangs nur wenige Wochen dauerte, deren Vorstellungen sich jedoch sehr bald über das ganze Jahr erstreckten. Nachdem ein Feuer das Haus 1926 in Schutt und Asche gelegt hatte, wurde ein zweites Theater erbaut, das *Main House*, das über entsprechend viele Art-déco-Elemente verfügt. Hier werden nach dem spektakulären Umbau, der u. a. den Anbau eines Aussichtsturmes und die Verwandlung zum Einraumtheater mit sich brachte, seit Februar 2011 wieder regelmäßig Stücke von Shakespeare aufgeführt. Erst 1980 wurden die Ruinen eines weiteren Theaters wieder aufgebaut; es heißt heute *The Swan*, ist ebenfalls restauriert und über eine neue Brücke mit dem Main House verbunden. Das dritte Haus am Ort ist *The Courtyard*, das während der Umbauphase der beiden anderen Bühnen Hauptspielstätte war und das ehemalige *The Other Place* ersetzt – hier werden moderne und experimentelle Stücke gegeben und Werke von Zeitgenossen Shakespeares wie Christopher Marlowe und Ben Jonson aufgeführt. Hinzugekommen ist das *Waterside Space* gegenüber des Haupthauses, eine Unterrichtsstätte für Workshops und andere Veranstaltungen, wo man auch weniger theatergewohnte Bevölkerungskreise erreichen will. Außerhalb von Stratford hat die RSC noch Bühnen in London (Roundhouse und Hampstead Theatre) und in Newcastle (Theatre Royal und Live Theatre).

Aufführungen kosten £ 12–56, Schüler und Studenten (16–25 Jahre) zahlen nur £ 5. Das Box Office öffnet täglich um 9.30 Uhr (Di 10 Uhr) bis 20 Uhr (an Aufführungstagen bis 18 Uhr) seine Pforten, doch bei besonders beliebten Stücken stehen einige schon ab 6 Uhr morgens Schlange. Ticket Hotline ✆ 0844/8001110, www.rsc.org.uk. Führungen durch das Theater kosten £ 6.50, erm. £ 3. Dachrestaurant für Lunch und Dinner, ✆ 01789/403449.

Mittelengland Karte S. 504/505

Essen/Trinken (siehe Karte S. 507)

Shakespeare macht hungrig! Die meisten Restaurants verschiedener Nationalitäten und für alle Geldbeutel findet man in der Sheep Street.

The Vintner (8), benannt nach einem Weinhändler, von dem schon Shakespeare seinen Rebensaft bezogen haben soll. Café, Bar und Restaurant in historischem Ambiente, an der Messingbar gibt es auch Tapas. 4–5 Sheep Street, CV37 6EF, ☎ 01789/297259; www.the-vintner.co.uk.

Marlowe's Restaurant (5), im ersten Stock eines Fachwerkhauses aus dem 16. Jahrhundert, etwas förmlich, aber exzellentes Essen, gemütliche Lounge-Bar für den Abend. Tgl. 12–14.15 u. 17.30–22 Uhr, Fr bis 22.30 Uhr, Sa bis 23 Uhr, Sonntagabend Ruhetag. 18 High Street, ☎ 01789/204999; www.marlowes.biz.

Lambs (9), gediegenes Lokal aus dem 16. Jahrhundert, moderne Einrichtung und moderne Weltküche (ein Schwerpunkt ist – genau, Lamm) mit guter Weinliste. Mo–Di 18–21.30 Uhr, Mi–Sa 12–14 u. 18–21.30 Uhr, So 12–14 u. 18–21 Uhr. 12 Sheep Street, CV37 6EF, ☎ 01789/292554; www.lambsrestaurant.co.uk.

The Oppo (6), gleich gegenüber, etwas entspannteres Restaurant im Bistrostil, italienische und französische Speisen, etwas mehr für den schmaleren Geldbeutel. Versteckter Garten. 13 Sheep Street, CV37 6EF, ☎ 01789/269980; www.theoppo.co.uk.

Benson's Restaurant and Tea Rooms (4), hier gibt es Champagnerfrühstück (£ 29.50 für 2 Personen), Lunch oder den perfekten „afternoon tea", geöffnet tgl. 10 bis 17 Uhr, Fr–Sa ab 9 Uhr, So 10.30–16.30 Uhr. 4 Bard's Walk, CV37 6Eym, ☎ 01789/261116; www.bensonsrestaurant.co.uk.

No.1 Shakespeare Street Bar and Kitchen (1), bester Laden in Stratford für Cocktails, im Retrostil, Easy Listening und schnelle Bargerichte. 1 Shakespeare Street, ☎ 01789/264787; www.stratford-upon-avon-entertainment.co.uk. Im 1. Stock werden in der Chapel Live-Gigs geboten, So ab 20 Uhr Jazz. Wenn hier voll ist, probieren Sie es gegenüber bei **The One Elm**, 1 Guild Street, ☎ 01789/404919, www.oneelmstratford.co.uk.

Windmill Inn (13), mit 350 Jahren angeblich das älteste Pub in der Stadt, aber nicht angestaubt und mit großer Auswahl an Ales. 22 Church Street, ☎ 01789/297687.

The Dirty Duck (10), historisches Theaterpub aus dem 15. Jahrhundert mit Actor's Bar, Restaurant und Außenterrasse, Waterside, CV37 6BA, ☎ 01789/297312. www.dirtyduck-pub-stratford-upon-avon.co.uk.

Garrick Inn (7), eine der ältesten Gaststätten in einem hübschen Fachwerkhaus aus dem 14. Jahrhundert, benannt nach dem berühmtesten Shakespeare-Darsteller. 25 High Street, CV37 6AU, ☎ 01789/292186. www.garrickinn-stratford-upon-avon.co.uk.

Sehenswertes

Stratfords Sehenswürdigkeiten sind zum großen Teil eng mit dem Leben von *William Shakespeare* verwoben. *Shakespeare Houses* nennen sich fünf Ausstellungen, die mit einem Kombinationsticket besichtigt werden können: Birthplace, New Place, Hall's Croft, Anne Hathaway's Cottage und Mary Arden's House. Ein Kombiticket für alle fünf Attraktionen ist zeitlich unbeschränkt gültig und kostet £ 19 (erm. £ 17, Kinder £ 12), für drei der Sehenswürdigkeiten zahlt man £ 12.50 (erm. £ 11.50, Kinder £ 8).

Information Über das Tourist Information Centre oder den Shakespeare Birthplace Trust, ☎ 01789/204016, ☏ 01789/262073, www.shakespeare.org.uk. 10 % Rabatt bei Online-Buchung.

Birthplace Museum: Shakespeares Geburtshaus in der Henley Street ist wahrscheinlich eines der meistbesuchten Gebäude Englands; dabei ist es keinesfalls erwiesen, ob er wirklich in diesem hübschen Fachwerkhaus geboren wurde. Tatsache ist, dass ein Teil des Gebäudekomplexes von John Shakespeare, Williams Vater, im Jahre 1556 gekauft wurde. Es ist mit antiken Möbeln und Alltagsgegenständen des 16. Jahrhunderts sowie einigen Repliken ausgestattet. Das Museum im Inneren dokumentiert Leben und Werk des Dichters. Der Eingang für das Geburtshaus ist das

Shakespeare Visitor Centre nebenan, in dem der Besucher erst einmal über die Lebensumstände Shakespeares aufgeklärt wird. Studenten können hier in der Bibliothek herumstöbern und sich am umfangreichen archivierten Material ergötzen. Außerdem finden hier Lesungen, Konzerte und andere Veranstaltungen statt.

Juli/Aug. tgl. 9–18 Uhr, April–Juni u. Sept./ Okt. tgl. 9–17 Uhr, Nov.–März tgl. 9–16 Uhr. £ 12.50, erm. £ 11.50, Kinder £ 8, Familien: £ 33.50 (mit Hall's Croft und „Dig for Shakespeare" at New Place). info@shakes peare.org.uk, www.shakespeare.org.uk.

„Dig for Shakespeare" at New Place/ Nash's House: Wer die High Street in südliche Richtung geht, kommt auf der Chapel Street zu einem weiteren Gebäude, das mit Shakespeare in Verbindung gebracht wird. Im Nash's House wohnte Shakespeares Enkeltochter *Elizabeth Hall* mit ihrem ersten Mann *Thomas Nash*. Es ist im Stil des 16. Jahrhunderts eingerichtet und beherbergt im ersten Stock die Ausstellung „The Complete

Blut klebt an ihren Händen – Lady Macbeth

Works of William Shakespeare", deren Highlight jene Werksausgabe ist, die heimlich unter den Gefangenen von Robben Island zirkulierte. Nelson Mandelas Lieblingspassage in Julius Caesar ist von ihm markiert und signiert. Im daneben liegenden Garten erkennt man noch das Fundament von New Place, dem Haus, in dem der Schriftsteller bis zu seinem Tod wohnte. 1759 wurde es abgerissen – nicht etwa weil es baufällig war, sondern weil der damalige Besitzer Francis Gastrell den nicht enden wollenden Pilgerstrom satt hatte. Die Empörung darüber war so groß, dass Gastrell sich gezwungen sah, Stratford zu verlassen. Den besten Blick auf diesen Teil des Gartens hat man vom benachbarten *Shakespeare Memorial Garden*, den man von der Chapel Lane betritt. 2011 kann man archäologischen Ausgrabungen vor Ort zusehen und schlaue Fragen stellen.

Birthplace Museum: ✆ 01789/292325. www.digforshakespeare.com.

Hall's Croft: Shakespeares älteste Tochter *Susanna* lebte zusammen mit ihrem Mann *Dr. John Hall* in diesem wunderschönen Tudor-Haus in der Straße *The Old Town*, wo auch ihre Tochter Elizabeth geboren wurde. Alle drei liegen neben William in der Holy Trinity Kirche begraben. Heute befindet sich in Hall's Croft eine Ausstellung mit medizinischen Instrumenten dieser Zeit und Beschreibungen mittelalterlicher Heilmethoden. Fieber trieb Dr. Hall seinen Patienten zum Beispiel aus, indem er ihre Füße in tote Taubenkadaver stellte. Hinter dem Haus liegt auch ein kleiner Garten, in dem der Mediziner Heilkräuter züchtete, die er für die Medikamente brauchte.

Birthplace Museum: ✆ 01789/292107. Im neuen Café gibt es Cream Teas. Im Juli auch Open-Air-Aufführungen eines Shakespeare-Stückes.

Mittelengland
Karte S. 504/505

Harvard House: Die Stars and Stripes weisen demonstrativ darauf hin: Hier lebte derselbe John Harvard, der vor mehr als 300 Jahren Amerikas führende Universität gegründet hat. Das Haus war 1586 von seiner Mutter Katherine Rogers gebaut worden, die einen Fleischer namens Robert Harvard aus London heiratete und hier ihren Sohn John gebar. 1910 schenkte ein Millionär aus Chicago das Haus der Universität von Harvard. Es enthält eine kostbare Sammlung von Zinnbechern aus Zeiten der Römer bis ins 19. Jahrhundert. Besucher können einen Film über John Harvard sehen und interaktive Computerspiele nutzen. Daneben steht das *Garrick Inn*, das nach dem bekanntesten Shakespeare-Darsteller des 18. Jahrhunderts benannt ist. Er war federführend bei der Gründung des Shakespeare-Festivals und schuf auch eine Büste seines Vorbilds, die auf dem klassizistischen Rathaus steht.
Ende Juli bis Sept. Mi–So 12–17 Uhr. Mai bis Juli u. Sept./Okt. Fr–So 12–17 Uhr. £ 3.50, Kinder und Multiple Houses Ticketbesitzer frei. High Street, ✆ 01789/204507.

Guild of the Holy Cross: Diese bildschöne Reihe von Fachwerkhäusern mit den auffallend hohen Schornsteinen stammt aus dem 15. Jahrhundert und wurde als Almshouses, eine Art Armenhaus, für 24 notleidende Senioren gebaut, die hier auf Kosten der Guild wohnen durften. Bis heute werden die Gebäude in gleicher Form genutzt. Die Guild war eine Vereinigung der führenden Mitglieder der Gemeinde – Händler, Ärzte oder Politiker –, die sich Mitte des 13. Jahrhunderts formiert hatte, um die Geschicke der Stadt zu bestimmen und vor allem ihre eigenen Interessen wahrzunehmen.
Febr. bis Nov. tgl. 10.30–17.30 Uhr.

Guildhall: Gleich neben den Almshouses steht die Guildhall, die 1416 errichtet wurde. Im ersten Stock, der Over Hall, zog nach der Regentschaft Heinrichs VIII. die Edward VI Grammar School ein, in der wahrscheinlich auch Shakespeare unterrichtet wurde. Er soll hier Grundkenntnisse in Latein, Rhetorik, Geschichte und der Dichtkunst des Ovid erhalten haben, die ihn selbst zum Schreiben animierten. Nach wie vor drücken noch rund 400 Jungen heute hier die Schulbank.
Normalerweise nicht öffentlich zugänglich, im August jedoch meist Sa u. So 13–17 Uhr geöffnet. £ 2, erm. £ 1. www.likesnail.org.uk.

Guild Chapel: Neben der Guildhall schließlich befindet sich die Kapelle der Gilde von 1296, in der man einige mittelalterliche Wandbemalungen finden kann, unter anderem die Darstellung des Jüngsten Gerichts über der Kanzel und der Todestanz, in dem Skelette die Bevölkerung in den Abgrund führen.
Tgl. 10–17 Uhr. Eintritt frei.

The Falstaff Experience: Mit Animationen und üblen Gerüchen wird hier dem Barden und seiner Zeit etwas unsentimentaler auf den Leib gerückt. Anschaulicher geht es nicht! Zu sehen ist die Show in der Shrieves House Scheune aus dem 16. Jahrhundert.
Tgl. 10.30–17.30 Uhr. £ 4.95, erm. £ 3.95, Kinder £ 2.25, Familien £ 10.95. Ghost Tours tgl. um 18 Uhr, Fr–Sa auch 19, 20 und 21 Uhr für £ 7.50. 40 Sheep Street, ✆ 01789/298070, www.falstaffsexperience.co.uk.

Bancroft's Gardens: Auf dieser Wiese direkt am Fluss Avon vor dem Royal Shakespeare Theater ließen die Einwohner Stratfords im Mittelalter ihr Vieh grasen. Heute sind die Gärten wunderbar bepflanzt, es gibt verschiedene Sitzgelegenheiten, mehrere Denkmäler (Gower-Denkmal, Schwanenstatue), eine Sonnenuhr, eine neue Veranstaltungsbühne und zwei Brücken über den Kanal (der aus Birmingham kommt) bzw. über die Schleuse.

Trinity Church: Wieder zurück auf unserer Spurensuche landen wir am Grab des Dichters im Chorraum. Dieses Privileg wurde ihm nicht wegen seiner Wortgewalt, sondern wegen seines Einsatzes als Laienpfarrer zuteil. In der Nähe, an der Nordwand steht die Büste von Shakespeare, die kurz nach seinem Tod gefertigt wurde, als seine Frau Anne und die beiden Töchter noch am Leben waren. Sie soll dem wahren Aussehen des Meisters durchaus gerecht werden. Schließlich kann man das Taufbecken bewundern, in dem Shakespeare am 25. April 1564 getauft wurde. Es wird einem auch Einsicht in das Kirchenregister mit seinem Tauf- und Sterbeeintrag gewährt. Shakepeares Grabstätte ist aber nicht das einzige, was in der Dreifaltigkeitskirche Beachtung verdient. Trinity Church geht auf das 12. Jahrhundert zurück, wurde im gotischen Stil umgebaut und erhielt im 18. Jahrhundert ihren eleganten Turm. Der Türklopfer des Allerheiligsten an der inneren Tür des Vorbaus ist nur einer von drei im Lande erhaltenen Schutzringen aus dem 13. Jahrhundert. Jeder Flüchtling, der ihn erreichte, konnte Schutz für 37 Tage fordern.

April bis Ende Sept. Mo–Sa 8.30–18 Uhr, So 12.30–17 Uhr, März u. Okt. Mo–Sa 9–17 Uhr, So 12.30–17 Uhr, Nov. bis Febr. Mo–Sa 9–16 Uhr, So 12.30–17 Uhr. Eintritt zur Grabstätte: £ 1, erm. £ 50. Old Town Stratford, ✆ 01789/266316, www.stratford-upon-avon.org/tour/html.

Anne Hathaway's Cottage: Ab Evesham Place (südlich vom Market Place) ist ein ca. eineinhalb Kilometer langer Spazierweg zum Anne Hathaway's Cottage ausgeschildert. Von der Bridge Street fahren aber auch Busse nach Shotterey. In diesem reetgedeckten Haus wohnte Shakespeares Frau vor ihrer Heirat. Annes Vater war ein wohlhabender freier Bauer, und zwölf Räume waren damals ein beachtliches Anwesen. Heute befinden sich hier einige Möbel aus den vergangenen Jahrhunderten. Will man in den angrenzenden Shakespeare Tree Garden, muss man zunächst einige Souvenirabteilungen durchqueren.

• *Öffnungszeiten/Information* Juni bis Aug. tgl. 9–17 Uhr, April/Mai Mo–Sa 9.30–17 Uhr, So 10–17 Uhr, Nov. bis März Mo–Sa 10–16 Uhr, So 10.30–16 Uhr. £ 7.50, erm. £ 6.50, Kinder £ 4.50, Familien £ 19.50. ✆ 01789/ 292100. Von der Webseite kann man eine Walking Map herunterladen. Direkt gegenüber können Sie sich im Cottage-Restaurant und Tea Garden stärken (März–Okt. tgl. 9.30–17 Uhr, www.cottageteagarden.com).

Mary Arden's House: Drei Kilometer nördlich von Stratford liegt in Wilmcote das frisch renovierte Mary Arden's House. Hier wohnte die Mutter des Dichters. Nach dem Tod ihres Vaters war der Besitz 1556 in ihre Hände übergegangen, der jüngsten von acht Töchtern. Das Innere ist im Stil der elisabethanischen Zeit eingerichtet. Das angeschlossene *Countryside Museum* informiert über das Landleben der vergangenen Jahrhunderte, denn auch Mary Ardens Vater war ein „Gentleman-Farmer" gewesen. Neuerdings kann man hier auch eigenhändig Kühe melken und Kaminfeuer entfachen.

• *Öffnungszeiten* Station Road, Wilmcote, CV37 9UN, März–Okt. tgl. 10–17 Uhr. Nov. bis März geschl. £ 9.50, erm. £ 7.50, Kinder £ 5.50, Familien £ 24.50. ✆ 01789/293445.

• *Anfahrt* Von Stratford per Zug (außer So) oder Bus. Auch die City-Sightseeing-Busse fahren regelmäßig zum Mary Arden's House. Vom Anne Hathaway's Cottage führt ein ausgeschilderter Fußweg hierher.

Mittelengland
Karte S. 504/505

Umgebung von Stratford-upon-Avon

Zwischen Stratford und Birmingham liegen einige wunderhübsche Dörfer wie Welford-on-Avon mit seinen weißgewaschenen und strohgedeckten Cottages oder Mickleton, das nördlichste der Cotswold-Dörfer, das für seinen traditionellen Charme und den „Pudding Club" (seit 1985 kann man im Three Ways House Hotel typisch englische Nachtische probieren) bekannt ist. Außerdem kennzeichnen ausgezeichnet erhaltene Landsitze aus der elisabethanischen Epoche, der Tudor- und der klassischen Zeit die Region. Im Sommer verbindet seit 2010 ein neuer **Open-Top-Sightseeing-Service** einige Sehenswürdigkeiten in Süd-Warwickshire miteinander, u. a. Charlecote Park, Compton Verney und Warwick Castle.

Ragley Hall: Rund zwölf Kilometer westlich von Stratford über die A 435 (bis Alcester, das für historisch Interessierte wegen seiner römischen Vergangenheit von Bedeutung ist) befindet sich in einer riesigen Parkanlage der Herrensitz Ragley Hall. In diesem Palladianischen Bau ist der Marquis von Hertford zu Hause. Eine Innenbesichtigung führt von der barocken großen Halle durch stilvoll eingerichtete Räume mit einer großartigen Sammlung von Gemälden und Antiquitäten. Draußen in den Stallungen kann man Kutschen verschiedener Epochen bewundern und der Irrgarten im Park macht nicht nur Kindern Spaß.

Unregelmäßig geöffnet, die meisten Sonntage 12–16 Uhr, in den Ferien tgl. außer Sa, genaue Zeiten bitte der Webseite entnehmen. £ 8.50, erm. £ 7, Kinder £ 5, Familien £ 27. ✆ 0800/0930290 (kostenlos) oder 01789/762090, Alcester B59 5NJ, www.ragleyhall.com.

Coughton Court: Auf der A 435 nordwestlich von Stratford und drei Kilometer nördlich von Alcester findet man diesen Landsitz, der seit 1409 das Zuhause der Throckmorton-Familie ist. Als alteingesessener, aber katholischer Adel waren die noblen Herrschaften den Gunpowder Plot verstrickt. Die Ehefrauen der Verschwörer sollen hier in der Nacht zum 5. November 1605 im Torhaus auf Nachricht von ihren Männern gewartet haben, die derweilen das Parlament in Westminster samt König in die Luft zu sprengen versuchten. Zu den Schätzen der Familie zählen neben Möbeln, Gemälden und Porzellan auch die Bluse von Mary Queen of Scots und der Throckmorton-Umhang, den Mary angeblich bei ihrer Hinrichtung (1587) getragen haben soll. Neben einem weitläufigen Park mit zwei Kirchen und künstli-

Demonstration mittelalterlicher Kampfkunst im Warwick Castle

chem See gibt es auch formelle Gartenanlagen, wie den Walled Garden und den Bog Garden.

März u. Okt. Do–So 11–17 Uhr, April bis Juni u. Sept. Mi–So 11–17 Uhr, Juli/Aug. Di–So 11–17 Uhr. 4. bis 12. Dezember Winter-Festival tgl. 12–18 Uhr. £ 9.40, erm. £ 4.70, nur Gärten £ 6.50, erm. £ 3.25 (NT). ☎ 01789/762435, www.coughtoncourt.co.uk.

Compton Verney House: Informell will diese Kunstgalerie sein, die sich 13 Kilometer östlich von Stratford hinter den Mauern eines prächtigen, klassischen Landsitzes von Robert Adam aus den 1760er-Jahren verbirgt. Der umliegende Park wurde von Lancelot Capability Brown entworfen. Das Anwesen wurde 1993 von der Peter Moores Foundation halb verfallen aufgekauft, dessen gleichnamiger Gründer fast hundert Millionen Pfund für die Kunst gestiftet hat und dafür von der Königin zum Ritter geschlagen wurde. Seit der umfangreichen Renovierung werden auf drei Etagen in sechs ständigen Ausstellungen u. a. italienische Malerei aus Neapel von 1600–1800, deutsche Malerei und Skulptur von 1450–1650 oder britische Portraitmalerei gezeigt. Die Wechselausstellungen widmen sich überwiegend zeitgenössischer Kunst. Natürlich dürfen das Café und der Shop nicht fehlen. Es werden auch Workshops und andere Aktivitäten veranstaltet.

Ende März bis Anfang Dez. Di–So u. feiertags 11–17 Uhr. £ 8, erm. £ 6, Kinder £ 2, Familien £ 18. ☎ 01926/645500; www.comptonverney.org.uk.

Warwick

Zwischen Stratford und Coventry liegt Warwick, ein historisches Städtchen mit mittelalterlichem Flair und imposanter Burg, die viele turbulente Zeiten erlebt hat. Im Jahr 1694 fiel Warwick einem Brand zum Opfer, daher besteht der Stadtkern heute hauptsächlich aus Gebäuden der georgianischen Zeit. Rund um das Zentrum sind jedoch noch mittelalterliche Bauten und zwei der Stadttore erhalten. Besonders attraktiv ist ein Streifzug entlang der Mill Street, die von vielen Antiquitätenläden gesäumt wird und im Mill Garden (April–Okt. 9–18 Uhr, £ 1.50) endet, von wo man einen phantastischen Blick auf die Burg erheischen kann.

• *Information* **Tourist Information Centre**, The Court House, Jury Street, Warwick, Warwickshire CV34 4EW, ☎ 01926/492212, ✆ 01926/494837, info@visitwarwick.co.uk; www.visitwarwick.co.uk und www.warwickshire.gov.uk.

• *Verbindungen* **Bus** – Stündlich fahren von Stratford aus Busse nach Warwick. Auch von London und Birmingham gibt es Ausflugsbusse.

Zug – Ebenso regelmäßig kommt man mit dem Zug hierher. Der Bahnhof ist an der Coventry Road 2,5 km außerhalb der Stadt. Chilterns Railway fährt direkt nach London Marylebone.

• *Markt* Sa am Market Place, jeden 3. Fr des Monats Farmer's Market.

• *Einkaufen* **Smith Street** ist Warwicks älteste Einkaufsmeile, **Swan Street** die geschäftigste.

• *Übernachten* **Agincourt Lodge**, am St Nicholas Park gelegenes B & B in viktoriani-

scher Stadtvilla. EZ £ 40–55, DZ £ 45–80. 36 Coten End, CV34 4NP, ☎/✆ 01926/499399, www.agincourtlodge.co.uk.

Cambridge Villa Hotel, familiengeführtes B & B in zwei viktorianischen Stadthäusern, kostenloser Abholdienst von Busstation oder Bahnhof. 14 Zimmer, EZ meist ohne Bad, £ 25–45, DZ £ 60–80. 20a Emscote Road, CV34 4PP, ☎/✆ 01926/491169.

• *Essen und Trinken* Die meisten Pubs und Restaurants befinden sich in und um die Smith Street, wie z. B. **Robbie's Restaurant** (Hausnr. 74), wo das leckere Eis selbst gemacht wird (tgl. 10.30–17.30 u. 18–23 Uhr, www.robbiesrestaurant.co.uk) oder das älteste Pub des Ortes, **The Roebuck** von 1470 (Hausnr. 57, tgl. 18–23 Uhr). In der St Nicholas Church Street Nr. 13 findet man ein hübsches, altes Pub namens **New Bowling Green**, das besonders wegen seines Biergartens beliebt ist. Für gutes Gastro-Food steht das **Rose & Crown** am

Marktplatz. Im **L'Amuse Bouche** im Aylesford Hotel kann man elegant im Restaurant speisen (So, Mo Ruhetage) oder legerer im **Petit Paris Café** (So nur Mittagstisch). 20 verschiedene Teesorten können Sie im urigen **Thomas Oken Tea Rooms** (20 Castle Street, Mo–Fr 10–17.30, Sa–So bis 18 Uhr) direkt beim Castle probieren. Ein Gläschen Wein kann man bei **Art & Wine** im Hofe einer pompösen georgianischen Villa genießen, die als Galerie auch für zeitgenössischen Kunstgenuß sorgt. Die Touristeninformation hält eine Liste mit Restaurants bereit.

Sehenswertes

Höhepunkt eines Besuchs ist eine Besichtigung von **Warwick Castle**, dem hübschesten mittelalterlichen Schloss von Großbritannien. Eine erste hölzerne Festung wurde hier wahrscheinlich von Wilhelm dem Eroberer im Jahr 1068 errichtet. Kurze Zeit später ersetzte man sie durch eine massive Burg. Die Grafen von Warwick waren sehr einflussreich, und im Mittelalter gelangte die Stadt durch Handel zu Wohlstand. Im 17. und 18. Jahrhundert baute man die Anlage zu einem schlossartigen Landsitz aus. Während des Hundertjährigen Krieges wurden französische Soldaten hier in den Verliesen des *Caesar Tower* eingekerkert. Seit 1978 gehört die ganze Anlage Madame Tussaud's.Vor allem die Folterkammer und der Gefängnistrakt wurden erwartungsgemäß mit aus Wachs modelliertem Grusel erfüllt. Dem blutrünstigen Teil der Schloßgeschichte widmet sich das neue Burgverlies, *The Castle Dungeon*. Der Kerker ist so gruselig, dass sich ein Besuch nicht für Kinder unter 10 Jahren eignet.

Ein guter Ausgangspunkt für den Besuch ist die Ausstellung „The Kingsmaker Experience", die die Geschichte des mächtigsten Grafen von Warwick, Richard Neville, erzählt. Im Ghosttower geht es um die hinterrückse Ermordung von Sir Fulke Greville, der die Gemäuer noch immer bespuken soll. Die herrschaftlichen *State Apartments* stehen unter dem Motto „Royal Weekend Party" – Wachsfiguren stellen eine noble Gesellschaft bei einer Tea-Time-Gesellschaft von 1898 nach, bei der gleich zwei zukünftige Könige anwesend waren. An den Wänden hängen Porträts und Gemälde von Holbein, Rubens und Velasquez. Erholung verspricht ein Rundgang durch die Parkanlage, deren Höhepunkt ein hübscher Rosengarten ist. Im Wintergarten kann man einen Blick auf die berühmte Warwick Vase aus der Römerzeit werfen, die einem der Grafen im 18. Jahrhundert für sein diplomatisches Geschick geschenkt worden war. Im Sommer finden regelmäßig Ritterturniere statt.

Tgl. 10–18 Uhr, Okt. bis März nur bis 17 Uhr. £ 19.95–25.45 (mit Dungeon), erm. £ 13.95–17.16, Familien £ 55–80. Parkgebühr £ 3–5. Information Line: 0871/2652000; www.warwick-castle.co.uk.

Oken's House: Am Eingang zur Burg befindet sich in der Castle Street das Fachwerkhaus Oken's House. Thomas Oken war ein Geschäftsmann aus dem 16. Jahrhundert, der kinderlos verstarb und sein Vermögen in die Gründung von Armenhäusern steckte. Heute kann man hier in „Thomas Okens Tea Rooms" eine Erfrischung zu sich nehmen, s. o.

St John's House Museum: In dieser Villa im jakobinischen Stil sind neben alten Musikinstrumenten und Kostümen seit kurzem auch die Puppen, Teddies und Spielzeuge des Doll Museums zu sehen, das vom Oken's House hierher umgezogen ist. Außerdem ist ein Flügel der Villa dem Royal Warwickshire Regiment vorbehalten.

Di–Sa 10–17 Uhr, So 14.30–17 Uhr (nur April–Sept.). Eintritt frei. ✆ 01926/412132 oder 412021.

Collegiate Church of St Mary: Die schöne Pfarrkirche im Ort am Old Square ist berühmt für die *Beauchamp-Kapelle (sprich: Bihtschm)* der Grafen von Warwick, für

Mittelalterlicher Charme: das Lord Leycester Hospital

ihr Fächergewölbe, ihre Gräber aus dem Mittelalter und der Tudorzeit sowie für ihren 53 Meter hohen Turm mit zehn Glocken, den man besteigen darf.
Im Sommer tgl. 10–18 Uhr, im Winter 10–16.30 Uhr. Eintritt frei, Spende von £ 2 erbeten. Turmbesteigung je nach Wetterverhältnissen (£ 1). ℘ 01926/403940; www.saintmaryswarwick.org.uk

Lord Leycester Hospital: Dieses Hospital in der High Street, das im Jahr 1571 von Robert Dudley, dem Grafen von Leicester als Unterkunft für zwölf alte Soldaten und ihre Frauen eingerichtet wurde, ist Teil des mittelalterlichen Westtores und weist eine schöne Kapelle und einen Ratssaal auf. Drinnen gibt es ein Museum des *Queen's Own Hussars Regiment*, dem Kavallerie-Regiment der West Midlands. Instand gehalten wird die Anlage von ihren derzeitigen Bewohnern, inzwischen nur noch acht Soldaten mit ihren Frauen.
Im Sommer tgl. außer Mo 10–17 Uhr, im Winter bis 16.30 Uhr. £ 4.90, erm. £ 4.40, Kinder £ 3.90. Extra Eintritt £ 2 für den hübschen Master's Garden, einem restaurierten „walled garden" (nur im Sommer). ℘ 01926/491422; www.lordleycester.com.

Warwickshire Museum: In der Markthalle von 1670 informiert dieses Museum über die Geschichte, Archäologie und Natur der Region. Ein Highlight ist die Sheldon Tapestry aus dem 16. Jahrhundert. Die Wandgehänge zeigen Karten der vier Grafschaften Warwickshire, Worcestershire, Gloucestershire und Oxfordshire.
Di–Sa u. feiertags 10–17 Uhr, So (April–Sept.) 11.30–17 Uhr. Eintritt frei. ℘ 01926/412500.

Umgebung von Warwick

Kenilworth Castle and Elizabethan Garden: Die Burgruine mit ihren roten Sandsteintürmen, dem mächtigen Burgfried und den wehrfesten Burgmauern wurde von Sir Walter Scott Anfang des 19. Jahrhunderts in seinem Roman „Kenilworth" verewigt, in dem er Königin Elizabeth I. und Robert Dudley, dem Grafen

Mittelengland
Karte S. 504/505

von Leicester, eine Liebesgeschichte andichtete. Andere Autoren, die sich hier Inspiration für ihre Spukgeschichten holten, waren J. R. R. Tolkien und kürzlich J. K. Rowling, die Verfasserin von Harry Potter.

Der älteste Teil der Burg ist der Caesar's Tower, der im 12. Jahrhundert im Stil eines römischen Forts gebaut wurde. Wichtigster Baumeister war später Simon de Montfort, der die Burg in einen Palast und eine Lehranstalt verwandelte. Im Krieg der Barone machte er Heinrich III. das Leben so schwer, dass dieser den unliebsamen Adligen enteignete und Kenilworth seinem Sohn Edmund schenkte. Die Burg wurde eine der fünf lizensierten Turnierstätten im Lande mit einem eigenen Turnierplatz für Ritterspiele, dem Tiltyard, der heute noch zu besichtigen ist. Das größte Fest veranstaltete hier 1575 besagter Robert Dudley. Um seine vermeintliche Geliebte und Königin zu beeindrucken, feierte man 19 Tage lang in Saus und Braus. Elizabeth konnte das bunte Treiben sogar von einem eigens für sie errichteten Turm, dem Leicester Tower, aus verfolgen. Dudley ließ auch einen Knotengarten für die Königin anlegen als er noch hoffte, sie heiraten und mit diesem Garten verführen zu können. Das Eheglück beschied der Garten ihm nicht, kein Wunder also, dass man ihm jahrhundertelang kaum mehr Beachtung schenkte. Zum Glück beschrieb ein Höfling den Garten detailgetreu, so dass er kürzlich wieder in seine alte Pracht zurückversetzt werden konnte.

April bis Okt. tgl. 10–17 Uhr, Nov. bis März nur bis 16 Uhr. £ 7.60, erm. £ 6.50, Kinder £ 3.80, Familien £ 19. (EH). Audiotour extra. ✆ 01926/852078; www.english-heritage.org.uk/kenilworthcastle. Anfahrt mit Stagecoach X17 von Coventry oder Leamington Spa bis Kenilworth Clock (dann noch 10 Min. zu laufen).

Stoneleigh Abbey: Unweit von Kenilworth, auf der A 46 Richtung Coventry, liegen eingebettet in einen Park am River Avon die Ruinen dieses Zisterzienserklosters aus dem 12. Jahrhundert. In den Zimmerfluchten des Westflügels hat schon Karl I. gewohnt, als die Einwohner Coventrys ihm den Zutritt zu ihrer Stadt verwehrten. Auch die Schriftstellerin Jane Austen kam zu Besuch auf den Ahnensitz ihrer Verwandtschaft, den Leighs, und hat die Abtei in zwei ihrer Romane liebevoll beschrieben. Jeden Mittwoch und Sonntag um 13 Uhr entführen Sie kostümierte Guides in die Romanwelt der berühmten Autorin. Sehenswert sind auch die Kapelle, das mittelalterliche Torhaus und die Stallungen aus der Regency-Zeit.

Ostern bis Ende Okt. Di–Do, So u. Feiertage, Besichtigung mit Führung 11, 13 u. 15 Uhr, Garten 10–17 Uhr. Tearoom: 10.30–16 Uhr. £ 7, erm. £ 6.50, Kinder £ 3, Garten: £ 3. Jane Austen Tour: £ 7. ✆ 01926/858535, www.stoneleighabbey.org.

Charlecote Park: Im Park dieses Tudoranwesens 10 Kilometer südlich von Warwick soll William Shakespeare beim Wildern erwischt worden sein. Bis heute gibt es ein gepflegtes Wildgehege (entworfen von Capability Brown). Die Gärten am Fluss Avon sind ein perfektes Plätzchen zum Entspannen. Aus Elisabethanischer Zeit stammt noch das imposante Torhaus. Das Haus selbst, in dem sowohl Elizabeth I. als auch Admiral Horatio Nelson übernachtet haben sollen, wurde im 19. Jahrhundert pompös umgebaut, enthält wertvolle Kunstschätze und wirkt entsprechend bombastisch.

März/April Fr–Di 12–16.30, Mai–Sept. Fr–Di 11–17 Uhr, Nov bis Mitte Dez. Sa–So 12–16 Uhr. Uhr, Park und Gärten ganzjährig tgl. 10–17.30 Uhr. £ 8.15, erm. £ 4.05, Familien £ 20.45 (NT). Anfahrt: mit Stagecoach 18A Coventry-Stratford-upon-Avon auf der B 4086 bei Wellesbourne.

Royal Leamington Spa: Der Kurort mit seinen Parks und Gärten am Fluss Leam kam erst im 19. Jahrhundert zu Bedeutung, als die schon den Römern bekannten

Solequellen von der englischen High Society zur Linderung ihrer Wehwehchen genutzt wurden. Zur Unterbringung dieser noblen Besucher wurden Stadthäuser gebaut, die dem Ort bis heute ein gediegenes Aussehen verleihen. Zum Kuren kommt heute allerdings niemand mehr, die Stadt wird vielmehr für ihre „retail therapy" (Einkaufsmöglichkeiten) geschätzt, in den Royal Pump Rooms und Baths ist jetzt ein Kulturzentrum mit Galerie, Museum und Touristeninformation untergebracht. Nicht nur die Einkaufsstraßen (etwa Parade) laden zum Bummel ein, sondern auch die schönen Grünanlagen, vor allem Jephson Gardens gegenüber der Royal Pump Rooms mit seinem Tropenhaus. Da auch viele Studenten der Universität Warwick hier wohnen, sind die Nächte lebhaft und die Pubs und Bars voll.

Informationen Royal Pump Rooms, The Parade, CV32 4AB, ✆ 01926/742762; leamington@ shakespeare-country.co.uk; www.royal-leamington-spa.co.uk.

Die Cotswolds

Die Cotswolds gelten als das Herz von England, seine heimliche Seelenland-schaft. Sie umfassen rund zweitausend Quadratkilometer und sind das größte zusammenhängende Gebiet in England, das als Area of Outstanding Beauty eingestuft wurde, als Gegend von herausragender Pracht.

Dem Betrachter bietet sich eine Landschaft von sanfter Schönheit, die durch Schaf-zucht und Wollproduktion reich geworden ist. Die schweren Tuche aus den Cots-wolds erzielten die höchsten Preise in ganz Europa. Über die Hälfte der Bilder-buchdörfchen haben weniger als 300 Einwohner. Hier ist die Welt noch in Ordnung, hier fließt das Leben harmonisch dahin. Das dachten sich auch schon im vorigen Jahrhundert viele Künstler und Kunsthandwerker, die die Cotswolds zu ih-rer Heimat erkoren. Die *Arts-and-Crafts*-Bewegung von William Morris und den Präraffaeliten hat hier ihre Wurzeln und in vielen der Ortschaften gibt es zahlrei-che Galerien, Workshops und Antiquitätenläden. Der Charme der Region zieht seit Jahren viele Londoner ins Grüne, die sich hier gern Wochenend- und Ferienhäuser leisten. Berühmtheiten wie Elizabeth Hurley und Kate Winslet gehören zu den illustren Bewohnern der Cotswolds. Auch Filmemacher werden angelockt, so dien-te etwa das für seine Lavendelfelder berühmte Dörfchen Snowshill bei Broadway im „Tagebuch der Bridget Jones" als Wohnort ihrer Eltern. Auch die Biofarm von Prinz Charles, „Highgrove", liegt in den südlichen Cotswolds, nicht weit von Bath und Badminton entfernt, dem Sitz des Herzogs von Beaufort und der Beaufort-Jagd, an der Charles und seine Söhne regelmäßig teilnehmen. Neben idyllischen Dörfern und Marktflecken kann man in den Cotswolds römische Ruinen, prächtige Landsitze oder farbenfrohe Gärten besuchen. Wenn Sie die Cotswolds mit dem Au-to kennenlernen möchten, folgen Sie am einfachsten der „Romantic Road", die in Cheltenham beginnt und durch die bekanntesten Bilderbuchortschaften führt.

Broadway

Broadway ist wohl das bekannteste der Cotswoldsdörfer, weshalb sich im Sommer Scharen von Touristen hier tummeln, um den Liebreiz zu genießen und durch die zahlreichen Antiquitätenläden zu stöbern. Ein Hotelier hatte diesen Trend begrün-det, als er Anfang des 20. Jahrhunderts das Gasthaus „Lygon Arms" in ein Luxusho-tel verwandelte, für dessen Ausstattung er alte Möbel in seiner Tischlerwerkstatt aufpolierte. Der Ort besteht aus einer langen und breiten High Street, die ihm den

Mittelengland Karte S. 504/505

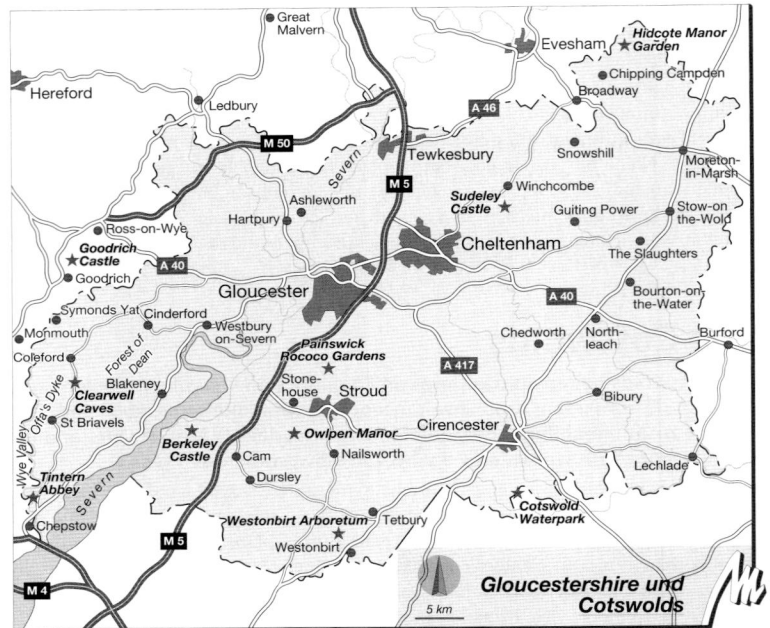

Great
Malvern
Hidcote Manor
Garden
Evesham
Chipping Campden
Hereford
Ledbury
Broadway
A 46
Tewkesbury
Snowshill
Moreton-
in-Marsh
M 50
Severn
M 5
Sudeley
Castle
Winchcombe
Ashleworth
Guiting Power
Stow-on-
the-Wold
Hartpury
Cheltenham
The Slaughters
Goodrich
Castle
A 40
Ross-on-Wye
Bourton-on-
the-Water
Goodrich
Gloucester
A 40
Symonds Yat
Cinderford
Chedworth
North-
leach
Burford
Monmouth
Westbury-
on-Severn
Painswick
Rococo Gardens
A 417
Coleford
Forest of Dean
Stone-
house
Stroud
Blakeney
Clearwell
Caves
Bibury
St Briavels
Berkeley
Castle
Owlpen Manor
Cirencester
Lechlade
Tintern
Abbey
Cam
Nailsworth
Severn
Dursley
Cotswold
Waterpark
Chepstow
Westonbirt Arboretum
Tetbury
M 5
Westonbirt
M 4
Gloucestershire und
Cotswolds
5 km

Namen gibt. Über der Stadt erhebt sich der Fish Hill, wo Mönche einst ihren Fisch gelagert haben sollen, und auf dem seit dem 18. Jahrhundert der *Broadway Tower* thront, eine gotische „Folly" oder Verrücktheit auf 312 Metern Höhe, in der sich eine Ausstellung zu William Morris befindet. Der hatte die letzten 25 Jahre seines Lebens in den Südcotswolds im *Kelmscott Manor* verbracht, das zu besichtigen ist. Von der Arts-&-Crafts-Bewegung (→ Kasten) stark beeinflusst, entwarf später Sir Gordon Russell Möbel, die 200 Handwerker hier in Broadway für ihn fertigten. Viele der Zeichnungen, Fotos, Möbel und Filmausschnitte sind im *Gordon Russell Museum*, seiner ehemaligen Werkstatt, zu sehen.

● *Information* **Tourist Information Centre**, 1 Cotswold Court, Broadway, Worcestershire WR12 7AA, ✆ 01386/852937; www.broadway-cotswolds.co.uk oder www.cotswolds.info/places/broadway.shtml. Ausgezeichnete generelle Informationen zu den Cotswolds bietet die Webseite www.cotswolds.com.

● *Öffnungszeiten* **Broadway Tower**: tgl. 10.30–17 Uhr (je nach Wetter). £ 4.50, erm. £ 4, Kinder £ 2.50, Familien £ 12. ✆ 01386/852390; www.broadwaytower.co.uk.

Kelmscott Manor House: April bis Okt. Mi u. Sa 11–17 Uhr. £ 9, erm. £ 4.50, nur Garten £ 2.50. ✆ 01367/252486; www.kelmscott manor.org.uk. Anfahrt: Von Lechlade auf

der A 417 Richtung Faringdon, beim Trout Pub links abbiegen und den Schildern folgen.

Gordon Russell Museum: März–Okt. Di–So 11–17 Uhr, Nov.–Febr. bis 16 Uhr. £ 3.50, erm. £ 3, Kinder £ 1. 15 Russell Square, WR12 7AP, ✆ 01386/854695; www.gordonrussellmuseum.org.

● *Übernachten* **★★★★ The Barceló Lygon Arms**, (sprich Liggon) die beste Adresse vor Ort und vielleicht in den Cotswolds, 78 Zimmer und 7 Suites, neu renoviert, mitten im Zentrum des Ortes, mit guter Küche und einem umfangreichen Wellnessprogramm. Ab £ 99 in der Nachsaison. High Street,

WR12 7DU, ℡ 01386/852255, ✉ 01386/858611, www.barcelohotels.co.uk.
Cowley House, Bauernhaus aus dem 18. Jahrhundert, das im Tudorstil eingerich-

tet ist, sehr ruhig neben einem ehemaligen Kloster. B & B im EZ £ 45–60, DZ £ 58–95. Church Street, WR12 7AE, ℡ 01386/858148, www.cowleyhouse-broadway.co.uk.

William Morris und die Präraffaeliten

Was uns heute als modernes Design und zeitgemäßes Formgefühl vorkommt, hat seine Wurzeln in einer Bewegung, die in England unter dem Begriff „Arts and Crafts" bekannt ist und Ende des 19. Jahrhunderts durch eine Generation von Künstlern angestoßen wurde, die sich „Präraffaeliten" nannten. Damit beschworen sie das mittelalterliche Idealbild, dass jeder Künstler ein Handwerker und jeder Handwerker ein Künstler sein solle. Sie waren Humanisten und Sozialisten und wollten die Schönheit des Lebens bewahren in einer Zeit, in der die fortschreitende Industrialisierung dem Menschen die Freude und Identifikation mit seiner Arbeit zu rauben und sein Umfeld mit billiger Massenware zu überschwemmen drohte. Zur „Firma" gehörten Künstler wie Dante Gabriel Rosetti oder Edward Burne-Jones und eben William Morris. Kreativ, wie sie waren, lebten, liebten und litten sie zusammen. Rosettis Frau Elizabeth Siddal beging Selbstmord, während dieser ein Verhältnis mit Morris' Gattin Jane unterhielt, wobei sich Morris wiederum bis über beide Ohren in Georgiana verliebte, die die Angetraute seines Freundes Burne-Jones war. Trotz des emotionalen Tohuwabohus schrieben sie Gedichte, bauten Möbel, entwarfen Häuser, Einrichtungen, Tapetenmuster und Buntglasfenster. Seine Philosophie fasste William Morris in einem einzigen Leitsatz zusammen: „Have nothing in your houses that you do not know to be useful or believe to be beautiful" („Habt nichts in Euren Häusern, was Ihr nicht für nützlich oder für schön erachtet").

Moreton-in-Marsh und Snowshill

Der Marktflecken Moreton liegt an der Schneise, die das Schmelzwasser der Gletscher vor rund 12000 Jahren durch die Cotswolds gezogen hat, und die heute das Evenlodetal bildet. Der hübsche Ort wurde geprägt von der Mitford-Familie, die uns u. a. das *Arboretum* im nahegelegenen Batsford hinterlassen haben. Der *Curfew Tower* an der Ecke High Street und Oxford Street besitzt noch seine originalen Glocken, die von 1633 bis 1860 die Sperrstunde läuteten. Einer der beliebtesten Straßenmärkte der Cotswolds findet hier jeden Dienstag statt. Ein Stück westlich von Moreton liegt das Dorf Snowshill mit seinen *Lavendelfarmen*, das Bridget Jones berühmt gemacht hat. Das Snowshill Manor gehörte einst einem exzentrischen Sammler, Charles Paget Wade, und ist bis heute vollgestopft mit 22.000 Memorabilia, die er zu Lebzeiten aus aller Welt zusammengetragen hat, etwa 26 Samurai-Rüstungen aus Seide, Metall, Bärenhaut und Menschenhaar, Sänften, Fahrrädern, Uhren und Wandteppichen. Hübsch ist auch der charmante Garten im Arts-&-Crafts-Stil. Opernfans sollten unbedingt auf dem *Longborough-Landsitz* vorbei schauen, wo im Sommer ein *Opernfestival* nach dem Vorbild von Glyndebourne stattfindet.

Mittelengland
Karte S. 504/505

● *Informationen* **Moreton Area Centre**, Touristeninformation und Bürgerberatung. High Street, GL56 0AZ, ℡ 01608/650881;

moreton@cotswold.gov.uk. **Batsford Arboretum**: Febr.–Nov. tgl. 9–18 Uhr, letzter Einlass 16.45 Uhr, Dez.–Jan. tgl. 9–16 Uhr,

letzter Einlass 15 Uhr. £ 6.50, erm. £ 5.50, Kinder £ 2.50, Familien £ 15.50. Batsford Park, Moreton-in-Marsh, GL56 9QB, ✆ 01386/701441; www.batsarb.co.uk.
Snowshill Lavender Farm: Mai–Aug. tgl. 10–17 Uhr, Sept. bis Weihnachten Mi–So 10–17 Uhr. £ 2.50, erm. £ 1.50. Hill Barn Farm, Snowshill, WR12 7JY, ✆ 01386/854821; www.snowshill-lavender.co.uk.
Snowshill Manor: Mitte März bis Okt. Mi–So 12–17 Uhr, Garten 11–17.30 Uhr. £ 8.10, erm. £ 4.10, Familien £ 20.70 (NT). Snowshill WR12 7JU. ✆ 01386/852410.
Longborough Festival Opera: 480 Plätze hat das Opernhaus auf dem Gelände des Landsitzes, knapp 70 Musiker passen in den Orchestergraben. Dargeboten werden Klassiker wie Wagners Walküre oder Puccinis Madame Butterfly. Tickets kosten £ 35–145. Wie in Glyndebourne gibt es eine lange Dinner/Picknick-Pause. GL56 0QR, ✆ 01451/830292; www.lfo.org.uk.

● *Übernachten* **The Redesdale Arms**, 24 neu dekorierte Zimmer in traditionellem Pub mit 3-Sterne-Komfort. Gemütliche Bar und Lounge. EZ £ 79.95, DZ £ 85–99, High Street, GL56 0AW, ✆ 01608/650308; www.redesdalearms.com.

The Slaughters

Upper und Lower Slaughters haben nichts mit Schlachterei oder Gemeuchel zu tun, sondern zählen zu den idyllischsten Dörfern der Cotswolds. Der Name stammt aus dem Altsächsischen und bedeutet soviel wie Platz des Schlehdorns. Zu Fuß sind die Slaughters eine Stunde vom Konkurrenten um das schönste Dorf Bourton-on-the-Water entfernt, der Fußweg folgt der alten Römerstraße Fosse-Weg. Stärken können Sie sich im Old Mill Tea Shop, wo es auch hausgemachtes Bio-Eis gibt (tgl. 10–18 Uhr, www.oldmill-lowerslaughter.com).

Chipping Campden

Mal ist der Sandstein der Cotswolds cremefarben, hier ist er eher grau. Das Marktstädtchen ist typisch, auch weil sich die Wollhändler hier nicht nur respektable Häuser bauten, sondern ihren Reichtum in die Verschönerung der Gemeindekirche investierten. Chipping Campden hat wahrscheinlich die imposanteste von allen. St James' Church erstrahlt in perfekter Gotik und birgt kuriose Überraschungen im Innern. Das Grevel Messing erinnert an William Grevel und seine Frau; Grevel verstarb 1401 und soll Vorbild für den Kaufmann in Chaucers Canterbury Geschichten gewesen sein. Sein Haus steht in der High Street gegenüber der ebenfalls sechshundert Jahre alten Woolstapler's Hall, in der sich die Tuchhändler trafen. Mrs. Grevels Kleid wird noch deutlich erkennbar von mehr als 80 Knöpfen zusammengehalten, die alle individuell gearbeitet sind. In der Südkapelle findet man die Grablege von Sir Baptist und Elizabeth Hicks. Sie waren ebenfalls Wollhändler und so reich, dass sie König Jakob I. regelmäßig Geld leihen konnten. Sie investierten auch in den Bau der Almshouses für Bedürftige bei der Kirche, die bis heute von 12 Rentnern des Ortes bewohnt werden, und ließen 1627 die Markthalle auf der High Street errichten. In der Sheep Street befindet sich die 300 Jahre alte *Silk Mill*, das ehemalige Studio des William-Morris-Jüngers Edward Ashbee. Im Erdgeschoss finden mittlerweile Wechselausstellungen zeitgenössischer Künstler der Region statt, im ersten Stock kreieren Hart Gold & Silversmiths seit 1902 Schmuck. Wer sich für die Guild of Handicrafts interessiert, kann seit Sommer 2007 das *Museum* besuchen, das in einer modernisierten Scheune neben der Kirche untergebracht ist. Naturfreunde finden in Leysbourne (Verlängerung der High Street) den *Ernest „Chinese" Wilson Memorial Garden* (ganzjährig geöffnet, Eintritt frei), der dem Sohn des Ortes und einem der bedeutendsten Pflanzensammler des Landes gewidmet ist.

Apropos Naturfreunde: In Chipping Campden beginnt auch der *Cotswold Way*, ein 165 Kilometer langer Fernwanderweg nach Bath.

• *Information* **Tourist Information Centre**, Old Police Station, High Street, Chipping Campden, Gloucestershire GL55 6HB, ✆ 01386/841206, 📠 841681; info@chippingcampdenonline.org; www.chippingcampdenonline.org. **Old Silk Mill**: The Gallery@The Guild. Tgl. 10–17 Uhr. Eintritt frei. Sheep Street, GL55 6DS, ✆ 07870/417144; www.thegalleryattheguild.co.uk.

Court Barn Museum: April–Sept. Di–Sa 10.30–17.30 Uhr, So ab 11.30 Uhr. Okt.–März Di–Sa 11–16 Uhr, So ab 11.30 Uhr. £ 3.75, erm. £ 3. Church Street, ✆ 01386/841951; www.courtbarn.org.uk.

• *Fahrradverleih* **Cotswolds Country Cycles**, £ 15/Tag, organisierte Fahrradausflüge ab £ 205. Longlands Farm Cottage, GL55 6LJ, ✆ 01386/438706; www.cotswoldscountrycycles.com.

• *Übernachten/Essen/Trinken* **** **Cotswold House Hotel & Spa**, exklusives Hotel mit elegantem Treppenhaus, in den Zimmern wartet stimmungsvolle Beleuchtung und Fußbodenheizung, vor dem Dinner gibt es Kanapees. Neuer Wellnessbereich (Temple Spa), formelles Gartenrestaurant und legeres Bistro. Auch Cottages zu mieten. Ab £ 190. The Square, GL55 6AN,

✆ 01386/840330, 📠 01386/840310, www.cotswoldhouse.com.

Taplins, B & B in modernem Haus aus Cotswoldstein. Den Besitzern Rachel und Tim Hall gehört die Stuart House Antique Shop im Ort, aus dem so manches Möbelstück und Accessoire stammt. EZ ab £ 50, DZ ab £ 60. 5 Aston Road, GL55 6HR, ✆ 01386/840927, www.cotswoldstay.co.uk.

Eight Bells Inn, im 14. Jahrhundert gebaut für die Steinmetzen der Kirche, hier wurden die Glocken gelagert, daher der Name. Vom Biergarten aus hat man einen Blick auf das Gotteshaus. Dinner im Kerzenschein und bei offenem Kamin. EZ ab £ 70, DZ ab £ 100, Familienzimmer für 4 £ 165. Church Street, GL55 6JG, ✆ 01386/840371, 📠 01386/841669, www.eightbellsinn.co.uk.

Michael's Mediterranean Restaurant, Zypriotische Küche im Woolmarket House, Spezialität ist das Marathona-Filetsteak. High Street, GL55 6AG, ✆ 01386/840826; www.michaelsmediterranean.co.uk.

Badgers Hall, traditioneller Tearoom in liebevoll restauriertem Häuschen aus dem 15. Jahrhundert. Auch Lunch und B & B. High Street, GL55 6HB, ✆ 01386/840839; www.badgershall.co.uk.

Die Olimpicks der Cotswolds

Welly-Wanging (Gummistiefel-Schleudern), Shin-Kicking (Schienbein-Treten mit eisenverstärkten Schuhspitzen), Sack Races (Sackrennen) und Climbing a slippery Pole (einen rutschigen Mast erklimmen) heißen die absurdesten Disziplinen, in denen die Teilnehmer der Olympischen Spiele der Cotswolds gegeneinander antreten. Im Jahre 1612 hat ein Rechtsanwalt namens Robert Dover aus Chipping Campden dieses unterhaltsame Spektakel gegründet, und fast dreihundert Jahre lang erfreuten sich die Wettbewerbe bei Einheimischen und extra Angereisten so großer Beliebtheit, dass es zwischen den Enthusiasten zu Ausschreitungen mit Todesopfern kam und der Wettbewerb Mitte des 19. Jahrhunderts verboten wurde. 1951 jedoch wurden die Olimpicks wiederbelebt, erstaunlicherweise mit Unterstützung der British Olympic Association, und bis heute sind viele der alten Sportarten dabei. Schauplatz ist jedes Jahr Anfang Juni Dover's Hill am westlichen Stadtrand von Chipping Campden, wo man das sportliche Wochenende bei einem feuchtfröhlichen Tanzfestival im Ort zu Ende gehen lässt. Informationen unter www.olimpickgames.co.uk.

Mittelengland
Karte S. 504/505

Hidcote Manor Garden

Knapp sieben Kilometer nordöstlich von Chipping Campden kaufte 1905 der berühmte Gartenbaukünstler Major Lawrence Johnston ein Landhaus, vor dem nichts als eine Zeder und ein paar Buchen standen. Er teilte das Gelände in Parzellen auf und schuf hinter Hecken verschiedene windgeschützte Gärten, die jeweils ein eigenes Farbspektrum bekamen. Hidcote Gardens wurden zum Paradebeispiel für den in Mode gekommenen Cottage Garden und beeinflussten in entscheidendem Maße des Gartenbaustil des 20. Jahrhunderts.

Ende März bis Juni und Sept. Sa–Mi 10–18 Uhr, Juli u. Aug. tgl. 10–18 Uhr, Nov. bis Mitte Dez. Sa–So 12–16 Uhr, Winterferien Febr./März Sa/So11–16 Uhr. Letzter Eintritt 1 Std. vor Schließung. £ 8.60, erm. £ 4.30, Familie £ 21.55 (NT). Hidcote Bartrim, GL55 6LR, ℡ 01386/438333, hidcote@nationaltrust.org.uk.

Bourton-on-the-Water und Stow-on-the-Wold

Romantisch windet sich der River Windrush durch den Ort Bourton. Fünf kleine Brücken überspannen ihn, was dem Ort den Spitznamen „Venedig der Cotswolds" beschert hat. Rechts und links säumen honigfarbene Cottages die Dorfwiese. Bourton gehört sicher zu den attraktivsten Dörfern der Region, und damit leider auch zu den überlaufensten. Für die Besucher wurden ein Miniaturdorf, ein Motormuseum und eine Parfümerie eingerichtet, in der man der Mischung von Duftwässerchen beiwohnen kann.

Etwas weniger touristisch geht es in Stow zu, dem höchsten Dorf in den Cotswolds, das zwischen Bourton und Moreton an dem alten römischen Fosse-Weg liegt.

Über fünf Brücken musst Du gehen: Bourton on the Water

Zentrum des Ortes bildet der alte Market Square, der fast wie eine italienische Piazza anmutet. Kleine Gässchen, sogenannte „Tures" zweigen vom Marktplatz ab, in denen zahlreiche Antiquitätengeschäfte zu finden sind. Wunderbar zum Bummeln und Stöbern.

• *Information* **Tourist Information Centre Bourton**: Victoria Street, Gloucestershire GL54 2BU, ✆ 01451/820211; bourtonvic@btconnect.com, www.bourtoninfo.com. **Tourist Information Centre Go-Stow**: 12 Talbot Court, Gloucestershire GL54 1BQ, ✆ 01451/870150; info@go-stow.co.uk; www.go-stow.co.uk.

• *Festival* **Football in the River Windrush**, am Bank Holiday Monday im August treten 7 Spieler pro Seite um 15 Uhr im Fluss zum „Wasserfußball" gegeneinander an.

• *Reiten* Die British Horse Society hat den **Sabrina Way** für Reiter angelegt. Er führt von Stow-on-the-Wold nach Forthampton bei Tewkesbury. **Woodlands Riding Stables**, Glebe Farm, Wood – Stanway, Winchcombe, GL54 5PG, B & B £ 35/Person, £ 25/

Kind, ✆ 01386/584404, www.woodstanway.co.uk.

• *Übernachten* **The Mousetrap Inn**, kleines Gasthaus mit 10 hübschen Zimmern und sehr neuen Betten, gutes Pubessen. DZ ab £ 50. Lansdowne, GL54 2AR, ✆ 01451/820579, www.mousetrap-inn.co.uk.

• *Jugendherberge* **YHA Stow-on-the-Wold**, in einem Haus aus dem 16. Jahrhundert, trotzdem entspannte Atmosphäre mit Kinderspielplatz und Picknicktischen im Garten. £ 14, unter 18 Jahre £ 10.50. ✆ 0845/3719540, ✆ 01451/870102, www.yha.org.uk.

• *Essen und Trinken* **The Old Butchers**, Restaurant im Bistro Stil in ehemaliger Fleischerei, das mediterrane Menü reflektiert das. Park Street, Stow-on-the-Wold, GL54 1AQ, ✆ 01451/831700; www.theoldbutchers.com.

Winchcombe

Die einstige Hauptstadt des Königreichs Mercia kann heute mit gerade mal 5.000 Einwohnern aufwarten. Hauptattraktion ist das romantische *Sudeley Castle*, einst Sommerresidenz der Tudors. Hierhin zog sich *Catherine Parr*, die letzte Gattin Heinrich VIII., nach dessen Tod zurück, nachdem sie Thomas Seymour, Lord von Sudeley geheiratet hatte. Der endete übrigens nach ihrem Tode im Tower von London auf dem Schaffott. Drinnen stehen Möbel von William Morris & Co., an den Wänden hängen Gemälde von Constable und Turner. Der größte Schatz aber ist der Queen's Garden, der eigentlich aus zehn verschiedenen Gärten, u. a. einem alten Rosengarten, besteht. Das Anwesen gehört heute dem Millionär und Partylöwen Henry Dent-Brocklehurst und seiner Mannequin-Gattin Lili Maltese, die u. a. mit der Schauspielerin Liz Hurley befreundet sind, weshalb diese hier ihre Hochzeit mit dem indischen Millionär Arun Nayar feierte.

Als einer der schönsten Spaziergänge gilt der vier Kilometer lange Wanderweg von Winchcombe über Sudeley Castle nach *Belas Knap*, der besterhaltenen neolithischen Grabkammer des Landes, wo 31 Skelette von Stammeshäuptlingen gefunden wurden.

Nahebei befinden sich auch die Ruinen der Zisterzienserabtei *Hailes Abbey*, die der Legende nach von dem in Seenot geratenen *Richard Graf von Cornwall* (Erbauer der Burg von Tintagel) 1246 zum Dank für seine Rettung gegründet worden war. Sein Bruder, König Heinrich III., gab ihm das Land und erschien zusammen mit seiner Königin Eleanor und 13 Bischöfen zur Einweihung.

• *Öffnungszeiten* **Sudeley Castle**: Ostern bis Okt., tgl. 10.30–17 Uhr. £ 7.20, erm. £ 6.20, Kinder £ 4.20, Familien £ 20.80. Info vom Band ✆ 01242/604357, Visitor Centre 01242/

604244; www.sudeleycastle.co.uk. **Belas Knap Long Barrow**: Ganzjährig geöffnet. Eintritt frei (EH). **Hailes Abbey**: April–Juni u. Sept. tgl. 10–17 Uhr, Juli/Aug. bis 18 Uhr,

Mittelengland
Karte S. 504/505

Okt. bis 16 Uhr. £ 3.80, erm. £ 3.20, Kinder £ 1.90 (EH). ✆ 01242/602398; hailesabbey@ nationaltrust.co.uk.

● *Essen und Trinken* Als eines der besten Restaurants in den Cotswolds gilt **5 North Street** in Winchcombe. Koch Marcus Ashenford hat sich bereits im Alter von 25 einen Michelinstern verdient. Hummer, Jakobsmuscheln und Wild haben ihren Preis.

Menüs um die £ 40. GL54 5LH, ✆ 01242/604566.

Juri's – The Olde Bakery Tea Shoppe, von der Tea Guild ausgezeichneter Tea Shop, der ironischerweise Japanern gehört. Do–Fr 10–17 Uhr, Sa ab 10.30 Uhr, So ab 11 Uhr. High Street, GL54 5LJ, ✆ 01242/602469; www.juris-tearoom.co.uk.

Northleach

Der wunderhübsche Marktplatz von Northleach wird von einer der schönsten Wollkirchen der Region überblickt. Reinste Hochgotik des 15. Jahrhunderts repräsentierend, enthält St Peter and St Paul eine riesige Sammlung mittelalterlicher Messingdenkmäler, die an die spendablen Wollhändler erinnern. Die High Street wird von einem interessanten Architekturmix gesäumt, darunter viele schmale Fachwerkhäuser, die die Größe der „Burgage Plots" widerspiegeln, der mittelalterlichen Ladenflächen, die für fünf Pence an Händler vermietet wurden. In der alten Schule befindet sich heute *Keith Hardings World of Mechanical Music*, eine Sammlung von Uhren und mechanischen Instrumenten aus ganz Europa. Kinder und Sammler sollten sich am Marktplatz das Doll's House nicht entgehen lassen, 1971 als Englands erstes sich nur Puppen widmendes Geschäft gegründet. Durst (und Hunger) kann man wunderbar im Wheatsheaf Inn aus dem 17. Jahrhundert löschen. Im alten Gefängnis am westlichen Ende des Ortes befindet sich eine Ausstellung zum bäuerlichen Leben in der Region (nur von April bis Nov., zugänglich über Blades Coffeeshop, Infos über museums@cotswold.gov.uk) sowie der historische Gerichtssaal mit stylische Café (Blades Bistro/Café).

● *Öffnungszeiten* **Keith Harding's World of Mechanical Music**: tgl. 10–17 Uhr. £ 8, erm. £ 7, Kinder £ 3.50, Familien £ 19 (beinhaltet Führung). High Street, GL54 3ET, ✆ 01451/860181; www.mechanicalmusic.co.uk.

● *Sonstiges* **Coln Valley Smokery**, geräucherter Lachs, Forellen und mehr, Far Peak, GL54 3JL, ✆ 01285/740311: www.colnvalley.co.uk,

Bibury

William Morris pries diesen Ort als „the most beautiful village in England", und *Arlington Row* – eine Reihenhaussiedlung von urigen Webercottages – gehört zu einer der meistfotografierten Straßen im Land, die auch zahlreiche Kalender und Postkarten schmückt. Die Katen stammen aus dem 14. Jahrhundert (als sie Klosterscheunen waren), wurden im 17. Jahrhundert in Weberhäuser umgestaltet und sind bis heute bewohnt. Neben der ehem. Mühle ist eine *Forellenfarm* mit leckerem Verkaufsstand, wo seit 1902 jedes Jahr zehn Millionen Regenbogenforellen gezüchtet werden. Das *Swan Hotel* gegenüber ist eine sehr elegante Adresse, um seinen Afternoon Tea einzunehmen, zu dinieren oder gar zu wohnen. Die Church of St Mary die Straße hoch stammt aus angelsächsischer Zeit.

● *Informationen* Bibury hat eine Webseite: www.bibury.com. **Bibury Trout Farm**: Ganzjährig geöffnet, März bis Okt. 9–18 Uhr, So ab 10 Uhr, sonst 10–16 Uhr. £ 3.75, erm. £ 3.25, Kinder £ 2.75. ✆ 01285/740215; www.biburytroutfarm.co.uk.

● *Übernachten* **Swan Hotel**, 18 Zimmer in ehemaligem Coaching Inn aus dem 17. Jahrhundert. £ 160–325/Zimmer. GL7 5NW, ✆ 01285/740695, ✉ 01285/740473, www.cotswold-inns-hotels.co.uk.

Cirencester

Einst hieß der Ort Corinium und war Englands zweitgrößte römische Stadt nach London mit einem der größten *Amphitheater*, das inzwischen grasüberwachsen, aber in seinen Umrissen noch immer zu bestaunen ist. Die Sachsen zerstörten Cirencester im 6. Jahrhundert, doch erschuf sich der Ort als wichtigste Wollstadt der Region im Mittelalter neu. Heute nennt er sich gerne „Hauptstadt der Cotswolds" und versprüht auch eher städtisches denn dörfliches Flair.

Es lohnt der Besuch der Kirche *St John the Baptist*, die groß wie eine Kathedrale daherkommt und von außen durch ihren hohen gotischen Turm auffällt. Der Eingang ist ungewöhnlich, da dreigeschossig. Er wurde im 15. Jahrhundert als Büro für die Äbte eines lange verschwundenen Klosters gebaut und diente nach der Reformation als Rathaus. Innen enthält St John im Ostfenster wertvolles mittelalterliches Buntglas, viele Messingdenkmäler von bedeutenden Wollhändlern und den Boleyn Cup, einen kostbaren Becher, der 1535 eigens für das zweite Weib Heinrichs VIII. geschaffen wurde.

Sehenswert ist auch das *Corinium Museum*, das einen Streifzug durch die Geschichte Cirencesters mit Schwerpunkt auf die Römerzeit bietet. Man kann Rekonstruktionen einer römischen Villa und die Baracken römischer Soldaten besuchen und bekommt Mosaike und andere Funde gezeigt.

Für einen Spaziergang bietet sich der *Cirencester Park* an, ein von Graf Bathurst und seinem Freund Alexander Pope am Anfang des 18. Jahrhunderts geometrisch angelegter Landschaftspark (8 x 4,5 km). Er hat ein Freibad, das aus einer lokalen Quelle gespeist wird, und während der Saison wird hier sonntags Polo gespielt. Mitunter sitzen dann auch die Prinzen William und Harry im Sattel. Wenig verwunderlich, dass Cirencester als „posh" gilt, ein Ort wo Geld und Ruhm zu Hause sind. Prinz Charles' Biofarm in Highgrove bei Tetbury ist schließlich nur 15 Minuten entfernt.

● *Information* **Tourist Information Centre**, Corinium Museum, Park Street, Cirencester, Gloucestershire GL7 2BX, ✆ 01285/654180; cirencestervic@cotswold.gov.uk. www.cirencester.co.uk.

● *Öffnungszeiten* **Corinium Museum**: Mo–Sa 10–17 Uhr, So 14–17 Uhr. Eintritt: £ 4.50, erm. £ 3.75, Kinder £ 2.25. Park Street, GL7 2BX, ✆ 01285/655611, www.corinium museum.co.uk und www.cirencester.co. uk/coriniummuseum.

Amphitheater: Ganzjährig geöffnet. Eintritt frei (EH).

St John the Baptist: tgl., So nur nachmittags. Eintritt frei. ✆ 01285/659317.

Cirencester Park: tgl. von Sonnenaufgang bis -untergang. Eintritt frei. Infos zum Polo: ✆ 01285/653225.

Open-Air-Swimmingpool: Mitte Mai bis Aug. tgl. 9.30–18.30 Uhr. £ 3.80, erm. £ 2. ✆ 01285/653947; www.cirenopenair.co.uk.

Kultur: Brewery Arts Centre, Mo–Sa 9–17, So 10–16 Uhr. Cirencesters Zentrum für zeitgenössische bildende und darstellende Künste. Auch Kurse und Café mit Livemusik. Brewery Court, GL7 1HJ, ✆ 01285/657181; www.newbreweryarts.org.uk.

Markt: 1. u. 3. Sa des Monats in der Corn Hall, Market Place. 10–16.30 Uhr.

● *Übernachten* **The Greensleeves**, gepflegtes B & B zwischen Cheltenham Spa und Cirencester. EZ ab £ 45, DZ ab £ 65. Baunton Lane, Stratton, GL7 2LN, ✆ 01285/642516, www.greensleeves4u.co.uk.

● *Camping* **Mayfield Park**, mittelgroßer Camping- und Caravanpark mit 80 Stellplätzen auf der Straße nach Cheltenham. Ganzjährig geöffnet. Zeltplatz £ 11–20, in der Hauptsaison 3 Nächte Minimum. Cheltenham Road, Perrotts Brook, GL7 7BH, ✆ 01285/831301, www.mayfieldpark.co.uk.

Abbey Home Farm, ein ganz schlichter Campingplatz auf einer Biofarm mit Bioladen und Biotoilette. 18 Leute passen auch in die vier neuen Rundzelte (yurts) des Ecocamps und man kann ein Holiday-cottage mieten. Zelt £ 4 pro Person, Kinder £ 1. Burford Road, ✆ 01285/640441 (Shop) oder 652808 (Camping), ✆ 01285/644827, www.theorganicfarmshop.co.uk.

● *Essen und Trinken* **Harry Hares**, Brasserie gegenüber der Kirche mit Garten und Kamin. Hier lunchen Ladies. 3 Gosditch Street, GL7 2AG, ✆ 01285/652375; www.harryhares.co.uk.

Keith's Coffee Shop, mehr Delikatessenladen als Café (im hinteren Teil), wenns voll ist weiche man in den hübschen kleinen Garten aus. Blackjack Street, GL7 2AA, ✆ 01285/823040.

Cheltenham

Die Stadt wurde 1716 als Kurort gegründet, nachdem eine Quelle entdeckt worden war, der heilende Eigenschaften nachgesagt wurden. Cheltenham erhielt später die Stellung des königlichen Hoflieferanten, da Georg III. von dem Wasser getrunken hatte. Von da an strömten Adlige und königliche Besucher hierher. Charles Dickens schrieb ein Jahrhundert später, er habe selten einen Ort gesehen, der so nach seinem Geschmack sei. Das Erbe dieser Blütezeit ist in der Regency-Architektur mit über 2.000 denkmalgeschützten Häusern zu bewundern, von denen viele entlang der Promenade zu finden sind, die Sie einmal bis zum Neptune's Brunnen hinunterbummeln sollten, der dem Trevi-Brunnen von Rom nachempfunden ist. Nach dem Ersten Weltkrieg kamen viele pensionierte Oberste aus dem gesamten Britischen Empire nach Cheltenham, wovon bis heute zahlreiche gute indische Restaurants und Kunstschätze im Museum zeugen. Militärisch spielt die Stadt bis heute eine kleine Rolle, befindet sich hier doch die elektronische Schaltstelle des britischen Geheimdienstes. Der Firmensitz ist ein 337 Millionen Pfund teurer, kreisrunder Neubau mit einem Loch in der Mitte. Es braucht keinen Codebrecher, um den Spitznamen des Dienstes zu erklären, der „Doughnut" lautet. Einen modernen Anbau erhielt auch das altehrwürdige Cheltenham Ladies' College, eine der Top Privatschulen des Landes. Nach Cheltenham locken aber vor allem die vielen Festivals (klassische Musik im Juli, Jazz im April, Literatur im Oktober) und natürlich die *Pferderennbahn*, die Heimat des National Hunt und führender Austragungsort für Hindernisrennen ist. Eines der schönsten Gebäude befindet sich gleich um die Ecke. Den Besuch der klassischen Trinkhalle, des *Pittville Pump Room*, sollte man unbedingt mit einem Spaziergang im *Pitville Park* mit seinem Ziersee und den verschwenderischen Blumenanlagen verbinden.

Ein paar Kilometer auf der A 429 Richtung Südosten nach Yanworth liegt mit *Chedworth* eine der besterhaltenen römischen Villen des Landes.

● *Information* **Tourist Information Centre**, 77 The Promenade, Cheltenham, Gloucestershire GL50 1PJ, ✆ 01242/522878, ✆ 01242/25 5848; info@cheltenham.gov.uk, www.visitcheltenham.com Stadtführungen 90 Minuten, April–Okt. Sa 11.30 Uhr, Juli/Aug. auch So, Preis: £ 4.

● *Öffnungszeiten* **Pittville Pump Room**, nicht zu besichtigen während Veranstaltungen, sonst tgl. außer Di, Mai bis Sept. 10–16 Uhr, Okt. bis April 11–16 Uhr. Eintritt frei. ✆ 01242/523852; www.pittvillepumproom.org.uk.

Chedworth Roman Villa, April bis Okt. Di–So 10–17 Uhr, März u. Nov. bis 16 Uhr. Eintritt: £ 6.30, erm. £ 3.60, Familien £ 16.20 (NT). ✆ 01242/890256; www.chedworthromanvilla.com.

● *Sport/Kultur* **Cheltenham Racecourse**: 16 Rennen von Okt. bis April, kostenlose Führungen, Infos unter ✆ 01242/513014, Kartenverkauf: ✆ 0844/5793003, www.cheltenham.co.uk.

Cheltenham Art Gallery & Museum, zeigt u. a. eine Sammlung von Arts-&-Crafts-Objekten. Es gibt auch eine Ausstellung über den Polarforscher Edward Wilson, der aus Cheltenham stammt. April–Okt. tgl. 10–17 Uhr, im Winter bis 16 Uhr. 1. Do des Monats ab 11 Uhr, 3. Do des Monats bis 20 Uhr. Eintritt frei. Clarence Street, ✆ 01242/237431; www.cheltenhammuseum.org.uk.

Die englische Variante des Rattenfängers von Hameln? (rn)

▲▲ Der historische Leuchtturm von Harwich (bv)
▲ Cambridge: seit mehr als 700 Jahren
Universitätsstadt (vb)

▲▲ Die Kathedrale von Norwich hat den
zweithöchsten Kirchturm Englands (vb)

So wohnten die Weber der Cotswolds: Bibury (bv) ▲▲
Die Burg von Warwick beherbergt heute einen Erlebnispark (vb) ▲

▲▲ Autobahn des 18. Jahrhunderts: der Worcester-Birmingham-Kanal (dm)

▲ In Nottingham will jeder Robin Hood nacheifern (bv)

Parabola Arts Centre, im Cheltenham Ladie's College. Hier wird Theater gespielt, Kunst ausgestellt und Musik dargeboten. Parabola Road, GL50 3AA, ✆ 01242/707338, www.parabolaartscentre.co.uk.

• *Übernachten* ***** **Thirty Two**, Boutique-Hotel in einem Regency-Reihenhaus mit Blick über die Imperial Gardens. Warme Farben, klare Linien, eine gelungene Mischung aus Moderne und Tradition. Die Suite hat eine Kupferbadewanne im Zimmer. EZ £ 155–280, DZ £ 170–295, Wochenendspecials. 32 Imperial Square, GL50 1QZ, ✆ 01242/771110, www.thirtytwoltd.com.

**** **Cheltenham and Gloucester Chase Hotel**, großes Haus der beliebten Q-Hotelkette mit Spa, DZ ab £ 84 (ohne Frühstück). £ 99 pro Person Frühstück, Dinner und 30-minütige Wellness-Behandlung. Shurdington Road, Brockworth, GL3 4PB, ✆ 01452/519988; Buchungshotline: 0845/0345777, ✆ 519977; ww.qhotels.co.uk.

Central Hotel, teure Boutique-Hotels und Pensionen gibt es in Cheltenham zu Hauf, dies hier ist eine sehr einfache, aber günstige Alternative im Stadtzentrum. Familiengeführt, 20 individuell gestaltete Zimmer, Küchennutzung. EZ ab £ 32, DZ ab £ 55. Auch Apartments ab £ 49 und Studios. 7–9 Portland Street, GL52 2NZ, ✆ 01242/582172, ✆ 01242/524789; www.centralhotelcheltenham.co.uk.

• *Jugendherberge* **YMCA**, in einem eleganten, aber verfallenen Gebäude nahe dem Zentrum, saubere Betten. B & B ab £ 14 im Dormitory, £ 19 im EZ. 6 Vittoria Walk, GL50 1TP, ✆ 01242/524024, ✆ 01242/232635, http://cheltenhamymca.com.

• *Essen und Trinken* **The Daffodil**, Restaurant und Bar in einem alten Art-déco-Kino. Feine Küche zu vernünftigen Preisen; bis 19.30 Uhr kostet jedes Hauptgericht (wie Kalbsleber oder Entenkeule) mit einem Glas Wein £ 10. Montags abends Live-Jazz. Mo–Sa 12–14 Uhr u. Mo–Fr 18.30–22 Uhr, Sa 18–22.30 Uhr. 18–20 Suffolk Parade, Stadtteil Montpellier, GL50 2AE, ✆ 01242/700055, ✆ 700088; www.thedaffodil.com.

Painswick und Rococo Gardens

Die „Königin der Cotswolds" liegt im Painswick-Tal und besteht aus einem Netzwerk kleiner Gassen, die sich um die Kirche herumwinden. Der Friedhof ist berühmt für seine 99 Eibenbäume, und die Legende will es, dass – sollte je ein hundertster gepflanzt werden – der Teufel höchstpersönlich erscheine, um ihn verwelken zu lassen.

Auf der Gloucesterroad kommt man nach ungefähr einem Kilometer zum *Rococo Garden*, der in den 1980er-Jahren nach einem Gemälde von 1748 originalgetreu restauriert wurde und neben der formellen Gartenanlage auch einen schönen Waldwanderweg bietet. Im angrenzenden Kutschenhaus ist ein Restaurant untergebracht.

Jan. bis Ende Okt. tgl. 11–17 Uhr. £ 6, erm. £ 5, Kinder £ 3, Familien £ 15. ✆ 01452/813204, www.rococogarden.org.uk.

Owlpen Manor

Am äußersten westlichen Rand der Cotswolds liegt einen knappen Kilometer östlich des Ortes Uley ein Landsitz aus dem 15. Jahrhundert, der einen der Geheimtipps der Cotswolds darstellt. Nachdem Owlpen Manor hundert Jahre im Dornröschenschlaf verbracht hatte, wurde das Anwesen 1926 liebevoll wiederhergerichtet. Eingebettet in terrassenförmige Gärten des 16. und 17. Jahrhunderts sind die große Tudorhalle, die Schlafzimmer voller Wandgehänge und antiker Möbel sowie die obligatorischen Arts-and-Crafts-Objekte und Einrichtungen sehenswert. Bei diesem romantischen Kleinod kann man auf dem Gelände auch in einigen Period Cottages oder einer alten Mühle wohnen.

• *Öffnungszeiten* Zur Zeit der Recherche wegen Renovierung geschl., Zeiten und Preise bitte der Webseite entnehmen.

Dursley, Uley am Ende der Fiery Lane, GL11 5BZ, ✆ 01453/860261, ✆ 01453/860819, www.owlpen.com.

Mittelengland
Karte S. 504/505

• *Übernachten* Die **Cottages** werden vom National Trust bewirtschaftet und bieten Unterkunft für zwei bis acht Personen. Sie sind sorgfältig restauriert worden und denkmalgeschützt. Preise: zwischen £ 310/ Woche für das kleinste Cottage (2 Pers., Nebensaison) und £ 180/Person in der Mühle (8 Pers., Hauptsaison). ✆ 01453/860261.

Stroud

Der Designer Jasper Conran beschrieb Stroud einmal als „das Covent Garden der Cotswolds", und das stolze Marktstädtchen ist tatsächlich für seine steilen Einkaufsstraßen mit Designerboutiquen und Galerien sowie für seine Kaffeehauskultur bekannt. Der Ort war eine der Geburtsstätten der „Organic Food"-Bewegung, Vorkämpfer für Biowaren. Der samstägliche Farmer's Market gilt als einer der besten des Landes. Stroudies sind Bohemians im Herzen, weshalb sich in und um den Ort einige bekannte Künstler angesiedelt haben. Der berühmteste von ihnen dürfte Damien Hirst sein, bestverdienender „Junger Wilder" der zeitgenössischen englischen Kunstszene, der in Chalford ein Studio hat. Die dramatische Landschaft um Stroud wird sehr präzise in der autobiographischen Trilogie „Cider With Rosie" des Heimatdichters Laurie Lee beschrieben, deren erster Teil von dessen Kindheit in den 1920er-Jahren erzählt. Fünf Täler umgeben Stroud, durch die sich fünf Flüsse zum Severn schlängeln, an denen im Mittelalter Wassermühlen standen. Im 18. und 19. Jahrhundert wurden hier in einem der wichtigsten Zentren für die Cotswold-Tuchproduktion vorwiegend die roten Stoffe für die Armeeuniformen hergestellt, deren Farbe bis heute „Stroudwater Scarlet" heißt. Inzwischen werden allerdings nur noch grüne Stoffe für die Bespannung von Snooker-Tischen fabriziert.

• *Information* **Tourist Information Centre**, Subscription Rooms, George Street, Gloucestershire, GL5 1AE, ✆ 01453/760960; tic@ stroud.gov.uk. www.stroud.gov.uk.
• *Cafés* **Woodruffs**, erstes Biocafé Großbritanniens, Mo–Sa 8.30–17 Uhr, 24 The High Street, GL5 1AJ. ✆ 01453/759195; www.wood ruffsorganiccafe.co.uk. **Mill's Café**, Withy's Yard, High Street, GL5 1AS, ✆ 01453/759880. **Angel Café Bar**, Süßes und Bio-Tapas, Do– So 10–16 Uhr, So–Sa auch abends, 12 Union Street, GL5 2HE, ✆ 01453/767123.
• *Kino* **Apollo**, Merrywalks Shopping Centre, ✆ 0871/2206000, www.apollocinemas.com.
• *Übernachten* ***** The Bear of Rodborough Hotel**, in Arts-&-Crafts-Stil umgebautes steinernes Postkutscheninn über der Stadt. Urig, aber komfortabel. B & B ab £ 56/Person. Rodborough Common, GL5 5DE, ✆ 01483/776344; Reservierung: 0845/ 0707090, ✉ 730202, www.classicbritishhotels.com.

Tetbury

Ein weiters typisches Cotswold-Dorf, das seine Existenz der Wollindustrie und seine Schönheit dem Cotswold-Stein verdankt, ist Tetbury. Im 18. Jahrhundert war der Ort das Zentrum der Fuchsjagd mit eigenen Assembly Rooms. Der Landsitz von Prinz Charles, Highgrove, ist nur knapp zwei Kilometer entfernt. Das Romantischste in Tetbury sind die Chipping Steps, eine Flucht alter Steinstufen, die von Weberkaten gesäumt werden. Auf dem Marktplatz stehen eine mit Säulen umgebene Markthalle und die Stadthäuser der reichen Händler aus dem 17. Jahrhundert.

Fünf Kilometer südlich des Dorfes kann man das *Westonbirt Arboretum* besuchen, einen Garten voller exotischer Bäume und Sträucher, in dem im Frühjahr Hunderte von Rhododendren und Azaleen blühen.

• *Information* **Tourist Information Centre**, 33 Church Street, Tetbury, Gloucestershire GL8 8JG, ✆/✉ 01666/503552, tourism@ tetbury.org; www.visittetbury.co.uk.
• *Öffnungszeiten* **Westonbirt Arboretum**: tgl. 9–17 Uhr, am Wochenende ab 8 Uhr, im Sommer bis 20 Uhr oder Sonnenuntergang, Café, Restaurant und Shop bis 17 Uhr.

£ 7.50, erm. £ 6.50, Kinder £ 2. ℡ 01666/
881200, www.forestry.gov.uk/westonbirt.
• *Festival* **Tetbury Woolsack-Races** Ende
Mai. Ein Volksfest, das sich um Wettrennen verschiedener Kategorien dreht, wo
die Läufer auf dem Rücken Wollsäcke eine 25 %ige Steigung hoch tragen, oft
nach Biergenuß im Crown oder Royal

Oak. www.tetburywoolsack.co.uk.
• *Übernachten/Essen und Trinken* *** **The
Ormond**, Postkutschen-Inn im Stadtzentrum, geschmackvoll eingerichtete Zimmer,
hervorragendes Essen. EZ £ 59–79, DZ £ 79–
160 (mit Himmelbett), 23 Long Street, GL8
8AA, ℡ 01666/505690, ℡ 505956;
www.theormond.co.uk.

Malmesbury

Das alte angelsächsische Abteistädtchen steht historisch in Verbindungen mit
Bischof Adhelm, Alfred dem Großen und König Aethelstan. Auch Malmesbury
verdankt seinen einstigen Reichtum den Webern des Mittelalters, die eine Reihe
von Spittelhäusern, ein achteckiges Marktkreuz und gemütliche Inns schufen. Im
Mittelpunkt des Besucherinteresses steht die normannische *Abteikirche* der Benediktiner, die nach dem Einsturz ihres Westturmes in der Hochgotik einen neu-
en Lichtgaden und ein Gewölbe im Decorated-Stil erhielt. Bemerkenswert ist der
Nordeingang mit seinem Skulpturenrelief, das Szenen aus dem Alten Testament
darstellt. Der größte Schatz der Kirche befindet sich im Nordschiff: das Grab
von Aethelstan, Enkel Alfred des Großen und König von England zwischen 924
und 939. Dank des Geschäftssinnes eines reichen Wollwebers namens Stumpe
überlebte die Abbey die Wirren der Reformation unbeschadet. Dieser nämlich
erwarb das Gotteshaus, baute sich auf dem Gelände einen Landsitz und stellte in
den sechs Jochen zwischen den Königsgräbern seine Webstühle auf. Er gab die
Kirche am Ende seines Lebens der Gemeinde zurück. Einem Bibliothekar des
12. Jahrhunderts, William of Malmesbury, haben wir die Überlieferung der Geschichte vom fliegenden Mönch Eilmer zu verdanken, der sich eine Apparatur
zum Fliegen baute und damit vom Kirchendach sprang. Er landete nicht hoch
oben in den Lüften, sondern tief unten in der High Street – mit zwei gebroche-
nen Beinen. Am Ostende der Abtei gelangt man durch einen angelsächsischen
Torbogen zum Haus des Abtes aus dem 16. Jahrhundert, wo sich auch die *Abbey
House Gardens* befinden, eine entzückende kleine Gartenanlage mit u. a. mehr
als 2.000 verschiedene Rosenarten.

• *Information* **Tourist Information Centre**,
Town Hall, Market Lane, Cross Hayes,
Malmesbury, Wiltshire SN16 9BZ, ℡ 01666/
823748, ℡ 826166, tic@malmesbury.gov.uk;
www.malmesbury.gov.uk.
• *Öffnungszeiten* **Abbey**: tgl. 10–17 Uhr, im
Winter bis 16 Uhr. Spende von £ 2 erbeten.
℡ 01666/826666,
www.malmesburyabbey.com.
Abbey House Gardens: Ende März bis
Ende Okt. 11–17.30 Uhr. £ 6.50, erm. £ 5.75,

Kinder £ 2.50, Familien £ 16. Ansage:
℡ 01661/822212, Büro: ℡ 01666/827650; www.
abbeyhousegardens.co.uk.
• *Übernachten* **** **The Old Bell**, Hotel und
Restaurant in einer Postkutschenstation im
Herzen des Ortes. Angeblich 1220 von einem
Abt der Abtei gegründet als Gästehaus für
die Besucher des Klosters und seiner Bibliothek. 31 Zimmer vom Feinsten, DZ ab £ 110.
Abbey Row, SN16 0BW, ℡ 01666/822344,
℡ 01666/825145, www.oldbellhotel.com.

Cotswold Waterpark

Zwischen Cirencester und Cricklade im Süden sowie Poole Keynes bis Lechlade im
Norden liegt der Cotswold Waterpark, mit gut 100 km^2 eine der größten Seenland-
schaften des Landes. Mehr als 140 menschengemachte Seen sind Zielgebiet für

Mittelengland
Karte S. 504/505

Naturfreunde, denn seit einigen Jahren verwandelt sich die Gegend in ein Weltklasse-Ökosystem. Nachtigallen, Rohrdommeln, Fledermäuse und Libellen sind hier zu Hause, und viele Vögel aus aller Welt überwintern hier. Zahlreiche Country Parks locken mit ihren Wassersportaktivitäten vor allem Familien. Das Angebot an Caravan-Parks und Chalet-Dörfern ist riesig. In Lechlade wohnte einst William Morris mit seinem Freund Dante Gabriel Rossetti im *Kelmscott Manor* (→ S. 520). Hier entspringt auch die Themse, die dann durch Oxford nach London fließt. Von hier kann man die 294 km den *Thames Path* bis zur Themse-Barriere in London Greenwich laufen. Die erste Schleuse ist bei Lechlade-on-Thames, St John's Lock, und wird von einer Statue von „Old Father Thames" bewacht, die einst für die Weltausstellung im Londoner Crystal Palace geschaffen wurde.

● *Information* **Gateway Centre**, Spine Road East, South Cerney, GL7 5TL (an der A 419 Swindon-Cirencester), Eintritt frei. ✆ 01285/862962; www.waterpark.org.

● *Country Parks* **Keynes Country Park** bei Shorncote. Vier Naturreservate und zwei Seen mit Strand und Rettungsschwimmern. Spratsgate Lane, Shorecote, Cirencester GL7 6DF, www.keynescountrypark.com.

Wassersport bietet **Waterland Outdoor Pursuits**, ✆ 01285/861202; www.ukwatersports.co.uk.

Neigh Bridge Country Park nahe Somerford Keynes. Der Themse-Fernwanderweg verläuft neben dem Park, Angellizenzen kann man erwerben über www.ashtonkeynesanglingclub.info.

Riverside Park bei Lechlade-on-Thames, Flutwiesen mit Picknick-Gelände und Schilffeldern, in denen Vögel und Insekten über Forellen, Brassen und Barschen schwirren. Von April bis Sept. Bootstouren auf der MV Inglesham, ✆ 01367/252401; www.cotswoldscanals.com.

Thames Path: Route und Informationen vom National Trails Office, Signal Court, Old Station Way, Oxford OX29 4TL, ✆ 01865/810224; www.nationaltrail.co.uk/thamespath.

● *Übernachten* **The Wild Duck**, 12 Zimmer im Country Pub mit herausragendem Essen. DZ £ 70–105. Ewen, Cirencester, GL7 6BY, ✆ 01285/770310; 🖷 770924, www.thewildduckinn.co.uk.

Gloucester

Schon die Römer nutzten die Stadt am Ostufer des Severn als Hafen, der damals noch Glevum hieß und eine von nur drei Coloniae in Großbritannien war. Wo sich die vier Römerstraßen treffen, steht heute der 25 Meter hohe St Michael's Tower aus dem 15. Jahrhundert. Zur Zeit der Normannen war Gloucester (sprich: Gloster) Sitz des Geschlechts der Plantagenets – Heinrich III. wurde hier sogar gekrönt. Ihre wirtschaftliche Blüte erlebte die Stadt im 14. Jahrhundert, in das auch der Bau der prächtigen *Kathedrale* fällt. Wie die meisten englischen Städte lebte Gloucester im Mittelalter von der Wolle, die von den Schafen aus den Cotswolds stammte und hier verarbeitet wurde. Nachdem die Wollproduktion im 18. Jahrhundert ausstarb, wurde die Nadelindustrie der größte Arbeitgeber, weshalb heute überdimensionierte Nadeln die Bürgersteige der Innenstadt begrenzen. Im frühen 19. Jahrhundert hob man auch einen Kanal aus, der den Schiffsverkehr und damit die heimische Wirtschaft ankurbeln sollte. Heute fahren hier vor allem Ausflugsboote. Die viktorianische *Dockanlage* wurde für 400 Millionen Pfund renoviert und zu einer Touristenattraktion samt Designer Outlet umgestaltet. In der Innenstadt sind zahlreiche Giebel- und Fachwerkhäuser aus dem Mittelalter erhalten, etwa das *New Inn* in der North Street, das 1450 für Wallfahrer zum Schrein von Eduard II. gebaut worden war. Dort soll auch Lady Jane Grey 1553 zur Königin ausgerufen worden sein. Einige Klosterüberreste der Greyfriars (Franziskaner) und Blackfriars (Dominikaner) sind erstaunlich gut erhalten.

• *Information* **Gloucester Tourist Informa-tion Centre**, 28 Southgate Street, Glouces-ter, GL1 2DP, ✆ 0044/1452/396572, Hotel-buchungen: ✆ 01452/307576; 📠 504273; tourism@gloucester.gov.uk; www.thecityofgloucester.co.uk.

• *Stadtführungen* Gloucester Civic Trust (engl.): City Tour (90 Min,) April–Sept. tgl. 11.30 u. 13 Uhr an der Touristeninformation Southgate Street, £ 2.50. Docks April–Sept. Sa–So u. Feiertage 14.30 u. 15.30 Uhr, ab Waterways Museum, £ 3.

• *Verbindungen* **Bus** – Gegenüber des Bahnhofes am Bruton Way befindet sich die Bus Station, Traveline ✆ 0871/2002233. NatEx fährt von hier direkt nach London (✆ 08717/818178). Es gibt regelmäßig Busse in den Forest of Dean, die Cotswolds, nach Cheltenham nach Oxford. Bus 101 be-dient das Stadtzentrum.
Zug – Railway Station Bruton Way, stündli-che Züge nach London Paddington (knappe 2 Std.), Verbindungen auch nach Birming-ham, Cardiff, Bristol oder Manchester.

• *Bootsurlaub* English Holiday Cruises fah-ren auf dem **Riverboathotel MV Edward Elgar** den Fluss Severn entlang. Wochen-enden (ab £ 180/Person) oder 6 Tage/Nächte (ab £ 530/Person) von Gloucester bis nach Stourport und wieder zurück. Ein Koch ist an Bord. Alexandra Warehouse, The Docks, GL1 2LG, ✆ 0845/7895 oder 01452/410411. sales@englishholidaycruises.co.uk; www. englishholidaycruises.co.uk.

• *Einkaufen* **Gloucester Quays**: Designer Outlet Centre am St Anne Way. 50 Ge-schäfte (Nike, Calvin Klein, Le Creuset etc.) mit bis zu 60 % Preisnachlässen. **Glouces-ter Antique Centre**. Verschiedene Cafés und Restaurants sowie ein Travellodge Ho-tel. ✆ 01452/338933; www.gloucesterquays. co.uk.

• *Markt* **Farmers Market**, Fr. 9–15 Uhr, The Cross/Gate Street. Lokale Spezialitäten sind der Double-Gloucester-Käse und die Gloucester Old Spot Sausage (Würstchen).

• *Kino* **Cineworld**, Gloucester Quays, The Peel Centre, 6 Leinwände. ✆ 0871/2208000; www.cineworld.co.uk.

• *Kultur* **Gloucester Guildhall**, Theater, Konzerte, Comedy und vieles mehr. Res-taurant The Place. 23 Eastgate Street, ✆ 01452/503050; www.gloucester.gov.uk/guildhall.

• *Veranstaltungen* **Three Choirs Festival** im August mit den Chören der Kathedralen von Gloucester, Worcester und Hereford; **Gloucester Arts Festival** Ende Juli/Anfang August; **Gloucester International Blues Festival** Anfang August. Ein riskantes Spektakel ist Ende Mai das **Cheeserolling** in Brockworth 6 km südöstlich von Glou-cester, wo ein sieben Pfund schwerer, run-der Double-Gloucester-Käse den extrem steilen Cooper's Hill hinunterschießt – und die Wettbewerbsteilnehmer unter Einsatz ihrer Gesundheit hinterher (www. cheeserolling.co.uk). Dem Event droht aus Sicherheitsgründen das Aus.

• *Essen und Trinken* **The Old Bell – Tigers Eye**, panasiatische Küche und Cocktail-Bar (2 Bars und eine Lounge) in einem Inn aus dem 17. Jahrhundert. Mo Ruhetag. 9A Southgate Street, GL1 1TG, ✆ 01452/332993; www.theoldbell-tigerseye.co.uk.
Café Rene – Le Pub & Restaurant: Lunchsnacks und Pub-Food am Abend, später oft Musik, am Wochenende bis 3 Uhr geöffnet. Greyfriars, 31 Southgate Street, GL1 1TS, ✆ 01452/309340; www. caferene.co.uk.

• *Übernachten* ***** The New Inn**, in dem al-ten Postkutschen-Inn gibt es 33 Zimmer, die um einen Innenhof liegen. EZ £ 44, DZ £ 64 (Internetrate). 16 Northgate Street, GL1 1SF, ✆ 01452/522177 oder 0845/8053478; 📠 01452/301054, www.newinn-hotel.co.uk oder www.relaxinnz.co.uk.

Sehenswertes

Kathedrale St Peter und der Heiligen Dreifaltigkeit: In der ruhigen Domfreiheit von Gloucester steht eine der prächtigsten Kirchen des Landes mit ihrem markan-ten, 70 Meter hohen Turm. Vor rund 1300 Jahren gegründet, war die Kirche Klos-ter, Stift und Benediktinerabtei, für die im 11. Jahrhundert ein Neubau entstand. Als der amtierende Abt 1072 starb, setzte Wilhelm der Eroberer einen seiner Kap-läne auf den vakanten Posten: Serlo, einst ein Mönch auf dem Mont-Saint-Michel, sorgte für eine neue Blüte der Abtei und trieb den Bau des normannischen Gottes-hauses im romanischen Stil seiner Heimat voran. Seine Statue steht vor der süd-westlichen Eingangshalle. Im alten Kapitelhaus konnte Wilhelm der Eroberer 1085 dann bereits die Order erlassen, dass ein Verzeichnis über allen Besitz in seinem neuen Reich angelegt werden solle, das sog. „Domesday"-Buch, eine Art Reichsgrundbuch, das die neuen Lehnsverhältnisse klärte. Es gab Auskunft darüber, wo welche Gebäude standen und wie viele Menschen, Schweine, Schafe und anderes Getier dort lebten. Schlecht kann es um seinen Besitz nicht bestellt gewesen sein, vermachte der König der Abtei doch viele großzügige Geschenke, sodass das normannische Gotteshaus schon im Jahr 1100 geweiht werden konnte. Die heutige Kathedrale, die diesen Status nach der Auflösung der Klöster unter Heinrich VIII. bekam, entspricht strukturell noch immer diesem Bauwerk. Zu weiterem Reichtum verhalf dem Kloster dann ein Märtyrergrab. Eduard II. fand hier seine letzte Ruhestatt, nachdem ihn seine Gemahlin Isabella und ihr Liebhaber Roger Mortimer in Berkeley Castle grausam ermordet hatten (→ S. 386). Die prächtige, mit einem Baldachin versehene Alabasterfigur Eduards II. an der Nordseite des Chores ist ein Prunkstück des Decorated-Stils, gestift von seinem Sohn. Die Verschönerung der Kirche im hochgotischen (decorated) und spätgotischen (perpendicular) Stil finanzierten größtenteils die Pilgerscharen mitfühlender Untertanen. Besonders das komplizierte Vierungsgewölbe mit seinem eleganten Rippennetzwerk sowie der Chor sind meisterlich gelungen. Den Chor schließt nach Osten das größte mittelalterliche Buntglasfenster Englands ab, das über die gesamte Breite und Höhe des Schiffes mit gitterartigem Maßwerk versehen ist. Es zeigt die Marienkrönung inmitten von Heiligen, Märtyrern und Königen und wurde von Adligen bezahlt, die an der ruhmreichen Schlacht von Crécy 1346 teilgenommen hatten. Um 1370 wurde der Kreuzgang erneuert, dessen Fächergewölbe so beeindruckend ist, dass hier viele Szenen für die Harry-Potter-Filme entstanden. Der Kreuzgang dient als Korridor der Hogwarts Schule für Hexerei und Zauberei. Bei den Dreharbeiten spielten auch viele Schüler der angrenzenden King's School als Statisten mit.

Tgl. 7.30–8.45 u. 9.15–18 Uhr. So 11.45–14.45 Uhr. Eintritt frei, eine Spende von £ 5 wird erbeten. Turmführungen (269 Stufen) nur im Sommer, Mi–Fr 14.30 Uhr, Sa 13.30 u. 14.30 Uhr, Feiertage auch 11.30 Uhr, £ 3, Kinder £ 1.

Gloucester Docks/Hafen: Kräftige tätowierte Hafenarbeiter findet man hier nicht mehr, die Docks sind eine moderne Speicherstadt, deren Warenhäuser zu Luxusapartments umgebaut wurden. Besucher haben zahlreiche Restaurants zur Auswahl, können durch die Antiquitätenshops oder das Designer-Outlet stöbern oder das *Gloucester Waterways Museum* besuchen, dessen interaktive Ausstellung der Geschichte des Netzwerkes von Großbritanniens Kanälen vom 18. Jahrhundert bis heute nachgeht. Als Schrein für das örtliche Regiment dient das *Soldiers of Gloucestershire Museum* im alten Zollhaus, das 300 Jahre Soldatentum in nachgebauten Feldlagern und Schützengräben, mit Archivfilmen und Computerspielen beleuchtet.

● *Informationen* **Gloucester Waterways Museum,** Llangtony Wahrehouse, Gloucester Docks, Mo–Fr 11–16.30 Uhr, Sa/So 10.30–16.30 Uhr. £ 4.25, erm. £ 3.75, Kinder £ 3.25. ✆ 01452/318200; www.nwm.org.uk. **Soldiers** **of Gloucestershire Museum,** Custom House, Gloucester Docks, tgl. 10–17 Uhr, Nov.–Febr. Di–So 10–17 Uhr. £ 4.25, erm. £ 3.25, Kinder £ 2.25. ✆ 01452/522682. www.glosters.org.uk.

Gloucester Folk Museum: In dem 500 Jahre alten Tudorhaus wird auf drei Etagen Sozialgeschichte lebendig. Es geht u. a. um den Fischfang im Fluss Severn, die örtliche Nadelfabrik oder die letzte Nacht des heimischen Märtyrers Bischof Hooper, der von Mary der Blutigen vor seiner Kathedrale auf dem Scheiterhaufen verbrannt worden war. Seine Statue steht auf dem St Mary's Square.

Di–Sa 10–17 Uhr. Eintritt frei. 99–103 Westgate Street, ✆ 01452/396868.

The Tailor of Gloucester Museum and Shop: Dieses schiefe Häuschen in einer kleinen Gasse gleich bei der Kathedrale taucht in Beatrix Potters drittem Buch auf, in dem sie die Geschichte des armen Schneiders von Gloucester, der es doch noch zu Wohlstand bringt, erzählt und illustriert. In ihrer Lieblingsgeschichte wird der Hochzeitswams, den der Bürgermeister bei ihm bestellt hat, von einem fleißigen Mäuschen zu Ende genäht, das er zuvor vor seinem Kater gerettet hatte.
Mo–Sa 10–17 Uhr, So ab 12 Uhr. 9 College Court. ✆ 01452/422856; www.tailor-of-gloucester.co.uk.

Wye Valley und der Forest of Dean

Im 18. Jahrhundert gehörte ein Ausflug ins Wye Valley, an der Grenze zu Wales, zum guten Ton einer jeden bürgerlichen Erziehung. Dichter, Maler und andere romantische Geister pilgerten auf der Suche nach dem Pittoresken in dieses entlegene, bewaldete Flusstal mit seinen Abtei- und Burgruinen, fast wie damals auch zum Rhein. Entsprechend beansprucht die Region für sich, der Geburtsort des britischen Tourismus zu sein.

Wo früher die Romantiker auf der Suche nach dem reinen Naturerlebnis an den Ufern des Wye dichteten oder sich mühsam einen Weg durch das Dickicht auf die Anhöhen bahnten, da wandern wir heute auf eher ausgetretenen Pfaden zu den klassischen Aussichtspunkten. Dennoch hat man einen wunderbaren Blick z. B. vom *Symonds Yat Rock*, wo der Wye nordöstlich von Monmouth durch eine steile Schlucht fließt, oder wenn man die 365 Stufen zum Wyndcliff hinaufsteigt, einem Felsen südlich von *Tintern Abbey*. Diese grandiose Abteiruine eines Zisterzienserklosters aus dem 12. Jahrhundert steht unangefochten im Mittelpunkt des Interesses am Wye Tal. Wanderer kommen hierher, um Teilstrecken des 284 Kilometer langen *Offa's Dyke* zu erlaufen, einem achzehn Meter breiten und bis zu viereinhalb Meter hohen Schutzwall, den der König von Mercia lange vor der Eroberung durch die Normannen im 8. Jahrhundert hat anlegen lassen. Etwas weiter flussaufwärts in der Nähe des Ortes *Ross-on-Wye* liegt die beeindruckende Burgruine von *Goodrich Castle*, die ebenfalls einen Besuch wert ist.

Zwischen den Flüssen Wye und Severn erstreckt sich der *Forest of Dean*, einst königliches Jagdgebiet, das sich im Mittelalter nach Eisenerz- und Kohlefunden in eine Industrielandschaft verwandelte. Zwei Kilometer südlich von Coleford kann man noch ein 4500 Jahre altes Eisenbergwerk besichtigen, die *Clearwell Caves*. J. R. R. Tolkien verbrachte viel Zeit im Forest of Dean und nahm das 42 Quadratmeilen große Areal zum Vorbild für seine Mittelerde aus „Herr der Ringe". In diese Mini-Appalachen der westlichen Midlands, die zum großen Teil wieder aufgeforstet wurden, kommen Touristen heute vor allem wegen der Outdoor-Sportmöglichkeiten. Die Royal Forest Route führt Sie 30 Kilometer durch das Herz der Region (www.royalforest.info). Oder Sie folgen dem Forest Sculpture Trail, einem Spazierweg durch die Wälder vorbei an zeitgenössischen Skulpturen (www.forestofdean-sculpture.org.uk). Sehenswert ist auch der *Westbury Court Garden*, der einzige holländische Wassergarten des Landes. Publikumsmagnet der Region (obwohl offiziell schon in Wales gelegen) ist das Örtchen *Hay-on-Wye*, das sich in den vergangenen vier Jahrzehnten zum Mittelpunkt einer lebendigen Secondhand-Buchkultur entwickelt hat. Zum *Literary Festival* Anfang Juni fallen Bücherwürmer und Leseratten in Schwärmen in den winzigen Ort ein, um durch die mehr als 40 Bücher-

Mittelengland
Karte S. 504/505

läden zu stöbern und den vielen Lesungen beizuwohnen. Als Bücherstadt erfunden hat Hay 1961 ein Exzentriker namens Richard Booth. Der rief sich zum König von Hay aus, zog in die neunhundert Jahre alte Burgruine ein und erklärte den Ort am 1. April 1977 für von Großbritannien unabhängig. Sein Buchladen befindet sich in der Lion Street.

● *Information* **Wye Valley Visitor Centre**, März–Oktober, The Old Station Tintern, Tintern, Chepstow NP16 7NX, ✆ 01291/689566, www.visitwyevalley.co.uk.

Ross-on-Wye, Swan House, Edde Cross Street, ✆ 01989/562768; ✆ 565057; www.visitherefordshire.co.uk.

Forest of Dean: Tourist Information Centre, High Street, Coleford, Gloucestershire GL16 8HG, ✆ 0845/3838799; claire.evans@fdean. gov.uk; www.fdean.gov.uk oder www. visitforestofdean.co.uk.

Clearwell Caves, Mitte Febr. bis Ende Okt. u. Dez. tgl. 10–17 Uhr. Eintritt: £ 5.80, erm. £ 5.30, Kinder £ 3.80, Familien £ 14.50. ✆ 01594/832535; www.clearwellcaves.com.

Westbury Court Garden, Juli/Aug. tgl. 10–17 Uhr, März–Juni u. Sept.–Okt. Mi–So 10–17 Uhr. Eintritt: £ 4.50, £ 2.20, £ 11.50 (NT). Westbury-on-Severn, GL14 1PD, ✆ 01452/760461.

Hay-on-Wye Tourist Information Bureau, Oxford Road, Hereford, Herefordshire HR3 5DG, ✆ 01497/820144, post@hay-on-wye.co. uk; www.hay-on-wye.co.uk.

● *Aktivitäten* **Reiten**: *Severnvale Equestrian Centre*, Tidenham, Chepstow, NP16 7LL, ✆ 01291/623412, www.severnvape-equestrian.com.

Wassersport: *Monmouth Canoe & Acitivity Centre*, an der A 40 neben dem Monmouth Leisure Centre, Ausflüge mit Tipi Camping, ✆ 01600/713461 oder 716083; www.mon mouthcanoe.co.uk. *Wyedean Canoe & Adventure Centre*, Symonds Yat East, ✆ 01600/890238 (am Wochenende 01600/890129); www.wyedean.co.uk. *National Diving & Activity Centre*, auch Abseiling, Tidenham, Chepstow, ✆ 01291/630046, ✆ 630850, www. ndac.co.uk.

Fahrradfahren: *The Valley Bike Hire*, Ostern bis Ende Sept. Mountainbikes £ 25/Tag, Anlieferung zw. 9.30 u. 11.30 Uhr Ab-

holung nach Vereinbarung. www.wyevalleybikehire.co.uk.

Lama-Treks: *Severnwye Llama Trekking*, Smallbrook Farm, Spout Hill, Smallbrook, ✆ 01594/528482, www.severnwyellamatrekking.co.uk.

Wandern: *Offa's Dyke* (s. o.). *Wye Valley Walk*, 218 km langer Fernwanderweg entlang des Flusses Wye von der Mündung bei Chepstow bis an die Grenze nach Wales. www.wyevalleywalk.org.

● *Weinprobe/Unterkunft* **Three Choirs Vineyard**, einer der größten Winzer Englands mit Hotel (8 Zimmer, £ 125–155) und Restaurant, Newent, ✆ 01531/890223; www. threechoirs.com.

● *Bootsfahrt* **Kingfisher Cruises**, befahren den historischen Teil des Wye, Zeiten variieren. Symonds Yat East, ✆ 01600/891063, Mobil: 07831/297672; rivertrip@supanet.com. www.wyenot.com/kingfisher01.htm.

● *Dampfeisenbahn* **Dean Forest Railway**, die Strecke führt von Lydney nach Parkend, März–Okt., Norchard Railway Station, Forest Road, Lydney, GL15 4ET, Ansage: ✆ 01594/843423, Büro: 845840; www.deanforestrailway.co.uk.

● *Übernachten/Essen/Trinken* ***** Speech House Hotel**, bekanntestes Hotel vor Ort, seit Jahrhunderten Sitz des Verderer Gerichts, passenderweise in einer alten Jagdvilla. DZ £ 80–150, Coleford, GL16 7EL, ✆ 01594/822607; www.thespeechhouse.co.uk.

*** The Inn on the Wye, wunderschön modernisiertes Coaching Inn mit 12 Zimmern. DZ ab £ 49, mit Himmelbett ab £ 69. Kerne Bridge, Goodrich, HR9 5QS, ✆ 01600/890872, ✆ 890594, www.thewyeinn.co.uk.

**** The Saracen's Head Inn, Pub direkt am Fluss mit 10 Zimmern, ab £ 79. Symonds Yat East, Ross-on-Wye, HR9 6JL, ✆ 01600/890435, www.saracensheadinn.co.uk.

Sehenswertes

Tintern Abbey: Die Zisterzienser waren im 6. Jahrhundert aus dem Benediktinerorden hervorgegangen, doch Moral und Sitten waren dreihundert Jahre später lax geworden. So kam es im 10. Jahrhundert zu einer Rückwendung zu Schlichtheit, Einfachheit und Armut, den Grundregeln des Heiligen Benedikt. Die Zisterzienser

Grandios: Tintern Abbey

besaßen zu diesem Zeitpunkt keine Ländereien oder Vermögen, sondern lebten auf dem Lande und versorgten sich mehr oder weniger selbst. In den Klöstern wohnten viele Laienbrüder, die den Mönchen bei der Landwirtschaft zur Hand gingen, so dass diese sich idealerweise auf das Beten, die Meditation und die Lehre konzentrieren konnten. Da der Orden selbst arm war, boten örtliche Adlige ihre Protektion an, so auch in Tintern. Hier war es 1131 Sir Walter Fitz Richard de Clare, ein Cousin des Bischofs von Winchester, der bei der Gründung der Abtei finanziell die Hauptlast trug. Die ersten Mönche kamen aus der Nähe von Chartres in Frankreich, denn Tintern war eine Tochtergründung von l'Aumône. Die ersten 200 Jahre reiste auch der Abt des Mutterhauses jedes Jahr zur persönlichen Inspektion an. Die Armut hielt nicht lange an, denn Sir Walter gab den Zisterziensern viel Land, und bald nannten sie 3.100 Schafe ihr Eigen. Tintern wurde zur zweitreichsten Abtei im Lande, alleine der Abteihof maß 11 ha, das war mehr als die Stadt Bath zu dieser Zeit! Der verbotene Reichtum spiegelt sich in den gewaltigen Mauerresten wider. Tintern teilte das Schicksal der anderen sechshundert Klöster im Land und wurde unter Heinrich VIII. aufgelöst. Das Kirchensilber wurde konfisziert, das Blei eingeschmolzen und die Abtei verfiel. Da es kein benachbartes Dorf gab, das die Ruine als Steinbruch nutzte, blieb sie verhältnismäßig gut erhalten.

Frühling u. Herbst tgl. 9.30–17 Uhr, Sommer 9.30–18 Uhr, Winter 9.30–16 Uhr, So erst ab 11 Uhr. £ 3.60, erm. £ 3.20, Familie £ 10.40, £ 1 für Audioguide. ℡ 01291/689251, www.cadw. wales.gov.uk.

Goodrich Castle: Auf einer natürlichen Erhebung hoch über dem River Wye steht diese kleine rote Sandsteinburg aus dem 12. Jahrhundert. Von der reinen Verteidigungsfunktion wurde sie nach und nach zu einem Wohn- und Bürokomplex erweitert. Der dreigeschossige Burgfried stammt aus frühester Zeit und ist in einem erstaunlich guten Zustand. Im 13. Jahrhundert eroberte Graf William Marshal of

Mittelengland
Karte S. 504/505

Pembroke die Burg, doch belegte ein walisischer Prinz den Lord mit einem Fluch, so heißt es, der alle seine fünf Söhne und Erben unter mysteriösen Umständen ums Leben kommen ließ. Etwas später kam die Burg in den Besitz der Valence-Familie (William Valence war ein Halbbruder Heinrichs III.), die genug Geld besaß, um aus der Verteidigungsanlage im Laufe der Zeit eine bescheidene Residenz zu machen. Bemerkenswert ist auch das Torhaus, das ungefähr 1300 fertig war und nur gestürmt werden konnte, wenn man zuvor zwei Brücken überwandt.

April bis Juni u. Sept. bis Okt. tgl. 10–17 Uhr, Juli bis Aug. 10–18 Uhr, Nov. bis Febr. Mi–So 10–16 Uhr, März Mi–So 10–17 Uhr. £ 5.50, erm. £ 4.70, Kinder £ 2.80 (EH), Anfahrt 8 km südlich Ross-on-Wye. ✆ 01600/890538, www.english-heritage.org.uk.

Worcester, die Malvern Hills und Umgebung

Die Domstadt Worcester schmiegt sich an die Malvern Hills, eine der großartigsten Landschaften, die die West Midlands zu bieten haben. Die Stadt steckt voller Geschichte.

Ihr berühmtester Sohn ist der Komponist *Sir Edward Elgar*, der dem Land die patriotische Hymne „Land of Hope and Glory" schenkte und in der Kathedrale sein Denkmal hat. Im Zentrum steht die *Guildhall*, die wie ein klassischer Palast aussieht. Über ihrem Eingang thront Queen Anne, in deren Regentschaft sie gebaut wurde. Zu ihren Füßen stehen Karl I. und Karl II., denn Worcester war die letzte Stadt des Reiches, die sich im Bürgerkrieg den parlamentarischen Truppen Oliver Cromwells ergeben hatte, dessen Totenmaske pikanterweise über den beiden Königen zu finden ist. In ihrem stuckverzierten Pump Room, der die Größe eines Ballsaales besitzt, befinden sich heute die Touristeninformation, ein Selbstbedienungsrestaurant und ein Tea Shop. Die *Commandery*, das ehemalige Hauptquartier Karls II., der sich nach seiner Niederlage gegen Cromwell im Charles' House in der New Street versteckt hielt, ist inzwischen das Stadtmuseum. Wenn man die Friar Street beim Inn „The Pheasant" hinunterspaziert, kommt man zu den schönsten Ecken des Städtchens. Das älteste Gebäude ist *Greyfriars*, ein Kaufmannshaus, das neben dem Kloster stand und über einen herrlichen Garten verfügt. Höhepunkt des Besuches ist die *Kathedrale*, in der König John (Johann Ohneland, der die Magna Carta anerkennen musste) begraben liegt, da ihm die Bürger Worcesters als einzige die Treue gehalten hatten. Die normannische Krypta ist die älteste im Lande, und das Buntglas aus dem 19. Jahrhundert kann es mit Canterbury oder Notre Dame aufnehmen. In der Domfreiheit stehen The King's School und die weltbekannte Choir School. Alle drei Jahre treten Mitte August die Chöre von Hereford, Gloucester und Worcester hier zum „*The Three Choirs Festival*" an. Nahe der Kathedrale trifft man auch auf die beiden Produkte, die heute mit Worcester verbunden werden: das *Museum of Worcester Porcelain* und die *Lea & Perrins Fabrik* (heute Heinz, nicht zu besichtigen), in der die braune, würzige Worcestersauce hergestellt wird.

In den *Malvern Hills*, die im Volksmund als „Land of Hope and Glory" bezeichnet werden, kann man in Lower Broadheath das *Elgar Birthplace and Museum* finden. Die mysteriöse Granitlandschaft, die sich auf etwa 15 Kilometern Länge (von Chase End bis Great Malvern) fast schlagartig aus der Severnebene erhebt und deren etwa 20 Gipfel auf ca. 350 Meter über dem Meeresspiegel liegen (höchster Punkt ist

„Kahle Berge?!" – die Malvern Hills

Worcestershire Beacon mit 485 Metern), hat sich vor 650 Millionen Jahren geformt und soll den Komponisten zu seinen Enigma-Variationen inspiriert haben. Mit dem Wagen kann man einer 60 km langen „Elgar Route" folgen. Schöner ist die Erkundung der „kahlen Berge", wie die Übersetzung aus dem angelsächsischen Englisch heißt, per pedes. Ein 15 Kilometer langer Fußweg führt immer auf dem Grat der Hügelkette entlang und bietet atemberaubende Ausblicke hinüber zu den Black Mountains von Wales, über das Severntal und bis hinüber zu den Cotswolds. Entspannung verschafft auch ein Besuch von *Spetchley Park*, 5 Kilometer östlich von Worcester, der sich in hundert Jahren kaum verändert hat. In diesem kontrastreichen Park genießt man sowohl die Blütenpracht formell angelegter Gärten und raffiniert konzipierte Ausblicke als auch reichlich naturbelassenes Gelände mit Waldgebieten und einem Wildgehege.

Westlich der Malvern Hills liegt am River Wye und der Grenze zu Wales zwischen Apfelplantagen und Viehweiden die hübsche Bischofsstadt *Hereford*, eine mittelalterlich geprägte, ländliche Idylle, die für den Wye-Lachs, ihre weißgesichtigen Kühe, Hopfen und Cider berühmt ist. Die Geschichte und Herstellung des beliebten Apfelweines wird Ihnen im *Museum of Cider* näher gebracht. In Pembridge am New Inn im Stadtzentrum beginnt übrigens eine etwa 30 Kilometer weite und markierte *Cider Route* für Radler (www.ciderroute.co.uk).

In der Keltenbibliothek der *Kathedrale* aus dem 12. Jahrhundert werden alte Handschriften und Inkunabeln sowie die weltberühmte „Mappa Mundi" aufbewahrt – eine Weltkarte aus der Zeit um 1300, die die Welt mit Jerusalem als Zentrum zeigt. Kommen Sie am besten an einem Mittwoch wenn Markttag ist und in der Newmarket Street Rinder, Schafe und manchmal auch Schweine verkauft werden (www. herefordmarket.co.uk).

Mittelengland
Karte S. 504/505

Die Region ist als Grenzregion zwischen England und Wales geprägt von Burgen. Es lohnt sich z. B. ein Ausflug zum märchenhaften *Eastnor Castle*, einem festungsartigen Landsitz in dramatischer Lage aus dem 19. Jahrhundert, drei Kilometer von Ledbury auf der A 438 in Richtung *Tewkesbury*, dessen Hauptsehenswürdigkeit die normannische *Abbey Church* ist. Weiter nach Norden können Sie westlich von *Leominster* dem „Black and White Village Trail" folgen, der durch unberührte Dörfer mit charakteristischer Fachwerk-Architektur führt. Beim hiesigen *Fachwerk* stehen im Unterschied zu unseren Bauten die senkrechten Holzbalken sehr viel enger zusammen, so dass das Mauerwerk kaum breiter ist als das Holz und die Häuser wie schwarz-weiß gestreift (black and white) aussehen. Zu den Dörfern auf der 65 Kilometer langen Rundfahrt zählen Dilwyn, Weobly, Sarnsfield, Kinnersley, Kingsland, Kington, Lyonshall, Pembridge und Eardisland (www.blackandwhitehouses.co.uk/blackandwhitetrail.php).

Setzen Sie Ihre Erkundung weiter nach Norden fort, kommen Sie über *Ludlow* – eine der hübschesten Ortschaften der Midlands ebenfalls mit alten Fachwerkhäuschen, imposanter Burgruine (11. Jh.) und einigen Michelin-Restaurants – nach *Shrewsbury*, der Grafschaftshauptstadt von Shropshire und Geburtsort von Charles Darwin. Auch dieses atmosphärische Städtchen, das sich halbinselartig in die Schlinge des Flusses Severn schmiegt, mutet mit seinen verwinkelten Gassen (shuts) und dem vielen Tudor-Fachwerk mittelalterlich an. Jene Epoche bildet auch den Hintergrund für die durchaus lesenswerten Krimis der ortsansässigen Autorin Ellis Peters, die einen fiktiven Mönch der Abtei von Shrewsbury, Brother Cadfael, zahlreiche Morde lösen lässt. Wer sich länger in der Gegend aufhält, sollte auch *Bridgnorth* besuchen, eine charmante Kleinstadt mit Ober- und Unterstadt, die durch Englands älteste und steilste Standseilbahn (www.bridgnorthcliffrailway.co. uk) verbunden werden. Hier nimmt auch die dampflokbetriebene *Severn Valley Railway* ihren Anfang, um auf romantischer Strecke immer am Fluss entlang nach Kidderminster zu dampfen.

● *Information* **Tourist Information Centre Worcester**, in der Guildhall, High Street, Worcester, Worcestershire WR1 2EZ, ✆ 01905/726311, tourism@worcestershire.gov.uk; www.worcester.gov.uk. www.visitworcester.co.uk. **Park & Ride**: Worcester Perdiswell im Norden auf der A 38 und Sixways, Ausfahrt 6 von der M 5; Tagesbuskarte £ 2.20, Jugendliche £ 1.
Malvern Hills: Touristeninformation Great Malvern, 21 Church Street, WR14 2AA, ✆ 01684/892289, ✉ 992872, malvern.tic@malvernhills.gov.uk, www.malvernhills.gov.uk/cms/leisure-and-culture/tourism.aspx.
Tourist Information Centre Hereford, gegenüber der Kathedrale, 1 King Street, HR4 9BW, ✆ 01432/268430; ✉ 342662, tic-hereford@herefordshire.gov.uk; www.visithereford.org und www.visitherefordshire.org.
Tewkesbury Heritage and Visitor Centre „Out of the Hat", Museum im 1. OG, 100 Church Street, GL20 5AB, ✆ 01684/855040, ✉ 290587; enquiries@tewkesbury.gov.uk;

www.outofthehat.org.uk, www.tewkesbury.gov.uk.
Tourist Information Centre Leominster, 1 Corn Square, HR6 8LR, ✆ 01568/616460, ✉ 615546; tic-leominster@herefordshire.gov.uk.
Tourist Informtaion Centre Ludlow, Castle Street, SY8 1AS, ✆ 01584/875053; info@ludlow.org.uk; www.ludlow.org.uk.
Tourist Information Shrewsbury, Rowleys House, Barker Street, SY1 1QH, ✆ 01743/281200, ✉ 281213; visitorinfo@shropshire.gov.uk, www.visitshrewsbury.com.
Tourist Information Centre Bridgnorth, The Library, Listley Street, WV16 4AW, ✆ 01746/763257, ✉ 766625; bridgnorth.tourism@shropshire-cc.gov.uk; www.visitbridgnorth.co.uk.

● *Öffnungszeiten* **Commandery Worcester**: Mo–Sa 10–17 Uhr, So ab 13.30 Uhr. £ 5.40, erm. £ 4.10, Kinder £ 2.30. Sidbury, ✆ 01905/361821,
www.worcestercitymuseum.org.uk.

Greyfriars in Worcester: März bis Mitte Dez. Mi–So 13–17 Uhr, £ 4.15, erm. £ 2.05, Familien £ 10.45 (NT). Friar Street, ✆ 01905/ 23571; greyfriars@nationaltrust.org.uk.

Worcester Cathedral: tgl. 7.30–18 Uhr, Eintritt frei. Führungen im Sommer Mo–Sa 11 u. 14.30 Uhr, Nov.–April nur Sa. Kosten: £ 3. Turmbesteigung April–Okt. 11–17 Uhr, £ 4, erm. £ 2. ✆ 01905/732900; www.worcestercathedral.co.uk.

Worcester Porcelain Museum: Ostern bis Okt. Mo–Sa 10–17 Uhr, sonst Di–Sa 10.30–16 Uhr. £ 6, erm. £ 5, Familien £ 12. Severn Street, ✆ 01905/21247, www.worcesterporcelainmuseum.org.uk.

Elgar Birthplace and Museum: tgl. 11–17 Uhr, letzter Einlass 16.15 Uhr. £ 7, erm. £ 6, Kinder £ 3. Crown East Lane, Lower Broadheath, ✆ 01905/333224, birthplace@elgarmuseum.org; www.elgarfoundation.org.

Spetchley Park: Ende März bis Ende Sept. Mi–So u. Feiertage 11–18 Uhr, Okt. nur an Wochenende 11–16 Uhr. £ 6, erm. £ 5.50, Kinder bis 16 frei. ✆ 01453/810303; www.spetcheleygardens.co.uk.

Hereford Museum of Cider & King Offa Destillery: April–Okt. Di–Sa 10–17 Uhr, sonst 11–15 Uhr. £ 4, erm. £ 3.50, Kinder/Studenten £ 2.50, Familien £ 12. 21 Ryelands Street, HR4 0LW, ✆ 01432/354207, www. cidermuseum.co.uk. Anfahrt: A 438 Brecon Road.

Hereford Cathedral: tgl. 10–17 Uhr, So 11–16 Uhr, im Winter nur bis 16 Uhr. Spende: £ 5. Führungen April–Okt. Mo–Sa 11.15 u. 14.15 Uhr. Auch Secret Garden und Tower Tours. Mappa Mundi: April–Okt. Mo–Sa 10–17 Uhr, einige So 12–16 Uhr, £ 4.50, erm. £ 3.50, Familien £ 10. ✆ 01432/374200; www. herefordcathedral.org.

Eastnor Castle: Mitte April bis Ende Sept. So und Feiertage 11–16.30 Uhr, Mitte Juli bis Ende Aug. So–Do 11–16.30 Uhr . £ 8.75, erm. £ 7.75, Kinder £ 5.75, Familien £ 23.25. ✆ 01531/633160; www.eastnorcastle.com.

Tewkesbury Abbey: Mo–Sa 8.30–17.30 Uhr, So 7.30–18 Uhr, Eintritt frei, Spende erbeten. Führungen und Tower Tours Ostern bis Okt. £ 4. ✆ 01684/850959; www.tewkesburyabbey.org.uk.

Ludlow Castle: Jan. Sa/So 10–16 Uhr, Febr.–März u. Okt.–Nov. tgl. 10–16 Uhr, April–Juli u. Sept. tgl. 10–17 Uhr, Aug. bis 19 Uhr. £ 4.50, erm. £ 4, Kinder £ 2.50, Familie £ 12.50. ✆ 01584/873355; www.ludlowcastle. com.

Severn Valley Railway: Mai–Sept. tgl., sonst nur am Wochenende, Hin- u. Rückfahrt £ 15.50, erm. £ 13.50, Kinder £ 8. www.svr.co.uk.

• *Fahrradfahren* **Cider Route** (s. o.), Infos in der Ledbury Touristeninformation, The Master's House, St. Katherine's, ✆ 01531/ 636147 oder unter www.ciderroute.co.uk. **Fahrradverleih**: *Wheely Wonderful Cycling*, £ 18–24/Tag, auch Anlieferung. Petchfield Farm, Elton, Ludlow, SY8 2HJ, ✆ 01568/ 770755; www.wheelywonderfulcycling.co.uk.

• *Wandern* Jedes Jahr Ende Mai/Anfang Juni findet 9 Tage lang das **Malvern Walking Festival** statt. Viele Themenwanderungen, u. a. der beliebte End-to-end-Walk. www.malvern-hills.co.uk/malvern-walking-festival.

• *Camping* **Riverside Park**, hübsche Anlage am Flussufer des Severn, Zelte, Caravans und Bootsliegeplätze. Bar und Lounge. März–Okt., Zeltplatz £ 10. Little Clevelode, Malvern, WR13 6PE, ✆/✉ 01684/ 310475, www.riverside-park.co.uk.

• *Übernachten* 7 Meilen von Ludlow im Dorf von Wigmore übernachtet man (Minimum 2 Nächte) in aller Ruhe und sehr luxuriös auf der **Pear Tree Farm**. B & B £ 105, das hausgemachte Dinner inkl. Cocktail kostet £ 30. Wigmore, HR6 9UR, ✆ 01568/ 770140; www.pairtree-farm.co.uk.

Unsere Leser Guido und Claudia Korrel haben das **Abbey Hotel** in Malvern entdeckt, wo man für £ 68 im Doppelzimmer (103 Zimmer) sauber, komfortabel und mit Blick auf die Malvern Hills übernachtet. Sie loben auch das englische Frühstück. Abbey Road, Great Malvern, WR14 3ET, ✆ 01684/ 892332, ✉ 897898; www.sarova.com/abbey.

• *Essen und Trinken* Gegessen haben die beiden im **Nag's Head**, was ein typisch englisches Pub ist, dessen Essen sie „hervorragend" fanden. Das Pub findet sich auch im The Good Pub Guide. Tgl. 12–14 u. 18.30–20.30 Uhr. Es gibt auch 15 Ales vom Fass. 21 Bank Street, Great Malvern, WR14 2JG, ✆ 01684/574373; www.nagsheadmalvern.co.uk.

Michelin gab ihm erneut einen Stern: Will Holland und seine Brigade haben ihn sich verdient. Überzeugen können Sie sich von seiner extra französischen Küche im holzgetäfelten **La Bécasse**, Dinner Di–Sa 19–21 Uhr, Sa bis 21.30 Uhr. Lunch Mi–So ab 12 Uhr. 17 Corve Street, Ludlow, SY8 1DA, ✆ 01584/ 872325; www.labecasse.co.uk.

Mittelengland
Karte S. 504/505

Mahnmal gegen den Krieg – die Ruine der Kathedrale von Coventry

Coventry

Eine attraktive Stadt ist die Automobilmetropole im Zentrum des Landes sicher nicht, sie hat eher den Ruf einer schlecht verheilten Narbe. In der Nacht zum 14. November 1940 wurde fast das gesamte Zentrum zerstört, Coventry verlor als einzige Stadt des Landes auch seine Kathedrale. Der Neubau allerdings zählt zu den großen Touristenattraktionen der Region und ist einen Besuch wert.

Über die A 46 in nördliche Richtung gelangt man von Stratford nach Coventry, einer Stadt, die um das Benediktinerkloster Leofrics, des Earl of Mercia, erwuchs. Dessen Gattin *Lady Godiva* soll 1049 nackt durch die Straßen der Stadt geritten sein, um gegen die hohen Steuern, die ihr Mann den Bürgern auferlegt hatte, zu protestieren. Ihre Reiterstatue steht in der Broadgate unter einem großen Zeltdach. Daneben befindet sich die Coventry Clock, wo sich die nackte Godiva jede Stunde auf ihrem Pferd einmal um ihre eigene Achse dreht und dabei von Peeping Tom beobachtet wird (der in Wirklichkeit für seine Indiskretion geblendet worden war). Seit 1678 gibt es jedes Jahr im Juni während des Godiva Festivals den Godiva-Prozessionszug.

Seine Blüte verdankte Coventry im 17. Jahrhundert der Tuchherstellung, später entwickelte sich die Stadt zum Zentrum der britischen Autoindustrie. Zwischenzeitlich gab es über 100 Manufakturen, von Daimler über Rover bis zu Triumph und als letzte Jaguar, dessen Werk in der Browns Lane 2004 schloss. Die Zeugnisse dieses Booms stehen heute im frisch renovierten *Coventry Transport Museum*, das die größte Sammlung zur britischen Straßenverkehrsgeschichte beherbergt. Die zahlreichen Industrien waren auch der Grund, warum deutsche Bomben die Stadt im Jahr 1940 zum größten Teil in Schutt und Asche legten. Nach dem Krieg wurde der Phönix ins Stadtwappen aufgenommen, Coventry avancierte zum Symbol des Wiederaufbaus und suchte sich als Partnerstädte Dresden und Sarajevo aus.

Die Neubauten, die nach dem Krieg entstanden, lassen wenig vom einstigen Glanz der Altstadt erahnen. Was von der Fachwerkpracht übrig ist, steht überwiegend in der Spon Street. In der Cook Street haben zwei der ursprünglich zwölf mittelalterlichen Stadttore überlebt. In der nördlichen Innenstadt an den Hales und Fairfax Streets wurde für 50 Millionen Pfund mit dem Millennium Place ein neuer Bereich mit moderner Architektur gestaltet (→ Phoenix-Initiative). 2008 eröffnete auch der Neubau der *Herbert Art Gallery and Museum*. Vor allem aber die 1962 erbaute *Kathedrale* ist einen Besuch wert. Sie wurde an die Überreste der alten *Cathedral of St Michael* angebaut, die im Krieg zerstört wurde. Dank der riesigen bunten Fenster ist das Innere lichtdurchflutet.

• *Information* **Tourist Information Centre**, St Michael's Tower, Old Cathedral Ruins, Priory Street, Coventry, West Midlands CV1 5AB, ☎ 024/76225616, tic@cvone.co.uk, www.visitcoventryandwarwickshire.co.uk (Turmbesteigung: £ 2.50). Und im nagelneuen **Godiva History Centre**, The Herbert Art Gallery & Musaeum, Jordan Well, CV1 5QP, ☎ 024/7683/4060. Hier gibt es zahlreiche Broschüren und Informationen. Die Mitarbeiter buchen Unterkünfte, Karten für Veranstaltungen und helfen bei der Planung des Aufenthalts. Hier bekommt man auch den Audioguide für einen selbstgeführten Innenstadtspaziergang (nur auf Englisch, Kosten: £ 1).
• *Verbindungen* **Park & Ride** – Mo–Sa von War Memorial Park, Kenilworth Road im Süden und Austin Drive Courthouse Green im Norden.
Bus – Pool Meadow Busstation liegt gleich gegenüber der Kathedrale in der Fairfax Street. Alle 2–3 Stunden fahren National Express Busse von London Victoria nach Coventry.
Zug – Coventry Station befindet sich südlich der Ringstraße am Station Square. Züge fahren jede halbe Stunde nach London Euston und öfter nach Birmingham.
Flugzeug – Birmingham International Airport ist nur 20 Min. von Coventry entfernt. Coventry selbst hat auch einen Flughafen, ☎ 024/7638600; www.coventryairport.co.uk. Thomson Fly fliegt dreizehn Ziele in Europa an. ☎ 0870/1900737, www.thomsonfly.com. Bus 737 fährt vom City Centre her.
• *Veranstaltungen* **Mystery Plays**: Nicht so berühmt wie Oberammergau, aber auch aus mittelalterlicher Tradition entstanden und im Freien aufgeführt werden alle drei Jahre die Mystery Plays, Passionsspiele. Inzwischen gibt es multikulturelle Veranstaltungen in verschiedenen Lokalitäten. 2013

ist der nächste Termin. Infos über das Belgrave Theatre, ☎ 024/76553055; www.coventrymysteries.com.
• *Kunst* 39 Kunstwerke von 34 Künstlern säumen den **Coventry Canal Art Trail**, der entlang der Promenade vom Coventry Canal Basin im Herzen der Stadt zur Hawkesbury Junction führt.
• *Einkaufen* **West Orchard** ist Coventrys größtes Shopping Centre; www.westorchards.co.uk.
• *Märkte* **Coventry Market** ist mit mehr als 180 Ständen einer der größten Indoor-Märkte Europas. Jeden 2. Do Farmer's Market.
• *Übernachten* Die meisten B & Bs befinden sich um die St Patrick's Road und Park Road in der Nähe der Ringstraße.
** Ibis Hotel Coventry Centre, modernes 89-Betten-Haus mit erträglichen Preisen. Mo–Fr ab £ 55/Zimmer, Sa/So ab £ 52, Frühstück £ 5.25. Mile Lane, CV1 2NL, ☎ 024/76250500, 🖷 024/76553548, www.ibishotel.com.
*** Britannia Hotel Coventry, grundsolides Standardhotel und gleich um die Ecke der Kathedrale. 205 Zimmer, WLAN, Restaurant und Bar. Advance Saver DZ ab £ 35. Kids frei. Fairfax Street, CV1 5RP, ☎ 0871/2220095, 🖷 0871/2227709; www.britanniahotels.com.
• *Camping* **Bosworth Water Trust**, der Freizeitpark direkt am See bietet Wassersport, Fischen und Minigolf. Es gibt ein Ufercafé, Camping direkt am Wasser. Nur Familien oder Paare über 25! Wohnwagen oder Zelt £ 10–17. Far Coton Lane, Willsborough Road, Nuneaton, CV13 6PD, ☎ 01455/291876, 🖷 01455/291876, www.bosworthwatertrust.co.uk.
• *Essen/Trinken* **Millsy's Cafe, Bar & Bistro**, europäische Küche mit italienischem Schwerpunkt und Grill in elegantem, kosmopolitischem Ambiente; oben Restau-

rant, im Erdgeschoss Bar. Mo Talentnacht. 20 Earlsdon Street, Earlsdon, CV5 6EG, ✆ 024/76713222; www.millsys.co.uk.

Browns, familiengeführte Café-Bar nur wenige Minuten von der Kathedrale entfernt. Viele vegetarische und vegane Gerichte, berühmt für den hausgemachten Kuchen. Am Wochenende von 21–1 Uhr Tanzfläche im ersten Stock mit DJs, auch Live-Musik. Im Erdgeschoss Galerie. Earl Street, CV1 5RU, ✆ 024/76221100, www.brownsindependentbar.com.

Kakooti, italienische Bioküche und viele Fischgerichte in putzigem Fachwerkhaus, Mo–Sa ab 18.30 Uhr. Spon Street, ✆ 024/ 76221392; www.kakooti.com.

Dogma Bar and Kitchen, schicke, urbane Bar, man kann hier auch günstig essen, vor allem nachmittags (Sandwich und Glas Wein £ 5). Mittwoch Steak Night. Am Wochenende bis 3 Uhr geöffnet. Priory Place, Fairfax Street, CV1 5RZ ✆ 024/ 76230088; www.dogmabars.com/coventry. htm.

Inspire Bar & Café, winziger Laden im Kirchturm von Christchurch mit Außenterrasse. Belgische Biere, Live-Musik am Donnerstag, auch Essen. Christ Church Spire, New Union Street, ✆ 024/76553355. www. shariamos.co.uk/inspire.

Sehenswertes

Coventry Cathedral: Nach der Zerstörung der alten Kathedrale von St Michael's am 14. November 1940 wurde bereits einen Tag später die Entscheidung getroffen, neben der alten eine neue Kathedrale zu bauen, wobei die Ruinen als Mahnmal in den Neubau integriert werden sollten. Der Architekt Basil Spence erhielt den Zuschlag für einen mutigen Entwurf im Geiste Le Corbusiers, und der ultramoderne Neubau hatte Erfolg. Die Ausmaße der Kathedrale blieben ganz klassisch, jedoch wurden für eine Kirche völlig neue Materialen (Beton und Stahl) verwandt. Mit dem gelungenen Einsatz von Licht schuf Spence ein unglaubliches Raumgefühl. Von außen wirkt die Kathedrale fast wie eine Festung, deren Außenwand von Jacob Epsteins letztem Werk, dem Heiligen Michael, dominiert wird, der gegen den Teufel kämpft. Der Eingang ins Gotteshaus ist überdimensional groß, was nötig war, um den Neubau mit den fast siebenhundert Jahre älteren Ruinen zu verbinden. Gleichzeitig sollte ein Symbol für Tod und Wiederauferstehung gesetzt werden. Sehenswert sind das Sunburst-Fenster in der Taufkapelle von John Piper, das als Symbol des Heiligen Geistes in der Mitte die Sonne aufstrahlen lässt. Das Taufbecken besteht aus einem unbehauenen Felsen aus Bethlehem. Die zehn bunten Glaswände sind schräg eingesetzt und in ihren Farben von gold über rot zu blau und violett sollen sie den Lebenszyklus des Menschen von der Geburt über den Tod bis zur Auferstehung darstellen. In der Chapel of Unity, der Kapelle der Einigkeit, wurden bewusst internationale Materialien verarbeitet: So stammen der Mosaikboden aus Schweden und die Glasfenster aus Deutschland.

Tgl. 9–17 Uhr, Eintritt frei, um eine Spende von £ 3.50 wird gebeten. Turmbesteigung £ 2.50, erm. £ 1. Visitor's Centre, 7 Priory Row, CV1 5FB, ✆/✆ 024/76521200, www.coventry cathedral.org.uk.

Priory Visitor Centre and Undercroft: An dieser Stelle stand die erste Kathedrale von Coventry, gegründet von der legendären Lady Godiva und Earl Leofric. Sie wurde im 16. Jahrhundert zerstört. Die St-Mary-Priory-Gärten sind gerade neu angelegt worden und entpuppen sich als Oase der Ruhe. Im Besucherzentrum informiert eine Ausstellung über die Geschichte des Klosters, dessen Kellergewölbe und Passagen erst vor kurzem entdeckt worden sind. Man kann sich durch die ausgegrabenen Fundamente (Undercroft) führen lassen.

Mo–Sa 10–17 Uhr, So 12–16 Uhr. Eintritt frei. Undercroft Tours £ 1. Priory Row, ✆ 024/ 76552242, priory.visitorcentre@coventry.gov.uk. www.theherbert.org.

Guildhall of St Mary: Am anderen Ende der Bayley Lane und der Domruinen steht diese wunderschöne Zunfthalle aus dem 14. Jahrhundert. Sie diente Mary Queen of Scots 1560 als Gefängnis, bevor sie von ihrer Halbschwester Elizabeth I. hingerichtet wurde. Die Wandteppiche von 1500 sind sehenswert.

Ostern bis Ende Sept. So–Do 10–16 Uhr. Eintritt frei. Bayley Lane, ☎ 024/76832386, artsandheritage@coventry.gov.uk; www.theherbert.org/visiting/guildhall.

Holy Trinity Church: In dieser Gemeindekirche im Stadtzentrum aus dem 12. Jahrhundert gibt es ein Wandfresko des Jüngsten Gerichts zu bewundern, das mehrere Jahrzehnte älter ist als Leonardo da Vincis berühmtes Abendmahl. Es stammt aus dem Jahr 1435 und hat als eines der wenigen die Reformation überlebt, wo viele Wandmalereien übermalt wurden, weil sie angeblich die Kommunikation mit Gott störten.

Mo–Sa 9.30–15.30 Uhr, So nur während des Gottesdienstes. Eintritt frei, Spende erbeten. ☎ 024/76220418, www.holytrinitycoventry.org.uk.

Coventry Transport Museum: Eine riesige Sammlung zeigt alles, was auf britischen Straßen seit 1869 unterwegs ist, vom Fahrrad übers Motorrad bis zu Autos und Rennwagen. Passend für eine Stadt, in der 140 Automanufakturen zu Hause waren, u. a. Daimler, Standard Triumph und Jaguar. Weniger nach jedermanns Geschmack ist wohl die Blitz Experience, wo ein Luftangriff so lebensecht wie möglich nachgestellt wird.

Tgl. 10–17 Uhr, letzter Eintritt 16.30 Uhr. Eintritt frei. Millennium Place, Hales Street, ☎ 024/76234270, enquiries@transport-museum.com; www.transport-museum.com.

Sunburst-Fenster in der Taufkapelle

The Herbert: Coventrys Kunstgalerie und Museum wurde gerade ausgebaut und bringt nun im historischen Zentrum auch das Stadtarchiv, kreative Medienstudios und ein Kunstinformationszentrum unter. Benannt wurde die Institution nach ihrem Stifter, dem Industriellen und Maschinenhersteller Sir Alfred Herbert. Zu seiner Sammlung gehören Exponate der Archäologie, Naturwissenschaften und mehr als 5000 Kunstwerke (Gemälde, Skulpturen, Zeichnungen etc.), in deren Zentrum das fast sechs Meter lange Meisterwerk von Bacchus und Ariadne des italienischen Barockmalers Luca Giordano (1634–1705) steht. Die Werke sind jetzt in drei Galerien aufgeteilt: Bildhauer, Alte Meister und Kunst seit 1900. Es gibt zudem vier Galerien für Wechselausstellungen.

Mo–Sa 10–16 Uhr, So 12–16 Uhr. Eintritt frei. Jordan Well, ☎ 024/76832386; info@theherbert.org; www.theherbert.org.

Phoenix-Initiative: Westlich und nördlich der Kathedrale, wo die Straßen von der Holy Trinity Church in Richtung Ringroad abfallen, sind 50 Millionen Pfund investiert worden, um der Nachkriegs-Tristesse die Stirn zu bieten. Das Transport

Museum hat eine neue Glasfassade erhalten und ist nun direkt durch einen promenadenartigen Spazierweg mit der Kathedrale verbunden. Es wurden vier Parks geschaffen und mehrere Piazzas mit Cafés, Bars und Restaurants. Im Zentrum der Regeneration liegt der Millennium Place, der mit modernen Kunstwerken verziert wurde. Er ist außerdem von dem 62 Meter langen Whittle Arch überspannt, der nach dem Pionier des Jetmotors benannt wurde. Françoise Scheins 24-Stunden-Uhr leuchtet neonblau in die Nacht und zeigt die Zeitzonen der Welt. Sie wird flankiert vom Werk des deutschen Bildhauers Jochen Gertz. Seine „Peoples Bench and Obelisk" ist eine Bank, die aus Hunderten von Platten besteht, in die die Einwohner von Coventry Freundschaftsbotschaften hineingravieren durften. Eine 162 Meter lange Glasbrücke verbindet den Millennium Place mit dem Garden of International Friendship. Von ihr kann man auch auf Lady Herbert's Garden und Teile der mittelalterlichen Stadtmauern hinunter blicken.

Umgebung von Coventry

Rugby: Der Name ist Programm! Die imposante Rugby School gilt als die Wiege des Sports, wo 1823 ein Schüler namens William Webb Ellis in einem Fußballmatch den Ball einfach unter den Arm nahm und damit losrannte. Seine Statue befindet sich im Stadtzentrum, man kann das *Rugby School Museum* besuchen oder das *Webb Ellis Rugby Football Museum* in einem alten Workshop vollgestopft mit Memorabilien, wo man auch handgefertigte Rugbybälle erwerben kann.

● *Information* Visitor Centre im Foyer der nagelneuen Rugby Art Gallery, Museum & Library, The Foyer, Little Elborow Street, CV21 3BZ, ✆ 01788/533217; visitor.centre@rugby.gov.uk.

● *Öffnungszeiten* **Rugby School Museum**: Mo–Fr 12.30–16 Uhr, Sa ab 12 Uhr, Führungen durch die Schule Mo, Fr, Sa 14 Uhr. Barby Road, £ 5.95. ✆ 01788/556169; www.rugbyschool.net. **Webb Ellis Rugby Football Museum**: Mo–Sa 9.30–17 Uhr, Eintritt frei. 5–6 Matthews Street, CV21 3BY, ✆ 01788/533217; www.rugbyfootballmuseum.org.uk.

Birmingham

Birmingham ist nach London die zweitgrößte Stadt Englands. Die Industrielle Revolution ließ die mittelgroße Marktstadt in wenigen Jahrzehnten zu einem riesigen Industriezentrum werden. „Brum", wie die Bürger ihre Stadt nennen, versucht wie die anderen Industriestädte in England auch, Bürgern und Besuchern durch neue Projekte und viel Kunst mehr Lebensqualität zu vermitteln und ist dabei so erfolgreich, dass man Mühe hat, mit der Entwicklung Schritt zu halten.

Die Elendsviertel sind längst verschwunden und vielfach modernen Hightechbauten von Stararchitekten wie Nicholas Grimshaw und Richard Rogers gewichen, die Birmingham von der Betonwüste in einen glitzernden Konsumententempel verwandelt haben. Zum neuen Wahrzeichen stieg das Kaufhaus Selfridges auf, dank der 15000 Aluminiumplatten seiner Fassade, die bei schönem Wetter in der Sonne funkeln. Dennoch genießt die Stadt unter Engländern einen denkbar schlechten Ruf, und selbst der örtliche Dialekt mit seinem seltsamen Singsang („Brummie") gilt beim Rest der Nation als die hässlichste. Wo außerdem die nördlichen Metropolen zumindest ihre Musikszene zu bieten haben, ist Birmingham eine ziemlich unansehnliche Nachkriegsstadt geblieben, in der man vor allem einer Beschäftigung nachgeht – dem Geldverdienen. So ganz stimmte das allerdings nie – immerhin hat Birmingham uns die Rockband Black Sabbath mit dem unvergesslichen Ozzy Osborn geschenkt (Geburtshaus in Aston), dem wohl berühmtesten „Brummie" unserer Zeit.

Die Bürger von Birmingham sind so oder so stolz auf ihre Stadt, die seit 1166 Stadtrecht genießt und die Heimat so bekannter Marken wie Cadburys Schokolade, Austin Autos, Birds und Dunlop ist. Und langsam, aber sicher lassen sich auch ihre Kritiker eines Besseren belehren. Über elf Milliarden Pfund wurden im ersten Jahrzehnt des neuen Jahrtausends hier in die Anlage von Parks, den Wohnungsbau entlang der Kanäle, Museen, ein neues Krankenhaus und die Modernisierung von Busbahnhof, Bibliothek und Sportanlagen investiert. Bei Englands Studenten ist die Botschaft bereits angekommen, und Birminghams Universität erfreut sich rasch steigender Beliebtheit. Entsprechend aufregend gestaltet sich inzwischen auch das Nacht- und Clubleben. Eher entspannend ist allerdings eine Fahrt auf einem der Kanalboote (Birmingham hat mit über 50 Kilometern mehr Wasserstraßen als Venedig!), und auch das aufgepeppte *Jewellery Quarter* lohnt einen Besuch, selbst wenn man gerade keinen neuen Brilli erstehen möchte. Ein weiterer Lichtblick für den Besucher sind die zahlreichen kostenlosen Museen und Galerien, die das neue Birmingham auch als Kulturmetropole etablieren sollen.

Birmingham war die erste Stadt der Welt, die man schon zu Anfang des 19. Jahrhunderts als vollständig industrialisiert bezeichnen konnte. So berühmte Erfinder und Techniker wie *James Watt*, *Matthew Boulton* und *Erasmus Darwin* schlossen sich hier zusammen, um die Industrialisierung voranzutreiben. Die Stadt wurde mit ihren Hunderten von Manufakturen und Werkstätten schnell zum Handelszentrum. Von hier aus wurden Juwelen, Gewehre, Schwerter und Knöpfe in die ganze Welt geliefert. Während des Zweiten Weltkriegs zerstörten dann deutsche Bomben große Teile der Innenstadt. Fast ebenso destruktiv fiel der modernistische Wiederaufbau in den 1960er- und 70er-Jahren aus, dessen Symbol die verschlungenen Schnellstraßensysteme (im Volksmund „Spaghetti Junctions") sind, die sicherlich in die Geschmackskategorie „some of the worst" gehören.

Information/Verbindungen/Stadtrundfahrten

● *Information* Es gibt zwei Touristeninformationen, die von Marketing Birmingham betrieben werden. Eine in der Innenstadt und eine am Flughafen. **Rotunda Tourism Centre**, The Rotunda, 150 New Street, B2 4PA, Tickets: ✆ 0844/8884415; Unterkunft: ✆ 0844/8883883. ✆ 0121/2025099, ✆ 0121/6161038. visit@marketingbirmingham.com. **Visitor Centre Birmingham International Airport**, zwischen Terminals 1 und 2, B26 3QJ, tgl. 7–20 Uhr.

Man kann sich auch direkt an **Marketing Birmingham** wenden: Millennium Point, Level L2, Curzon Street, B4 7XG, ✆ 0121/2025115, ✆ 0121/2025116, www.birmingham.org.uk oder www.beinbirmingham.com. Hier gibt es auch Informationen zu verschiedenen Stadtspaziergängen (www.birmingham-tours.co.uk). Vorab zu buchen über Birmingham Box Office: 0121/3032323 oder die Ticketline: 0844/8884415.

● *Verbindungen* **Bus** – Der Busbahnhof Digbeth Station befindet sich in der High Street; von hier starten sowohl Überland- als auch Nahverkehrsbusse. Der National Express fährt regelmäßig nach London (stündlich), Manchester und Cardiff. West-Midland-Busse verbinden mit Coventry und Wolverhampton. Das One Day Network Ticket gibt es für £ 6.50, erm. £ 3.30, Off Peak (nach 9.30 Uhr) schon für £ 5.20, erlaubt die Nutzung der Metro, aller Busse und Züge. www.networkwestmidlands.com.

Zug – Birmingham ist ein Verkehrsknotenpunkt für Züge nach London, Wales, in den Südwesten Englands sowie zu vielen nördlichen Zielen. Es gibt drei Bahnhöfe. Die meisten Züge halten in der New Street

Station. Verbindungen nach Warwick und Stratford-upon-Avon am besten von den Bahnhöfen Snow Hill und Moor Street. Züge nach London von Moor Street am Bullring Shopping Centre, das man zu Fuß von der New Street innerhalb von zehn Minuten oder mit Bussen erreichen kann (ausgeschildert).

Flugzeug – Der Birmingham International Airport liegt rund 12 km östlich vom Zentrum. Vom Hauptbahnhof in Birmingham fahren regelmäßig Züge hierher, der Bahnhof ist mit einer kostenfreien „Skyrail" an den Flughafen angeschlossen. Die großen Airlines unterhalten auch kostenlose Shuttle-Busse oder man nehme Bus Nr. 900 ins City Centre. Auskünfte unter ✆ 08707/335511. www.bhx.co.uk.

Metro – Birminghams Straßenbahn fährt vom Snow Hill nach Wolverhampton und kommt dabei durch das Jewellery Qarter, West Bromwich und Dudley. Ab £ 1.80,

Return £ 2.80, Tageskarte £ 8.50 (für bis zu 2 Erwachsene und 4 Kinder). ✆ 0121/5022006. www.nxbus.co.uk.

● *Bootfahren*   Die Industriestadt Birmingham war schon früh auf die Kanäle für der Warentransport angewiesen. Heute fahren hier Ausflugsboote vom Gas Street Basin, ICC (International Convention Centre) und dem National Sea Life Centre.

Sherborne Wharf Heritage Boats, Bootstouren von Ostern bis Okt. tgl. 11.30, 13, 14.30 und 16 Uhr, Okt. bis Dez. zu denselben Zeiten, aber nur Sa und So, Jan. bis Ostern Sa/So 13 und 14.30 Uhr. Vom International Convention Centre, Sherbourne Street, ✆ 0121/4556163; www.sherbornewharf.co.uk.

Second City Canal Cruises, mit Souvenirshop, The Canal Shop, Gas Street Basin und 2. Laden Kingston Row. ✆ 0121/2369811, www.secondcityboats.co.uk.

*E*inkaufen/*V*eranstaltungen/*D*iverses

● *Einkaufen*   Die meisten Läden und gängigen Kaufhäuser sind in der Fußgängerzone, der New Street, und in den Shoppingzentren City Plaza, Pallasades und Pavilions in der High Street zu finden. Die besten **Charity Shops** sind auf der Harborne High Street. Die besten **Secondhand-Läden** gibt es auf der Digbeth High Street. Das ultimative Shopping-Erlebnis ist der brandneue **Bullring** (www.bullring.co.uk). Hier wurden 140 Läden auf einer Fläche von 26 Fußballfeldern untergebracht. Das Gelände besteht aus einer Reihe von Malls, überdachten Straßen, Plätzen und Kaufhäusern. Die aus 15.0000 glitzernden Aluminium-Modulen zusammengesetzte Fassade des Kaufhauses **Selfridges** ist zum architektonischen Wahrzeichen und Werbemagneten der Stadt geworden. Die **Foodhall** des Kaufhauses ist nicht ganz Harrods oder KaDeWe, aber kann sich sehen lassen. Wer eher Designerläden im Sinn hat, begebe sich in den Südosten der Stadt zur **Mailbox** (→ Sehenswürdigkeiten). Das ist eine alte Postverteilerstation, in die Luxuswohnungen, Edelboutiquen (Armani, Boss, Jaeger) und teure Restaurants eingezogen sind. ✆ 0121/6321000, www.mailboxlife.com.

Jewellery Quarter Shopping Centre, Hockley. In dem traditionellen Goldschmiedezentrum der Stadt kann man sehr ausgefallene oder traditionelle Schmuckstücke

ergattern. www.jewelleryquarter.net.

● *Märkte*   **Indoor Market/Rag Market**, in der Edgbaston Street befinden sich gleich mehrere Märkte: Auf über 500 Marktständen werden Frischwaren (Mo–Sa), Kleidung, Möbel, aber auch viele klassische Mitbringsel und Secondhand-Artikel (Di, Do, Fr, Sa) angeboten. Antikmärkte finden jeweils am zweiten oder dritten Mi des Monats statt.

● *Internet*   **Unis Internet Lounge**, 50 Terminals im Pavillions Shopping Centre, 38 High Street, £ 1/30 Min., ✆ 0121/6326172.

● *Post*   1 Pinfold Street, an der Kreuzung Victoria Square, oder 19 Union Passage, oder 119 Vyse Street.

● *Kino*   **Star City** eines der größten Kinokomplexe Europas, nördlich des Zentrums an der M 6, Vue hat 25 Leinwände. www.starcity.org.uk. **IMAX** am Millennium Point, ✆ 0121/2022222, oder **AMC Multi-Screen**, Broadway Plaza, Five Ways, ✆ 0121/4403838. **Odeon** New Street, ✆ 0871/2244007; Ältestes Kino der Stadt ist das **Electric Cinema** von 1909, 47–49 Station Street, ✆ 0121/64078 79; www.theelectric.co.uk.

● *Theater*   **Birmingham Repertory Theatre**, der Ort für moderne und oft provokante Theateraufführungen, Centenary Square, Broad Street, ✆ 0121/2364455, www.birmingham-rep.co.uk.

Kanalboote befahren Birminghams Wasserstraßen

Birmingham Hippodrome, auch hier finden Konzerte und andere Veranstaltungen statt, u. a. treten auch das Royal Ballet von Birmingham und die Welsh National Opera auf. Viele Musicalhits aus dem Westend von London. Hurst Street, ℘ 0844/3387000; www.birminghamhippodrome.com.

The NEC Arena, hier finden große Popkonzerte statt, M 42, Ausfahrt 6, ℘ 0121/7804141, Ticket-Information: 0844/3388000; www.necgroup.co.uk.

Symphony Hall, hier tritt u. a. das symphonische Orchester von Birmingham auf, das von Simon Rattle, der derzeit die Berliner Philharmonie leitet, zu Weltrang geführt wurde. The ICC, Broad Street, ℘ 0121/7803333; www.cbso.co.uk oder www.thsh.co.uk/page/symphony-hall-birmingham.

● *Veranstaltungen* **Birmingham Jazz Festival**, in den ersten zwei Wochen im Juli wird ein beliebtes Jazz-Festival veranstaltet. Über 200 Bands sorgen dann für Unterhal-

tung. www.bigbearmusic.com/jazz_festivals.html. Das **Artsfest** findet am ersten Septemberwochenende statt. Die meisten Konzerte sind kostenlos und reichen von Asian Dub über House bis hin zu Bhangra Combos. www.artsfest.org.uk.

● *Fußball* Mit Aston Villa hat Birmingham ein Premier-League-Team, dessen Stadion besichtigt werden kann. **Villa Park**, Anfahrt Busse 7 u. 11. Touren Mi, Fr u. So; mit Essen £ 16.95, erm. £ 11.95, ohne Essen £ 9.95, £ 6.95, sonntags mit Lunch £ 22.50, erm. £ 11.95. Villa Park, B6 6HE, ℘ 0800/6120950; www.avfc.co.uk.

● *Schwimmen* **Moseley Road Swimming Pool**, eines der ältesten und schönsten öffentlichen Schwimmbäder der Stadt, Mo 7–20 Uhr, Di bis 16, Mi bis 15.30, Do bis 20, Fr bis 13 Uhr, Sa 12–16.30 Uhr, So 7–12.30 Uhr. Moseley Road, Balsall Heath, B12 9BX, ℘ 0121/4640150.

Mittelengland
Karte S. 504/505

Übernachten (siehe Karte S. 551)

Birmingham hat 50.000 Hotelbetten, ist allerdings eher auf Geschäftsleute eingestellt, die eine Messe oder Kongresse besuchen, daher sind die meisten günstigen Unterkünfte sehr weit außerhalb des Stadtzentrums (viele B & Bs ab £ 20 in der Hagley Road). Die großen Hotels bieten jedoch alle günstige Wochenendtarife an. Am besten informiert man sich in der Touristeninformation.

*** Comfort Inn (11), in der Innenstadt gelegenes Hotel in einem viktorianischen Stadthaus. Kein Augenschmaus, aber praktisch mit viel kostenlosem Komfort (Bügeleisen, Zeitung, Kopierer). Zimmer ab £ 50 ohne Frühstück. Station Street, ✆ 0121/6431134, 📠 0121/6433209, www.choicehotelseurope.com.

The Old Crown (15), acht rustikale Zimmer im ältesten Pub der Stadt (1368), zentral nahe des Busbahnhofs gelegen, allerdings an befahrener Hauptstraße. Parkplatz. Sehr urig, aber laut. B & B im EZ £ 35, DZ ab £ 60. 188 High Street, ✆/📠 0121/2481369, www.theoldcrown.com.

Briar Rose (7), 40 kürzlich modern dekorierte Zimmer in einem Wetherspoon Hotel der Barkette über dem Pub, aber in einer kleinen, ruhigen Seitenstraße. EZ ab £ 44, DZ ab £ 49, Familienzimmer ab £ 59. 25 Bennetts Hill, B2 5RE, ✆ 0121/6348100; www.jdwetherspoon.co.uk/home/hotels/the-briar-rose.

*** Nitenite (12), bezahlbarer Luxus, sehr kleine Zimmer, aber toller Komfort, kostenloses WLAN, kostenfreie Movies, urbanes Ambiente. DZ ab £ 55.95. 18 Holliday Street, B1 1TB, ✆ 08458/909090, 📠 0121/6343236; www.nitenite.com.

Birmingham Central Backpackers (13), Billigunterkunft unweit des Busbahnhofs und des Einkaufszentrums Bullring, freundlichbunte Schlafsäle für 4–6 Leute, auch Privatzimmer, kostenloses Internet, Fernseher, Küche. Ab £ 13.50 pro Person. 58 Coventry Street, Digbeth, ✆ 0121/6430033, www.birminghamcentralbackpackers.com.

Hatters (1), Hostel im Jewellery Quarter, das fast Hotelstatus für sich beanspruchen kann. Rezeption eher Jugendherberge, Zimmer eher Hotel. Lockere Altmosphäre, Frühstück 24 Stunden, Lounge, Spitzenküche. £ 14–16.50 im bis zu 12-Bett-Schlafsaal, DZ £ 40–55. 92–95 Livery Street, B3 1RJ, ✆ 0121/2364031; http://hattersgroup.com.

Essen/Trinken/Nachtleben

Da Birmingham eine internationale Stadt ist, gibt es zahlreiche gute Restaurants (Simpsons besitzt sogar einen Michelinstern, Infos unter www.birmingham-eating.com), und in den letzten Jahren haben einige der besten Bars und Clubs hier eröffnet. Preiswertere Küche findet man z. B. im Chinese Quarter am oberen Ende der Hurst Street. Birminghams Beitrag zur internationalen Küche ist das Balti, ein Pakistanisches Gericht, bei dem mariniertes Fleisch und Gemüse über einer großen Flamme schnell gebraten wird und das von Curry-Restaurants im ganzen Land übernommen wurde. Das Balti-Dreieck (rund 50 Balti-Restaurants) findet man in Sparkbrook, 3 km südlich des Zentrums (www.thebaltiguide.com, Busse 6, 12, 31 und 37 vom Stadtzentrum).

● *Essen/Trinken* Birmingham ist berühmt für seine indische Küche, die sich im sog. **Balti Triangle** mit rund 50 Restaurants und Take-aways ballt.

Al Frash (19), eines der besten Balti-Restaurants der Stadt in nur mäßig kitschigem Dekor, Spezialität Balti Chicken White Rose. Tgl. ab 17 Uhr. Balti Triangle, 186 Ladypool Road, ✆ 0121/7533120; www.alfrash.com.

Chung Ying Garden Restaurant (18), exklusives kantonesisches Restaurant mitten in Chinatown. Bringen Sie Zeit mit, das Menü umfasst nämlich 400 Speisen, zum Dim Sum allein werden 100 Speisen zur Auswahl geboten! 17 Thorp Street, ✆ 0121/6666622; www.chungying.co.uk.

Metro Bar and Grill (4), vom Michelin-Restaurantführer gepriesen (aber ohne Stern), sehr stylisch. Das Glasdach hat eine ovale Öffnung, und die Wände sind mit geschwungenen Spiegeln dekoriert oder mit Kunstwerken behangen. Groß, sehr beliebt, aber nicht billig. 73 Cornwall Street, Sa nur abends, So geschl. B3 2DF, ✆ 0121/2001911, www.metrobarandgrill.co.uk.

Simpsons (24), Mit einem Michelin-Stern ist dieses Luxus-Restaurant in einer Vorstadtvilla ausgezeichnet worden, französische Küche, Kochschule und Zimmer (£ 160–225), 3-Gänge-Lunch-Menü für £ 32.50. 20 Highfield Road, Edgbaston, 15 3DU, ✆ 0121/4543434; www.simpsonsrestaurant.co.uk.

Turners (22), noch ein Michelin-Stern ging an Richard Turner: am besten kommt man zum Lunch-Menü (Di–Fr) für £ 21.50, dann kann man anschließend in der Harborne Highstreet bummeln gehen. So und Mo Ruhetage. 60 High Street, B17 9NS, ✆ 0121/4264440; www.turnersofharborne.com.

New Sum Ye (17), wen spät abends der Hunger überfällt, der bekommt in diesem

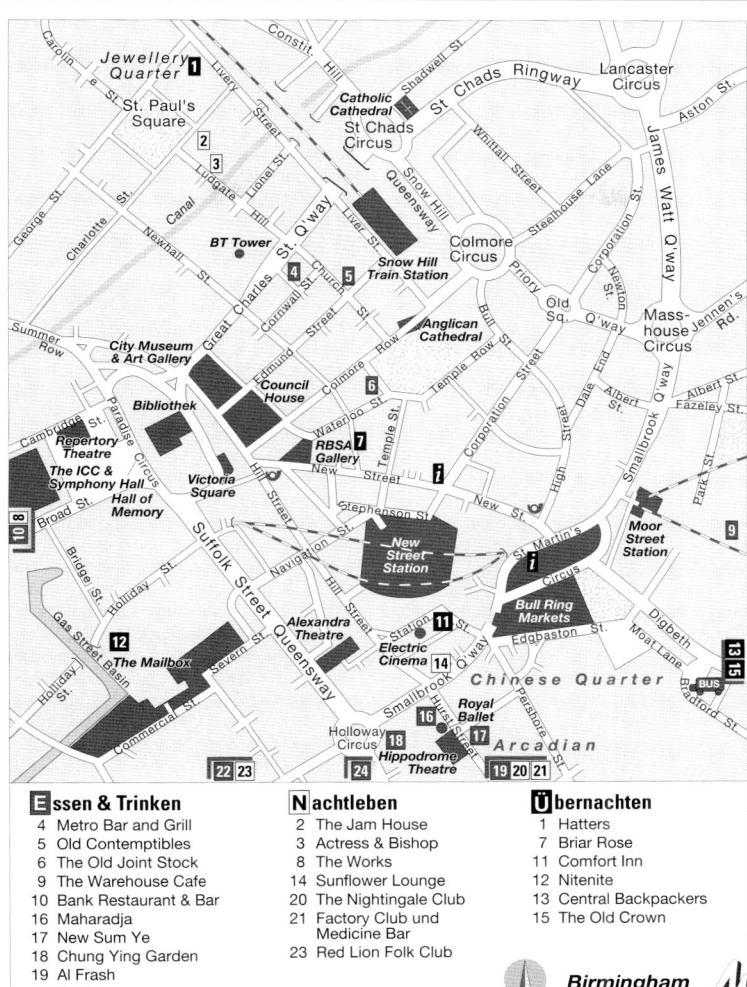

Mittelengland
Karte S. 504/505

Essen & Trinken

4 Metro Bar and Grill
5 Old Contemptibles
6 The Old Joint Stock
9 The Warehouse Cafe
10 Bank Restaurant & Bar
16 Maharadja
17 New Sum Ye
18 Chung Ying Garden
19 Al Frash
22 Turners
24 Simpsons

Nachtleben

2 The Jam House
3 Actress & Bishop
8 The Works
14 Sunflower Lounge
20 The Nightingale Club
21 Factory Club und Medicine Bar
23 Red Lion Folk Club

Übernachten

1 Hatters
7 Briar Rose
11 Comfort Inn
12 Nitenite
13 Central Backpackers
15 The Old Crown

Birmingham

100 m

chinesischen Fastfood-Restaurant den richtigen Snack für wenig Geld. Arcadian Centre in Chinatown, B 105 Hurst Street. ℅ 0121/6221525.

Old Contemptibles (5), altes Pub mit viel Atmosphäre, in dem es vor Geschäftsleuten wimmelt. Das Pub ist bekannt für seine leckeren Lunch-Gerichte. Mo–Sa 10–23 Uhr, So 12–18 Uhr. 176 Edmund Street, B3 2HB, ℅ 0121/2003310. www.nicholsonspubs.co.uk/theoldcontemptiblesedmundstreetbirmingham.

The Old Joint Stock (6), war das erste Pub, das die Brauerei Fuller's in den Midlands eröffnet hat und gewann 2010 den Preis für das beste Innenstadt-Pub. Denkmalgeschütztes Haus mit Glaskuppel (ehemalige Bank, heute Theater), opulentes Dekor, große Räume, gutes Essen. 4 Temple Row West, B2 5NY, ✆ 0121/2001892. www.oldjointtheatre.co.uk.

The Warehouse Cafe (9), vegetarisches Restaurant mit ökologischem Anspruch, leckere und günstige Küche (Falafel, Linsenwürstchen, Fenchel-Thymian-Risotto). 2 Gänge £ 12.50. Mo–Sa 11–22 Uhr, So bis 18 Uhr. 54–57 Allison Street, B5 5TH, ✆ 0121/6330261; www.thewarehousecafe.com.

Maharadja (16), gute indische Küche zu mittleren Preisen in eleganter Umgebung. Gute Auswahl auch für Vegetarier. Ex-Premier John Major ist Fan des Curryhauses. 23–25 Hurst Street (neben dem Hippodrome Theatre), ✆ 0121/6222641.

Bank Restaurant & Bar (10), in dieser Bar/Brasserie kann man den Köchen bei der Arbeit zusehen. Eine überdachte Terrasse mit Blick auf den Kanal, die andere mit Blick auf das Treiben am belebten Brindley Platz. Am Wochenende Brunch. 4 Brindley Place, ✆ 0121/6334466, www.bankrestaurants.com.

● *Nachtleben* Die meisten Clubs und Bars befinden sich entlang der **Broad Street**. **The Arcadian** im Chinese Quarter ist ebenfalls ein Ballungszentrum des Nachtlebens. Birminghams Homosexuellen-Szene konzentriert sich ebenfalls im Chinese Quarter um die **Hurst Street**.

The Red Lion Folk Club (23), Pub in einem ehemaligen Haus eines Vikars mit Folk-Konzerten mittwochs abends, Vicarage Road, Kings Heath, B14 7LY, ✆ 0121/2025000; www.RedLionFolkClub.com.

Sunflower Lounge (14), Bar im 60er-Retrostil, die lässigen Besucher passen dazu, abends oft kostenlose Veranstaltungen und DJs, am 1. Sonntag des Monats £ 1. Auch Essen (Hauptgerichte um die £ 5!), 76 Smallbrook Queensway, B5 4EG, ✆ 0121/6326756, www.thesunflowerlounge.co.uk.

The Nightingale Club (20), „Best Midlands Gay Venue", Schwulenclub auf drei Ebenen mit 5 Bars, Restaurant, Spielhalle und Garten. Essex House, 18 Kent Street, B5 6RD, ✆ 0121/6221718; www.nightingaleclub.co.uk.

The Works (8), im Herzen des Nachtlebens liegt dieser Club, der in drei Räumen verschiedene Musikgeschmäcker bedient. Überwiegend Dance, Anthems, Party und Funk House, bis zu 2500 Leute. So/Mo geschlossen. 182 Broad Street. B15 1DA, ✆ 0121/6331520; www.fivewaysleisure.com/the-works.htm

The Jam House (2), auf drei Ebenen kann man hier essen, trinken und tanzen, zu Rhythm'n'Blues, Soul etc. Eintritt wird nur am Wochenende und Do nach 21 Uhr erhoben. Der bekannte Fernsehmoderator, Musiker und DJ Jules Holland verkehrt hier. So u. Mo geschlossen. 1 St Paul's Square, ✆ 0121/2003030; www.thejamhouse.com.

Factory Club und Medicine Bar (21), untergebracht in der Custard Factory, zusammen mit 52 Degrees einer der angesagtesten Clubs der Stadt. Clubabende und Live-Konzerte, 1 Gibb Street, Digbeth, B9 4AA, ✆ 0121/7722094; www.factoryclub.co.uk.

Actress and Bishop (3), Pub mit Live-Musik oder DJs im ersten Stock. Indie und Rock. 35 Ludgate Hill, B3 1EH, ✆ 0121/2367426.

Sehenswertes

Victoria Square: Wenn man die Fußgängerstraße New Street in Richtung Victoria Square entlangschlendert, erblickt man in dessen Mitte einen der größten Brunnen Europas. 3.000 Gallonen Wasser umspülen eine nackte Dame, die den Spitznamen „The Floozie in the Jacuzzi" verpasst bekam. Mehrere schöne Gebäude flankieren den Victoria Square. Auf der Nordseite befindet sich das Council House im Renaissance-Stil, über dessen Eingang eine Reliefskulptur der Britannia prangt, die die Besitzer der Manufakturen belobigt. Beeindruckend ist auch die denkmalgeschützte und kürzlich aufwändig renovierte Town Hall, die dem Tempel von Castor nachempfunden ist und nur ein paar Schritte weiter am Chamberlain Square neben dem ebenfalls klassizistischen Council House zu finden ist.

Birmingham Museum and Art Gallery: Diese bekannte Ausstellung in einem schönen viktorianischen Gebäude, das man an seinem Uhrenturm („The Big Brum") erkennen kann, befindet sich ebenfalls am Chamberlain Square. Zu sehen gibt es die wohl größte Sammlung präraffaelitischer Glas- und Keramikkunst. Ein ganzer

Spektakuläre Architektur: the Bullring – das neue Wahrzeichen der Stadt

Raum ist dem Maler *Sir Edward Burne-Jones* gewidmet, der 1833 in Birmingham geboren wurde. Andere Räume beschäftigen sich mit der europäischen Malerei, der Archäologie und der Naturgeschichte. Außerdem kann man sich in einem nachgebauten Tearoom aus edwardianischer Zeit umschauen oder im Museum Shop, über dessen Eingang unerwartet Lucifer steht, eine Skulptur von Jacob Epstein. Die *Gas Hall Exhibiton Gallery* präsentiert Wechselausstellungen und die neue eröffnete Waterhall Gallery moderne Kunst.

Mo–Do und Sa 10–17 Uhr, Fr ab 10.30, So ab 12.30 Uhr. Eintritt frei (bis auf die Wechselausstellungen). Chamberlain Square, ✆ 0121/3032834. Unter www.bmag.org.uk gibt es Infos zu den meisten Museen und Galerien der Stadt und ihren aktuellen Ausstellungen.

International Convention Centre: Die Broad Street führt zum Centenary Square, der vom Beton- und Glasgiganten des International Convention Centres (ICC) dominiert wird. Das ganze Viertel heißt neuerdings „Convention Quarter". Drinnen befinden sich u. a. die Symphony Hall sowie die Konzerthalle des City of Birmingham Symphony Orchestras, die als akkustisch nahezu perfekt gilt. Durch die Mall mit Restaurants und einigen Läden führt ein Hinterausgang zu den sanierten Kanälen und zum Brindley Place.

Täglich 24 Stunden, Eintritt frei, ✆ 0121/6445025; www.theicc.co.uk.

Brindleyplace: Wenn man das ICC Atrium passiert, kommt man zur *Wharfside*, einem der elegantesten Kanalerneuerungsprojekte der Stadt. Hier gibt es neben rund 30 Restaurants, Bars, Cafés und Shops ein eigenes Besucherzentrum und ein von Sir Norman Foster entworfenes *National Sea Life Centre*. Gegenüber befindet sich in einem alten Schulgebäude die *Ikon Gallery*, eines der führenden Museen für zeitgenössische Kunst in England. Man kann im Café ausspannen oder im Buchladen stöbern, und es werden thematische Führungen angeboten. Der Höhepunkt des runderneuerten Kanalsystems ist *Gas Street Basin*, nur wenige Minuten vom Brindleyplace entfernt. Auf diesem Weg kam die Kohle aus dem Black Country nach Birmingham, worüber das Besucherzentrum informiert. Man kann auch auf einer Barkasse Kanaltouren unternehmen.

● *Öffnungszeiten* **Information Center**: 10–18 Uhr, ℡ 0121/6436866, www.brindleyplace. com.

National Sea Life Centre: Mo–Fr 10–17 Uhr, Sa–So 10–18 Uhr. Eintritt: £ 17.50, erm. £ 17, Kinder £ 14, Familien £ 54.95. Online-Rabatt.

The Waters Edge, Brindleyplace, ℡ 0121/6436777, www.sealifeeurope.com.

The Ikon Gallery: Di–So 11–18 Uhr. Eintritt frei. Oozell's Square, ℡ 0121/2480708; www. ikon-gallery.co.uk. **Cafe Ikon** Mo–Sa 11–23 Uhr, So 11–18 Uhr.

Jewellery Quarter: Wer noch nicht genug von den Kanälen hat, kann auch auf dem Treidelpfad vom Brindleyplace (Zugang bei der National Indoor Arena) ins Jewellery Quarter gelangen. Es liegt eineinhalb Kilometer nordwestlich des Zentrums, die Gebäude stammen hauptsächlich aus der viktorianischen Zeit und der gesamte Bezirk ist denkmalgeschützt. Wir befinden uns hier im weltgrößten schmuckproduzierenden Viertel Europas, dessen berühmte *School of Jewellery* noch immer Goldschmiede ausbildet und dessen Produkte in über hundert Juwelierläden zum Stöbern einladen. Ab der Mitte des 18. Jahrhunderts siedelten sich in dieser Gegend viele Silber- und Goldschmiede an, die ihre Wohnhäuser in Studios verwandelten, bevor eigene Manufakturen und Werkstätten gebaut wurden. Noch heute befinden sich hier einige hundert Betriebe, die man teilweise besichtigen kann. Momentan entwickelt sich das Viertel zu einer schicken Wohngegend. In der Touristeninformation gibt es ein Faltblatt mit einem Spaziergang vorbei an den schönsten Gotik-, Renaissance- oder Art-Nouveau-Fassaden.

Museum of the Jewellery Quarter: Das Museum ist in dem ehemaligen Fabrikgebäude der Firma Smith and Pepper untergebracht und wirkt so als könnte es jederzeit den Betrieb wieder aufnehmen. Auf einem Rundgang wird das Gold- und Silberschmiedehandwerk dokumentiert und einige der veralteten Gerätschaften zu Demonstrationszwecken wieder angeworfen. Smith and Pepper zeichneten sich dadurch aus, dass sie sich dem Fortschritt verweigerten, die neuen Technologien ignorierten und ihre Fabrik entsprechend den Geist des 19. Jahrhunderts atmete. 1981 machte das Unternehmen von heute auf morgen dicht, das Museum hat alles so bewahrt wie es eben war, inklusive der Teetassen. Apropos: Angeschlossen ans Museum sind ein sehr angenehmer Tearoom und ein Shop, in dem man ausgesuchte Stücke aus den hiesigen Werkstätten kaufen kann.

Ostern bis Ende Okt. Di–Sa 10.30–16 Uhr. Eintritt frei. 75–79 Vyse Street, Hockley, ℡ 0121/5543598, www.bmag.org.uk/museum-of-the-jewellery-quarter.

Thinktank (The Museum of Science and Discovery): Zehn Minuten vom City Centre entfernt, im Herzen der Eastside, entstand für sechs Millionen Pfund ein nagelneues Viertel, das Wissenswertes über die Neuen Medien, Wissenschaften und Technologien hier bündeln will. Der Millennium Point wird beherrscht von dem vierstöckigen Gebäude von Nicholas Grimshaw (Eden Project in Cornwall, Waterloo Station in London), in dem der Thinktank untergebracht ist. Das Museum zeigt in zehn Galerien von der viktorianischen Dampfmaschine über Kampfflugzeuge aus dem Zweiten Weltkrieg bis hin zu Speedcars 250 interaktive und zumeist futuristische Ausstellungsstücke. Hier lernt man die Vergangenheit zu verstehen, die Gegenwart zu erforschen und die Zukunft zu erahnen. Ziel ist, „to make you think", uns Denkanstöße zu geben. Angeschlossen an das Museum sind ein digitales Planetarium und ein IMAX-Kino.

Tgl. 10–17 Uhr (letzter Eintritt 16 Uhr). £ 11.75, Kinder £ 7.95, Familien £ 36.80, mit IMAX teurer. Millennium Point, Curzon Street, ℡ 0121/2022222, www.thinktank.ac.

Barber Institute of Fine Arts: Diese kleine, aber äußerst lohnenswerte Ausstellung auf dem Gelände der Birmingham University im Stadtteil Edgbaston wurde 1932 von Lady Barber, der Frau eines reichen Geschäftsmannes, gegründet, da ihr die Universität den künstlerischen Bereich zu vernachlässigen schien. Es widmet sich alten Meistern wie Rembrandt, Rubens und Degas, zeigt aber auch Werke von Künstlern wie Monet, Picasso, van Gogh und Turner. In dem Art-déco-Gebäude gibt es auch eine Konzerthalle, in der Veranstaltungen stattfinden, und ein Café.

Mo–Sa 10–17 Uhr, So 12–17 Uhr. Eintritt frei. Sonntags auch Führungen, £ 4. University of Birmingham, Edgbaston, Park Road, ℡ 0121/4147333, www.barber.org.uk. Anfahrt mit Zug oder Bussen 61, 62, 63 vom Zentrum (Navigation Street).

Back to Backs: Im Sommer 2004 hat der National Trust im Stadtzentrum einen Hofplatz mit vier Arbeiterhäusern restauriert, von denen jedes im Stil einer unterschiedlichen Epoche eingerichtet wurde. Einst gab es Tausende dieser Häuser, die alle „back to back" aneinander gebaut wurden, um in den übervölkerten Arbeiterbezirken Platz zu sparen. Außer diesen Cottages kann man einen Süßwarenladen aus den 1930er-Jahren und eine interaktive Ausstellung besuchen, die einem den Alltag von damals anhand der Lebensgeschichten der ehemaligen Bewohner dieses Courtyards näherbringt.

Febr. bis Dez. Di–So 10–17 Uhr. £ 5.45, Kinder £ 2.70, Familien £ 13.60 (NT). 50–54 Inge Street/55–60 Hurst Street, ℡ 0121/6667671, www.nationaltrust.org.uk.

St Philip's Cathedral: Erbaut 1709–1715 als Pfarrkirche für die Neustadt, ist St Philip's ein seltenes Beispiel des englischen Barock. Die Kuppel des Turmes empfand der Architekt und Höfling Königin Annes, Thomas Archer, der venezianischen Barockkirche Santa Maria della Salute nach, die er auf seiner Studienreise durch Europa bewundert hatte. Seit Ende des 19. Jahrhunderts ist das Gotteshaus Kathedrale und vor allem für seine vier intensiv leuchtenden Buntglasfenster des Präraffaeliten Edward Burns-Jones bekannt.

Mo–Fr 7.30–18.30 Uhr, Sa/So 8.30–17 Uhr. Shop 10.30–15.30 Uhr. Eintritt frei, Colmore Row, ℡ 0121/2621840; www.birminghamcathedral.com.

Soho House Museum: In diesem eleganten neoklassischen Haus lebte *Matthew Boulton*, neben James Watt der berühmteste Erfinder und Unternehmer Birminghams im 19. Jahrhundert. Er produzierte allerlei Sachen aus Metall – Knöpfe, Schnallen, Schwerter, Tafelservice – sowie in Partnerschaft mit James Watt die Dampfmaschine. Boulton war ein umtriebiger Erfinder, sein Haus etwa hatte er mit heißer Luft zentralbeheizt, ein System, das er sich von den Römern abgeguckt hatte. Er war auch Gründungsmitglied eines Kreises renommierter Wissenschaftler (darunter Erasmus Darwin und Josiah Wedgwood), die sich „Lunar Society" nannten und jeden Monat bei Vollmond trafen. Durch den Bau einer (inzwischen längst abgerissenen) Fabrik außerhalb des Jewellery Quarters in Soho ging er allerdings beinahe bankrott.

April bis Okt. Di–So 12–16 Uhr. Eintritt frei. Soho Avenue, Handsworth, B18 5LB, ℡ 0121/5549122; www.bmag.org.uk. Anfahrt mit der Metro von Snows Hill bis Benson Road.

Botanical Gardens and Glasshouses: Erholung verspricht der Botanische Garten von Edgbaston in der Westbourne Road. Die riesige Parkanlage mit Seen, subtropischen Treibhäusern und viel Grün lädt zum Spazierengehen ein.

Tgl. 9–19 Uhr (So ab 10 Uhr, im Winter nur bis zur Dämmerung). £ 7.50, erm. £ 4.75, Familien £ 22. www.birminghambotanicalgardens.org.uk. Anfahrt am besten mit dem Zug bis Five Ways. Westbourne Road in Edgbaston.

Mittelengland
Karte S. 504/505

Sarehole Mill: Was viele nicht wissen, ist, dass der Schriftsteller *J. R. R. Tolkien* lange Zeit in Birmingham lebte. Er ging in die King Edward's School und verbrachte seine Kindheit in den Stadtteilen Moseley und King's Heath. In der Tourist Information gibt es eine Broschüre, mit deren Hilfe man auf seinen Spuren wandeln kann. Zum Einkehren eignet sich z. B. der Elizabeth of York Pub, wo eine Statue seinem Meisterwerk "The Lord of the Rings" gewidmet ist. In der Sarehole Wassermühle aus dem 18. Jahrhundert, wo der Autor sich oft als Kind aufhielt, wird man in die viktorianische Vergangenheit zurückversetzt. Hier wurde zunächst Mehl produziert und später während der Industriellen Revolution Metall gerollt. Tolkien hatte die Mühle so ins Herz geschlossen, dass er noch Geld für ihre Renovierung spendete, als er schon längst in Oxford lebte. Das Marschland drumherum soll ihm die Vorlagen für das Auenland der Hobbits im Roman „Der Herr der Ringe" geliefert haben.

April bis Okt. Di–So 12–16 Uhr. Eintritt frei, Spenden erbeten. Cole Bank Road, Hall Grenn, B13 0BD, ✆ 0121/7776612. Anfahrt mit Bus Nr. 4.

Aston Hall: Im rund zwei Kilometer nördlich vom Zentrum gelegenen Vorort Aston steht ein imposantes jakobinisches Herrenhaus (Trinity Road). Gebaut zwischen 1618 und 1635, bestechen vor allem die wunderschönen Stuckdecken. Vom Anfang der Corporation Street fährt Bus 7 bis zur Trinity Road. Zwanzig Räume können besichtigt werden, darunter auch die getäfelte *Long Gallery*.

April bis Okt. Di–So 12–16 Uhr. Eintritt frei. Trinity Road, Aston, B6 6JD, ✆ 0121/6754722.

Umgebung von Birmingham

Das Gebiet im Westen und Norden von Birmingham ist wegen seiner Geschichte als Kohlerevier mit viel Schwerindustrie (Eisen, Stahl) als „Black Country" bekannt, das letzte Bergwerk schloss 1968. Tolkien soll die Gegend Vorbild für Mordor gewesen sein. Diese heute sehr ländliche Region wird nur von kleineren Industrieorten durchbrochen. Hier kann man gut spazieren gehen, und es gibt einige interessante Industriemuseen zu besichtigen.

Black Country Living Museum: Dieses anschauliche Freiluftmuseum rekonstruiert ein ganzes Dorf, wie es Mitte des 19. Jahrhunderts für diese Gegend typisch war. Unter anderem kann man eine Kohlengrube besichtigen, an einer Schulstunde teilnehmen und ein Kino aus den 20er-Jahren besuchen. In dem Dorf leben Personen, die in Originalkostümen den ganzen Charakter der Zeit heraufbeschwören.

März bis Okt. tgl. 10–17 Uhr, Nov. bis Dez. tgl. 10–16 Uhr, Jan/Febr. Mi–So 10–16 Uhr. £ 13.20, erm. £ 10.70, Kinder £ 7, Familien £ 34.95. Dudley, Tipton Road, ✆ 0121/5579643, www.bclm.co.uk.

The Ironbridge Gorge Museum: Etwas weiter entfernt von Birmingham (auf der M 54 nach Westen) liegt in Telford dieses interessante Museum, das eigentlich eine Sammlung verschiedener Museen darstellt und einen der besten Einblicke in das Leben und Arbeiten der Menschen während der Industriellen Revolution gibt. Coalbrookdale ist ein Industriekomplex ersten Ranges, der nahezu unverändert bestehen blieb und Geschichte machte, weil hier über die Severn-Schlucht die erste Eisenbrücke der Welt gebaut wurde. Die hiesige Industriellenfamilie Darby verfeinerte den Prozess der Eisenschmelzung, wodurch der Bau einer solchen Brücke erst möglich wurde. Die Brücke wurde von der UNESCO 1986 zum Weltkulturerbe erklärt. Wer seine Kenntnisse im naturwissenschaftlichen Bereich auffrischen möchte, kann im neuen Technology Centre als Jungingenieur in die Lehre gehen.

Außer der Brücke gibt es mit Blists Hill Open Air Museum einen originalgetreu rekonstruierten viktorianischen Ort, verschiedene historische Manufakturen (u. a. für Porzellan und Pfeifen), ein Besucherzentrum sowie weitere Gebäude zu besichtigen, so dass man in den insgesamt 10 interaktiven Museen durchaus den ganzen Tag verbringen kann.

● *Öffnungszeiten* Die Museen haben verschiedene Öffnungszeiten. Ganzjährig tgl. 10–17 Uhr (im Winter sind einige Sehenswürdigkeiten geschlossen, andere machen schon um 16 Uhr zu, daher vorher anrufen oder die Webseite konsultieren, ✆ 01952/433424). £ 21.95, erm. £ 17.60, Kinder £ 14.25, Familien £ 59.95 (Kombiticket für alle Sehenswürdigkeiten). www. ironbridge.org.uk.

Royal Airforce Museum: In Großbritanniens National Museum of Aviation in Cosford (es gibt auch einen Ableger in London) finden Liebhaber von Flugmaschinen eine der größten Sammlungen historischer, und vor allem militärischer Flugzeuge und Missiles des Landes. Die mehr als 60 Fahrzeuge stammen neben Großbritannien auch aus Deutschland, Amerika, Japan und Argentinien. Ein Flugsimulator erhöht den Spaßfaktor, eine Ausstellung zum Kalten Krieg den Informationsgehalt.

Tgl. 10–18 Uhr, letzter Einlass 16 Uhr. Eintritt frei. Shifnal, Cosford, ✆ 01902/376200; www. rafmuseum.org.uk.

Walsall New Art Gallery: In einem mit Terrakottaziegeln verkleideten Hochhaus zog im Februar 2000 diese Kunstgalerie ein, die sich schnell einen internationalen Namen gemacht hat. Gezeigt werden die Sammlung von Kathleen Garman, der Geliebten und späteren Gattin des Bildhauers Jacob Epstein, und der Amerikanischen Bildhauerin Sally Ryan, Tochter eines amerikanischen Industriemagnaten. Sie sammelten die Kunst ihrer Familienmitglieder und Freunde, worunter sich so illustre Namen wie Epstein natürlich, aber auch Modigliani und Lucian Freud befanden. Zu den Attraktionen zählen ebenfalls Gemälde von Monet, Rembrandt, Constable, van Gogh, Picasso und Matisse, die in der Ausstellung nach Themen geordnet wurden. Im obersten Stock gibt es ein Restaurant, und man kann auf die Kanäle und Schornsteine herunterblicken.

Mo–Sa 10–17 Uhr, So 11–16 Uhr, Eintritt frei, Talks Mi u. Sa um 13 Uhr. Gallery Square, Walsal, WS2 8LG, Info-Line: ✆ 01922/637575, Rezeption: ✆ 01922/654400, www.thenewart gallerywalsall.org.uk.

Cadbury World: Diese Schokolade im lila Papier ist deutschen Senioren mitunter noch aus den Carepaketen der Nachkriegszeit bekannt. Während die USA Marktführer in der Schokoladenherstellung sind, führen die Briten im Verzehr. Durchschnittlich 30 Pfund Schokolade isst der Engländer im Jahr, die sich durch ihren niedrigen Kakao- und sehr hohen Milch- und Zuckeranteil auszeichnet. Schokolade erreichte England im Jahre 1650 und wurde danach in allen Kaffeehäusern angeboten. In Cadbury World nimmt Aztekenkönig Montezuma den Besucher mit auf eine Zeitreise durch die Geschichte der Schokolade, die der Sage nach einst Götterspeise im Paradies gewesen ist. Es geht von der Kakaobohnenernte, bis zur modernen Herstellung und Werbung. Die Tour endet natürlich beim Konsum und Verzehr der Produkte, die man in zwei Läden kaufen kann. Cadbury World liegt im hübschen Dorf Bournville, das Anfang des 20. Jahrhunderts von der Quäkerfamilie Cadbury für ihre Arbeiter gebaut worden war.

● *Öffnungszeiten* Sie sind kompliziert und variieren je nach Tag (mind. 10–15 Uhr), bitte telefonisch erfragen oder der Webseite entnehmen. £ 13.90, erm. £ 10.50, Familie £ 42. Linden Road, Bournville, ✆ 0844/8807667, www.cadburyworld.co.uk. Vom Zentrum fahren die Busse 11A, 11C, 35 und 85 nach Bournville.

Mittelengland
Karte S. 504/505

Grafschaft Staffordshire

Die Grafschaft ist vor allem für ihre Töpferwerkstätten, „The Potteries", bekannt. Die sechs Orte Stoke, Hanley, Tunstall, Burslem, Fenton und Longton ergeben zusammen Stoke-on-Trent und stehen seit dem 17. Jahrhundert synonym für die Porzellanherstellung. Die berühmten Namen hat die Finanzkrise der letzten Jahre allerdings hinweggerafft.

Die rund zweitausend Hochöfen sind schon lange verschwunden oder rauchen nicht mehr, und es werden derzeit auch immer weniger Museen und Galerien, die Spode-, Wedgwood- und Royal-Doulton-Stücke zeigen. Denn der Industriestandort Stoke ist mit der Finanzkrise schwer ins Trudeln geraten. Die beiden Traditionsfirmen Spode und Wedgwood gingen nach 250 Jahren Produktion Konkurs und haben neue Besitzer: Royal Doulton gehörte schon länger zur Waterford Wedgwood Group, die ebenfalls 2009 Konkurs anmelden musste, und produziert in Indonesien. Außer Geschirr und Porzellanwaren gibt es hier sonst wenig von Interesse. Wer Kinder oder Jugendliche dabei hat, wird mit ihnen vielleicht einige der 125 Attraktionen des Vergnügungsparks *Alton Towers* ausprobieren wollen und ihnen erzählen, dass Popstar Robbie Williams 1974 hier geboren wurde. Liebhaber des britischen Ale kommen im *National Brewery Centre* in Englands Bierhauptstadt Burton-upon-Trent auf ihre Kosten. Kirchen- und Architekturfreunde sollten *Lichfield Cathedral* nicht versäumen, und wer naturlieb ist, besuche unbedingt die traumhafte Landschaft des *Peak District*, der wir ein eigenes Kapitel gewidmet haben.

Etruria Industrial Museum: Dieses Museum zeigt, wie mit Dampfkraft Knochen und Feuerstein für die Porzellanherstellung gemahlen wurden. Die meisten Gerätschaften stammen aus den 1820er-Jahren und waren unverändert bis zur Schließung der Anlage 1972 in Betrieb.
April bis Nov. Mi–So 12–16.30 Uhr. £ 2.50, erm. £ 1.50, Familien £ 5.95. Lower Bedford Street, Etruria, ST4 7AF, ✆ 01782/233144.

The Potteries Museum und Art Gallery: Das Museum enthält die größte Sammlung von Tonwaren und Porzellan in der Welt, aber auch Ausstellungen zu anderen Industrien, die Stoke prägten. Highlight ist u. a. die Staffordshire Hoard, ein Schatz aus angelsächsischer Zeit aus dem Königreich Mercia.
Mo–Sa 10–17 Uhr, So 14–17 Uhr. Eintritt frei. Bethesda Street, Hanley, ✆ 01782/232323, www.stoke.gov.uk/museums.

Gladstone Pottery Museum: Dieses Stadtmuseum ist eine rekonstruierte Töpferfabrik aus dem 19. Jahrhundert, komplett mit kopfsteingepflastertem Innenhof und Hochöfen. Hier wurde für die Tafeln der Mittelklasse produziert. Demonstrationen in zeitgenössischen Kostümen verbreiten eine Atmosphäre wie in einem Charles-Dickens-Roman. In der Flushed With Pride Ausstellung wird außerdem die Geschichte der Toilette mit Geruchseffekten inszeniert.
Tgl. 10–17 Uhr. £ 5.95, erm. £ 4.50, Familien £ 20.50. Uttoxeter Road, Longton, ST3 1PQ, ✆ 01782/237777; gladstone@stoke.gov.uk. www.stokemuseums.org.uk/gpm.

The Wedgwood Visitor Centre & Museum: Josiah Wedgwood war der König der Töpfer. Seine Experimente führten zu zahlreichen Verbesserungen, und seine neue cremefarbene Tonware wurde nach Königin Charlotte „Queen's Ware" genannt, da diese 1766 ein Service erworben hatte. Wedgwood-Designs setzten Maßstäbe und kreierten Moden, die Jasper Keramik wurde zum Klassiker. In diesem Besucherzentrum, das in einem schönen Park liegt, bekommt man einen Einblick in den Produktionsablauf und kann viele historische Meisterstücke bewundern. Ein Film über das Leben des Firmengründers stellt ihn auch als Kanalbauer und Aktivisten gegen den Sklavenhandel vor. Auch Wedgwood hat die Finanzkrise nicht überlebt und gehört inzwischen dem amerikanischen Konsortium KPS. Das nagelneue Museum, das durch einen gemeinnützigen Verein geleitet wird, musste 2010 ebenfalls Konkurs anmelden, hofft aber in Zukunft weiter operieren zu können. Es zeigt die Chronik des Lebens dieses außergewöhnlichen Industriellen sowie die schönsten Objekte aus 250 Jahren Porzellanherstellung.

Mo–Fr 9–17 Uhr, Sa/So 10–17 Uhr. £ 9.50, erm. £ 7, Familien £ 32. Nur Museum £ 6, erm. £ 5, Kinder £ 4.50, Familien £ 8. Barlaston, ✆ 01782/282986; www.thewedgwoodstory.com.

Auf der Suche nach dem perfekten Porzellan

Die Frage, wie Töpferwaren und Keramik in feines Porzellan verwandelt werden konnten, entwickelte sich zu einer wahren Obsession im England des 18. Jahrhunderts. Seit das Empire unaufhaltsam expandierte, kamen aus China mehr und mehr kostbare Porzellanwaren ins Land, die hier jeder bewunderte, aber niemand zu produzieren verstand. Tonerde und Wasser ergaben nur primitive Tonwaren, die vergleichsweise porös und plump aussahen und lackiert werden mussten, um wasserundurchlässig zu werden. Bis endlich ein Chemiker aus Plymouth in Cornwall Kaolin, Porzellanerde, fand und sich die Töpfermeister emsig ans Werk machten, das beste Rezept zu entwickeln. Josiah Spode ging als Sieger aus dem Rennen hervor, er erfand das feine Porzellan (bone china), dessen Geheimnis zermahlene Tierknochen waren, die es so transparent machten wie das chinesische. Die Firma wurde 2009 übrigens von Portmeirion übernommen, deren Name jetzt auf dem Fabrikgebäude steht, das man nun nicht mehr besichtigen kann.

Alton Towers: Diese Inkarnation eines Britischen Themenparks bietet waghalsige Fahrten, etwa mit der Weltneuheit „Oblivion", einer senkrechten Achterbahn, die mit 180 Kilometer pro Stunde zu Boden kracht, oder mit „Nemesis", einer Hänge-Achterbahn, in der man fest angeschnallt wie nie zuvor durch die Luft gewirbelt wird. Ein Park mit hübschen Gärten bringt Ihren Adrenalinpegel und Puls hoffentlich wieder auf Normalniveau. Für die Kleinen gibt es Theateraufführungen, Streichelzoo und einen Abenteuerspielplatz, auch an den obligatorischen Fast-Food-Ketten herrscht kein Mangel. Wer will, kann sogar auf dem Gelände wohnen.

Meist tgl. 10–17 Uhr, in den Ferien bis 21 Uhr. £ 38, Kinder 4–11 Jahre £ 29, Internetpreise günstiger. ✆ 08705/204060; www.altontowers.com. **Hotel**: DZ ab £ 140. Central Trains bieten Zugfahrt plus Eintritt (www.centraltrains.co.uk).

Lichfield Cathedral: Die Kleinstadt Lichfield wird aus zwei Gründen angesteuert: wegen ihrer Beziehung zum Schriftsteller Samuel Johnson, der im 18. Jahrhundert das Wörterbuch der Englischen Sprache (Dictionary of the English Language) schuf, und wegen seiner sehenswerten Kathedrale. Sowohl auf ihr reines Englisch als auch den wohlproportionierten Kirchenbau bilden sich die Einwohner bis heute etwas ein. Die Kathedrale St Mary and St Chad mit ihren drei markanten Turmspitzen („Ladys of the Vale") trägt den Spitznamen „Queen of English Minsters" (Königin der Englischen Dome) und wurde überwiegend zwischen 1200 und 1370 aus

Mittelengland
Karte S. 504/505

rotem Sandstein im Early English- und im Decorated Style gebaut. Fast alle Statuen der Westfassade sind allerdings neu. Einer der Schätze des Gotteshauses befindet sich in der Bibliothek, ein Manuskript der „Canterbury Tales" von Chaucer.

Tgl. 7.30–18.15 Uhr, Sa ab 8 Uhr, So bis 17 Uhr im Winter, bis 18.30 Uhr im Sommer. Eintritt frei, Spende erbeten. Kostenlose Führungen Mo–Fr 14 Uhr, Sa 12.30 Uhr, So 13.30 Uhr. Turmbesteigung Sa 11.30 u. 14 Uhr, £ 5. 19 A The Close, ✆ 01543/306100; www.lichfield-cathedral.org.

National Brewery Centre: Neben den vier Galerien, in denen die Geschichte des englischen Bierbrauens dokumentiert und per deutschsprachigem Audioguide lebendig gemacht wird, sind die zwei Shirehorses (Zugpferde) die unangefochtenen Stars der Besucher. Beide wurden nach Biermarken benannt (Major und Trooper), wiegen rund eine Tonne und sind zwischen 1,72 m und 1,83 m groß. Sie können vier verschiedene Gerstensäfte verkosten (auch vom Fass), es gibt eine Bar mit Restaurant (Brewery Tap, Di–Fr 11–23 Uhr, Mo nur bis 18 Uhr, So 12–18 Uhr, Mo geschl.) und ein Café.

Tgl. 10–17 Uhr. £ 8.50, erm. £ 6.50, Familien £ 27.50. (1/2 Pint Bier, Softdrink, Tee oder Kaffee inbegriffen). Horninglow Street, Burton-upon-Trent, DE14 1NG, ✆ 01283/532880, www.nationalbrewerycentre.co.uk.

Nottingham

Mit rund 300.000 Einwohnern gehört Nottingham durchaus zu den größeren Städten Englands. Unansehnliche Bürogebäude und Parkhäuser auf der viel befahrenen, mehrspurigen Umgehungsstraße lassen Nottingham auf den ersten Blick nicht allzu attraktiv erscheinen. Robin-Hood-Romantik sucht man hier vergeblich. Dennoch gibt es auch in Nottigham allerlei historisch Interessantes zu entdecken. Außerdem hat die Stadt eine lebhafte Studentenszene (20 Prozent der Einwohner sind unter dreißig Jahre alt) mit vielen Kneipen und kulturellen Veranstaltungen vorzuweisen.

Von Daniel Defoe einst als eine der angenehmsten und schönsten Städte in England bewundert, verwandelte sich Nottingham während der Industriellen Revolution zu einem der am dichtesten besiedelten Industriegebiete, das für seine Slums berüchtigt war. Das heutige Stadtbild wird vor allem durch unansehnliche Hochhauskonstruktionen der Nachkriegszeit geprägt. Das Clifton Hochhaus war in den 1950er-Jahren etwa der größte soziale Wohnungsbau in Europa. In der Innenstadt gibt es jedoch einige nette Einkaufsstraßen, Cafés und schöne Plätze. Das Zentrum ist der Old Market Square, wo der Legende nach der berüchtigte Sheriff von Nottingham den Bogenschützenwettbewerb veranstaltete, der den entrechteten und gesuchten Robin Hood in die Stadt locken sollte. Tat er auch, nur blieb der Pfundskerl so lange unerkannt, dass er gewinnen und seinen Schergen entkommen konnte. Die meisten Touristen steuern allerdings direkt auf das Schloss zu, in dem der Sheriff angeblich residierte. Unterhalb befinden sich auch Höhlen, die man besichtigen kann, sowie das Jerusalem Pub, dessen Geschichte bis ins Mittelalter zurückgeht. Zahlreiche Museen und einige historische Bauten erinnern an vergangene Jahrhunderte.

Gegründet wurde die Stadt von den Sachsen, die ihr den Namen „Snotingaham" gaben. Wilhelm der Eroberer ließ 1068 auf den Hügeln eine Festung bauen. Fast alle Könige des Mittelalters residierten hier regelmäßig. Im Jahre 1642 hisste König Karl I. hier seine Standarte, um dann mit seinen Truppen militärisch gegen das Parlament in London vorzugehen (Beginn des Bürgerkriegs). Nottingham blieb lange Zeit eine beschauliche Marktstadt. Das sollte sich im Zuge der Industrialisierung ändern. Von der zweiten Hälfte des 18. Jahrhunderts an spielte die Textilherstellung, insbesondere das Spitzenklöppeln, eine entscheidende Rolle. Die Kurzwarenindustrie brachte technische Neuerungen in die Stadt: Der Weber und Erfinder *James Hargreaves* siedelte nach Nottingham über und führte hier seine berühmte Spinnmaschine „Spinning Jenny" ein. Fabriken wurden errichtet, und die Stadt stieg zu einem der führenden Textilzentren Europas auf. Als im 19. Jahrhundert eine Rezession das Gewerbe erfasste und zahlreiche Weber kurz vor dem Hungertod standen, kam es zu den sogenannten Ludditen-Unruhen: Zwischen 1811 und 1816 stürmten Arbeiter die Fabriken und zerstörten systematisch die Maschinen. Anfang des 20. Jahrhunderts begann man, viele alte Gebäude der Stadt abzureißen und die Ringstraße um die Innenstadt anzulegen. Leider wurde hierbei der Ästhetik kein allzu großer Wert beigemessen.

Nottingham ist dennoch eine Erfolgsstory: Heimat der Raleigh Bikes, des Pharmagiganten Boots und der Zigarettenproduktion, haben heute Modedesigner wie Paul Smith hier ihr Hauptquartier. Die Unistadt zieht mit massiven Modernisierungsprogrammen immer mehr „Movers und Shakers" an, Leute, die etwas bewegen. Die finden hier eine lebendige Clubszene vor, eine Stadt der Sushibars, Loftapartments und Designershops, und die sportlich Versierten haben in Trent Bridge sogar ihr Cricket-Mekka. Neueste Errungenschaft ist das 43 Millionen Pfund werte National Ice Centre, das mit der National Arena auch als Veranstaltungsort genutzt wird. Der Stadt eilt auch der Ruf voraus, hier lebten mehr gutaussehende Mädels als irgendwo sonst im Land. Der Tourismus in der Stadt lebt im Wesentlichen von der Pflege der Legende um Robin Hood. Nördlich von Nottingham breitet sich der berühmte Sherwood Forest aus (bzw. das, was von ihm übrig geblieben ist). Hier gibt es weitere Besucherzentren zu diesem Thema.

Information/Verbindungen/Diverses

• *Information* Am alten Marktplatz findet sich das Informationszentrum mit einer Unmenge von kostenlosen Broschüren und Stadtkarten. 1–4 Smithy Row, Nottingham, Nottinghamshire NG1 2BY, ☎ 08444/775678, aus dem Ausland: +44(0)115/9155133; tourist. information@nottinghamcity.gov.uk, www. visitnottingham.com.

• *Verbindungen* **Bus** – National-Express-Busse startet ab Broadmarsch Coach Station, südlich des Zentrums (Collin Street), Stadt- und Nahverkehrsbusse ab York Street. Sherwood Arrow Busse operieren im Sommer an Sonntagen in ganz Nottinghamshire und fahren die Hauptsehenswürdigkeiten an. Ein Ranger-Ticket erlaubt unbegrenztes Fahren für den Tag, Rover Tickets sind länger gültig. Manche Attraktionen gewähren bei Vorlage Preisnachlässe. Innerhalb der Stadt erlaubt das City Rider Ticket die Nutzung aller Busse und Trams. Wer länger bleibt, kaufe die Allday Easyrider Anytime Smartcard.

Zug – Der Bahnhof liegt im Süden (fünf Minuten Fußweg vom Zentrum) an der Carrington Street. East Midland Züge fahren in weniger als 2 Std. nach London St Pancras.

Straßenbahn – Der Nottingham Express Transit verfügt nur über eine Linie (14 km). Die Straßenbahn fährt praktischerweise vom Bahnhof durch den Old Market Square und Lace Market nach Hucknall ins Stadtzentrum, und es gibt einen Abzweig zum Phoenix-Business-Park, wo sich ein P & R befindet. Tageskarten: £ 3 ☎ 0115/9427777, www.thetram.net.

Park & Ride – Parken und mit der Straßenbahn ins Zentrum fahren. Es gibt insgesamt 7 Park & Ride Parkplätze, einige davon werden mit Bussen bedient, andere sind an das Straßenbahnnetz angeschlossen. www.parkandride.net/nottingham.

• *Fahrräder* **Bunney's Bikes**, nahe des Bahnhofs, £ 12.99/Tag plus Pfand. 97 Carrington Street, ☎ 0115/9472713; info@bunneysbikes.co.uk;www.bunneysbikes.co.uk.

Mittelengland
Karte S. 504/505

● *Einkaufen* Wirklich sehenswert ist der Laden des Nottingham Designers Sir Paul Smith, **Wiloughby House** in der Low Pavement. Designerboutiquen finden sich in der **Bridlesmithgate** und **St Mary's Gate**, der **Exchange Arcade**, sowie dem **Flying Horse Walk**. Die Fußgängerzone verläuft entlang der Clumber Street. Eine gute Gegend zum Stöbern für ausgefallene Geschenke ist auch der hippe Bezirk **Hockley**. Antiquitäten findet man entlang der **Derby Road**.

● *Post* Queen Street.

● *Kino* **Broadway Cinema**, zwei Leinwände und Café-Bar, Arthouse-Filme, 14–18 Broad Street, ✆ 0115/9526611; info@broadway.org. uk, www.broadway.org.uk.

Cineworld, 14 Leinwände im Cornerhouse, 29 Forman Street, ✆ 0871/2002000; www.cineworld.co.uk.

Screen Room, kleinstes Kino der Welt (Eigenwerbung, 21 Sitze) im Szeneviertel Hockley, 25b Broad Street, ✆ 0115/9241133,

www.screenroom.co.uk.

● *Konzerte* **Trent FM Arena Nottingham**, Stadion im National Ice Centre am Lace Market mit 10.000 Plätzen, wo von der irischen Tanzgruppe Riverdance bis hin zur Rockband The Darkness die Großveranstaltungen der Region stattfinden. Eingänge in der Lower Parliament Street und am Bolero Square. ✆ 0115/8533000, Karten: ✆ 08444/124644, www.nottingham-arena.co.uk.

● *Theater* **The Royal Centre**, bestehend aus dem **Theatre Royal**, wo Ballett, Oper und Schauspiel gezeigt wird, und der **Royal Concert Hall**, wo klassische Konzerte, Tanz und mehr dargeboten werden. Theatre Square, ✆ 0115/9895555; www.royalcentre-nottingham.co.uk.

● *Veranstaltungen* **Nottinghill Goose Fair**, riesiger Rummel, der seit mehr als 710 Jahren im Oktober stattfindet. Forest Recreation Ground, 3 km nördlich des Stadtzentrums. www.nottinghamgoosefair.co.uk.

Übernachten

Die meisten B & Bs der Stadt liegen etwas abgelegen in den Vororten. Am besten lässt man sich eine Unterkunft vom Tourist Office vermitteln.

**** Lace Market Hotel (23), Nottinghams führendes Boutique-Hotel, 42 Zimmer und Suiten in elegantem Understatement, super Bar (Saint Bar) und traditioneller Pub (Cock & Hoop). Viele Vergünstigungen/Specials im Internet. EZ ab £ 75, DZ ab £ 90. 29–31 High Pavement, Lace Market, NG1 1HE, ✆ 0115/8523232, ✆ 0115/8523223, www.thefinessecollection.com/lacemarket.

** Ibis Nottingham Centre (18), neuester Zuwachs der hiesigen Hotelszene, zentral gelegen, kleine Zimmer, aber modern, freundlich und funktional, WLAN, 16 Fletcher Gate, NG1 2FS, ✆ 0115/9853600, Reservierung: ✆ 0871/6630631; www.ibishotel.com.

** Days Hotel (10), modernes 90-Betten-Haus in einer ruhigen Sackgasse. Das Vision Restaurant ist bekannt für seine Fischgerichte, man kann dem Koch bei der Arbeit zusehen. Ab £ 58/Zimmer. 17–31 Wollaton Street, NG1 5FW, ✆ 0115/9128000, ✆ 0115/9128080, www.daysinn.co.uk.

*** Rutland Square Hotel (22), beim Castle gelegenes Hotel mit italienischem Flair, beliebt bei Geschäftsleuten, daher Preisnachlässe am Wochenende und im Internet. B & B im EZ ab £ 30, DZ ab £ 70. St James' Street, ✆ 0115/9411114 oder 0808/1449494

(Freephone), ✆ 0115/9410014, www.rutlandsquarehotel.co.uk.

Yellow House (2), B & B in ruhigem Doppelhaus etwa 15 Min. vom Zentrum. Ein Zimmer unterm Dach. Modernes Ambiente. £ 65, Einzelbelegung £ 45. 7 Littlegreen Road, Woodthorpe, NG5 4LE, ✆ 0115/9262280, www.bandb-nottingham.co.uk. und www.theyellowhouse-nottingham.co.uk.

City Pads Castle Exchange (19), zentral gelegene Apartments mit WLAN und Parkplatz. Ab £ 100/Nacht für bis zu 4 Personen. 111 The Ropewalk, Büro 41, Broad Street, ✆ 0115/9502996 und 0870/8507995, www.citypadsservicedapartments.co.uk.

● *Jugendherberge* **Igloo Tourist Hostel (4)**, Backpacker-Unterkunft in der Nähe der Victoria Busstation, um Weihnachten herum geschlossen. Im neuen Anbau auch Privatzimmer. £ 15/Bett in Dormitories (Schlafsälen), Privatzimmer ab £ 18/Person. 110 Mansfield Road, NG1 3HL, ✆ 0115/9475250, www.igloohostel.com.

Sherwood Forest YHA Hostel (1), 32 km von Nottingham entfernt, zu erreichen mit Bus 33. Moderne Herberge mit großen Schlafsälen, ab £ 10/£ 7.50. Forest Corner, Edwinstowe, ✆ 0845/3719139, ✆ 01623/825796; sherwood@yha.org.uk.

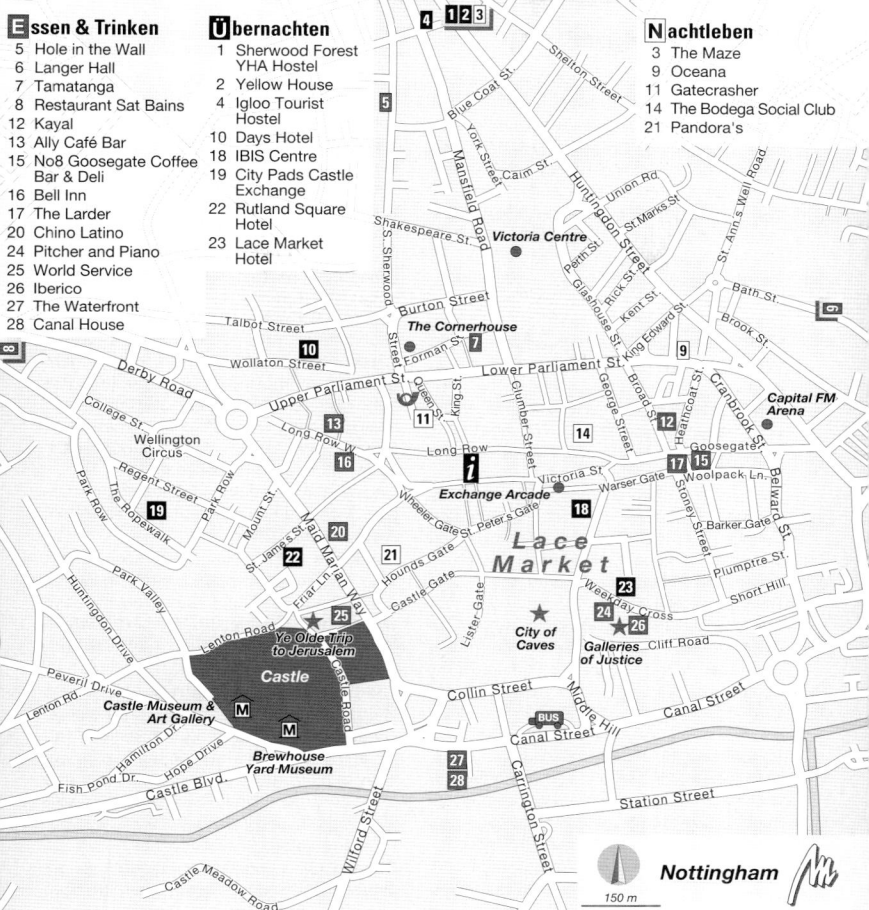

Essen & Trinken

5 Hole in the Wall
6 Langer Hall
7 Tamatanga
8 Restaurant Sat Bains
12 Kayal
13 Ally Café Bar
15 No8 Goosegate Coffee
Bar & Deli
16 Bell Inn
17 The Larder
20 Chino Latino
24 Pitcher and Piano
25 World Service
26 Iberico
27 The Waterfront
28 Canal House

Übernachten

1 Sherwood Forest
YHA Hostel
2 Yellow House
4 Igloo Tourist
Hostel
10 Days Hotel
18 IBIS Centre
19 City Pads Castle
Exchange
22 Rutland Square
Hotel
23 Lace Market
Hotel

Nachtleben

3 The Maze
9 Oceana
11 Gatecrasher
14 The Bodega Social Club
21 Pandora's

*E*ssen/*T*rinken/*N*achtleben

● *Essen/Trinken* Die Gegend um die **Carlton Street und Goose Gate** östlich des Stadtzentrums liegt im Moment am Puls der Gastronomie. Viele Cafés und Bars befinden sich auch um den **Lace Market** herum, etwa **Brass Monkey** (Achtung Dress Code!) und **Living Room**. The **Cornerhouse** gegenüber dem Theatre Royal ist ein Neubaukomplex, wo man Clubs und Restaurants, wie **Wagamama** oder **TGI Fridays** findet.

Ally Café Bar (13), bei vegetarischen und veganischen Köstlichkeiten kann man in diesem Lokal zu Worldmusic, Dub-Reggae oder Jazzklängen entspannen. Galerieartige Atmosphäre. Cannon Court, Longrow West, NG1 6JE, ☏ 0115/5551013; www.alleycafe.co.uk.

Tamatanga – Urban Indian Canteen (7), man sitzt an großen eckigen Tischen auf Holzbänken. Mit einer Kantine hat das Restaurant nur gemein, dass es schnell geht. Indische Küche, funky 70er-Stil, eher junges Publikum. The Cornerhouse, Trinity Square, NG1 4DB, ☏ 0115/9584848; www.tamatanga. com.

Kayal (12), in den Midlands mehrfach vertreten. Die südindische Küche Keralas wird authentisch serviert, superfreundlicher Service, dessen Hilfe Sie bei der Auswahl brauchen werden. 8 Broad Street, NG1 3AL, ✆ 0115/9414733; www.kayalrestaurant.com.

No8 Goosegate Coffee Bar & Deli (15), kleiner Delikatessenladen mit idealem Angebot für den Lunch, 8 Goose Gate, Hockley.

The Larder (17), Restaurant im ersten Stock eines Delikatessengeschäftes, nur Produkte von lokalen Farmern und Fischern, moderne britische Küche, spezialisiert auf Steaks. Mo Ruhetag, So nur Lunch, 16–22 Uhr, Goosegate, Hockley, NG1 1FE, ✆ 0115/9500111, www.thelarderongoosegate.co.uk.

World Service (25), Restaurant der gehobenen Klasse und Lounge-Bar um die Ecke vom Castle. Asiatisches Dekor und japanische Gartenterrasse, separate Dining Rooms in historischem Newdigate House im Kolonialstil. Neue britische Küche. Marschall Talard, der hier mehrere Jahre als Kriegsgefangener verbrachte, soll hier als erster den Sellerie kultiviert haben. Sonntagabend Ruhetag. Castlegate, NG1 6AF, ✆ 0115/84755 87, www.worldservicerestaurant.com.

Restaurant Sat Bains (8), ein Restaurant mit Michelinstern und 8 Gästezimmern im Boutique-Stil. Sehr experimentierfreudig und teuer. Menü £ 55–85 pro Person, Di–Sa Lunch ab 12.15 Uhr, Dinner 19–21 Uhr. DZ £ 129–175. Lenton Lane, NG7 2SA, ✆ 0115/9866566; www.restaurantsatbains.com.

Langer Hall (6), in diesem exklusiven Country-House-Hotel treffen sich Schöngeister und Exzentriker zum exklusiven Dinner bei Pascal. Die Karte richtet sich nach der Saison. Zum Nachtisch unbedingt den Stilton-Käse von Coloston Bassett bestellen. Wer nicht mehr fahren will, kann in einem der 10 Zimmer nächtigen (£ 185–370). Das Essen ist bezahlbarer, 2 Gänge kosten £ 22.50. NG13 9HG, ✆ 01949860559; www.langerhall.com.

Chino Latino (20), elegantes Restaurant im Park Plaza Hotel. Panasiatische Küche (Seebarsch in Bananenblättern) und geniale Cocktails, im Hintergrund lateinamerikanische Musik. 41 Maid Marian Way, NG1 6GD, ✆ 0115/9477444, www.chinolatino.co.uk.

Iberico (26), Tapas-Restaurant in der Shire Hall/Galleries of Justice mit guten Drinks. High Pavement, Lace Market, NG1 1HN, ✆ 0115/9410410; www.ibericotapas.com.

The Hole in the Wall (5), einer der beliebtesten Studententreffs nahe der Trent Uni. North Sherwood Street, NG1 4EZ, ✆ 0115/9472833.

Bell Inn (16), historisches Pub mit Außen-

terrasse und guter Bier- und Whiskeyauswahl direkt im Zentrum. Live-Musik. 18 Angel Row, ✆ 0115/9475241.

The Waterfront (27), moderne Café-Bar am Kanal auf zwei Etagen mit Außenterrasse Castle Wharf, 2–4 Canal Street, NG1 7EH ✆ 0115/9799111; www.waterfrontpub.co.uk.

Pitcher and Piano (24), Bar in umgebauter Kirche der Unitaristen, beeindruckende Location, nachmittags entspannt, abends busy. Mo Ruhetag. High Pavement, Lace Market, NG1 1HN, ✆ 0115/9586081; www. pitcherandpiano.com.

Canal House (28), Pub in ehemaligem Canal Museum. Der Kanal fließt durch das Pub, das auch eine große Außenterrasse besitzt. Richtig was für den Sommer! 48–52 Canal Street, NG1 7EH, ✆ 0115/9555060; www.castlerockbrewery.co.uk.

• *Nachtleben* Nottingham hat eine beachtliche Club- und Kneipenlandschaft zu bieten. Hier nur einige Clubs:

Pandora's (21), Lounge-Bar und intimer Club, Live-Acts (So lokale Bands, Do Worldmusic und Jazz) und DJs, verschiedene Clubnächte, geöffnet bis 4 Uhr, £ 5. 36–38 Hounds Gate, NG1 7AB, ✆ 0115/9475279; www.pandorasbox.com.

The Bodega Social Club (14), Ableger des gleichnamigen Clubs in London, entsprechend cool mit DJs und Live-Gästen, Motto: sehen und gesehen werden, vor allem mittwochs zum Electric Banana. Bar und Biergarten. 23 Pelham Street, ✆ 0115/9505 078; Box Office: 08713/100 000; www.thebodegasocialclub.co.uk.

Oceana (9), 4 total unterschiedlich eingerichtete Bars und 2 Tanzflächen machen den Club zu einem der beliebtesten der Stadt. The Palais, Lower Parliament Street, NG1 3BB, ✆ 0115/9501075; www.oceanaclubs.com/nottingham.

Gatecrasher (11), spektakulärer Club in umgebautem Theater mit 3 Ebenen und 8 Bars. Drama entsteht durch Lichteffekte: beleuchtete Fassade, beleuchtete Glasbars oder Finsternis im Tunnel, die von einer LED-beleuchteten Decke gebrochen wird. Auch Live-Acts. The Elite Building, 2 Queen Street, NG1 2BL, ✆ 0115/9101101; www. gatecrasher.com.

The Maze (3), im hinteren Teil der Forest Tavern wird nicht nur getanzt, sondern auch aufgeführt. Fast jeden Abend finden andere Veranstaltungen statt. 257 Mansfield Road, NG1 3FT, ✆ 0115/9475650; www.themazerocks.com.

Sehenswertes

Nottingham Castle/Museum & Art Gallery: Leicht unterhalb des Schlosses steht verborgen hinter Büschen die Bronzestatue von Robin Hood, dem König der Diebe, der der Legende nach mit seinen Mannen den Sherwood Forest unsicher machte. Von der ursprünglichen Burg, die Wilhelm der Eroberer erbauen ließ, ist heute außer des Torhauses nichts mehr übrig, denn sie wurde während des Bürgerkrieges von den Parlamentariern geschleift. Erst der Herzog von Newcastle ließ das Castle in der zweiten Hälfte des 17. Jahrhunderts wieder aufbauen – dann aber im italienisch beeinflussten Renaissancestil. Innen ist heute die *Story of Nottingham* zu bewundern, die die Stadtgeschichte der vergangenen 1500 Jahre illustriert. Eine kleine, aber sehr sehenswerte Sektion befasst sich mit der Alabaster-Schnitzerei, für die Nottingham im Mittelalter sehr berühmt war. Ein kleines Militärmuseum ist dem Sherwood Foresters Regiment gewidmet. In der obersten Etage ist die *Art Gallery* mit Gemälden aus dem 19. Jahrhundert untergebracht. Das Café hier besitzt eine Terrasse mit Panoramablick und der Shop ist gut sortiert.
Di–So 10–17 Uhr, Okt. bis Febr. Di–So 10–16 Uhr. £ 5.50, erm. £ 4, Familien £ 15. Die Karte gilt auch für das Museum of Nottingham Life im Brewhouse Yard. ✆ 0115/9153700.

Castle Caves (Mortimer Hole): Außerdem kann man die unterhalb des Schlosses gelegenen Höhlen besichtigen. Am Haupteingang zum Schloss führen zwei Treppen zu einem unterirdischen Gängesystem, das nur mit einem Führer betreten werden kann. Roger Mortimer, der den Mord an Eduard II. in die Wege geleitet hatte, soll in der Burg gefangenengenommen worden sein, da seine Verfolger durch das Höhlensystem eindringen konnten.
Di–Sa 11, 14 und 15 Uhr, im Sommer 12, 13, 14, u. 15 Uhr. £ 2.50, erm. £ 1.50. ✆ 0115/9153700.

Ye Olde Trip to Jerusalem: Wenn man vom Schloss hinunterläuft, befindet sich am Fuße des Hügels dieses sehenswerte Pub. An dieser Stelle stand bereits im Mittelalter eine Herberge, und wer das Innere betreten hat, ist überzeugt, dass das Haus mindestens einige hundert Jahre alt sein muss. Berühmt wurde die Herberge, nachdem Kreuzritter auf dem Weg ins Heilige Land im Jahr 1189 hier gerastet und sich erfrischt hatten – daher der ungewöhnliche Name. Vor dem Pub startet auch um 19 Uhr der samstagabendliche Ghostwalk.
So–Do 10–23 Uhr, Fr–Sa bis 24 Uhr. Mo Ruhetag. Brewhouse Yard, Castle Road, ✆ 0115/9473171; www.triptojerusalem.com.

Museum of Nottingham Life at Brewery Yard: In diesen alten Cottages wird die Sozialgeschichte der Stadt auf drei Etagen zu neuem Leben erweckt. Hier zeigen historische Räume, wie die Viktorianer wohnten, wie die Einkaufsstraßen aussahen, in denen sie shoppen gingen, man kann sich vorsintflutliche Arztpraxen ansehen oder ein altes Schulzimmer besuchen. Alles ist mit jedem nur erdenklichen Krimskrams der letzten drei Jahrhunderte ausgestattet. Im Untergeschoss sind die Höhlen von Nottingham nachgebaut, die der Bevölkerung in den 1940er-Jahren als Luftschutzbunker dienten. In den ehemals 20 Häusern im Brewery Yard lebten einst 127 Menschen in ärmlichen Verhältnissen.
Di–So 10–16.30 Uhr (letzter Eintritt 16 Uhr). £ 5.50, erm. £ 4, Familien £ 15. ✆ 0115/9153600.

Stadtteil Lace Market: Über die Castle Gate gelangt man vom Schloss ins Stadtzentrum und zum Viertel Lace Market – einst Umschlagplatz für die Stoffindustrie, präsentiert es sich heute als Nottinghams kulturelles Zentrum. Enge Straßen winden sich um die *St Mary Church*, eine Kirche im Perpendicular-Stil aus dem

Ye Olde Trip to Jerusalem: Raststätte für Kreuzritter

15. Jahrhundert, wo der Bach-Chor jeden Dienstagabend (19.30 Uhr) probt. Man beachte das Bronzerelief von Jesus und Maria an der Südtür, es ist wunderbares Art Nouveau. Hier oben befand sich übrigens die angelsächsische Siedlung „Snotingaham". Am Broadway reihen sich einige viktorianische Lagerhallen aneinander, die inzwischen fast alle zu Loft-Apartments umgebaut sind. In der Stoney Street steht die wohl größte und interessanteste – die Lagerhalle von *Page & Co* mit ihren sehenswerten Steinreliefs und den großen Fenstern im Dach. Etwas südlich befindet sich das ehemalige Verwaltungsviertel von Nottingham. In High Pavement steht die imposante *Shire Hall* aus dem Jahr 1770, in der sich die *Galleries of Justice* (s. u.) befinden. Charakteristisch sind die neoklassizistischen Säulen und die Kuppel.

Information Lace Market Heritage Point in der Shire Hall, Audioguides durch das Viertel entlang des Lace Market Trail.

City of Caves: Unterhalb des Shopping-Zentrums Broadmarsh verbirgt sich eine ungewöhnliche Touristenattraktion. Ein menschengemachtes System aus rund 400 Höhlen, das seit sieben Jahrhunderten verschiedentlich genutzt wurde, zuletzt im Zweiten Weltkrieg als Schutzkeller gegen die Bomben.

Tgl. 10.30–17 Uhr, letzter Einlass 16 Uhr. £ 5.95, erm. £ 4.50. Es gibt ein Kombiticket mit den Galleries of Justice. ✆ 0115/9520555 oder 9241424; www.cityofcaves.com.

Galleries of Justice: In diesem ehemaligen Gefängnis bekommen Besucher eine Häftlingsnummer und können auf der „Crime and Punishment Tour" den horrenden Knasttag vergangener Zeiten interaktiv nacherleben. Im Flügel von 1833 werden in einer neuen Ausstellung Memorabilien der letzten drei Jahrhunderte präsentiert. Auch Ghost Tours und Murder Mystery Veranstaltungen.

Mo–Fr 10.30–16 Uhr, Sa–So 11–17 Uhr, in den Ferien tgl. 10.30–17 Uhr. Mo/Di £ 5.95, Mi–So £ 8.95, erm. Mo/Di £ 4.50, Mi–So £ 6.95. Shirehall, High Pavement. ✆ 0115/9520555; www. galleriesofjustice.org.uk.

Wollaton Hall: Vier Kilometer westlich des Zentrums liegt ein schöner Tudor-Landsitz, der 1588 von Sir Francis Willoughby, einem Kohlebergwerkbesitzer, gebaut wurde. Nach der jüngsten Renovierung kann der Besucher nun z. B. interaktiv die Gerüche und Hitze einer Tudorküche erleben oder ein Video der Dining-Sitten verfolgen. Ein Teil der Räume birgt auch ein naturhistorisches Museum. Architekt war Robert Smythson, der auch Longleat in Wiltshire entworfen hat. Der Park ist die grüne Lunge der Stadt.

April bis Okt. tgl. 11–17 Uhr, sonst nur bis 16 Uhr. Eintritt frei, Parkgebühr £ 2. Wollaton Park, Derby Road, ✆ 0115/9153900; www.wollaton hall.org.uk. Anfahrt vom Zentrum mit Bussen 35, 36 oder 37.

Industrial Museum: In den Stallungen der Wollaton Hall werden Werkzeuge zum Spitzenklöppeln, Raleigh-Fahrräder, eine riesige Dampfmaschine und vieles mehr gezeigt.

März bis Okt tgl. 11–17 Uhr, im Winter bis 16 Uhr. Eintritt wie Wollaton Hall, Kombiticket möglich. Sonntags manchmal Dampfdemonstrationen.

Robin Hood in Nottingham

„Unter diesem kleinen Stein, liegt Robert, Graf von Huntingdon; kein andrer Bogenschütz so gut; das Volk nannte ihn Robin Hood. Geächtete wie ihn und die Seinen, wird England nimmermehr beweinen." So lautet die Grabschrift, die Little John seinem Herrn schrieb, der im wilden Wald unter dem grünen Rasen begraben liegt, wohin sein letzter Pfeil geflogen war. Wohl jeder kennt die Legende von Robin Hood, der von den Reichen nahm und es den Armen gab. Viele Plätze in England erheben Anspruch darauf, irgendwie mit diesem Mann in Verbindung zu stehen, der Sherwood Forest ist als Unterschlupf der Bande berühmt. Dabei ist noch immer umstritten, ob es ihn je gegeben hat und wer er wirklich war: Eine Sagengestalt vor historisch wahrem Hintergrund, treu seinem König, ritterlich gegen Frauen, freundlich zu Unterdrückten und mutig im Kampf gegen die Mächtigen, ein Volksheld eben. Dieses Bild haben Film und Fernsehen nachhaltig geprägt: Jüngst setzte ihm nach Sean Connery und Kevin Costner auch Russell Crowe ein Heldendenkmal. Darüber ist der Spott über die „Helden in Strumpfhosen" (Mel Brooks) und „Rächer der Enterbten" (Otto Waalkes) fast vergessen.

Sherwood Forest

Nottingham ist das Tor zum Sherwood Forest mit seinen Eichen, Birken und Koniferen, seinen Abteien, Schlössern und Waldbauerndörfern. Der Sherwood Forest ist das im Ausland wohl bekannteste Waldgebiet Englands, denn die Legende besagt, dass Robin Hood hier sein Unwesen getrieben haben soll. Tatsache ist, dass der einst dichte Eichen- und Birkenwald im Mittelalter Schutz für zahlreiche Gesetzlose bot. Erste Erwähnung findet Robin Hood in William Langlands Epos „Piers Plowman" (14. Jh.). Erst im 15. Jahrhundert wurde die Figur wieder aufgegriffen und mit einer eigenen Handlung ausgeschmückt. Noch später entstanden weitere Charaktere wie Bruder Tuck oder Marianne. Sir Walter Scott beschreibt Hoods „Merry Men", seine Bande, in seinem Roman „Ivanhoe" als edle Räuber und höfliche Diebe.

Mittelengland Karte S. 504/505

Früher breitete sich der Sherwood Forest über fast ganz Nottinghamshire aus. Rodungen im Zuge der Industrialisierung ließen nur noch einige kleinere Flecken übrig. Ein Spaziergang durch die Überreste des Waldes ist allerdings nicht sonderlich beeindruckend; in England finden sich wesentlich romantischere Waldgebiete.

Held der armen Leute: Robin Hood

Rund 30 Kilometer nördlich von Nottingham gelangt man über die B 6034 nahe Mansfield in den Ort **Edwinstowe**, der den Eingang zum *Sherwood Forest Country Park* bildet. Hier befindet sich auch ein Besucherzentrum mit einer kleinen Ausstellung zur Robin-Hood-Legende (mit Souvenirverkauf) sowie zur Filmgeschichte der Adaption von Gladiator-Regisseur Ridley Scott und seinem Star Russell Crowe. In der St Mary's Church soll Robin seine Herzensdame Marion geheiratet haben. Eine Statue im Zentrum zeigt ihn auf den Knien, wie er ihr den Antrag macht.

● *Öffnungszeiten* **Besucherzentrum** (es soll 2011 einen Neubau geben): tgl. 10–16.30 Uhr. Eintritt frei. Parken £ 3, ✆ 01623/823202 oder 0844/9808080; www.nottinghamshire. gov.uk/home/leisure/countryparks/sherwood forestcp.htm. Oder für Edwinstowe: www. edwinstowe.co.uk. Der Park ist jeden Tag bis zur Dämmerung geöffnet.

● *Veranstaltungen* **Robin Hood Festival**, fast eine Woche lang wird der Räuber mit einem Mittelalterfest gefeiert. Anfang August, Infos über das Besucherzentrum.

● *Fahrradverleih* Sherwood Pines, £ 7/Std., £ 18/Tag, tgl. 9–16 Uhr, Mi bis 20 Uhr, Old Clipstone, Mansfiled, NG21 9JL, ✆ 01623/ 822855; www.sherwoodpinescycles.co.uk/ hirebikes.

Hardwick Hall: Eine enge, gewundene Straße führt von der Abfahrt 29 der M 1 nach Hardwick Hall, einem der großartigsten und besterhaltenen elisabethanischen Herrensitze im Land. Hardwick Hall war die Residenz von Elizabeth, Countess of Shrewsbury. Diese bemerkenswerte Dame gründete eine Dynastie, die fünfhundert Jahre lang zu den mächtigsten in England zählte. Ihr, nicht ihrem Gatten, gehörte Hardwick Hall, das sie bauen ließ, als sie schon über 70 Jahre alt war. Sie hatte die brachliegende alte Hall von ihrem Bruder gekauft und ihren Neubau daneben errichtet, als sie sich von ihrem vierten Ehemann, dem sechsten Earl of Shrewsbury, trennte, da sie ihm ein Verhältnis mit Mary Queen of Scots unterstellte. Von da an war sie als Bess of Hardwick bekannt. Der beliebteste Architekt dieser Zeit, Robert Smythson, schuf einen Landsitz mit sechs Türmen, in dem sich die Zimmer des Personals im Erdgeschoss befanden, ihre Wohnräume im ersten Stock und die Empfangsräume darüber. Fast die gesamte Einrichung ist noch original 16. Jahrhundert, und das Haus wird besonders für seine Gobelins, Stickereien und Wandgehänge gelobt. In dem schönen Park ist noch die Ruine der Old Hall zu sehen, die von English Heritage unterhalten wird und die man auch besichtigen kann.

Mitte Febr. bis Okt. Mi–So 11–16.30 Uhr, Garten bis 17 Uhr. Im Dez. auch am Wochenende. Park tgl. 8.30–18 Uhr. £ 9.50, erm. £ 4.75, Familien £ 23.75, Garten £ 4.80, erm. £ 2.40, Familien £ 12 (NT). Doe Lea, Chesterfield, S44 5QJ, ✆ 01246/850430; hardwickhall@nationaltrust.org.uk.

Derby

Die ehemalige Industriestadt wird touristisch vom nur 25 Kilometer entfernten Nottingham überschattet, ist jedoch ein guter Ausgangspunkt, um den Peak District oder die Derbyshire Dales zu erkunden. Sie bietet Industriegeschichte, eine Kathedrale und gutes englisches Bier.

Auch im traditionell eher verschlafenen Derby wird seit ein paar Jahren heftig in die Infrastruktur und das Stadtbild investiert. Im Herbst 2007 eröffnete ein neues Shopping Centre, das *Westfield*, das am ersten Tag 800.000 Besucher anzog. Die Arbeiten für ein nagelneues Vergnügungsviertel rund um die nagelneue Busstation am Fluss sind in vollem Gange: *Riverlights* heißt es und wird Läden, Restaurants und Bars, Nachtclubs zwei neue Hotels und einen Kinokomplex beherbergen. Derby ist mehr als 2000 Jahre alt, und begann ganz bescheiden als römische Siedlung Derventio. Im 9. Jahrhundert lag der Ort im Einflussbereich der Wikinger, die ihm den Namen gaben (angeblich kommt Derby von „Deor-ab-y", Dorf des Hirsches). Die Stadt kam aber erst im 18. Jahrhundert zu echter Bedeutung, als hier mit Lobes' Silk Mill (Seidenspinnerei) die erste Fabrik des Landes eröffnete (heute das Industrial Museum). Auch die erste Porzellanmanufaktur (Royal Crown Derby) wurde hier gegründet, und die Midland Railway schuf ebenfalls Arbeitsplätze, bevor sich Rolls Royce Anfang des 20. Jahrhunderts hier niederließ und Luxuslimousinen in alle Welt exportierte. In Anerkennung der Bedeutung Derbys und Derbyshires für Englands Industriegeschichte wurde das Tal *Derwent Valley* Anfang des neuen Jahrtausends von der UNESCO zum Weltkulturerbe erklärt (→ S. 633). In Derby selbst ist die hübscheste Straße wahrscheinlich die Friar Gate, die mit klassischen Häuserreihen gesäumt ist und von einer viktorianischen Eisenbahnbrücke überspannt wird. Der größte Teil der kompakten Innenstadt um den Market Place herum ist Fußgängerzone, von wo man ein paar Schritte die Iron Gate entlang die *Kathedrale* bequem zu Fuß erreicht, deren gotischer Turm aus dem 16. Jahrhundert weithin sichtbar ist. Von dort geht man nur drei Minuten die Sowter Road bis zum Fluss Derwent, wo sich das *Industrial Museum* befindet. Wenn man der Uferpromenade eine Meile folgt, gelangt man zu *Darley Abbey und Park*, einem ehemaligen Dorf für die Fabrikarbeiter. Derby selbst hat auch mehrere Parks aus dem 19. Jahrhundert. Der bekannteste ist *„Derby Arboretum"*, der erste öffentliche Park in England, der angeblich Vorbild für die Anlage des Central Parks von New York City gewesen sein soll.

Information/Verbindungen/Diverses

● *Information* **Tourist Information Centre**, Zimmervermittlung, Informationen zu Ausflügen, Transport und Veranstlaltungen. Assembly Rooms, Market Place, Derby DE1 3AH, ✆ 01332/255802, tourism@derby.gov. uk; www.visitderby.co.uk. Sie werden hier erfahren, dass Derbys Touristenattraktionen alle kostenlos sind.

Mittelengland Karte S. 504/505

• *Verbindungen* **Bus** – National Express Busse fahren 6-mal am Tag von London Victoria nach Derby. Die Derby Bus Station & City Exchange in Morledge ist nagelneu. Infos unter ☎ 01332/711553.

Zug – Der Bahnhof liegt an der Railway Terrace im Südosten Derbys (1,5 km). Regelmäßige Zugverbindungen nach Nottingham (25 Min.), Leicester (35 Min.) und London (2 Std.). Die Busse Nr. 40, 41, 44, 45 bringen Sie in die Innenstadt (der Spaziergang ist unschön).

• *Stadtführungen* Regelmäßige „Ghost Walks" werden vom Derby Gaol organisiert, 19 Uhr ab City Gaol. £ 21/Person. ☎ 01332/299321; www.derbyghostwalks.com.

• *Einkaufen* **Bennetts Department Store** ist das unabhängige Kaufhaus vor Ort mit guter Brasserie. 8 Iron Gate, ☎ 01332/344261, www.bennettsirongate.co.uk. Das Einkaufszentrum **Westfield Derby** auf zwei Etagen mit 150 Läden hat auch 800 Plätze im Food Court, www.westfieldderby.co.uk. Es gibt zwei Märkte, die viktorianische **Market Hall** und den **Indoor Eagle Market**.

• *Kultur/Festivals* **QUAD**, Derbys neue Kunstgalerie hat im Frühjahr 2008 eröffnet und dient als „visual arts and media centre", hier findet auch das Metro-Kino mit europäischen Filmen ein Zuhause, gutes Café, Coors mit Tapas und Salaten, montags Cine Supper für £ 10. Corporation Street, ☎ 01332/290606; www.derbyquad.co.uk.

Guildhall Theater in den Assembly Rooms, hier finden Rock- und Popkonzerte sowie Comedy, Ballett und Theateraufführungen statt. Market Place, ☎ 01332/255800; www. derbylive.co.uk.

Derby Playhouse, Musical und Theateraufführungen des hauseigenen Ensembles. Eagle Centre, Theatre Walk, ☎ 01332/363275; www.derbyplayhouse.org.

Zweimal im Jahr (Anfang Januar und Anfang Juli) findet das **CAMRA Beer Festival** statt, dann kann man auch Führungen der Derby Brewing Company und der Brunswick Inn Microbrewery buchen.

• *Wandern* **Derby Walking Festival** alljährlich von Mitte September bis Mitte Oktober. DCC Countryside Service ☎ 08456/058058; www.visitpeakdistrictcom/activities/derby-walking-festival.aspx.

• *Übernachten* ***** European Inn**, modernes Haus mit 88 Zimmern direkt im Stadt-

zentrum. Ab £ 65. Midland Road, ☎ 01332/292000, ✆ 01332/293940, www.euro-derby.co.uk.

**** Cathedral Quarter Hotel, nagelneues Boutique-Hotel der Finesse-Gruppe, 38 Zimmer, DZ £ 120–170. 16 St Mary's Gate, DE1 3JR, ☎ 01332/546080; www.thefinessecollection.com/catheralquarter.

*** The Stuart, durchschnittlicher Standard, recht kleine Zimmer, aber im Zentrum gelegen mit kostenlosem Parken, DZ ab £ 59 (ohne Frühstück), 119 London Road, DE1 2QR, ☎ 01332/340633, ✆ 01332/293502; www.thestuart.com.

Chuckles Guest House, familiengeführtes Gästehaus im Zentrum, extrem freundlich. EZ £ 30, DZ £ 50. 48 Crompton Street, ☎ 01322/367193, www.chucklesguesthouse.co.uk.

Dannah Farm Country House, georgianische Fünf-Sterne-Farm im Amber Valley mit wunderbaren Ausblicken, modernen Zimmern und japanischen Bädern. Gute Küche. 20 Min. nordwestlich von Derby. EZ £ 75–100, DZ £ 140–210, Suite (bis zu 5 Personen) £ 195–285. Bowmans Lane, Shottle, Nr. Belper, DE56 2DR, ☎ 01773/550273, www.dannah.co.uk.

• *Essen/Trinken* **Masa**, Restaurant (1 Stock), Bistro und Bar (EG) in einer alter Methodistenkapelle, moderne britische Küche, Sonntagsmenü mit 3 Gängen nur £ 18. Mo u. Di Ruhetage. ☎ 01332/203345; Brook Street, www.masarestaurantwinebar.com.

La Cucina, italienische Kost wie in der Heimat servieren Alfonso und Maria in ihrem neuen Restaurant mit offener Küche. 26–28 Greene Lane, DE1 1RP, ☎ 01332/346796.

The Haus, Restaurant in einem Jakobinerhaus, europäische Küche, unten Coffee-Lounge und Bar, oben Restaurant. Angeblich 14 Geister, die hoffentlich nicht die Küche bevölkern! Hauptgerichte mittags bis £ 7.50, Steak £ 13. Nur Di–Sa geöffnet, 33 Wardwick, Cathedral Quarter, ☎ 01332/347288.

Tonic Restaurant and Bar, moderne britische Küche, entspannte Lounge-Bar im Erdgeschoss, manchmal Live-Gigs, Tische im Hof, Restaurant im 1. OG. Mo Ruhetag. 6b Chapel Quarter, Chapel Bar, NG1 6JS, ☎ 01332/9414770; www.tonic-online.co.uk.

Le Bistrot Pierre, die Rezepte werden aus Frankreich importiert, anscheinend ein Erolgskonzept. Inzwischen gibt es sieben

Bistros in der Region, Lunch £ 9.75 für zwei Gänge, £ 11.75 für drei. Angenehm! 18 Friar Gate, DE1 1BX, ✆ 01332/370470; www.lebistrotpierre.co.uk.

● *Nachtleben* **Number Five** Jazz-Bar, vom Lunch bis zu Cocktails mit Backsteinwänden und vier Nächten Live-Jazz ab 20 Uhr. So Ruhetag. 5 George Street, DE1 1EH, ✆ 01332/343250; www.number-five.co.uk.

Sehenswertes

Derby Cathedral: Die kleinste anglikanische Kathedrale von England war noch bis 1927 die Gemeindekirche All Saints. Die Kirche stammt aus dem 14. Jahrhundert, wurde aber in den 1720er-Jahren von James Gibbs im klassischen Stil umgestaltet, weshalb das weiße Schiff eher barock anmutet. Sehenswert ist die Bakewell Screen, das Monument für Elizabeth of Hardwick, der Gräfin Shrewbury, sowie das Grab von Joseph Wright, dem lokalen Landschafts- und Porträtmaler, dessen Werke Sie im Stadtmuseum kennenlernen können. Im mittelalterlichen Turm nisten seit kurzem Jagdfalken.
Mo–Sa 9.30–16.30 Uhr. Eintritt frei, Derby Cathedral Centre, 18–19 Iron Gate, ✆ 01332/341201; www.derbycathedral.org.

Derby City Museum and Art Gallery: Neben interessanten Abteilungen zur Stadtgeschichte, der Geologie und dem Tierbestand der Region, stehen natürlich die technischen Entwicklungen Derbys wie Porzellan, Seide und die Eisenbahn im Mittelpunkt der Ausstellung. Die angeschlossene Kunstgalerie ist dem Heimatmaler Joseph Wright gewidmet, der mit seinen Landschaftsbildern und Porträts als erster auch die Schattenseiten der Industriellen Revolution dokumentiert hat.
Di–Sa 10–17 Uhr, Mo ab 11 Uhr, So 13–16 Uhr. Eintritt frei, The Strand, ✆ 01332/641901.

The Silk Mill: In dieser alten Seidenspinnerei des 18. Jahrhunderts befindet sich Derbys *Museum of Industry and History*. Hier wird die Industriegeschichte der Stadt dokumentiert, wobei die besondere Aufmerksamkeit der Entwicklung von Rolls Royce und der Eisenbahn gilt.
Di–Sa 10–17 Uhr, Mo ab 11 Uhr, So 13–16 Uhr. Eintritt frei, Silkmill Lane/Full Street, ✆ 01332/255308.

Pickford's House Museum: Dieses georgianische Stadthaus war einst das Zuhause des Architekten Joseph Pickford und wurde in seinen alten Zustand versetzt. Neben der Einrichtung in Zimmern und Küche gibt es auch Kleidung und Kostüme vom 18. bis 20. Jahrhundert sowie die Frank-Bradley-Sammlung von Spielzeug-Theatern zu sehen.
Di–Sa 10–17 Uhr, Mo ab 11 Uhr, So 13–16 Uhr. Eintritt frei, 41 Friar Gate, ✆ 01332/255363.

Lincoln

Unter den Römern hieß die Stadt „Lindum Colonia". Das Nordtor, heute Newport Arch genannt, ist das einzige sichtbare Überbleibsel aus dieser Zeit. Mittelalterliche Kopfsteinpflastergassen bahnen sich ihren Weg hinauf zur imposanten Kathedrale. Unterhalb des alten Stadtkerns liegt der modernere Teil Lincolns mit seinem schönen Einkaufsviertel.

Während der Hauptgeschäftszeit scheint die gesamte Bevölkerung in der Fußgängerzone der High Street unterwegs zu sein. Zu jeder halben Stunde wird das geschäftige Treiben vom Geläut der *Kathedrale* übertönt, einer der größten des Landes, die für die Hollywoodverfilmung von Dan Browns „Da Vinci Code" (Das Sakrileg) mit Tom Hanks die Westminster Cathedral in London ersetzen durfte.

Mittelengland
Karte S. 504/505

(Drehorte waren außerdem Belvoir Castle, → S. 578 und Burghley House, → S. 502). Nur einen Katzensprung entfernt befinden sich die Reste der Burg. Vom *Observatory Tower*, einem nachträglich erbauten Eckturm, hat man einen sagenhaften Ausblick auf die flache Landschaft von Lincolnshire. Sehens- und entdeckenswert ist die gesamte Altstadt um die Kathedrale, z. B. die alten Häuser am *Steep Hill*. Das Städtchen ist quasi zweigeteilt, die High Street führt durch das südliche Stadttor *Stonebow* hinunter zur *Guildhall* (Rathaus) und zur *High Bridge*, der ältesten überbauten Brücke Englands. Bailgate ist ebenfalls eine besonders attraktive alte Straße, die zum Newport Arch führt, einem Römertor.

Die Römer ließen sich in dieser strategisch gut gelegenen Gegend bereits im Jahr 48 u. Z. nieder. Unter den Wikingern wurde Lincoln zu einem bedeutenden Handelszentrum. Die Normannen errichteten die große Burg und die Kathedrale. Im frühen Mittelalter entwickelte sich die Stadt zu einem Zentrum der Wollverarbeitung und zu einem der wichtigsten Häfen Englands für Textilexporte. Die Stadt war berühmt für ihr Lincoln Green, grünen Stoff, in den sich angeblich auch Robin Hoods gewandete.

Die „bessere" Gegend in Lincoln sind die Teile der Stadt, die sich auf dem Hügel (Up Hill) befinden, und wo die meisten historischen Sehenwürdigkeiten stehen. In den Niederungen (Down Hill) wohnten ab dem 19. Jahrhundert, als Lincoln zu einem Zentrum des Maschinenbaus geworden war, die Arbeiterfamilien.Wem die Steigung zwischen Unter- und Oberstadt zum Laufen zu steil ist, kann sich auch mit dem Walk-&-Ride-Bus von der High Street zum Castle Hill fahren lassen (alle 10 Min.).Oder Sie gönnen sich anschließend am Fluss Wigham an der aufgemotzten Brayford Waterfront eine entspannte Rast mit wunderbarem Blick auf die Kathedrale; hier lässt es sich auch gut dinieren oder Boot fahren. Landesweit berühmte Spezialitäten sind die *Lincolnshire Sausages* (Würste) und Käsesorten wie der *Lincoln Poacher* oder der *Cote Hill*, den Sie bei Elite Meat (89 Bailgate) bzw. Comestibles (82 Bailgate) probieren können. Für Kunstinteressierte wurden jüngst Millionen in das neue „Cultural Quarter" investiert, wo das Kulturzentrum Drill Hall ein Makeover erhalten hat und das brandneue Museum *The Collection* gebaut wurde, das sich der Kunst und Archäologie widmet.

*I*nformation/*V*erbindungen/*D*iverses

● *Information* **Tourist Information Centre,** 9 Castle Hill, Lincoln, Lincolnshire LN1 3AA, ✆ 01522/545458, ✆ 842718; visitorinformation @lincolnbig.co.uk; www.visitlincolnshire. com oder www.lincoln.gov.uk. Kostenlose Veranstaltungsführer *The Major Events* und *Diary of Events*, Zimmervermittlung, Liste der Übernachtungsmöglichkeiten (*Where to stay*).
Wer länger bleibt, sollte einen Time Travel Pass erwägen, der vergünstigte Eintritte bietet.

● *Verbindungen* **Bus** – Fernbusse halten an der City Bus Station gegenüber vom Hauptbahnhof. Von hier aus bestehen Verbindungen nach Leeds, Bristol, London, Yorkshire und Peterborough. www.lincsbus.info.

Zug – Der Hauptbahnhof befindet sich in der St Mary's Street. Zwei Züge fahren stündlich über Newark-on-Trent (umsteigen) nach London King's Cross. Alle zwei Stunden fahren Züge nach Doncaster, von wo man nach York weiterreisen kann.

● *Stadtrundgänge* In der Touristeninformation kann man sich mit Infomaterial eindecken, anhand dessen man die Stadt auf eigene Faust durchqueren kann.
Darüber hinaus starten jeden Tag im Juli und Aug. um 11 und um 14.15 Uhr vom Castle Square organisierte Stadtführungen. Im Juni, Sept. u. Okt. nur am Wochenende. Außerdem werden thematische Führungen angeboten, z. B. die „Da Vinci Cathedral Quarter Tour", „Auf den Spuren der Römer"

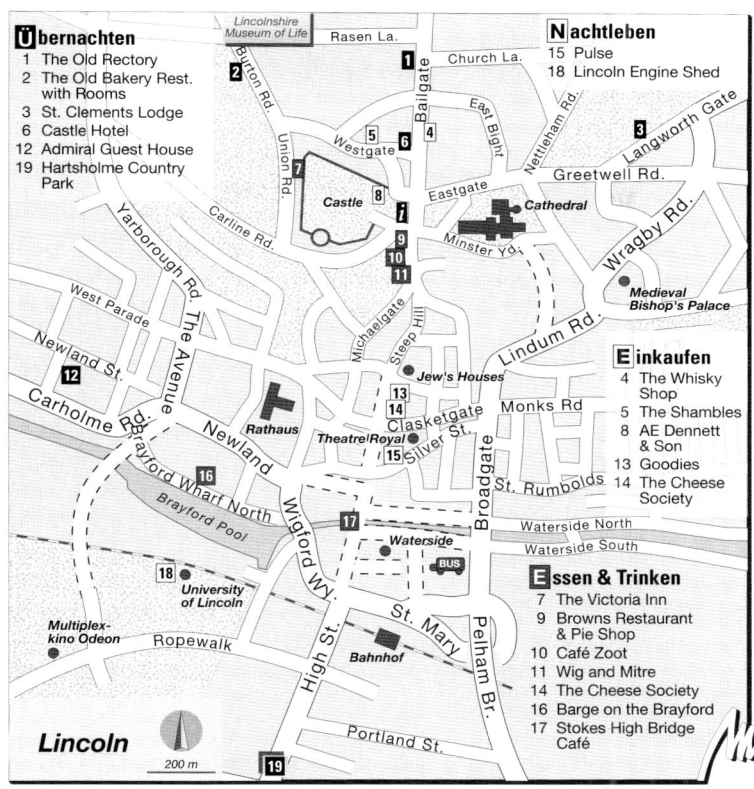

Übernachten
1 The Old Rectory
2 The Old Bakery Rest. with Rooms
3 St. Clements Lodge
6 Castle Hotel
12 Admiral Guest House
19 Hartsholme Country Park

Lincolnshire Museum of Life
Rasen La.

Nachtleben
15 Pulse
18 Lincoln Engine Shed

Church La.
Bailgate
East Bight
Nettleham Rd.
Langworth Gate
Greetwell Rd.
Wragby Rd.
Westgate
Burton Rd.
Union Rd.
Carline Rd.
Castle
Eastgate
Cathedral
Minster Yd.
Medieval Bishop's Palace

Einkaufen
4 The Whisky Shop
5 The Shambles
8 AE Dennett & Son
13 Goodies
14 The Cheese Society

Yarborough Rd.
West Parade
The Avenue
Newland St.
Carholme Rd.
Newland
Rathaus
Brayford Wharf North
Brayford Pool
Jew's Houses
Michaelgate
Steep Hill
Claskergate
Silver St.
Monks Rd
St. Rumbolds
Broadgate
Lindum Rd.
Theatre Royal
Waterside North
Waterside South

Essen & Trinken
7 The Victoria Inn
9 Browns Restaurant & Pie Shop
10 Café Zoot
11 Wig and Mitre
14 The Cheese Society
16 Barge on the Brayford
17 Stokes High Bridge Café

University of Lincoln
Multiplexkino Odeon
Ropewalk
Wigford Wy.
High St.
St. Mary
Bahnhof
Pelham Br.
Waterside
BUS
Portland St.

Lincoln
200 m

Mittelengland Karte S. 504/505

und Mi, Fr u. Sa um 19 Uhr Ghostwalks. ✆ 01522/521256; www.lincolnguidedtours.co.uk.

● *Einkaufen* **Goodies (13)**, Süßwarenladen mit 300 Sorten Bonbons und Schokoladen, 4 Steep Hill.

The Cheese Society (14), Käseladen und -café mit riesigem Sortiment und käselastigen Gerichten. 1 St Martin's Lane; www.thecheesesociety.co.uk.

Individuelle Läden und Restaurationen finden sich am Bailgate, etwa **AE Dennett & Son (8)**, die seit 75 Jahren Eis herstellen (Nr. 3), oder bei Nr. 87 **The Whisky Shop (4)**.

The Shambles (5) am Westgate verkauft Antiquitäten.

● *Markt* Der Lincoln **Christmas Market** zieht jedes Jahr zehntausende Besucher

an. Er findet an einem langen Wochenende Anfang Dezember statt und erstreckt sich um die Kathedrale und die Burg. **Farmer's Market** jeden 1. Fr. u. Sa. und 2. Do des Monats, The Lawn Complex.

● *Post* 90 Bailgate, neben der Touristeninformation und 19/20 Guildhall Street.

● *Waschen* **Maytag Launderette**, 8 Burton Road, LN1 3LB, ✆ 01522/543498.

● *Kino* **Odeon**, Brayford Wharf North, ✆ 01522/5222555 oder 0871/2244007; www.odeon.co.uk.

● *Kultur* **Theatre Royal** ist die Bühne für Dramen, Pantomime und Opern. Clasketgate, LN2 1JJ, ✆ 01522/519999; www.theatreroyallincoln.com.

Lincoln Drill Hall, Veranstaltungs- und Kunstzentrum der Gemeinde in ehemaliger Mühle: Jazz, Theater, Comedy, Dance und ein gutes Café. Free School Lane, LN2 1EY, ✆ 01522/873894; www.lincolndrillhall.com.

Lincoln Performing Arts Centre, nagelneuer Veranstaltungskomplex auf dem Universitätsgelände. Drama, Comedy, Ballett und zeitgenössischer Tanz. Brayford Pool, LN6 7TS, ✆ 0844/8884414; www.lpac.co.uk.

• *Bootfahren* **Lincoln Boat Trips**, Bootsausflüge Ostern bis Sept. tgl. 11, 12.15, 13.30, 14.45 und 15.45 Uhr, im Okt. nur am Wochenende. Auch Bootsverleih, £ 20/Std., £ 50/3 Std., Brayford Wharf North, LN1 1YX, ✆ 01522/881200; www.lincolnboattrips.com.

• *Veranstaltungen* Im Tourist Office ist der kostenlose Veranstaltungskalender *Major Events* erhältlich. Darin findet man die wichtigsten Ausstellungen, Festivals und sportlichen Veranstaltungen.

Im Mai gibt es das **Arts Festival** mit Kunstausstellungen und Theateraufführungen. Ende Juni verheißt die **Lincoln Show** ein landwirtschaftliches Volksfest mit Jahrmarkt. www.lincolnshireshowground.co.uk. Ende August findet das **Lincoln Shakespeare Festival** statt.

Übernachten/Essen/Trinken (siehe Karte S. 573)

• *Übernachten* Viele B & Bs befinden sich in der Carline Road, der Yarborough Road und der West Parade. In der Touristeninformation gibt es eine Broschüre, in der auch Hotels verzeichnet sind.

Castle Hotel (6), gleich gegenüber der Touristeninformation, restauriertes Schulgebäude aus dem 19. Jahrhundert, schick und bequem. 11 Standard- und 4 Luxuszimmer. EZ £ 75, DZ ab £ 99. Westgate, ✆ 01522/538801, ✎ 575457; www.castlehotel.net.

Old Bakery Restaurant with Rooms (2), in der historischen Oberstadt unweit des Castle. Übernachtung mit Dinner empfohlen. Eines der besten Restaurants der Stadt! DZ ab £ 55. 26–28 Burton Road, LN1 3LB, ✆ 01522/576057 oder 0845/2051172, www.theold-bakery.co.uk.

The Old Rectory (1), ein hübsches, renoviertes B & B aus edwardianischer Zeit. Drei Minuten Fußweg zur Kathedrale. B & B im EZ ab £ 28, DZ £ 50. 19 Newport, LN1 3DQ, ✆ 01522/514774, ✎ 01522/538893, www.theoldrectorylincoln.co.uk.

Admiral Guest House (12), hübsche Zimmer in einem 100-jährigen Haus. Fünf Minuten zu Fuß in die Stadt. B & B im EZ £ 30, DZ £ 45–60. 16–18 Nelson Street, LN1 1PJ, ✆/✎ 01522/544467, nicola.major1@ntlworld.com.

St. Clements Lodge (3), Janet und Bill Turner bieten ausgeprochen hübsche Zimmer gleich hinter der Kathedrale, EZ £ 50, DZ £ 68. Familiensuite für 5 Personen £ 38–56. 21 Langworth Gate, LN24 4AD, ✆ 01522/521532; www.stclementslodge.co.uk.

• *Camping* **Hartsholme Country Park (19)**, rund 5 km südwestlich des Bahnhofs liegt der Country Park. Man kommt mit dem Bus R66 in Richtung Birchwood Estate her. Geöffnet März bis Okt. Zeltstellplatz für zwei

Personen £ 7–15.50. Skellingthorpe Road, LN6 0EY, ✆ 01522/873578, hartsholmecp@lincoln.gov.uk.

• *Essen/Trinken* Auf dem oberen Teil der High Street, dem Steep Hill und der Bailgate befinden sich einige gemütliche Tearooms, wo exzellenter Kaffee, leckere Obsttorten und deftiger Lunch serviert werden.

The Old Bakery, → Übernachten.

Barge on the Brayford (16), Essen auf dem Boot oder dem Ponton. Vor allem Fisch und Seafood. Auch Tapas, erstaunlich günstig. Abends auch Bar. Braysford Waterfront North, LN1 1YW, ✆ 01522/511448; www.bargeonthebrayford.com.

Café Zoot (10), in elegantem Ambiente wird auf zwei Etagen vom Champagnerfrühstück über einen Snack bis zum italienisch inspirierten Dinner viel Köstliches serviert. 5 Bailgate, LN1 3AE, ✆ 01522/536663; www.cafezoot.co.uk.

Stokes High Bridge Café (17), das ansehnliche Fachwerkhaus wurde 1540 auf einer Brücke, die aus dem frühen 12. Jahrhundert stammt, errichtet. Serviert wird im ersten und zweiten Stockwerk. Das schwarze Fachwerk und die kleinen Räume verbreiten eine urige Atmosphäre. Auf der Speisekarte steht alles, was zur traditionellen Tea Time gehört: vom Mug of Coffee über Eis bis zu diversen Afternoon Tea Specials. Die täglich wechselnden Lunch-Gerichte sind preisgünstig und lecker. Mo–Sa 9–16.30 Uhr, So 11–16 Uhr. 207 High Street, ✆ 01522/513825; www.stokes-coffee.co.uk.

Browns Restaurant & Pie Shop (9), ultimativ englisches Restaurant in einem schönen Fachwerkhaus mit Kellergewölbe. Spezialität sind Pasteten von Wild, Lamm oder Hasen. Mo–Sa 12–15 Uhr u. 17 Uhr bis spät, Sa

12–20 Uhr. 33 Steep Hill, LN2 1LU. ☎ 01522/527330; www.brownspieshop.co.uk.

Wig and Mitre (11), Pub in einem Gebäude aus dem 14. Jahrhundert. Während man unten preisgünstige Menüs bekommt, ist das Restaurant im Obergeschoss etwas teurer. 29 Steep Hill, ☎ 01522/535190; www.wigandmitre.com.

The Victoria Inn (7), Lincolns berühmtestes Pub, das in jeder Führung vorkommt. Es liegt in der Nähe des Castle, ist klein und urig und enttäuscht nicht. Auch Zimmer ab £ 69, mit Parkplatz. 6 Union Road. ☎ 01522/541000; www.victoriapub.net.

Cheese Society (14), in diesem Café kann man Käse kaufen oder Raclette und Fon-

due essen. Mo–Sa 10–16.30 Uhr. 1 St Martin's Lane, ☎ 01522/511003; www.thecheesesociety.co.uk.

● *Nachtleben* **Lincoln Engine Shed (18)**, diese Glasbox auf dem Unigelände ist einer der beliebtesten Clubs der Stadt mit Live-Gigs, Clubnächten und Modeschauen. In der Tower Bar mit zahlreichen 3-D-Bildschirmen kann man Sport gucken, snacken und speisen. Brayford Pool, LN6 7TS, ☎ 0844/8888766; www.engineshed.co.uk.

Pulse (15), seit drei Jahrzehnten alteingesessener Club, der eigentlich drei Clubs in einem beherbergt. Studentenlastig. 11 Silver Street, ☎ 01522/522314; www.pulselincoln.co.uk.

Sehenswertes

Lincoln Cathedral: Nirgendwo sonst in England dominiert die Kathedrale (Einheimische nennen sie „Minster") so augenfällig das Stadtbild wie in Lincoln. Ihr zentraler Turm zählt außerdem zu den höchsten Kirchtürmen des Landes. 1070 wurden große Teile der Kirche erbaut. Zwei Jahrzehnte später erfolgte die Einweihung, doch ein Feuer (1141) und ein Erdbeben (1185) zerstörten das Gotteshaus. Geblieben aus dieser Zeit sind die *Westfassade* und der untere Teil der beiden *westlichen Türme*. Mit dem Wiederaufbau wurde 1186 Hugh of Avalon beauftragt, der spätere Heilige Hugh von Lincoln. Er tat sich zudem als Beschützer der Juden Lincolns hervor, die von Vertreibung und Pogromen bedroht waren. Über seinem Schrein im sogenannten Engelschor befindet sich eine weniger ernste Sehenswürdigkeit der Kathedrale, der „Imp": ein koboldartiges Fabelwesen, das der Legende nach den Wiederaufbau der Kathedrale verhindern wollte und zur Strafe versteinert wurde. Heute zeigt sich das Gebäude in einer Mischung aus englischer Spätgotik und Early-English-Stil. Im *Zentralturm* hängt die über fünf Tonnen schwere Glocke *Great Tom*, die ihren massigen Klangkörper stündlich in Bewegung setzt. Besonders sehenswert sind die zwei mittelalterlichen Fenster *Bishop's Eye* (14. Jahrhundert) und *Dean's Eye* (13. Jahrhundert). Südlich der Kathedrale stehen die Ruinen des mittelalterlichen Bischofspalastes. An der Nordostseite finden Sie eine Statue des Poet Laureate (von der Königin ernannter „lorbeergekrönter" Dichter) Sir Alfred Tennyson, der 1809 in Somersby in Lincolnshire das Licht der Welt erblickte. Der *Bischofspalast* ist nur mehr eine Ruine, liegt aber in einem schönen Garten. Wenige Schritte vom Palast gibt es ein nagelneues Museum: **The Collection** (s. u.).

Cathedral: Juli/Aug. Mo–Fr 7.15–20 Uhr, Sa–So bis 18 Uhr, sonst Mo–Sa 7.15–18 Uhr, So bis 17 Uhr. £ 6, erm. £ 4.75, Kinder £ 1. Guided Tours: Mo–Sa 11, 12.30 u. 14.30 Uhr, Roof Tours: März–Okt. Di, Do u. Sa 11 u. 14 Uhr, Mo, Mi, Fr nur 14 Uhr, sonst Mo–Fr 13.30 Uhr, Sa 11 u. 14 Uhr. Auch Tower Tours: April u. Okt. Sa 13.30 u. 15 Uhr, Mai

und Sept. 12.15, 13.30 u. 15 Uhr. ☎ 01522/544544 oder 01522/561600; visitors@lincolncathedral.com, www.lincolncathedral.com.

Bishop's Palace: April–Okt. tgl. 10–17 Uhr, sonst Do–Mo 10–16 Uhr. £ 4.20, erm. £ 3.60, Kinder £ 2.10 (EH). Minster Yard, ☎ 01522/527468.

Lincoln Castle: Von der herrlichen Kathedrale, von der John Ruskin als „das kostbarste Stück Architektur der Britischen Inseln" schwärmte, geht es über den Minster Yard durch das mittelalterliche *Exchequer Gate* in Richtung Westen zu den

Mittelengland Karte S. 504/505

nur wenige Meter entfernten Burgruinen. Und wieder war es Wilhelm der Eroberer, der für den Bau verantwortlich zeichnete. 1068 befahl er 166 Häuser der angelsächsischen Siedler abzureißen, um mit diesem Material Lincoln Castle zu errichten. Einzig die Maueranlagen der Burg aus normannischer Zeit sind erhalten. Auf diesen kann man auch einmal um den heutigen Park spazieren. Bekannt ist die Anlage auch für drei Türme: *Lucy Tower* und *Cobb Hall* waren im Mittelalter Verliese. Hier befand sich auch bis 1868 noch der Galgen. Der *Observatory Tower* hingegen wurde im letzten Jahrhundert für astronomische Zwecke gebaut. Von hier aus hat man einen herrlichen Blick auf Kathedrale, Stadt und Umland. Hinter den Mauern befindet sich das alte Gefängnis, ein roter Backsteinbau, wo vor allem die Kapelle sehenswert ist, in der die Insassen dreistündige Predigten verfolgen mussten, ohne dass sie sich sehen konnten. In einem abgedunkelten Raum kann man sich eine der vier letzten noch existierenden Kopien der *Magna Charta* ansehen.

Mai–Aug. tgl. 10–18 Uhr, April u.Sept. 10–17 Uhr, Okt.–März 10–16 Uhr. £ 5, erm. £ 3.30, Familien £ 13.30. Kostenlose Führungen im Sommer 11 und 14 Uhr, im Winter nur am Wochenende. Buchung: ✆ 01522/782040, sonst 01522/511068.

Steep Hill: Will man von der Burg bzw. der Kathedrale wieder hinunter in die Einkaufsstraße, kommt man durch eine der schönsten Gassen Englands – *Steep Hill*. Auf beiden Seiten dieser tatsächlich sehr steilen Straße sieht man hübsche Häuserfassaden aus dem 19. Jahrhundert, die nachträglich an die Gebäude aus dem 14. und 15. Jahrhundert angebracht wurden. So sind z. B. die Häuser Nr. 38 und 39 Fachwerkbauten mit georgianischen Erkerfenstern. *The Wig and Mitre* ist heute ein schöner Pub, untergebracht in einem Fachwerkhaus aus dem 14. Jahrhundert.

Jew's Court und Jews' Houses: Den Weg hinunter zur Innenstadt und dem Hafen säumen die Jews' Houses. Das mittelalterliche Lincoln war eines der Zentren der jüdischen Bevölkerung von England, viele von ihnen gehörten zu den erfolgreichsten Wollhändlern der Stadt. Davon zeugen mehrere Häuser aus dem 12. Jahrhundert am Steep Hill. Jew's Court, ein imposantes Steinhaus, soll die Synagoge gewesen sein. Gleich daneben stehen das ebenfalls beeindruckende *Jew's House*, das *House of Aaron the Jew*. Im 13. Jahrhundert wuchs in England nach dem Mord an einem 13-jährigen Jungen die antisemitische Stimmung und endete mit der Ausweisung aller Juden durch Eduard I. (1290). Erst 400 Jahre später kehrten sie nach England zurück.

Stonebow und Guildhall: Etwas weiter unten am Berg gelangen wir in die zur Stadt hinabführende High Street, über die sich ein Steinbogen (Stonebow) spannt, ehe man in die Einkaufsstraße gelangt. Dieser Bogen war im 15. Jahrhundert das südliche Stadttor Lincolns. Im obersten Stock des Stonebow befindet sich das *Rathaus* (Guildhall) der Stadt, in dem der Stadtrat seit 1371 tagt. Ratsversammlungen werden noch heute durch eine um 1378 gegossene Glocke einberufen. Ausgestellt sind hier auch die Schwerter von Richard II. und Heinrich VII. Der „Officer" des Bürgermeisters trägt den schönen Titel „City Sword Bearer and Keeper of the Keys of the Guildhall". Auf seinen Führungen erfährt man, dass er beim Besuch eines Monarchen bis heute dem Bürgermeister das Schwert überreicht, der es dann der Königin hinhält, damit sie es berühren soll. Ein Privileg – für die Königin!

Tgl. 10–17 Uhr. Führungen Fr. u. Sa 10.30 und 13.30 Uhr. Eintritt frei. Saltergate, ✆ 01522/ 873507.

High Bridge: Etwas unterhalb auf der High Street überspannt die *High Bridge* (12. Jahrhundert) den River Witham. Sie ist die einzige Brücke Englands, die noch

Seit dem Mittelalter bebaut: die High Bridge

heute mit mittelalterlichen Häusern bebaut ist (vgl. Stokes High Bridge Café). Steigt man eine Treppe (rechts neben dem Café) hinunter, bietet sich ein schöner Blick auf die Gebäude.

Museum of Lincolnshire Life: Das interessanteste und meistbesuchte Museum der Umgebung ist das Museum of Lincolnshire Life, in dem 200 Jahre Sozialgeschichte der Region wieder lebendig werden. Es befindet sich in den alten Baracken des Royal Lincolnshire Regimets in der Burton Road. Man kann darin eine alte Küche aus der viktorianischen Zeit und eine nachgebildete Apotheke bestaunen. Außerdem sind Maschinen und Gerätschaften aus Industrie und Landwirtschaft zu sehen sowie ein Panzer aus dem Ersten Weltkrieg.

April–Sept. tgl. 10–16 Uhr, sonst Mo–Sa 10–16 Uhr. Eintritt frei. Burton Road, ☎ 01552/528448; www.lincolnshire.gov.uk/museumoflincolnshirelife. Anfahrt mit Bus 7 vom Busbahnhof.

The Collection – Art and Archaeology in Lincolnshire: Das nagelneue Museum integriert die Usher Galerie für zeitgenössische Kunst, die von einer neuen Gartenanlage, den Temple Gardens, umgeben ist, und präsentiert Kunstfunde aus allen Epochen der Stadtgeschichte.

Tgl. 10–17 Uhr. Eintritt frei. Danes Terrace, ☎ 01522/550990, www.thecollection.lincoln.museum.

Umgebung von Lincoln

Grantham: Die Geschichte der schön gelegenen Stadt im Witham Tal reicht bis in die Tage Eduards des Bekenners zurück. Von normannischen Zeiten zeugen die Arkadenpfeiler der Kirche *St Wulfram*, die im gotischen Stil umgebaut wurde und mit ihrem hohen Spitzturm auf das Häusergewimmel zu ihren Füßen herabblickt. In der Chained Library befinden sich 300 kostbare Bücher, darunter über achtzig mittelalterliche Folianten. Schräg gegenüber liegt mitten im Ort das parkumsäumte *Grantham House*, ein Herrenhof aus der Tudorzeit. In der King's School lernte

Mittelengland
Karte S. 504/505

schon der kleine *Isaac Newton* Latein. Im nahen *Woolsthorpe Manor* ist der Wissenschaftler, der Präsident der Royal Society und Professor in Cambridge wurde, geboren worden. Dort steht auch der Baum, von dem ein Apfel fiel – ein Vorgang, der ihn die Schwerkraft entdecken ließ. Das *Angel and Royal Inn* in der High Street wurde im Mittelalter von den Tempelrittern gegründet und hat den Besuch vieler Könige erlebt. Richard III. hat hier das Todesurteil gegen den Herzog von Buckingham unterzeichnet. Im letzten Jahrhundert wurde Margaret Thatcher, die von 1979 bis 1990 Premierministerin war, in Grantham geboren.

• *Information* **Tourist Information Centre,** The Guildhall Centre, St Peter's Hill, Grantham, Lincolnshire NG31 6PZ, Avenue Orad, ☎ 01476/406166, 🖷 406001; granthamtic@ southkesteven.gov.uk; www.southwestlincs.com.

Grantham House: geöffnet nur im Juni, Mi u. Do 12–17 Uhr, £ 6.50, erm. £ 3, Familien £ 16.50 (NT). Castlegate, ☎ 01476/564705; granthamhouse@nationaltrust.org.uk.

Woolsthorpe Manor und Discovery Centre: Mitte März bis Anfang Okt. Mi–So 11–17 Uhr, Febr. u. Okt nur Fr–So. Discovery Centre ab 13 Uhr. £ 5.54, erm. £ 2.75, Familien £ 13.80 (NT). Waterlane, Woolsthorpe bei Colsterworth, NG33 5PD, ☎ 01476/860338; woolsthorpemanor@nationaltrust.org.uk.

• *Anfahrt* 25 km südlich von Lincoln, stündlich Busverbindung mit Lincolnshire Roadcar. Mit dem Zug muss man in Newark umsteigen. Direkte Verbindungen nach London King's Cross.

Belvoir Castle: Unweit von Grantham liegt Belvoir Castle, das sich seit den Zeiten Heinrichs VIII. in den Händen der Grafen von Rutland befindet. Diese haben es mit kostbaren Gemälden von Holbein und Poussin, Gainsborough und Reynold, sowie mit barocken Gobelins und prächtigen Möbeln ausgestattet. Das Castle thront mit Zinnen, Türmen und Türmchen hübsch über dem Tal von Belvoir.

Ostern und Feiertage 11–17 Uhr, im August So–Do 11–17 Uhr. Bitte im Internet prüfen. £ 10, erm. £ 9, Kinder £ 6, Familien £ 28; nur Gärten £ 6, erm. £ 4, Kinder £ 3. ☎ 01476/870262, www.belvoircastle.com.

Stamford: Zwischen Grantham und Peterborough an der A 1 liegt eine der schönsten, wenn auch nicht besonders typischen Ortschaften Lincolnshires, das Marktstädtchen Stamford. Einst ein Kutschenhalt auf dem Weg von London nach Edinburgh, gibt es hier noch immer rund 50 Pubs. Die Stadt wurde zum großen Teil vor rund 200 Jahren im klassischen Stil aus honigfarbenem Sandstein errichtet. Vier alte Kirchen sind sehenswert: die frühgotischen Gotteshäuser *St Mary* und *All Saints* und die hochgotischen *St John's* und *St George's* mit ihren alten Buntglasfenstern. Jane-Austen-Fans werden in diesem hübschen Flecken „Meryton" aus der Verfilmung von „Stolz und Vorurteil" aus dem Jahre 2004 wiedererkennen. Viele Szenen wurden auch im unweit gelegenen elisabethanischen Landsitz *Burghley* gedreht.

• *Information* Tourist Information Centre im Arts Centre, nur im Sommer 9–17 Uhr, So bis 15.30 Uhr. 27 St Mary's Street, Lincolnshire PE9 2DL, ☎ 01780/755611; stamfordtic@southkesteven.co.uk; www.stamfordartscentre.com.

Burghley: Stamford PE9 3JY, April–Okt. tgl. 11–17 Uhr, Sa geschl., £ 11.80, erm. £ 10.40, Kinder £ 5.80, Familien £ 30. Audioguides für £ 2.50. ☎ 01780/752451; www.burghley.co.uk.

Lincolnshire Küste und Fens: Hinter Grantham dehnt sich die Ebene, soweit das Auge reicht. Die Ostprovinz ist eine großzügige Landschaft mit Blumenfeldern und Kartoffeläckern, eine Landschaft der fernen Horizonte, in deren Küste sich die Nordsee mit der viereckigen Bucht „The Wash" tief eingefressen hat (→ S. 477). Aus dem einst unzugänglichen Sumpfgebiet, in dem fette Aale gediehen, haben die großen Ackerbaubarone vor drei Jahrhunderten mit neuen Entwässerungsmethoden die Lincoln Fens geschaffen. Hübschestes Örtchen in dieser flachen Ebene voller Ackerfelder, kleiner Dörfer und Marktflecken ist wahrscheinlich **Spalding**, ein Klein-Amsterdam umschlossen von Tulpenfeldern, durch das sich windungsreich der Fluss Welland wie eine Gracht zieht. Die meisten Besucher kommen Anfang Mai zum Flowerfestival. Architektonisch markanter noch ist das etwas nördlich gelegene **Boston** an der Witham Mündung (s. u.). Lincolnshires Küste, die sich vom Humber bis zu „The Wash" erstreckt, bietet viel Abwechslung. Man findet hier klassische Badeorte wie *Skegness*, bei Einheimischen auch „Skeggy" genannt, mit einem 9,5 Kilometer langen goldenen Sandstrand. Dieser liegt allerdings unterhalb der lärmenden „Grand Parade", auf der sich Spielhöllen, Pubs und Fish-and-Chips-Shops nahtlos aneinanderreihen. Nur bedingt leiser sind *Cleethorpe, Mablethorpe* oder der geschäftige Fischerhafen *Grismby* mit seinem *National Fishing Heritage Centre*. Lärmende Touristenorte und einsame Natur liegen jedoch dicht beinander. Rund drei Kilometer südlich von Skegness lohnt der Besuch des *Gibraltar Point National Nature Reserve*, dessen Marschland und Lagunen viele Seevögel anziehen. Auch die Küste um Cleethorpe zählt wegen der Dünen, Moor- und Sandebenen, die hunderttausende Zugvögel als Zwischenstopp nutzen, zu den Gebieten „of special scientific Interest".

● *Information* **Tourist Information Centre Spalding**, South Holland Centre, Market Place, Lincolnshire PE11 2SS, ✆ 01775/725468; info@sholland.gov.uk; www.sholland.gov.uk; www.visitspalding.co.uk, www.visitthefens.co.uk.

Tourist Information Centre Skegness, Embassy Centre, Grand Parade, Lincolnshire PE25 2UL, ✆ 01754/899887; skegnessinfo@e-lindsey.gov.uk; www.visitlincolnshire.co.uk.

Gibraltar Point National Nature Reserve Besucherzentrum, April bis Okt, tgl. 10–16 Uhr, Nov. bis März 11–15 Uhr, Sa/So bis 16 Uhr, Eintritt frei, (£ 1 Parkgebühr). PE24 4SU, ✆ 01754/898079; www.lincstrust.org.uk/reserves/gib.

Tourist Information Cleethorpes, Cleethorpes Library, 42–43 Alexandra Road, North East Lincolnshire, DN35 8LG, ✆ 01472/323111; Cleetic@nelincs.gov.uk. www.visitlincolnshire.co.uk/cleethorpes.

Tourist Information Mablethorpe, High Street, LN12 1AF, ✆ 01507/474939; mablethorpeinfo@e-lindsey.gov.uk.

Tourist Information Grimsby, Central Library, Town Hall Square, DN31 1HG, ✆ 01472/324183.

Grimsby National Fishing Heritage Centre, Alexandra Docks, DN31 1UZ, im Sommer tgl. 10–17 Uhr, im Winter bis 16 Uhr, £ 6, erm. £ 4, Kinder £ 2. ✆ 01472/323345.

Lincolnshire aktiv

Zum Wandern bietet sich der 235 Kilometer lange „Viking Way" an, der von Humber Bridge nach Oakham verläuft. Radfahrer können einen Teil der „Hull-Harwich" Radstrecke befahren oder dem neuen „Water Rail Way" entlang der ehemaligen Zugstrecke von Lincoln nach Boston folgen.

Louth und Horncastle: In den Lincolnshire Wolds (Heideland) gibt es einige hübsche Marktflecken. Durch *Louth* verläuft der Nullmeridian. Die Silhouette des georgianisch geprägten Stadtbildes wird vom 90 Meter hohen Turm der St-James-Kirche bestimmt. *Horncastle* besitzt noch eine römische Stadtmauer, die Kleinstadt ist ein Eldorado für Antiquitätensammler.

● *Information* **Tourist Information Centre Louth**, Town Hall, Cannon Street, LN11 9NW, ✆ 01507/609289; louthinfo@e-lindsey.gov.uk; www.visitlincolnshire.com.

Tourist Information Horncastle, Community Access Point, Wharf Road, LN9 5HL, ✆ 01507/60111; horncastleinfo@e-lindsey.gov.uk.

Mittelengland
Karte S. 504/505

Boston: Knapp 55 Kilometer südöstlich von Lincoln liegt der ehemals wichtigste hanseatische Hafen für englische Textilexporte nach Flandern, Belgien und Nordfrankreich (13. und 14. Jh.). Aus dieser Blütezeit stammt auch die sehenswerte *Church of St Botolph*. Von ihrem 90 Meter hohen Turm („Boston Stump") hat man eine grandiose Aussicht über Lincolnshire. Den Bau krönt eine achteckige Laterne, die nachts ihr Leuchtfeuer über die See hinaussandte. In die Geschichtsbücher kam die Stadt, weil sich im 17. Jahrhundert ganze Gemeinden von puritanischen Pilgern hier zusammenfanden, die später in die Neue Welt auswanderten und dort die Stadt Boston in Massachusetts gründeten. Ihr erster Versuch, im Jahre 1607 auf die große Reise zu gehen, endete allerdings mit ihrer Gefangenschaft im *Rathaus*, heute ein Museum (St Mary's Guildhall). Daneben steht *Fydell House*, ein klassischer Bau, dessen American Room 1938 von Botschafter Joseph Kennedy eröffnet wurde, dem Vater von J F K. Einen Besuch wert ist auch die *Maud Foster Mill*, eine gut erhaltene Windmühle von 1819 in der Nähe des Stadtzentrums; das dort produzierte Biomehl ist vor Ort käuflich zu erwerben.

● *Information* **Tourist Information Centre,** 2 South Square, Boston, Lincolnshire PE21 6JU, ✆ 01205/356656; ticboston@boston. gov.uk; www.boston.gov.uk.

● *Anfahrt* Von Lincoln fahren Züge nach Boston (in Sleaford umsteigen).

● *Öffnungszeiten* **Botolph Church:** tgl. 8.30–16 Uhr, So zwischen den Gottesdiensten. Eintritt frei, Turmbesteigung £ 3, erm. £ 2. **St Mary's Guildhall:** South Street, ✆ 01205/365954; www.bostonguildhall.co.uk. **Maud Foster Mill:** an der A 52 Skegness Road, Mi u. Sa 10–17 Uhr, £ 2.50, erm. £ 2, Kinder £ 1.50. ✆ 01205/352188; www.maudfoster.co.uk. Auch Tearoom.

Leicester

Die Grafschaftshauptstadt Leicester (sprich Lester) ist eine Industriestadt mit Maschinenbau und lederverarbeitenden Fabriken. Von allen englischen Städten liegt sie am weitesten vom Meer entfernt. Die meisten Bauten sind aus rötlichem Backstein, viele stammen aus dem 19. Jahrhundert, der Zeit ihrer wirtschaftlichen Blüte. Leicester ist ein geschichtsträchtiger Ort, der seinen Charme jedoch dank der deutschen Luftwaffe, falscher Stadtplanung und des Niedergangs seiner Industrien so ziemlich verloren hat.

In der Römerzeit hieß die Stadt *Ratae Coritanorum*, sie wurde dann die Hauptstadt von König Lears Reich und im 8. Jahrhundert Sitz der Bischöfe von Ost Mercia. Überreste eines römischen Badehauses und andere archäologische Funde aus der Geschichte der Stadt sind im *Jewry Wall Museum* zu besichtigen. Die Normannen bauten eine Burg, an deren statt heute ein hübscher Park liegt. Im 13. Jahrhundert führte Simon de Montfort, Namensgeber für eine der beiden Universitäten der Stadt, von hier eine Revolte an; seine Statue schmückt den Uhrenturm im Stadtzentrum. Zum Einkaufen bietet Leicester die größte Markthalle des Landes, in den Gassen der Lanes finden sich einige unabhängige Boutiquen und Designershops. Hübsch ist es auch um die St Martin's Cathedral in Nachbarschaft der Guildhall, einem Fachwerkhaus aus dem 14. Jahrhundert.

Im 20. Jahrhundert machte sich Leicester einen Namen als Stadt für Strumpfwaren, weshalb hier in den 1970er-Jahren besonders viele Arbeiter aus Indien herzogen. Inzwischen rechnet man damit, dass Leicester bald die erste Stadt Englands sein wird, in der ethnische Minderheiten die Mehrheit bilden. Im Oktober kann man das größte hinduistische Lichterfestival außerhalb Indiens, „Diwali", erleben. Kulinarisch kann man die Indien-Erfahrung in Leicester auf der pulsierenden Belgrave Road („Golden Mile") beschließen, wo man die authentischsten indischen Restaurants vorfindet.

Großbritanniens bekannteste Kartoffelchipshersteller Walkers hat ebenso seinen Sitz in Leicester wie die international erfolgreiche Bekleidungsfirma Next. Der ganze Stolz des Ortes ist aber das Fußball- und Rugby-Team. Die meisten Besucher kommen nach Leicester, um eines der Spitzenspiele im nach dem Hauptsponsor benannten Walkers Stadium zu sehen oder um die Hauptattraktion der Stadt zu besuchen: das im Jahre 2001 eröffnete **National Space Centre**. In fünf Ausstellungsbereichen wurde u. a. die Columbus Weltraumstation nachgebaut, wo man erfährt, wie die Astronauten essen, schlafen oder sich erleichtern. Auch eine Kopie der Sojus-T-Weltraumfähre ist zu besichtigen, die die Mannschaft zur Mir Station brachte. Beliebt ist auch das Space Theatre, in dem Filme über unsere Galaxie gezeigt werden, und der Weltraumsimulator Human Spaceflight, in dem man ein Astronautentraining absolvieren kann.

Einige Meilen westlich von Leicester liegt **Bosworth Field**, das Schlachtfeld, auf dem 1485 der Rosenkrieg zwischen den Häusern York und Lancaster entschieden wurde und Richard III. gegen Heinrich VII. unterlag. Er verlor hier nicht nur die Krone, sondern auch sein Leben.

- *Information* **Tourist Information**, am Town Hall Square, 7–9 Every Street, Leicester, Leicestershire LE1 6AG, ✆ 0844/8885181; info@goleicestershire.com, www.goleicestershire.com.
- *Einkaufen* **Leicester Lanes**, hier findet man Designershops, Kunsthandwerksläden und Galerien. Boutiquen haben sich in der **Francis Street** und **Allendale Road** im Stoneygate Bezirk angesiedelt, Goldschmuck wird auf der „Golden Mile" (Belgrave Road) verkauft. Sie können in Leicester außerdem die größte Markthalle Europas besuchen.
- *Essen und Trinken* **Bobby's**, berühmtes indisches Restaurant für Vegetarier, schlicht und gut, die Speisekarte ist, wie zu erwarten, verwirrend. Mo Ruhetag. 154–156 Belgrave Road, ✆ 0116/2660106; www.eatatbobbys.com.
- *Museen* **New Walk Museum and Art Gallery**, Naturkundemuseum und Kunstgalerie: von Dinsosauriern bis zu Expressionis-

ten, Mo–Sa 10–17 Uhr, So ab 11 Uhr, Eintritt frei. 53 New Walk, ✆ 0116/2254900; www.leicestermuseums.ac.uk.
Jewry Wall Museum: Febr. bis Okt. tgl. 11–16.30 Uhr. Eintritt frei. St. Nicholas Circle, ✆ 0116/2254971; www.leicestermuseums.ac.uk.
National Space Centre: Di–Fr 10–16 Uhr, Sa–So bis 18 Uhr, während der Schulferien tgl. 10–18 Uhr. £ 13, erm. £ 11, Familien £ 41. Anfahrt: 3 km nördlich des Stadtzentrums mit Bus 54 vom Bahnhof. ✆ 0116/2610261, www.spacecentre.co.uk.
Bosworth Field Besucherzentrum: April bis Okt. tgl. 10–17 Uhr, sonst bis 16 Uhr, im Jan. geschl. £ 6, erm. £ 3, Familien £ 15. Sutton Cheney, Market Bosworth, ✆ 01455/290429; bosworth@leics.gov.uk.; www.bosworthbattlefield.com. Anfahrt: 24 km südwestlich von Leicester, Bus 153 stündlich von Leicester nach Market Bosworth.

Umgebung von Leicester

Die Umgebung von Leicester ist landschaftlich sehr reizvoll, weshalb der Urvater des Massentourismus Thomas Cook seine erste organisierte Reise 1841 auch von Leicester nach Loughborough und zurück unternahm, eine Distanz von 48 Kilometern.

Erholen kann man sich stadtnah u. a. im hirsch- und rotwildbevölkerten *Bradgate Park* (340 ha) bei Newton Linford, knapp 5 Kilometer nordwestlich der Großstadt gelegen (mit dem Bus 74 bis Anstey). Hier stehen auch die Ruinen des Geburtshau-

Die Burgruine von Ashby de la Zouch

ses von Lady Jane Grey, die im 16. Jahrhundert das zweifelhafte Vergnügen hatte, für neun Tage Königin zu sein. Der Park ist Teil des Charnwood Forest, eines hügeligen Wandergebietes.

Ashby de la Zouch und der National Forest: Inmitten des ehrgeizigsten Umweltprojektes des Landes, das aus dem ehemaligen Kohlerevier durch Aufforstung ein Wald- und Erholungsgebiet machen will (es sollen in den kommenden Jahren rund 30 Millionen Bäume gepflanzt und mehr als 1000 Kilometer Wanderwege angelegt werden), liegt das Dörfchen Ashby de la Zouch und die besterhaltene Normannenburg in Großbritannien: Die aus dem 15. Jahrhundert stammende Burgruine bildete die Kulisse zu Sir Walter Scotts Ritterroman „Ivanhoe". Zu erklimmen ist u. a. der „Lord Hastings Tower" (24 m).

● *Öffnungszeiten* **Castle:** Juli/Aug. tgl. 10–17 Uhr, April–Juni u. Sept./Okt. Do–Mo 10–17 Uhr, sonst 12.16 Uhr. £ 4.20, erm. £ 3.60, Kinder £ 2.10, Familien £ 10.50. ✆ 01530/413343. **Heart of the National Forest Visitor Centre:** Sommer 10–18 Uhr, Winter bis 16.30 Uhr. £ 4.95, erm. £ 2.95. Bath Yard, Moira, Swadlincote, auf der B 5003 an der Grenze zu Derbyshire, DE12 6BA, ✆ 01283/551211, www.nationalforest.org. Jugendherberge: **YHA National Forest**, umweltfreundlicher Neubau, 83 Betten in 2–4-Bett-Zimmern, Erw. ab £ 14, Jugendliche ab £ 10.50. 48 Bath Lane, Moira, Swadlincote, DE12 6BD, ✆ 0845/3719672; ✉ 3719673; nationalforest@yha.org.uk.

Melton Mowbray: Das jährliche *East Midlands Food Festival* macht aus Molton Leicesterchires kulinarische Hauptstadt. Von hier stammt der berühmte Stilton Käse, ein legendärer und geruchsintensiver Schimmelkäse, der landestypisch mit Portwein verzehrt wird. Der Ort ist auch Heimat der Melton Mowbrays Pork Pies (seit 1851), die von der EU kürzlich als regionale Spezialität anerkannt wurden. Im historischen Stadtzentrum ist die Vergangenheit noch spürbar wie auch im *Anne of Cleve's House*, das Heinrich VIII. seiner geschiedenen Frau (Nummer 4) schenkte. Das mittelalterliche Gebäude von 1384 dient heute als Pub.

Information Tourist Information, 7 King Street, LE13 1XA, ☎ 01664/480992; tic@melton.gov. uk; www.melton.co.uk.

Rutland Water: Dieser größte künstliche See Europas (1254 ha) südlich des hübschen Marktstädtchens Oakham liegt in Englands kleinster Grafschaft Rutland. Er wurde 1970 angelegt und ist ein ideales Gebiet für allerlei naturnahe Aktivitäten wie Radfahren, Bootstouren, Angeln oder Wandern. Eine 100 Kilometer lange Wanderstrecke führt einmal um das Gewässer herum.

• *Information* Tourist Office, Sykes Lane, Empingham, Oakham, LE15 8PX, ☎ 01780/686800; www.anglianwater.co.uk.

• *Aktivitäten* Outdoor Adventure Rutland, www.rutlandactivities.co.uk. **Rutland Water Cycle Hire**, Whitwell Main Centre, ☎ 01780/460705; www.rutlandcycling.com;

Rutland Sailing School, ☎ 01780/721999; www.rutlandsailingschool.co.uk; **Bootsfahrten** auf der Rutland Belle, ☎ 01572/787630; www.rutlandwatercruises.com; **Fishing**, ☎ 01780/686441, www.anglianwaterleisure.co.uk.

Market Harborough: Das Marktstädtchen hat in seiner High Street mit der *Old Grammar School* von 1614, der *St Dionysius Church* aus dem 14. Jahrhundert und der Town Hall von 1788 einige architektonische Besonderheiten zu bieten. Wenige Meilen nordwestlich strömen viele Besucher zu den *Foxton Locks*, einer treppenartigen Flucht von zehn hintereinandergeschalteten Schleusen im vielbefahrenen *Grand Union Kanal* und eine der meistbesuchten Touristenattraktionen dieses Landstriches. Man kann dorthin auch auf dem Treidelpfad laufen.

• *Information* **Tourist Office**, Adam & Eve Street, ☎ 01858/828282; www.harborough. gov.uk/visiting.

• *Übernachten/Essen/Trinken* **Old Barn Inn and Restaurant**, 3 Zimmer in historischem

Postkutschen-Inn, Jazz Suppers, DZ £ 60– 70. Main Street, Glooston, Market Harborough, LE16 7ST, ☎ 01858/545215, www. oldbarninn.co.uk.

Grafschaft Northamptonshire

Mittelengland
Karte S. 504/505

Die Städte der Grafschaft Northamptonshire, die überwiegend als Industriezentren entstanden sind, haben nicht besonders viel zu bieten. Auf dem Lande jedoch gibt es einige ungewöhnlich hübsche Dörfer, deren Cottages aus cremigweißem Sandstein gebaut und deren Einwohner für ihre Liebe zur Fuchsjagd bekannt sind. Zahlreiche Landsitze stehen Besuchern offen, der bekannteste ist Althorpe, nördlich von Northampton, der Familiensitz der Spencers, deren berühmte Tochter Lady Diana war.

Die attraktivste Stadt der Grafschaft ist *Oundle* am Rande des Rockingham Forest. Enge Straßen führen zu ihrem Marktplatz, wo einmal in der Woche um das Rathaus herum Händler ihre Waren feilbieten. Ein paar alte Schulgebäude stehen bei der Kirche, und das Tal des River Nene ist fruchtbar und mit kleinen Dörfern gespickt. Besuchen sollte man *Fotheringhay*, denn hier steht die Ruine einer geschichtsträchtigen Burg aus dem 15. Jahrhundert (frei zugänglich). Auf dem Familiensitz der Herzöge von York wurde 1452 der von William Shakespeare so gnadenlos dämonisierte *Richard III.* geboren und rund hundert Jahre später Mary

Queen of Scots hingerichtet. Von der Burg steht zwar nicht mehr viel, aber der charmante Ort mit strohgedeckten Cottages und einem guten Pub lohnt den Ausflug.

Information **Tourist Information Centre**, 14 West Street, Oundle, Peterborough, Northamptonshire PE8 4EF, ℡ 01832/274333, oundletic@east-norhtamptonshire.gov.uk; www.eastnorthamptonshire.gov.uk.

Althorp Park: Seit dem Tod Dianas, Prinzessin von Wales, 1997 hat sich der Familiensitz der Spencers zu einem Touristenmekka entwickelt. Rund 2.000 Besucher kommen am Tag hierher, um der „Königin der Herzen" ihren Respekt zu zollen. Sie liegt auf einer bewaldeten Insel in der Mitte eines ovalen Sees begraben, nur einen kurzen Spaziergang vom Haus entfernt. Am anderen Ende des Sees wurde ein Diana-Tempel errichtet, und in den Stallungen ist eine Diana-Ausstellung mit Memorabilien zu sehen, u. a. ihrem Hochzeitskleid und dem Kondolenzbuch, in das sich Tausende Menschen nach ihrem tragischen Unfalltod eingetragen haben. Ein Video zeigt Auszüge aus ihrem Privatleben vom jungen Mädchen bis zur Mutter von William und Harry und Gattin von Prinz Charles. Das Haus ist ein klassischer Landsitz mit einer guten Gemäldesammlung, deren berühmtestes Stück van Dycks Doppelporträt des Grafen von Bristol mit dem Herzog von Bedford ist.

Juli bis Ende Aug. tgl. 11–17 Uhr. Eintritt mit den Staatszimmern oben: £ 15.50, erm. £ 13.50, Kinder £ 6, Familien £ 36. (ein Teil des Profits geht an den Diana Memorial Fund). ℡ 01604/770107, mail@althorp.com; www.althorp.com. Anfahrt: An der A 428 nordwestlich von Northampton. Busse vom Bahnhof Northampton viermal täglich.

Sulgrave Manor: Heinrich VIII. verkaufte das Tudoranwesen 1539 an einen Mr Lawrence Washington, dessen Nachfahre George 250 Jahre später erster Präsident der Vereinigten Staaten wurde. Zwangsläufig trifft man hier viele Amerikaner auf den Spuren ihrer Geschichte. Die Washington-Familie lebte hier 120 Jahre lang, bevor Colonel John Washington 1656 nach Virginia umzog.

Im April nur an den Wochenenden 12–16 Uhr geöffnet, Mai bis Okt. Di–Do u. Sa–So 14–16 Uhr (letzter Eintritt). £ 6.55, erm. £ 3.15, Familien £ 18.50; nur Garten £ 3.15. ℡ 01295/760205, www.sulgravemanor.org.uk. Anfahrt: An der B 4525 11 km nordöstlich von Banbury.

Kirby Hall: Dieser elisabethanische Landsitz lässt noch immer erahnen, warum er das Juwel der englischen Renaissance genannt wurde. Er wurde errichtet von einem Günstling Elizabeths I., Christopher Hatton, der ihr als ausgezeichneter Tänzer aufgefallen war und dann zu ihrem Lord Chancelor aufstieg. Hutton trieb sich mit dem Bau von Holdenby House (nur nach vorheriger Vereinbarung zu besichtigen) und Kirby Hall in den Bankrott. So prächtig war das Anwesen, dass auch Jakob I. zu Besuch kam. Die königlichen Apartments (state rooms) und die Great Hall sind intakt, andere Teile des Hauses liegen teilweise in Ruinen; der Garten wurde kürzlich im Stil des 17. Jahrhunderts restauriert.

Juli/Aug. tgl. 10–17 Uhr, April bis Juni u. Sept./Okt. Do–Mo 10–17 Uhr, Nov. bis März Do–Mo 12–16 Uhr. Eintritt: £ 5.30, erm. £ 4.50, Kinder £ 2.70, Familien £ 13.30 (EH). ℡ 01536/203230. Anfahrt: Seitenstraße der A 43 6 km nordöstlich von Corby.

Die neue Stadtsilhouette der Liverpool Docks

Nordwestengland

Im Nordwesten Englands wurde die Industrielle Revolution geboren und entwickelte sich zur treibenden Kraft des Kapitalismus. Entsprechend viele ehemalige industrielle Zentren sind hier zu finden, die seit den 1960er-Jahren einen bitteren wirtschaftlichen Abstieg hinnehmen mussten – Fabriken wurden geschlossen, die Arbeitslosenzahlen stiegen erheblich. Seit den 1990er-Jahren ging es jedoch bergauf und man versuchte, sich von der Vergangenheit freizustrampeln. Die jüngste Wirtschafts- und Finanzkrise bringt jedoch vor allem für die Problembezirke der ehemaligen Industriestädte herbe Rückschläge. Der Nordwesten bietet viel Abwechslung, von den Bilderbuchlandschaften des Lake District und der unberührten Natur Lancashires über das Vergnügungs-Mekka von Blackpool, das eher gemächliche Chester bis hin zu den beiden schillernden Metropolen Manchester und Liverpool.

Die Docks, einst Grundstock für den Reichtum Liverpools, werden nur noch von wenigen Schiffen angefahren. Dafür sind heute im *Albert Dock* zwei der interessantesten Museen Nordenglands untergebracht. Die Beatles-Stadt nennt außerdem zwei architektonisch völlig gegensätzliche *Kathedralen* ihr Eigen.

Manchesters kultureller Reichtum zeigt sich vor allem in einem Gebiet, das sich *Castlefield* nennt. Hier befindet sich das wohl beste Museum zur Industriellen Revolution in ganz England. Auf dem Gelände findet man außerdem den ältesten Passagierbahnhof der Welt. Die Stadt ist aber genauso bekannt für ihre Musikszene: *Oasis*, *Simply Red* und *M-People* sind nur einige berühmte Popgruppen, die aus

Manchester kommen. So finden sich hier unzählig viele Clubs und Discos, in denen man so manche Nacht verbringen kann.

Nördlich der Ballungsgebiete (in der Region Lancashire) befinden sich die riesigen Strände der monströsen Badeorte *Blackpool* und *Morecambe*, die immer noch vom Glanz vergangener Jahre träumen. Wenige Kilometer südöstlich von Manchester breitet sich der älteste Nationalpark Englands aus, der *Peak District*. Hochmoore, grüne Täler und hübsche Dörfer, aber auch einsame, windgefegte Hügel bestimmen das Bild. Über die Hügelkette der *Pennines* führt der Langstreckenwanderweg *Pennine Way* bis zur schottischen Grenze. Südlich von Liverpool (an der Grenze zu Wales) liegt Chester, eine der schönsten mittelalterlichen Städte Englands.

Der äußerste Nordwesten Englands gehört zur Grafschaft Cumbria. Der Norden und das Küstengebiet an der Irischen See sind relativ flach, während der mittlere Teil und der Südwesten entscheidend durch den Nationalpark des *Lake District* geprägt werden. Hier erheben sich auch die höchsten Berge Englands, der *Scafell Pike* mit 977 Metern und der *Skiddaw* mit 931 Metern. Die imposante Bergwelt wird kontrastiert von hübschen Tälern und recht großen Seen, den Lakes, die dieser Region ihren Namen gaben. Unzählige Wanderwege führen durch das bergige Gelände und bieten imposante Fernsichten, oft bis zur *Isle of Man*. Diese Szenerien inspirierten die Lake-Romantiker *Wordsworth* und *Coleridge* zu vielen schwärmerischen Gedichten. Aber der Lake District hat auch seine moderne Seite, und die ist nicht die allerbeste. An der Küste steht das 1950 erbaute Atomkraftwerk *Sellafield*. Mehrere Störfälle sorgten dafür, dass die Irische See zum am stärksten radioaktiv verseuchten Meer der Welt wurde.

Südlich der heutigen Grenze zu Schottland verläuft von Küste zu Küste der *Hadrian's Wall*, ein Relikt aus der römischen Invasionszeit. Die Ruinen dieser im 2. Jahrhundert u. Z. errichteten Schutzmauer sind östlich von *Carlisle* bis hinüber nach Newcastle zu besichtigen.

Cheshire Plain

Auf dem Weg von Birmingham nach Manchester oder Liverpool durchkreuzt man unweigerlich Cheshire. Die relativ flache und wiesenreiche Landschaft *Cheshire Plain* prägt die Mitte und den Westen der Grafschaft, während im Nordosten die Sandsteinhügel des Peak District für Abwechslung sorgen. Die westliche Grenze von Cheshire bildet Wales.

Ein Abstecher in die Ebene Cheshire Plain ist durchaus lohnenswert. *Nantwich* zum Beispiel ist ein verschlafener Ort mit zahlreichen Fachwerkhäusern aus dem 16. und 17. Jahrhundert. Er gehört zu den Salt Towns, den Salzstädten, wo 1670 riesige Salzstöcke entdeckt wurden. Das Salz machte Cheshire reich, es wird noch immer gewonnen und meist zum Tauen vereister Straßen verwandt. Das Land ist fruchtbar, und so rühmt sich Cheshire seiner Agrarprodukte, die in den zahlreichen Marktstädtchen feilgeboten werden, welche durch ein Netzwerk von Kanälen miteinander verbunden sind. Vor allem der hier produzierte *Cheshire Cheese* ist weltweit bekannt. Es gibt diesen Käse in den Farben Weiß, Rot und Blau. Können Sie den Unterschied schmecken?

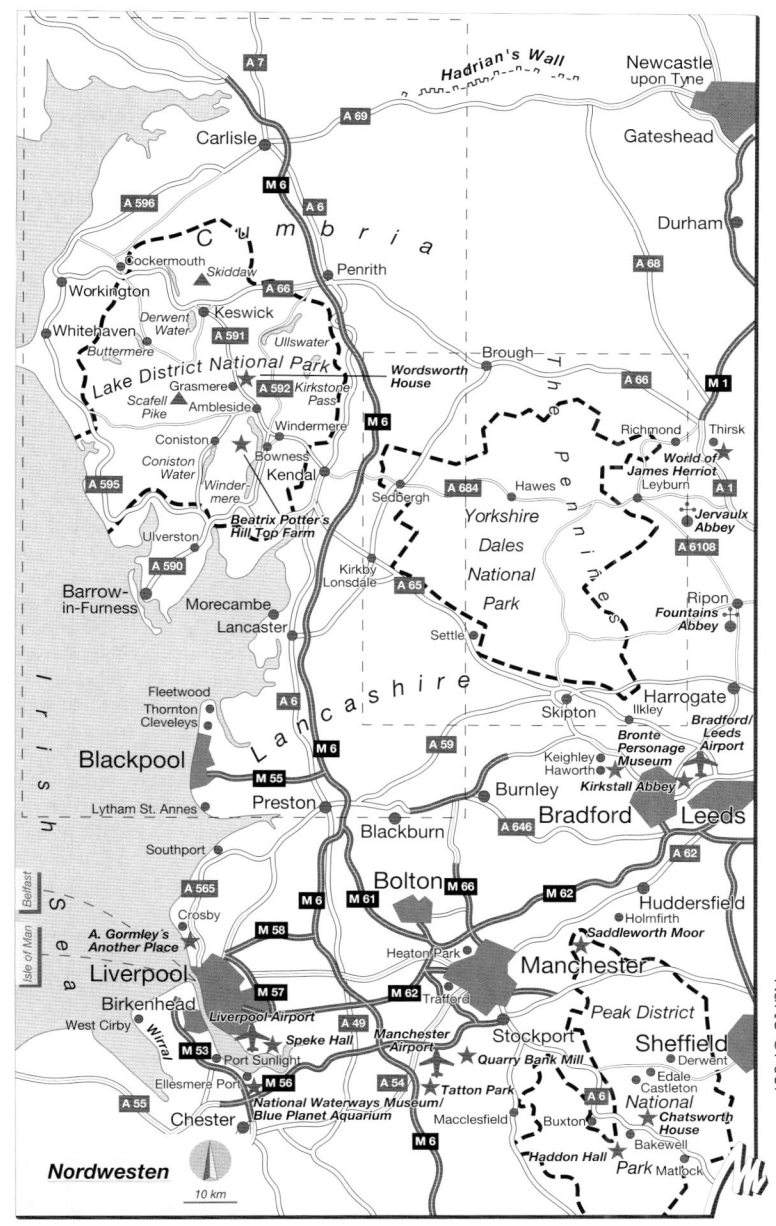

Chester

Vorbildlich kombiniert Chester, die Stadt am Fluss Dee, der die Grenze zu Wales bildet, das Traditionelle mit dem Modernen. Hinter mit Schnitzereien verzierten Fachwerkfassaden vergangener Zeiten verstecken sich moderne Geschäfte, Restaurants und Cafés.

Unter den mittelalterlichen Einkaufsarkaden (englisch „rows") aus dem frühen 14. Jahrhundert kann man gemütlich ganze Straßenabschnitte durchwandern und hat dabei ständig einen hübschen Logenblick auf das Straßenleben. Besonders eng wird es hier an Wochenenden, wenn sich zahlreiche Familien aus der Umgebung zu einem Einkaufsbummel einfinden. Kommt man an so einem Tag in die Stadt, lässt man sich am besten mit der Menschenmenge treiben, vorbei an Musikern und Akrobaten, Museen, Kirchen und der Kathedrale bis hinunter zum River Dee. Die hübschesten Fachwerkhäuser findet man in der Lower Bridge Street, etwa das Bear and Billet Inn, einst ein Zollhaus aus dem 17. Jahrhundert, oder das King's Head. Eine erfrischende Bootstour kann jetzt nicht schaden, oder vielleicht doch ein Ale? So lässt sich auch die Geschichte Chesters leichter vergegenwärtigen. Um einen ersten Überblick zu gewinnen, sollte man einen **Spaziergang auf der alten Stadtmauer** unternehmen, die bis zu teilweise sechs Metern Höhe noch das römische Mauerwerk zeigt. In der Römerzeit hieß die Stadt *Deva Castra,* nach der Göttin des Flusses Dee, und war ab dem Jahr 79 u. Z. eine der drei Garnisonsstädte in Britannien. Wenn wir uns den Stadtplan Chesters ansehen, haben wir auch den Plan des Römerlagers der Zwanzigsten Legion vor uns: Das einstige Praetorium, wo sich noch immer die vier Hauptstraßen schneiden, heißt heute The Cross. Nach dem Abzug der Römer wurde Chester ein blühendes Handelszentrum. Die Burg war jedoch weiter militärisch bedeutsam, denn man hatte die feindlichen Waliser direkt vor der Haustür. Noch heute wird um 21 Uhr das Stadttor bei der Kathedrale symbolisch zugeschlossen, damit sich nachts kein „Feind" in die Stadt einschleichen kann. Im Handel mit diesen „Feinden" brachten es die Bürger der Stadt im Mittelalter jedoch zu nicht unerheblichem Wohlstand. Von Chester, einem der größten Häfen Englands, ging ein reger Handel mit Irland aus, und einige Schiffe fuhren sogar bis hinunter nach Portugal. Als jedoch der Fluss Dee langsam versandete, half auch der Versuch, einen neuen Kanal zu bauen, nichts mehr. Liverpool hatte der Stadt mit dem ersten Schleusenhafen des Landes bereits den Rang abgelaufen.

Information/Verbindungen/Diverses

● *Information* **Chester Visitor Centre,** gegenüber dem Amphitheater befindet sich diese Information, die eine Ausstellung und einen Film über die Stadt zeigt, bei der Zimmervermittlung behilflich ist und Prospektmaterial über die Stadt und Umgebung verteilt. Vicar's Lane, Chester, Cheshire CH1 1QX, ✆ 0845/6477868, welcome@visitchester andcheshire.co.uk; www.visitchester.com. **Tourist Information Centre,** Town Hall, Town Hall Square, Chester, Cheshire, CH1 2HJ, ✆ 0845/6477868; welcome@visitchester andcheshire.co.uk; www.visitchester.com.

● *Stadtschreier* Chester ist die einzige Stadt Englands, wo mittags noch die Stadtschreier proklamieren. Mai–Aug. Di–Sa 12 Uhr am High Cross.

● *Verbindungen* **Park & Ride** – vier Parkplätze (Boughton Heath, Sealand Rd, Upton Park u. Wrexham Rd.), täglich 7–18.45 Uhr; So ab 9.30 Uhr; Busse fahren alle 10 Minuten ins Stadtzentrum und zurück und kosten £ 1.70.

Bus – Der lokale Busbahnhof befindet sich in der Princess Street (außerhalb des Northgate hinter dem Rathaus). National-

Express-Busse halten vor dem Visitor Centre in Vicar's Lane in einer Haltebucht. Regelmäßige Anbindung über Birmingham, Coventry mit London Victoria Station sowie nach Nordwales. Busse nach Schottland über Manchester, Preston und Carlisle. Verbindungen auch nach Cornwall (nach Penzance über Plymouth).

Zug – Der Hauptbahnhof liegt nordöstlich des Zentrums in der City Road/Foregate Street. Stündliche Züge nach London Euston Station mit Virgin Trains. Weitere Anbieter sind Merseyrail (alle 30 Minuten nach Liverpool) und Cross Country. Vom Bahnhof fährt alle 10 Minuten (Mo–Sa) ein kostenloser Rail Link Bus zur Frodsham Street/Ecke Eastgate Street. www.best keptstation.org.uk/station/chester.

● *Parken* Der größte Teil der Innenstadt von Chester ist von 10.30–16.30 Uhr für den Autoverkehr gesperrt. Es gibt zwei Arten von Parkplätzen, Long Stay und Short Stay Car Parks (beschildert). Für Besucher der Stadt empfiehlt sich der P & R-Service, s. o.

● *Fahrräder* **Bike Factory**, nur wenn verfügbar, 153–161 Boughton, ✆ 01244/317893, sales@thebikefactory.co.uk. £ 10–30 pro Tag, je nach Modell. www.the-bike-factory.co.uk.

Tracs Cycle Hire, speziell Mountainbikes, nur am Wochenende (in den Schulferien Do–So) im Linmere Visitor Centre im Delamare Forest. Ab £ 17/3 Std., ✆ 07949/088477; www.tracs-uk.co.uk.

Allgemeine Informationen und Fahrradkarten zum Downloaden unter www.cyclechester.com. Eine schöne Route ist entlang der alten Eisenbahntrasse von Chester nach Connah's Quay, 13 km.

● *Boote* Am River Dee gibt es einige Unternehmen, die Ruder-, Tret- und Motorboote vermieten. Oder man macht einfach auf einem der Passagierschiffe eine kleine Rundreise (Preise in der Tourist Information).

Bithells Boats, Souters Lane, Ostern bis Ende Okt. tgl., sonst nur am Wochenende. ½ Std. für £ 6.50, erm. £ 6, Kinder £ 2.50, ✆ 01244/325394, www.chesterboat.co.uk. Neue Route nach Ecclestone auf dem Grosvenor Estate.

● *Stadtführungen* Von der Tourist Information in der Town Hall finden täglich Stadtrundgänge statt: jeweils 10.30 Uhr ab Town Hall, Mai bis Sept. auch 11.30 Uhr. (Erwachsene £ 5, erm. £ 4). Im Informationsbüro ist eine Liste mit weiteren Führungen erhältlich, die jeweils unter einem speziellen Motto stehen, etwa der Roman Soldier Patrol, wo ein Centurio in voller Römerrüstung die Stadtmauer entlangpatrouilliert. Erkunden kann man die Stadt auch mit den offenen Bussen (www.city-sightseeing.com, April bis Okt. £ 8.50, £ 7, £ 3), die vom Bahnhof starten. Kombiticket mit Bootsfahrt möglich. Den selbstgeführten Spaziergang als Audioguide kann man herunterladen von www.walktalktour.com/chestertourfull. html. Kosten: £ 5. Der Millennium Trail (£ 1) führt an 40 Gebäuden vorbei, die die Bürger von Chester für typisch und wichtig erachtet haben. Es gibt auch regelmäßig Ghost Tours, Informationen unter www.ghostcity.co.uk, ✆ 01244/405626.

● *Einkaufen* Chesters Shopping Centre heißt **The Mall** und befindet sich an der Grosvenor Street.

● *Markt* Mo–Sa in der 6 Princess Street, über 70 Stände, 8–17.30 Uhr. www.chestermarket.com.

● *Apotheke* **Royal House Late Night Pharmacy**, 12 Upper Northgate Street. Tgl. 9–22 Uhr, ✆ 01244/379268.

● *Post* Northgate Street.

Veranstaltungen/Theater/Kino

Im Tourist Office kostenlos erhältlich ist die Broschüre *What's on in Chester* mit Veranstaltungstipps, Ausflugsmöglichkeiten und Terminen für die Stadtrundgänge.

● *Veranstaltungen* Im Südwesten der Stadt (zu erreichen über die New Crane Street) liegt **The Rodee**, Chesters Pferderennbahn. Viermal pro Jahr (Anfang Mai, Ende Juni, Mitte Juli, Ende Aug.) werden hier die ältesten Rennen Englands veranstaltet. ✆ 01244/304600.

Eine große **Sportveranstaltung** findet zwischen Ende Juni und Anfang Juli statt. Neben einem **Floßrennen** auf dem River Dee werden zahlreiche andere Sportarten präsentiert. Im August findet die älteste **Ruderregatta** der Welt statt, ✆ 01244/401127, www.chesterregatta.org.uk. Informationen beim Tourist Office.

Beim **Summer Music Festival** rückt die Kathedrale in den Mittelpunkt. Zahlreiche Orchester und Bands geben hier Ende Juli Konzerte. Die Tourist Information klärt über die genauen Termine auf.

Nordwestengland Karte S. 587

• *Theater* **Forum Studio Theatre**, auf dem Programm stehen Konzerte, Theatervorstellungen und Filmvorführungen. The Forum, Hamilton Place, ✆ 01244/341296, www.tiptopproductions.co.uk.

Im Jahr 2013 wird es auch wieder die **Chester Mystery Plays** geben, ein Zyklus mittelalterlicher Religionsspiele von der Schöpfung bis zum Jüngsten Gericht. ✆ 01244/304618, www.chestermysteryplays.com.

Übernachten

Preiswerte B & Bs liegen an der Hoole Road oder in Hoole selbst (nordöstlich von Chester). Auch in der Brook Street nahe dem Bahnhof finden sich Pensionen für den schmaleren Geldbeutel. Im Tourist Office ist ein Unterkunftsverzeichnis kostenlos erhältlich.

***** The Chester Grosvenor Spa (12), dieses wunderhübsche Fachwerkhaus steht in unmittelbarer Nachbarschaft zum Eastgate und ist das bekannteste Luxushotel der Stadt. Das Restaurant „Simon Radley" hat einen Michelinstern. Die Arkle Bar & Lounge ist eine beliebte Adresse für den High Afternoon Tea. Ab £ 220 bis £ 850 kostet die Übernachtung in dem 1866 eröffneten Hotel, das dem Herzog von Westminster gehört (die Times schätzt sein Vermögen auf 4,9 Milliarden Pfund, ihm gehört auch das London Belgravia). Eastgate Street, CH1 1LT, ✆ 01244/324024, ✆ 01244/313246, www.chestergrosvenor.com.

** Dene Hotel (1), etwa 20 Minuten zu Fuß von der Innenstadt entfernt liegt dieses preisgünstige Hotel mit der angeschlossenen französischen Brasserie Franc's. B & B im DZ ab £ 72. EZ £ 52.50. 95 Hoole Road, CH2 3ND, ✆ 01244/321165, ✆ 01244/350277, www.denehotel.com.

**** Macdonald New Blossoms (11), seit etwa 400 Jahren existieret dieses Hotel, die Inneneinrichtung ist jedoch auf dem neuesten Stand. Flexible Tarife je nach Auslastung. DZ ab £ 83. St John Street beim Eastgate, CH1 1HL, ✆ 08448799113, ✆ 01244/346433, www.macdonald-hotels.com.

*** Best Western Westminster Hotel (3), ein weiteres Hotel mit Anspruch in einem viktorianischen Haus. B & B im EZ ab £ 44, DZ ab £ 50. City Road, am Bahnhof, CH1 3HF, ✆ 01244/317341, ✆ 01244/325369, www.bw-westminsterhotel.co.uk.

BaBa Guest House (2), elegante viktorianische Stadtvilla, sehr freundlich und heimelig. Kostenloses WLAN und Flatscreen-

Fernseher. EZ £ 37.50, DZ ab £ 65. 65 Hoole Road, CH2 3NJ, ✆ 01244/315047, ✆ 315046, www.babaguesthouse.co.uk.

Broxton Tree House (19), die Suite „Lady Guinevere" ist in Wirklichkeit ein für £ 100.000 errichtetes Luxus-Baumhaus mit allem Komfort im Park des flamboyanten Frogg Manor Hotels. Die romantische Unterbringung kostet £ 270/Nacht, billiger Mo–Do, wenn man im Hotelrestaurant isst. Bei der Ankunft gibt es dafür immerhin Schokolade und Champagner. Nantwich Road, Broxton, CH3 9JH, ✆ 01829/782629, ✆ 01829/782459, www.froggmanorhotel.co.uk.

Peckforton Castle Hotel (18), übernachten in den Cheshire Hügeln in einer mittelalterlichen Burg (aus dem 19. Jahrhundert) mit Kamin und Himmelbett. Restaurant und neue Brasserie. EZ ab £ 85, DZ ab £ 120–150, Hochzeitssuite £ 175, Kinder £ 15. Stonehouse Lane, Peckforton, Tarporley, CW6 9TN, ✆ 01829/260930, ✆ 261230, www.peckfortoncastle.co.uk.

• *Jugendherberge* **** Backpackers Chester (7)**, gut ausgestattetes Hostel in schwarz-weißem Fachwerkhaus im Osten der Stadt, kostenloses WLAN, Fernsehzimmer und Dachterrasse. Bett im Schlafsaal ab £ 17, EZ en suite ab £ 15, DZ en suite ab £ 40. 67 Boughton, CH3 5AF, ✆ 01244/400185, www.chesterbackpackers.co.uk.

• *Camping* **Chester Southerly Touring Park**, Ostern bis Nov. geöffnet. Anfahrt über die A 483 (5 km) oder Bus Nr. 1. Zelte ab £ 15. Balderton Land, Marlston-cum-Lache, CH4 9LB, ✆ 01244/671308. www.chestersoutherly.co.uk.

Essen/Trinken/Nachtleben

Die Innenstadt von Chester ist voller Bäckereien, denen zum Teil ganz nette Cafés angeschlossen sind. Die meisten Restaurants und Bars befinden sich in und um die Northgate und Watergates Streets. Außerdem gibt es rund 50 Pubs (das Pied

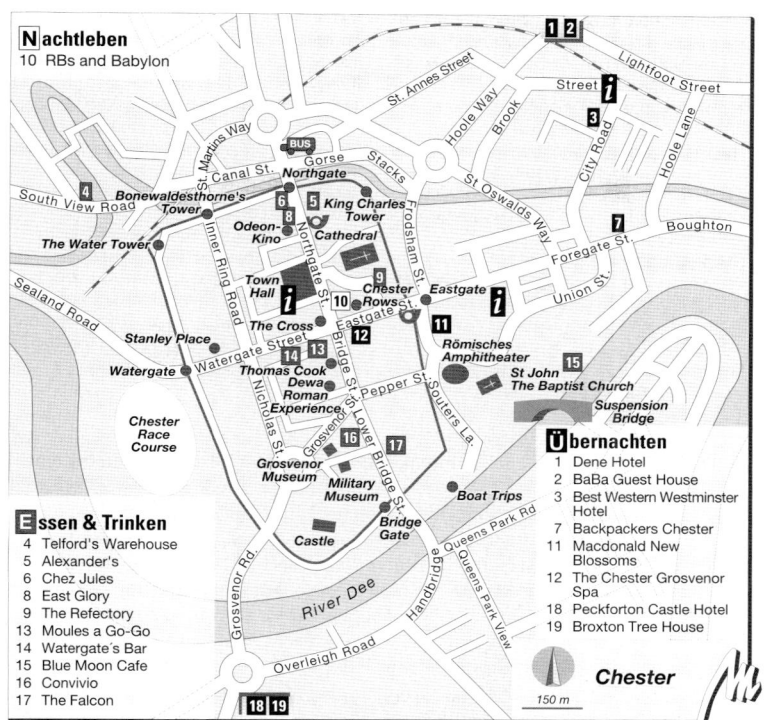

Nachtleben
10 RBs and Babylon

Essen & Trinken
- 4 Telford's Warehouse
- 5 Alexander's
- 6 Chez Jules
- 8 East Glory
- 9 The Refectory
- 13 Moules a Go-Go
- 14 Watergate's Bar
- 15 Blue Moon Cafe
- 16 Convivio
- 17 The Falcon

Übernachten
- 1 Dene Hotel
- 2 BaBa Guest House
- 3 Best Western Westminster Hotel
- 7 Backpackers Chester
- 11 Macdonald New Blossoms
- 12 The Chester Grosvenor Spa
- 18 Peckforton Castle Hotel
- 19 Broxton Tree House

Chester
150 m

Bull Inn von 1473 ist das älteste) und Weinstuben innerhalb der Stadtmauern. Günstige Lunch-Angebote sind in den meisten Pubs zu haben (auf Aushänge achten). Am Fluss Dee kann man im Blue Moon Café (The Groves) mit Blick aufs Wasser lunchen, das Mill Hotel organisiert auch Dinner Cruises. Auf Studenten trifft man im Telford's am Kanal (nahe der nördlichen Stadtmauer).

Blue Moon Cafe (15), Restaurant im Sixties-Stil mit hellblauen Wänden und Jukebox, bestückt mit Tracks aus dem 50er- und 60er-Jahren. Dazu ein Milkshake … Abends wird das Café zum Bistro Blu mit französisch-mediterraner Speisenkarte (www. bistroblu.co.uk). Man kann auch direkt am Wasser sitzen. 23 The Groves, CH1 1SD, ✆ 01244/322481; www.bluemooncafe.eu.

East Glory (8), mittelalterliches Inn, wo in modernem Dekor chinesische, japanische und thailändische Küche serviert wird. Montags günstige Specials, So Bankett. Mi Ruhetag. 65 Northgate Street, CH1 2HQ, ✆ 01244/ 322668, www.eastglory-chester.co.uk.

The Falcon (17), gegenüber der Rows gelegenes Pub, dessen Kellerfundamente 700

Jahre alt sind. Lower Bridge Street, CH1 1RS, ✆ 01244/342060.

Moules a Go-Go (13), in dieser beliebten Grillbar gibt es französisch-belgische Spezialitäten wie Muscheln mit Pommes, aber auch klassische Barbecue-Gerichte und sogar Vegetarisches. Modernes, farbenfrohes Ambiente, 39–41 Watergate Row South, CH1 2LE, ✆ 01244/348818; www.moulesagogo.co.uk.

Chez Jules (6), guter Franzose in einer alten Feuerwehrstation, Sonntagabend Ruhetag. Hauptgerichte £ 8–11 (z. B. Lammschulter). 71 Northgate Street, CH1 2HQ, ✆ 01244/ 400014; www.chezjules.com.

Convivio Bar & Restaurant (16), beliebtes italienisches Restaurant der gehobenen

Nordwestengland Karte S. 587

Klasse in denkmalgeschütztem Gebäude. Spezialität sind hausgemachte Ravioli. Neue Lounge-Bar mit hauseigenem DJ am Wochenende; sonnige Piazza. 29 Grosvenor Street, CH1 2DD, ☎ 01244/400029, www.conviviochester.co.uk.

The Refectory (9), günstige Alternative in der Kathedrale von Chester, ein bisschen wie eine Schulkantine, aber hausgemachte Imbisse, Mo–Sa 9.30–16.30, So 12–16 Uhr, ☎ 01244/500964.

The Watergate's Bar (14), kerzenbeleuchtete Krypta von 1120 mit Sitzen in verwinkelten Erkern und Ecken, trendy und romantisch, 13 Watergate Street. CH1 2LB, ☎ 01244/320515.

Alexander's (5), Café-Bar am Tage, Jazz-Club und Veranstaltungsort für Comedy bei Nacht. Im Juli Konzerte vom Chester Jazz Festival. Jazz-Bankette bitte vorab buchen. Rufus Court, ☎ 01244/340005, CH1 2JW, www.alexanderslive.com.

Telford's Warehouse (4), hier legen gute DJs auf und oft gibt es auch Live-Bands. Man kann essen oder an der Bar einen Drink nehmen (umfangreiche Weinliste). Canal Basin, Tower Wharf, CH1 4EZ, ☎ 01244/390090; www.telfordswarehousechester.com.

RBs and Babylon (10), einziger Club von Chester, drei Etagen mit drei Tanzflächen, unten 80er, Funk und Dance, in der Mitte Hip-Hop und Dance, oben Rock. Geöffnet bis 3 Uhr, Sa bis 4 Uhr. 12–16 Northgate Street, ☎ 01244/327141; www.babylonbars.co.uk/babylonchester.

Sehenswertes

Town Wall: Einen schönen Gesamteindruck von Chester bekommt man bei einem Spaziergang über die drei Kilometer lange Stadtmauer. Die Römer hatten einst einen Wall um ihr Lager errichtet. Dieser bildete dann teilweise die Grundlage für die im Mittelalter erbaute Stadtmauer aus rotem Sandstein. Nach dem Bürgerkrieg wurde die Stadtmauer als modische Promenade ausgebaut. Los geht es am Eastgate mit dem berühmten Uhrenturm. Sie laufen gegen den Uhrzeigersinn. Im Norden befindet sich der *King Charles' Tower*. Im September 1645 betrachtete der König vom Dach des Turmes aus die entscheidende Schlacht seines Heeres gegen die Parlamentarier unter Oliver Cromwell (Battle of Rowton Moor), die mit einer zerschmetternden Niederlage seiner Truppen endete. Er musste daraufhin aus der Stadt fliehen. Innen ist heute ein kleines Museum eingerichtet, das an den Bürgerkrieg erinnert. Jetzt verläuft die Mauer parallel zum Kanal, der den alten Burggraben ersetzt. Vorbei am Northgate kommt man zum halbrunden *Pemberton's Parlour*, von dem aus der Seiler Pemberton seine Arbeiter beaufsichtigt hat, und zum *Bonewaldesthorne's Tower*. Hier geht es in südlicher Richtung weiter, wo sich ein Eckpunkt der Stadtbefestigung erhebt, der *Water Tower*. Er steht im Water Tower Garten, der 2002 neu angelegt und mit einem Irrgarten versehen wurde. Außerhalb auf dem ehemaligen Hafenareal liegt die Rennbahn *Roodee*. Nun geht es wieder Richtung Norden am *Bridge Gate* vorbei. In der südöstlichen Ecke beim *Newgate* hat man einen Blick auf das römische Amphitheater und kommt zu den *Wishing Steps*, die 1785 gebaut wurden und denen man nachsagt, dass der Wunsch desjenigen, der sie hoch und runtersteigen kann, ohne Luft zu holen, in Erfüllung gehen wird.

Die Türme sind nicht mehr frei zugänglich, aber auf den Secret Chester Touren schließen die Guides sie zur Besichtigung auf. Di, Do u. So 14 Uhr, Sa 10 u. 14 Uhr, Buchung wird empfohlen. ☎ 01244/351609.

Eastgate/Newgate: Das Eastgate ist auf fast jedem Bild von Chester zu finden. Als Haupteingang zur Stadt wurde es zum sechzigjährigen Krönungsjubiläum Königin Viktorias mit einem Uhrturm geschmückt, der nach Big Ben der am zweithäufigsten fotografierte im Lande ist. Von dort oben hat man einen guten Blick auf die Eastgate Street, die Haupteinkaufsstraße der Stadt. Nicht weit vom Eastgate findet man das *Newgate*, das 1938 neu gebaut wurde, weil sein Vorgänger den Verkehr behinderte.

Amphitheater: Blickt man das Newgate hinab oder geht man die Vicars' Lane einige Meter hinunter, stößt man auf das römische Amphitheater aus dem ersten Jahrhundert u. Z. Es wurde 1928 entdeckt, aber erst in den 1960er-Jahren – und auch nur zum Teil – freigelegt. Es ist das größte römische Theater in England. 7.000 Menschen konnten den Spielen und Gladiatorenkämpfen darin beiwohnen. Derzeit wird die Anlage von English Heritage in einem mehrjährigen archäologischen Projekt weiter erforscht, um mehr über die Römer in Chester und die Nutzung des Theaters zu erfahren. Ein Modell findet sich im Grosvenor Museum. Dahinter führt die Promenade The Groves zum Grosvenor Park, der zum Verweilen oder Picknicken einlädt. Hier kann man auch Boote mieten.

April–Sept. tgl. 10–18 Uhr, Okt.–März 10–13 und 14–16 Uhr. Eintritt frei. www.chester. gov.uk/amphitheatre.

Northgate: Anfang des 19. Jahrhunderts wurde das alte Stadttor mit Gefängnis durch ein neueres ersetzt. Dahinter befindet sich der Shropshire Union Kanal mit den Schleusen, die der Kanal- und Brücken-Ingenieur Thomas Telford 1779 bauen ließ.

Hier macht das Einkaufen Spaß

Watergate: In dieser Straße stehen zwei prächtige Fachwerkhäuser, u. a. das *God's Providence House*, das auf einem Querbalken die geschnitzte Inschrift „Gottes Vorsehung ist mein Erbteil" trägt. Das war das Stoßgebet des puritanischen Besitzers, nachdem sein Haus als einziges in der Stadt von der Pest verschont geblieben war. Das andere ist das *Bishop Lloyd's House*, das von oben bis unten mit Schnitzereien verziert ist, eine skurrile Fabelwelt, die man am besten von den Rows aus entziffert.

Kathedrale: Von der Northgate Street gelangt man zur Kathedrale. Um die erste Jahrtausendwende wurde hier eine Kirche erbaut und der heiligen Werburgh geweiht, einer wundertätigen Prinzessin von Mercia. Ihr Schrein war Ziel der zahlreichen Pilger, die Chester im Mittelalter bereisten. In der Folgezeit wurde die Wallfahrtsstätte mehrmals umgebaut und zur Kathedrale erweitert. Die Misericordien erzählen in mehreren Akten die Legende von der heiligen Werburgh und der Graugans. Diese war von einer hungrigen Magd verspeist worden, die ihre Untat reumütig gestand, woraufhin Werburgh das Geflügeltier wieder zum Flattern brachte. Der heutige braunrosa Bau besteht aus Bauelementen des normannischen Stils – die als Benediktinerabtei vom rauflustigen Hugh Lupus, dem Grafen von Chester, für sein Seelenheil auf den Fundamenten der älteren Kirche gebaut worden waren –,

Nordwestengland

Karte S. 587

des Early English Style (Chor, Kapitelhaus und Vorhalle) und des Perpendicular Style. In der Kathedrale dirigierte Georg Friedrich Händel vor der Uraufführung in Dublin eine Generalprobe des Messias; die Partitur ist hier ausgestellt.

Mo–Sa 9–17 Uhr, So 13–16 Uhr. £ 5, erm. £ 4, Kinder £ 2.50 (inklusive Audiotour in Englisch), ✆ 01244/324756, www.chestercathedral.com.

Grosvenor Museum: Interessantes verspricht ein Besuch im Grosvenor Museum in der Grosvenor Street. Zwei Galerien beschäftigen sich mit der römischen Periode der Stadt. Ausgestellt sind außerdem Aquarelle, Zeichnungen und Drucke, die Chester darstellen oder Werke einheimischer Künstler sind. Hier findet man auch die meisten römischen Grabsteine außerhalb von Rom selbst. Sie wurden im 19. Jahrhundert bei Renovierungsarbeiten an der Stadtmauer entdeckt.

Mo–Sa 10.30–17 Uhr, So 13–16 Uhr. Eintritt frei. 27 Grosvenor Street, ✆ 01244/402033. www. grosvenormuseum.co.uk.

Chester Castle/Chester Military Museum: Wiederum eine Burg, die von Wilhelm dem Eroberer in Auftrag gegeben wurde. Vom ursprünglichen Gebäude ist seit dem Umbau im 18. Jahrhundert nicht mehr viel zu sehen. Die St-Mary-de-Castro-Kapelle, mit Wandmalereien aus dem 13. Jahrhundert, ist im *Agricola Tower*. Im modernen Teil der Burg befindet sich ein *Militärmuseum*, in dem man durch die Schützengräben von Ypres gehen kann.

Burg: April–Sept. tgl. 10–17 Uhr, Okt.–März nur bis 16 Uhr. Eintritt frei. **Museum**: tgl. 10–17 Uhr. £ 3, erm. £ 2. ✆ 01244/327617, www.cheshiremilitarymuseum.co.uk.

Dewa Roman Experience: Dieses interaktive Museum vermittelt dem Besucher, wie das Leben in Chester bei den Römern so war. Von der rekonstruierten Galeere mit dem Lärm und Gestank eines Sklavenschiffes („Row you dogs!") kommt man in eine römische Straße oder steigt drei Meter hinab in die Ausgrabungsstätte des Forts. Außerdem kann man einen unterhaltsamen kleinen Film ansehen.

Mo–Sa 9–17 Uhr, So 10–17 Uhr, Dez. und Jan. 10–16 Uhr. £ 4.95, erm. £ 4.50, Kinder £ 3.25, Familien £ 15. Pierpoint Lane, Bridge Street, ✆ 01244/343407. www.dewaromanexperience.co.uk.

Stanley Palace: Das viergiebelige Stadthaus wurde 1591 für den Rechtsanwalt und Abgeordneten Sir Peter Warburton gebaut und kam durch Vererbung in den Besitz der Adelsfamilie Stanley of Alderley. Die Stanleys hatten das Recht, am Wassertor Zölle zu erheben, wurden dadurch enorm reich und zu Gönnern William Shakespeares. Sie belebten die mittelalterliche Theatertradition der Mysterienspiele neu und so kommt es wahrscheinlich auch, dass das Gerücht entstand, Theaternarr Ferdinand Stanley sei der wahre Schreiber der Shakespeareschen Romane gewesen. Das Haus ist im Besitz der Stadt und wird von den Freunden von Stanley House für Besucher geöffnet, wenn keine Konferenzen oder Veranstaltungen stattfinden.

Keine regulären Öffnungszeiten, für Veranstaltungen und Privatnutzung offen, Büro besetzt Di–Fr 10.30–13 Uhr u. 14–16 Uhr, ✆ 01244/325586. www.stanleypalace.org.

Die Rows: Die ersten Rows entstanden in Chester vermutlich zur Zeit der Renaissance, als man in vielen Städten Europas die Vorzüge von Arkaden und Kolonnaden entdeckte. Das Ungewöhnliche an den Rows von Chester ist, dass sie nicht ebenerdig sind, sondern sich im ersten Stock befinden. Es handelt sich um eine Art fortlaufende Passage, von Treppenfluchten unterbrochen, die hinunter zur Straße und den Untergeschossen führen. Die Veranden wurden nach den jeweiligen Handelswaren benannt, etwa Pepper Alley oder Fish Shambles. Neben den Rows aus der Tudorzeit finden wir georgianische, viktorianische und moderne aus dem 20. Jahrhundert (z. B. St Michael's Arcade).

Chester Town Crier: David und Julie Mitchell gehen diesem mittelalterlichen Gewerbe von Mai bis August jeden Dienstag bis Samstag um 12 Uhr mittags nach. Die unterhaltsame Bekanntmachung beginnt mit dem Ruf „Oyez, Oyez, Oyez" und dauert rund 15 Minuten. Wer dabei sein möchte, komme zur entsprechenden Zeit zum Ancient Cross an der Ecke Bridge Street/Watergate Street/Eastgate Street.

Umgebung von Chester

Chester Zoo: Der größte Zoo von England ist für seine Gartenanlagen fast genauso bekannt, wie für die rund 7.000 Tiere. Großen Wert wird auf die artgerechte Haltung in „near-natural" Gehegen gelegt. Natürlich gibt es auch einen Streichelzoo und man kann mit der Zoofari-Hochbahn fahren.

Tgl. ab 10 Uhr, im Sommer bis 19 Uhr, im Winter bis 16 Uhr. £ 14.50, erm. £ 12.85, Kinder £ 9.95, Familien £ 45. Upton-by-Chester, drei km nördlich der Stadt, CH2 1LH, ✆ 01244/380280, www.chesterzoo.org.uk.

Cheshire Ice Cream Farm: Hier werden über 30 verschiedene Eissorten hergestellt, von Rhabarber über Cointreau und Orange bis zu Kirsch-Trifle (Biskuitdessert). Besucher können zusehen, wie die Kühe gemolken werden, und ein Video beschreibt den gesamten Prozess der Eisproduktion. Es gibt auch eine Spielscheune und einen Streichelzoo.

Tgl. 10–17.30 Uhr, Anfang Nov. bis Ende März 10.30–17 Uhr. Eintritt frei. Tattenhall, ✆ 01829/770446, 🖷 01829/770856. Anfahrt über die A 41 Richtung Whitchurch, dann den braunen Schildern folgen. www.cheshirefarmicecream.co.uk.

National Waterways Museum: Dieses Museum in den historischen Docks von *Ellesmere Port* macht die Entwicklung des britischen Kanalsystems anschaulich. 1850 gab es nicht weniger als 6.500 Kilometer Kanalsystem, auf dem jährlich 30 Millionen Tonnen Frachtgut transportiert wurden. Gezeigt wird hier die weltgrößte Sammlung an Kanalbooten. Man kann auf Narrowboats klettern, mit der Centaur durch die Schleusen fahren (£ 1.50, erm. £ 1), ein Hafenarbeiter-Cottage besuchen, eine Dampfmaschine in Betrieb erleben oder einfach im Café entspannen.

April–Okt. 10–17 Uhr, sonst am Wochenende 10–16 Uhr. £ 6, erm. £ 5, Kinder £ 4. South Pier Road, Ellesmere Port, CH65 4FW, ✆ 0151/3555017, www.nwm.org.uk. Anfahrt über die M 53 Ausfahrt 9 oder mit dem Fahrrad entlang des Shropshire-Union-Kanal (13 km).

Blue Planet Aquarium: Auf zwei Stockwerken kann man eine interaktive Reise durch die Gewässer der Welt unternehmen. Es geht von den dunstigen Flüssen des Nordens bis zu den exotischen Gewässern der Karibik und ihren Bewohnern. 2.500 Fische, giftige Frösche und Ottern gehören zu den hier präsentierten Kreaturen, im Unterwassertunnel schwimmen Haie dicht an einem vorbei. Wer über 18 ist kann auch eine halbe Stunde mit ihnen tauchen. Der Tauchgang erfolgt selbstverständlich unter Anleitung und nach einem zweistündigen Sicherheitstraining. Zum Abschluss erhält man eine Urkunde. Neuerdings gibt es einen *Venom*, wo Vogelspinnen, schwarze Witwen, Vipern oder hochgiftige Quallen ihr Gift (Venom) verspritzen. Das Restaurant ist dagegen wieder eine Oase und im karibischen Stil gehalten.

Tgl. ab 10 Uhr, Mo–Fr bis 17 Uhr, am Wochenende bis 18 Uhr. £ 14.75, erm. £ 12.75, Kinder £ 10.75, Familienticket £ 49. Tauchgang Shark Encounter tgl. um 14.15 u. 16.15 Uhr. £ 125–199. ✆ 0151/3578800, 🖷 0151/3567288, www.blueplanetaquarium.com. Anfahrt über die M 53, Ausfahrt 10 oder mit Bussen 1 bis 4 von Chester.

Nordwestengland Karte S. 587

Liverpool

Wo der River Mersey in einem großen Bogen in die Irische See strömt liegt Liverpool: Eine Großstadt voller Gegensätze, die einen an die Beatles und an Fußball denken lässt mit einem der größten, tideunabhängigen Häfen der Welt. Monumentale Büro- und Verwaltungsgebäude aus dem 19. und 20. Jahrhundert stehen Seite an Seite mit Bausünden aus den 1970er-Jahren. Den einstigen Glanz der Metropole spiegelt das sanierte Albert Dock wieder (jetzt UNESCO-Weltkulturerbe); die 700-Jahrfeiern 2007 und der Status Liverpools als Kulturhauptstadt Europas 2008 haben ebenfalls flächendeckend zur Wiedergeburt der Innenstadt beigetragen. Die Investitionen von fünf Milliarden Pfund sind einfach nicht zu übersehen, am augenfälligsten ist das Liverpool One Shopping Centre. Arbeitslosigkeit, Armut, leer stehende und verfallende Häuser gibt es aber noch in den Vorstädten.

Vor allem kulturell tut sich in Liverpool einiges: Die renovierten Albert Docks, die 1972 für den kommerziellen Schiffsverkehr geschlossen wurden (die modernen Dockanlagen befinden sich außerhalb der Stadt bei Bootle und Birkenhead), haben sich zu einem lebendigen kulturellen Zentrum mit einigen interessanten Museen sowie Cafés und Restaurants entwickelt. Die *Tate Liverpool* zum Beispiel erstreckt sich über vier Etagen und ist das größte Museum für Moderne Kunst außerhalb von London. Pünktlich zum Gedenktag des Verbots des Sklavenhandels im August 2007 hat hier auch das neue *International Slavery Museum* im dritten Stock des *Merseyside Maritime Museum* eröffnet. Weitere neue kulturelle Impulse brachte die Wahl Liverpools zur Kulturhauptstadt Europas 2008. So wurde die Waterfront mit einem durchgehenden Spazierweg erneuert, dem *Riverside Walk*, der am neuen *Liverpool Museum* vorbei zur neuen, futuristischen *Waterfront Echo Arena* im Kings Dock führt, wo bei Großveranstaltungen wie Rock- und Popkonzerten für 10.000 Besucher Platz ist. Für zwölf Millionen Pfund entstand zudem eine neue Anlegestelle für die größten Kreuzfahrtschiffe der Welt. Außerdem wurde ein 2,5 Kilometer langer Kanal mit zwei Schleusen ausgegraben, über den fünf neue Brücken führen, und der es Booten erstmals ermöglicht, vom Leeds und Liverpool Kanal am Pier Head vorbei direkt bis ins Albert Dock zu schippern. Das breite Flussbecken des Mersey (1,2 km) an sich ist schon beeindruckend, und eine Fahrt auf einer Merseyfähre vermittelt nicht nur einen Eindruck von der ehemaligen Bedeutung der riesigen Hafenanlagen, sondern ermöglicht auch den besten Blick auf die nagelneue Stadtsilhouette selbst. Die Neuerungen beschränken sich jedoch nicht auf die Docks. Direkt gegenüber auf der anderen Seite der zweispurigen Schnellstraße The Strand wurde auf einst brachliegenden 170.000 Quadratmetern das neue *Liverpool One* Shopping Centre aus dem Boden gestampft, das neben den gängigen Kaufhäusern, Läden, Kinos und Restaurants auch den neuen Busbahnhof sowie Apartmentblocks enthält. Nicht erst seit 2008 stellt Liverpool Kunst und Kultur in den Mittelpunkt. Im Stadtzentrum selbst ist die *Walker Art Gallery* seit vielen Jahren eine Konstante. Auch *FACT* hat für Aufmerksamkeit gesorgt, ein Zentrum für neue Medien und Technologien mit drei Leinwänden, wo auch ausländische Produktionen und Arthouse Filme zu sehen sind. Jeden zweiten Herbst findet in Liverpool die Biennial statt, bei der Arbeiten internationaler Künstler, Architekten und Filmemacher gezeigt werden.

Viele Besucher werden die Stadt jedoch weiterhin hauptsächlich mit ihrem bekanntesten Exportartikel in Verbindung bringen – mit den Beatles (→ Kasten). Immerhin findet noch jedes Jahr am Bank-Holiday-Wochenende im August das große *Mathew Street Festival* mit der Beatles-Woche statt, bei dem die ganze Stadt auf den Beinen ist und viele Touristen anreisen. Kürzlich wurde auch – nicht nur für eingefleischte Fans der Pilzköpfe – das weltweit erste thematische Beatles-Hotel eröffnet, das *„Hard Day's Night"*. Besonders aktiv wird Liverpool bei Nacht, denn viele Pubs haben eine Lizenz bis 1 oder 2 Uhr früh, und aufgrund der lebhaften Musikszene kann man sich die unterschiedlichsten Konzerte ansehen. Die Einheimischen, „Scousers" genannt, kann man am besten mit dem deutschen Ausdruck „Herz und Schnauze" charakterisieren; sie sind freundlich und dennoch geradeheraus.

Bis ins 17. Jahrhundert hinein war Liverpool nicht viel mehr als ein kleines, unbedeutendes Fischerdörfchen. Erst als die Stadt im 17. Jahrhundert Chester den Rang als Handelshafen ablief, ging es bergauf. 1715 wurde das erste Dock eröffnet, und schon kurze Zeit später

Ein Fan und sein John Lennon

reihten sich auf über 11 Kilometern Länge die Docks aneinander. Aus Westindien und Amerika kam die Baumwolle, die dann in den Spinnereien und Tuchfabriken Lancashires weiterverarbeitet und schließlich wieder von Liverpool aus in die ganze Welt verschifft wurde. Liverpool hat den kürzesten Seeweg zum Handelspartner USA und das ganze englische Industriegebiet im Rücken, mit dem es durch schiffbare Kanäle verbunden ist. Eine zusätzliche Einnahmequelle bildete der Sklavenhandel mit Amerika, für den Liverpool der Haupthafen Europas wurde.

1840 eröffnete Samuel Cunard den ersten Linienverkehr von Liverpool über Halifax nach Boston in der Neuen Welt. Binnen kurzer Zeit avancierte die Stadt zum bedeutenden Auswanderungshafen nach Amerika und Australien. Mehr als 9 Millionen Emigranten aus ganz Europa brachen zwischen 1830 und 1930 von hier aus auf, um in Übersee ihr Glück zu suchen. Die Hungersnot in Irland trieb in den 1840er-Jahren die Iren nach Liverpool. Außerdem kam es zu Einwanderungswellen aus den Commonwealth-Gebieten in China und der Karibik. Da sich viele Ausreisewillige der unterschiedlichsten Nationalitäten letztendlich dazu entschlossen, vor Ort ansässig zu werden, entstand bald ein multikultureller Schmelztiegel. Dieses Völkergemisch ist unter anderem für den harten „Scouse"-Dialekt der Einheimischen verantwortlich.

Nordwestengland Karte S. 587

Noch zu Beginn des 20. Jahrhunderts begann man mit dem Bau zweier sehr unterschiedlicher Kathedralen, die allerdings erst in den 1960er- und 1970er-Jahren fertiggestellt wurden. Zu dieser Zeit war Liverpool aber schon im wirtschaftlichen Niedergang begriffen. Nach und nach mussten die Docks geschlossen werden, und wichtige Wirtschaftsunternehmen kehrten der Stadt den Rücken. Liverpool wurde zum Synonym der britischen Konjunkturschwäche.

Allein auf kulturellem Gebiet erlebte die Stadt in den 1960er-Jahren einen Höhepunkt. Aus jedem Keller ertönte der neue Musiksound – der *Merseybeat* (→ Kasten). Die *Beatles* mit Paul McCartney, John Lennon, George Harrison und Ringo Starr trugen ihn in die ganze Welt und wurden bald zur berühmtesten Popgruppe der Musikgeschichte.

Seit den späten 1980er-Jahren ging es wirtschaftlich langsam wieder etwas bergauf, u. a. mit finanzieller Unterstützung durch die europäische Wirtschaftshilfe und der Ansiedlung einiger Autofabriken im Umland. Während in den Vororten mitunter bis heute noch bzw. wieder Arbeitslosigkeit und Armut das Bild prägen, hat sich das Stadtzentrum durch den Boom der letzten Jahre schillernd herausgeputzt und Anschluss an das 21. Jahrhundert gefunden.

Information/Verbindungen/Diverses

• *Information* **08 Place**, Hightech-Multimedia-Besucherzentrum, hier gibt es Stadtpläne, Infos über die öffentlichen Verkehrsmittel, eine Theaterkasse, kostenlosen Internetzugang sowie eine kostenlose Zimmervermittlung (☎ 0845/6011125); ☎ 0151/2332459. Man kann hier auch die *Magical Mystery Tour* und andere Führungen buchen. Der informative *Liverpool & Merseyside Visitor Guide* enthält die wichtigsten Informationen. 36–38 Whitechapel, Liverpool L1 6DZ, ☎ 0151/233 2008; www.liverpool800.com. www.visitliverpool.com.
Eine weitere Touristeninformation ist das **Albert Dock Visitor Centre**, Anchor Courtyard, L3 4BS, ☎ 0151/7070729. Es gibt auch eine Information am Flughafen, John Lennon Airport, Arrivals Hall, ☎ 0151/9071057, tgl. 5.30–20.30 Uhr.
Mit der **Liverpool Visitor Card** können Sie Eintrittsgelder sparen: £ 24.99, Kinder £ 14.99.
• *Verbindungen* Allgemeine Informationen des Verkehrsverbundes *Merseytravel* für alle Verkehrsmittel unter ☎ 0871/2002233. Die Tageskarte „Saveaway Ticket" (Kinder £ 1.90/2.30, Erw. £ 3.30–4.50) gilt außerhalb der Hauptverkehrszeiten für die ganze Region Merseyside (Busse, Züge und Fähren). www.merseytravel.gov.uk.
Bus – Es gibt 2 Busterminals in Liverpool: Queen Square nordöstlich des Bahnhofs und im neuen Liverpool One. Fünfmal täg-

lich verkehrt der National Express in alle großen Städte Englands. ☎ 0870/5808080.
Zug – Liverpool hat vier Bahnhöfe, die meisten Züge kommen in der Lime Street Station an; im Bahnhof befindet sich das *Lime Street Travel Centre*, wo man Fahrkarten kaufen kann. Von hier aus gibt es regelmäßige Verbindungen in alle größeren Städte. Fahrtzeit nach London: gute zwei Stunden. ☎ 08457/484950.
Merseyrail – An fünf unterirdischen Bahnstationen in der Stadt kann man in den Zug zusteigen, der wie eine Untergrundbahn funktioniert: Lime Street, Central und unterhalb von Ranelagh/Bold Street. ☎ 0151/2367676. www.merseyrail.org.
Fähre – Vom Princess Landing Stage nahe dem Pier Head startet die Fähre nach Douglas auf der Isle of Man (2 ½ Std., Isle of Man Steam Packet Company, ☎ 08722/992992; www.steam-packet.com.). Vom Gladstone Dock in Bootle und dem Birkenhead Ferry Port auf der anderen Seite des Mersey legen die Fähren nach Dublin (ca. 8 Std.), und Belfast (10 Std.) ab (P & O Irish Seas nach Dublin, www.poferries.com, ☎ 0871/6645645 sowie DFDS Seaways nach Dublin und Belfast, ☎ 0871/2300330, www.dfdsseaways.com.), allesamt nicht gerade billig. Über Abfahrtszeiten und aktuelle Tarife informiert die Tourist Information und der Fährenpavillon am Pier Head, Georges Parade. ☎ 0151/6390609.

Außerdem kann man hier **Rundfahrten auf dem Mersey** buchen (£ 6.50, erm. £ 5, Kinder £ 4, Familien £ 17.50). ℡ 0151/3301444, www.merseyferries.co.uk. Vgl. auch Sehenswertes „Pier Head und Merseyfähren".

Flughafen – Vom hiesigen John-Lennon-Flughafen aus verkehren Jets nach Amsterdam, in verschiedene Städte am Mittelmeer, nach Deutschland, Polen, nach Belfast und auf die Isle of Man. ℡ 0871/155218484, Fluginformation 0906/1088484; www.liverpoolairport.com.
Der Arriva Airlink 500 (tgl. alle 30 Minuten ins Stadtzentrum) und der Airlink 501 (Mo–Sa alle 20 Minuten zum South Parkway Bahnhof). Ein größerer internationaler Flughafen befindet sich in Manchester, www.manchesterairport.co.uk.

● *Stadtführungen* Die einstündige **Beatles Magical History Tour** bringt Beatles-Fans auf einem Doppeldeckerbus vom Albert Dock zu den bekannten Plätzen wie den *Strawberry Fields* und der *Penny Lane*. In Liverpool wie in Manchester operieren die **Yellow Duck Marines** mit gelben Amphibienfahrzeugen zu Wasser und zu Land. Los geht es tgl. ab 10.30 Uhr am Gower Street Bus Stop beim Albert Dock Building. £ 11.95, erm. £ 10.95, Kinder £ 9.95. ℡ 0151/ 7087799, www.theyellowduckmarine.co.uk. Auch die roten **Sightseeing-Open-Top-**Busse fahren das ganze Jahr über durch Liverpool, Tickets: £ 8, erm. £ 6, Kinder £ 4; www.city-sightseeing.com. In den Touristenbüros liegt eine Liste für weitere Führungen mit Preisen, Treffpunkten und Terminen aus.

● *Einkaufen* **Liverpool One**, mehrere hundert Millionen Pfund wurden für diesen Konsum- und Vergnügungstempel ausgegeben, der ein Odeon-Kino mit 14 Leinwänden, 20 Restaurants und rund 160 Läden beherbergt (www.liverpoolone.com). **Met Quarter** in Whitechapel, neue Arkade mit Designerläden von Armani, Gucci oder Prada, die sich als die Bond Street Liverpools bezeichnet (www.metquarter.com); **Cavern Walks Design Shopping**, Mathew Street, hier haben Größen wie Vivienne Westwood ihre Läden, aber auch viele kleine, extravagante Boutiquen. Preiswertere Klamottengeschäfte, alternative Boutiquen und bohemische Delikatessengeschäfte findet man in der **Bold Street**.

● *Post* St John's Precinct.

● *Waschen* **Liver Launderette**, 104 Prescot Road, 25 Min. vom Zentrum entfernt.

*K*ultur/*V*eranstaltungen/*S*port

● *Kinos* **Odeon** im Liverpool One, 14 Paradise Street, ℡ 0871/2244007; **Picturehouse at Fact**, das Art-House-Kino Liverpools, 88 Wood Street, ℡ 0871/9025737; www.picturehouses.co.uk.

● *Konzerte* Das **Royal Liverpool Philharmonic Orchestra**, das zu den besten Englands zählt, tritt regelmäßig in der Philharmonic Hall in der Hope Street auf. Tickets für Studenten schon für £ 7. Auch Führungen durch das Art-déco-Haus: £ 15 (vorher buchen). Im Juli finden auch Freiluftkonzerte am Albert Dock statt. ℡ 0151/7093789. www.liverpoolphil.com.
Echo Arena, neueste Veranstaltungshalle an der Waterfront eben dem Albert Dock. Die Halle hat 11.000 Sitzplätze und befindet sich im ACC Arena and Convention Centre. Kings Dock, Box Office: ℡ 0844/8000400; www.echoarena.com.

● *Theater/Kunst* Einen guten Überblick über die Kunstszene Liverpools mit Galerienverzeichnis, Ausstellungen, Weblog und News gibt www.artinliverpool.com.
Tate Gallery, → Sehenswürdigkeiten.

Walker Art Gallery, → Sehenswürdigkeiten.
Liverpool Everyman and Playhouse Theatre, zwei Bühnen, die eng zusammenarbeiten und damit eines der interessantesten Theaterprojekte Liverpools darstellen. Gute Mischung aus alten und modernen Stücken, viele Premieren auch einheimischer Autoren sowie Comedy und Konzerte. Die Playhouse-Bühne befindet sich in der alten Music Hall aus dem 19. Jahrhundert. Williamson Square, das Everyman-Theater wird bis 2013 zum „New Everyman Theatre" umgebaut ℡ 0151/7094776. www.everymanplayhouse.com.
Bluecoat Arts Centre, ebenfalls eine ausgefallene Mischung aus Theater, Tanz, Lesungen und Ausstellungen wird in diesem modernisierten Fabrikbau aus dem 18. Jh. geboten. School Lane, ℡ 0151/7025324. Verschiedene Kunstgalerien, die Ausstellungen sind Di–Sa von 10.30–17 Uhr zu besichtigen. Der Eintritt ist frei, samstags gibt es kostenlose Führungen, außerdem gibt es ein nettes Café, im 1. Stock ein Bistro und einen Garten, www.thebluecoat.org.uk.

Nordwestengland
Karte S. 587

FACT, Foundation for Art & Creative Technology, der erste Kulturneubau seit sechzig Jahren in der Stadt. Das Zentrum hat sich ganz den neuen Medien, der Internetkunst und dem Kino verschrieben. Drei Leinwände. Mo–Sa 11–23 Uhr, So 12–22.30 Uhr. Eintritt wird nur für Ausstellungen erhoben. 88 Wood Street, ✆ 0151/7074464. www.fact.co.uk.

Contemporary Urban Centre, hier werden die neuesten Trends von Musik, Tanz, Theater, Film und bildender Kunst unter das interessierte Publikum gebracht. 41–51 Greenland Street, ✆ 0151/7083510; Karten 7083509; www.contemporaryurbancentre.org.

Liverpool Empire Theatre (→ S. 607), überwiegend Gastspiele von Musicals und Konzerten. Lime Street, ✆ 0844/8472525; www. liverpoolempire.org.uk.

Citadel Arts Centre, Mix aus Musik, Theater, Comedy, Kunst und Café-Bar. Eine der besten Jazz- und Blues-Locations im Land. Waterloo Street, St Helens, ✆ 01744/735436; www.citadel.org.uk.

● *Festivals* Das bekannteste Festival in Liverpool ist sicherlich das **Mathew Street Festival/International Beatles Week Festival**, → Kasten. Musikfreunde zieht im Juli auch das **Liverpool Summer Pops** an, wo mitunter große Namen der Unterhaltungsindustrie auftreten. Mehr für eingefleischte Clubber ist **Creamfields** im August, wo zehntausende tanzfreudiger, junger Leute die Clubs der Stadt unsicher machen. Segler kommen im Juni zum **Mersey River Festival**, dem größten maritimen Festival seiner Art in Europa. Ein Fest für jedermann ist das **Liverpool International Streetfestival**, ein 17 Tage langer Karneval mit Straßenkunst und vielem mehr.

● *Fußball* Liverpool hat zwei Fußballmannschaften, die (derzeit) in der Premier League, der ersten Liga des englischen Fußballs, spielen: den FC Liverpool, der Rekordmeister und den ebenso erfolgreichen FC Everton. Der FC Liverpool spielt im **Anfield-Stadion**, das man mit den Bussen Nr. 26 (ab Paradise Street) sowie 17 und 217 (von Queen Square Bus Station) erreicht; Eintrittskarten unter ✆ 08702/202345.

Der FC Everton ist im **Goodison Park** zu Hause, den man am besten mit Bus Nr. 19 anfährt; ✆ 0870/4421878. Das englische System, nach dem fast nur noch Langzeit-Mitglieder die überteuerten Tickets erstehen können, lässt allerdings die Chancen für die Teilnahme an einem Spiel recht gering werden.

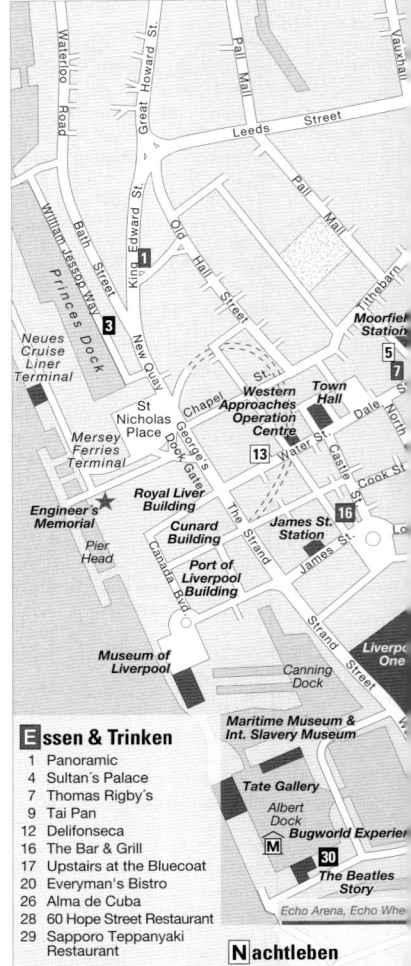

Essen & Trinken

1 Panoramic
4 Sultan´s Palace
7 Thomas Rigby´s
9 Tai Pan
12 Delifonseca
16 The Bar & Grill
17 Upstairs at the Bluecoat
20 Everyman´s Bistro
26 Alma de Cuba
28 60 Hope Street Restaurant
29 Sapporo Teppanyaki Restaurant

Übernachten

3 Malmaison
6 The Liner
15 Hard Day´s Night Hotel
18 Britannia Adelphi Hotel
19 Aachen Hotel
22 Base2Stay
24 Cocoon International Inn
28 Hope Street Hotel
30 Premier Travel Inn Albert Dock
31 Liverpool Youth Hostel
33 Park Lane Hotel

Nachtleben

2 O2 Academy
5 Garlands
8 The Lisbon
10 The Living Room/Mosquito
11 Rawhide Comedy Clu
13 Newz Bar
14 Cavern Club
21 Korova
23 Nation
25 The Philharmonic
27 Heebie Jeebies
32 Liverpool Picket

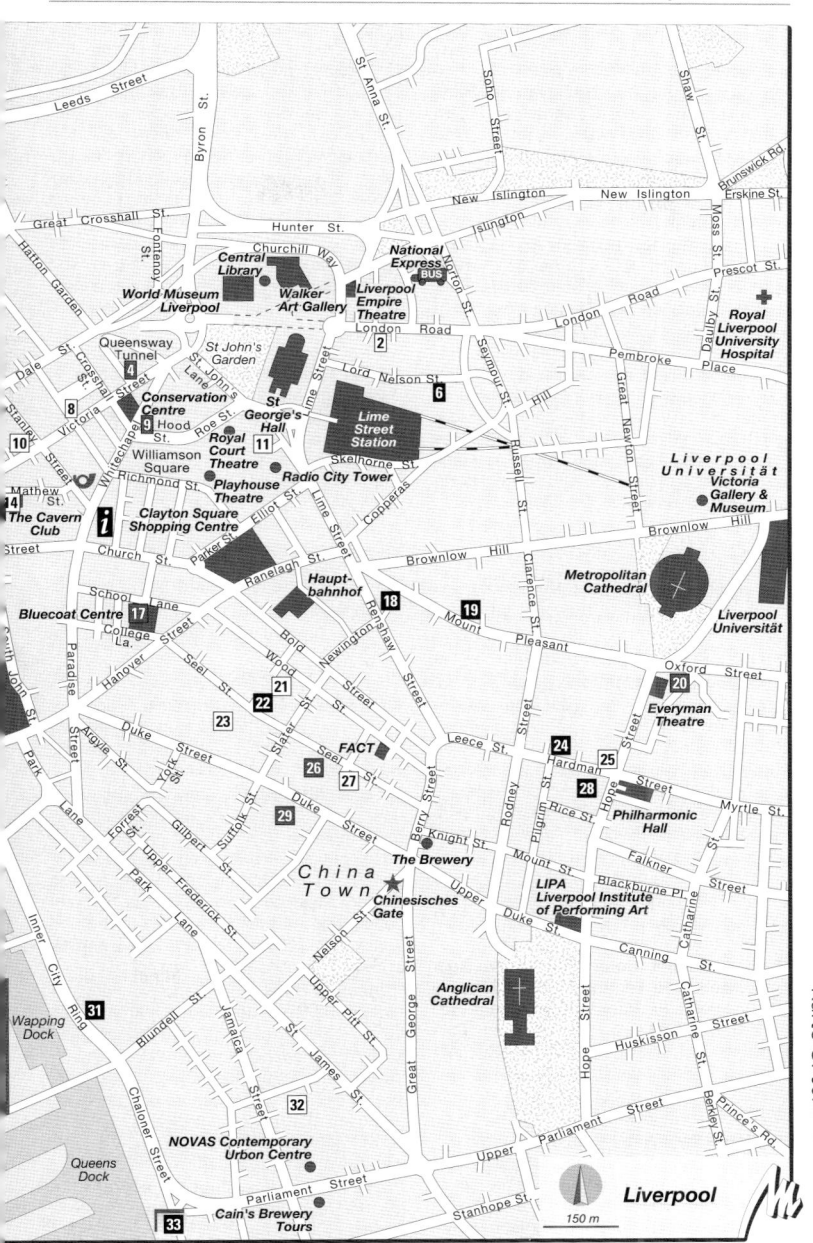

Liverpool Football Club Museum & Tour Centre: Wer kein Glück beim Ergattern einer Karte hatte, kann daher zum Trost an einer Besichtigung des Stadions mit Museum teilnehmen; diese Führungen finden natürlich nur statt, wenn nicht gespielt wird, Museum & Tour Centre, tgl. 10–15 Uhr außer an Spieltagen, Anfield Road, £ 14, erm. £ 8, ✆ 0151/2606677, www.liverpoolfc.tv/stadiumtours.

Auch eine **Everton FC Tour** im Goodison Park ist möglich, £ 8.50, erm. £ 5, ✆ 0871/6631878; www.evertonfc.com. Beide Fußballvereine planen den Bau neuer Stadien.

● *Pferderennen*   Am ersten Aprilwochenende findet das in aller Welt wegen der brutalen Behandlung der Pferde umstrittene Hindernisrennen **Grand National** in Aintree statt. Dieses Hindernisrennen bildet in Großbritannien einen Höhepunkt des Pferdesports. Jeder, der etwas auf sich hält, wettet auf ein Pferd und verfolgt dann das Rennen zumindest am Bildschirm. Tier-

schützer protestieren jedes Jahr aufs Neue, da bei jedem Rennen mehrere Pferde stürzen und sich so schwer verletzen, dass sie notgeschlachtet werden müssen. Aber nicht nur für die Pferde, sondern auch für die Jockeys kann das Rennen gefährlich werden, wie sich in der Vergangenheit gezeigt hat. Grand-National-Experience-Führungen Mai–Oktober auf Anfrage. Ormskirk Road, ✆ 0151/5232600, www.aintree.co.uk.

● *Golf*   Liverpool liegt am südlichen Ende der „**Golfküste**" mit etwa 20 Plätzen, von denen drei immer wieder Austragungsstätte für Championships sind: Birkdale, Liverpool und St Annes.
www.englandsgolfcoast.com.

● *Autos*   **Land Rover Experience Centre**: In Halewood können Sie die Landrover- und Jaguar-Produktionsstätte besichtigen und off-road über ein Übungsgelände brausen. Halewood Visitor Centre, South Road, L24 9BJ, ✆ 0151/4484023;
www.landroverexperience.com.

Übernachten (siehe Karte S. 600/601)

In der Innenstadt gibt es nur wenige günstige B & B-Adressen, dafür kann man jedoch während der ruhigeren Jahreszeit gerade in den großen Hotels Vergünstigungen bekommen. Die Tourist Information kann Zimmer reservieren lassen, die bei Buchung im Hotel wesentlich teurer wären.

★★★★ Malmaison (3), in diesem zehnstöckigen Neubau fühlt man sich eher wie in Manhattan als in Liverpool. Großzügige Eingangshalle mit Kamin, gedämpfte dunkle Farben (viel Dunkellila und sogar Schwarz), eine Stahltreppe führt hoch zur Champagnerbar. Die eher engen Flure sind mit Fotos von Merseyside behängt, riesige Betten und luxuriöse Bäder sind die Markenzeichen der 130 Zimmer. Standard-DZ £ 145, oft Specials. Wiliam Jessop Way, Princes Dock, L3 1QZ, ✆ 0151/2295000, ✆ 0151/2295002, www.malmaison-liverpool.com.

★★★★ Hope Street Hotel (28), cooles Boutique-Hotel in einer alten Kutschenfabrik. Hier steigen auch die Kicker von ManU ab. Sehr gutes Restaurant „The London Carriage Works". DZ £ 150 ohne Frühstück. Suite bis £ 350. Advance Rate £ 85. 40 Hope Street, L1 9DA, ✆ 0151/7093000, ✆ 0151/7092454, www.hopestreethotel.co.uk.

★★★★ Hard Day's Night (15), hinter einer imposanten Fassade mit Marmorsäulen verbirgt sich das Themenhotel zu den Beatles, samt Lennon- und McCartney-Suites, deren Geschichte durch Kunst in den Fluren und 110 Räumen dokumentiert wird. Auch

Hochzeitskapelle. Zimmerpreise starten bei £ 110 ohne Frühstück. Beatles Superstore im Foyer. Fr u. Sa abends Live-Musik. North John Street, LS 6RR, ✆ 0151/2361964, www.harddaysnighthotel.com.

★★★★ Base2Stay (22), neuestes Boutique-Hotel in einem alten Fabrikgebäude im trendigen Ropewalk District. Modernisierter Industriecharme, 106 Zimmer, EZ ab £ 65, DZ ab £ 75. Frühstück muss man vorab auf das Zimmer bestellen (ab £ 5). Alle Zimmer haben eine Miniküche mit Mikrowelle und Kühlschrank. 29 Seel Street, L1 4AU, ✆ 0845/2628000; www.base2stayLiverpool.com.

★★★ Aachen Hotel (19), ausgezeichnete Unterkunft mitten in der Stadt mit Frühstücksbüfett („all you can eat"). Auch Kartenverkauf für Veranstaltungen und Sehenswürdigkeiten. B & B im EZ £ 35–45, DZ £ 55–65, spezielle Tarife für Studenten und bei Internetbuchung. 89–91 Mount Pleasant, L3 5TB, ✆ 0151/7093477, ✆ 0151/7091126, www.aachenhotel.co.uk.

Premier Travel Inn Albert Dock (30), Ableger der renommierten Billigkette in phantastischer Dock-Lage. Zimmer ohne Frühstück ab £ 65. East Britannia Pavilion, Albert

Dock, L3 4AD, ☎ 0871/5278622, 🖷 5278623; www.premiertravelinn.co.uk.

*** Britannia Adelphi Hotel (18), eines der größten Hotels in Liverpool und früher die Unterkunft für betuchte Transatlantikfahrer. 1937 stieg hier J F K ab. Eine Tea Time in der luxuriösen Lounge mit Kristalllüstern ist zu empfehlen. B & B im EZ £ 65–130, DZ £ 85–191, Late Deal £ 55. Ranelagh Place, L3 5UL, ☎ 0871/2220029, 🖷 0871/2227009, www.britanniahotels.co.uk.

** The Park Lane Hotel (33), romantisches Hotel aus dem 18. Jahrhundert am Sefton Par 5 km nordwestlich der Innenstadt. 17 Zimmer, B & B im EZ £ 60, DZ £ 90, £ 130 mit Himmelbett. 23 Aigburth Drive, L17 4JQ, ☎ 0151/7274754, 🖷 0151/7268091, www.theparklanehotel.co.uk.

The Liner (6), in diesem neuen Themenhotel schlafen Sie wie auf einer Luxus-Kreuzfahrt, die Zimmer heißen Kabinen, sind aber etwas größer als befürchtet. Die Preise leider auch. DZ £ 95–138 inkl. Parkplatz. Specials billiger. Lord Nelson Street, L3 5QB, ☎ 0151/7097050; www.theliner.co.uk.

• *Jugendherberge* **Liverpool Youth Hostel (31)**, Jugendherberge nahe dem Albert Dock. Hier ist es zwar etwas teurer, aber dafür gibt es alle Extras wie Selbstbedienungsküche und Waschmaschine. 24 Stunden geöffnet. Erwachsene £ 16, Jugendliche £ 12. 25 Tabley Street, L1 8EE, ☎ 0845/3719527, 🖷 0845/3719528, www.yha.org.uk.

Cocoon International Inn (24), Boutique Pod Hotel in altem Warenhaus, 32 günstige Zimmer wie in einem Hostel, aber mit Anspruch und Design, wenn auch klein. DZ £ 43, am Wochenende £ 53. Kein Frühstück, aber Internetcafé im Haus. 4 South Hunter Street, L1 9JG, ☎ 0151/7098135; www.cocoonliverpool.co.uk.

• *Camping* **Willowbank Holiday Home and Touring Park**, ruhige, aber komfortable Anlage an der Küste 6 km südlich von Southport. Beautysalon auf dem Gelände! Wohnwagen £ 13.20–16.20. Coastal Road, Ainsdale, Southport, PR8 3ST, ☎ 01704/571566; www.willowbankcp.co.uk.

Abbey Farm, hat etwa dreißig Stellplätze für Zelte (nur im Sommer), aber 80 für Caravans. (Caravans ab £ 16). Zelt ab £ 11. Dark Lane, Ormskirk, L40 5TX, ☎ 01695/572686, www.abbeyfarmcaravanpark.co.uk.

Essen/Trinken (siehe Karte S. 600/601)

Läuft man vom Falkner Square über die Duke Street Richtung Zentrum, kommt man nach Chinatown (im bohemischen Ropewalks Viertel), der ältesten chinesischen Gemeinde des Landes. Insbesondere in der Nelson Street reihen sich relativ preiswerte chinesische Restaurants aneinander. Entlang der Hope Street und Hardman Street befinden sich weitere Restaurants; das Albert Dock ist ebenfalls ein guter Anlaufpunkt. Es gibt einen Online Dining Guide für Liverpool unter www.onionring.co.uk/liverpool.

60 Hope Street Restaurant (28), Café-Restaurant in einem ehemaligen Gentleman's Club bei den Kathedralen mit europäischer Küche und guten Weinen. Reservierung empfohlen. Im neuen Bistro gibt es hervorragende Fish'n'Chips und für den Abend eine gemütliche Lounge. 60 Hope Street, L1 9BZ, ☎ 0151/7076060, www.60hopestreet.com.

Alma de Cuba (26), Bar und Restaurant in einer 200 Jahre alten Kirche, das ständig alle „best of"-Preise gewinnt. Südamerikanisch beeinflusste Küche, Kerzenbeleuchtung, das Ambiente macht's. Viele Themenabende (Do Live-Musik, So Gospelbrunch) und Partys. Seel Street, L1 4BH, ☎ 0151/7097097; www.alma-de-cuba.com.

Sapporo Teppanyaki Restaurant (29), in Liverpools einziger Sushi- und Noodle-Bar sitzt man um die Köche herum, um ihnen beim Spektakel der Essenszubereitung zuzusehen. Good Fun. 134 Duke Street, L1 5AG, ☎ 0151/7053005; www.sapporo.co.uk.

Panoramic (1), auf 100 Metern über dem Meeresspiegel im 34. Stock des West Towers zahlt man vor allem für den Rundum-Blick über die Stadt. Probiermenü £ 55. Abends Bar. Brook Street, L3 9PJ, ☎ 0151/2365534; www.panoramicliverpool.com.

Everyman's Bistro (20), entspanntes Cafeteria-Bistro im Keller des Everyman-Theaters. Die Bistroküche umfasst Pizza, Salate und Ähnliches. Auch Vegetarier kommen auf ihre Kosten. 9–11 Hope Street (Kreuzung Mount Pleasant), ☎ 0151/7089545; www.everyman.co.uk.

The Bar and Grill (16), befindet sich in einem klassizistischen Gebäude mit dicken Säulen vor dem Eingang und zählt zu den

Nordwestengland

Karte S. 587

angesagtesten Locations für Nachtschwärmer. Freistehende Bar, drum herum gruppieren sich die Tische, getrennt von gläsernen Weinregalen. In der Lounge kann man den Chefs in der offenen Küche beim Kochen zusehen. Die Karte reicht vom Chateaubriand bis zu Pizzas aus dem Steinofen. Am besten reservieren. Halifax House, Brunswick Street, L2 0UU, ℡ 0151/2366703 ℡ 0151/2366721, www.therestaurantbarandgrill.co.uk.

Sultan's Palace (4), indische Küche fit für den Maharajah, Mo–Fr Lunch Buffet für nur £ 8.95 pro Person. 75–77 Victoria Street (Queen Square Ende gegenüber dem Millennium-House), L1 6DE, ℡ 0151/2279020; www.sultans-palace.co.uk.

Thomas Rigby's (7), Gastropub in einem der ältesten Häuser Liverpools von 1726, wo Admiral Nelson schon eingekehrt sein soll. Das Essen wurde mehrfach ausgezeichnet. 23–25 Dale Street, L2 2EZ, ℡ 0151/2363269.

Upstairs at the Bluecoat (17), Bistro in kreativem Umfeld und ruhigem Ambiente. Schlichte Küche aus saisonalen Zutaten. School Lane, L1 3BX, ℡ 0151/7025324; www.thebluecoat.org.uk.

Delifonseca (12), der Delikatessenladen hat zwei Outlets, eins in den Docks und eines im Stadtzentrum. Im Restaurant im 1. Stock gibt es ein täglich wechselndes Menü und hausgemachte Nachtische. So Ruhetag. 12 Stanley Street, ℡ 0151/2550808; www.delifonseca.co.uk.

Tai Pan (9), alteingesessener und guter Chinese über einem chinesischen Supermarkt in den Docks. Riesenauswahl an Dim Sum (gefüllte Teigtaschen) sonntags vormittags. Auf Nachfrage werden mutigen Europäern auch typische Gerichte serviert, die nicht in der englischen Karte stehen. W. H. Lung Building, Great Howard Street, L5 9TZ, ℡ 0151/2073888.

Nachtleben (siehe Karte S. 600/601)

Zahlreiche Pubs konzentrieren sich um die Mathew Street, wo sich auch der wieder aufgebaute Cavern Club aus Beatles-Zeiten findet. Die Tourist Information verfügt über zahlreiche Adressen von Pubs und Clubs. Auch in der Abendzeitung *Liverpool Echo* sind Veranstaltungen verzeichnet. In der zweiten Augustwoche findet das Creamfields Festival of Music statt, das die beste Tanzmusik mit Top-DJs am Start hat. Infos unter ℡ 0151/7071309, www.creamfields.com.

The Philharmonic (Dining Rooms) (25), das viktorianische Innere des „Phil" ist ein Foto wert, die denkmalgeschützten Herrentoiletten stadtweit bekannt für ihre Opulenz. Gegenüber der Philharmonic Hall gelegen, kommen natürlich viele Musikliebhaber her. Die gemütlichen Lounges heißen Liszt und Brahms. Auch Restaurant im ersten Stock. 36 Hope Street (Ecke Hardman Street), ℡ 0151/7072837.

Newz Bar (13), rot und plüschig mit Kristallleuchtern und stark gedämpftem Licht, hip und entsprechend beliebt bei den Promis, super Cocktails und gute Küche. Oft Türsteher, die sich nur von Glamour beeindrucken lassen. 18 Water Street, ℡ 0151/2362025; www.newzbar.co.uk.

The Lisbon (8), Lesben- und Schwulen-Pub mit opulenter Ausstattung, in dem aber auch Heteros willkommen sind. DJs, Billardtisch, Do Karaoke-Abend. Mo–Sa 11–2 Uhr. 35 Victoria Street, ℡ 0151/2316831. www.realliverpool.com/company/332.

The Living Room/Mosquito (10), Piano-Bar mit gutem Restaurant und ausgezeichneter Cocktail-Bar. Zieht Promis an. 15 Victoria Street, ℡ 0151/2361999, www.thelivingroom.co.uk oder www.mosquito.co.uk.

Heebie Jeebies (27), beliebter Club auf drei Ebenen mit 5 Bars. Vor allem Rock und Indie. Die Bühne im Basement dient Live-Gigs, es gibt auch eine Bühne im Innenhof. 80 Seel Street, ℡ 0151/7087001; www.myspace.com/heebiesliverpool.

Garlands (5), schwulenfreundlicher Superclub mit House und Dance Tunes, Drinks recht teuer, £ 10. 8–10 Eberle Street, ℡ 0151/2311105; www.garlandsnightclub.com.

Nation (aka Cream) (23), einer der beliebtesten Clubs für House und Techno mit Gastauftritten von bekannten DJs. Bis zu 3.000 Clubber kommen pro Nacht, Clubnights. £ 10–12. Türkontrolle, keine Jeans und Turnschuhe. Geöffnet Mi (Medication Clubnight mit progressivem House, Trance und Garage), Fr u. Sa. Wolstenhome Square, www.cream.co.uk.

Cavern Club (14), der ursprüngliche Cavern Club wurde hier originalgetreu wieder aufgebaut. Von 1961–63 gaben die Beatles hier

275 Live-Gigs. Live-Auftritte Do–So, samstags im Anschluss Party Zone bis 3 Uhr. Mathew Street, ✆ 0151/2361965, www.thecavernliverpool.com.

Korova (21), die Bar (1. Stock) ist auch Galerie (Erdgeschoss) und Club (Basement) – Trinken, Feiern und neue Bands entdecken ist das Konzept von Korova. Die Küche ist südamerikanisch, Bar und Club kosmopolitisch, elegant und schummrig. Es gibt auch eine Bühne für Live-Auftritte. 52 Hope Street, ✆ 0151/7097097; www.korova-liverpool.com.

O2 Academy Liverpool (2), hier gibt es Live-Musik unterschiedlicher Bands sowie Themen-Discos am Wochenende (60er/ 70er, Indie etc.). 11–13 Hotham Street, ✆ 0151/7073200, Box Office: 0844/47720004; www.o2academyliverpool.co.uk.

Liverpool Picket (32), Bar und Pub in nagelneuer Location im Herzen des für 2008 neu geschaffenen „Kulturviertels", vor allem aber einer der historisch bedeutsamen Live-Band-Veranstaltungsorte. Oasis heben hier ab und zu ein Bierchen. Mo–Sa 20–2 Uhr. 61 Jordan Street, ✆ 0151/7086789. www. picketliverpool.com.

Rawhide Comedy Club (11), im Royal Court Theatre treten Do, Fr u. Sa, manchmal auch bekannte Stand-up-Komiker auf. Wer hier isst (reservieren!), muss um 19 Uhr da sein, die Show beginnt um 20 Uhr. Die Küche bleibt bis nach Mitternacht offen, in der Downstairs Bar kann man einen gediegenen Drink zu sich nehmen. Roe Street, ✆ 0870/ 7871866, www.rawhidecomedy.co.uk.

Sehenswertes

Zentrum/Cultural Quater

St George's Hall: Gleich gegenüber vom Hauptbahnhof erhebt sich in der Lime Street die ehrwürdige *St George's Hall*. Sie wurde von 1838 bis 1854 im klassizistischen Stil erbaut und ist einer der Prunkbauten, die den Reichtum Liverpools durch den Transatlantikhandel widerspiegeln. Im Zentrum des Gebäudes liegt die Great Hall, ein kathedralenartiges Meisterwerk mit mehr als 30.000 Kacheln und 12 Statuen einheimischer Würdenträger wie etwa Sir Robert Peel, dem Gründer der Konservativen Partei. Sie wurde gebaut, damit hier alle drei Jahre das Musikfestival stattfinden konnte. Die knapp 1.800 Menschen fassende Halle ist täglich zu besichtigen. Manchmal finden hier Konzerte auf der schönen Orgel statt, die zu den größten in Europa zählt und im Lande nur von der Orgel in der Royal Albert Hall in London übertroffen wird. Neben Büros befanden sich in dem Gebäude auch verschiedene Gerichtssäle (genutzt bis 1984), die liebevoll renoviert wurden und die Sie zusammen mit den Gefängniszellen im Untergeschoss „in den Fußstapfen der Verbrecher wandelnd" besichtigen können. Hier erfahren Sie auch die Hintergründe

Nordwestengland
Karte S. 587

Beatlemania und Mersey-Beat

Ein Phänomen ganz besonderer Art breitete sich in den *Swinging Sixties* von Liverpool wie ein Virus aus, bis es die ganze Welt erfasst hatte: die *Beatlemania*. Sie ließ mehr Frauen ohnmächtig werden als die Schwindsucht und nötigte die meisten Frisöre der Welt dazu, den völlig unvorteilhaften „Langhaar"-Pilzschnitt in ihr Repertoire aufzunehmen. Im Gegensatz zu vielen anderen Bands ihrer Zeit schafften die „Fab Four" den Sprung zur Unsterblichkeit.

In keiner anderen Stadt der Welt wird die Erinnerung an die Beatles noch heute so gepflegt wie in Liverpool: Zum *Mathew Street Festival* am Bank-Holiday-Wochenende im August sind überall in der Innenstadt Bühnen aufgebaut, auf denen Bands die unterschiedlichsten Cover-Versionen von Beatles-Hits spielen. Aus jedem Pub dröhnen die Musikboxen, Menschenmassen drängen sich fröhlich singend und tanzend durch die Gassen. Wer die ganze Beatles-Woche erleben will, muss bereits am Donnerstag vor dem Wochenende anreisen und bis Dienstag bleiben. Die Zeitung *Liverpool Echo* druckt für jeden Tag eine Sonderausgabe, in der alle Auftritte mit Standpunkt der Bühnen aufgelistet sind (www.mathewstreetfestival.com). An diesem Wochenende ist es so gut wie unmöglich, Eintritt in den *Cavern Club* zu bekommen, denn es stehen lange Warteschlangen davor. Gleich gegenüber befindet sich die *Wall of Fame*, wo kleine Metallplaketten mit Namen berühmter Musiker angebracht sind. Außerdem befindet sich hier eine lebensgroße Bronzestatue von John Lennon, neben der sich natürlich jeder gerne fotografieren lassen möchte (→ S. 597).

Souvenirjäger treffen sich im *Beatles Shop* (Mathew Street 31, www.the beatlesshop.co.uk, ✆ 0151/2368066), wo man fast alles kaufen kann, was an die Gruppe erinnert. Ein paar Häuser weiter können Sie im Beatles-Themenhotel „A Hard Days Night" von Ihren Idolen träumen. Und wem das noch nicht reicht, der kehre wie die Beatles nach vielen ihrer Gigs im berühmten *Grapes Pub* (Nr. 25) ein oder vielleicht im *Lucy in the Sky With Diamonds Café* (Nr. 8). Mehr über die Hintergründe der Band erfährt man im Museum *The Beatles Story* im Albert Dock (→ S. 611), von wo auch die Stadtrundfahrtbusse zur *„Beatles Magical Mystery Tour"* und den Originalschauplätzen starten (s. o.). Sie führt natürlich zur *Penny Lane* und den *Strawberry Fields* als auch zu Sir Paul McCartneys Kinderstube in Allerton (20 Forthlin Road), wo sich die Beatles trafen, probten und die meisten Songs schrieben. Auch John Lennons Haus *Mendips*, wo er mit seiner Tante Mimi und Onkel George aufwuchs, liegt auf der Route. Beide Häuser gehören dem National Trust, die selbst Minibustouren anbieten. Der Eintritt beträgt £ 16.80 (www. nationaltrust.co.uk/beatles). Wer es individueller bevorzugt, kann auch private Taxirundfahrten zum Thema buchen: *Fab Cabs of Liverpool Heritage Tours* (www.fabcabsofliverpool.com) halten in rund 3 Stunden für etwa 30 Fotostopps. *The Beatles Fab Four Taxi Tours* (www.thebeatlesfabfourtaxi tour.co.uk) bieten sogar eine fünfstündige Hardcore-Tour (£ 80).

Der Merseybeat bescherte noch weiteren Gruppen in den 1960ern große Erfolge. Unvergesslich ist z. B. der Song von *Gerry and the Pacemakers,* der noch heute auf den Merseyfähren gespielt wird: „O Ferry, cross the Mersey".

zum bekanntesten Mordprozess Liverpools gegen Florence Maybrick, die ihren Gatten vergiftet haben soll. Wer mehr wissen will, besuche das Heritage Centre.

Di–So 10–17 Uhr, Mo nur Mai–Okt. Touren Mi 14 Uhr, Sa–So 11 u. 14 Uhr, £ 3.50, Buchung erbeten unter ☎ 0151/2256909, www.stgeorgeshall.co.uk.

World Museum Liverpool: Auf der William Brown Street rechts von der St George's Hall steht ein weiteres auffälliges Gebäude, in dem dieses Museum für Naturgeschichte, Archäologie und Völkerkunde untergebracht ist (mit Ausstellungsstücken aus der ganzen Welt). Besonders sehenswert ist die Ägypten-Abteilung. Außerdem gibt es interessante Sonderausstellungen, eine Abteilung mit Wissenswertem über das Weltall sowie ein Planetarium. Ein neues sechsgeschossiges Atrium birgt ein Café und den Shop.

Tgl. 10–17 Uhr. Eintritt frei. ☎ 0151/4784393, www.liverpoolmuseum.org.uk.

Walker Art Gallery: Gleich daneben befindet sich eine der schönsten Kunstausstellungen Englands und die erste öffentliche Galerie des Landes, die Walker Art Gallery. Europäische Malerei und Bildhauerei vom Mittelalter bis heute (1950) ist hier seit 1877 unter einem Dach versammelt, nachdem der Liverpooler Brauer und Stadtälteste Andrew Barclay Walker der Stadt 20.000 Pfund schenkte, um das Image von Bier und Alkohol zu verbessern (also: nicht das Motiv, das Ergebnis zählt!). Hier findet man z. B. ein Gemälde Heinrichs VIII., das seiner dritten Gattin, Jane Seymour, gehört hat. Neben Werken von Rembrandt und Poussin sind auch Gemälde von Degas, Cézanne, Monet sowie britische Maler wie Turner zu sehen. Nur wenig moderne Kunst, aber wenn schon, denn schon: David Hockney hängt neben Gilbert and George. Die Gallery hat entscheidend zum Sieg Liverpools im Wettbewerb um den Titel als Kulturhauptstadt beigetragen.

Tgl. 10–17 Uhr. Eintritt frei. ☎ 0151/4784199, www.liverpoolmuseums.org.uk/walker/.

Liverpool Empire Theatre: Der letzte klassizistische Bau im Cultural Quarter ist dieses Theater, die Royal Albert Hall des Nordens. Der Bau mit seinem doppelstöckigen Zuschauerrund steht an Stelle der ehemaligen Oper und wurde im März 1925 eröffnet. Frank Sinatra und Bing Crosby sind hier aufgetreten und am 5. Dezember 1965 gaben hier die Beatles ihr letztes Konzert in Liverpool. Das Design war eine Kopie eines Theaters in New York, wo zu dieser Zeit die Prohibition (Alkoholverbot) herrschte, weshalb es keine Bar gab. Das Problem hat man nachträglich behoben.

Lime Street, ☎ 0151/7027320, Box Office: ☎ 0844/8472525; www.liverpoolempire.org.uk.

Cavern Quarter

Mathew Street: Auf dem Weg hinunter zum Hafen bietet sich ein Spaziergang durch die Mathew Street an, die ganz unter dem Zeichen der Beatles steht: vorbei am Hard Days Night Hotel, dem Cavern Club, dem Cavern Pub, Lennons Bar und dem Beatles Shop (s. Kasten). Die Talente, die die Stadt hervorgebracht hat, sind in der Wall of Fame gegenüber dem Cavern verewigt (www.mathew.st).

Mathew Street Gallery: Diese Galerie über dem Beatles Shop hat sich auf die Kunst von *John Lennon* spezialisiert, der neben seiner Hauptbeschäftigung als Musiker auch zeichnete und Bücher schrieb. Man kann Limited Edition Drucke kaufen, sie kosten zwischen 400 und 6.000 Pfund.

Mo–Sa 10–17 Uhr, So 11–16 Uhr. Eintritt frei. ☎ 0151/2368066. www.thebeatlesshop.co.uk.

Nordwestengland Karte S. 587

St George's Hall

Cavern Walks: Vivienne Westwood, Dome und Kids Cavern sind nur einige der Designer, die man hier findet. Außerdem eine weitere Statue zu John Lennon und die Originaltür zum legendären Cavern Club.
Mo–Mi 9–17.30, Do bis 20 Uhr, Fr–Sa bis 18 Uhr, So 11–17 Uhr; www.cavern-walks.co.uk.

Business Quarter/The City

Zwischen den Docks und dem Commercial Centre liegt der Finanzdistrikt von Liverpool mit seinen Bürogebäuden, Sandwichbars und Banken. Das größte Gebäude ist das *India Building* von 1923, das einst das Hauptquartier der Ocean Steamship Company war. Derselbe Architekt, Herbert J. Rowse, schuf auch das *Bank Building*, das wie eine Hochzeitstorte aussieht. Auf dessen Balkon erhielten die Beatles die Ehrenbürgerrechte der Stadt. Daneben steht die klassizistische *Town Hall* von John Wood dem Jüngeren und gegenüber die *Oriel Chambers*. Dieser Glaspalast von 1864 gilt architektonisch aufgrund des so frühen Einsatzes von gusseisernen Fertigstrukturen und den riesigen geschwungenen Fenstern als eines der wichtigsten modernen Gebäude der Welt.

Town Hall: Das Rathaus der Stadt fällt zwischen all den modernen Bürogebäuden der Highstreet positiv auf. Es wurde von John Wood, dem Architekten des georgianischen Bath, entworfen. Auf seinem domartigen Dach steht Minerva, die Göttin der Weisheit, die über eine Vielzahl schöner, klassischer Säle wacht. Nelsons Monument steht vor dem Gebäude.
Open Days und Tours bitte erfragen. ☎ 0151/2255530; www.civichalls.liverpool.gov.uk/townhall/index.asp.

Liverpool War Museum (Western Approaches): In diesem unterirdischen, labyrinthartigen Gebäudekomplex in der Rumford Street wurden von 1941 bis Kriegsende angloamerikanische Angriffe auf Nazi-Deutschland koordiniert und Strategien entwickelt, wie man die deutschen U-Boot-Angriffe am besten abwehren kön-ne. Die Einrichtung wurde restauriert, auch die riesigen Landkarten hängen wieder an den Wänden.

März–Okt. Mo–Do und Sa 10.30–16.30 Uhr. £ 6, erm. £ 4. 1–3 Rumford Street, ✆ 0151/2272008; www.liverpoolwarmuseum.co.uk.

Pier Head und Albert Dock

Liverpools Hafen gehört zum UNESCO-Weltkulturerbe. Die Auszeichnung wurde dem Gebiet um den Hafen einschließlich der Lagerhallen und Kaufmannshäuser um die Duke Street und das Kulturquartier um die William Brown Street herum im Jahre 2004 verliehen. Auch Pier Head gehört dazu mit seinen weltbekannten Bau-werken (The Three Graces) und den historischen Docks, wie etwa Stanley Dock, Waterloo und Wapping. Der Denkmalschutz ehrt die Seefahrts- und Handelsge-schichte Liverpools und die Bedeutung seines Hafens in der Blütezeit des Empire, wo die Lage an der Westküste den Atlantikhandel mit Irland und über den großen Teich begünstigte.

Royal Liver Building: Eines der markantesten und prunkvollsten Gebäude am Ha-fen ist das Royal Liver Building (sprich: Leiwer), das 1908–11 von Aubrey Thomas für die Verwaltung der Royal Liver Friendly Society gebaut wurde. Es hat zwei mar-kante Uhrtürme (eine Uhr hat das größte Ziffernblatt im Land, die andere diente als Esstisch für 40 Personen!) mit weißen Kuppelaufsätzen, auf denen je ein Liver-Bird (Kormoran) sitzt. Diese Vögel, die das Wahrzeichen der Stadt sind, sind auch auf dem Stadtwappen zu sehen und haben unter Umständen etwas mit der Na-mensgebung der Stadt zu tun. Der Legende nach ist einer der Vögel weiblich und blickt zur See hinaus, um sicherzustellen, dass die Seefahrer sicher in den Hafen gelangen, der andere ist männlich und blickt zur Stadt hinüber, ob die Pubs auch offen sind. Sollten diese beiden Vögel sich paaren und davonfliegen, so fürchtet der Mythos, wird Liverpool untergehen. 1910 wurde das Versicherungsgebäude als ei-nes der ersten Hochhäuser mit Stahlbeton gebaut. Zusammen mit dem Cunard Ge-bäude (s. u.) und dem Port of Liverpool Building werden die drei als *„Three Gra-ces"*, die drei Grazien, bezeichnet.

Cunard Building: Mitte des 19. Jahrhunderts eröffnete Samuel Cunard den ersten Linienverkehr für die Passagierschifffahrt nach Amerika, der von Liverpool nach Boston führte. In diesem viereckigen Bau befand sich damals die Verwaltung. Die Firma Cunard Whitestar baute später auch die Titanic, die allerdings vom Hafen in Southampton an der Südküste Englands startete. Die Schiffe der Cunard Line, un-ter anderem die weltberühmte *Queen Elizabeth II*, überqueren heute immer noch den Atlantik, allerdings nicht mehr von Liverpool aus, sondern ebenfalls von Southampton.

Engineer's Memorial/Titanic Memorial: Westlich der beiden eben genannten Ge-bäude wurde ein Gedenkstein für die auf der Titanic umgekommenen Maschinis-ten errichtet, die ihre Posten nicht verließen, auch als das Schiff sank. Die Titanic war in Liverpool bei White Star registriert, im Maritime Museum befindet sich da-her ein Modell des unglücksseligen Kreuzfahrtschiffs.

Pier Head und Merseyfähren: Direkt am Wasser befindet sich der Pier Head. Un-weit der Stelle, wo früher die großen Passagierschiffe an- und ablegten, ist heute wieder richtig was los. Der neue **Cruise Liner Terminal** am Princes Dock erlaubt es

Nordwestengland Karte S. 587

nun auch bis zu 350 Meter langen Kreuzfahrtschiffen, direkt in Liverpool anzulegen. Den Anfang machte die QE2 zu ihrem vierzigsten Geburtstag. Auch die *Mersey Ferries*, die vor 800 Jahren von Benediktinermönchen eingerichtet wurden, sorgen noch immer für Bewegung. Von hier aus fahren sie nach Birkenhead und Seacombe. Eine Fahrt auf diesen Fähren gehört zu einem gelungen Liverpool-Ausflug einfach dazu, da man vom Wasser aus einen besonders guten Blick auf die Hafenanlagen und die Stadtsilhouette hat. Fahrkarten erhält man im Pavillon schräg gegenüber der Anlegestelle. Im neuen Terminalgebäude befinden sich auch Sonderausstellungen der Beatles Story und deren 4-D-Experience (→ Albert Dock).

Abfahrten River Explorer Cruises, Mo–Fr 10–15 Uhr, am Wochenende 10–18 Uhr. Erwachsene £ 6.50, Kinder £ 4. Eine Rundfahrt dauert etwa 50 Minuten. ✆ 0151/3301000, www.merseyferries.co.uk.

Albert Dock: Wenn Sie von hier aus in südlicher Richtung am Pier entlangspazieren, sehen Sie bereits die weitläufigen Anlagen des Albert Dock, das heute eine der Hauptattraktionen der Stadt ist. Hier entstanden in den vergangen Jahren mehrere nagelneue Besuchermagneten voll architektonischer Raffinesse, wie das Museum of Liverpool oder das Arena Convention Centre, vor dem sich mit 60 Metern das Echo-Wheel-Riesenrad erhebt. Das Albert Dock stammt aus der Blütezeit Liverpools als Warenumschlagplatz, wurde 1846 unter der Anleitung des Ingenieurs Jesse Hartley gebaut und vom Gemahl Königin Viktorias eröffnet. Fünfstöckige Lagerhallen aus rotem Ziegelstein mit mächtigen Pfeilern bildeten die Kolonnaden um das Bassin. Von hier wurden die Erzeugnisse der weltgrößten Industrienation in alle Herren Länder exportiert, von hier verkehrten die meisten Passagierschiffe nach New York und in die Kolonien Afrikas und Asiens. Als die Schiffe zu Beginn des 20. Jahrhunderts immer größer und schwerer wurden und damit auch größeren Tiefgang erreichten, wurden die Docks langsam unbrauchbar. Das letzte Schiff lief hier im Jahr 1972 aus. Bis Anfang der 1990er-Jahre wurden die Lagerhallen saniert und in ein Freizeitgelände umgebaut. Einen ganzen Tag kann man damit verbringen, durch Museen und Geschäfte zu wandern und sich anschließend in den schicken Cafés und Restaurants zu verköstigen, die sich inzwischen hinter den Kolonnaden verbergen. Eine Liste der Attraktionen und Lokale findet man unter www.albertdock.com.

Museum of Liverpool: Im Juli 2011 soll dieses Museum in seinem 72 Millionen Pfund teuren, futuristischen Neubau eröffnen. Es zeigt nicht nur Vergangenheit und Gegenwart der Hafenstadt, die sich erst im 17. Jh. von einem winzigen Fischerort in einen bedeutenden Hafen verwandelte, sondern auch das Leben des gemeinen Mannes. Es gibt vier Themenschwerpunkte: Port City (Hafenstadt), Global City (Weltstadt), People's City (Bürgerstadt) und Creative City (Kulturstadt). Auch Wechselausstellungen sind geplant. Öffnungszeiten tgl. 10–17 Uhr, Eintritt frei. www.liverpoolmuseums.org.uk/mol/.

Echo Wheel: Das London Eye wurde für British Airways zum Goldesel, entsprechend viele Nachahmer hat das Konzept in England gefunden. Nun hat auch Liverpool sein Riesenrad (evtl. aber nur temporär) auf der Piazza vor dem Convention Centre: 42 Gondeln drehen sich auf 60 Meter Höhe, um den Besuchern Ausblicke über Merseyside zu gewähren. £ 6.37, erm. £ 4.67, Kinder £ 4.25, unter 3 Jahren £ 0.85. Mo–Do 12–21 Uhr, Fr bis 23 Uhr, Sa 10–23 Uhr, So 10–21 Uhr. ✆ 0844/8000400; www.echoarena.com.

Merseyside Maritime Museum und International Museum of Slavery: Eines der im Dock untergebrachten Museen ist das Maritime Museum, das einen ganzen Flügel der Anlage einnimmt. Zahlreiche Schiffsmodelle und Schautafeln zeichnen die Geschichte des Hafens nach. Als Mitte des 19. Jahrhunderts die große Auswanderungswelle aus Europa nach Amerika und Australien einsetzte, entstanden im Zentrum von Liverpool ganze Straßenzüge mit kleinen Hotels, in denen die Emigranten bis zur Auswanderung Unterkunft fanden. Eine dieser Straßen ist im Museum nachgestellt. Im dritten Stock befindet sich das **International Museum of Slavery**, das 2007 pünktlich zum 200. Jahrestag des Verbotes des Sklavenhandels eröffnete und diese unrühmliche Rolle der Hafenstadt dokumentiert. Der Transatlantikhandel bedeutete vor allem im 18. Jahrhundert oft Sklavenhandel. Liverpooler Reeder verschifften 1,5 Millionen Sklaven, deren Geschichte von Leid und Tapferkeit, Mut und Rebellion hier erzählt wird. Die drei Galerien zeigen das Leben in Westafrika, das Trauma der Versklavung und Überfahrt zu den Plantagen der Karibik sowie die bis heute andauernden Folgen im weltweiten Kampf um Freiheit und Gleichheit. In der vierten Etage befindet sich ein nettes Café-Restaurant. Von hier oben hat man eine schöne Aussicht auf das Royal Liver Building. Tgl. 10–17 Uhr. Eintritt frei. Hartley Quay, ℘ 0151/4784499, www.liverpoolmuseums.org.uk.

Tate Gallery Liverpool: Dieses Museum ist ein Ableger der Tate Gallery London und zeigt Teile der Tate-Sammlung sowie Sonderausstellungen zeitgenössischer, moderner Künstler. Zum Museum gehört ein Café mit Außenterrasse, die das Dock überblickt. Der einstige Spender des Museums, Sir Henry Tate, betrieb in Liverpool eine Zuckerfabrik. Juni–Aug. tgl. 10–17.50 Uhr, im Aug. Do, Fr u. Sa bis 21 Uhr, Sept.–Mai Di–So 10–17.50 Uhr. Eintritt für die ständige Ausstellung frei, Sonderausstellungen (4. OG) um £ 4. ℘ 0151/7027400, www.tate.org.uk/liverpool.

The Beatles Story – Albert Dock und Pier Head: Im südlichen Flügel des Docks ist das Beatles-Museum untergebracht. Am Eingang in der Wapping Road begrüßt den Besucher eine Skulptur, die unschwer als Yellow Submarine zu erkennen ist, und am Britannia Pavilion werden einem schon die ersten Beatles-Hits um die Ohren geblasen. Wir sind in Beatles Country, in dessen Epizentrum die Beatles Story steht, das heißt die Erfolgsgeschichte der Band. Berücksichtigt werden auch die Solokarrieren der Bandmitglieder nach der Auflösung der Gruppe. Auch das Manuskript von „All you need is Love" und das Originalbettzeug „Bed-in-for-Peace" sind hier zu bewundern. Da die Beatles inzwischen auf dem Lehrplan englischer Schulen stehen, gibt es für Kinder eine Discovery Zone. Erfrischen kann man sich im Nachbau des Cavern Clubs oder im Beatles-Themen-Starbucks-Café. Nach Souvenirs stöbert man anschließend im Fab4-Shop. Ein Shuttle Bus (C1) fährt für Karteninhaber gratis hinüber zum Pier Head Ferry Terminal Building, wo die Sonderausstellungen des Museums sowie die 4-D-Experience mit dreidimensionalen Animationen plus Spezialeffekten zu sehen sind. Tgl. 9–19 Uhr, letzter Einlass 17 Uhr, Erwachsene £ 12.95, erm. £ 8.50, Kinder £ 6.50 (die Karten gelten 48 Stunden). Es gibt einen Audioguide auch auf Deutsch. ℘ 0151/7091963, www.beatlesstory.com.

Bug World: Englands erstes Insectarium (Insektenzoo). Hier gibt es Beetles mit Doppel-e zu bestaunen. Käfer (beetles), Spinnen, Mücken und Ähnliches. Die Tarantula Rosie Webster hat es inzwischen zu nationalem Medienruhm gebracht. Mo–Sa 10–17 Uhr, So ab 11 Uhr. £ 8.95, erm. £ 7.50, Kinder £ 5.95.

Georgian Quarter/Die Kathedralen

Die Hope Street verbreitet Vorstadtatmosphäre, obwohl sie die beiden Kathedralen der Stadt verbindet. Liverpool hat mehr als 2.400 denkmalgeschützte Häuser, die georgianischen (neoklassischen) hier gehören zu den schönsten. Es gibt mehrere Bars, Bistros und Restaurants sowie Public Art, Kunst im öffentlichen Raum, etwa das Werk „A Case History": Alte Koffer sind auf der Straße aufeinandergestapelt, die an die Einwanderung vieler Iren in die Stadt am Mersey, aber vor allem an die Auswanderung vieler Briten aus Liverpool in die Neue Welt erinnern sollen. Das große Gebäude dahinter ist das Kreativzentrum Bluecoat, das aus dem 1996 von Sir Paul McCartney gegründeten Institute of Performing Arts hervorgegangen ist und gleichzeitig fast ein Dutzend Ausstellungen zeigt sowie mehrere Säle für Veranstaltungen, ein gutes Café und ein noch besseres Bistro (→ S. 604) bereit hält.

Nordwestengland Karte S. 587

Metropolitan Cathedral: Geht man von der Lime Street Station in Richtung Osten auf den Mount Pleasant hinauf, gelangt man zur katholischen *Metropolitan Cathedral of Christ the King*. Der Bau, der einem riesigen Zelt mit einer spitzen Krone ähnlicher sieht als einer Kirche, wird von den Einwohnern entsprechend „Paddy's Wigwam" genannt. Die Stahl-Beton-Konstruktion mit großen farbigen Fenstern und einem Glasturm wurde nach nur fünf Jahren Bauzeit 1967 fertiggestellt. In der Krypta, die der einzige Teil der Kathedrale von Edwin Lutyens aus dem Jahr 1930 ist, findet jeden Februar das Liverpool Beer Festival statt. Im Besucherzentrum gibt es ein Fairtrade-Café und einen gut sortierten Geschenkeshop.

Tgl. 7.30–18 Uhr, im Winter bis 17 Uhr. Shop: 10–17 Uhr. Kirche frei (Spenden von £ 2.50 erbeten), Krypta und Treasury £ 3. Mount Pleasant, ☎ 0151/7099222, www.liverpoolmetro cathedral.org.uk.

Anglican Cathedral: Nur wenige hundert Meter entfernt (über die Rodney oder Hope Street zu erreichen) erhebt sich auf einem kleinen Hügel die anglikanische Kathedrale. Sie sieht um Jahrhunderte älter aus als ihr katholisches Pendant, ist aber tatsächlich elf Jahre jünger. Nach Plänen von Sir Giles Gilbert Scott wurde dieses letzte neogotische Großprojekt ab 1904 gebaut, aber erst 70 Jahre später fertiggestellt. Im 100 Meter hohen Turm hängt ein Glockenspiel, dessen schwerste Glocke vier Tonnen wiegt. Man kann ihn besteigen und hat einen überwältigenden Ausblick auf Liverpool und die walisischen Hügel. Im Kircheninneren erwähnenswert ist besonders die Willis-Orgel, die mit ihren 9.704 Pfeifen zu den größten der Welt gehört. Interessierte können auch einen 10-minütigen Film sehen (The Great Space) und sich mit einem Audioguide durch das Gotteshaus führen lassen, wo drei interaktive Computerstationen weitere filmische Einblicke gewähren. Das neue Visitor Centre verfügt über einen Shop und ein ansprechendes Café.

Tgl. 8–18 Uhr, Great Space bis 16 Uhr. Kirche frei (Spenden von £ 3 erbeten), das Attractions Ticket beinhaltet die Turmbesteigung, die Elizabeth Hoare Embroidery Gallery (Stickereien), den Film und eine Audiotour: £ 5, erm. £ 3.50, Familien £ 12 (48 Stunden gültig). St James' Mount, ☎ 0151/7027255, www.liverpoolcathedral.org.uk.

Radio City Tower: Sie können den 125 Meter hohen Fernsehturm via 540 Treppenstufen (macht niemand!) oder den Highspeed Fahrstuhl erklimmen. Vom St. John's Beacon hat man einen fantastischen Panoramablick über Nordwestengland. Nachts wird die Ikone bunt beleuchtet. Derzeit befinden sich die Studios und Büros der Radiostation Radio City 96,7 FM hier oben.

Sa–So 10–18 Uhr. Turm £ 4.75, erm. £ 3.95, Kinder £ 3. 1 Houghton Street, ☎ 0151/4726800; www.radiocity.co.uk/towertours.

Williamson Tunnels: Dieses Netz aus menschengemachten Tunneln und Höhlen unterhalb des Wohnviertels Edge Hill wird gern als unterirdisches Königreich beschrieben. Es wurde Anfang des 19. Jahrhunderts in 35 schweißtreibenden Jahren von Tausenden von Arbeitern für den pensionierten Tabakwarenhändler Joseph Williamson geschaffen. Bis heute rätselt die Welt (oder zumindest Liverpoodlians), warum. Die Spekulationen reichen von der Theorie, dass er Arbeitslosen damit anstatt Almosen Jobs geben wollte bis hin zum Verdacht, er sei ein religiöser Fanatiker gewesen, der eine Untergrundwelt für die Zeit nach Armageddon schuf. Ein Teil der weitläufigen Anlage ist für Besucher freigegeben.

Di–So 10–18 Uhr (letzte Tour 17 Uhr), im Winter Do–So 10–17 Uhr (letzte Tour 16 Uhr). £ 4, erm. £ 3.50, Kinder. £ 2.50, Familien £ 12. 15–17 Chatham Place, ☎ 0151/4759833; www. williamsontunnels.co.uk.

Umgebung von Liverpool

Antony Gormleys Another Place: Rund zehn Kilometer von Liverpool entfernt befindet sich bei Sefton Crosby Beach. Hier hat der berühmte Bildhauer (Angel of the North) 2006 sein Projekt „Another Place" installiert. Es besteht aus Hundert eisernen, lebensgroßen Männerskulpturen, die er nach seinem eigenen Körper modelliert und dann weitläufig über den drei Kilometer langen Sandstrand verteilt hat. Alle sehen gleich aus, nehmen dieselbe Pose ein und blicken starr hinaus aufs Meer. Bei Flut ist kein einziger der 650-Kilo-Männer zu sehen, bei Ebbe alle hundert, manchmal stehen die Figuren bis zu den Knien im Wasser, manchmal bis zur Hüfte, und jeder Besucher sieht ein anderes Bild vor sich, je nachdem, wann er kommt und wo er steht.

● *Anfahrt* Von Liverpool Lime Street mit den Zügen der Mersey Travel Norther Line alle 15 Minuten (bis entweder Hall Road Station, Blundellsands oder Waterloo Station). Mit dem Auto auf der A 565 Richtung Crosby und den braunen Schildern folgen. www.sefton.gov.uk.

Southport: 35 Kilometer nördlich von Liverpool liegt Southport, ein berühmtes Seebad mit baumgesäumten Promenaden. Hier badete man schon, bevor Georg III. Kuren am Meer in Mode brachte, allerdings nur einmal im Jahr, am Sonntag vor St Cuthberts Namenstag im August. Der Legende nach geriet St Cuthbert einst in Seenot, war aber wundersamerweise fähig, an Land zu schwimmen und sich zu retten. Ganzjährig gebadet wird hier seit 1792, als das erste Hotel auf den Dünen gebaut wurde. Da sich die See jedoch immer mehr von der Stadt zurückzog, baute man schnell einen sehr sehr langen Pier, der inzwischen von einer Miniatureisenbahn befahren wird. Die zahlreichen Parks, Gärten, künstlichen Seen und eleganten Boulevards aus dieser Zeit sowie die Lord Street bestehen bis heute. Mit seinen vielen viktorianischen Arkaden (Lord Street) gilt Southport auch als Einkaufsparadies, und natürlich finden sich auf dem Marine Drive auch die für England typischen Attraktionen eines Seebades: ein langer Pier und zwei Rummel – das Pleasureland, mit mehr als 100 Fahrgestellen, und Silcock's Funland. Entlang der Küste zwischen Liverpool und Southport verläuft der *Sefton Coastal Path* (www.seftonsnaturalcoast.com), auf dessen Weg man über Dünen, durch Wälder und Farmland auch die Ortschaften *Crosby* (s. o.), *Formby* (Naturschutzgebiet) und *Ainsdale* passiert.

● *Information* **Tourist Information Centre**: 112 Lord Street, im Sommer auch auf der Promenade, Southport, Merseyside PR8 1NY, ✆ 01704/533333, www.visitsouthport. com.
● *Öffnungszeiten* **Pleasureland**: März– Sept., in den Sommerferien täglich, unterschiedliche Öffnungszeiten. ✆ 01704/532717,

www.southportfunfair.co.uk.
Silcock's Funland: Sommer 10–22 Uhr, Winter 11–21 Uhr. Pier Forecourt, Promenade, ✆ 01704/536733, www.silcock-leisure. co.uk.
● *Schwimmen* Splash World, Esplanade, ✆ 01704/537160; www.splashworldsouthport.com.

Speke Hall: Hinter einem inzwischen grasbewachsenen Wassergraben 9,5 Kilometer südlich von Liverpool liegt eines der berühmtesten elisabethanischen Fachwerkhäuser im Land. Speke stammt überwiegend aus dem Jahre 1530, als der Besitzer für seine 19 Kinder anbauen musste. Im Inneren haben viele Epochen ihre Spuren hinterlassen, aber die Great Hall und das Priest's Hole stammen noch aus dieser Zeit. Der viktorianische Küchentrakt gibt Einblicke in die Lebensart auf diesem

Nordwestengland Karte S. 587

Landsitz, einige der Schlafzimmer sind mit William-Morris-Tapeten verkleidet. Draußen locken der Rosengarten, ein Irrgarten und eine Parklandschaft, in der man nach fünf Minuten an einen restaurierten Bauernhof gelangt, der jetzt das Restaurant beherbergt. Die Führungen durch das Haus machen Guides in Tudorkostümen.

Mitte März bis Okt. Mi–So 11–17 Uhr, im Winter nur am Wochenende 11–16.30 Uhr, Mitte Dez. bis März geschl. £ 7.63, erm. £ 3.81, Familien £ 19.07 (NT). The Walk, Speke, L24 1XD, ℡ 0151/4277231. Anfahrt: Bus 82 fährt von Liverpool Lime Street nach Speke.

Halbinsel Wirral

Die Halbinsel Wirral vor den Toren Liverpools wurde vor 700 Jahren von Benediktinern erschlossen, die die erste Fähre über den Mersey betrieben. Wirral ist von den Flüssen Mersey, Dee und der Irischen See umgeben. Hauptattraktion ist die Küste, es gibt mehrere Naturreservate und schöne Strände, etwa *Meols*, *Wallasey* und *Moreton* im Nordwesten. Bei Ebbe kann man ebenfalls im Nordwesten der Halbinsel von *West Kirby* drei Kilometer zu den Hilbre Islands hinüber laufen, wo man einen Dinosaurierabdruck bestaunen kann. Auf dem Salzwasser Marine Lake kann man Wassersport betreiben. Auch die Seebäder *New Brighton* und *Hoylake* sind beliebte Ziele für Ausflügler aus Liverpool. Der *Wirral Way* ist eine stillgelegte Eisenbahnlinie, die für Spaziergänger, Fahrradfahrer und Reiter ausgebaut wurde. Eines der schönsten Dörfer im Inland ist *Thornton Hough*. Bei *Raby* können Sie im ältesten Pub von Wirral einkehren, das **Wheatsheaf Inn** von 1611, neben dem es sich im Restaurant *Cowshed* hervorragend essen lässt. Von hier ist es auch nicht weit zu den 1898 angelegten botanischen Gärten der Universität Liverpool, **Ness Gardens**. Am einfachsten kommt man mit der Merseyside-Fähre nach Wirral (Birkenhead, www.visitwirral.com). Von dort ist auch mit braunen Schildern die **U-Boat Story** ausgeschildert, wo man das deutsche U-Boot U-534 besichtigen kann.

Wheatsheaf Inn: Raby Mere Road, Raby, Wirral, CH63 4JH, ℡ 0151/3363416. **Ness Gardens**, Febr.–Okt. tgl. 10–17 Uhr, sonst bis 16.30 Uhr. £ 6.50, erm. £ 5.50, Kinder £ 3, Familien £ 18. www.nessgardens.org.uk. **U-Boat Story**, tgl. 10.30–17.30 Uhr, £ 9, erm. £ 7, Kinder £ 5, Familien £ 25. ℡ 0151/3301000; www.u-boatstory.co.uk.

Port Sunlight Museum und Garden Village: Ebenfalls auf der Wirral-Halbinsel liegt dieses Modelldorf mit seinen roten Backsteincottages, das als eines der besten Beispiele in England für gelungenen sozialen Wohnungsbau gilt. Der Ort wurde 1888 von William Hesketh Lever gebaut, einem Sozialreformer, dem die Lever Brothers Seifenfabrik gehörte. Die Häuser waren für seine 28 Arbeiter gedacht, deren Lebensumstände er so erträglicher, gesünder und froher gestalten wollte. Nebenbei wurde er dabei noch reicher, und am Ende standen hier 850 Häuser im alten englischen Stil (zwei davon Reproduktionen von Shakespeares Geburtshaus), aber mit größerem Komfort, wie etwa Badezimmern. Die Fabrik gibt es immer noch, sie produziert aber nicht mehr Sunlight Seife, sondern Persil, Radon und Surf, und nur ein klitzekleiner Prozentsatz der 10.000 Arbeiter lebt hier. Dem Reichtum der Familie Lever ist auch die Existenz der *Lady Lever Art Gallery* zu verdanken. In dem klassischen Gebäude ist ihre Sammlung von Landschaftsbildern aus dem 18. Jahrhundert, klassischen Skulpturen und chinesischem Porzellan ausgestellt: Eines der besten Kunstmuseen der Stadt.

Sunlight Museum: Tgl. 10–17 Uhr, Guide £ 1, im Sommer Führungen durch das Dorf. £ 3.75, erm. £ 3, Kinder £ 2. Auch Edwardian Tea Rooms. 23 King George's Drive, CH62 5DX, ℡ 0151/6446466, www.portsunlight.org.uk oder www.portsunlightvillage.com. **Lady Lever Art Gallery**: tgl. 10–17 Uhr. ℡ 0151/2070001. Eintritt frei.

Manchester

Strukturwandel ist auch für Manchester ein passendes Stichwort. Wie die anderen Industriestädte des Nordens, Liverpool und Leeds, ist auch Manchester, die ehemalige Hochburg der Arbeiterbewegung und Hauptstadt des Weltbaumwollhandels, seit geraumer Zeit damit beschäftigt, ihr Image als trostlose Industriewüste abzuschütteln. 1996 legte ein Bombenanschlag durch die IRA große Teile der Innenstadt in Schutt und Asche. Dieses traurige Ereignis nahm man zum Anlass, der Stadt ein neues, zeitgemäßes Gesicht zu verleihen. Die Musikszene Manchesters brachte einige der größten Bands der 1990er-Jahre hervor.

Wer durch die Vororte in die Stadt fährt, bekommt noch einen Eindruck davon, wie das „alte Manchester" mit den Arbeiterhäuschen aus rotem Backstein ausgesehen hat. Teile der Innenstadt wurden jedoch bereits im Zweiten Weltkrieg zerstört und in den 1960er-Jahren mit unansehnlichen Hochhäusern wieder aufgebaut. Die nochmalige Zerstörung durch die IRA hat bewirkt, dass die Innenstadt – im Gegensatz zu vielen Vororten – nun einen ganz anderen Charakter gewonnen hat. Die Stadt ist lebhaft, und man spürt, dass hier eine kulturelle Szene vorhanden ist. Besonders der Stadtteil *Castlefield* und das Gebiet um die *Canal Street* (das *Gay Village*), die beide am Kanalufer liegen, bieten zahlreiche Cafés, Restaurants und Clubs, wo man besonders im Sommer auch gut draußen sitzen kann (wenn es gerade mal nicht regnet). Der Hafen ist saniert und Standort für zwei architektonisch herausragende Museen, den Lowry-Komplex und das Imperial War Museum North von Daniel Libeskind. Derzeit entsteht dort auch die „Media City". Außerdem gibt es gute Einkaufsmöglichkeiten in der alten Textilstadt. Manchester, in den 1980er-Jahren in „Madchester" umgetauft, boomt. Im Hauptquartier eines ehemaligen Verlagshauses ist ein Vergnügungstempel mit Bars, Restaurants, Läden und Kinos entstanden, die alte Kornbörse hat sich in das ultra smarte Triangle Shopping Centre verwandelt, gleich dahinter befindet sich der neue Selfridge Store, daneben das Flaggschiff aller Warenhäuser: Harvey Nicholson. Ultramodern geriet das futuristische Urbis am Cathedral Square, in das Anfang 2012 das **National Football Museum** einziehen wird. Derselbe einheimische Architekt, Ian Simpson, hat auch das weithin sichtbare neue Wahrzeichen der Stadt, den 171 Meter hohen Glaskoloss des Hilton Hotels (Beetham Tower) in Castlefield entworfen, wo man im 23. Stock in der Bar Cloud 23 einen Cocktail mit dem besten Blick über die Stadtsilhouette schlürfen kann. Weniger auffällig, aber ebenso Zeichen des Aufbruchstimmung ist das „Manchester 235" um die Ecke, ein Unterhaltungskomplex im Las Vegas Stil. Viele Besucher kommen einzig wegen des hervorragenden Nachtlebens und der guten Musikszene nach Manchester. Aus der Stadt stammen beispielsweise die Bands *Oasis*, *M-People* und *Simply Red*, um nur die bekanntesten zu nennen. Auch die *BeeGees* begannen ihre Karriere hier als Kinderstars. Und mit ein wenig Glück wird man Zeuge eines Live-Auftritts einer Band, die vielleicht schon morgen an der Spitze der Charts steht. Andere wiederum sind Anhänger des traditionsreichen Fußballclubs Manchester United, der sich wiederholt die englische Meisterschaft sicherte und seit einigen Jahren die *Premier League*, die höchste englische Spielklasse, dominiert. Wer die mit Traumgehältern gesegneten Spieler und ihre Modelfreundinnen anders als auf dem Rasen erleben möchte, der probiere sein Glück am besten im *Panacea*, wo auch Wayne Rooneys „Indiskretionen" begannen.

Nordwestengland

Karte S. 587

Manchesters Town Hall

Im heutigen Manchester spürt man nur wenig von dem Geist, der hier während der 19. Jahrhunderts herrschte, als die ehemals kleine Stadt durch den Import von Baumwolle zur führenden Industriestadt in England und zur Keimzelle der Industriellen Revolution wurde. Durch die Verbesserungen in der Spinn- und Webtechnik und den Einsatz dampfbetriebener Maschinen entwickelte sich Manchester bald zum Zentrum der baumwollverarbeitenden Industrie Europas. Kanäle und ab 1830 auch Eisenbahnlinien bildeten die Transportwege für die Güter. Der *Manchester-Ship-Canal* sollte eine Verbindung zur See herstellen und damit den Konkurrenten Liverpool übertrumpfen. Die Entstehung der Industriegesellschaft hatte natürlich auch ihre bekannten Schattenseiten, denn große Teile der Bevölkerung arbeiteten unter unmenschlichen Bedingungen und lebten in unzumutbaren und verarmten Verhältnissen. Am 16. August 1819 fanden sich in den *St Peter's Fields* 80.000 Arbeiter- und Arbeiterinnen sowie Kinder ein, um gegen diese Verhältnisse während einer genehmigten Demonstration zu protestieren. Im letzten Moment wollte die Stadtverwaltung die Kundgebung verhindern und ließ die Versammlung von berittenen Truppen auseinander treiben. Dabei gab es zwölf Tote und Hunderte von Verletzten. Der Tag ging als das *Massaker von Peterloo* in Englands Geschichte ein. Eine Gedenktafel an der *Free Trade Hall*, St Peter's Street (jetzt Radisson Edwardian Manchester Hotel), markiert den Ort des Geschehens. 1842 kam der Wuppertaler Arbeitersohn *Friedrich Engels* nach „Cottonopolis", um in der Fabrik seines Vaters Erfahrungen zu sammeln. Seine Eindrücke von den sozialen Problemen hielt er in seinem Buch „Die Lage der arbeitenden Klasse in England" fest, Gedanken, die später auch in das mit Karl Marx zusammen verfasste „Kommunistische Manifest" Eingang fanden. Manchester ist dennoch stolz auf seine Rolle in der englischen Wirtschafts- und Verfassungsgeschichte und auf seine Pionierstellung in der Verkehrsentwicklung. 1761 eröffnete mit dem Bridgewater Canal die erste von Menschenhand geschaffene Wasserstraße Englands. Mit Liverpool teilt man sich den Ruhm der ersten gewerblichen Eisenbahnlinie, und 1929 erhielt Manchester den ersten städtischen Flughafen des Königreichs. Symbol für die geschäftige Natur der Stadt und ihrer Bewohner ist seit dem 19. Jahrhundert die Biene, die Sie überall in Manchester antreffen werden, etwa im Mosaikboden des Rathauses oder auf Kanaldeckeln.

Mitte des 20. Jahrhunderts kam es auch in Manchester zur Stilllegung der meisten Industrieanlagen und zu großer Arbeitslosigkeit. Inzwischen haben sich allerdings wieder viele große Unternehmen hier angesiedelt, und auch die Film- und Musikindustrie spielt eine wichtige Rolle. Die Lindenstraße Englands und zweitwichtigste Fernseh-Soap-Opera der Nation, *Coronation Street*, spielt ebenfalls in Manchester. Manchester hat viele Fans, Ian Brown von der Band Stone Roses fasste sein Urteil in den Worten zusammen: „Manchester hat einfach alles, außer einem Strand."

Information/Verbindungen/Diverses

• *Information* **Manchester Visitor Information Centre**, in dieser nagelneuen Touristeninformation kann man auf einer interaktiven Oberfläche mit Handgesten gewünschte Informationen auf einem interaktiven Stadtplan aufrufen. Weiterhin auch Prospektmaterial über Manchester und die Region, kostenlose Straßenkarten und den monatlichen Veranstaltungskalender *What's On*; außerdem Zimmervermittlung, Buchungsnummer ✆ 0161/2343169. 40–50 Picadilly Plaza, Portland Street, Manchester, Lancashire M1 4AJ, ✆ 0871/2228223, ✆ 0161/2369900, touristinformation@visitmanchester.com, www.visitmanchester.com.

Zwei weitere Informationszentren befinden sich im **Manchester Airport**, Terminal 1 und Terminal 2, International Arrivals Hall. Außerdem gibt es Filialen in den Vororten von Greater Manchester, z. B. Salford (The Lowry Pier 8, Salford Quays) und Trafford.

Ein **digitaler, alternativer Stadtführer** findet sich unter www.creativetourist.com/city-guides.

• *Verbindungen* **Bus** – *Manchester Central Coach Station* (in der Chorlton Street westlich vom Piccadilly-Bahnhof) ist der größte Busbahnhof in Manchester. Von hier starten National-Express-Busse regelmäßig in alle größeren Städte. ✆ 08717/818181. Außerdem gibt's hier eine Gepäckaufbewahrung. Der Lokalverkehr wird von Stagecoach-Bussen und der Straßenbahn bedient, der wichtigste Knotenpunkt ist Piccadilly Gardens nur einige Meter weiter nördlich. Kostenlos (!) ist der Metroshuttle, der regelmäßig von Manchester Picadilly über Deansgate, King Street, Quay Street und Castlefield durch das Stadtzentrum fährt.

Straßenbahn – Die Metrolink-Straßenbahn (kurz Met) fährt quer durch das Stadtzentrum und verbindet mit den Außenbezirken, u. a. auch mit dem Stadion Old Trafford im Südwesten. Wichtigste Stationen der Innenstadt: G-Mex (Castlefield), Central Library

und Piccadilly Station. Tickets kosten bis zu £ 4.80 in Stoßzeiten.

Zug – Manchester hat vier Bahnhöfe. Piccadilly Station liegt im Osten der Stadt (London Road). Hier halten Züge aus dem Süden, Westen und Osten (das Gleiche gilt für die Oxford Road Station). Für den Norden ist die Victoria Station zuständig. Die Metro-Shuttle-Busse verbinden alle Bahnhöfe miteinander und sind gratis.

Flug – Manchester International Airport (www.manchesterairport.co.uk, ✆ 0871/2710711, Flugauskunft: 090/10101000) liegt etwa 20 km südlich des Zentrums und ist mit der Bahn gut zu erreichen. Dieser eher unansehnliche Flughafen hat drei Terminals, ist der zweitgrößte in England und bietet zahlreiche Verbindungen in die ganze Welt. Eine direkte Zugverbindung geht von/nach Piccadilly und braucht rund 20 Minuten. Der Stagecoach-Bus 43 vom Zentrum benötigt rund eine Stunde.

• *Bootsfahrt* Die **City Centre Cruises** bietet Fahrten an auf dem River Irwell von Castlefield bis Salford Quays, Sunday Lunch Cruises und nach Old Trafford für Fußballspiele. 14 Falterlez Road, Northern Moor, Manchester, ✆ 0161/9020222, citycentrecruises@yahoo.co.uk; www.citycentrecruises.co.uk.

Mit den Merseyside Ferries kann man auch den **Manchester Ship Canal** erkunden, Touren gehen ab Salford Quays bis nach Liverpool zum Pier Head. Unbedingt vorher buchen unter: ✆ 0151/3301444; www.merseyferries.co.uk.

• *Stadtführungen* Das Tourist Office organisiert zahlreiche Führungen, die unter den unterschiedlichsten Mottos stehen. Lassen Sie sich eine Liste mit den Angeboten geben. Zu manchen Führungen muss man sich zuvor anmelden (£ 5). Interessant ist z. B. eine Tour durch Blue Badge Guides (✆ 0161/4400277) oder eine Bootsrundfahrt durch die Kanäle (*City Centre Cruises*).

Nordwestengland Karte S. 587

• *Einkaufen* Mancunians gelten als Shoppoholics. Es gibt mehrere große Einkaufszentren in der Stadt, unter anderem das **Arndale Centre** zwischen Market Street und Cannon Street im Nordosten oder das neue **Millennium Quarter** (Einheimische nennen es nach wie vor St Ann's Square) gleich gegenüber in der Corporation Street, wo neben Vivienne Westwood oder Louis Vuitton die Kaufhäuser Marks & Spencer, Selfridges und Harvey Nichols zu finden sind. Ein Stück weiter südlich in der St Ann Street befindet sich das **Royal Exchange Shop-**ping **Centre** mit exklusiven Läden. Entlang der **Deansgate** und **King Street** finden sich teure Designerboutiquen. In der Oldham Street im **Northern Quarter** trifft man entlang und um die Oldham und High Streets auf die meisten Plattenläden. Shopoholics können ihren Bankrott stilecht mit einem Champagnercocktail in der Bar beim In-Kaufhaus **Harvey Nichols** im zweiten Stock feiern. Etwas außerhalb in Salford lässt sich günstige Designerware auch im **Lowry Outlet Mall** erstehen.

• *Post* 26 Spring Gardens.

Kultur/Veranstaltungen/Sport

• *Kinos* **AMC Cinema**, Unit 2, The Great Northern, 253 Deansgate, ☎ 0161/8173000, Buchung: ☎ 0871/2300888, www.amccinemas.co.uk; **Cornerhouse**, viele internationale Filme, 70 Oxford Street, ☎ 0161/2001500, www.cornerhouse.org.uk; **Showcase**, Hyde Road Bellevue, ☎ 0871/2201000; **Odeon/Imax 3D-Kino**, 20 Screens im Printworks Entertainment Complex, Millennium Quarter, ☎ 0871/2244007, www.odeon.co.uk. Nur im Sommer: **Freiluftkino in Spinningfields** (zwischen Deansgate und River Irwell). Do u. Sa 20.30 Uhr, www.springfieldsonlione.net.

• *Konzerte* Konzerte bekannter Bands und andere Großveranstaltungen bieten u. a. die folgenden Bühnen:
Manchester O2 Apollo, Stockport Road, Ardwick Green, ☎ 0844/8884408, www.alive.co.uk/apollo.htm.
Manchester Evening News Arena (MEN Arena), Großveranstaltungen von Elton John bis Boxen, Victoria Station, Hunts Bank, ☎ 0844/8478000; www.men-arena.com.
The Bridgewater Hall, Heimat des Hallé Orchestras und anderer Ensembles. Lower Mosely Street, ☎ 0161/9079000, box@bridgewater-hall.co.uk; www.bridgewater-hall.co.uk.
Opera House, von Tosca bis Ken Dodd. Quay Street, ☎ 0161/8281700.
www.manchesteroperahouse.org.uk.
The Roadhouse, 8 Newton Street, Piccadilly, ☎ 0161/2379789. www.theroadhouselive.co.uk.
Tipp: Man kann den Studenten des **Royal Northern College of Music** gratis bei den Proben zuhören, in der 60er Concert Hall dem Orchester, Solisten und kleinen Ensembles in der St Anne's Church.

• *Theater* Manchester hat 13 Theater, das Flaggschiff ist das **Royal Exchange Theatre**, eine Kapsel innerhalb der *Great Hall Exchange* mit einer runden Bühne in der Mitte. Bekannte Theaterstücke werden hier aufgeführt. St Ann's Square, ☎ 0161/8339833. www.royalexchangetheatre.org.uk.
Contact Theatre, für moderne Einflüsse aufgeschlossen ist dieses der Manchester University angeschlossene Theater, wo viele junge Leute Bühnenerlebnisse suchen. 15 Oxford Road, ☎ 0161/2740600. www.contact-theatre.org.
Frog & Bucket Comedy Club, Stand-up-Comedy, wie sie nur die Engländer fertig bringen, gibt es in diesem Club von Do–Sa jeweils ab 20.30 Uhr. 96–102 Oldham Street, ☎ 0161/2369805.
www.frogandbucket.com/manchester.
Green Room Theatre, hat den Ruf einer anspruchsvollen Avantgardebühne. 54–56 Whitworth Street West, ☎ 0161/6150500. www.greenroomarts.org.
Manchester 235, Kasino und Unterhaltungskomplex in einem alten Warenlager, in dem man auch gediegen essen, trinken und einkaufen kann. Watson Street, The Great Northern, ☎ 0161/8280300; www.manchester235.com.

• *Festivals* Wie nicht anders von einer Stadt mit eigenem Schwulenviertel zu erwarten, findet hier im August mit **Manchester Pride** das größte Festival der Lesben, Schwulen, Bisexuellen und Transsexuellen von Europa statt, das sich aus dem Mardis Gras Event entwickelt hat. www.manchesterpride.com.
Auch das **Chinesische Neujahr** wird am 1. Februar groß zelebriert.

• *Fußball* Zwei Vereine, nämlich **Manchester United** und **Manchester City**, ziehen Fans aus ganz England an. Manchester United ist ohne Zweifel der erfolgreichere; die Spieler werden wie Popstars verehrt.

United spielt im größten Premier-League-Stadion des Landes (76.000 Plätze) in **Old Trafford**, das man mit dem Zug von der Oxford Road oder mit der Metrolink erreichen kann. Das dortige interaktive Museum ist für Fans tgl. von 9.30–17 Uhr geöffnet, „behind-the-scenes"-Führungen finden tgl. (nicht an Spieltagen) zw. 9.40 u. 16.30 Uhr statt. Museum & Tour £ 13, erm. £ 8.50, Familien £ 42. (Sir Watt Busby Way, ✆ 0161/6868000, www.manutd.com.) In Old Trafford ist auch das Zuhause des **Lancashire County Cricket Club**, wo man in einem 68-Zimmer-Hotel mit Blick auf den Pitch günstig wohnen kann (s. u.).

Manchester City spielt im Stadion **City of Manchester**, das für die Commonwealth-Spiele gebaut wurde. Andenken gibt es im Shop, Infos im Museum, Kulinarisches im angegliederten Restaurant. In der dortigen „Sportcity" sind auch das **Manchester Voldrome**, das **National Squash Centre** und die **Leichtathletikarena** zu finden. Bei den Tickets gilt die übliche Regel in England – für Nichtmitglieder kaum zu ergattern.

Auch hier kann man zum Trost an einer Stadion- und Museumsbesichtigung teilnehmen. Magical City Tour Führungen unter ✆ 0870/0621894, option 8. (Mo–Sa 11, 13.30 u. 15.30 Uhr, So 11.45, 13.45 u. 15.30 Uhr, £ 7, erm. £ 6, Familien £ 20), www.mcfc.co.uk.

Übernachten (siehe Karte S. 620/621)

In Manchesters Zentrum gibt es zahlreiche Hotels, die auf Geschäftsreisende zugeschnitten sind. Wegen des regen Nachtlebens jedoch werden auch für Budget-Traveller erschwingliche Unterkünfte in zentraler Lage geboten. Nur B & Bs sind wie so oft im Zentrum rar gesät.

**** Palace Hotel (29), viktorianische Opulenz erwartet einen schon in der Eingangshalle, deren Kuppel aus Buntglas kürzlich liebevoll restauriert wurde. Das charaktervolle 270-Zimmer-Hotel befindet sich in einem ehemaligen Versicherungsgebäude, das von Alfred Waterhouse gebaut wurde. DZ (Internetrate) ab £ 75, Oxford Street, M60 7HA, ✆ 0161/2881111, www.palace-hotel-manchester.co.uk.

***** Radisson Edwardian Manchester (21), die denkmalgeschützte Fassade der Free Trade Hall wurde bewahrt, zeitgenössischer Luxus innen; Zimmerpreise je nach Auslastung und Saison, DZ ab £ 105. Peter Street, M2 5GP, Reservierung: ✆ 0800/374411. ✆ 0161/8359929, www.radissonedwardian.com/manchester.

*** Britannia Sachas Hotel (10), modernes Hotel im Zentrum mit Gymnastikraum und Swimmingpool. B & B ab £ 43 (Saver Room Nachsaison). Tib Street, Piccadilly, M4 1SH, ✆ 0871/2220018, 🖷 0871/2227705, www.britanniahotels.com/hotels/manchester-sachas.

The Light Boutique Apart Hotel (9), 45 edel eingerichtete Wohnungen und Penthouses in einem Hochhausneubau im Stadtzentrum. Fitness-Studio und Spa. Studioapartment £ 99, mit zwei Schlafzimmern (für 4 Personen) £ 129, Penthouse £ 550. 20 Church Street, M4 1PN, ✆ 0161/8394848; 🖷 0161/8334898; www.thelight.co.uk.

Rembrandt Bar & Hotel (20), Pub-Hotel im Gay Village nahe Busbahnhof und Bahnhof. Überblickt Sackville Park und den Rochdale Canal. Wintergarten-Bistro im ersten Stock, sehr freundlich, aber schlicht. EZ ab £ 35, DZ ab £ 35, am Wochenende £ 50, Vier-Bett-Zimmer £ 50/£ 70. 33 Sackville Street, M1 3LZ, ✆ 0161/2361311, 🖷 0160/2364257, www.rembrandtmanchester.com.

*** Old Trafford Lodge (33), 36 Zimmer, alle mit Balkon, DZ £ 54–64, Specials £ 49 (inkl. Kontinentalem Frühstück, Parkplatz und WLAN). Warwick Road, Urmston, Trafford M16 9, ✆ 0161/8743333; 🖷 8743399; www.lccc.co.uk.

• *Jugendherbergen* **Potato Wharf (24)**, Haus mit 160 Betten in Zentrumsnähe direkt am Kanal; zu Fuß oder mit der Straßenbahn (Station G-Mex) zu erreichen. Ganzjährig geöffnet. Übernachtung mit Frühstück Erwachsene ab £ 16, Jugendliche ab £ 12, drei DZ £ 46.95–52.95 (extra für Nichtmitglieder). Castlefield, M3 4NB, ✆ 0845/3719647, 🖷 0845/3719648; manchester@yha.org.uk.

The Hatters (12), unabhängiges 200-Betten-Hostel in einem viktorianischen Lagerhaus im alternativen Stadtteil Northern Quarter. Das Haus wurde 2004 mit einem Preis für seine Kundenfreundlichkeit ausgezeichnet. Internetanschluss, Küche, Waschmaschine,

Lounge. B & B £ 14.50–20, EZ £ 27.50–30, DZ £ 50–55. 50 Newton Street, M1 2EA, ✆ 0800/0833848 (kostenlos) oder 0161/2369500, 📠 0161/2368600, www.hattersgroup.com.

Hilton Chambers (25), dieselbe Hostelgruppe betreibt ebenfalls im Northern Quarter auch die Hilton Chambers mit einem höheren Standard. Bett im 10er-Zimmer ab £ 15.50, DZ en suite £ 55–70. 15 Hilton Street, ✆ 0161/2364414, hilton@hattersgroup.com.

Walkabout Inn (19), modernes Budget-Hotel über einer australischen Barkette, in der Nähe des Zentrums, alle Zimmer mit Sat-TV/Fax. DZ £ 29.95, Triple £ 32.50, Quads £ 34.95, 6-Bett-Saal £ 15/Person (ohne Frühstück). 13 Quay Street, M3 3HN, ✆ 0161/8174800, 📠 0161/8174804, www.walkabout.eu.com/venues/Walkabout-Manchester/.

Essen/Trinken

In Chinatown gibt es zahlreiche gute und preiswerte Restaurants. Am Albert Square und rund um die Deansgate finden sich Bistros im europäischen Stil und in Castlefield feine Restaurants – hier ist abends auch am meisten los. Angesagte Läden ballen sich im Northern Quarter, wer richtig gut indisch essen will, muss sich nach „Klein-Asien", d. h. auf die **Currymeile** in den Stadtteil Rusholme im Südosten, begeben. Hier findet man allein auf der **Wilmslow Road** an die 50 Restaurants, die das gesamte Repertoire der indischen Küche abdecken!

Croma (7), preiswerter Italiener in ansprechendem, modernem Ambiente, dünne ofengebackene Pizzen (£ 4.95–7.95) und Pasta. 1–3 Clarence Street, M2 4DE, ✆ 0161/2379799; www.croma.biz/manchester.htm.

Earth (23), vegetarisches Café und Saftbar im Keller des Buddhist Centre. Hier wird auch selbst gebacken, alles frische Bioware. 4 Portionen vom Buffet für £ 5. Mo 11–16 Uhr, Di–Fr 11–20 Uhr, Sa/So 10–17 Uhr. 16–20 Turner Street, M4 1DZ, ✆ 0161/8341996; www.earthcafe.co.uk.

The Bank (16), charmantes Gastropub im Erdgeschoss der alten Portico Library, wo von 1806 bis in die 1980er-Jahre die Angestellten der Bank of Athens ihren Dienst verrichteten. Auf dem Menü stehen u. a. 13 verschiedene Würste. 57 Mosley Street, M2 3HY, ✆ 0161/2287560.

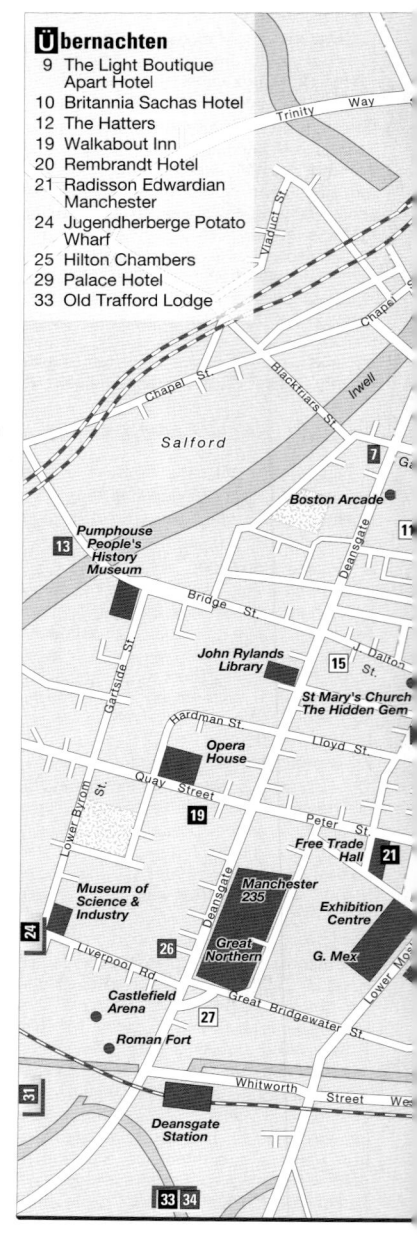

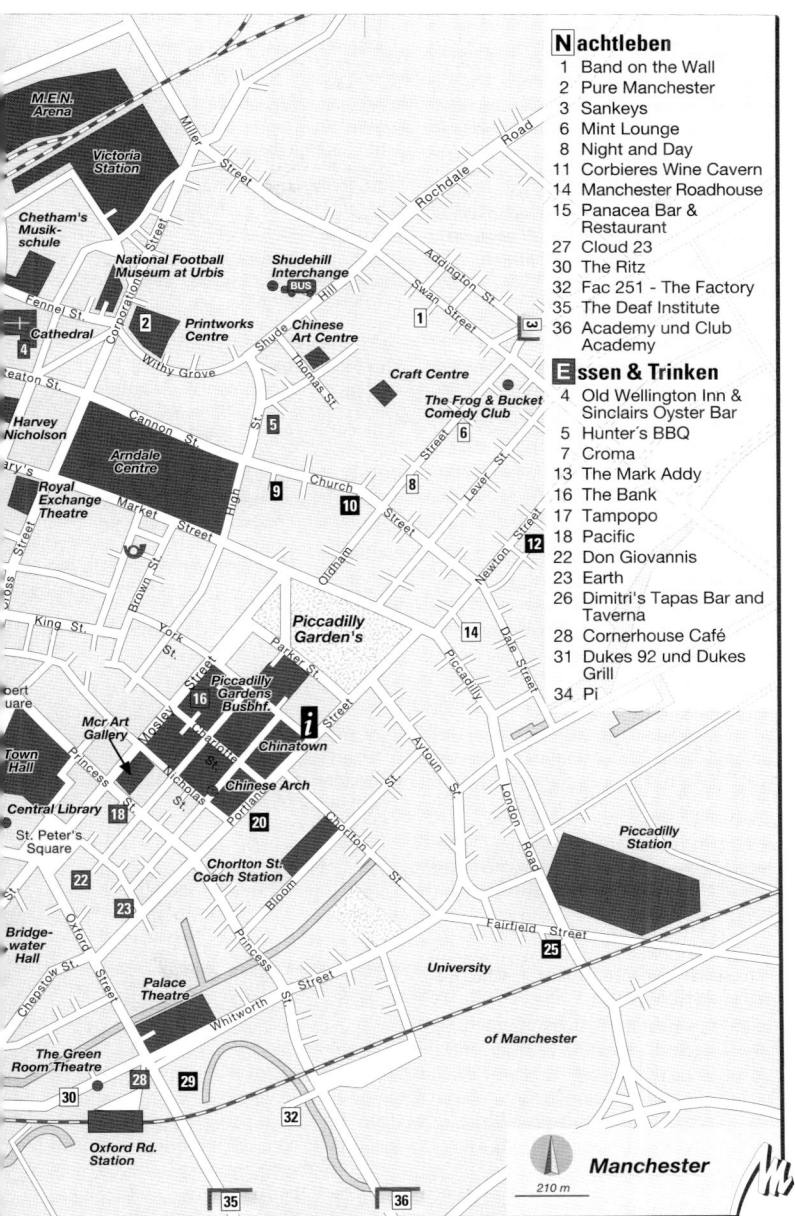

Nachtleben

1 Band on the Wall
2 Pure Manchester
3 Sankeys
6 Mint Lounge
8 Night and Day
11 Corbieres Wine Cavern
14 Manchester Roadhouse
15 Panacea Bar & Restaurant
27 Cloud 23
30 The Ritz
32 Fac 251 - The Factory
35 The Deaf Institute
36 Academy und Club Academy

Essen & Trinken

4 Old Wellington Inn & Sinclairs Oyster Bar
5 Hunter's BBQ
7 Croma
13 The Mark Addy
16 The Bank
17 Tampopo
18 Pacific
22 Don Giovannis
23 Earth
26 Dimitri's Tapas Bar and Taverna
28 Cornerhouse Café
31 Dukes 92 und Dukes Grill
34 Pi

Nordwestengland
Karte S. 587

Cornerhouse Café (28), gemütliches Café und Bar in der zweiten Etage einer Kino- und Kunstgalerie. Angeboten werden auch Salate, Pizzen, Snacks und Kuchen. Mo–Do 11–23 Uhr, Fr–Sa bis 24 Uhr, So bis 22.30 Uhr. 70 Oxford Street. ✆ 0161/2001500, www.cornerhouse.org.

Hunter's BBQ (5), exzentrisches Grillrestaurant im Norther Quarter, Ausstattung und Preise wie ein Imbiss (als solcher wurde Hunter's in den 70er-Jahren für asiatische Arbeiter der Teppichindustrie eröffnet). Es werden ungewöhnliche Tierarten gegrillt. Ebenso ungewöhnliche Zutaten im Curry, wie etwa Reh und Fasan. Bis 1 Uhr geöffnet. 90–94 High Street, ✆ 0161/8395060.

Dimitri's Tapas Bar and Taverna (26), griechisches Restaurant in Castlefield mit beheizter Außenterrasse und einer Bar im Keller. Fr u. Sa Live-Musik. Tgl. 11–24 Uhr. Campfield Arcade, Tonman Street, Castlefield, M3 4FN, ✆ 0161/8393319, www.dimitris.co.uk.

Don Giovannis (22), sehr guter Italiener, etwas extravagant, aber elegant im Dekor, sehr schneller und aufmerksamer Service, gute Portionen und solide Küche. So mittags Ruhetag. 1–2 Peter House, 11 Oxford Street, M1 5AN, ✆ 0161/2282482; www.dongiovannis.co.uk.

Old Wellington Inn und Sinclairs Oyster Bar (4), diese beiden historischen Pubs sind wie siamesische Zwillinge. Nach den Bombenattentaten 1996 wurden sie zusammen dreihundert Meter versetzt und bilden jetzt „The Shambles". Hervorragende Seafood-Bar, klar gibt es auch Austern. 4/2 Cathedral Gates, M3 1SW, ✆ 0161/8340430.

Pacific (18), dieses zeitgemäße Restaurant hat zwei Ebenen, eine für Thai-Küche und eine für chinesische Küche. 58–60 George Street, ✆ 0161/2286668; www.pacificrestaurant.co.uk.

Tampopo (17), Manchesters Original-Noodlebar mit japanischem Einschlag gibt es inzwischen dreimal in der Stadt. Etwas sterile, kantinenartige Halle im Untergeschoss, wo man an langen Holztischen sitzt, aber preiswerter Mittagstisch, zwei Gänge „Eastern Express" für £ 6.95. 16 Albert Square, ✆ 0161/8191966.

Dukes 92 und Dukes Grill (31), in einem alten Warenhaus am Kanal in Castlefield befindet sich dieses Café-Pub, das nach der Schleuse benannt ist, und jetzt auch über ein Restaurant verfügt. Im Pub super Käseplatten. 18 Castle Street, M3 4LZ, ✆ 0161/8393522; www.dukes92.com.

The Mark Addy (13), Gastropub und Restaurant mit Sitzmöglichkeiten auf der großen Terrasse am River Irwell. Auch kulinarische Bootstouren. Stanley Street (Kreuzung Bridge Steet), Salford, M3 5EJ, ✆ 0161/8324080; www.markaddy.co.uk.

Pi (34), Bar und Pub in Chorlton. Spezialität und einzig im Angebot sind hausgemachte Pasteten von Pieminster (£ 4.50), die sich mit 12 Bieren vom Fass und weiteren 60 aus der Flasche stilecht herunterspülen lassen. 99 Manchester Road, Chorlton, M21 9, ✆ 0161/8820000; www.pi-chorlton.co.uk.

Fleisch – nein Danke!

Die Anti-Fleisch Kampagne des Abgeordneten Joseph Brotherton aus Manchester löste vor 150 Jahren die Vegetarierbewegung aus. 1847 wurde hier in Manchester die „Vegetarian Society" geboren, und die Idee lebt unbestritten fort. Vegetarier sollten das *Punjab Sweet House* probieren, 177 Wilmslow Road, ✆ 0161/2252960.

Nachtleben (siehe Karte S. 620/621)

Vor allem das Nachtleben ist es, wofür Manchester so bekannt ist. Seit Jahren werden in Manchester Musiktrends geboren, die sich dann weltweit ausbreiten. So löste die Gruppe *Oasis* in den 1990er-Jahren eine „Britpopwelle" aus. Die großen Rock- und Pop-Konzerte finden in einem der beiden Fußballstadien (→ S. 619) oder im G-Mex statt. Das Northern Quarter und der Stadtteil Castlefield bieten viele Café-Bars, in denen abends DJs auflegen. Das „Gay Village" um die Princess Street garantiert Unterhaltung bis spät in die Nacht. Über das laufende Programm informiert man sich im *City Life* (auch www.citylife.co.uk) oder in den *Manchester Evening News*.

Sankeys (3), kommerzieller Riesenclub in einer alten Mühle mit dem besten Soundsystem der Stadt. Minimal House, Tribal, Electro und Student Nights. Der Laden hat einen Ableger in New York City. Behive Mill, Radium Street Ancoats (Nord Manchester), M4 6AY, 7 Nächte, am Wochenende bis 5 Uhr geöffnet, ein kostenloser Disco Bus fährt die Clubber zurück ins Zentrum. ☏ 0161/2365444; www.sankeys.info.

Academy (36), die Veranstaltungsräume befinden sich in der Studentengewerkschaft auf dem Campus der Universität. In drei engen Räumen treten neue und altbekannte Bands auf. Die ebenfalls hier befindliche **Club Academy** brüstet sich mit der ältesten Clubnacht in Manchester, „Tangled". Oxford Road. ☏ 0161/2752930. www. manchesteracademy.net.

Night and Day (8), am Tag entspannte Café-Bar, abends Pub mit Live-Bühne für Rock'n-Roll-Gigs mitten zwischen den Plattenläden in der Oldham Street. 26 Oldham Street, Northern Quarter, M1 1JN, ☏ 0161/ 2364597; www.nightnday.org.

Mint Lounge (6), ebenfalls im Northern Quarter ist dieser Super-Club zum Abtanzen nach House, Hip-Hop, Reggae Beats, auch Live-Events. Die Clubnacht Funkademia samstagabends läuft schon seit Jahren. 46–50 Oldham Street, ☏ 0161/2281495; www.mintlounge.com.

Pure Manchester (2), hier passen 2000 Clubber rein, die sich zu Commercial Dance, R'n'B oder Pop locker machen. Samstags treten hier die Finalisten der Castingshow X-Factor auf. The Printworks, 27 Withy Grove, 11–13 New Wakefield Street, M4 2BS, ☏ 0161/8197770, www. puremanchester.com.

Manchester Roadhouse (14), Konzerte aufstrebender Bands sowie gute Clubnächte. 8–10 Newton Street, M1 2AN, ☏ 0161/ 2379789. www.theroadhouselive.co.uk.

Fac 251 – the Factory (32), neuer Indie- und Rock'n-Roll-Club mit Live-Auftritten in der ehemaligen Fabrik von Factory Records. New Orders Peter Hook leitet den Club auf drei Ebenen im Geiste des berühmten Hacienda. So geschl., 112–118 Princess Street, M1 7EN, ☏ 0161/2727251; www.factorymanchester.com.

Band on the Wall (1), Not for Profit Venue mit langer Tradition, das Live-Acts von Jazz, Reggae und New Folk aus aller Welt einlädt. In der Bar The Picturehouse wird man auch kulinarisch versorgt. 25 Swan Street, Northern Quarter, M4 5JZ, ☏ 0161/8341786; www.bandonthewall.org.

The Deaf Institute (35), Café, Bar und Musikhalle für Indie und Underground. Eigenes Recordlabel „Suffering Jukebox". Art Corner Gallery im obersten Stockwerk. 135 Grosvenor Street, M1 7HE, ☏ 0161/ 2769350; www.thedeafinstitute.co.uk.

The Ritz (30), einer der ältesten Clubs mit loyaler Gefolgschaft. In der Woche viele Studenten, am Wochenende auch etwas ältere Semester. Clubnights von Indie über Rock bis Techno. Whitworth Street West, M1 5NQ, ☏ 0161/2364355. www.ritznightclub. co.uk.

Cloud 23 (27), Bar im 23. Stockwerk des nagelneuen Hilton Hotels. Drüber befinden sich Apartments, drunter das Hotel. Super Blick über die Stadt, vereinzelte Glasscheiben im Boden erlauben auch den Blick hinunter aufs Trottoir, wonach man was Starkes braucht. Kann ein Klassiker werden, aber Achtung: es gibt kein Bier, nur teure Cocktails. Ab 17 Uhr. Beetham Tower, 303 Deans Gate, M3 4LQ, ☏ 0870/7700805; www. cloud23bar.com.

Corbieres Wine Cavern (11), gleich hinter dem St Ann's Square, alteingesessene Bar mit Musikbox. 2 Half Moon Street, M2 7PS, ☏ 0161/8343381.

Panacea Bar & Restaurant (15), hier gabeln die Premier-League-Fußballer ihre Mädchen auf, die davon träumen, WAGs zu werden (Wifes and Girlfriends eines Fußballers). Exorbitante Preise. High Heels und kurze Röcke, wer gut oder sexy aussieht kommt rein. Oder man mietet einen Booth (eine Sitzecke), aber Vorsicht vor der Stornierungspolitik! 14 John Dalton Street, ☏ 0161/8330000; www.panaceamanchester.co.uk.

Sehenswertes

Mitte: das Zentrum, Spinningfields und Deansgate

Town Hall: Am Albert Square (ungefähr in der Mitte des Stadtzentrums) erhebt sich das neogotische Rathaus, das vor Türmchen nur so strotzt. Der viktorianische Architekt Alfred Waterhouse entwarf das ansehnliche Gebäude, das 1877 eröffnet wurde. In der Great Hall befindet sich ein Bilderzyklus von *Fort Madox Brown*, der in 12 Wandgemälden die Stadtgeschichte darstellt. Achten Sie auch auf die Bienen

Nordwestengland

Karte S. 587

„Tempel der Leidenschaften": Old Trafford

im Mosaikboden vor der Great Hall, die aus dem Stadtwappen stammen und Manchesters Industrien symbolisieren. Teile der Town Hall sowie des St Peter's Squares werden derzeit saniert.

Mo–Sa 9–17 Uhr, Führungen nach Vereinbarung, ✆ 0161/2343157.

Central Library: Die Zentralbibliothek erinnert eher an das Pantheon in Rom als an eine Bücherei. Eigentlich kein Wunder, denn sie ist eine der größten öffentlichen Bibliotheken Europas und dient auch als Zentralbibliothek der Universität. Sie wurde zwischen 1930 und 1934 von Vincent Harris als monumentaler Kuppelbau errichtet, hat einen großen Lesesaal und im Erdgeschoss ein eigenes Theater. Ihr sind 26 Zweigbüchereien angeschlossen. Seit Anfang des Jahrhunderts verfügt sie auch über eine seltene Sammlung früher Musikliteratur und von Musikinstrumenten.

Wegen Sanierung ist die Central Library voraussichtlich bis 2013 geschlossen. www.manchester.gov.uk/libraries/central.

St Mary's Church – The Hidden Gem: Zwischen Lincoln Square und John Dalton Street versteckt sich diese römisch-katholische Kirche von 1794, die sich von außen ultraschlicht präsentiert. Drinnen fallen die zeitgenössischen Gemälde der Passion ins Auge, für die das Gotteshaus berühmt ist. Die 14 Bilder stammen vom Mitglied der Royal Academy Norman Adams.

Mo–Sa 10–16 Uhr, Mulberry Street, M2 6LN, ✆ 0161/8343547; www.hiddengem.catholicfaith.co.uk.

John Rylands Library: Westlich der Town Hall steht die Bibliothek aus den 1930er-Jahren, die nach einer gelungenen Renovierung in alter neo-gotischer Pracht mit modernen Elementen erstrahlt. Sie wurde von der Witwe des Baumwollfabrikanten und Sammlers John Rylands gestiftet und besitzt über dreitausend Wiegendrucke und Tausende Handschriften aller möglichen Kulturen. Die Bücherei ist im Stil der viktorianischen Gotik errichtet, und der Lesesaal erinnert an eine Klosterbibliothek. Hier findet man auch eine Gutenberg-Bibel von 1455, eine Ausgabe der Can-

Das moderne Gesicht von Manchester: die Lowry Bridge in Salford (bv) ▲▲
Das traditionelle Gesicht der Yorkshire Dales: die Brücke von Alport (bv, Daniel Bosworth) ▲

▲▲ Ein Eiffelturm des Vergnügens: Blackpool Tower (bv)

▲▲ Ambleside im Lake District (bv, Chris Coe)

▲ Einer der schönsten Seen ist Ullswater (bv)

Chester: Hinter den alten Fassaden verstecken sich moderne Geschäfte und Restaurants (vb) ▲▲

▲▲ Historische Bahn auf der Isle of Man: die Manx Electric Railway (dm)
▲ Im Hafen von Douglas (dm)

terbury-Geschichten, die von William Caxton (englischer Erfinder des Buchdrucks) gedruckt wurde sowie das angeblich älteste Fragment des Neuen Testaments.

Di–Sa 10–17 Uhr, So–Mo 12–17 Uhr. Eintritt frei. Führungen jeden 3. Do des Monats, 12 Uhr, £ 3. Führung bitte vorab buchen. 150 Deansgate, ✆ 0161/3060555; www.manchester.ac.uk/ library.

People's History Museum: Westlich der Bibliothek in Richtung River Irwell steht im Samierungsgebiet *Spinningfields* dieses Museum in einem ebenfalls frisch sanierten Hydraulikwerk. Die Pumpstation wurde durch einen Galerienflügel erweitert, der im Erdgeschoss komplett verglast ist, darüber aber aus einem leicht rostigen Stahlblock besteht. Die zum Teil interaktiven Ausstellungen geben Einblick in die Entstehungsgeschichte der britischen Gewerkschaftsbewegung, die eng mit Manchester verbunden ist und die Erfolge und Rückschläge vieler politischer Kampagnen auf dem Weg zur Demokratisierung. Zu den Exponaten zählt ein Schlagstock, der einem Polizisten während des Peterloo-Massakers entrissen worden war, sowie eine Locke von Tom Paine, dem Anführer dieses berühmten Aufstands (s. Einleitung). Es gibt auch ein Archiv zur Geschichte der Labour Partei von Manchester (nur nach Vereinbarung). Im Left Bank Café (mit Sonnenterrasse) können Sie klassische britische Rezepte probieren, die man schon im England zwischen den Weltkriegen aß. Der Glaspalast gegenüber ist übrigens das Civil Justice Centre.

Pump House, Bridge Street. Tgl. 10–17 Uhr. Eintritt frei. www.phm.org.uk.

Deansgate: Wo die Liverpool Road pfeilgerade auf die Deansgate stößt, die sich wie eine New Yorker Avenue schnurgerade nach Norden erstreckt, befand sich einst ein alter Güterbahnhof, dessen Fassade erhalten wurde. Von hier verließen große Teile der verarbeiteten Baumwollprodukte die Stadt, immerhin kontrollierte Manchester 75 Prozent des Welthandels. Seit einigen Jahren siedeln sich hinter riesigen Schaufenstern exklusive Inneneinrichtungsgeschäfte an. Die Straßenzüge drum herum bilden das beliebte Vergnügungsviertel *Castlefield.*

Der Norden: Exchange Square, Chinatown und Northern Quarter

Die Straßen um den Exchange Square sind in den letzten Jahren zum „Millennium Quarter" aufpoliert worden und der neue Brennpunkt Manchesters in Sachen Shopping. Der Platz ist rund wie ein Amphitheater und mit Sandstein gepflastert, er führt Sie von den Designerläden in der New Cathedral Street zu den Nobelkaufhäusern Harvey Nichols und Selfridges.

Manchester Cathedral: Gehen Sie in Richtung Norden an den beiden ältesten Pubs von Manchester vorbei, so gelangen Sie zur Kathedrale. Das Gotteshaus begann seine Existenz 1421 als Collegiate Church of St Mary, St Denys and St George. Die Kirche wurde 1847 zur Kathedrale erhoben, nachdem sie restauriert worden war. Drinnen gibt sie sich klassisch, mit wunderschönen Holzschnitzarbeiten im Chor und an der Decke. Die modernen Buntglasfenster sind auf jeden Fall „anders". Es gibt eine neue Refectory, wo man einen Imbiss einnehmen kann und ein Besucherzentrum, das sich unter einer 600 Jahre alten Brücke befindet.

Mo–Fr 8.30–19 Uhr, Sa bis 17 Uhr, So bis 18.30 Uhr. Eintritt frei. Victoria Street, ✆ 0161/ 8332220, www.manchestercathedral.org.

Chetham's Library & School of Music: 1421 wohnten hier die Geistlichen der Collegiate Church, die heute die Kathedrale ist. Nach der Auflösung der Klöster verfiel der Bau, wurde jedoch 1653 von einem reichen Händler namens Humphrey Chetham gekauft und restauriert, der hier eine Waisenschule und eine der ersten öffent-

Nordwestengland Karte S. 587

lichen und kostenlosen Bibliotheken für Studenten einrichtete. Mitte des 19. Jahrhunderts zählten Karl Marx und Friedrich Engels zu den Schmökerern, die hier mehr als hunderttausend Bände vorfanden und am liebsten im Erkerfenster des Hauptlesesaals saßen. Nur die Bibliothek ist für Besucher offen, der Rest des Baus gehört zur National School for Young Musicians, in der auch die Knaben des Kathedralenchors ihren Schliff erhalten.

Mo–Fr 9–12.30 Uhr u. 13.30–16.30 Uhr. Eintritt frei. Long Millgate, ℡ 0161/8347861. www.chethams.org.uk.

Urbis: In diesem modernen Glaspalast wurde von 2002 bis 2010 urbane Kultur in all ihren Facetten ausgestellt. Das Konzept ging nicht auf und Urbis damit unter. Anfang 2012 wird hier das National Football Museum (www.nationalfootball museum.com, Eintritt frei) einziehen.

City Art Gallery: Geht man von hier die Mosley Street Richtung Norden, kommt man zu dieser Kunstgalerie, die in einem klassizistischen Tempel untergebracht ist. Auf drei Etagen befindet sich eine umfassende Gemäldesammlung aus dem 17. bis 20. Jahrhundert, wobei der Schwerpunkt auf britischen Künstlern aus dem 18. bis 20. Jahrhundert liegt. Man findet hier aber auch moderne Amerikaner wie David Hockney oder Francis Bacon, französische Impressionisten oder Picasso, Modigliani und Ernst. Über die Princess Street gelangt man in den Teil der Galerie, der die ständig wechselnden Ausstellungen präsentiert. Gleich dahinter beginnt Chinatown.

Di–So 10–17 Uhr. Eintritt frei. Mosley Street, ℡ 0161/2358888, www.manchestergalleries.org.

Chinatown

Manchesters Chinatown hat eine der größten chinesischen Gemeinden in England. Hier gibt es nicht nur zahlreiche günstige und gute Restaurants (neben chinesischen auch japanisch, thailändisch oder vietnamesisch), sondern auch viele Läden, die einen Besuch lohnen. Der Imperial Arch, der farbenfrohe kaiserlich-chinesische Triumpfbogen, begrüßt Besucher hier seit 1987 und war ein Geschenk des chinesischen Volkes.

Chinese Arts Centre: Mitten in Chinatown liegt dieser chinesische Kulturtreff mit ständig wechselnden Ausstellungen und Veranstaltungen. Tee und Kuchen genießt man im angeschlossenen Café.

Market Buildings Thomas Street, Mo–Sa 10–18 Uhr, So 11–17 Uhr, ℡ 0161/8327271 nachfragen. Eintritt frei. www.chinese-arts-centre.org.

Manchesters Chinatown

Craft and Design Centre: Ein Stück weiter die Thomas Street hinunter haben sich auf dem einstigen Gelände des Fisch- und Geflügelmarktes Kunsthandwerker niedergelassen. In den Studios kann man Textilien, Keramik, Schmuck, Einrichtungsgegenstände und vieles mehr erwerben oder den Künstlern bei der Arbeit zusehen. Auch Ausstellungen und ein gutes Café.
Mo–Sa 10–17.30 Uhr. ✆ 0161/8324274; www.craftanddesign.com.

Northern Quarter

Das Northern Quarter hat keine Sehenswürdigkeiten zu bieten, es ist die Atmosphäre, die das bohemische Viertel von Manchester auszeichnet. Seit Jahren zieht es wegen der verhältnismäßig billigen Mieten in den stillgelegten Lagerhäusern mit ihren studioartigen Räumen die Künstler und Kreativen an. Das Northern Quarter ist ein Eldorado für alternative und individuelle Mode, die Sie zum Beispiel Samstag auf dem Outdoor Fashion Market oder in *Affleck's Palace* (52 Church Street; www.afflecks-palace.com) finden. Vor allem nach dem Dunkelwerden ist hier viel los, dafür sorgen zahlreiche eher prätentiöse Bars wie das *Bluu* (Smithfield Market Ecke Thomas Street, www.bluu.co.uk) oder die *Dry Bar* (28–30 Oldham Street). Getanzt wird in der *Mint Lounge* (45–50 Oldham Street, → Nachtleben) oder im *Socio Rehab* (100–102 High Street, www.sociorehab.com). Im *Matt & Phreds Jazz Club* gibt es eben solchen bis in die frühen Morgenstunden (64 Tibb Street, www.mattandphreds.com).

Der Bezirk verfügt mit rund dreißig Läden über die meisten Secondhand- bzw. Vinyl-Plattenläden auf wenigen hundert Metern im Lande:

Beatin' Rhythm, vorwiegend Soul und Sixties, 42 Tib Street, ✆ 0161/8347783; www.beatinrythm.com.

Eastern Bloc, gut für Dance Music, Unit 5, Central Buildings, Oldham Street, ✆ 0161/2286432; www.easternblocrecords.co.uk.

Venyl Exchange, größter Secondhand-Plattenladen des Landes. 18 Oldham Street, ✆ 0161/2281122; www.venylexchange.co.uk.

Vox Pop, Soul, Funk und Punk, 34 Oldham Street, ✆ 0161/2375767; www.voxpopmusic.com.

Picadilly Records, Spezialist für fast alle Genres, 53 Oldham Street, ✆ 0161/8398008; www.picadillyrecords.com.

Fat City, sehr viel Dance, veranstaltet Clubnights (Counter Culture) und hat Geschäftsbeziehungen mit dem Label Grand Central Records. 20 Oldham Street, ✆ 0161/2371181.

Vinyl Revival, auch CDs, DVDs, T-Shirts und Poster. 5 Hilton Street, ✆ 0161/6616393; www.venylrevivalmcr.com.

Der Süden: Manchester-Castlefield und University Quarter

Der historische Stadtteil Castlefield, benannt nach dem Römerfort, das hier im ersten nachchristlichen Jahrhundert stand, liegt an den Werften des Kanals im Südwesten der Stadt und war einst der belebte Warenhafen Manchesters. An der Potatoe Wharf werden Waren gezählt, im Zolllager in der Grapestreet, in der Water Street und den Manchester Docks wird mit Brandy gehandelt. Inzwischen hat man am Kanal- und Kanalbecken Spazierwege angelegt und zahlreiche Cafés und Restaurants in den alten Warenhäusern eingerichtet. Das ganze Gebiet wurde kurzerhand zum *Urban Heritage Park* erklärt und darf als Freilichtmuseum bezeichnet werden. Nördlich von hier, an der Liverpool Road, steht eine intakte Häuserreihe mit Dachbodenwerkstätten aus dem späten 18. Jahrhundert, heute ein Zeitungskiosk, eine Imbissbude und eine Bierbar. Ein paar Häuser weiter finden Sie die frühere Sonntagsschule St Matthew's, die zu Architekturbüros umgebaut wurde. Ebenso befinden sich hier einige sehr sehenswerte Museen, die Einblicke in die bewegte Geschichte der Stadt ermöglichen.

Nordwestengland

Karte S. 587

Museum of Science and Industry: Auf dem Gelände der ältesten Passagiereisenbahn der Welt und ihres Bahnhofes werden in fünf Industriegebäuden die Entwicklung von Industriemaschinen und -techniken und die Frage, wie diese das Leben in Manchester beeinflussten, thematisiert. In der *Power Hall* stehen zahllose Dampfmaschinen aus dem 18. und 19. Jahrhundert, die auch regelmäßig zum Laufen gebracht werden. Ein weiterer Höhepunkt ist die Eisenbahnabteilung. Hier steht ein originalgetreuer Nachbau der „Planet", einer Lokomotive, die 1830 von Robert Stephenson konstruiert wurde. An Wochenenden können die Besucher mit ihr rund einen halben Kilometer zum ältesten Bahnhof der Welt fahren. Unterhalb des Bahnhofs beschäftigt sich eine Ausstellung mit den Abwasserproblemen Manchesters im 19. Jahrhundert. In der *Textile Gallery* können dröhnende Originalmaschinen zum Klöppeln, Spinnen und Weben von Baumwolle besichtigt werden. Außerdem erfährt man, dass der Personalcomputer in den 1940ern von zwei Bastlern der Manchester University erfunden wurde, Tom Kilburn und Fred Williams, und „Baby" hieß.

Air and Space Gallery/Planetarium: Gleich gegenüber befindet sich in zwei ehemaligen Markthallen die Air und Space Gallery sowie das Planetarium. Hier kann man die Galaxie erforschen, wenn Tausende von Sternen in die sechs Meter messende Kuppel projiziert werden und zeigen, wie der Himmel am selben Abend aussehen wird. Etwa 30 Leute passen rein und bekommen das Universum erklärt, erfahren etwas über die neuesten kosmischen Ereignisse und was in der Raumfahrt gerade los ist.

Tgl. 10–17 Uhr. Eintritt frei. ☏ 0161/8322244, www.mosi.org.uk. Shows im Planetarium wochentags um 14.30 Uhr, am Wochenende und in den Schulferien um 14 u. 15.30 Uhr. Kosten: £ 1.50, erm. £ 1. 4-D-Kino, tgl. 10.30–16 Uhr, Kosten: £ 3.50, erm. £ 2.50. Air and Space Hall, Museum of Science and Industry, ☏ 0161/8330027.

Cornerhouse: Im Studentenviertel um die Oxford Street befindet sich Manchesters Avantgarde-Zentrum für Filmkunst. Neben den drei Kinos gibt es hier auch drei Galerien, in denen wechselnde Ausstellungen gezeigt werden. Besonders nett ist auch das Café.

Galerien: Di–Sa 12–20 Uhr, So bis 18 Uhr. Eintritt frei. **Bar/Café**: Mo–Do 9.30–23 Uhr, Fr–Sa bis 24 Uhr, So 11–22.30 Uhr. 70 Oxford Road, info@cornerhouse.org, www.cornerhouse.org.

Manchester Museum: Die Oxford Street ein Stückchen weiter runter kommt man zu diesem traditionellen Museum. Auf vier Etagen sind 15 Galerien mit Sammlungen aus aller Welt untergebracht. In der naturwissenschaftlichen Abteilung gibt es lebende Frösche, Eidechsen und Schlangen, es werden auch Fossilien und Mineralien ausgestellt. Keinesfalls dürfen auch die Dinosaurier fehlen!

Di–Sa 10–17 Uhr, So 11–16 Uhr. Eintritt frei. University of Manchester, ☏ 0161/2752634, www.museum.manchester.ac.uk/.

Whitworth Art Gallery: In einem roten Ziegelsteingebäude der University of Manchester (Oxford Road) ist eine weitere Kunstgalerie untergebracht. Diese Galerie ist für ihre umfangreiche Sammlung von Textilien und Tapeten bekannt. Aber auch Aquarelle (Turner, Constable), Drucke und Skulpturen sind ausgestellt. Lobenswertes Café.

Mo–Sa 10–17 Uhr, So 12–16 Uhr. Eintritt frei. ☏ 0161/2757450, www.whitworth.manchester.ac.uk.

Pankhurst Centre: In diesem Haus wurde 1903 von seiner Besitzerin Emmeline Pankhurst die „Women's Social and Political Union" gegründet. Dies war ein Mei-

lenstein in der britischen Suffragettenbewegung, in der für das Frauenstimmrecht
gekämpft wurde. Die Aktivitäten der Bewegung, die teils mit politischen Mitteln
und teils mit gewalttätigen Provokationen arbeitete, sind hier in einer kleinen Ausstellung dokumentiert.

Mo–Fr 10–17 Uhr. Eintritt frei, nur für Frauen! 60/62 Nelson Street, Chorlton-on-Medlock.
☎ 0161/2375673; www.thepankhurstcentre.org.uk.

Das Hafenviertel: Trafford und die Salford Quays

The Lowry: Neu eröffnetes Kulturzentrum am Manchester Ship Canal in Salford
Quays mit zwei Bühnen sowie Kunstgalerien mit Schwerpunkt auf den Werken des
Volksmalers *Laurence Stephen Lowry*. Dieser hat vor allem Industrielandschaften
Nordenglands gemalt hat und wurde 1965 Ehrenbürger des Stadtteils Salford. Das
Gebäude im Industriedesign befindet
sich an den Salford Quays (etwas außerhalb des Zentrums am River Irwell).
Hier kann man den ganzen Tag verbringen und Kultureinrichtungen besuchen
sowie sich in einem der Cafés und Restaurants am Fluss entspannen. Eine extravagante Fußgängerbrücke führt hinüber zum Imperial War Museum North.

Di–Sa 10–20 Uhr, So u. Mo bis 18 Uhr. Eintritt frei, außer für Sonderausstellungen.
Pier 8, Salford Quays, M50 3AZ, ☎ 0843/
2086000 oder 2086001, www.thelowry.com.

Imperial War Museum North: Der alu-
miniumverkleidete Bau wurde vom
Stararchitekten Daniel Libeskind entworfen und besteht aus drei 55 Meter
hohen, scherbenartigen Flügeln, die
Konflikte und Kriege seit 1900 symbolisieren sollen: zu Land, zu Wasser, und
zur Luft. Der Ansatz ist weniger militärisch (obwohl es auch Waffen und Mili-
tärausrüstung zu sehen gibt), sondern
man will die Erfahrungen der Menschen
darstellen, wie deren Leben durch
Kriege geprägt oder auch zerstört wur-

Libeskinds Imperial War Museum

de. Immerhin fielen rund 30.000 Häuser in Manchester den deutschen Luftangriffen 1940 (in England werden sie kurz als „The Blitz" bezeichnet) zum Opfer.

Tgl. 10–18 Uhr., Nov. bis Febr. bis 17 Uhr. Eintritt frei. The Quays, Trafford Wharf Road, M17
1TZ, ☎ 0161/8364000, Kartenbestellung: ☎ 8364007; www.iwm.org.uk.

Umgebung von Manchester

Tatton Park: Dieses Herrenhaus stammt aus dem 19. Jahrhundert und zeigt eine
Sammlung von Gemälden, Möbeln, Keramik und Silberwaren. In dem 400 ha gro-
ßen Wildpark mit zwei Seen finden sich auch italienische und japanische Gärten.
Auch die Farm kann man besichtigen.

Nordwestengland Karte S. 587

Ostern bis Sept. Di–So 13–17 Uhr (letzter Einlass 16 Uhr), **Park**: April bis Sept. tgl. 10–19 Uhr, Okt. bis März Di–So 11–17 Uhr. Parkgebühr £ 5, für Attraktionen £ 7, erm. £ 3.50, Familien £ 17. ✆ 01625/374400, Infoline: ✆ 01625/374435, www.tattonpark.org.uk.

Auch Fahrradverleih an den Wochenenden und während der Ferien tgl. ab 10.30 Uhr, £ 5/Std, ab £ 15/Tag., ✆ 01625/374458. Anfahrt: M 56 Ausfahrt 7, Knutsford, Cheshire, WA16 6QN.

Quarry Bank Mill: Hier atmen Sie den Lärm und Schweiß der Industriellen Revolution. Die wasser- und dampfbetriebene Mühle ist eine der besterhaltenen Tuchfabriken des Landes und heute das Museum für Baumwollproduktion. Sie können die 200 Jahre alten Maschinen im Betrieb erleben, Spinnrad und Webstuhl testen und dankbar sein, dass Sie nicht derart ihr Geld verdienen müssen. Kaum zu glauben, dass in der Arbeitersiedlung die Lebensbedingungen besser waren als in der Stadt. Das Lehrlingshaus etwa bot zeitweise Unterkunft für mehr als 100 Kinder und Jugendliche, die in der Fabrik schufteten.

März–Okt. tgl. 11–17 Uhr, Jan.–Febr. u. Nov.–Dez. Mi–So 11–16 Uhr. £ 12.89, Kinder £ 6.40, Familien £ 32.16 (NT). ✆ 01625/445896. Styal, Wilmslow, Cheshire SK9 4LA.

Peak District National Park

Der Peak District ist der älteste Nationalpark Englands (seit 1951). Er breitet sich 890 Quadratkilometer in dem Dreieck zwischen den Industriestädten Manchester, Sheffield und Derby aus, ist der südliche Abschnitt des Pennine-Gebirgszuges, hat Abschnitte in sechs Grafschaften und ist das Naherholungsgebiet für die Großstadtbewohner.

Entstanden war der Nationalpark durch einen Massenprotest von Wanderfreunden aus Manchester und Sheffield, die in den 1930er-Jahren gegen den Herzog von Devonshire, den größten privaten Grundbesitzer der Region, regelrecht ins Feld zogen. Der sollte den Berg Kinder Scout für die Allgemeinheit öffnen, was seine Wildhüter zusammen mit der Polizei zunächst zu verhindern wussten.

Der Peak District besteht aus zwei recht gegensätzlichen Landschaften. Der nördliche Teil, nur etwa 25 Kilometer von Manchester entfernt, ist geprägt von Hochmooren und schroffen Sandsteinfelsen. Dieser *Dark Peak* genannte Teil liegt an den südlichen Ausläufern der Penninen, die sich hier bis über 600 Meter hoch erheben. Besonders beliebt ist diese Gegend bei Wanderern, denn hier führt der Langstreckenwanderweg *Pennine Way* entlang. Vom *Edale* zieht sich der Pennine Way durch die Yorkshire Dales (→ S. 700ff.) bis zur schottischen Grenze. Der südliche Teil des Peak District, nach seinem hellgrauen Kalkstein *White Peak* genannt, wird von flachen, lieblichen Sandsteinhügeln bestimmt, die von bewaldeten Tälern durchschnitten werden. In ihnen liegen kleinere Dörfer, die durch Wanderwege miteinander verbunden sind. Hier ist auch die Natur am schönsten, weshalb sie durch das Derbyshire Dales National Nature Reserve geschützt wird. Erwähnenswert ist *Eyam* (sprich eem), das im 17. Jahrhundert von der Pest heimgesucht wurde, heute allerdings von der Touristenschwemme weitgehend verschont geblieben ist. Auch *Ashford in the Water* bietet einige beliebte Fotomotive, etwa die Sheepwash Bridge und seinen Old Market Stand. Bemerkenswert in dieser Gegend sind die zahlreichen Höhlen, die man zum Beispiel um *Castleton* und *Buxton* besichtigen kann. Hier wurden Hinweise auf eine Besiedelung in der Steinzeit gefunden. *Arbor Low* gilt als das „Stonehenge des Nordens". *Buxton* ist übrigens ein alter Kurort, der nach dem Vorbild von Bath gebaut wurde und wegen seines jährlich stattfindenden „Well-Dressing" bekannt ist. Dabei handelt es sich um einen vorchristlichen Brauch, bei dem die Brunnen für eine Woche mit Blumen geschmückt werden und ein Karneval stattfindet. Diese Tradition wird in etwa 70 Dörfern der Grafschaft Derbyshire weitergeführt, Hauptzeit sind die Monate Juni und Juli. Hauptattraktionen des Peak District sind auch die vielen Landsitze und das industrielle Erbe: Die Mühlen entlang des River Derwent haben den Weltkulturerbe-Status der UNESCO. Die beiden schönsten Herrenhäuser sind *Chatsworth House* und *Haddon Hall*. Wer mehr auf Aktivitäten aus ist, kann zum Beispiel mit einem Narrowboat den Chesterfield-Kanal befahren, in einem Kabinenlift die Heights of Abraham im *Derwent Valley* hochgleiten, eine Kutschfahrt unternehmen oder in Höhlen klettern bzw. tauchen.

• *Information* Schriftliche Informationen können Sie anfordern unter **Visit Peak District**, Peak District National Park Authority, Aldern House, Baslow Road, Bakewell, Derbyshire DE45 1EA, ✆ 01629/816200, www. peakdistrict.gov.uk oder www.visitpeak district.com.

Peak District Visitor Centres: **The Moorland Centre Edal**, Fieldhead, Edale, Hope Valley, S33 7ZA, ✆ 01433/670207; edale@peakdistrict.gov.uk.

Upper Derwent Valley, Fairholmes, Bamford, Hope Valley, S33 0AQ, ✆ 01433/650953; derwentinfo@peakdistrict.gov.uk.

Castleton Visitor Centre, Buxton Road, Castleton, Hope Valley, S33 8WN, ✆ 01629/816572; castleton@peakdistrict.gov.uk.

Bakewell Visitor Centre, Old Market Hall, Bridge Street, Bakewell, DE45 1DS, ✆ 01629/816558; bakewell@peakdistrict.gov.uk.

• *Verbindungen* **Bus** – Der National Express fährt einmal täglich (vormittags) von Manchester über Leicester in den Peak District (Matlock, Bakewell, Buxton). Transpeak-Busse fahren jede Stunde von Nottingham und Derby nach Matlock, Bakewell und Buxton. Alle zwei Stunden fahren sie nach Stockport und Manchester. www. transpeak.co.uk. Am preiswertesten ist die Tageskarte Derbyshire Wayfarer.

Zug – Zwei Bahnlinien führen von Manchester in den Peak District. Während die eine Linie schon in Buxton (Manchester–Whaley Bridge–Buxton) endet, führt die zweite (Hope Valley Line) von Manchester durch den Nationalpark hindurch bis nach Sheffield (hält in Derwent, Hope und Edale Valley). Zwei weitere Strecken durchfahren den Peak District: Die Derwernt Valley Line von Derby nach Matlock und die Robin Hood Line von Whitwell nach Nottingham.

• *Fahrräder* Es gibt verschiedene Fahrradverleiher im Peak District, die unter dem Namen „Peak Cycle Hire" fungieren, u. a.

Fairholmes, in der Derwent Gegend, Failholmes Car Park, Bamford, Hope Valley, S33 0AQ, ✆ 01433-651261, **Parsley Hay**, Buxton, SK17 0DG, ✆ 01298/84493, **Ashbourne**, Mapleton Lane, DE6 2AA, ✆ 01335/343156; www.peakdistrict.gov.uk/cycle.

• *Funsport* Klettern, Höhlentauchen, Kanu- und Kajakfahren bietet **Blue Mountain Activities**, 79 New Road, Wingerworth, Chesterfield, ✆ 01246/231767; mobil: 07812/378402; www.bluemountainactivities.co.uk.

Klettern, Höhlentauchen oder Pfadfinden kann man auch mit **Aspire Adventure Specialties**, 3 Unity Villas, Dale Road North, Darley Dale, Matlock, DE4 2HX, ✆ 01629/732445; mobil: 0778/6740384; www. aspireadventureactivities.co.uk.

Paragliding und Hangliding lernt man bei **Peak Airsports**, Moraine, Joan Lane, Bamford, Hope Valley, S33 0AW, ✆ 07703/062721; info@peakairsports.com; www.peakairsports.com.

• *Bootfahren* **John Varley Narrowboat Trips**, Tapton Lock Visitor Centre, Chesterfield, ✆ 01246/551035; www.chesterfieldcanal-trust.org.uk oder mit der **Seth Ellis** ab Retford, ✆ 01246/280660.

• *Kabinenfahrt* **The Heights of Abraham**, Matlock Bath, Derbyshire, ✆ 01629/582365; www.heightsofabraham.com. Fahrt über das Derwent-Tal. Das Ticket gilt auch für die Höhle, Ausstellungen und Hilltop Park.

• *Golf* **Buxton & High Peak Golf Club**, traditioneller 18-Loch-Golfplatz, eröffnet 1887. Townend, Waterswallows Road, Buxton, SK17 7EN, ✆ 01298/26263; www.bhpgc.co.uk.

• *Reiten* Der Nationalpark ist durchzogen von vielen Packeselrouten und Treidelpfaden, auf denen es sich hervorragend Reiten läßt. **Northfield Farm Riding and Trekking Centre**, Northfield Farm, Flash, nahe Buxton, ✆ 01298/22543; www.northfieldfarm.co.uk.

Nordwestengland

Karte S. 587

• *Festival* **Peak District Walking Festival** im April mit rund 100 Veranstaltungen; das **Buxton Festival** im Juli ist ein opernlastiges Kulturfestival.

• *Übernachten* **Camping Barns**, der Nationalpark ist übersät mit B & Bs, Zeltplätzen und Jugendherbergen. Wer nicht gerade zur Hauptsaison hierher fährt, dürfte bei der Unterkunftssuche keine Schwierigkeiten haben. Man kann auch in sogenannten Camping Barns absteigen, von denen es 3 gibt, in Underbank, Nab End und Edale. Dabei handelt es sich um umgebaute Scheunen, die Platz für 6–30 Personen bieten. Übernachtung £ 7/Person. Buchen über YHA. **Blaze Farm**, Wildboarclough, Macclesfield, Cheshire, SK11 0BL, ✆ 01629/592700. **Nab End Farm**, Hollinsclough, Longnor, Buxton, SK17 0RJ, ✆ 01629/592700. **Cotefield Farm**, Ollerbrook, Edale, S33 7ZG, ✆ 01629/592700.

Der Southern oder White Peak

Bakewell: Der Hauptort des Peak District (ca. 4000 Einwohner) ist in ganz England für die *Bakewell Puddings* bekannt, einen trockenen Kuchen aus Mandelmehl, der wahlweise eigentlich eine Erdbeertorte oder ein Weihnachtspudding hatte werden sollen. Das Originalrezept befindet sich angeblich im Besitz des Original Bakewell Pudding Shop (Bridge Street), was vom Bloomers Original Bakewell Pudding Shop (Water Street) heftig dementiert wird. Die Sehenswürdigkeiten des Ortes selbst beschränken sich auf die Pfarrkirche *All Saints* mit Bauelementen aus der normannischen und frühgotischen Zeit sowie einem sächsischen Steinkreuz und das *Old House Museum*. Letzteres ist in einem Haus aus der Tudorzeit untergebracht, das sich einst im Besitz des Erfinders des dampfbetriebenen Webstuhls, Richard Arkwright, befand.

Information **Tourist Information Centre**: Old Market Hall, Bridge Street, Derbyshire DE45 1DS, ✆ 01629/813227, ✉ 01629/814782, www.visitpeakdistrict.com. **The Old Bakewell Pudding Shop**: The Square, ✆ 01629/812193, www.bakewellpuddingshop.co.uk.

Haddon Hall: Drei Kilometer südlich von Bakewell liegt diese intime, mittelalterliche Halle hoch auf einem Hügel. Seit 800 Jahren gehört Haddon Hall der Manners Familie, den Herzögen von Rutland. Der jüngere Bruder des 11. Herzogs lebt in einem Farmhaus auf dem Gelände. Zu besichtigen sind die Tudor-Schlafzimmer, eine mittelalterliche Kapelle, die wunderbar gearbeitete Long Gallery, der Bankettsaal, wo Teile des Films *Elizabeth* gedreht wurden, sowie ein romantischer Walled Garden. Die Gärten sind erfüllt vom Duft der vielen Rosen. Die BBC verfilmte hier kürzlich Charlotte Brontës Roman *Jane Eyre*.

Mai–Sept. tgl. 12–17 Uhr. Im April u. Okt. nur Sa–Mo. Haus und Park: £ 8.95, erm. £ 7.95, Kinder £ 4.95, Familien £ 22.50. ✆ 01629/812855, www.haddonhall.co.uk.

Matlock und Matlock Bath: Matlock und Matlock Bath liegen entlang der A 6 in der Derwent-Schlucht. Matlock Bath ist einer der größeren Ortschaften im Peak District, jedoch ganz hübsch, umgeben von Hügeln und überragt von einer „Folly", dem Riber Castle. Der Glanz des Spa-Städtchens am River Derwent ist etwas verblichen. An Sommerwochenenden trifft man jedoch viele Motorradfahrer, die sich auf der Promenade ihren Weg in die nördlichen Moore bahnen. In den alten viktorianischen Bädern steht ein Brunnen, der vom Mineralwasser besprenkelt wird und dessen Dekorationen durch die Verkalkung langsam zu Steinskulpturen werden. Es gibt ein *Aquarium* und das *Peak Mining Museum* im Pavillon, dem ehemaligen Kurhaus. Außerdem kann man mit einer Sesselbahn (*cable car*) auf die Abraham Heights hinauffahren und dort die Bleiminen des 18. Jahrhunderts erkunden. Entlang des River Derwent puffen Dampfloks und alte Railcars entlang der *Peak Rail*. Im Mittelpunkt des Derwent-Tals steht aber die *Derwent Valley Mills World Heri-*

tage Site (s. u.). Wer sich für Frühgeschichte interessiert, findet fünf Kilometer nordwestlich von Matlock im Stanton Moor die *Nine Ladies*, einen Steinkreis aus der Bronzezeit. Die Legende sagt, dass Jungfrauen am Sabbat getanzt haben sollen und zur Strafe versteinert wurden.

• *Information* **Tourist Information Matlock**, Crown Square, Derbyshire DE4 3AT, ✆ 01629/583388; matlockinfo@derbyshire dales.gov.uk; www.derbyshiredales.gov.uk.

• *Öffnungszeiten* **Aquarium**: Ostern bis Okt. 10–17.30 Uhr. £ 2.50. 110 North Parade, ✆ 01629/583624; www.matlockbathaquarium.co.uk.

Peak Mining Museum und Temple Mine: Matlock Bath, Pavilion, South Parade, DE4 3NR, Ostern bis Okt. 10–17 Uhr, sonst bis 16 Uhr. Bergwerk 11–16 Uhr, im Winter nur am Wochenende 12–15 Uhr. £ 5, erm. £ 4.50, Kinder £ 3, Familien £ 11.50. ✆ 01629/583834, www.peakmines.co.uk.

Heights of Abraham Cable Car: März–Nov. tgl. 10–17 Uhr. Fahrpreis: £ 11.50, erm. £ 8.50. ✆ 01629/582365, www.heightsofabraham.com.

Peak Rail: Matlock Station, ✆ 01629/580381, peakrail@peakrail.co.uk; www.peakrail.co.uk.

• *Anfahrt* **Nine Ladies**: Ausgeschildert nach Stanton-in-Peak, Stanton Lees oder Birchover.

Derwent National Heritage Corridor und Derwent Valley Mills: Das Tal des River Derwent ist auf dem 24 Kilometer langen Abschnitt von Matlock Bath nach Derby seit 2001 UNESCO-Weltkulturerbe. Selbst im eigenen Land keine bekannte Größe, nimmt dieses Fleckchen einen wichtigen Platz in der englischen Industriegeschichte ein. Hier wurden Hargreave's Spinnrad („Spinning Jenny") und Arkwrights Water Frame entwickelt, Maschinen, die die Manufakturprozesse in der Textilindustrie auf der ganzen Welt verändert haben (→ Kasten S. 684). Viele Mühlen sind heute Museen und Besucherzentren, Mittelpunkt ist Sir Richard Arkwirght's *Masson Mills Working Textile Museum*. Die Mühle wurde 1783 von Arkwright gebaut und war das Vorzeigeprojekt für die Nutzung der Wasserkraft. Auch die *Cromford Mill* ist zu besichtigen. Die Reservoirs um *Fairholmes* sind beliebte Treffpunkte für Wanderer und Mountainbiker.

• *Information* **Masson Mills Working Textile Museum**, Mo–Fr 10–16 Uhr, Sa 11–17 Uhr, So 11–16 Uhr. £ 2.50, erm. £ 1.50, Familien £ 6.50. Auch riesiges Shopping Village. ✆ 01629/581001; www.massonmills.co.uk.

Cromford Mill, tgl. 9–17 Uhr, Eintritt frei, Führungen £ 3, ✆ 01629/823256; www.arkwrightsociety.org.uk. Weitere Informationen unter www.derwentvalleymills.org und www.nationalheritagecorridor.org.uk.

Ashbourne und Sudbury Hall: Ashbourne ist wieder ein Ort, der für ein Produkt bekannt ist: Den Ashbourne-Lebkuchen (Ginger Bread), den man am besten im Gingerbread Shop probiert. Samuel Johnson kam oft zum Urlaub her, weshalb auch ein lokales Ale nach ihm benannt ist (wird im von ihm hoch geschätzten The Green Man and Black's Head Royal Hotel gebraut). Nicht weit von hier steht ein Jakobinerhaus aus dem 17. Jahrhundert, dass dank der opulenten Schnitzarbeiten von Grinling Gibbons fast barock anmutet, *Sudbury Hall*. In den Stallungen ist das *National Trust Museum of Childhood* untergebracht, wo die Kleinen einen alten Schornstein hochklettern können. Wenn auch Ihnen nach Bewegung zumute ist, der Tissington-Trail-Fahrradweg (→ Kasten) führt entlang der stillgelegten Eisenbahn von Ashbourne nach Buxton. Noch ein wunderschönes Tal zum Wandern und Radfahren ist das Manifold Valley.

• *Information* **Gingerbread Shop Tea Rooms**, 26 St John Street, ✆ 01335/346753. **Sudbury Hall**: Mitte Febr. bis Okt. Mi–So 13–17 Uhr, **Children Museum**: April–Okt. tgl. 11–17 Uhr, Mitte Febr. bis März Mi–So 11–17 Uhr, Nov. bis Mitte Dez. nur am Wo-chenende. Hall: £ 6.70, erm. £ 3.40, Familien £ 18.30, Museum: £ 7.20, erm. £ 14.15, Familien £ 20, beides: £ 12.55, erm. £ 6.60, Familien £ 34.40 (NT). ✆ 01283/385305, Infoline: 01283/585337.

Nordwestengland

Karte S. 587

● *Camping* **Callow Top Holiday Park**, mit Swimmingpool und See zum Angeln. Zeltplatz ab £ 16, außerhalb der Saison günstiger. Buxton Road, Sandybrook, Ashbourne, DE6 2AQ, ℡ 01335/344020; www.callowtop.

co.uk. In einer umgebauten Scheune produziert die Minibrauerei **Haywood Bad Ram** Gerstensaft mit den klingenden Titeln Bad Ram, Dr Samuel Johnson und Woggle Dance.

Pedalgerecht

Im Peak District gibt es fast hundert Kilometer ausgewiesene Fahrradwege abseits der Straße. Hier sind die Top 6 aufgelistet. Über weitere Outdoor Aktivitäten informiert das „Peak Pursuit Activity Pack", das man in der Touristeninformation erhält:

Sett Valley Trail: 4 km entlang einer stillgelegten Eisenbahnstrecke von Hayfield nach New Mills.

Longdendale Trail: 10 km auf dem Trans-Pennine-Weg von Hadfield nach Woodhead Tunnels. Der 346 km lange Trans-Pennine-Fernweg von Küste zu Küste führt durch dramatische Landschaften des Peak District. www.transpenninetrail.org.uk.

Manifold Track: 13 km von Waterhouses nach Hulme End.

Tissington Trail: 20 km zwischen Ashbourne und Parsley Hay.

High Peak Trail: 28 km von Dowlow zum Cromford Canal nahe Matlock.

Beschreibungen im Web: www.visitpeakdistrict.com/activities/routes.aspx.

Der zentrale Peak District

Chatsworth House: Dieses Gebäude, das ursprünglich aus dem 16. Jahrhundert stammt und von dem jedoch nur noch der Hunting Tower steht, ist sicher eines der protzigsten und bekanntesten Herrenhäuser Englands. Seine heutige Form erhielt es Ende des 17. und Anfang des 18. Jahrhunderts, als die Cavendishs Herzöge von Devonshire wurden. Die Innendekoration wurde von Fachleuten aus ganz Europa zusammengestellt, und auch die Kunstschätze, zu denen Gemälde flämischer Maler wie van Dyck und Rembrandt und italienische von Tintoretto und Canaletto gehören, stehen dem Äußeren in Sachen Prunk in nichts nach. Berühmt sind auch die Deckengemälde Louis Laguerres, der in der Painted Hall Szenen aus dem Leben Julius Caesars geschaffen hat. Viele Prunksäle sind mit Seiden- und Lederwandgehängen ausgestattet und beherbergen teure Möbel und Kermaik aus verschiedenen Epochen, es gibt eine umfangreiche Bibliothek und eine beeindruckende Skulpturengalerie. Seit über 400 Jahren gehört das Gebäude dem Duke of Devonshire, der es in einen gemeinnützigen Verein überführt hat. Unbedingt genug Zeit einplanen, das Haus hat Hunderte von Zimmern, und der Park ist riesig mit Irrgarten, acht Kilometer langen Wanderwegen und einem 200-Meter-Wasserfall. Auch hier wurde gefilmt, Hollywood kam mit Keira Knightley, Dame Judi Dench und Donald Sutherland für die 2005er-Version von „Stolz und Vorurteil", Keira Knightley war 2005 zurück als „The Duchess", wo sie die berühmte Herzögin von Devonshire Georgina spielte, und 2008 gab sich Scarlett Johansson die Ehre als die „Boleyn-Schwester".

Mitte März bis Ende Dez. tgl. 11–17.30 Uhr (letzter Einlass 16.30 Uhr). Haus und Park: £ 11.50/£ 12.75 im Winter, erm. £ 9.50/£ 10.75, Kinder £ 6.25/£ 6.75, ℡ 01246/565300/582204, www.chatsworth.org.

Buxton: Der Ort ist in England vor allem wegen seines guten Mineralwassers bekannt, das man im ganzen Land kaufen kann. Schon die Römer wussten die Mineralquellen zu schätzen, deren Wasser man sich bis heute am Brunnen selbst abfüllen kann, und die Mary Queen of Scots herlockten, um ihr Rheuma zu kurieren. Im 18. Jahrhundert ließ der Duke of Devonshire die Stadt planmäßig errichten und dabei auch *The Crescent* sowie *The Stables* erbauen. Hier entstehen gerade moderne Thermen. Als 1863 die Eisenbahnlinie eröffnet wurde, folgten auch die Touristen. Für sie wurde auch der gigantische Glaspalast „The Pavilion" gebaut, der die Pavilion Gardens überblickt, in denen eine Miniatureisenbahn an den Teichen und Rasenflächen entlangtuckert. Touristenattraktion war auch die Cavendish Arcade, die 1987 in eine hübsche Einkaufspassage verwandelt wurde. In den nächsten Jahrzehnten setzte ein lang anhaltender Aufschwung ein, und Hotels sowie das Opernhaus wurden gebaut, das Flaggschiff von Buxton. Im Juli und August ist es fast immer ausverkauft, da dann das *Buxton Opera Festival* und das *International Gilbert and Sullivan Festival* stattfinden. Nur einen guten Kilometer von Buxton entfernt (10 Minuten zu Fuß von den Pavilion Gardens) kann man *Poole's Cavern* besuchen, die im Buxton Country Park zu finden ist und mit Solomon's Temple einen fantastischen Aussichtsturm auf 440 Metern Höhe besitzt. Die Tropfsteinhöhle, die nach einem Raubritter und Wegelagerer aus dem Mittelalter benannt ist, der hier sowohl seine Opfer als auch sein Diebesgut verbuddelt haben soll, kann mit den größten Stalaktiten und Stalagmiten der Region aufwarten.

• *Information* **Tourist Information Centre**, The Old Hall, The Crescent, Buxton, Derbyshire SK17 6BQ, ✆ 01298/25106, tourism@highpeak.gov.uk, www.visitpeakdistrict.com.
Festival-Office, ✆ 0845/1272190; www.buxtonfestival.co.uk.
• *Öffnungszeiten* **Poole's Cavern**: Ostern bis Okt. 9.30–17 Uhr, Nov. bis Ostern tgl. 10–16 Uhr, £ 6.75, erm. £ 5.50, Kinder £ 4. Green Lane, ✆ 01298/26978, www.poolscavern.co.uk.
• *Aktivitäten* **Go Ape!** An Seilen und über Schwebe-, Hänge- und Leiterbrücken bewegen Sie sich durch die Baumwipfel als wären Sie Tarzan und Jane. Gar nicht so affig! April–Okt. tgl. außer Mi und Fr, im Nov. nur an Wochenenden. ✆ 0845/6439215; www.goape.co.uk.
Buxton Riding School, Fern Farm, Fern Road, SK17 9NP, ✆ 01298/72319; www.fernfarmcottages.co.uk.
• *Kultur* **Buxton Museum and Art Gallery**, die Geologie, Archäologie und Geschichte des Peak District wird in einem Zeittunnel erkundet, mit Ton und Gerüchen. Mo geschl. Ostern bis Ende Sept. Di–Fr 9.30–

17.30 Uhr, Sa 9–17 Uhr, So 10.30–17 Uhr. Eintritt frei. Terrace Road, SK17 6DA, ✆ 01298/533540.
• *Übernachten/Essen/Trinken* **The Old Hall**, Dreisternehaus. 38 Zimmer in historischem Haus. EZ £ 65, DZ £ 85–105 (Himmelbett). Hervorragende Küche in sehr formellem, elegantem Restaurant, 2 Gänge £ 18, auch Weinbar und Lounge. The Square, SK17 6BD, ✆ 01298/22841, www.oldhallhotelbuxton.co.uk.
The Old Stables Fern Farm (→ Riding School), zwei Feriencottages für vier Personen mit Heizung, ab £ 255/Woche.
Simply Thai, günstig und gut, 2–3 Cavendish Circus, SK17 6AT, ✆ 01298/24471; www.simplythaibuxton.co.uk.
The Dome Fine Dining, hier kochen und servieren Studenten, manchmal exotisch, meistens gut, Lunch Mo–Fr 12 Uhr, Dinner nur Di. 18.30 Uhr University of Derby Buxton, 1 Devonshire Road, SK17 6RY, ✆ 01298/28345; www2.derby.ac.uk/thedomefinedining.
Monk at Buxton, Cocktailbar, Cavendish Circus, SK17 6AT, ✆ 01629/581751.

Arbor Low, Gib Hill: der Peak District ist schon seit der Steinzeit besiedelt, entsprechend viele Zeugnisse der urmenschlichen Lebenswelt finden sich über das Gebiet verstreut. Arbor Low, das „Stonehenge des Nordens", ist mit Stonehenge überhaupt nicht zu vergleichen, außer dass es sich um einen neolithischen Steinkreis handelt,

Nordwestengland
Karte S. 587

der aus derselben Zeit stammt. Kein einziger dieser wahrscheinlich einst 50 Steine in einem 90 Meter messenden Ringwall steht noch, ob sie je standen ist unklar. 200 Meter entfernt befindet sich der Gib-Hill-Grabhügel aus der Spätsteinzeit.

Information 20 km südlich von Buxton bei Hartington, freier Zugang über die Upper Old-hams Farm, dort muss man auch parken, Eintritt frei, Spenden willkommen. Anfahrt: auf der A 515 nahe Monyash. (EH).

Macclesfield und Lyme Park: Macclesfield, 20 km östlich von Buxton, ist von einer Ringstraße umgeben, die den Spitznamen „Silk Road" (Seidenstraße) trägt. Die Spieler der örtlichen Fußballmannschaft heißen „Silkmen", denn der Ort war das Zentrum der Seidenwebereien in England, deren Geschichte von 1830 bis heute im *Heritage Centre* erzählt wird. Im *Silk Industry Museum & Paradise Mill* erfährt man mehr über die Lebensbedingungen der Weber. Im Umland bei Disley steht ein prächtiger Landsitz, den man auch aus der Verfilmung von „Stolz und Vorurteil" von 1995 kennen dürfte: *Lyme Park*. Dort stellt der palladinische Bau Pemberley dar, wo Mr. Darcy zu Hause ist. Hier gibt es neben Kunst und kostbarer Einrichtung auch eine Sammlung von Uhren zu sehen.

• *Information* **Macclesfield Heritage Centre**, April–Okt. Mo–Sa 11–17 Uhr, So ab 12 Uhr, sonst Sa 11–17 Uhr, So 12–16 Uhr. £ 4.25, erm. £ 3.90. Roe Street, SK11 6UT, ✆ 01625/613210; www.macclesfield.silk. museum. **Paradise Mill**, Mo–Sa 11–17 Uhr, Führungen 12.15 Uhr, 13.30 Uhr, 14.45 Uhr. £ 6, erm. £ 5.25, ✆ 01625/612045. Park Lane. **Lyme Park**, März–Okt. Fr–Di 11–17 Uhr, Garten tgl. 11–17 Uhr, Park ganzjährig tgl. 8–18 Uhr. £ 8.10, erm. £ 3.60, Familien £ 19.80 (NT), ✆ 01663/762023.

Der Northern oder Black Peak

Castleton und das Hope Valley: In Castleton befinden sich zwei der größten Höhlen des Peak District sowie eine mittelalterliche Burg, *Peverel Castle*. Letztere wurde im 11. Jahrhundert von *William Peverel*, einem illegitimen Sohn von Wilhelm dem Eroberer, erbaut. Von hier aus wurde der königliche Jagdforst in den Peaks überwacht. Noch heute hat man eine fantastische Aussicht, für die man allerdings zahlen muss. Zu Füßen der Burg heißt *The Peaks Inn* Ausflügler und Wanderer willkommen. In der *Peak Cavern,* auch *Devil's Arse* genannt, die einen riesigen Eingang hat, befanden sich einst eine kleine Ansiedlung und die Werkstatt eines Seilmachers. Sie liegt direkt hinter der Stadt. *Castleton* ist auch bekannt für seine blauen und gelben Halbedelsteine, die es sonst nirgends auf der Welt gibt und die in Verballhornung des Französischen für „bleu et jaune" „Blue John" genannt werden. Jedes Jahr am 29. Mai wird das Garland Festival gefeiert. Dann verkleiden sich die Einwohner von Castleton in jakobinische Kostüme, um die Wiedereinsetzung Karls II. auf den Thron zu feiern.

• *National Park Visitor Centre* Buxton Road, Castleton, ✆ 01629/816572, ✆ 01433/623726; castleton@peakdistrict.gov.uk. www.peakdistrict-nationalpark.info.
• *Öffnungszeiten* **Peveril Castle**, April–Okt. tgl. 10–17 Uhr, sonst Do–Mo 10–16 Uhr. £ 4.20, erm. £ 3.60, Familien £ 10.50. (EH). ✆ 01433/620613. **The Peaks Inn**, How Lane, ✆ 01433/620247. **Peak Cavern**, April–Okt. tgl. 10–17 Uhr, Nov.–März nur am Wochenende. £ 7.75, erm. £ 6.75, Kinder £ 5.75. ✆ 01433/620285, www.peakcavern.co.uk.
• *Essen und Übernachten* **The Castle**, Countypub mit Biergaren und vier Geistern, drinnen gemütlicher Kamin. 15 Zimmer in der Innkeeper's Lodge, online Wochenendrate: £ 79.95, wochentags £ 59.95. Castle Street, S33 8WG, ✆ 01433/620578; www.vintageinn.co.uk/thecastlecastleton.

Edale: Edale ist ein idealer Ausgangspunkt für Wanderer in den nördlichen Peaks, denn hier beginnt der *Pennine Way*, der sich auf den 636 Meter hohen Kinder

Scout erhebt. Von hier kann man 463 Kilometer nach Kirk Yetholm an der schottischen Grenze wandern, was ungefähr zwei Wochen dauert. Wer nur einen Nachmittag zur Verfügung hat, steige hinter dem Old Nag's Head Pub den Grindsbrook Path entlang des Gletschertales auf den Kinder Scout. Das Highlight ist der Kinder Downfall, ein 30 Meter hoher Wasserfall auf der Westseite bei Hayfield. Obwohl das Gebiet den Arbeitern zu Erholung diente, war bis in die 1930er-Jahre das freie Wandern hier nicht erlaubt, denn die reichen Landbesitzer verboten den Durchgang. 1932 demonstrierten Arbeiter in einer „Massenwanderung" gegen diese Regelung, und obwohl einige dafür im Gefängnis endeten, führten diese Proteste zwanzig Jahre später zur Öffnung des seither für alle zugänglichen Nationalparks. Sportliche sollten im *Edale YHA Acitivity Centre* absteigen.

• *Information* **National Park Information Centre**, Fieldhead, Edale, Derbyshire ✆ 01433/670207. Vom Bahnhof bergaufwärts, ca. 400 m.

• *Übernachten/Freizeit* **The Rambler Country House Inn**, komfortable Unterkunft in altem Steinhaus, Restaurant, Terrasse, Garten mit Spielplatz. Fr, Sa, So £ 45/Person, sonst £ 38. S33 7ZA, ✆ 01433/670268; www.theramblerinn.com.

YHA Edale and Activity Centre, die Übernachtung kann mit einem großen Sportangebot (Wandern, Klettern, Höhlentauchen, Kanufahren, Bogenschießen, u. v. m.) ver-

bunden werden. Ganzjährig geöffnet. Erw. ab £ 16, Jugendliche ab £ 12. Rowland Cote, Nether Booth, Edale, Hope Valley, Derbyshire, S33 7ZH, ✆ 0845/3719514, edale@yha.org.uk; www.yha.org.uk.

Reiten: Ladybooth Equestrian Centre, Nether Booth, Edale, Hope Valley, Derbyshire, S33 7ZH, ✆ 01433/670205; www.ladybooth.co.uk.

• *Essen und Trinken* **The Old Nag's Head**, entspannen Sie sich beim Bier draußen an frischer Luft oder drinnen am knisternden Kaminfeuer. Pub aus dem 16. Jahrhundert. ✆ 01433/670291.

Holmfirth: Dieser Ort, am nordöstlichsten Rand der Peaks wunderhübsch inmitten der Hügel gelegen, ist aus einer englischen Fernsehserie bekannt: „Last of the Summer Wine" wurde hier verfilmt, und die Originalschauplätze sind zu besichtigen. So kann man beispielsweise in *Sid's Café*, aus dem eine lebensgroße Statue aus der Fernsehserie entgegenwinkt, einen Tee trinken. Wer sich nicht für die Serie interessiert, sollte auf jeden Fall einen Rundgang durch die Altstadt und am Fluss (Holme Valley Riverside Way, 10 km) entlang unternehmen. Eine schöne Aussicht hat man vom Holme Moos View Point auf 525 Metern auf der Woodhead Road.

Information **Tourist Information Centre**, 49–51 Huddersfield Road, Holmfirth, West Yorkshire HD9 3JP, ✆ 01484/222444; holmfirth.tic@kirklees.gov.uk. www.holmfirth.org.

Saddleworth Moor: Wer auf der A 635 von Holmfirth in Richtung Manchester fährt, gewinnt einen Eindruck von der dunklen Seite des *Dark Peak*. Angesichts der kargen, windgefegten Moorlandschaft fühlt man sich in eines der Bücher Tolkiens versetzt. Mit den lieblichen grünen Tälern der südlichen Peak hat dies hier nichts mehr zu tun. Mit dem Narrowboat *Pennine Moonraker* kann man eine Fahrt entlang des Huddersfield Narrow Canals unternehmen. Der schönste Spaziergang am Kanal ist zwischen Marsden und Slaithwait. Im *Standedge Tunnel und Visitor Centre* in Marsden erfahren Sie mehr zum Kanalbau, vor allem wie Thomas Telford diesen mit 5 Kilometern längsten und tiefsten Kanaltunnel des Landes bauen ließ.

• *Information* **Saddleworth Tourist Information**, Saddleworth Museum, High Street, Upper Mill, Oldham, Lancashire, OL3 6HS, ✆ 01457/870336: Hinter dem Museum legen die **Saddleworth Canal Cruises** ab, 7 Alva Road, Oldham, OL4 2NS, ✆ 0161/6526331; www.saddleworth-canal-

cruises.co.uk. **Standedge Tunnel and Visitor Centre**, April–Sept. Di–So. 10–17 Uhr, Okt. 10–16 Uhr, Eintritt ins Visitor Centre frei, Bootstouren und Führungen £ 4.50, erm. £ 4, Kinder £ 3.50. Waters Road, Marsden, Huddersfield, HD7 6NQ, ✆ 01782/785703; www.standedge.co.uk.

Glossop: Am Fuße des *Snake Pass* gelegen hat sich das Örtchen, in dem sich hübsche Cottages aus dem 17. und 18. Jahrhundert um einen Marktplatz herum gruppieren, den Namen Tor zum Peak verdient. Der Snake Pass ist meistens der erste, der bei schlechtem Winterwetter geschlossen weren muss, denn er liegt auf 512 Metern Höhe und ist so gewunden, wie der Name es vermuten lässt.

● *Information* **Tourist Information**, The Heritage Centre, Bank House, Henry Street, SK13 8BW, ✆ 01457/855920; www.glossoptouristcentre.co.uk.

● *Übernachten* **Wind in the Willows**, gemütliches Landhaus aus dem 19. Jahrhundert mit Eichenverkleidung und offenem Feuer. Antike Möbel, gute hausgemachte Küche. 12 Zimmer, B & B im EZ £ 88–110, DZ £ 135–165. Derbyshire Level, Glossop SK13 7PT, ✆ 01457/853354; www.windinthewillows.co.uk.

Sheffield

Im Peak District trifft man auf viele der 650.000 Einwohner von Sheffield. Sie betrachten den Nationalpark als ihre grüne Lunge. Die Stadt östlich des Peak District und am Rande der Pennines ist die heimliche Hauptstadt Süd-Yorkshires.

Sie war einst die konkurrenzlose Stahlküche des Landes und eine der reichsten Städte der Insel. Sheffield war schon im Mittelalter berühmt für seine Klingen. Als Industriezentrum wurde die Stadt von deutschen Bombern so gründlich platt gemacht, dass vom alten Kern nur wenige dunkle, rote Backsteingebäude aus viktorianischer Zeit erhalten sind, wie etwa das prächtige *Rathaus* mit der Bronzestatue „Vulkan" auf der Turmspitze, dem Symbol für die Stahlindustrie. Auch der *Paradise Square* im *Cathedral Quarter* ist ein architektonisches Kleinod, die schönste klassische Gebäudeansammlung der Stadt. Der Wiederaufbau nach dem Krieg geschah übereilt und entbehrte jeder Ästhetik. Die 1970er- und 1980er-Jahre waren für Sheffield gleichbedeutend mit Verarmung und Arbeitslosigkeit, seitdem galt die Stadt als schmutzig und bar jeden Charmes. Um sich aus dem Teufelskreis zu befreien, sah Sheffield wie viele ihrer Leidensgenossinnen die Zukunft im Tourismus und in Kulturprojekten. Die Stadt hinkt auf vielen Gebieten hinter ihren Nebenbuhlern aus dem Norden hinterher, ist aber auf dem besten Wege, sich in eine lebendige Metropole mit guter Musik- und Kunstszene, einem aufregenden Nachtleben und einer spannenden Theaterszene zu verwandeln. Sehenswert sind vor allem die *Millennium Galleries*, in denen vor allem wunderschöne Silberwaren ausgestellt sind. Ansehnlich sind auch der *Tudor Square* und der *Peace Garden* mit seinen Brunnen und Wasserspielen. Das *Kelham Island Industrial Museum* mitten auf einer Insel im River Don zeichnet die Industriegeschichte der Stadt nach. Ausstellungs-Highlight ist der 12.000-PS-Dampfmotor „River Don". Sheffield hat sich auch einiges an grünen Zonen zugelegt, bekannt sind etwa der *Wintergarten* (im Zentrum bei den Millennium Galleries), in dem mehr als 2000 Pflanzen aus aller Welt wachsen und der *Botanische Garten* drei Kilometer vom Stadtzentrum entfernt. Das *Canal Basin*, das die Victoria Quays mit dem Fluss Don verbindet, ist saniert worden und beherbergt inzwischen eine Reihe neuer Hotels, Geschäfte und Restaurants. Die *Sheffield City Hall* im klassischen Stil wurde 2005 zu einem Veranstaltungsort für Konzerte und Ausstellungen umgestaltet. Weniger bekannt ist, dass auch Sheffield *Türkische Bäder* besitzt, in denen man sich den üblichen Wellnessbehandlungen unterziehen kann.

Schleifer-Asthma

Die Metallarbeiter von Sheffield gehörten selbst in den dunkelsten Phasen der Industriellen Revolution Anfang des 19. Jahrhunderts zu den bestbezahlten Arbeitern des Landes, was nicht zu verwechseln ist mit gut bezahlt. Sie haben dafür mit schweren Berufskrankheiten zahlen müssen: Schwindsucht, Kopfschmerzen und Gallenübel waren an der Tagesordnung. Am schlimmsten aber war eine Krankheit, die „Schleifer-Asthma" genannt wurde. Diese Männer, die meist mit vierzehn Jahren in die Lehre gingen, atmeten bei der Arbeit tief gebückt beständig die scharfen Metallpartikelchen im Schleifstaub ein, die sich in ihren Lungen und inneren Organen festkrallten und sie langsam förmlich zerfraßen. Besonders schlimm waren die Trockenschleifer (z. B. Gabelschleifer) betroffen, deren Lebenserwartung bei nur rund dreißig Jahren lag. Dennoch waren die Proteste lautstark und militant, als Mitte des 19. Jahrhunderts erste Arbeitsschutzmaßnahmen eingeführt werden sollten: Die Männer hatten Angst, es würde die Löhne drücken, wenn ihre Arbeit weniger lebensgefährlich wäre ...

● *Information* **Sheffield Tourist Information Centre**, 14 Norfolk Row, S1 2PA, ✆ 0114/2211900, visitor@yorkshiresouth.com. www.welcometosheffield.co.uk. **Stadtführungen** im Sommer Di u. Do 10.15 Uhr. Spende erbeten.

● *Öffnungszeiten* **Millennium Galleries**: Mo–Sa 10–17 Uhr, So ab 11 Uhr, Eintritt frei. Arundel Gate, ✆ 0114/2782600; www.museums-sheffield.org.uk.

Kelham Island Industrial Museum: Mo–Do 10–16 Uhr, So 11–16.45 Uhr. £ 4, erm. £ 3, Kinder frei. Alma Street, ✆ 0114/2722106; www.simt.co.uk.

Sheffield Botanical Gardens: Mo–Fr 8 Uhr bis 19.45 Uhr/Sonnenuntergang, Sa–So ab 10 Uhr, im Winter nur bis 16 Uhr. Clarkehouse Road. Eintritt frei. ✆ 0114/2676496; www.sbg.org.uk.

SPA 1877: Türkische Bäder, Mo–Fr 9.30–21.30 Uhr, Sa–So 9–18.30 Uhr, Spa Experience mit 15-minütiger Massage kosten £ 40, Hammam Ritual £ 65. 67 Victoria Street, ✆ 0114/221877; www.spa1877.com.

● *Anreise/Verbindungen* **Bus** – National Express bedient die London Route 42-mal in der Woche. Busse kommen am Pond Street Coach Terminal im City Centre an. Für Busse, Straßenbahn und Züge gibt es ein vergünstigtes „South Yorkshire Day Tripper Ticket" für £ 5.80. Wer den Peak District per Bus erkunden will, frage nach einem „South Yorkshire Peak Explorer Ticket" für £ 9. www.travelsouthyorkshire.com.

Zug – Die Sheffield Midland Station verbindet die Stadt mit allen wichtigen Städten und dem Flughafen Manchester. Züge verlassen London in St Pancras Station, also auch Direktanbindung an den Eurostar.

Supertram – Diese Straßenbahn befährt 29 km und bedient drei Routen: Sie verbinden fünf der P & R-Parkplätze mit dem City Centre, der Uni, der Kathedrale und der Sportarena. Bus & Tram Dayrider Tickets erlauben unlimitierte Fahrten für 24 Stunden, Megarider Tickets gelten für eine Woche. ✆ 0114/2769888; www.supertram.com.

Flugzeug – der größte Flughafen der Gegend ist Manchester. Der nächste Flughafen ist Robin Hood Doncaster Sheffield Airport. Von hier werden 40 Ziele in Europa angeflogen. First Avenue, Doncaster, DN9 3NH, www.robinhoodairport.com. Der Arilink Service 91 fährt von Doncaster her.

● *Einkaufen* Designer-Boutiquen und kleine Läden findet man in **Devonshire Quarter**. Hier befinden sich auch das **Forum Shopping Centre** und der neue **West One Complex**.

● *Übernachten* ****** Mercure St Paul's** Hotel und Spa, Viersternehaus in unschlagbarer Lage direkt am Wintergarten mit Schwimmbad. DZ £ 85–140 (ohne Frühstück). 119 Norfolk Street, ✆ 0870/6090965, ✆ 0114/2782013, H6628@accor.comwww.mercure.com.

Houseboat Hotels, Übernachten auf einem Narrowboat. Modern eingerichtet mit allem

Komfort. Hausboot Ruby mit DZ ab £ 59, Hausboot Lily-May mit zwei Zimmern ab £ 69, kontinentales Frühstück auf Anfrage £ 8. Victoria Quay, Wharfe Street, S2 5SY, ✆ 01909/569393 oder 07974/590264, www.houseboathotels.com.

Wortley Hall Ltd., 49 Zimmer werden in diesem klassischen Landsitz der Grafen von Wharncliffe vermietet, der heute als Freizeitzentrum dient. Alle mit Bad, Spielezimmer, Bar und Gartenanlage. DZ ab £ 42/Person. Wortley Village, Sheffield, S35 7DB, ✆ 0114/2882100; ✆ 2830695; www.wortleyhall.org.uk.

● *Essen/Trinken/Nachtleben*   **Nonnas Restaurant**, einer der besten Italiener mit Antipastitheke. Nicht billig, Pasta £ 9.50. 535–541 Ecclesall Road, S11 8PR, ✆ 0114/2686166, Durchwahl 1; www.nonnas.co.uk.

Rafters, edles Restaurant 10 Min. vom Zentrum. Deckenbalken und handgefertigte Lampen aus Mailand, moderne britische Küche je nach Saison. So u. Di Ruhetage. 220 Oakbrook Road, S11 7ED, ✆ 0114/2304819; www.raftersrestaurant.co.uk.

Blue Moon Cafe, vegetarische und veganische Gerichte in entspannter Umgebung, 2 St James Street, S1 2EW, ✆ 0114/2763443.

The Milestone, Gastro-Pub auf Kelham Island. Hier wird von der Pasta über die Chutneys bis zum Eis alles selbst hergestellt. 84 Green Lane Ecke Ball Street, S3 8SE, ✆ 0144/2728327, www.the-milestone.co.uk.

Moran's, gut für Speis und Trank. Wein-Restaurant mit Wine Tasting Dinners für £ 35/Person. Dinner Di–Sa, Lunch Mi–So. 289 Abbeydale Road Sout, Dore, Sheffield, S17 3LB, ✆ 0114/2350101; www.moranssheffield.co.uk.

Crystal, ist irgendwie alles in einem: Bar, Lounge und Club. Schick, aber heimelig. 23–32 Carver Street, S1 4FS, ✆ 0114/2725926; www.crystalbar.uk.com.

Badeorte an der Irischen See

Ab Mitte des 19. Jahrhunderts bis in die 1960er-Jahre waren die Badeorte an der englischen Küste das Mekka der Arbeiter aus den Industriezentren. Ein langer Strand war die Grundvoraussetzung, und durch den Bau von Vergnügungsarkaden, Jahrmärkten und Pubs stellte man sich auf den Massentourismus ein. Nachdem dann Reisen in die Mittelmeerregionen zur Mode und preislich erschwinglicher wurden, begannen die großen heimischen Seebadeorte zu „versanden" – der Besucherstrom blieb aus. Die Wasserqualität ist an den meisten Orten umstritten, und auch die an den Promenaden zu findenden Vergnügungsangebote sind mittlerweile nicht mehr ganz zeitgemäß. Ein Promenadenspaziergang in einem der Seebäder ist dennoch empfehlenswert, denn hier wird eine für Touristen eher unbekannte Seite Englands sichtbar, die jedoch sehr markant von der Entwicklung des Landes erzählt.

Blackpool

Blackpool ist eines der wenigen Seebäder, die sich relativ erfolgreich über die Flaute gerettet haben. Dies hängt zum Teil damit zusammen, dass die Stadtbevölkerung aus den Ballungsgebieten in Lancashire und Yorkshire den Ort immer noch als Naherholungsgebiet für Kurz- oder Tagesausflüge nutzt. Die jährlichen Parteitage der Volksparteien bringen zusätzlich Geld ein.

Blackpool kann man entweder als englische Institution oder als Schandfleck empfinden. Mehr als 17 Millionen Besucher kommen jedes Jahr hierher, um am Trubel teilzuhaben. Vor 150 Jahren gab es hier nicht viel mehr als ein kleines Fischerdorf in den Sanddünen des Fylde. Im 19. Jahrhundert, nach Eintreffen der Eisenbahn, wurde Blackpool „Hochglanz" für die Arbeiterklasse der umliegenden Industriestädte: mit drei Landestegen, dem damals höchsten Gebäude im Land und der ersten elektrischen Straßenbahn. In den 1950er-Jahren entwickelte es sich zu einem Familienbad, und heute versucht die größte Stadt der Grafschaft Lancashire keiner

Der Klassiker unter den Seebädern: Blackpool

geringeren als Las Vegas Konkurrenz zu machen. Wahrzeichen der Stadt ist der 158 Meter hohe, rote Nachbau des Eiffelturms (*Blackpool Tower*), der weithin sichtbar ist, und in dessen Rokoko Ballsaal noch immer Tea Dances stattfinden. Das Nachtleben Blackpools sucht in England seinesgleichen, so dass Vergnügungssüchtige hier genau richtig sind. Von September bis Oktober wird die zehn Kilometer lange Promenade mit ihren drei Piers von über einer Million Lichtern hell erleuchtet: *The Illuminations* nennt sich diese Aktion, die jeweils von einem Prominenten vorgenommen wird – 2010 war das Robbie Williams. Auch findet hier alljährlich die Feuerwerks-Weltmeisterschaft statt. Ein ständiger Rummelplatz befindet sich am *Pleasure Beach*, der 1896 eigentlich für Erwachsene eingerichtet worden war, damit sie sich einmal wieder wie Kinder fühlen könnten. Höhepunkt hier ist die 70 Meter hohe und 140 km/h schnelle Riesenachterbahn *Pepsi Max Big One*. Daneben lockt der weltgrößte Spiegelball, ein viereinhalb Tonnen schwerer Koloss aus 47.000 Einzelteilen. Die Rundum-Renovierung der Promenade schreitet weiter voran, entlang der zwei Kilometer zwischen North Pier und Sandcastle Waterworld erfreuen jetzt im Rahmen der „Great Promenade Show" Kunstwerke die Besucher, wie die Walfischschwänze von Liam Curtin und John Gooding, die als Windschutz dienen. Natürlich gibt es auch ein neues *Sea Life Centre*. Im *George Bancroft Park* auf der Ausfallstraße zur Autobahn ist ein Spielplatz mit 20 Meter hohen Klettertürmen entstanden. Etwas weiter im Inland liegt das *Lune Valley*, ein malerischer Landstrich, der durch die Gemälde von William Turner berühmt wurde.

● *Information* **Tourist Information Centre**, 1 Clifton Street, FY1 1LY, ☎ 01253/478222, ✆ 01253/478210. Hier gibt es Tickets für Veranstaltungen, Karten, Prospekte und man hilft bei der Buchung einer Unterkunft. www.visitblackpool.com.

● *Öffnungszeiten* **Blackpool Tower and Circus**: Unterhaltung auf sieben Etagen. Ostern bis Okt. 10–23 Uhr (an manchen Tagen sehr viel kürzer). £ 17, erm. £ 10. ☎ 01253/292029, www.theblackpooltower.co.uk.

Nordwestengland Karte S. 587

Pleasure Beach: Rollschuh- und Eislaufen in der Arena. März–Nov. tgl. 10–17 Uhr, an den Wochenenden bis 20 Uhr/Sonnenuntergang. Im Winter nur an Wochenenden. £ 20, erm. £ 15 (im Winter £ 10). Ocean Boulevard, Promenade, ✆ 0870/4445566, www.blackpoolpleasurebeach.com.

• *Übernachten* **** **The Big Blue Hotel**, das einzige Boutique-Hotel im Ort, 157 moderne Zimmer mit neuen Bädern. Fitness-Studio, Bar und Brasserie. B & B im DZ ab £ 129. Im Winter halber Preis. Pleasure Beach, FY4 1ND, ✆ 0871/2224000, 🖷 01253/400046, www.bigbluehotel.com.

• *Kultur* **Winter Gardens & Opera House Theatre**, ein Komplex mit Theatern wie dem Empress Ballroom, wo neben Tanzveranstaltungen auch Konzerte stattfinden, und dem Opera House. 97 Church Street, ✆ 0844/8561111; www.wintergardensblackpool.co.uk.

Grand Theater, im National Theatre of Variety werden Musicals, Ballett, Opern und Theater aufgeführt. ✆ 01253/290190; http://blackpoolgrand.co.uk.

• *Sehenswürdigkeiten* **Louis Tussaud's Waxworks**, Wachsfigurenkabinett, wo Sie der Königin, Elton John oder Elvis Presley begegnen. Tgl. 10–17 Uhr, £ 11.95, erm. £ 10.95, Kinder £ 9.95, online die Hälfte. 87–89 Promenade, ✆ 01253/625953; www.louistoussaudswaxworks.co.uk.

Sealife Blackpool, Aquarium mit Haifischtank und tödlichen Seeschlangen. Tgl 10–17 Uhr, £ 27.90 (2 Erwachsene), Kinder £ 10.95, Familien £ 41. Online-Buchung billiger. ✆ 0871/4232110; www.sealifeeurope.com.

Lytham St Annes, Fleetwood und Thornton Cleveleys

Am Nordufer der Ribble-Flussmündung liegt der weit elegantere Badeort **Lytham St Annes** mit viktorianischer Promenade, weißer Windmühle auf dem Dorfgrün und dem St Annes Pier. Berühmt ist der Ort jedoch für einen der renommiertesten Golfplätze, dem *Royal Lytham and St Annes Golf Course*, der 1886 gegründet wurde und Gastgeber für die British Open ist. Das *Ribble Valley* gilt als Vorbild für Mittelerde in J. R. R. Tolkiens „Der Herr der Ringe". Im Tal liegt auch der unberührte Wald von Bowland.

Fleetwood ist ein traditioneller kleiner Küstenort und hat einen Pier, einen Jachthafen, einen Leuchtturm auf der Straße sowie eine schöne Promenade. Der Ort ist die Heimat der Fisherman's Friend Hustenbonbons. Es gibt einen Markt, die Lord Street ist die Shoppingmeile.

Thornton Cleveleys Promenade ist gerade renoviert worden und kann nun mit neuen Vergnügungspalästen und Kino aufwarten, ebenso wurde der *Jubilee Garden* generalüberholt, in dem es sich herrlich entspannen lässt. Viele Besucher zieht es hier jedoch in die mittelalterlichen Kopfsteinpflasterstraßen.

• *Information* **Visitor & Travel Information Centre**, 290 Clifton Drive South, Lytham St Annes, Lancashire FY8 1LH, ✆ 01253/725610, 🖷 640708; touristinformation@fylde.gov.uk, www.visitlythamstannes.co.uk. **Tourist Information Centre Fleetwood**, The Old Ferry Office, The Esplanade, Lancashire FY76DL, ✆ 01253/773953; fleetwoodtic@wyrebc.gov.uk. **Tourist Information Centre Thornton Cleveleys**, Victoria Square, Lancashire FY5 1AJ, ✆ 01253/853378, 🖷 866124; cleveleystic@wyrebc.gov.uk.

Morecambe

Morecambe wird in den meisten Reiseführern nicht erwähnt, obwohl es an einer wunderschönen Bucht gelegen ist. Die weitläufige *Morecambe Bay* ermöglicht einen Blick auf die Berge des Lake District am gegenüberliegenden Ufer. Bei Ebbe ist die Bucht fast trocken, und es werden Wattwanderungen angeboten. Wie an der Nordsee gilt jedoch, dass man nicht auf eigene Faust ins Watt wandern sollte, denn dies ist gefährlich. *Cross-Sands Walks* kann man in der Touristeninformation buchen. Der „Queen's Guide to the Sands", wie sich Cedric Robinson betiteln darf, führt Besucher regelmäßig von einer Seite zur anderen. Die Bucht ist Zwischenstation für zahlreiche Vogelarten auf dem Weg nach Süden oder Norden. Im Winter ist der Ort ein Vogelparadies, da hier viele Zugvögel überwintern, darunter die seltenen Eiderenten.

Die mit Kunstwerken bestückte Promenade in Morecambe ist kilometerlang und das Meer verlockend, doch die hiesigen Vergnügungsanlagen bieten nach wie vor einen traurigen Anblick – wie eine riesige Geisterstadt reihen sich geschlossene und verfallene Gebäude aneinander. Einige der Pensionen und Hotels aus den 1930er-Jahren, etwa das Midland-Hotel direkt an der Promenade (das in der Blütezeit des Ortes entstand), wurden restauriert. Die Touristeninformation bietet geführte Spaziergänge zu diesen architektonischen Sehenswürdigkeiten. Seit 1963 hat Cedric Robinson den ehrenamtlichen Posten des Queen's Guide inne, darf daher kostenlos im 700 Jahre alten Guide's Cottage wohnen, das der Krone gehört und vom Herzogtum von Lancashire verwaltet wird.

Auch wenn man nicht unbedingt die Nacht hier verbringen muss, lohnt sich doch ein Ausblick auf die Bucht und ein Spaziergang, mit dem man auf jeden Fall einen Nachmittag füllen kann. Wer noch etwas Historie will, kann auch im hübschen Lancaster übernachten, das unmittelbar an Morecambe angrenzt.

● *Information* **Tourist Information Centre**, Old Station Buildings, Marine Road Central, Morecambe, Lancashire LA4 4DB, ✆ 01524/582808, www.citycoastcountryside. co.uk oder www.lancaster.gov.uk.

Cross-Sands Führungen: Buchung in der Touristeninformation von Grange-over-Sands, Victoria Hall, Main Street, LA11 6DP, ✆ 015395/34026.

Lancaster

Die am Fluss Lune gelegene Stadt gehörte einst zu den besten Häfen an der Westküste und gelangte besonders durch den Sklavenhandel zu Reichtum; die meisten Gebäude stammen aus der georgianischen Periode (18. Jahrhundert). Bereits zu römischen Zeiten stand auf dem Hügel inmitten der Stadt eine Festung. Noch heute wird die Burg als Gerichtshof genutzt, die *Shire Hall* ist daher nur außerhalb der Verhandlungen zu besichtigen. Die Burg war einst Sitz des Hauses Lancaster, das in den Rosenkriegen den Gegenpol zum Hause York darstellte. König Eduard III. hatte im 14. Jahrhundert zwei seiner Söhne zu Herzögen des Nordens gemacht: Seinem Viertgeborenen (Edmund) gab er York und dem Drittgeborenen (dem später so mächtigen John of Gaunt) Lancaster. Ein direkter Abkomme dieses Hauses ist die Queen, die den offiziellen Titel „Duke of Lancaster" trägt. Sehenswert sind auch die gegenüberliegende *Priory Church* und *St George's Quay* mit dem *Custom House*, das heute das *Maritime Museum* beherbergt. Die Universität veranstaltet jeden Sommer zwischen Mai und September eine umfangreiche Ausstellung mit Werken der Künstlers und Schriftstellers John Ruskin in der *Ruskin Library*. In dem futuristischen Bau von Richard McCormac werden viele seiner Manuskripte und Zeichnungen (die Whitehouse Collection) archiviert. Wer in die Natur möchte, überquere die Millennium Bridge, und Sie befinden sich auf dem 15 Kilometer langen Wander- und Fahrradweg nach Caton, der jüngst mit Skulpturen gepflastert und zum „River Lune Millennium Park" ausgebaut wurde.

● *Information* **Visitor Information Centre**, The Storey, Meetinghouse Lanel, Lancashire LA1 1TH, ✆ 01524/582394, lancaster vic@lancaster.gov.uk; www.lancaster.gov. uk und www.visitlancashire.co.uk.

● *Öffnungszeiten* **Ruskin Library, Gallery**, Mo–Sa 11–16, So 13–16 Uhr, Lancaster University. ✆ 01254/593587; www.lancs.ac.uk.

Nordwestengland Karte S. 587

• *Stadtführungen* Zu bestimmten Terminen im Jahr werden Stadtführungen durch das historische Lancaster angeboten, die von kostümierten Führern aus verschiedenen geschichtlichen Epochen angeführt werden. Beginn jeweils 19 Uhr vom John O' Gaunt Gateway in der Burg. Informationen über Termine in der Tourist Information.

• *Märkte* Überdachter Markt, Garden Ecke King Street, Mo–Sa 9–17 Uhr; Streetmarket, im Market Square, Mi u. Sa; jeden 2. Sa Farmersmarket. www.lancastermarkets.co.uk.

• *Übernachten/Essen/Trinken* **The Sun Hotel and Bar**, modernisiertes Stadthaus, edle Bar, 15 Zimmer mit italienischen Bädern und Flachbildschirmen, kostenloses WLAN. Zimmer B & B im EZ £ 75–80, DZ £ 82–110. 63–65 Church Street, LA1 1ET, ✆ 01524/66006, www.thesunhotelandbar.co.uk.

The Shakespeare Bed & Breakfast, gegenüber vom Grand Theater gelegenes Gästehaus in viktorianischem Reihenhaus. Vier Sterne, sauber, schlicht, sehr beliebt bei Schauspielern. B & B £ 32–39 pro Person. 96 St Leonardgate, ✆ 01524/841041, theshakespearelancaster@talktalk.net.

The Wagon and Horses, Gasthaus in einem Pub am Fluss, große Speisekarte. B & B im DZ ab £ 75. 27 St George's Quay, LA1 1RD, ✆ 01524/846094, www.wagonandhorsespub.co.uk.

• *Jugendherberge* **Arnside**, Countryhouse mit Blick über die Morecambe Bay, 25 km nördl. von Lancaster. Erw. ab £ 12, Jugendliche ab £ 9. Redhills Road, Arnside, Carnforth, LA5 0AT, ✆ 0845/3719722; ✆ 01524/762589; arnside@yha.org.uk.

• *Nachtleben* **Elements**, führender Nachtclub, jung und ausgelassen. 23–25 North Road, LA1 1NS, ✆ 01524/33323; www.elementsclub.co.uk.

Sehenswertes

Lancaster Castle: Das Schloss, heute im Besitz der Queen, geht auf die römische Festung Lun-Castrum zurück. Die Normannen erbauten um 1102 einen soliden Turm, und im 12. und 13. Jahrhundert wurde die Anlage erweitert. Bereits ab dem 17. Jahrhundert wurde hier Gericht gehalten, gleichzeitig dient das Gebäude bis heute als Gefängnis und ist daher nur in Teilen und im Rahmen einer Führung zu besichtigen. Sehenswert sind unter anderem die *Shire Hall* (Gerichtshalle), die noch immer als Crown Court dient und deren makabre Attraktion der Drop Room ist, wo die Gefangenen für den Galgen vorbereitet wurden. Achten Sie auch auf den *Hadrian's Tower* aus dem 13. Jahrhundert, der besonders dicke Mauern hat. Während eines Rundgangs kann man sich auf Wunsch probeweise in eines der dunklen Verliese einsperren lassen. Unter anderem war das Schloss Schauplatz der berüchtigten Hexenprozesse im Jahr 1612. Damals wurden nach einer Serie von Morden und anderen Zwischenfällen mehrere Familien in Pendle der Hexerei beschuldigt. Ihnen wurde der Prozess gemacht und zehn Männer und Frauen wurden gehängt. Ihre Geständnisse wurden später als Buch veröffentlicht: „The Wonderful Discoveries of Witches in the Countie of Lancaster".

April bis Mitte Dez. tgl. 10–17 Uhr. Eintritt nur mit Führung (zw. 10.30 und 16 Uhr): £ 5, erm. £ 4, Familienticket £ 14. ✆ 01524/64998. www.lancastercastle.com.

Priory Church of St Mary: Gleich in der Nähe der Burg befindet sich diese Kirche aus dem Jahr 1094, die von den Normannen an der Stelle eines älteren angelsächsischen Gotteshauses erbaut wurde. Die Kirche hat ein Portal aus sächsischer Zeit aufzuweisen sowie schönes Chorgestühl. Der Priory Tower wurde vor 250 Jahren gebaut, um den Seeleuten den Weg in den River Lune zu weisen.

Tgl. 10–16.30 Uhr. Eintritt frei. ✆ 01524/65338, www.priory.lancaster.ac.uk und www.lancasterpriory.org.

Judges Lodging: Dieses älteste Stadthaus in der Church Street (unterhalb der Kirche) hat gleich mehrere Ausstellungen zu bieten: Das *Museum of Childhood* zeigt Spielsachen aus der Zeit vom 18. Jahrhundert bis heute. Einige Räume sind wie ehemalige Kinderzimmer eingerichtet. Außerdem kann man im *Gillow Museum* feine Möbelstücke im Regency Style aus der Werkstatt der Gillows besichtigen. Unter anderem stattete die Firma im 19. Jahrhundert große Luxusschiffe aus.

Okt. und April–Juni Mo–Fr 13–16 Uhr, Sa u. So 12–16 Uhr, Juli–Sept. Mo–Fr 10–16 Uhr, Sa u. So 12–16 Uhr, im Winter geschlossen. Eintritt: £ 3, erm. £ 2. ✆ 01524/32808.

City Museum: Am Marktplatz befindet sich dieses sehenswerte Museum, das im alten Rathaus aus dem Jahr 1781 untergebracht ist. Seit 1923 wird hier bereits Wissenswertes über die Geschichte der Stadt präsentiert.

Mo–Sa 10–17 Uhr. Eintritt frei. ✆ 01524/64637.

Maritime Museum: Weiter unten am Fluss befindet sich im alten Zollhaus aus dem Jahr 1764 am St George's Quay das Maritime Museum. Die Ausstellung versucht, mit Wachspuppen, Geräuschen und Gerüchen vergangene Glanzzeiten der Hafenstadt Lancaster wachzurufen. Außerdem erfährt man einiges über das Ökosystem der Morecambe Bay. Jedes Jahr über Ostern ist der Kai Schauplatz des *Maritime Festivals*.

April bis Okt. tgl. 11–17 Uhr, Nov. bis März tgl. 12.30–16 Uhr. Market Square. Eintritt: £ 3, erm. £ 2. ✆ 01524/64637.

Williamson Park/Ashton Memorial: Im Osten der Stadt befindet sich dieser Park auf einem Hügel, von dem aus man die Stadt und die Morecambe Bay gut überblicken kann. Etwa in der Mitte des Parks befinden sich ein Schmetterlingshaus in einem alten Palmenhaus aus der edwardianischen Zeit, ein Reptilienhaus sowie auf dem höchsten Punkt Lancashires das *Ashton Memorial*, ein eindrucksvoller Kuppelbau, den der Millionär Lord Ashton 1907 für seine verstorbene Frau errichten ließ.

April bis Sept. tgl. 10–17 Uhr, Okt. bis März tgl. 10–16 Uhr. Schmetterlingshaus: £ 3.50, erm. £ 3, Kinder £ 2.50. ✆ 01524/33318, www.williamsonpark.com.

Isle of Man

Die Isle of Man, vor der Nordwestküste Englands gelegen, ist eine kleine, hübsche Insel, die allerdings oft von rauem Wetter geplagt wird. Am einfachsten gelangt man mit der Fähre von Liverpool bzw. Hesham/Morecambe hierher. Die facettenreiche Insel mit einer Länge von 53 Kilometern, ca. 20 Kilometer Breite und rund 76.000 Einwohnern ist eine Mischung aus grandioser Küste, fruchbaren Tälern und schattig-grünen Wäldern. Eine der Hauptattraktionen sind verschiedene Rennen, die hier im Sommer stattfinden, z. B. das Motorradrennen *Manx Grand Prix* (Aug./Sept.), die *Manx International Ralley* (Anfang Aug.) und der *Kart Racing Grand Prix* (Ende Juni). Außerdem gibt es viele Sport-, Wander- und Radfahrmöglichkeiten, Museen und natürlich die wunderschöne Natur, die von weißen Sandstränden bis zu dschungelartigen Wasserfällen reicht.

Ein guter Ausgangspunkt ist die Hauptstadt *Douglas*, in der es eine Promenade am Hafen, zahlreiche Hotels und Restaurants gibt. Fähren und Flugzeuge kommen hier an. *Peel* im Westen bietet einen schönen Strand sowie ein Schloss; *Port Erin* im Süden glänzt ebenfalls mit einem hübschen Strand und guten Wandermöglichkeiten auf den Klippen; in *Castletown* im Süden befindet sich eine mittelalterliche Festung; im Osten fährt von *Laxey* aus die *Snaefell Mountain Railway* durch ehemalige Minenanlagen, außerdem kann man hier den wunderschönen Wasserfall im *Dhoon Glen* besichtigen; und auch in *Ramsey* im Norden gibt es einiges zu sehen: einen schönen Hafen und einen See, außerdem befindet sich hier die Motorradrennstrecke.

Nordwestengland

Karte S. 587

Es war einmal ...

Vor langer, langer Zeit herrschte ein Meeresgott namens Manannan Mac Lir (Sohn der See) über die Isle of Man. Er hatte die Macht, einen einzigen Krieger wie eine ganze Heerschar erscheinen zu lassen und besaß einen magischen Umhang, den undurchdringlichen „Mantel of Mist", der die Insel bis heute vor einer Invasion schützt.

Die Insel selbst wurde der Legende nach geformt, als ein irischer Riese, der auf den Namen Finn Mac Cuill hörte, eine Handvoll Erde nach seinem schottischen Rivalen warf. Das Wurfgeschoss erreichte nicht den Feind, sondern plumste in die Irische See – ja genau, und schuf die Isle of Man. In Nordirland, wo Finn Mac Cuill die Erde aufgelesen hatte, entstand so Lough Neagh.

Die Insel gehört weder zur EU noch zu Großbritannien, sie hat ihre eigene Verwaltung, die allerdings als Crown Protectorat der englischen Krone untersteht, von einem Lieutnant-Governor geleitet wird und mit dem Tynwald seit der Eroberung durch die Wikinger vor mehr als tausend Jahren ihr eigenes Parlament besitzt. Außerdem herrscht hier das Inselgesetz, es gibt eigene Briefmarken und selbst das Geld hat eine andere Prägung (wenn auch denselben Wert). Schließlich haben die Inselbewohner ihre eigene keltische Sprache, das Manx Gaelic, das mit dem Schottischen und Irischen verwandt ist. Sie wurde bis zum 18. Jahrhundert inselweit gesprochen, starb dann allerdings aus und erlebt inzwischen dank der Manx Language Society eine Wiedergeburt. Heute wird Manx wieder in der Schule gelehrt: Willkommen also in „Ellan Vannin". Das Wahrzeichen der Insel ist der „dreibeinige Mann", der auf der Flagge und auch auf dem Geld zu sehen ist. Er steht symbolisch für die Unabhängigkeit der Insel und soll von heidnischen Darstellungen des Sonnenrads hergeleitet sein. Zur Fülle der Traditionen gehört auch Aberglaube: Etwa soll es Glück bringen, den „kleinen Leuten" zuzuwinken, die unter der Fairy Brücke nahe dem Bahnhof von Santon leben; ein Kreuz aus Zweigen hängt oft an Türen, um böse Geister zu verscheuchen; und das Wort Ratte auszusprechen soll Unglück bringen, weshalb die Nager hier „Langschwänze" heißen. Auch die Manx-Fauna hat Einzigartigkeiten zu bieten: Die Manx-Katzen besitzen keinen Schwanz und das Loghtan-Schaf hat gleich vier statt nur zwei Hörner. Bereits seit Beginn des 19. Jahrhunderts entwickelte sich die Insel hauptsächlich als Ausflugsziel, und der Tourismus spielt noch heute eine bedeutende Rolle. Ähnlich wie auf den Kanalinseln haben sich hier aufgrund der niedrigen Steuern viele Briefkastenfirmen niedergelassen. Dennoch wirken die Ortschaften für ein „Steuerparadies" erstaunlich arm und schäbig – die Reichen haben eben nur Briefkästen hier.

Douglas: Als Mischung aus Urlaubsort, Finanzzentrum und Hafen verfügt Douglas über alle Annehmlichkeiten einer Stadt. Verschiedene Freizeitzentren bieten Möglichkeiten zum Schwimmen, Squash und für andere Sportarten, ein Kasino und ein Theater sind ebenfalls vorhanden. Empfehlenswert sind eine Fahrt mit der Pferdekutsche entlang der Strandpromenade und ein Besuch im *Manx Museum*, wo die National Art Gallery, Ausstellungen zu Geologie und Archäologie sowie Wissenswertes zum TT-Rennen untergebracht sind.

● *Information* **Tourist Information Point**, hier gibt es umfassende Informationen über die ganze Insel, und man ist auch bei der Zimmervermittlung behilflich. Bei längerem Aufenthalt lohnt sich der *Story of Man Heritage Pass*, ein Sammeleintritt zu allen

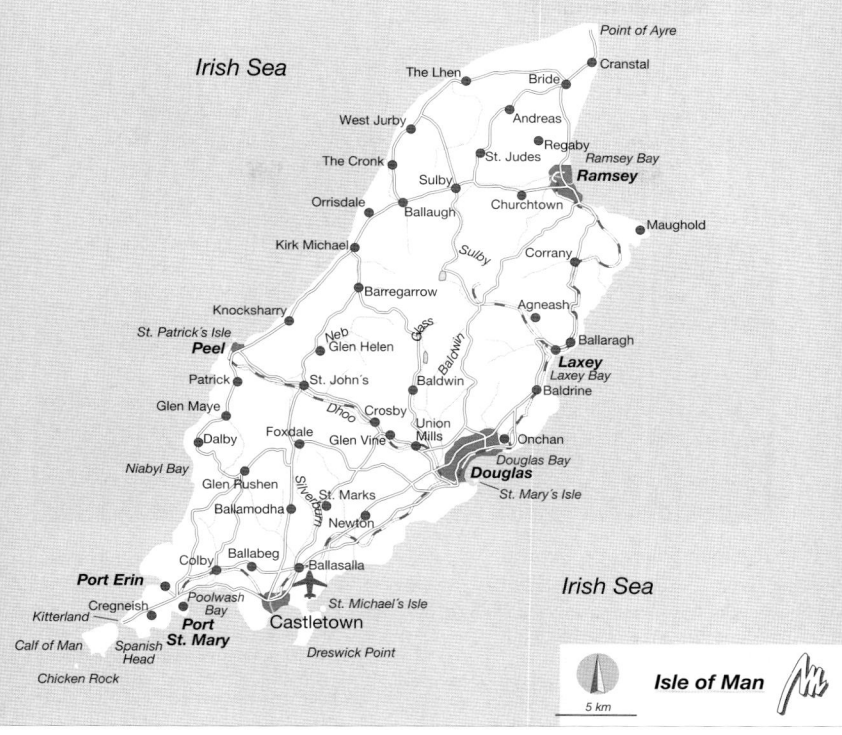

Isle of Man

5 km

Sehenswürdigkeiten der Insel für £ 11, Kinder £ 5.50. Sea Terminal Building, Douglas, Isle of Man IM1 2RG, ✆ 01624/686801, 📠 686800; tourism@gov.im. www.iomguide.com oder www.visitisleofman.com.

Die Isle of Man hat vier **Besucherzentren:**

Niabyl Cafe und Visitor Centre, auf der Strecke Peel nach Dalby, Bus 7, nur im Sommer, ✆ 01624/843300.

Sound Visitor Centre, Ausstellung über Geschichte und Wirtschaft der Region mit gutem Café mit Ausblick über die Bucht zur Insel Calf. Bus 1 von Douglas. ✆ 01624/838123.

Scarlett Visitor Centre bei Castletown, hier wird die Entstehung des Vulkangesteins vor 250 Mio. Jahren erklärt, Naturpfad. Scarlett Point, Castletown, ✆ 01624/801985.

Ayres Visitor Centre mit Informationen über das Ayres Natur Reservat und sein Ökosystem. Nur im Sommer Di–So nachmittags. ✆ 01624/801985.

• *Verbindungen* **Fähren** – Von Liverpool oder Heysham/Morecambe verkehren die Superseacat und die Seacat ganzjährig. Auch von Irland (Belfast und Dublin) gibt es regelmäßige Verbindungen. Isle of Man Steam Packet, ✆ 08722/992992, von der Insel 661661. www.steam-packet.com.

Flugzeug – Von London, Manchester, Liverpool, Leeds, Bradford, Glasgow, Birmingham sowie von Bristol und Southampton verkehren kleine Propeller- oder Düsenflugzeuge zum Ronaldsway Airport im Süden des Eilands. ✆ 01624/821600; www.iom-airport.com.

Bus/Bahn/Pferdewagen – Auf der Insel fahren Busse, Bergbahnen und Pferdewagen (man kann ein Island-Explorer-Kombiticket erstehen). Beliebte Routen sind die mit der elektrischen Straßenbahn von Douglas über Laxey bis Ramsey, mit der Dampfeisenbahn von Douglas über Castletown nach Port Erin und die Snaefell Moun-

Die Promenade von Douglas

tain Railway. Informationen unter Isle of Man Transport, ✆ 01624/662525, www.iombusandrail.info.

• *Parken/Verkehr* Um mit einem Wohnwagen-Anhänger auf die Isle of Man überzusetzen, brauchen Sie eine Permit (Erlaubnis). Wer mit dem Auto kommt, muss sie sich bei der Isle of Man Steam Packet Company, am Sea Terminal, am Flughafen oder beim Autoverleiher „parking discs" beschaffen (kostenfrei).

• *Bootfahren* Rundfahrten auf der **MV Karnia**, von Villiers Steps an der Douglas Promenade gegenüber dem Uhrenturm. ✆ 07624/493592 oder 01624/617436.

• *Fahrräder* **Eurocycles**, £ 15/Tag. 8A Victoria Road, Mo–Sa 9.30–17 Uhr. ✆ 01624/624909; www.eurocycles-iom.com.

• *Öffnungszeiten* Manx Museum: Mo–Sa 10–17 Uhr. Eintritt frei. ✆ 01624/648000.

• *Übernachten* Urlaub auf dem Bauernhof ist auch auf der Isle of Man beliebt. Adressen für B & B und Self-Catering finden Sie bei www.StayOnAManxFarm.com.

***** **Birchfield House**, luxuriöses viktorianisches Stadthaus im Herzen von Douglas' historischem Zentrum, antike Möbel, Seeblick und Garten. IM2 3BN, 12 Zimmer, B & B ab £ 95. Exzellente Küche. York Road, ✆ 01624/670383, www.birchfieldhouse.com.

Bay View, 4-Sterne-B & B in modernem Haus mit Blick über die Douglas Bay, 3 Zimmer ab £ 22/Person mit Frühstück. 16 Banks Howe, Onchan, IM3 2ET, ✆ 01624/663772; www.manxbayview.co.uk.

• *Wandern* Besonders schön ist eine Wanderung entlang des **Coastal Path**, der 145 km lang ist und in 7 Teilabschnitte unterteilt wurde. Der **Millennium Way** führt 42 km von Ramsey nach Castletown, in den Spuren der Fischer wandelt man auf dem eher beschwerlichen **Bayr ny Skeddan**, dem Hering-Weg, der 22,5 km von Peel nach Castletown führt. Der kürzeste Langstreckenwanderweg ist der **Heritage Trail** über 17 km von Douglas nach Peel entlang einer stillgelegten Eisenbahnlinie. **Walking Festivals** finden zweimal im Jahr im Juni und September statt.

• *Mountain Biking* Ein Ausdauerrennen über 75 km end-to-end von Point of Ayre zum Sound wird jedes Jahr im September organisiert. Die Strecke verläuft zu 75 % offroad. Die International Cycle Week im Juni nutzt Teile der TT-Strecke.

• *Auto- und Motorradrennen* Auf dem Jurby Airport Circuit kann man mit Auto oder Motorrad Höchstgeschwindigkeiten antesten. ✆ 01264/644644.

• *Golf* Es gibt neun Golfplätze auf der Isle of Man. In Castletown befindet sich auf der

Langness-Halbinsel der 18-Loch-Championship-Course, der in den 1920er-Jahren von Machenzie Ross entworfen wurde. ☎ 01264/822201; Gebühr: £ 28–33. Auf dem Mount Murray Golfplatz finden die Isle of Man Open statt. www.isleofmangolf.im.

● *Angeln* Eine Lizenz zum Angeln und Fischen bekommen Sie bei der Tourist Information, in Postämtern und in manchen Angelläden. Die Saison geht vom 1. April bis Ende September für Forellen und Lachs. Die besten Flüsse sind Dhoo, Glass, Neb, Lexey und Sulby. Es gibt auch acht Reservoirs.

● *Wassersport* Die Insel verfügt über vier größere Jachthäfen (Douglas, Port St Mary, Ramsey und Peel). Surfer steuern in der Regel Gansey Bay nördlich von Port St Mary an, in Port Erin gibt es ein Water Activities Centre. (7th Wave, ☎ 01264/836366, www.7thwave-iom.com).

● *Reiten* Es gibt mehrere Ponyhöfe, in Douglas z. B. **Abbeylands Equestrian Centre**, Lower Sulby Farm, Scollag Road, Onchan, IM3 1AA, ☎ 01624/676717.

Laxey: Nördlich von Douglas liegt dieses ehemalige Bergarbeiterdorf. Es ist berühmt für seine Mühlen, den kleinen Hafen und das Great *Laxey Wheel* „Lady Isabella", ein riesiges Wasserrad von 1854, das das Grundwasser aus den Bleiminen des Ortes herauspumpte. Laxey ist auch der beste Ausgangspunkt für die Erklimmung des mit 621 Metern höchsten Berges der Insel, des Snaefell Mountain, entweder per *Mountain Railway* oder zu Fuß. Von hier, so sagt ein Sprichwort, kann man an einem klaren Tag sechs alte Königreiche sehen: England, Schottland, Irland, Wales, die Isle of Man selbst und das königliche Himmelsreich.

Laxey Wheel: Ostern bis Okt. tgl. 10–17 Uhr. £ 4, erm. £ 2, Familien £ 9.50. ☎ 01624/675522. **Snaefell Mountain Railway**: Mai–Sept. tgl. 10.15–15.45 Uhr. Fahrpreis: £ 10.80, erm. £ 5.40. ☎ 01624/663366.

Castletown: Diese ruhige Hafenstadt am südlichen Ende der Isle of Man war einst die Hauptstadt der Insel. Sie liegt im Schatten des *Castle Rushen*, das über siebenhundert Jahre Sitz der Könige und Lordschaften von Manx war. Rushen Abbey wurde 1134 gegründet. Wer mehr über das Parlament der Insel erfahren will, besuche das *Old House of Keys*. Die Stadt hat einen Hafen, einen Open-Air-Markt, das *Nautical Museum* und die *Old Grammar School*.

Castle Rushen: April–Okt. 10–17 Uhr. £ 5.50, erm. £ 3, Familien £ 14. ☎ 01624/648000. **Rushen Abbey**: Ostern bis Okt. tgl. 10–17 Uhr. £ 4, erm. £ 2, Familien £ 9.50. Mill Road, Ballasalla, IM9 3DB.

Old House of Keys: April–Okt. tgl. 10–17 Uhr. £ 4, Kinder £ 2, Familien £ 9.50. Führungen jede volle Stunde. Parliament Square, ☎ 01624/648000.

Nautical Museum: April–Okt. tgl. 10–17 Uhr. £ 4, erm. £ 2, Familien £ 9.50. ☎ 01624/675522. **Old Grammar School**: April–Okt. Eintritt frei.

Am Snaefell Mountain werden wenigstens die Füße nicht nass

Peel: Der schönste Ort an der Westküste, hier gibt es feinen Sandstrand und eine *Burg* aus dem 11. Jahrhundert, die auf St Patrick's Island steht. Das *House of Manannan* ist ein interaktives Museum, das die Geschichte der Insel und ihrer Seefahrer erzählt. Ein Nachbau des Wikingerschiffes „Odin of Raven" ist das Highlight. Drei Meilen von Peel befindet sich Tynwald Hill, wo am 5. Juli die Parlamentszeremonie stattfindet. Unbedingt probieren sollte man die Manx Kippers, eine Art Sardine, die hier zu Hause ist, und über die es mehr im Kipper Museum und der traditionellen Räucherei Moores zu erfahren gibt.

Castle Peel: April–Okt. tgl. 10–17 Uhr. £ 4, Kinder £ 2, Familien £ 9.50. **House of Manannan:** tgl. 10–17 Uhr. £ 6, erm. £ 3, Familien £ 14.50. ✆ 01624/648000. **Moores Traditional Museum:** April–Okt. Mo–Sa 10–17 Uhr, Führung tgl. 15.30 Uhr. £ 2, erm. £ 1. Mill Road, IM5 1TA, ✆ 01624/843622.

Royal Ramsey: Nach Ramsey ganz im Norden der Insel gelangt man entweder mit der elektrischen Eisenbahn oder über die berühmte TT-Bergstraße. Die zweitgrößte Stadt der Insel kann man vom Albert Tower aus überblicken, sie hat eine lange Strandpromenade zu bieten, einen geschäftigen Hafen und den Mooragh Park samt See, auf dem man Bootfahren kann. Von hier ist es nicht weit zum nördlichsten Punkt der Insel, dem Point of Ayre, einem Naturschutzreservat.

Unterkunft **The River House**, georgianischer Landsitz am Sulby Fluss, wunderbare Ausblicke. B & B ab 42.50 pro Person. Ramsey, IM8 3DA, ✆ 01624/816412; www.theriverhouse-iom.com.

Port Erin: Seit dem 19. Jahrhundert ist Port Erin ein beliebter Ferienort mit geschützten sandigen Buchten und einer langen Promenade. Vom Raglan Pier kann man Bootstouren unternehmen, hier kann man tauchen, an Pony-Trekking teilnehmen oder wandern. Port Erin ist auch der südliche Endbahnhof für die *Steam Railway* von und nach Douglas und das Zuhause des *Erin Arts Centre*, wo alljährlich das Manannan International Festival of Music and the Arts stattfindet. Boote bringen Besucher auch zur *Calf Island*, einem Naturreservat, wo man wunderbar Vögel beobachten kann.

Steam Railway: Ostern bis Okt. vier Züge pro Tag, Juli u. Aug. sieben Züge. Preise je nach Strecke £ 4.40–10.80. ✆ 01624/686766. **Erin Arts Centre:** Di–Fr 13.30–16.30 Uhr. Victoria Square, IM9 6LD, ✆ 01624/835858; www.erinartscentre.com. **Calf Island Cruises:** April–Okt. 10.15, 11.30 u. 13 Uhr. Raglan Pier, ✆ 01624/832339.

Port St Mary: Dieser Hafenort ist nicht nur Zentrum des Segelsports auf der Insel, sondern auch ein beliebter Ausgangspunkt für Wanderungen entlang des Küstenpfades nach Perwick Bay. Es gibt einen Golfplatz, und im Sommer kann man mittwochs den Kunstmarkt besuchen. Es lohnt sich auch eine Bootsfahrt zum Inselchen Calf of Man, einem Vogelschutzgebiet mit drei Leuchttürmen. Neueste Attraktion ist das Sound Visitor Centre. Das *Cregneash Village Folk Museum* bietet einen guten Einblick in die Lebensweise der Pächter und Landarbeiter verschiedener Jahrhunderte.

- *Öffnungszeiten* April–Okt. tgl. 10–17 Uhr. £ 3.30, erm. £ 1.70. ✆ 01624/675522.
- *Unterkunft* **Aaron House**, viktorianisches Stadthaus mit Blick auf die Chapel Bay und den Hafen. Bio-Frühstück. Die En-suite-Zimmer sind wie eine Zeitreise ins 19. Jahrhundert. B & B ab £ 35 pro Person. The Promenade, IM9 5DE, ✆ 01624/835702, www.aaronhouse.co.uk.

Lake District

Deutlich hebt sich der blaue Himmel von den karg bewachsenen, schroffen Bergen ab. Eine fast unwirkliche Szenerie, die in ihrer wildromantischen Ausstrahlung kaum zu übertreffen ist. Grau-, Rot- und Grüntöne vermischen sich zu einem aufregenden Bild. Tief unten bahnt sich glasklares Wasser seinen Weg durch die Täler und bildet einen sich heftig windenden Bach. Auch die Wolken tragen ihren Teil zu dem beeindruckenden Farbenspiel bei: Wie schwarze Schatten ziehen sie über die Landschaft hinweg und scheinen zusammen mit den weidenden Schafen das Einzige zu sein, was sich bewegt.

Der Lake District, geographisch die Cumbrische Seenplatte, ist seit eh und je ein Land der Hirten, Jäger, Fischer und Holzfäller, aber auch der Dichter und Denker. Vier Eiszeiten schufen eine richtige Bilderbuchlandschaft mit den höchsten Bergen Englands (bis zu 978 Meter), der steilsten Straße (Hardknott-Pass mit 33 %), zahlreichen Seen (14) – darunter auch dem tiefsten (Wastwater mit 74 Metern) und dem größten (Windermere mit 1.459 ha) des Landes –, rauen Hochtälern und blumenübersäten Wiesen. Wen wundert es, dass dieser 2.300 km^2 große Nationalpark zu den beliebtesten Feriengebieten der zivilisationsmüden Engländer gehört. Pro Jahr kommen etwa 18 Millionen Besucher hierher, fast ein Drittel der Bevölkerung der Insel. Bei uns in Mitteleuropa ist die *Grafschaft Cumbria*, in der dieser größte englische Nationalpark liegt, kaum bekannt. Engländer jedoch sind zu jeder Jahreszeit hier anzutreffen. In gelben Öljacken, mit Bergschuhen an den Füßen und einem kleinen Rucksack auf dem Rücken wandern sie voll Sehnsucht nach möglichst unverfälschter Natur über die Berge und um die Seen.

Entdeckt wurde die Schönheit der wilden Landschaft erst gegen Ende des 18. Jahrhunderts von den Dichtern und Malern der Romantik. Der in den Lakes geborene Dichter *William Wordsworth* (1770–1850) verbrachte fast sein ganzes Leben hier und wurde von der Landschaft zu seiner Prosa inspiriert. Im Jahr 1810 veröffentlichte er den ersten Reiseführer über das Gebiet (*A Complete Guide to the Lakes),* der ein großes Interesse für die Lakes auslöste und den Besuch vieler bedeutender Schriftsteller nach sich zog, etwa von Samuel Taylor Coleridge, Robert Southey, dem opiumabhängigen Thomas De Quincey und etwas später von Beatrix Potter.

Einsamkeit kann man hier oben immer noch finden – Wanderungen auf die *Fells,* wie die Menschen seit Wikingerzeiten hier ihre Berge nennen, sind schon allein wegen des phantastischen Ausblicks ein großartiges Erlebnis. Zehn fjordartige Seentäler fächern sich vom *Scafell Pike* strahlenförmig aus. Der höchste Berg Englands mutet hochgebirgsgewohnten Kletterern mit seinen 978 Meter vielleicht wie ein Hügel an. Man sollte sich jedoch nicht täuschen, denn auch hier gibt es teilweise recht schwierige Kletterverhältnisse. Noch zu Ostern kann man schneebedeckte Berge finden, und in den frühen Morgenstunden sind die Seen oft in Nebel gehüllt. Im Sommer sind besonders die leichter zugänglichen Gebiete, z. B. der Lake Windermere, völlig überlaufen. Sportliche Aktivitäten vom Wandern, Reiten und Fahrradfahren über Wassersport bis zum Paragliding stehen bei den Touristen hoch im Kurs. Das Cumbria-Bike-Fest Anfang Mai und das Kendal-Mountain-Festival im November sind nur einige der jährlichen Veranstaltungen, mit dem die

Nordwestengland Karte S. 587

Region diesem Bedarf gerecht wird. Als Besucher werden Sie aber auch, dem Zeitgeist gemäß, mit gastronomischen Angeboten von der Cumberland-Wurst über Grasmere Gingerbread bis zum Kendal Mint Cake verwöhnt, und von michelinsterngekrönten Restaurants (L'Enclume in Cartmel und Holbeck Ghyll in Windermere), gemütlichen Tearooms (entlang eines eigenen „Tea Trails") und den rund 25 Minibrauereien geködert (www.golakes.co.uk/do/food-and-drink/default.aspx). Besonderes Augenmerk wurde in den letzten Jahren ebenfalls auf den Ausbau der Wellness- und Spa-Angebote gelegt.

Ulverston – das Mekka der Laurel-&-Hardy-Fans

Wer den südlichen Teil des Lake District in Richtung der Halbinsel Furness bereist, kommt durch Ulverston. In diesem kleinen Provinznest steht im Zentrum vor der Touristeninformation eine nagelneue Dick-&-Doof-Statue mit Lucky Dog zu ihren Füßen, während die beiden Komödianten gegen einen Laternenmast lehnen. Ulverston ist Stan Laurels (Arthur Stanley Jeffersons) Geburtsstadt, weshalb sich hier auch das einzige Laurel-&-Hardy-Museum Englands befindet. Es wurde Anfang der 1980er-Jahre vom ehemaligen Bürgermeister Bill Cubin für seine Privatsammlung gegründet. Seine Tochter und sein Enkel führen das Museum weiter, das 2009 aus Platzgründen in das Roxy Kino umgezogen ist: Hier laufen nonstop Dick-&-Doof-Filme und Dokumentationen. Trennwände unterteilen die Bühne, die vollgestopft ist mit Laurel-&-Hardy-Kuriositäten: Fotos, Figuren, Nippes, Kitsch, aber auch Original-Autogrammen. Für den Fan gibt es natürlich auch einiges zu kaufen; außerdem bekommt man eine Wegbeschreibung zu Stan Laurels Geburtshaus.

Laurel & Hardy Museum, on Stage at the Roxy, Brogden Street, Ulverston (Town Centre), Cumbria LA12 7AH, ✆ 01229/582292, www.laurel-and-hardy.co.uk. Febr.–Dez. tgl. 10–17 Uhr (im Jan. geschlossen). £ 4, erm. £ 3, Kinder £ 2, Familie £ 8.

Das Foto auf dieser Seite stammt aus dem empfehlenswerten Buch „Laurel & Hardy, Life & Magic", Trescher Verlag, Berlin 1994.

● *Information* **Tourist Information Centre**, Coronation Hall, Country Square, LA12 7LZ, So geschl., ✆ 01229/587120; ulverstontic@southlakeland.gov.uk.

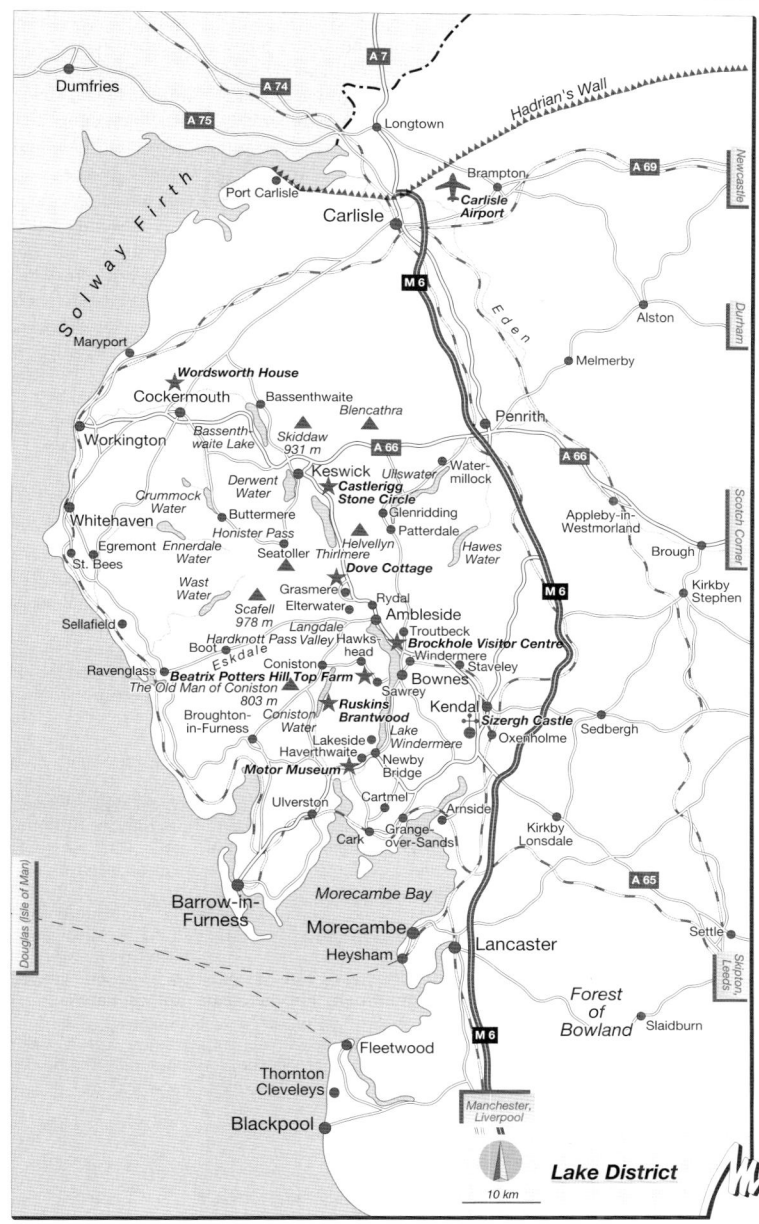

Lake District

10 km

Die Landschaft, die in der letzten Eiszeit geformt wurde, teilt sich in verschiedene Zonen auf: Im Süden zwischen *Coniston* und *Windermere* ist es eher lieblich; im mittleren Teil um *Wasdale* und *Wast Water* finden sich die größten Extreme (vom höchsten Gipfel zum tiefsten See); und der Norden wird von sanften Hügeln sowie den Seen *Derwent*, *Crummock* und *Buttermere* gekennzeichnet. Wer genug Zeit hat, sollte auch einen Ausflug zur Westküste nicht versäumen, wo man in kleinen Fischerorten wie etwa *Ravenglass* eine besondere Atmosphäre findet.

Im Meer zu schwimmen oder zu baden ist an der gesamten Küste allerdings nicht empfehlenswert, denn das Wasser ist stark radioaktiv verseucht. Nur wenige Kilometer nördlich von Ravenglass wird man brutal mit der Ursache dieser Verseuchung konfrontiert: Bei Calder Bridge befindet sich das Atomkraftwerk *Sellafield*. Auf den Straßen hier trifft man oft auf schwere Lkws, die radioaktive Abfälle nach Sellafield bringen. Naturschützer kämpfen seit Jahren für die Schließung der Anlage.

Sprechen Sie nordisch?

Im zehnten Jahrhundert war der Lake District von den Wikingern besiedelt, die für viele landschaftliche Bezeichnungen verantwortlich sind. Einen Wasserfall nennt man seitdem *Ghyll*, einen Fluss *Beck*, wohingegen ein *Dale* ein Tal ist und ein *Gill* die Schlucht. Wer von einem *Tarn* spricht, meint einen See, und in vielen Ortsnamen taucht auch *Thwaite* auf, die Rodung.

● *Information* **Cumbria Tourism**, Windermere Road, Staveley, Kendal, Cumbria, LA8 9PL, ✆ 01539/822222, 🖷 825078; info@cumbriatourism.org, www.cumbriatourism.org. Die Behörde unterhält zahlreiche Informationszentren im Nationalpark, u. a. das **Lake District Information Centre** (wird zurzeit in eine Besucherattraktion mit Café, interaktiver Ausstellung und einem neuen Wassersportzentrum ausgebaut), Brockhole, Windermere, LA23 1LJ, ✆ 015394/46601, info@lakedistrict.gov.uk, www.golakes.co.uk. www.lakedistrict.gov.uk.

● *Verbindungen* **Bus** – National Express Busse fahren nach Windermere (Bahnhof), Ambleside, Grasmere und Keswick. Die Busfirma, die die meisten Routen innerhalb des Lake District befährt, ist Stagecoach (✆ 0871/2002233, www.stagecoachbus.com/northwest). Explorer Tickets erlauben unbeschränkte Nutzung für einen Tag, vier Tage oder eine Woche. Die Hauptroute durch den Lake District ist die 555/6 von Lancaster nach Norden via Kendal, Windermere, Rydal und Grasmere.

Zug – Mit der West Coast Mainline von London nach Glasgow und Edinburgh kommt man bis zum Ostrand des Lake District: Lancaster, Kendal, Penrith oder Carlisle. Von Lancaster gehen regelmäßig Transpennine-Züge (www.tpexpress.co.uk)

nach Windermere. Von Carlisle fährt Northern Rail (www.northernrail.org) entlang der Westküste bis nach Ravenglass.

● *Sport* Zwei Informationszentren sind jüngst zu „Adventure Hubs" ausgebaut worden und versorgen Besucher mit Informationen zu allen möglichen Aktivitäten. Auch Kurse kann man hier buchen lassen. **Keswick Information Centre**, Moot Hall, Market Square, Keswick, CA12 5JR, ✆ 017687/72645; keswicktic@lakedistrict.gov.uk. **Rheged Information Centre**, Rgheged, Penrith, CA11 0DY, ✆ 01768/860034; www.golakes.co.uk/adventure-capital/default.aspx.

● *Wandern* **Jennings Adventure Ale Tracks**: Nicht zu fassen, aber die Brauerei hat 6 Routen ausgearbeitet, die zwischen 2 und 4 Tagen dauern, verschiedene Schwierigkeitsgrade haben und bei denen am Ende immer ein wunderbares Pub zum Durst löschen und schlafen wartet. **Lake District Walker** bieten geführte Wanderungen und Orientierungstraining an. 19 Cocker Lane, Cockermouth, Cumbria CA13 9NR, ✆ 0780/5929132; info@thelakedistrictwalker.co.uk; www.thelakedistrictwalker.co.uk.

● *Fahrradfahren* Der Lake District ist ein Paradies für Mountainbiker. Es gibt unzählige ausgewiesene Routen von 1–2 zu 4–5

Tiefster See Englands: Wast Water

Stunden. Für Langstrecken-Fahrer gibt es die **4 Seasons Fred Whitton Route**, die 112 Meilen über die berühmtesten Pässe der Region führt. Die Wettbewerbsstrecke kann man auch ohne Wettbewerb radeln. www.fredwhittonchallenge.org.uk.

● *Fahrradverleih* **Country Lanes Cycle Hire**, Windermere Bahnhof, Tgl. 9–17 Uhr, £ 20–32/Tag. ✆ 015394/44544, www.countrylaneslakedistrict.co.uk/ windermere_cycle_hire.htm.

● *Reiten* Am Strand oder durch das Hinterland können Sie traben mit **Murthwaite Green Trekking Centre**, Silecroft, Millom, Cumbria LA18 5LP, ✆ 01229/770876; cath.wrigley@virgin.net; www.murthwaitegreen.co.uk.

● *Funsport* **Holmescales Activity Centre**, bietet Adrenalinsportarten vom Bogenschießen über Fischen und Reiten bis hin zum Klettern. Holmescale Farm, Old Huton, Kendal, LA8 0NB, ✆ 01539/722147; www.holmescales.com.

OB Sailing, Segelkurse und Jachtcharter, Tageskurs ab £ 95 pro Person, Charter £ 800–1200 pro Woche. Maiden Marine Jetties, Ferry Nab, Bowness-on-Windermere, LA23 3JH, ✆ 01539/552338; www.obsailing.co.uk.

Low Wood Watersports Centre, Wasserski, Surfen, Segeln, Kajakfahren und vieles mehr. Low Wood, Windermere, ✆ 015394/39441; www.elh.co.uk/watersports.

Summitrek Ltd., Klettern, Kajak- und Kanufahren, Canyoning und Abenteuer-Wanderungen sind nur einige der Aktivitäten, die in mehreren Summitrek-Zentren organisiert werden. Adventure Centre, Lake Road, Coniston, Cumbria LA21 8EW, ✆ 015394/41212; www.summitreks.co.uk.

River Deep Mountain High, einer der größten Veranstalter für abenteuerliche Aktivitäten, Clocktower Building, Lowick Old School, nahe Ulverston, Cunbria LA12 8EB, ✆ 01539/528666; info@riverdeepmountainhigh. co.uk; www.riverdeepmountainhigh.co.uk.

Lakeland Climbing Centre, Indoor-Kletterwand mit Kursen, Lake District Business Park, Mint Bridge Road, Kendal, LA9 6NH, Erwachsene £ 8, Kinder £ 7, ✆ 01539/721766; www.kendalwall.co.uk.

Lakeland Lama Treks, der etwas andere Ausritt auf dem Rücken eines peruanischen Lamas. Maßgeschneidert vom Stundenbis zum Tagesausflug, vom Picknick bis zum Pub-Besuch. Larch Cottage, Brougham, Cumbria, CA10 2AB, ✆ 01768/866776. info@lakelandllamatreks.co.uk; www.lakelandllamatreks.co.uk.

Nordwestengland
Karte S. 587

• *Übernachten* Am besten übernachtet man in Unterkünften mit einer „Walkers Welcome" Akkreditierung von Visit Britain, die z. B. mit einem Trockenraum ausgestattet sind.

• *Ungewöhnliche Unterkünfte* **4Winds**, Schlafen im Indianerzelt (Tipi) im Herzen des Langdale Valley unterhalb des Lingmoor Fells auf der Baysbrown Farm. Für die sechs Tipis gibt es einen Toilettenblock und Duschen. Zum Pub 10 Gehminuten. Anfahrt (Low Wray Campsite): Folgen Sie der A 593 von Ambleside nach Skelwith Bridge. Biegen Sie ab auf die B 5343 nach Langdale. Nach der Kirche und einer Häuserreihe folgen Sie der Beschilderung nach Baysbrown. Buchung eine Woche oder ein Wochenende, je nach Größe ab £ 230/Woche, ab £ 40/Nacht (für 4 Personen). ✆ 01539/821481, www.4windslakelandtipis.co.uk.

Full Circle, luxuriöse Jurten (russisch-asiatische Rundzelte der Nomaden) auf dem Gelände von Rydal Hall mit Ofen in der Mitte und Platz für bis zu sechs Personen. Spielplatz und Wasserfall in der Nähe. Ab £ 295 fürs Wochenende, £ 440 für die volle Woche. ✆ 07975/671928, www.lake-district-yurts.co.uk.

Grizedale Camping Site and Riding Centre, kampieren mitten im Wald zwischen Coniston Water und Lake Windermere. Auch Jurten und Pods (sehr kleine Hütten). Man kann sein Pferd mitbringen oder sich einen Ausritt organisieren lassen (ab £ 10). Bowkerstead Farm, Satterthwaite, Ulverston, LA12 8LL, ✆ 01229/860208, www.grizedale-camping.co.uk. Fahrradverleih im Grizedale Visitor Centre (ab £ 15 pro Tag, ✆ 01229/860369; www.grizedalemountainbikes.co.uk/hire.).

Südlicher Lake District

Kendal

Die 20.000-Einwohner-Stadt ist die größte Stadt im Lake District und oft überfüllt, obwohl der Kern des Gebietes noch etliche Kilometer entfernt ist. Auf einem Spaziergang durch den Ort sieht man viele hübsche Gässchen, die sich bergauf und bergab winden, sowie eine Burgruine, die einen guten Ausblick bietet. Kendal entstand als befestigte Marktstadt im Mittelalter und wird vom River Kent durchzogen, an dem sich mit bulligem Turm und fünf nebeneinander liegenden Schiffen die Pfarrkirche *Holy Trinity* erhebt. Dort findet man das Grab von *Catherine Parr*, der letzten Frau Heinrichs VIII., die das Glück hatte, ihn zu überleben. Über eine Fußgängerbrücke kommt man zu den Ruinen von *Kendal Castle*, wo sie geboren wurde. Neben der Kirche liegt in einem Park am Fluss *Abbot Hall*, ein klassizistisches Herrenhaus aus grauem Naturstein, das heute als Kunstgalerie dient. Im alten Torhaus ist das *Museum of Lakeland Life and Industries* untergebracht. Vom Turm der Stadthalle ist sechsmal am Tag eine lustige Glockenspielweise zu hören. Achten Sie auch auf die schmalen, ummauerten Höfchen hinter den Häusern, die einst den Bürgern bei Grenzüberfällen zum Schutz dienten. Das Städtchen ist auch für seinen Minzkuchen bekannt, den man unbedingt probieren sollte. Dieser High Energy Snack wurde schon 1839 verkauft und von Abenteurern und Entdeckern wie Edmund Hillary und Ernest Shackleton sehr geschätzt. Südlich von Kendal gibt es zwei der schönsten Landsitze von Süd-Cumbria: *Sizergh Castle* und *Levens Hall*.

• *Information* **Tourist Information Centre**, Town Hall, Highgate, Kendal, Cumbria LA9 4DL, ✆ 01539/797516; kendaltic@southlakeland.gov.uk; www.kendaltowncouncil.gov.uk.

• *Kultur* Folk, Jazz, Pantomime und/oder modernes Theater im alten Gemäuer erlebt man in einer alten Brauerei mitten im Zent-

rum von Kendal, im **Brewery Arts Centre** (mit Restaurant und Bar). Neues 3-D-Kino. 122a Highgate, ✆ 01539/725133; www.breweryarts.co.uk.

Abbot Hall Art Gallery, Kunstsammlung in georgianischem Landsitz mit Werken aus dem 18. bis 20. Jahrhundert (Ruskin, Turner), Wechselausstellungen lokaler Künstler. April–Okt. Mo–Sa 10.30–17 Uhr, im Winter bis 16 Uhr. £ 5.75, Jugendliche und Kinder frei. ✆ 01539/722464; www.abbothall.org.uk.

The Quaker Tapestry, bestickter Wandteppich in 77 Teilen, der die Geschichte der Quäkerbewegung beschreibt. 4000 Menschen aus 15 Ländern haben 15 Jahre lang daran gewoben. April–Okt. Mo–Fr 10–17 Uhr (letzter Einlass 16 Uhr), an manchen Sa 10–15 Uhr. £ 6.50, erm. £ 5.50, Kinder £ 2. Friends Meeting House, Stramongate, Kendal, LA9 4BH, ✆ 01539/722975; www.quakertapestry.co.uk.

● *Übernachten* *** **Riverside Hotel**, die einstige Ledergerberei aus dem 17. Jahrhundert ist heute ein komfortables Haus mit 47 Zimmern und Blick über den Fluss Kent. Schöner Wellnessbereich, im Restaurant wird mit Produkten aus dem eigenen viktorianischen Kitchen Garden gekocht. EZ £ 69, DZ ab £ 98. Beezon Road, LA9 6EQ, ✆ 01539/734861, ✉ 01539/734863, www.riversidekendal.co.uk.

Hillside Guest House, B & B mit sechs Zimmern und allem, was man braucht. B & B EZ £ 27, DZ en suite £ 36–41 pro Person. 4 Beast Banks, LA9 4JW, ✆ 01539/722836, www.hillside-kendal.co.uk.

Riverview, B & B in einem viktorianischen Haus, vier Zimmer mit Blick auf den Fluss Kent. Die A 6 ist leider dazwischen, die im Sommer viel befahren wird. B & B £ 20–30 pro Person. 31 Aynam Road, ✆ 01539/728738.

Maggs Howe, auf der nicht länger aktiven Farm kann man in der umgebauten Scheune schlafen (bis zu 12 Personen, £ 10/Person, £ 100/ganze Scheune), oder im Farmhaus in drei Zimmern übernachten (ab £ 28/Person). Gutes Sunday Lunch. Kentmere, nördl. von Kendal, LA8 9PJ, ✆ 01539/821689; www.maggshowe.co.uk.

● *Jugendherberge* **Jugendherberge Kendal**, Billardtisch und Internetanschluss. Auch „Budgie Bike Hire" für £ 1.50/Stunde, einfach an der Rezeption fragen. B & B Erwachsene ab £ 16, Jugendliche ab £ 12. 118 Highgate (gleich neben der Art Brewery), in georgianischem Stadthaus., ✆ 0845/371964, ✉ 01539/724906; dendal@yha.org.uk.

● *Essen/Trinken* **The Quaker Tapestry Tearooms** im Quaker Tapestry Exhibition Centre (s. o.), ausgezeichnetes vegetarisches Café.

Fryer Tux, guter Fish-'n'-Chips-Take-away. 11.30–13.45 Uhr u. 16.30–21.30 Uhr. So Ruhetag. 167–169 Highgate, ✆ 01539/729696.

New Moon Restaurant, moderne britische Küche auf zwei Etagen gegenüber dem Brewery Arts Centre, viel schwarze Holzbalken, Di–Sa, nur bis 21 Uhr(!), Sa bis 21.30 Uhr. 129 Highgate, ✆ 01539/729254; www. newmoonrestaurant.co.uk.

Paulo Gianni's, beliebter Italiener mit umfangreicher Speisekarte und Tagesspezialitäten. 21a Stramongate, ✆ 01539/725858; www.paulogioannis.co.uk.

Vats Bar, im Brewery Art Centre, Mo–Do 17–23 Uhr, Fr bis 23.30 Uhr, Sa 11.30–24 Uhr, So 12–22.30 Uhr. Highgate, ✆ 01539/725133; www.vats-bar.co.uk.

Sehenswertes in Kendal und Umgebung

Kendal Museum of Natural History and Archeology: Diese zu den ältesten Museen Englands gehörende Sammlung gegenüber dem Bahnhof informiert über Flora und Fauna des Nationalparks und hat einen kleinen „Wildlife Garden".

Do und Fr. 12–17 Uhr, Sa 10.30–17 Uhr. Eintritt frei. Station Road, ✆ 01539/815597, www.kendalmuseum.org.uk.

Museum of Lakeland Life at Abbot Hall/Abbot Hall Art Gallery: Das Museum im alten Torhaus des Herrenhauses in der Nähe der Pfarrkirche bietet eine sehr gute Ausstellung zum Lake District und seinen Bewohnern und geht dabei etwa 200 Jahre in die Vergangenheit zurück. In der Abbot Hall Art Gallery (direkt hinter dem Museum of Lakeland Life) ist englische Landschaftsmalerei aus dem 18. bis 20. Jahrhundert ausgestellt sowie Mobiliar aus der Gillows-Werkstatt (→ Lancaster S. 643ff.). Ein netter Coffeeshop versüßt einem den Besuch.

Mo–Sa 10.30–17 Uhr, Nov.–März nur bis 16 Uhr (Jan. geschlossen). £ 4.75, erm. £ 3.40, Familien £ 13.60. ✆ 01539/722464; www.lakelandmuseum.org.uk.

Levens Hall/Sizergh Castle: Von Süden kommend, findet man auf der A 6 in Richtung Kendal zwei interessante Gebäude. *Levens Hall* ist ein elisabethanisches

Nordwestengland Karte S. 587

Herrenhaus mit normannischem Turm, das sich im Besitz der Familie Bagot befindet. Der Garten wurde bereits im Jahr 1694 angelegt und ist für seine Formschnitte weltberühmt. Zwei Kilometer weiter befindet sich das *Sizergh Castle* mit einem Turm aus dem 14. Jahrhundert. Der Rest des Gebäudes stammt weitgehend aus elisabethanischen Zeiten, während der Garten einen im 18. Jahrhundert angelegten Steingarten vorweisen kann.

Levens Hall: Anf. April bis Anf. Okt. Garten und Tearoom So–Do 10–17 Uhr, Haus 12–17 Uhr. £ 11, erm. £ 4.50, Familien £ 27, nur Garten £ 8, erm. £ 3.50, Familien £ 20. ☎ 01539/560321, www.levenshall.co.uk.

Sizergh Castle: April bis Okt. Haus So–Do 12–17 Uhr, Garten und Café ab 11 Uhr. £ 7.15, erm. £ 3.60, Familien £ 17.90, Garten £ 4.65, erm. £ 2.40 (NT). ☎ 01539/560951.

Staveley: Das überwiegend auf grauem Schiefer erbaute Dorf liegt zwischen den Flüssen Kent und Gowan auf der Strecke nach Windermere. In der *St-James-Kirche* kann man ein Fenster des Art-and-Craft-Künstlers Edward Burne-Jones sehen. Die alte Mühle *Mill Yard* ist zu einem geschäftigen Kultur- und Businesspark umgebaut mit Künstler-Studios, Bäckerei, einem Fahrradladen und der Hawkshead Brauerei mit Beer Hall. Auch das „Eagle and Child" im Dorf ist ein typisches Country Pub, in dem man auch übernachten kann.

Hawkshead Brewery Beer Hall, Mo–Di 12–17 Uhr, Mi–So 12–18 Uhr, Brauereitouren Sa 14 und 15 Uhr. ☎ 015389/825260; www.hawksheadbrewery.co.uk. **Eagle and Child**, B & B EZ £ 45–70, DZ £ 65–70. Kendal Road, Staveley, LA8 9LP; ☎ 01539/821320, info@eaglechildinn.co.uk; www.eaglechildinn.co.uk.

Tipp für Fahrradfans

Eine 90 Kilometer lange Strecke führt von Kendal über die Haweswater Reserve und das Ullswater nach Windermere. Man mietet sich in Kendal ein Fahrrad bei *Askews Cycle Hire* (£ 15/Tag), The Old Brewery, Wildman Street, ☎ 01539/728057; www.askewcycles.com.

Eine schmale Straße führt flussaufwärts nach Burneside. Von dort über die Garnett Bridge nach Sadgill. Hier hört die Straße auf, und man muss das Fahrrad bis zum südlichen Ende der Haweswater Reserve schieben. Am See entlang geht es weiter nach Bampton und Askham. Dann auf einer kleinen Straße in Richtung Pooley Bridge. Hinter dem Ort kommt man auf die A 592 und fährt am Ullswater entlang bis Patterdale. Hier findet man eine moderne Jugendherberge: Patterdale, Penrith, CA11 0NW, ☎ 0845/3719337. Dann über den Kirkstone-Pass nach Troutbeck. Danach erreicht man Windermere, und von hier aus geht es zurück nach Kendal.

Windermere/Bowness

Von Kendal führt eine Straße am Fuß der Berge direkt zum Windermere, Englands längstem See. Bis zum Eisenbahnanschluss an den Rest der Welt im Jahr 1847 war der gleichnamige Ort Windermere am See (bzw. eineinhalb Kilometer weg vom See) gänzlich unbedeutend. Der Schriftsteller *William Wordsworth* wehrte sich energisch gegen diesen Einfall der Technik – aber es half nichts, und so transportiert British Rail heute die Urlaubermassen hierher. Ein Fußpfad führt den *Queen Adelaide's Hill* hinauf, von wo man eine gute Aussicht hat. Windermere ist ein Badeort und idealer Ausgangspunkt für Ausflüge in die Umgebung. Man findet hier keine Sehenswürdigkeiten, aber viele Übernachtungsmöglichkeiten, vor allem zahlreiche Ferienhäuser und -wohnungen.

Im Lake Windermere gibt es einige kleine Inseln, von denen sogar eine, die *Belle Isle*, bewohnt ist. Sie ist jedoch seit einiger Zeit in Privatbesitz und nicht für die Öffentlichkeit zugänglich. Die unbewohnten Inseln kann man z. B. mit einem gemieteten Ruderboot erreichen. Nördlich der Ortschaft Windermere liegt das Dörfchen Troutbeck (Forellenbach), einst die letzte Station der Reisenden vor dem anstrengenden Ritt über den Kirkstone Pass nach Ullswater.

Für regnerische Tage empfiehlt sich das *Windermere Steam-Boat Museum*, wo man sich über die Entwicklung im Bootsbau von 1780 bis zur Gegenwart informieren kann (zur Zeit der Recherche geschlossen). Bootstouren gehen von Bowness ab, einem verwinkelten Örtchen zwischen Windermere Stadt und See mit billigen Souvenirläden, die auf Massentourismus eingestellt sind. Schon William Wordsworth allerdings empfahl als erste Aktivität nach der Ankunft eine Bootsfahrt auf der Bowness Ferry. Der Trip dauert rund 45 Minuten.

Steamboat Museum: Die Boote, die im März 2007 in den Besitz der Nation übergegangen sind, werden derzeit restauriert, Finanzierungsprobleme zur Zeit der Recherche verzögern die Wiedereröffnung des Museums auf unbestimmte Zeit. www.steamboats.org.uk.

• *Information* **Tourist Information Centre Windermere**, Victoria Street (am Bahnhof), Windermere, Cumbria LA23 1AD, ✆ 015394/46499, windermeretic@southlakeland.gov.uk; www.lakelandgateway.info.
Tourist Information Centre Bowness, an der Bootsanlegestelle, Glebe Road, Bowness-on-Windermere, Cumbria LA23 3HJ, ✆ 015394/42895; bownesstic@lake-district.gov.uk.

• *Verbindungen* Am Hauptbahnhof verkehren auch **Busse** nach Kendal, Lancaster, Ambleside, Grasmere, Keswick, Newby Bridge, Ulverston und Penrith. Mit einem **GoNoW** smart Ticket (zu kaufen ab £ 9.95 am Bahnhof Windermere, Bowness u. Lakeside Piers, Ambleside Touristeninformation) können Sie drei Tage lang im zentralen Lake District mit Bussen fahren. Das Explorer Ticket (£ 22, erm. £ 15.50) erlaubt das Fahren in Bussen und Bahnen im Nordwesten für vier Tage. Seit 1972 expandiert auch ein privates Busunternehmen (Mountain Goat), das Ford-Transit-Busse auf diversen Strecken im Lake District einsetzt. Außerdem fährt Mountain Goat seit 1984 während der Saison bis nach York. www.mountaingoat.com.
Züge fahren ab Victoria Street. Regelmäßige Verbindungen gibt es nach Carlisle, Chester, Liverpool und London.

• *Bootsausflüge* Schön sind die verschiedenen Bootsausflüge auf dem See. Vom Lake Side Pier in Bowness fahren in den Sommermonaten mehrmals täglich Dampfer nach Ambleside und Lake Side (Sealink). Bowness–Lake Side (80 Min.) ca. £ 9.45, erm. £ 5.50 (return). Bowness–

Ambleside (70 Min.) ca. £ 9.15, erm. £ 5.30 (return). Round the Lake (Bowness–Lake Side–Ambleside) ca. £ 16.50, erm. £ 8.25. Wochenkarte möglich. In den Wintermonaten werden manchmal preisgünstigere Rundfahrten angeboten.
Es gibt auch Kombitickets, mit denen man die Bootsfahrt von Bowness nach Lakeside mit einer Fahrt mit der Dampfeisenbahn durch das Lever-Tal nach Haverthwaite verbinden kann. Kosten: £ 12.60–17.30, erm. £ 6.50–9.25 (return).
Näheres über **Windermere Lake Cruisers**, ✆ 015395/43360, info@windermere-lake cruises.co.uk; www.windermere-lake cruises.co.uk, oder am **Bowness Pier**, ✆ 015394/43056. **Steam Railway**: April–Okt., ✆ 015395/31594; www.lakesiderail way.co.uk. Es werden auch Motor- und Ruderboote verliehen.

• *Fahrräder* **Country Lanes**, im Bahnhof, tgl. 9–17 Uhr, £ 20–32/Tag. ✆ 015394/44544, www.countrylaneslakedistrict.co.uk/winder mere_cycle_hire.html. Auch geführte Radtouren, z. B. zu Beatrix Potters Haus in Hill Top. Nur Ostern bis Oktober.

• *Wassersport* **Lakes Leisure**: Kajakfahren, Kanufahren, Windsurfen und Segeln. Nördl. von Bowness an der Rayrigg Road (A 591), LA23 1BP, ✆ 015394/47183; www.lakesleisure.org.uk.

• *Kultur* **The Arts & Crafts House Blackwell**, wer Designobjekte mag, kann hier Möbel, Buntglas oder schmiedeeiserne Haushaltswaren sehen. Mit Café, Gartenterrasse und Bastelladen. Tgl. 10.30–17 Uhr, Nov.–März nur bis 16 Uhr. Bowness-on-

Windermere, £ 6.50, erm. £ 3.80, Familien
£ 17.25. ☎ 015394/46139;
www.blackwell.org.uk.

● *Festival* Im August gibt es viele klassische Konzerte bei der **Lake District Summer Music** (www.ldsm.org.uk).

*Auf Ruderfreunde eingestellt:
Lake Windermere*

● *Übernachten in Windermere* ***** Beech
Hill Hotel**, freundliches Privathotel auf sieben Etagen mit gutem Blick auf den See
und Garten. Sauna, Swimmingpool und eigene Bootsanlegestelle; sehr gutes Restaurant. B & B Zimmer £ 108–168 für Classic,
Suiten bis £ 340. Newby Bridge Road, LA23
3LR, ☎ 0844/5027587; ☏ 0871/9032987, www.
beechhillhotel.co.uk.

Holiday Houseboats, Hausboote für bis zu
vier Personen, 3 Nächte £ 295–495, 7 Nächte
£ 500–845, je nach Saison. Windermere
Lake Holidays, Ferry Nab, Bowness-on-
Windermere,   ☎ 015394/43415;   ☏ 88721;
www.lakewindermere,net.

Kirkwood Guest House, Schieferhaus aus
dem 19. Jahrhundert zw. Windermere und
Bowness, etwas blumig-altenglisch, aber
sehr gepflegt, einige Familienzimmer, DZ
£ 32–28 pro Person, bei drei Nächten ab
£ 31. Famlien £ 30–35 pro Person. Princess

Road, Windermere, LA23 2DD, ☎ 015394/
43907; www.kirkwood51.co.uk.

Jugendherberge Troutbeck, außerhalb von
Windermere, in Troutbeck Bridge (am Beginn des Troutbeck Valley). Auf der A 591 in
Richtung Ambleside, nach dem Abzweig
der A 592 in die Bridgelane. Mit Fahrradverleih. Erwachsene ab £ 14, Jugendliche ab
£ 10.50. High Cross Castle, Bridge Lane,
Troutbeck,   LA23   1LA,   ☎ 0845/3719352,
☏ 015394/47165windermere@yha.org.uk.

● *Übernachten in Bowness* **FairRigg Guest
House**, großräumige Herberge in viktorianischer Villa mit gutem Blick auf den See, der
400 m entfernt ist; eigener Parkplatz. B & B
£ 32–42 pro Person. Ferry View, LA23 3JB,
☎ 015394/43941, mobil: 0751/3009572; www.
fairrigg.co.uk.

● *Camping* **White Cross Bay**, direkt am
Seeufer gelegen, mit Hallenbad, Sauna und
Fitnessstudio, zu erreichen über die A 591
Richtung Ablemside (ausgeschildert). Zelte
ab £ 19. Ambleside Road, LA23 1LF,
☎ 015395/69835;
www.slholidays.co.uk/White-Cross-Bay.

● *Essen/Trinken* Entlang der Uferstraße bis
hinunter nach Bowness findet man viele
preiswerte Restaurants und Snackbars.

Oriental Kitchen, chinesische Küche (auch
zum Mitnehmen). 13 Crescent Road,
☎ 015394/5110.

Francine's Restaurant and Coffee House,
tagsüber Café (Di–So 10–15 Uhr), verwandelt sich das Francine's abends in ein
Restaurant (Mi–Sa 18.15–23 Uhr). Hier kocht
ein französisches Ehepaar, er hat schon auf
David Bowies Jacht am Herd gestanden.
Wild, Meeresfrüchte und viel Vegetarisches. 27a Main Road, LA23 1DX, ☎ 015394/
44088;   www.francinesrestaurantwinder
mere.co.uk.

Jerichos (at the Waverly), ein Restaurant
mit Zimmern in einer stattlichen viktoria-
schen Villa. Sehr gute, wenn auch teure Küche. B & B-Budget DZ £ 65–85, sonst £ 75–
120. College Road, Windermere, LA23 1BX,
Donnerstagabend Ruhetag. ☎ 015394/42522;
www.jerichos.co.uk.

The White House, dieses moderne Restaurant in einem alten Pub hat sowohl eine
schicke Bar als auch Zimmer. Alles ist neu
und frisch gemacht. Verlockend ist die
schöne Sonnenterrasse. DZ £ 30–40/Person.
Auch   Dinner,   Bed-&-Breakfast-Arrange-
ments. Robinson Place, Lowside, Bowness, LA23 3DQ, ☎ 015394/44803, www.
whitehouse-lakedistrict.co.uk.

Wanderungen am Lake Windermere

Am Seeufer entlang zum Adelaide Hill: Vom Bahnhof in Windermere die Hauptstraße entlang. Hinter der *St Mary's Church* den Fußweg am Ende des St Mary's Park hinab bis zum See. Dann nach links am Ufer entlang, auf der linken Seite liegt der Adelaide Hill. Nach einem Abstecher auf den Berg geht es noch eine Weile am See entlang, danach über die A 592 die Birthwaite Road hinauf. Geht man am Ende der Straße nach links, kommt man wieder zum Bahnhof zurück (ca. 4 km).

Am Seeufer entlang nach Hawkshead: Ausgangspunkt ist das Tourist Office in Bowness hinter der Dampferanlegestelle. Gehen Sie die Promenade (oder das Seeufer) entlang bis zur Fähre. Hier können Sie übersetzen und am anderen Ufer dem mit weißen Punkten markierten Weg folgen. Man geht die Straße am Fährhaus entlang, danach scharf rechts auf einen Fußweg, der nach Norden führt. Am ersten Zauntritt nach links, durch verschiedene Tore durch den Wald, dann am Waldrand entlang, vorbei am *High Blind How* (269 m) bis zum *Latterbarrow* (ca. 9 km). Jetzt befindet man sich auf der Straße nach Hawkshead. Der Ort liegt am Ende des Esthwaite Water unterhalb des Near Sawrey Berges, wo Beatrix Potters Hill Top House steht. Hier verbrachte William Wordsworth einen Teil seiner Kindheit und ritzte seinen Namen in krakeliger Schrift in das Schreibpult der Grammar School (→ Kasten „Die Lake-Poeten").

Die Welt der Beatrix Potter

Die Kindheit der Märchenerzählerin in einem strengen, steifen Elternhaus war ziemlich freudlos. Als junge Frau kaufte sich Beatrix Potter 1896 einen Bergbauernhof aus dem 17. Jahrhundert und begann hier aufzuleben. Mit einfachen Worten schilderte sie zunächst die Abenteuer des ungezogenen Feldkaninchens Peter Rabbit. Dann folgten andere Charaktere, wie Tom Kitten, Jemina Puddle Duck und Squirrel Nutkin, mit denen sie Millionen Kinder auf der ganzen Welt zum Lachen und Träumen brachte. Mit scharfer Beobachtungsgabe porträtierte sie in ihren Geschichten Land und Leute. Ihre Hill Top Farm in Far Sawrey am Westufer des Windermere ließ sie unverändert und vermachte sie 1944 dem National Trust. Seit der Verfilmung ihrer Lebensgeschichte mit Renée Zellweger und Ewan McGregor vor Ort ist hier das Potter-Fieber ausgebrochen. Auch in die Attraktion „The World of Beatrix Potter" wurde investiert und die Landschaft des Lake District nachgebaut, um den Hintergrund für alle 23 Peter-Rabbit-Geschichten zu bieten. Man kann hier auch mit der Autorin in einer virtuellen Märchenwelt herumspazieren oder im Tailor of Gloucester Tearoom „a nice cup" zu sich nehmen.

• *Information/Öffnungszeiten* Informationen auch zu den Drehorten gibt es auf der Webseite: www.visitmiss potter.com. **Hill Top Farm**: Ende Mai bis Anf. Sept. Sa–Do 10–16.30 Uhr, April–Mai Sa–Do 10.30–16.30 Uhr, Febr.–März 11–15.30 Uhr, Sept.–Okt. 10.30–16.30 Uhr. Man kauft eine bestimmte Eintrittszeit. £ 6.50, Kinder £ 3.10; Familien £ 16 (NT). ✆ 015394/36269. **Beatrix Potter Gallery Hawkshead**: Öffnungszeiten wie Hill Top Farm. Main Street. £ 4.40, erm. £ 2.10, Familien £ 10.50, zeitbeschränkte Karten (NT). Main Street, ✆ 015394/36355, Shop 36471. **The World of Beatrix Potter**: Sommer 10–17.30 Uhr, Winter bis 16.30 Uhr. £ 6.75, erm. £ 5.75, Kinder £ 3.50, Familien £ 18. The Old Laundry, Bowness-on-Windermere, ✆ 015394/88444; www.hop-skip-jump. com.

Nordwestengland Karte S. 587

Lakeside und Haverthwaite

Wenn man den Lake Windermere mit dem Boot bis zum südlichen Ende fährt, erreicht man Lakeside. Dort können Freunde des Dampfes dann auf die *historische Bahn* umsteigen, die durch das reizvolle Leven-Tal nach Haverthwaite tuckert, wo das neue *Motor Museum* die Herzen aller Technikfreunde höher schlagen lässt.

• *Information/Öffnungszeiten* **Lakeside Railway**: Haverthwaite Station, nahe Ulverston, Cumbria LA12 8AL, ✆ 015393/31594, Fahrplan unter www.lakesiderailway.co.uk. **Lakeland Motor Museum**: Ende Mai bis Ende Dez. tgl. 10–17.30 Uhr. Nov.–Dez. nur bis 16.30 Uhr. Eintritt mit Dampfeisenbahnfahrt (auch andere Kombitickets): £ 11.90, erm. £ 6.70, Familien £ 35. Old Blue Mill, Blackbarrow, Ulverston, LA12 8TA, ✆ 0153 954-30400; www.lakelandmotormuseum.co.uk.

Brockhole

Jeder Besucher des Lake District sollte mindestens einen Vormittag hier im *National Park Centre* verbringen. Brockhole liegt etwa auf halbem Weg zwischen Windermere und Ambleside an der A 591. Das große Landhaus wurde Ende des letzten Jahrhunderts von einem Industriellen aus Manchester erbaut und steht in einer ausgedehnten Parkanlage direkt am See. In einer riesigen Ausstellung kann man sich über den Lake District informieren: von Geologie über Zoologie und Botanik bis zur Geschichte. Im Centre erhält man Bücher, Landkarten, Broschüren und Faltblätter (Wandervorschläge). Ab und an finden Filmvorführungen über spezielle Themen statt. Dazu kann man ein Gesamtprogramm *What's On at Brockhole* bekommen. Die Filme bzw. Vorträge sind natürlich auf Englisch. Stärken kann man sich im Café mit Terrasse. Auf dem Gelände beschäftigt ein großer Spielplatz die Kleinen, demnächst wird es auch ein Watersports Centre geben. Ein Tipp: Die Ausflugsboote halten auch hier, wo es gute Parkmöglichkeiten gibt: ein perfekter Zustieg.

Brockhole Lake District National Park Visitor Centre: Windermere, April bis Okt. tgl. 10–17 Uhr. Eintritt frei. ✆ 015394/46601, www.lake-district.gov.uk.

Ambleside

Dieses kleine, unscheinbare Städtchen am nördlichen Ende des Lake Windermere duckt sich unter das Haupt des Fairfield Range und ist neben Keswick der beste Ausgangspunkt für Trips im Lake District. Durch die gewundenen Gassen fließt der Stock Ghyll, über den vor 300 Jahren das Bridge House auf einer Brücke gebaut wurde, nur um der Grundstückssteuer zu entgehen. Es wurde nicht nur William Turner zum Motiv. Heute ist es ein Laden des National Trust. Zum Ort gehört auch der Hafen, der am Nordende des Windermere-Sees liegt. Die Pubs und Cafés hier wirken weniger touristisch als bohemien. Schon vor 2.000 Jahren stand ein römisches Fort direkt am See, und zwar im heutigen Borrans Park im Süden. Modelle davon kann man im *Brockhole Visitor Centre* (s. o.) besichtigen. Eine lange Tradition hat das Kirchweihfest *Ambleside Rushbearing*, ein Umzug bis zum Marktplatz, angeführt von der Stadtkapelle (erster Sa im Juli). Östlich von Ambleside liegt das malerische Örtchen *Troutbeck*, wo Besucher von zwei National-Trust-Sehenswürdigkeiten angezogen werden: dem 400 Jahre alten Farmhaus *Townend* und der Gartenanlage von *Stagshaw*, die nur im Frühjahr und Frühsommer ihre Azaleen- und Rhododendren-Pracht entfaltet.

Tipps für Wanderer

Besorgen Sie sich für Bergwanderungen die *Ordnance Survey Outdoor Leisure Maps*. Für den Lake District kommen die Karten Nr. 4 bis 7 im Maßstab 1:25.000 in Frage. Eine Alternative ist die *Bartholomews Walking Map (1 inch/ mile)*. In den verschiedenen Informationsbüros erhält man die *A–Z Visitors Map Lake District* (£ 4.95). Diese Karte genügt für den Durchschnittsreisenden vollauf.

Noch ein paar Worte zum Wetter. Selbst bei schönstem Wetter sollte man regenfeste Kleidung einpacken. Plötzlich einsetzende Regenfälle verwandeln Wege in Sturzbäche. Wichtig sind daher gute Schuhe. In einigen Gebieten, vor allem im zentralen Bergland, ist die Niederschlagsmenge fünfmal so groß wie am Meer. Spitzenwerte erreicht Seathwaite mit 3.350 mm im Jahr. Ähnliche Vorsicht ist gegenüber plötzlichen Kälteeinbrüchen geboten. Denken Sie auch daran, dass es auf den Bergen wesentlich kühler ist als im Tal, je nach Wetterlage um 0,6 bis 1 °C je 100 Meter.

• *Information* **The Hub Tourist Information Centre**, Central Buildings, Market Cross, Ambleside, Cumbria LA22 9BS, gleichzeitig Post, auch Internetzugang. ✆ 015394/32582, tic@thehubofambleside.com; www.amblesideonline.co.uk.

• *Öffnungszeiten* **Townend**: Mitte März bis Okt. Mi–So 13–17 Uhr, Führungen 11–13 Uhr. ✆ 015394/32628. Troutbeck LA23 1LB, Eintritt: £ 4.20, erm. £ 2.10, Familien £ 10.50 (NT). **Stagshaw**: April–Juni tgl. 10–18.30 Uhr. £ 2.50 (NT). ✆ 01394/46027.

• *Verbindungen* **Bus** – Von der Keswick Road fährt der Bus 599 über Windermere nach Bowness, Nr. 505/506 nach Coniston und Nr. 555 nach Keswick bzw. über Windermere, Kendal nach Lancaster. Auch National-Express-Busse halten dort.

• *Fahrräder* Es gibt leider keine Garantie dafür, dass alle angegebenen Cycle-Shops in der Hochsaison Dutzende von Fahrrädern vorrätig haben. Die meisten haben nur 10 bis 15 Räder im Angebot, und die sind in den Sommermonaten leider oft alle verliehen. **Bike Treks**, £ 20 pro Tag, Mo–Di 10–17.30 Uhr, Mi–So ab 9 Uhr. Rydal Road, ✆ 0153 94/31245; www.biketreks.net. **Ghyllside Cycles**, Mountainbikes £ 18/Tag, The Slack, ✆ 015394/33592; www.ghyllside.co.uk.

• *Übernachten* **Holbeck Ghyll**, dieser Luxus war gut genug für Renée Zellweger (Miss Potter Suite) und Joseph Fiennes. Country-Haus-Atmosphäre mit Spa, Golf- und Tennisplätzen. Michelinküche. Dinner, B & B ab £ 165/Person. Holbeck Lane, North Ambleside, LA23 1LU, ✆ 015394/32375; www.holbeckghyll.com.

3 Cambridge Villas, B & B in einem viktorianischen Stadthaus, Super-Frühstück, auch vegetarisch; die Vermieter geben viele gute Tipps zur Region und zum Wandern. B & B ab £ 30–35 pro Person, an Feiertagen £ 35–42. Church Street, LA22 9DL, ✆ 015394/32307, www.3cambridgevillas.co.uk. **Thorneyfield Guest House**, viktorianisches B & B, Blumentapeten und Kiefernmöbel, aber lieb. £ 28–34 pro Person ohne Bad, £ 30–38 en suite. Compston Road, ✆ 015394/ 32464, www.thorneyfield.co.uk.

• *Jugendherberge* **Ambleside Youth Hostel**, Riesenhaus mit 275 Betten und Fahrradverleih. B & B ab £ 14, Jugendliche ab £ 10.50. Waterhead am See, Windermere Road/A 591, LA22 0EU, ✆ 0845/3719620; ✆ 0845/3719621, ambleside@yha.org.uk. **Ambleside Backpackers**, 72-Betten-Haus mit nettem Gemeinschaftsraum, außerdem Waschmaschine und Internetzugang (£ 1/10 Min.). Ab £ 18 mit kontinentalem Frühstück. Drei Nächte oder länger £ 16. Iveing Cottage, Old Lake Road, LA22 0DJ, ✆/✆ 015394/ 32340, www.englishlakesbackpackers.co.uk.

• *Camping* **The Croft Caravan and Camp Site**, ruhiger Familiencampingplatz zu Füßen der Lakeland Fells. Zelte £ 15–18. North Lonsdale Road, Hawkshead, LA22 0NX, ✆ 015394/36374, ✆ 015394/36544, www. hawkshead-croft.com.

• *Essen/Trinken* Bei kleinen, übersichtlichen Orten wie Ambleside hat man keinerlei Probleme, Pubs und Snackbars auf eigene Faust zu finden. Gehobene Küche gibt es in den meisten Hotel-Restaurants, Reservierung wird hier empfohlen. **Rothay Manor Restaurant**, Rothay Bridge,

✆ 015394/33605, www.rothaymanor.co.uk (berühmt für seinen Afternoon Tea).

Regent Hotel, Borrans Road, ✆ 015394/ 32254, www.regentlakes.co.uk.

Wateredge Inn, Borrans Road, ✆ 015394/ 32332, www.wateredgeinn.co.uk.

Lucy's of Ambleside, begonnen hat das Restaurant 1989 als Delikatessenladen. Dann kam mit Lucy's on the Plate nebenan ein Tearoom dazu, der sich bald zum Restaurant entwickelte. Bei schlechtem Wetter brennt ein Feuer im Kamin, bei schönem Wetter kann man im Walled Garden sitzen oder auf der Veranda. Super für Vegetarier, 30 hausgemachte Nachtische! Neueste Errungenschaft ist eine Kochschu-

le in Staveley nahe Kendal. Tgl. 9–21 Uhr, Church Street, LA22 0BU, ✆ 015394/33288; www.lucysofambleside.co.uk.

Zefrelli's Wholefood Pizzeria, hier kann man leckere Pizza essen, bevor man ins hauseigene Kino geht oder in der Café-Bar im 1. Stock Live-Jazz genießt (Mi, Fr, Sa). Das „Double Feature Menu" umfasst zwei Gänge und die Kinokarte. Compston Road, ✆ 015394/33845; www.zefrellis.com.

The Drunken Duck, gehobenes Pub mit moderner Einrichtung in altem Gebäude und toller Aussicht. Auf der Karte steht natürlich auch Ente. Barngates, Ambleside, LA22 0NG, ✆ 015394/36347; www.drunkenduckinn.co.uk.

Sehenswertes

Rydal Mount: Etwa zwei Kilometer nördlich von Ambleside findet man Rydal Mount, ursprünglich ein Bauernhaus aus dem 16. Jahrhundert. *William Words- worth* ließ es umbauen und lebte hier von 1813 bis zu seinem Tod 1850. Entsprechend gesetzter und gemütlicher als Dove Cottage wirkt dieses Haus, wo er acht Jahre verbrachte und das den Haupttouristenstrom auf den Spuren des Dichters anzieht. Der Garten wurde von ihm selbst entworfen. Das Haus gehört noch immer einem seiner Nachfahren und es gibt einen Souvenirshop. Es werden auch Lesungen veranstaltet, allerdings nur nach Voranmeldung.

März–Okt. tgl. 9.30–17 Uhr, Nov, Dez. u. Febr. Mi–So 11–16 Uhr. £ 6, erm. £ 5, Kinder £ 2.50, Familien £ 15, nur Garten £ 4. Führungen auf Anfrage. ✆ 015394/33002. Anfahrt mit Bus 555 und 599; LA22 9NU. www.rydalmount.co.uk.

Wanderungen von Ambleside

Besonders schön sind die Wanderungen in den Flusstälern, die zum Lake Windermere hinunterführen:

Zum Stock Ghyll Force und Kirkstone-Pass: Die kleine Wanderung zum Wasserfall ist sehr beliebt. Der Weg beginnt am *Hotel Salutation* und führt durch die Parktore an einem kleinen Bach entlang bis zu dem 30 Meter hohen Wasserfall. Will man weiter bis zum *Kirkstone*, hat man noch 10 Kilometer leichten Fußmarsch vor sich: Vom Wasserfall zur *Kelsick Grammar School* und dann weiter bis zur *Middle Grove Farm* auf einem ziemlich schlechten Feldweg. Bis zur Ruine, dann auf dem Fußweg den Berg hinunter. Über den Bach kommt man auf die Straße zum Pass. Von hier hat man eine gute Sicht über die Berge und den *Brotherswater-See* im Norden. Zurück kommt man über die Straße nach Ambleside. Machen Sie im *Kirkstone Inn* auf dem Pass eine kleine Pause – es ist das höchstgelegene Gasthaus im Lake District.

Zum Elterwater: Von der A 593 hinter der Brücke Richtung Coniston nach rechts die Straße nach Rydal, dann bis kurz vor der Einmündung in die A 591. Über das Cattle Grid nach links hinunter zum *Rydal Water*. Hier hat man zwei Alternativen: Ein Weg verläuft am See entlang, der andere (weiter oberhalb) führt zu alten Schieferbrüchen. Die unterschiedlichen Routen treffen sich kurz vor dem Wald wieder, dann nach links. Oben von der *Loughrigg Terrace* hat man eine schöne Aussicht über den See und Grasmere. Gehen Sie den Weg weiter durch das Tor in den Wald und links den Hügel hinauf bis zur Straße. Auf der linken Seite (300 Meter weiter) befindet sich die Jugendherberge *Langdale* (Loughrigg, Ambleside, LA22 9HJ, ✆ 0845/3719748; ganzjährig geöffnet). Die Straße führt bis *Elterwater*. Hinter dem Dorf findet man eine weitere Jugendherberge: Elterwater, Ambleside, LA22 9HX, ✆ 0845/3719017. Will man zum See, biegt man vor der Brücke nach links ab. Insgesamt ca. 9 Kilometer Fußmarsch.

Wanderung/Autofahrt von Ambleside nach Ravenglass

Die Strecke hinüber nach *Boot* und weiter nach *Ravenglass* gehört zu den schönsten im Lake District. Man kann die 25 Kilometer zu Fuß oder mit dem Auto zurücklegen. Im Pkw ist man nicht unbedingt viel schneller, denn es geht in schmalen Zickzackkurven auf und ab. Beschaffen Sie sich unbedingt eine gute Karte, denn die normalen Straßenkarten nutzen hier nur wenig. Viele Kreuzungen sind überhaupt nicht eingezeichnet, so dass man erst nach 10 Kilometern feststellt, dass man bereits vor zwei Kilometern durch einen Ort (meist nicht mehr als ein großer Bauernhof, wo zwischen Wohnhaus und Stallungen eine „Straße" durch den Hof führt und Gitterroste den Schafen den Weg nach draußen versperren) hätte kommen müssen.

Nehmen Sie von *Ambleside* die Straße in Richtung *Coniston*, dann hinter *Skelwith Bridge* nach rechts und über Colwith zum *Wrynose-Pass*. Durch das Tal, das sich langsam verengt, schlängelt sich die Straße den Berg hinauf. Oben finden Sie den Three Shire Stone, der den Treffpunkt der drei Grafschaften Cumberland, Lancashire und Westmoreland markiert. Bei Colwith hat man einen schönen Blick über die kleinen Seen. Danach führt die Straße (Single Track) auf halber Höhe in das lange Tal hinein. Hier liegt malerisch ein kleiner See.

Besucht man dieses Tal im Frühjahr, sieht man im Hintergrund noch die schneebedeckten Berge. Je weiter man den Pass hinaufkommt, desto spärlicher wird die Vegetation. Über den *Hardknott-Pass* führt die Straße weiter nach *Boot* durch das *Eskdale* bis zur Einmündung in die A 595. Fahren Sie auf ihr nach Süden bis zum Abzweig nach Ravenglass.

Auf der oben beschriebenen Abfahrt ins Eskdale kommt man an den Überresten eines alten römischen Forts vorbei. Heute nennt man es *Hardknott Roman Fort*, doch vor 1880 Jahren hieß es noch *Medio Bogdum*. Im Jahr 1954 wurde es teilweise mit den Originalsteinen restauriert. Von hier oben hat man eine herrliche Aussicht über das ganze Eskdale, bei gutem Wetter bis zum Meer. Auf dieser Seite des Gebirges ist es häufiger bereits klar, wenn es weiter im Osten noch in Strömen regnet. Bei solchen Wetterlagen bilden die wolkenverhangenen Berge auf der einen und die klaren Hügel auf der anderen Seite einen reizvollen Kontrast. Auf der rechten Seite befindet sich die *Jugendherberge Eskdale*, die von allen Herbergen dieser Gegend sicherlich am schönsten liegt.

Etwa zwei Kilometer sind es von der Jugendherberge bis nach *Boot*, der Endstation einer privat betriebenen Minieisenbahn. Wer zu Fuß unterwegs ist und keine Lust mehr zum Wandern hat, kann hier auf einer Holzbank sitzend das Tal hinabgondeln. Wer mit dem Auto unterwegs ist, sollte hinter *Eskdale Green* den rechten Abzweig (Holmrock) bis zur Hauptstraße (A 595) nehmen. Dann nach Süden bis zu einer scharfen Kurve. Hier führt die kleine Straße nach Ravenglass (→ S. 669ff.).

Übernachten **Jugendherberge Eskdale**, ein idealer Ausgangspunkt, um den höchsten Berg Englands, den *Scafell Pike*, zu besteigen. Febr.–Dez. geöffnet, B & B ab £ 16, Jugendliche ab £ 12. Mit Fahrradverleih. Boot, Holmrook, CA 19 1TH, ✆ 0845/3719317.

Nordwestengland
Karte S. 587

Grasmere und die Langdales

Grasmere, im Herzen des Lake District, 13 Kilometer von Windermere und 20 km von Keswick entfernt, ist ein kleiner und wunderschöner Ort am gleichnamigen See. Er ist längst nicht so hektisch wie Windermere und eine gehörige Portion romantischer als Ambleside. Bekannt wurde Grasmere als Wohnort von *William Wordsworth*, der hier von 1799 bis 1808 im *Dove Cottage* lebte, das man besichtigen kann (→ Kasten „Die Lake-Poeten"). Er liegt auf dem Friedhof von St Oswald's Church begraben. Grasmere ist umgeben von hohen Bergen, vor allem in den Langdales westlich von Grasmere erwartet Sie eine dramatische, alpine Szenerie. Für Aktive bietet sich eine Wanderung zum Easdale Tarn an, oder Sie gehen hinunter zum Faeryland Tea Garden und leihen sich ein Ruderboot.

• *Information* Im Dale Lodge Hotel gibt es einen sog. Visitor Information Point (VIP), wo man eine kostenlose Booking Line für Unterkünfte anrufen kann und Basisinformationen erhält. Redbank Road. Auch Tweedies-Take-away (Pizza) und Tweedies Bar. LA22 9SW, ✆ 015394/35300; www.dalelodgehotel.co.uk.
Faeryland Tea Garden Boat Hire, März–Okt., tgl. 10–18 Uhr. Red Bank Road, LA22 9PU, ✆ 01594/35060.

• *Verbindungen* → Ambleside.

• *Wanderung* Zum Easdale Tarn: vom Parkplatz an der Easdale Lane geht es über die Goody Bridge. Überqueren Sie Easdale Beck und folgen Sie den Wegweisern vorbei am Sour-Milk-Gill-Wasserfall zum Easdale Tarn.

• *Einkaufen* **Sarah Nelson's Gingerbread Shop**, neben St Oswald's in der alten Schule, traditionelle Lebkuchen. ✆ 01539/35428, www.grasmeregingerbread.co.uk.

• *Übernachten* **The Harwood Hotel**, mitten im Zentrum von Grasmere. Die sechs Zimmer wurden gerade erst luxuriös renoviert, sehr traditionell und englisch. Frühstücksbuffet im Kontinentalstil, im Erdgeschoss befindet sich den Delikatessenladen und Heidi's Tearoom. B & B DZ ab £ 99. Red Lion Square, LA22 9SP. ✆ 015394/35248, www.harwoodhotel.co.uk.

*** Ashcottage Hotel and Restaurant, freundliche, ungezwungene Atmosphäre in dieser Herberge in der Stadtmitte, schöner Garten mit Garden-Village-Restaurant, Champagner-Bar und neuerdings ein Kinoraum. B & B im DZ ab £ 82. Red Lion Square, LA22 9SP, ✆ 015394/35224, ✉ 015394/435917, www.ashcottage.com.

**** The Wordsworth Hotel & Spa, das erste Haus vor Ort in einer großen Parkanlage mit Pool, Gymnastikraum und Spitzenrestaurant. 35 Zimmer und 2 Suiten. B & B im DZ ab £ 135. LA22 9SW, ✆ 015394/35592; www.thewordworthhotel.co.uk.

• *Jugendherberge* **Butharlyp How**, eine der ältesten Jugendherbergen Englands (wurde 1932 eröffnet) in einem alten Farmhaus, etwa einen Kilometer außerhalb von Grasmere (an der Straße ins Easdale, Busse 555, 556 u. 559 von Lancaster nach Keswick). Eigenes Restaurant. Easdale Road, LA22 9QG, B & B ab £ 14, unter 18 J. ab £ 10.50. ✆ 0845/3719319, ✉ 015394/35866; grasmere@yha.org.uk.

• *Essen/Trinken* **The Jumble Room**, farbenfrohes, funky Restaurant mit Kunst an den Wänden (hoffentlich mögen Sie Kühe), gekocht wird mit Bioprodukten der Region. Steakburgers und Fish'n'Chips, abends auch Hase oder Schwein. Öffnungszeiten saisonabhängig. Langdale Road, LA22 9SU, ✆ 015394/35188; www.thejumbleroom.co.uk.
Dove Cottage Tea Rooms &Villa Colombina, Cream Teas und Lunch Snacks tagsüber, italienisches Restaurant am Abend. 9.30–17.30 und 17.45–20.30 Uhr. An der A 591, LA22 9SH, ✆ 015394/35268.

Hiker's Bar, rustikales Pub mit Kamin im Old Dungeon Ghyll Hotel, Great Langdale. Neben lokalen Alesorten auch eine große Auswahl an Whiskeys und Weinen. Great Landale, Ambleside, LA22 9JY, ✆ 015394/37272; www.odg.co.uk.

Baldry's, beliebtes und günstiges Café am Red Lion Square mit hausgebackenem Brot, leckeren Salaten und Hausmannskost. Es gibt natürlich auch Cream Teas und Süßkram. LA22 9SP, ✆ 015394/35301.

Die Lake-Poeten

Im Dove Cottage erfährt man auf einer zwanzigminütigen Führung eine Menge über das Leben und Lieben der Poeten aus dem Lake District. Es ist ein rührendes, fast ärmliches Steinhüttchen, in dem William Wordsworth mit seiner Gattin Mary Hutchinson und deren Schwester Sarah von 1799–1808 lebte, und wo ihn seine berühmten Freunde, vor allem Samuel Taylor Coleridge, oft besuchten. Dort schrieb er auch seine besten Gedichte. Als Wordsworth später nach Rydal umzog, kaufte ihm Thomas de Quincey die Kate ab, die 28 Jahre lang sein Zuhause wurde. Es war ein sehr einfaches Dasein, das die Dichter ihren Familien zumuteten. Die meisten Dinge des täglichen Bedarfs wurden selbst hergestellt, nebenbei wurde viel gelesen, geschrieben und gewandert. Ganz so liberal, wie man meinen könnte, ging es selbst untereinander nicht zu: Als der opiumabhängige de Quincey („Confessions of an Opium Eater"/„Bekenntnisse eines Opiumfressers") eine ungebildete Frau unter seinem Stand heiratete, weigerten sich die Damen Wordsworth, diese zu empfangen. Daraufhin brach de Quincey den Kontakt mit dem Wordsworth-Clan notgedrungen ab.

William Wordsworth hat wahrscheinlich am meisten dazu beigetragen, den Lake District bekannt zu machen, denn er war der Autor des „Complete Guide to the Lakes" (1810). Man kann außer Dove Cottage und Rydal Mount (siehe Ambleside) auch sein Grab in Grasmere, sein Geburtshaus in Cockermouth und seine Schule in Hawkshead besuchen. Die anderen zwei Romantiker, Samuel Taylor Coleridge und Robert Southey, hatten zusammen in Cambridge studiert und dann in Bristol zwei für ihre Schönheit berühmte Schwestern geheiratet. Sie lernten Wordsworth über einen befreundeten Schriftsteller kennen, woraufhin Coleridge ihn auf seiner Deutschlandreise nach Weimar, Jena und Heidelberg begleitete. Mit den deutschen Geistesgrößen jedoch kam man nicht zusammen, obwohl sich vor allem Coleridge für Schillers Dichtungen erwärmte und sie ins Englische übersetzte. Immerhin entdeckte man die Balladenform, die Goethe und Schiller so liebten, auch für sich, und Wordsworths berühmtestes Werk sollten die von den deutschen Klassikern inspirierten „Lyric Ballads" werden.

1799 schufen sich Southey und Coleridge mit den Frickeschwestern ein Heim in Keswick am Derwent Water, Greta Hall. Bald darauf jedoch wurde Coleridge krank, verfiel dem Opium und ließ Frau und Kind in Southeys Obhut zurück.

● *Information/Öffnungszeiten* **Dove Cottage und Wordsworth Museum**: März bis Okt. 9.30–17.30 Uhr, sonst bis 16.30 Uhr. Führungen jede halbe Stunde 10–16.50 Uhr. £ 7.50, erm. £ 4.50, Familien £ 17.20. ✆ 015394/35544, www.wordsworth.org.uk. **Wordsworth House & Garden** (Birthplace): Mitte März bis Ende Okt. Sa–Mi 11–17 Uhr, in den Ferien auch Do. Zeitticket: £ 5.63, Kinder £ 2.76, Familien £ 14.02 (NT). Main Street, Cockermouth, CA13 9RX, Infoline: 01900/820884, ✆ 01900/824805, www.wordsworthhouse.org.uk.

Coniston und Coniston Water

Ein schlichter, kleiner Ort mit weniger als 1.000 Einwohnern (in der Hochsaison sind es allerdings wesentlich mehr), der einst vom Kupferbergbau lebte. Der See *Coniston Water* ist schmal und lang gestreckt und wird vom „Old Man of

Wanderparadies Lake District

Coniston" überragt. Die meisten Aktivitäten bietet das Nordende, besonders beliebt sind hier Bootsfahrten. Coniston gelangte im Jahr 1967 zu trauriger Berühmtheit, als der Wissenschaftler *Donald Campbell* hier bei dem Versuch, den Geschwindigkeitsrekord auf dem Wasser zu brechen, tödlich verunglückte. Er erreichte 300 Meilen in der Stunde, bevor sein Gefährt *Bluebird* sich überschlug und explodierte. Nach jahrelanger Suche hat man die Überreste des Boots im Frühjahr 2001 geborgen, die rekonstruiert und im Ruskin Museum ausgestellt werden sollen, wo sich bereits einige Memorabilia befinden. Campbell liegt auf dem Friedhof von St Andrews begraben. Auch John Ruskin fand hier seine letzte Ruhestätte, denn er wohnte am See (s. u.). Zwischen Coniston Water und Windermere Lake liegt der *Grizdale Forest* mit einem Besucherzentrum und Sculpture Trail.

● *Information* **Tourist Information Centre,** Broschüren und Karten bekommt man an der Ruskin Avenue, Main Car Park, Coniston, Cumbria LA21 8EH, ✆ 015394/41533; mail@conistontic.org. **Grizedale Visitor Centre**, 3,5 km südl. von Hawkshead, LA22 0QJ, ✆ 01229/860010; grizedale@forestry.gsi. gov.uk.

● *Bootsfahrten* **Coniston Launch**, Rundfahrten auf solarbetriebenen Fähren, Boote landen auch in Brantwood an. ✆ 015394/36216; www.conistonlauch.co.uk. **Steam Yacht Gondola**, Mischung aus venezianischer Gondel und Dampfer, Rundfahrten vom Coniston Pier. Fahrplan bitte der Webseite entnehmen. ✆ 015394/41288; nationaltrust.org.uk/gondola.

Bootsverleih: **Coniston Boating Centre**, LA21 8AN, ✆ 015394/41366, Ruderboote ab £ 10/Std., Kanus und Motorboote £ 20.

● *Verbindungen* **Busse** nach Ambleside (Anschluss nach Windermere und Keswick) und Ulverston (nicht in den Ferien).

● *Übernachten* **The Old Rectory Hotel**, Landsitz mit gutem Restaurant im Wintergarten. Geräumige Zimmer mit Ausblick. B & B £ 36–44, Dinner £ 22–26. Torver, LA21 8AX, ✆ 015394/41353, ✆ 41156; www.theoldrectoryhotel.com.

Thwaithe Cottage, hübsches Cottage in wunderschönem Garten aus dem 17. Jh. in Seenähe. Deckenbalken und Kamin. £ 30–36 pro Person. Waterhead, LA21 8AJ, ✆ 015394/41367, www.thwaitcottage.co.uk.

Yew Tree Farm, dieser Bilderbuch-Hof 3 km nördlich von Coniston gehörte einst Beatrix Potter, weshalb hier auch mit Renée Zellweger gedreht wurde. Dem anschließenden Andrang konnte der Tearoom nicht mehr standhalten und musste schließen. Aber man kann in dem 5-Sterne-B-&-B aus dem 17. Jahrhundert noch übernachten. DZ £ 45–62/Person. Yew Tree Farm Coniston, LA21 8DP. ✆ 015394/41433; www. yewtree-farm.com.

● *Jugendherbergen* **Coppermines House**, auf halbem Weg völlig einsam zwischen dem „Coniston Old Man" und dem Wetherlam in einem Tal gelegen. Den Aufstieg zum „Alten Mann" schafft man von hier recht schnell. LA21 8HP, B & B ab £ 16, unter 18 J. ab £ 12. ✆ 0845/3719630, ✆ 015394/41261; coppermines@yha.org.uk.

Holly How, an der Straße nach Ambleside, kurz hinter Coniston. B & B ab £ 16, unter 18 J. ab £ 12. Far End, Coniston, LA21 8DD, ✆ 0845/3719511, ✆ 15394/41803; conistonhh@yha.org.uk.

● *Camping* **Grizedale Campsite**, → S 656.

● *Essen und Trinken* **Harry's Restaurant and Wine Bar**, entspannter Laden mit Eichenfußböden und moderner Ausstattung. Mo–Fr 12–24 Uhr, Sa–So ab 10 Uhr. 4 Yewdale Road, LA21 8DU, ✆ 015394/41389, www.harrys-coniston.co.uk.

Sehenswertes/Wanderungen

The Ruskin Museum: Ähnlich wie Grasmere mit William Wordsworth ist Coniston mit dem Maler *John Ruskin* (1819–1900) verbunden, der die letzten 28 Jahre seines Lebens hier verbrachte. In *Brantwood* am Ostufer des Sees Coniston Water befand sich sein Zuhause. Er beschrieb es als „little more than a hut", und tatsächlich ähnelt Brantwood eher einem Schuppen denn einem Haus. Ruskin war bereits in seinen Fünfzigern, als er sich hier niederließ, und ein anerkannter Kunstwissenschaftler. Er machte Furore als Sozialreformer, Philosoph und Künstler, dessen Ideen heute zum Allgemeingut unserer Gesellschaft zählen.

Brantwood: März bis Mitte Nov., tgl. 11–17.30 Uhr, im Winter nur bis 16.30 Uhr. £ 6.30, erm. £ 5, Kinder £ 1.35, Familien £ 13.15. ✆ 015394/41396, www.brantwood.org.uk.

Ruskin Museum: Ostern bis Anfang Nov.

tgl. 10–17.30 Uhr, im Winter Mi–So 10.30–15.30 Uhr. £ 4.75, erm. £ 2.50. Yewdale Road, LA21 8DU, ✆ 015394/41164, www.ruskinmuseum.com.

Auch **Passport Tickets** mit Coniston Launch und Brantwood House.

Coniston Old Man: Der Ort ist ideal für Wanderungen, z. B. für eine Besteigung des *Coniston Old Man* (803 Meter). Mehrere Pfade führen auf diesen „Alten Mann". An den Hängen entdeckt man viele Kupferminen und Schieferbrüche. Ein Weg verläuft am Church Beck entlang und führt dann links zu einem dieser Brüche. Von oben hat man eine großartige Sicht, bei gutem Wetter bis zu den Yorkshire Dales, zum *Snowdon* (1.085 Meter) in Nordwales oder zur Isle of Man.

Das Küstengebiet und Ravenglass

Über diesem Teil Cumbrias thront der höchste Berg Englands, der *Scafell Pike* (978 Meter), hier befindet sich Englands tiefster See, *Wast Water*, und um dem Volksmund gerecht zu werden, angeblich auch die kleinste Kirche (St Olaf's in Wasdale Head) und der schönste Ausblick (von Wasdale Head). Trotzdem wird der Westen des Nationalparks nicht von den Massen angesteuert, hier treffen Sie vornehmlich auf leidenschaftliche Wanderer, Kletterer und Camper.

Ravenglass: Das Dorf an der Mündung des River Esk und zweier weiterer Flüsse besteht aus einer einzigen Straße. Auch hier gab es einst eine römische Siedlung. Alles, was heute davon übrig ist, sind die Mauerreste eines Badehauses aus dem 4. Jahrhundert. Die Legende will, dass dort Morgan Le Fay zu Hause war, die

Nordwestengland Karte S. 587

Halbschwester von König Artus. In römischer Zeit war Ravenglass auch noch ein wichtiger Hafen. Heute liegen nur kleine Fischerboote an der versandeten Mündung, größere Orte gibt es weit und breit nicht. Eine historische Bahn dampft durch das Eskdale-Tal. Touren hinauf in die Berge können von hier, also der Westseite, genauso gut unternommen werden wie von den überfüllten Touristenzentren im Osten. Das große Dünengebiet ist Nistplatz tausender Möwen sowie der seltenen Seeschwalben und lohnt einen Besuch.

Information **Ravenglass & Eskdale Railway**, 15 Kilometer bis zum Fuße des Scafell Pike nach Dalegarth. Ravenglass CA18 1SW, ℡ 01229/717171; www.ravenglass-railway.co.uk. Einfache Fahrt: £ 6.60, erm. £ 3.30, Kinder unter 5 J. frei.

Whitehaven: Die Küste südlich von Whitehaven ist schöner und interessanter als die weiter oben im Norden. Whitehaven selbst ist eine graue Stadt, umgeben von zahlreichen Kohlegruben, wovon das Miners Memorial am Hafen sowie das *Haig Colliery Mining Museum* zeugen. Zum Teil wurden die Stollen bis unters Meer getrieben. In Whitehaven beginnt der C2C (Coast to Coast) Fahrradwanderweg. An einem Regentag kann man das Museum *The Story of Rum* besuchen, das in einem viktorianischen Warenlager untergebracht ist und die Geschichte des hochprozentigen Feuerwassers vom Sklavenhandel über die Royal Navy bis zur Prohibition mit Gerüchen und Soundeffekten abhandelt. Um die maritime Vergangenheit und die Industriegeschichte der Region geht es auch auf fünf neu und interaktiv gestalteten Stockwerken im Museum von Whitehaven, *The Beacon*.

● *Information* **Tourist Information Centre**, Market Hall, Market Place, Whitehaven Cumbria CA28 7JG, ℡ 01946/598914, tic@copelandbc.gov.uk, www.western-lakedistrict.co.uk oder www.copelandbc.gov.uk.

● *Öffnungszeiten* **Haig Colliery Mining Museum**: tgl. 9–16.30 Uhr, Eintritt frei. Solway Road, Kells, Whitehaven, CA28 9BG, ℡ 01946/599949; www.haigpit.com.

The Story of Rum: tgl. 10–16.30 Uhr. £ 5.45, erm. £ 4.45, Kinder £ 3.45, Familien £ 16.45. Lowther Street, CA28 7DN, ℡ 01946/592933, www.rumstory.co.uk.

The Beacon: Di–So und an Feiertagen 10–16.30 Uhr. £ 5, erm. £ 4, Kinder unter 16 frei. West Strand, CA28 7LY, ℡ 01946/592302; www.thebeacon-whitehaven.co.uk.

Kuriose Meisterschaften

Seit 1267 wird Mitte September während der Crab Fair in Egremont fünf Kilometer südlich von Whitehaven, ein Wettbewerb abgehalten, der sich *World Gurning Competition* nennt. To gurn bedeutet eine Grimasse ziehen, und genau darum geht es. Die Teilnehmer werden in die Kategorien Junior, Männlich und Weiblich aufgeteilt und müssen durch ein Pferdezaumzeug blicken. Dann schneiden sie Grimassen, und wer den meisten Applaus für seine Gesichtsentstellungen und -verzerrungen erntet gewinnt. Informationen unter ℡ 01946/820693 (Tourist Information Egremont, email@egremont-tic.fsnet.co.uk).

Wenn Ihnen im Raum Wasdale Menschen mit besonders langen Nasen oder besonders kurzen Beinen begegnen, liegt das vielleicht an einem Wettstreit, der jeden November im Bridge Inn in Stanton Bridge bei Wast Water veranstaltet wird. Von der Teilnahme an der *World's Biggest Liar Competition* sind allerdings Juristen und Politiker ausgeschlossen. Wahrscheinlich hält sie der Wirt für Profis im Lügen. Informationen unter ℡ 01946/726221, www.santonbridgeinn.com/liar.

St Bees: Ein paar Meilen südlich von Whitehaven liegt der kleine Ort St Bees mit einem herrlichen Sandstrand. Machen Sie einen Spaziergang in Richtung Norden bis zum *St Bees Head*, einem Naturreservat, von dem aus man bei gutem Wetter die Isle of Man sehen kann. St Bees ist auch der Startpunkt des *Alfred Wainright Coast to Coast Wanderweges*. Im Sommer 2002 verbrachten übrigens Tony Blair und seine Familie ihren Urlaub hier im Fleatham House Hotel.

Sellafield: Weiter im Süden ragt die riesige Atomanlage von Sellafield in die Landschaft. Sellafield war das erste britische Atomkraftwerk überhaupt, erbaut wurde es im Jahre 1950. Seit Inbetriebnahme gibt es Probleme mit der Anlage, die auch Plutonium für die britischen Atombomben herstellt. Seit 1986 werden vom cleveren Betreiber BNFL (British Nuclear Fuels Ltd.) kostenlose Besichtigungen angeboten, die vom Wissenschaftsmuseum in London verbessert und auf politisch korrekt getrimmt wurden. Mit riesigen Summen wird hier Imagepflege betrieben. Tatsache bleibt, dass die Irische See das am meisten radioaktiv verseuchte Meer der Welt geworden ist, wie eine Untersuchungskommission 1986 feststellte.

Visitor Centre, April–Okt. Mo–Fr 10–16 Uhr. Eintritt frei. ℰ 01946/727027, Seascale, Cumbria CA20 1PG, www.sellafieldsites.com/sellafield-centre7public-exhibition.

Nördlicher Lake District

Ullswater

Viele Leute streiten sich, ob *Ullswater* oder *Derwent Water* der schönste See im Lake District ist. Der Ullswater-See ist beinahe 15 Kilometer lang, sein Ufer lässt sich in drei völlig unterschiedliche Abschnitte einteilen. Das nördliche ist recht ländlich, in der Mitte scheinen die Berge direkt aus dem See aufzusteigen, im südlichen Teil dagegen herrscht die typische Lake-District-Atmosphäre, gesäumt von Birken, Lärchen, Eichen und Azaleen. Im Gowbarrow Park kann man Rothirschherden oder den Aira Force bewundern, einen kristallklaren Wasserfall, der dort durch eine enge Waldschlucht stürzt.

Lohnend ist ein Ausflug mit dem Motorboot ab *Pooley Bridge* an der nördlichsten Spitze des Sees, wo sich die winzigen Örtchen Glenridding und Patterdale und der berühmteste aller Wasserfälle des Lake District befinden: *Aira Force*, über den William Wordsworth drei Gedichte geschrieben hat. Zwei schon hundert Jahre alte Dampfer schippern zwischen *Glenridding* und *Pooley Bridge* hin und her und benötigen dafür etwa eine Stunde. Wenn man den Aufpreis nicht scheut, ist eine Rundfahrt anstelle einer einfachen Überfahrt empfehlenswert. Noch ein Tipp für Segelfreunde: Auf dem Ullswater-See können Boote gemietet werden; außerdem kann man Segelunterricht nehmen. Näheres bei *The Glenridding Sailing Centre*.

● *Information* Tourist Information Centre, Main Car Park, Glenridding, Penrith, Cumbria CA11 0PD, ℰ 01768/482414; ullswatertic @lake-district.gov.uk.

Aira Force: Sie können vom National Trust Parkplatz nahe Watermillock durch ein Arboretum bis zum Fuße des Wasserfalls laufen, der sich 21 Meter den Steilfelsen hinabstürzt. Steile Stufen führen von dort auch über eine kleine Steinbrücke zum Top.

Ullswater Steamers: The Pier House, Glenridding, ℰ 017684/82229; Fahrplan unter www.ullswater-steamers.co.uk.

Glenridding Sailing Centre: The Spit, Glendridding, Ullswater, CA11 0PE, ℰ 017684/82541; www.glenriddingsailingcentre.co.uk.

● *Übernachten* Gefällt Ihnen der Ullswater-See, dann können Sie in Howtown, Glenridding oder Pooley Bridge übernachten. Allerdings gibt es kaum B & Bs, es sind überwiegend Cottages oder Bungalows zu

Nordwestengland
Karte S. 587

mieten, meist nur ab einer Woche. Näheres über das Tourist Office.

Elm House, günstiges und sauberes Gasthaus mit 5 Zimmern in Pooley Bridge (an der A 592 bei der Kirche). B & B £ 36–50/ Pers. Mind. 2 Nächte, an manchen Wochenenden 3 Nächte. ☎ 017684/86334, www. stayullswater.co.uk.

• *Jugendherberge* **Helvellyn**, umgebaute und erweiterte Jugendherberge, ziemlich isoliert, etwa 2,5 Kilometer von Glenridding entfernt; zuerst auf der Straße in Richtung Pooley Bridge, danach links hinauf Richtung Sticks-Pass. Die Jugendherberge ist ein geeigneter Ausgangspunkt für Besteigungen des Great Dodd (856 m) und des Helvellyn (950 m). Nov./Dez. geschlossen. B & B ab £ 16, Jugendliche ab £ 12. Greenside, Glenridding, CA11 0QR, ☎ 0845/3719742, ☎ 017684/82009; helvelly@yha.org.uk.

• *Camping* **Waterside Farm Campsite**, Farmgelände (Schafzucht) direkt am Wasser mit Bootsverleih. Super Ausstattung, Zeltplatz 14–22. Howtown Road, Pooley Bridge, CA10 2NA, ☎ 017684/86332; www. watersidefarm-campsite.co.uk.

• *Essen und Trinken* **Sharrow Bay**, der Michelinstern macht das Essen in diesem Country-Hotel zu einem Ereignis. 3–6 Gänge (£ 32–70, auch vegetarische Option!) mit Blick aufs Wasser – was will man mehr? Sharrow Bay, Lake Ullswater, CA10 1LZ, ☎ 01768/486301; sharrowbay.co.uk.

Greystone Coffeeshop, gleichzeitig eine Galerie, tgl. 10–17.30 Uhr. Stainton, Penrith, CA11 0EF, ☎ 01768/866952; www.greystonehousefarm.co.uk.

Keswick und Derwent Water

Wollen Sie im nördlichen Lake District Ihre Zelte zur Erkundung des Nationalparks aufschlagen, so empfiehlt sich Keswick (sprich Kesick) als Standort. Im Norden von *Derwent Water* gelegen, ist dieses Zentrum des nördlichen Lake District ein idealer Ausgangspunkt für Wanderungen. Leicht zu erreichen sind selbst zu Fuß noch andere Seen wie *Bassenthwaite Lake, Thirlmere* und – etwas weiter – die drei kleinen Seen rund um *Buttermere*. Insgesamt macht der Ort mit 4.800 Einwohnern einen ruhigeren Eindruck als die Dörfer und Städte weiter im Süden. Zudem ist hier alles etwas billiger als in den anderen Touristenzentren. An Samstagen findet auf dem Marktplatz vor der alten *Moot Hall* der Wochenmarkt statt. Keswick war einst Stapelplatz für Wolle und Kupfer. Mineralien wurden in Cumbria schon in der Steinzeit im Tagebau gewonnen, die Stollen sind jedoch seit langem stillgelegt, und nur noch Sammler und Geologen schürfen in den Felsen nach Mineralien. Auf den Inseln in Derwent Water lebten einst deutsche Bergarbeiter, die vor den Einwohnern von Keswick geflohen waren, nachdem mehrere von den um ihre Arbeitsplätze fürchtenden Einheimischen ermordet worden waren.

Machen Sie einen kleinen Spaziergang zum See hinunter, vorbei am Golfplatz. Im Sommer finden dort *Freilichttheateraufführungen* statt. Von der Lake Road sieht man die Bootsanlegestelle. Man kann sich ein Motor- oder Ruderboot mieten und sich auf dem See treiben lassen.

Im Winter ist die Umgebung von Keswick voller Wintersportler, denn hier gibt es in den Bergen gute Abfahrtshänge. Wer lieber spazieren geht, findet im Nordosten einen schönen Park mit Museum.

• *Information* **Tourist Information Centre**, hier gibt es eine Fülle von Vorschlägen für Wanderrouten, man wird individuell beraten. Zimmervermittlung. Moot Hall, Market Square, Keswick, Cumbria CA12 5JS, ☎ 017687/72645; keswicktic@lake-district. gov.uk. www.keswickplus.co.uk.

• *Verbindungen* Von der Tithebarn Station an der Main Street fahren Stagecoach-Busse nach Grasmere, Ambleside und Windermere sowie nach York und Newcastle.

• *Fahrradverleih* **Keswick Mountain Bikes**, ein Mountainbike mit 24 Gängen kostet pro Tag rund £ 20–30. Southey Hill, Industrial Estate (hinter dem Stiftmuseum), ☎ 017687/ 75202, www.keswickbikes.co.uk.

The Lakeland Pedlar Bike Shop, MTB-Verkauf und Reparatur mit dazugehörigem

Sie trotzen Wind und Wetter: die Lake-Angler

Wholefood-Café, gehört zum Laden oben. Henderson's Yard, Bell Close, ✆ 017687/74492, Verleih in Sothey Hill.

•*Bootfahren* **Keswick Launch**, die Dampfer halten an sieben Anlegestellen rund um den See. ✆ 017687/72263; www.keswick-launch.co.uk.

Platy + Watersports, hier werden Wikinger-Langschiffe, Kanus, Kajaks und Ruderboote vermietet. Lodore Boat Landings, Derwent Water, Borrowdale, CA12 5UX, ✆ 017687/77282; www.plattyplus.co.uk.

• *Kultur/Veranstaltungen* **Theatre by the Lake**, eigenes Ensemble, 6 Stücke in 6 Monaten, auch Restaurant/Café. Lakeside, ✆ 017687/74411; theatrebythelake.co.uk. Live-Musik gibt es jeden Donnerstag ab 20.30 Uhr im **The Square Orange**, www.thesquareorange.co.uk.

Im Mai veranstaltet die Stadt das **Keswick Jazz Festival**; www.keswickjazzfestival.co.uk. Beliebt ist auch das **Keswick Beer Festival** im Juli, bei dem 170 Ales und Cider verkostet werden können.

• *Übernachten* Viele Hotels aller Größen und Kategorien, im Durchschnitt wesentlich günstiger als im südlichen Lake District.

Pitcairn House, viktorianisches Eckhaus mit acht Zimmern aus dem typischen Lake-stein und Schiefer, fünf Fußminuten vom Marktplatz. B & B £ 31–35 pro Person. 7 Blencathra Street, CA12 4HW, ✆ 017687/72453, www.pitcairnhouse.co.uk.

Number 10 Guest House, hübsches viktorianisches Haus fünf Minuten vom Ortskern. Hier gibt es ein reichhaltiges Frühstück und einen Privatparkplatz. Zimmer frisch modernisiert und renoviert. B & B £ 27.40 pro Person. 10 Southey Street, CA12 4EF, ✆ 017687/73455, www.no10bedandbreakfast.co.uk.

Langstrath Country Inn, familiengeführtes 400 Jahre altes Pub versteckt in einem einsamen Tal, 8 einfache, aber schicke Zimmer. B & B im DZ £ 44.50–57 pro Person. Stonethwaite, Borrowdale, Keswick, CA12 5XG, ✆ 017687/77239; www.thelangstrath.com.

• *Jugendherberge* **Jugendherberge Keswick**, in einem ehemaligen Hotel. Erwachsene ab £ 14, Jugendliche ab £ 10.50. Station Road, CA12 5LH, ✆ 0845/3719746; ✉ 017687/74129; keswick@yha.org.uk.

Derwentwater, in einem Park mit Spielplatz gelegen. B & B ab £ 16, unter 18 J. ab £ 12. Barrow House, Borrowdale, Keswick, CA12 5UR, ✆ 0845/3719314, ✉ 017687/77396, derwentwater@yha.org.uk.

• *Camping* **Castlerigg Hall**, Anfahrt von Keswick über die A 591 (südlich), nach etwa

1,6 Kilometern ausgeschildert. Bus 555 von Keswick. März–Nov. Man kann von hier zum Castlerigg-Steinkreis wandern. Zelte ab £ 6.30 pro Erw., £ 2.90 pro Kind, £ 2.20–2.70 pro Auto. Auch Pods ab £ 34/Nacht. CA12 4TE, ✆ 017687/74499, www.castlerigg.co.uk.

Dalebottom Farm, liegt etwa 3,5 Kilometer südlich von Keswick (über die A 591 in Richtung Windermere). März–Okt. 30 Caravans und 30 Zelte, Zelte ab £ 6 pro Person. Dale Bottom, Naddle, CA12 4TF, ✆ 017687/72176 oder 74713; www.dalebottomfarm.co.uk.

• *Essen/Trinken* Gehen Sie abends mal ins **Dog and Gun** in der 2 Lake Road. Zu ganz vernünftigen Preisen erhält man dort typisch englische Gerichte wie *Shepherd's Pie* oder *Roast Ham*. Urige Atmosphäre.

In derselben Straße (Nr. 33) finden Sie auch **Mayson's**. Serviert werden hier große Portionen zu angemessenen Preisen, z. B. vegetarische Lasagne.

Sehenswertes/Wanderungen

Castlerigg Stone Circle: Drei Kilometer östlich der Stadt erhebt sich ein Steinkreis der Glockenbecherleute. Er wurde um 1800 v. Chr. errichtet und besteht aus 38 aufrecht stehenden Findlingen, in deren Oval noch einmal zehn mächtige Steine stehen. Der Circle befindet sich auf Land des National Trust und wird von English Heritage gemanagt. Man hat eine schöne Aussicht auf die umliegenden Fells Skiddaw, Blencathra und Lonscale.

Cumberland Derwent Pencil Museum: Der Eingang zu diesem Museum befindet sich in einem unscheinbaren Laden. Hier wird die Geschichte des Bleistiftes seit der Entdeckung des Borrowdale-Graphits im 16. Jahrhundert erzählt. Sie finden es auf dem Weg in Richtung Cockermouth (kurz vor der Brücke); auf der anderen Seite steht die Bleistiftfabrik, die ihre Rohstoffe inzwischen allerdings aus aller Welt bezieht.

Tgl. 9.30–17 Uhr (letzter Eintritt 16 Uhr). £ 3.50, erm. £ 2.25, Familien £ 9.25. Southey Works, Greta Bridge, ✆ 017687/73626, www.pencilmuseum.co.uk.

Cars of the Stars Motor Museum: Autofreunde treffen sich in diesem Museum in der Standish Street, in dem Autos, die als Filmrequisiten dienten, z. B. der Lotus von James Bond und der VW-Käfer mit der Nummer 53 (Herbie) sowie das Batmobil zu besichtigen sind.

April–Nov. tgl. 10–17 Uhr (im Winter nur am Wochenende). £ 5, Kinder £ 3. Standish Street. ✆ 017687/73757, www.carsofthestars.com.

Rund um Derwent Water: Um den wahrscheinlich schönsten der nördlichen Seen (Spitzname „Königin der Seen") kann man verschiedene Spaziergänge unternehmen oder ihn ganz umwandern. Etwa fünf Kilometer ist der See lang und zwei Kilometer breit und wird von den Derwent- und Borrowdale Fells eingerahmt. Den schönsten Blick hat man von Friar's Crag, einer Felsnase. Die verschiedenen kleinen Inseln sind alle im Besitz des National Trust und teilweise sogar bebaut. Man kommt nur mit einem gemieteten Boot hin. Regelmäßige Fähren verbinden die Orte rund um den See mit Keswick – im Sommer fast stündlich. Im Folgenden die Anlegestellen und die von hier aus zu erwandernden Gebiete:

Ashness Gate: Einen 35 Meter hohen Wasserfall, die *Barrow Falls*, findet man direkt hinter der Jugendherberge, einem alten Landhaus, von dem man den See und die dahinter liegenden Cat Bells gut überblicken kann. Im *Barrowdale* führt ein Wanderweg bis zum *High Seat* (608 m).

Lodore: Guter Ausgangspunkt, um das Derwentdale in Richtung Süden zu erkunden. Kurz hinter der Bootsanlegestelle auf der anderen Straßenseite finden Sie die *Lodore Falls*. Die Straße führt nach *Rosthwaite*. Südlich des Ortes rechts ab zu einer weiteren Jugendherberge, von der man ausgezeichnete Wanderungen ins Borrow-

dale unternehmen und den *Great Gable* oder den *Scafell Pike* besteigen kann.

Man kann von hier auch zur Jugendherberge *Derwent Water* (oder umgekehrt) wandern. Am nördlichen Ortsausgang von Rosthwaite (800 m von der Jugendherberge entfernt) auf einem Wanderweg nach rechts zum *Watendlath Tarn* hinauf. Man erreicht einen kleinen See, dann folgt man über die Brücke einer Straße, die bis zur Jugendherberge Derwent Water führt. Am Ende der Straße bietet sich ein schöner Blick über den See.

Von den Lodore Falls aus kann man auch am Ufer entlang nach *High Brandelhow*, der nächsten Anlegestelle, und von dort nach *Low Brandelhow* und *Hawse End* wandern.

Skiddaw (931 m): Für diese Tour, die nicht besonders schwierig ist, muss man für Auf- und Abstieg etwa fünf Stunden einkalkulieren. Nehmen Sie die Straße hinter dem Bahnhof nach Brassenthwaite. Überqueren Sie die A 66 und gehen Sie die Spoony Green Lane (rechts) etwa eine halbe Stunde lang weiter; es geht immer bergauf bis zu einem Feldtor, danach gleich wieder links einen Zaun entlang. Jetzt hinauf zum *Jenkins Hill*, von wo ein recht guter Pfad bis zur Bergspitze führt. Von hier oben hat man einen herrlichen Blick bis zum *Solway* (Schottland), der *Isle of Man* und natürlich auf viele andere Berge im Süden.

Mit dem Rad von Keswick nach Buttermere

Eine Rundfahrt von 35 Kilometern. Fahren Sie von Keswick am Ostufer des Sees entlang bis Grange. Vergleichen Sie hierzu die Beschreibung der Wanderungen um den See, und planen Sie am besten die Abstecher mit ein (z. B. Wasserfälle).

Von Grange die Hauptstraße weiter ins Borrowdale hinein. Auf der linken Seite kommt man nach etwa zwei Kilometern zum Bowder Stone. Der ungewöhnlich in der Landschaft liegende, 2.000 Tonnen schwere Stein ist vor langer Zeit von einem Felsen heruntergestürzt und findet sich auf vielen Postkarten als Bildmotiv. Über eine Leiter kann man bequem hinaufklettern. Danach fährt man durch einen landschaftlich besonders faszinierenden Abschnitt. Das Borrowdale wird als eines der schönsten Täler immer wieder hoch gelobt – nicht ohne Grund. Hinter Seatoller

Nordwestengland
Karte S. 587

fährt man über den Honister-Pass nach Buttermere. Hier liegen drei kleine Seen hintereinander: Buttermere, Crummock Water und Loweswater. Wanderpfade führen rund um die Seen. Auf dem Loweswater kann man auch rudern, Boote gibt's am Kirkstile Inn.

Buttermere: Von den Seen ist er der schönste – immer noch stehen Maler am Ufer und mischen ihre Farben, um die Kompositionen in Blau auf ihre Leinwand zu bannen. Im Kampf gegen die Normannen war das Tal von Buttermere das heimliche Hauptquartier der Einheimischen, die trotz vieler Kämpfe unbesiegt blieben. Wollen Sie zurück nach Keswick, nehmen Sie den schmalen Weg über den Newlands-Pass quer durch die Berge.

● *Übernachten* ***** Bridge Hotel**, in Buttermere, 21 Zimmer im altenglischen Stil. B & B £ 65–75 pro Person, £ 92.50–105 inkl. Fünf-Gänge-Menü. Wochenende 2 Nächte Minimum. CA13 9UZ, ✆ 017687/70252, ✆ 70215, www.bridge-hotel.com.

King George VI. Memorial Hostel, Jugendherberge in Schieferhaus mit unregelmäßigen Öffnungszeiten im Winter! Buttermere Cockermouth. B & B ab £ 16, Jugendliche ab £ 12. Anfahrt auch mit Stagecoach 77A von Keswick., ✆ 0845/3719508, ✆ 01687/70231; buttermere@yha.org.uk.

Penrith

Die kleine Marktstadt an der M 6 hat eine lange Geschichte, denn schon um das Jahr 500 v. u. Z. siedelten Kelten in diesem Gebiet. Wie in vielen anderen Orten im Grenzgebiet zu Schottland sind die Straßen hier sehr eng angelegt und um einen großen Marktplatz gruppiert. Man hoffte damals, angreifende Schotten in engen Straßen besser bekämpfen zu können. Im *Castle Park* gegenüber vom Bahnhof stehen die Ruinen der alten Burg aus dem 14. Jahrhundert. Älter als die Burgruine ist die Kirche St Andrew aus dem 13. Jahrhundert. Im Friedhof stehen steinerne Hochkreuze, die noch aus normannischer Zeit stammen und zwei Steingruppen, die als Riesengrab und Riesendaumen bezeichnet werden und wahrscheinlich die Grablege des sagenhaften Königs Oswald von Cumbria darstellen. Außerdem besitzt Penrith mehrere schöne alte Häuser aus dem 16. Jahrhundert. Der rote Baustein stammt aus dem Eden-Tal. Penrith liegt am Zusammenfluss der River Eamont und Lowther, die in den Eden münden. Im Norden, Westen und Süden ist der Ort von Bergen umgeben. Auf dem Penrith Beacon wurden im Mittelalter Wachtfeuer angezündet, um vor schottischen Überfällen zu warnen. Entsprechend ist die Gegend mit Burgen und Wehrtürmen übersät. Nach Osten hin ist Penrith zur Ebene offen, die das Tal des River Eden gegraben hat. Der Ort zieht schon seit Jahrhunderten Künstler an, sodass man hier und in den umliegenden Dörfern viele Galerien (z. B. Upfront Gallery) und Studios (z. B. Wetheriggs Pottery) besichtigen kann.

● *Information* **Tourist Information Centre**, Robinson's School, Middlegate, Penrith, Cumbria CA11 7PT, ✆ 01768/867466, pen.tic @eden.gov.uk, www.visiteden.co.uk.
● *Verbindungen* **Busse** fahren vom Bahnhof nach Windermere und Bowness. **Zug** – Bahnhof an der Ullswater Road. Penrith liegt an der Linie Preston–Schottland. Regelmäßig fahren Züge nach Carlisle, Glasgow, London und Windermere.

● *Kino* **Lonsdale Cinema**, zwei Leinwände, es werden meist kommerziell erfolgreiche Hollywoodfilme gezeigt, aber sonntagabends laufen ausländische und Off-Produktionen. ✆ 01768/862400; www.lonsdalecitycinemas.co.uk/penrith.
● *Veranstaltungen* **Potfest**, Anfang August treffen sich in Penrith rund 150 Töpfer und zeigen auf zwei Veranstaltungen ihre Kunst: Potfest in the Park und Potfest in the Pens. www.potfest.co.uk.

● *Übernachten* **The George Hotel**, 300 Jahre altes Kutschen-Inn in Familienbesitz, 35 Zimmer, frisch renoviert, gutes Restaurant, im Stadtzentrum mit privatem Parkplatz. B & B ab £ 59 pro Person. Devonshire Street, ✆ 01768/862696, ✉ 868223, www.lakedistricthotels.net/georgehotel.

Mardale Inn, total süß renoviertes altes Pub, was von einem jungen Paar geleitet wird. Schlichte und freundliche Zimmer, B & B im DZ £ 80. Bampton, Penrith, CA10 2RQ, ✆ 017684/713244; www.mardaleinn.co.uk.

Wild Rose Wigwams, „Camping in style", nämlich nicht in einem zugigen Stoffzelt sondern in einer Kabine aus Holz, die beheizbar ist. Auf einer Schlafplattform liegt eine Matratze, es gibt einen Kühlschrank, Teekessel, Mikrowelle und Fernseher. Auch konventionelle Zeltstellplätze. £ 13–18, Kinder £ 9–12. Ormside, Appleby, CA16 6EJ, ✆ 017683/51077, www.wildrose.co.uk.

● *Essen/Trinken* **The Narrowbar Café**, hausgemachte Kuchen, abends Drinks und Snacks, WLAN. Mo–Sa bis 17 Uhr, Fr u. Sa auch 20–24 Uhr. 13 Devonshire Street, ✆ 01768/891417.

No15 Cafe, Bar & Gallery, Café und Weinbar mit Bildern an den roten Wänden, Sa Accoustic Nights. 15 Cixtoria Road, CA11 8HN, ✆ 01768/867453.

Carlisle

Carlisle liegt zwar nicht mehr im Lake District, bei einem Besuch der Region sollte man dieses hübsche Städtchen aber auf keinen Fall auslassen. In der Nähe der schottischen Grenze bildete die Grenzstadt unter den Römern das Verwaltungszentrum für die Anlagen am Hadrian's Wall. Anstelle des römischen Kastells steht heute die *Kathedrale*, in der Sir Walter Scott seine französische Braut geheiratet hat. Carlisle war der ewige Zankapfel zwischen Cumbria (England) und Schottland. Das hübsche Städtchen mit seinen rosa Sandsteingebäuden kam erst vor rund 200 Jahren zur Ruhe, nachdem es im 18. Jahrhundert noch einmal Schauplatz einer großen Auseinandersetzung geworden war, dem Machtkampf zwischen den Häusern Stuart und Hannover. Prinz Charles Edward Stuart, besser bekannt als Bonny Prince Charlie, war ein mutiger Jüngling von fünfundzwanzig Jahren, der die Unterstützung der schottischen Clans hatte, um das Erbe seines Großvaters, Jakobs II., anzutreten. (Nachdem Queen Anne kinderlos verstorben war, hatte das Parlament die Krone einfach an das Haus der Welfen in Hannover gegeben (Georg I.), um eine protestantische Thronfolge sicherzustellen.) Der Sohn Georgs II. wusste das zu verhindern und trieb ihn in mehreren Schlachten nach Schottland zurück, wo Charlie monatelang von einem Ort zum anderen floh, ehe er nach Frankreich übersetzen konnte. Fortan lebte er das Leben des Gescheiterten, Ungeliebten, Verlassenen, der den Traum nie aufgab, eines Tages doch noch König von England zu werden. Carlisle hat wegen seiner unruhigen Geschichte kaum historische Denkmäler zu bieten. Mitte Juli wird jährlich ein Landwirtschaftsfestival abgehalten. Genaueres über diese und andere Veranstaltungen erfahren Sie bei der Touristinformation.

Sehenswert ist auch das *Castle* aus dem 11. Jahrhundert. Es stellt ein beeindruckendes Monument englischer Befestigungstechnik dar. Seine Mauern sind zwischen 2,5 und 5 Metern dick. In einem Teil ist heute das *Border Regiment Military Museum* untergebracht. Wer noch mehr über die bewegte Vergangenheit der Stadt erfahren will, besucht am besten das *Tully House Museum* neben dem Castle.

● *Öffnungszeiten* **Castle**, April–Sept. 9.30–17 Uhr, im Winter nur bis 16 Uhr. £ 4.80, erm. £ 4.10, Kinder £ 2.40 (EH). ✆ 01228/591922.

Tullie House Museum and Art Gallery, Castle Street, Juli–Aug. Mo–Sa 10–17 Uhr, So 11–17 Uhr, April–Juni u. Sept.–Okt. Mo–Sa 10–17 Uhr, So 12–17 Uhr, Nov.–März nur bis 16 Uhr. £ 5.20, erm. £ 3.60, Kinder unter 18 frei. ✆ 01228/618718, www.tulliehouse.co.uk.

Nordwestengland

Karte S. 587

Cathedral, 1122 gegründet, viel Buntglas aus dem 14. Jahrhundert, tolles Ostfenster und wunderschöne bemalte Decke aus dem 14. Jahrhundert. In der Kathedrale findet auch das *Summer Music Festival* statt. Mo–Sa 7.30–18.15 Uhr, So bis 17 Uhr, Eintritt frei. 7 The Abbey, ✆ 01228/548151; www. carlislecathedral.org.uk.

• *Information* **Tourist Information Centre**, von hier aus starten auch mehrstündige Bustouren (ab dem späten Nachmittag) durch den Lake District. Old Town Hall, Green Market (auch als Town Hall Square bezeichnet), CA3 8JH. Es gibt auch Internetanschluss, £ 1/15 Min., ✆ 01228/625600, ✉ 625604; tourism@carlisle.gov.uk, www. discovercarlisle.co.uk.

• *Verbindungen* **Busse** fahren von der Lowther Street und der West Tower Street in die großen Städte Englands. Der Busbahnhof befindet sich in der Lonsdale Street.

Zug – Für die Bahn ist Carlisle ein wichtiger Verkehrsknotenpunkt: regelmäßig Züge nach Chester (in Warrington umsteigen), Glasgow und London. Nach Windermere in Oxenhome umsteigen. Der Bahnhof liegt südlich des Stadtzentrums, zehn Minuten Fußweg vom Town Hall Square. Carlisle ist außerdem Endbahnhof von fünf szenischen Eisenbahnstrecken, der Cumbrian Coast Line, die der Küste bis Lancaster folgt. Die Linie Glasgow–Carlisle verschafft einen Einblick in die spektakuläre schottische Landschaft. Mit der Lakes Line geht es durch den Lake District nach Windermere. Die Linie Settle–Carlisle fährt in Richtung Südosten durch die Yorkshire Dales und die Tyne Valley Line verfolgt den Hadrian's Wall nach Newcastle. Verbilligung bekommt man mit dem North Country Flexi Rover Ticket!

• *Stadtführungen* **Open Book Visitor Guiding**, Führungen durch Carlisle und das Umland, es gibt auch einen Bus (AD122), in dem man kostenlos einen begleitenden Kommentar bekommt (nur im Juli u. Aug.). ✆ 01228/670578, www.greatguidedtours.co.uk.

• *Einkaufen* **The Lanes Shopping Centre** nahe der Kathedrale ist die Anlaufstelle für Einkäufer aus der ganzen Region. Viktorianische Markthalle.

• *Post* 264 Warwick Road, nahe Bahnhof.

• *Übernachten* **Angus Hotel and Almonds Bistro**, viktorianisches Gebäude, dessen Grundmauer auf dem Hadrian's Wall steht, hausgebackenes Brot. B & B im EZ ab £ 49 (Wochenende), DZ ab £ 60. 14 Scotland Road, CA3 9DG,. ✆ 01228/523546, www.angus-hotel.co.uk.

** **Ibis Hotel**, neues und modernes Haus mit 102 Zimmern. Etwas anonym, aber mitten im Zentrum und mit kostenlosem Parkplatz. B & B ab £ 44. Botchergate, ✆ 01228/518000, wwwibishotel.com.

• *Jugendherberge* **Carlisle YHA**, neben dem Castle in der alten Brauerei, die als Hall of Residences der Universität dient, daher nur in den Trimesterferien Juli–Sept. 56 Betten, ab £ 22, unter 18 J. ab £ 18. Old Brewery Residences, Bridge Lane, DA2 5SR, ✆ 0845/3719510, ✉ 01228/594631; deec@ impacthousing.org.uk.

• *Camping* **Dalston Hall Holiday Park**, Anfahrt über die B 5299, in Dalston ausgeschildert. Zu erreichen auch mit Bus 75. Man spricht sogar Deutsch. Zelt und zwei Personen ab £ 8. Im ehemaligen Stall ist das Clubhaus, dort gibt's sogar Frühstück. Gut zum Golfen und Angeln. März bis Ende Jan. Dalston Hall, ✆ 01228/710165, ✉ 710165, www.dalstonhallholdaypark.co.uk.

• *Essen/Trinken/Nachtleben* Die meisten Lokale, Bars und Clubs findet man im Botchergate Bezirk im Stadtzentrum. Ebenfalls eine gute Gegend für Bars und Cafés ist das Cathedral Quarter südlich des Zentrums.

Holme Bistro, romantisches kleines Restaurant in einer etwas schäbigen Gegend, ein Bruder-Schwester-Paar serviert fantastische Steaks (£ 17.50), zartes Lamm (£ 12.50), knusprige Ente (£ 15.50). 56–58 Denton Street, Denton Holme, CA2 5EH, ✆ 01228/534343, www.holmebistro.co.uk.

The Spice Enterprise, top-indische Küche mit riesigem Menü, leider etwas außerhalb. Briar Bank, CA3 9SN, ✆ 01228/548761.

Bar Solo, junge Leute, mediterranes Flair. Ecke Botcher Street und The Crescent, ✆ 01228/631600.

The Garden Restaurant im Tullie House, alles Fairtrade, viel Fisch, Adresse s. o.

Yorkshire Dales: Natur pur

Yorkshire/Northumberland/ Cumbria/Nordostengland

Yorkshire, die größte englische Grafschaft, wurde nach mehreren Gebietsreformen aufgeteilt in South, North und West Yorkshire sowie das East Riding of Yorkshire (nördlich des Flusses Humber, ehemals Humberside). Es ist ein beliebtes Feriengebiet, das von den Pennine-Bergen im Westen zu den grünen Tälern der Dales, von den sanften Hügeln der Moore bis hin zu den dramatischen Klippen der Ostküste verschiedenste Landschaften einschließt. Nordöstlich davon schließt sich Northumbria an, eine Region mit vielen historischen Städten und dem berühmten Hadrian's Wall.

Die *Yorkshire Dales* mit ihren Hochlandmooren und dazwischen sich ausbreitenden Tälern sind ein beliebtes Feriengebiet, haben sich aber gleichzeitig eine Menge Ursprünglichkeit bewahrt. Unternehmungslustige können hier noch auf Entdeckungsreise gehen. Das Wetter ist zwar recht wechselhaft (es regnet oft, vom sanften Nieselregen bis zum kräftigen Schauer), allerdings bläst der Wind die Wolken meist schnell auseinander, und wenn dann die Sonne hervorlugt, entstehen faszinierende Farbenspiele auf den Hügelketten, die der kargen Torf- und Heidelandschaft mit ihren kleinen grauen Orten ein dramatisches Aussehen verleihen. Hier wuchsen die drei Brontë-Schwestern auf und schrieben ihre Romane und Verse. In den östlichen Gebieten der Dales ist es im Durchschnitt etwas trockener.

Auch die *North York Moors* mit ihren vielen Wandermöglichkeiten sind ein echtes Naturerlebnis. Im kargen Hochmoor weiden zottelige, braune Rinder und viele

Schafe, verstreut liegen winzige Dörfer oder einsame Höfe. Unzählige kleine, erstaunlich saubere Flüsse und Bäche plätschern hinab zum Meer. Hier und im Dale siedelten im Mittelalter Mönche und Nonnen vieler Orden. Nach der Auflösung der Klöster waren die monastischen Häuser dem stolzen Adel wohl zu einsam, sie überließen sie dem Verfall und bauten lieber ihre eigenen Herrensitze, wie das gigantische Castle Howard.

Die Nordseeküste zwischen *Spurn Head* und *Whitby* lädt zum Wandern und Spazierengehen ein. In den Badeorten *Bridlington* und *Scarborough* ist noch ein Hauch vergangenen viktorianischen Glanzes zu spüren. Weiter im Norden Richtung schottische Grenze ist die Küste mit ihren weitläufigen leeren Stränden und majestätischen Klippen besonders wild. Selbstverständlich besitzt Yorkshire nicht nur eine einmalige Landschaft, sondern auch viel Historie und zahlreiche malerische Orte, weshalb die stolzen Einwohner auch behaupten, ihre Grafschaft sei „Gottes eigenes Land". Fountains Abbey gilt als die größte Klosterruine der Welt. Holy Island, die heilige Insel *Lindisfarne*, gilt als die Geburtsstätte des nordenglischen Christentums.

Für die alte Hauptstadt *York* mit der größten mittelalterlichen Kathedrale Nordeuropas reicht ein Tag allein kaum aus. Sehenswert ist auch die traditionsreiche Hafenstadt *Hull* (Kingston-upon-Hull) mit ihren historischen Dockanlagen. Überall in den Dales finden sich Bilderbuchansichten mit aus Naturstein erbauten Marktstädtchen, Abteien und Burgen. Man versucht hier, Geschichte zu bewahren. In einer Gegend, die lange Zeit weitgehend von der Textilindustrie bestimmt wurde, gibt es außerdem zahlreiche interessante Monumente der frühen Industriegeschichte zu besichtigen, darunter alte Textilmühlen. Die wildromantische Landschaft dient als Hintergrund für zahlreiche in England bekannte Fernsehserien, beispielsweise „Emmerdale" oder „Heartbeat".

Die größte Stadt in Yorkshire ist mit ca. 1.000.000 Einwohnern die einstige Textilhochburg und heutige Univeristätsstadt *Leeds* im Industriegebiet des West Riding. Die Klingenschmiede von *Sheffield* (→ S. 638ff.) und die Baumwollweber von *Leeds* schufen die Voraussetzungen für Englands Industrieimperium im vorigen Jahrhundert. Die Stadt bietet dem Besucher ein reichhaltiges Angebot an Kultur- und Kommerz, und in der näheren Umgebung finden sich zahllose Möglichkeiten für interessante Ausflüge. Die Stadt eignet sich außerdem hervorragend als Ausgangsbasis für eine Erkundung der Yorkshire Dales. Die elegante Kurstadt *Harrogate* ist für ihre türkischen Bäder und das einmalige Betty's Café berühmt.

Der Nordosten Englands besitzt ebenfalls ein großes Industriegebiet rund um Newcastle-upon-Tyne (in der Region Tyne and Wear), aber weite Teile *Northumbrias* und die Grenzgebiete zu Schottland sind so gut wie menschenleer, und der *Northumberland National Park* ist ein wahres Naturparadies. Das Gebiet war zu Zeiten der Römer von ständigen Einfällen durch die kriegerischen nördlichen Stämme gekennzeichnet, weshalb man sich schließlich zum Bau einer befestigten Mauer, des *Hadrian's Wall*, entschloss. Nach dem Abzug der Römer wurde die Gegend bedeutungslos. Lediglich an der Küste finden sich einige Burgen, die von den damaligen Feudalherren verteidigt wurden. Die englische Nordostküste hat weniger bekannte Seebäder als der Süden, sie sind weniger traditionsreich und auch vom Klima her nicht so begünstigt. Teilweise jedoch haben sie ihren individuellen Charme bewahrt, am bekanntesten sind *Scarborough* und *Whitby*.

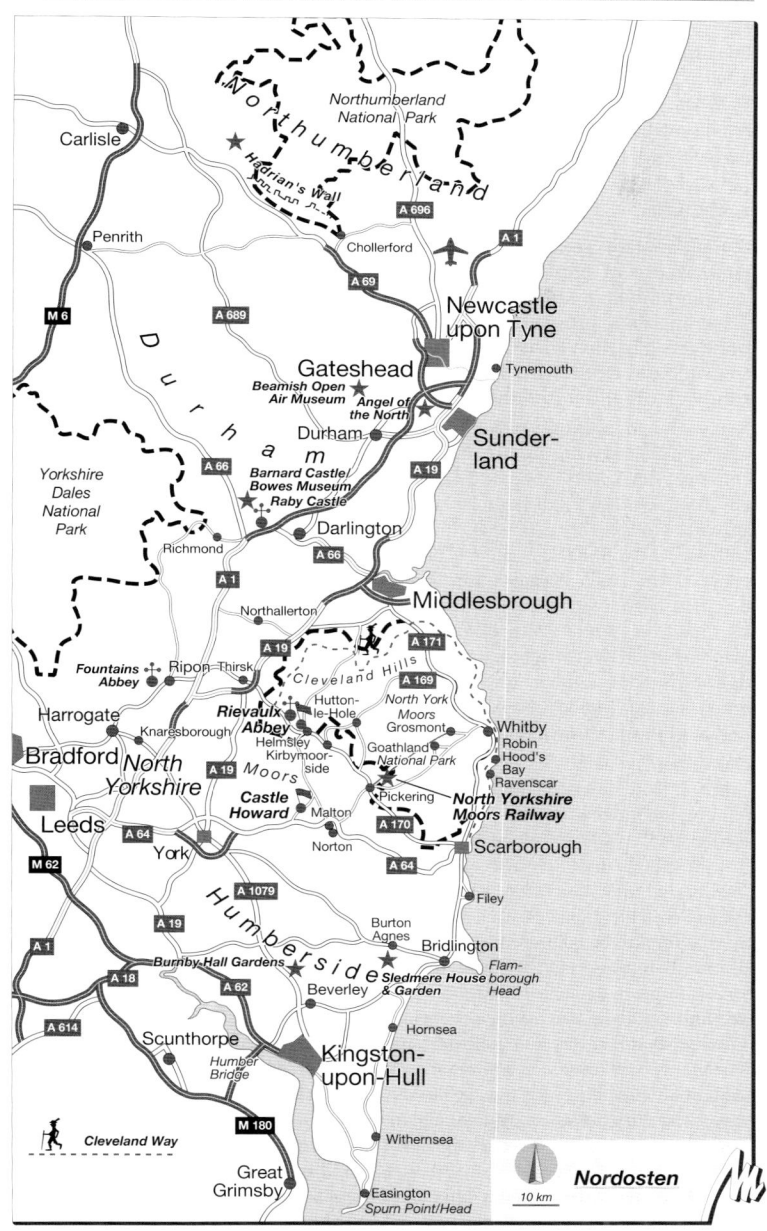

Für kunsthistorisch interessierte Reisende gehört ein Besuch von *Durham* zum Pflichtprogramm. Durham Cathedral gilt als eines der formvollendetsten normannischen Bauwerke der Welt. Nicht zu vergessen: *Newcastle upon Tyne*. Die größte Stadt im Nordosten Englands ist bekannt für ihr buntes Nachtleben und erlebt derzeit eine echte Renaissance.

Leeds

Die ehemalige Textilmetropole ist mittlerweile nach London das größte Finanzzentrum Englands. Nachdem die heutige Universitätsstadt in der Vergangenheit insbesondere durch die Textilindustrie sowie später den Maschinenbau prosperierte, ging es in den Siebzigerjahren des 20. Jahrhunderts plötzlich wirtschaftlich bergab. Im Gegensatz zu den anderen Metropolen des Nordens, z. B. Liverpool und Manchester, gelang Leeds jedoch sehr viel früher der Absprung in das neue Zeitalter.

Nach einer Investition von 3,2 Milliarden Pfund allein in den letzten zehn Jahren und dem Zuzug vieler Firmensitze, etwa der Supermarktkette ASDA, British Telecom oder der Yorkshire Bank, ist Leeds zu einer angesagten Hauptstadt des Nordens avanciert. Das viktorianische Stadtzentrum wurde saniert, viele alte Lagerhäuser und Anlagen in der Stadt, am Fluss Aire sowie am Leeds-Liverpool-Kanal wurden zu Wohnhäusern und Café-Restaurants umgebaut, weitere Projekte für knapp 6 Milliarden Pfund sind in Planung. Unter anderem soll an der South Bank ein Stadtpark entstehen, bis 2013 eine Leeds-Arena für Großveranstaltungen fertig sein, und die White Cloth Hall in Kirkgate – wo im 18. Jahrhundert 4000–5000 Händler in der Woche zusammenkamen, um ihre Tuche feilzubieten – in ein Handelszentrum verwandelt werden. So kommt es, dass die Universitätsstadt inzwischen zu den Top-30-Geschäftsstädten Europas zählt und ein lebendiges Kultur- und Nachtleben sowie ausgezeichnete Einkaufsmöglichkeiten bietet.

Das Angenehme an Leeds ist seine vergleichsweise bescheidene Größe – das Stadtzentrum lässt sich bequem zu Fuß erkunden. Wer vom Bahnhof oder Busbahnhof kommt, kann sich gleich mitten in das lebhafte Innenstadtgewühl um den frisch renovierten City Square mit seinen vielen Statuen und Gaslampen werfen. Das Herz des Einkaufsbezirks erstreckt sich in dem Viereck zwischen *Park Row*, *Headrow*, *Vicar Lane* und *Boar Lane*. Dominiert wird Headrow vom DSS, Department of Social Services, einem der vielen neuen Gebäude in Leeds, das sich seinen Spitznamen „Kremlin" redlich verdient hat. Zu finden ist es am anderen Ende der beeindruckenden Town Hall. Parallel zur Vicar Lane durchschneidet die alte Hauptstraße *Briggate* den Bezirk, an der entlang Leeds vor rund 800 Jahren entstanden ist. Links und rechts davon erstreckt sich eine geschäftige Fußgängerzone, das *Victoria Quarter*, das von renovierten viktorianischen Geschäftsarkaden wie der *Queen's Arcade* und der *Thornton's Arcade* geprägt wird. Bei einem Rundgang sollte man einen Spaziergang am Fluss *Aire* bzw. dem *Leeds-Liverpool-Kanal* nicht verpassen. Hier befinden sich z. B. die *Royal Armouries*, das größte Waffenmuseum Englands, das auf der Sammlung des Towers von London beruht. Die meisten Kneipen und Cafés von Leeds ballen sich rund um die *Corn Exchange* und auf der *Call Lane*, die an den unteren Teil der *Briggate* angrenzt. Südlich von *Briggate End* ist das Schwulenviertel von Leeds zu finden.

Die Region um Leeds am Fluss Aire war bereits in der Bronze- und Eisenzeit besiedelt. Es wird angenommen, dass auf dem Quarry Hill im Osten der Stadt einst die römische Festung *Cambodunum* stand. Um 617 u. Z. wurde die Region vom angelsächsischen König Edwin erobert; in den Schriften des Kirchenhistorikers Bede taucht der Name „Loidis" auf, aus dem sich später „Leedis" und schließlich „Leeds" entwickelte. Um 1086 kamen die Normannen in die Region, und der Ort fiel in die Hände einer normannischen Adelsfamilie. Im Jahr 1152 errichteten die Zisterziensermönche nordwestlich des Zentrums am Fluss Aire die *Kirkstall Abbey*. Sie betrieben Landwirtschaft und Schafzucht und lieferten die Wolle, die von den frühen Garnherstellern von Leeds versponnen wurde. Bereits um 1207 entstand die spätere Hauptstraße Briggate, auf der die Handwerksleute ihre Waren verkauften. Ab 1341 gab es

River Aire in Leeds

jedes Jahr eine Frühjahrs- und eine Herbstmesse. Gegen Ende des 14. Jahrhunderts fiel der Ort an Henry of Lancaster, den späteren König Heinrich IV.

Im 16. Jahrhundert rangen Leeds, Halifax und Wakefield der Stadt York die Vorherrschaft in der Textilindustrie ab. Nach der Auflösung von Kirkstall Abbey zogen viele Textilarbeiter aus der Umgebung in die Stadt. Leeds entwickelte sich zum größten Tuchfertigungsort und Textilumschlagplatz der Region. Um 1626 verlieh Karl I. Leeds die Stadtrechte.

Mitte des 18. Jahrhunderts gab es neben der Textilindustrie bereits andere Produktionszweige, so beispielsweise die Lederwarenverarbeitung. Auch die benachbarten Steinbrüche in den Yorkshire Dales und der Kohlebergbau waren wichtige Einnahmequellen. Ab Mitte des 19. Jahrhunderts kam der Maschinenbau hinzu. In der Kohlengrube *Middleton Colliery* wurde die Kohle gefördert, die zum Betrieb von Dampfmaschinen benötigt wurde. Ab 1812 wurde diese direkt auf der ersten kommerziell genutzten Dampfeisenbahn in die Stadt gefahren. Die Gleise dieser Strecke kann man heute noch am Fuß der Middleton Woods besichtigen. Negative Begleiterscheinung der florierenden Industrie waren die Abgase durch die Kohleverbrennung, die die Luft verpesteten und die Häuser schwärzten, während die Abwässer der Industrieanlagen das Trinkwasser aus dem Fluss verdarben. Während die wohlhabenderen Bürger verstärkt in die Außenbezirke flohen, wurden die Arbeiter in speziellen Siedlungen untergebracht, deren charakteristische Bauweise die „back-to-back houses" waren: Häuser, deren vorderer und hinterer Teil mit einer Trennwand durchzogen war und die somit zwei Familien Unterkunft boten. In Außenbezirken mit den ehemaligen Arbeitersiedlungen kann man noch das eine oder andere Exemplar dieser Häuser entdecken.

Die Tuchproduktion in Yorkshire

West Yorkshire ist untrennbar mit der inzwischen fast ausgestorbenen Textilindustrie verbunden. Lange vor der Industriellen Revolution weideten riesige Schafherden, deren Besitzer meistens Klöster waren, auf den unfruchtbaren Mooren und Hochebenen. Die frühe Tuchproduktion fand in Familienbetrieben statt, fast jedes Haus war im Besitz eines Spinnrads sowie eines Webstuhles, und die ganze Familie war in den Prozess eingespannt. Die Wolle wurde gekämmt, gefärbt, gesponnen und dann zu einem groben Tuch gewebt. Schwieriger war der Prozess der Weiterverarbeitung:

Beim sogenannten Walken wurden die Fasern in einer Mischung aus Wasser, Urin und Walkerde getränkt; anschließend trat man kräftig darauf herum. Danach musste der Stoff auf Rahmen gespannt und getrocknet werden. Um 1322 wurde die erste Walk-Mühle in Leeds gebaut, in die die Weber der Umgebung ihre Stoffe zur Weiterverarbeitung brachten, und am Ufer des Aire entstanden große Trockenfelder für den bearbeiteten Stoff. Schon früh entwickelten sich Märkte für den Handel mit Tuch, und immer besser ausgebaute Transportwege ermöglichten eine weite Verbreitung. Dabei wurde nicht nur für den englischen Markt produziert, sondern auch für kontinentale Abnehmer, z. B. in Holland und Deutschland. Über den Leeds-Liverpool-Kanal (1770–1815) gelangten Waren in den Westen und von dort sogar weiter nach Amerika.

Mitte des 18. Jahrhunderts profitierten die Familienbetriebe von Erfindungen wie der „Spinning Jenny", einem handbetriebenen Spinnrad mit bis zu acht Spindeln (John Hargreaves, 1770), sowie wasserbetriebenen Webstühlen. Die Regionen um Leeds hatten sich auf die Herstellung bestimmter grober Stoffarten spezialisiert: im westlichen Tal des Aire breites Tuch aus verschiedenfarbigem Garn, in Wakefield, Huddersfield und Bradford weißes oder auch ungefärbtes Tuch, im West Riding schmales Tuch und Kammgarn. Leeds war der Umschlagplatz für zwei Drittel der gesamten Wollproduktion dieser Regionen. Der Tuchmarkt, zunächst auf der Leeds Bridge und dann bis Mitte des 18. Jahrhunderts auf der Briggate abgehalten, verlagerte sich in eigens errichtete Tuchhallen, wobei jede Tuchart in einer eigenen Halle verkauft wurde. Die Mixed Cloth Hall aus dem Jahr 1756 (an der Stelle des heutigen City Square) hatte z. B. 1700 Stände und bot Platz für 20.000 Menschen.

Benjamin Gott (1762–1840) schuf den ersten Textilgroßbetrieb in Leeds. Um 1813 besaß er 133 Webstühle, an denen 235 Arbeiter tätig waren. Das heutige Museum in den Armley Mills informiert darüber (s. u.). Die neue Technik der Dampfmaschine wurde mehr und mehr auch in der Textilindustrie eingesetzt, d. h. die Fachkenntnisse, die die Handwerker über Jahrhunderte hinweg überliefert und perfektioniert hatten, waren nun nicht mehr gefragt. Mitte des 19. Jahrhunderts waren daher die meisten Familienbetriebe vom Untergang bedroht, und die Facharbeiter mussten sich in den Fabriken als Maschinenarbeiter verdingen. Die Unternehmer bevorzugten Frauen und Kinder, die hier unter unmenschlichen Bedingungen arbeiteten. Viele Arbeiter kamen bei Unfällen ums Leben, die durch mangelnde Sicherheitsvorkehrungen verursacht wurden.

Mitte des 19. Jahrhunderts verlagerte sich die Nachfrage auf leichtere, feinere Stoffe, und das traditionelle grobe Yorkshire-Tuch kam aus der Mode. Die Umstellung auf Flachs- (Leinen) und Baumwollverarbeitung begann zu spät, und in der Zwischenzeit hatten Lancashire und East Anglia Yorkshire bereits den Rang abgelaufen. Die Textilproduktion erlebte einen neuen Aufschwung, als John Barren (1821–1905) als einer der ersten Fabrikanten des Landes die Produktion von Konfektionsware in Angriff nahm. Dieser Industriezweig blieb noch bis nach dem Ersten Weltkrieg eine bedeutende Einnahmequelle für die Stadt, auch die bekannte Kaufhauskette Marks & Spencer nahm hier ihren Anfang. Nach dem Zweiten Weltkrieg überschwemmten bald synthetische Stoffe und Billigimporte den Markt, so dass die einheimischen Fabriken unrentabel wurden und die Städte eine neue Identität finden mussten.

Um 1830 war Leeds im Rahmen der Reform Bill des Parlaments der Vorreiter in der Bewegung für die Verkürzung der Wochenarbeitszeit und die Reform der Kinderarbeit („Ten Hours Movement"). 1851 beschloss die wohlhabende Stadt den Bau eines neuen Rathauses, das 1858 von Queen Victoria eröffnet wurde.

Während des Ersten Weltkrieges war Leeds bedeutend für die Waffenfabrikation. Im Zweiten Weltkrieg überlebte die Stadt relativ unbeschadet neun Bombenangriffe. In den 1960er- und 1970er-Jahren begann man damit, die Stadt zu modernisieren, ein Prozess, der noch lange nicht abgeschlossen ist. Die alten Kohlengruben wurden inzwischen aufgefüllt, und viele der schwarzen Schlackeberge, die sich daneben auftürmen, wurden bepflanzt und in Parks umgewandelt. Wirtschaftlich ging es bis in die 1970er-Jahre hinein eher bergab. 1981 kam es durch die hohe Arbeitslosigkeit im Bezirk Chapeltown zu den „Chapeltown Riots". Heute werden viele dieser ehemaligen Problembezirke von Studenten und Einwanderern aus aller Welt bewohnt.

*I*nformation/*V*erbindungen/*D*iverses

• *Information* **Gateway Yorkshire Regional Travel and Tourist Information Centre**, The Arcade, Leeds City Station, Leeds, West Yorkshire LS1 1PL, ✆ 0113/2425242, ✆ 0113/2468246, www.visitleeds.co.uk oder für eine virtuelle Tour www.vrleeds.co.uk, tourinfo @leeds.gov.uk. Diese große und extrem gut ausgestattete Touristeninformation befindet sich im Bahnhof (ein wesentlich kleineres Büro gibt es am Busbahnhof). Hier erhält man für £ 1.90 den monatlichen Veranstaltungskalender *The Leeds Guide* mit vielen nützlichen Adressen (auch an Zeitungskiosken oder www.leedsguide.co.uk). Alternativ hilft auch *Absolute Leeds* (www.absoluteleeds.co.uk) für £ 1.70. Außerdem finden sich hier verschiedene Informationsblätter über aktuelle Veranstaltungen, Unterbringung, Ausflüge, etc. und es gibt einen Internetzugang.

• *Verbindungen* **Flugzeug** – Der **Leeds Bradford International Airport** liegt nur 13 km entfernt, Direktflüge zu 35 Zielen, die Billiglinien Jet2.com und Flybe fliegen Leeds an. ✆ 0113/2509696; www.leeds bradfordairport.co.uk. Airlink-Busse 757 verkehren jede halbe Stunde zwischen dem Flughafen und Leeds Bahnhof. Der nächstgrößere Flughafen ist Manchester.

Fähre – Eine weitere Möglichkeit ist die Fährverbindung von Rotterdam und Zeebrügge nach Hull, was nicht ganz billig ist (P & O, ✆ 08716/645645; www.poferries. com). Natürlich können Sie auch als Passagier ohne Pkw die Fähren benutzen.

Bus – Der Busbahnhof befindet sich am Kirkgate Market im Osten (nur 5 Minuten von der Innenstadt) in der Dyer Street. Der National Express fährt täglich nach Manchester und etwa stündlich nach London Victoria. Fahrtzeit etwa viereinhalb Stunden. Der Yorkshire Coastliner bedient Routen nach York, Castle Howard oder Scarborough. Das Coastliner-Freedom-Ticket gestattet unbeschränkte Nutzung den ganzen Tag (www.yorkbus.co.uk).

Innerhalb von Leeds ist das DayRover-Ticket eine empfehlenswerte Option, mit dem man alle Züge und Busse bis nach Haworth oder Bradford nehmen kann. Wer nur Bus fährt, kaufe das neue MetroDay-Ticket. Außerdem gibt es drei kostenlose Busse („freecitybus"), die die Innenstadt Mo–Sa von 6.30–19.30 Uhr entlang des „Loops" vom Bahnhof über die Town Hall, die Metropolitan University und Eastgate zurück zum Bahnhof befahren (www.wymetro.com).

Zug – Auch der Bahnhof im Süden der Stadt befindet sich praktisch mitten im Zentrum. Von Leeds zum Londoner King's-Cross-Bahnhof fahren täglich etwa jede halbe bis eine Stunde Züge, Fahrtzeit ca. zweieinhalb Stunden. Leeds Station wird durch den Freecitybus (s. o.) direkt mit dem Busbahnhof verbunden. Außerdem ist Leeds Ausgangspunkt für die berühmte Linie Settle–Carlisle (→ Yorkshire Dales).

Auto – Von London aus führt die M 1 North direkt nach Leeds. Von Manchester aus gelangt man auch über die M 62 direkt in die Stadt. Vorsicht, das Stadtzentrum besteht aus einem verwirrenden Netz von Einbahnstraßen und Umgehungsautobahnen. Wer einmal falsch abbiegt, folge der Beschilderung „The Loop", und er kommt automatisch wieder an seinen Ausgangspunkt zurück.

● *Einkaufen* Shopping speziell für Kleidung ist Big Business in der Textilmetropole Leeds, die lange auf Herren-Maßanfertigungen spezialisiert war: im Oktober gibt es aus dieser Tradition heraus eine jährliche „Shopping Week" (www.leedsloves shopping.com) mit Modeschauen, Empfängen, Makeovers und Preisnachlässen. Die meisten Läden befinden sich in **Briggate**

(hier sind Ketten wie Gap, Next, Borders und Marks and Spencer vertreten), und dem eleganten **Victoria Quarter** („Knightsbridge of the North") mit vielen viktorianischen Galerien, wo Designer wie Vivienne Westwood, Jo Malone und Louis Vuitton ihre Boutiquen haben. Dort bietet auch das erste **Harvey-Nichols-Kaufhaus** außerhalb Londons Luxus an. Etwas alternativer geht es in der **Corn Exchange** zu, die frisch renoviert wurde und knapp 35 eher unkonventionelle Geschäfte unterbringt (www.cornx. net). Das neueste und durchaus attraktive Einkaufszentrum nennt sich **The Light** und beherbergt neben Geschäften wie O'Neill's Surferwaren, Joy und Tiger of Sweden auch das Vue Kino sowie verschiedene Bars und Clubs. Nocu, ein weiterer Einkaufsbezirk, soll entstehen: das **Trinity Quarter** wird 590 Millionen Pfund kosten, wenn es denn was wird.

● *Märkte* **Kirkgate Market** (→ Sehenswürdigkeiten) ist mit mehr als 600 Ständen einer der größten überdachten Märkte in England, sonntags werden daneben ein Dutzende Stände im Freien bestückt. Hier findet jeden 1.und 3. Sonntag des Monats der Leeds **Farmer's Market** statt (9–14 Uhr). Jeden 2. Sonntag wird der **Kunsthandwerkermarkt Mosaic** in Granary Wharf bei der Corn Exchange veranstaltet.

● *Musik* **Jumbo Records**, großer unabhängiger Musicstore, Mo–Fr 9.30–17.30 Uhr, Sa 9–17.30 Uhr, So 11–17 Uhr, 5–6 St John's Centre, LS8 8LQ, ✆ 0113/2455570; www.jumborecords.co.uk.

Crash Records, seit 25 Jahren im Geschäft, Mo–Sa 9.30–18 Uhr, So 11–16 Uhr, ✆ 0113/2436743; www.crashrecords.co.uk/online.

● *Fahrradfahren* Eine schöne Route sind die 22 km von Leeds nach Saltair entlang des Flusses Aire. www.airevalleytowpath. org.uk. Die **West Yorkshire Cycle Route** ist eine 240 Kilometer lange Rundstrecke entlang der Grafschaftsgrenze durch Farmland und malerische Dörfer, aber auch steile Bergstrecken durch die Pennines. Leeds Cycle Point am Bahnhof verleiht Räder für £ 8/Tag. Mo–Fr 7–19 Uhr, Sa–So 10–18 Uhr. cyclepoint@abellio.com; www.cyclepoint.org.

*K*ino/*T*heater/*S*PORT

● *Kino* **Hyde Park Picture House**, historisches Programmkino, das bereits auf das Jahr 1914 zurückgeht und noch Innendekor

aus der edwardianischen Zeit aufweist. An der Kreuzung von Brudenell Road und Queen's Road (etwa 3 km nordwestlich des

Stadtzentrums), ℡ 0113/2752045, www.hydeparkpicturehouse.co.uk. Anfahrt mit Bus Nr. 56.

Vue, Multiplexkino im Cardigan Fields Leisure Park, Kirstall Road, ℡ 0871/2240240; www.myvue.co.uk.

● *Theater/Oper/Konzerte/Tanz* Leeds ist die einzige Stadt neben London mit einem eigenen Opern- und Ballett-Ensemble.

West Yorkshire Playhouse, auf dem Quarry Hill befindet sich das renommierte Theater mit zwei Bühnen: dem Quarry Theatre und dem Courtyard Theatre. Gezeigt werden moderne und klassische Stücke sowie avantgardistische Tanzveranstaltungen des *Yorkshire Dance Centre.* Playhouse Square, Quarry Hill, ℡ 0113/2137700, www.wyp.org.uk.

City Varieties, eines der Varieté-Theater, wie sie in den 1950er-Jahren üblich waren. Schon Chaplin und Houdini traten hier auf. Das heutige Programm ist bunt gemischt und von Nostalgie geprägt. Swan Street, The Headrow, ℡ 0113/2430808, www.cityvarieties.co.uk. (Zur Zeit der Recherche bis voraussichtlich Sommer 2011 wegen Sanierung geschl.).

The Carriageworks, hier wird alles gezeigt, was Spaß macht: Musicals, Tanz, Comedy, Zirkus und Film, für junge Menschen gratis. The Electric Press, Millennium Square, ℡ 0113/2243801; www.carriageworkstheatre.org.uk.

Grand Theatre and Opera House, vorwiegend klassische Ballett- und Opernaufführungen. 46 New Briggate, ℡ 0844/8482706, www.leeds.grandtheatre.com. Ab und zu „Heritage Tours", Theaterführungen für £ 4. Gleich nebenan ist der wunderschön sanierte **Howard Assembly Room at Opera North**, das Zuhause der Opera North, der Nationaloper Nordenglands. 46 New Briggate, LS1 6NU, ℡ 0113/2439999; www.operanorth.co.uk.

Northern Ballet Theatre, Haus des Nationalballetts Nordenglands, die auch touren. West Park Centre, Spen Lane, LS16 5BE, ℡ 0113/2745355; www.northernballet.com.

Leeds Town Hall, verschiedene Veranstaltungen, u. a. Symphoniekonzerte, The Headrow, ℡ 0113/2243801, www.leedstownhall.co.uk.

● *Schwimmen* **Aquatics Centre**, im John Charles Centre for Sports (ehem. South Leeds Stadium), nagelneuer 50-Meter-Pool, der 15,5 m tief ist. Middleton Grove, LS11 5DJ, ℡ 0113/2475222; JCCS@leeds.gov.uk.

● *Festival* Während des Leeds **International Film Festival** im November gibt es an 11 Tagen zweihundert Screenings.

● *Fußball* **Leeds United Football Club**, Busse 51, 52 und 54 fahren von Kirkgate Market in die Elland Road. Führungen durch das Stadion Fr 15 Uhr, So 14 Uhr und an Spieltagen, ℡ 0113/3676223.

Übernachten (siehe Karte S. 688/689)

In Leeds gibt es zahlreiche Übernachtungsmöglichkeiten in allen Preisklassen. Die Hotels im Stadtzentrum sind im Schnitt etwas teurer. In den Boomjahren haben jedoch auch preiswertere Hotels in der Innenstadt eröffnet. Viele B & Bs finden sich im Stadtteil Headingley im Norden, der an das Universitätsviertel angrenzt und nur etwa zehn Minuten vom Zentrum entfernt ist. Aber auch von den etwas weiter außerhalb liegenden Stadtteilen gelangt man bequem mit dem Bus in die Innenstadt. Studenten können über einen Zimmerservice der Universität in den Sommermonaten preiswerte Zimmer in Studentenwohnheimen buchen (ab £ 24 für das EZ, www.universityrooms.co.uk; generelle Zimmersuche www.hotelsinleeds.org).

***** 42 The Calls (18)**, modernes Designer-Hotel in umgebauter Kornmühle am Fluss mit vielen Extras (u. a. kann man hier vom Zimmer aus die Angelrute auswerfen). Mitten im angesagten „Calls"-Viertel. £ 105–395, Wochenend- und Onlinetarife billiger. The Calls, LS2 7EW, ℡ 0113/2440099, ℡ 0113/2344100, www.42thecalls.co.uk.

**** Park Plaza (32)**, als Teil der art'otel-Gruppe legt man Wert auf Stil, teilweise

sehr große Zimmer mit Riesenbetten, Bademänteln und guten Ausblicken auf den City Square. Begrüßung mit Obstschale und Konfekt. Im Hausrestaurant Chino Latino wird panasiatisch und japanisch gekocht. EZ £ 70–149, DZ £ 75–149. Boar Lane, City Square, LS1 5NS, ℡ 0113/3804000, Reservierung: 0800/6644420, ℡ 0113/3804100, www.parkplazaleeds.com.

*** Malmaison (5), wie gewohnt dunkel und stylisch mit CD- und DVD-Playern auf allen 100 Zimmern, zwei Minuten Fußweg vom Bahnhof. Das Haus wurde vom Tourist Board zum besten großen Hotel Yorkshires gewählt. B & B im DZ ab £ 109. Suiten ab £ 275. 1 Swinegate, LS1 4AG, ✆ 0113/3981000, ✉ 3981002; www.malmaison-leeds.com.

*** Novotel Leeds Centre (34), große Zimmer mit Playstation und Bügeleisen, kleines Fitnessstudio mit Sauna und Dampfbad. DZ ab £ 65 (ohne Frühstück), B & B £ 85. 4 Whitehall, Whitehall Quay, LS1 4HR, ✆ 0113/2426446, ✉ 0113/2426445, www.novotel.com.

** Etap Hotel (10), neuestes Budgethotel mit Zimmern für 1–3 Personen ab £ 25 (ohne Frühstück). Etwas außerhalb an der A 61. 2 The Gateway North, Crown Point Road, LS9 8BZ, ✆ 0113/2450725, ✉ 0113/2450739, www.etaphotel.com.

Travelodge Leeds Central (31), Hotel der bekannten Kette auf der ruhigeren Seite der Bahngleise, aber nichts für Lärmempfindliche. Zimmer ab £ 42.95, Frühstück extra. Blayds Court, Blayds Yard, bei Swinegate, LS1 4AD ✆ 0871/9846155, ✉ 0113/2460076, www.travelodge.co.uk.

The Boundary Hotel (8), gutes Preis-Leistungs-Verhältnis in diesem einfachen B & B neben dem Cricket Ground. B & B im DZ mit und ohne Bad £ 32–66, Dreibett-Zimmer £ 69–78, Vierbett-Zimmer £ 98. 42 Cardigan Road, LS6 3AG, ✆/✉ 0113/2757700, www.boundaryhotel.co.uk.

Avalon Guest House (4), viktorianische Stadtvilla 1,5 km vom Zentrum, der Putz bröckelt, 15 recht schön dekorierte Zimmer mit und ohne Bad, EZ £ 28–40, DZ £ 40–50. 132 Woodsley Road, LS2 9LZ, ✆ 0113/2432545, ✉ 0113/2420649, www.avalonguesthouseleeds.co.uk.

Hinsley Hall (3), eine etwas ungewöhnliche Unterkunft in einem ehemaligen Methodisten-College, das heute Konferenzzentrum der katholischen Diözese Leeds ist. Imposanter Bau aus dem 19. Jahrhundert mit großer Parkanlage und Kapelle. 52 Zimmer mit Bad, Restaurant, Bar, EZ £ 50, DZ £ 65, Familienzimmer £ 75. 62 Headinglay Lane, LS6 2BX, ✆ 0113/2618000; ✉ 2242406, www.hinsley-hall.co.uk.

Citybase Apartments, Studios und Apartments auch für den kurzen Aufenthalt. Verschiedene Standorte, ab £ 55/Nacht. ✆ 0845/2269831; www.citybaseapartments.com.

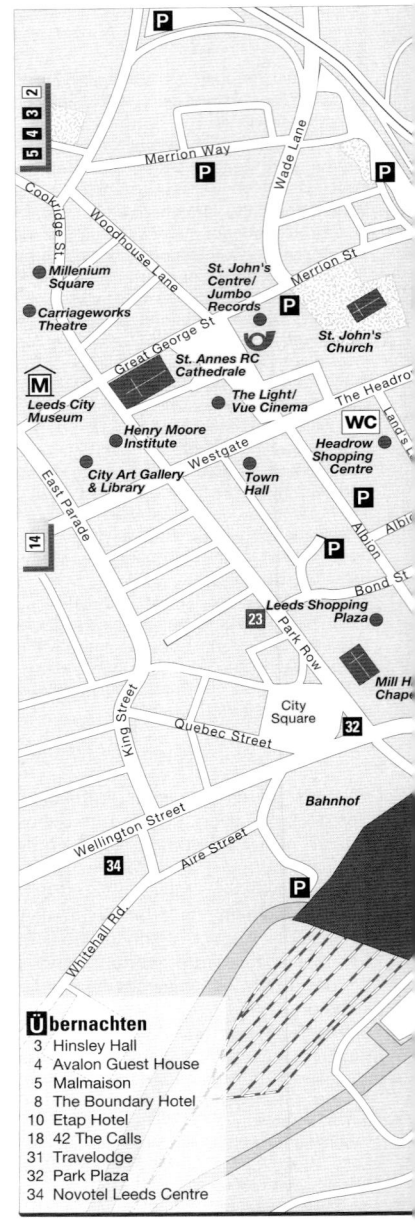

Ü bernachten
3 Hinsley Hall
4 Avalon Guest House
5 Malmaison
8 The Boundary Hotel
10 Etap Hotel
18 42 The Calls
31 Travelodge
32 Park Plaza
34 Novotel Leeds Centre

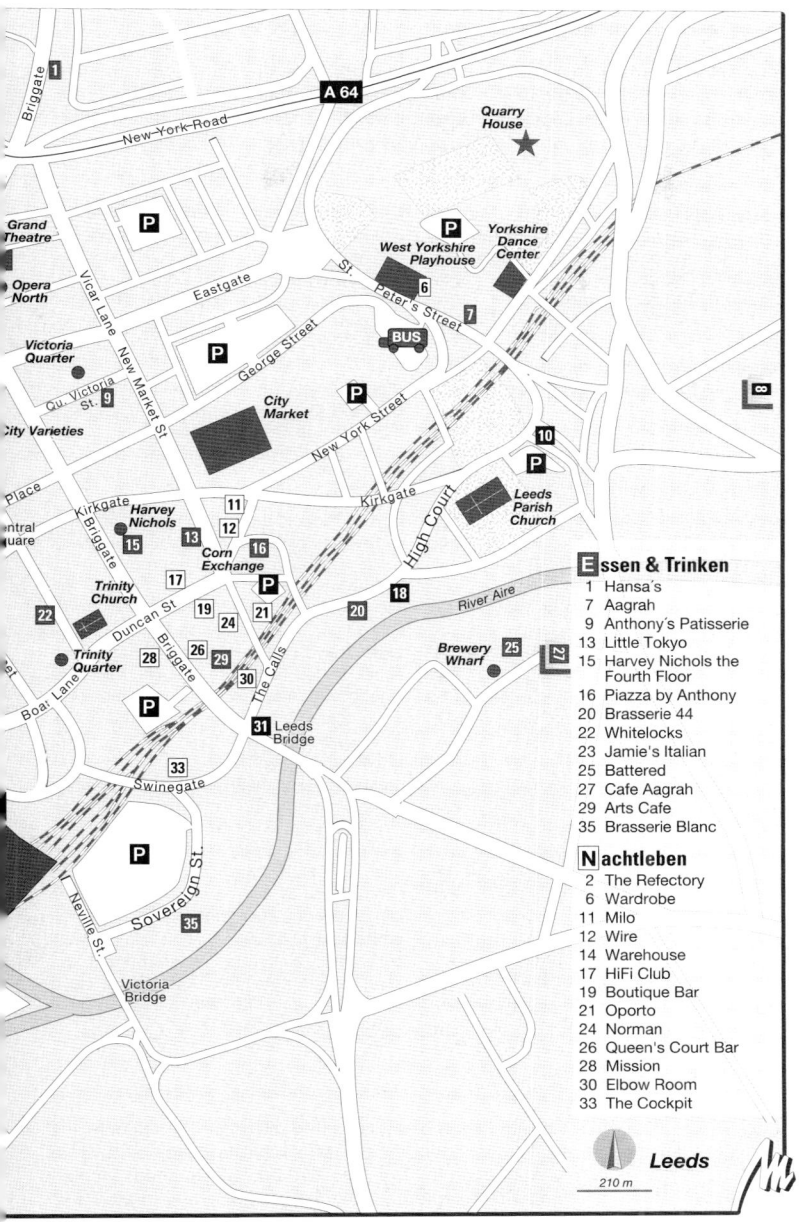

Essen & Trinken

1 Hansa's
7 Aagrah
9 Anthony's Patisserie
13 Little Tokyo
15 Harvey Nichols the
Fourth Floor
16 Piazza by Anthony
20 Brasserie 44
22 Whitelocks
23 Jamie's Italian
25 Battered
27 Cafe Aagrah
29 Arts Cafe
35 Brasserie Blanc

Nachtleben

2 The Refectory
6 Wardrobe
11 Milo
12 Wire
14 Warehouse
17 HiFi Club
19 Boutique Bar
21 Oporto
24 Norman
26 Queen's Court Bar
28 Mission
30 Elbow Room
33 The Cockpit

Leeds
210 m

Essen/Trinken (siehe Karte S. 688/689)

In Leeds gibt es fast an jeder Ecke moderne Café-Bars, die gängige Bistroküche wie Pasta und Salate anbieten. In den schickeren Restaurants ist vorherige Reservierung empfohlen. Leeds Waterfront hat sich zum Mittelpunkt kulinarischer Extravaganz entwickelt, abends ist auch viel um die Corn Exchange los. In der Touristeninformation gibt es ein Faltblatt *Leeds On* mit Beschreibungen der beliebtesten Restaurants.

Brasserie 44 (20), von japanischen Nudeln, über Whitby-Fisch bis hin zu marokkanischem Lamm kann man hier alles erleben. Mehr als 60 Weine. Kostenloser Lunchtime-Chauffeur-Service. Hauptgerichte £ 12–25. So Ruhetag. 44 The Calls, LS2 7EW, ✆ 0113/2444242; www.brasserie44.com.

Brasserie Blanc (35), seit Sommer 2007 tischt Raymond Blanc auch in Leeds französische Küche auf. „Frisch, saisonbedingt und von örtlichen Anbietern", lautet das Credo. Schön sanierte ehem. Mühle am Kanal. Hauptgerichte £ 9.50–30. Victoria Mill, Sovereign Street, LS1 4BJ, ✆ 0113/2206060; www.brasserieblanc.com.

Arts Cafe (29), alteingesessenes Weinlokal im französischen Stil mit Bistroküche und heimeliger Atmosphäre. 42 Call Lane, LS1 6DT, ✆ 0113/2438243, www.artscafebar.com.

Aagrah (7), diese indische Restaurantkette hat sich in vielen nordenglischen Städten etabliert, einfach weil das Essen gut ist und die Einrichtung schick, nicht kitschig. So u. Mo abends Buffet für £ 10.95. St Peter's Square, Quarry Hill, LS9 8AH, ✆ 0113/2455667; www.aagrah.com.

Neues **Cafe Aagrah (27)** mit zentraler Küche, um die herum man sitzen und den Köchen zusehen kann. In den sanierten Clarence Docks, 1 The Boulevard, LS10 1PZ, ✆ 0113/2424040. Mo–Sa 16.30–23 Uhr, So bis 22 Uhr, Do u. Fr Lunch-Buffet für £ 7.95, Di–Do Dinner-Buffet für £ 9.95.

Anthony's Patisserie (9), perfekt für einen leichten Edel-Lunch in der Shoppingpause, von hausgemachten Pralinen bis Fois Gras. Victoria Quarter, 36 Queen Victoria Street, ✆ 0113/2444222; www.anthonyspatisserie. co.uk. Anthony hat auch ein Restaurant und das neue, schicke **Piazza by Anthony (16)** in der Corn Exchange, Corn Lane, LS1 7BR, das ein Erlebnis ist. ✆ 0113/2470995.

Hansa's (1), Mrs. Hansa Dabhi kommt eigentlich aus Uganda, kocht aber die besten vegetarischen Currys der Stadt. Mo–Do 17–22 Uhr, Fr bis 23 Uhr, Sa 18–23 Uhr, So 12–14 Uhr. 72–74 North Street, LS2 7PN, ✆ 0113/2444408; www.hansasrestaurant.com.

Battered (25), Gourmetrestaurant, das sich mit seinen Neuinterpretationen von Fish'n'Chips einen Namen gemacht hat. 5a Brewery Place, LS10 1NE, ✆ 0113/2435761; www.batteredfish.co.uk.

Harvey Nichols the Fourth Floor (15), angesagtes Kaufhausrestaurant, schick und mit moderner Küche, aber kinderfreundlich mit Kid's Menu. Do–Fr 10–23 Uhr, Sa 9–23 Uhr. 107 Briggate, ✆ 0113/2048888. Im Erdgeschoss gibt's eine Espresso-Bar.

Little Tokyo (13), versteckt in einer Seitenstraße findet man diesen Japaner, der u. a. eine große Auswahl an Sushis anbietet. Auch halbe Portionen und Sushi für Anfänger. Guter Lunchstopp. 24 Central Road, LS1 6DE, ✆ 0113/2439090.

Jamie's Italian (23), in hippen Städten kommt man um ihn nicht mehr herum, Jamie expandiert wie Lidl. In Leeds servieren seine Leute in einer alten Bank, was normale Bürger in Italien eben so essen. 35 Park Row, LS1 5JL, ✆ 0113/3225400; www. jamieoliver.com/italian/leeds.

Whitelocks (22), hier wird seit 1715 Bier ausgeschenkt, eines der ältesten Pubs der Stadt mit gutem Pubfood, Turks Head Yard, Briggate, LS1 6HB, ✆ 0113/2453950; www.whitelocks.co.uk.

Nachtleben (siehe Karte S. 688/689)

In den 1990er-Jahren entwickelte Leeds eine Clubkultur, die sogar Partypeople aus London für ausgelassene Wochenenden anzieht. Musik hat in Leeds eine lange Tradition, in der *Refectory* etwa nahmen *The Who* 1970 ihr „Live-at-Leeds"-Album auf. Heute werden neue und alte Talente auf der kostenlosen „Party in the Park" im Juli gefeiert.

Refectory („The Refec") **(2)**, Uni-Club im Gebäude der Studentengewerkschaft mit traditionsreicher Bühne für Live-Gigs, Lifton Place, LS2 9JT, ✆ 0113/3801332.

HiFi Club (17), entspannter Club in der ehemaligen Central School of Ballroom Dancing. Hier dominieren Jazz, Funk, Soul und Hip-Hop. DJ-Nächte und Live-Gigs Do abends und So, Sa Comedy, Swing Nights oder Tanzkurse, tgl. geöffnet. 2 Central Road, LS1 6DE, ✆ 0113/2427353; www.thehificlub.co.uk.

The Cockpit (33), führender Club in Leeds für Live-Auftritte von Newcomer-Bands, regelmäßige Clubnächte, 1 Swinegate, LS1 4AG, ✆ 0113/2441573; www.thecockpit.co.uk.

Mission (28), untergebracht in sechs Eisenbahnbögen, bietet dieser Club mit seinen drei Tanzflächen Underground-Atmosphäre und Platz für 1200 Leute. Überwiegend House, studenten- und schwulenfreundlich. Do authentische Thaiparty („Full Moon"). Heaton's Court, LS1, ✆ 08701/20114; www.clubmission.com.

Elbow Room (30), Billardtische und eine große Bar versprechen einen unterhaltsamen Abend. Mi Live-Bands. 64 Call Lane, LS1 6DT, ✆ 0113/2277661, www.theelbowroom.co.uk/leeds.

Milo (11), freundliche und lebhafte Bar mit trendigem Publikum, die Einrichtung erinnert an die 1970er-Jahre. 10–12 Call Lane, LS1 6DN, ✆ 0113/2457101. Gleich daneben ist Leeds' führender Underground-Club.

Wire (12), der auf zwei verschiedenen Tanzflächen Indie-Musik und Hits aus den 1980er-Jahren spielt. 2A Call Lane, LS1 6DN, ✆ 0113/2431481; www.wireclub.co.uk.

Norman (24), eine beliebte Designer-Bar. Neues Dekor mit italienischen Kristallleuchtern und poliertem Schiefer. Mi Curry für £ 5, Do Fish'n'Chips für £ 5, Di jeder Drink nur £ 2. 36 Call Lane, ✆ 0113/2343988.

Oporto (21), Bar und Club, war einer der ersten hier in der Call Lane. Rustikal, underground und entspannt, Musik ist folklastig. Mo Clubnacht „The Gaslight Club". 33 Call Lane, LS1 7BT, ✆ 0113/2434008; www.oportobar.co.uk.

Boutique Bar (19), eine der besten Cocktailbars der Stadt, So u. Mo geschl. 11–15 Hirst Yard, Briggate, ✆ 0113/2456595; www. boutique-leeds.co.uk.

Queen's Court Bar (26), lebhafte reine (!) Schwulenkneipe in historischem Hinterhofgässchen. Innen zieht sich die Kneipe auf mehreren Ebenen in die Länge. Im Sommer verlagert sich das Geschehen auf den romantischen Hinterhof. Eingang Lower Briggate. Mo–Sa bis 4 Uhr. ✆ 0113/2459449.

Wardrobe (6), *die* Jazzadresse in Leeds mit vielen Live-Auftritten. St Peter's House, 6 St Peter's Square, LS9 8AH, ✆ 0113/3838800, www.thewardrobe.co.uk.

Warehouse (14), die Traditionsdisco hat im Mai 2010 ihre Tanzfläche wieder für die Clubbingwelt geöffnet. Natürlich mit neuem, perfektem Soundsystem und mit einer Lizenz bis 8 Uhr morgens, sieben Tage die Woche … Na denn! 19–21 Somers Street, LS1 2RG, ✆ 0113/2468118, www.the. warehou.se.

Sehenswertes

Town Hall: Vom Bahnhof aus verläuft die Quebec Street vorbei am *City Square* aus dem Jahr 1903 mit dem Standbild des „Schwarzen Prinzen" von James Watt. In Richtung Nordwesten gelangt man über King Street und East Parade zur *Town Hall*. Erst Mitte des 19. Jahrhunderts entschloss man sich zum Bau eines richtigen Rathauses für die Stadt, das am 7. September 1858 unter großem Pomp von Königin Viktoria persönlich eröffnet wurde. Bei der Fertigstellung war das von *Cuthbert Broderick* entworfene Gebäude mit dem 61 Meter hohen Glockenturm das größte Rathaus des Landes. Der Bau hatte anstatt der geplanten 45.000 satte 122.000 Pfund gekostet. Das imposante Gebäude ist auf allen Seiten von klassizistischen Kolonnaden umgeben; links und rechts vor dem Eingang wachen zwei weiße Löwen. Im Inneren findet sich viktorianischer Pomp. Nur bis 1884 hatte die Stadtverwaltung hier ihren Sitz, heute dient die Town Hall als Konzert- und Ausstellungshalle sowie als Austragungsort für die Internationalen Filmfestspiele.

The Headrow, ✆ 0113/2243801; siehe aktuelle Veranstaltungshinweise oder www. leedsconcertseason.com. **Führungen**: Mo

11 u. 14.30 Uhr für £ 3 und kostenlose Nachtführungen (www.lightnightleeds.co.uk), vorher buchen. Eine virtuelle Tour gibt es

bei www.vrleeds.co.uk/town_hall_tour/ index.html. **Kostenlose Orgelkonzerte**: Mo 13.05 Uhr. Die Kasse befindet sich in den

Carriageworks, 3 Millennium Square, Mo–Sa 10–20 Uhr.

City Art Gallery: Das nächste Gebäude auf der Headrow in Richtung Osten ist die City Art Gallery. In diesem Museum finden sich Landschaftsmalereien aus dem 18. Jahrhundert sowie herausragende französische und britische Gemälde aus dem 19. und 20. Jahrhundert. Insbesondere die Sammlung britischer Kunst ist eine der besten des Landes. Gönnen Sie sich unbedingt ein Päuschen in dem neu restaurierten Tiled Hall Café mit seinem gut ausgestatteten Museumsshop. Von dort hat man auch Zugang zur Stadtbibliothek, wo Sie das Internet nutzen können.
Di–Fr 10–17 Uhr, Sa–So 11–17 Uhr. Eintritt frei. The Headrow, ℘ 0113/2478248, www.leeds. gov.uk/artgallery und www.leedsartgallery.co.uk. Café: Mo–Mi 9–20 Uhr, Do–Fr 9–17 Uhr, Sa 10–17 Uhr, So 13–17 Uhr.

Henry Moore Institute: An die City Art Gallery grenzt das Henry Moore Institute an, in dem Architektur- und Bildhauerei-Ausstellungen gezeigt werden. Der berühmte Bildhauer wurde in Leeds geboren und studierte an der Leeds School of Arts; dies ist wahrscheinlich die umfassendste Sammlung seiner Werke. Außerdem gibt es eine gut ausgestattete Bücherei über moderne Bildhauerei sowie eine Videothek. Es finden außerdem regelmäßig Wechselausstellungen junger Künstler statt.
Mo–So 10–17.30 Uhr, Mi bis 21 Uhr. Eintritt frei. 74 The Headrow, ℘ 0113/2467467; www. henry-moore.org/hmi. Auch kostenlose Führungen, Termine bitte erfragen, guided-tours@ henry-moore.org.

Civic Hall: Das derzeitige Rathaus von Leeds, wo sich der Council trifft und der Lord Mayor sein Büro hat, wurde im Jahr 1933 von King George und Queen Mary eröffnet, nachdem Leeds von einer „Town" zur „City" erhoben worden war. Das Gebäude mit den zwei spitzen Türmen läuft auf der Rückseite wie ein Dreieck zusammen. Auf den Turmspitzen sitzen goldene Eulen, das Wahrzeichen der Stadt. Davor befindet sich die neueste Errungenschaft der Stadt, der *Millennium Square*, auf dem in den Wintermonaten eine Eislaufbahn aufgebaut wird. Der Platz wurde 2001 zum 10-jährigen Jubiläum der Demokratie in Südafrika von Nelson Mandela eröffnet, dem hier auch ein thematischer Garten gewidmet ist: „The Walk of Freedom" (Der Weg in die Freiheit). Auch das ehemalige Civic Theatre, das jetzt das City Museum beherbergt (s. u.), wurde von Stadtbaumeister *Broderick* erbaut. Das Gebäude im französischen Stil entstand um 1865 als Versammlungsort für die Bürger der Stadt.

Leeds City Museum: Auf vier Stockwerken werden verschiedene Epochen und Kontinente bedacht. In der Galerie „Ancient World" werden Exponate zur Antike (Ägypten, Griechenland und Rom) gezeigt, „Living Planet" widmet sich naturwissenschaftlichen Phänomenen, „World View" konzentriert sich auf Afrika, und „The Leeds Story" dokumentiert die wechselvolle Geschichte der Stadt. Auch Sonderausstellungen.
Di, Mi, Fr 10–17 Uhr, Do bis 19 Uhr, Sa–So 11–17 Uhr. Eintritt frei. Millennium Square, LS2 8BH, ℘ 0113/2243732; www.leeds.gov.uk/citymuseum.

Briggate und Victorian Quarter: Über die Headrow gelangt man zur Briggate, die nach Süden hin abzweigt. Diese alte Hauptstraße von Leeds, die bereits auf das Jahr 1207 zurückgeht, ist auch heute noch eine der geschäftigsten Straßen der Stadt. Westlich und östlich von hier erstreckt sich das Geschäftsviertel von Leeds mit Fußgängerzonen und hübschen Einkaufsarkaden aus der viktorianischen Zeit. Achten Sie auf die kleinen Passagen und Durchgänge, in denen sich meistens gemütliche Pubs verstecken! Das bekannteste ist das Whitelocks (→ Nachtleben), aber auch The Ship und The Angel sind zu empfehlen.

Das **Victoria Quarter** am Nordostende der Briggate umfasst zwei Geschäftsarkaden aus den Jahren 1898–1900, in denen sich hauptsächlich teure Designerläden und ausgefallene Boutiquen befinden. Die **Thornton's Arcade** wurde im Jahr 1878 von Charles Thornton erbaut. Die riesige Uhr über der Arkade stellt Charaktere aus Sir Walter Scotts Roman „Ivanhoe" dar und läutet jede halbe Stunde. Hier und in der **Queen's Arcade**, die um 1889 entstand, finden sich preiswertere Designerketten. Die Filiale des Luxuskaufhauses **Harvey Nichols** dokumentiert den Yuppiestatus des modernen Leeds. www.vqleeds.com.

Kirkgate Market: Von der Vicar Lane gelangt man in Richtung Busbahnhof zum Kirkgate Market, einem Marktgebäude aus dem frühen 20. Jahrhundert im edwardianischen Baustil mit dem angrenzenden Freiluftmarkt mit überdachten Ständen. Das Gebäude ist allerdings sehenswerter als die darin zu erhaltenden Waren. Hier baute *Michael Marks* einst seinen ersten Verkaufsstand auf, an dem er „Waren für nur einen Penny" anbot. Aus diesen bescheidenen Anfängen entwickelte sich später in Zusammenarbeit mit *Thomas Spencer* eine der größten Kaufhausketten Englands: *Marks & Spencer*. Zum hundertjährigen Firmenjubiläum spendete sie die Standuhr, die sich im Zentrum des Marktes befindet.
Tgl. 7.30–17.30 Uhr. www.leedsmarket.com.

Corn Exchange: Am Südende der Boar Lane steht die frisch restaurierte runde Corn Exchange, eine Markthalle aus dem Jahr 1863, in der heute Läden für das jugendlichere Publikum untergebracht sind. Auch dieses Gebäude wurde von dem Architekten der Town Hall, *Cuthbert Broderick*, erbaut, der sich bei dem Entwurf an römischen Vorbildern orientierte. Die Kuppel hat Dachlichter, die jedoch nach

Die Römer standen Pate: Corn Exchange

Yorkshire/Nordostengland

Karte S. 681

Norden ausgerichtet sind, um die Händler bei ihrer Qualitätskontrolle nicht zu blenden (www.cornx.net).

The Calls: Direkt dahinter erstreckt sich bis zur Straße *The Calls* ein Kneipenviertel (in restaurierten alten Lagerhäusern und den Arkaden der oberhalb verlaufenden Bahngleise). Nur ein paar Ecken weiter westlich haben sich in den engen, kopfsteingepflasterten Gässchen des Queen's Court weitere Kneipen angesiedelt. Überquert man die Straße *The Calls*, gelangt man hinunter zum Fluss.

Kanalviertel Granary Wharf

Das Viertel um den Leeds-Liverpool-Kanal am Fluss Aire ist eine der jüngsten Erfolgsgeschichten der Sanierungsbemühungen in der Stadt. Entstanden sind Hotels (z. B. das City Inn mit seiner Sky-Bar im 13. Stock), Restaurants und Apartmenthäuser mit gewagter Architektur: Das *Candle House* etwa protzt mit einer Kupfer- und Glasfassade, *Waterman's Place* fällt durch seinen terrassenartigen Baustil und einer Fassade aus Kupfer und Zedernholz ins Auge. Die große Besucherattraktion im Kanalviertel ist das burgartige Waffenmuseum *Royal Armouries*, zu dem der Treidelpfad entlang des Flusses Aire in östliche Richtung führt.

Royal Armouries: Dieses Museum umfasst die größte Waffensammlung Englands und zeigt auf fünf Stockwerken Waffen aus aller Welt, und zwar von der Frühgeschichte bis zur heutigen Zeit. Regelmäßig führen Schauspieler Szenen aus verschiedenen Epochen der Geschichte vor. Es gibt zahlreiche Monitore, auf denen Wissenswertes zur Thematik vermittelt wird. Außerdem können Interessierte an einem interaktiven Kriegsplanspiel teilnehmen. Selbst wer sich bislang nicht für Waffen und kriegerische Konflikte interessiert hat, wird von der Aufbereitung und der Vielfältigkeit dieses Museums begeistert sein. Krieg, Ritterturniere, asiatische Kampfkunst, Selbstverteidigung und historische Waffen sind die Überschriften, und man kann zu den meisten Konflikten dieser Welt historische Hintergründe erfahren. Zu den Highlights zählt die „Rüstung" eines Elefanten. Im angrenzenden Hof gibt es Werkstätten, wo man Schmieden bei der Arbeit zusehen kann, eine Falconry, wo Jagdfalken gehalten werden und regelmäßig ihre Künste vorführen, sowie eine Turnier-Arena, wo im Sommer spektakuläre Wettkämpfe stattfinden.

Tgl. 10–17 Uhr. Eintritt frei. Armouries Drive, ℡ 0113/2201999, www.royalarmouries.org/home. Zu Fuß ungefähr zehn Minuten vom Busbahnhof.

Umgebung von Leeds

Armley Mills Museum: Folgt man von der Granary Wharf dem Fluss und dem Kanal, die hier eine ganze Weile parallel verlaufen, gelangt man nach ca. drei Kilometern zu der ehemaligen Textilmühle Armley Mills. Hier kann man sich ganz ausführlich über die Geschichte der Textilindustrie und über die Lebensbedingungen der Mühlenarbeiter informieren. Die Mühle entstand wahrscheinlich bereits Mitte des 16. Jahrhunderts, wurde im Jahr 1804 von dem erfolgreichen Fabrikanten *Benjamin Gott* aufgekauft und nach einem Feuer komplett wiederaufgebaut und modernisiert. Erst 1969 stellte die Mühle den Betrieb ein. Angeschlossen ist u. a. ein Kino im Stil der Stummfilmära, in dem alte Filme gezeigt werden. Im Sommer fährt außerdem die alte Dampfeisenbahn hinunter zum Picknickplatz am Fluss.

Di–Sa 10–17 Uhr, So ab 13 Uhr (letzter Einlass 16 Uhr). £ 3.10, erm. £ 1.60, Kinder in Begleitung £ 1.10. Canal Road, Armley, LS12 2QS, ℡ 0113/2637861. Vom Stadtzentrum in Richtung Kirkstall/Otley oder mit den Bussen 14, 66 und 67.

Kirkstall Abbey: Dieses wohl bedeutendste Gebäude in Leeds, die Abtei, die zur Entstehung der Wollindustrie beitrug und der Stadt ihren Reichtum bescherte, ist noch erstaunlich gut erhalten. Mit ihrer romantischen Silhouette hat sie die großen Landschaftsmaler der frühindustriellen Epoche immer wieder angezogen; Turner hat sie mehrmals gemalt, auch Thomas Girtin und andere. Das riesige Kloster wurde wahrscheinlich von Zisterziensermönchen aus der Fountains Abbey in Ripon gegründet. Man kann zwischen den imposanten Ruinen herumwandern, die inmitten eines Parks am Fluss Aire gelegen sind. Im Sommer finden auch Führungen statt, die einen näheren Einblick in die verschiedenen Klosterräume sowie deren ehemalige Nutzung bieten. Es werden außerdem Open-Air-Vorführungen veranstaltet.

April–Sept. Di–Fr 10–17 Uhr, Sa–So 10–18 Uhr; Okt.–März Di–Do u. Sa/So 10–16 Uhr. Eintritt frei. Kirkstall Road. LS5 3EH. Anfahrt mit den Bussen 733, 737 und 50 vom Busbahnhof oder über die A 65 in Richtung Kirkstall/Otley.

Abbey House Museum: Direkt gegenüber der Abtei (auf der anderen Seite der A 65) befindet sich im großen Torhaus das Abbey House Museum, in dem man einen Einblick in die industrielle Blütezeit von Leeds gegen Ende des 19. Jahrhunderts gewinnen kann. Unter anderem wurde hier eine viktorianische Einkaufsstraße nachgebildet mit Läden, Wohnungen und Werkstätten, wie sie für das kleinstädtische England zur Zeit von Charles Dickens typisch waren. Außerdem wird die Geschichte der Kirkstall Abbey dokumentiert.

Di–Fr u. So 10–17 Uhr, Sa ab 12 Uhr. Tearooms bis 16 Uhr. £ 3.60, erm. £ 2.60, Kinder in Begleitung £ 1.60. Abbey Walk, Kirkstall, LS5 3EH, ✆ 0113/2305492, www.leeds.gov.uk/abbeyhouse.

Thwaite Mills Watermill: Eine weitere Mühle findet sich im Stadtteil Stourton im Südwesten, und zwar auf einer Art Insel zwischen dem Fluss Aire und dem Aire & Calder Navigation Channel. Hier kann man die riesigen Wasserräder bei der Arbeit beobachten und einen Eindruck vom viktorianischen Alltagsleben gewinnen.

Sa–So 13–17 Uhr, in den Sommerferien Mo–Fr 10–17 Uhr, Sa/So 13–17 Uhr, letzte Führung 15.30 Uhr. £ 3.10, erm. £ 1.60, Kinder £ 1.10. Thwaite Lane, Stourton, LS10 1RP, ✆ 0113/2762887, www.leeds.gov.uk/thwaitemills. Anfahrt mit den Bussen Nr. 110, 130, 151–157 oder mit dem Auto auf der A 61 nach Süden.

Middleton Railway: Die älteste Eisenbahnlinie der Welt, auf der ab 1758 die Kohle aus der Grube direkt in die Stadt transportiert wurde, wird heute immer noch an bestimmten Tagen befahren. Ab 1812 verkehrte hier die erste kommerziell genutzte Dampfeisenbahn der Welt. Die Strecke ist relativ kurz, aber die alten Dampfloks und die Waggons sind auf jeden Fall sehenswert. Hinter dem Bahnhof erhebt sich auf einem Hügel der Middleton Park mit einer ehemaligen Kohlengrube, wo man im Sommer gut picknicken oder spazieren gehen kann.

April–Sept. jedes Wochenende, März–Okt. an ausgewählten Wochenenden. Hin- u. Rückfahrt: Erwachsene £ 4.50, erm. £ 2.50, Familie £ 12. Moor Road, Hunslet, LS10 2JQ, ✆ 0845/6801758, www.middletonrailway.org.uk. Anfahrt: Mit dem Auto über die M 621, Ausfahrt Nr. 5; Busse Nr. 61, 61b und 61c vom Bahnhof.

Temple Newsam House and Park: Unweit des Stadtzentrums abgehend von der A 63 Richtung York liegt eines der prächtigsten Tudor-Jakobinerhäuser des Landes, vollgestopft mit kostbaren Möbeln, Kunstschätzen und Artefakten. Das Land gehörte einst den Tempelrittern, daher der Name. Der Landsitz wurde von einem Höfling und Soldaten Heinrichs VIII. erbaut, der während der katholischen Rebellion dem Henker zum Opfer fiel. Der Sohn der Lieblingsnichte Heinrichs, Lord

Darnley, wurde hier geboren und ging in die Geschichte ein, weil er Mary Queen of Scots heiraten sollte. Im 17. Jahrhundert wurde das Gut an die Ingram Familie verkauft, bis es in den 1920er-Jahren in die Hände des Lord Halifax überging. Heute gehört es der Stadt, die die 33 Zimmer der Öffentlichkeit zugänglich gemacht hat. Das 3000 ha große Gelände wurde im 18. Jahrhundert von Capability Brown angelegt. Besonders beliebt ist der Rhododendron- und Azaleen-Walk zum See hinunter und die Farm mit rund 400 raren Zuchttieren. Außerdem gibt es einen Golfplatz und Festivals sowie Open-Air-Konzerte.

Di–So 10.30–16 Uhr (letzter Einlass 15.15 Uhr). Eintritt zum Park kostenlos, Haus und Farm: Erwachsene £ 5.75, erm. £ 3.50, Familien £ 14.50. Temple Newsam Road/Selby Road, LS15 0AE, ☎ 0113/2647321; www.leeds.gov.uk/templenewsam.

Harewood House: Nordöstlich des Stadtzentrums auf der A 61 in Richtung Harrogate gelangt man zum Harewood House. Der heutige Besitzer, der Earl von Harewood, ist ein Cousin von Königin Elizabeth II. Die prunkvolle klassizistische Anlage aus dem Jahr 1772 erinnert stark an Versailles. Der Auftraggeber war einst ein gewisser Edward Ladcelles, der Sohn eines reich gewordenen Westindienfahrers, der auch die wertvolle Sammlung von chinesischem Porzellan zusammentrug. Die Innenräume des Schlosses vereinen Mobiliar von *Thomas Chippendale* mit Stuckwerk von *Robert Adams* und Deckenmedaillons von Angelika Kauffmann und ihrem Mann Antonio Zucchi. Zu sehen ist darüber hinaus eine umfassende Sammlung an Renaissancekunst. Unter den Gemälden in der Galerie befinden sich Werke von Gainsborough, Turner und sogar Picasso. Natürlich gibt es auch einen riesigen Park mit einem See, auf dem man Bootfahren kann. In der angrenzenden Voliere sind über 120 exotische Vogelarten untergebracht. Die einstigen Herren von Harewood Castle, deren Ruine noch im Park zu sehen ist, ruhen in der kleinen Allerheiligen-Kirche aus dem 15. Jahrhundert, die früher einst Mittelpunkt eines Dorfes war, das der Architekt abtragen und außerhalb des Parks sehr nett wieder aufbauen ließ. Im Sommer finden auch hier zahlreiche Festivals und Open-Air-Kulturveranstaltungen statt.

Schloss: April–Okt. tgl. 12–16 Uhr, **Park und Voliere:** April–Okt. tgl. 10–17.30 Uhr. £ 13, erm. £ 12, Kinder £ 6.50, Familien £ 40. Auch Führungen u. Fütterungen im Park. Wer mit dem Bus Nr. 36 von Leeds (Richtung Harrogate) oder mit dem Fahrrad kommt, zahlt nur den halben Preis. Harewood, LS17 9LG, ☎ 0113/2181010, www.harewood.org.

Bradford

Westlich von Leeds liegt Bradford, wo zu viktorianischen Zeiten ebenfalls die Wollindustrie boomte. Das Industriezentrum, das sich von Textilmühle zu Textilmühle erstreckte, hatte jedoch nie besondere Sehenswürdigkeiten zu bieten. Bradfords Einwohner haben eine stark entwickelte Neigung zu sozialem Engagement. Lister Park wurde nach dem Erfinder der antiseptischen Wundbehandlung, Joseph 1. Baron Lister, benannt und ist ein gutes Beispiel dafür. Er wurde mit stark duftenden Pflanzen als Blindengarten geplant. Federführend war man auch in der Einführung von Sozialleistungen wie der Schulspeisung, ärztlicher Betreuung oder dem Verbot von Kinderarbeit. Seit den 1960er-Jahren lebt hier eine große asiatische Gemeinschaft, vorwiegend Inder und Pakistani, was in der Vergangenheit nicht ohne Spannungen verlaufen ist. Hier kann man in jedem Curryhaus eine gute Küche erwarten und in einem der größten asiatischen Kaufhäuser des Landes, den „Bombay Stores", einkaufen. Im Zentrum wurden einige viktorianische Gebäude und alte

Warenhäuser renoviert, z. B. in *Little Germany* nördlich der Leeds Road, wo früher deutsche und jüdische Kaufleute ihre Waren lagerten. Ein Besuch in Bradford lohnt sich vor allem wegen der interessanten Museen, allen voran die *1853 Gallery*, wo Werke David Hockneys zu sehen sind.

• *Information* **Bradford Tourist Information**, City Hall, Centenary Square, BD1 1HY, ℡ 01274/433678, 📠 739067, bradfordvic@ bradford.gov.uk; www.visitbradford.com.

• *Einkaufen* **Bombay Stores**: Bombay Buildings, Shearbridge Road, Bradford BD7 1NX, ℡ 01274/729993; www.bombaystores.biz.

• *Übernachten/Essen/Ausgehen* **Great Victoria**, Mix aus viktorianischer Architektur und modernem Minimalismus, gute Küche. Zimmer £ 119–159, am Wochenende nur £ 69. Bridge Street, ℡ 01274/728706, 📠 01274/ 736358, www.tomahawkhotels.co.uk.

The New Beehive, 100 Jahre altes Pub mit Gasbeleuchtung und Nostalgia, auch zwei hübsch dekorierte Zimmer, EZ £ 36, DZ £ 46.

171 Westgate, BD1 3AA, ℡ 01274/721784, 📠 271005, www.newbeehiveinn.co.uk.

Mumtaz Paan House, Promi-Inder 2 km außerhalb des Zentrums, von der Queen gelobt. Keine Alkohollizenz, dafür aber Mumtaz Babynahrung! 390 Great Horton Road, BD7 3HS, ℡ 01274/571861; www.mumtaz.co.uk.

Prashad, vegetarisches Chaat-Haus mit Auszeichnungen. Chaat sind indische Tapas oder Snacks, es gibt aber auch Vollgerichte. Mo Ruhetag. 86 Horton Grange Road, BD7 2DW, ℡ 01274/575893; www. prashad.co.uk.

The Priestley, Jazz-Veranstaltungsort in Little Germany, 4 Chapel Street, ℡ 01274/ 820666; www.mypriestley.org.uk.

Sehenswertes

National Media Museum: Dieses interaktive Museum gehört zu den meistbesuchten in England und ist Teil des National Museum of Science and Industry. Auf den fünf Stockwerken eines umgebauten alten Kinos können Sie vollständig in die Welt der Fotografie und des Films eintauchen. Es werden Kameras und Kamerazubehör präsentiert (insgesamt drei Millionen Ausstellungsstücke!) und technische Informationen über Film und Fernsehen geliefert. Als einer der ältesten Filme überhaupt gelten Louis Le Princes bewegte Bilder von der Leeds Brücke von 1888, die hier zu sehen sind. Man kann sich zahlreiche Ausschnitte aus Filmen verschiedener Epochen anschauen und außerdem das IMAX-Kino besuchen.

Di–So 10–18 Uhr. Eintritt nur für Sonderausstellungen, sonst frei. IMAX £ 6.50. ℡ 0844/ 8563797, www.nationalmediamuseum.org.uk.

Salt's Mill: Im Ortsteil *Saltaire* lohnt sich der Besuch der Fabrikanlage des Unternehmers Sir Titus Salt, der hier zwischen 1852 und 1872 eine Modellfabrik im Stil der italienischen Renaissance errichten ließ. Mit dem Bau des Produktionsortes, der Wohnhäuser für die Arbeiter und eine eigene städtische Infrastruktur besaß, wollte der Unternehmer sein soziales Engagement dokumentieren. Das Vorzeigedorf ist inzwischen UNESCO-Weltkulturerbe. In der Salt's Mill arbeiteten einst 3000 Leute an 1200 Webstühlen, um Mohair und Alpaka-Wolle herzustellen. Heutzutage stöbert man im Antiquitätenladen (Carlton Antiques) oder plauscht im Café. Jeweils im September findet ein Festival mit Live-Musik, Comedy und Theateraufführungen statt. In der *Galerie 1853*, die in einer langen Fabrikhalle eingerichtet wurde, sind etwa 400 Bilder sowie Bühnenbilder des in Bradford geborenen Künstlers *David Hockney* ausgestellt. Der Maler, Grafiker, Fotograf und Kostümbildner lebte lange Zeit in Kalifornien, kehrte 2000 aber wieder in seine britische Heimat zurück. Der Kettenraucher und Dandy zählt zu den schillernsten und berühmtesten Malern der Welt.

Mo–Fr. 10–17.30 Uhr, Sa–So bis 18 Uhr (Opernbühnenbilder von Hockney nur Mi–So). Eintritt frei. Shipley, Saltaire, BD18 3LA, ℡ 01274/531163, www.saltsmill.org.uk. **Saltair Festival:** www.saltairefestival.co.uk.

Yorkshire/Nordostengland

Karte S. 681

Haworth – Brontë Country

Westlich von Leeds gelangt man über die Landstraße A 650 nach Keighley, von wo man auch mit der Dampflok nach Haworth weiter fahren kann. Das Weberdorf liegt inmitten einer rauen Moorlandschaft und schmiegt sich an einen Hügel. Die kopfsteingepflasterte Hauptstraße verläuft ziemlich steil nach oben in den noch ursprünglichen Stadtkern, wo man sich sofort um 300 Jahre zurückversetzt fühlt. Jedes Jahr pilgern zahllose Touristen aus aller Welt an diesen Ort, um sich die mythenbehaftete Heimat der Brontë-Schwestern anzusehen, die hier in der georgianischen Pfarrei ihre literarischen Werke verfassten. Trotz des Touristenandrangs strahlt der Ort bis heute eine geheimnisvolle Aura aus. Die umliegende Moorlandschaft trägt sicher dazu bei. Die Brontës gehören, gleich nach Jane Austen, zu den wichtigsten Schriftstellerinnen der englischen Literaturgeschichte. Dabei ist die tragische Lebensgeschichte der Schwestern mindestens genauso oft publiziert worden wie die Romane selbst (→ Kasten). Man kann sich nur schwerlich in dem Ort verlaufen, denn alle Wege führen früher oder später zu den Brontës. Zum Ausruhen gibt es zahlreiche hübsche Teestuben und Gasthäuser.

• *Information* **Tourist Information Centre**, 2–4 West Lane, Haworth BD22 8EF, ✆ 01535/642329, 📠 647721, haworthvi@bradford.gov.uk. www.haworthvillage.co.uk, www.brontecountry.co.uk, www.visitbradford.com.

• *Übernachten/Essen* **Old White Lion Hotel**, im Herzen des Ortes mit gutem Restaurant und altmodischer Bar. DZ £ 76–86, EZ £ 54–64. West Lane, Keighley, BD22 8DU, ✆ 01535/642313, 📠 01535/646222, www.oldwhitelionhotel.com.

Old Registry, sehr gemütlich und rustikal, individuell thematisierte Zimmer, wochentags £ 75–100, am Wochenende £ 80–120. 2–4 Main Street, BD22 8DA, ✆/📠 01535/646503, www.theoldregistryhaworth.co.uk.

Weavers, schickes Restaurant mit lokalen Spezialitäten, das Zwei-Gänge-Sampler-Menü von der Bar ist ein guter Einstieg. Di–Sa ab 18.39 Uhr, Lunch Mi–Fr 12–14 Uhr. Auch Zimmervermietung. EZ £ 65, DZ £ 90–110, 15 West Lane, BD22 8DU, ✆ 01535/643822; 📠 644832; www.weaversmallhotel.co.uk.

Embers, schicke Pianobar und Restaurant im Herzen von Haworth, Mo, Di Ruhetage, 81 Main Street, Haworth, Keighley, ✆ 01535/642809; www.embersofhaworth.com.

Jugendherberge Haworth, in einem großen, alten Haus nordöstlich des Zentrums. Bett ab £ 14. Jugendliche ab £ 10.50, auch Familienzimmer gegen Aufschlag. Longlands Drive/Lees Lane, BD22 8RT, ✆ 0845/3719520, 📠 01535/643023; haworth@yha.org.uk.

• *Camping* **Ponden House Campsite**, nur 20 Stellplätze für Zelte (keine Zufahrt mit dem Auto auf den Campingplatz!), ganz schlicht, nur 1 Toilette und Dusche. £ 5 pro Person und Nacht. Im Haupthaus B & B. Ponden House am Pennine Way, Stanbury BD22 OHR, ✆ 01535/644154, www.pondenhouse.co.uk.

Sehenswertes

Brontë Parsonage Museum: Das ehemalige Pfarrhaus, in dem die Schwestern lebten, wurde von der *Brontë Society* in ein Museum umgewandelt. Diese Gesellschaft wurde bereits im Jahr 1893 gegründet, um das literarische Erbe der Familie zu bewahren. Daher finden sich hier viele handschriftliche Originaldokumente, z. B. die Miniaturbücher der jungen Brontës. Das Haus selbst entstand in der georgianischen Zeit um 1778/79 und ist weitgehend noch mit den Originalmöbeln aus dem Besitz der Familie ausgestattet. Im Museumsshop kann man Bücher aller Art von und über die Brontës erstehen. Angeschlossen ist eine Bibliothek, für deren Besuch man sich allerdings anmelden muss (siehe Webseite).

April–Sept. 10–17.30 Uhr, Okt.–März 11–17 Uhr. £ 6.50, erm. £ 5, Kinder £ 4, Familien £ 15.50. Church Street, BD22 8DR, ✆ 01535/642323, www.bronte.org.uk oder www.bronte.info.

Geschichte der Brontës

Der aus Irland stammende Patrick Brontë nahm nach seinem Studium am St John's College in Cambridge eine Stelle als Gemeindepfarrer in Haworth an und zog mit seiner Frau Maria und sechs Kindern im Jahr 1820 in das dortige Pfarrhaus. Beide waren literarisch interessiert, Patrick Brontë verfasste selbst mehrere Gedichtbände und Kurzgeschichten. Kurz nach dem Umzug verstarb Maria Brontë im Alter von 39 Jahren an Krebs, und ihre Schwester zog in das Pfarrhaus, um die Erziehung der Kinder zu übernehmen und sie mit cornischen Geistergeschichten zu unterhalten.

Die ältesten Töchter wurden ins Internat geschickt, jedoch bald wieder nach Hause geholt, nachdem zwei von ihnen, Maria und Elizabeth, sehr wahrscheinlich aufgrund der ungesunden Lebensbedingungen in dem Internat an Tuberkulose erkrankt und gestorben waren. Die verbleibenden Geschwister, Charlotte, Branwell, Emily und Anne, lebten mit ihrem Vater und ihrer strengen Tante, die dann bald zur Stiefmutter wurde, in einer engen Gemeinschaft in dem Pfarrhaus, ohne andere Spielkameraden, inmitten der kargen Landschaft, die wenig Abwechslung bot. Die phantasiereichen Kinder erdachten sich ihre eigene Welt, die große Glasstadt und das Königreich Angria, die sie mit den Spielzeugsoldaten des Bruders Branwell nachspielten. Diese Abenteuer wurden ab 1826 bis ins Erwachsenenalter hinein in sogenannten Miniaturbüchern festgehalten (5 mal 4 cm). Jedes der Geschwister veröffentlichte so seine eigene „Zeitung". Emily und Anne gründeten schließlich ihren eigenen Staat *Gondal*.

Die Mädchen erhielten eine Ausbildung als Gouvernante, um später ihren Lebensunterhalt als Lehrerinnen verdienen zu können. Der aufstrebende Maler Branwell sollte eine Kunstakademie in London besuchen. Unterwegs verspielte und vertrank er allerdings das gesamte Geld. Wieder zu Hause, versuchte er erfolglos, als Maler zu überleben, und verfiel schließlich dem Alkohol und später dem Opium.

Charlotte nahm eine Stelle in dem Internat an, wo sie ihre eigene Ausbildung bekommen hatte, während Emily ihre Ausbildung als Gouvernante bald abbrach, worauf Anne an ihre Stelle trat. Im Laufe der Jahre nahmen die Schwestern verschiedene Stellungen als Lehrerinnen an, die sie jedoch stets bald wieder verließen, um nach Haworth zurückzukehren. Diese Erfahrungen flossen in die Romane mit ein. 1842 gingen Charlotte und Emily als Englischlehrerinnen in ein Pensionat in Brüssel. Charlotte verliebte sich in den Direktor Heger, einen verheirateten Mann. Wieder zu Hause, versuchten die Schwestern, eine eigene Schule einzurichten, jedoch ohne Erfolg.

Die Romane der Schwestern sind durchweg vom Freiheitsdrang gekennzeichnet und lehnen sich gegen die weibliche Unterdrückung und die traditionellen Geschlechterrollen auf, weshalb sie zunächst sehr kontrovers aufgenommen wurden. Das erste Buch, einen Prosaband, veröffentlichen die drei Schwestern 1846 unter dem männlichen Pseudonym Acton Bell, bekannten sich dann jedoch zu ihrer Literatur. Es folgen 1847 die Romane *Wuthering Heights* (Emily Brontë), *Agnes Grey* (Anne Brontë) und *Jane Eyre* (Charlotte Brontë). 1848 verstarben Branwell und Emily kurz hintereinander an Tuberkulose. Im Mai 1849 starb Anne. Charlotte übernahm die Fortsetzung des Lebenswerks der Geschwister und publizierte weitere Romane. 1854 heiratete sie den Kurator ihres Vaters A. B. Nicholls und starb ein Jahr darauf im Kindbett.

Haworth Parish Church: Schräg gegenüber vom Pfarrhaus befindet sich die Kirche mit dem alten Friedhof. In der Krypta liegt bis auf Anne Brontë die gesamte Familie begraben. Deren Grab findet man auf dem Friedhof in Scarborough.

Black Bull Inn: In diesem Pub, das direkt unterhalb der Kirche liegt, soll das „Enfant terrible" der Familie, Branwell Brontë, schon gezecht haben. Heute gibt es hier annehmbare einfache Gerichte, und wer will, kann hier sogar übernachten.
Information 119 Main Street, ℡ 01535/642249.

Wuthering Heights: In Anlehnung an den gleichnamigen Roman von Emily Brontë (auf Deutsch „Sturmhöhen") verläuft hinter der Kirche ein Wanderweg hinauf auf das windige Moor, das Emily angeblich zu ihrem Roman inspirierte. Oben hat man einen Blick über die karge, windgefegte Landschaft, die tatsächlich eine sehr wildromantische Atmosphäre ausstrahlt. Es gibt verschiedene Rundwege von unterschiedlicher Länge, z. B. nach Top Withens, einer Bauernhausruine am Berg, zu den Brontë-Wasserfällen und zur Brontë Bridge.

Keighley and Worth Valley Railway: Eine der vielen alten Dampfeisenbahnen Yorkshires befährt die ca. acht Kilometer lange Strecke von Keighley nach Oxenhope und hält unterwegs auch in Haworth. An bestimmten Wochenenden fahren historische Lokomotiven mit alten Holzwaggons.
Information The Railway Station, Haworth, ℡ 01535/645214, Ansage: ℡ 01535/647777, www.kwvr.co.uk. Abfahrtszeiten: Sa/So 9–16 Uhr etwa stündlich.

Yorkshire Dales

Nördlich des Ballungszentrums Leeds/Bradford liegt eine der ursprünglichsten und reizvollsten Landschaften Englands – die Yorkshire Dales. Weite Teile der Dales wurden im Jahr 1954 in den Yorkshire Dales Nationalpark eingegliedert, der eine Fläche von etwa 1765 Quadratkilometern umfasst und aus drei Haupttälern – Wharfedale, Swaledale und Wensleydale – mit zahlreichen Seitentälern besteht. Das Hochplateau wird bestimmt von sanft geschwungenen Hügeln, kargen Gipfeln, zahlreichen Wasserfällen, Höhlen und Schluchten. An den Hängen und in den Tälern finden sich von Steinmauern durchzogene Felder, urige Dörfer und immer wieder blökende Schafe: eine Atmosphäre, wie sie James Harriot in „Der Doktor und das liebe Vieh" beschreibt.

Einige erinnern sich sicher noch an die englische TV-Serie, die die Erzählungen des berühmten Tierarztes *James Herriot* im malerischen Dorf Askrigg im Wensleydale filmisch umsetzte. Der nördliche Teil der Yorkshire Dales wird in den Touristenführern inzwischen sogar als „Herriott County" bezeichnet. Auch der britische Kinohit *Kalendergirls* basiert auf einer wahren Geschichte aus den Dales und wurde in und um das Dorf Kettlewell (alias Knapely) in den South Dales gedreht. Die ursprünglichen, aus Naturstein erbauten Dörfchen sind oft von Kanälen durchzogen, auf denen früher die Waren transportiert wurden, und in manchen alten Bahnhöfen verkehren für den Fremdenverkehr Dampflokomotiven auf historischen Bahnstrecken.

Die Dales, deren Bewohner heute hauptsächlich von der Schafzucht und vom Tourismus leben, haben eine recht bewegte Geschichte aufzuweisen. Bereits in der Bronzezeit wurde hier auf den einsamen Hügeln Landwirtschaft betrieben, in den zahlreichen Höhlen hat man Hinweise auf prähistorische Besiedelung gefunden.

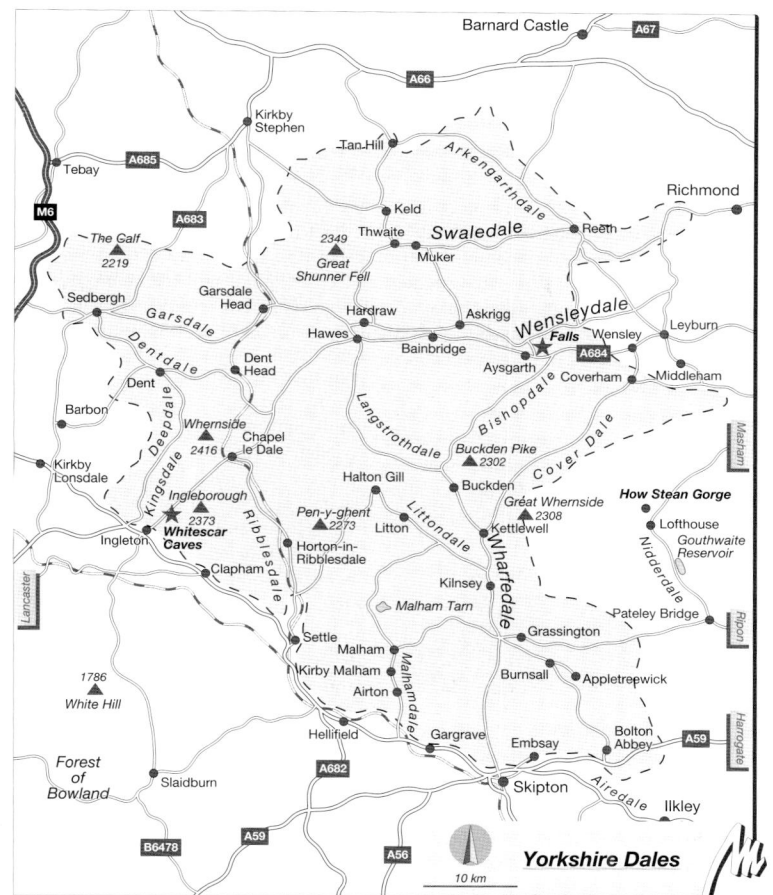

Die Römer nutzten einige der bereits vorhandenen Bleiminen und legten Höhenwege durch die Penninen an. Später hinterließen die einfallenden Wikinger und die Dänen ihr sprachliches Erbe, so dass sich nordische Wörter mit der altenglischen und keltischen Sprache zu einem eigenartigen Dialekt vermischten. So geht z. B. das Wort „dale" (ursprünglich „dalr") auf die Wikinger zurück.

Im Mittelalter gewannen verschiedene Mönchsorden an Einfluss. Sie bauten zahlreiche beeindruckende Abteien und begründeten die Wollproduktion. Auch die Nachfrage an Naturstein und Marmor aus den hiesigen Steinbrüchen führte kurzzeitig zur wirtschaftlichen Blüte. Im 17. und 18. Jahrhundert erlebte die Region einen weiteren kurzen Aufschwung durch die Bleiminen (Swaledale, Arkengarthdale und Pately Bridge) und den Textilboom. Viele Cottages hatten einen eigenen Webstuhl, und die ganze Familie wurde in den Spinn- und Webprozess eingebunden.

Immer der Mauer nach:
Wandern in den Yorkshire Dales

Moderne Industrieanlagen verdrängten jedoch diese traditionelle Produktionsweise, was dazu führte, dass viele alteingesessene Familien der Region den Rücken kehrten. Heute leben in dem ganzen Gebiet nur noch etwa 18.000 Menschen. In vielen der kleinen Dörfchen wirkt es, als sei die Zeit damals, vor zweihundert Jahren, stehen geblieben.

Die Schluchten und tief eingeschnittenen Täler des Nationalparks, in denen sich Sand- und Kalksteinformationen abwechseln, wurden von den Gletschermassen der letzten Eiszeit geformt. Die nur spärlich bewaldete Landschaft mit ihren Höhlen und Wasserfällen präsentiert sich teilweise rau, teilweise aber auch lieblich. Die Gipfel reichen zwar nirgends über 750 Meter in die Höhe, sind jedoch durch den fehlenden Baumwuchs relativ ungeschützt, deswegen sollte man auf Temperaturschwankungen vorbereitet sein.

Autofahrer können bei einer Rundfahrt die verschiedenen Dales beliebig miteinander kombinieren. Die Entfernungen zwischen den Orten sind nicht besonders groß, aber die Straßen können sehr steil, schmal oder kurvig sein. Hin und wieder blockiert auch schon mal eine Schafherde kurzfristig die Straße. Wanderer, die die Wanderwege verlassen, haben mit dem Problem zu kämpfen, dass es an der Straßenseite kaum Platz für Fußgänger (oder Radfahrer) gibt. Dafür hat man bei Wanderungen über die Gipfel Gelegenheit, die unvergleichliche Aussicht zu genießen und Plätze zu entdecken, die mit dem Fahrzeug nicht zugänglich sind.

Im Folgenden sind einige Routen aufgeführt, die einen guten Einblick in die facettenreiche Landschaft bieten. Als Einstieg empfiehlt sich ein Ausflug von Leeds in Richtung Nordwesten in das südliche *Wharfedale* (eines der meistbesuchten und zugänglichsten Täler) über Otley, Ilkley bis Skipton (mit dem Auto folgt man einfach der A 65, oder man nimmt von Leeds aus zunächst den Bus oder Zug nach Ilkley). Am besten schlägt man seine Basis in einem der größeren Städtchen auf und erforscht von dort aus die Umgebung.

Vom südlichen Wharfedale aus können Sie Ihre Route beliebig wählen: über Malham bis ins *Ribblesdale* mit den drei höchsten Gipfeln, den *Three Peaks*, und zahlreichen Höhlen, über das nördliche *Wharfedale* ins *Nidderdale*, durch das Wensleydale, dem Herkunftsort der gleichnamigen englischen Käsesorte, durch das *Swaledale* bis hinauf nach Richmond etc.

Information

Die *Touristenbüros* und *National Park Information Centres* der Dales sind mit Auskünften, Informationsmaterial und zahlreichen Wanderkarten behilflich (April bis Okt. tgl. 10–17 Uhr, im Winter 10–16 Uhr an verschiedenen Tagen, in kleineren Orten ganz geschlossen oder nur am Wochenende). Die *National Park Authority* gibt außerdem einmal jährlich die kostenlose Zeitung *The Visitor* mit allerlei nützlichen Informationen heraus. Wer eine längere Wanderung ins Auge fasst, sollte die Route vorher im Information Centre noch einmal durchgehen. Ansonsten kann man sich hier auch Tourenvorschläge geben lassen.

• *Touristinformation* **Yorkshire Dales National Park Authority**: Yordale, Bainbridge, Leyburn, North Yorkshire, DL8 3EL, ✆ 0300/4560030; info@yorkshiredales.org.uk. Eine der besten Webseiten für alles Wissenswerte rund um den Nationalpark ist www.yorkshiredales.org.

• *National Park Centres* **Malham**, ✆ 01969/652380, malham@ytbtic.co.uk. **Grassington**, Colvend, Hebden Road, ✆ 01756/751690, ✆ 01756/751693, grassington@ytbtic.co.uk. **Aysgarth**, die Information befindet sich in umgebauten Eisenbahn-Cottages mit Café, Aysgarth Falls, ✆ 01969/662910; ✆ 662919; aysgarth@yorkshiredales.org.uk. **Reeth**,

Hudson House, Reeth, Richmond, DL11 6SZ, ✆ 01748/884059; ✆ 880012; reeth@yorkshiredales.org.uk. **Hawes**, Dales Countryside Museum, Station Yard, Burtersett Rd, Hawes, DL8 3NT, ✆ 01969/666210, ✆ 666239; hawes@yorkshiredales.org.uk.

• *Andere nützliche Adressen* **British Waterways Board**, Willow Grange, Church Road, Watford, Hertfordshire, WD17 1DA, ✆ 01923/201120. **National Trust**, Yorkshire Regional Office, Goddards, 27 Tadcaster Road, Dringhouses, York, YO24 1GG, ✆ 01904/702021, ✆ 771970. **Yorkshire Wildlife Trust**, 1 St George's Place, York, YO24 1GN, ✆ 01904/659570, ✆ 613467; www.ywt.org.uk.

Verbindungen

Am Bahnhof sowie Busbahnhof in Leeds gibt es Touristenbüros, die gerne mit der genauen Ausarbeitung einer Reiseroute in den Dales behilflich sind. Insbesondere wenn man auf die Busverbindungen innerhalb der Dales angewiesen ist, sollte man sich vorher genau über die Abfahrtszeiten informieren.

• *Zug* Informationen über Fahrpläne erteilt *National Rail Enquiry*, ✆ 08457/484950. Am schnellsten erreicht man die Dales, wenn man von Leeds mit dem Zug (Airedale-Linie) nach Skipton oder (Wharfedale-Linie) nach Ilkley fährt und dort auf die Regionalbusse (s. u.) umsteigt. In den Dales führt die **Settle-Carlisle-Bahnlinie** aus dem Jahr 1876 quer durch einige der schönsten Gegenden bis fast hinauf zur schottischen Grenze; Ganzjährig 7-mal tgl. ab Leeds Hauptbahnhof über Skipton, Settle, Ribblehead, Dent, Garsdale, Kirkby Stephen nach Carlisle. Die Fahrtdauer beträgt nur ca. eindreiviertel Stunden. In Skipton, Settle, Garsdale und Kirkby Stephen kann man auf den **Bus** umsteigen und weiter in die Dales vordringen.

Die **Leeds-Morecambe-Bahnlinie** bedient von Mai bis Sept. täglich viermal Skipton und Clapham und endet in Morecambe an der Westküste. www.leedslancastermorecambecrp.co.uk.

Für beide Strecken kann man ein Tagesticket erwerben, mit dem man beliebig ein- und wieder aussteigen darf. Sie sind Teil des offiziellen Eisenbahnnetzwerks Englands. Die **Wensleydale Railway** fährt drei bis viermal am Tag durch die nördlichen Dales von Leeming Bar nach Redmire, Dauer ca. 50 Minuten. ✆ 08454/505474; www.wensleydalerailway.com.

• *Bus* Das Yorkshire County Council veröffentlicht das Faltblatt **Dales Explorer**, das alle Buslinien durch den Nationalpark verzeichnet. Sie finden es als PDF-Download im Internet unter: www.northyorkstravel.info/pdf/dales_map.pdf.

Will man mit dem Bus anreisen, fährt der Bus X84 vom zentralen Busbahnhof in Leeds nach Ilkley und Skipton in den South Dales. Der **800** Service (✆ 01535/603284) fährt von Leeds nach Ilkley, Grassington, Kilnsey, Kettlewell, Buckden, Aysgarth Falls und Hawes. Bus **Nr. 36** steuert Harrogate und Ripon in den Ost-Dales an.

Im Sommer werden zahlreiche Panorama-Routen durch die Dales von **Dalebus** abgedeckt, www.dalesbus.org.uk.

Öffentlicher Nahverkehr ist in vielen Teilen Englands recht unübersichtlich, da eine Vielzahl von Veranstaltern die Regionen bedienen. Traveline Yorkshire hilft im Internet mit der Reiseplanung für die gesamte Grafschaft: ✆ 0871/200223, www.yorkshiretravel.net.

Sport

● *Angeln* Für einige Flüsse (in Nordengland als Becks bekannt) kann man auch als Besucher Angelscheine erwerben, die zum Fischen für einen Tag oder eine ganze Woche berechtigen. Adressen auf der Webseite www.yorkshire-dales-flyfishing.com. Eine **Lizenz** bekommt man von der Umweltbehörde „environment agency", ✆ 08701/662662; www.environment-agency.gov.uk oder im **Bolton Abbey** Estate Office, ✆ 01756/718009; der **Ilkley** Tourist Information, ✆ 01943/602319; oder der **Addingham Angling Association** im Post Office, Main Street Abbingham, ✆ 01943/830331.

Außerdem gibt es mehrere *Forellenfarmen*: **Kinlsey Park Trout Farm**, auch Fun Fishing für Kinder, ✆ 01756/752150, www.kilnseypark.co.uk; **Hawes Blackburn Trout Farm**, ✆ 01969/667524; black burnfarm@hotmail.com.

● *Fahrrad* In den **National Park Information Centres** erhalten Sie eine Liste mit Fahrradverleihern. Zudem sind einige Adressen im *Visitor* verzeichnet. Die Tagestarife für ein Mountainbike liegen bei ca. £ 15 (pro Woche etwa £ 60). Routenvorschläge für Fahrradtouren sind in den Informationsbüros erhältlich. Die **Yorkshire Dales Cycle Way** führt auf 210 km durch die meisten Dales und dauert durchschnittlich 6 Tage. Außerdem windet sich der **Pennines Cycle Way** durch die südlichen und westlichen Dales. **Fahrradverleih** u. a. im **Dales Bike Centre**, Parks Barn, Fremington, Richmond, North Yorkshire, DL11 6AW, ✆ 01748/884908; www.dalesbikecentre.co.uk.

● *Golf* **Ilkley Golf Club**, ✆ 01943/600214, www.ilkleygolfclub.co.uk; **Skipton Golf Club**, ✆ 01756/795657, www.skiptongolfclub.co.uk; **Settle/Giggleswick Buckshaw Brow**, ✆ 01729/825288, www.settlegolfcourse.org; **White Hills Golf Driving Range/Skipton**, ✆ 01756/793325; **Harrogate Golf Club**, ✆ 01423/862999, www.harrogate-gc.co.uk; **Knaresborough Golf Club**, ✆ 01423/862690, www.knaresboroughgolfclub.co.uk; **The Richmond Golf Club**, ✆ 01748/823231, www.richmondyorksgolfclub.co.uk.

● *Höhlenwandern* Das **National Park Centre** in Grassington informiert über die zahlreichen Möglichkeiten zur Erkundung der Höhlen in den Dales. Sehenswerte Höhlen sind u. a. **White Scar Caves**, nahe Ingleton, Febr.–Okt. tgl. ab 10 Uhr, £ 7.95, erm. £ 4.95, ✆ 01524/241244, www.whitescarcave.co.uk; **Ingleborough Cavern**, nahe Clapham, Febr.–Okt. 10–17 Uhr, im Winter nur bis 16 Uhr, ✆ 015242/51242, www.ingleborough cave.co.uk; Höhlenwandern ist auch im Angebot des **Low Mill Outdoor Centre**, Station Road, Askrigg, Leyburn, DL8 3HZ, ✆ 01969/650432, www.lowmill.com.

● *Kanalfahrten* Näheres → Skipton.

● *Klettern* Gesteinsformationen zum Klettern (im Englischen *rock climbing* bzw. *abseiling*) befinden sich in Malham, Gordale und Kilnsey, außerdem bei den Brimham Rocks und den Felsen im Ilkley Moor. Genauere Informationen gibt es über den **Leeds Mountaineering Club**, c/o Mr. S. Telford, 48 Spibey Lane, Rothwell, Leeds, LS2 0NW, www.leedsmc.org, oder die Organisatoren der **Free Climbing Wall** in Leeds, ✆ 0113/2341554, www.theleedswall.co.uk.

● *Reiten* **Kinlsey Trekking Centre**, Conistone, ✆ 01756/752861, www.kilnseyriding.com; **Arklemoor Riding Centre**, East Intake House, Arkengarthdale Road, Reeth, Richmond, North Yorkshire, DL11 6QZ, ✆ 01748/884731; www.arklemoor.com.

● *Pferderennen* **Ripon Races**, ✆ 01765/602156; www.ripon-races.co.uk.

● *Wandern* In den National Park Offices gibt es viele hilfreiche Informationen. Vor einer Wanderung kann man sich in den Zentren auch über die aktuellen Wetteraussichten informieren. Zunächst empfiehlt sich das hier (und auch in größeren Buchläden) erhältliche Kartenmaterial. Ideale Wanderkarten sind die **Ordnance-Survey-Serien** *Outdoor Leisure* (1:25.000) Nr. 2, 19, 30; *Landranger* (1:50.000) Nr. 98, 99, 103, 104; und *Explorer* (1:25.000) Nr. 26, 27 (jeweils ca. £ 6.50). Hier sind selbst die kleinsten Details eingezeichnet, was für Wanderungen in den Mooren unerlässlich ist. Erwerben kann man außerdem noch zahlreiche Wanderführer.

Interessant sind auch Langstreckenwanderungen, die sich oft an einem bestimmten Thema orientieren, wie z. B.: **The Herriott Way** – auf den Spuren von James Herriott (90 km), von Aysgarth aus quer durch die Dales; **The Dales Way** – ein Spaziergang durch die Täler von Ilkley bis Windermere (130 km); oder das berühmte **Three Peaks Race** – über die drei höchsten Gipfel Ingleborough, Whernside und Pen-y-ghent (40 km). Informationen über geführte Wanderungen finden sich in der kostenlosen Publikation *The Visitor*.

Südliches Wharfedale – von Leeds bis Skipton

Der südliche Teil des Wharfedale (Tal des Flusses Wharfe, was aus dem keltischen stammt und gewunden heißt) ist im Sommer wie Winter das Naherholungsgebiet für die Einwohner des Ballungszentrums Leeds/Harrowgate/Bradford. Von Leeds aus gelangt man über die A 660 zunächst durch *Otley*, wo der Möbeldesigner Thomas Chippendale 1718 geboren wurde. Von hier führt der „Six-Dales-Trail" 38 Meilen durch sechs Täler bis Middleham (www.waw-otley.org.uk). Jedes Jahr im Juni wird auch ein Walking-Festival veranstaltet (www.chevintrek.co.uk). Ilkley ist ein guter Ausgangspunkt für weitere Erkundungen, z. B. ins angrenzende *Ilkley Moor* und die *Bolton Abbey*, die im Sommer oft recht überlaufen sind. Dafür kann man zu dieser Zeit auch im Wharfe baden, und die Ausflugslokale entlang der Wanderstrecken sind geöffnet.

Ilkley

Einst auf der Packeselroute durch die Dales, ist Ilkley heute ein hübsches grünes Städtchen, dem man seine Vergangenheit als Kurort an den Gebäuden und Geschäftsarkaden aus der viktorianischen und edwardianischen Zeit immer noch ansehen kann. Der Wharfe fließt direkt durch die Stadt. Wenn man von der Brücke im Zentrum in Richtung Süden geht, gelangt man zu dem Fußweg, der recht abrupt hinauf zum *Ilkley Moor* führt, das direkt in das *Rombalds Moor* übergeht (s. u.). Der Ort eignet sich eher zum Schlendern, als für Besichtigungen. Allerdings kommt er in der Hymne der Grafschaft vor, deren Text (in Dialekt gesungen) mit der Zeile „On Ilkley Moor Without a Hat"/„Auf dem Ilkley Moor ohne einen Hut" beginnt. In der Touristeninformation kann man ein Faltblatt bekommen, das einen zu prähistorischen Steingravuren führt, die allerdings nur schwer zu finden sind.

● *Information* **Tourist Information Centre**, Town Hall, Station Road, Ilkley, West Yorkshire LS29 8HB, ✆ 01943/602319, ilkley.vic@bradford.gov.uk; www.visitbradford.com/ilkley-wharfedale (nicht alle Informationen über den Nationalpark, das nächste *Visitor Centre* ist Grassington, → S. 716ff.).

● *Kultur/Veranstaltungen* **Ilkley Literature Festival** jedes Jahr im Oktober.

● *Schwimmen* Ilkley hat einen **Lido**, schwimmen mit Blick übers Moor, oft auch Live-Musik und Veranstaltungen. Denton Road, LS29 0BZ, ✆ 01943/600453; www.ilkleylido.co.uk.

● *Übernachten/Essen/Trinken* *** **Rombald's Hotel & Restaurant**, eleganter georgianischer Bau in Fußnähe zum Wanderweg ins Ilkley Moor und zum Stadtzentrum.

B & B £ 95–130. West View, Wells Road, LS29 9JG, ✆ 01943/603201, 📠 01943/816586, www.rombalds.co.uk.

* **Ilkley Riverside Hotel**, einfaches Hotel in Innenstadtlage am Fluss, eigenes Restaurant und Bar. Der Dales Way Walk beginnt an der Brücke vor dem Hotel. B & B £ 50–75. Riverside Gardens, Bridge Lane, LS29 9EU, ✆/📠 01943/607338, www.ilkley-riversidehotel.com.

Cow and Calf Hotel, B & B mit Pub direkt gegenüber den Cow und Calf Rocks, schöne Aussicht. B & B £ 59.95–65. Hangingstone Road, LS29 8BT, ✆ 01943/607335, 📠 01943/604712, www.innkeeperslodge.com. www.vintageinn.co.uk/thecowandcalfilkley/.

Roberts Family B & B, etwas außerhalb des Zentrums auf der Straße nach Skipton,

Kamin im Esszimmer, ca. 5 Fußminuten von Bus- und Bahnstation. B & B im EZ £ 40–55, DZ £ 60–75. 63 Skipton Road, LS29 9HF, ✆ 01943/817542, ilkleybb@blueyonder.co.uk.

Tivoli Place Guest House, familiengeführtes Gästehaus in viktorianischer Villa in ruhiger Seitenstraße 5 Minuten vom Zentrum,

luxuriöse Zimmer. B & B im EZ £ 45, DZ £ 65. 1 Tivoli Place, LS29 8SU, ✆ 01943/600328, www.tivoliplace.co.uk.

Betty's Cafe & Tearoom, auf der baumgesäumten Grove, hier sollte man die Spezialität Fat Rascal probieren, ein keksartiger Kuchen. 32 The Grove, LS29 9EE, ✆ 01943/608029; www.bettys.co.uk.

Sehenswertes

White Wells Spa Cottage: Direkt am Hang, der hinauf zum Ilkley Moor führt, befindet sich das sehr bescheidene White Wells Cottage, das Anfang des 18. Jahrhunderts um die hiesige Kurquelle gebaut wurde, und in dem man heute noch eines der „Bäder" besichtigen kann. An bestimmten Tagen (Neujahr, 1. Weihnachtsfeiertag/ Boxing Day und dem Yorkshire Day) kann man sogar im Heilwasser baden (nur mit Badeanzug). Ansonsten ist „Plunging" nur nach Vereinbarung möglich. Nach dem Bau der Eisenbahnstrecke im Jahr 1865 kam es hier zu einem regelrechten Kurboom.
April bis Sept., meist nur an Wochenenden und Feiertagen, oder wenn die Fahne weht (Fr 14–17, Sa/So 10–17 Uhr). Wells Road, ✆ 01943/608035.

Manor House Gallery and Museum: Direkt am Hang nordwestlich der *All Saint's Church* im Ort, in deren Turm aus dem 15. Jahrhundert u. a. drei angelsächsische Kreuze aus dem 9. Jahrhundert untergebracht sind, steht das *Manor House* mit Bauelementen aus dem 15., 16. und 17. Jahrhundert. Im Untergeschoss befindet sich ein Heimatmuseum und im Obergeschoss eine Kunstgalerie. Man geht davon aus, dass auf dem Gelände hinter dem Manor House im Jahr 79 u. Z. das römische Fort Olicana stand.
Mi–Sa 11–17 Uhr, Di 14–16 Uhr, So 13–16 Uhr, Eintritt frei. Castle Yard, Church Street, ✆ 01943/600066.

Ilkley Moor und Rombalds Moor: Vor der Einfahrt nach Ilkley in Burley ist die Abzweigung zum Moor ausgeschildert, ein Parkplatz befindet sich bei den *Cow and Calf Rocks*. Von der Stadtmitte aus gelangt man nur bis an den Fuß des Hügels und muss dann zu Fuß den recht steilen Weg bis zu den Felsen hinaufsteigen. Spätestens seit der Kirchenchor aus Halifax die schaurige Moritat „On Ilkley Moor B'aht'At" veröffentlichte, weiß jeder Bewohner Yorkshires, dass man das Ilkley Moor nur mit guter Kopfbedeckung besteigt, denn sonst ergeht es einem wie dem Helden des Liedes, der sich „b'aht'at" (ohne Hut) im kalten Wind hier oben verkühlte und verstarb. Vom Fuß der *Cow and Calf Rocks* kann man sich dem Touristenstrom anschließen und beliebig über die Felsen kraxeln oder von den *Ilkley Crags* den wunderbaren Ausblick genießen. Wem der Wind nicht zu kalt ist, kann noch weiter in das Rombalds Moor vordringen. Der Sage nach war Rombald ein Riese, der auf den hiesigen Felsen herumwütete und dabei einige der Felsformationen schuf, auf denen heute die Kletterer ihr Glück versuchen. Tatsächlich führen noch einige Wege aus prähistorischer Zeit über das Moor. Schräg gegenüber den *Cow and Calf Rocks* befindet sich ein Hotel-Restaurant, in dem man sich nach dem Wandern aufwärmen kann; im Sommer hat auf dem Parkplatz außerdem ein Kiosk mit warmen Imbissen geöffnet. (Für ausgiebigere Wanderungen siehe Ordnance Survey, Landranger, Nr. 104.)

Bolton Abbey

Von der A 65 zweigt man kurz vor *Addingham* auf die B 6160 nach Bolton Abbey ab. Parken kann man hier nur auf einem der ausgeschilderten Parkplätze. In dem hübschen Ort selbst gibt es einige Geschäfte und Restaurants und die bekannte *Bolton Priory*, eine Abtei aus dem 12. Jahrhundert. Von den Ufern des Wharfe gehen zahlreiche Spazier- und Wanderwege aus.

● *Information* Bolton Abbey Village Shop/ Post Office, ✆ 01756/710533; www.boltonabbey.com

● *Übernachten* ***** Devonshire Arms Country House Hotel**, im Süden des Ortes auf dem Bolton Estate an der Bolton Bridge gelegen. Stilvolle Luxusherberge im Besitz des Herzogs und der Herzogin von Devon mit Health Club, Brasserie und Bar, sowie dem Burlington Restaurant. B & B £ 119–219 pro Person. Bolton Abbey, BD23 6AJ, ✆ 01756/710441, ✆ 01756/710564, www.thedevonshirearms.co.uk.

Little Gate Farm, B & B in Bauernhaus aus dem 15. Jh. mit Blick über den Fluss Wharfe. 3 sehr kleine Zimmer mit Charakter teilen sich ein Bad. Ab £ 25 pro Person. Drebley, Barden, Skipton, BS23 6AU, ✆ 01756/720200, www.littlegatefarm.co.uk.

Barden Bunk Barn, Herberge mit Schlafräumen für Gruppen in einer umgebauten historischen Scheune; nur komplett zu mieten. Für 25 Personen, £ 285 für eine Nacht, £ 650 pro Wochenende. Barden, BD23 6AS, ✆ 01756/720616,

www.bardenbunkbarn.co.uk.

Bondcroft Farm, gehobenes B & B auf dem Bauernhof. Man kann beim abendlichen Training der Schäferhunde zusehen. £ 32.50–35 pro Person. Embsay, Skipton, BD23 6SF, ✆ 01756/793371, www.bondcroft.yorks.net.

● *Camping* **Howgill Lodge**, für Zelte und Wohnmobile; Zelt, Auto und 2 Personen £ 17–21 pro Nacht. Barden, BD23 6DJ, ✆ 01756/720655, www.howgill-lodge.co.uk.

● *Essen/Trinken* **The Cavendish Pavillion**, Café und Restaurant mit Gartenterrasse, ganzjährig geöffnet, im Winter eingeschränkte Öffnungszeiten. Direkt am Wharfe auf dem Weg von Bolton nach Barden, März–Nov. tgl. 10–17 Uhr, im Winter bis 15.30 Uhr. BD23 6AN, ✆ 01756/710245; www.cavendishpavilion.co.uk.

The Priest's House, Café und Restaurant mit Gartenterrasse in einem historischen Gebäude neben dem Barden Tower, Blick ins Wharfe-Tal, Do–Sa 10.30–21 Uhr, So 12–15 Uhr. ✆ 01756/720616, www.thepriestshouse.co.uk.

Sehenswertes

Bolton Priory: Die eigentliche Sehenswürdigkeit des Ortes ist die hiesige Abtei. Sie wurde im 12. Jahrhundert von Augustinermönchen gegründet, die hier fast 400 Jahre ansässig waren. Den Grund stiftete die Familie de Romilly, die mit Wilhelm dem Eroberer nach England kam. Ihre normannische Burg bewacht mit sechs massigen Rundtürmen aus dem 14. Jahrhundert vom nahen Skipton aus den Eingang des Wharfedales. Die imposanten Ruinen der Abtei befinden sich in einer sehr romantischen Lage auf den Auen des Flusses Wharfe, der hier eine scharfe Biegung macht. Schon der Dichter *Wordsworth* und der Maler *Turner* ließen sich von der Schönheit dieses Fleckens inspirieren. Im Sommer ist das Flussufer mit badenden und picknickenden Ausflüglern übersät. Das Gelände gehört seit 1750 zum Besitz des Duke und der Duchess von Devonshire. Die angrenzende Kirche *St Mary und St Cuthbert* blieb von den Übergriffen Heinrichs VIII. verschont und hat noch einige Baumerkmale aus dem 12. Jahrhundert bewahrt; sie wurde Mitte des 19. Jahrhunderts umfangreich restauriert. Mit dem Bau des Westturms wurde im Jahr 1520 begonnen, vollendet wurde er nie.

Bolton Abbey Estate: März–April u. Sept.–Okt. 9–19 Uhr (letzter Einlass 17.30 Uhr), Mai–Aug. bis 21 Uhr (letzter Einlass 19 Uhr), Winter bis 18 Uhr (letzter Einlass 16 Uhr). Eintritt frei, aber Parkgebühr (£ 6, für Motorräder £ 3). Tearooms. ✆ 01756/718009, www.boltonabbey.com.

Yorkshire/Nordostengland

Karte S. 681

The Strid: Von der Abteiruine gehen zahlreiche Wanderwege in alle Richtungen über das Gelände und die Hügel aus. Ein Muss ist der Spaziergang entlang der bewaldeten Ufer des Wharfe bis zum Strid, einer Stromschnelle des Flusses durch eine Schlucht. Am besten läuft man direkt unterhalb der Abtei am westlichen Ufer des Wharfe stromaufwärts bis zur Brücke und wandert dann am Ostufer weiter. Bei Niedrigwasser kann man den Fluss hier auch über die im Wasser liegenden Felsenbrocken überqueren. Wahlweise können Sie auch einen der weiter nördlich liegenden Parkplätze anfahren, wo sich weitere Übergänge über den Fluss befinden. Am Bolton-Parkplatz gibt es ein Ausflugscafé (Cavendish Pavillion). Dort lichtet sich der Wald, und bald hat man einen guten Blick auf den in der Schlucht über die Felsen tosenden Fluss. Immer wieder versuchen Abenteuerlustige ihr Glück und springen über die engste Stelle der Stromschnellen des Flusses, der hier bis zu neun Meter tief ist. Aber Vorsicht: Bisher ist noch niemand, der hier unterging, lebendig wieder herausgekommen. Ratsamer ist es, bis nach Barden weiterzuwandern, wo sich der nächste Übergang über den Fluss befindet.

Embsay & Bolton Abbey Steam Railway: Vom Bahnhof in Bolton Abbey verkehrt dieser Dampfzug die fünf Meilen lange Strecke nach Embsay. Er fährt ganzjährig jeden Sonntag (im Sommer sogar jeden Tag), und an einigen Abenden werden historische Waggons angehängt, in denen man einen Snack zu sich nehmen kann.

Informationen ✆ 01756/710614. Fahrplanansage: 01756/795189. Erwachsene £ 7, Kinder £ 3.50; www.embsayboltonabbeyrailway.org.uk. Der Wharfedale Wanderer Bus verbindet im Sommer Bolton Abbey Station mit Ilkley und Wharfdale.

Skipton

Nach dem Einfall der Normannen in die Dales fiel die Siedlung Skipton (angelsächsisch *Sceptone = sheep town*) um 1090 an *Robert de Romille*, der in der Nähe des Flusses Eller eine Festung errichtete, die noch immer ziemlich gut erhalten ist. 1204 erhielt Skipton das Marktrecht, und noch heute finden hier viermal wöchentlich Märkte statt (Mo, Mi, Fr und Sa). Von der Hauptstraße zweigen viele kleine Sträßchen ab, die eine Erkundung lohnen. Man findet viele kuriose Geschäfte, Cafés und Kunsthandwerksläden und kann auf Ausflugsbooten den Leeds-Liverpool-Kanal befahren. Zum *Skipton Waterway Festival* im Mai versammeln sich hier Hunderte von bunten Narrowboats.

● *Information* **Tourist Information Centre**, 35 Coach Street, Skipton, North Yorkshire BD23 1LQ, ✆ 01756/792809; 🖷 700709; skipton@ytbtic.co.uk; www.skiptononline.co.uk.

● *Verbindungen* Tgl. direkter Zug nach London King's Cross Station. National-Express-Busse operieren von London Victoria Station aus. Regionale Busse werden von Keighley & District Travel verwaltet, www.keighleyanddistrict.co.uk.

● *Fahrradverleih* In Skipton beginnt und endet der **Yorkshire Dales Cycle Way**, ein ca. 210 km langer markierter Rundweg. Nähere Informationen sind über die National Park Authority erhältlich.

Dave Ferguson Cycles, 3 Albion Yard, Roapwalk, BD23 1ED, ✆ 01756/795367. Pro Tag jeweils etwa £ 15; www.davefergusoncycles.com.

● *Bootsfahrten* **Pennine Boat Trips**, ✆ 01756/701212 oder 790829. Eine Ausflugsfahrt nach Niffany oder Snaygill dauert ca. eineinviertel Std. Tgl. von April bis Okt. Erwachsene £ 6.50, Kinder £ 3.50, Familien £ 18; www.canaltrips.co.uk.

Pennine Cruisers, ✆ 01756/795478. Halbstündige Kanalfahrten, £ 3, Kinder £ 2. Verleiht Narrowboats für Tagesausflüge und länger (£ 110, Wochenende £ 135), www.pennine cruisers.com; die Tourist Information in Skipton hat weitere Informationen.

● *Übernachten/Essen/Trinken* **Skipton Park Guest Hotel**, komfortable Unterkunft nur wenige Minuten vom Stadtzentrum entfernt. B & B £ 55. 2 Salisbury Street, BD23 1NQ, ☏ 01756/700640, ✆ 01756/700641, www.skiptonpark.co.uk.

Unicorn Hotel, zwei Stockwerke über Büros mitten im Stadtzentrum, daher etwas lauter. EZ £ 39.50–45, DZ ab £ 55 mit kontinentalem Frühstück. Devonshire Place, Keighley Road, ☏ 01756/794146, ✆ 01756/793376, www.unicornhotelskipton.co.uk.

Highfield Guest House, gepflegtes und freundliches Hotel in vorteilhafter Lage. EZ £ 30–45, DZ £ 55–60. 58 Keighley Road, BD23 2NB, ☏/✆ 01756/793182, www.highfieldguesthouse.co.uk.

Red Lion, im ältesten Pub der Region übernachtet man ab £ 35 pro Person. 27 High Street, B23 1DT, ☏ 01756/790718.

The Plough Inn, gehobenes Country Pub aus dem Jahr 1725, schöne Aussicht und gutes Essen. Neun Zimmer (B & B £ 50–75) im Landhausstil. 18 km von Skipton, Wigglesworth/Skipton, BD23 4RJ, ☏ 01729/840243; www.ploughinn.info.

Sehenswertes

Skipton Castle: Das Schloss, dessen Eingang sich am Kopf der Hauptstraße befindet, ist seit 1310 im Besitz der Familie Clifford. Das Torhaus des Schlosses stammt noch aus dem 12. Jahrhundert, während das übrige Gebäude unter der Leitung von Lady Anne Clifford nach dem Bürgerkrieg um 1657 wiederaufgebaut wurde. Beim Rundgang durch die Anlage sieht man im Innenhof eine Eibe, die von Lady Anne gepflanzt wurde. John Clifford („der Schlächter" oder auch „blutiger Clifford", 1430–61) wurde in einem Drama Shakespeares verewigt – er kämpfte im Rosenkrieg gegen das Haus von York.

High Street, ☏ 01756/792442. März–Sept. Mo–Sa 10–18 Uhr, So ab 12 Uhr; Okt.–Febr. 10–16 Uhr. £ 6.20, erm. £ 5.60, Kinder ab 5 Jahren £ 3.70, Familien £ 19.50. Für den Rundgang erhalten Sie eine Broschüre in deutscher Sprache; www.skiptoncastle.co.uk.

Church of Holy Trinity: In der Kirche neben dem Schloss, die ebenfalls unter Lady Anne Clifford instand gesetzt wurde, befinden sich neben einigen Grabstätten und Gedenksteinen der Familie Clifford auch ein jakobinischer Taufstein aus dem 12. Jahrhundert und eine Lettnerempore aus dem Jahr 1533.

Tgl. 8.30–17.30 Uhr, im Winter bis ca. 16.30 Uhr. Eine Spende von £ 1 wird erbeten; www.holytrinityskipton.org.uk.

Craven Museum: Dieses Museum ist im ersten Stock des Rathauses von Skipton untergebracht. Hier erfährt man in einer bunt gemischten Ausstellung einiges über die Vergangenheit Skiptons und der Region. Neben Funden aus der Bronzezeit ist eine Ecke des Museums auch dem berühmtesten Sohn der Stadt gewidmet: *Thomas Spencer,* dem Mitbegründer der Kaufhauskette *Marks & Spencer.*

April–Sept. Mo, Mi–Sa 10–16 Uhr; Okt.–März Mo, Mi–Fr 12–16 Uhr, Sa 10–16 Uhr. Eintritt frei. ☏ 01756/706407; www.cravenmuseum.org.

Leeds-Liverpool-Kanal bei Skipton

Yorkshire/Nordostengland
Karte S. 681

Red Lion und Black Horse Inn: Ebenfalls auf der Hauptstraße befindet sich das angeblich älteste Pub in Craven, das *Red Lion* aus dem Jahr 1205. Gleich gegenüber steht das *Black Horse Inn* aus dem 17. Jahrhundert, das auf einem Gelände erbaut wurde, das einst im Besitz Richards III. war.

Bootfahren auf dem Leeds-Liverpool-Kanal

Die englischen Kanäle entstanden vorwiegend in der Zeit von 1760 bis 1840, waren aber schon bald den Anforderungen des modernen Gütertransports nicht mehr gewachsen. Der Leeds-Liverpool-Kanal wurde zwischen 1770 und 1815 gebaut und verband Leeds über den Fluss Aire mit den südlichen Dales und der Hafenstadt Liverpool im Westen. Inzwischen sind die Kanäle ein Bestandteil der Landschaft geworden und werden hauptsächlich für den Freizeitspaß genutzt. Da diese Kanäle so schmal angelegt wurden, mussten auch die Boote dementsprechend schlank sein – zum Ausgleich zog man sie in die Länge. In den letzten Jahrzehnten wurden diese sogenannten „narrow boats" restauriert oder im alten Stil nachgebaut und dienen nun als Ausflugsboote. Die früher von Pferden gezogenen Boote sind heute natürlich motorisiert. Wer ein solches Boot mietet, fährt oft durch einsame ländliche Gegenden, aber auch durch die verborgenen Ecken kleiner und großer Städte. Ein Problem sind die zahlreichen Schleusen (im Durchschnitt alle drei Kilometer), die die Fahrtgeschwindigkeit erheblich drosseln. Auf einem „narrow boat" haben bis zu acht Personen Platz. Da man die Schleusen per Kurbel selbst bedienen muss, sollte man möglichst in einer Gruppe reisen. Auf der Strecke von Leeds nach Liverpool muss man bei Bingley fünf Schleusen hintereinander passieren, um den Höhenunterschied ins Flachland auszugleichen. Wer nur einen kurzen Ausflug unternehmen will, sollte in Skipton eines der Passagier-Ausflugsboote besteigen (s. o.). Nähere Informationen über Bootsvermietungen für längere Urlaube erteilt das Britische Fremdenverkehrsamt oder das British Waterways Board, Willow Grange, Church Road, Watford, ✆ 01923/226422; www.britishwaterways.co.uk. Infos über das Kanalsystem für Urlauber unter www.waterscape.com.

Westliche Dales – von Settle bis Kirkby Lonsdale

Von Skipton aus fahren Sie auf der A 65 durch das Airedale bis nach Settle, das eine gute Ausgangsbasis für Besuche im *Malhamdale* und im *Ribblesdale* ist. Auf dieser Route erwarten den Reisenden zahlreiche Höhlen, Schluchten und die drei höchsten Gipfel der Dales: *Pen-y-ghent*, *Ingleborough* und *Whernside*. Wer nicht mit dem Auto unterwegs ist, fährt mit der Settle – Carlisle Railway bis Settle und von dort mit dem Bus weiter.

Settle und Three Peaks Area

Die kleine Marktstadt liegt schön zwischen dem Fluss Ribble und den Kalksteingebirgen der Region Craven. Am Markttag (Di) geht es hier besonders lebhaft zu. Der Marktplatz hat noch sein ursprüngliches Aussehen aus dem 17. Jahrhundert.

• *Information* **Tourist Information Centre**, Town Hall, Cheapside, Settle, North Yorkshire BD24 9EJ, ✆ 01729/825192, 📠 01729/£24381; settle@ytbtic.org.uk; www.settle.org.uk/Tourism.

• *Kultur* **Victoria Hall**, Kino, Konzerte, Theater. Kirkgate, ✆ 01729/825718; info@settle victoriahll.co.uk. www.settlevictoriahall.co.uk.

• *Fahrräder* **Off the Rails**, The Cycling Centre, Station Yard, ✆ 01729/824419; www. offtherails.org.uk.

• *Übernachten* *** **Falcon Manor Hotel**, stattlicher Landsitz mit schönem Anwesen, Hotel mit allen Extras. B & B £ 110–150, mit Dinner £ 140–180. Skipton Road, BD24 9BD, ✆ 01729/823814, 📠 01729/822087, www.thefalconmanor.com.

** **Royal Oak Hotel**, Komforthotel in 400 Jahre altem Kutschenhaus mit Restaurant, man kann sich für Wanderungen Lunchpakete zusammenstellen lassen. EZ £ 40, DZ £ 65, Familienzimmer ab £ 90. Market Place, ✆ 01729/822561, 📠 01729/823102, www.royaloaksettle.co.uk.

Golden Lion Guest House, am Marktplatz. Ehemalige Kutschenstation aus dem 17. Jahrhundert, heute eine stimmungsvolle Herberge mit Kaminfeuer und gutem Restaurant. EZ £ 36–43, DZ £ 63–84. Duke Street, ✆ 01729/822203, 📠 01729/824103, www.york shirenet.co.uk/stayat/goldenlion/index.html.

Whitefriars Guest House, B & B im historischen Gebäude aus dem 17. Jahrhundert mit schönem Garten. Helle, etwas altbackene Zimmer, B & B im EZ ohne Bad £ 35, DZ £ 52 (ohne Bad), sonst £ 65. Church Street, BD24 9JD, ✆ 01729/823753, www. whitefriars-settle.co.uk.

• *Camping* **Knight Stainforth Hall Caravan Park/Little Stainforth**, familiengeführte Anlage, Angeln möglich und WLAN. Stellplatz £ 14–20/Nacht. ✆ 01729/822200, 📠 01729/823387, www.knightstainforth.co.uk.

• *Essen/Trinken* **Ye Olde Naked Man Café**, Café und Bäckerei in einem alten Pub, Frühstück und leichte Speisen, tgl. 7–17 Uhr, Mi bis 16 Uhr. Royal Oak, Market Place, ✆ 01729/823230.

The Shambles Fish Bar & Restaurant, eine der ältesten „Chippies" (Fish-'n'-Chips-Restaurants) in England. Tgl. 11.30–21 Uhr, Market Place, ✆ 01729/822652.

Gusto, Restaurant und Bar mit italienischer Küche, an Pizza und Pasta können Wanderer Kohlenhydrate tanken. Auch Salate und Take-Away. Tgl. 17.30–23.30 Uhr. The Shambles, Settle, BD24 9EH, ✆ 01729/824929, www.gustorestaurantandbar.com.

The Little House Restaurant, traditionelle englische Küche mit kontinentalen Einflüssen. Mi–Fr 17–21.30 Uhr, Sa–So ab 12 Uhr. 17 BD24 9DJ, Duke Street, ✆ 01729/823963, www.littlehouserestaurant.co.uk.

Sehenswertes

Shambles: Auch die sogenannten *Shambles* auf dem Marktplatz stammen aus dem 17. Jahrhundert. Der zweistöckige Gebäudekomplex mit den Geschäftsarkaden war ursprünglich eine offene Markthalle, der zweite Stock wurde gegen Ende des 19. Jahrhunderts hinzugefügt. Das bekannteste Café am Ort ist *Ye Olde Naked Man*. Denselben Namen trug einst ein hiesiges Gasthaus, dessen Wirt gegen die übertriebene Kleidermode der damaligen Zeit rebellierte.

Richard's Folly: Nicht weit vom Marktplatz (auf dem School Hill) steht das Gebäude, dessen Name auf die „Verrücktheit" des Bauherrn hinweist. Dem wohlhabenden Gerber Richard Tanner gingen beim Bau des Hauses, der um 1675 begann, die Geldmittel aus. Es stand jahrelang leer, bevor es schließlich restauriert wurde.

Watershed Mill Visitor Centre: Auf der Langcliffe Road nördlich vom Zentrum befindet sich in einer alten Baumwollmühle aus dem frühen 18. Jahrhundert dieses sehenswerte Besucherzentrum. Im Angebot sind Strickwaren, Töpferwaren und Kunsthandwerk aus dem Dales. Außerdem werden hier Biere aus 12 Brauereien Yorkshires verkauft und es gibt einen Country Kitchen Coffeeshop.
    Mo–Sa 10–17.30 Uhr, So 11–17 Uhr. Langcliffe Road, ✆ 01729/825539; www.watershedmill.co.uk.

Victoria Cave: Östlich der Bahnlinie verläuft ein Wanderweg, der vorbei am *Attermire-Felsen* und der *Attermire Cave* zur *Victoria Cave* führt. Diese riesige Höhle wurde im Jahr 1838 am Tag der Krönung von Königin Viktoria, die somit

Yorkshire/Nordostengland

Karte S. 681

Namensgeberin wurde, von einem Wanderer entdeckt, dessen Hund sich durch eine Öffnung im Felsen verirrt hatte. Bei Ausgrabungen fand man hier Knochen prähistorischer Tiere, aber auch Artefakte aus der Bronzezeit sowie römische Münzen. Sie ist frei zugänglich, Wanderer werden vor Steinschlag gewarnt.

Malham

Östlich von Settle gelangt man über *Kirkby Malham* nach Malham. Ein Großteil des Gebietes mit den erstaunlichen Felsformationen gehört dem English National Trust und ist von besonderem geologischem Interesse.

• *Information* **National Park Centre/Malham**, hier gibt es viele Informationen über die Naturgeschichte der Region; geöffnet April–Okt., BD23 4DA, ✆ 01969/652380, ✉ 652389; www.malhamdale.com/ydnp.htm.
Malham Tarn Field Centre (→ Sehenswürdigkeiten), wenn Sie genügend Zeit haben, können Sie hier einen Kurs in Naturgeschichte (z. B. Vogelkunde, Schnecken, Gräser oder Archäologie) belegen, BD24 9BU, ✆ 01729/830331, www.field-studies-council.org/malhamtarn.

• *Übernachten/Essen/Trinken* **Lister Arms**, Postkutschenstation aus dem 17. Jh. in Malham, wunderschöne Zimmer, sehr gutes Essen. DZ £ 76–96, im Winter ab £ 60. BD23 4DB, ✆ 01729/830330, www.listerarms.co.uk.
River House Hotel, Gästehaus in einem viktorianischen Landhaus aus dem Jahr 1664, sehr gutes Essen im Restaurant. Probieren Sie die Pies (Pasteten). £ 35–55 pro Person. BD23 4DA, ✆ 01729/830315, ✉ 01729/830672, www.riverhousehotel.co.uk.

Miresfield Farm, komfortables B & B für £ 32/Person mit zehn Zimmern auf einer Farm, auch Camping für £ 4.50. Blick über den Fluss Aire, freigelegte Holzbalken im Essraum. Miresfield Farm, Malham, Skipton, BD23 4DA, ✆ 01792/830414; chris@miresfield.freeserve.co.uk.

• *Jugendherberge* **Jugendherberge**, familienfreundliches, modernes Haus im Zentrum neben dem Lister Arms Pub, vom Haus führt ein schöner Spazierweg zum Tarn (See). Erwachsene ab £ 18, Jugendliche ab £ 13.50. BD23 4DB, ✆ 0845/3719520, ✉ 01729/830551; www.yha.org.uk.

• *Ferienwohnungen* **Ferienwohnungen**, vollständig ausgestattete Ferienhäuser und -wohnungen in historischen Gebäuden und Cottages, Country Holidays, ✆ 08700/781200, www.country-holidays.co.uk.

• *Camping* **Riverside Camping**, nahe dem Berg Malham Cove und dem Fluss auf einer Farm, sehr einfach, nur 2 Duschen, 10 Minuten zum Pub. £ 14 für Zelt und zwei Personen. Townhead Farm, Cove Road, Malham, BD23 4DE, ✆ 01729/830287.

Sehenswertes in Malham und Umgebung

Malham Tarn: Das auf einem Schieferuntergrund ruhende Gewässer ist einer der zwei natürlichen Gebirgsseen in den Dales. Vom See führt ein Pfad zum *Malham Tarn Field Centre*, das Seminare zur Naturgeschichte der Gegend veranstaltet. Das Haus war ehemals eine Jagdhütte und später Heimat des Industriellen *Walter Morrisson*. Unter anderem waren hier *Charles Darwin, John Ruskin* und *Charles Kingsley* zu Gast; Letzterer wurde hier zu seinem Buch „The Water Babies" inspiriert. Große Teile des Naturschutzgebietes sind nicht zugänglich, aber von einer Aussichtsplattform kann man einen Überblick gewinnen und die zahlreichen Wasservögel beobachten.

Malham Cove: Vom Ort Malham aus führen gut markierte Fußpfade am kleinen Flüsschen entlang bis zur Malham Cove, einer halbmondförmigen Kalksteinklippe, die terrassenförmig in das Flusstal abfällt und ungefähr 80 Meter hoch und 200 Meter breit ist. Einst erstreckten sich die Wassermassen des *Malham Tarn* über das gesamte (inzwischen ausgetrocknete) Tal, und über die Klippen ergoss sich ein riesiger Wasserfall. Heute jedoch verschwindet das Wasser bei einer als

„Water Sinks" bezeichneten Stelle unterhalb des Sees in den Untergrund und kommt südlich von Malham als Fluss *Aire* wieder nach oben. Wenn man auf der Klippe steht, kann man die bizarren Formationen sehen, die das Wasser in den Felsen gefressen hat, bevor es versickerte.

Gordale Scar: Außerdem kann man von Malham aus Gordale Scar, eine Kalksteinschlucht mit Wasserfall, erwandern. Ebenso wie Malham Cove entstand diese Schlucht durch Erdbewegungen der Craven-Falte.

Horton in Ribblesdale

Die B 6479 führt – immer parallel entlang der Bahnlinie – über Stainforth nach Horton. Der Ort ist besonders beliebt als Ausgangsbasis für Wanderungen auf die drei höchsten Gipfel der Dales. Wenn man von Süden auf Horton zufährt, fallen ab *Hellwith Bridge* zunächst die Steinbrüche auf. Im 19. Jahrhundert wurde der hier abgebaute Kalkstein für Steinböden, Grabsteine, Torpfosten und Ähnliches mehr verwendet. Über die Ebene hinweg, die einst von einem Gletschersee bedeckt war, sieht man in der Ferne den beeindruckenden Gipfel des Pen-y-ghent aufragen.

• *Information* **Pen-y-ghent Café**, Informationspunkt, Treffpunkt für Wanderer und Café, Di geschl., BD24 0HE, ☎ 01729/860333; horton@ytbtic.co.uk.

• *Höhlenwandern* Einführungen in das Höhlenwandern (auch für Familien) können Sie über das **National Park Centre** in Grassington buchen, Hebden Road am Haupt-National-Car-Park nahe dem Zentrum, ☎ 01756/751690; grassington@ytbtic.co.uk.

• *Wanderung* In Horton beginnt und endet die **„Three Peaks Challenge"**: Jedes Jahr wettstreiten hier am letzten So im April Wanderer darum, wer die drei Berge Pen-y-ghent (694 m), Whernside (736 m) und Ingleborough (723 m) in der kürzesten Zeit in einem Marathonmarsch hintereinander erklimmen kann. Die Strecke ist insgesamt 41 km lang, und es müssen 1524 Höhenmeter überwunden werden. Ausgangspunkt ist das *Three Peaks Café*, wo die Wanderer sich zur eigenen Sicherheit in ein Register eintragen können und den aktuellen Wetterstand erfahren. Jeder, der diese Wanderung in unter 12 Stunden schafft, wird in den *Three Peaks of Yorkshire Club* aufgenommen.

• *Übernachten* **Crown Hotel**, Pubhotel und bei Weitem die luxuriöseste Unterkunft im Ort. B & B ab £ 33.30/Person. Wanderer können einen Koffertransfer buchen. Hawes Road (bei der Brücke), B 6479, ☎ 01729/ 860209, 📠 01729/860444, www.crown-hotel. co.uk.

Willows Guest House, die meisten Gäste sind Wanderer, die auf engagierte und sympathische Gastgeber treffen, die das Haus erst kürzlich übernommen und z. B. in superbequeme Matratzen investiert haben. 2 Nächte Minimum an Wochenenden. B & B im DZ £ 75–80. Hawes Road, BD24 0HT, ☎ 01729/860200, www.the-willows-horton-in-ribblesdale.co.uk.

Station Inn, wer sich in die einsame Gegend um das Ribblehead-Viadukt wagen möchte, kann hier in der Nähe des Bahnhofs übernachten. Ribblehead, nahe Ingleton, EZ £ 35, DZ £ 55–70, Triple £ 82 (ohne Frühstück). Bunkhouse Cottage für 11 Personen £ 110/Nacht, 6 Pers. £ 60, 9 Pers. £ 90. ☎ 015242/41274, www.thestationinn.net.

Dub-Cote Bunkhouse Barn, umgebaute Scheune aus dem 17. Jahrhundert für bis zu 14 Leute, selbstversorgend, Dub-Cote Farm, 1 km südöstlich des Zentrums. £ 11 pro Person. BD24 0ET, ☎ 01729/860238, www.yorkshirenet.co.uk/ydales/bunkbarns/hortoninr/.

• *Camping* **Campingplatz**, auf der Holme Farm in der Nähe der Kirche. Nur Zelte, 60 Stellplätze, sehr einfach und mitunter laut. £ 2/Person, £ 1/Zelt, £ 2/Auto (keine Parkmöglichkeit beim Zelt!). BD24 0HD, ☎ 01729/ 860281.

Sehenswertes in der Umgebung von Horton

Hunt Pot und Hull Pot: Auch wer nicht über die Gipfel klettern mag, kann bei einer Wanderung die Gegend erforschen. Unter anderem gibt es hier die Höhlen Hunt

Pot (eine Felsspalte, die etwa 2 Meter breit und 200 Meter tief ist) und *Hull Pot* (100 Meter lang, 20 Meter breit und tief) auf der Westseite des Pen-y-ghent zu sehen.

Ribblehead Viaduct: Etwas weiter nördlich auf der B 6479 befindet sich das Ribblehead Viaduct aus dem Jahr 1875, das wohl beeindruckendste der zahlreichen Viadukte, die das Moorland auf der Eisenbahnstrecke Settle–Carlisle überspannen. (Auf der nur 116 Kilometer langen Strecke finden sich 14 Tunnel und über 20 Viadukte.) Vom Tal aus betrachtet, erheben sich die 24 Bögen des Viadukts in der beachtlichen Höhe von 50 Metern über das Batty Moss. Am anderen Ende verschwindet die Eisenbahn in den Bleamore-Tunnel.

Chapel-le-Dale: Vom Ribblehead-Viadukt geht es auf der B 6255 südwestlich in Richtung Ingleton. Unterwegs passieren Sie Chapel-le-Dale mit der winzigen Kirche St Leonhard, auf deren Friedhof 200 Arbeiter begraben liegen, die beim Bau der Bahnlinie Settle–Carlisle umkamen. Eine Gedenktafel erinnert an sie. Hinter der Kirche führt ein Weg zu den Höhlen *Hurtle Pot* und *Jingle Pot* sowie zur *Weathercote Cave*, zu der Stufen hinabführen. Vom Ort aus hat man die besten Aufstiegsmöglichkeiten auf den Whernside.

Übernachten **The Old Hill Inn**, altes Gasthaus aus dem Jahr 1615 und heute Wanderertreff, 2 Zimmer £ 70, Chapel-le-Dale, Ingleton, LA6 3AR, ✆ 015242/41256, www.oldhillinn. co.uk.

White Scar Caves: Kurz vor Ingleton passieren Sie die White Scar Caves, wohl die beeindruckendste der begehbaren größeren Höhlen der Gegend. Während der ca. eineinhalbstündigen Führung wandern Sie entlang unterirdischer Wege, die über dem Flusslauf angelegt wurden, vorbei an tosenden Wasserfällen, durch weitläufige Höhlen mit Stalaktiten und Stalagmiten, engen Grotten und sogar prähistorischen Schlammlöchern. Ein Student entdeckte die Höhle, die stellenweise bis zu 30 Meter hoch ist, im Jahr 1923. Beim Parkplatz am Eingang gibt es ein Café sowie einen Souvenirladen.

Tgl. 10–17.30 Uhr. £ 7.95, erm. £ 4.95, Familien £ 22. Stündliche Führungen (80 Minuten, Sicherheitshelme müssen getragen werden), letzte Führung 16 Uhr. Die Temperatur in der Höhle beträgt 8 °C, daher wird warme Kleidung empfohlen. LA6 3AW, ✆ 01524/241244, ✉ 01524/241700, www. whitescarcave.co.uk. Anfahrt: Im Sommer hält der Ingleborough Pony Bus an der Höhle.

Ingleton

Das touristisch stark frequentierte Städtchen Ingleton lebte ursprünglich vom Kohlebergbau und später von der Woll- und Baumwollspinnerei. Heute reihen sich in den engen, gewundenen Gässchen der Innenstadt B & Bs, Souvenirläden und Restaurants aneinander. Die Pfarrkirche St Mary wurde mehrfach wiederaufgebaut, beherbergt aber noch eines der besterhaltenen normannischen Taufbecken in ganz Yorkshire und weist einen Turm aus dem 15. Jahrhundert auf.

Den größten Anreiz bietet jedoch die Nähe zu den umliegenden Naturschauspielen. Von Ingleton ist es nicht weit bis zu verschiedenen Aufstiegsmöglichkeiten auf den *Ingleborough* mit seinem Gipfelplateau (Wanderwege auch von Chapel-le-Dale, Horton und Clapham). Beim Fluss im Stadtzentrum beginnt der **Ingleton Waterfalls Walk**. Bis Mitte des 19. Jahrhunderts waren die spektakulären Wasserfälle der zwei Flüsse Twiss und Doe bei Ingleton weitgehend unentdeckt, da das Gelände nur schwer begehbar war. Für die Allgemeinheit wurde der Spazierweg an den

Wasserläufen durch Stufen, Brücken und Pfade zugänglich gemacht. Bereits im Jahr 1893 brachte die Eisenbahnlinie 100.000 Touristen nach Ingleton, die die Fälle bewunderten. Der sieben Kilometer lange Spaziergang führt durch das Swilla Glen bis zu den Pecca-Fällen, die in mehreren Stufen hinabrauschen, und dann weiter bis zum 14 Meter hohen Thornton Force. Unterwegs gibt es ein Ausflugscafé.

• *Ingleton Waterfalls Walk* **Broadwood Entrance**, Ingleton, ✆ 015242/41930, ganzjährig von 9 Uhr bis zur Dämmerung. Länge: 8 km. £ 4.50, Kinder £ 2, Fam. £ 10; ✆ 015242/41930; www.ingletonwaterfallstrail.co.uk.

• *Information* **Tourist Information Centre**, Community Centre Car Park (April–Sept.), Main Street, Ingleton, Carnforth, Lancashire LA6 3HJ, ✆ 015242/41049; ✉ 41701; www. visitingleton.co.uk oder www.ingleton.co.uk.

• *Fahrräder* **Ingleton Mountain Bike Hire**, 12 Main Street, Mo–Sa, ✆ 015242/41422.

• *Caving/Climbing* Der Outdoor-Laden **Inglesports** besitzt eine Climbing Wall und organisiert auch Höhlentouren für 4–6 Leute, Ausrüstung wird gestellt, halber Tag £ 40. The Square, LA6 3EB, ✆ 015242/41146; www.inglesport.co.uk.

• *Übernachten* **Springfield Country House Hotel**, liebevoll gepflegte viktorianische Villa mit großem Garten am Fluss Greta, seit über 40 Jahren in Familienbesitz. Die Zimmer sind englisch und etwas überladen. B & B £ 31/Person. 26 Main Street, LA6 3HJ, ✆ 015242/41280, www.yorkshirenet.co.uk/stayat/springfieldguesthouse/index.htm.

Ingleborough View Guest House, ebenfalls viktorianisch und mit Blick auf den Fluss, in der Nähe der Tourist Information. WLAN, B & B im DZ £ 57–60. Main Street, LA6 3HH, ✆ 015242/41523, www.ingleboroughview.com.

Bridge End Guest House, georgianisches Haus eines Mühlenbesitzers in der Nähe der Wasserfälle am River Doe. Schlichte, ganz hübsche Zimmer, moderne Frühstückslounge. B & B ab £ 32 pro Person. 1 Mill Lane, LA6 3EP, ✆ 015242/41413, www.bridgeendguesthouse.co.uk/Bridge_End_Guest_House/home.html.

The Dales Guest House, B & B mit Blick auf Ingleton und den Fluss Greta, alle Zimmer en suite, etwas „blumig". £ 28 pro Person, billiger ab vier Nächten. Main Street, ✆ 015242/41401, www.dalesgh.co.uk.

• *Camping* **Stackstead Farm**, toller Blick über die Three Peaks, 24 Stellplätze für Wohnwagen, Zelte £ 11/Platz, £ 11 für einen Schlafplatz im Bunkhouse. Anfahrt: Auf der A 65 Settle–Kendal nach Masons Arms Pub links in die Tatterthorn Road, bei den Cottages rechts, der Caravanpark kommt auf der linken Seite. ✆ 015242/41386, www.stacksteadfarm.co.uk.

Clapham

Von Ingleton sind es nur wenige Kilometer auf der A 65 in Richtung Süden bis in das hübsche Städtchen Clapham mit vier alten Steinbrücken. Auch hier ist man auf Touristen eingestellt, und es gibt einen großen Parkplatz. In Clapham beginnt der **Reginald Farrer Nature Trail**, benannt nach dem berühmten englischen Botaniker (1880–1920), der hier viele aus aller Welt importierte Pflanzen züchtete. Der Wanderpfad beginnt bei der alten Sägemühle, wo man Eintrittskarten kaufen kann. Durch den Wald geht es am See entlang bis zur *Ingleborough Cave*, für die man leider eine gesonderte Eintrittskarte erstehen muss. Eine Besichtigung der großen Höhle mit unterirdischen Flüssen, See, und Felsformationen lohnt sich jedoch allemal. Die Höhle wurde um 1837 entdeckt. Der Pfad verläuft noch weiter bis *Gaping Gill*, einer der berühmtesten Höhlen der Dales. Höhlentaucher folgten im Jahr 1983 unterirdisch dem Flusslauf, der hier in der Erde verschwindet, und stellten fest, dass er in der Ingleborough Cave wieder auftaucht. Zweimal im Jahr (an den Bank Holidays im Mai und August) schlagen die Mitglieder der Höhlenforscherclubs aus der Umgebung hier ihre Zelte auf. Dann kann man sich auf einem mit einer Seilwinde betriebenen Sitz in die Tiefen der Höhle abseilen lassen. Die Höhle ist etwa 37 Meter hoch und 152 Meter lang.

Yorkshire/Nordostengland Karte S. 681

- *Öffnungszeiten* **Ingleborough Cavern**: Febr.–Okt. tgl. 10–17 Uhr, im Winter nur bis 16 Uhr. Führungen jede volle Stunde. £ 6, Kinder £ 3, Familien £ 15. Broadwood Entrance, Ingleton, LA2 8EE, ✆/☏ 015242/51242, www.ingleboroughcave.co.uk. Unbedingt warm anziehen, es sind nur 9 °C in der Höhle.
- *Übernachten* ****** The Austwick Traddock**, dieses luxuriöse Landhaus 3 km von Clapham entfernt ist eine der besten Adressen in den Dales. Hochdekoriertes Restau-

rant, 12 Zimmer, B & B im DZ £ 80–180. Austwick, Settle, LA2 8BY, ✆ 01524/251224, ☏ 251796, www.thetraddock.co.uk.

New Inn Hotel Clapham, altes Gasthaus aus dem 18. Jahrhundert. Es werden auch Aktivitäten organisiert (im Zusammenarbeit mit Yorkshire Dales Guides, www.york shiredalesguides.co.uk) B & B £ 50–60 pro Person. Billiger bei längerem Aufenthalt. LA2 8HH, ✆ 015242/51203, ☏ 015242/51824, www.newinn-clapham.co.uk.

Kirkby Lonsdale

Von Ingleton auf der A 65 in Richtung Nordwesten gelangt man nach Kirkby Lonsdale, das bereits an der Grenze zu Cumbria liegt. Das hübsche Marktstädtchen bietet zahlreiche Cafés und B & Bs und jedes Jahr im September ein viktorianisches Festival mit vielen Attraktionen. Ganzjährig lieben Kinder die *Enchanted Chocolate Mine* im Keller des örtlichen Schokoladengeschäfts. Der Marktplatz wird bestimmt von Gebäuden aus dem 18. Jahrhundert. Der Fluss Lune, der früher die Mühlräder der Spinnereien auf der steilen Mill Brow betrieb, verläuft heute unterirdisch. Der Dichter *William Wordsworth* war ebenso wie der Maler *Frederick Turner* von der Landschaft des Lunesdale begeistert. Turner hat sogar die Ansicht der Kirche St Mary in einem Aquarell mit dem Titel „Kirkby Lonsdale Churchyard" verewigt. Über den Fluss spannt sich die *Devil's Bridge*, die zum Kulturerbe erklärt wurde und nicht mehr für den Verkehr genutzt wird. Sie stammt wahrscheinlich aus dem 14. Jahrhundert.

- *Veranstaltungen* **Kirkby Lonsdale Victorian Fair**, Anfang September, ✆ 015242/71437; www.kirkbylonsdale.co.uk.
- *Informationen* **Tourist Information**, 24 Main Street, ✆ 015242/71437.
- *Öffnungszeiten* **Enchanted Chocolate Mine**, Mo, Di, Fr–Sa 10–17 Uhr, Mo u. Mi ab 12 Uhr, So ab 11 Uhr. Eintritt frei. ✆ 015242/72830; www.chocolatemine.co.uk.

- *Übernachten* *** Hipping Hall**, exklusives Landhaus aus dem 17. Jahrhundert. 9 Zimmer ganz in edlem Weiß. Die Küche wird gelobt, Dinner, B & B im DZ £ 210–310. Cowan Bridge, LA6 2JJ, ✆ 015242/71187, www.hippinghall.com.

Orange Tree, hübsches Landpub mit Bar und gutem Restaurant. B & B im DZ ab £ 85. 9 Fairbank, Carnforth, ✆ 015242/71716, www.theorangetreehotel.com.

Zentrale und nordwestliche Dales – von Grassington bis Sedbergh

Grassington

Von Skipton fährt man auf der B 6265 in das Wharfedale hinein bis nach Grassington. In dem hübschen Städtchen gab es bereits seit dem 13. Jahrhundert Bleiminen, heute ist der Tourismus die Haupteinnahmequelle. Die Innenstadt ist für den Autoverkehr gesperrt, man parkt am besten auf dem Parkplatz des *National Park Centre* (an der B 6265, Hebden Road). Hier kann man sich auch gleich mit Informationen eindecken. Sie sollten auch einen Streifzug durch die engen Gässchen unternehmen, die vom winzigen Marktplatz abgehen. Die meisten Häuser entstanden zur Zeit des Bleibooms im 17. Jahrhundert. Wer von Grassington aus bis zum Hebden Moor wandert, kann noch Überbleibsel des Bleiabbaus sehen, z. B. einen 12 Meter hohen Schornstein und flache Tunnel, die davon abzweigen. Im *Upper Wharfedale*

Museum, das in zwei ehemaligen Minenarbeiterhäuschen auf dem Marktplatz untergebracht ist, werden die letzten zwei Jahrhunderte der Geschichte des Wharfedale dokumentiert. Nur eine kurze Autofahrt entfernt liegt das bildschöne Dörfchen *Linton* mit vielen Parks zum Picknicken und einer Packpferdebrücke über den plätschernden Bach.

• *Information* **National Park Centre,** Grassington Hub & Library, Colvend, Hebden Road, BD23 5LB, ✆ 01756/752774, ✉ 753358; grassington@ytbtic.co.uk. www.grassington.uk.com.

• *Veranstaltungen* **Grassington Summer Festival,** Mitte Juni bis Anfang Juli, ✆ 01756/753093; www.grassington-festival.org.uk. Musik, Theater und Ähnliches mehr. Grassington **Dickensian Festival** um Weihnachten.

• *Übernachten* ******* Ashfield House,** B & B mit Hotelstandard in einem Haus aus dem 17. Jahrhundert. B & B ab £ 45/Person. Summers Fold, BD23 5AE, ✆ 01756/752584, ✉ 07092/376562, www.ashfieldhouse.co.uk.

Station House, ehemaliges Bahnhofshaus mit nur einem DZ mit eigenem Eingang. Übernachtung mit einem sehr guten Frühstück ab £ 26/Person. Threshfield, BD23 5ES, ✆ 01756/752667, www.yorkshirenet.co.uk/stayat/stationhouse/.

Grassington Lodge, nur wenige Meter vom Marktplatz entfernt, exklusives viktorianisches Gästehaus mit eigenem Parkplatz, Kamin und Sonnenterrasse. B & B im DZ £ 90–105. 8 Wood Lane, BD23 5LU, ✆ 01756/752518, www.grassingtonlodge.co.uk.

• *Essen/Trinken* **The Cobblestones Café,** 3 The Square, ✆ 01756/7512303. Auch Übernachtung in einem Self-Catering-Apartment.

Foresters Arms, Mittagstisch und Abendessen. 20 Main Street, ✆ 01756/752349.

Fish Shop, 6 Garrs Lane (Mo Ruhetag).

Rozi's Tandori House, indische Küche, 10 Main Street, ✆ 01756/753342.

Kilnsey

Weiter auf der B 6160 gelangt man bald nach Kilnsey. Der Ort besteht nur aus wenigen Häusern, und ehe man sich versieht, ist man bereits an der Felsformation des *Kilsney Crag* vorbeigefahren. Der überhängende Kalksteinfels ist mit 52 Metern nicht besonders hoch, aber dennoch immer von Kletterern bevölkert. Am besten

Schutzhütte bei Kilnsey

Yorkshire/Nordostengland

Karte S. 681

parkt man beim Pub *Tennant Arms*. Von hier aus führt auch ein Weg in Richtung *Kilnsey Park and Trout Farm* mit Aquarium, Forellenfarm und Restaurant. Für Kinder werden Angelkurse und Ponyreiten angeboten.

• *Kilnsey Park and Trout Farm* Zwei Seen, auch Unterricht im Fliegenfischen, ☎ 01756/752150. Park tgl. 9–17.30 Uhr. Ponyreiten: ☎ 01756/752861; info@kilnseyriding.com; www.kilnseypark.co.uk.

• *Übernachten* **Tennant Arms**, Landgasthof mit frisch renovierten Zimmern, sehr hell und luxuriös, DZ £ 59–125. BD23 5PS, ☎ 01756/752301, www.tennant-arms.co.uk.

Kettlewell

Nächster Halt auf der B 6160 ist das hübsche Dörfchen Kettlewell. Viele der für Yorkshire so typischen grauen Natursteinhäuser stammen aus dem 17. und 18. Jahrhundert und waren von Minen- und Textilarbeitern bewohnt. Der Ort ist jedoch wesentlich älter, denn er erhielt bereits im 13. Jahrhundert das Marktrecht. Der Dales-Wanderweg führt direkt durch den alten Ortskern. Östlich des Orts erhebt sich der 700 Meter hohe *Great Whernside*. Man kann ihn von Kettlewell aus auf einem schmalen Pfad erklimmen. Der Ort wird von Filmliebhabern aufgesucht, weil hier für die Calender Girls gedreht wurde.

• *Fahrräder* **W & RM Wilkinson**, The Garage, Kettlewell, ☎ 01756/760225. Tages- und Wochenraten.

• *Übernachten* **Kettlewell Village Store**, freundliches B & B, schlicht mit Kiefernmöbeln. £ 24 pro Person. ☎ 01756/760221, www.kettlewellvillagestore.co.uk.

Jugendherberge Whernside House, 40 Betten in einem Natursteinhaus im Dorfzentrum, ganzjährig geöffnet. Erwachsene ab £ 12, Jugendliche ab £ 9. Kettlewell, BD23 5QU, ☎ 08845/3719025, ✆ 01756/760402, www.yha.org.uk.

Ferienwohnungen Dalegarth & The Ghyl, Cottages mit Privatsauna für 2–6 Personen, ab £ 411 pro Woche. ☎ 01756/760877, www.dalegarth.co.uk.

• *Essen und Trinken* **Zarina's**, hausgemachte Kuchen und Lunch, im Winter brennt ein Feuer im Kamin, im Sommer kann man draußen sitzen. ☎ 01756/761188.

Kettlewell Tea Rooms & Bistro, tagsüber ein Café, Fr u. Samstagabend kann man hier bei Kerzenschein speisen. Gute Weinliste. Es gibt auch ein Zimmer mit Himmelbett, £ 60–65. BD23 5QZ, ☎ 01756/760405; www.kettlewelltearooms.co.uk.

Aysgarth

Nun durchfährt man eine sehr abwechslungsreiche Landschaft über Hochlandmoore durch das Bishopsdale bis in das lieblichere Wensleydale nach Aysgarth. Hier befindet sich eine der bekanntesten Sehenswürdigkeiten des Wensleydale, die *Aysgarth Falls*. Das Dörfchen liegt direkt an der A 684; zum Wasserfall biegt man in Richtung Norden auf eine sehr steil nach unten abfallende Straße ab. Sie können entweder auf dem Parkplatz oberhalb der *St Andrew Church* halten und das kurze Stück bis zum ersten Teil des Wasserfalls hinunterlaufen oder über die Brücke bis zum Parkplatz des National Park Centre fahren, von wo ein markierter Wanderweg zu den Upper Falls oder den Middle und Lower Falls führt. Der Fluss Ure fällt über mehrere nicht besonders steile, aber recht breite Stufen ins Tal hinab. Das Wasser hat eine etwas ungesunde gelbbraune Farbe, die durch die Pflanzenpartikel des Moorlandes entsteht. Bei den Upper Falls, die man auch von der Brücke aus gut sehen kann, befindet sich eine Wiese, auf der im Sommer viele Besucher picknicken. Bei den Lower Falls kann man auf den Steinformationen am Ufer herumspazieren.

• *Information* **Aysgarth National Park Centre** in umgebauten Eisenbahn-Cottages mit Café, Aysgarth Falls, ☎ 01969/662910;

✆ 662919; aysgarth@yorkshiredales.org.uk.

• *Übernachten* **** Stow House Hotel**, viktorianische Villa mit eigenem Tennisplatz, gutem Restaurant und Bar mit Kamin. Die Landschaftsfotografien des ehem. Besitzers hängen an den Wänden. B & B ab £ 40 pro Person. ✆ 01969/663635, www.stowhouse.co.uk.

Field House, etwas zurückgesetzt von der A 684, mit schöner Aussicht. Nur zwei Zimmer, Messingbetten und Blumentapeten, B & B April–Okt. ab £ 36 pro Person. East End, DL8 3AB, ✆ 01969/663556, www.fieldhouse-aysgarth.co.uk.

Castle Bolton

Eine gewundene Landstraße führt in Richtung Nordosten über Caperby nach Castle Bolton mit der sehenswerten Burg *Bolton Castle* aus dem 14. Jahrhundert. Von Aysgarth führt übrigens auch ein schöner Wanderweg hierher. Maria Stuart wurde vom Juli 1568 bis zum Januar 1569 in der Burg gefangen gehalten. Außer dem Raum, den sie bewohnt haben soll, kann man eine Ansammlung an Wandteppichen, Waffen und ein Verlies besichtigen, die Küche bewundern, sich viktorianisch kleiden und einer Schatzsuche folgen. Die Filme „Ivanhoe" und „Elizabeth" wurden vor dieser Kulisse gedreht.

April bis Okt. Di–So 10–17 Uhr. £ 6.50, erm. £ 5, Familien £ 20. ✆ 01969/623981, ✆ 01969/623332, www.boltoncastle.co.uk.

Bainbridge/Askrigg

Von der A 684 biegt man bei Bainbridge ab, einem hübschen Bilderbuchdorf, wo in alter Tradition jeden Abend um 21 Uhr ins Horn geblasen wird, um die Sperrstunde zu verkünden, bei der die Wanderer und Reisenden von den umliegenden Mooren Zuflucht in den örtlichen Inns und Pubs suchen sollten. Die Einkehr im Rose & Crown Hotel wird besonders empfohlen. Von Bainbridge kann man einen Abstecher zum *Semer Water* machen, einem der zwei natürlichen Seen in den Dales. Weiter geht es Richtung Askrigg. Sie wandeln jetzt im *Herriott Country*, denn hier wurde die Fernsehserie „Der Doktor und das liebe Vieh" gedreht. Im Jahr 1587 wurde dem Ort das Marktrecht verliehen; danach erlebte er eine kurze Blüte in der Textilindustrie und im Uhrmacherhandwerk. Dann verfiel das Dorf in einen Dornröschenschlaf, wodurch es sich die Authentizität bewahrt hat, die heute die Touristen anlockt. Askrigg liegt auch am *„Herriott Way"*, einem 90 km langen Wanderweg durch die Wensley- und Swaledales (www.herriottway.co.uk).

Übernachten **The Apothecary's House**, dreistöckiges georgianisches Gebäude mit Blick aufs Wensleydale. B & B im DZ £ 72.50. Market Place, DL8 3HT, ✆ 01969/650626, www.apothecaryhouse.co.uk.

Hawes

Hawes ist eine der typischen alten Marktstädte der Region. Jeden Dienstag ist Markttag, außerdem wird noch ein eigener Viehmarkt abgehalten. In Hawes kann man übrigens gut ein Stück Wensleydale-Käse probieren. Wer die Animationsfilme „Wallace & Gromit" kennt, weiß wovon die Rede ist. Im Besucherzentrum der Wensleydale Creamery im Süden der Stadt kann man sich aber nicht nur an diesem Weichkäse laben, sondern auch bei der Herstellung des Produkts zusehen. Die Käserei nahm bereits im Jahr 1897 ihre Arbeit auf. Das Rezept für den Käse, der entweder als weißer oder blauer (nachgereifter) Wensley verkauft wird, kam ursprünglich aus Frankreich und wurde von den Zisterziensermönchen der Jervaulx Abbey eingeführt. Wen bei der Besichtigung der Hunger gepackt hat, kann im angegliederten *Buttery Restaurant* einkehren.

• *Öffnungszeiten* **Wensleydale Creamery**: tgl. 9–17.30 Uhr. Museum 10–16 Uhr. Das Visitor Centre wird bis 2011 ausgebaut, es gibt auch ein Café und Restaurant. Gayle Lane, ✆ 01969/667664; www.wensleydale.co.uk.

• *Information* **Hawes Tourist Information und National Park Centre**, Dales Countryside Museum, Station Yard, Burtersett Road, Hawes, North Yorkshire DL8 3NT, ✆ 01969/667450, ✉ 666239, hawes@yorkshiredales.org.uk.

• *Übernachten* **Herriots Hotel & Restaurant**, kleines Familienhotel auf der Hauptstraße mit Café und Galerie. B & B ab £ 37.50/Person. Main Street, DL8 3QW, ✆ 01969/667536, www.herriotsinhawes.co.uk.

Loxley House, eine modern englisch eingerichtete Pension, ruhig hinter dem Markt gelegen mit schönem Garten und Traumblick. 4 Zimmer, B & B £ 75–80. The Holme, DL8 3QR, ✆ 01969/666964, www.bedandbreakfasthawed.co.uk.

Bainbridge Ings, Campingplatz mit schlichter Ausstattung, Verkauf von Milch und Eiern, schön ruhig. Zelt mit Auto und 2 Personen £ 13. Auf der A 684 Richtung Gale, DL8 3NU, ✆ 01969/667354; www.bainbridge-ings.co.uk.

Sehenswertes in Hawes und Umgebung

Dales Countryside Museum: Das Museum befindet sich im ehemaligen Bahnhof, der Anfang der 1960er-Jahre stillgelegt und für den neuen Zweck umgebaut wurde. Heute ist hier eine interaktive Ausstellung über die Geschichte der Dales und der Alltag der Menschen von der Frühzeit bis heute (Time Tunnel). Behandelt werden auch die Römer, das Klosterleben und die Landwirtschaft. Es gibt Nachbauten von typischen Farmhäusern aus dem 17. bis 19. Jahrhundert und ihrer Ausstattung. Videos laufen im Filmauditorium. Im neuen Anbau befindet sich auch das *National Park Centre* und die *Tourist Information*.
Tgl. 10–17 Uhr. £ 3, erm. £ 2. ✆ 01969/667450.

The Hawes Ropemakers: Direkt gegenüber vom Station Yard befindet sich die Werkstatt eines Seilmachers, dem man bei der Herstellung seiner Waren zuschauen kann. Natürlich können Sie hier auch die unterschiedlichsten Seile einkaufen.
Mo–Fr 9–17.30 Uhr. Eintritt frei. ✆ 01969/667487; www.ropemakers.co.uk.

Hardraw Force: Auf der Landstraße in Richtung Norden gelangt man zum Hadraw Force, dem höchsten Wasserfall Englands (29 Meter). Hinter dem *Green Dragon Inn* (www.greendragonhardraw.com), bei dem man eine Eintrittsgebühr zahlen muss, beginnt der Spazierweg zum Wasserfall. Wenn es regnet, wird dieser Weg ziemlich schlüpfrig; allerdings ist der Wasserfall dann auch imposanter, denn bei trockenem Wetter fällt er etwas dürftig aus. Die halbrunde Felsklippe hat eine gute Akustik; jeden Sommer spielen hier die für Yorkshire typischen Blaskapellen.

Buttertubs Pass: Folgt man der steil ansteigenden Landstraße von Hadraw Force etwa sieben Kilometer weiter nach Norden, gelangt man zu den Buttertubs. Auf beiden Seiten der Passstraße befinden sich hier ausgehöhlte Kalksteinformationen, aus denen kristallartige Gebilde hervortreten. Über die Entstehung des Namens „Buttertubs" gibt es mehrere Theorien: Die einen sagen, dass die Händler, die einst die Passstraße zwischen dem Wensleydale und dem Swaledale nutzten, ihre unverkaufte Butter in die Höhlen hinabließen und sie dort bis zum nächsten Markttag zwischenlagerten. Die anderen behaupten, dass die Kalksteinsäulen in der Tiefe alten Butterfässern ähneln.

Dent und Cowgill

Dent ist ein sehr authentisch gebliebenes, charmantes Dörfchen. Ungewöhnlich sind die weiß gekalkten Häuser und die kopfsteingepflasterten Straßen. Einst ein

Die grüne Landschaft Yorkshires (vb) ▲▲
Ein bäriges Vergnügen: der Teddy-Laden in York (vy) ▲

▲▲ Das Münster von York (vb)
▲ Die Brücken sind die Wahrzeichen
von Newcastle upon Tyne (vb)

▲▲ Lindisfarne: Schauplatz des
ersten Wikingerüberfalls (vb)

Die Parkanlage von Castle Howard (bv, Ian Shaw) ▲▲
Fast unberührt ist die Natur der Yorkshire Dales (bv) ▲

▲▲ In Alnwick Castle residieren die Herzöge von Northumberland (bv, Pawel Libera)
▲ Von den Römern erbaut: der Hadrian's Wall (bv, Rod Edwards)

bedeutender Marktflecken, in dem viele Handwerksbetriebe angesiedelt waren, besaß der Ort sogar sein eigenes Gymnasium, die *Dent Grammar School*, die bereits im Jahr 1604 gegründet wurde. Das 17. und 18. Jahrhundert war die Blütezeit der Strickereibetriebe, in denen die ganze Familie in den Herstellungsprozess einbezogen war. Die Stricker von Dent wurden als „terrible knitters" bezeichnet, weil sie so gut und besonders schnell strickten. Es gab sogar renommierte Strickschulen, und zeitweilig wurde von hier aus der Sockenbedarf ganzer Armeen gedeckt. Automatisierte Webstühle und Strickmaschinen sorgten für den Untergang dieses Produktionszweiges. Es gibt einige Pubs im Ort, in denen man die Bierhausmarke probieren kann. Im *Dent Heritage Centre* am Ortsausgang in Richtung Sedbergh gibt es einen Kunsthandwerksladen sowie ein Café-Restaurant.

Dent Station ist der höchstgelegene Bahnhof Englands (350 Meter). Er liegt etwa acht Kilometer vom eigentlichen Ort entfernt, was Unwissenden schon oft zum Verhängnis wurde. Im Sommer fahren zweimal täglich Busse von hier nach Dent, ansonsten muss man die Strecke auf Schusters Rappen zurücklegen. Etwa einen Kilometer südlich überspannt das Dent Viaduct mit seinen 10 Bögen das Blea Moor.

Gleich hinter dem Bahnhof liegt Cowgill, das vom Durchgangsverkehr der in die Irre geführten Touristen profitiert und wo man zumindest ein Bett für die Nacht findet. Der Geologe Adam Sedgwick gründete in Cowgill im Jahr 1837 eine große Quäkergemeinde. Der vielseitig interessierte Mann, auch Lektor am Trinity College in Cambridge, verfasste verschiedene Bücher über die Geschichte, das Klima und die Dialekte der Yorkshire Dales.

● *Öffnungszeiten* **Dent Heritage Centre**, u. a. gibt es hier ein Modell der Settle-Carlisle-Eisenbahn. Helmside, Dent, Ostern bis Nov. tgl. 11–16 Uhr, im Winter nur am Wochenende, auch Unterkunft im Buzzard Cottage. £ 3, erm. £ 2.75, Kinder £ 1.50, Familien £ 7.50. LA10 5QJ, ✆ 015396/25800; www.dentvillageheritagecentre.com.

● *Übernachten* **Stone Close**, Cottage aus dem 17. Jahrhundert mit Teestube und drei Zimmern. DZ £ 50 (ohne Frühstück). Main Street, Dent, LA10 5QL, ✆ 015396/25231, www.dentdale.com/stone_close/index.htm. Auf ein Bier trifft man sich im **Sun Inn** am oberen Ende der Mainstreet.

Sedbergh

Am Fluss Dee entlang geht es weiter in nordwestliche Richtung nach Sedbergh. Der Ort gehört seit der Gebietsreform eigentlich zu Cumbria. Früher trafen sich hier die Verbindungsstraßen nach Westen an die Küste und nach Norden in den Lake District, auf denen einst Waren transportiert wurden. In Sedbergh befindet sich eine der bekanntesten Privatschulen des Landes, die noch auf das Jahr 1525 zurückgeht. Jedes Jahr treten die Schüler zum rituellen Wettrennen auf den Winder Fell an. Viele der Häuser auf der kopfsteingepflasterten Hauptstraße stehen unter Denkmalschutz.

Etwa vier Kilometer westlich von Sedbergh (an der A 684) befindet sich der *Sedgwick Geological Trail*, der am Fluss Clough entlangführt. Sedgwick entdeckte hier die sogenannte Dentfalte, einen Bruch in der Erdkruste, der vor etwa 290 Millionen Jahren entstanden ist. Bei einem Rundgang kann man den Verlauf der Falte verfolgen.

Übernachten **Bull Hotel**, auf der Hauptstraße gelegenes Pub mit Restaurant und Barsnacks. Zur Zeit der Recherche wurden die Zimmer renoviert. Preise bitte erfragen. ✆ 015396/20264, ✆ 015396/20212, www.bullhotelsedbergh.co.uk.

Nordöstliche Dales – von Harrogate nach Richmond

Harrogate

Die mit rund 70.000 Einwohnern größte Stadt im Osten der Yorkshire Dales ist heute vorwiegend ein Konferenzzentrum, das sich jedoch den Charme aus seiner Blütezeit im 18. und 19. Jahrhundert bewahrt hat. Mit den klassizistischen Gebäuden und schön angelegten Parks und Grünanlagen spürt man noch einen Hauch der vergangenen Kurbadatmosphäre. 1700 gab es hier immerhin 88 Quellen und 20 öffentliche Badehäuser und Harrogate war der bedeutendste Kurort Nordenglands! Im Grüngürtel im Süden, genannt *Stray*, fanden sich früher die meisten Pumpenanlagen für die Kurquelle. Die prächtigste Grünanlage sind sicher die Valley Gardens. Gartenfreunde sollten auch keinesfalls die Gärten der *Royal Horticultural Society* in Harlow Carr rund zwei Kilometer westlich an der B 6162 verpassen, die im 19. Jahrhundert um ein Badehaus der Harlow Quellen herum angelegt wurden und dem Besucher zeigen, was im rauen Norden so alles wachsen kann. Harrogates Heilquellen wurden bereits im 16. Jahrhundert entdeckt. Um das Wasser zu erleben, sollte man einen halben Tag in den restaurierten viktorianischen Türkischen Bädern verbringen, die sich in den *Royal Baths Assembly Rooms* befinden. Agatha Christie hat's vorgemacht, sie kam 1926 her, um die Scheidungsqualen von ihrem ersten Mann in den Fluten zu lindern, bevor sie für zehn Tage auf mysteriöse Weise spurlos verschwand. Die wunderschöne Trinkhalle über der Schwefelquelle ist als *Museum* eingerichtet, hier befindet sich auch die Touristeninformation. Wer lieber nur ein bisschen durch die Gassen bummelt, hat in Harrogate eine gute Auswahl an Antiquitäten-Geschäften, kann in der *Mercer Art Gallery* rund 2000 Kunstwerke überwiegend aus dem 19. und 20. Jahrhundert bestaunen und sollte sich die Zeit nehmen, um in *Betty's* berühmtem Café einzukehren, von dem aus man einen herrlichen Blick auf die Montpellier Gardens hat. Harrogate ist außerdem von der Ebene *Vale of York*, einer im Vergleich zum Rest der Dales sehr liebreizenden Landschaft, umgeben. Idyllische Dörfer, wie *Pateley Bridge* und *Masham*, mit hübschen Dorfplätzen und historischen Kirchen liegen rund um die Stadt.

● *Information* **Tourist Information Centre**, **Royal Baths Assembly Rooms**, hier kann man sich u. a. über geführte Rundgänge informieren, die entweder von hier aus oder von den Royal Baths aus täglich mehrmals stattfinden. Crescent Road, HG1 2RR, ✆ 0845/3893223, ✆ 01423/537359; tic@harrowgate.gov.uk; www.enjoyharrogate.com.

● *Anreise* Regelmäßige **Zug**verbindungen von Leeds und York zum Bahnhof in der Station Parade. Der **Bus**bahnhof befindet sich in der Victoria Avenue nahe der Stadtbibliothek.

● *Kultur* **Harrogate Theatre**, Oxford Road, HG1 1QF, ✆ 01423/502116, www.harrogatetheatre.co.uk.

Royal Hall International Centre, Konzerte von Pop bis Klassik und Ballett werden in diesem über 100 Jahre alten und jüngst sanierten Theater gezeigt, King's Road, HG1 5LA, ✆ 01423/500500, www.royalhall.co.uk.

● *Übernachten* **** **Hotel du Vin**, 43 schicke Zimmer in einer Häuserreihe von acht georgianischen Cottages am Stadtpark, gutes Bistro. Zimmer ab £ 110. Prospect Place, HG1 1LB, ✆ 01423/856800, ✆ 856801; www. hotelduvin.com/hotels/harrogate.

** * **Ascot House Hotel-Restaurant**, kleines, aber feines Hotel mit nur 3 Zimmern. EZ £ 69, DZ £ 99–109. 53 King's Road, ✆ 01423/531005, ✆ 01423/503523, www.ascothouse.com.

Alexa House Hotel, B & B im Zentrum in einem georgianischen Gebäude mit angebautem Schwimmbad und Gymnastikraum. B & B im EZ £ 62, DZ £ 94. 26 Ripon Road, HG1 2JJ, ✆ 01423/501988, 📠 01423/504086, www.alexa-house.co.uk.

Alexandra Court Hotel, viktorianisches Stadthaus mit dem nötigen Komfort und nagelneuen Powerduschen. B & B im EZ £ 58, DZ £ 82. 8 Alexandra Road, HG1 5JS, ✆ 01423/502764, 📠 01423/523151, www.alexandracourt.co.uk.

Travelodge, diese Budgetkette bietet Zimmer ab £ 19. Die Räume sind zwar langweilig, aber modern, sauber und zentral. Am Wochenende wegen des Nachtlebens mitunter laut. The Ginnel bei der Parliament Street, HG1 2RR, ✆ 0871/9846238, 📠 01423/562734; www.travelodge.co.uk.

● *Camping* **Highmoor Farm Caravan Park**, etwa 6 km westlich von Harrogate in den Ausläufern der Dales gelegener Campingplatz. Keine Zelte, nur Wohnwagen, £ 20/Nacht. Skipton Road, ✆ 01423/563637, www.highmoorfarmpark.co.uk.

Rudding Holiday Park, riesiger Holidaypark mit Apartments, Parkanlage, Gärten, einem Pub, und Freizeitanlagen wie Golfplatz und Freibad. 4 km südlich von Harrogate, Follifoot. Standplatz £ 17–35 (inkl. 4 Personen), je nach Saison und Ausstattung. ✆ 01423/

871350, 📠 872286, www.ruddingpark.com.

● *Essen/Trinken* **Bettys Tearooms** (→ Kasten, S. 724), inzwischen gibt es 6 in Nordengland, eines auch in Harlow Carr. Das Original liegt im Zentrum auf der Parliament Street Nr. 1, das legendäre Café mit Spezialitäten der Region ist nicht billig: High Afternoon Tea £ 14.95. Tgl. 9–21 Uhr, ab 18 Uhr mit Klavierbegleitung. 1 Parliament Street, HG1 2QU, ✆ 01423/814070; www.bettys.co.uk.

The Tannin Level, europäische Küche mit britischem Einschlag, romantisch mit barocken Goldspiegeln und recht preisgünstig. Hauptgerichte £ 10. So, Mo Ruhetage. 5 Raglan Street, HG1 1LE, ✆ 01423/560595, www.tanninlevel.co.uk.

Sage Bistro, in diesem stilvollen Restaurant in der Nähe des Theaters wird moderne europäische Küche mit französischem Einschlag serviert. Spezialität ist das Langustinen-Krebs-Soufflé. 3 Gänge £ 25. Mo mittags geschl., sonst 12–14 u. 18–22 Uhr. 11 Mount Parade, HG1 1BX, 📠 01423/500089, www.sagebistroharrogate.co.uk.

Olivers Fishrestaurant, ganz schlichtes Großrestaurant mit Snack-Bar-Feeling, vor allem Fish'n'Chips. 34 Cold Bath Road, ✆ 01423/567411.

Sehenswertes

Royal Pump Room: Die Kurquelle wurde bereits im Jahr 1571 von einem Herrn namens William Slingsby entdeckt, der in Deutschland zum ersten Mal von solchen Quellen gehört hatte. Als Kurort boomte Harrogate allerdings erst gegen Ende des 18. Jahrhunderts. In dem achteckigen Kuppelbau, der hier um 1842 um die Quelle herum entstand, ist heute ein interessantes Museum untergebracht. Außerdem kann man hier immer noch ein Glas des stark schwefelhaltigen Wassers (angeblich das stärkste in ganz Europa) zu sich nehmen.

Mo–Sa 10–17 Uhr, So 14–17 Uhr, im Aug. ab 12 Uhr. Von Nov. bis März nur bis 16 Uhr. £ 3.30, erm. £ 2.30, Kinder £ 1.90, Familien £ 8.50. Crown Place, HG1 2RY, ✆ 01423/856800.

Royal Baths Assembly Rooms/Türkische Bäder: Wenn man die Cold Bath Road überquert, gelangt man auf der anderen Seite des Kreisverkehrs zu den Assembly Rooms. Hier kann man in den wunderschön gekachelten Bädern aus der viktorianischen Zeit auf türkische Art ein Dampfbad nehmen. Es gibt mehrere Dampfräume (Tepidarium, Caldarium und Laconium), einen Abkühlraum (Frigidarium), ein Tauchbad, Massageangebote und Ähnliches mehr.

Tgl. (für Männer und Frauen getrennte Saunazeiten), ab £ 15.50. Crescent Road, ✆ 01423/556746, www.harrogate.gov.uk.

Mercer Art Gallery: Im ehemaligen Promenadengang aus dem Jahr 1806 (der gleichzeitig das erste Pumpenhaus war) wurde diese Kunstgalerie untergebracht. Hier trat einst die Mätresse Eduards VII., Lillie Langtry, in Sheridans Lästerschule auf und Oscar Wilde dozierte über Kleideretikette. Heute werden hier Wechselaus-

Yorkshire/Nordostengland

Karte S. 681

stellungen und eine interessante archäologische Abteilung präsentiert. Die Galerie ist nur wenige Meter vom Royal Pump Room entfernt.

Di–Sa 10–17 Uhr, So 14–17 Uhr. Eintritt frei. Swan Road, ℡ 01423/556188.

Harlow Carr RHS Gardens: Die 23 ha große Anlage ist der nördlichste der vier Gärten der *Royal Horticultural Society* und befindet sich in einem Tal, das durch ein Flüsschen namens Harlow Beck geteilt wird. Entlang des Flusses finden Sie den Streamside Bachgarten: Außerdem gibt es zauberhafte Rosenbeete, einen Küchengarten, einen Duft- und Kräutergarten, ein Arboretum und alpine Gewächshäuser sowie ein kleines Museum im Torhaus.

Tgl. 9.30–18 Uhr, im Winter bis 16Uhr, £ 7.50, erm. £ 3. Auch eine Zweigstelle von Bettys Tearooms! Crag Lane, HG3 1QB, ℡ 01423/724666; www.rhs.org.uk/gardens/harlow-carr/.

Bettys Tee-Imperium

Es war im Jahre 1907, als der Schweizer Bäcker und Schokoladenkonfektionär Frederick Belmont in London eintraf, um sein Glück zu suchen. Da er kein Englisch sprach, verschlug es ihn irrtümlich auf einen Zug gen Yorkshire, wo er sich einige Jahre lang mit Gelegenheitsjobs durchschlug. Bis er eines schönen Tages nach Harrogate kam, wo ihn die frische Luft so sehr an die heimischen Alpen erinnerte. Er ließ sich nieder, heiratete die Tochter seines Vermieters und zusammen eröffneten sie „Bettys Tearooms and Patisserie". Schon bald kamen Prinzessinnen, Admirale und Adlige zum Tee, das Geschäft brummte, und man konnte sich einen renommierten Teeimporteur, Taylors, einverleiben. Für das saubere Quellwasser der Region wurde eine neue Teemischung kreiert, und der Yorkshire Tea entpuppte sich als durchschlagender Erfolg. Auch heute sind „Bettys & Taylors" noch immer ein Familienbetrieb mit Hauptsitz in Harrogate.

Knaresborough

Östlich von Harrogate liegt nur wenige Kilometer auf der A 59 nach Westen Knaresborough, ein sehenswerter, außergewöhnlich angelegter Ort mit Viadukt und Burgruine. Die Stadt erhebt sich auf einer Anhöhe über dem Fluss Nidd, der dem Nidderdale seinen Namen gab. Am Flussufer im unteren Teil der Stadt gibt es schöne Spazierwege; außerdem kann man hier Ruderboote mieten und hat einen wunderschönen Blick auf das Viadukt.

● *Information* **Tourist Information Centre**, hier gibt es Wissenswertes über alle Sehenswürdigkeiten sowie Veranstaltungshinweise für Ausstellungen und das alljährliche Sommer-Musikfestival. April–Okt. Market Place, 9 Castle Courtyard, Knaresborough, North Yorkshire HG5 8AE, ℡ 0845/3890177; ✆ 01423/866886; kntic@harrogate.gov.uk; www.enjoyknaresborough.com.

● *Veranstaltungen* Im Juni findet das **Bed Race** statt, in dem verschiedene Mannschaften dekorierte Betten durch den Ort und über den Fluss schieben.

● *Bootfahren* **Marigolds Café and Boating**, 23 Waterside. Knaresborough, ℡ 01423/869773.

● *Übernachten* **Newton House Hotel**, ehemalige Kutschenstation und Gasthaus aus dem 17. Jh., nur wenige Minuten vom Zentrum entfernt, geräumige Zimmer. B & B im EZ ab £ 50, DZ ab £ 90. 5/7 York Place, HG5 0AD, ℡ 01423/863539, ✆ 01423/869748, www.newtonhouseyorkshire.com.

● *Camping* **Kingfisher Caravan & Camping Park**, 20 Stellplätze für Zelte. £ 13. Low Moor Lane, Farnham/Knaresborough, HG5 9JB, ℡ 01423/869411, www.ukparks.co.uk/kingfisher.

Sehenswertes in Knaresborough und Umgebung

Mother Shipton's Cave: Eine Kuriosität findet sich am der Stadt gegenüberliegenden Flussufer: die Höhle der angeblichen Wahrsagerin und Hexe von Knaresborough, *Mother Shipton*. Die Legende besagt, dass Mother Shipton, die angeblich im Jahr 1488 in der Höhle geboren wurde, später zahlreiche Ereignisse vorausgesagt hat, z. B. das große Feuer in London 1666 und den Niedergang der spanischen Armada. Nahe der Höhle befindet sich der *Petrifying Well* (Versteinerungsbrunnen), in dem man einen Eindruck davon gewinnen kann, wie Objekte durch die dauerhafte Berieselung mit Kalkwasser „versteinert" werden können. Außerdem gibt es ein kleines Museum.

April–Okt. tgl. 10–17.30 Uhr, Nov.–März nur Wochenende 11–16.30 Uhr. £ 6, erm. £ 5, Kinder £ 4, Familien £ 17. ℘ 01423/864600, www.mothershiptonscave.com

Knaresborough Castle/Old Court House Museum: Von der Burg, die sich oberhalb des Flusses auf einer Klippe erhebt, und deren Parkgelände hat man einen schönen Ausblick auf den Fluss. Sie geht wahrscheinlich noch auf die Zeit der normannischen Eroberungen zurück und gehört heute zum Herzogtum Lancaster. Zahlreiche Könige waren hier zu Gast. Richard II. soll hier eine Zeit lang im Kerker gesessen haben. Das Originalverlies mit geheimem Zugang ist noch zu besichtigen. Das Court House stammt aus dem 14. Jahrhundert und beherbergt ein Museum, in dem man einiges über die wichtigen Persönlichkeiten der Gegend erfahren kann. Außerdem wird die mittelalterliche Geschichte der Stadt lebendig dargestellt, und man kann noch den alten Gerichtssaal aus Tudorzeiten besichtigen.

Ostern bis Okt. tgl. 10.30–17 Uhr. £ 2.90, erm. £ 1.90, Kinder £ 1.60, Familien £ 7.50. ℘ 01423/556188, www.harrogate.gov.uk/museums.

Ripley Castle: Weiter auf der A 61 in Richtung Norden ist man bald in Ripley. Der Ort entstand zu Beginn des 19. Jahrhunderts unter der Leitung des damaligen Schlossherren im Stil eines elsässischen Dorfes. Das Schloss ist schon seit dem Jahr 1320 im Besitz der Familie Ingilby. Am besten macht man eine Führung mit, im Rahmen derer man etwas über die Familiengeschichte der Eigentümer erfährt. Außerdem gibt es einen wunderschönen Schlossgarten mit der nationalen Hyazinthenkollektion und ein Café.

April–Okt. tgl. 10.30–15 Uhr, Garten 9–17 Uhr; Nov. u. März Di, Do, Sa, So zu denselben Zeiten, sonst nur am Wochenende. Führungen 10 u. 15 Uhr. £ 8, erm. £ 7.50, Kinder £ 5, Familien £ 21. ℘ 01423/770152, www.ripleycastle.co.uk.

Pateley Bridge

Von der A 61 biegt die B 6165 nach Westen Richtung Pateley Bridge ab. Hier befinden Sie sich mitten im Nidderdale, das relativ unberührt ist, obwohl es nicht mehr direkt zum Nationalpark der Dales gehört. In der Ortsmitte von Pateley Bridge steigt die Hauptstraße von der Brücke aus steil an; von ihr gehen kleine Seitengässchen mit Häusern aus dunklem Stein ab. Die Haupteinnahmequelle von Pateley waren früher die Bleiminen und später die Steinbrüche. Heute eignet sich die Stadt vor allem als Ausgangspunkt für Ausflüge in die nähere Umgebung, wo sich zahlreiche Natursehenswürdigkeiten befinden, z. B. Höhlen und eine Klamm.

● *Information* **Tourist Information Centre,** April–Okt., 18 High Street, Pateley Bridge, North Yorkshire HG3 5AW, ℘ 0845/3890179, ℘ 01423/711147; pbtic@harrogate.gov.uk.

● *Übernachten* **Roslyn House,** in der Stadtmitte gelegenes, freundliches, kleines Hotel mit gutem Frühstück. Blumengeschmückt und sehr gepflegt. B & B im EZ

£ 45–49, DZ £ 69–82 pro Nacht. 9 King Street, ✆ 01423/711374, www.roslynhouse.co.uk.

Bewerley Hall Farm, B & B auf einem Bauernhof von 1870 im Nachbarort Bewerley. Eigene Angelgründe und Reitmöglichkeit in der Nähe. 5 Zimmer. Auch Self-Catering. B & B im EZ £ 36–46, DZ £ 50–60. HG3 5JA, ✆ 01423/711636,

www.bewerleyhallfarm.co.uk.

● *Camping* **Manor House Farm Caravan Park**, ebenfalls nicht weit von den Brimham Rocks und direkt am Fluss Nidd gelegener Platz unter Bäumen mit vielen Wandermöglichkeiten. März–Okt. Auch Zelte, um die £ 15. Summerbridge, HG3 4JS, ✆ 01423/780322.

Sehenswertes in Pateley Bridge und Umgebung

Nidderdale Museum: Zu den Attraktionen der Stadt gehört vor allem dieses Museum, das in einem viktorianischen Arbeitshaus untergebracht ist. Hier kann man sich die originalgetreu ausgestattete Werkstatt eines Schumachers sowie verschiedene Geschäfte aus dieser Zeit anschauen. Außerdem gibt es eine Ausstellung über Mineralien und Fossilien.
Ostern bis Okt. tgl. 13.30–16.30 Uhr, Aug. 10.30–16.30 Uhr, Nov.–März nur an Wochenenden 13.30–16.30 Uhr. £ 2, Kinder £ 1; ✆ 01423/711225; www.nidderdalemuseum.com.

Stump Cross Caverns: Weiter in Richtung Westen auf der B 6265 bei Greenhow kann man einen Abstecher zu den Stump Cross Caverns machen, die Mitte des 19. Jahrhunderts von Bergarbeitern beim Bleiabbau entdeckt wurden. Auf einem Pfad kann man die Höhlen mit den Stalaktiten und Stalagmiten durchwandern. Hier wurden u. a. Tierknochen gefunden, die über 100.000 Jahre alt sind.
Mitte Febr. bis Dez. tgl. 10–18 Uhr (letzter Einlass 16.45 Uhr), sonst nur am Wochenende 10–18 Uhr. £ 6, Kinder £ 3.95. Greenhow/Pateley Bridge, ✆ 01756/752780; www.stumpcross caverns.co.uk.

How Stean Gorge: Von Pateley Bridge bietet sich noch ein weiterer Ausflug an, nämlich eine Fahrt zur nordwestlich von hier gelegenen *How Stean Gorge*. Diese Klamm wird auch „Kleine Schweiz" genannt, denn ihre zerklüfteten Felsen erheben sich teilweise bis zu 24 Metern hoch. Der Wanderweg führt durch das Dickicht das Flussbett entlang; unterwegs kann man auch einige Höhlen besichtigen.

Fountains Abbey/Studley Royal

Auf der B 6265 Richtung Ripon passiert man die Fountains Abbey, die man sich keinesfalls entgehen lassen sollte, denn die Anlage gehört zum Weltkulturerbe. Die Zisterzienserabtei aus dem Jahr 1132 ist die größte Klosterruine in Europa. Der stellenweise noch sehr gut erhaltene Bau mit einigen wunderschönen Kreuzgängen aus dem 12. und 13. Jahrhundert und einem Turm aus dem 16. Jahrhundert liegt wunderschön in dem riesigen Parkgelände *Studley Royal* mit einem Wassergarten aus georgianischer Zeit. Gegründet wurde Fountains Abbey von 13 Mönchen der Yorker St-Mary-Abtei, die sich ans Ufer des Flusses Skell zurückzogen, um hier ein asketischeres Leben zu führen als ihre Ordensbrüder in York. Zunächst konnte die Abtei nur durch Spenden der reichen Familien aus der Umgebung überleben, die den Ordensbrüdern enorm viel Land übereigneten. Hinzu kamen riesige Schafherden und Einnahmen aus der Bleiverarbeitung sowie den umliegenden Steinbrüchen, bis Heinrich VIII. mit der Schließung der Klöster im Jahre 1539 dem Ganzen ein jähes Ende bereitete. Heute befindet sich hier außerdem eines der größten Besucherzentren des National Trust.
Abtei und **Wassergarten**: April–Sept. tgl. 10–17 Uhr, im Winter nur bis 16 Uhr. £ 8.50, Kinder £ 4.55, Familien £ 21.60 (NT). ✆ 01765/608888, www.fountainsabbey.org.uk.

Fountains Abbey: die größte Klosterruine Europas

Ripon

In der mittelalterlichen Marktstadt Ripon, die eine kleine, aber sehenswerte Kathedrale vorzuweisen hat, findet jeden Donnerstag auf dem Marktplatz, der von einem Obelisken aus dem Jahr 1780 dominiert wird, ein Wochenmarkt statt. Vom Platz aus bläst jeden Abend um 21 Uhr ein Wächter auf einem Horn den Zapfenstreich – eine jahrhundertealte Tradition, die früher zum Zeitvergleich aller Uhren der Stadt diente.

- *Information* April–Okt., Minster Road, Ripon, North Yorkshire HG4 1QT, ✆ 0845/3890178, ✉ 01765/604625; ripontic@harrogate.gov.uk.
- *Übernachten* *** **Ripon Spa**, in die Jahre gekommenes Best Western Hotel 5 Minuten vom Ort entfernt, truely „oldfasioned". Schöner Garten mit Krocket-Rasen. DZ ab £ 45 (online). Park Street, HG4 2BU, ✆ 01765/602172; ✉ 690770; www.bw-riponspahotel.co.uk.
Middle Ridge, etwa 10 Fußminuten vom Zentrum gelegenes Familienhotel. Nur zwei traditionelle Zimmer, B & B ab £ 32.50/

Person. 42 Mallorie Park Drive, HG4 2QF, ✆ 01765/690558, www.middleridge.co.uk.
- *Camping* **Sleningford Watermill Caravan and Camping Park**, etwa 7 km nördlich des Ortes am Fluss gelegen. Es gibt einen Shop, auch Unterricht in Kajakfahren und Bogenschießen. Standplatz £ 16. North Stainley, HG4 3HQ, ✆ 01765/635201, www.sleningfordwatermill.co.uk.
Woodhouse Farm & Country Park, in der Nähe der Fountains Abbey inmitten eines großen Wiesengeländes mit zwei Seen zum Angeln. Barn Restaurant. £ 16–24/Nacht. Winksley, ✆ 01765/658309, www.woodhousewinksley.com.

Sehenswertes

Ripon Cathedral: Bereits im Jahr 672 erbaute der Abt St Wilfrid an der Stelle der heutigen Kathedrale eine Klosterkapelle. Die Krypta dieser Kapelle kann man heute noch in der Kathedrale besichtigen. Weiterhin sehenswert ist das Chorgestühl aus dem 15. Jahrhundert, die Westfront im altenglischen Stil, der Perpendikularturm aus dem frühen 16. Jahrhundert sowie die Kanzel im Jugendstil. Was viele Besucher wahrscheinlich erstaunen wird, sind die Anspielungen auf den Roman „Alice im Wunderland" von Lewis Carroll, die sich in den Schnitzereien im Chorgestühl finden, z. B. der weiße Hase, die Herzkönigin etc. Carroll war von 1852 bis 1868 als Dekan in der Kathedrale tätig. Im Jahre 1976 wurde in der Nähe der Kathedrale eine wertvolle Brosche gefunden, die wahrscheinlich noch aus ihrer Anfangszeit stammt. Eine Nachbildung kann man im angegliederten Museum bewundern, das Original befindet sich im Münstermuseum von York.

Tgl. 7.30–18.15 Uhr. Spende von £ 2–3 erbeten. ✆ 01765/603462, www.riponcathedral.org.uk.

Yorkshire Law and Order Museums: Es gibt nicht weniger als drei Museen, die sich mit Recht und Gerechtigkeit auseinander setzen:

Das **Prison and Police Museum** ist in einem Gefängnis nördlich des St Marygate aus dem 18. Jahrhundert untergebracht und wurde in ein Museum über die Verbrechensbekämpfung (insbesondere zu viktorianischen Zeiten) verwandelt, wo man sich allerlei schaurige Utensilien anschauen kann.

Das **Workhouse Museum of Poor Law**: Dieses Museum zeigt, unter welchen Umständen die Armen zu Zeiten Viktorias in den sogenannten Arbeitshäusern leben mussten. Es liegt etwas außerhalb des Stadtzentrums beim Allhallowgate.

Das **Courthouse Museum** ist im ehemaligen Gerichtsgebäude von 1830 beheimatet, das erst 1998 aufgegeben wurde. Im Gerichtssaal wird mithilfe von lebensechten Figuren eine Gerichtsverhandlung aus dem 19. Jahrhundert veranschaulicht, an deren Ende häufig eine Verurteilung des Angeklagten zu Zwangsarbeit und die Zwangsverschiffung nach Australien und in eine ungewisse Zukunft stand.

Für alle drei Museen: April–Okt. tgl. 13–16 Uhr, in den Schulferien 10–16 Uhr, im Winter nur Sa 10.30–15 Uhr und So 12–15 Uhr. Eintritt für alle drei Museen: £ 6, erm. £ 5, Kinder unter 16. J. frei. **Prison and Police Museum**: £ 3.50, erm. £ 3, Kinder 7–15 J. £ 1.50, Kinder unter 7 J. frei. St Marygate. **Workhouse Museum of Poor Law**: £ 3.50, erm. £ 3, Kinder 7–15 J. £ 1.50, Kinder unter 7 J. frei. Allhallowgate. **Courthouse Museum**: £ 1.50, erm. £ 1, Kinder frei. Minster Road. ✆ 01765/690799; info@riponmuseums.co.uk, www.riponmuseums.co.uk.

Thirsk

Zwischen den Yorkshire Dales und dem North York Moor liegt Thirsk. Das Marktstädtchen hat vor allem eines zu bieten: *James Herriot*. Dies war der Künstlername von James Alfred Wight, der am 3. Oktober 1916 in Sunderland geboren wurde, in Glasgow aufwuchs, wo er sich im Alter von 23 Jahren als Tierarzt qualifizierte, und dann als Landtierarzt nach Thirsk ging. Er begann über seine Arbeit zu schreiben, und seine Bücher enthielten viele komische Anekdoten, die er mit Bauern und dem Völkchen in den Yorkshire Dales erlebt hatte. Bei seinem Tod war er einer der beliebtesten Autoren in Großbritannien und Amerika, so dass die BBC den Stoff aufgriff und zu einer Fernsehserie verarbeitete. In seiner ehemaligen Praxis im Skaledale House befindet sich heute die „World of James Herriot", die einen zurück in die 1940er-Jahre katapultiert und wo man sowohl eine virtuelle Farm als auch die Requisiten der Dreharbeiten sehen kann.

Ostern bis Okt. tgl. 10–17 Uhr, im Winter 11–16 Uhr. £ 6, erm. £ 4.70, Kinder £ 4.20, Familien £ 17. 23 Kirkgate, YO7 1PL, ✆ 01845/524234, www.worldofjamesherriot.org.

Jervaulx Abbey

Auf der A 6108 in Richtung Westen gelangt man nach *Masham*, einem kleinen Marktflecken mit etwa 900 Einwohnern und einer schönen steinernen Brücke am Ortseingang. Hier befinden Sie sich wieder im Wensleydale. Etwa acht Kilometer weiter kommt man zur Jervaulx Abbey aus dem Jahr 1156. Die Zisterzienserabtei gehörte einst zu den wichtigsten Abteien der Gegend. Die mit Moos und Farnen überwachsenen Ruinen der Abtei liegen etwas abseits der Straße und sind heute in Privatbesitz. Eine besonders beeindruckende Atmosphäre herrscht hier an neblig-feuchten Tagen. Dann sind ringsherum die Wiesen nur schemenhaft zu erkennen, und über den dunklen Mauern krächzen die Raben.

• *Öffnungszeiten/Übernachten* Tgl. vom Morgengrauen bis zur Dämmerung. £ 2, erm. £ 1.50. www.jervaulxabbey.com. In den Tearooms steht ein Modell der Abtei, wie sie 1530 ausgesehen hat. Es gibt auch einen **Caravan Campingplatz** vor Ort, 400 Meter vom River Ure und dem Cover Bridge Inn entfernt. £ 10 pro Nacht mit Strom, ✆ 01677/460226; www.jervaulxabbey. com. Schön übernachten kann man auch im **Park House**, B & B £ 75–95, HG4 4PH, ✆ 01677/460184; www.jervaulxabbey.com/parkhouse.php.

Middleham

Kommt man nach Middleham, erstaunen die Ruinen einer alten Burg, die mitten im Ort liegen. Hier residierte einst Richard III., dessen Sohn Eduard im Jahr 1473 in der Burg geboren wurde. Der Bau entstand jedoch bereits um 1170. Middleham behauptet, die kleinste Stadt in Yorkshire zu sein, und hat dennoch zwei Markt-plätze. Besonders bekannt ist die Stadt für die Rennpferde, die in den hiesigen Ge-stüten im Middleham Low Moor gezüchtet werden. Die freundliche Stadt bietet zahlreiche Cafés, Restaurants und Geschäfte.

Middleham Castle: April–Sept. tgl. 10–18 Uhr, sonst Sa–Mi 10–16 Uhr. £ 4.20, erm. £ 3.60, Kinder £ 2.10 (EH). ✆ 01969/623899.

Leyburn

In diesem lebhaften Marktflecken, der auf einer Anhöhe gelegen ist, findet der Wo-chenmarkt jeden Freitag statt. Die Stadtrechte erhielt Leyburn erst 1684, doch bereits vorher hatte es einige Funktionen der durch eine Pestepidemie gebeutelten Stadt Wensley übernommen. Heute finden in Leyburn u. a. zwei- bis dreimal im Monat in der Harmby Road Antiquitäten-Auktionen statt, auf denen man manchmal ein Schnäppchen ergattern kann. Vom Westende der Stadt geht der Spa-zierweg *Leyburn Shawl* aus, von dem man einen wunderbaren Blick auf das Wens-leydale hat.

• *Information* **Tourist Information Centre**, 4 Central Chambers, Railway Street, Leyburn, North Yorkshire DL8 5BB, ✆ 01748/828747, ✆ 01969/622833; ticleyburh@richmondshire.gov.uk. **Swaledale-Festival**, Ende Mai bis Anfang Oktober. **Dales Festival of Food and Drink**, Ende Mai.

• *Übernachten* **Clyde House**, diese ehema-lige Kutschenstation aus dem 18. Jahrhun-dert ist sehr komfortabel, Gäste-Lounge mit Kamin, es gibt einige gute Restaurants ganz in der Nähe. B & B im EZ £ 45–50, DZ £ 70–80. 5 Railway Street, DL8 5AY, ✆ 01969/623941, www.clydehouseleyburn.co.uk. **Grove House**, B & B in einem der ältesten Häuser aus dem 18. Jahrhundert, Decken-balken, im Herbst offenes Feuer und gutes Restaurant im Haus (Yew Tree) B & B im DZ ab £ 30/Person. Grove Square, DL8 5AF, ✆ 01969/622569, www.grove-hotel.com.

Richmond

Von Leyburn führt die A 6108 zur geschichtsträchtigen, von einer stattlichen Burg dominierten Stadt Richmond am östlichsten Ende des Swaledale, das weit weniger touristisch ist als Wensleydale und vielen als Inbegriff der Yorkshire Dales gilt. In der relativ kleinen, aber hübschen Marktstadt mit den Kopfsteinpflastergässchen und vielen malerischen Gebäuden wird noch heute jeden Sonnabend ein Markt abgehalten. Auf dem Marktplatz aus georgianischer Zeit steht ein seltsam konischer Obelisk aus dem Jahr 1771. Die Stadt geht zurück auf die Normannen, die hier um 1071 auf einem Hügel am Fluss Swale eine Burg errichteten („Riche-Mont"). Bereits 1329 erhielt Richmond das königliche Stadtrecht, und neben den herkömmlichen landwirtschaftlichen Produkten wurde hier auch mit so exklusiven Waren wie Seide, Wein und Salz gehandelt. Dass die Stadt einst bedeutsam war, zeigt sich auch am Vorhandensein eines georgianischen Theaters, das in den Dales wohl einzigartig ist.

● *Information* **Tourist Information Centre**, Friary Gardens, Victoria Road, Richmond, North Yorkshire DL10 4AJ, ✆ 01748/828742, 🖂 825994; Richmondtic@richmondshire. gov.uk; www.richmondshire.gov.uk.

● *Übernachten* **** The Frenchgate Hotel**, das Hotel versteht sich in erster Linie als Restaurant, gut für Gourmets. Schöner georgianischer Bau mit romantischem, altem Garten, edelste Materialien in den Zimmern. B & B im EZ £ 65, DZ ab £ 100. 59/61 Frenchgate, DL10 7AE, ✆ 01748/822087,

www.thefrenchgate.co.uk.

Nun's Cottage, wunderschönes, denkmalgeschütztes Haus mit Holzdeckendecke und altem Garten, ruhig gelegen, aber nahe beim Zentrum. B & B im DZ £ 65–80, £ 50 EZ. 5 Hurgill Road, DL10 4AR, ✆ 01748/ 822809, www.nunscottage.co.uk.

West End Guest House and Cottages, ruhig gelegenes Haus aus dem 19. Jahrhundert, nahe am Fluss mit Garten. B & B ab £ 30/Person. 45 Reeth Road, DL10 4RX, ✆ 01748/824783, www.stayatwestend.com.

Sehenswertes

Richmond Castle: Wahrzeichen der Stadt ist die Burg, die von einem etwa 30 Meter hohen Felsen den Fluss Swale überragt. Dahinter breitet sich die Stadt aus. Auf der Seite, die der Stadt zugewandt ist, steht der etwa 25 Meter hohe Burgfried mit seinen drei Meter dicken Mauern. In der Südostecke befindet sich *Scolland's Hall* aus dem 11. Jahrhundert. Der Legende nach schlummert König Artus mit seinen tapferen Rittern in einer Höhle unterhalb der Burg. Ein Töpfermeister namens Thompson soll durch Zufall auf die Schlafstatt gestoßen sein, hat sie aber natürlich nie wiederfinden können.

April–Sept. tgl. 10–18 Uhr, sonst Do–Mo 10–16 Uhr. £ 4.50, erm. £ 3.80, Kinder £ 2.30 (EH). ✆ 01748/822493.

Georgian Theatre Royal: Das Theater aus dem Jahr 1788 ist das zweitälteste bespielte Theater Englands und wurde von Samuel Butler erbaut. Die Familie Butler führte das Theater bis ins Jahr 1848, dann wurde es geschlossen. Erst im Jahr 1962 fand eine gründliche Renovierung statt. Heute wird das Theater wieder regelmäßig bespielt. Im angegliederten *Georgian Royal Museum* kann man sich viele Theater-Memorabilia aus verschiedenen Jahrhunderten anschauen; am besten schließt man sich einer Führung an.

Führungen Theater: Mo–Sa 10–16 Uhr, £ 3. Café bis 17 Uhr. ✆ 01748/823710, Box Office: ✆ 01748/825252; www.georgiantheatreroyal.co.uk.

Holy Trinity Church und Green Howards Museum: Gegenüber vom King's Head Hotel steht die Trinity Church, die ursprünglich aus dem Jahr 1150 stammt und

heute u. a. das Green Howards Museum beherbergt. In diesem Militärmuseum werden Uniformen, Waffen, Orden und Ähnliches mehr präsentiert.
Mo–Sa 10–16.30 Uhr. Dez./Jan. geschl. £ 3.50, erm. £ 3; www.greenhowards.org.uk.

Richmondshire Museum: Dieses Museum beschäftigt sich mit der Stadtgeschichte. Freunde von James Herriot („Der Doktor und das liebe Vieh") können hier die Originaldekoration der BBC aus der ersten Verfilmung der Fernsehserie bestaunen. Nach dem Abdrehen hatte der Fernsehsender die Ausstattung an das Museum abgetreten, da nicht mit einer Fortsetzung der Serie gerechnet wurde. Später versuchte man, das Ganze wieder zurückzukaufen – natürlich vergeblich, denn es hatte sich bereits zum Touristenmagneten der Stadt entwickelt.
April–Okt. tgl. 10.30–16.30 Uhr. £ 2.50, erm. £ 2, Familien £ 5. Rider's Wynd, DL10 4JA, ✆ 01748/825611, www.richmondshiremuseum.org.uk.

York

York zählt ohne Zweifel zu den attraktivsten Städten Englands und ist der Besuchermagnet des Nordens. Seine Geschichte reicht bis in die Römerzeit zurück, und bis ins 19. Jahrhundert hinein war York eine der bedeutendsten Städte des Landes. Innerhalb der noch erhaltenen mittelalterlichen Stadtmauer wird in den engen Kopfsteinpflastergassen Geschichte lebendig. Dominiert wird das malerische Stadtbild von den elfenbeinfarbenen Türmen eines der größten Münster in Europa, achtzehn weiteren mittelalterlichen Kirchen und seiner 3,4 Kilometer langen Stadtmauer.

Seine ehemalige Bedeutung sieht man York nicht an, es wirkt trotz Touristenschwärmen recht heimelig und eher wie eine Kleinstadt. Dies hängt u. a. damit zusammen, dass die Industrialisierung mehr oder weniger spurlos an der Stadt vorbeigegangen ist. Alles wirkt sehr homogen, die wichtigsten Sehenswürdigkeiten liegen nah beieinander im Zentrum, und schöne Straßenzüge wie *The Shambles*, *The Pavement*, *Stonegate* und *St Saviourgate* machen einen Rundgang zur ungetrübten Freude (wenn man vom Gedränge mal absieht). Überall trifft man auf kleine Tearooms und Restaurants, in denen man sich für das Sightseeing stärken kann.

Zur Erkundung der Stadt sollte man sich mindestens zwei Tage Zeit nehmen. Wer sich für die geschichtlichen Hintergründe interessiert (www.historyofyork.co.uk), braucht noch länger. Die früheren Bewohner der Stadt – ob es nun Römer, Sachsen, Dänen, Normannen oder andere waren – haben überall ihre Spuren hinterlassen. Unter dem Feldherrn *Quintus Petilius Cerealis* begannen die Römer im Jahr 71 mit dem Bau von Befestigungsanlagen am wichtigen Flussübergang über die Ouse. *Eboracum*, so der römische Name, wurde schon bald ein bedeutendes Zentrum der römischen Provinz Britannia und diente Kaiser Hadrian als Stützpunkt für seine nördlichen Feldzüge. Die Reste des Legionslagers sind durch Ausgrabungen unter der Kathedrale geortet worden. 306 wurde Konstantin der Große in York zum Kaiser gekrönt, weshalb seine Statue am Südtor des Münsters zu finden ist.

Unter den Sachsen avancierte York unter dem damaligen Namen Eoforwic zur Hauptstadt des Königreiches *Deira*. Bis zum Jahre 625 hatte sich die Stadt zu einem christlichen Zentrum entwickelt, von dem die missionarischen Tätigkeiten der christlichen Sachsen ausgingen. Seitdem ist York Erzbistum für ganz Nordbritannien mit Ausnahme Schottlands. Glanzvollster Fund aus der sächsischen Epoche ist der *Coppergate Helmet* (im Castle Museum ausgestellt). Um 866 eroberten die

Blick von der Stadtmauer zum Minster und Treasure House

Wikinger die Stadt, und *Jorvik* wurde zum Herrschaftszentrum einer neuen Macht, zur Hauptstadt des dänischen Reiches auf englischem Boden, des Danelag. Im *Jorvik Viking Centre*, das direkt auf einer Ausgrabungsstelle errichtet wurde, kann man sich ein gutes Bild von der damals blühenden Stadt machen. Geblieben sind aus dieser Zeit vor allem die Namen, York stammt vom norwegischen Jorvik, und viele Straßennamen enden noch auf dem dänischen Gate, für Gasse, und Tore heißen weiterhin Bar.

Als um 1075 die Normannen einfielen, zerstörten sie den Dom und einen Großteil der Stadt. Nach dem Wiederaufbau erstrahlte die Stadt jedoch prächtiger als je zuvor. Anfang des 13. Jahrhunderts begann man mit dem Bau einer gotischen Kathedrale; noch heute sind einige Bauelemente aus dieser Zeit im Münster zu bewundern. Auch der *Clifford Tower* der normannischen Burg stammt aus dieser Zeit.

Unter der Dynastie der Plantagenets wurde York zu einer bedeutenden Handels- und Hafenstadt, wobei Wolle sicher der wichtigste Exportartikel war. In dieser Zeit wurde auch die Stadtmauer gebaut, denn York war Stützpunkt der königlichen Armeen in den schottischen Kriegen. *Eduard III.* war der Erste, der den Titel „Herzog von York" an seinen viertgeborenen Sohn verlieh; damit begründete er eine Tradition, die bis heute Bestand hat (momentan ist Prinz Andrew Träger des Titels).

Nachdem York im 17. Jahrhundert seine Bedeutung im Textilhandel an andere größere Städte (z. B. Leeds) abtreten musste, brachte zwischen 1830 und 1840 die Eisenbahn den letzten größeren wirtschaftlichen Aufschwung. Heute sind neben der Schokoladenherstellung von Produkten wie *After Eight* durch Rowntree-Macintosh (das Unternehmen wurde inzwischen von Nestlé aufgekauft) Dienstleistungen, die Universität und allen voran der Tourismus die Haupteinnahmequellen der Stadt.

Information/Verbindungen/Stadtführungen

● *Information* **Tourist Information Centre**, eines der neuesten und besten Besucherzentren Nordenglands unweit der Kathedrale. Kostenloser Miniguide mit Straßenkarte und Auflistung der Sehenswürdigkeiten, es werden Ihnen Karten für Veranstaltungen gebucht und auch Zimmer vermittelt. Internetanschluss und Souvenirshop. 1 Museum Street, York, North Yorkshire YO1 7DT, ✆ 01904/550099, 📠 01904/639986; info@visit york.uk, www.visityork.org.

Mit dem **Yorkpass** erhält man Eintritt in bis zu 30 Attraktionen, er kann für 1–3 Tage erworben werden und kommt mit einer Broschüre in Deutsch. www.yorkpass.com.

● *Verbindungen* **Park & Ride** – Yorks fünf Park-&-Ride-Einrichtungen operieren 7 Tage die Woche und bieten auch kostenfreie Fahrradständer. Drei weitere Parkplätze befinden sich im Bau. Die Busfahrt kostet £ 2.30. www.york.gov.uk/transport/Parking/Park_and_Ride/.

Bus – Busbahnhof in der Rougier Street (Station Road). National Express fährt nach London, Leeds und Schottland. First-York-Busse (✆ 0871/2002233) sind für den Stadtverkehr zuständig. Der Coastliner (Metro-Busse 840, 842, 843 und 845) verbindet regelmäßig mit Scarborough im Osten sowie Leeds im Westen. ✆ 01653/692556. Allgemeine Businformation Traveline Yorkshire: ✆ 01904/551400.

Zug – Der Hauptbahnhof befindet sich in der Station Road. York ist ein Verkehrsknotenpunkt Nordostenglands. Intercity-Züge fahren mehrmals stündlich nach London King's Cross und über Durham nach Schottland. Regelmäßig auch über die Städte Harrogate, Leeds und Manchester nach Liverpool. Außerdem nach Bridlington, Filey, Hull, Scarborough und Newcastle.

● *Fahrräder* **Bob Trotter Cycles**, Spezialist für Kona, Giant, Raleigh, auch Tandems etc. Fahrräder für £ 15 pro Tag, £ 75 Kaution. 13–15 Lord Mayors Walk (hinter dem Münster), ✆ 01904/622868, www.bobtrottercycles.com.

● *Bootfahren* Auf Passagierschiffen kann man den River Ouse ab Lendal Bridge flussaufwärts fahren; flussabwärts ab Ouse Bridge. Auf manchen Booten gibt es auch Mahlzeiten.

York Boat, Lendal Bridge, YO1 7DP, Febr.–Nov. Tagestouren, £ 7.50, erm. £ 6.50, Kinder £ 3.50, Familien £ 20. Auch ein Kombiticket mit einer Busrundfahrt ist erhältlich für £ 13.50, erm. £ 12, Kinder £ 7. Es gibt von April–Okt. auch Abend- und Ghostfahrten. ✆ 01904/628324, 📠 01904/647204, www.yorkboat.co.uk.

York Marine Services, Motorboote ab £ 100/Tag, auch Urlaubsboote im Wochentarif und Ruderboote, Ferry Lane, Bishopsthorpe, ✆ 01904/704442, www.york marine.co.uk. York Marine ist einer der besten Camping- und Caravanparks, direkt am River Ouse (→ Übernachten)!

● *Stadtführungen* Kostenlose Führungen werden von der **Association of Voluntary Guides to The City of York** angeboten (Informationen beim Tourist Office). Daneben gibt es noch zahlreiche andere Führungen, die zum Teil unter verschiedenen Mottos stehen. April–Okt. tgl. 14.15 Uhr, Juni–Aug. auch 18.45 Uhr. Start an der City Art Gallery.

The Original Ghost Walk of York, einer der in England beliebten „Mystery Walks", bei denen Schauspieler die gruselige Vergangenheit lebendig werden lassen. Da York offiziell den Titel als Stadt mit den meisten Gespenstern für sich in Anspruch nimmt, gibt es viel zu erzählen; jeden Abend um 20 Uhr. Kings Arms Pub, Ouse Bridge, ✆ 01759/373090, www.theoriginalghostwalkofyork.co.uk.

Wer lieber mit dem Bus die Stadt erkunden will, der kauft einfach ein Tagesticket und steigt in die oben offenen Doppeldeckerbusse.

York City Sightseeing und Guide Friday, Exhibition Square und 15 weitere Haltestellen hop-on hop-off, £ 10, erm. £ 7, Kinder £ 4, Familien £ 20. ✆ 01904/655585, www.city-sightseeing.com.

● *Post* 4 Colliergate.

● *Kino* **City Screen Picturehouse York**, 13–17 Coney Street, ✆ 0871/9025726; www.picturehouses.co.uk/cinema/York_Picture house.

● *Festivals* Februar: Yorvik Viking Festival. Mai: Roman Festival. Juli: Festival of the Rivers. September: Festival of Food and Drink. Okt./Nov: Illuminating York, Lichterinstallationen. www.whatsonyork.com.

Yorkshire Pudding

Diese Spezialität, die wenig mit dem uns bekannten Pudding zu tun hat, ruft bei den Besuchern vom Festland geteilte Reaktionen hervor. Während einige auf den Yorkshire Pudding schwören, fühlen sich andere eher an die gewöhnungsbedürftige englische Küche mit ihren eigenwilligen Kreationen erinnert. Nichtsdestotrotz sollte man einmal diese traditionelle Beilage probieren. Genau genommen ist der Yorkshire Pudding nichts anderes als ein sehr dünner Pfannkuchen aus Mehl, Eiern und Milch, der mit Rinderfett in der Bratröhre in einer speziellen Form gebacken wird, bis er aufgeht und goldbraun ist. Man sollte jedoch darauf achten, dass der Pudding frisch zubereitet ist und nicht aus der Tiefkühltruhe stammt (wie leider in vielen Pubs üblich) – er sollte auf jeden Fall knusprig sein. Serviert wird der hohle Yorkshire Pudding, der ungefähr die Form eines Suppentellers hat, entweder als Vorspeise oder als Beilage, wobei man z. B. Lammbraten und Gemüse in den Pudding legt und das Ganze mit Bratensaft sowie Minzsoße übergießt.

*E*inkaufen/*K*ultur/*D*iverses

● *Antiquariate* In York gibt es um die 15 Buchläden, die eine große Auswahl an seltenen und alten Büchern haben. Die Broschüre *Bookshops & Booksellers in York* ist in der Tourist Information kostenlos erhältlich. Darin findet sich eine Auflistung der Adressen und der Fachgebiete, auf die sich die Buchhandlungen spezialisiert haben.

● *Einkaufen* Einer der in der Touristeninformation ausliegenden Spaziergänge ist der **Shopping Trail**. Die Haupteinkaufsstraße ist die **Coney Street**. In der Gasse **The Shambles** befinden sich viele individuelle Läden. In der **Stonegate** findet man Designer-Shops.

● *Markt* **Newgate Market**, Mo–Sa 8–17 Uhr.

● *Geldwechsel* Am Bahnhof und im Tourist Office möglich.

● *Kultur/Theater* **Theatre Royal**, hier werden seit 250 Jahren klassische und auch moderne Stücke gespielt (auch Comedy), vor allem auf der neuen Studiobühne. St Leonard's Place, ✆ 01904/623568, www.yorktheatreroyal.co.uk.

Grand Opera House, größter Veranstalter von Konzerten, Musicals und anderen Großevents im Lande. Zeigt seine Produktionen bei 26.000 Veranstaltungen im Jahr in 60 Ländern der Welt. Cumberland Street, ✆ 0844/8472322, www.grandoperahouseyork.org.uk.

National Centre for Early Music, hier finden jedes Jahr im Frühjahr, Sommer und Winter Festivals sowie andere Veranstaltungen statt (York Early Music Festival). Das NCEM organisiert auch das Chinesische Neujahrsfest und die York Mystery Plays. St Margaret's Church of Walmgate, ✆ 01904/658338; www.ncem.co.uk.

*Ü*bernachten

Viele preiswerte B & Bs befinden sich in der Bishopthorpe Road, einer lauten Durchgangsstraße; versuchen Sie, dort ein Zimmer nach hinten zu bekommen. Auch in The Moor (vom Bahnhof rechts die Blossom Street hinunter) befinden sich einige B & Bs. Wer mehr ausgeben will, findet in York einige sehr romantische und sehr luxuriöse Hotels in historischen Häusern.

*** The Churchill Hotel (7), Privathotel in einem georgianischen Herrenhaus im Stadtzentrum, die Zimmer sind mit Antiquitäten ausgestattet, wahrhaft fürstlich. Bei mehr als einer Übernachtung gibt es Rabatte, z. B. B & B im EZ ab £ 80, DZ ab £ 120 (ohne Frühstück). 65 Bootham, YO30 7DQ, ✆ 01904/644456, ✆ 01904/652447, www.churchillhotel.com.

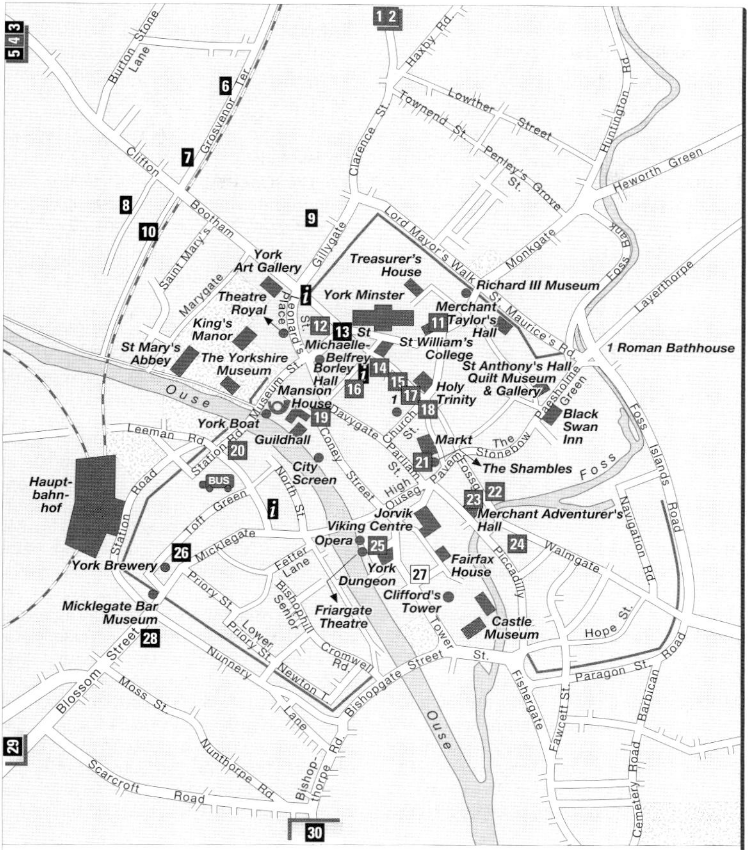

Übernachten

3 The Bloomsbury Hotel
5 York International Youth Hostel
6 Minster View Guest House
7 Churchill Hotel
8 Queen Anne's Guest House
9 The Hazelwood
10 Abbeyfields Guest House
13 The Guy Fawkes
26 Ace York Boutique Hostel
28 The Bar Convent

29 Knavesmire Manor Hotel
30 Staymor Guest House

Essen & Trinken

1 Jaipur Spice
2 Black Swan
4 Maxi's
11 The National Trust Tearoom
12 Café Concerto
14 Nineteen Restaurant
15 Biltmore Bar & Grill
16 Kuja Lounge
17 Drakes Fisheries
18 Café Harlequin

19 Betty's Café
20 Maltings
21 The Earl Grey Tearooms
22 The Blue Bicycle
23 Loch Fyne
24 Melton's Too
25 King's Arms

Nachtleben

27 The Gallery

York

200 m

** Knavesmire Manor Hotel (29), georgianisches Stadthaus mit schönem Garten und Swimmingpool in der Nähe der Pferderennbahn. B & B im EZ ab £ 80, DZ ab £ 100, online günstiger. 302 Tadcaster Road, YO24 1HE, ✆ 01904/702941, ✆ 01904/709274, www.knavesmire.co.uk.

The Bloomsbury Hotel (3), schönes, freundliches eingerichtetes viktorianisches Stadthaus. B & B je nach Geschmack mit englischem oder kontinentalem Frühstück, EZ £ 45–65, DZ £ 70–100, Triple £ 80–120, günstiger bei mehr als einer Nacht. 127 Clifton, YO30 6BL. ✆ 01904/634031, ✆ 01904/634855, www.bloomsburyhotel.co.uk.

The Hazelwood (9), sehr luxuriöses und elegantes B & B in einer ruhigen Sackgasse unweit vom Petergate, der City Art Gallery und des Münsters. Alle Zimmer en suite mit neuen Bädern, Einrichtung im Country-Stil. Parkplatz hinter dem Haus, Anfahrt über die Claremont Terrace. EZ £ 60, DZ £ 80–100. 24–25 Portland Street, YO31 7EH, ✆ 01904/626548, ✆ 01904/628032, www.thehazelwoodyork.com.

Abbeyfields Guest House (10), B & B in einem viktorianischen Stadthaus, nur knapp fünf Minuten Fußweg vom Zentrum. Alle Räume mit Bad und TV, WLAN und Parkplatz. B & B im DZ £ 69–86, EZ £ 42–49. 19 Bootham Terrace, YO30 7DH, ✆ 01904/636471, www.abbeyfields.co.uk.

Minster View Guest House (6), hübsche Unterkunft nordwestlich des Münsters, traditionell englische Einrichtung. Vier Zimmer B & B £ 70. 2 Grosvenor Terrace, YO30 7AG, ✆ 01904/655034, www.minsterview-york.co.uk.

Queen Anne's Guest House (8), hübsches und ruhig gelegenes Gästehaus, ebenfalls fünf Minuten zu Fuß vom Zentrum. Die Zimmer bieten den üblichen Standard, die Einrichtung ist ziemlich englisch. B & B £ 25–35 pro Person. 24 Queen Anne's Road, YO30 7AA, ✆ 01904/629389, ✆ 01904/619529, www.queen-annes-guesthouse.co.uk.

The Guy Fawkes Inn (13), in diesem georgianischen Stadthaus nahe dem Münster soll der Terrorist Guy Fawkes geboren worden sein (→ Kasten, S. 741). 13 Zimmer, im Restaurant Holzdielen und Gaslampen. B & B im DZ £ 69–109, mit Himmelbett und Blick auf das Münster £ 129–200. 25 High Petergate,

YO1 7HO, ✆ 01904/623716, www.gfyork.com.

Staymor Guest House (30), relativ preisgünstiges B & B in der Nähe der Stadtmauer und des Bahnhofs. Von der Bishopgate Road in Richtung Süden, dann rechts ab. B & B £ 30–35 pro Person. 2 Southlands Road, YO23 1NP, ✆ 01904/626935, www.staymorguesthouse.com.

The Bar Convent (28), übernachten wie Mönch und Nonne im ältesten noch bewohnten Kloster Englands, einfache Unterkunft im Gebäude aus dem 17. Jahrhundert mit Café, Gärten und Shop. 18 Zimmer, viele mit Bad, EZ £ 33–47, DZ £ 64–90, englisches Frühstück gegen Aufpreis. 17 Blossom Street, ✆ 01904/643238, ✆ 01904/631792, www.bar-convent.org.uk.

● *Jugendherberge*   **York International Youth Hostel (5)**, liegt etwa 1,5 km vom Zentrum entfernt, zu erreichen über die Museum Street, dann am nördlichen Ufer der Ouse entlang. Vorbildliche Herberge in einem alten Herrenhaus mit preisgekröntem Garten. Daher sind die Preise auch etwas höher. B & B Erwachsene £ 16, Jugendliche £ 12. 42 Water End, Clifton, YO30 6LP, ✆ 0845/3719051, ✆ 01904/651230, www.yha.org.uk.

Ace York Boutique Hostel (26), mehr als 100 Betten im Micklegate House, vier Minuten vom Stadtzentrum. Das Haus hat eine TV-Lounge, Sauna und Terrasse. Privatzimmer mit Flatscreen-TV, Bademänteln und Kaminen, die Schlafsäle haben eigene Bäder, Leselampen und Schließfächer. Kontinentales Frühstück inklusive; B & B im Schlafsaal £ 16–22, DZ £ 60–80. 88–90 Micklegate, YO1 6JX, ✆/✆ 01904/627720, www.acehotelyork.co.uk.

● *Camping* **Naburn Lock Caravan Park**, etwa 6 km vom Stadtzentrum entfernt an der Ouse gelegen (A 19). Geöffnet März–Nov. Zelt mit zwei Personen £ 15–20. Naburn/York, YO19 4RU, ✆/✆ 01904/728697, www.naburnlock.co.uk.

York Marine Camping, familienfreundlicher, kleiner Platz am Fluss Ouse mit neuen Toiletten- und Waschanlagen. Ostern bis Okt., Zelte £ 10–12, Großzelte £ 16–18. Ferry Lane, Bishopthorpe, York, YO23 2SB, ✆ 01904/704442, ✆ 705824; www.yorkmarine.co.uk/camping.html.

Essen/Trinken/Nachtleben (siehe Karte S. 735)

Kuja Lounge (16), verstecktes Restaurant und Coffee-Lounge auf drei Etagen mit

Tischen draußen im Hof. Mitten im Zentrum und doch fern des Trubels. Abends

Lounge-Bar, die Getränkekarte hat 32 Seiten. 3 Coffee Yard, YO1 8AR, ☏ 01904/651002; www.kijalounge.com.

Jaipur Spice (1), indische, vegetarische und englische Küche in einem opulent dekorierten Raum. Außerhalb der Stadt, Mo–Sa 17–24 Uhr, So 12.30–22.30 Uhr. 103 Haxby Road, ☏ 01904/673303, YO31 8JP, ✆ 01904/673530, www.jaipur-spiceyork.co.uk.

Maxi's (4), kantonesische und chinesische Erlebnisgastronomie (auch *Dim Sum*), tgl. 12–24 Uhr, in einem großräumigen Restaurant. Ings Lane, York Business Park, Nether Poppleton, YO26 6RA, ☏ 01904/783898, www.maxi-s.co.uk.

Nineteen Restaurant (14), Luxusrestaurant in einem windschiefen Haus aus dem 15. Jahrhundert auf zwei Etagen mit Blick über die Swinegate. Moderne britische Küche mit europäischem Einschlag, 8-Gänge-Probiermenü für £ 50, *Yorkshire Mini Bites* (Tapas) £ 4, drei Stück für £ 10. Mo–Do 11.30–15 Uhr u. 18–22 Uhr, Fr–Sa 11–22.30 Uhr, So 11.30–15 Uhr u. 18–21.30 Uhr. 19 Grape Lane, YO1 7HU, ☏ 01904/636366; www.nineteenyork.com.

Melton's Too (24), der etwas entspanntere und preislich günstigere Ableger von Melton's, Küche ausgezeichnet, Tapas anständige Portionen. Manchmal Live-Musik. Mo–Sa 10.30–24 Uhr, So nur bis 23 Uhr. 25 Walmgate, YO1 9TX, ☏ 01904/629222, www.meltonstoo.co.uk.

Drakes Fisheries (17), mittlerweile seit fast einem Jahrhundert Tradition in York. Hier gibt es die besten Fish'n'Chips. 97 Low Petergate. YO1 7HY, ☏ 01904/624788.

Loch Fyne (23), ebenfalls köstlicher Fisch wird in dieser erfolgreichen Kette in einer alten Schmiede am Fluss Foss serviert: Austern, Muscheln, Lachs, Fischplatten, die meisten Zutaten aus Schottland. Mo Ruhetag. Foss Bridge House, Walmgate, YO1 9TH, ☏ 01904/650910, www.lochfyne.com/Restaurants/Locations/York.aspx.

The Blue Bicycle (22), gemütliches Restaurant direkt am Fluss, im Keller sitzt man in den Nischen eines ehemaligen Bordells. Bodenständige britische Gerichte mit feinsten Zutaten. Hauptgerichte £ 9.50–16.50, hausgemachte Nachtische. Mo–Mi 18–21.30 Uhr, Do–Sa 12–14.30 Uhr u.18–21.30 Uhr, So 12–14.30 Uhr u. 18–21 Uhr. 34 Fossgate, YO1 9TA, ☏ 01904/673990; www.thebluebicycle.com.

The Earl Grey Tearooms (21), ein kleines, gemütliches Café in der historischen Metz-

gerstraße – The Shambles. Massive schwarze Holzbalken sorgen für die altertümliche Atmosphäre. Cream Tea (£ 5) und große Auswahl an Kuchen. Anbei ein Geschenkeshop. 13/14 The Shambles, YO1 7LZ, ☏ 01904/654353.

The National Trust Tearoom (11), wer einen Tee trinken und dabei Gutes tun will, ist in diesem schlicht eingerichteten Café gut aufgehoben, da man mit jeder Tasse die Arbeit des National Trust unterstützt. 30 Goodram Gate, YO1 2LG, ☏ 01904/659282.

Café Concerto (12), um die Ecke vom Münster, alternativ und ungezwungen, überall Noten und Musikinstrumente, im Hintergrund wird Jazz gespielt, alle Kuchen und Snacks hausgemacht, bester Cappuccino. Abends verwandelt sich das Café in ein Bistro. Tgl. 10–22 Uhr. 21 High Petergate, YO1 7EN, ☏ 01904/610478; www.cafeconcerto.biz.

Café Harlequin (18), gut für einen günstigen Lunch, riesige Kaffee-Auswahl, der Laden versteckt sich im ersten Stock (beige Tür neben einem Wettbüro), 2 Kings Square, ☏ 01904/630631.

Betty's Café (19), Ableger der Harrogate Institution (→ Kasten S. 724), der Belmont Room wurde vom Kreuzfahrtschiff Queen Mary inspiriert. 6–8 St Helen's Square, YO1 8QP. ☏ 01904/659142. Tgl. 9–21 Uhr. Auch ein kleineres Café „Little Betty's" in 46 Stonegate, ☏ 01904/622865, So–Fr 10–17.30 Uhr, Sa ab 9 Uhr.

King's Arms (25), ein schön gelegenes Pub – direkt am Fluss kann man auf Holzbänken sein frisches Ale schlürfen. Achten Sie auf die Wassermarken der letzten Überschwemmungen. Drinnen ganz traditionell. King's Straith (am River Ouse), ☏ 01904/659435.

Black Swan (2), Peasholme Green. In dem ältesten Pub der Stadt (es gibt ungefähr sieben, die das behaupten) gibt es relativ preisgünstige traditionelle Pubküche (Hamburger und Frittiertes sowie Pies). ☏ 01904/697131, www.blackswanyork.com.

The Maltings (20), hier bekommt man unter den 60 Biersorten auch das örtlich gebraute *Black Sheep Ale* und den hochprozentigen *Ruby Tuesday Cider*. Hausgemachte Chili con Carne und dicke Pommes. Tanners Moat, ☏ 01904/655387.

Biltmore Bar & Grill (15), trendige Bar in ehemaliger Kirche dominiert von Chrom und Glas, unten eher Bistro, oben Champagnerbar und französisch inspiriertes Res-

Das Kings Arms am Fluss Ouse

taurant. Mo Ruhetag. Swinegate, ☎ 01904/610075; www.thebiltmorebarandgrill.com.
The Gallery (27), wahrscheinlich Yorks beliebtester Club, der Name stammt von dem Balkon, der Gallery, der die Tanzfläche überblickt. Im ersten Stock kommerzielle Charts und Dancemusic, unten Indie, R'n'B und Hip-Hop. 12 Clifford Street, ☎ 01904/647947.

Sehenswertes

Stadtmauer: Der beste Weg, einen ersten Eindruck von der Stadt zu gewinnen, ist ein Rundgang entlang der mittelalterlichen Stadtmauer. Der Erdwall mit der Mauer ist fast durchgängig begehbar, und man passiert auch die noch erhaltenen vier Stadttore (Bare) aus dem 14. Jahrhundert. Angeblich ist es bis heute legal, einen Schotten mit Pfeil und Bogen zu erschießen, wenn man ihn nach Sonnenuntergang innerhalb der Stadtmauern von York antrifft. Eine Sitte, die in der Praxis keine Anwendung mehr findet.

Richard III. Museum: Im Turm des größten Stadttores *Monkbar*, das noch über ein intaktes Fallgitter verfügt – an dem man sich probieren kann – befindet sich das sehenswerte Museum über Richard III., der eine wirklich faszinierende Gestalt der englischen Geschichte ist. Über das Tun und Lassen des missgestalteten „Bösewichtes", den bereits Shakespeare beschrieb, können Sie sich hier informieren. So wird er des Mordes an den Prinzen im Tower von London angeklagt, und Sie als Besucher dürfen über Schuld oder Unschuld richten.
März–Okt. tgl. 9–17 Uhr, Nov.–Febr. 9.30–16 Uhr. £ 2.50, erm. £ 1.25, Kinder frei. ☎ 01904/634191, www.richardiiimuseum.co.uk.

Micklegate Bar Museum: Jedes gekrönte Haupt des Landes ist seit 800 Jahren durch dieses Stadttor gekommen. Auf drei Stockwerken erfährt man viel über die Geschichte des Tores und der Stadt sowie die Leute, die hier zwischen 1189 und 1918 gelebt haben. Der dritte Stock ist ein Gedenkzimmer für die Leute, die hier im wahrsten Sinne des Wortes ihren Kopf verloren haben. Die Totenköpfe sind allerdings sehr realistische Kopien!

Tgl. 10–15 Uhr, £ 3.50, erm. £ 2.50, Kinder in Begleitung eines Erwachsenen frei. Das Ticket gilt für 12 Monate. ✆ 01904/615505, www.micklegatebar.co.uk.

York Minster: Das Münster von York ist nicht nur die größte gotische Kirche in England bzw. nördlich der Alpen. York ist auch der Sitz eines Erzbischofs, der gleich nach dem Erzbischof in Canterbury die zweitwichtigste Rolle in der anglikanischen Kirche einnimmt. Entsprechend hoch rangiert das Gotteshaus in der anglikanischen Kirchenhierarchie. Erst 1998 wurden das erste Mal Filmemacher eingelassen, um hier zu drehen, natürlich für den britischen Historienschinken „Elizabeth", der das Leben der gleichnamigen Königin erzählt. Schon zur Römerzeit stand an dieser Stelle das Hauptquartier des Forts, dessen Überbleibsel man im Undercroft Museum begutachten kann. Urkundlich erwähnt wurde die Kirche jedoch zum ersten Mal im Zusammenhang mit der Taufe von König Edwin von Northumbria im Jahr 627. Aus der kleinen Holzkirche wurde später ein Gotteshaus aus Stein. Nach der völligen Zerstörung der Stadt durch die Normannen errichtete der Erzbischof Thomas Bayeux um 1080 eine neue Kirche. Aus dieser Baustruktur entwickelte sich im Laufe der Jahre durch Anbauten das heutige Gebäude. Heute vereinigen sich daher unterschiedlichste Stilrichtungen zu einem prächtigen Gesamtbild.

Das im hochgotischen Stil erbaute Langhaus wurde um 1350 fertiggestellt. Am Deckengewölbe befinden sich hier täuschend echte Steinimitationen aus Holz. Man griff auf Holz zurück, da sich mit den damaligen Kenntnissen der Statik Steingewölbe noch nicht sicher bauen ließen. Das *Chapter House* (Kapitelhaus) im Decorated Style stammt aus dem Jahr 1300. Im südlichen Querschiff, das 1984 bei einem Brand fast zerstört wurde, finden sich noch frühgotische Bauelemente aus dem Jahr 1220. Sechs der Schlusssteine der Decke wurden von Kindern entworfen und zeigen Astronauten, Taucher, einen Wal und einen Hungertoten. 1404 wurde der Chor fertig, der zusammen mit dem Retrochor hinter dem Chorumgang und der Marienkapelle noch länger wurde als das Schiff, um den Wallfahrern am Grabe des heiligen William – eines Erzbischofs des 12. Jahrhunderts – Platz zu geben, der heute in der Krypta liegt. Im Chorgestühl sind Statuen der englischen Könige von Wilhelm I. bis Heinrich VI. zu sehen. Die Bauarbeiten an der gotischen Kathedrale wurden schließlich im 15. Jahrhundert beendet, als der Mittelturm und die beiden Westtürme fertig waren. Man sollte unbedingt eine Turmbesteigung (Mittelturm) mitmachen.

Besonders sehenswert sind die mittelalterlichen Glasfenster – etwa die Hälfte der noch erhaltenen mittelalterlichen Glaskunst Englands befindet sich in dem Münster. Die mehr als hundert Fenster enthalten zwei Millionen Scherben. Das älteste Buntglas stammt aus dem 12. Jahrhundert. Beim Hauptportal an der Westfassade erkennt man ein achtteiliges Fenster aus dem Jahr 1338, in das als „Heart of Yorkshire" bekannte herzförmige Muster eingelassen sind. An der Außenwand des nördlichen Querschiffes befindet sich das „Five Sisters Window" aus dem Jahr 1290 (diese Bezeichnung stammt von Charles Dickens). Ganz am Ostende des Querschiffes sieht man das Ostfenster aus dem Jahr 1408 mit Darstellungen aus dem Alten Testament. Es ist so groß wie ein Tennisplatz! Die Fensterrose im südlichen Querschiff aus dem Jahr 1500 erinnert an die Beendigung der Rosenkriege der Häuser Lancaster und York. Wie mittelalterliches Buntglas restauriert wird, erfährt man in Bedern Glazier's Studio.

Krypta: Vom Chorgestühl und dem Presbyterium aus gelangt man in die Krypta, die man unbedingt besichtigen sollte. Hier befinden sich noch Originalbauteile der normannischen Kathedrale aus dem 11. Jh.

Central Tower: Wer einen unvergesslichen Blick von York erhaschen will, sollte vom südlichen Querschiff aus die knapp 280 Stufen des Mittelturms erklimmen. Von hier kann man auch halb Yorkshire sehen.

Undercroft: In den 1960er-Jahren stellte man fest, dass die Fundamente des Baus nicht mehr sicher waren und sich die Bausubstanz zur Seite neigte. Während der nötig gewordenen umfassenden Sicherungsarbeiten fand man bei Grabungen Mauerreste aus der römischen und angelsächsi-schen Zeit. Diese kann man im unterirdischen Gewölbe *(The Foundations)* besichtigen. Hier ist auch die Geschichte des Münsters dokumentiert.

Bedern Glazier's Studio: Hier kann man den Restauratoren bei der Sanierung des Ostfensters über die Schulter gucken.

● *Öffnungszeiten* **York Minster**, Mo–Sa 9–17.30 Uhr, Nov.–März ab 9.30 Uhr. So 12–15.45 Uhr. £ 8, erm. £ 7. Der Besuch der Undercroft, Treasury und Krypta ist im Preis inbegriffen. ✆ 01904/557216, www.york minster.org. Kostenlose Führungen Mo–Sa zwischen 9–15 Uhr.

Chapter House, Treasury und Krypta, gleiche Öffnungszeiten.

Undercroft, Mo–Sa 9.30–17 Uhr, So 12.30–17 Uhr.

Central Tower, Mo–Sa 9–15 Uhr, So 12.45–15 Uhr. Im Winter ab 10.45 Uhr bis Sonnenuntergang. £ 5, erm. £ 4, Kinder £ 3 (nicht jünger als 8 Jahre).

Bedern Glazier's Studio, Mi u. Fr um 14 Uhr. £ 7.50.

St William's College: Gleich hinter dem Münster findet man auf der College Street das St William's College. Seit 1453 eine Ausbildungsstätte für Priester, wurde das College unter Heinrich VIII. säkularisiert. Karl I. deponierte hier während des Bürgerkriegs (17. Jh.) die königliche Druckerpresse und Münze. Heute dient das Gebäude als Konferenzzentrum und Restaurant, in dem man sich nach dem Besuch des Münsters stärken kann.

Treasurer's House: Dieses elegante Stadthaus aus dem 17. Jahrhundert war ursprünglich das Haus des Schatzmeisters des Münsters. Der Industrielle Frank Green restaurierte das Haus und lebte hier von 1895 bis 1930. Das Mobiliar stammt weitgehend aus dieser Zeit. Es gibt hier eine kleine Kunstgalerie mit Möbeln, Glas und Porzellan vom 16. bis 20. Jahrhundert sowie ein Café. Gegen eine Extragebühr kann man den Keller des Gebäudes besichtigen, wo der Geist eines römischen Legionärs sein Unwesen treibt.

April–Okt. Sa–So 11–16.30 Uhr. Nov. bis 15 Uhr und nur mit Führung. £ 5.40, erm. £ 2.70, Familien £ 13.50 (NT). Kellerbesichtigung Ghost Cellar: £ 2.70, Kinder £ 2.25. Chapter House Street/Minster Yard, ✆ 01904/624247.

York Art Gallery: Hier sind Werke europäischer Malerei aus sechs Jahrhunderten ausgestellt; darunter finden sich auch zahlreiche Werke englischer Künstler (z. B. Lowry, Hockney und Hepworth). Es gibt ein Café mit Tischen auf dem Exhibition Square.

Tgl. 10–17 Uhr (letzter Einlass 16.30 Uhr). Eintritt frei. Exhibition Square, ✆ 10904/687687, www.yorkartgallery.org.uk.

The Shambles: Am südlichen Ende des Goddramgate beginnt diese enge Gasse mit den mittelalterlichen Fachwerkhäusern, deren Dächer beinahe aneinander stoßen. Hier fühlt man sich in die Vergangenheit zurückversetzt. Man versuchte durch diese Bauweise, den knappen Baugrund nach oben hin auszudehnen, weshalb die Häuser überladend auf die Straße hinausragen. Die meisten der Gebäude entstanden zwischen 1350 und 1450. Zum größten Teil lebten hier Metzger mit ihren Familien: In den oberen Zimmern wohnte man, unten wurde gearbeitet, und vor der Haustüre verkaufte man die Produkte. Noch heute erinnern die zahlreichen Fleischerhaken an den Hauswänden an die einstige Metzgerstraße. In den alten Häuschen gibt es mehrere hübsche Cafés. In grausiger Erinnerung gehalten wird bis heute das Schicksal der Metzgersfrau Margaret Clitherow, die inzwischen die heilige Margaret von York ist. Sie wurde 1586 zu Tode gesteinigt, weil sie während der Reformationswirren Messe gehalten und Katholiken Zuflucht in ihrem Haus Nr. 14/15 gewährt hatte. Die Shambles münden in die Straße Pavement, wo man den Turm der All-Saints-Pavement-Kirche aus dem 15. Jahrhundert sieht. York hat noch 17 Gemeindekirchen.

Guy Fawkes – bekanntester Sohn Yorks

1570 wurde im heutigen *Young's Hotel* (Petergate) Guy Fawkes geboren. Er besuchte später die *St Peter's School* (Bootgate). Nachdem er zum Katholizismus übergetreten war, diente Fawkes als spanischer Soldat in den Niederlanden. Zusammen mit anderen Katholiken plante er den *Gunpowder Plot* (Pulververschwörung). Am 5. November 1605 wollte er in den Kellerräumen des Parlamentsgebäudes in London mit Schwarzpulver den protestantischen König Jakob I. samt Parlament in die Luft jagen. Die Verschwörung wurde jedoch aufgedeckt und der Übeltäter Fawkes im Januar 1606 hingerichtet. Seither werden vor jeder Eröffnung einer Sitzungsperiode die Keller des Parlaments nach Sprengstoff durchforstet.

Am 5. November eines jeden Jahres wird noch heute in ganz England der *Guy-Fawkes-Tag* gefeiert. Kinder basteln und verkleiden Strohpuppen und sammeln unter dem Motto „A penny for the guy" Geld für das traditionelle Feuerwerk. Am Abend werden alle Puppen feierlich auf einem Lagerfeuer verbrannt – nur nicht in der St Peter's School. Dazu gibt es das größte Feuerwerk des Jahres.

Jorvik Viking Centre: Bei Bauarbeiten entdeckte man an der Stelle dieses heutigen Museums so viele Fundstücke aus der Zeit der alten Wikingerhochburg Jorvik, dass man beschloss, direkt an dem Fundort eine Ausstellung einzurichten, die Einblick in das Leben der Wikinger bietet. Das alte Jorvik Centre wurde gerade mit einer Investition von 10 Millionen Pfund renoviert und in das 21. Jahrhundert befördert. In der interaktiven Ausstellung werden die Ausgrabungsfunde in nachgestellten Gebäuden präsentiert. Auf einem kleinen Wagen kann man sich außerdem auf eine Zeitreise von der Wikingerzeit bis heute begeben. Leider muss man oft schon beim Kartenkauf Schlange stehen, vorreservieren ist daher empfohlen. Wer Kinder hat, kann auch ein Kombiticket mit „The Dig" kaufen, bei dem die Kleinen selbst als Archäologen tätig werden können.

April–Okt. tgl. 10–17 Uhr, Nov.–März 10–16 Uhr. Vorreservierungen unter ✆ 01904/615505. £ 8.95, erm. £ 7, Kinder £ 6, Familien £ 26–29. Coppergate. ✆ 01904/543400, www.jorvik-viking-centre.co.uk. **The Dig**: St Staviour's Church, St Saviourgate, Öffnungszeiten wie Jorvik.

Roman Baths Museum: Unter dem Roman Baths Pub kann man die Ausgrabungsstätte der alten römichen Bäder von Eboracum besichtigen, die mit einigen unterhaltsamen Fakten versehen wurden. Das 1800 Jahre alte Caldarium (Dampfbad) wurde in den 1930er-Jahren bei Renovierungsarbeiten entdeckt. Zu sehen gibt es auch Repliken von Alltagsgegenständen, Waffen und Schmuck.

Tgl. 11–18 Uhr, £ 2.50, erm. £ 2, Kinder £ 1.50, Familien £ 6.50. St Sampsons Square. ✆ 07871/561172.

Yorkshire/Nordostengland

Karte S. 681

York Castle (Clifford's Tower): Von York Castle, eine der beiden Burgen, die William the Conqueror in der Stadt errichten ließ, ist nur noch der Clifford's Tower übrig. Wenn man seine 55 Stufen erklimmt, hat man einen herrlichen Blick über die Stadt. Die Burg wurde im Jahr 1190 zerstört, als nach antisemitischen Übergriffen etwa hundertfünfzig Juden hier Schutz suchten. Das Dach des Burgfrieds fiel keiner feindlichen Kanone, sondern der Explosion seines eigenen Pulvermagazins zum Opfer. Rund um den Burghügel sind drei palastartige Gebäude angeordnet, die einstigen Gefängnisse und das Schwurgericht (heute das Castle Museum). Viele Bürger protestierten zur Zeit der Recherche gegen den Bau eines neuen Einkaufszentrums Coppergate II in direkter Nachbarschaft zum Cliffords Tower.

April–Sept. tgl. 10–18 Uhr, Okt. bis 17 Uhr, sonst bis 16 Uhr. £ 3.50, erm. £ 3, Kinder £ 1.80 (EH). Tower Street, ✆ 01904/646940, www.english-heritage.org.uk/yorkshire.

Castle Museum: Eines der bekanntesten und größten Volkskundemuseen Englands. Nachgebildet sind Straßen aus der viktorianischen und edwardianischen Zeit mit Geschäften, einer Feuerwehrstation, Handwerkstudios und einem Gefängnis. Zu bestaunen gibt es auch Zimmer, die im Stil verschiedener Epochen eingerichtet sind und viele sehenswerte Details enthalten. Höhepunkt einer Besichtigung ist der *Coppergate Helmet*, ein Wikinger-Helm, der bei Ausgrabungsarbeiten gefunden wurde. Alles in allem eine gelungene und sehr sehenswerte Ausstellung.

April–Okt. tgl. 9.30–17 Uhr. £ 8, erm. £ 7, Kinder unter 16 Jahren frei. ✆ 01904/650333, www.yorkcastlemuseum.org.uk.

Barley Hall: Bis in die 1980er-Jahre noch lag Barley Hall verschüttet unter einem Gebäudekomplex von Werkstätten und Büros. Dieses mittelalterliche Stadthaus gehörte einst dem Prior von Nustell, später einem Goldschmied und Bürgermeister von York. Es wurde liebevoll restauriert und wird für Veranstaltungen und Hochzeiten genutzt.

Tgl. 10–17 Uhr (letzter Eintritt 16 Uhr), Nov.–März nur bis 16 Uhr (letzter Eintritt 15 Uhr). £ 4.95, erm. £ 3.50, Kinder £ 3, Familien £ 13.50–15. Coffee Yard zwischen Grape Lane und Stonegate. ✆ 01904/610275.

Yorkshire Museum und St Mary's Abbey: In diesem gerade für 2 Millionen Pfund sanierten Museum mitten im Botanischen Garten (nicht weit vom Bahnhof) kann man noch mehr über die Geschichte der Stadt erfahren. Präsentiert werden u. a. Funde aus der Zeit der Römer, der Angelsachsen und der Wikinger. So befindet sich hier z. B. der beim Middleham Castle ausgegrabene Middleham Jewel aus dem 15. Jahrhundert. Zu dem Museumsgebäude gehört auch ein Teil der ehemaligen St Mary's Abbey aus dem Jahr 1080. Der Abt von St Mary war berechtigt, eine Mitra zu tragen. Das gab ihm das Recht auf Sitz und Stimme im House of Lords. Im Auditorium veranschaulicht ein Film Gesehenes.

Tgl. 10–17 Uhr. £ 7, erm. £ 6, Kinder unter 16 Jahren frei. Museum Gardens, ✆ 01904/687687; www.yorkshiremuseum.org.uk.

Guildhall York und Mansion House: Das imposante Rathaus der Stadt am Ostufer des Flusses Ouse (in der Nähe der Lendal Bridge) stammt ursprünglich aus dem 15. Jahrhundert. Im Zweiten Weltkrieg wurde das Gebäude weitgehend zerstört und in den 1950er-Jahren wiederaufgebaut. Die Buntglasfenster beschreiben die Geschichte von York und groteske Gesichter schmücken die Decke des inneren Saals. Direkt neben der Guildhall befindet sich das Mansion House aus dem Jahr 1725, wo seit dem 18. Jahrhundert der Oberbürgermeister (Lord Mayor) der Stadt residiert, der für ein Jahr von der Königin als ihr Repräsentant ins Amt berufen wird. Leider ist eine Besichtigung nur nach Voranmeldung möglich.

Mansion House: kostenlose Führungen Do, Fr u. Sa 11, 12.30 u. 14 Uhr. ✆ 01904/552036. Weitere Touren kostenpflichtig. www.mansionhouseyork.co.uk. St Helen's Square.

Merchant Adventurer's Hall: Die Zunfthalle der international Handeltreibenden, die ihr Vermögen in abenteuerlichen Investitionen in Übersee riskierten – daher der Name –, wurde zwischen 1357 und 1361 gebaut und gilt als eine der schönsten in ganz Europa. Bis 1827 regierten die Zünfte die Wirtschaft und damit die Stadt, jedenfalls hier in York. Sie waren reich und mächtig geworden durch das Zollmonopol, das ihnen Elizabeth I. für alle Importe nach York außer Salz und Fisch überschrieben hatte. Handel und Handwerk wurden vollständig von den Zünften kontrolliert, sie setzten sich für eine gleichbleibende Qualität ein, gingen Beschwerden nach und regulierten die Preise. Natürlich machten sie anständige Gewinne und wurden reicher und reicher. Allerdings erwiesen sie sich auch als großzügig den Armen gegenüber. Bis 1900 befand sich daher im Gewölbe der Halle ein Hospiz, wo Bedürftige aufgenommen und versorgt wurden. Die drei Räume des Gebäudes hatten drei wichtige Funktionen: Die Halle diente als Saal für Empfänge und Feiern, das Undercroft als Hospiz und die Chapel als Ort für das Seelenheil.

April–Sept. Mo–Do 9–17 Uhr, Fr/Sa 9–15.30 Uhr, So 12–16 Uhr, im Winter Mo–Fr 9–17 Uhr, Sa bis 15.30 Uhr. £ 5, erm. £ 4, Kinder in Begleitung eines Erwachsenen frei. Fossgate, ✆ 01904/654818, www.theyorkcompany.co.uk.

York Dungeon: Zweitausend Jahre blutrünstige Geschichte werden hier detailgetreu als Geisterbahn dargestellt. Gruselig soll's sein und ist es, vor allem, wenn man bedenkt, dass alles, was man hier erlebt, tatsächlich passiert ist. Es geht um Leben oder Tod, und die Leute lieben es, wie der Erfolg der Dungeons auch in London und Edinburgh beweist.

April–Sept. tgl. 10.30–17 Uhr, Okt. bis 16.30 Uhr, Nov.–Jan. 11–16 Uhr, Febr./März 10.30–16.30 Uhr. £ 12.95, erm. £ 10.95, Kinder £ 8.95, billiger bei Vorbuchung über's Internet. 12 Clifford Street, ✆ 01904/632599, www.thedungeons.co.uk/york

Quilt Museum and Gallery: In diesem Museum im Haus einer religiösen Bruderschaft aus dem 15. Jahrhundert wird Textilkunst aus aller Welt gezeigt, der Schwerpunkt liegt auf Patchwork-Arbeiten seit dem 18. Jahrhundert, es gibt aber auch Wechselausstellungen zeitgenössischer Textilkünstler.

Di–Sa 10–16 Uhr, letzter Einlass 15.30 Uhr. £ 6, erm. £ 5, Kinder £ 2. St Anthony's Hall, Peasholme Green, ✆ 019047/613242; www.quiltmuseum.org.uk.

Eine von hundert Loks im National Railway Museum

York Brewery: Diese unabhängige Minibrauerei versteht sich auch als Touristenattraktion, weshalb man dem Herstellungsprozess, u. a. der Fermentierung, von einer Galerie aus zusehen kann. Die fünf bis sechs verschiedenen Alesorten darf man auch verkosten, z. B. das berühmteste Ale Bitter namens „Centurion Ghost" (5,4 %), das malzige „Guzzler" (3,6 %), das hopfige „Stonewall" (3,8 %) oder das Bitter „Yorkshire Terrier" (4,2 %).
Führungen Mo–Sa 12.30, 14, 15.30 und 17 Uhr, von Mai–Sept. auch So. £ 6, erm. £ 5, Jugendliche £ 3.50, Kinder unter 16 frei. 12 Toft Green, Micklegate, ✆ 01904/621162, www.york-brewery.co.uk.

National Railway Museum: Dieses größte Eisenbahnmuseum der Welt ist ein wahres interaktives Paradies für Eisenbahnfans. Mehr als 100 verschiedene Lokomotiven und zahlreiche Waggons garantieren eine vielfältige Ausstellung. Besonders sehenswert ist der luxuriöse Waggon von Queen Viktoria. Auch einer der berühmtesten Züge des Landes, der „Flying Scotsman", ist hier zu sehen. Neuestes Prunkstück ist die „Duchess of Hamilton", eine Art-déco-Lok. Durch Poster, Fotos, Filme und Objekte erfährt man Wissenswertes über den Bau und Betrieb der Eisenbahn seit dem 19. Jahrhundert.
Tgl. 10–18 Uhr. Eintritt frei. Leeman Road, ✆ 01904/686262, www.nrm.org.uk.

York Maize: Jedes Jahr von Mitte Juli bis Mitte September entsteht aus 1,5 Millionen Maispflanzen ein Irrgarten, der zu den Hauptattraktionen der Region avanciert ist. Auf dem Gelände befinden sich auch ein Spielplatz und eine Picknickecke.
Mitte Juli bis Anf. Sept. tgl. 10–18.30 Uhr (letzter Einlass 16.30 Uhr). £ 8.95, erm. £ 8.45, Kinder £ 7.95, Familien £ 32. Auf der A 64 bis zum Kreisverkehr Richtung Hull, auf die B 1228 in Richtung Elvington Airmuseum, das Labyrinth ist kurz vor dem Museum. Elvington Lane, YO19 5LT, ✆ 01904/607341, www.yorkmaze.com.

Ausflug zum Castle Howard

Castle Howard – ein herrliches Schloss aus dem 18. Jahrhundert, etwa 25 Kilometer nordöstlich von York gelegen (an der A 64) – ist heute noch immer im Besitz der Howards. Die Familie Howard, deren Hauptzweig das herzögliche Haus Norfolk bildet, hat in ihrer langen Geschichte viele Ehren auf sich vereint und eine Reihe von prominenten Gestalten hervorgebracht. Zu ihren jüngeren Zweigen gehört das Haus Carlisle, deren dritter Graf, Charles Howard, ein begüterter Mann des neuen Hochadels war, der sich gern in den Intellektuellenkreisen Londons herumtrieb. Unter den Bohemiens fand er dort einen neuen Freund, John Vanbrugh. Dieser Sohn eines Zuckerbäckers war kein Architekt, sondern hatte im Gefängnis Sittenkomödien verfasst, ein Offizierspatent bei der Marine erworben und im Schlendrian gelebt. Aber nun entwarf er aus einer Art Laune heraus dem neuen Freund einen Familiensitz, da dieser mit seinem bisherigen Baumeister in Streit geraten war. Im Gespann mit einem Mann vom Fach, Nicholas Hawksmoor, wurde 1699 mit dem Bau begonnen. Leider starb Vanbrugh vor Fertigstellung seines Meisterwerks. Für viele Besucher ist Castle Howard das schönste Schloss in England. Die großzügige Parkanlage mit ihrem Tempel der Vier Winde verleiht dem Bau einen ehrwürdigen Rahmen. Beeindruckend ist das Innere des Schlosses. Man geht durch riesige Räume, kommt vorbei an Gemälden von Gainsborough, Rubens und van Dyck und bestaunt Möbel, Porzellan und Plastiken aus den letzten Jahrhunderten. *Evelyn Waughs* Roman „Wiedersehen mit Brideshead" wurde hier verfilmt, wodurch das Gebäude vielen in Erinnerung geblieben ist.

In den alten Stallungen befindet sich heute die *Costume and Regalia Gallery*, eine große Sammlung von Kleidungsstücken aus den letzten drei Jahrhunderten.

Mitte März bis Ende Okt. tgl. 11–16 Uhr, Garten, Shop, Café und Spielplatz ab 10 Uhr, Garten bis 18.30 Uhr, Café und Shop bis 17 Uhr. £ 12.50, erm. £ 10.50, Kinder £ 7.50, Familien £ 25–32.50. ✆ 01653/648333, www.castlehoward.co.uk.

Radtour von York in den North York Moors National Park

Eine Fahrradtour für geübte Radler mit Übernachtung in Jugendherbergen führt von York über Malton hinauf in die Moors nach Whitby und Robin Hood's Bay.

Am ersten Tag geht es von York nach *Malton* (gute 30 Kilometer; nach Möglichkeit nicht auf der A 64 fahren), einer alten Römersiedlung; am Markt präsentiert ein Museum Funde aus römischer Zeit. Die Stadt mit etwa 4.000 Einwohnern besitzt mehrere Hotels. Wer nicht in der Jugendherberge übernachten kann, wird sicher etwas anderes finden.

Von Malton aus kann man am zweiten Tag *Castle Howard* (s. o.) besichtigen. Am dritten Tag geht es von Malton über *Pickering* (vgl. North York Moors) durch den Nationalpark nach *Goathland*. Dieser Abschnitt führt über die A 169, die parallel zur Eisenbahnlinie verläuft. Am vierten Tag radelt man weiter von Goathland durch das *Eskdale* nach *Westerdale*. Fünfter Tag: Von Westerdale führen mehrere Routen nach Whitby. Bei Konditionsproblemen kann man in *Castleton* samt seinem Drahtesel einen Zug besteigen. Für das Rad muss man noch einmal den halben Fahrpreis bezahlen. Am sechsten Tag geht es mit viel Muße von Whitby nach *Robin Hood's Bay*.

Hull (Kingston-upon-Hull)

Hull – eigentlich Kingston-upon-Hull – liegt an der Nordseemündung des Humber und war früher der drittgrößte Hafen Großbritanniens. Inzwischen haben ihm die petrochemischen Umschlaghäfen den Rang abgelaufen.

Der Spruch „Hull is dull" stimmt nur noch in mancher Hinsicht. Auf den ersten Blick ist Hull eine relativ unattraktive, flach gelegene Stadt umgeben von Farmland und kleinen Dörfern mit viel Verkehr und einem Ruf, „tough guys" hervorzubringen, harte Kerle. Doch macht auch diese nördliche Metropole eine Metamorphose ins 21. Jahrhundert durch, die gigantische Investitionen im Stadtzentrum und den angrenzenden Wasserwegen mit sich bringt. Im Herzen der Altstadt liegt der hübsche *Trinity Square* mit seinen Markthallen, der Kirche und der alten Grammar School, sowie den kopfsteingepflasterten *Saville Street* und *George Street* mit ihren Designer-Geschäften und urigen Pubs. Den Queen Victoria Square überragen die Kuppeln des *Maritime Museums* und der *City Hall* von 1903. Die benachbarten *Queens Gardens* füllen das einst größte Hafenbecken der Stadt, das *Queens Dock*. Hauptattraktion der Innenstadt nicht nur für Shopoholics ist das von Sir Norman Foster entworfene *St Stephen's Shopping Centre* gleich bei der Transport Interchange. Wer abends ausgehen möchte, sucht inzwischen die regenerierte *Waterfront* oder noch besser das 1,5 Meilen entfernte Vergnügungsviertel *Princes Avenue* („das Notting Hill von Hull") in der Nähe der Universität auf, wo sich rund 30 Cafés, Bars und Restaurants angesiedelt haben. Für Kulturinteressierte gibt es in Hull ein breites Angebot von acht Museen (alle mit freiem Eintritt). Die Verwandlung ist so radikal, dass die Tageszeitung *Guardian* Hull kürzlich unter den Top 15 der sehenswerten Städte Englands platziert hat.

Die erste Siedlung am Zusammenfluss des Hull und Humber wurde von Mönchen der Zisterzienserabtei Meaux Abbey im 12. Jahrhundert gegründet, um die Wolle zu verschiffen, die sie produzierten. Als Eduard I. auf seiner Kampagne gegen die Pikten in Schottland 1293 hier Rast machte, erkannte er das Potential des Seehafens, kaufte ihn den Mönchen gegen den üblichen königlichen Rabatt ab, und Hull wurde als „Kinges town upon Hull" bekannt. Der Schiffsbau und der Handel waren in der Folgezeit die wichtigsten Einnahmequellen. Im Jahr 1642 weigerte sich die Stadt, Karl I. Zutritt zu gewähren, womit bereits dem späteren Bürgerkrieg vorgegriffen wurde. Ende des 18. Jahrhunderts wurde in Hull die erste Marineschule der Welt gegründet, und bis ins 19. Jahrhundert war der Walfang eine der Haupteinnahmequellen der hiesigen Schifffahrt.

Im Zweiten Weltkrieg wurde Hull von deutschen Bombern fast völlig zerstört. Zwar waren an der Küste riesige Verteidigungsanlagen erbaut worden, doch hielten sie den Luftangriffen nicht stand. 1981 entstand die *Humber Bridge*, damals die größte Einzelspann-Hängebrücke der Welt, die noch heute wirklich sehenswert ist.

Information/Verbindungen/Diverses

● *Information* **Hull Tourist Information Centre**, ausreichend Informationsmaterial, Stadtplan, Busfahrplan, Zimmernachweis, Veranstaltungskalender, Theaterkasse usw. Außerdem Auskünfte über die Fährverbindungen. Von hier gibt es für £ 3.50 auch Führungen. 1 Paragon Street, Hull, North Humberside HU1 3NA, ℡ 01482/2235599, tourist.information@hullcc.gov.uk, www.hullcc.gov.uk/visithull. Für die Region:

www.visiteastyorkshire.com.

● *Verbindungen* **Bus** – Lokale Busse, Überlandbusse und Züge fahren alle von Hull's nagelneuer „Paragon Transport Interchange". Hier befindet sich auch das örtliche Travel Centre. Der National Express verbindet in regelmäßigen Abständen mit London Victoria, York und anderen großen Städten ✆ 08717/818178. Auskünfte über örtlichen Busverkehr von Bus Call: ✆ 01482/222222.

Zug – Paragon Interchange, Ferensway; regelmäßige Verbindungen nach London King's Cross (2 Std. 45 Min.), Newark und Doncaster. Nach Lincoln muss man in Doncaster umsteigen. Regelmäßige Verbindungen auch nach York, Leeds und Scarborough. Die Verbindung von London nach Hull wird von den Hull Trains bedient. ✆ 08450/710222, www.hulltrains.co.uk.

Fähren – Vom King George Dock östlich des Stadtzentrums starten Passagierfähren (P&O Ferries) zum Kontinent (Rotterdam in Holland, Zeebrugge in Belgien), ✆ 08716/645645. Vom Terminal fährt ein Shuttle-Bus ins Zentrum.

Flugzeug – Nationale Flüge landen auf dem Humberside International Airport (Fahrtzeit 30 Min.), der Stagecoach X1 „Humber Flyer" fährt stündlich in die Innenstadt von Hull. ✆ 01652/688456, www.humbersideairport.com.www

● *Fahrräder* Hull besitzt 90 km Fahrradwege, und man kann eine Radkarte (*Cycle Map*) von der Touristeninformation erhalten.

● *Stadtrundgänge* Zwischen April und Oktober werden täglich (14 Uhr, So auch 11 Uhr) verschiedene **Führungen** angeboten; sie starten an der Tourist Information. Außerdem erhält man dort verschiedene Faltblätter über Rundgänge, die man auf ei-

gene Faust unternehmen kann, z. B. den **Fish Trail** oder den **Hull Ale Trail**, eine Tour durch historische Kneipen.

● *Einkaufen* **St Stephen's Shopping Centre**, Hulls neue „High Street" mit 50 Markennamen unter einem Dach, Restaurants, dem Multiscreen-Kino „Reel" und einer Bingo Halle. **Princes Quay Shopping Centre**, gläsernes Einkaufszentrum auf rund 500 Stelzen gegenüber dem Jachthafen, www.princes-quay.co.uk. **Prospect Centre**, zwischen Prospect, West und Brook Streets, beherbergt u. a. Kaufhäuser wie Debenhams und House of Fraser. In der **Hepworth's Arcade** gibt es gute Secondhand-Klamotten.

● *Märkte* Mi und So 8–14 Uhr, einer der größten Wochenmärkte Nordenglands am Park & Ride Walton Street beim KC-Stadion mit fast 300 Ausstellern. Überdachter Markt am Trinity Square.

● *Post* Im Prospect Centre bei WHSmith.

● *Theater* **Hull New Theatre**, vielfältiges Angebot an Musicals, Opern, Ballettveranstaltungen und Konzerten. Kingston Square, ✆ 01482/226655, www.hullcc.gov.uk/hullnewtheatre.

Hull Truck Theatre, Ort für Theater, Musik und vor allem Comedy. Spring Street, ✆ 01482/323638; www.hulltruck.co.uk.

● *Konzert* **Hull Arena**, auf der Westseite des Humber (in einiger Entfernung zur Stadt) befindet sich die Konzerthalle, in der die gängigen großen Bands spielen. Kingston Street, HU1 2DZ, ✆ 01482/325252. Tickets: www.digyorkshire.com.

● *Kino* **Odeon**, Kingston Park, ✆ 0871/2244007; www.odeon.co.uk.

● *Veranstaltungen* **Hull Fair**, großer Rummel seit 1279 im Oktober.

Ü̲bernachten/E̲ssen/T̲rinken (siehe K̲arte S̲. 749)

● *Übernachten* Um den Bahnhof herum liegen die teuren Hotels. Viele B & Bs gibt es vor allem in der Spring Bank West und in der Beverley Road.

*** Portland Hotel (14), Nachkriegsbau in der Stadtmitte mit 126 Zimmern. EZ ab £ 55 pro Person (preiswerte Wochenendtarife), DZ £ 55–99. Paragon Street, HU1 3JP, ✆ 01482/326462, ✆ 01482/213460, www.portland-hull.com.

*** Holiday Inn Hull Marina (20), am Jachthafen gelegenes Komforthotel mit Pool und Sauna im Spirit Health Club. B & B

£ 39–99. Castle Street North, HU1 2BX, ✆ 0871/9429043, ✆ 01482/386325, www.holidayinn.co.uk.

** Dorchester Hotel (3), komfortables Hotel. B & B im EZ ab £ 40, DZ ab £ 50. 273/277 Beverly Road, ✆ 01482/343276, ✆ 01482/444924.

**** Village Hotel & Leisure Club Hull (19), Beliebte Hotelkette mit 116 Zimmern und Zugang zu Schwimmbad und Sauna, ruhige Lage am River Humber. EZ £ 65–99, DZ £ 69–119. Henry Boot Way, Priory Park, HU4 7DY, ✆ 0844/8472974, aus dem Ausland 01239/758089, www.village-hotels.co.uk.

Yorkshire/Nordostengland

Karte S. 681

Dowthorpe Hall Bed and Breakfast (1), Landlady Caroline Holtby hat Geschmack, sie ist Gartendesignerin, kocht für ihr Leben gern und züchtet ihr eigenes Gemüse. Daher sollte man es nicht versäumen, hier auch zu Abend zu essen. Die Herberge ist ein georgianisches Landhaus nördlich von Hull an der A 165 nach Bridlington. EZ £ 50, DZ £ 80–90. Skirlaugh, HU11 5AE, ✆ 01964/562235, 🖷 01964/563900, www.downthorpehall.com.

Acorn Guest House (2), gehobenes B & B 3 km außerhalb der Stadt. Garage für Fahrräder und Motorräder, man kann im Garten sitzen. EZ £ 50, DZ £ 60. 719 Beverly Road, HU6 7JN, ✆ 01482/853248, 🖷 01482/853148, www.acornguesthousehull.com.

The Allandra Hotel (4), einfaches Gästehaus in einer viktorianischen Stadtvilla im neuen Szeneviertel. Achtung: schmale englische Betten. EZ £ 28–32, DZ £ 42–45. 5 Park Avenue, Prince's Avenue, HU5 3EN, ✆ 01482/493349, 🖷 01482/492680, www.allandrahotel.co.uk.

• *Jugendherberge* Die nächste Jugendherberge befindet sich in Beverley.

• *Essen/Trinken* Eine riesige Auswahl an trendigen Restaurant-Bars befinden sich in der **Prince's Avenue**, z. B. Dukes Café-Bar, Pave, Sleepers-Bar, oder Lounge & Garbutts.

Ye Olde White Harte (18), planen Sie bei einem mittäglichen Stadtbummel einen Besuch in diesem Pub mit ein. In dem uralten Haus aus dem 16. Jahrhundert mit offenem Kamin herrscht viel Atmosphäre. Im ersten Stock wird gängiges Pub-Essen serviert. 25 Silver Street, HU1 1JG, ✆ 01482/326363.

Cerutti's (21), Hulls bekanntestes Restaurant, das für sein Fischmenü zu verträglichen Preisen geschätzt wird. Der Italiener liegt nahe am Wasser am Old Pier in der Nelson Street Nr. 10, HU1 1XE, Mo–Fr 12–14 Uhr u. Mo–Sa 18.45–21.30 Uhr. ✆ 01482/328501, www.ceruttis.co.uk/hull.php.

Hitchcock's (17), ausgezeichnetes vegetarisches Buffet-Restaurant, auch für Veganer. Fair-Trade-Tee und Kaffee. Mehrere Räume über einer alten Schmiede. Speisen aus aller Welt, der erste Anrufer, der einen Tisch bestellt, bestimmt, was gegessen wird: chinesisch, japanisch, spanisch etc. £ 15/Person, für £ 1 Korkgebühr kann man seinen eigenen Wein mitbringen. Di–Sa ab 20 Uhr. 1 Bishop Lane, Highstreet, ✆ 01482/320233; www.hitchcocksrestaurant.co.uk

Mimosa (5), beliebtes türkisches Restaurant, ab und zu gibt es Bauchtanz, an den gelben Wänden hängen moderne Gemälde mit mediterranen Motiven. Das „Feast of the Sultan" (2 Personen) ist reichhaltig und für £ 18.50 zu haben. 406–408 Beverley Road, HU5 1LW, ✆ 01482/474748; www.mimosahull.com.

Mr Chu's China Palace (15), das größte chinesische Restaurant des Landes mit Blick auf den Fluss Humber. St Andrews Quay, HU3 4SA, ✆ 01482/222288.

Fudge (6), Café und Restaurant mit urbanem Charme, toller Brunch am Wochenende. Mo Ruhetag. 93 Princes Avenue. ✆ 01482/441019; www.fudgecafe-restaurant.com.

Pave Bar (9), entspannte Café-Bar mit Lesungen, Ausstellungen, Live-Jazz und natürlich mit saisonorientierter Speisenkarte. 16–20 Princes Avenue, HU5 3QA, ✆ 01482/333181, www.pavebar.co.uk

Minerva Hotel (22), Pub mit Billiardtisch, von hier aus hat man einen guten Blick über den Jachthafen, besonders von der Außenterrasse. Riesige Kabeljauportionen. Sa/So abends kein Essen. Nelson Street, ✆ 01482/326909, www.minervapub.com.

New Garden (16), chinesisch, kantonesisch, auch zum Mitnehmen. In derselben Straße gibt es noch weitere recht ansprechende Restaurants. 15 Anlaby Road, HU1 2PJ, ✆ 01482/326417.

Operetta (13), hier gibt es italienische Küche von Pizza bis Pasta. 56–58 Bond Street, HU1 3EN, ✆ 01482/218687.

• *Nachtleben* **Fuel (11)**, Club mit funky Housemusic am Abend, schwulenfreundlich (metrosexuell), gutes Angebot an Cocktails und Shooters in der Progaganda Bar, freier Eintritt. 6 Baker Street, ✆ 01482/228436, www.fuel-hull.co.uk.

New Adelphi (7), Club für Underground-Live-Musik. 89 De Grey Street; ✆ 01482/348216, www.theadelphi.com.

The Sugar Mill, Club am Prince's Dock in einem alten Warenlager. 7 Bars auf drei Etagen, die mit unterschiedlicher Musik aus neuestem Soundsystem beschallt werden. Dagger Lane, ✆ 01482/227222; www.sugarmillhull.co.uk

Pozition (12), hier gibt's außer zwei Tanzflächen auch einen Rooftop Garden, sechs Bars und ein Café. 135–141 George Street, ✆ 01482/323643; www.pozition.co.uk.

Essen & Trinken

5 Mimosa
6 Fudge
9 Pave Bar
13 Operetta
15 Mr Chu's China Palace
16 New Garden
17 Hitchcock's
18 Ye Olde White Harte
21 Cerutti's
22 Minerva Hotel

Übernachten

1 Dowthorpe Hall B&B
2 Acorn Guest House
3 Dorchester Hotel
4 The Allandra Hotel
14 Portland Hotel
19 Village Hotel & Leisure
   Club Hull
20 Holliday Inn Hull Marina

Nachtleben

7 New Adelphi
8 The Lamp
10 Welly Club
11 Fuel
12 Pozition

The Lamp (8), cooler Club mit bekannten DJs in alter Polizeistation. Viele Live-Gigs. 2 Norfolk Street, ✆ 01482/326137.

Welly Club (10), der richtige Club für jeden Geschmack. Unten Lounge und Ballroom mit House und Dance Music, oben Tanzfläche, wo Indie und Rock aufgelegt wird. Tortzdem keine Turnschuhe und Kapuzenpullover. 105–107 Beverley Road, ✆ 01482/221113; www.giveitsomewelly.com.

Sehenswertes

Humber Bridge: Wer mit dem Auto von Südosten kommt, kann direkt über die gigantische Humber Bridge fahren (1.410 m, die Golden Gate Bridge in San Francisco misst nur 1.280 m). Zur Zeit der Fertigstellung (1981) war sie die größte Einzelspann-Hängebrücke der Welt und kostete schlappe 91 Mio. Pfund. Die Türme sind je 155 Meter hoch, und das tragende Kabel besteht aus fast 15.000 ineinander gedrehten Stahlseilen. Die hier verarbeiteten Seile würden ausgerollt eineinhalbmal die Erde umspannen. Man kann auch als Fußgänger über die Brücke wandern, die heute nur noch die fünftlängste der Welt ist, aber die längste zu Fuß überquerbare Hängebrücke bleibt. Wer sie sich nur einmal anschauen möchte, tut dies am besten vom angrenzenden Country-Park, in dem sich ein Café und auch die Tourist Information befindet, wo ein Video über den Bau der Brücke läuft. Mit dem Auto kostet die Überquerung £ 2.70.

Humber Bridge, Tourist Information, Northbank Viewing Area, Ferriby Road, ✆ 01482/640852, humberbridgetic@eastriding.gov.uk; www.humberbridge.co.uk.

*Wo früher die Fähre die beiden Ufer verband, überspannt heute
die längste Hängebrücke der Welt den Humber*

The Deep: Viele Besucher fahren erst gar nicht nach Hull hinein, sondern kommen
gleich zu dieser Touristenattraktion am River Humber südlich des Zentrums, die
sich als das weltweit einzige „Submarium" vermarktet. Das futuristische Gebäude
ist um einen riesigen Aquariumtank gebaut und will die Geschichte des Ozeans
vom Big Bang bis heute repräsentieren. Computergesteuerte interaktive Infopunkte
erklären die Entstehung der Meere, man kann ein U-Boot steuern oder zehn Meter
unter der Oberfläche durch einen „Viewing Tunnel" laufen und die künstliche
Unterwasserwelt bestaunen. Es geht vom seichten Strand bis tief zum Meeres-
grund, von der Polar Gallery zum Amazonas. Das größte Aquarium enthält 2,5
Millionen Liter Wasser, 87 Tonnen Salz und hat sogar einen gläsernen Fahrstuhl.
Drinnen schwimmen 19 verschiedene Arten von Haien, z. B. Sand-, Tiger- oder
Leopardenhaie. Vom Café aus kann man die braunen Gewässer der Humber Flussmündung überblicken. Das Restaurant „Two Rivers" ist freitags und samstags
abends ab 19 Uhr zum Dinner geöffnet.
Tgl. 10–18 Uhr, letzter Einlass 17 Uhr. £ 9.50, erm. £ 8, Kinder £ 7.50, Familien £ 30/36. Ein-
gang Citadel Way. ℡ 01482/381000, ✉ 01482/381018, www.thedeep.co.uk.

Holy Trinity Church: Vom Jachthafen in Richtung Osten gelangt man in die Altstadt. Die Holy Trinity Church ist eine der größten Gemeindekirchen Englands
(wenn man das Gelände, auf dem sie steht, hinzurechnet). Sie wurde bereits 1285
gegründet und hat noch Mauerwerk sowie Glasmalereien aus dem Mittelalter vorzuweisen. Das Mauerwerk stammt überwiegend aus dem 15. Jahrhundert.
Di 11–15 Uhr, Mi–Fr 12–14 Uhr, Sa 9.30–12 Uhr. Market Place, ℡ 01482/324835, www.holy-
trinity.org.uk.

Market Place: Südöstlich der Kirche steht ein architektonisches Kleinod, das zu besichtigen den Herren vorbehalten ist. Seit 1902 können sich diese in wunderschönen Art-Nouveau-Toiletten erleichtern. Gleich daneben steht die Statue König

Wilhelms III. auf dem Sockel. Wilhelm von Oranien war der König, der aus seinem heimatlichen Holland den Gin nach England brachte.

Museum Quarter

Die innenstädtischen Museen von Hull, die sich überwiegend in der High Street befinden, wurden jüngst mit Lotteriegeldern zum *Museum Quarter* zusamengefasst:

Hull Maritime Museum: In diesem Museum bei den Queens Gardens ist alles ausgestellt, was mit der langen Seefahrtstradition der Stadt zu tun hat (Schiffsbau, Fundstücke vom Meeresboden, Walfangausrüstungen etc.). Untergebracht ist das Ganze in dem beeindruckenden Gebäude der ehemaligen *Town Docks Offices* direkt in der Stadtmitte.
Mo–Sa 10–17 Uhr und So 13.30–16.30 Uhr. Eintritt frei. Queen Victoria Square, ☎ 01482/613902.

Ferens Art Gallery: Gleich gegenüber vom Maritime Museum befindet sich diese Kunstausstellung. Zu besichtigen sind Porträts aus dem 18. und 19. Jahrhundert (von Malern wie Constable und Canaletto) sowie moderne Kunst (David Hockney).
Mo–Sa 10–17 Uhr und So 13.30–16.30 Uhr. Eintritt frei. ☎ 01482/613902. Oft Führungen zu den Highlights zwischen 10.30 und 15.30 Uhr.

Hull and East Riding Museum: Am südlichen Ende der High Street beim River Hull befindet sich in der alten Corn Exchange der Stadt dieses Museum über die Geologie und Naturgeschichte des östlichen Yorkshire mit vielen Ausgrabungsstücken von der Römerzeit bis heute.
Mo–Sa 10–17 Uhr und So 13.30–16.30 Uhr. Eintritt frei. ☎ 01482/613902.

Street Life, Hull's Museum of Transport: Nächster Anlaufpunkt in der High Street ist diese interaktive Ausstellung, die zweihundert Jahre Geschichte der Fortbewegungsmittel in Hull dokumentiert. Durch Nachbauten von Straßen der 1930er-Jahre gewinnt das Ganze an Authentizität, man kann sich einen simulierten Postkutschenritt unternehmen.
Mitte April bis Okt. Mo–Sa 10–17 Uhr, So 13.30–16.30 Uhr. Eintritt frei. ☎ 01482/613956.

Arctic Corsair: Gleich hinter dem Street Life Museum hat auf dem Fluss Hull zwischen Drypool Bridge und Myton Bridge dieser Fischkutter festgemacht, der in den arktischen Gewässern auf Walfang ging. Die Jagd auf die Riesen der Ozeane war ein hartes Gewerbe. Die Besatzung der Fangschiffe wurde sehr klein gehalten, denn man hatte nur bedingt Raum für Proviant und brauchte Platz für die kostbare Fracht. Wer hier anheuerte, musste sowohl Seemann als auch Fischer sein und war unglaublichen Entbehrungen ausgesetzt. Oftmals wurden die Kutter für Wochen im Packeis eingeschlossen oder in Kämpfe mit anderen Walfangflotten verstrickt.
Ostern bis Okt. Mi + Sa 10–16.30 Uhr (letzte Führung 15 Uhr), So 13.30–16.30 Uhr (letzte Führung 15 Uhr). Eintritt frei. Besichtigung nur per Führung. ☎ 01482/613902, www.arctic-corsair.co.uk.

Wilberforce House: Etwas weiter nördlich (am Fluss Hull) steht ebenfalls in der High Street auch das Wohnhaus von William Wilberforce, einem ehemaligen Parlamentsabgeordneten. Er war zu Beginn des 19. Jahrhunderts der bedeutendste Verfechter der Abschaffung der Sklaverei in England. England handelte damals mit Sklaven, die als billige Arbeitskräfte in der Neuen Welt benötigt wurden. Über dieses traurige Kapitel der Geschichte gibt es hier viel zu sehen. Außerdem kann man sich in dem Haus schöne Silber-, Kleider- und Möbel-Kollektionen anschauen. Neu ist die Galerie zum Thema westafrikanische Kultur und Sklaverei sowie die Bibliothek mit 144 seiner privaten Bücher.
Mo–Sa 10–17 Uhr und So 13.30–16.30 Uhr. Eintritt frei. www.hullcc.gov.uk/wilberforcehouse.

Yorkshire/Nordostengland
Karte S. 681

Spurn Lightship: Im Jachthafen an der Castle Street liegt dieses 75 Jahre alte Schiff, das früher mit seinen leuchtturmartigen Scheinwerfern den Schiffen von *Spurn Head* (s. u.) aus den Weg in den Hafen wies.

Ostern bis Okt. Mo–Sa 10–17 Uhr, So 13.30–16.30 Uhr. Eintritt frei. Marina, Castle Street, ✆ 01482/300300.

Umgebung von Hull

An der Küste liegen die Badeorte Bridlington, Withernsea und Hornsea mit stilvollen Promenaden und goldenen Sandstränden. Dramatische Küstenabschnitte mit rauen Klippen und Leuchttürmen finden sich bei Flamborough Head und Spurn Head. Im Inland erwarten Sie die Münsterstadt Beverley sowie die grünen Hügel, blumenbedeckten Täler, Flüsse und Wälder der Yorkshire „Wolds".

Spurn Head: Für Freunde von rauer See und Dünen! Die schmale Halbinsel reicht vier Kilometer hinaus in die Humbermündung und ist manchmal kaum breiter als die darüber führende Straße. Mindestens 22 Dörfer sollen an diesem Teil der Küste schon Raub der Wellen geworden sein, und die Küste bröckelt und bröckelt. Spurn Head gilt als wichtiges Vogelschutzgebiet. Autofahrer müssen eine geringe Gebühr bezahlen, wenn sie hineinfahren wollen. Schöner ist jedoch ein Spaziergang die raue Nordseite bis zur Spitze hinauf, um den weiß-schwarzen Leuchtturm herum und auf der windgeschützten Humberseite wieder zurück. Die Menschen, die hier leben, arbeiten zumeist als Lotsen und Großbritanniens einzige Vollzeit-Rettungsbootmannschaft steht hier bereit, sollte jemand in Seenot geraten. Nach Spurn Point gibt es von Mitte April bis Ende Oktober einen Ranger Bus Service (Nr. 73) von Withersea.

Blue Bell Visitor Centre Spurn National Nature Reserve: Ganzjährig am Wochenende, in der Hauptreisezeit tgl. außer Fr geöffnet. Gebühr für Autos: £ 3. ✆ 01904/650139. Im *Crown and Anchor Inn* kann man sich erfrischen.

Beverley: Ebenfalls interessant ist ein Aufenthalt in der mittelalterlichen Marktstadt Beverley nördlich von Hull mit ihrem *Münster* aus dem 13. Jahrhundert, dem Nachfolgebau eines Klosters aus dem 8. Jahrhundert, und der Kirche St Mary. Im Münster, einem feingliederigen Bau mit drei Schiffen und zwei Querhäusern im gotischen Perpendicular-Stil, befand sich der Schrein des Stadtgründers, des heiligen John of Beverley, der viele Wallfahrer hierher zog. Heute ist Anziehungspunkt die Grabkapelle der Percys, die als Grafen von Northumberland eine der mächtigsten Adelshäuser Englands waren. Heinrich V. kam hier nach der Schlacht von Agincourt 1415 zum Dankgottesdienst. Das Minster dient als Veranstaltungsort des Early Music Festivals im Mai. In der gotischen St Mary's Church, die ursprünglich als Kapelle für das Minster gebaut wurde (1120–1525), beeindrucken vor allem die Holzschnitzereien. So gibt es etwa 34 Musiker und unzählige Tiere im Gotteshaus zu entdecken. Die Decke ist verziert mit Malereien von vierzig englischen Monarchen aus der Zeit vom 7. bis 15. Jahrhundert, inklusive einiger legendärer Könige wie zum Beispiel Brutus. Das historische Stadtzentrum ist noch gut erhalten, so dass sich ein Rundgang durchaus lohnt. Samstags ist hier Markttag.

● *Information* **Tourist Information Centre,** 34 Butcher Row, Beverley, North Humberside HU17 0AB, ✆ 01482/391672; beverley.tic@ eastriding.gov.uk. Hier auch gutes Material zum Wandern, z. B. auf dem Yorkshire Wolds Way (125 km von Filey nach Hessle) oder dem Trans Pennine Trail.

● *Verbindungen* **Bus** – Busbahnhof am Sow Hill, NatEx verbindet einmal täglich mit York und Carlisle. Die Nahverkehrsbusse fahren regelmäßig nach Hull. ℡ 01482/327146.

Zug – Bahnhof am Station Square; regelmäßige Verbindungen nach Hull und Scarborough.

• *Jugendherberge* **Beverley Friary**, schöne Herberge in einem mittelalterlichen Dominikanerkloster. 34 Betten in drei Zimmern; Ab £ 14 pro Person, unter 18 J. ab £ 10.50. Friar's Lane, HU17 0DF, ℡ 0845/3719004, 🖃 01482/880118, www.yha.org.uk.

• *Übernachten/Essen/Trinken* **Lazaat Restaurant Bar & Hotel**, elegantes Boutique-Hotel in umgebautem georgianischem Farmhaus mit Designer-Bar und Restaurant. Panasiatische Küche mit persischem

Einfluss. Die Zimmer sind groß und extravagant. EZ £ 60–95, DZ £ 60–110. Woodhill Way, Cottingham, HU16 5SX, ℡ 01482/847900, 🖃 01482/844299, www.lazaat.com.

• *Öffnungszeiten* **Beverly Minster**: Mai–Aug. tgl. 9–17.30 Uhr, März, April, Sept., Okt. bis 17 Uhr, im Winter bis 16 Uhr. Spende von £ 2 erbeten. Tgl. Führungen, Roof-Tours Mo 14.15, Do–Sa 11.15 u. 14.15 Uhr. Jeweils £ 5, beide £ 7. ℡ 01482/868540, www.beverleyminster.org.
St Mary's Church: Mo–Fr 9.30–16.30 Uhr, Sa 10–16 Uhr, So 14–16 Uhr, Winter Mo–Fr 9.30–12 Uhr u. 13–16 Uhr. Eintritt frei. ℡ 01482/865709, www.stmarysbeverley.org.uk.

Hornsea: Ein ehemaliges Schmugglernest an der Nordsee, das besonders Angler und Sportfischer anzieht, liegt es doch zugleich am Meer und an einem der größten Süßwasserseen Englands, dem Hornsea Mere. Hier sollen um die 250 Vogelarten leben, von denen 65 auch hier brüten. Die Einwohner von Hornsea pflegen bis heute das Töpferhandwerk. In den vergangenen Jahren ist die *Hornsea Pottery* zwar stark für Besucher aufgepeppt worden (Teegarten, Minigolfanlage, Minizoo usw.), aber die Preise für die überall in England erhältliche Hornsea-Keramik sind hier dennoch so niedrig geblieben wie nirgendwo sonst. Im Verkaufsraum findet man auch Ware zweiter und dritter Wahl, die meist kaum sichtbare Fehler aufweist und bedeutend billiger ist. Man kann auch bei der Herstellung zuschauen.

Information **Tourist Information Centre**, April–Sept., So geschl. 120 Newbegin, Hornsea, North Humberside HU18 1PA, ℡ 01964/536404; hornsea.tic@eastriding.gov.uk.

Bridlington

Bridlington ist ein Seebad an der Nordseeküste mit einem historischen Hafen, der über 900 Jahre alt ist. Hier gibt es die typisch englischen Amüsements und eine lange Uferpromenade. In der Altstadt findet man ein paar enge Gassen und eine schöne gotische Marienkirche, die aus einem Augustinerkloster hervorgegangen ist. Für die Sonnentage des Jahres stehen zum Baden zwei schöne Sandstrände zur Verfügung, zwischen denen der alte Fischerhafen liegt. Auf der Kaimauer sitzen die Angler und lassen sich den Wind um die Ohren pfeifen, während die Fischer im Schutz der Bucht ihre Netze flicken. Aus den Restaurants an der Hafenstraße kann man das Treiben gut beobachten. In der Nähe befindet sich am *Kap Flamborough Head* ein bekanntes Vogelreservat. Von fünf Klippenstationen lassen sich Dreizehenmöven, Papageientaucher, Tölpel und weiße Seeraben beobachten, im Sommer auch vom Boot aus.

• *Information* **Tourist Information Centre**, 25 Prince Street, Bridlington, North Humberside YO15 2NP, ℡ 01262/673474, bridlington.tic@eastriding.gov.uk. www.bridlington.co.uk.

• *Verbindungen* **Busse** fahren ab Princess Street. Nahverkehrsbusse nach Hull und Scarborough. Der National Express verbindet einmal täglich mit York, Leeds, Manchester und Liverpool.

Zug – Hauptbahnhof an der Station Approach. Stündlich Bahnverbindungen nach Hull und Scarborough.

• *Einkaufen* Die kopfsteingepflasterte georgianische Hauptstraße ist voller Antiquitätengeschäfte, Kunstgalerien und Tearooms.

• *Kultur* Bridlingtons Kurkomplex **„Bridlington Spa Theatre and Royal Hall"** von 1896 beherbergt ein edwardianisches Theater

Yorkshire/Nordostengland Karte S. 681

und einen Ballsaal aus den 1930er-Jahren. Die Anlage ist kürzlich wunderschön renoviert worden und wird für Theater, Tanz, Comedy und Sportveranstaltungen genutzt. South Marine Drive, YO15 3JH, ✆ 01262/678258; www.eastriding.gov.uk/leisure/tourism/thespa/whatson.html.

• *Übernachten* **The Bay Court Hotel**, Hotel gegenüber vom North Beach, etwas „old fashioned". B & B ab £ 29.50/Person. 35a Sands Lane, YO15 2JG, ✆ 01262/676288, www.baycourt.co.uk.

• *Camping* **North Bay Leisure Park**, ruhig gelegener Caravan-Park. März bis Ende Okt. geöffnet. Nur statische Caravans zu mieten für £ 38–55 pro Nacht. Limekiln Lane, YO16 67TG, ✆ 01262/673733, ✆ 01262/401851. www.northbayleisurepark.com.

Woldgate Trekking and Livery Centre, kleiner Campingplatz bei einer Reitschule mit Standard-Ausstattung. Drei Kilometer bis zum Strand. Stellplatz für Zelt £ 10. 14 Woldgate, ✆ 01262/673086, www.woldgatetrekking.co.uk.

David Hockney: Meet the Artist

Es kann Ihnen passieren, dass Sie beim Wandern in den Yorkshire Wolds einen älteren Herrn mit Staffelei antreffen. Seit einigen Jahren widmet niemand Geringeres als *David Hockney*, einer der bekanntesten britischen Pop-Art-Rebellen des 20. Jahrhunderts, sein Œuvre der Countryside Ost Yorkshires. Anläßlich seines 70. Geburtstages waren einige dieser lichtdurchfluteten Landschaftsbilder in der Tate Britain in London zu sehen. Schon als Jugendlicher verbrachte Hockney viele Sommerferien hier, um als Landarbeiter etwas Geld dazu zu verdienen. Später kam er oft in die Region, um seine Mutter und Schwester Margaret zu besuchen, die noch immer in Bridlington wohnt. Zum Thema seiner Bilder allerdings hat der Künstler die Landschaft Ost Yorkshires erst in den letzten zehn Jahren gemacht, deren weite Blicke er mit dem von ihm so geliebten amerikanischen Westen vergleicht. Viele der Gemälde, wie etwa die „four seasons" (Vier Jahreszeiten) hat er von ein und demselben Fleckchen in den Woldgate Woods gemalt (siehe auch Bradford, Salt's Mill).

Sehenswertes in der Umgebung von Bridlington

Flamborough Head: Machen Sie mal einen Spaziergang etwa sechs Kilometer an der steilen Kalksteinküste entlang zum Flamborough Head (120 m). Hier stößt die Küste wie ein spitzes Horn ins Meer vor und bildet eine der dramatischsten Steilküsten Englands. Der Name verrät, dass hier schon immer ein Leuchtturm gestanden haben muss, und er ist noch immer da, inmitten der rauen Hügellandschaft. Außer dem Leuchtturmwärter trifft man hier nur noch einige Camper, die jedem Wind und Wetter trotzen. Gleich neben dem Campingplatz liegt ein Golfplatz. Hier kann man die Geschicklichkeit einiger Engländer bewundern, die trotz stürmischen Wetters den Ball zielsicher von Loch zu Loch schlagen. Am South Landing, Flamborough, steht ein altes Herrenhaus, von dem man einen guten Blick über die Landschaft hat. Außerdem gibt's hier ein Restaurant, dessen besondere Spezialität Forelle mit Zitrone und Meerrettich ist. Die Halbinsel ist Vogelschutzgebiet, in dem sich bis zu 200.000 Tiere aufhalten, und besitzt die einzige Brutkolonie weißer Seeraben.

RSPB Nature Reserve Bempton Cliffs, Visitor Centre März–Okt. tgl. 10–17 Uhr, Nov.–Febr. 9.30–16 Uhr, 11 Cliff Lane, Bempton, Bridlington. ✆ 01262/851179; www.rspb.org.uk. Bootsfahrt von Bridlington Harbour North Pier: £ 6, erm. £ 3. Yorkshire Belle, ✆ 07774/193404; www.yorkshire-belle.co.uk.

Burton Agnes Hall and Gardens: Etwa zehn Kilometer südwestlich von Bridlington liegt der kleine Ort Burton Agnes (an der A 166). Sehenswert ist das überwältigende elizabethanische Herrenhaus aus dem 16. Jahrhundert. Besonders schön sind die alten Wandteppiche, Möbel, das Porzellan und die Schnitzarbeiten. Es gibt auch eine beeindruckende Sammlung von Impressionisten. Gartenanlagen, ein Labyrinth und eine Spielzone umgeben das Gebäude. Um das Haus rankt sich die folgende Legende: Ann, die jüngste Tochter des Erbauers von Burton Agnes Hall, wurde einst von einem Straßenräuber in der Nähe von Harpham überfallen. Als sie erkannte, dass sie dem Tod nahe war, bat sie darum, dass ihr Kopf in dem Haus bleiben solle, das sie so liebte. Dies wurde ihr versprochen, aber nach ihrem Tod nicht eingelöst. Deshalb spukte ihr Haupt in Burton Agnes Hall so grausig, dass man sich schließlich entschloss, ihren Sarg wieder auszugraben. Weder der Rumpf noch die Gliedmaßen Anns waren zerfallen, nur der Kopf, vom restlichen Körper losgelöst, war schon zum Totenschädel geworden. Alle Versuche, Anns letzten Willen doch noch zu erfüllen und den Schädel im Haus beizusetzen, scheiterten an schauerlichen Begebenheiten.

April–Okt. und Mitte Nov. bis Weihnachten tgl. 11–17 Uhr. £ 8, erm. £ 7.50, Kinder £ 4. ℡ 01262/490324, 🖷 01262/490513, www.burtonagnes.com. Jazz- und Blusfestival im August.

Sledmere House & Gardens: Das Zuhause des 8. Barons Sir Tatton Sykes ist ein historischer Landsitz aus dem 18. Jahrhundert mit originaler Einrichtung, u. a. einem opulenten türkischen Zimmer, dem „Horse Room" und einer spektakulären Bibliothek. Bemerkenswert sind die Stuckdecken von Joseph Rose, einem Handwerker aus Yorkshire. Nehmen Sie sich Zeit für die Gärten und Ländereien (entworfen von Lancelot Capability Brown) mit Kapelle, Spazierwegen, Skulpturenhof, einem elisabethanischen Knotengarten und einem ummauerten Rosengarten.

Ende April bis Ende Sept., Di–Fr u. So 11–16 Uhr (Gelände 10–17 Uhr), an Bank Holidays auch Sa, Mo. £ 7.50, erm. £ 7, Ki. £ 3, Fam. £ 17. ℡ 01377/236637, www.sledmerehouse.com.

Burnby Hall Gardens: Nahe des Marktstädtchens Pockington liegt dieser Garten, der mit über hundert verschiedenen Varianten die größte Sammlung von Wasserlilien im Lande zur Schau stellt. Geschaffen wurde das kleine Paradies von Major Percy Stewart, einem viktorianischen Abenteurer, der siebenmal die Welt umreiste, bevor ihn seine Frau überreden konnte, seine Energien weniger in Reisen und die Jagd, denn in die Anlage des Gartens zu stecken. In seinen Fischteichen schuf der passionierte Angler ein Paradies für Wasserlilien, die man am besten im Juli und August bewundern kann. Das Haus stammt aus dem 17. Jahrhundert, wurde von Robert Adam entworfen und wird seit 1748 von der Compton-Familie bewohnt (für Publikum nicht geöffnet).

Ende März bis Anf. Okt. tgl. 10–18 Uhr, letzter Eintritt 17 Uhr. £ 4.75, erm. £ 4, Kinder £ 2.55. ℡ 01759/3087541. www.burnbyhallgardens.com.

North York Moors (Nationalpark)

Die North York Moors, neben den Dales der zweite Nationalpark in Yorkshire, bestehen zum Großteil aus Heideland und Wäldern. Begrenzt werden sie im Osten von der Nordseeteilküste, im Norden und Westen von schroff abfallenden Brüchen. Im Süden laufen die Höhenzüge aus und gehen ab Helmsley und Pickering ins Flachland über.

Bei Besuchern vom Kontinent ist diese Gegend eigentlich recht unbekannt, dabei ist sie schon seit dem Neolithikum (wenn auch spärlich) bewohnt. Das Hochmoor, stellenweise bis zu 450 Meter über dem Meeresspiegel gelegen, wird immer wieder von Tälern durchschnitten, wo man eine Landschaft aus Trockensteinmauern und Hecken vorfindet, die Generationen von Bauern angelegt haben. Je nach Jahreszeit wechseln die Farben der Landschaft. Im Frühjahr kurz nach der Schneeschmelze ist alles intensiv grün, im Herbst goldbraun. Von den hohen Graten bieten sich atemberaubende Aussichten, und das Heidekraut verwandelt sich im Spätsommer in einen leuchtend-violetten Teppich. Das Heidemoorland bietet Vögeln wie dem schottischen Moorschneehuhn, dem Regenpfeifer und dem Merlin eine Brutstätte. Mehr als hundert Dörfer sind über das Moor verstreut, Goathland dürfte der Harry-Potter-Fangemeinde bekannt sein, es diente als Filmlocation für das Örtchen Hogsmeade, wo Harry die „School of Witchcraft and Wizardry" besucht. Die North Yorkshire Moors Railway ist Englands beliebteste historische Dampfeisenbahn.

Ein ganz anderes Bild liefert dagegen die Küste mit ihren pittoresken Fischerorten und windzerzausten Küstenabschnitten. Besondere Juwele sind *Staithes*, *Whitby* und *Robin Hood's Bay*. Entlang der Küste verläuft der *Cleveland Way*, der dem Wanderer einige atemberaubende Ausblicke bietet. Als Ausgangspunkt für Wanderungen eignen sich die Orte der Ostküste oder aber die kleinen Marktflecken wie *Pickering*, *Helmsley* oder *Thirsk*. 3.000 Kilometer Wanderwege durchziehen den Nationalpark. Der „Moor-to-Sea"-Fahrradweg führt 128 Kilometer durch Wälder, Moore und die Küstenregion. Wenige Kilometer nordwestlich von Helmsley liegt die Ruine der größten Zisterzienserabtei dieser Gegend: *Rievaulx Abbey*. Von Whitby zieht sich das *Esk Valley* in westliche Richtung bis nach Danby. Dieses Tal ist eines der schönsten Gegenden im Moor. Wer es mit dem Auto durchfahren will, muss steile Berge hinauf und oft einen großen Umweg in Kauf nehmen, um von einem Ort zum anderen zu gelangen. Bequemer hat man es da schon mit der Eisenbahn, die zielstrebig ihren Weg durch das Tal sucht. Oder man lässt sich mit einem der *Moorsbusse* fahren.

Reisende, die wenig Zeit haben, sollten von Whitby wenigstens die A 169 hinunter nach *Pickering* fahren – einen kleinen Eindruck bekommt man so zumindest doch.

Information

Umfassend über den Moors National Park informieren kann man sich auf den Webseiten www.visitthemoors.co.uk und www.northyorkmoors.org.uk.

● *National Park Centres* **Danby**, The Moors National Park Centre, das größte Informationszentrum im Park wurde kürzlich mit Galerien, einer Kletterwand und Tearooms ausgestattet. Im Esk Valley, Lodge Lane, Danby, Yo 21 2NB, ✆ 01439/772737; ✉ 01287/660308

moorscentre@northyorkmoors-npa.gov.uk.

Sutton Bank, auf der A 170 9,5 km östlich

von Thirsk und 12 km westlich von Helmsley, ✆ 01845/597426; ✉ 597113; suttonbank@northyorkmoors-npa.gov.uk. Von hier Park & Ride mit dem Moorsbus.

Thirsk, National Park Centre, 49 Market Place, Thirsk, YO7 1HA, ✆ 01845/522755, ✉ 0845/526230; thirsktic@hambleton.gov.uk.

● *Weitere Touristeninformationen* **Ravenscar**, National Trust Coastal Centre, YO13 0NE, ✆ 01723/870423.

Pinchinthorpe, Guisborough Forest and Walkway Visitor Centre. TS14 8HD, ✆ 01287/631132, ✉ 631233.

Verbindungen

In jedem Informationsbüro ist ein kostenloses Flugblatt mit den Fahrtzeiten von Bus und Bahn erhältlich. In der Zeitung *Moors Visitor* sind die wichtigsten Verbindungen aufgeführt. Besonders sehenswert ist die von *der North York Yorkshire Moors Railway* befahrene Strecke zwischen Pickering und Grosmont.

● *Bus* Busverbindungen gibt es von Scarborough über Whitby und Helmsley bis nach Middlesbrough im Norden. Eine weitere Anfahrtsmöglichkeit besteht von York mit dem **Yorkshire Coastliner** (✆ 01653/692556), der auch nach Castle Howard fährt. Im Sommer wird auch der sogenannte **Moorsbus** von York oder Leeds eingesetzt (in den Ferien täglich, sonst nur eingeschränkt). Dieser fährt Sehenswürdigkeiten und wichtige Punkte an wie etwa das Moors Centre in Danby. www.northyorkmoors.org.uk/moorbus/.

● *Zug* Durch den nördlichen Teil des Parks führt die **Esk Valley Line** von Whitby nach Middlesbrough. Züge (etwa alle 2 Std.) halten in Danby, Grosmont und Kildale. Die andere Stichbahn bringt einen von York über Malton nach Scarborough (www.eskvalley railway.co.uk, ✆ 01947/601987). Eine besonders schöne Art zu reisen erlebt man in einer alten Dampflok der **North Yorkshire Moors Railway**, die durch hübsche Täler von Grosmont über Goathland, Newtondale und Levisham bis nach Pickering fährt. ✆ 01751/472508, Fahrplanauskunft unter ✆ 01751/473535; www.nymr.co.uk.

*S*PORT

● *Reiten* Die North York Moors sind ein Reiterparadies, für Anfänger wie für Profis. Adressen von Unternehmen, die Pferde verleihen oder Ausritte organisieren, sind in der Zeitung *Moors Visitor* verzeichnet. Hier zwei Beispiele:

Bilsdale Riding Centre, Reiterurlaub, Reitstunden oder Tagesausflüge mit erfahrenen Führern, £ 25 für zwei Stunden, £ 50 für einen ganzen Tag. Shaken Bridge Farm, Hawnby Road, Hawnby, Helmsley, YO62 5LT, ✆ 01439/798225, 798252, www.horseholiday.co.uk.

Pony Trekking Centre, Schnupperpreis £ 8, £ 16 für eine Stunde, £ 50 pro Picknick-Ausritt. Johnstone Arms, Boltby, Thirsk, ✆ 018 45-537392, www.boltbytrekking.co.uk.

In Thirsk gibt es auch eine **Pferderennbahn**. Staion Road, ✆ 01845/522276, www.thirskracecourse.net.

● *Fahrräder* Ein beliebter Sport in den North York Moors ist das Fahrradfahren. Mit dem Mountainbike geht es auf die Berge, an den Straßen entlang und durch den Wald. Hat man keins dabei, kann man sich ohne Probleme eines mieten. Im *Moors Visitor* sind mehrere Verleiher aufgelistet, z. B.:

Visitor Centre Dalby, schlägt auf Anfrage eine Route durch den Park vor, ✆ 01751/460295.

Purple Mountain, Bike Hire Centre & Café, hier kann man nicht nur Räder leihen, sondern auch Führungen buchen und Routen organisieren. Low Dalby, Pickering, ✆ 01751/460011; www.purplemountain.co.uk.

Trailways Cycle Hire und Besucherzentrum, Fahrradverleih an der alten Linie Whitby–Scarborough und der neuen Moor-to-Sea-Route (www.moortoseacycle.net), £ 14–20 pro Tag. Old Railway Station, Hawsker, Whitby, ✆ 01947/820207, 🖷 825884; www.trailways.info.

Moor to sea cycle route, 128 km Fahrradroute durch Moore, Wälder und entlang der ehemaligen Küsteneisenbahnlinie. Fahrradverleiher an der Strecke, s. o. www.moortoseacycle.net.

● *Segelflug* Seit 1931 betreibt man in dieser Gegend Segelflug. In der hügeligen Umgebung sorgen kräftige Westwinde für ordentliche Thermik. Wer gerne mal eine Runde drehen will, meldet sich am besten bei folgender Adresse:

Yorkshire Gliding Club, Sutton Bank, Thirsk, ein „trial flight" (Versuchsflug) kostet £ 88.50, ✆ 01845/597237, www.ygc.co.uk.

● *Wandern* Die schönste Art und Weise, das Moor kennenzulernen, ist das Wandern. Allerdings ist es ratsam, zuvor einige Vorbereitungen zu treffen. Extrem wichtig sind eine **Wanderkarte** (z. B. die Outdoor-Leisure-Karten Nr. 26 und 27 für je £ 6,99, Maßstab 1:25.000) und ein **Kompass**. Vor einer längeren Tour sollte man die Informationszentren des National Park aufsuchen und sich beraten lassen. Dort gibt es auch die kostenlose Broschüre *Moorland Safety* mit einigen Sicherheitstipps. Der **Cleveland Way** ist mit 176 Kilometern ein spektakulärer Langstreckenwanderweg, der von Scarborough an der Küste entlang bis Saltburn und dann über Land bis Helmsley führt. Infos: www.clevelandway.gov.uk. Die **Wettervorhersage** bekommen Sie kostenlos im Tourist Office. Im *Moors Visitor* werden einige Wanderrouten vorgeschlagen.

● *Angeln* Fischen kann man auf den Flüssen Rye, Derwent und Esk sowie in verschiedenen Seen und Reservoirs. Es gibt auch Hochseefischen von Scarborough, Staithes und Whitby aus (Anfrage jeweils im Hafen). Ein Beispiel: Egton Estates River Esk, Egton Bridge. Lachs und Forellen, April bis Okt., Tickets Egton Estate Offince, ✆ 01947/895466, vorher buchen. £ 25–30 pro Tag. www.northyorkmoors.org.uk/fishing.

● *Golf* Mehr als ein Dutzend Golfplätze stehen Ihnen in den Moors zur Verfügung. Gut ist der 18-Loch-Championship-Kurs in **Ganton** an der A 64, 13 km westlich von Scarborough, ✆ 01944/710329, www.gantongolfclub.com. Besucher müssen sich vorher anmelden.

Die Küstenregion

Während die Nordküste Yorkshires den Wellen trotzt, erscheint die Südküste, als hätte ein hungriges Monster ab und zu einen Bissen davon zu sich genommen. Entlang der Küste reihen sich Badeorte aneinander, die meistens ziemlich klein und nicht alle attraktiv sind. Der nördlichste Küstenstreifen heißt Cleveland, was vom Skandinavischen für Klippland stammt. Die Klippen sind oft erodiert und voller Fossilien. Hier findet man auch einen schwarzen Stein, den Jet, der in Whitby eine eigene Industrie hat entstehen lassen.

Scarborough

Scarborough ist seit langem der populärste Badeort im Norden Englands. An der North Bay konzentrieren sich die modernen Hotels, an der South Bay mit dem alten Hafen die Restaurants und Vergnügungseinrichtungen. Dazwischen steht auf einem ins Meer hinausragenden Felsen die Ruine der mittelalterlichen Burg.

Die Stadt wirkt etwas eleganter als die meisten anderen englischen Badeorte, vor allem weil noch ein wenig von der Atmosphäre des einstigen Kurortes zu spüren ist. Oben auf den Klippen der North und der South Bay kann man an schönen Wegen entlangspazieren und einen wunderbaren Ausblick genießen. Lohnenswert ist auch ein Spaziergang durch die eleganten Parkanlagen, wie dem Italian Garden oder dem Belvedere Rose Garden. Bereits seit dem 17. Jahrhundert bis ins viktorianische Zeitalter hinein war Scarborough ein Heilbad. Wer es sich leisten konnte, wohnte damals im „Royal" oder im „Grand", den eleganten Hotels an der South Bay. In den 1950er-Jahren wurde die englische Nordseeküste zum Erholungsgebiet für die arbeitende Bevölkerung aus den Ballungsräumen. Nachdem die letzten Jahrzehnte eine Besucherflaute erlebten, hat man die alten Badeorte in jüngster Zeit wiederentdeckt.

Im Kirchhof von St Mary's in der Altstadt, einem gotischen Bau aus dem 15. Jahrhundert, ruht Anne Brontë, die jüngste der drei schreibenden Pfarrerstöchter aus Haworth. Sie erlag in Scarborough der Familienkrankheit, der Schwindsucht, noch ehe sie das dreißigste Lebensjahr erreicht hatte. Sie war jedoch nicht die einzige literarische Größe des Ortes, hier wurde auch Edith Sitwell geboren, die zur Wegbereiterin der modernen Lyrik in England wurde. Zu ihren beliebtesten Büchern zählt ein Werk über englische Exzentriker. Dafür wurde sie in den Adelsstand erhoben und sechs Jahre vor ihrem Tod 1958 auch Vizepräsidentin der königlichen Gesellschaft für Literatur.

Außerdem kommt James Paul Moody aus Scarborough. Für ihn würde sich die Nachwelt wohl kaum interessieren, wäre er nicht der sechste Offizier an Bord der tragischen Titanic gewesen und derjenige, der am 14. April 1912 mit den Worten „Iceberg right ahead" Alarm schlug.

Verblichene Eleganz eines Seebades: Scarborough

Information/Verbindungen/Diverses

● *Information* **Tourist Information Centre**, Brunswick Shopping Centre, Unit 15 a, Westborough, North Yorkshire YO11 1UE, ℡ 01723/383636, tourismbureau@ scarborough.gov.uk, www.scarborough. gov.uk. Es gibt noch eine kleinere Touristeninformation an der Waterfront, Sandside. Informationen für die Küstenregion: www.discoveryorkshirecoast.com.

● *Verbindungen* **Zug** – Bahnhof an der Westborough Road. Züge fahren in Richtung Bridlington/Hull und nach Malton/York, jeweils etwa stündlich.
Bus – Die Stadtbusse fahren vor dem Bahnhof ab, der National Express hinter dem Bahnhof (u. a. in Richtung York, Whitby und Hull). Der Yorkshire Coastliner fährt nach Leeds und York. ℡ 01653/692556, www.yorkbus.co.uk.

● *Angeln* **Skylark Fishing Trips** an der South Bay, die Ausrüstung wird gestellt. Golden Ball Slipway, Foreshore Road, Scarborough, YO11 3JG, ℡ 07812/373636: Jedes Jahr im September findet in Scarborough das **Fishing Festival** statt, die Angler fahren übrigens mit Kajaks raus.

● *Bootfahren* Die **M.V. Queensferry** fährt zu Seehundbänken, West Pier, South Bay,

Scarborough YO11 1PP, ℡ 01723/379126 u. mobil: 0783/4410309, www.queensferry cruises.com. Auch Dampferfahrten auf den Scarborough Pleasure Steamers, Buchung am Lighthouse Pier, ℡ 01723/363605.

● *Surfen* **Cayton Bay Surf Shop & Surf School**, Killerby Cliff, Scarborough, YO11 3NR, ℡ 01723/585585; www.claytonbaysurfshop.co.uk.

● *Fahrräder* **Chasing Trails Mountain Biking**, hier werden Fahrräder verliehen und Touren organisiert. 24 Prospect Mount Road, Scarborough, YO12 6EN, ℡ 01723/377056; www.chasingtrails.com. Eine schöne Route ist die stillgelegte Eisenbahnstrecke von Scarborough nach Whitby (Scarborough to Whitby Railway Trail), ca. 30 km.

● *Golf* **North Cliff Golf Club**, anspruchsoller Platz auf der Klippe, Nichtmitglieder willkommen. North Cliff Avenue, ℡ 01723/360786; www.ncgc.co.uk.

● *Markt* Täglich am Market Place; so wird in Lebberston (etwa 3 km südlich von Scarborough) ein Kleider- und Schmuckmarkt abgehalten.

● *Post* 11–15 Aberdeen Walk.

• *Kino* **Futurist Theatre and Cinema**, Foreshore Road (am Südstrand), ✆ 01723/365789, www.futuristtheatre.co.uk.

• *Theater* **Stephen Joseph Theatre**, Kulturzentrum in der Nähe des Bahnhofs aus der Jugendstil-Epoche. Alle Stücke des Schrift-stellers Alan Ayckborn, der aus Scarborough stammt, werden hier uraufgeführt. Außerdem Filme, Konzerte und weitere Theateraufführungen von Stücken anderer Autoren. Gutes Restaurant. Valley Bridge Road, ✆ 01723/370541; www.sjt.uk.com.

Übernachten

In Scarborough gibt es Hotels und B & Bs aller Preislagen und Kategorien. In der Tourist Information ist eine Liste der Übernachtungsmöglichkeiten kostenlos erhältlich.

**** Crown Spa Hotel (16), im alten Kurviertel an der South Bay gelegen, ist das Crown Spa das einzige Vier-Sterne-Haus an der Küste. Das viktorianische Haus hat wunderbare Ausblicke und Extras wie Schwimmbad und Sauna. B & B £ 30–125 pro Person, Halbpension ab £ 42.50. Esplanade, YO11 2AG, ✆ 0800/0726134 (kostenlos) oder ✆ 01723/357400, 🖷 01723/362271, www.crownspahotel.com.

The Windmill Hotel (13), umgebaute 220 Jahre alte Windmühle, um die herum elf Zimmer angeordnet sind. Lounge, Speisesaal und ein Spielzeugmuseum in der Windmühle selbst. Familiengeführt und sehr gepflegt. B & B £ 74–140 pro Zimmer. Mill Street (von Victoria Road ab), YO11 1SZ, ✆ 01723/372735, 🖷 01723/377190, www.scarborough-windmill-hotel.co.uk.

Howdale Hotel (2), an der North Bay gelegen, mit schönem Ausblick auf die Burg und in Fußnähe zur Innenstadt. Die Zimmer sind klein, aber modern. Nur März–Okt. geöffnet. B & B £ 29–32 pro Person. 121 Queens Parade, YO12 7HV, ✆ 01723/372696, www.howdalehotel.co.uk.

Castle by the Sea (3), Gästehaus mit zehn Zimmern direkt an der Burgruine auf der Landspitze mit Blick über die North Bay und Ravenscar Cliffs. Die Zimmer werden gerade schrittweise renoviert. B & B £ 40–110. Mulgrave Place, ✆ 01723/365166, www.thecastlebythesea.co.uk.

• *Jugendherberge* **The White House (1)**, Herberge in einer umgebauten alten Mühle (in Fußnähe zur Stadt). Anfahrt: auf der A 165 in Richtung Norden bis zum weißen Gebäude am Flussufer (in der Nähe der Brücke). Pro Nacht ab £ 12, Jugendliche ab £ 9. Burniston Road, Scalby Mills, YO13 0DA, ✆ 0845/3719657, 🖷 01723/500054; scarborough@yha.org.uk.

• *Camping* **Scalby Close Park**, in der Nähe der North Bay, mit kleinem Restaurant. Zeltplätze ab £ 16. Burniston Road, ✆ 01723/365908, www.scalbyclosepark.co.uk.

Flower of May, wem der Sinn mehr nach Action steht, findet auf diesem Platz auf der Straße zwischen Scarborough und Filey alles – vom Schwimmbad bis zur Disco. Zelte £ 18–25. Dept. D, Lebberstone Cliff, YO11 3NU, ✆ 01723/584311, www.flowerofmay.com.

Essen/Trinken

Wer sich nicht jeden Abend am Hafen mit Fish'n'Chips begnügen will, sollte einmal in eines der großen Hotels zum Dinner gehen.

Restaurant im Stephen Joseph Theatre (12), im ersten Stock kann man mit Parmesan paniertes Huhn auf Rucolasalat für £ 12 schnabulieren. Mo–Sa 12–14.15 Uhr u. 17–22 Uhr, ✆ 01723/500642; www.sjt.uk.com/restaurant.asp.

The Green Room (15), fast schon Gourmet-küche in einem kleinen, recht urigen Restaurant. Die Gerichte sind sehr saisonal, viel heimischer Fisch, Lamm und Geflügel aus der Region. Hauptgerichte bis zu £ 20. 138 Victoria Road, YO11 1SL, ✆ 01723/501801; www.thegreenroomrestaurant.com.

Nutmeg Café (14), vegetarische Küche in der Nähe des Theaters. Bagels, Salate und Suppen zum Lunch, Di–Sa 10–16.30 Uhr, 93 Victoria Road, YO11 1SP, ✆ 01723/503867; www.nutmegcafe.co.uk.

Le Chat Noir (8), bis 16 Uhr Café und Crêperie, ab 18 Uhr französisches Restaurant, Eastborough, YO11 1NW, Di–Sa 11.30–15 Uhr u. 18–22 Uhr; ✆ 01723/350653; www.lechatnoirrestaurant.co.uk.

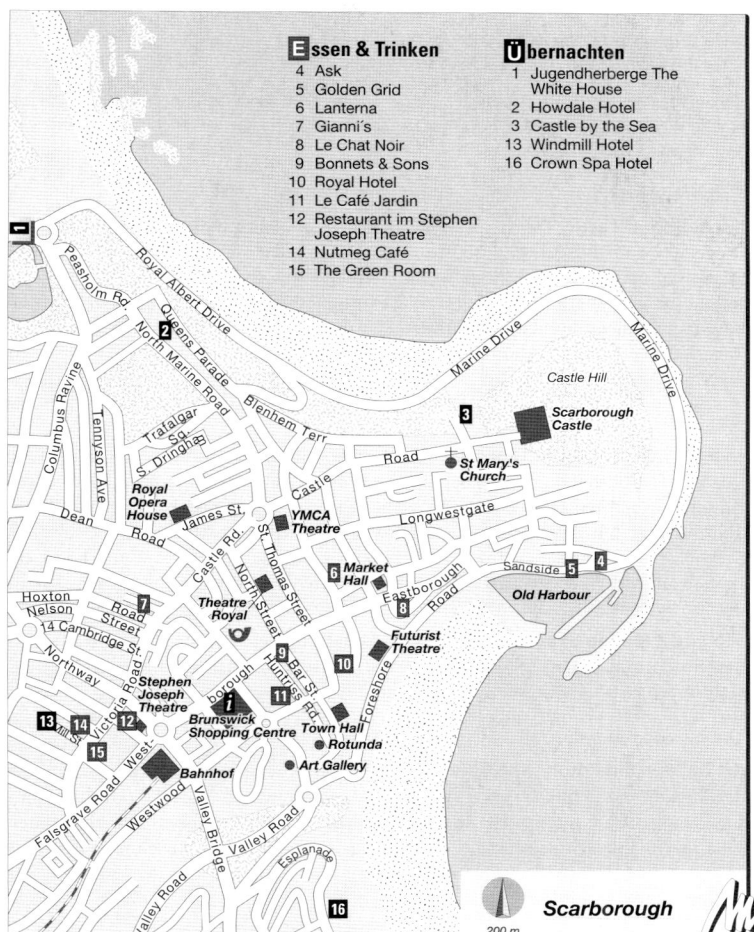

E ssen & Trinken
- 4 Ask
- 5 Golden Grid
- 6 Lanterna
- 7 Gianni's
- 8 Le Chat Noir
- 9 Bonnets & Sons
- 10 Royal Hotel
- 11 Le Café Jardin
- 12 Restaurant im Stephen Joseph Theatre
- 14 Nutmeg Café
- 15 The Green Room

Ü bernachten
- 1 Jugendherberge The White House
- 2 Howdale Hotel
- 3 Castle by the Sea
- 13 Windmill Hotel
- 16 Crown Spa Hotel

Scarborough

200 m

Yorkshire/Nordostengland Karte S. 681

Gianni's (7), guter Italiener. Mo Ruhetag. 13 Victoria Road, YO11 1SB, ✆ 01723/507388.

Ask (4), Pizzakette, aber in neuem Pavillon in traumhafter Lage am Strand. 49 Sandside, YO11 1PQ, ✆ 01723/507575; www.askcentral.co.uk.

Royal Hotel (10), historisches Hotel in der Stadtmitte mit gutem Restaurant, das 2009 von Michelin empfohlen wurde. Ab £ 78 pro Zimmer. St Nicholas Street, YO11 2HE, ✆ 01723/364333, ✉ 01723/500618, www.englishrosehotels.com.

Bonnets & Sons (9), gemütliches Café in der Einkaufsstraße. Angeboten werden seit 1880 Kaffee, Tee und Kuchen. Man verkauft auch handgemachte Pralinen. 38–40 Huntriss Row. YO11 2EF, ✆ 01723/361033.

Golden Grid (5), berühmtes Fischrestaurant seit über 100 Jahren, auf drei Etagen mit Blick über den Hafen, soll die besten Fish'n'Chips vor Ort zubereiten. 4 Sandside, YO11 1PE, ✆ 01723/360922; www.goldengrid.co.uk.

Lanterna (6), schickes, gut etabliertes Restaurant mit italienisch beeinflusster Küche und vielen Auszeichnungen. Zu empfehlen sind auch die Fischspeisen zu mittleren bis hohen Preisen. 33 Queens Street, ✆ 01723/3636161; www.lanterna-ristorante.co.uk.

Le Café Jardin (11), Café auf drei Etagen. Die Gerichte werden in großen Portionen zu vernünftigen Preisen serviert. Wer möchte, kann auch nur einen Kaffee trinken. 17–19 Uhr Pizza und Past Happy Hour. 25 Huntriss Row, YO11 2ED, ✆ 01723/354572, www.lejardincafe-bar.co.uk.

Sehenswertes

Scarborough Castle: Der ursprünglich aus dem 12. Jahrhundert stammende Burgfried wurde im Bürgerkrieg und im Ersten Weltkrieg stark beschädigt. Vom Gemäuer hat man eine herrliche Aussicht über die Landschaft. Schon die Römer nutzten diesen von überall einsehbaren Platz für einen Signalturm; außerdem hat man bei Ausgrabungen Fundstücke aus der Zeit der Normannen und der Wikinger ans Tageslicht befördert. Erklimmen Sie unbedingt die Mauern und genießen die faszinierende Aussicht.

April–Sept. tgl. 10–18 Uhr, sonst Do–Mo 10–16 Uhr. £ 4.40, erm. £ 4, Kinder £ 2.40, Familien £ 11.80 (EH). ✆ 01723/372451.

St Mary's Church/Anne Brontës Grab: Gleich unterhalb der Burg (auf der Castle Road) befindet sich die Kirche St Mary's mit dem Grab von Anne Brontë, der einzigen der berühmten Schwestern, die nicht in Haworth beerdigt ist. Kurz vor ihrem Tod reiste sie mit ihrer Schwester Charlotte und ihrer Freundin Ellen Nussey nach Scarborough. Zu dieser Zeit war Anne bereits todkrank. Ihr letzter Wunsch war ein Besuch am Meer; sie verstarb am 28. Mai 1849 an Schwindsucht.

Mai bis Sept. Mo–Fr 10–16, So ab 13 Uhr, www.scarborough-stmarys.org.

Sea Life & Marine Sanctuary: In diesem Aquarium werden Tausende von Meeresbewohnern präsentiert, es gibt Otter, eine Wasserschildkröten- und eine Robbenstation, wo verwundete Seehundbabies aufgepäppelt werden.

Tgl. 10–18 Uhr, im Winter bis 16 Uhr, £ 14.50, Kinder unter 15 Jahren £ 10.75, Familien £ 47.50. Scalby Mills Road, ✆ 0871/4232110; www.sealifeeurope.com.

Art Gallery und Rotunda Museum: Die Art Gallery beherbergt die Kunstsammlung der Region, zu der auch Werke des aus Leeds stammenden Malers Atkinson Grimshaw zählen und veranstaltet in den renovierten Räumlichkeiten der klassischen Villa regelmäßig zeitgenössische Ausstellungen. Das Rotunda Museum ist ein Neubau, der eine naturwissenschaftliche Galerie zur Geologie und den Fossilien der Juraküste Yorkshires beherbergt.

Art Gallery: Di–So 10–17 Uhr, £ 2, erm. £ 1.80. The Crescent, ✆ 01723/374753; www. scarboroughartgallery.co.uk. **Rotunda**: Öffnungszeiten wie Art Gallery, £ 4.50, erm. £ 4.

Old Harbour: Wenn man vom Castle in Richtung Altstadt hinunterwandert, gelangt man zum alten Hafen. Hier legen die Fischkutter an. Kabeljau, Schellfisch, Weißfisch, Krabben und Hummer werden am *Fish Pier* entladen und später versteigert. Im *East Harbour* dagegen liegen die Vergnügungsboote und Jachten.

North Bay: Die modernere North Bay bietet zahlreiche Amüsements, z. B. das „Kinderland" mit großen Wasserrutschen und das *Sea Life Center*.

South Bay: An der South Bay kann man noch ein paar großartige Kurhotels aus vergangenen Zeiten bestaunen, z. B. das Grand Hotel aus dem Jahr 1867, das von *Cuthbert Broderick* gebaut wurde. Wenn man an den ehemaligen Kuranlagen vorbeigeht, führt ein Spazierweg mit wunderbarer Aussicht über die südliche Klippe.

Wandern auf dem Cleveland Way

Ab Scarborough in Richtung Norden führt ein Teilstück des Cleveland Way hinauf nach Whitby. Die phantastische Küstenlandschaft, z. T. felsig und dann wieder mit Sandstränden, zieht sich von Scarborough bis nach *Staithes*. Mit *Ravenscar* und *Robin Hood's Bay* (s. u.) liegen zwei hübsche ehemalige Fischerdörfchen und Schmugglerhäfen auf dem Weg, die beide noch viel Ursprünglichkeit bewahren konnten. Sie sind auch mit dem Auto über die A 171 zu erreichen. Lassen Sie das Auto aber am Ortseingang stehen. Die Straßen sind zu schmal und die Orte zu Fuß viel besser zu erkunden (www.clevelandway.co.uk).

Filey

Wenn Sie von Scarborough der Küstenstraße A 165 in Richtung Süden folgen, kommen Sie nach rund zehn Kilometern in das viktorianische Seebad Filey. Der Ort steht zum größten Teil auf einer Klippe, von der aus sich zwei Flüsschen (Church Ravine und Martins Ravine) auf den acht Kilometer langen Sandstrand ergießen. Das ehemalige Fischerörtchen wurde im 19. Jahrhundert mit eleganten Crescents und einigen schönen Parkanlagen zu einem Urlaubsort entwickelt. Den alten und den neuen Teil verbindet die steile Union Street. Die Bucht von Filey endet in der Halbinsel *Filey Brigg*, einem Naturreservat mit gefährlichen Unterwasserriffs, das als Schiffsgrab der Region gefürchtet ist, und das man bei Ebbe vom Strand aus erlaufen kann. Am besten besucht man Filey zum Ende des *Edwardian Festivals*, bei dem Umzüge veranstaltet werden, Blaskapellen aufspielen und kostümierte Schauspieler Erdbeeren reichen.

Tourist Information Centre im Filey Evron Centre, John Street, YO14 9DW, ✆ 01723/383636, tourismbureau@scarborough.gov.uk; www.yorkshiremoorsandcoast.com.

Robin Hood's Bay und Ravenscar

Ein paar Kilometer nördlich von Scarborough gräbt das Meer eine Bucht in den Sand, die Robin Hood's Bay genannt wird. Der gleichnamige Ort liegt in einem engen Tal zwischen felsigen Klippen direkt am Meer, was ihm den Spitznamen „Clovelly of the North" eingebracht hat. Die abgelegene Lage begünstigte die Schmugglerei, und es geht die Legende, dass der Geächtete aus Sherwood auf seiner letzten Flucht vor König Johann Ohneland mithilfe von Fischern, die er durch die Eroberung eines Piratenschiffes reich gemacht hatte, schon vom Tode gezeichnet hier landete. In Robin Hood's Bay sollen die kleinen Häuschen durch ein unterirdisches Tunnelsystem miteinander verbunden sein, damit die Schmuggelware unentdeckt weiterbefördert werden konnte. Neben den Fischern leben hier auch einige Künstler, und im Sommer kommen die zahlreichen Touristen hinzu. Dennoch ist Robin Hood's Bay ein schönes, intaktes Dorf mit engen gepflasterten Gassen und hell getünchten Häusern, ohne Musik-Pub oder Restaurantangebot, aber mit kleinen Künstlerstudios und mehreren Cafés. Das ungewöhnlichste Gebäude von Robin Hood's Bay ist sicher die Fyling Hall Pigsty, in den 1880er-Jahren von Squire Barry of Fyling Hall im klassischen Stil gebaut, um seinen zwei Lieblingsschweinen eine schöne Aussicht über die Bucht zu erlauben. Heute wird das Gebäude an Touristen vermietet (s. u.).Südlich von Robin Hood's Bay liegt die kleine Ansiedlung **Ravenscar** (ebenfalls ein ehemaliges Fischerdorf und Schmugglernest) mit einem reizvollen Ausblick auf das Meer. Ein kleiner Pfad führt hinunter zum Strand. Außerdem

Yorkshire/Nordostengland

Karte S. 681

beginnt hier der 68 Kilometer lange Wanderweg *Lyke Wake Walk* über das Moor gen Westen nach Osmotherley.

● *Information* **The Old Coastguard Station**, The Dock, Robin Hood's Bay, Whitby, North Yorkshire YO22 4SJ, ✆ 01947/885900, www.nationaltrust.org.uk.

● *Reiten* **Farsyde Stud and Riding Centre**, Ausritte für Anfänger und Könner auf geschulten Rappen von Pferdezüchtern, Farsyde Farm Cottages, Robin Hood's Bay, Whitby, YO22 4UK, ✆ 01947/880249 (Heidi Green), www.farsydefarmcottages.co.uk. Hier gibt es auch Cottages zu mieten.

● *Übernachten/Essen/Trinken* **The Pigsty**, einfacher klassizistischer Bau mit ionischen Holzsäulen vor dem Eingang. Toller Blick über Robin Hood's Bay. 3 Nächte, 2 Personen, Self-Catering ab £ 335. The Landmark Trust, ✆ 01628/825925; bookings@landmarktrust.org.uk.

Croft Farm, Bauernhaus aus dem 18. Jahrhundert mit Blick über Robin Hood's Bay, Deckenbalken und Kamin, zwei En-suite-Zimmer. B & B £ 35–40 pro Person. Church Lane, Flyingthorpe, Whitby, YO22 4PW, ✆/℡ 01947/880231, www.croft-farm.com.

Smuggler's Rock Country House, umgebautes georgianisches Landhaus, 8 Zimmer mit Blick auf Nationalpark und Meer, auch Ferienwohnungen erhältlich. B & B nur im Sommer EZ £ 37–45, DZ £ 32–40 pro Person, 2 Nächte Minimum. Smuggler's Rock, Ravenscar, YO13 0ER, ✆ 01723/870044, www.smugglersrock.co.uk.

Boat House Bistro, am Fuß der Klippe, eines der besten Restaurants vor Ort, vor allem für Seafood, auch Zimmer und ein Apartment zu mieten. £ 35 pro Person. Robin Hood's Bay, Whitby, ✆ 01947/880099, www.boathouserhb.co.uk.

Ein gemütliches, traditionelles Pub mit Kamin, Real Ale und deftigem Essen ist das **Laurel Inn**, New Road, Robin Hood's Bay, YO22 4SE, ✆ 01947/880400. Ebenfalls im Herzen von Robin Hood's Bay Village kann man einen hervorragenden Cream Tea genießen, auch am Balkon mit Blick auf den Bach: **The Old Bakery Tea Rooms**, Chapel Street, Robin Hood's Bay, YO22 4SQ, ✆ 01947/880709. In Ravenscar gibt es die **Foxcliffe Tea Rooms**, wo zwölf Sorten Tee und sechs Sorten Kaffee ausgeschenkt werden. Dazu gibt es hausgebackenen Kuchen. Station Square, Ravenscar, YO13 0LU, ✆ 01723/871028.

● *Jugendherberge* **Boggle Hole**, Jugendherberge in einer alten Kornmühle auf dem Wanderpfad von Robin Hood's Bay nach Boggle Hole, rund 1,5 km entlang der Küste. Ab £ 10, unter 18 J. ab £ 7.50. Mill Beck, Fylingthorp, YO22 4OQ, ✆ 0845/3719504, ℡ 91947/880987; bogglehole@yha.org.uk.

Whitby

Der kleine Badeort Whitby liegt an der Mündung des Esk River, der den Ort in zwei Hälften teilt, die durch eine Schwingbrücke miteinander verbunden sind. Auf der Ostseite des Flusses befindet sich die Altstadt, dort steht auf einem Hügel auch die Ruine der Whitby Abbey, die auf das 7. Jahrhundert zurückgeht. Der Kirchenfriedhof St Mary mit seinen windschiefen Grabsteinen inspirierte Bram Stoker zu Teilen seines Romans „Dracula". Der berühmte Seefahrer und Entdecker James Cook stammt von hier.

Das Klima an der Steilküste bei Whitby ist rau, aber die gut erhaltene Altstadt im Osten ist recht hübsch und wird bei vielen Film- und Fernsehproduktionen als Kulisse genutzt. 199 Stufen führen ziemlich steil von der Stadt hinauf zur Kirche St Mary und der oberhalb davon gelegenen Abteiruine. Im Stadtteil *West Cliff*, der auf der anderen Seite des Flusses liegt, stammt der Großteil der Gebäude aus dem 18. und 19. Jahrhundert, der Blütezeit der Stadt. Hier steht auch das Denkmal zu Ehren von James Cook, das den Badestrand der Stadt, *Whitby Sands*, überblickt.

Gegründet wurde die Abtei von Whitby von der heiligen Hilda im Jahr 657. 664 fand die berühmte *Synode von Whitby* statt, die dem christlichen Glauben den Weg nach Nordengland ebnete. 867 wurde die Stadt von den Dänen zerstört. Erst um 1078 entstand ein Benediktinerkloster anstelle der zerstörten Abtei.

Bram Stokers Dracula

Der irische Autor Bram Stoker wurde bei einem Besuch auf dem Friedhof St Mary in Whitby im Jahr 1890 zu Teilen seines 1897 veröffentlichten Romans „Dracula" inspiriert. In drei Kapiteln des Buches werden Einzelheiten der Stadt so genau beschrieben, dass Besucher das Buch noch heute als Reiseführer benutzen könnten.

Dracula erreicht auf einem Schiff aus Transsilvanien in einer stürmischen Nacht die Ufer Whitbys. Das Schiff mit seiner mysteriösen Ladung von 50 Kisten Erde strandet im Nebel, und der Graf hetzt in Gestalt eines riesigen zähnefletschenden Hundes die 199 Stufen hinauf zum Friedhof der St Mary Church, wo er sich über die Jungfrau Lucy hermacht. Vergeblich versucht Freundin Mina, sie zu retten; der Graf sucht sich anschließend in einem der Gräber eine sichere Bleibe. Im Touristenbüro kann man sich über einen Rundgang auf Draculas Spuren *(Dracula Trail)* informieren.

Im 18. Jahrhundert diente besonders der Walfang als Einnahmequelle. 2.761 Wale wurden in 80 Jahren von Waljägern aus Whitby erlegt, auch dank einer Erfindung eines Kapitäns aus Whitby, dem *Crows Nest*, dem Ausguck auf dem Mast. James Cook ging hier zur Marineschule und brach im Jahr 1768 zur ersten Entdeckungsreise in den Pazifik auf. Er kartographierte auf dieser Reise u. a. Tahiti und erkundete die Ostküste Australiens. Später umsegelte er große Teile des Erdballs und machte dabei zahlreiche Entdeckungen. Im Jahr 1779 wurde er von Eingeborenen auf den Sandwichinseln erschlagen. Ein sehenswertes Museum (s. u.) gibt Einblick in sein abenteuerliches Leben. Im 19. Jahrhundert wurde Whitby zu einem beliebten Badeort, was die Stadt bis heute geblieben ist.

Ein typisches Souvenir von Whitby ist der schwarze Stein namens Jet Stone (tatsächlich handelt es sich um versteinertes Holz), der im 19. Jahrhundert extrem beliebt wurde, nachdem Königin Viktoria ihn als den einzigen Schmuck erkor, der der Witwe zu tragen angemessen erschien. Der Hof und das Bürgertum folgten ihrem Beispiel und brachten Whitby einen regen Handel, bis die Jet-Vorkommen Anfang des 20. Jahrhunderts so ziemlich erschöpft waren.

Yorkshire/Nordostengland

Karte S. 681

Information/Verbindungen/Diverses

• *Information* Das **Tourist Information Centre** hat eine Zimmervermittlung (gegen Gebühr) und gibt Straßenkarten sowie Prospektmaterial heraus. Außerdem erhält man hier nähere Informationen über (thematische) Stadtführungen, z. B. den *Dracula Trail*. Langborne Road, Whitby, North Yorkshire YO21 1YN, ℡ 01947/602674, ℡ 01947/606137. tourismbureau@scarborough.gov.uk.

• *Verbindungen* **Bus** – Es gibt recht regelmäßige Verbindungen nach Scarborough und Middlesbrough sowie nach York und Pickering. Alle Busse halten am Station Square vor dem Bahnhof (dort befindet sich auch die Tourist Information).

Zug – Die Stadt ist Endstation der Stichbahn von Middlesbrough. Dorthin fahren täglich vier Züge.

• *Ghost Walk* Haunting Harry nimmt Sie mit auf einen Geisterspaziergang „in search of Dracula", £ 4, Kinder £ 2. Im Sommer tgl. um 20 Uhr vom Whalebone Arch Westcliffe. ℡ 01947/821734; www.whitbywalks.com.

• *Fahrräder* **Dr Crank's Bike Shack**, nur £ 9 pro 24 Stunden. 20 Skinner Street, ℡ 01947/606661.

• *Bootsfahrten* Mit einer Miniatur-**Endeavour** kann man in der Hochsaison eine Rundfahrt unternehmen. ℡ 01723/364100, www.endeavourwhitby.com. Außerdem operieren **Yellow Boat Cruises** von Marine Parade, März–Okt. tgl. 10.15–17 Uhr, ℡ 01947/601385; www.whitbycoastalcruises. co.uk. Ganzjährig kann man auf Whitby Fishing Trips gehen, Kontakte vermittelt die Touristeninformation.

• *Stadtrundfahrt* Whitby **Open Top Bus Tour**, ℡ 01947/605460. Von März bis Ende Sept. jede Stunde. Erw. £ 4, erm. £ 3, Familien £ 10.

• *Post* Im Co-op-Supermarkt gegenüber von der Touristeninformation.

• *Veranstaltungen* Im August findet die **Regatta** statt mit bunten Booten und Feuerwerk. Derselbe Monat sieht auch Sänger, Bands, Tänzer, Geschichtenerzähler und Künstler zur **Folk Week** einfallen.

Im April und Ende Okt. zu Halloween wird es düster, wenn die Marilyn-Manson-Ebenbilder dank der Dracula-Reminiszenz zum **Goth Weekend** den Ort in Endzeitstimmung versetzen. Rocky Horror in Yorkshire.

Übernachten/Essen/Trinken

Die Gegend zwischen Crescent Avenue und Silver Street ist übersät mit B & Bs. Dennoch ist es in der Hauptsaison sehr schwierig, eine Unterkunft zu finden.

*** Bagdale Hall Hotel, in einem historischen Stadthaus aus der Tudorzeit untergebrachtes Hotel mit antik eingerichteten Zimmern; auch sehr gutes Restaurant im Haus. B & B im DZ £ 45–90/Person. 1 Bagdale, YO21 1QL, ℡ 01947/602958, ℡ 01947/820714, www.bagdale.co.uk.

The Arches Guest House, familiengeführte Pension im historischen Ostteil Whitbys. 9 gepflegte Zimmer ab £ 35/Person inklusive reichhaltigem Frühstück. 8 Havelock Place, Hudson Street, YO21 3ER, Freephone 0800/9154256 oder ℡ 01947/601880, www. whitbyguesthouses.co.uk.

Seacliffe Hotel, Pension direkt an der Strandpromenade. Im Haus befindet sich auch ein Restaurant mit Fischspezialitäten. Die betagten Zimmer werden bis Anfang 2012 renoviert. B & B £ 38.95–41.95 pro Person. 12 North Parade, West Cliff, Freephone: ℡ 0800/0191747, ℡ 01947/603139; ℡ 600829; www.seacliffehotel.com.

Sunnyvale House, die großen, hellen DZ werden in der Vor- und Nachsaison manchmal auch als EZ vermietet. Reichhaltiges Frühstück. B & B im EZ £ 38, DZ £ 34/Person, bei 2 Nächten und mehr £ 29. 12 Normanby Terrace, YO21 3ES, ℡ 01947/820389, www.sunnyvalehouse.co.uk.

The Town House, elegante, helle und sehr gepflegte Familienpension mit gutem Blick über den Hafen vom Westcliff. B & B £ 25–30 pro Person, am Wochenende mind. 2 Nächte, Juli u. Aug. mind. 3 Nächte. South Terrasse, YO21 3HG, ℡ 01947/820056, www. thetownhousewhitby.co.uk.

Bramblewick, im Stadtteil West Cliff in einem viktorianischen Haus untergebrachte Pension mit reichlichem Frühstücksbüfett, das auch lokalen Fisch beinhaltet. B & B £ 30–37 pro Person. 3 Havelock Place, YO21 3ER, ℡ 01947/604504, www.bramblewick.co.uk.

● *Jugendherberge* **Abbey House Whitby**, 199 Stufen muss man erklimmen, dann wohnt man direkt neben der berühmten Abteiruine in einem großen Anwesen, das der Guardian die beste Adresse in Whitby genannt hat. Anfahrt mit dem Auto vom Zentrum über die Bridge Street auf die Church Street, dann auf die Church Lane. Ab £ 16, Jugendliche ab £ 12. Abbey House, East Cliff, YO22 4JT, ✆ 0845/3719049, ✆ 01947/825146; whitby@yha.org.uk.

● *Camping* ***** **Sandfield House Farm Caravan Park**, ruhig gelegener Platz, etwa einen Kilometer zum Strand, mit Meeresblick – und nur wenige Kilometer vom Stadtzentrum. Wohnwagen ab £ 15.50 pro Nacht. Sandsend Road, ✆ 01947/602660, www.sandfieldhousefarm.co.uk.

Whitby Sunset View, endlich auch mal was für Camper, 50 Plätze 6 km südlich von Whitby an der A 171, Stellplatz £ 8. Manor Farm, Normanby, Whitby, YO22 4PS, ✆ 01947/880457.

● *Essen/Trinken* Die meisten Pubs und Cafés finden sich im Stadtteil West Cliff. Sehr gutes Essen bietet das Seacliffe Hotel (s. o.).

Gutes Pubfood gibt es im **White Horse & Griffin** in der Church Street, Auch schöne Zimmer für £ 60, ✆ 01947/604857. Ein gutes Restaurant mit Bar ist das **Moon and Sixpence**, 5 Marina Parade, ✆ 01947/604416, www.moonandsixpence.co.uk. Wer will, kann hier auch Champagner trinken und Austern schlürfen oder Luxuszimmer mieten. Wer ganz entlegen ein stilles Bier trinken möchte, fahre ins **Moorcock Inn**, Langdale End, Scarborough, ✆ 01723/882268.

Sehenswertes

Dracula Experience: Eine Art Geisterbahn, die sich als interaktive Reise durch den Roman versteht. Die blutrünstige Geschichte wird in zehn Szenen mit viel Licht- und Soundeffekten, Spiegeln und kostümierten Schauspielern zum Leben erweckt. Schaurig-komisch!

Ostern bis Okt. tgl. 9.45–17 Uhr, Nov. bis April Sa u. So 9.45–17 Uhr. £ 3, erm. £ 2.50, Familien £ 9. 9 Marine Parade, ✆ 01947/601923, www.draculaexperience.co.uk.

St Mary: Um zu dieser Kirche zu gelangen, muss man die 199 Stufen hinaufsteigen (entspricht elf Stockwerken eines Gebäudes), die schon vom legendären Grafen Dracula erklommen wurden. Über die ursprünglich aus Holz bestehenden Stufen trugen die Sargträger einst die Verstorbenen zur Beerdigung auf dem Friedhof hinauf. Die Kirche selbst geht auf das Jahr 1110 zurück, hat aber auch Bauelemente aus dem 18. Jahrhundert. Im Inneren sieht man neben einer dreistöckigen Kanzel noch die sogenannten *Box Pews* aus dem 18. Jahrhundert (Kirchenbänke wohlhabender Familien). Durch den Friedhof hinter der Kirche führt ein Weg direkt zur Abtei.

April bis Okt. tgl. 10–17 Uhr, Nov. bis März bis 16 Uhr.

Whitby Abbey: Obwohl die Abtei bereits auf das 7. Jahrhundert zurückgeht und hier im 12. Jahrhundert ein Benediktinerkloster errichtet wurde, stammt der Großteil der heutigen Ruinen aus dem 13. und 16. Jahrhundert. Im Jahre 664 trafen sich hier die prominentesten Mitglieder der noch jungen christlichen Kirche aus allen Teilen Europas zur Synode von Whitby, um ein für alle Mal einen Streit zu schlichten, der die Christenheit spaltete: das genaue Datum, wann Ostern gefeiert werden sollte. Die Kelten gaben nach, und das römische Konzept wurde übernommen, es gilt noch heute. Nach der Auflösung der Klöster wurde die Abtei verkauft, und die Eigentümer bauten einen Landsitz daneben, der heute das Besucherzentrum darstellt.

April bis Sept. tgl. 10–18 Uhr, sonst Do–Mo 10–16 Uhr. £ 5.80, erm. £ 4.90, Kinder £ 2.90, Familien £ 14.50 (EH). ✆ 01947/603568.

Captain Cook Memorial Museum: Das Museum in der Grape Lane, wo Cook seine Lehrzeit verbrachte, erinnert an den großen Entdecker. Modelle, Seekarten,

Im Hafen von Whitby drängeln sich die Fischerboote

Schiffspläne, Möbel und Gemälde vermitteln einen Eindruck von der Seefahrt und ihren Helden, man erfährt auch einiges über Cooks Zeitgenossen, wie etwa Captain Bligh von der Bounty.

Im März tgl.11–15 Uhr, April–Okt. tgl. 9.45–17 Uhr. £ 4.50, erm. £ 4, Kinder £ 3, Familien £ 11. ✆ 01947/601900, www.cookmuseumwhitby.co.uk.

Bark Endeavour: Whitbys neueste Besucherattraktion, der Nachbau der HM Endeavour, mit der Captain James Cook 1768 auf Expedition segelte, unternimmt im Sommer regelmäßige Hafenrundfahrten und auf Anfrage auch Segeltouren entlang der Juraküste Yorkshires, z. B. nach Sandsend. Die Barkasse ist mit 14 Metern Länge und 4 Metern Breite zwar nicht einmal halb so groß wie das Original, das 1764 vom Thomas Fishborne hier in Whitby gebaut worden war, ansonsten jedoch authentisch ausgestattet.

Ostern bis Okt., meistens ab 10.30 Uhr, £ 3 für 30 Minuten mit Erklärungen. Whitby Harbour, (Büro in Scarborough, 46 St Sepulchre Street, ✆ 01723/364100), ✆ 06723/367100; www.endeavourwhitby.com.

Umgebung von Whitby

Sandsend: Dieses malerische Dorf fünf Kilometer nördlich von Whitby besteht eigentlich nur aus einer Gruppe von Häuschen, die sich vor die Klippen von Lythe Bank kauern und auf einen wunderschönen Sandstrand öffnen. Der Strand ist bei Surfern beliebt, an der Promenade gibt es einige Cafés und Pubs.

Runswick Bay: Weiße Cottages und blumengesäumte Gärten überblicken die nächste Bucht an der Atlantikküste in Richtung Norden. Den Ort erreicht man über eine steile, gewundene Straße, die zu einem großen Parkplatz führt, von wo aus man durch verwinkelte, steile Gässchen zu Fuß zum Strand weitergehen muss. Auch Runswick war einst ein Fischerdorf und Schmugglernest, das in den 1960er-

Jahren wegen seines prächtigen Sandstrandes von Urlaubern entdeckt und in Beschlag genommen wurde. Heute sind nur 40 % der Häuser hier permanent bewohnt, der Rest füllt sich nur während des Sommers.

Staithe

Dieser nördlichste Ort an der Küste Yorkshires ist auch einer der am meisten fotografierten. Auf den ersten Eindruck wirkt der Fischerort eher düster, wie er so grau in den Klippen hängt. Kaum etwas hat sich seit Captain Cooks Zeit hier verändert. Eine tiefe Schlucht zieht sich mitten durchs Dorf, überall liegen Fischernetze und Hummerfangkörbe aus oder hängen Fischerkutten zum Trocknen über den Geländern.

Captain James Cook

Als Sohn eines Landarbeiters wurde James Cook am 17. Oktober 1728 in Marton geboren. Nach einer kurzen Episode in Staithes, wo er in einem Lebensmittelgeschäft arbeitete, ging er in Whitby bei Kapitän John Walker als Schiffsjunge in die Lehre. Danach trat er der Navy bei, diente im Siebenjährigen Krieg und startete 1768 auf die erste seiner drei Entdeckungsreisen in den Pazifik. Er wurde zum Kommandanten der Endeavour ernannt, die in Whitby gebaut worden war, und kartographierte Australien und Neuseeland, entdeckte vierzig Inseln und brachte eine stichprobenartige Auswahl von unbekannten Pflanzen und Tieren nach Hause. Cook erwarb sich auch den Ruf eines Menschenfreunds und geschickten Diplomaten. Nicht ein einziger Matrose starb an Skorbut auf seinen Booten, weil er – ohne den Zusammenhang zu kennen – auf der Mitnahme von frischem Ost und Gemüse an Bord bestand. Auf seiner zweiten Reise segelte er als erster Forscher in die Antarktis, besuchte Tahiti und die Neuen Hebriden, entdeckte Neukaledonien und weitere Inseln. Seine dritte und letzte Reise auf der Suche nach der Nordpassage um Kanada (die – wie wir heute wissen – nicht existiert) endete leider tragisch. Von der Beringstraße musste er nach Hawaii umdrehen, um Reparaturen am Schiff auszuführen und der Mannschaft eine Pause zu gönnen. Die Eingeborenen behandelten ihre Besucher mit Respekt, als jedoch ein Landungsboot gestohlen wurde, ging Cook an Land, um den Häuptling des Stammes als Geisel zu nehmen. Dass dessen Gefolgsleute nicht begeistert waren, versteht sich von selbst. Sie gerieten vor Wut außer Kontrolle und Cook wurde erstochen, bevor er den Rückzug antreten konnte.

Besucher müssen ihr Auto im modernen Teil des Dorfes oberhalb der Klippen stehen lassen und dann die steilen Gassen hinunter zum Old Wharf laufen. Für den Autoverkehr ist der Ort zu eng, und es gibt wirklich keine Park- oder Wendemöglichkeiten. Beim Abstieg ist durchaus Vorsicht geboten, nicht umsonst heißt eine Gasse „Slippery Hill", und die „Dog Loup" muss wohl eine der schmalsten Straßen Englands sein. Auf dem Weg hinab zum Hafen kommt man an eher finster blickenden Kapellen vorbei, ein Zeugnis aus der Zeit, als Staithe fast vollständig dem Methodismus anhing. Der kleine Hafen ist stolz auf seine Verbindung mit Captain James Cook, der hier im Alter von 17 Jahren als Assistent in einem Tante-Emma-Laden tätig war. Der Legende nach hat ihn das wüste Seegarn, das die Fischer von ihren Abenteuern gern spannen, und die schlechte Behandlung durch seinen Chef dazu getrieben, einen Schilling aus dessen Kasse zu stehlen und sich damit nach Whitby abzusetzen. Mehr dazu gibt es im *Captain Cook & Staithe Heritage Centre* in einer ehemaligen Methodistenkapelle zu erfahren.

Die kleine Fischerflotte läuft noch immer bei Wind und Wetter aus, um Krabben und Hummer zu fangen. Sie nutzen dazu traditionelle Boote, die „cobles", die auf ein uraltes Design der Wikinger zurückgehen und direkt am Strand anlanden. In der Nähe baden Familien an einem kleinen Sandstrand und ein bisschen weiter nördlich erhebt sich Boulby Cliff, mit 202 Metern der höchste Punkt an der englischen Ostküste.

Captain Cook and Staithes Heritage Centre: Tgl. 10–17.30 Uhr, im Jan. nur am Wochenende. £ 3, ✆ 01947/841454, www.captaincookatstaithes.co.uk.

Das Inland

Pickering und der Südosten

Wir verlassen die Küste mit ihren grauen Sandbänken und weißen Steilküsten, um über die Heidelandschaft der North York Moors nach Pickering im Newton Dale zu fahren. Im Jahre 270 v. u. Z. gründete König *Peredurus* hier eine Siedlung. Der Legende nach verlor er im nahen Fluss Costa einen wertvollen Ring und bezichtigte eine Jungfrau aus dem Ort des Diebstahls. Als jedoch der königliche Koch einen Hecht (pike) zubereitete, fand er den Ring im Magen des Fisches. Zum Zeichen der Reue heiratete der König die Jungfrau und nannte den Ort von nun an „Pike-ring".

Pickering ist ein Hügelstädtchen, das von einer Burguine bewacht wird. Terrassenförmig ansteigende Straßen führen zu einer lichten Kirche mit Fresken aus dem 15. Jahrhundert in roten und schwarzen Farbtönen, die Heiligenlegenden darstellen. In der Burg hat Richard II. nach seiner Abdankung eine Zeit lang geschmachtet. Bekannt ist Pickering auch für seine Schweine, bzw. seinen Schinken, und seine Pferde, die Cleveland Bay Horses mit ihren schwarzen Mähnen und Schweifen, die nur hier gezüchtet werden (heutzutage in Eskdale). In der Umgebung von Pickering liegen die wenigen noch bewaldeten Gebiete des Moores. Ausgebaute Wanderwege führen zu den schönsten Ecken, die Touren sind größtenteils in einem halben Tag zu schaffen. Im hiesigen *National Park Information Centre* gibt es verschiedene Wegbeschreibungen.

● *Information* **Yorkshire Coast and Country**, The Ropery, YO18 8DY, ✆ 01751/473791, 📠 01751/473487; pickeringtic@btconnect.com; ww.ryedale.gov.uk. Im Sommer von hier aus auch Stadtspaziergänge.

● *Antiquitäten* **Pickering Antique Centre**, 40 Aussteller haben hier ihre Räumlichkeiten, Mo–Sa 10–17 Uhr, So ab 11 Uhr, ✆ 01751/7477210, www.pickeringantiquecentre.vpweb.co.uk.

● *Angeln* **Pickering Trout Lake**, Angelerfahrung speziell für Anfänger, Ostern bis Okt. tgl. 10–19 Uhr, £ 6 pro Leine (Rod), Newbridge Road, Pickering, YO18 8JJ, ✆ 01751/474219, www.pickeringtroutlake.co.uk.

● *Übernachten* **Fox & Hounds Country Hotel**, hübsches Landhaus in einem Dorf wenige Kilometer nordwestlich von Pickering (über die A 170). Gutes Restaurant. B & B £ 40–60 pro Person, bei drei Nächten £ 25–45. Main Street, Sinnington, YO62 6SQ, ✆ 01751/431577, www.thefoxandhoundsinn.co.uk.

High Farm B & B, ein umgebautes Bauernhaus aus viktorianischen Zeiten mit schönem Garten und Blick auf die Moors (über die A 170 in Wrelton nach Cropton abbiegen). B & B ab £ 32 pro Person. High Farm, Cropton, ✆ 01751/417461, 📠 01751/417807, www.hhml.com/bb/highfarncropton.htm.

Vivers Mill, umgebaute Wassermühle mit arbeitendem Rad und Originalmühlstein in der Lounge, sehr urig, rustikal. EZ £ 25–30, DZ £ 28–30. Mill Lane, Pickering, YO18 8DJ, ✆ 01751/473640, www.viversmill.com.

• *Jugendherberge* **The Old School**, die ehemalige Schule liegt in einem kleinen, von Wald und Moorlandschaft umgebenen Bauerndorf; recht spartanische Ausstattung, alles umweltfreundlich. B & B Erwachsene ab £ 18, Jugendliche ab £ 13.50. Lockton, Pickering, YO18 7PY, ✆ 0845/ 3719128, ✉ 01751/460376, lockton@yha.org.uk.

• *Camping* **Vale of Pickering Caravan Park**, guter Fünfsterne-Campingplatz in reizvoller Umgebung; März bis 6. Jan. geöffnet. Anfahrt über die A 170 Richtung Allerston, dann auf die B 1415 (ab hier ausgeschildert). Zelte £ 11.50–20. Carr House Farm, Allerston, YO18 7PQ ✆ 01723/859280, www.valeofpickering.co.uk.

Sehenswertes

Burgruine: Die gut erhaltende Burgruine aus dem 12. Jahrhundert lohnt eine Besichtigung. Acht englische Könige bewohnten die Burg, darunter auch Eduard II.
Juli/Aug. tgl. 10–17 Uhr, April bis Juni u. Sept. Do–Mo 10–17 Uhr. £ 3.70, erm. £ 3.10, Kinder £ 1.90 (EH). ✆ 01751/474989.

St Peter und Paul: In der hiesigen Gemeindekirche mit einem normannischen Taufbecken wurden im Jahr 1851 farbenfrohe Fresken aus dem 15. Jahrhundert entdeckt. Der Pfarrer übertünchte die Malereien, da er sie für anstößig hielt. Inzwischen hat man versucht, sie wieder freizulegen; das Ergebnis können Sie in der Kirche bewundern.

North Yorkshire Moors Railway: Pickering ist Ausgangspunkt dieser historischen Eisenbahnstrecke. 18 Meilen legt die alte Dampfeisenbahn in Richtung Norden zurück. Die Strecke führt durch für englische Verhältnisse recht bewaldete Täler (Newtondale, Raindale) und das kleine Dorf *Goathland*, dann weiter durch das *Murk Esk Dale* nach *Grosmont*. Die Eisenbahnlinie, eine der ersten des Landes, wurde im Jahre 1836 unter der Leitung von George Stephenson gebaut. Etwa 12 Jahre lang zogen Pferde die Wagen, was die Überwindung der Höhenmeter etwas schwierig machte. Im Jahr 1847 wurde dann die Dampflokomotive eingeführt. Mit einem Tagesticket kann man unterwegs aus- und in einen späteren Zug wieder einsteigen.
Genaue Abfahrtzeiten erfahren Sie in der Tourist Information. Tickets je nach Ziel £ 16–21, Kinder £ 8–10.50. ✆ 01751/472508, Fahrplanansage unter ✆ 01751/473535, www.nymr.co.uk.

Umgebung von Pickering

Thornton-le-Dale: Nicht weit östlich von Pickering liegt dieser hübsche Ort, der bereits 1907 von den Lesern der Yorkshire Post zum „most beautiful village of Yorkshire" gekürt wurde. In den Hauptstraßen mit ihren jahrhundertealten Häusern, teilweise reetgedeckt, scheint die Zeit stehen geblieben zu sein. An Wochenenden wimmelt es hier aber von unzähligen Besuchern. Am Rande der A 170 neben der Gemeindekirche All Saints steht ein reetgedecktes Cottage, das vielen bekannt vorkommen dürfte, schmückt es doch zahlreiche Pralinenschachteln, Puzzle und Kalender.

• *Übernachten/Essen/Trinken* Einkehren sollte man hier im **The New Inn**, das auch eine blumengeschmückte Terrasse besitzt und gutes Essen serviert. B & B für £ 79. Moorgate, YO28 7LF, ✆ 01751/474226; www. the-new-inn-com. Im **Warrington House** werden hausgemachte Kuchen, aber auch Gemüsestrudel oder Käseteller angeboten. In dem alten Postkutschen-Inn werden ebenfalls Zimmer vermietet: £ 32.50/Person. Whitbygate, YO18 7RY, ✆ 01751/475028; www.warringtonhouse.co.uk.

Goathland: Ziemlich weit nördlich auf der Strecke der North Yorkshire Moors Railway liegt kurz vor Grosmont dieser Ort, der den Briten hauptsächlich als „Aidensfield" aus der Fernsehserie *Heartbeat* bekannt ist. Goathland ist ein typi-

Yorkshire/Nordostengland

Karte S. 681

Romantisches Cottage in Thornton-le-Dale

sches Dorf dieser Gegend, seine alten Gehöfte umringen einen weiten Dorfanger. Die Bahnstation wurde erst im Jahr 1865 eröffnet, da man aufgrund des steilen Anstiegs der Strecke zwischen Beck Hole und Goathland die Bahngleise verlegen musste und verwandelte sich kürzlich für die Dreharbeiten zu „Harry Potter und der Stein der Weisen" in Hogsmeade Station. Der seltsame Name des Ortes geht wahrscheinlich auf frühe dänische Siedler zurück (Goda-land). Noch immer wird zu Neujahr auch ein heidnisches Ritual der Wikinger gefeiert, der „Plough Stots Service". Stots ist skandinavisch und steht für Ochsen, die einen Pflug durch das Dorf ziehen, gefolgt von dreißig Tänzern, die wild mit Schwertern fuchteln. Nur die Ochsen wurden inzwischen durch junge Männer ersetzt. In Goathland gibt es ein sehr ungewöhnliches Hotel, das in einem umgebauten alten Eisenbahnwaggon untergebracht ist, den man für eine ganze Woche mieten kann. Der Waggon verfügt über alle Extras – vom modernen Bad bis hin zur vollständig eingerichteten Küche.

● *Übernachten/Essen/Trinken*   **Camping Coach at Goathland Station**, weitere Camping Coaches in North Yorkshire: Levisham Station, Ebberston Station bei Allerston, Cloughton Station. Ab £ 450 je nach Saison für eine Woche und bis zu vier Personen im alten Eisenbahnwaggon. ✆ 01751/472508.

*** The Mallyan Spout Hotel, charmantes Country-Hotel mit Luxuszimmern in der Nähe eines kleinen Wasserfalls. Lassen Sie es sich in einer der drei Lounges oder dem schönen Garten gut gehen. EZ £ 65–95, DZ £ 110–155. Goathland, Whitby, YO22 5AN, ✆ 01947/896486, ✉ 896327; www.mallyanspout.co.uk.

Birch Hall Inn, total bodenständiges, hübsches Country Pub in der Nähe der North Yorkshire Moors Railway Line. Pasteten, Sandwiches, Ales. Beck Hole, Goathland, YO22 5LE, ✆ 01947/896245.

Helmsley und der Südwesten

Helmsley am Ufer des River Rye ist ein weiterer guter Ausgangsort für Touren ins Moor. Komplett mit Steincottages, einer kleinen Brücke, einem bildschönen Kirchhof und den Ruinen einer normannischen Burg lohnt der Besuch allemal. Jeden Freitag findet auf dem Marktplatz der Wochenmarkt statt. Die bombastische gotische Statue hier gedenkt des 2. Grafen von Feversham, der im benachbarten Duncombe Park zu Hause war. Beim Marktkreuz beginnt der Wanderweg *Cleveland Way*, der von hier aus zunächst am Westrand der North York Moors entlangführt, dann in nordöstlicher Richtung bis zur Ostseeküste verläuft und sich schließlich wieder südlich entlang der Küste bis nach Scarborough zieht (s. auch Scarborough).

● *Information* **Tourist Information Centre**, Helmsley Castle Visitor Centre, Castlegate, Helmsley, York, North Yorkshire YO62 5AB, ✆ 01439/770173; helmsleytic@btconnect.com. **The Cleveland Way Project**, ✆ 01439/770657; www.nationaltrail.co.uk/ClevelandWay.

● *Übernachten* Viele der B & Bs liegen in der Ashdale Road. Vom Marktplatz geht man die Bondgate hoch.

Black Swan, exquisites Hotel mit schönem Garten, Pub, Restaurant und Champagner-Bar, 45 Zimmer. Dinner-B & B im EZ £ 135– 235, DZ £ 175–275, nur B & B im EZ £ 105– 205, DZ £ 125–225. 80 Market Place, YO62 5BJ, ✆ 01439/770466, www.blackswan-helmsley.co.uk.

Stilworth House, B & B in georgianischem Stadthaus mit Ausblick aufs Schloss und die Kirche. £ 40/Person, bei mehreren Nächten günstiger. 1 Church Street, YO62 5AD, ✆ 01439/771072, www.stilworth.co.uk.

Im Kirkbymoorside, östlich an der A 170 gelegen, gibt es einige kleine Gasthäuser, z. B.:

Lion Inn, Freehouse (von Brauereien unabhängiges Pub) aus dem 16. Jahrhundert, sehr einsam auf dem höchsten Punkt der Moore, Blick über Rosedale und Farndale, offener Kamin. B & B £ 22–43 pro Person. Blakey Ridge, Kirkbymoorside, YO62 7LQ, ✆ 01751/417320, ✉ 01751/417717,

www.lionblakey.co.uk.

● *Jugendherberge* **Youth Hostel**, modern und schmucklos, etwa 500 Meter östlich des Marktplatzes (an der Kreuzung von Carlton Road und Carlton Lane) B & B ab £ 14, Jugendliche ab £ 10.50. Carlton Lane, Helmsley, YO62 5HB, ✆ 0845/3719638, 01439/ 770433, www.yha.org.uk.

Cote Ghyll, Tees-Bus Nr. 80 und 90 hält auf der Strecke von Middlesbrough nach Northallerton in Osmotherley. B & B in der alten Mühle ab £ 14, Jugendliche ab £ 10.50. Osmotherley, Northallerton, DDL6 3AH, ✆ 0845/3719035, ✉ 01609/883715; osmotherley@yha.org.uk.

● *Camping* **Golden Square Caravan and Camping Park**, vier Kilometer südwestlich von Helmsley, ca. 1,5 Kilometer von Ampleforth entfernt (ausgeschildert). Liegt in offener Landschaft mit angrenzendem Wald. Neu: beheizte Toiletten. Von März bis Okt. geöffnet. Zelte £ 15–18. Oswaldkirk, YO62 5YQ, ✆ 01439/788269, ✉ 01439/788236, www. goldensquarecaravanpark.com.

Wombleton Caravan & Camping Park, ruhiger Platz mit modernen Einrichtungen 6 km von Helmsley. Zelte £ 11–16. Moorfield Lane, Wombleton, Kirkbymoorside, YO62 7RY, ✆ 01751/431684, www.wombletoncaravanpark.co.uk.

Sehenswertes

Helmsley Castle: Am Stadtrand stehen die Reste der Burg, die im 11. Jahrhundert von den Normannen gegründet und um 1186 unter *Robert de Roos*, Lord of Helmsley, ausgebaut wurde. Über eine Holzbrücke, die den Burggraben überspannt, kommt man zum Turm am Haupteingang, der aus dem 13. Jahrhundert stammt. Im Jahr 1644 wurde die Burg von den Republikanern erobert. Die Königstreuen flohen, und die Mauern der Anlage wurden geschleift. Später wurde die Burg an Sir Charles Duncombe verkauft.

April bis Sept. tgl. 10–18 Uhr, Okt. Do–Mo 10–17 Uhr, sonst Do–Mo 10–16 Uhr. £ 4.70, erm. £ 4, Kinder £ 402 (EH). ✆ 01439/770442.

Duncombe Park: Etwas außerhalb am Fluss Rye liegt dieser Park mit einem schönen barocken Herrenhaus, das im Jahr 1713 ebenfalls für die Familie Duncombe erbaut wurde. Nach einem Brand hatte sich die Familie für den Wiederaufbau so verausgabt, dass sie das Haus 60 Jahre lang an ein Mädchenpensionat verpachten musste. 1985 jedoch zogen Lord und Lady Feversham wieder hier ein und richteten das Gebäude in alter Pracht wieder her.

April–Sept. Sa–Do 11–17.30 Uhr (letzter Einlass 16.30 Uhr). Das Haus ist nur mit einer Führung zwischen 12.30 u. 15.30 Uhr zu besichtigen. Eintritt für Garten, Park und Haus: £ 8.25, erm. £ 6.25, Kinder £ 3.75 (EH), auch nur Park oder Gartenbesuch möglich. ✆ 01439/770213, www.duncombepark.com.

Rievaulx Abbey: Vier Kilometer westlich von Helmsley liegt im landschaftlich schönen Tal der Rye die 1131 von französischen Mönchen gegründete Rievaulx Abbey, eine der zahlreichen großen Abteien des Nordens und die größte Zisterzienserabtei der Gegend: Zeitweilig lebten hier bis zu 550 Menschen. Einkommensquelle war die Schafzucht – weite Gebiete des Moores gehörten dem Orden, 14.000 Schafe, eine Fischerei bei Teesmouth und Eisenbergwerke bei Bilsdale und Wakefield. Außerdem hatte man viel Geld von Walter l'Espec, dem Lord von Helmsley, erhalten, der seinen einzigen Sohn und Erben bei einem Reitunfall verloren hatte. 1536 war auch für Rievaulx das Ende gekommen, als Heinrich VIII. alle Klöster des Landes auflöste. Die romantischen Ruinen sind noch recht gut erhalten, vor allem das Schiff beeindruckt, und man kann den Speisesaal, Schlafsaal und die Latrinen sehen. Im 18. Jahrhundert war dies Anlass genug für den Ausbau einer Parkanlage mit Terrassen und kleinen Tempeln (extra Eintritt). Heute gehört das Gelände English Heritage. Eine Ausstellung informiert über die verschiedenen Erwerbszweige der Mönche (Schafzucht, Glasproduktion und Eisenverarbeitung).

April–Sept. tgl. 10–18 Uhr, sonst Do–Mo 10–16 Uhr. £ 5.30, erm.£ 4.50, Kinder £ 2.70 (EH). ✆ 01439/798228. Anfahrt entweder zu Fuß entlang des ausgeschilderten Weges von Helmsley (5 km) oder mit dem Moorsbus M8.

Radtour von Helmsley nach Stokesley

In Helmsley kann man sich Fahrräder mieten und die North York Moors auf eigene Faust entdecken. Hier ein Tourenvorschlag von etwa 80 Kilometer quer durch das Moor nach Stokesley:

Zuerst auf der A 170 nach *Kirkbymoorside*. Hinter Kirkby Mills nach links in Richtung *Hutton-le-hole*, ein Dorf, das einem Bilderbuch entsprungen sein könnte. Untrainiertere Radtouristen können hier übernachten. Ansonsten geht es weiter durch den Ort bis zu einer Gabelung. Man wählt die linke Straße, die am *River Dove* entlangführt. Im Frühling ist das Tal von den überall wachsenden Narzissen in tiefes Gelb gehüllt. Fährt man immer Richtung Norden, kommt man ins *Westerdale Moor*. Am River Esk in *Westerdale* liegt die Endstation des ersten Abschnitts. Frisch ausgeruht radelt man von Westerdale über *Commondale* (hier links) nach *Kildale*, immer an der Bahnlinie entlang. Auf einer kleinen Straße geht es dann bis *Stokesley*.

Durham

Ein sehr lohnenswerter Abstecher auf dem Weg in den Norden ist die hübsche Kathedralen- und Universitätsstadt Durham (sprich: Durrem), die bei Lewis Carroll als „Jabberwocky" und bei Charles Dickens als „Dotheboys Hall" auftaucht. Die Stadt wurde von den Mönchen der heiligen Insel Lindisfarne gegründet, die mit den Überresten des Heiligen Cuthbert vor den Wikingern auf der Flucht waren. Wo der River Wear eine enge Schleife formt, entstand einst der Stadtkern. In der Mitte erhebt sich unübersehbar die schön gelegene normannische *Kathedra-*

le, Machtzentrum der „prince bishops", der Fürstenprinzen, die über viele Jahrhunderte mit ähnlichen Befugnissen wie der König selbst ausgestattet waren (mit eigener Armee, Währung, Gerichtsbarkeit und Adelstiteln) und ihm nicht selten Konkurrenz machten. Der letzte dieser allmächtigen Geistlichen war Bischof van Mildert, der federführend an der Gründung der Universität mitwirkte, die mit Oxford und Cambridge zu den ältesten des Landes zählt. Nach seinem Tod 1836 gingen die säkularen Rechte der Bischöfe von Durham an den König zurück, doch steht der Bischof von Durham in der Rangfolge der anglikanischen Kirche noch immer gleich hinter den Erzbischöfen von Canterbury und York. Vermächtnis der Bischöfe ist die Burg aus normannischer Zeit, die nur durch den Palace Green getrennt gegenüber der Kathedrale zu finden ist. Beide Bauwerke zusammen sind UNESCO-Weltkulturerbe.

Vier Brücken führen über den Fluss Wear, und man sollte zumindest einmal die *Framwellgate Bridge* überqueren, die noch aus dem 12. Jahrhundert stammt und eine prächtige Aussicht eröffnet. Das Zentrum um den Market Square ist kompakt und kopfsteingepflastert, im Millennium Place neben der Millburngate Bridge hat kürzlich das *Gala Centre* eröffnet, ein Komplex mit Besucherzentrum, Kinos, Theater, Bibliothek und Cafés. Lange Tradition hat der jährliche Marsch ehemaliger Kumpel und Gewerkschafter im Juli durch die Stadt, denn Durham liegt in einem ehemaligen Kohlerevier. Das letzte Bergwerk hat erst 2005 geschlossen, und man hält so auch die Erinnerung an die industrielle Vergangenheit hoch.

● *Information* **Tourist Information Centre**, hier gibt es kostenlose Broschüren, Wanderführer, es werden Tickets für Veranstaltungen wie die Kathedralenkonzerte verkauft und man hilft bei der Zimmersuche. 2 Millennium Place, Durham, Durhamshire DH1 1WA, ✆ 0191/3843720, ✆ 3863015; www. thisisdurham.com.

● *Veranstaltungen* Die **Miner's Gala** (Marsch der Kumpels) findet am 2. Samstag im Juli statt, eine **Ruderregatta** im Juni.

● *Verbindungen* **Park & Ride** – Durham hat drei Plätze am Stadtrand, Mo–Sa von 7–19 Uhr, Zubringerbusse £ 1.70, www.durham. gov.uk/parkandride.

Zug – Der Bahnhof liegt nordwestlich des alten Stadtkerns. Alle zwei Stunden fahren Züge über Newcastle nach Carlisle; regelmäßig nach Glasgow und Edinburgh; nach Hull über Thirsk und York. Intercity-Züge fahren nach London. Über Middlesbrough geht es in die östlichen North York Moors.

Busse fahren von der North Road ab. Der National Express verbindet mit London (Dauer 6 Stunden) und Leeds. Lokale Busgesellschaften fahren nach Middlesbrough.

Autos – Durham war eine der ersten Städte, die eine Durchfahrtsgebühr von £ 2 für das Durchfahren des Stadtzentrums eingeführt haben, die wochentags zwischen 10 und 16 Uhr fällig wird. Nutzen Sie am besten Park & Ride, s. o.

● *Fahrräder* **Lamb's Bikes**, 25 Claypath, Mountainbikes zu leihen für £ 20/Tag, So u. Do Ruhetage. ✆ 0191/3840319.

● *Bootsfahrten* **Prince Bishop River Cruiser**, Rundfahrten dauern eine Stunde, Juni–Sept., £ 3.50, erm. £ 1.50, Elvet Bridge, ✆ 01 91/3869525, www.princebishoprc.co.uk. **Browns Boathouse**, Ruderboote zu mieten von April–Okt, £ 3.50/Stunde, unterhalb der Elvet Bridge, ✆ 0191/3863779.

● *Markt* **The Durham Indoor Market**, in viktorianischer Halle von 1851 mit rund 100 Ständen. **Farmer's Market** jeden 3. Do des Monats.

● *Post* 33 Silver Street, ✆ 0845/7223344.

● *Theater* **Gala Theatre and Cinema**, Gastspiele, Millennium Place, ✆ 0191/3324041, www.galadurham.co.uk.

● *Übernachten* Viele B & Bs gibt es in den Straßen Gilesgate (nordöstlich des Marktplatzes) und Crossgate (südlich des Busbahnhofs).

**** Radisson Blue Hotel Durham (1), neues Viersternehaus mitten im Zentrum mit Spa und italienischem Restaurant. B & B £ 90–179. Frankland Lane, ✆ 0191/3727200, ✆ 3727201; www.radissonblu.co.uk/hotel-durham.

Bannatyne Hotel (2), Budget Hotel an der M 1, alles ein und derselbe moderne Standard, mit kostenlosem WLAN und

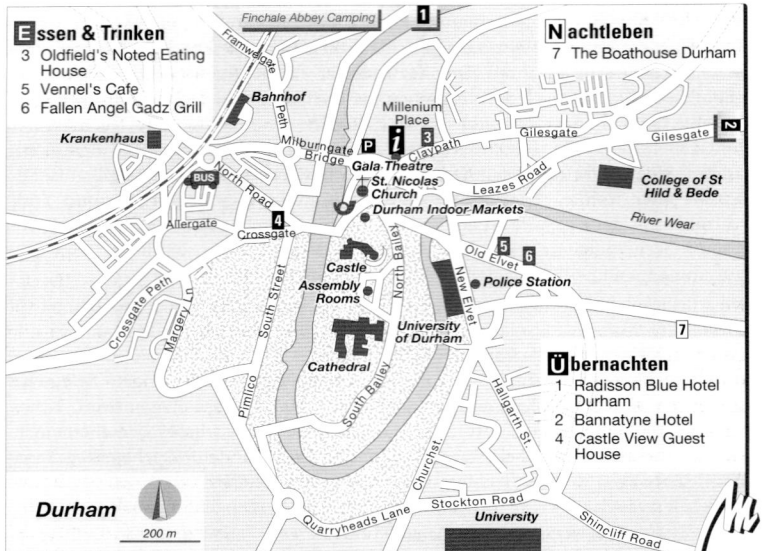

Essen & Trinken
3 Oldfield's Noted Eating House
5 Vennel's Cafe
6 Fallen Angel Gadz Grill

Nachtleben
7 The Boathouse Durham

Übernachten
1 Radisson Blue Hotel Durham
2 Bannatyne Hotel
4 Castle View Guest House

Durham 200 m

Healthclub. Zimmer ab £ 50. Eden Terrace, DH1 2HJ, ✆ 0191/3846796; www.bannatyne. co.uk/hotel-durham/.

Castle View Guest House (4), georgianisches Gästehaus im Zentrum mit kleinem Garten und großzügigen Zimmern. DZ £ 80–85, EZ £ 55–60. 4 Crossgate, ✆ 0191/3868852, www.castle-view.co.uk.

University College, in den Trimesterferien kann man in den Durham Halls of Residence der Studenten wohnen. Am schönsten ist das University College im Castle selbst. Prunkzimmer alle en suite, Studentenzimmer EZ £ 28.50–39.50 (en suite), DZ £ 51–70 (en suite). Palace Green, ✆ 0191/ 3344106, www.dur.ac.uk/university.college/ conferences/bandb
oder www.durhamrooms.co.uk.

● *Camping* **Finchale Abbey**, etwa 5 km nördlich von Durham an der gleichnamigen Abtei am Fluss Wear. Nur Caravan, Möglichkeiten zum Angeln. Platz £ 18– 22/Nacht. ✆ 0191/3866528,
www.finchaleabbey.co.uk.

● *Essen/Trinken/Nachtleben* **Oldfields Noted Eating House (3)**, der große Essraum wird von der schwarzen Bar dominiert, die bezeugt, dass man hier neben der Küche

seinen Schwerpunkt auf die Weine legt. Innovative englische Gerichte, viel aus dem Meer und von den örtlichen Farmen, Hauptgerichte £ 12–17. Lunch (2 Gänge) £ 10. Mo–Sa 12–22 Uhr, So bis 21 Uhr. 18 Claypath, DH1 1RH, ✆ 0191/3709595, www. oldfieldsrealfood.co.uk/oldfields-durham.

Fallen Angel Gadz Grill (6), speisen am Flussufer in dem gleichnamigen Restaurant, Kronleuchter hängen von der Decke, Bullenköpfe an den Wänden – ein Edelgrill. Lunch Mo–Fr 11.30–14.30 Uhr, So bis 17.30 Uhr, Dinner So ab 18 Uhr. 34 Old Elvet, DH1 3HN, ✆ 0191/3841037; www.fallenangelhotel. com.

Vennel's Café (5), man muss sich durch einen Hausdurchgang zwängen (Vennel), um zu diesem hübschen Café zu gelangen, das sich über 2 Etagen erstreckt und einen Hof mit Tischen besitzt. Hausgemachte Kuchen. Saddlers Yard, 71 Saddler Street, DH1 3NP.

The Boathouse Durham (7), Bar und Lounge beim Studentenclub Klute Nightclub, der der schlechteste Europas sein soll und dafür geliebt wird. Auch viele Studenten, aber hier kommt jeder rein. Elvet Bridge, DH1 3AF, ✆ 01913/866210.

Sehenswertes

Durham Cathedral: Wenn man sich in England eine Kathedrale ansieht, dann diese: Durham Cathedral gilt als eines der vollkommensten normannischen Bauwerke der Welt und ist zugleich der größte europäische Sakralbau der romanischen Epoche. Ein beeindruckender Kalksteinbau, über den schon Walter Scott dichtete, er sei „halb für Gott, halb Feste gegen den Schott". Der Reiseautor Bill Bryson bezeichnete das Gotteshaus als „the best cathedral on planet earth".

Als im späten 9. Jahrhundert dänische Wikinger die Insel Lindisfarne überfielen, flüchteten die Mönche mit den Gebeinen des heiligen Cuthbert der Legende zufolge nach Durham, wo sie eine Holzkirche errichteten. Den Platz soll ihnen der Sage nach eine Kuh gewiesen haben. Im Jahr 1092 ließ Bischof Carileph die alte Kirche abreißen und veranlasste den Bau einer Kathedrale, die eine der gelungensten normannischen Kirchenbauten wurde. Der Sarg Cuthberts zog einen wahren Strom von Pilgern in die Stadt; heute ist er in der *Chapel of the Nine Altars* hinter dem Hochaltar ausgestellt. Am Nordwesteingang befindet sich eine Kopie eines „sanctuary knockers". Jedem Kriminellen, der hier anklopfte, wurden 37 Tage Schutz durch die Kirche gewährt. Nach Ablauf dieser Frist musste er sich entweder vor Gericht stellen oder das Land vom nächsten Hafen aus verlassen. Kam er dieser Regel nicht nach, wurde er hingerichtet. Nun steht man im Langhaus, das im romanischen Stil gebaut ist und auf kolossalen Säulen steht, die mit geometrischen Zickzack-Formen verziert wurden, andere Teile weisen maurische Elemente auf. Der steinerne Bischofsthron beim Hochaltar aus dem 14. Jahrhundert gilt als der höchste in der Christenheit. Der Westfront mit ihren beiden Türmen ist eine wundervolle Halle vorgelagert, die Galilee Chapel, deren Gewölbe auf einem Wald schlanker Säulen ruht. Hier befindet sich das Grab des Venerable Bede, eines Mönchs aus dem 8. Jahrhundert, der die erste Geschichte Englands verfasst hat. Im Bürgerkrieg wurde die Kathedrale kurzfristig als Gefängnis genutzt, wobei man den Großteil der Holzbauteile und Einrichtungsgegenstände buchstäblich verheizte, um nicht zu erfrieren. So ging auch das Chorgestühl verloren, weshalb die Sitzgelegenheiten und der Baldachin über dem Taufbecken aus dem 17. Jahrhundert stammen. Nur die spätmittelalterliche Uhr (Prior Castell's Clock), die außer der Zeit auch die Mondphasen und die Bahn der Planeten angibt, ließ man heil, angeblich weil sie mit der schottischen Distel verziert ist. Bereits 1660 wurde die Kathedrale jedoch wieder restauriert. Die Bibliothek hat glücklicherweise im Laufe der Zeit nur wenig gelitten, und so sind die kostbaren Handschriften im einstigen Schlafsaal der Mönche untergebracht. Im Kreuzgang befindet sich der Domschatz (Treasure of St Cuthbert).

Kathedrale: Juli–Aug. tgl. 9.30–20 Uhr, sonst Mo–Sa 9.30–18 Uhr, So 7.45–17 Uhr. Das **Cathedral Highlight Ticket** gilt für die Filmvorführung über die Kathedrale, die Schatzkammer, die Schlafsäle der Mönche und die Ausstellung über den Bau der Kathedrale. £ 5, erm. £ 2.
Audio-Visual (Film): dauert 20 Min., Mo–Sa 10–16 Uhr. **Building the Church Exhibition**:

April–Okt. Mo–Sa 10–16 Uhr. **Treasure of St Cuthbert**: Mo–Sa 10–16.30 Uhr, So 14–16.30 Uhr, £ 3, erm. £ 2.50; **Turm**: April–Sept. Mo–Sa 10–16 Uhr, sonst 10–15 Uhr, £ 5, erm. £ 2.50; **Monk's Dormitory**: April–Sept. Mo–Sa 10–16.30 Uhr, So 14–16.30 Uhr. ✆ 0191/3864266, www.durhamcathedral.co. uk. **ACHTUNG**: In der Kathedrale darf nicht fotografiert oder gefilmt werden!

Durham Castle: Gleich gegenüber der Kathedrale liegt Durham Castle, eine Befestigung aus der Zeit Wilhelms des Eroberers. Zusammen mit der Kathedrale bildete

Bester Blick auf Durham: Burg und Kathedrale

die einstige Burg der Fürstenbischöfe für 750 Jahre eine wehrhafte Einheit. Ihr zum Dank ist Durham die einzige englische Stadt im schottischen Grenzbereich, die nie von den eroberungssüchtigen Nachbarn überfallen wurde. Jeder Bischof baute an der Burg herum, um seinen Status zu demonstrieren, und so bietet sie ein buntes Gemisch aus architektonischen Stilen. Highlight sind die schwarze Treppenhalle aus dem 17. Jahrhundert, in der eine geisterhafte graue Lady und ein Mönch ihr Unwesen treiben, und die normannische Kapelle. Die Burg ist heute im Besitz der Universität, die 1832 gegründet wurde und als eine der besten im Lande gilt. Studenten, die hier in der Residential Hall wohnen, bieten geführte Rundgänge an.

Abhängig vom Unibetrieb Ostern und Juli–Sept. 10–12 Uhr und 14–17 Uhr; Okt.–Juni nur 14–16 Uhr. Besichtigung nur mit Führung, bitte genaue Termine erfragen. £ 5, erm. £ 3. ☎ 0191/33438000, www.dur.ac.uk/university.college/tours/.

Crook Hall: Dieses mittelalterliche Anwesen liegt am Ufer des River Wear, rund einen Kilometer nördlich des Stadtzentrums, in einem 1,6 ha großen Garten. Der Bankettsaal und das jakobinische Zimmer datieren mindestens aus dem 17. Jahrhundert und werden von einer weißen Lady bespukt. Im Garten finden sich uralte Obstbäume, Magnolien, Rosen und ein Beet, das das Kathedralenfenster von Durham nachstellt.

Ostern bis Sept. So–Do 11–17 Uhr. £ 6, erm. £ 5.50, Kinder £ 5. Sidegate. ☎ 0191/3848028, www.crookhallgardens.co.uk.

Umgebung von Durham

Östlich der Stadt bietet die Küste Durhams einsame Landschaften mit Wiesen, Klippen, Kies- und Sandstränden. Dort befindet sich auch der kleine Hafen *Seaham* samt Kurhotel. Im Westen grenzen die North Pennines an, ein wunderbares Gebiet für Naturfreunde. Dort bei *Barnard Castle* liegt auch der imposante *High-Force-Wasserfall*.

Beamish-Open-Air-Museum: In diesem faszinierenden Museum 13 Kilometer nordwestlich von Durham kann man Einblicke erster Hand in das Alltagsleben der Menschen im Nordosten Englands vor und nach der Industriellen Revolution gewinnen. Es gibt Bergwerke zu erkunden, man kann eine arbeitende Farm besuchen, zur Schule gehen oder zum Zahnarzt. Auch mit einem Nachbau von Stephensons berühmter Lokomotive sollte man durch die Gegend zuckeln.

April–Okt. tgl. 10–17 Uhr (letzter Eintritt 15 Uhr), im Winter 10–16 Uhr, Mo u. Fr geschl. £ 16, erm. £ 13, Kinder £ 10, im Winter (einige Attraktionen geschlossen) £ 7.50, Kinder £ 6. Frankland Lane, Sidegate, ✆ 0191/3704000, www.beamish.org.uk. **Anfahrt**: auf der A 1M Ausfahrt 63 und der Beschilderung folgen.

Barnard Castle: Dieses honigfarbene Marktstädtchen, von den Einwohnern „Barney" genannt, besuchen die meisten Touristen wegen seiner Burgruine und eines französischen Schlosses unweit davon. Kurz vor der Stadt beginnt sich die Landschaft zu verändern, aus den grünen Ebenen Durhamshires steigen wir in die karge Landschaft des Penninischen Rückens. Von dem Gemäuer des Rundturms aus dem 14. Jahrhundert hat man einen großartigen Blick über die Landschaft und über die Grenze nach Yorkshire, wo in einem Wiesental des Tees die Ruine der Egglestone Abbey ruht. Das Castle, das in Walter Scotts „Rokeby" eine wichtige Rolle spielt, wurde im 12. Jahrhundert von der Familie Balliol als Grenzfeste errichtet.

April–Sept. tgl. 10–18 Uhr, sonst am Wochenende 10–16 Uhr. £ 4.20, erm. £ 3.60, Kinder £ 2.10 (EH). ✆ 01833/638212.

Bowes Museum: Dieses Château im Stil der französischen Renaissance wurde im 19. Jahrhundert von John Bowes, einem Sohn des Grafen Strathmore, und seiner französischen Frau als eine Art Idealmuseum gegründet und wird gern als das V & A des Nordens bezeichnet. Sie stopften die 22 Räume mit erlesenen Schätzen voll: Gemälden von Goya, El Greco und Courbet, mit Möbeln, Wandteppichen, Porzellan und Skulpturen, Juwelen und Spitzen. Das bekannteste Objekt ist der silberne Schwan, eine Spieluhr, die dreimal am Tag der Öffentlichkeit präsentiert wird (12, 14 u. 16 Uhr). Wenn die Musik ertönt, neigt der Schwan seinen Kopf nach rechts und nach links und pickt sich die Federn. Dann erspäht er einen Fisch im Wasser unter ihm und versenkt seinen Schnabel. Wenn die Musik aufhört, verschluckt er den Fisch und hebt den Kopf in Normalposition. Die Wiedereröffnung nach der Rundumsanierung für 12 Millionen Pfund im November 2010 sah keinen geringeren als Damien Hirst, der in der Ausstellung Print Maker etwa fünfzig seiner Drucke präsentierte.

Tgl. 10–17 Uhr. £ 8, erm. £ 7, Kinder unter 16 J. frei. Café 10–16.30 Uhr. ✆ 01833/690606, www.thebowesmuseum.org.uk.

Darlington: Die Marktstadt (Markttage Mo und So) ist unwiderruflich mit der Eisenbahn verbunden, seit hier 1825 der Ingenieur George Stephenson eine Eisenbahnlinie für den Passagierverkehr nach Stockton-on-Tees baute, um mit einer Spitzengeschwindigkeit von 16–20 Stundenkilometern die ebenfalls erste Dampflokomotive „No 1 Locomotion" fahren zu lassen. 600 Gäste befanden sich an Bord, die meisten in Kohlekippen. North Road Station ist heute das *Head of Steam – Darlington Railway Museum,* wo die Oldtimer des Schienenverkehrs zu sehen sind. Prunkstück ist neben der Locomotive No 1 die Derwent, die erst Lok, die in Darlington gebaut wurde.

April–Sept. Di–So 10–16 Uhr, sonst 11–15.30 Uhr. £ 4.95, erm. £ 3.75, Kinder £ 3, Familien £ 10. North Road Station, Darlington, DL3 6ST, ✆ 01325/460532, www.head-of-steam.co.uk.

Raby Castle: Die mächtige Familie Neville baute sich hier im 13. Jahrhundert eher einen Landsitz denn eine Burg, obwohl die Wehrtürme und das Torhaus mit seinem Fallgitter und Mörderloch, das Garnisionszimmer und der fünfeckige Bulmer Tower den Verteidigungscharakter der Anlage bewahrt haben. Geschichtsträchtig ist vor allem die mittelalterliche Baron's Hall, wo sich 1569 700 Dissidenten versammelten, um einen Anschlag zugunsten Maria Stuarts gegen Elizabeth I. anzuzetteln. Der Putsch scheiterte, und die Nevilles verloren daraufhin ihr gesamtes Vermögen. Das Castle wurde von der Krone an Sir Henry Vane verkauft, dessen Nachkomme, der 11. Lord Banard, noch immer hier wohnt.

Castle: 13–16.30 Uhr (letzter Einlass 16 Uhr), Juli/Aug. So–Fr, Mai, Juni u. Sept. So–Mi (Führungen Mo u. Mi). **Park u. Garten**: 11–17.30 Uhr. £ 9.50, erm. £ 8.50, Kinder £ 4, nur Garten £ 6, £ 5, £ 2.50. ✆ 01833/660202, www.rabycastle.com. Anfahrt: 1,5 km nördlich von Staindrop auf der A 688.

Newcastle upon Tyne

Newcastle ist nicht nur die größte, sondern auch die lebendigste Stadt des Nordostens, die seit einigen Jahren mit ehrgeizigen Projekten landesweit für Schlagzeilen sorgt.

Inzwischen wird der River Tyne von sieben einzigartigen Brücken gekreuzt, die neueste Errungenschaft ist die Millennium Bridge, die weltweit erste „Kippbrücke" (tilting bridge), die einen eleganten Bogen hinüber nach Gateshead Quays und Baltic schlägt, einem Zentrum für zeitgenössische Kunst. Der internationale Musikveranstaltungsort „Sage" von Sir Norman Foster sitzt wie ein gläsernes Insekt daneben. Die gigantische Skulptur „Angel of the North" von Antony Gormley machte in den 1990er-Jahre den Anfang für eine Reihe von gewagten Kulturprojekten und ist zum Wahrzeichen der Erneuerung von Newcastle/Gateshead diesseits und jenseits des River Tyne geworden. Die beiden Orte werden als urbanes Ballungszentrum (Newcastle hat 235.000 Einwohner, Gateshead 190.000) in der Regel in einem Atemzug genannt. Newcastle ist eine Stadt, die einem manches über den Reichtum und die Not Nordenglands erzählen kann. Vor wenigen Jahrzehnten noch Zentrum der Stahlindustrie, blühen heute hier die Banken- und Geschäftswelt und ganz besonders das Nachtleben. Die „Geordies", wie die Bewohner der hiesigen Gegend genannt werden, sprechen zwar einen gewöhnungsbedürftigen Dialekt, sind aber warmherzig und freundlich.

Die Innenstadt ist überschaubar und dabei mit ihren Prachtstraßen aus dem vorigen Jahrhundert großzügig, die Preise sind für eine Großstadt moderat. Von Gateshead auf der gegenüberliegenden Seite des Tyne hat man einen ersten Überblick über einige der wichtigsten Sehenswürdigkeiten: die historischen Brücken, die massive Burg und die Kathedrale St Nicholas. Seinen Namen hat Newcastle übrigens nicht von dieser Burg, sondern von der Vorgängerin, die bereits im Jahre 1080 entstand und noch aus Holz gebaut war. Lange davor, nämlich um das Jahr 120 u. Z., hatten die Römer hier bereits eine Festung und die erste Brücke über den Fluss errichtet, die den östlichen Außenposten der Hadrianmauer markierte.

Schon im Mittelalter war Newcastle eine bedeutende Handelsstadt, erlebte aber mit ihrem erfolgreichen Kohlehandel während des 16. Jahrhunderts nochmals einen gewaltigen Aufschwung. „Carrying coals to Newcastle" ist noch heute eine gebräuchliche Redensart, die unserem „Eulen nach Athen tragen" entspricht. Newcastles Blütezeit wurde das 19. Jahrhundert, als Kohlenexport, Werften und Waggonbau florierten. Damals brach ein Bauboom aus, ein ganzes elegantes Stadtviertel entstand neu und wurde nach seinem Erbauer Richard Grainger, dessen Vision es war, eine „Stadt der Paläste" zu errichten, *Grainger Town* genannt. Eine der schönsten Straßenzüge ist Grey Street mit dem Theatre Royal. Sie wird überragt von dem der Londoner Nelson-Säule sehr ähnlichen Grey's Monument, das dem Politiker Earl Grey gewidmet ist. Neben dem Schiffs- und Lokomotivbau war vor allem die Stahlindustrie der Brötchengeber in Newcastle. Mit dem Niedergang dieser Industrie kam es hier, wie auch in den anderen Metropolen des Nordens, zu großer Arbeitslosigkeit. Aber seit den 1980er-Jahren baute die Stadt erfolgreich ihren Dienstleistungs- und Kultursektor aus, was sich heute positiv auswirkt. Ein weiteres wichtiges Standbein der Universitätsstadt ist die medizinische Forschung.

*I*nformation/*V*erbindungen/*D*iverses

• *Information* **Newcastle Tourist Information Centres**, von hier aus kann man seine Übernachtung buchen. Außerdem erhält man zahlreiche Broschüren über Veranstaltungen, öffentliche Verkehrsmittel und Museen sowie einen kostenlosen Stadtplan. So geschl. 8–9 Central Arcade, Market Street, Newcastle NE1 5BQ, ✆ 0191/2778000, 📠 0191/2778009, tourist.info@newcastle.gov. uk. www.visitnewcastlegateshead.com. Accommodation Booking Line: ✆ 0906/6806805 (£ 0.25/Min.)

Guildhall Visitor Centre, hier kann man sich auch ein Fahrrad mieten, Newcastle Quayside, NE1 3AF, ✆ 0191/2778000.

Gateshead Heritage Centre @ St Mary's St Mary's Church, Di–So 10–16 Uhr, Oakwellgate, ✆ 0191/4784222, 📠 0191/4787983, tourism@gateshead.gov.uk. **Gateshead Library Tourist Information**, Gateshead Central Library, Prince Consort Road, ✆ 0191/4338420, 📠 0191/4777454, enquiries@gateshead.gov.uk.

Tourist Information am Flughafen, Passenger Terminal, Newcastle International Airport, Woolsington, ✆ 0191/2144422. Ermäßigungen und verbilligte Eintritte erhält der Besucher mit dem **Discover Pass**, der online nur £ 2 kostet; www.discoverpass.co. uk.

• *Verbindungen* **Bus** – Gallowgate Coach Station, von hier fährt der National Express u. a. nach Edinburgh, Carlisle und London. Gallowgate/Corporation Street.

Die Linien für den ganzen Großraum und zur Küste mit dem North East Explorer Ticket starten ab **Eldon Square** Shopping Centre (Station unterirdisch). Innerhalb der Stadt fahren Busse (Day Rover Tagesticket) und die Metro (s. u.). Besonders praktisch ist der Bus-Service „Quaylink" (Q1 & Q2),

gelbe Elektrobusse, die von Haymarket über Monument und die Central Station bis zu Newcastle Quayside und Gateshead Quays verkehren (www.stagecoachbus. com/newcastle). All Day Tickets kosten £ 1.70, für die ganze Woche £ 7.

Zug – Newcastle ist eine wichtige Durchgangsstation für Züge von Edinburgh über Birmingham in den Süden. Der Hauptbahnhof liegt etwas südlich des Stadtzentrums an der Neville Street und hat eine Gepäckaufbewahrung! Nach London mit dem Zug dauert es 2:45 Std., nach Edinburgh 1:20 Std.

The Metro – die **Tyne and Wear Metro** ist das beste Fortbewegungsmittel in der Region. Auch zum Airport sowie nach Gateshead, North und South Shields fährt man am besten mit ihr (von 5.30 Uhr bis Mitternacht alle 8 bis 15 Min. ab Greys Monument, Central Station, St James und Haymarket). Ein einfaches Metro-Ticket kostet zwischen £ 1.40 für 1 Zone und £ 2.90 für 3 Zonen. Das Metro Day Saver Ticket gilt einen Tag lang im gesamten Schienennetz (www.tyneandwearmetro.co.uk).

Flughafen – Der Flughafen von Newcastle liegt rund zehn Kilometer nordwestlich des Zentrums. Neuerdings fliegen auch easyJet und Ryanair. Vom Hauptbahnhof fahren regelmäßig Züge sowie die Metro oder Shuttlebusse. ✆ 0871/8821121, Flugauskunft: 0871/8821131, www.newcastleinternational. co.uk. Busse X77, X78 u. X79 fahren Mo–Sa vom Busbahnhof Eldon Square her.

Fähren – Während der Sommermonate mehrere Fähren pro Woche (DFDS) nach Holland, Norwegen und Schweden. Die Schiffe legen am International Ferry Terminal an den Royal Quays an der Tyne-Mündung in North Shields (12 km östlich) an. Es gibt einen Shuttle-Bus.

• *Stadtführungen* Die **Taste of Newcastle Tour** findet von Juni bis Sept. Mo–Sa um 11 Uhr ab der Touristeninformation statt. £ 3, erm. £ 2. Auskunft und Broschüre mit weiteren Touren (Ghost Tour, Victoria Tunnel) und den Terminen in den Touristeninformationen. Alternativ dazu kann man auch das Heftchen „Heritage Trails" kaufen und auf eigene Faust losgehen, indem man den Messingplatten folgt, die in die Gehwege eingelassen sind. Außerdem fahren rote Open-Top-**City-Sightseeingbusse** von März bis Dezember auf zwei verschiedenen Routen ihre Runden (ca. 1 Std.), wo man an 17 Stopps ein- und aussteigen kann. Ab Central Station. £ 8, erm. £ 6, Kinder £ 4. ✆ 0871/6660000; www.city-sightseeing.com.

• *Bootsfahrten* **Afternoon River Cruises**, 3-stündige Flussfahrt sonntagnachmittags (nur Sommer) von South Shields nach Newcastle Gateshead. ✆ 0191/2033315; www.nexus.org.uk. **River Escapes**, dreistündige „Quay-to-Sea"-Fahrten beginnen an der Gateshead Millennium Bridge flussabwärts. Zweistündige Fahrten flussaufwärts führen nach Ryton Willows. Live-Kommentar. ✆ 0191/2966740; www.riversescapes.co.uk.

• *Fahrradverleih* **Newburn Activity Centre**, Mo–Fr 9–22 Uhr, Sa–So 9–17 Uhr, Grange Road, Newburn, NE15 8ND, 15 Minuten vom Stadtzentrum, ✆ 0191/2640014, www.newcastleleisure.co.uk. **Newcastle City Tours** bieten Fahrradausflüge und Stadtrundfahrten, die Räder kann man zu diesem Anlass mieten. ✆ 0778/0958679, www.

newcastlecitytours.co.uk.

• *Fußball* auch das Stadion **St James' Park** des Premier-League-Clubs Newcastle United („Magpies") kann man hinter den Kulissen besichtigen. Tgl. £ 10, erm. £ 7, an Spieltagen £ 3 mehr. Zeiten und Anmeldung unter ✆ 0844/3721892. Eldon Way, 18 Eldon Square, NE1 7XS, 0191/2302303; www.nufc.co.uk.

• *Einkaufen* Die Haupteinkaufsstraße von Newcastle ist die **Northumberland Street**, die Oxford Street des Nordens. Dort befindet sich auch das **Eldon Square Shopping Centre**, ein modernes Einkaufszentrum mit Geschäften, Restaurants, Busbahnhof und mehreren Parkhäusern. Das beste Musikgeschäft, „Windows", findet man im **Central Arcade**. Die größte Shopping Mall Englands hat Gateshead zu bieten: **Metro Centre**, ✆ 0191/4605299; www.metrocentre.uk.com, Anfahrt mit Bus 100 vom City Centre oder mit der Tyne Valley Line (Richtung Carlisle) bis MetroCentre Railway Station, Mo–Fr 10–21 Uhr geöffnet, Sa 9–19 Uhr, So 11–17 Uhr.

• *Märkte* Mehr als 100 Stände mit moderaten Preisen machen den überdachten **Grainger Market** von 1835 zu einem Erlebnis. In schöner Lage, nämlich entlang der Tyne Bridge bis fast zur Millennium Bridge auf der Nordseite (Gateshead-Seite) des Flusses, findet sonntags (9–14.30 Uhr) der **Quayside Market** (Flohmarkt) statt.

• *Post* 36 Northumberland Street bei WHSmith.

*K*ultur/*V*eranstaltungen

Über aktuelle Konzerte, Theater und darstellende Kunst in der Region informiert die kostenlose Zeitung *The Informer* (www.informermagazine.com), die in der Touristeninformation ausliegt.

• *Kino* **Empire**, The Gate, Newgate Street, Newcastle, NE1 5TG, ✆ 08714/714714, www.empirecinemas.co.uk; **Tyneside Cinema**, 10 Pilgrim Street (Metro Monument), ✆ 0845/2179909, www.tynesidecinema.co.uk. **Star & Shadow**, Arthouse Cinema, nur Do u. So 19.30 Uhr, auch Live-Art und Ausstellungen. Stepney Bank and Crawhall Road, Byker Ousebum (Metro Station Manors), NE1 2NP, ✆ 0191/2610066, www.starandshadow.org.uk.

• *Theater/Konzerte* In Newcastle ist das international anerkannte Kammerorchester **Northern Sinfonia** zu Hause, dessen Konzerte meist in der **City Hall** (Northumberland Road, NE1 8SF, ✆ 0191/2612606; www.

newcastlecityhall.org) oder im prachtvollen **The Journal Tyne Theatre** (111 Westgate Road, NE1 4AG, ✆ 0844/4939999; www.thejournaltynetheatre.co.uk) stattfinden. Attraktivster Veranstaltungsort ist natürlich **The Sage** in Gateshead mit seinen drei Konzerthallen. Die bekannteste Bühne ist das schöne viktorianische **Theatre Royal** an der Grey Street, die mit ihrer unberührten klassischen Architektur schon eine Sehenswürdigkeit für sich und nach Meinung vieler schöner als die Regent Street in London ist. Hier gastiert auch die Royal Shakespeare Company jeden Herbst für rund 6 Wochen. www.theatreroyal.co.uk. Box Office: 08448/112121.

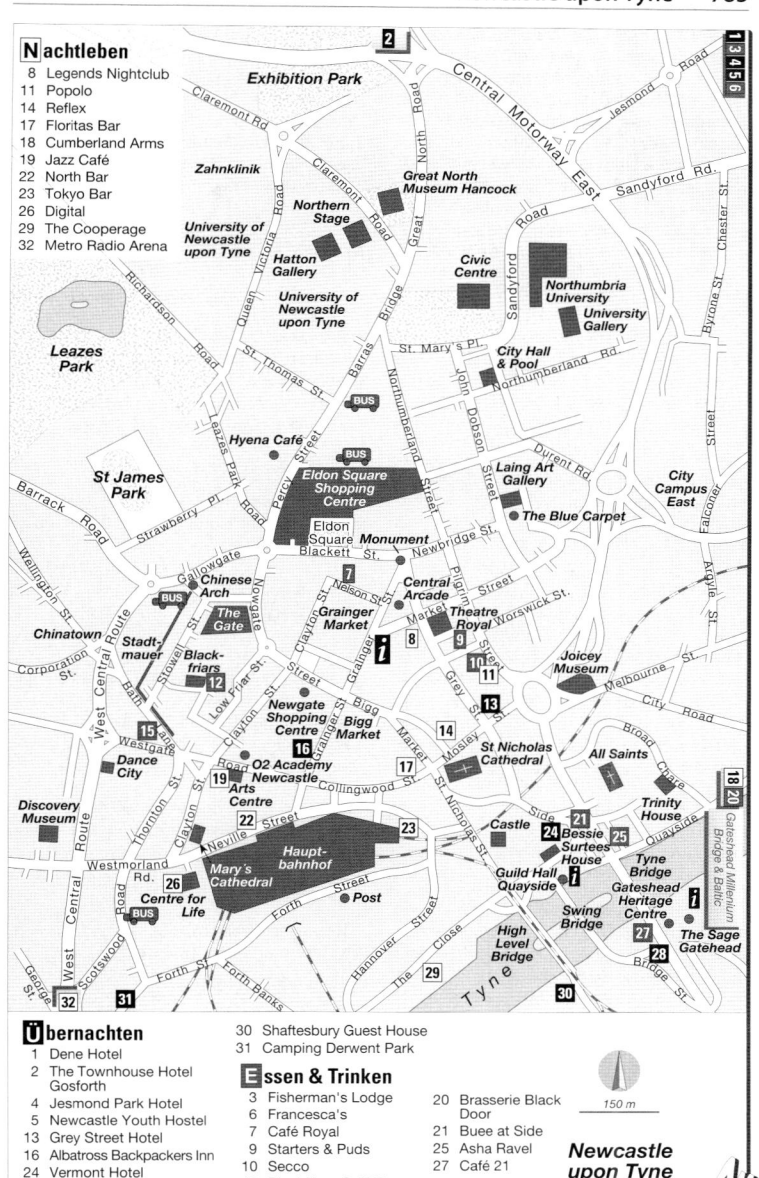

Nachtleben

8 Legends Nightclub
11 Popolo
14 Reflex
17 Floritas Bar
18 Cumberland Arms
19 Jazz Café
22 North Bar
23 Tokyo Bar
26 Digital
29 The Cooperage
32 Metro Radio Arena

Übernachten

1 Dene Hotel
2 The Townhouse Hotel Gosforth
4 Jesmond Park Hotel
5 Newcastle Youth Hostel
13 Grey Street Hotel
16 Albatross Backpackers Inn
24 Vermont Hotel
28 Hilton Newcastle Gateshead
30 Shaftesbury Guest House
31 Camping Derwent Park

Essen & Trinken

3 Fisherman's Lodge
6 Francesca's
7 Café Royal
9 Starters & Puds
10 Secco
12 Blackfriars Café Bar
15 Fujiyama
20 Brasserie Black Door
21 Buee at Side
25 Asha Ravel
27 Café 21

Newcastle upon Tyne

150 m

Im **Norther Stage** (Barras Bridge, Haymarket, ☎ 0191/2305151; www.northernstage.co.uk) gibt es neben Klassikern auch zeitgenössische Bühnenstücke. Auf Comedy spezialisiert hat sich **The Hyena Café** (Leazes Lane, ☎ 0191/2326030; www.thehyena.com.)

• *Festivals* Selbstverständlich hat Newcastle auch zahlreiche Festivals zu bieten, davon hier nur eine kleine Auswahl:

Das große **Comedy Festival** findet in den ersten beiden Novemberwochen statt.

Ein großes Sportereignis ist **The Great North Run** am 15. September, ein Halbmarathon von Newcastle bis South Shields, an dem um die 25.000 Läufer teilnehmen.

Eins von mehreren Musikfestivals ist das **Tyneside Irish Festival** im Oktober. Fast drei Wochen lang irische Musik, aber auch Theater und Literaturlesungen an verschiedenen Plätzen der Stadt. Poplastiger, vermengt mit Drum'n Bass und Indie Acts, ist **Evolution** im Mai an der Quayside.

Übernachten (siehe Karte S. 783)

Da Newcastle immer mehr auf Konferenzbesucher und Geschäftsreisende als auf Touristen eingestellt ist, sind in den letzten Jahren einige neue gehobene Hotels entstanden. Es gibt auch viele Budget-Kettenhotels wie Holiday Inn Express, Travelodge oder Premier Inn. In der Innenstadt finden sich nur wenige preiswerte Unterkünfte, dafür müssen Sie in den Vorort Jesmond. Am besten bucht man über die Tourist Information.

Hilton Newcastle Gateshead (28), neuestes Hotel am Flussufer mit Health Club, viele Zimmer haben Panoramablick über den Fluss rüber nach Newcastle. EZ ab £ 115, DZ ab £ 139, B & B ab £ 159. Bottle Bank, Gateshead, NE8 2AR, ☎ 0191/4909700, ℻ 4909800;
www.hilton.co.uk/newcastlegateshead.

Vermont Hotel (24), das unabhängige Hotel bietet traditionellen Komfort, rund 100 Zimmer auf 12 Stockwerken mit Blick über den Fluss Tyne in Richtung The Sage. Kleines Fitness-Studio mit Sonnenbank. Kostenlose Parkmöglichkeit. Zimmer £ 130–190 ohne Frühstück, viele Sonderangebote. Castle Garth, NE1 1RQ, ☎ 0191/2331010, ℻ 2331234; www.vermont-hotel.com.

Grey Street Hotel (13), feines Boutiquehotel im City Centre, urban und minimalistisch, extrem beliebte Bar (Destination, auch für Nichthotelgäste). EZ ab £ 139, DZ auch ab £ 139 ohne Frühstück. 2–12 Grey Street, ☎ 0191/2306777, ℻ 0191/2306888, www.greystreethotel.com.

The Townhouse Hotel Gosforth (2), luxuriöses Boutique Hotel in diesem wohlhabenden Vorort, mit Café und gutem Restaurant im Haus kann man sich hier richtig wohlfühlen. Zimmer ab £ 85. 1 West Avenue, Gosforth, NE3 4ES, ☎ 0191/6856812, www.thetownhousehotel.co.uk.

Dene Hotel (1), in einer ruhigeren Wohngegend gelegen. Wenig originelles, aber gutes Mittelklassehotel mit Parkplatz und kleiner Bar. B & B im EZ ab £ 35, DZ ab £ 70. 38–42 Grosvenor Road, Jesmond, NE2 2RP,

☎ 01912/2811502, ℻ 01912/2818110, www.thedenehotel.co.uk.

Jesmond Park Hotel (4), Privathotel, ebenfalls in ruhiger Lage, englischer Landhausstil, knapp 2 km zum Stadtzentrum. B & B £ 32.50–42.50 (mit Bad), DZ £ 59.50–69.50 (mit Bad). 74–76 Queens Road, Jesmond, NE2 2PR, ☎ 0191/2812821, ℻ 0191/2811913, www.jesmondpark.com.

Shaftesbury Guest House (30), familiengeführtes, sehr einfaches und günstiges Gästehaus gegenüber dem Gateshead Leisure Center. 245 Prince Consort Road, Gateshead, NE8 4DT, EZ £ 30–40, DZ £ 46–60. ☎/℻ 0191/4782544, www.shaftesburyguesthouse.co.uk.

Uni Halls of Residence, günstige Unterkunft in den Trimesterferien in den Uni Halls. Meistens Einzelzimmer, £ 28.80–36.50. 30 Studio Apartments für £ 55.26 mit Frühstück. Northumbria University, Conference Office, Room 107, Ellison Terrace, ☎ 0191/2274717 oder 2274499; ℻ 2273197; www.northumbria.ac.uk/se/central/acc/conferences.

• *Jugendherbergen* **The Albatross Newcastle (16)**, Backpackers Inn mit 26 Zimmern und 171 Betten, £ 16.50–22.50 mitten im Zentrum. Internet, Lounge und Küche, unbedingt langfristig buchen. 51 Grainger Street, ☎ 0191/2603389, www.albatrossnewcastle.com.

Newcastle Youth Hostel (5), kürzlich sanierte viktorianische Stadtvilla im Vorort Jesmond, im Jan. geschl. B & B Erwachsene ab £ 18, Jugendliche ab £ 13.50. 107

Jesmond Road (Metrostation Jesmond oder 15 Min. zu Fuß vom Zentrum), NE2 1NJ, ☎ 0845/3719335 ☒ 0845/3719336, www. yha.org.uk.

• *Camping* **Derwent Park (31)**, an der Kreuzung der A 694 und B 6314 10 km südwestlich von Newcastle in Rowlands Gill, nur

zehn Min. vom MetroCentre, einem Einkaufs- und Vergnügungspark, Picknick-Bänke, Barbecue, Shop auf dem Gelände, Zelt £ 12.50. nur März–Okt. Rowlands Gill, Gateshead, Tyne and Wear, NE39 1LG, ☎ 01207/543383.

Essen/Trinken (siehe Karte S. 783)

Die meisten Restaurants im Zentrum sind, genau wie die Hotels, auf eine solvente Geschäftsklientel eingestellt und bieten zum großen Teil Gerichte der gehobenen Preisklasse an. Es gibt aber außer den üblichen Schnellrestaurants auch einige erschwingliche Lokale.

Starters and Puds (9), Restaurant im Kellertresor einer ehemaligen Bank und ihren verschiedenen Gewölben, Räumen und Ecken. Kein Drei-Gänge-Konzept, sondern eher Tapas, Vorspeisen und Puddinge – eben Starters and Puds. Mal wirklich etwas anderes. 2–6 Shakespeare Street, ☎ 0191/ 2332515; www.startersandpuds.com.

Café „21" (27), wahrscheinlich das beste (und teuerste) Lokal der Stadt mit vorzüglicher internationaler Küche zu gehobenen Preisen. Reservierung empfohlen. Trinity Gardens, Quayside, NE1 2HH, ☎ 0191/ 2220755, www.cafetwentyone.co.uk.

Blackfriars Café Bar (12), dieses atmosphärische Restaurant in 800 Jahre alten Klostermauern erhebt für sich den Anspruch, das älteste Restaurant des Landes zu sein, da es schon im 13. Jahrhundert die Dominikanermönche der Blackfriars kulinarisch versorgte. Gute neubritische Küche mit Zutaten aus der Region (Hauptgericht zwischen £ 12/Risotto und £ 21/Northumbrian Steak). Friar Street, NE1 4XN, ☎ 0191/ 2615945; www.blackfriarsrestaurant.co.uk.

Asha Ravel (25), gehobenes indisches Restaurant mit einigen ausgefallenen Gerichten. Reservierung empfohlen. 27 Queen Street, NE1 3UG, ☎ 0191/2327799.

Fishermans Lodge (3), Gourmet mit traditionellen Elementen der englischen und französischen Küche und einem Hauch Thailand, Nordafrika und Mittelmeer. Außerhalb im Grünen, drinnen farbenfrohe Eleganz. Jesmond Dene, Jesmond, NE7 7BQ, ☎ 0191/2813281, www.fishermanslodge.co.uk.

Francesca's (6), hier gibt es die beste Pizza der Stadt, finden Einheimische. *Pre-Theatre supper* (bis 19 Uhr) für £ 3.70! Manor House Road, Jesmond, NE2 2NE, ☎ 0191/2816586.

Secco (10), Bar und Restaurant auf zwei

Etagen, opulent und elegant, unten gibt es zwei Bars mit Kunstinstallationen, oben ein italienisches Restaurant. £ 20 für drei Gänge. 86 Pilgrim Street, NE1 6SG, ☎ 0191/ 2300444.

Brasserie Black Door (20), recht neues und preiswerteres Schwesterrestaurant des Edellokals Black Door, die Brasserie findet man in einer alten Keksfabrik, die die Biscuit Factory Art Gallery beherbergt. So Ruhetag. 16 Stoddart Street, NE2 1AN, ☎ 0191/2605411, www.brasserieblackdoor.co.uk.

Hier tafelten schon dominikanische Mönche

Fujiyama (15), bester Japaner vor Ort, man sitzt an langen Tischen, Spezialität Teppan-Yaki, auch vegetarisches Bankett. 35 Bath Lane, NE4 5SP, ✆ 0191/2330189, www.fujiyamarestaurant.co.uk.

Café Royal (7), kosmopolitisches Bistro mit exquisiten Salaten, Pastagerichten und Delikatessen von der Theke. Mo–Sa 8–16 Uhr. 8 Nelson Street, NE1 5AW, ✆ 0191/2313000, www.sjf.co.uk.

Buee at the Side (21), alternatives Café (unten) und französisches Bistro (oben) in kreativem Umfeld. Das Buee befindet sich beim Side Cinema, einem Filmkollektiv, das auch eine Galerie betreibt. Französische Küche, Coq au Vin darf nicht fehlen. 1–3 Side, NE1 3JE, ✆ 0191/2314080. Di–Sa 9.30 bis 22 Uhr geöffnet, So–Mo bis 18 Uhr.

Nachtleben (siehe Karte S. 783)

Praktisch jeden Tag geht in Newcastle das Nachtleben gleich nach Feierabend los. Studenten und Angestellte strömen zu den zahlreichen Happy Hours zusammen und halten durch bis nach Mitternacht, am Wochenende auch bis in die frühen Morgenstunden. Die lebenslustigen und aufgestylten Geordies haben ihrer Hauptstadt einen Spitzenplatz in der Rangliste der besten Partymetropolen beschert, das Nachtleben gilt in der Vermarktung der Stadt als Touristenattraktion. Entsprechend bekommt man in der Tourist Information eine umfangreiche Liste („Nightlife") mit den interessantesten Clubs, Pubs und Veranstaltungsorten, in der sogar angegeben wird, welche Lokale rollstuhlgerecht ausgestattet sind. Informativ sind auch die kostenlosen Monatsmagazine *The Crack* und *Paint it Red*. Nachfolgend eine kleine Auswahl der beliebtesten Adressen.

Tokyo Bar (23), urbanes Ambiente mit Kronleuchtern und Trash-Schick, besonders toll ist die überdachte Terrasse auf dem Dach, super Cocktails, hippes Publikum, 17 Westgate Road, NE1 1SE, ✆ 0191/2321122, www.tokyonewcastle.co.uk.

Floritas Bar (17), Bar im Stadtzentrum mit verschiedenen Areas oder Räumen, die einen nach Miami in einen tropischen Garten versetzen sollen. Schön kitschig. 28–32 Collingwood Street, ✆ 0191/2618271, www.floritasbar.com.

The Cooperage (29), historisches Pub, das auch als Bar und Club dient, in einem windschiefen alten Tudorhaus. Live-Musik (Mo u. Do), Salsa-Abende. 32 The Close (zwischen Queen Elizabeth Bridge und High Level Bridge), ✆ 0191/2332940, www.cooperage1730.co.uk.

North Bar (22), kleiner Club, elegant mit Backsteinwänden, strahlend weißem Mobiliar, megavielen Spiegelbällen auf der Tanzfläche und guter Küche (nur Lunch bis 18 Uhr), glamourös! The Old Ticket Office, Neville Street, NE1 5DH, ✆ 0191/2220646, www.northbarnewcastle.com.

Legends Nightclub (8), neben Grey's Monument, vor 21 Uhr findet man hier eine Bar, danach gibt es unter der Woche Themennächte und am Wochenende ernsthaftes Clubbing. Verschiedene Ebenen mit unterschiedlichen Sounds, sehr viel Rock. 77 Grey Street, ✆ 0191/2320430.

Digital (26), recht neuer Club, der ab und zu eine der beliebtesten House-Nächte, *Shindig*, veranstaltet. Shindig hat einst die Loveparade nach Newcastle gebracht, aus der das Evolution Festival entstanden ist. Die eigene House-Nacht am Samstag ist „Love". Times Square, NE1 4EP, ✆ 0191/2619755, www.yourfutureisdigital.com/newcastle/.

Jazz Café (19), unaufgeregt ohne Glitzer und Glamour, Mo–Sa jeden Abend Live-Jazz. Eintritt inkl. Essen £ 6, Studentenermäßigung. 23–25 Pink Lane (wenige Schritte vom Bahnhof), ✆ 0191/2326505.

Reflex (14), Pub und Bar in der Bigg-Market-Gegend, die sich den 1980er-Jahren verschrieben hat. Zieht vor allem junge Leute und Partypeople an. An vielen Abenden DJs. 5 Cloth Street, ✆ 0191/2223131, www.reflexbars.co.uk/reflexnewcastleunderlyme.

Cumberland Arms (18), fast täglich Live-Musik oder andere Veranstaltungen wie Quiz Nights, Eintritt meist frei. Di Folk, Mi Irish, Do–Sa oft Blues. Byker Building (Metro Byker), Ouseburn, NE6 1LD, ✆ 0191/2656151.

O'Neill's, für eingefleischte Freunde des Irish Folk gibt es in diesem Pub an vier Tagen pro Woche Live-Musik. Gegenüber der Central Station. 38 Neville Street, ✆ 0191/2693000.

Popolo (11), US-artiger Diner mit komfortablen Nischen, einfaches italienisches (!)

Essen, aber hervorragende Cocktails und schicke Leute. 82–84 Pilgrim Street, NE1 6NG, ✆ 0191/2328923, www.popolo.co.uk.
Metro Radio Arena (32), nicht nur größere Popkonzerte (z. B. Tina Turner), sondern auch Eishockey- und Basketballspiele werden hier veranstaltet. Konzerte £ 20–30. Arena Way (südwestlich des Bahnhofs), NE4 7NA, ✆ 08440-4936666; www.metroradioarena.co.uk.

Sehenswertes

Quayside und Castle Area

Brücken: Die markantesten Wahrzeichen von Newcastle sind seine Brücken, von denen die drei interessantesten sich über 200 Meter Flusslänge verteilen. Die älteste von ihnen ist die 1849 eröffnete und von Robert Stephenson erbaute *High Level Bridge*, die die erste Brücke der Welt war, über die gleichzeitig Züge und privater Verkehr rollten. Nach ihrer umfangreichen Restaurierung wird sie nur noch für Busse und Taxis befahrbar sein. Nur wenige Meter flussabwärts spannt sich die *Swing Bridge* aus dem Jahr 1876 über das Wasser. Sie kann sich komplett um 90 Grad drehen, um höhere Schiffe durchzulassen. An dieser Stelle soll sich auch die alte Römerbrücke befunden haben. Die grüne *Tyne Bridge* (Baujahr 1929) genießt den höchsten Bekanntheitsgrad. Im australischen Sydney gibt es eine Brücke, die mit der Tyne Bridge nahezu identisch ist und nur vier Jahre später eröffnet wurde. Neuester Zuwachs und inzwischen so etwas wie ein Wahrzeichen der Quayside ist die Millennium Bridge oder auch „Blinking Bridge" („Blintzelbrücke", Baujahr 2002), die sich wie ein Augenlid öffnet, um Schiffe passieren zu lassen. Sie ist die erste derartige „Klappbrücke" der Welt und wird nachts wunderbar beleuchtet.

Baltic – The Centre of Contemporary Art: Moderne Kunst findet man am Gateshead Quayside in einer alten Mehlfabrik neben der Millennium Bridge. Keine permanente Ausstellung, sondern in vier Galerien wird auf 3000 m² ein ehrgeiziges Programm von Wechselausstellungen, Veranstaltungen, Vorlesungen und Workshops gezeigt. Für den Ausblick sollte man unbedingt in den fünften Stock in die Viewing Box fahren. Im Café kann man sich dann von den mitunter verwirrenden Eindrücken erholen. Es gibt auch ein Restaurant, das Riverside.
Tgl. 10–18 Uhr. Di ab 10.30 Uhr, Eintritt frei. Gateshead, South Shore Road, ✆ 0191/4781810, www.balticmill.com.

The Sage: Das von Sir Norman Foster entworfene Internationale Musikzentrum hat im Dezember 2004 eröffnet und zieht wegen seiner phänomenalen Akkustik die besten Orchester und Interpreten der Welt an. Es finden hier aber auch Folklore-, Pop- und Jazzkonzerte statt.
Tgl. 9–21 Uhr. Eintritt frei. Gateshead, St Mary's Quay, ✆ 0191/4434661, www. thesagegateshead.org.

„The Sage" von Norman Foster

Yorkshire/Nordostengland

Karte S. 681

Quayside Sandhill: In diesem Viertel in der Nähe der Tyne Bridge wurden die alten Häuser restauriert. Man trifft hier auf viele interessante Läden und Restaurants. Sonntags findet ein Kunstmarkt statt. Außerdem kann man hier ein altes Händlerhaus besuchen, Bessie Surtees' House. Bessie machte 1772 Schlagzeilen, als sie mit ihrem mittellosen Liebhaber durchbrannte, der später Lordkanzler von England wurde. Mo–Fr 10–16 Uhr. Eintritt frei. 41–44 Sandhill.

Castle Keep: An der Stelle der heutigen Anlage normannischen Stils stand bereits zur Zeit der Römer deren Kastell Pons Aelius (benannt nach dem Familiennamen Kaiser Hadrians, Aelius). Die Angelsachsen bauten eine Festung aus Holz, ebenso Robert Curthose, ein Sohn Wilhelms des Eroberers, der wegen seiner Kleinwüchsigkeit „kurze Hose" genannt wurde. Die heute noch sichtbaren Grundmauern stammen aus den Jahren 1172 und 1178 und wurden unter Heinrich II. errichtet. Die Kapelle ist im spätnormannischen Stil erbaut.
Mo–Sa 10–17 Uhr, So ab 12 Uhr (letzter Einlass 16.15 Uhr). £ 4, erm. £ 2.50. St Nicholas Street, ✆ 0191/2327938.

St Nicholas Cathedral: Die Kathedrale der nördlichsten Diözese Englands, die während des 14. und 15. Jahrhunderts entstand, ist eine der kleinsten im Lande. Besonders hervorzuheben ist die charakteristische Turmspitze, der Lantern Tower aus dem Jahr 1470, eine Bauweise, die es auf der gesamten Insel nur viermal gibt. Die erste Kirche an diesem Ort war bereits im Mittelalter entstanden. Im Innern der heutigen Kathedrale sind noch einige Reste dieses Baus zu sehen.
Mo–Fr 7.30–18.30 Uhr, Sa 8–16 Uhr, So 7.30–19.15 Uhr, im Winter zw. 12 u. 16 Uhr geschl. Spenden sind willkommen. ✆ 0191/2321939, www.stnicholascathedral.co.uk.

Weststadt um den Bahnhof

Centre for Life: Am Times Square hinter dem Bahnhof ziehen drei Gebäude die Aufmerksamkeit auf sich. Links steht das *Institute of Human Genetics*, wo Erbkrankheiten erforscht werden und geklont wird, rechts befindet sich das *Bio Science Centre*, wo u. a. künstliche Befruchtung weiterentwickelt wird, und in der Mitte erklärt das Museum in interaktiver und unterhaltsam aufbereiteter Form, was in den beiden anderen Forschungsstätten so vor sich geht. Die Besucherattraktion richtet sich an Schüler im Alter von 13 bis 14 Jahren. Die Skulptur vor dem Haupteingang zeigt die DNA-Spirale, das F im Logo von Life ist einem Chromosom nachempfunden, und aus der Luft betrachtet, sieht der Gebäudekomplex aus wie ein Embryo.
Mo–Sa 10–18 Uhr, So ab 11 Uhr (letzter Einlass 16 Uhr). £ 4.50, Familien £ 10.50. ✆ 0191/2438210, www.life.org.uk.

Discovery Museum: Das größte Museum der Stadt und der ganzen Gegend ist das Discovery Museum am Blandford Square. Hier wird die Geschichte von Newcastle chronologisch erzählt, und man kann sich eine Menge Artefakte von Tyneside anschauen: die windschnittige „Turbinia", ehedem das schnellste Schiff der Welt; die Geschichte der Stadt seit dem Ersten Weltkrieg, dargestellt in Szenen und Bildern; die bei Kindern beliebte *Science Factory*, in der alles nach Herzenslust ausprobiert werden darf.
Mo–Sa 10–17 Uhr, So 14–17 Uhr. Eintritt frei. ✆ 0191/2326789, www.twmuseums.org.uk/discovery.

Citywalls und Chinatown: An der Westgate Road Ecke Bath Lane kann man die Überreste der mittelalterlichen Stadtmauer sehen, die 1265 gebaut wurde und einst das gesamte Zentrum umschloss. Viele der alten Türme stehen noch, hier etwa der Morden Tower, der heute für Gedichtlesungen genutzt wird. Die Stowell Street ist das Zentrum von Newcastles Chinatown, wo etwa 3000 Asiaten leben. Hinzu kommen rund 3.500 chinesische Studenten. Hier gibt es neben chinesischen Restaurants und Supermärkten auch einen elf Meter hohen, chinesischen Torbogen.

Grainger Town

Monument: Auf der meterhohen Säule steht *Richard, Earl Grey*. Der Politiker wurde in Northumberland geboren, stieg 1832 zum Premierminister auf, da er die *Reform Bill* für neue Stimmenverteilung bei den Parlamentswahlen im Oberhaus durchgedrückt hatte. Der *Earl Grey* war tatsächlich die Teemischung, die ihm am besten schmeckte und nach ihm benannt ist. In London ließ sich der Adlige jedoch ungerne blicken. Da seine Frau ihm 15 Kinder gebar, hatte er immer eine passende Ausrede: entweder konnte er nicht anreisen, weil seine Frau gerade ein Kind zur Welt gebracht hatte, oder weil sie wieder kurz vor einer Geburt stand. In den Glasvitrinen am Sockel befindet sich der Originalkopf des Monuments.

Grainger Market: Unter diesem Dach wurden 1832 die acht mittelalterlichen Märkte der Stadt zusammengelegt. Er war der erste überdachte Markt des Landes, wurde von Richard Grainger entworfen und beherbergt heute rund 100 Stände. Ein verstecktes Highlight ist die Originalfassade des Marks & Spencer Penny Bazaards, der kleinsten Marks-&-Spencer-Zweigstelle der Welt.
Mo/Mi 9–17 Uhr, Di, Do, Fr. u. Sa bis 17.30 Uhr.

The Laing Art Gallery: Diese wichtige Kunstgalerie beherbergt Gemälde, eine Glassammlung und Kostüme aus der Region. Beliebt ist auch die Galerie mit Werken führender Präraffaeliten wie William Holman Hunt und Edward Burne-Jones. Besonders für Kinder bis acht ist die Kindergalerie gedacht. Davor können Sie eines der vielen Kunstwerke im öffentlichen Raum bestaunen, den blauen Teppich, der aus 22.000 Glasscherben von Sherryflaschen mosaikartig zusammengesetzt ist, und den man beinahe übersieht, gäbe es nicht einige Stellen, wo er aufgeklappt wird.
Mo–Sa 10–17 Uhr, So 14–17 Uhr. Eintritt frei. ✆ 0191/2327734, www.twmuseums.org.uk/laing.

Universitätsviertel – Cultural Quarter

Im Universitätsviertel wurde für rund 26 Millionen Pfund ein neues **„Cultural Quarter"** für Newcastle gebaut. Ehemals drei Museen (Hancock Museum, Museum of Antiquities und Shefton Museum) wurden unter dem Dach eines **„Great North Museum"** vereint, das die Queen höchstpersönlich im November 2009 eröffnete.

Great North Museum: Das Museum bildet das Zentrum des „Cultural Quarter" im Universitätsviertel. Auf 5600 m² finden Sie hier rund 3500 Exponate unter einem Dach vereint. Die hochkarätige Sammlung zur Naturgeschichte, Archäologie und Ethnographie hat als Höhepunkte u. a. das Modell der Hadriansmauer, ägyptische Mumien, Artefakte der Etrusker und alten Griechen, das Skelett eines T-Rex-Dinosauriers und eine interaktive Bio-Wand mit Hunderten von Lebewesen aus der Arktis bis zur Wüste. Es gibt auch ein Planetarium. Die **Hutton Gallery** befindet sich in unmittelbarer Nähe und dient jetzt Wanderausstellungen zu moderner Kunst. Sie beherbergt auch eine permanente Kunstsammlung von der Renaissance bis heute. Stolz ist man auf Kurt Schwitters Merz Barn Wall, die der Dadaist als eine Art psychologische Collage mit autobiografischen Bezügen aus Fundsachen schuf.
Great North Museum: Barras Bridge, NE2 4PT, Mo–Sa 10–17 Uhr, So 14–17 Uhr, Eintritt frei. ✆ 0191/2226765, www.twmuseums.org.uk/greatnorthmuseum/. **Hatton Gallery**: The Quadrangle, Newcastle University, NE1 7RU, Mo–Sa 10–17 Uhr, Eintritt frei. ✆ 0191/2226059, www.twmuseums.org.uk/hatton/.

Yorkshire/Nordostengland

Karte S. 681

Ouseburn Valley

Entlang der Quayside rund 1,5 km östlich in Richtung Mündung des River Tyne hat sich der einst recht heruntergekommene Stadtbezirk Ouse Valley in ein kreatives Viertel gemausert, das vor allem Familien und Kunstsinnige anzieht. Zu verdanken ist das der Eröffnung von *Seven Stories*, einem Zentrum für Kinderbücher, das in einem umgebauten viktorianischen Kornspeicher interaktiv und mit vielen Lesungen und Vorführungen die Freude am Lesen wecken möchte. Außerdem befindet sich nicht weit von hier in einer alten Keksfabrik die *Biscuit Factory*, Europas größte Verkaufsgalerie, wo von Bildern, Skulpturen über Glas- und Porzellanwaren bis hin zu Schmuck lauter Originale in einer Preisspanne von 20 bis 20.000 Pfund verkauft werden. Die *Brasserie Black Door* nebenan ist so beliebt, dass Sie unbedingt einen Tisch reservieren sollten.

Seven Stories: Mo–Sa 10–17 Uhr, So 10–16 Uhr, £ 6, Kinder £ 5. 30 Lime Street, ✆ 0845/2710777; www.sevenstories.org.uk. **Biscuit Factory**: Di–Sa 10–18 Uhr, Mo 11–18 Uhr, So 11–17 Uhr. Eintritt frei. 16 Stoddart Street. ✆ 0191/2611103; www.thebiscuitfactory.com. **Brasserie Black Door**: Mo–Sa 12–14 Uhr und 19–22 Uhr, So Brunch. ✆ 0191/260 5411; www.brasserieblackdoor.co.uk.

Umgebung von Newcastle

The Angel of the North: Die riesige Stahlskulptur von Antony Gormley ist breiter als die Freiheitsstatue hoch ist und gilt mittlerweile als eine der zwölf Ikonen Englands. Der 200-Tonnen-Engel wird mit seiner Höhe von 20 Metern jährlich von mehr als 33 Millionen Menschen gesehen, die an ihm vorbei fahren. Einen Fotostopp legen immerhin noch rund 150.000 Besucher im Jahr ein.

Anfahrt 15 Minuten vom Stadtzentrum an der A 1/A 167; spezielle Angel-Busse (21 u. 22) fahren ab Eldon Square Bus Station und Gateshead Interchange her.

The Angel of the North

South Tyneside und South Shields: Auf der südlichen Seite des River Tyne am Rande von Sunderland gibt es wundervolle Strände und dramatische Küstenlandschaft. Wer gerne am Sandstrand baden oder sich abends in den Trubel der *Amusement Centres* stürzen will, ist in South Shields genau richtig. Hier findet man auch die Reste des römischen Kastells von Arbeia, ein Teil des Hadrianwalls. Mit der Tyne Metro ist der Vergnügungsort von Newcastle aus in kurzer Zeit erreichbar. Auch ein Museum mit Kunstgalerie ist hier zu besichtigen (Eintritt frei). Schön ist auch der Leuchtturm von Souther etwas weiter südlich an der A 183, der erste der Welt, der für den Einsatz elektrischer Lampen konstruiert wurde.

Informationen Tourist Information Centre South Shields, Museum & Gallery, Ocean Road, ℘ 0191/4546612; museum.tic@southtyneside.gov.uk.

North Tyneside und Tynemouth: Die Region auf der Nordseite des River Tyne ist für ihre makellosen Sandstrände bekannt, beispielsweise Tynemouth Longsands. Im Örtchen **Tynemouth** geht es noch recht idyllisch zu, hier können Sie Wassersport betreiben oder Tynemouth Priory und Castle aus dem 11. Jahrhundert besuchen. In Whitley Bay steht der Leuchtturm St Mary's und das römische Kastell Segedunum. Auch Tynemouth ist mit der Metro zu erreichen.

Priory und Castle: April–Sept. tgl. 10–17 Uhr, sonst Do–Mo 10–16 Uhr, £ 4.20, erm. £ 3.60, Kinder £ 2.10 (EH). Am North Pier, ℘ 0191/2571090.

Sunderland: Das Beste an dieser recht lebhaften Stadt ist ihre Küstenlage. Sunderland bietet aber auch reichlich Geschichte, etwa die Washington Hall, Heimat der Vorfahren von George Washington, und die St-Peter's-Kirche aus dem 7. Jahrhundert, die erste Steinkirche des Landes. *Sunderland Museum and Winter Gardens* gibt einen Überblick über die Geschichte der Region und hat wundervolle Gärten, in denen 1.500 Pflanzen aus aller Welt zu bewundern sind. Im *National Glass Centre* finden Sie Glasbläser und Künstler bei der Arbeit und können in mehreren Läden die handgeblasenen Kunstwerke erstehen. Unweit der Stadt finden Sie die fantastischen Strände von *Roker* und *Seaburn*. Man kommt von Newcastle/Gateshead bequem mit der Metro her.

Tourist Information: 50 Fawcett Street, Sunderland SR1 1RF, ℘ 0191/5532000; www. visitsunderland.com. **Sunderland Museum and Winter Gardens**: Mo–Sa 10–17 Uhr, So ab 14 Uhr. Eintritt frei. Burdon Road, SR1 1PP, ℘ 0191/5532323; www.twmuseums.org. uk/sunderland. **National Glass Centre**: tgl. 10–17 Uhr, letzter Eintritt 16.45 Uhr. Eintritt frei. Liberty Way, ℘ 0191/5155555; www. nationalglasscentre.com.

Stadium of Light: Das Fußballstadion des FC Sunderland dient häufig für Großkonzerte wie kürzlich das von Take That. Sunderland, SR5 1SU, ℘ 0191/5515000; Ticketline: 0871/9111973, www.safc.com. Stadiontouren tgl. außer an Spieltagen, £ 10, erm. £ 5, Familien £ 25.

Seaton Delaval Hall: Der Auftraggeber brach sich kurz nach Baubeginn 1718 bei einem Sturz vom Pferd den Hals, doch sein lebensfroher Erbe, Captain Francis Blake-Delaval, ließ die Arbeiten an dem Vanbrugh-Landsitz weiterführen. Haus und Park gehören heute dem 11. Lord Hastings, der hier mittelalterliche Bankette veranstaltet. Leider fiel der schöne Mittelteil des Baus einem Feuer zum Opfer. Das Haus ist noch immer völlig überdimensioniert, wie fast alles, was Vanbrugh geschaffen hat (Blenheim, Castle Howard), und passt damit zum Ruf der Delaval-Familie, die als besonders lasterhaft galt. Betrug, Verrat, Verführung waren an der Tagesordnung, und die vielen Töchter und Söhne Blake-Delavals waren hemmungslos in ihrer Genuss- und Verschwendungssucht. Für eine Othelloaufführung mieteten sie einst in London ein ganzes Opernhaus, und in die Gästezimmer von Delaval Hall bauten

Yorkshire/Nordostengland   Karte S. 681

sie zum Spaß versenkbare Wände ein, damit wie von Geisterhand zusätzlich Badezimmer entstanden. Ihr Vermögen kam aus den umliegenden Kohlezechen.

April–Okt. Fr–Mo 11–17 Uhr, Okt.–März 11–15 Uhr. £ 4, erm. £ 3, Familien £ 10. ✆ 0191/
2379100, www.seatondelaval.org.uk/Hall/Hall.html. Anfahrt: an der Küste zwischen Blyth
und Whitley Bay.

Hadrian's Wall

Newcastle dürfte der beste Ausgangspunkt für Ausflüge zum alten Römerwall sein,
eines der imposantesten Relikte des römischen Britannia. Kaiser Hadrian ließ die
Mauer ab dem Jahr 122 als Grenzbefestigung errichten, um die äußerste Grenze
seines Reiches gegen die Pikten und Skoten im Norden und die kaum befriedeten
Briganten im Süden zu verteidigen. Insgesamt war die Mauer 122 Kilometer lang,
bis zu drei Metern breit und wurde von ca. hundert kleinen und größeren Kastellen
und Türmen flankiert. In den kleinen waren fünfhundert Mann Fußvolk stationiert,
in den größeren lagen entweder fünfhundert Berittene oder tausend Mann Fuß-
truppen. Zwischen den Wachtürmen patrouillierten diese tags und nachts hinter
hohen Zinnen als Wachen. Die Mauer zog sich von Küste zu Küste, ein gut erhaltener Abschnitt ist beim kaum zehn Kilometer entfernt gelegenen Ort *Heddon-on-
the-Wall* an der A 69 zu bestaunen. Der Ort ist gut mit den stündlich verkehrenden Bussen (684, 685) zu erreichen. Auch zur Tynemündung in *Wallsend* (fünf
Metrostationen ab Hauptbahnhof) hat man es nicht weit: Es handelt sich um das
östliche Ende des Römerwalls, wo eine Rekonstruktion des Kastells Segedunum zu
sehen ist. Authentischer geht es auf der Teilstrecke zwischen Corbridge und Haltwhistle zu. Die B 6318 führt teilweise fast parallel an der Mauer vorbei. Von einem
Ende zum anderen (135 km von Wallsende am Tyne bis Bowness-on-Solway in
Cumbria) führt der Hadrian's Wall Path National Trail, der eine Mischung aus
Landschaft und Kulturerbe bietet. Die Grenze zu Schottland verläuft übrigens
nicht mehr entlang der Mauer.

Römische Lebensart: das Kastell Vindolanda

• *Information* **Wandern**: Man kann die gesamten 135 Kilometer entlang der Mauer von Küste zu Küste wandern oder sich einen der 40 Teilabschnitte aussuchen. www. nationaltrail.co.uk/hadrianswall.

Fahrradfahren: die Fahrradroute 72 verläuft von Haltwhistle nach Newcastle (www. cycles-routes.org/hadrianscycleway). Allgemein: www.hadrianswall.org. und www. visitnorthumberland.com. Es gibt auch einen Hadrian's Wall Bus, der Hexham, Haltwhistle, Carlisle und die Bahnhöfe miteinander verbindet (Ostern bis Ende Okt.). Traveline gibt Auskunft unter ✆ 0871/ 2002233, oder www.traveline.info. Wer ein Fahrrad dabei hat, muss das am Vortag bis 15 Uhr anmelden.

Organisiert kann man den Hadrian's Wall mit **Hadrian's Wall Adventure Tours** erkunden (zu Fuß, mit dem Fahrrad, mit dem Landrover), ✆ 01434/344650; www.hadrianswall.ltd.uk.

• *Übernachten/Essen/Trinken* **Simonburn Tea Rooms**, zwischen Hexham und Bellingham auf der B 6320 in einem kleinen Dorf gelegen, hier wird auch Handwerkskunst der Region verkauft und man kann Tee und hausgebackenen Kuchen auf der Terrasse einnehmen. B & B in drei hübschen, kleinen Zimmern für £ 60 (kein eigenes Bad), EZ £ 40. The Mains, Simonburn, Hexham, NE48 3AW, ✆ 01434/681321; www. simonburntearooms.com.

• *Camping* **Hadrian's Wall Camping and Caravanning Site**, nahe Melkridge, auch Bunk Barns, ebene Rasenplätze ab £ 8 plus £ 2 pro Person. Melkridge Tilery, Haltwhistle, NE49 9PG, ✆ 01434/3204965; www. romanwallcampsite.co.uk.

Sehenswürdigkeiten entlang des Hadrian's Wall

Von Chester bis nach Birdoswald

Chesters Roman Fort and Museum: Es handelt sich um die sehr gut sichtbaren Überreste eines römischen Kastells mit dem Haus des Kommandanten, einem militärischen Badehaus und vielen Fundstücken der Clayton-Sammlung. Das Kastell diente der Bewachung der römischen Brücke, die hier über den Tyne führte. Hier waren Teile der Kavallerie stationiert.

April–Sept. tgl. 10–18 Uhr, im Winter 10–16 Uhr. £ 4.80, erm. £ 4.10, Kinder £ 2.40 (EH). ✆ 01434/681379. Anfahrt: 0,5 km von Chollerford auf der B 6318. 400 m westlich von Chollerford an der B 6318 den braunen Schildern zum Hadrianswall folgen.

Corbridge Roman Site and Museum: Corbridge liegt an der Militärstraße Stanegate, unweit von Chester. Es entwickelte sich als Nachschubposten für den Hadrianswall zu einer wohlhabenden Garnisonsstadt. Das Museum zeigt viele Funde und Skulpturen. Sie können hier u. a. über die echte Römerstraße Stanegate marschieren.

April–Sept. tgl. 10–17.30 Uhr, letzter Einlass 17 Uhr, Okt. bis 16 Uhr, Nov.–März nur am Wochenende 10–16 Uhr. £ 4.80, erm. £ 4.10, Kinder £ 2.40. Anfahrt: 1 km nordwestlich von Corbridge, ab Dorf und A 69 ausgeschildert.

Housesteads Roman Fort and Museum: Das besterhaltene römische Kastell in Großbritannien bietet eine spektakuläre Lage mit imposanter Aussicht. Man hat hier zahlreiche Funde aus dem Alltag der hier stationierten Fußsoldaten entdeckt, die im Museum zu sehen sind. Außerdem kann man den Kornspeicher, die Kasernen, das Krankenhaus und die Latrinen besichtigen.

April–Sept. tgl. 10–18 Uhr, im Winter bis 16 Uhr. £ 4.80, erm. £ 4.10, Kinder £ 2.40 (EH). ✆ 013434/344363. Anfahrt: 4,5 Kilometer nordöstlich von Bardon Mill auf der B 6318, vom Parkplatz muss man rund eine Kilometer bergauf laufen.

Kastell Vindolanda: Diese Anlage war schon vor der Mauer da, denn sie bewachte eine Handels- und Militärroute. Im Museum finden sich Funde aus dem Alltag der Römer, etwa Haushaltswaren und Kleidungsstücke, sowie eine maßstabsgetreue Replik eines Mauerabschnitts. Im angrenzenden Roman Army Museum gibt es die dazugehörigen Waffen, Rüstungen und Standarten zu sehen, ein Film hilft der Fantasie auf die Sprünge.

März–Sept. tgl. 10–18 Uhr, Okt. bis 17 Uhr, Nov./Dez. bis 16 Uhr, Jan./Febr. geschl. **Kastell**: £ 5.90, £ 4.90, £ 3.50, Familien £ 16. **Roman Army Museum**: £ 4.50, erm. £ 4, Kinder £ 2.50, Familien £ 12.50.

Birdoswald Roman Fort: Birdoswald mit seiner malerischen Lage am Hadrianswall hoch über dem Irthing-Tal ist ein Römerkastell mit Wachturm und Wehrburg. Ebenso sind die Reste einer Basilika vorhanden.

April–Sept. tgl. 10–17.30 Uhr, letzter Einlass 17 Uhr, Okt. bis 16 Uhr. £ 4.80, erm. £ 4.10, Kinder £ 2.40. Anfahrt: 3,5 Kilometer westlich von Gilsland. Ab A 69 ausgeschildert.

Burgen an der Küste

Die Küste Northumberlands mit ihren würfelförmigen Basaltklippen und Sanddünen steht über weite Strecken unter Naturschutz. Sie gehört zu den schönsten Landschaften der Britischen Inseln. Wer noch weiter nach Norden fährt, sollte unterwegs nicht versäumen, sich die eine oder andere Burg an der Nordseeküste anzuschauen. Hier nur zwei Beispiele:

Dunstanburgh Castle: Man erreicht die Burgruine vom Parkplatz im Örtchen Craster in einem Spaziergang entlang der windigen Küste. Die mittelalterliche Burg, vom Earl of Lancaster um 1313 errichtet und vom ersten Herzog von Lancaster verstärkt, wurde während der Rosenkriege belagert, bis die Angreifer des Hauses York siegten. Die Mauerreste werden an drei Seiten von der See umtost.

April–Sept. tgl. 10–17 Uhr, Okt. tgl. 10–16 Uhr, Nov.–März Do–Mo 10–16 Uhr. £ 3.60, erm. £ 1.80 (NT). ✆ 01665/576231.

Bamburgh Castle: Das Besondere an dieser Burg ist ihre Lage in einer einsamen Dünenlandschaft in Seenähe, wo das Gemäuer seit Urzeiten Wind und Wetter ausgesetzt ist. Schon die Kelten hatten hier eine Befestigungsanlage errichtet. Unter dem angelsächsischen König Oswald gewann sie im 7. Jahrhundert an Bedeutung. Ende des 19. Jahrhunderts geriet das Gebäude in den Besitz der Armstrong-Familie und wurde komplett umgebaut, nachdem der erste Baron eine ungezügelte Leidenschaft für die Festung entwickelt hatte. Heute befindet sich dieses renovierte Schloss mit allerlei Memorabilien (z. B. Waffen und Ritterrüstungen) noch immer im Besitz der Armstrongs und kann besichtigt werden. Der Ort Bamburgh ist ein Fischernest, vor dem im offenen Meer vierunddreißig Basaltinseln schwimmen: die Farne Islands.

Mitte März bis Ende Okt. tgl. 11–17 Uhr, letzter Einlass 16 Uhr, Nov. bis Mitte Febr. an Wochenenden 11–16.30 Uhr, letzter Einlass 15.30 Uhr. £ 8, erm. £ 7, Kinder £ 4, Familien £ 20. ✆ 01668/214515, www.bamburghcastle.com.

Holy Island – Lindisfarne

Im siebten Jahrhundert besuchte die Insel der heilige Aidan von Iona, den Oswald nach Northumberland berufen hatte. Seinem Beispiel folgte ein halbes Jahrhundert später der heilige Cuthbert, der auf der größten Insel eine Einsiedelei errichtete. Bald berief man ihn zum Bischof von Lindisfarne, aber zum Sterben kehrte er in seine Einsiedelei zurück. Um 1500 ließ ein Durhamer Prior den Wachturm errichten, der Fischern und Schiffen Feuerzeichen gab. In diesem Turm befindet sich heute die Vogelschutzwarte des National Trust. Von hier kann man Eiderenten, Austernfischer, Regenpfeifer, Taucher und Wasserhühner beobachten, ab und zu auch mal Kegelrobben. Es gibt auch einen Leuchtturm auf Longstone Island. Die

Traumhaft gelegen: Bamburgh Castle

Tochter des Leuchtturmwärters kam bei dem Versuch ums Leben, die Schiffbrüchigen der verunglückten Forfarshire aus der aufgewühlten See zu bergen: Grace Darling, wie sie hieß, ist seitdem Nationalheldin. Lindisfarne kann man bei Ebbe über das Watt erreichen. Man sollte sich jedoch genau über die Ebbe- und Flutzeiten informieren, denn sonst ist man unter Umständen gezwungen, auf der Insel, die außer zwei Sehenswürdigkeiten nicht viel zu bieten hat, zu übernachten.

Lindisfarne Priory: Northumbria war schon in der Römerzeit christianisiert worden. Als die britischen Fürsten von Angeln und Sachsen verdrängt wurden, kamen die alten Götter wieder zu Ehren. Iona war damals das Zentrum der asketischen iro-keltischen Mönchskirchen. Der König rief den gelehrten Mönch Aidan von Iona zu sich, der sich die Insel Lindisfarne als Bischofssitz erbat, um dort ein Kloster zu errichten. Im späten 8. Jahrhundert wurde Lindisfarne von Wikingern überfallen, und Ende des 9. Jahrhunderts flohen die Mönche endgültig vor den Dänen nach Durham, wo sie dem Leichnam ihres Heiligen Oswald einen Schrein bauten. Sein Kadaver war im Jahre 698 gefunden worden und hatte dem Verwesungsprozess völlig getrotzt. Daraufhin wurde Lindisfarne zu einer der heiligsten Wallfahrtsstätten im Lande. Doch erst um 1080 kamen wieder Benediktiner nach Holy Island. Sie bauten hier eine Abtei, die Lindisfarne Priory, deren Ruinen man noch besichtigen kann. Missionare trugen von hier aus den christlichen Glauben bis auf das europäische Festland hinaus. Die illustrierten *Lindisfarne Gospels* sind ein Zeugnis keltischer Religionsgeschichte aus dem Jahr 700 und befinden sich heute in der British Library in London, ein Faksimile des Evangeliars ist in der Kathedrale von Durham und im *Lindisfarne Heritage Centre* zu sehen.

April–Sept. tgl. 9.30–17 Uhr, Okt. tgl. 9.30–16 Uhr, Nov.–Jan. Sa–Mo 10–14 Uhr, Febr./ März tgl. 10–16 Uhr. £ 4.50, erm. £ 3.80, Kinder £ 2.30 (EH), ✆ 01289/289200, www.holy-island.info/englishheritage/lindisfarnepriory.

Lindisfarne Heritage Centre: tgl. 10–17 Uhr, im Winter bis 16 Uhr. £ 3, erm. £ 1. Marygate, Holy Island, TD15 2SD, ✆ 01289/7389004; www.lindisfarne.org.uk/hicdt/museum.htm.

Leuchtende Farben keltischer Kunst: Lindisfarne Gospels

Das komplett erhaltene Evangeliar der Lindisfarne Gospels ist ein seltenes Meisterwerk der Buchkunst, dem nur das irische Book of Kells ebenbürtig ist. Es wurde vom damaligen Bischof von Eadfrith zwischen den Jahren 715 und 721 u. Z. „zu Ehren Gottes und des heiligen Cuthbert" geschaffen. Die lateinische Abschrift der vier Evangelien in der Vulgata des Hiernoymus besteht aus 259 Folios auf sorgfältig verarbeitetem Kalbspergament (für die 130 Kälber ihre Haut gaben) und erfolgte in besonders schönen insularen Majuskeln, die durch ihre Exaktheit der Flechtbandornamentik, atemberaubend leuchtende Farbigkeit und die Natürlichkeit der Tier- und Menschendarstellungen begeistern. Zwischen den lateinischen Originaltexten wurde später eine altenglische Übersetzung eingefügt. Die Mönche verehrten das Evangeliar wie eine Reliquie, dem Kunsthistoriker ist es in seinem unermesslichen Reichtum ein Fundament für die Kunstentwickung des Abendlandes, der Sprachwissenschaftler findet in ihm die älteste Übersetzung der Evangelien aus dem Lateinischen ins Altenglische, und die Kuratoren der British Library hüten das Buch wie einen Staatsschatz. Dem Besucher vermittelt es einen Einblick in das Goldene Zeitalter Northumbriens, als diese wellenumtoste Halbinsel ein Wallfahrtsort und klösterliches Zentrum von Weltrang war, wo die besten Gelehrten und Schreiber ihrer Zeit innere Einkehr und Inspiration fanden.

Lindisfarne Castle: Ebenfalls sehenswert ist die 1549 zum Schutz gegen die Schotten erbaute Burg. Sie wurde Anfang des 20. Jahrhunderts von Edwin Lutyens zu einem Wohnhaus umgestaltet und kann besichtigt werden.
März–Okt. Di–So 10.30–15 Uhr oder 12–16.30 Uhr, je nach Gezeiten. £ 6, Kinder £ 3, Familien £ 15 (NT). ✆ 01289/389244.

Berwick upon Tweed

Berwick (sprich: Berrick), Englands nördlichste Stadt, lag lange Zeit im Grenzgebiet zwischen England und Schottland, wechselte 13-mal den Besitzer und wurde erst 1482 England zugesprochen. Die alte Stadtmauer aus dem 16. Jahrhundert, das teuerste Bauprojekt des Elizabethanischen Zeitalters, ist gut erhalten, es gibt mit der *Tweed Bridge* eine wunderschöne Brücke aus dem 17. Jahrhundert sowie Stephensons berühmten Eisenbahnviadukt aus dem Jahr 1850 zu bestaunen. Ebenfalls sehenswert ist die Festung aus dem 16. Jahrhundert. Die Stadt besticht durch ihre dramatische Lage am River Tweed und war im Mittelalter eine florierende Hafenstadt mit Schiffsbau und Fischerei als Haupteinkommensquellen. Aus dieser Zeit stammt die Tradition, jeden Juli die „Salmon Queen", die Lachskönigin, zu küren und sie durch die Straßen paradieren zu lassen.

● *Information* **Tourist Information Centre**, Zimmervermittlung und Auskünfte über Ausflüge in die Umgebung. 106 Marygate, Berwick-Upon-Tweed, Northumberland TD15 1BN, ✆ 01289/301780, tourism@berwick-upon-tweed.gov.uk. www.northumberland-coast.co.uk.

● *Kunst/Kultur* **The Maltings Theatre and Arts Centre**, 325 Plätze im Auditorium, Studios, Restaurant und Bar. Tgl. 10–23 Uhr, Eastern Lane, ✆ 01289/330999; www.maltingsberwick.co.uk.

● *Fahrradverleih* Tweed Cycles, 17a Bridge Street, ✆ 01289/331476, www.exploreberwick.co.uk.

• *Übernachten/Essen/Trinken* **Berwick Backpackers**, fast wie ein Budget-Hotel ist diese Jugendherberge in einer ehemaligen Schuhfabrik: Helle Zimmer, auch Zweibett, Internetanschluss. Ab £ 19.95 pro Person. 56–58 Bridge Street, ✆ 01289/331481, www.

berwickbackpackers.co.uk.

Foxtons, die erste Adresse in der Stadt mit ausgezeichneter Weinliste. Mediterrane Küche in der historischen Altstadt. 26 Hide Hill, TD15 1AB, ✆ 01289/303939.

Northumberland National Park

Dieser 1050 km^2 große Nationalpark umfasst Abschnitte des *Hadrian's Wall*, viel Moorlandschaft mit Heide und Ginster, die sanften Hügel der *Cheviot Hills* und den *Kielder Water*, welcher der größte von Menschen gemachte See Europas ist und mit insgesamt 43 Kilometern Uferlinie auch zahlreiche Wassersportmöglichkeiten bietet. Er wurde angelegt, um den Durst Nordenglands zu stillen. Teile der Region sind dicht bewaldet und die Landschaft ist von frühgeschichtlichen Monumenten und befestigten Landsitzen geprägt. Es gibt nur wenige Straßen. Der Reisende trifft hier auf 650 Quadratkilometer Einsamkeit, denn die Region ist so unwirtlich, dass die Bevölkerung entweder abwanderte oder sich in den Ebenen im Süden niederließ. Der *Pennine Way* folgt der Grenze des Parks südlich von Kirk Yetholm zum Gipfel des Cheviot und trifft dann auf den Hadrianswall. Auch *St Cuthbert's Way* führt durch den Nationalpark: Er zeichnet den hundert Kilometer langen Fluchtweg des Heiligen von Melrose Abbey in Schottland nach Holy Island nach. Naturfreunde sollten auch eine Bootsfahrt zu den Farne-Inseln einplanen, wo sich Papageientaucher und Robbenkolonien beobachten lassen.

• *Information* **Northumberland National Park Authority**, Eastburn, Southpark, Hexham, Northumberland, NE46 1BS, ✆ 01434/60555; www.northumberlandnationalpark.org.uk. **National Park Centres: Once Brewed**, Military Road, Barden Mill, Hexham, NE47 7AN, ✆ 01434/344396, tic.oncebrewed@nnpa.org.uk. **Rothbury**, Church Street, NE65 7UP, ✆ 01669/620887, tic.rothbury@nnpa.org.uk. **Ingram**: Powburn, Alnwick, NE66 4LT, ✆ 01665/578890; tic.ingram@nnpa.org.uk.

• *Wandern* Regelmäßig führen im Sommer ehrenamtliche **Voluntary Rangers** Besucher durch den Nationalpark. Die Routen sind meistens für einen halben Tag ausgelegt und das Angebot ist gratis. Los geht's u. a. an den National Park Centres in Ingram (für die Cheviots) und Once Brewed (für den Hadrianswall). Informationen über Termine und Routen auch unter www.northumberlandnationalpark.org.uk/events.

• *Mountainbiking* **Kielder Bikes**, Station Garage, Kielder, Hexham, ✆ 01434/250457; hire@thebikeplace.co.uk; www.thebikeplace.co.uk. Fahrradurlaub bieten **Northumberland Bike Breaks**, Tim und Belinda Carpenter, Mainstone House, Front Street, Rothbury, Morpeth, ✆ 01669/621167; www.northumberlandbikebreaks.com. Auch B & B und ein Cottage (self-catering).

• *Reiten* **Redesdale Riding Centre**, Soppit Farm, Elsdon, NE19 1AF, ✆ 01830/520217; hlnweston@googlemail.com; www.redesdaleridingcentre.co.uk.

• *Wassersport* **Leapish Waterside Park**, → Kielder Water.

• *Sonstige Aktivitäten* **Active4Seasons** bieten Kanufahren auf hoher See, Felsklettern und andere Outdoor-Aktivitäten. www.active4seasons.co.uk; ollie@active4seasons.wanadoo.co.uk. Eine Liste der Anbieter finden Sie unter: www.outdoorsnorthumberland.co.uk.

Kielder Water: Der Stausee Kielder Water befindet sich im Westen des Nationalparks und wurde in den letzten hundert Jahren mit Nadelwald aufgeforstet. Durch den Kielder Forest führen 110 Kilometer ausgewiesene Fahrradwege aller Schwierigkeitsgrade. Die sauberen Bäche, die ihn speisen, sind sehr fischreich, es sind hier auch die meisten Otter Englands zu Hause. Ausgangspunkt für Wanderungen und Radtouren ist meistens das südliche Ufer des Kielder Waters, u. a. der Lakeside

Yorkshire/Nordostengland Karte S. 681

Unwirtliche Grenze zu Schottland: die Cheviots

Way, der 44 Kilometer einmal um den See herumführt. Wassersportler zieht es zum *Leapish Waterside Park*, wo auch Ausflugsboote vom Pier starten.

Kielder Castle Visitor Centre, ☏ 01434/250209; www.visitkielder.com.

Leapish Waterside Park: Segeln, Wasserski und Kajakfahren, Kielder Water & Forest Park, NE48 1BT, ☏ 01434/251000; www.nwl.

co.uk.

Jugendherberge YHA Kielder, ab £ 16, Jugendliche ab £ 12. Butteryhaugh, Kielder Village, Hexham, NE48 1HQ, ☏ 0845/3719126, kielder@yha.org.uk.

North Tyne and Redesdale: Der nördliche Nationalpark wird von den beiden Flusstälern des Tyne und des Rede dominiert. So nah an der Grenze trieben hier die Border-Clans ihr Unwesen, weshalb die Menschen vielfach zusammen mit ihrem Vieh in befestigten Häusern lebten, die man hier „bastles" nennt. Die hügelige Grenzregion ist mit Schlachtfeldern übersät. Bei Otterburn nahe Elsdon verlor der schottische Clanführer Douglas Percys sein Leben und Harry Hotspur von Alnwick Castle, Sohn des 1. Grafen von Northumberland, wurde hier 1388 gefangen genommen. Seit 1911 sind große Teile von Otterburn militärisches Übungsgelände der NATO.

Information **Camien Café Rochester,** Broschüren, Wanderkarten und Internetanschluss gibt es in diesem Café. ☏ 01830/520161.

Coquetdale: Die malerischen Dörfer entlang des Flusses Coquet sind aus dem Sandstein der Simondside Hills gebaut. Größter Ort ist Rothbury, das man Mitte Juli besuchen sollte, wenn hier zum *Traditional Music Festival* Musik, Tanz und die Folklore des hohen Nordens Einheimische und Schaulustige erfreuen. Nahebei ist auch der *cup and ring rock*, dessen prähistorische Kunstverzierungen (Felskunst) von einem Amateurarchäologen entdeckt wurden. Hauptattraktion der Region ist *Cragside* mit seiner Kunstsammlung und dem schönen Garten (s. u.).

Information **Rothbury Tourist Information Cenrtre,** Church Street, NE65 7UP, ☏ 01669/620887; tic.rothbury@nnpa.org.uk, www.visit-rothbury.co.uk.

Cragside House, Garden and Estate: Eineinhalb Kilometer nördlich von Rothbury befindet sich der Landsitz von Lord Armstrong. Er hatte Richard Norman Shaw engagiert, den Stararchitekten seiner Zeit, um ihm 1870 hier ein System von menschengemachten Seen und Unterwasserrohren zu entwickeln, die sein neues Haus als erstes der Welt mit Wasserelektrizität versorgen sollten. Der viktorianische Bau und die Gärten können erkundet werden, sie umfassen Seen und einen Rock Garden, der schon ob seiner schieren Größe beeindruckt. Im Mai ist es am schönsten, wenn die Rhododendren blühen.

April bis Sept. tgl. außer Mo 11 oder 13—17 Uhr, Nov. bis Mitte März geschlossen. £ 12.60, Kinder £ 6.30, Familien £ 31.50, nur Garten £ 8.10, Kinder £ 4.10, Familien £ 21.60 (NT). ✆ 01669/620333.

The Cheviots: Die Cheviot Hills bilden die Grenze zu Schottland. Wanderer und Mountainbiker können hier den alten Pfaden von Viehtreibern durch eine sanfte Hügellandschaft folgen, die überwiegend aus Granit und Vulkangestein besteht. Wer *Yeavering Bells* erklimmt, trifft auf die Überreste von Rundhütten aus vorrömischer Besiedlung und hat wunderschöne Ausblicke entlang der Küste und hinüber nach Schottland. Ehrgeizige Wanderer können sich auch am mit 815 Metern höchsten Berg, dem *Cheviot*, versuchen. Jährlich im April findet ein Wettrennen auf den Gipfel statt, das die Northumberland Fell Runners organisieren. Zu Füßen des Cheviots liegen die Ortschaften Kirknewton, Wooler, Ingram und Alwinton.

Information **National Park Centre Ingram**: Powburn, Alnwick, NE66 4LT, ✆ 01665/578890; tic.ingram@nnpa.org.uk.

Alnwick: Northumberlands Herzogsstadt ist eine der schönsten Städte der Grafschaft. Sie versprüht noch immer die unwirkliche Atmosphäre eines mittelalterlichen Militär- und Handelszentrums. Eng umkreisen die alten Straßen die Kirche im Perpendicular Style und das Castle.

Alnwick (sprich Annick) Castle, diese zweitgrößte bewohnte Burg im Land (nach Windsor Castle), war die Stammburg der Percys, der Herzöge von Northumberland, die hier seit dem 14. Jahrhundert hausten. Im 19. Jahrhundert wurden die Gemächer im Stil eines üppigen Neu-Tudor-Schlosses hergerichtet, seitdem sind die Räume mit Kunstwerken überladen. In Alnwick wurden viele Filme gedreht, zum Beispiel Robin Hood, Prince of the Thieves, oder kürzlich Harry Potter (die Burg stand ein für die Schule Hogwarts). Auch der Garten der Burg ist sehenswert.

April–Okt. tgl. 11–17 Uhr. £ 12.50, erm. £ 10.60, Kinder £ 5.50, mit Garten £ 19.80, erm. £ 16.80, Kinder £ 5.50. ✆ 01665/511100, www.alnwickcastle.com. **Touristeninformation**: The Shambles, 2 Market Street, ✆ 01665/511333, Alnwick.TIC@northumberland.gov.uk; www.visitalnwick.org.uk.

Kleines Speiselexikon

Zubereitungen

baked	gebacken	poached	gedünstet
boiled	gekocht	rare	blutig, kaum durchgebraten
braised	geschmort	roasted	im Ofen gebacken
cooked	gekocht	smoked	geräuchert
fried	gebraten	steamed	gedämpft
jellied	geliert	stewed	geschmort
marinated	mariniert	stuffed	gefüllt
medium	halb durchgebraten	well done	durchgebraten

Eintöpfe (stews)

Irish Stew	Eintopf aus Hammelfleisch, Kartoffeln und Zwiebeln, gewürzt mit viel Thymian und Petersilie	Lancashire Hotpot	Lammeintopf mit Zwiebeln und Kartoffeln

Fisch, Meeresfrüchte (seafood)

bream	Brasse	mussels	Miesmuscheln
brill	Meerbutt	oysters	Austern
chowder	Fischsuppe (auch Schalentiere)	plaice	Scholle
clams	Venusmuscheln	prawn	Garnele
cockles	Herzmuscheln	salmon	Lachs
cod	Kabeljau	scallops	Jakobsmuscheln
crabs	Krabben	shellfish	Schalentiere
crawfish	Languste	sea trout	Meeresforelle
eel	Aal	skate	Rochen
haddock	Schellfisch	squids	Kalamares
hake	Seehecht	sole	Seezunge
halibut	Heilbutt	trout	Forelle
kippers	geräucherte Heringe	tuna	Thunfisch
lobster	Hummer	turbot	Steinbutt
mackerel	Makrele	whiting	Merlan
monkfish	Seeteufel	on/off the bone	mit/ohne Gräten

Fleisch (meat)

bacon	Schinkenspeck	*minced meat*	Hackfleisch
bacon & cabbage	Kohl (meist Wirsing) mit Speck	*mutton*	Hammelfleisch
		pheasant	Fasan
beef	Rindfleisch	*pork*	Schweinefleisch
blackpudding	Blutwurst	*poultry*	Geflügel
chicken	Huhn	*rabbit*	Kaninchen
chicken curry	Hühnerfrikassee	*rib*	Rippe
chop	Kotelett	*roast*	Braten
duck	Ente	*roast beef*	Rinderbraten
gammon steak	gegrillter Schinken	*saddle of lamb*	Lammrücken
ham	gekochter Schinken	*sausage*	Wurst
hare	Hase	*shepherd's pie*	Rind- bzw. Hammelfleisch mit Zwiebeln und Kartoffeln überbacken
joint	Keule		
kidney pie	mit Nieren gefüllte Pastete		
		sirloin steak	Rumpsteak
lamb	Lammfleisch	*snails*	Schnecken
leg of lamb	Lammkeule	*turkey*	Truthahn
liver	Leber	*veal*	Kalbfleisch
loin	Lendenstück	*venison*	Reh bzw. Hirsch
meatballs	Fleischklößchen		

Gemüse (vegetables), Salate (salads), Obst (fruit)

asparagus	Spargel	*leek*	Lauch
beans	Bohnen	*lentils*	Linsen
Brussels sprouts	Rosenkohl	*lettuce*	Kopfsalat
cabbage	Kohl	*mashed potatoes*	Kartoffelbrei
cauliflower	Blumenkohl	*mushrooms*	Pilze (Champignons)
carrots	Karotten		
celery	Sellerie	*onions*	Zwiebeln
chips	Pommes frites	*parsley*	Petersilie
colecannon	Kartoffelbrei mit Kohl, Butter, Milch	*peach*	Pfirsich
		pear	Birne
coleslaw	Krautsalat	*peas*	grüne Erbsen
creamed potatoes	Kartoffelbrei	*peppers*	Paprikaschoten
cucumber	Salatgurke	*pineapple*	Ananas
egg mayonnaise	russische Eier	*potato*	Kartoffel
egg plant	Aubergine	*stewed fruit*	Kompott
French beans	grüne Bohnen	*strawberries*	Erdbeeren
fruit salad	Obstsalat	*spinach*	Spinat
grapes	Weintrauben	*sweet corn*	Mais
jacket potatoes	Folienkartoffeln	*turnips*	weiße Rüben

Sonstiges

carageen	mit Milch gekochter Seetang	marmalade	Bittermarmelade
cereals	Müsli	mint sauce	Pfefferminzsauce
cheese	Käse	mustard	Senf
clotted cream	dicker Rahm	noodles	Nudeln
cream	Sahne	pancake	Pfannkuchen
custard	Vanillesauce	porridge	Haferbrei
dumplings	Klöße	rice	Reis
egg	Ei	scrambled eggs	Rühreier
fried egg	Spiegelei	sour cream	saure Sahne
garlic	Knoblauch	soup	Suppe
horseradish	Meerrettich	sugar	Zucker
jam	Marmelade, Konfitüre	trifle	(süßer) Auflauf
		vinegar	Essig

Brot (bread), Gebäck (pastry)

barm bread	süßes Brot	lemon meringue pie	Zitronencremekuchen mit Baiserhaube
biscuits	Kekse		
boxties	gefüllte Pfannkuchen	naan bread	indisches Hefebrot
		rye bread	Roggenbrot
bread role	Brötchen	scones	Teegebäck
brown bread	Weizenvollkornbrot	soda bread	Sodabrot
Guinness cake	mit Bier gewürztes Früchtebrot	tart	Obsttorte
		wholemeal bread	Vollkornbrot
cream gateau	Sahnetorte		

Getränke (beverages)

beer	Bier	Irish coffee	Kaffee mit einem Schuss Whiskey, zwei Teelöffeln braunem Rohrzucker und einer Sahnehaube obenauf
stout	dunkles Bier, Typ Guinness		
lager	helles, pilsähnliches Bier		
		Irish cream	Likör auf Whiskey-Basis mit Schokolade und Sahne
ale	leichtes Dunkelbier, Typ Export		
		Irish mist	Likör auf Whiskey-Basis mit Honig und Kräutern
bitter	leichtes Dunkelbier, Typ Alt		
		ginger ale	Ingwerlimonade
cider	Apfelwein	malt beer	Malzbier
mead	Met	red wine	Rotwein
Irish tea	Whiskey-Grog, gewürzt mit Nelken und Zitrone	sparkling wine	Sekt
		white wine	Weißwein

Verlagsprogramm

- Liparische Inseln
- Marken
- Mittelitalien
- Oberitalien
- Oberitalienische Seen
- Piemont & Aostatal
- *MM-Wandern* Piemont
- *MM-City* Rom
- Rom & Latium
- *MM-Wandern* Rund um Meran
- Sardinien
- *MM-Wandern* Sardinien
- Sizilien
- *MM-Wandern* Sizilien
- Südtirol
- Südtoscana
- Toscana
- *MM-Wandern* Toscana
- Umbrien
- *MM-City* Venedig
- Venetien

Kanada
- Kanada – der Osten
- Kanada – der Westen

Kroatien
- Istrien
- Kroatische Inseln & Küste
- Mittel- und Süddalmatien
- Nordkroatien – Kvarner Bucht

Malta
- Malta, Gozo, Comino

Marokko
- Südmarokko

Montenegro
- Montenegro

Neuseeland
- Neuseeland

Niederlande
- *MM-City* Amsterdam
- Niederlande

Norwegen
- Norwegen
- Südnorwegen

Österreich
- Salzburg & Salzkammergut
- Wachau, Wald- u. Weinviertel
- *MM-City* Wien

Polen
- *MM-City* Krakau
- Polnische Ostseeküste
- *MM-City* Warschau

Portugal
- Algarve
- Azoren
- *MM-City* Lissabon
- Lissabon & Umgebung
- Madeira
- *MM-Wandern* Madeira
- Nordportugal
- Portugal

Russland
- *MM-City* Moskau
- *MM-City* St. Petersburg

Schweden
- Südschweden

Schweiz
- Genferseeregion
- Graubünden
- Tessin

Slowakei
- Slowakei

Slowenien
- Slowenien

Spanien
- Andalusien
- *MM-Wandern* Andalusien
- *MM-City* Barcelona
- Costa Brava
- Costa de la Luz
- Gomera

- *MM-Wandern* Gomera
- Gran Canaria
- Ibiza
- Katalonien
- Lanzarote
- La Palma
- *MM-Wandern* La Palma
- *MM-City* Madrid
- Mallorca
- *MM-Wandern* Mallorca
- Menorca
- Nordspanien
- Spanien
- Teneriffa
- *MM-Wandern* Teneriffa

Tschechien
- *MM-City* Prag
- Südböhmen
- Tschechien
- Westböhmen & Bäderdreieck

Türkei
- *MM-City* Istanbul
- Türkei
- Türkei – Lykische Küste
- Türkei – Mittelmeerküste
- Türkei – Südägäis von İzmir bis Dalyan
- Türkische Riviera – Kappadokien

Tunesien
- Tunesien

Ungarn
- *MM-City* Budapest
- Westungarn, Budapest, Pécs, Plattensee

USA
- *MM-City* New York

Zypern
- Zypern

Aktuelle Informationen zu allen Reiseführern finden Sie im Internet unter

www.michael-mueller-verlag.de

Michael Müller Verlag GmbH, Gerberei 19, 91054 Erlangen
Tel. 0 91 31 / 81 28 08-0; Fax 0 91 31 / 20 75 41; E-Mail: info@michael-mueller-verlag.de

Register

Fotoverzeichnis

Birgit Hartmann: 511

Dorothea Martin: 253, 268, 381, 382, 384, 387, 404, 408, 410, 412, 413, 433, 435, 455, 456, 481, 484, 490, 493, 517, 524, 542, 545, 549, 553, 568, 577, 582, 585, 597, 605, 608, 648, 649, 759, 765, 772, 785, 790

Ralf Nestmeyer: 11, 13, 14, 21, 27, 29, 31, 32, 33, 34, 36, 38, 41, 44, 48, 50, 51, 52, 55, 57, 60, 61, 63, 67, 69, 71, 74, 83, 84, 89, 91, 95, 97, 100, 103, 106, 108, 109, 111, 112, 115, 119, 121, 126, 130, 131, 134, 135, 137, 139, 141, 143, 145, 146, 147, 153, 156, 157, 161, 162, 167, 169, 175, 176, 177, 178, 179, 180, 184, 187, 193, 199, 203, 207, 208, 218, 223, 227, 232, 235, 237, 238, 242, 247, 250, 258, 263,264, 265, 272, 279, 283, 290, 292, 298, 300, 301, 313, 315, 319, 321, 323, 325, 329, 331, 334, 337, 342, 345, 349, 354, 357, 359, 360, 361, 362, 365, 367, 371, 374

Lilly Nielitz-Hart: 77, 683, 693, 709, 717

NewcastleGateshead Initiative: 787

Stefan Rackelmann: 12, 407, 503, 668

Dirk Thomsen: 18, 200, 201, 233, 246, 514

www.britainonview.com: 16, 23, 171, 186, 204, 210, 217, 276, 289, 306, 309, 351, 373, 388, 395, 401, 417, 427, 439, 446, 466, 470, 478, 494, 498, 539, 624, 629, 641, 655, 660, 675, 702, 778, 792, 798, 799

www.visitbritain.com: 15, 43, 58, 68, 450, 537, 566, 593, 616, 626, 727, 768, 795

www.visityork.org: 732, 738, 742, 744

Michael Zeutschner, Oliver Petschulta, Stefan Loose, BTA: 20, 339, 673, 679, 750

Das Foto der Seite 652 mit freundlicher Genehmigung des Trescher Verlages, Berlin. Die Fotos der Farbseiten stammen von Ralf Nestmeyer (rn), Dorothea Martin (dm), www.britainonview.com (bv), www.visitbritain.com (vb) und www.visityork.org (vy).